鉴改革历程
譜发展華章

陳煥友
二〇一一年七月

2010年10月29日至10月31日，第四届长三角改革发展论坛暨中国（长三角）区域发展与城乡一体化高峰论坛在南京举行，原江苏省省委书记陈焕友、江苏省人民政府副省长史和平、中国经济体制改革研究会会长宋晓梧、国家发改委经济体制综合改革司副司长连启华、江苏省发改委主任毛伟明等出席会议

2010年10月31日至11月4日，江苏省举办县级领导医改专题研究班，图为江苏省人民政府副秘书长、省医改领导小组副组长朱步楼作开班动员

2010年6月2日，省发改委主任毛伟明等领导视察镇江新区

2010年7月23日，江苏省发改系统召开全省主任工作会议

2010年11月17日下午，省医改办、省卫生厅在南京联合举办2010年基层医疗卫生机构负责人培训班，省发展和改革委员会副主任、省医改办主任曲福田（中）在培训班上作开班动员

2010年10月15日，全国发展改革系统利用外资和境外投资工作会议在江苏南京召开，省发改委领导出席会议

追求卓越品质　共创世纪蓝天

——中国石化江苏石油分公司56年发展简要回顾

2008年5月，江苏石油公司吕建华总经理（左一）陪江苏省委副书记、省长罗志军（左二）、副省长史和（右一）视察慰问中石化镇江分公司谏壁油库

2010年4月，中国石化与江苏省政府再次签订合作议，进一步扩大在江苏省的投资规模

2005年5月，中国石化与江苏省政府签订《战略合作议》，成为十运会最大合作伙伴，并获得十运会火炬递活动总冠名权。

2008年5月，中国石化江苏分公司员工为奥运火炬传车辆加油。

6载春华秋实，半个世纪风雨兼程。中国石化江苏石油分公司（以下简称“江苏石油分公司”）从无到有，从小到大。1953年公司成立时，仅有5座油库、13个供应站、3座加油站、500多名职工，年销量仅5万多吨，向国家上交利润近200万元。经过56年的改革、发展，特别是1998年整体划转中国石化集团公司以来，公司在各方面都发生了较大的变化。到2009年底，拥有加油站2000余座，油库30余座，用工人数达2万余人，销售收入577亿元，利税总额25亿元，在江苏省营业收入百强企业中排名第5。

作为江苏成品油供应的主渠道，江苏石油分公司以仅占全省15%的油库库容和40%的加油站网点，支撑了70%左右的市场份额，为江苏省人民生活、经济建设和社会发展提供了优良的成品油供应服务。在履行政治责任、经济责任和社会责任的同时，也彰显了中石化“讲政治、顾大局、负责任”的企业形象。

一是不断完善网络。全力构建加油站零售网络，竭诚为顾客提供加油便利、品质卓越的成品油供应；因地制宜推出城市便利加油点，努力解决城区加油难的问题；加快成品油管道建设，到“十二五”末将拥有1500公里的管网，为全省成品油供应提供安全、环保、经济的物流保证；同时加快加气站建设，满足不同客户群体的个性化需求。

二是保障市场供应。针对国际油价起伏变化趋势，认真做好市场需求预测，精心组织物流调运，调节外采节奏和力度，全力保证全省成品油用油基本需要，在“抗击雨雪冰冻”、“三夏保供”、“奥运保供”多个特殊时期均获省市各级政府好评。

三是提供优质服务。通过推行规范化服务，努力做到“质量达标、计量准确、环境整洁、健康安全、方便快捷”；开展IC卡加油业务，做到“一卡在手、各地加油”；试行自助加油业务，增强顾客体验；在加油站开设便利店，完善加油站功能，提升服务档次；在全省设立客户服务热线，架设客户咨询、投诉的服务平台。

四是积极回馈社会。2005年、2010年中国石化两次与江苏省政府签署合作协议，将江苏省作为重点发展地区，全力扩大投资规模。2005年中国石化加盟十运会最大合作伙伴，为十运会的成功举办提供了重要支持。江苏石油分公司热心于各类社会公益事业，积极为汶川大地震灾民捐款、缴纳特殊党费，参与省委扶贫项目，向江苏省见义勇为基金会进行捐赠，并获得“全省见义勇为突出贡献单位”称号，努力回馈社会、回馈顾客。

当前，江苏石油分公司正按照中国石化总部“建设具有较强国际竞争力的跨国能源化工公司”的战略部署，积极创建优秀石油流通企业，力争为江苏的经济和社会发展做出新的贡献。

中石化江苏石油分公司2000多座加油座为全省提供优质油品服务

江苏海事建局十年大发展大创新

江苏海事局自2000年7月26日成立以来，广大干部职工奋力进取、扎实工作，大力实施跨越式发展战略，开创了又好又快发展的新局面，取得了十大发展成就和十大创新成果。

一、十大发展成就

一是长江江苏段通航水域实现全程监控。在沿江6个VTS中心实现数据自动交换的基础上，与上海、芜湖等相邻海事机构实现了数据交换、资源共享。至2010年6月，长江江苏段365公里水域形成了覆盖全面、监管成链的VTS系统，长江江苏段正式实现全程监控一体化。

二是海事监管体系实现“江海一体化”。

三是率先实现“数字海事”建设目标。目前已基本形成了具有江苏海事特色、达到国内一流水平、具备一定智能化水平的海事管理信息化系统，多项技术在全国海事系统处于领先地位。“数字海事”率先建成。

四是装备与基础设施建设实现跨越发展。目前，除未转为固定资产的已投资建设项目之外，全局已拥有固定资产10.57亿元，是十年前的7倍，彻底改变了建局之初装备设施一穷二白的落后面貌。

五是建立了全省统一的水上搜寻救助体制。十年来，江苏海事局，成功救助遇险人员12954人，救助遇险船舶2397艘，全省水上搜救成功率已连续七年保持在90%以上。

六是海轮实现在长江江苏段全天候航行。2003年7月1日，江苏海事局将国际先进的海事管理理念引入内河通航水域，按照大船小船分流、各自靠右航行的原则对长江江苏段原有航路设置进行改革，全面实施船舶定线制，改变了千百年来船舶航行长江“上行走缓流、下行走主流”的习惯落后航法。

七是长江江苏段国际海港区建设稳步推进。长江江苏段国际海港区建设步伐不断加快，带动了沿江航运业的迅猛发展。目前，长江江苏段日平均船舶断面流量已超过2000艘次，年进出港船舶超过180万艘次，船舶载货量超过7.5亿吨；沿江拥有码头泊位1000余座，最大靠泊能力20万吨级；拥有船厂149家，年造船能力1500万吨以上，新造最大船舶达40万吨，江苏新造船舶载重吨在2009年占到全国的36%。

八是海事执法队伍建设成效明显。截至2009年底，全局在册在职职工1670人，执法类人员占84.0%，45岁以下人员占65.7%，具有专业技术职务任职资格人员占85.7%，具有本科及以上学历人员占70%，其中硕士研究生236人，博士研究生4人。

新艇→

九是初步掌握水上安全监管主动权。目前，辖区水上事故数得到大幅下降并始终保持在可控范围以内。从2004年至今，辖区事故发生率已连续6年控制在万分之0.5以下。

江苏海事精心维护国内建造首条1万标箱集装箱船中远大洋洲号试航

十是形成了基本完善的海事法规规范性文件框架体系。截至2010年6月，由江苏海事局制定并在辖区适用的规范性文件共有60件，涵盖了通航、船舶、危防、船员、审核、法规等各项海事业务工作，基本形成了适合辖区航运和区域经济发展状况、基本满足执法需求、具有区域特色的海事规范性文件体系。

二、十大创新成果

一是开内河航路改革先河，实施长江江苏段船舶定线制。船舶定线制的实施，开创了适应江苏沿江区位经济发展需要的科学航运管理新模式，在长江江苏段打造了一条“水上高速公路”，成为了内河航运发展的重要里程碑，为长江江苏段国际海港区建设奠定了基础。

二是研发应用船舶动态管理系统（新版2.0），提升了海事监管信息化水平。该系统的成功应用，为进一步强化船舶监督管理、构建海事业务综合管理信息平台奠定了基础。

三是建立江苏海事管理体系，实现内部管理规范化。江苏海事局依托办公自动化系统，开辟了体系运行专栏，通过信息化技术落实海事管理体系，实现了信息化管理和体系化管理的有机融合。

四是开发海事地理信息系统，打造了海事动态执法监管信息平台。2006年12月，江苏海事局会同江苏省测绘局共同研制的长江江苏段地理信息系统（GIS系统）开发成功并投入使用。2007年10月10日，该项技术获得国家测绘科技进步三等奖。

五是实施执法管理模式改革，提高了海事执法效率。江苏海事局在全国海事系统率先开展执法管理模式改革，按照“静态执法、动态执法与执法督察三分离、行政执法与执法监督分开、行政受理与行政审批分开、违法调查与违法处理分开”的原则，重新设置江苏海事局与分支机构的内设机构，重新分配机构职能，重新设计管理模式和工作流程。

六是开发应用“海事通”，开启了海事数字化执法和移动办公新时代。“海事通”终端设备整合了船舶登记数据库和船舶动态2.0系统查询、海事法律法规查阅、动态业务信息流转、移动公文事务审批、执法人员位置GPS定位、短信调度并收取回执等六大功能，实现了海事执法从传统管理方式向数字化、扁平化、精细化管理的新跨越，为全面整合海事信息化资源提供了一把“智能钥匙”。

七是开发办公自动化系统，实现了海事政务管理信息化。该系统以公文流转为核心内容，同时兼具了效能管理、办公事务、信息交流、资源共享等多项功能，为江苏海事局内部信息化管理和各类应用软件整合提供了统一的基础平台，实现了内部办公自动化、业务处理流程化、信息传输网络化，大大提高了办公效率，节约了办公成本。

八是规划设立水上服务区，树立了海事执法为民形象。该项措施是江苏海事局对长江江苏段水域功能规划利用的新思路，进一步便利了船舶航行和船员生活。

九是创新推出建造中船舶抵押登记制度，助推江苏装备制造业发展。该制度的实施，有力促进了江苏造船产业集聚升级，扶持江苏新造船舶载重吨超过全国1/3。

十是首创船舶污染责任保险机制，服务生态江苏建设。该机制是江苏海事局跨行业合作的一次有益探索，为促进水域生态保护提供了新思路。

人命救助↑
搜救联习→

海门镇行政大楼↑

海门市第一家国家级网站——中国家纺交易网→

国家级科技孵化器——海门都市科技创业园↓

江苏省海门市海门镇

全国文明村镇

海门镇是海门市政治、经济、文化中心。全镇总面积57.62平方公里，人口13.8万，下辖3个街道办事处，18个社区居委会，9个行政村，2个科技创业园，2个工业集中区，1个现代农业示范园。下设各级基层党组织162个，其中企业支部78个。

海门镇是一个城关镇，与市行政中心近在咫尺，“两桥一港一高速”（苏通大桥、崇海大桥、海门港、宁启高速）拱手环抱，区位优越，交通便捷，资源丰富。全镇拥有各类专业商品和农贸市场5个，三星级以上酒店3家，公交网点遍布镇区。城镇居民文化活动功能齐全，拥有公园1座，文化广场2个。

近年来，海门镇认真贯彻落实“三个代表”重要思想，面对桥港经济“新时代”，以科学发展观为统领，大力实施科技兴镇战略，走出了一条区别于其他乡镇的发展之路，全力创造了经济社会又好又快发展的新局面。海门镇先后被评为“江苏省文明乡镇”、“江苏省科技工作先进镇”、“江苏省群众体育工作先进镇”等荣誉。2005年获“全国千强镇”称号，2008年，跻身全国综合实力500强乡镇，2009年被中央文明委授予“全国文明村镇”乡镇最高荣誉。2010年全镇实现财政收入7.3亿元，农民人均纯收入达16132元。

陕西省苏陕扶贫协作与经济合作领导小组办公室

1996年，江苏、陕西两省商定江苏10个省辖市53个县（市、区）与陕西9个省辖市56个县（市、区）建立挂钩扶贫关系。十几年来，两省省委、省政府对扶贫协作工作高度重视，按照"优势互补、互惠互利、长期合作、共同发展"的原则，不断明晰思路、加大力度、拓宽领域、多方合作，取得了显著成果，实现了双方共赢，特别是陕西贫困地区脱贫和经济发展的步伐大大加快。

截至2009年底，两省共实施协作项目2208项，实际投资近140亿元，江苏共投入各类资金25.3亿元，主要包括江苏省各级政府拨款及社会各界捐资3.4亿元，赠物折款13.2亿元。"十一五"期间省级援助资金4000万元，实施苏陕扶贫协作项目133项，取得了显著的社会效益和经济效益。

一、加强组织领导，健全机构，促进苏陕扶贫协作工作顺利开展

为切实加强苏陕对口扶贫协作与经济合作工作的领导，陕西省成立了由常务副省长任组长、省委组织部、省发改委、教育厅、财政厅、商务厅、劳动厅、乡企局、扶贫办等厅局和各市政府为成员的陕西省苏陕扶贫协作与经济合作领导小组，与江苏结对扶贫的各市县也成立了相应机构，明确一位副市、县长分管这项工作。2007年7月，时任陕西省省长袁纯清、常务副省长赵正永率党政代表团赴江苏进行了考察访问，双方就贯彻实施西部大开发战略，调整经济结构和转变增长方式，建设社会主义新农村和构建和谐社会等进行会谈，并签署了《关于进一步加强挂钩协作和经济合作的协议》。2010年4月，江苏省省长罗志军，副省长徐鸣率江苏省代表团来陕进行了考察访问，两省签署了《陕西省人民政府　江苏省人民政府关于进一步加强两省能源和其他优势产业战略合作的框架协议》。两省全方位、多层次推进交流与合作，使苏陕扶贫协作与经济合作工作走上了全面合作、健康发展的新阶段。

二、狠抓干部交流和人才培训，通过市场运作，把苏陕扶贫协作工作不断引向深入

一是加强干部交流，注重发挥挂职干部的桥梁和纽带作用。十多年来，两省共交流干部1780余人，其中陕西赴江苏干部近1080人。通过干部交流，既培养锻炼了干部，又使苏陕交流工作有人抓，协作项目落实扎实有效。

二是利用多种途径开展专业技术人员和企业管理干部的培训。两省通过各种方式为贫困地区培养一批懂技术、善管理、会经营的人才，其中培训专业技术人员和企业管理干部57280余人（次）。同时，积极援建人才培训基地，有效提高了培训质量。江苏省先后为延安市建立乡土人才培训基地援助200万元，为镇安县改扩建"镇安女"家政培训学校援助190万元，累计培训安置农民工3650人，其中镇安家政女2180人，年创收入3000余万元，为解决当地农民就业及增加收入发挥了重要作用。另外江苏各对口地市先后组织技术人员，到陕西贫困地区推广各种养殖技术，带动了当地农民脱贫致富。

三是通过劳务输出，扩大就业渠道，开展岗位培训，使贫困地区生活条件得到了明显改善。十多年来，陕西省贫困地区累计向江苏省输出劳务101000多人次，劳务收入116亿元，既为江苏企业提供了素质相对较高的员工，又保证了陕西打工者的稳定收入，深受农民群众欢迎。

三、以智力扶贫为切入点，着眼长远，逐步带动了陕西贫困地区基础教育、卫生等社会公益事业的发展

一是援建希望学校。十几年来，江苏省各级政府和社会各界共为我省贫困地区新建和改扩建各类学校500余所，大大改善当地的教学条件。二是捐赠教学器材和图书资料，帮助贫困地区增加教学手段，丰富教学内容。共为各类学校捐资1320多万元，捐赠教学器材6154台（件）、图书3.7万册、学习用具5278件，计算机227台。三是积极资助贫困学生，重返校

园。共资助贫困学生6300余名，无锡市团委专门成立了“延安地区贫困学生无锡救助中心”，市教育局每年安排延安市32名品学兼优的贫困初中毕业生到无锡8所省级重点中学免费就读高中。2005年苏陕省级扶贫资金开始拨付306万元扶助400名优秀贫困高中生就读。四是加强对受援地教育管理骨干和师资力量的培训。累计培训教师13000余名，有力地促进了其教育思想和教育理念的转变和更新。五是开展支教工作，促进教育交流。江苏先后派遣260名优秀教师来陕长期任教和短期讲学，并确定100所学校与陕西贫困地区学校结成“一帮一”对子，有力促进了这些地方基础教育的发展。六是实施医疗援助。苏州市向榆林援赠了价值近100万的医疗设备和2辆救护车；连云港市捐赠50万元，用于宝鸡市医疗卫生事业项目建设；泰兴市无偿援助20万元（汉中市配套投资120万元）用于勉县第二人民医院门诊楼建设；南京市协作办与中医院组织了“健康西部行活动”，专程赴陕进行医术交流、专家坐诊，捐赠医疗设备。

四、政府引导，以企业为主体，两省企业间的交流合作硕果累累

苏陕办采取市场运作的方式，充分利用陕西市场、资源和江苏资金、管理等优势，推动两省企业间的经济技术交流与合作。两省共联办企业已达近600余个，江苏悦达、维维、苏宁、春兰等一批优秀企业已在陕西落户。江苏徐矿集团在宝鸡市麟北煤田投资33亿元，新建郭家河井田项目，同时在宝鸡投资64亿元，建设年产150万吨甲醇项目已开工建设，建成后上缴税金6亿元。安康市平利县与常州市投资1亿元，在平利县建设400万支汽车半轴生产线项目，建成后产值达到7亿元，上缴税金5000万元，吸收就业人数800人。不同途径和方式的合作，使江苏企业提升了形象、增加了效益，也促进了陕西经济的发展。

五、以“十二五”西部开发为契机，大力推进苏陕交流合作

按照《中共中央国务院关于深入实施西部大开发战略的若干意见》和全国东西扶贫协作工作会议精神，近期苏陕两省签署《江苏省人民政府　陕西省人民政府关于进一步加强两省经济社会发展战略合作的框架协议》。“十二五”期间，根据《协议》精神，苏陕办将在继续推进对口扶贫协作、积极开展产业转移合作、促进城乡统筹社会发展、加大优势特色产业合作、不断加强经贸合作等方面加强与江苏的交流与合作，促进陕西经济社会又好又快发展，把苏陕两省扶贫协作与经济合作推向一个新的阶段。

1.苏陕扶贫协作与经济合作领导小组办公室主任蔡少林同志

2.榆林市儿童福利院迁建项目

3.汉中市城固县五郎庙小学项目

4.安康市紫阳县茶厂项目

5.江苏徐矿500万吨/年郭家河矿井常青工业园煤化工项目

重庆云阳

自1992年党中央、国务院号召全国人民支援三峡工程，特别是1994年国办发[1994]58号文件明确由江苏省重点对口支援云阳县以来，江苏省委、省政府高度重视，非常关心对口支援云阳的工作，先后派出223批1549人次来云阳实地考察指导对口支援工作。历任江苏省领导回良玉、喻兴德、蒋定之、高德正、陈必亭、姜永荣、吴瑞林、李全林、张九汉以及江苏省委办公厅、省人大办公厅、省政府办公厅、省政协办公厅、省纪委监察厅、省委组织部、省发改委、省经信委、省财政厅、省交通厅、省水利厅、省民政厅、省工商联、省残联、南京、苏州、无锡、常州、徐州、盐城、扬州、镇江、南通等部门和地市的领导先后莅临云阳考察指导。近20年来，江苏省无偿援助我县社会事业项目119个，到位资金及物资折款1.13亿元。先后引导江苏恒顺集团等多家企业落户云阳；帮助云阳培训各类人才1198人次，挂职培养干部104人；安置云阳外迁移民9258人；帮助促销云阳移民企业产品2亿多元。其中，仅2009年，江苏省就累计无偿援助我县资金755万，分别是：省政府援助170万元、省民政厅援助150万元、省商务厅援助15万元、常州市政府援助50万元、常州武进区政府援助20万元、徐州市政府援助50万元、苏州市政府援助140万元、昆山市政府援助10万元、张家港政府援助10万元、无锡市政府援助140万元。对口支援工作的丰硕成果，为云阳经济社会发展注入了强大活力与生机。

一是对口支援经济合作硕果累累。江苏省积极引介促成了江苏雨润食品产业集团、江苏恒顺醋业公司、苏州太湖绢麻纺织有限公司等企业落户云阳。江苏雨润食品产业集团投资2.5亿元，在云阳兴建标准化屠宰加工场、生猪种繁场，年宰生猪150万头，项目建成后每年可实现年销售收入10亿元，目前该项目正在紧张施工之中。江苏省苏州市太湖绢麻纺织有限责任公司现已累计投资3560万元，2009年实现销售收入950万元，解决移民就业528人，目前第二期工程正在实施，计划在今年底从现有的绢纺3360纺锭扩建到13440纺绽，绢丝年产量由173吨增加到720吨，年销售收入从950万元增加到1.73亿元，实现利税2073

万元，安置从业人员1200人。金福绢麻纺织有限公司2004年12月落户云阳，现已安置职工85人，2009年实现销售收入1020万元，利税35万元。江苏恒顺醋业云阳调味品有限公司现有职工70人，2009年实现产值1200万元，利税55.7万元。

二是对口支援移民迁建力度很大。在江苏省委、省政府的高度重视和组织发动下，各级各部门全力支援云阳移民迁建。江苏省委、省政府和苏州、无锡、盐城、常州、徐州分别援建了云阳县广电中心、少儿图书馆、老年活动中心、云阳县体育场等一批社会公益项目；先后援建了云阳中学、云硐中学、凤鸣中学、初三中、民德小学、县人民医院、中医院、第三人民医院等一批教育卫生项目。同时，江苏省委组织部、纪委监察厅、统战部、发改委、财政厅、交通厅、水利厅、民政厅、残联、地税局、工商局、工商联、邮政管理局、高级人民法院、公安厅、司法局、环保局等省直部门对云阳40个搬迁部门和单位纷纷开展行业对口支援。特别是省民政厅从2001年来先后无偿援助资金360万元帮助我县建设城乡福利院、儿童收养院、社区服务中心、麻风病医院、救助站；省工商联2006年以来多次组织江苏企业家代表团到云阳考察，促成了雨润集团落户我县。其中，由江苏省2009年援建的职教中心1万平方米实训楼已竣工投入使用，援建的残疾人康复服务中心主体工程已完工，有望在今年年底投入使用。

三是智力扶持和劳务输出成效明显。近年来，江苏省利用苏州农干院、无锡干部学院、常州干部培训中心等培训基地，先后为我县培训各级领导干部816人，民营企业厂长经理32人，中小学校长100人，移民致富带头人280人。江苏省科技厅援建的大棚养蚕规模化、条桑喂蚕现代化、大蚕上纸板方格簇自动化新技术，使云阳12万蚕农受益，每年人均增收200元。江苏省常州市援建的云阳县明天菌业有限公司已被江苏省列入2009年对口支援农业产业重点扶持项目。目前，该公司产值达300多万元，解决移民就业80余人，并带动周边菌农60余户共同致富。不仅如此，江苏省还为我县外出务工人员提供了就业机会，相当一部分人学到了一技之长，增加了劳务收入，有的还返乡创业，成为带领一方群众致富的“领头羊”。

1997年至2009年云阳县移民局拨云阳县对口支援办公室工作经费109.8万元，培训经费36.3万元。(其中培训致富带头人280人，使用资金28.8万元，枝能培训100人，使用资金7.5万元)

中核集团江苏核电有限公司

中核集团江苏核电有限公司于1997年12月18日成立，由中核核电有限公司、中电投核电有限公司、江苏省国信资产管理集团有限公司分别按照0%、30%、20%的比例出资组建。公司按照现代企业制度运营，作为项目业主，负责田湾核电站建设管理和建成后的商业运行。

江苏田湾核电站厂区按照建设8台百万千瓦级压水堆核电机组规划。一期工程建设2台单机容量106万千瓦的俄罗斯AES-91型压水堆核电机组，机组设计寿命40年，年平均负荷因子不低于80%，年发电量140亿千瓦时。AES-91型压水堆核电机组是俄罗斯在总结20台百万千瓦级VVER型机组的设计、建造和运行经验的基础上做出的改进型设计。为提高机组安全性，采取了一系列重要措施，包括安全系统4通道、堆芯熔融物捕集器、全数字化仪控系统、反应堆厂房双层安全壳等，其安全设计优于当前世界上正在运行的绝大部分压水堆核电站，在某些方面已达到国际上第三代核电站水平。

江苏田湾核电站一期工程于1999年10月20日开工建设，1、2号机组分别于2007年5月17日和8月16日先后投入商业运行。1、2号机组投入商业运行后均保持连续安全可靠功率运行，未发生停机或停堆事件，辐射防护措施有效，个人和集体剂量得到有效控制，三废排放远低于国家控制标准，机组各项性能指标优良，创造了良好的运行业绩和社会效益。

两台机组2009年发电量142.67亿千瓦时，上网电量132.81亿千瓦时。2009年全年利润额在中核集团公司所属成员单位排名第一。向国家和地方上缴税费16.16亿元。

按照国家核电发展规划，结合公司发展战略目标和江苏省、连云港市地方发展规划，公司发布了“8863”的中长期发展战略规划，即到2020年，力争将田湾核电站8台机组全部建成投产，发电能力超过800万千瓦，年发电量超过600亿度，年利润总额超过30亿元人民币，成为我国又一个大型能源基地。

目前，公司在确保一期工程两台机组安全可靠运行的同时，全面开展了田湾核电站扩建工程3-8号机组前期准备和项目策划工作并取得阶段性成果。田湾核电站扩建工程5号机组计划2010年开工。

公司始终坚持“安全第一，质量第一”的方针，大力弘扬“四个一切”核工业精神，秉持核工业“开放、包容、合作、共赢”的经营理念，坚持“以安全、清洁、优质的核电，促进节能减排，保护生态环境，服务社会，造福人民”的企业宗旨，积极建设以核安全为核心的积极进取的企业文化，深入贯彻落实“总经理部八个期望”，求真务实，改革创新，持续改进，追求卓越，扎实做好一期工程两台机组的安全可靠运行，积极推进扩建工程工作，努力创造良好的运行业绩和经济效益，为实现公司科学发展，建设和谐田湾，为江苏省地方经济社会可持续发展和我国核电事业又好又快、安全发展做出新的更大贡献。

IVO龙腾光电

昆山龙腾光电有限公司成立于2005年7月12日，位于国家级昆山经济技术开发区。昆山经济技术开发区资产经营有限公司与龙腾控股有限公司共同出资组建，通过高达16亿美元的资金投入，打造出中国第三座第五代液晶显示面板生产厂。龙腾光电是一家专业从事台式显示器、笔记本电脑及液晶电视显示面板产品的研制、生产和销售的高新技术企业。目前产品涵盖了10.1寸至26寸之间的液晶显示面板。

龙腾光电一直致力于自主技术的研究与开发，消化再创新技术，并秉承沟通、融合、传承、创新、领先的理念持续追求成长。目前公司已完成申请及授权自主创新专利131项，这些自主专利的发明填补了国内在TFT-LCD产业上的技术空白，通过这些专利技术可有效提高液晶面板的显示质量及产品良率，全力打造中国自有的液晶产业。

在国家政策的支持下，2008年，龙腾光电获批成立江苏省（龙腾）平板显示研究院、江苏省工程技术中心以及江苏省博士后科研工作站等科研机构；2009年，完成产能扩充后，由原来月产能投入3万片母玻璃基板（1.1m×1.3m）提高到11万片，成为中国最具规模的五代线生产厂；2010年，更在电子信息百强企业排名第81位。我们深信在TFT-LCD被国家列为十一五规划中优先发展产业的大好形势下，同时在昆山经济技术开发区光电产业园努力实现产业链各环节上的协同整合，最大限度减少企业生产成本等政策的扶持下，龙腾光电将建构出中国最完整的平面显示器产业链及服务网络，成为中国液晶显示面板的领航者。

江苏改革年鉴

Jiangsu Reform Yearbook

2011 卷

江苏改革年鉴编纂委员会

江苏人民出版社

图书在版编目(CIP)数据

江苏改革年鉴.2011卷/江苏改革年鉴编纂委员会编.—南京:江苏人民出版社,2011.10

ISBN 978-7-214-07528-4

Ⅰ.①江… Ⅱ.①江… Ⅲ.①改革开放-江苏省-2011-年鉴.Ⅳ.①D619.53-54

中国版本图书馆CIP数据核字(2011)第204060号

江苏改革年鉴

2011卷

江苏省发展和改革委员会主管

江苏省经济体制改革研究会主办

江苏人民出版社出版

通信地址:南京市北京西路70-1号101、102室 邮政编码:210024

编辑部电话:025-83208482 83751626 电子邮件:jsggnj@126.com

江苏省地质测绘院印刷厂印刷

开本:889×1194毫米 1/16 正文印张:32 字数:843千字 印数5000册

2011年10月第1版 2011年10月第1次印刷

标准书号:978-7-214-07528-4 定价:380.00元

序

1978年,党的十一届三中全会揭开我国改革开放的大幕,全国真理标准问题大讨论及“解放思想、实事求是”思想路线推动了江苏经济社会的发展。江苏以兴办乡镇企业为特色,创造了“苏南模式”;在全国率先进行省辖市代管县的行政区划改革试点,初步形成以大中城市为中心、小城镇为纽带、广大乡村为腹地,以城带乡、城乡融合的发展新格局,大大地推进了工业化、城市化进程。在第一届“全国农村综合实力百强县”评比中,江苏无锡、武进、江阴三县分列全国百强县的前1、2、3名,以集体经济为特点的“苏南模式”驰名全国。

90年代,以邓小平南巡讲话和上海浦东开发开放为动力,江苏外向型经济迅速发展,以外向型经济为主、多种经济形式和谐共生的“新苏南经济模式”成长,这是江苏又一次创新。这一时期,江苏改革开放迈出新步伐,社会主义市场经济体制进一步完善,以公有制为主体,国有、民营、外资经济共同发展的格局不断优化;农村改革、行政管理体制改革、医药卫生体制改革、文化体制改革步伐加快。至2003年,江苏人均GDP已突破2000美元,达到2033美元;进出口总额首次突破千亿美元,达到1137亿美元;实际外商直接投资158亿美元,首次位居全国第一。

走进新世纪,面对经济全球化和国内经济社会发展加速市场化、工业化与信息化、城市化,江苏提出富民强省和“两个率先”的奋斗目标。在科学发展观的指引下,重点领域和关键环节的改革向纵深推进;以公有制为主体,国有、民营、外资经济“三足鼎立”、共同发展的格局更加优化;“引进来”、“走出去”的双向开放局面正在形成,全省引进外资连续八年位居全国第一。2010年,江苏省GDP突破4万亿元,达到40903亿元;人均GDP突破7000美元,达到7750美元;财政总收入突破万亿元,达到11743亿元。城市化和城市现代化步伐加快,城市化率达到60.6%,二三产业增加值占GDP比重达93.8%。人民生活明显改善,恩格尔系数保持在37.1%,全省城乡居民收入差距为全国较小省份之一;教育、文化、卫生等社会事业加快发展,实现了城乡低保、新型农村合作医疗、城镇居民基本医疗保险、新型农村社会养老保险“四个全覆盖”,其中城镇劳动保障三大保险各自覆盖面达97.6%，新型农村合作医疗覆盖面达99.7%。

2011年，是“十二五”的开局之年，江苏省委省政府继续深入贯彻落实科学发展观，着力推进经济结构调整和自主创新，着力统筹城乡和区域协调发展，着力加强环境保护和生态建设，着力深化改革和扩大开放，着力改善民生和促进社会和谐稳定；围绕“十二五”时期六大发展战略，突出创新驱动，突出改善民生，突出深化改革开放，突出社会管理创新，努力推动经济社会又好又快发展。

回顾江苏改革历程，发展和改革是相生、相伴、相依、相存的，只要有发展，就必须有改革；展望江苏未来发展，改革仍将是破解经济社会发展中体制性、结构性矛盾的根本措施。

正鉴于此，江苏省发改委决定编纂《江苏改革年鉴》，将改革的每一步载入史册。

经过近一年多的酝酿筹备、资料搜集与编纂整理，《江苏改革年鉴》（2011卷）最终成书付梓，正式与读者见面。此书本着以改革的精神编纂改革年鉴的指导方针，以改革为主线，力求风格清新、行文规范、言简意赅、资料来源准确权威，有望成为江苏省具有权威性的改革参考资料，将有助于我们更好地记录历史、总结经验、探索未来！

这部《年鉴》的问世，是江苏发改系统的一件大事，也是我省改革史上的一次有益探索。希望广大读者关注江苏改革，关注《江苏改革年鉴》；也希望编辑部的同志能一步一个脚印，坚持不懈地编下去，将江苏改革的每一步载入史册，为读者提供参考。

2011年9月

出版说明

一、《江苏改革年鉴》是由江苏省发展和改革委员会主管，江苏省经济体制改革研究会主办，全面反映全省年度改革情况的大型专业性、资料性工具书。

二、《江苏改革年鉴》2011 卷是江苏省发改系统第一本有关改革的年鉴，收录内容为 2010 年 1 月至 12 月发生的有关江苏改革的资料。

三、《江苏改革年鉴》本着以改革的精神编纂改革年鉴的理念，坚持以史料为基础、用事实说话，与传统年鉴相比，从内容到形式力争有新的突破和创新，具有以下鲜明特点：

1. 主题突出——突出改革，以改革为主线，所有材料与改革相关，是一部名副其实的改革年鉴。

2. 结构合理——按照要文篇、政策篇、部门篇、地方篇、专题篇、附录等章节收集、整理、编纂材料，做到条理清晰。

3. 内容全面——全书有领导人讲话、政策法规、政府工作报告，乃至某部门、某单位的改革实践等，以史实为主，也有评论，点、线、面结合。

4. 客观权威——所有文字从政府已公开的材料中摘取加工而成，或相关主管部门直接撰写供稿。如：要文篇等，均来源于主流媒体和政府网站，全文刊登，体现了其严肃性、完整性、权威性；热点聚焦、改革视点、大事记等，由编辑部从媒体、政府报道或公布的事实材料中提炼加工而成，保证了视角和立场的客观公正；地方篇和部门篇等由省、市发改委统一审核供稿，保证了专业性、权威性。

四、本年鉴在编纂过程中，自始至终得到了江苏省发展和改革委员会、省体改研究会领导的大力支持与指导，以及相关部门的配合。值此出版之际，特致以衷心的感谢；特别要感谢原江苏省委书记陈焕友同志为《江苏改革年鉴》题词，对年鉴的关心和重视。该年鉴的出版，同时也得到了江苏人民出版社和江苏省地质测绘院印刷厂的鼎力支持，在此一并致谢！

《江苏改革年鉴》编辑部

2011 年 7 月

《江苏改革年鉴》编纂委员会

朱　晋	南通市人民政府副市长
张乃军	宿迁市发展和改革委员会副主任
李仲林	江苏省发展和改革委员会经济体制改革处调研员
李君良	江苏省发展和改革委员会经济体制改革处副处长
周荣华	江苏省信息中心主任
茆同风	江苏省经济体制改革研究会副秘书长
洪庆生	扬州市发展和改革委员会副主任
袁友芳(女)	江苏省发展和改革委员会经济体制改革处处长
郭士贵	淮安市发展和改革委员会副主任
钱文龙	常州市人大财经委主任
钱　钢	徐州市发展和改革委员会副主任
钱晓兰(女)	江苏省发展和改革委员会社会事业改革处处长
黄元宰	南通市发展和改革委员会主任助理
蒋少杰	江苏省经济体制改革研究会副会长、秘书长
蒋伏心	南京师范大学经贸学院院长、博导

主管单位　江苏省发展和改革委员会

主办单位　江苏省经济体制改革研究会

主　　编　曲福田

执行主编　陈鸿昌

副 主 编　周荣华　蒋少杰　袁友芳　钱晓兰
李君良　李仲林　茆同风

《江苏改革年鉴》编辑部

主　　任　蒋少杰　茆同风

副 主 任　方大春

责任编辑　魏晋霞　花　蕾

编　　辑　简　丽　易　武

美　　编　戴之进

发　　行　贡辉京　徐　清　张　静

地址:南京市北京西路 70－1 号 101、102 室

邮编:210024

电话:025－83208482　　83751626

传真:025－83751626

编辑部电子邮箱:jsggnj@126.com

目　　录

要　文　篇

政　策　篇

部　门　篇

地 方 篇

专　题　篇

医疗卫生体制改革

城乡发展一体化

附　　录

CONTENTS

Important Articles

Policies

Departments

Regions

Special Topics

Health Care Reform

Urban-rural Integration

Appendix

要文篇

关于制定江苏省国民经济和社会发展第十二个五年规划建议的说明

罗志军

（2010年11月10日）

《中共江苏省委关于制定江苏省国民经济和社会发展第十二个五年规划的建议》起草工作，是在省委常委会的直接领导下进行的。根据省委要求，有关部门从今年初开始，就着手进行起草“十二五”规划建议和纲要的一系列前期准备工作。文件起草前，省委在全省党内较大范围征求了意见。8月份，省委举办领导干部学习会，深入研究“十二五”发展的重大问题，进一步统一了思想认识。保华书记主持省委常委会，数次讨论《建议》稿，并就贯彻党的十七届五中全会精神、制定好《建议》进行了专题研究，对《建议》的指导思想、发展目标和主要任务提出了重要意见。在提交这次全会审议前，省委又下发《建议》稿广泛征求了各地、各部门党委(党组)的意见，召开座谈会认真听取了省人大、省政协、党内老同志、省各民主党派和工商联负责人及无党派人士的意见。经过反复修改，数易其稿，形成了目前提交全会审议的《建议》讨论稿。《建议》的形成过程，是科学决策、民主决策的过程，是总结过去、规划未来的过程，也是统一思想认识、形成广泛共识的过程。《建议》经这次全会审议通过后，省政府将据以编制“十二五”规划纲要(草案)，提请省十一届人大四次会议审议批准后颁布实施。

现在，我受省委常委会委托，对《建议》作几点说明。

一、关于“十一五”时期江苏经济社会发展的主要情况

“十一五”时期是我省在科学发展道路上迈出坚实步伐的五年。这是《建议》的一个重要判断，完全符合江苏实际。五年来，我省经济社会发展经受了重大考验，取得了巨大成就，综合实力大幅提升、城乡面貌显著变化、人民群众得益更多，“十一五”规划确定的主要目标和任务能够胜利完成。一是综合经济实力迈上一个大台阶。预计全省地区生产总值年均增长13%以上，今年可超过4万亿元，人均地区生产总值超过7000美元。财政总收入突破万亿元，其中地方一般预算收入超过3900亿元。二是转变经济发展方式取得重大进展。今年全省六大新兴产业销售收入将超过2万亿元，高新技术产业产值占规模以上工业比重超过30%，服务业占地区生产总值的比重超过40%，区域创新能力由全国第四位上升到第一位。三是城乡区域统筹发展水平显著提高。粮食连续七年增产，高效农业占比达到1/3。全省城市化率今年将达到57%，五年提高6.5个百分点。城乡发展一体化进程加快，城乡居民收入差距是全国最小的省份之一。沿海开发开局良好，区域共同发展实现历史性突破，苏北主要经济指标增速连续四年高于全省平均水平。四是生态文明建设成效明显。连续四年完成化学需氧量、二氧化硫减排任务，目前已分别完成“十一五”减排总目标的110%和123%。太湖治理取得阶段性成效。森林覆盖率和城市绿化覆盖率分别达到20%和42%。五是民生得到显著改善。预计城镇居民人均可支配收入、农民人均纯收入年均分别增长13.3%和10.6%。城乡低保、新型农村合作医疗、城镇居民基本医疗保险、新型农村社会养老保险实现全覆盖。解决了1200 万农村居民饮水安全问题。各项社会事业加快发展。平安江苏、法治江苏建设扎实推进,社会保持和谐稳定。全省总体上达到省定全面小康指标,谱写了又好又快推进“两个率先”的新篇章。这些成绩的取得,是党中央、国务院正确领导的结果,是全省人民共同奋斗的结果,也得益于历届省委、省政府打下的良好基础。

五年来我们走过的历程极不平凡,取得的成绩来之不易,积累的经验弥足珍贵。这五年国内外环境的复杂性和重大风险挑战的严峻性历史罕见。我们不仅在应对挑战中取得了超出预期的发展成果,而且积累了在复杂环境中推动科学发展的重要经验。《建议》全面总结了这五年发展的宝贵经验,主要是“五个坚持”:坚持以科学发展观统领“两个率先”全局,坚持以结构调整和自主创新培育新的增长点,坚持以统筹兼顾增强发展的协调性,坚持以深化改革开放增添科学发展的动力和活力,坚持以改善民生为重点加强社会建设。这些经验是全省人民共同创造的精神财富,不仅对“十一五”发展起到了至关重要的作用,而且对“十二五”乃至更长时期的发展具有重大而深远的指导意义。

二、关于“十二五”规划的指导思想和主要目标

“十二五”时期是江苏全面实现小康并向基本现代化迈进的重要时期,也是加快转变发展方式、推动经济转型升级的关键阶段。根据党的十七届五中全会精神,结合江苏省情和发展实际,《建议》明确了制定“十二五”规划的指导思想,并提出了贯彻指导思想的“五个必须”的基本要求。这里重点说明三条:

一是必须把推动科学发展、建设美好江苏作为“十二五”时期发展的主题。提出这一主题,是《建议》一个最鲜明的特点。党的十六大以来,中央对江苏发展提出了一系列新要求,特别是胡锦涛总书记殷切期望江苏在科学发展的道路上迈出更加坚实的步伐,把江苏的明天建设得更加美好。《建议》提出以推动科学发展、建设美好江苏为主题,这是科学发展观在江苏实践的具体化。主要考虑:第一,发展仍然是解决所有问题的关键。科学发展观的第一要义是发展。按照小平同志提出的现代化建设“三步走”战略,我们已成功实现了第一、第二步目标,实现了从温饱到小康的历史性跨越。下一步,我们要全面建成更高水平小康社会并向基本实现现代化迈进,更好地满足人民群众日益增长的物质文化需求,最根本的要靠发展。“十二五”期间,无论是化解长期积累的深层次矛盾,还是应对不断出现的新问题,都要在发展的过程中、在物质财富大大增加的基础上才能更好地解决。要紧紧抓住发展这个第一要务不放松,牢固确立发展和富民的鲜明导向,聚精会神搞建设,一心一意谋发展,努力使社会生产力有更大发展、综合实力有更大提升、人民生活有更大改善。第二,我省发展面临难得的历史机遇。今后一个时期,我们仍然处于可以大有作为的重要战略机遇期。世界经济发展格局出现新变化,科技创新孕育新突破;我国工业化、信息化、城镇化、市场化、国际化深入发展,经济社会发展长期向好的基本面没有改变;长三角区域经济一体化进程加快,江苏沿海地区发展进入国家战略。对江苏来说,调整产业结构、发展创新型经济、拓展新的发展空间,面临着多重叠加机遇。只要我们珍惜机遇、抓住机遇、用好机遇,就一定能够实现又好又快发展。第三,这是确保实现“两个率先”的需要。实现“两个率先”,是江泽民同志、胡锦涛总书记对江苏发展提出的明确要求。必须看到,国际金融危机发生以来,全球经济、科技领域竞争更加激烈,国内区域之间新一轮竞相发展态势已经形成。在这场竞争中,不进则退,慢进也是退。必须始终保持清醒头脑,增强忧患意识,奋发有为,埋头苦干,努力在竞争中抢占制高点、增创新优势。同时,我们要深刻认识到,坚持发展是硬道理的本质要求就是坚持科学发展,确保实现“两个率先”关键要靠科学发展。要更加自觉地走科学发展道路，认真落实《建议》提出的“四个更加注重”的要求，努力建设江苏更加美好的明天。

二是必须把加快转变经济发展方式作为“十二五”时期发展的主线。加快转变经济发展方式是推动科学发展的必由之路，是江苏实现经济大省向经济强省跨越的刻不容缓的战略任务。近几年来，胡锦涛总书记多次要求江苏以更大的决心、更有力的措施加快转变经济发展方式。在这个问题上，我们一定要增强紧迫感和责任感，主动转、加快转、率先转，努力形成新的竞争优势。必须清醒地看到，我省经济增长粗放的状况尚未完全改变，资源约束加剧，环境压力加大，区域发展差距比较明显，社会建设相对滞后于经济发展，居民收入水平与经济发展水平还不相适应。只有加快转变经济发展方式，才能更好地解决这些突出矛盾和问题。我们还要看到，加快转变经济发展方式是经济社会领域的一场深刻变革。江苏改革开放走在全国前列，经济社会发展已进入新的阶段，有些问题可能会比其他省份更早地遇到，我们对工作的思考和安排必须更具前瞻性和创造性。为此，《建议》提出了“三个突出”、“三个转变”的基本要求。这些要求既相互联系又相互促进，为加快转变经济发展方式指明了努力方向和工作重点。我们要坚决打好转变经济发展方式这场硬仗，切实做到在发展中促转变，在转变中谋发展，进一步提高发展的全面性、协调性、可持续性。

三是必须根据科学发展新要求和发展阶段新变化实施六大发展战略。“十五”以来，江苏坚持不懈地实施科教兴省、经济国际化、城市化、区域共同发展和可持续发展五大战略，极大地推动了全省改革开放和现代化建设。针对“十二五”面临的新形势新任务，《建议》在原五大战略的基础上，审时度势，明确提出了六大战略，这是省委对战略思想的深化和提升，是对战略体系的丰富和完善，也是对战略举措的创新和加强。

这里，我着重说明四个问题：第一，关于科教与人才强省战略。实现“两个率先”，科技是关键，教育是基础，人才是根本。这三者之间是有内在联系的，也是不可分割的。把科教兴省战略提升为科教与人才强省战略，并作为经济社会发展的基础战略，目的就是要充分发挥江苏科技教育的优势，突出人才第一资源的作用，坚持建设科技强省、教育强省与人才强省紧密结合，“三位一体”统筹推进，以科技强、教育强、人才强为基础，为建设经济强省提供重要支撑。第二，关于创新驱动战略。把创新驱动提升到战略层面，并作为经济社会发展的核心战略，这是《建议》的一个重大突破。加快经济转型升级，最关键的是要推动经济发展由主要依靠物质资源消耗向创新驱动转变；解决发展中的深层次矛盾和问题，最根本的是要靠理念创新、体制创新和管理创新。确立这一战略，进一步强化了创新发展的鲜明导向，必将推动我省经济社会发展尽快走上创新驱动的轨道。第三，关于城乡发展一体化战略。根据江苏现代化建设的进程，将城市化战略拓展为城乡发展一体化战略，主要是着眼于打破长期以来的城乡二元结构，从战略上更加突出统筹城乡发展、形成城乡经济社会发展一体化新格局的要求。这一战略上的拓展和完善，有利于推动加快新型工业化与发展现代农业相结合、推进城市化与建设新农村相结合、生产方式转变与生活方式转变相结合，加快建立以工促农、以城带乡的长效机制。第四，关于区域协调发展战略。根据科学发展的要求和我省发展阶段的变化，将区域共同发展战略深化为区域协调发展战略，更加强调了区域之间的优势互补和良性互动，有利于发挥三大区域的各自优势，健全区域协调发展的联动机制，逐步缩小区域发展差距。经济国际化和可持续发展这两大战略，尽管提出时间较长，但对于江苏未来发展仍具有重大和现实的指导作用，“十二五”时期，我们要根据形势的发展变化，赋予其新的内涵，继续坚定不移地贯彻实施。

在综合分析各方面因素和条件的基础上，《建议》从八个方面提出了我省“十二五”时期经济社会发展的主要目标。这些目标以导向性为主,体现了定性与定量相结合、连续性与前瞻性相结合的要求。"十二五"规划将根据《建议》确定的目标,提出包括约束性指标在内的较为具体的指标,提交省人代会审议。

《建议》提出的两个阶段性目标是:"到2015年,全省综合经济实力、自主创新能力、国际竞争力和可持续发展能力显著增强,全面建成更高水平小康社会,苏南等有条件的地方在巩固全面小康成果基础上率先进入基本现代化,人民群众普遍过上更加宽裕安康的生活,为2020年全省基本实现现代化打下具有决定性意义的基础。"这是与省委十届五次全会提出的"两个率先"总目标相衔接的,也是与今年国家制定的长三角地区区域规划目标要求相一致的。下面,我着重就三个重要指标作一些说明。

第一,经济增长指标。《建议》提出"十二五"期间全省经济年均增长10%左右,主要是出于这样的考虑:一是体现率先发展要求。江苏应该比全国平均速度快,这是小平同志对我们的谆谆嘱托,中央也要求江苏等东部沿海地区率先发展。我省保持10%左右的增长速度,有利于延续较好的发展势头,确保到2015年人均地区生产总值超过1万美元,为2020年率先基本实现现代化奠定雄厚的经济基础。二是有较大的可行性。改革开放以来全省经济年均增长速度达到12.6%,"十五"和"十一五"前四年年均增长分别达到12.9%和13.7%,未来几年全省经济仍有较大的增长潜力,保持10%左右的增长速度是完全可能的。三是适当留有余地。现在这个目标低于"十一五""年均增长10%以上"的目标要求,也低于"十五"、"十一五"的实际增速,主要是为促进经济结构调整、加快发展方式转变留出较大空间。

第二,创新能力指标。《建议》提出研发投入占地区生产总值的比重达到2.5%,科技进步贡献率提高到60%以上,这是率先建设创新型省份的基本要求。研发投入占地区生产总值的比重检验的是科技投入的强度,科技进步贡献率反映的是科技进步对经济增长贡献度,2009年我省这两个指标分别达到2.04%和52.3%。目前,世界公认的创新型国家标准是研发投入占地区生产总值的比重达到2.5%以上,科技进步贡献率在70%以上。我国《中长期科学技术发展规划》确定到2020年科技进步贡献率为60%。根据目前江苏科技进步水平,综合国家的要求和创新型国家的标准,确定我省这两个指标的目标值分别为2.5%和60%。

第三,民生改善指标。《建议》提出,"十二五"时期要把富民作为改善民生的突出任务,启动实施居民收入七年倍增计划,并在2011年实现年人均纯收入低于2500元的农村贫困人口全部脱贫。主要考虑:一是落实中央要求。中央在"十二五"发展目标中提出,努力实现居民收入增长和经济发展同步、劳动者报酬增长和劳动生产率提高同步,我们必须在"十二五"发展中认真落实。二是顺应群众呼声。目前城乡居民期盼最大、呼声最高的仍然是增加收入、改善生活。"十二五"时期,必须继续坚持富民优先方针,加快提高城乡居民收入,让人民群众过上更好的生活。

三、关于保持经济平稳较快发展和加快产业结构调整

(一)着力扩大内需,保持经济平稳较快发展。加快形成消费、投资、出口协调拉动经济增长新格局,这是江苏在需求结构调整中必须解决的重大课题。《建议》提出,要把扩大消费需求作为扩大内需的战略重点,建立扩大消费需求的长效机制。从江苏实际看,尽管我省消费率连续三年上升,但仍然低于全国平均水平,低于同期投资率5个百分点,特别是反映最终需求的居民消费率仍然不高。如果居民消费率上不去,投资形成的产能就难以有效释放,扩大内需就缺乏持续动力。"十二五"时期,必须积极顺应城乡居民消费结构转型升级的新趋势,通过增加居民收入、完善社会保障体系、制定和落实鼓励消费的政策措施,提高消费能力,改善消费预期,优化消费环境,推动消费尽快成为我省经济增长的第一动力。《建议》还提出,发挥投资对扩大内需的重要作用,必须切实增加有效投入。在现阶段,保持合理的投资规模,对于提升优化产业结构，增强经济发展后劲，仍然至关重要。关键是要优化投资结构，提高投资质量和效益，形成投资消费良性互动增长机制，创造更加有效的最终需求。

（二）加快产业结构调整，着力构建现代产业体系。我省经济已进入全面转型升级的关键阶段，根据中央部署和长三角区域发展规划，我们要加快建立以高新技术产业为主导、服务经济为主体、先进制造业为支撑、现代农业为基础，结构优化、技术先进、清洁安全、附加值高、吸纳就业能力强的现代产业体系。《建议》对构建现代产业体系提出了六个方面的明确要求，我重点说明三个问题：一是深入实施"三大计划"。实施新兴产业倍增、服务业提速、传统产业升级计划，是我省产业结构调整的战略举措，也是推动经济转型升级的重要抓手。省委、省政府已经作出全面部署，今后几年关键是要进一步抓好落实。重点发展新能源、新材料、生物技术和新医药、节能环保、软件和服务外包、物联网和新一代信息技术六大战略性新兴产业，加大规划引导和政策支持力度，促进新兴产业跨越发展，到 2012 年实现销售收入倍增，2015 年超过 5 万亿元。坚持把发展服务业作为产业结构调整的战略重点，大力发展金融、现代物流、软件和信息服务、文化创意等现代服务业，促进服务业比重提高、结构优化、竞争力提升，加快形成以服务经济为主的产业结构。我省目前的电子信息、装备制造、石油化工三大主导产业已成为工业经济的重要支撑，传统产业规模很大，38 个工业大类中有 23 个居全国前三位。要推动信息化与工业化融合发展，推动现有主导产业向高端发展，积极运用高新技术和先进适用技术改造提升传统产业，提高附加值，增强竞争力。二是进一步提高产业集约发展水平。不管是发展制造业还是服务业，都要走集约发展之路，推动产业集聚、企业集群、资源集约利用。坚持因地制宜、分类指导、错位发展，加快建成一批万亿元级、千亿元级的特色产业基地。加快发展大企业大集团，培育一批规模大、实力强、具有核心竞争力的行业龙头企业。三是加快形成现代化基础设施支撑体系。"十二五"时期，要按照率先实现基础设施现代化的要求和提升完善、适度超前的原则，大力推进新一轮基础设施建设。突出抓好重点港口、重要机场、铁路枢纽、轨道交通建设，构建现代化综合交通运输体系。加快推进长江深水航道整治、南水北调一期、新一轮治淮等重点工程，加大中小河流治理力度，构建现代化水利基础设施体系。注重完善基础设施的配套服务能力，提升管理水平，充分发挥功能性作用，为经济社会发展提供有力支撑。

四、关于进一步增强经济发展动力

（一）大力实施科教与人才强省战略和创新驱动战略，率先基本建成创新型省份。《建议》围绕全面落实国家和省中长期科技、教育、人才规划纲要，对增强自主创新能力，推进教育现代化，建设人才强省提出了要求。一是显著增强科技自主创新能力。这是转变经济发展方式最核心的任务。重点解决好两个问题：第一，投入问题。建立健全以财政资金为引导、企业投入为主体、社会资本广泛参与的多元化科技创新投入体系，强化企业在技术创新中的主体地位。第二，产学研合作问题。从体制层面、政策层面、利益层面，继续推动科研项目与产业需求对接，促进科技成果加快向现实生产力转化。二是加快推进教育现代化。坚持教育优先发展，大幅度增加教育投入，大幅度提高教育质量，大力促进教育公平，大力加强教师队伍建设，继续保持我省教育事业发展的领先优势。把教育改革与发展需要紧密结合起来，进一步优化教育结构，创新办学模式，更好地满足经济转型升级对人才的需求。强化教育的公益性和普惠性，合理配置公共教育资源，统筹城乡、区域、校际教育发展。三是大力推进人才强省建设。把加强人才队伍建设作为强省之基、竞争之本、转型之要，坚持人才投入优先保证，人才资源优先开发，人才结构优先调整。深入实施"十大人才工程"，努力培养和集聚大批高层次科技人才、高水平创新创业团队、高素质管理人才、高技能实用人才，以人才优先发展引领经济社会又好又快发展。

(二)深入推进改革开放,增强科学发展的动力与活力。《建议》对深化体制改革进行了部署,这里重点说明三个问题:一是深化行政管理体制改革。近年来,我们把深入贯彻落实科学发展观、建设服务型政府作为一以贯之的奋斗目标,在行政管理体制改革上取得了较大进展,但与科学发展的要求和人民群众的期望相比,仍有不小的差距。必须以转变政府职能为核心,加快推进政事分开、政企分开,进一步减少行政审批事项,提高行政效率,更好地履行社会管理和公共服务职能。坚持科学民主决策,严格依法行政,强化行政问责制。深入推进政务公开,加快电子政务建设,实现行政权力网上公开透明运行,增强公共政策制定透明度和公众参与度,提高政府公信力。探索实行省直管县体制,开展经济发达镇行政管理体制改革试点。二是继续调整和完善所有制结构。坚持"两个毫不动摇"的方针,努力营造各种所有制经济依法平等使用生产要素、公平参与市场竞争、同等受到法律保护的体制环境。加大国有企业兼并重组力度,推动国有企业做强做大;完善国有资产管理体制,确保国有资产保值增值。引导民营经济在转变发展方式中有更大作为,切实增强市场竞争力、抗风险能力和可持续发展能力。认真落实支持民营经济发展的政策措施,为民营经济发展创造更加宽松的环境。三是推进财税金融价格体制改革。突出抓好三个方面:第一要完善省直管县财政体制,健全财政转移支付制度,增强基层政府提供基本公共服务的财力保障;第二要调整和优化财政支出结构,把更多的财力用于社会建设和改善民生;第三要创新财税激励约束机制,强化有利于转变经济发展方式的利益导向。深化金融体制改革,支持企业扩大直接融资规模,大力发展创业投资、各类股权基金和产业基金,鼓励和促进地方金融机构成长壮大。引导金融机构加大对科技创新、中小企业和农村经济的资金扶持,更好地为经济社会发展服务。

开放是江苏的一大特色和优势。"十二五"时期,我们要适应国内外发展环境的新变化,进一步提升经济国际化水平,确保开放型经济在全国的位次不后移、份额不减少、质量有提升。这里重点说明两个问题:一是提高对外贸易和利用外资水平。目前我省对外贸易面临着人民币升值、贸易摩擦加剧、原材料和用工成本上升等诸多挑战,必须加快调整外贸结构,提升国际竞争力。"十二五"时期,要着力调整两个结构:即调整出口产品结构,提高一般贸易、服务贸易、自主知识产权和自主品牌产品出口比重,推动外贸出口由量的扩张向质的提升转变;调整出口市场结构,深度发掘美日欧等重点市场潜力,大力拓展新兴市场,推进市场多元化。优化利用外资结构,引导外资更多地投向高新技术产业、现代服务业、现代农业等领域和沿海地区,更好地为产业升级、区域协调发展服务。充分发挥我省对台交流的独特优势,全面推进与台湾多个领域的交流合作,使江苏成为两岸经贸合作最紧密的地区。二是加快"走出去"步伐。"十二五"时期,江苏既要进一步扩大"走出去"的数量和范围,更要注重提高"走出去"的层次和水平。要充分利用后国际金融危机时期世界经济结构加快调整的机遇,在全球范围内寻找高端发展要素,充分利用海外的市场、技术、人才和能源资源,开拓更大的经济国际化发展空间。

五、关于更加注重全面协调可持续发展

(一)加大统筹城乡发展力度,加快推进城乡经济社会发展一体化。解决"三农"问题,缩小城乡差距,是全面建设小康社会、加快现代化步伐中最艰巨、最繁重的任务。"十二五"时期,必须坚持把解决好"三农"问题作为全局工作的重中之重,协调推进工业化、城市化和农业现代化,加快形成城乡发展一体化的新格局。重点说明四个问题:一是建立健全城乡发展一体化体制机制。坚持以破除城乡二元结构为突破口,加快体制机制创新,大力推进"五个一体化",促进公共资源在城乡之间均衡配置、生产要素在城乡之间自由流动。积极开展城乡发展一体化综合改革试点,探索不同地区城乡统筹

发展的路径。二是大力发展现代农业。始终重视和加强农业的基础地位，加快转变农业发展方式，着力构建现代农业产业体系。要根据人多地少这一基本省情，坚持走中国特色、江苏特点的农业现代化道路，用现代装备武装农业、现代科技提升农业、现代理念经营农业、现代知识培训农民，稳定粮食生产，发展高效设施农业，提高农业现代化建设水平。三是加快推进社会主义新农村建设。促进农民增收仍然是新农村建设的核心任务。要推进农业、就业、创业、物业“四业富民”，发展壮大村级集体经济，加大扶贫工作力度，千方百计提高农民收入。进一步完善新农村建设规划，继续抓好各项农村实事工程的推进和落实，完善农村基础设施，全面加强农田水利建设，加大农村环境综合整治力度，提高农村公共服务水平，努力建设农民幸福生活的美好家园。四是积极推进新型城市化。一方面，要提高城镇综合承载能力。坚持走新型城市化道路，按照统筹规划、合理布局、完善功能、以大带小的原则，以特大城市、大城市为依托，以中小城市为重点，形成辐射作用大的城市群，促进大中小城市和小城镇协调发展，增强吸纳人口、集聚产业和扩大就业的能力。在城市化进程中，要尊重经济发展规律和群众意愿，依法严格规范征地拆迁行为，切实维护人民群众合法权益。进一步完善土地管理制度，强化用地节地责任和考核。另一方面，要提高城市化管理水平。大城市要加强和改进人口管理，中小城市和小城镇要根据实际放宽外来人口落户条件，把符合落户条件的农业转移人口逐步转为城镇居民，同时要注重从制度上解决好农民工权益保护问题。

（二）在新起点上推动区域协调发展，拓展持续发展新空间。进一步缩小南北发展差距，在更高层次上促进区域协调发展，是“十二五”时期必须继续着力解决的重大问题。《建议》从六个方面进行了部署，这里重点说明三个问题。一是推动新一轮沿海开发取得重大突破。省委、省政府已经出台了贯彻落实《江苏沿海地区发展规划》的实施意见和政策措施。“十二五”期间，要举全省之力推进沿海地区大开发大发展，坚持科学开发、集约开发、绿色开发，统筹推进港口建设、产业发展、城镇发展和环境保护，打造我国东部地区重要的经济增长极。二是加快苏北振兴步伐。实现全面小康，关键在苏北，难点也在苏北。从根本上改变苏北发展滞后的局面，重点要做好两个方面的工作：一要继续加大对苏北发展的扶持力度。深入推进产业、财政、科技、劳动力“四项转移”和南北共建开发园区，并根据苏北各市的特点，因地施策，有针对性地给予扶持和帮助。二要增强苏北发展的内生动力。充分发挥好苏北的后发优势，加快新型工业化、城市化、经济国际化进程，大幅度提高城镇综合承载能力，更大力度承接国内外产业转移，加快培育壮大优势主导产业，推动苏北实现跨越发展。三是推进重点产业带建设和区域联动发展。继续加大沿海、沿东陇海线产业带建设力度，进一步提升沿沪宁线、沿江产业带发展水平。推动苏南加快经济转型升级，增强自主创新能力和国际竞争力，更好地发挥对苏中苏北的辐射带动作用。完善区域互动发展机制，继续实施跨江开发和江海联动开发，促进苏中尽快融入苏南经济板块。

（三）加快生态省建设，增强可持续发展能力。《建议》从五个方面进行了全面部署，重点说明三个问题：一是强化节能减排。中央提出，要把大幅度降低能源消耗强度、二氧化碳排放强度和削减主要污染物排放总量作为约束性指标，进一步强化目标责任考核。从我省发展实际来看，预计“十二五”末全省经济总量将超过6万亿元，如果延续现在的能耗、排放水平，资源环境的瓶颈制约将进一步加剧。必须继续把节能减排作为硬约束、硬任务，采取标本兼治、重在治本的措施，确保完成国家下达的刚性目标任务。二是加大环境综合整治力度。顺应人民群众对改善人居环境的迫切要求，大力实施“清水蓝天”工程，让老百姓喝上干净的水、呼吸到清洁的空气、吃上放心的食物。太湖水污染治理是一项长期艰巨的任务。“十二五”时期，仍然要把太湖治理作为生态文明建设的重中之重,深入实施太湖流域水环境综合治理总体方案,促进太湖水质持续改善。三是完善生态环保体制机制和防灾减灾体系。加强生态环境保护,需要从完善体制机制入手,综合运用法律、经济、技术和必要的行政手段,确立保护生态环境的政策导向、利益导向和考核导向。为此《建议》提出了一系列重点任务,目的就是要形成源头控制、过程优化、末端治理相结合的环保机制,为保护生态环境提供坚强保障。近几年来,我国重特大自然灾害频发,给人民生命财产和经济社会发展造成重大损失。我们要未雨绸缪,防范在先,切实加强防灾减灾体系建设,确保人民群众生命财产安全。

六、关于加强社会建设和改善民生

(一)加快文化强省建设,推动文化大发展大繁荣。一个地区在发展过程中,既要重视提高经济竞争力,也要重视提升文化软实力。《建议》提出了建设文化强省四个方面任务,我作两点说明:一是提高全民文明素质。现代化的核心是人的现代化。必须把加强公民素质建设放在更加突出的位置,倡导爱国守法、敬业诚信,提倡责任意识、人文关怀,构建传承中华传统美德、符合社会主义精神文明要求、适应社会主义市场经济的道德和行为规范。要继续弘扬“创业创新创优”的新时期江苏精神,激发全社会创造活力。二是加快发展文化事业和文化产业。文化的社会效益是第一位的。政府要履行好发展公益性文化事业的责任,全面建成覆盖全社会的公共文化服务体系,更好地满足人民群众的基本文化需求。随着现代经济与文化因素的融合,文化的经济效益更加凸显。要加快推动文化产业大发展,打造重点文化产业集群,培育骨干文化企业,尽快使文化产业成为江苏的支柱产业。

(二)着力保障和改善民生,促进社会和谐稳定。《建议》提出了“十二五”时期我省社会建设的重点任务,首先是要坚持民生优先,办好改善民生实事,特别要提高社会保障和基本公共服务均等化水平,同时要加强社会管理能力建设。我们要把推进基本公共服务均等化作为社会事业领域改革发展的重要任务,真正做到政府保“基本”,社会和市场管“非基本”,逐步完善符合省情、比较完整、覆盖城乡、可持续的基本公共服务体系。要大力创新社会管理体制机制,切实维护社会公平正义与社会和谐稳定。《建议》从七个方面进行了具体部署:一是促进就业和构建和谐劳动关系。就业是保障和改善民生的头等大事。今后一个时期,我省劳动力供大于求和结构性短缺的矛盾仍将继续存在。必须坚持把扩大就业作为优先目标,实施更加积极的就业政策,突出抓好重点群体就业,增强就业培训的有效性,提高劳动者就业技能。要发挥政府、工会和企业的作用,形成企业和职工利益共享机制,建立和谐劳动关系。二是合理调整收入分配格局。这是社会公平正义的重要体现。《建议》提出初次分配和再分配都要处理好效率和公平的关系,再分配要更加注重公平。“十二五”时期,要进一步深化收入分配制度改革,积极探索建立有利于居民收入持续增长的长效机制,逐步提高居民收入在国民收入分配中的比重、劳动报酬在初次分配中的比重,努力缩小城乡、地区、行业和社会成员之间的分配差距。对于《建议》提出的居民收入七年倍增计划,不管难度有多大,任务有多艰巨,我们都要努力完成,使城乡居民收入普遍较快增长。三是完善覆盖城乡居民的社会保障体系。社会保障是经济社会发展的“安全网”和“稳定器”。总体上看,我省社会保障体系还不够完善,主要是城乡社会保障发展不平衡,基本统筹层次较低,地区和各类保障制度衔接不通畅。为此,“十二五”时期要按照广覆盖、保基本、多层次、可持续的基本方针,进一步完善与我省发展阶段相适应、与更高水平小康社会相适应的社会保障体系,在扩大覆盖范围、提高保障水平、提高统筹层次和实现制度统一等方面迈出更大步伐。住房保障问题是现阶段比较突出的民生问题。“十二五”时期,要强化各级政府职责,大力实施住房保障行动计划,加快保障性安居工程建设,增加中低收入居民住房供给。坚决贯彻国家有关房地产市场调控的决策部署,促进市场繁荣、房价稳定、保障落实。四是加快医疗卫生事业改革发展。中央已经明确，到2020年要基本建立覆盖城乡居民的基本医疗卫生制度，实现人人享有基本医疗卫生服务。我们必须按照中央统一部署，在2011年底前重点推进基本医疗保障制度、基本药物制度、基层医疗卫生服务体系、基本公共卫生服务、公立医院改革试点等五项改革。在实现这个近期目标的同时，《建议》还提出了未来五年医改主要任务。我们一定要认真落实，真正让人民群众看到变化、得到实惠。五是全面做好人口工作。坚持计划生育基本国策，改善出生人口素质，促进人口长期均衡发展。据统计，到2009年底，我省60岁及以上老年人口已达1260万。在人口老龄化加速的背景下，必须加快社会化养老服务体系建设，更好地满足老年人需求。六是加强和创新社会管理。坚持经济发展和社会建设两手抓，积极推进社会管理理念思路、体制机制和方法手段创新，健全社会管理架构，加强新型城乡社区建设，重视基层基础工作，提高基层组织社会管理水平。健全公共突发事件应急管理机制，增强突发事件的预防预警、应急处置和应急保障能力。七是提升法治江苏和平安江苏建设水平。以依法行政、公正司法和法制宣传教育为重点，深入推进法治江苏建设。加大社会治安综合治理力度，在更高水平上推进平安江苏建设。加大公共安全投入，严格落实安全防范措施，强化安全生产责任制和责任追究制，有效遏制重特大安全事故，增强人民群众的安全感，保障社会和谐稳定。

《建议》最后专门就充分发挥各级党委的领导核心作用、加强社会主义政治文明建设、推进反腐倡廉、巩固和发展军政军民团结等问题进行了阐述，对全省党员干部在推动科学发展、建设美好江苏中发挥先锋模范作用提出了明确要求。

做好“十二五”时期的工作，对于开创江苏科学发展新局面、确保实现“两个率先”目标，具有十分重要的意义。让我们紧密团结在以胡锦涛同志为总书记的党中央周围，高举中国特色社会主义伟大旗帜，深入贯彻落实科学发展观，解放思想，开拓创新，扎实工作，为实现省委《建议》确定的各项目标任务而努力奋斗！

江苏省 2010 年政府工作报告

——2010 年 1 月 26 日在江苏省第十一届人民代表大会第三次会议上

江苏省人民政府省长　罗志军

各位代表：

现在，我代表省人民政府向大会作工作报告，请予审议，并请各位政协委员提出意见。

一、2009 年工作回顾

过去的一年，是新世纪以来我省经济发展最为困难的一年，也是我们攻坚克难、经受考验、团结奋进的一年。受国际金融危机严重冲击，从年初起我省对外贸易大幅下降，企业生产经营困难，经济增速明显回落。面对严峻挑战，我们在中共江苏省委坚强领导下，坚决贯彻党中央、国务院决策部署，坚持以邓小平理论和“三个代表”重要思想为指导，深入贯彻落实科学发展观，坚定信心，迎难而上，全力以赴保增长保民生保稳定，改革开放和社会主义现代化建设取得显著成绩。全省经济增速持续回升，经济结构不断优化，发展质量稳步提高，社会事业全面进步，人民生活继续改善，较好地完成了省十一届人大二次会议确定的年度目标任务。实现地区生产总值 34061 亿元，比上年增长 12.4%，人均地区生产总值 44232 元，折合 6475 美元。地方财政一般预算收入 3229 亿元，增长 18.2%。全社会固定资产投资增长 24.5%，社会消费品零售总额增长 18.9%。单位地区生产总值能耗下降 6% 左右，化学需氧量和二氧化硫排放量分别削减 3% 和 5.1%。城镇居民人均可支配收入 20552 元，农村居民人均纯收入 8004 元，分别实际增长 10.5% 和 9.4%。居民消费价格下降 0.4%。城镇登记失业率 3.25%。人口自然增长率 2.56‰。改善民生的十件实事如期完成。

一年来，我们主要做了以下工作：

（一）坚决落实国家宏观调控政策，保持经济平稳较快发展。

强化应对政策措施。全面落实国家一揽子计划和政策，制定出台扩内需保增长的一系列政策措施，促进经济全面回升。实施总额 3000 亿元的政府性投资计划，引导带动全社会投资 1.2 万亿元左右。省级财政安排保增长促发展资金 277 亿元。争取中央扩内需新增投资共四批 65.27 亿元，涉及大中型项目 711 个，总投资 857 亿元。发行地方政府债券 84 亿元、企业债券 431 亿元。落实增值税转型和减税政策，清理行政事业性收费和经营服务性收费，减免税费 555 亿元。出口退税 1142 亿元。加大金融支持力度，新增信贷和直接融资总量突破 1 万亿元，是上年的 2.2 倍。

增强投资消费拉动。着力扩大有效投入，京沪高速铁路江苏段、沪宁城际铁路、宁杭城际铁路、南京铁路枢纽、泰州大桥、连云港 30 万吨级航道和矿石码头、太仓港集装箱码头三期、通榆河北延、南水北调东线一期等一批重大基础设施项目进展顺利，一批重大产业项目加快推进。积极扩大居民消费，大力开拓农村市场，支持自住性住房消费，提高消费对经济增长贡献率。

推动农业农村持续发展。连续 6 年保持粮食增产、农业增效、农民增收、农村稳定的好形势。省级财政对“三农”投入427亿元,比上年增加50亿元。粮食总产量达到646亿斤,为2000年以来最好水平。高效农业面积新增287万亩,占耕地面积的比重提高到30%以上。新一轮六件实事工程扎实推进,新农村建设取得新进展。

加强区域分类指导。推进苏南加快转型升级,巩固苏中、苏北快速发展局面,苏中、苏北对全省经济增长的贡献份额达到42.3%,同比提高2.9个百分点。南北共建开发区稳步推进。全面实施沿海地区发展规划,加快港口等重大基础设施建设,在国内外举办系列招商活动,推进重大产业项目落户。

扎实做好对口支援工作。两年来,全省投入100多亿元援助四川绵竹灾后恢复重建,完成投资量占计划的70%,援建工作成果受到灾区群众充分肯定。援藏援疆等对口支援工作取得新成效。

(二)不失时机推进结构调整,加快经济转型升级。

推进产业优化升级。制定和落实11个重点产业调整振兴规划和配套政策,提出加快工业经济优化升级的实施意见,设立调整振兴专项资金20亿元。规模以上工业增加值完成16727亿元,增长14.6%,其中民营工业增加值完成8289亿元,占49.6%。营业收入超百亿元的企业超过100家。高新技术产业占规模以上工业比重提高1.5个百分点,达到30%。大力培育战略性新兴产业,新能源和智能电网、新材料、生物技术和新医药、节能环保、软件和服务外包产业快速发展。无锡国家传感网创新示范区建设开始起步。加快发展现代服务业,服务业增加值13556亿元,占地区生产总值比重提高1.1个百分点。

加快自主创新。全社会研发投入680亿元,占地区生产总值比重达2%,企业和区域创新能力明显提升。省级科技创新与成果转化专项资金增加到21亿元,组织实施省科技成果转化项目135个。新建各类科技创业园和孵化器200家、省级以上科技平台超过900家。发明专利申请量和授权量分别增长41%和52%。高校和科研院所在科技创新中的作用日益增强。一批海内外高层次人才和创新创业团队落户我省。

抓好节能减排和环境保护。实施重点节能减排项目,淘汰落后产能,深入开展化工生产企业专项整治,建成一批节能和循环经济重点工程。加强太湖、淮河流域水污染防治,太湖水质进一步改善,饮用水安全保障和湖泛防控取得积极成效。新增城镇污水日处理能力120万立方米,城市污水处理率达85%以上。累计完成“十一五”化学需氧量和二氧化硫减排总目标的98.2%和126.7%。植树造林156万亩,森林覆盖率提高1个百分点。加强气象预报预警和地震监测工作,防灾减灾能力得到提高。

(三)坚定不移深化改革,着力提升开放型经济发展水平。

推进体制机制创新。省级政府机构改革基本完成,市、县政府机构改革和乡镇机构改革有序展开。进一步落实财税分配新体制。引进和增设金融机构,地方金融企业进一步发展壮大,新型农村金融组织迅速发展。农村土地使用制度改革稳步推进,农民合作组织加快发展,集体林权制度改革进展顺利。基本药物制度启动实施。国有资产布局结构进一步优化,国有经营性文化单位转企改制取得新突破。

加快开放型经济转型升级。制定外经贸发展纲要和政策措施,外贸出口降幅逐步收窄,进出口总额3388亿美元,实际利用外资253亿美元,占全国的比重继续上升,实现了在全国位次不后移、份额不减少的目标。“走出去”步伐明显加快。各类开发园区创新发展。泰州医药高新区、扬州经济开发区升格为国家级开发区。与新加坡合作的苏通科技产业园建设正式起步。苏台、苏港合作进一步深化,台湾江苏周等活动取得丰硕成果。中欧领导人会晤江苏接待工作圆满成功。

(四)千方百计保障和改善民生,积极促进社会和谐稳定。

加强就业和社会保障工作。克服金融危机

带来的严重影响,就业形势保持平稳,城镇新增就业 115 万人,城镇零就业家庭连续 28 个月保持动态为零,高校毕业生就业率超过 90%,新增农村劳动力转移 31 万人,返乡农民工基本实现就业。社会保障水平进一步提高,基本实现城乡居民最低生活保障和医疗保险全覆盖,城镇职工养老保险覆盖率稳定在 95% 以上。新型农村社会养老保险试点工作扎实推进。企业退休人员基本养老金继续提高。城乡低保标准分别提高 9.3% 和 21.8%。80% 的县建有示范性养老机构,建成 57 所示范性残疾人托养机构。住房保障力度加大,新增廉租住房 1.33 万套,新开工建设经济适用住房 8.9 万套,发放廉租住房租赁补贴 5.1 万户,完成城市危旧房、棚户区改造 662 万平方米。450 万农村居民饮水安全问题得到改善,100 万人实现脱贫。

大力发展社会事业。教育事业全面发展,教育现代化加快推进。着力减轻中小学生过重课业负担,素质教育稳步实施。各类学校生均财政拨款标准得到提高,义务教育阶段绩效工资基本兑现,做好家庭经济困难学生资助工作,支持省属高校化解基本建设债务。加强公共文化服务,影视动漫等领域优秀文化艺术产品不断涌现,有线电视、农家书屋基本实现行政村全覆盖。依法科学有序做好甲型 H1N1 流感防控工作,基层医疗卫生机构服务能力进一步增强。人口和计划生育工作取得新进展,计划生育优质服务体系基本建立。全民健身活动蓬勃开展,我省体育健儿在十一届全运会上取得优异成绩。

维护社会和谐稳定。扎实推进民主法制建设,坚持依法行政,平安江苏建设深入开展,信访工作取得明显成效,廉政建设力度加大。加强市场监管和食品药品质量监管,安全生产形势总体稳定好转。国防动员和国防后备力量建设稳步推进,优抚安置、拥军优属、军民共建取得新成绩。民防、民族、宗教、外事、侨务、对台事务、参事工作取得新进展,妇女、儿童、青少年、老龄、残疾人、红十字、慈善事业取得新进步。

各位代表!过去的一年,在国际金融危机的严峻挑战和重大考验中,全省人民风雨同舟、共克时艰,携手走过了一段难忘的奋斗历程。我们不仅收获了在应对危机中推进科学发展的丰硕成果,而且增强了在复杂环境中领导经济社会发展的能力,积累了在创新思路中破解发展难题的成功经验,为今后一个时期又好又快发展打下了良好基础。各项成绩的取得,是党中央、国务院正确领导的结果,是我省多年来坚持率先发展、科学发展、和谐发展的结果,是各地从大局出发,克难奋进、主动作为、奋力拼搏的结果,凝聚着全省人民的智慧和力量。我代表省人民政府,向全省人民表示崇高的敬意和衷心的感谢!向人大代表、政协委员,向省各民主党派、工商联、各人民团体和各界人士,向驻苏人民解放军、武警官兵和人民警察,向中央各部门各单位、兄弟省区市,表示衷心的感谢!向关心江苏建设的香港和澳门特别行政区同胞、台湾同胞、海外侨胞和国际友人,表示衷心的感谢!

在肯定成绩的同时我们也清醒地看到,我省经济社会发展中还存在许多困难和问题。一是扩大需求存在较大制约,外部需求恢复艰难,民间投资跟进有待进一步加快,城乡居民消费后劲有待进一步增强。二是推进经济发展方式转变难度增大,资源和环境约束日益突出,增强自主创新能力、优化产业结构、促进制造业向高端环节攀升任务艰巨。三是农民持续增收难度加大,农民就业创业技能需要继续提升。四是财税增支减收因素影响仍将持续,财政收支平衡面临较大压力。五是就业结构性矛盾较为突出,解决重点人群就业任务繁重。此外,物价上涨压力加大,食品药品安全、市场监管和安全生产方面存在许多薄弱环节,改善民生和社会建设方面还有不少亟待解决的问题,维护社会稳定面临新的情况。政府服务效能有待提高,勤政廉政建设有待加强。对此,我们一定高度重视,切实采取措施加以解决。

二、2010 年工作总体要求

今年是全面实现“十一五”规划目标、为

"十二五"发展打好基础的重要一年,是巩固发展经济回升向好局面、加快转变发展方式的关键一年,也是面临形势极其复杂的一年。从总体上看,今年经济发展环境将好于去年。全球经济有望恢复性增长。中央继续实行积极的财政政策和适度宽松的货币政策,市场信心明显增强。我省创新活力、综合实力和区域竞争力进一步提升。江苏沿海开发上升为国家战略,全省整体纳入长三角一体化,给我省带来了重大发展机遇。同时,我们也要充分认识面临形势的严峻性和复杂性,看到经济回升的基础还不稳固,加快转型升级的难度还很大,推进体制机制创新的任务还很重,必须切实增强忧患意识、风险意识和责任意识,更加周全地做好应对各种困难和挑战的准备,在新的起点上扎实推进改革发展稳定各项工作。

今年政府工作的总体要求是:全面贯彻党的十七大和十七届三中、四中全会精神,以邓小平理论和"三个代表"重要思想为指导,深入贯彻落实科学发展观,把加快经济发展方式转变作为重要目标和战略举措,着力提高经济增长质量和效益,巩固经济回升向好势头;着力发展创新型经济,加快经济转型升级步伐;着力统筹城乡区域发展,提高协调发展水平;着力深化改革开放,完善有利于科学发展的体制机制;着力保障和改善民生,促进社会和谐稳定,推动经济社会又好又快发展,努力开创科学发展新局面。

今年经济社会发展的主要预期目标是:地区生产总值增长10%,地方一般预算收入增长10%,全社会固定资产投资增长18%,社会消费品零售总额增长17%,外贸进出口总额增长5%以上,研发投入占地区生产总值比重达到2%以上,万元地区生产总值能耗下降4%左右,化学需氧量、二氧化硫排放量分别削减3%和2.2%,城镇居民人均可支配收入增长10%,农村居民人均纯收入增长9%左右,居民消费价格涨幅3%左右,城镇登记失业率控制在4%以内,人口自然增长率控制在4‰以内。上述主要预期目标,是综合考虑各方面因素,根据需要和可能提出的。地区生产总值增幅与去年持平,目的是引导各地把工作重点放到调整经济结构、转变发展方式、提高经济增长质量和效益上来。今年首次把研发投入占地区生产总值比重列入经济社会发展预期目标,目的是引导各地尽快走上创新驱动的发展轨道。

实现今年经济社会发展目标,要把握好以下几个方面:一是坚持把加快转变经济发展方式作为刻不容缓的重大战略任务。在保持经济平稳较快发展的同时,大力转变经济发展方式,把培育战略性新兴产业作为发展创新型经济的突破口,加快建立以现代农业为基础、先进制造业为支撑、现代服务业为主导的产业体系,努力为长远发展拓展新空间。二是坚持把扩大内需特别是消费需求作为经济发展的基本立足点。保持投资合理增长,积极完善和落实扩大消费的政策措施,坚定不移地实施互利共赢的对外开放战略,努力构建消费、投资、出口协同拉动经济增长的新格局。三是坚持把改革创新作为破解发展难题的根本途径。进一步解放思想,尊重实践,鼓励创新,更加注重激发市场主体活力,实现政府调控与发挥市场机制作用的有效结合,为经济社会发展增添新动力。四是坚持把改善民生作为经济社会发展的根本目的。坚定不移地落实民生优先方针,不断提高城乡居民收入和社会保障水平,提高城乡统筹的基本公共服务水平,扎实推进全面小康建设进程,努力形成社会和谐稳定的新局面。

三、抓创新促转型推动经济又好又快发展

加快转变经济发展方式,以优化经济结构为重点、提高自主创新能力为关键、加强节能减排和环境保护为倒逼机制、深化改革开放为动力,千方百计扩内需稳外需,大力培育战略性新兴产业,积极推进城市化进程,着力促进城乡区域协调发展,加快向创新型经济转型,增强经济发展的均衡性、协调性和可持续性。

(一)巩固和发展经济回升向好势头。

保持经济平稳较快发展仍然是今年经济工作的首要任务。要继续落实好中央宏观政策和应对国际金融危机的一揽子计划,强化政策的针对性和灵活性,着力增强内需对经济增长的

拉动力。

积极扩大消费需求。一是拓展消费空间。促进旅游、汽车、通讯等重点消费,发展文化娱乐、健身休闲、家政等服务型消费,扩大基本公共服务消费,推动消费结构优化升级。继续实施家电、汽车、摩托车等下乡政策,增加农机具购置补贴,开拓农村消费市场。支持企业开拓苏货市场,扩大江苏产品市场份额。二是促进房地产业平稳健康发展。加大保障性住房建设力度,逐步扩大供应范围,将廉租住房实物配租保障对象从低保住房困难家庭逐步扩大到低收入无房家庭,将经济适用住房保障对象从低收入住房困难家庭逐步扩大到中低收入住房困难家庭。继续支持居民自主性住房消费,大力增加中低价位、中小套型普通商品住房有效供给,加快公共租赁住房建设,推进限价商品住房建设。实施差别化信贷和税收政策,加强商品住房预售管理,抑制投机投资性购房,遏制部分城市房价过快上涨势头,防止房地产市场大起大落。三是优化消费环境。鼓励发展消费信贷,加快城乡消费设施和服务体系建设,整顿和规范市场秩序,维护消费者合法权益,营造便利安全放心的消费环境。

着力优化投资结构。一是抓好重点项目建设。全力争取中央安排的投资项目,继续落实政府性投资计划。各级政府性投资集中力量保重点。抓好 200 个重点项目建设,积极规划并组织实施连云港港、太仓港和禄口国际机场、苏南机场以及长江深水航道建设,按期建成沪宁城际铁路、江都至海安等高速公路,加快推进京沪高速铁路江苏段、宁杭城际铁路、南京四桥等过江通道和盐河三级航道建设,尽快开工建设连盐和沪通铁路、临海高等级公路、通榆河南段航道,积极推进南水北调东线一期、新一轮淮河治理、沿海重点供水工程等重大基础设施项目建设。加大信息基础设施建设投入。加快建设重点产业和战略性新兴产业重大项目,力争早建成、早收益。二是激发社会投资活力。在市场准入、政府采购、金融财税等方面提供无差别的政策待遇,进一步消除民间投资进入的不合理限制。三是加强和改进投资管理。对有财政资金投入的建设项目实行全程监督。坚决把好土地、环保、信贷、节能、产业政策等审核关,严格控制高消耗、高排放和产能过剩行业的新上项目。

加强经济运行调节。强化经济运行情况监测分析,搞好煤电油气运的科学调度,保障生产要素供应,确保经济稳定运行。建立和完善中小企业服务体系,落实对中小企业支持的财税政策,推进银企合作,切实帮助中小企业解决融资难问题。

突出财政金融支持重点。进一步增强财政政策与金融政策的联动效应。财政要在统筹安排、平衡收支的基础上,加大投入力度,保障中央新增扩内需项目配套资金、政府性投资项目资金需求,继续向"三农"、民生、社会事业等领域倾斜,继续安排科技成果转化、产业调整振兴和外经贸转型升级等专项资金,落实各项税收优惠政策。加强地方政府性债务管理,有效防范和化解潜在财政风险。金融要继续保持信贷总量合理增长,加大对战略性新兴产业、重点产业、重大基础设施和农村、中小企业等方面的信贷支持。加快引进总部性金融机构和外资金融机构,支持地方金融机构和重点担保机构做大做强。鼓励金融机构网点向中小城市和中心镇延伸。积极扩大直接融资,引导和推进企业上市、并购重组,促进产业资本和金融资本有效融合。大力发展产权基金、创业投资基金及各类股权投资基金,探索建立新型科技金融机构。注意防范金融风险,保障金融体系安全稳健运行。

(二)加大经济结构调整力度。

大力发展战略性新兴产业。制定出台新兴产业发展规划和实施意见,明确年度行动方案和发展目标,集中力量支持新能源和智能电网、新材料、生物技术和新医药、节能环保、软件和服务外包、物联网等重点新兴产业发展,加快将新兴产业培育成为支柱产业。实行政策聚焦,着力突破一批关键技术,抓好一批重大产业化项目,培育一批创新型龙头企业,形成一批千亿元级新兴产业集群，打造一批特色产业基地。

继续推进重点产业调整振兴。全面落实重点产业调整振兴规划和配套政策，突出工业化与信息化融合发展，加快推进电子信息、装备制造、石油化工和冶金、船舶等支柱产业高端化、规模化、品牌化。大规模开展技术改造，深入实施百项千亿重点技改工程，引进一批先进技术设备，提高优势产业竞争力。继续淘汰落后产能。全面提升产品质量。推动优势企业兼并重组，促进重点产业合理布局、集约发展，形成新的发展优势。

加快发展现代服务业。服务业增加值占地区生产总值比重超过40%。积极发展生产性服务业，重点发展金融保险、现代物流、电子商务、科技服务、信息服务等产业。着力发展面向民生的服务业，积极发展社区服务、养老服务和市政公用事业，推动商贸、旅游业实现更大发展。大力发展面向农村的服务业，完善以农资供应、农产品营销和科技、信息、金融服务为主体的农村生产生活服务体系。加快发展移动多媒体、网络电视等新兴文化业态，推动江苏文化产品和服务“走出去”，增强市场竞争能力。扩大服务业对外开放，引进国内外知名服务企业。加快服务业集聚区建设，积极培育服务业大企业大品牌。制定和落实更有针对性的政策措施，进一步优化服务业发展环境。

（三）切实增强自主创新能力。

把自主创新作为发展创新型经济的关键，大力培育自主知识产权和自主品牌，推动经济发展走上创新驱动的轨道。

强化企业自主创新主体地位。进一步提升企业创新能力。加快建设各类科技企业孵化器，支持企业设立和兼并国内外研发机构。深入实施知识产权战略，创建实施知识产权战略示范省。加大对自主创新产品的支持力度，加大对企业增加研发投入的支持力度。

深入推进产学研结合。积极开展国家技术创新工程试点省份建设工作，深入推进创新型科技园区建设。充分发挥高校和科研院所在科技创新中的重要作用，鼓励与企业共建产业技术创新战略联盟，培育更多原创性重大技术成果。加强创新公共平台和服务体系建设，加大科技成果转化力度，加快推进100个具有自主知识产权的重大科技成果产业化。

加快人才资源开发。突出培养创新型人才，积极引进大批海内外高层次技术领军人才、经营管理人才和创新团队。进一步完善创新创业政策，充分激发各类人才的创新活力，努力营造人才辈出、人尽其才的制度环境。

（四）在推进城乡统筹中夯实“三农”发展基础。

扎实做好农业农村工作。坚持稳粮保供给、增收惠民生、改革促统筹、强基增后劲，健全强农惠农政策体系，巩固和发展农业农村好形势。一是加快推进高效农业规模化。加强农业科技创新和推广能力建设，推进粮食高产技术普及化，稳定3000万亩水稻面积。以现代农业产业园区、农产品加工集中区、农产品批发市场为载体，培育壮大优势特色产业，着力提高农产品精深加工能力，提高农产品质量和附加值，培育农产品品牌。二是加强农村基础设施和社会事业建设。抓好农田水利建设，加大农业综合开发力度，提高高标准农田比重，增强综合生产能力。扎实推进农村六件实事工程，提高农村公共服务水平。三是深化农村各项改革。在依法自愿有偿流转土地承包经营权的基础上，发展多种形式的农业适度规模经营。大力发展农民合作组织。稳妥开展万顷良田建设工程试点。深化集体林权制度改革。改善和创新农村金融服务，进一步发挥农村合作金融机构主力军作用，发展村镇银行、农村小额贷款公司和农民资金互助组织，扩大农业保险覆盖面。着力发展农村集体经济，增强农村基层组织服务能力。

积极推进城市化。把加快城市化作为扩大内需的战略重点，促进大中小城市和中心镇协调发展、城市化和新农村建设良性互动。一是提高城镇承载能力。完善中心城市综合服务功能，创新城市管理体制，增强辐射带动力。加强中小城市和中心镇基础设施建设，提高公共服务能力，提高产业集聚和吸纳人口就业能力。二是注重集约发展。推进节约型城乡规划建设，节约用地，严控增量，盘活存量，促进工业向园区集中、人口向城镇集中、居住向社区集中。切实维护农民合法权益，坚决遏制违规违法用地现象。三是突破体制障碍。推进户籍制度改革，完善配套政策，有序解决符合条件的进城务工人员落户和社会保障问题。在有条件的地区开展土地承包经营权置换城镇社保、宅基地和住房置换城镇住房改革试点。加快推进城乡一体化进程，让广大农民共享改革发展成果。

（五）以沿海开发为重点推进区域协调发展。

举全省之力推进沿海开发。江苏沿海区位条件优越，发展潜力巨大。实施沿海开发战略，为我省三大区域带来了共同发展的重大机遇。要认真落实沿海地区发展的各项任务和政策措施，坚持集约发展、错位发展、联动发展、统筹发展，在推进重点工作上求突破。发挥连云港港在沿海开发中的龙头作用，加强沿海地区以港口群为重点的综合交通枢纽和网络建设。加快发展临港产业带，着力培育沿海特色产业基地。合理规划城镇体系，加快中心城市建设。科学有序推动沿海滩涂围垦开发利用。以创新的思路、扎实的工作，奋力开创沿海发展新局面。

促进区域共同发展。苏北各市要立足城市定位，抢抓沿海开发和全面融入长三角的历史机遇，坚持工业化、城市化双轮驱动，继续推进南北共建开发区，更好地接受发达地区辐射带动，加快振兴步伐。苏中要加速跨江联动、江海联动，推进产业升级，实现快速崛起。苏南要着力发展创新型经济，率先转变经济发展方式，全面提升国际竞争力。以积极参与和服务上海世博会为契机，提高长三角区域合作水平，在更高层次上推动资源整合和优势互补，加快一体化进程。

加快支援四川绵竹灾后重建，提前实现三年恢复重建任务两年基本完成的目标。继续做好援藏援疆等对口支援工作。

（六）扎实推进节能减排和环境保护。

落实节能减排和污染治理重点任务。突出抓好工业、交通、建筑等领域和能源、原材料等行业节能改造，培育一批循环经济示范企业和园区，推动重大节能、低碳技术开发，支持循环经济技术研发、示范推广和能力建设，健全废弃物回收系统。落实控制温室气体排放的政策措施，加强大气区域联防体系建设，提高机动车尾气排放标准，综合治理灰霾污染，改善城市和区域空气质量。全面开展第二轮化工生产企业专项整治。深化城乡环境综合治理，重点改善铁路沿线环境，加强饮用水源地保护，抓好城乡河道治理和农业面源污染防治，推进农作物秸秆综合利用。新增城镇污水日处理能力 100 万立方米，城市污水处理率达到 86% 以上。如期完成淮河治污工程，加强沿海主要河流和长江支流综合整治，打造南水北调东线和望虞河、通榆河“清水廊道”。

加大太湖流域水环境治理力度。全面实施太湖流域水环境综合治理方案。加快生态清淤和走马塘等重点工程建设，完成城镇污水处理厂提标改造，开展污染企业强制性清洁生产审核，确保饮用水源安全，确保不发生大面积湖泛。主要污染物排放总量下降 5%，国家考核断面水质达标率不低于 80%。

加强生态建设和保护。扎实推进以资源节约、环境保护、生态宜居为核心理念的节约型城乡建设。加快绿色江苏建设，新增造林 150 万亩，森林覆盖率达到 20%。制定实施水污染物排放许可证管理办法，扩大排污权有偿使用试点，开展二氧化硫排放权交易，完善生态补偿政策并扩大试点范围。深化资源性产品价格和环保收费改革。加强基层环保能力建设，加大环境监管力度，实行严格的环保问责制。深入开展生态示范创建活动，新增一批国家级环保模范城、生态市（县、区），扩大生态文明建设试点。

（七）进一步深化改革扩大开放。

深化重点领域和关键环节改革。一是深入推进行政管理体制改革。落实省级政府机构改革“三定”规定，全面完成市、县和乡镇政府机构改革，在实行财政省直管县的基础上，进一步扩大县(市)经济社会管理权限,壮大县域经济。抓好南京国家科技体制综合改革、苏州城乡一体化综合配套改革等试点,鼓励各地积极探索改革新举措。二是继续推进经济领域改革。进一步优化国有经济布局,完善法人治理结构。省属国有企业要通过兼并重组增强综合竞争力。完善公平有序的市场竞争环境,促进民营经济快速健康发展,鼓励民间资本进入基础设施、公用事业、金融服务、社会事业领域,参与国有企业改革重组。三是积极推进财税体制改革。完善财政转移支付制度,提高地方政府基本公共服务能力,增强县级基本财力保障。健全预算制度,强化预算执行,开展财政资金绩效评价和绩效审计,提高资金使用效益。四是着力推进社会领域改革。实施义务教育改革试点,完善素质教育评价机制。深化医药卫生体制改革,在60%的县(市、区)基层医疗卫生机构实施基本药物制度,在公共卫生和基层医疗卫生事业单位实行绩效工资,积极推进公立医院改革试点。深化文化体制改革,经营性出版单位全面转制,积极推进报刊出版单位分类改革和市、县国有文艺院团转企改制。

着力提升开放型经济国际竞争力。坚持外贸、外资、外经、外包、外智"五外"联动,推进科教、文化、旅游、农业等领域的开放,落实和完善支持对外开放的各项政策,继续保持开放型经济在全国的领先优势。一是切实转变外贸增长方式。大力优化出口产品结构,扩大有自主知识产权和自主品牌的产品出口,大力发展服务贸易和服务外包,提高出口产品的附加值和竞争力。坚持实施市场多元化战略,深度开发传统市场,积极拓展新兴市场。完善应对贸易摩擦预警机制,进一步促进贸易便利化。二是着力提高利用外资质量。引导外资投向现代服务业、高新技术产业等新兴产业,引导外资参与我省企业改组改造,引导外资向苏中、苏北转移和增加投资,鼓励跨国公司在我省设立地区总部等功能性机构,延伸外资企业产业链。三是加快"走出去"步伐。完善境外投资促进体系,鼓励有市场需求的行业有序向境外转移产能,支持有条件的企业收购境外知名品牌和营销网络,开发利用境外资源,加快推进境外经贸合作区建设,提高对外承包工程和劳务合作水平。四是推进开发区创新发展。推动开发区科技创新、功能创新、集约发展,加快转型步伐,加强资源整合,建设特色园区。完善苏新、苏台、苏港合作机制,促进经贸合作区建设。做好台湾江苏周活动后续工作,放大苏台合作效应。

四、着力加强以改善民生为重点的社会建设

坚持民生优先,加大民生领域投入,切实做好就业和社会保障工作,加快发展社会事业,进一步加强社会管理,努力促进社会和谐稳定,使发展成效真正体现到人民福祉的提高上。

(一)把就业作为民生工作的头等大事。实施更加积极的就业创业政策,到期的就业扶持政策再延长一年,新增城镇就业90万人以上,新增农村劳动力转移就业35万人。围绕重点人群统筹做好就业工作,进一步开发公益性就业岗位,切实帮扶大龄失业人员就业,做好退伍转业军人安置工作,鼓励大学生到农村、社区和企业就业。维护劳动者合法权益,建立和谐的劳动关系。加大就业服务和创业培训力度,激励广大群众自主创业,促进创业带动就业。

(二)千方百计增加城乡居民收入。着力提高居民收入在国民收入分配中的比重,提高劳动报酬在初次分配中的比重。提高中低收入者收入,调整企业最低工资标准,完善职工工资增长机制,推动工资集体协商和工资支付保障制度建设。加大强农惠农政策支持力度,加大培训力度,不断提高农民就业创业技能,拓展农民增收空间。鼓励城乡居民增加财产性收入、经营性收入。加快富民步伐,努力使广大人民群众的生活水平随经济社会发展不断提高。

(三)不断完善社会保障体系。重点推进新型农村社会养老保险,确保到年底所有涉农县(市、区)全部实行新农保。加快实施企业职工基本养老保险省级统筹,逐步做好断保人员续保和参保人员特别是农民工养老保险关系跨地区转移接续工作。积极实施农民工参加工伤和医疗保险,城镇职工、居民医疗保险和新型农村合作医疗参保率保持在 95% 以上。城镇居民医保和新型农村合作医疗政府补助标准提高到不低于每人每年 120 元。逐步实现参加医保人员省内异地就医费用联网结算。完善失业保险制度,继续开展扩大失业保险基金支出范围试点。加强被征地农民基本生活保障与城镇社会保障制度的衔接。完善城乡低保制度和低保标准增长机制。充分发挥商业保险的作用。健全教育、医疗、司法、临时生活等救助制度,加快发展社会福利、老龄、残疾人、红十字和慈善事业。按照广覆盖、保基本、多层次、可持续的要求,构建我省社会保障安全网,让全省人人享有基本生活保障。

(四)继续提高教育质量和水平。加快教育现代化步伐,启动实施中长期教育改革发展规划纲要,促进义务教育均衡发展、职业教育优化发展、高等教育内涵发展、民办教育健康发展。提高各级各类学校生均财政拨款标准,继续推进省属高校债务化解工作。完善义务教育免费政策和经费保障机制,大力实施中小学校舍安全工程,继续改善农村中小学办学条件。切实加强教师队伍特别是农村教师队伍建设。高校要适应经济社会发展需要,把培养创新人才、多出创新成果和服务创新发展作为主要任务,进一步提高教学水平、科研水平和办学水平。

(五)加快医疗卫生事业发展。健全基层医疗卫生服务体系,推进县级医院、中心乡镇卫生院和标准化村卫生室建设,加快实现以街道为单位的社区卫生服务机构全覆盖。积极扶持经济薄弱地区乡村卫生机构基础设施建设,加强农村医务人员培训。继续做好甲型 H1N1 流感等重大传染病防控工作,增强突发公共卫生事件应急处置能力。加快建立城乡居民电子健康档案。积极发展中医药事业。提高医疗服务水平,努力构建和谐医患关系。做好人口与计划生育工作,认真实施第六次全国人口普查,加强流动人口计划生育管理和服务,稳定低生育水平,提高出生人口素质。

(六)积极发展文化、体育事业。加快构建公共文化服务体系,繁荣哲学社会科学,积极发展文学艺术、广播影视、新闻出版事业,加强新兴媒体建设,继续实施舞台艺术、重大主题美术创作和影视精品工程,促进社会主义文化大发展大繁荣。推进省级重点文化工程项目建设。做好文化遗产保护工作。加强文化市场管理。贯彻落实全民健身条例,全面提高群众体育和竞技体育水平,支持南京申办青奥会,办好十七届省运会。

(七)切实加强社会管理。健全基层自治组织和民主管理制度,推进村务公开、厂务公开和社区公共事务公开。认真组织好第九届村民委员会换届选举工作。加强法制宣传教育,推进城乡和谐社区建设,发挥社会组织和社会工作者积极作用。完善利益诉求的协调机制,进一步加强和改进信访工作,健全调节利益的社会政策,保障弱势群体合法权益。完善政策制定的风险评估机制,减少不稳定因素。完善处置突发事件的应急机制,提高危机管理和抗风险能力。完善平安社会的综合治理机制,深入推进法治江苏、平安江苏建设,加强大调解机制、大防控体系和基层基础建设,着力解决影响社会和谐稳定的源头性、根本性、基础性问题,防范和严厉打击各类违法犯罪活动,切实维护人民群众的生命财产安全和生产生活秩序。强化市场管理、食品药品质量和安全生产监督管理,有效防范重特大事故发生。完善重要商品价格监测预警机制,努力保持市场价格基本稳定。做好民族、宗教工作。加强国防教育、国防动员、国防后备力量建设,增强防空防灾能力,推进"双拥"共建活动,落实优抚安置政策。

各位代表,我们围绕人民群众关心的热点、难点问题,今年继续办好保障和改善民生的十件实事。一是着力帮扶困难群众就业。实现下岗失业人员再就业 30 万人,高校毕业生年终就业率不低于 90%,确保城镇零就业家庭动态为零。二是加大保障性住房建设力度。在完成经济适用住房三年行动计划 15 万套任务的基础上,再新增建设 10 万套,建成廉租住房 1.4 万套，发放廉租住房租赁补贴4万户以上，新增公共租赁住房10万套(间)，完成城市危旧房、棚户区改造730万平方米以上。三是进一步提高城乡居民最低生活保障标准。苏中、苏北农村低保标准提高到每人每月210元和155元以上。四是提高城乡医疗保障水平。城镇职工医保、居民医保和新农合制度规定范围内医药费用报销比例分别达到80%和60%，新农合最高支付限额提高到当地农民人均纯收入的8倍以上。五是支持养老事业发展。企业退休人员基本养老金提高10%以上。确保符合条件的老年农民领取新型农村社会养老保险金。新建2000个社区(村)居家养老服务中心，机构养老床位数增长10%以上。所有市、县(市、区)建有一所示范性养老机构。六是加大助残力度。新建50家市、县(市)残疾人托养机构，建成500家乡镇和街道残疾人托养机构。对生活不能自理的残疾人，根据家庭收入状况给予护理补贴。将符合规定的残疾人康复医疗项目纳入城乡医疗保险支付范围。对高中阶段残疾学生实行免费教育。七是确保家庭经济困难学生就学。从今年春季学期起，对农村义务教育公办学校寄宿生免收住宿费。按10%的比例向义务教育阶段家庭经济困难寄宿生发放生活费补助，苏北发放普通高中助学金比例提高到在校学生总数的15%。中等职业学校家庭经济困难学生和涉农专业学生免收学费，同时为所有一、二年级在校学生提供助学金。八是推进文化惠民。继续开展“送科普、送戏、送电影”下乡活动，新增农村有线电视用户60万户，扩大公共文化设施免费开放范围。九是积极解决城乡居民出行和饮水安全问题。落实公交优先发展的各项措施，行政村客运班车通达率达到95%以上。提升城市供水水质，解决农村400万人饮水安全问题，全面完成三年1200万农村居民改水任务。十是深入实施脱贫攻坚工程。确保再脱贫100万贫困人口，提高贫困地区自主发展能力。村级运转经费村均最低保障标准提高到12万元。

各位代表，做好“十二五”规划的编制工作，是今年的一项重要任务。我们要在全面完成“十一五”各项目标的同时，充分发扬民主，凝聚各方智慧，明确下一个五年经济社会发展的思路、目标、任务和工作举措，努力在新的起点上推进率先发展、科学发展、和谐发展。

五、加快建设服务型政府

维护好、实现好、发展好广大人民群众的根本利益，是人民政府一切工作的出发点和落脚点。我们一定勤勉尽责，永不懈怠，深入贯彻落实科学发展观，努力建设人民满意的服务型政府。

着力深化政务公开。今年把推进行政权力网上公开透明运行作为政务公开的重点，在省级政府部门和省辖市行政权力事项全部上网运行的基础上，做到在县级以上行政机关全覆盖、所有行政权力事项全覆盖、网上行政监察全覆盖，促进行政权力行使有规、监督有效。进一步扩大政府信息公开，完善政府新闻发布制度。坚持依法行政，推行重大行政决策公开，加强和改进政府立法工作，提高公众参与度。自觉接受人大法律监督和工作监督、政协民主监督，认真听取民主党派、工商联、无党派人士和各人民团体的意见，重视司法监督，加强行政机构内部监督，接受舆论和社会监督，让人民赋予的权力在阳光下运行。

切实提高行政效能。加强对党中央、国务院及省委重大决策部署执行情况的监督检查，确保政令畅通。优化政府组织结构，理顺部门职责关系。继续推进行政审批制度改革，进一步减少行政许可和审批事项。加快构建四级便民服务网络，全面推行服务承诺、首问负责、限时办结等制度。建立科学合理的绩效评估机制，强化行政问责，认真受理行政效能投诉，切实提高政府执行力。

大力弘扬务实作风。进一步加强学习，不断提高推进科学发展的本领，提高公共服务、社会管理和群众工作的水平。各级政府领导要深入基层，了解群众真实意愿，倾听群众心声，使各项政策措施更加符合发展实际、符合群众利益。坚持一切从实际出发，说实话，办实事，求实效，切实精简会议和文件，改进会风文风，严格控制各类庆典和论坛。坚持求真务实，围绕确立的目标、制定的政策、部署的工作，扎扎实实抓出成效，增强政府公信力。

不断加强廉政建设。认真解决损害群众利益的问题和群众反映强烈的突出问题，继续开展工程建设领域和“小金库”等专项治理。厉行节约，反对浪费，严格控制楼堂馆所建设，禁止高档装修办公楼，规范公务接待，从严控制公费出国出境。坚持从严治政，坚决查处违纪违法案件，健全权力运行制约和监督机制。加强公务员队伍理想信念和廉洁自律教育，加强对领导干部的教育和监督，始终保持为民务实清廉的良好形象。

各位代表！我们面临的任务艰巨而繁重，我们肩负的责任重大而光荣。让我们更加紧密地团结在以胡锦涛同志为总书记的党中央周围，坚持以邓小平理论和“三个代表”重要思想为指导，深入贯彻落实科学发展观，在中共江苏省委的正确领导下，紧紧依靠和团结全省人民，锐意进取，扎实工作，再创新的业绩，为率先全面建成更高水平的小康社会而努力奋斗！

关于江苏省2009年国民经济和社会发展计划执行情况与2010年国民经济和社会发展计划草案的报告（摘要）

——2010年1月26日在江苏省第十一届人民代表大会第三次会议上

江苏省发展和改革委员会主任　毛伟明

一、2009年国民经济和社会发展计划执行情况

2009年是新世纪以来经济发展最为困难的一年。全省上下深入贯彻落实科学发展观，坚决执行中央扩内需保增长的决策部署，统筹推进各项工作，狠抓关键措施落实，努力解决经济运行中的矛盾和问题，全省经济社会发展总体上呈现出“增幅逐步回升、结构不断优化、内需拉动明显、民生持续改善”的良好态势，经济发展好于预期，好于周边，较好地完成了省十一届人大二次会议确定的目标任务。实现地区生产总值34061亿元，增长12.4%，人均地区生产总值超过6400美元。

（一）投资消费保持较快增长，扩内需政策效应明显。认真贯彻落实国家扩内需保增长的方针政策，内需对经济增长的拉动作用进一步增强。一是投资保持较快增长。全社会固定资产投资18751.6亿元，增长24.5%，已连续49个月保持20%～26%的增长幅度。二是重点项目加快推进。160个省级重点项目进展顺利，计划年内实施的140个重点项目完成投资2381亿元，同比增长44%。一大批重点项目顺利竣工或加快推进。三是消费市场持续趋旺。社会消费品零售总额11484.1亿元，首次突破万亿元，增长18.9%。

（二）产业结构继续优化，转型升级步伐加快。把国际金融危机带来的压力和挑战变为转变发展方式的动力和机遇，坚持政府引导与市场主导相结合，着力推进结构调整和转型升级。以节能减排为“倒逼”机制，推动发展方式加快转变。工业结构加快调整。新兴产业发展进一步加快，实力不断增强，成为拉动全省经济增长的重要力量。6大新兴产业销售收入超过1.5万亿元，增长26%。现代服务业发展加快。全年服务业增加值13556亿元，增长13.5%，占GDP比重达到39.8%，同比提高1.1个百分点。技术创新和改造力度加大，全社会科技研发投入占GDP比重达到2%。发明专利申请量和授权量分别增长41%和52%。农业结构不断优化。新增高效农业面积287万亩，其中设施农业121万亩，高效农业面积超过2400万亩，占耕地面积比重提高到30%以上。

（三）沿海开发加快推进，区域发展更趋协调。抓住沿海开发上升国家战略的重要契机，加强统筹规划和分类指导，在更高水平上推动区域协调发展。沿海开发各项工作全面启动。

（四）改革开放不断深化，经济发展动力增强。积极推进重点领域和关键环节改革。行政管理体制改革继续深化，政府机构改革有序推进。稳步推进医药卫生体制改革。大力推进金融创新。江苏银行、南京银行网点建设步伐加快。27 家企业获准发行债券 431 亿元，超过历年来的总和，列全国各省区市第一。深化农村改革，大力发展农民专业合作组织。积极开展综合配套改革试点。认真落实国家和省扶持出口的一系列政策，积极开拓国际市场，努力促进外贸出口探底回升，外贸进出口降幅不断收窄。推动开发园区由外资密集区、产业聚集区向自主创新基地转变。全省引进外资连续七年居全国第一，全年实际外商直接投资 253 亿美元，占全国比重达 28.1%。加快“走出去”步伐，境外协议投资增长 67.6%。民营经济发展势头良好。

（五）切实保障和改善民生，加快社会事业发展。全年城镇居民人均可支配收入达到 20552 元，实际增长 10.5%，农民人均纯收入 8004 元，实际增长 9.4%。城镇登记失业率 3.25%，城镇新增就业 115 万人，继续保持零就业家庭动态为零。新增农村劳动力转移 31 万人，返乡农民工基本实现就业。全省职工养老、医疗、失业保险覆盖率均稳定在 95% 以上，基本实现城乡“低保”、农村新型合作医疗、城镇居民基本医疗保险三个“全覆盖”，城乡“低保”标准分别提高 9.3% 和 21.8%。90 个县（市、区）开展了新型农村社会养老保险试点，加大廉租房和经济适用房建设力度。全省新增廉租住房 1.33 万套，新开工建设经济适用房 8.9 万套，发放廉租住房租赁补贴 5.1 万户，完成城市危旧房、棚户区改造 662 万平方米。去年全省又有 100 万人实现了脱贫。450 万农村居民饮水安全问题得到改善。大力发展各项社会事业。高中阶段教育毛入学率 95%，高等教育毛入学率 40%。城乡公共卫生和医疗服务体系进一步完善，城市社区卫生服务中心覆盖率达 98%。

二、2010 年国民经济和社会发展计划初步安排

2010 年全省经济社会发展主要预期目标为：（1）地区生产总值增长 10%；（2）单位地区生产总值能耗下降 4% 左右；（3）化学需氧量排放量削减 3%；（4）二氧化硫排放量削减 2.2%；（5）全社会研发经费支出占地区生产总值比重 2% 以上；（6）地方一般预算收入增长 10%；（7）全社会固定资产投资增长 18%；（8）社会消费品零售总额增长 17%；（9）外贸进出口总额增长 5% 以上；（10）农村居民人均纯收入增长 9% 左右；（11）城镇居民人均可支配收入增长 10%；（12）居民消费价格涨幅控制在 3% 左右；（13）城镇登记失业率控制在 4% 以内；（14）人口自然增长率 4‰ 以内。

上述目标中，节能、减排目标是约束性的，必须千方百计确保完成，地区生产总值增长率等目标是导向性的、预期性的，可以根据形势发展变化进行调整。

实现 2010 年经济社会发展预期目标，要全面贯彻党的十七大、十七届三中、四中全会和中央经济工作会议精神，以邓小平理论和“三个代表”重要思想为指导，深入贯彻落实科学发展观，按照中央提出的“五个更加注重”的要求，着力提高经济增长质量和效益，巩固经济回升向好势头；着力发展创新型经济，加快经济转型升级步伐；着力统筹城乡区域发展，提高协调发展水平；着力深化改革开放，完善有利于科学发展的体制机制；着力保障和改善民生，促进社会和谐稳定，开创科学发展新局面。

三、2010 年国民经济和社会发展主要任务

围绕上述思路，今年经济工作要把保持经济平稳较快发展和加快经济发展方式转变有机统一起来，在发展中促转变，在转变中谋发展，坚定不移地推动经济发展方式转变取得新突破，坚定不移地促进内需和外需协调推动经济增长，坚定不移地通过深化改革完善有利于科学发展的体制机制，坚定不移地把改善民生和扩大内需结合起来。着重抓好以下六个方面的工作：

（一）大力推进创新型经济，加快经济发展方式转变。

1. 大力发展新兴产业。把加快战略性新兴产业作为抢占新一轮产业制高点的重点，充分发挥政策引导作用，集中力量、集中资源实施新兴产业发展规划，推动新能源、新材料、医药

及生物技术、节能环保、软件与服务外包、传感网产业等新兴产业加快成长壮大，成为江苏经济新增长点，成为引领未来发展的支柱产业。一是推进产业基地建设。二是推进生产要素集聚。三是推进关键技术突破。

2. 加快发展服务业。把发展服务业作为结构调整的重要着力点，统筹发展现代服务业和传统服务业、生产服务业和生活服务业，加强政策扶持、要素保障、人才支撑，加快服务业发展。服务业增加值占地区生产总值的比重超过40%。

3. 加快支柱产业优化升级。坚持走新型工业化道路，大力推进信息化和工业化的融合，推动制造业提档升级，推进产业高端化、规模化、品牌化，要积极利用高新技术和先进适用技术特别是信息技术改造提升传统产业，着力引进先进技术、设备，促进传统产业由低端向高端、由加工向研发转变，提高产业附加值和增加值率。

4. 加快提升自主创新能力。坚持以自主创新占领制高点，进一步增强创新驱动力。积极做好国家创新型城市试点，加快重大科技创新工程和重大科技专项建设，大力培育自主知识产权和自有品牌。加快构建企业为主体、市场为导向、产学研相结合的技术创新体系。着力强化企业技术创新主体地位。进一步提升技术公共服务、技术成果交易、创新创业融资服务和社会化人才服务“四大平台”建设水平。加快引进、培养一批领军人才和创新团队。

5. 切实抓好节能减排。把推进节能减排与优化产业结构结合起来，综合运用环保、技术标准、产业政策等手段，大力发展绿色经济、循环经济和低碳经济。

（二）进一步扩大国内需求，保持经济平稳较快发展。

1. 积极扩大消费需求。继续培育发展消费热点，拓宽新的消费领域。积极扩大农村消费。继续组织好家电、农机、汽车下乡。完善消费环境。研究制定并细化落实我省鼓励消费特别是居民消费的政策措施。

2. 着力抓好有效投入。优化投资结构，重点提高产业投资和社会投资比重。加大对新兴产业、现代服务业、自主创新等领域的投入力度，加大重大基础设施和产业项目推进力度。计划安排省重点建设项目200个，总投资17240亿元，增长24.6%。重点推进“三个一批”：一是推进沪宁城际铁路等一批基础设施项目。二是推进一批重大产业项目。加快实施一批结构调整、产业振兴和技术改造项目，大力提升企业创新发展能力。三是推进一批重大储备项目。

3. 努力支持企业加快发展。支持优势产业、优势企业扩大生产经营规模、发挥支撑作用。鼓励行业龙头企业、优势企业资源整合、强强联合、优势互补。着力解决中小企业融资难问题。加强对中小企业财税支持。进一步健全中小企业社会化服务体系。大力发展民营经济。

4. 促进房地产业健康发展。继续支持居民自住和改善型住房消费，抑制投机性购房，增加中低价位、中小套型普通商品住房。加强房地产市场整治，继续整顿和规范房地产市场秩序，遏制房价过快上涨势头，保持商品房价格基本稳定，促进房地产健康发展。

（三）着力加快新农村建设，推进城乡一体化发展。

1. 推进农业结构调整。继续落实强农富农政策措施。在稳定粮食生产的基础上，积极发展高效农业，培育壮大优势特色产业，着力加强现代农业示范区、优质粮油产业基地、特色牧业基地和特色园艺基地建设，大力发展设施农业，建设一批规模大、水平高、带动力强的高效农业基地。

2. 继续改善农村生产生活条件。统筹城乡基础设施建设，促进公共设施向农村延伸，公共服务向农村覆盖。增加对农村饮水、电力、道路、通信、垃圾处理设施等方面的建设投入，实现城乡共建、城乡联网、城乡共用。大规模开展农田基本建设，完善农田水利基础设施。进一步加大农村社会事业投入力度，改进农村教育培训、医疗卫生、公共文化服务，促进公共服务在城乡之间的均等化。扎实推进农村六件实事工程。

3. 加快城镇化步伐。以大城市为依托，以中小城市为骨干，形成辐射作用大的城市群。积极发展县域经济，加快中小城市和小城镇发展。加强城镇基础设施建设。加快推进户籍制度改革,鼓励在城镇稳定就业和居住的农民有序转变为城镇居民。

(四)努力推动区域协调发展,拓展经济发展新空间。

1. 深入实施沿海开发战略。认真组织实施沿海发展规划和实施意见,以大建设推动大开发,以大产业支撑大发展,以推进基础设施建设、产业发展和滩涂资源开发为核心任务,力争沿海开发实现新的突破。

2. 统筹推进三大区域发展。继续推进"四项转移"和南北共建开发园区,全面实施苏南、苏北对接发展。继续支持宿迁加快发展。深入实施振兴徐州老工业基地战略。促进苏中快速崛起,积极推进跨江联动、江海联动。引导苏南加快经济转型升级步伐,率先加快产业升级和体制创新。

3. 加快推进长三角一体化。重点推进长三角基础设施、市场、科技、环保等领域的一体化。

(五)继续深化改革扩大开放,增强发展活力和动力。

1. 继续深化各项重点改革。全面完成市县政府机构改革,深化审批制度改革。扩大县(市)经济社会管理权限。完善省直管县财政管理体制。着力抓好医药卫生体制改革。全面落实医改五项重点任务,推进公立医院改革试点工作。继续推进南京国家科技体制综合改革、苏州城乡一体化综合配套改革等。深化农村各项改革。加强金融创新。

2. 进一步提升开放型经济发展水平。加快转变外贸发展方式。提高利用外资水平。加快走出去步伐。

(六)切实保障和改善民生,维护社会和谐稳定。

1. 努力增加居民收入。加大国民收入分配调整力度,增加居民特别是低收入群众的收入。继续提高企业退休人员基本养老金、城乡居民最低生活保障水平、优抚对象等人员抚恤和生活补助标准。完善企业职工工资正常增长机制和支付机制,创造条件增加居民财产性收入。把增加农民收入作为重中之重切实抓好。继续加大脱贫攻坚力度,确保全年再实现 100 万农村贫困人口如期脱贫。

2. 加强就业再就业工作。把促进就业作为经济社会发展的优先目标,继续实施更加积极的就业政策,新增城镇就业 90 万人以上。

3. 进一步完善社会保障体系。继续推进各项社会保障制度改革,城镇职工、居民医疗保险和新型农村合作医疗参合率保持在 95% 以上。重点推进新型农村养老保险,确保到年底所有涉农县(市、区)全部实行新农保。健全城乡低保标准和农村五保供养标准增长机制。支持养老事业发展,新建2000 个社区(村)居家养老服务中心。抓好做实养老保险个人账户试点,实施企业职工基本养老保险省级统筹。认真落实社会保险关系跨地区转移接续政策。完善城乡社会救助体系,加大对低收入群体的帮扶救助力度。

4. 大力发展社会事业。促进各级各类教育均衡发展。重视发展学前教育,继续巩固九年义务教育成果,积极推行义务教育均等化,完善农村义务教育免费政策和经费保障机制。大力发展职业教育,提高高等教育质量。加强公共卫生、医疗卫生服务,重点扶持经济薄弱地区乡镇、社区、村卫生服务机构建设。强化重大传染病预防控制。促进文化事业和文化产业共同发展。举办好十七届省运会。

5. 加快推进一批惠民工程。实施农村饮水安全工程,今年再解决农村 400 万人饮水安全。实施农村公路通达工程,全年建成 4000 公里。实施保障性住房建设工程,新增开工建设经济适用住房 10 万套,建成廉租房 1.4 万套。加快建设徐州煤矿棚户区改造工程,规划建设总面积超过 220 万平方米。推进中小学校舍安全工程及职业教育实训基地工程。实施太湖综合整治、淮河流域水环境治理、太湖流域水环境监控系统等一批生态环保工程。加快基层医疗卫生服务体系和精神卫生防治体系建设,不断提高医疗保障水平。

要切实做好"十二五"规划的组织编制工作,努力在新起点上开创江苏科学发展新局面。

关于江苏省2009年预算执行情况与2010年预算草案的报告(摘要)

——2010年1月26日在江苏省
第十一届人民代表大会第三次会议上

江苏省财政厅厅长　潘永和

一、2009年预算执行情况

2009年是新世纪以来我国经济社会发展最为困难的一年,也是财政工作十分困难的一年。全省各级财政部门紧紧围绕服务改革发展稳定大局,认真落实省委省政府的决策部署和省十一届人大二次会议有关决议,充分发挥财政职能作用,大力实施积极的财政政策,在保增长、调结构、促改革、惠民生等方面发挥了重要作用。同时,面对国际金融危机的严重冲击,狠抓财政增收节支,全面加强财政科学化精细化管理,圆满完成了全年财政收支预算任务。

全省一般预算收入完成3228.78亿元,比上年增收497.37亿元,增长18.2%,其中,税收收入2654.75亿元,增长16.5%。一般预算收入加上上划中央四税2641.89亿元、政府性基金收入1778.89亿元、缴库社会保险基金收入755.38亿元,财政总收入(原口径)达8404.94亿元,比上年增长18.2%。一般预算支出3955.54亿元,比上年增加708.04亿元,剔除成品油价格和税费改革不可比支出119.9亿元,同比增长18.1%。

省级征收的一般预算收入完成311.83亿元,比上年增加36.1亿元,增长13.1%,完成调整预算的101.9%。省级一般预算支出1187.03亿元(其中,按规定在省本级列报的支出672.53亿元,专项补助市县514.5亿元),完成调整预算的93.6%,同比增长21.5%。

2009年全省预算执行和财政工作有以下主要特点:

(一)财政支持经济发展力度空前。把保增长放在首要位置,认真实施积极的财政政策,全面落实中央和省应对国际金融危机冲击的一揽子计划和政策措施,大力筹措资金,促进经济企稳回升,省财政安排扩内需、调结构、保增长、促发展资金达277亿元,为历年最多。

(二)“三农”投入大幅度增加。全省财政筹措各类资金继续加大对“三农”的投入力度,有效促进了农业增效、农民增收和农村稳定。农林水支出393.45亿元,增长42.5%。

(三)民生和社会事业发展得到有力保障。全省财政对民生和社会事业支出1325亿元,增长17.2%,支持办好各项惠民实事工程。

(四)积极推动了各项重点领域的改革。支持义务教育教师绩效工资改革,省财政安排转移支付资金10.58亿元。精心组织实施成品油价格和税费改革。实施政法经费保障体制改革,安排政法经费转移支付12.98亿元。大力推进农村综合改革。积极推进财政科学化精细化管理。

(五)克服严峻困难实现了财政收支平衡。受国际金融危机的严重冲击,去年年初的财政收入增幅出现了罕见的急剧下滑。经过各级各部门的共同努力，一般预算收入自6月份起保持了两位数的增长，至年末超额完成了预算任务；税收累计增幅由4月份首次正增长稳步上升到年末的16.5%；收入的地区分布结构改善，苏南地区收入总量占全省各市县总量的近2/3，苏中苏北地区收入增量超过全省各市县增量的一半。

二、2010年预算草案

（一）2010年经济和财政形势

初步判断，2010年经济发展环境将进一步向好。结合财政实际，预计我省2010年收支紧张的矛盾将会更加突出。收入方面，虽然经济形势进一步好转和价格水平回升有利于财政增收，但财政收入短期内难以随经济发展实现较快增长。支出方面，随着公共财政更加注重改善民生和发展社会事业，进一步扩大内需特别是消费需求，新的刚性支出将大量增加。

综合分析，2010年经济总体形势将会好于去年，但仍然是财政非常困难的一年，增收的阶段性，减税的制度性，支出的刚性化，将使财政收支平衡的难度进一步加大。

（二）2010年预算安排的总体思路

为充分发挥财政政策的调控作用，在保增长的同时，进一步突出"调结构、促转型"，在新的起点上提升发展水平，预算安排的指导思想是：认真学习贯彻胡锦涛总书记在中央政治局第十八次集体学习时的重要讲话精神，全面落实省委十一届七次全会和全省经济工作会议的各项决策部署，以邓小平理论和"三个代表"重要思想为指导，深入贯彻落实科学发展观，继续落实积极的财政政策，着力支持经济平稳较快发展；更加突出财税政策实施重点，积极支持发展创新型经济，着力推动经济发展方式转变；坚持民生优先，进一步优化调整支出结构，着力支持"三农"、民生和社会事业发展；加强增收节支，全面推进财政科学化精细化管理，着力提升财政管理绩效。

预算安排的基本原则是：一是优化结构，突出重点。二是积极稳妥，收支平衡。三是艰苦奋斗，厉行节约。

（三）全省预算草案

2010年全省一般预算收入拟安排为3550亿元，比2009年执行数（下同）增加321亿元，增长10%；一般预算支出拟安排为4390亿元，增加435亿元，增长11%。

（四）省级预算草案

2010年省级一般预算收入按增长8%安排为336.7亿元。加上预计中央税收返还及补助收入、市县上解收入，减去上解中央支出、按体制规定对市县税收等返还和一般性转移支付后，预计2010年当年省级可用于安排支出的收入来源为835.35亿元，剔除不可比因素，较2009年年初预算数同比增长10.5%。

2010年省级安排一般预算支出835.35亿元（含对市县专项补助）。主要支出科目安排情况如下：（1）一般公共服务80.45亿元，较2009年年初预算安排数（下同）同比增长11.1%；（2）公共安全50.39亿元，增长75.2%，主要是政法经费保障体制改革省级需要新增的经费；（3）教育146.24亿元，增长18.0%；（4）科学技术36.1亿元，增长18.4%；（5）文化体育与传媒21.58亿元，增长19.0%；（6）社会保障和就业67.52亿元，增长33.1%；（7）医疗卫生65.87亿元，增长30.1%；（8）环境保护33.12亿元，同比增长18.0%；（9）农林水事务113.76亿元，增长20.6%；（10）交通运输109.26亿元，增长2.9倍，主要是成品油价格和税费改革新增支出86.4亿元（原列基金支出，现列入一般预算支出）；（11）资源勘探电力信息等事务19.06亿元，下降36.4%，主要是根据2010年修订后的支出功能科目，省级现代服务业（国际服务外包产业）发展引导资金5亿元、省级外经外贸发展引导资金7亿元，原列入本科目，现改列"商业服务业等事务"科目；（12）商业服务业等事务32.56亿元，增长1.26倍，主要原因同上；（13）地震灾后恢复重建支出3.3亿元，增长19.6%；（14）粮油物资储备管理事务9.76亿元，下降1.3%；（15）其他各项支出46.38亿元，下降33.3%。

汇总以上各科目，2010年省级财政用于省直单位(含省属院校在校生102万人以及监狱劳教在押犯人等)基本运转支出161.29亿元,占19.3%,用于各项事业发展支出674.06亿元,占80.7%,进一步降低了省级行政成本,大部分事业发展支出将通过专款形式补助到市县,实现了财力下倾;用于农林水支出113.76亿元,增加19.46亿元,增长20.6%,加上支持农村义务教育、新农保、新农合、涉农补贴、农业保险、农村生态环境、农村综合改革等方面的“三农”支出135.36亿元,较好地落实了2010年中央一号文件精神;用于与人民群众生活直接相关的教育、医疗卫生、社会保障与就业、住房保障、文化方面的支出317.38亿元,增加59.17亿元,增长22.9%,体现了公共财政“民生优先”的本质要求;用于科学技术、环境保护、服务业与经济发展方面的支出155亿元,增加29.65亿元,增长23.7%,突出了支持创新型经济发展与转型升级。综合来看,2010年省级支出预算安排贯彻了全省经济工作的总体要求和指导原则,落实了省委省政府的重大决策部署。

三、完成2010年预算的主要政策措施

(一)继续落实积极的财政政策,巩固和发展经济回升向好势头。保持扩内需、保增长一系列财政政策的连续性和稳定性,努力实现消费主导、投资驱动、外需拉动的协调增长格局。一是支持扩大消费需求。积极调整国民收入分配格局,加大财政补助规模,增强居民消费能力。落实好义务教育学校、公共卫生和基层医疗卫生事业单位绩效工资政策,提高农民收入水平,提高企业退休人员养老金、社会优抚对象待遇和城乡居民最低生活保障水平。加大家电下乡、汽车家电以旧换新等政策实施力度。大力推进廉租房、经济适用房建设和棚户区改造。继续支持城乡消费设施和服务体系建设。认真执行促进房地产市场规范、健康发展的有关税收和土地政策。二是着力优化投资结构。重点支持重大工程建设。支持重大水利基础设施、重点流域水污染治理和环境基础设施项目建设。认真落实鼓励和促进民间投资的政策措施,带动社会投资。继续做好2010年地方政府债券发行工作,帮助地方政府落实扩内需配套资金。三是努力促进外贸回升。认真落实出口退税政策,进一步发挥省级外经外贸发展专项资金的作用,对出口信用保险、出口信贷继续予以财政扶持。支持劳动密集型出口产品提高档次、附加值和竞争力,支持有自主知识产权、有自主品牌产品出口,大力发展以服务外包为重点的服务贸易,支持有条件的企业“走出去”加快发展,促进扩大出口与产业优化升级相结合。四是继续优化企业发展环境。认真落实好各项减税减费政策措施。加快完善我省信用担保、再担保体系,引导金融机构加大对企业特别是中小企业的信贷支持。加大对中小科技型企业融资担保、技术创新、新品开发、产业集聚与公共服务平台建设的支持力度。

(二)突出支持创新型经济发展和经济结构调整,加快推进经济转型升级步伐。一是大力支持自主创新。省级财政安排科学技术与创新支出36.1亿元,增加5.62亿元,增长18.4%。二是大力推动战略性新兴产业发展。三是着力支持发展现代服务业。安排省级现代服务业引导资金12.45亿元,促进服务业加快发展步伐。四是积极推动节能减排。落实相关财税政策,促进高效节能产品推广和可再生能源利用,支持发展绿色经济、低碳经济和循环经济。五是促进提升区域协调发展水平。

(三)继续加大“三农”投入力度,积极支持农业农村发展和农民增收。一是加大对现代农业发展的扶持力度。二是多渠道增加农民收入。全面落实各项涉农补贴政策,落实好粮食最低收购价制度。将农村就业纳入整个社会就业体系统筹考虑。加大农民培训投入力度,完善培训补助政策。继续推进脱贫攻坚工程,提高扶贫小额贷款对贫困农户的覆盖率,完成100万人脱贫任务。三是推动改善农村生产生活条件。四是积极深化农村综合改革。将村级经费保障标准由10万元提高到12万元。采取以奖代补办法支持省定的1011个经济薄弱村化解公益性债务,分两年完成债务化解任务。

(四)优先保障民生和发展社会事业,促进

经济社会协调发展。把保障和改善民生、发展社会事业作为扩大内需、调整经济结构的重点工作,加大力度落实民生十件实事。一是认真落实更加积极的就业政策。二是支持进一步完善社会保障体系。新增安排 20 亿元省级补助资金,支持我省在全国率先全面推行新型农村养老保险政策,力争基本实现适龄农民参保全覆盖。三是支持深化医药卫生体制改革。省财政安排专项资金 44.68 亿元,支持落实医改五项重点任务。四是支持优先发展教育事业。五是支持文化事业发展。

(五)加强增收节支和财政管理改革,着力提升财政政策和财政资金使用绩效。按照财政预算编制、预算执行、财政监督、绩效评价"四位一体"的要求,积极稳妥地推进财政科学化精细化管理。一是坚持抓好增收节支。二是继续深化财政体制改革。三是进一步完善预算管理制度。四是提高财政管理绩效。五是进一步加强地方政府性债务风险管理。

江苏省2009年国民经济和社会发展统计公报

江苏省统计局

（2010年2月）

2009年，在省委、省政府的正确领导下，全省深入贯彻科学发展观，认真落实中央决策部署和一系列政策措施，积极应对国际金融危机带来的严峻挑战和严重困难，统筹做好保增长保民生保稳定各项工作，经济企稳向好态势不断增强，结构调整和自主创新取得重大进展，发展质量稳步提高，民生继续得到改善，改革开放深入推进，各项社会事业全面进步，较好地完成了年初确定的各项目标任务。

一、综合

全年经济发展迈上新台阶。初步核算，全省实现生产总值34061.2亿元，比上年增长12.4%；其中，第一产业增加值2201.7亿元，增长4.5%；第二产业增加值18416.1亿元，增长12.5%；第三产业增加值13443.4亿元，增长13.6%。人均地区生产总值44232元，按当年汇率折算达到6475美元。经济结构进一步优化。三次产业增加值比例调整为6.4∶54.1∶39.5。先进制造业水平提升，全年实现高新技术产业产值21987亿元，增长19.5%，占规模以上工业比重达30%，比上年提高1.5个百分点。服务业特别是现代服务业增长加快、比重上升，实现服务业增加值13555.6亿元，比上年增长13.6%，占GDP比重39.8%，提高1.1个百分点。新兴行业加快发展，新能源、新医药、新材料、环保产业产值分别增长66%、30%、22%和21%，软件业销售收入增长35.7%，服务外包执行总额增长177%。非公有制经济进一步发展，实现增加值在地区生产总值中的份额达64.1%，其中私营个体经济比重为39.4%，分别提高0.9个和2.3个百分点。城市化和城市现代化水平稳步提高，年末城市化率达55.6%，比上年提高1.3个百分点。区域发展格局进一步改善，加快推进苏南转型升级，巩固苏中、苏北快速发展局面，苏中、苏北对全省经济增长的贡献份额达到42.3%，提高2.9个百分点，全面实施沿海地区发展规划。

节能减排取得明显成效。大力推进资源节约型、环境友好型社会建设，实施重点节能减排项目，淘汰落后产能，深入开展化工生产企业专项整治。全年共实施1121个减排项目，关闭小火电组687.6万千瓦，淘汰落后炼铁能力245万吨、落后炼钢能力547.2万吨，分别完成“十一五”总目标的224.3%、51.1%和77.4%。预计超额完成单位GDP能耗降低率的年度目标。化学需氧量、二氧化硫排放量分别削减3.1%和4.1%，累计完成“十一五”减排总目标的98.93%和121.1%。

物价水平年内小幅上升。全年居民消费价格下降0.4%，降幅比上半年收窄1.3个百分点。食品价格上涨0.9%，其中猪肉下降19.4%、油脂下降24.3%、鲜蛋上涨0.6%、禽上涨1.3%、鲜菜上涨18.1%。原材料、燃料、动力购进价格下降8.1%，其中燃料动力类下降12.0%、黑色金属材料类下降11.3%、有色金属和电线类下降14.1%、化工原料类下降11.0%、建筑材料及非金属类下降0.6%。工业品出厂价格下降4.8%。农业生产资料价格下降2.4%。

表 1　居民消费价格比上年上涨情况(%)

指标	全省	城市	农村
居民消费价格	-0.4	-0.4	-0.5
食品	0.9	1.1	0.7
# 粮食	4.4	5.1	4.0
烟酒及用品	1.7	1.8	1.5
衣着	-1.0	0.1	-4.1
家庭设备用品及服务	1.3	1.9	-0.5
医疗保健及个人用品	0.7	0.6	0.9
交通和通信	-3.3	-3.7	-2.3
娱乐教育文化用品及服务	-0.1	-1.1	2.2
居住	-2.5	-2.2	-3.3

就业形势保持稳定。实行更加积极的就业政策,出台一系列稳定和促进就业再就业的政策措施,推进城乡统筹就业,着力解决困难群众就业问题。年末全省城乡从业人员 4674.6 万人,比上年末增加 25.8 万人。促进下岗失业人员再就业 52 万人,其中就业困难人员再就业 18.1 万人。城镇登记失业率为 3.22%,城镇零就业家庭连续 28 个月保持动态为零。农村劳动力转移大力推进,新增农村劳动力转移 31.1 万人。

体制改革迈出新步伐。深化行政管理体制改革,省级政府机构改革基本完成,市、县政府机构改革和乡镇机构改革有序展开。全面推进文化体制改革,加快文化强省建设,国有经营性文化单位转企改制取得新突破。积极推进医药卫生体制改革,基本药物制度启动实施。稳步推进金融体制改革,地方金融机构继续发展壮大,新型农村金融组织迅速发展。农村土地使用制度改革稳步推进,农民合作组织加快发展,集体林权制度改革进展顺利。国有企业在改革中进一步发展。民营经济发展加快,年末全省工商部门登记的私营企业达 91.2 万户,比上年增长 11.7%,注册资本 20136.7 亿元,增长 28.1%;工商部门登记的个体户 261.4 万户。

经济社会发展中还存在一些突出的矛盾和问题:一是经济结构调整和发展方式转变的任务还比较艰巨,自主创新能力不够强,资源和环境约束日益强化;二是内需持续均衡增长存在较大制约,民间投资跟进有待进一步加强,城乡居民消费后劲有待进一步提高;三是农业基础地位还不够稳固,农民增收的长效机制尚需完善;四是民生和社会建设还存在一些薄弱环节,在就业、医疗、住房、市场物价、劳动保障、食品药品安全等方面的一些突出问题尚待有效解决;等。

二、农林牧渔业

农业生产形势较好。粮食连续六年丰收,全年总产量达 3230.1 万吨,比上年增加 54.6 万吨,增长 1.7%。其中夏粮 1103.2 万吨,增长 0.8%;秋粮 2126.9 万吨,增长 2.2%。农作物种植结构有所调整。全年粮食面积为 527.2 万公顷,比上年增加 0.5 万公顷;棉花面积为 25.2 万公顷,减少 4.8 万公顷;油料面积 59.3 万公顷,增加 2.6 万公顷;蔬菜面积 114.8 万公顷,增长 5.0%。新增高效农业面积 19.1 万公顷。农产品优质化水平提升,优质小麦、水稻比重继续提高,油菜全部实现优质化。

林牧渔业稳定发展。全年造林面积 12.1 万公顷。全年肉类总产量 348.1 万吨,比上年增长 6.3%,其中猪牛羊肉产量 216.7 万吨,增长 5.8%;禽肉产量 120.4 万吨,增长 6.7%。禽蛋总产量 185.2 万吨,增长 7.6%。牛奶总产量 55.4 万吨,下降 9.3%。全年水产品总产量 443.2 万吨,增长 4.3%,其中淡水产品 312.7 万吨,海水产品 130.5 万吨,分别增长 4.3% 和 4.2%。

新农村建设取得新成就。全面落实强农惠农政策,加大支农投入力度。全省农田有效灌溉面积达 382 万公顷,新增节水灌溉面积 7.7 万公顷;年末全省农业机械总动力 3810 万千瓦,比上年末增长 4.9%。农民专业合作组织蓬勃发展,累计入社农户达 541 万户,占全省农户总数的 36%。农村新一轮六件实事工程扎实推进,农村生产生活条件进一步改善,全省行政村基本实现通电、通公路、通公交、通自来水、通电话、通有线电视、通宽带网。

表2 主要农产品产量情况

产品名称	产量(万吨)	比上年增长(%)
粮食	3230.1	1.7
棉花	25.6	-21.6
油料	162.2	7.9
#油菜籽	121.7	7.9
花生	38.7	8.7
蚕茧	7.9	-19.8
茶叶	1.6	1.4
水果(含瓜果类)	731.0	7.0
肉类	348.1	6.3
水产品	443.2	4.3

三、工业和建筑业

工业生产稳步向好。规模以上工业企业完成增加值16727.1亿元,比上年增长14.6%,其中,轻、重工业增加值4828.7亿元、11898.4亿元,分别增长11.8%和15.7%。国有工业增加值1071.5亿元,增长2.6%;集体工业增加值263.5亿元,增长10.9%;股份制工业增加值7752.2亿元,增长17.4%;外商港澳台投资工业增加值6658.9亿元,增长12.7%。在规模以上工业中,国有控股工业增加值1921.2亿元,增长6.1%;私营工业增加值5623.6亿元,增长19.7%。

企业效益逐步回升。规模以上工业企业实现主营业务收入71181.3亿元,比上年增长11.4%,增幅分别比上半年、前三季度提高5.4个和4.1个百分点;实现利税6448.1亿元,增长21.2%,增幅比上半年、前三季度提高19.4个和11.7个百分点;其中利润3865.4亿元,增长24.3%,增幅比上半年、前三季度提高28.1个和17.1个百分点,呈现利润增幅高于利税增幅、利税增幅高于销售增幅的良好发展态势。企业亏损面11.7%,比上年末下降1.7个百分点;亏损企业亏损额290.3亿元,下降32.8%。工业经济效益综合指数为224.0,提高12.5个百分点。

先进制造业保持较快发展。在规模以上工业中,交通运输设备制造业产值4857.9亿元,比上年增长36.7%;医药制造业产值1079.2亿元,增长27.3%;专用设备制造业产值2321.6亿元,增长20.5%;电气机械及器材制造业产值6517.4亿元,增长14.6%;通用设备制造业产值4902.8亿元,增长13.4%;通讯设备、计算机及其他电子设备制造业产值10273.1亿元,增长8.4%。产品结构继续优化,实现工业新产品产值6182.5亿元,比上年增长11.2%;在列入统计的75种主要工业产品中,保持增长的有46种,下降的有29种。

表3 主要工业产品产量情况

产品名称	单位	产量	比上年增长(%)
纱	万吨	401.9	6.4
布	亿米	79.0	1.3
化学纤维	万吨	894.5	11.1
卷烟	亿支	924.6	3.4
彩色电视机	万台	1151.3	34.3
家用电冰箱	万台	667.1	4.7
房间空调器	万台	331.2	-53.2
原煤	万吨	2397.4	-2.6
天然原油	万吨	184.0	0.0
发电量	亿千瓦小时	2984.3	3.4
粗钢	万吨	5489.9	12.9
钢材	万吨	7859.7	8.4
十种有色金属	万吨	54.1	13.4
水泥	万吨	14434.1	6.7
硫酸	万吨	401.5	4.7
纯碱	万吨	248.3	-0.9
乙烯	万吨	141.6	5.1
化肥(折100%)	万吨	317.3	4.8
汽车	万辆	50.6	79.8
#轿车	万辆	21.5	84.7
发电设备	万千瓦	371.9	-43.7
集成电路	亿块	163.7	13.4
程控交换机	万线	4.7	-61.0
微型电子计算机	万台	8180.9	35.8
移动通讯基站设备	信道	519111.0	-27.4

建筑业蓬勃发展。全省建筑企业实现利税总额 755 亿元,比上年增长 21%。全年共完成建筑业总产值 10181.3 亿元,增长 18.4%;竣工产值 7637 亿元,增长 12.8%,竣工率达 75%;建筑业劳动生产率为 16.8 万元/人,下降 3.6%。建筑业企业房屋建筑施工面积 98494 万平方米,增长 8.9%;房屋建筑竣工面积 22882.1 万平方米,下降 43.8%,其中住宅竣工面积 14530.8 万平方米,下降 42.3%。

四、固定资产投资

固定资产投资增速较快。全年完成全社会固定资产投资 18751.6 亿元,增长 24.5%;城镇固定资产投资 14122.6 亿元,增长 24.2%;农村固定资产投资 4629 亿元,增长 25.4%。在全社会投资中,国有及国有控股投资 4349.5 亿元,增长 46.7%;外商港澳台经济投资 2655.9 亿元,下降 6.5%;民间投资 11746.2 亿元,增长 26.9%,其中私营个体经济投资 6791.4 亿元,增长 28.8%。民间投资占全社会投资的比重达 62.6%,比上年提高 1.1 个百分点。

投资结构优化。在城镇固定资产投资中,第一产业投资 44.5 亿元,比上年增长 82.4%;第二产业投资 6689.1 亿元,增长 21.5%;第三产业投资 7389 亿元,增长 26.5%。工业投资 6603.6 亿元,增长 21.4%。其中,制造业投资 5999.4 亿元,增长 22%;高新技术产业投资 1493.3 亿元,增长 8.6%,占工业投资的比重达 22.6%。主要工业行业投资中,化学原料及化学制品制造业 639.7 亿元,专用设备制造业 410 亿元,通用设备制造业 641.49 亿元,交通运输设备制造业 572.8 亿元,电气机械及器材制造业 508.4 亿元,分别增长 12.5%、42.7%、36.6%、30.5%和 32.1%。第三产业投资中,房地产开发投资 3338.6 亿元,增长 9%;交通运输仓储和邮政业投资 841.2 亿元,增长 33%;水利、环境和公共设施管理业投资 1225.2 亿元,增长 64.2%;科学研究、技术服务和地质勘察业投资 98 亿元,增长 68%;文化、体育和娱乐业投资 122.8 亿元,增长 53.6%。

重点项目推进力度加大。积极贯彻落实中央扩内需保增长的政策,着力扩大有效投入,京沪高速铁路江苏段、沪宁城际铁路、宁杭城际铁路、南京铁路枢纽、泰州大桥、连云港 30 万吨级航道和矿石码头、太仓港集装箱码头三期、通榆河北延、南水北调东线一期等一批重大基础设施项目进展顺利。年末发电装机容量达 5650.3 万千瓦,新增 208.4 万千瓦。无锡海力士三期、昆山龙飞高世代线、南通熔盛海洋工程装备、淮安富士康三期等项目加快建设,南京扬巴二期扩建、常州新誉风电整机、镇江二重出海口基地、扬州特种钢管等项目顺利开工。

五、国内贸易

消费品市场平稳较快增长。全年实现社会消费品零售总额 11484.1 亿元,比上年增长 18.9%。城乡市场均保持良好增长。城市消费品市场实现零售额 8471.5 亿元,增长 19.0%;县及县以下消费品市场实现零售额 3012.6 亿元,增长 18.4%。分行业看,批发和零售业零售额 9892.4 亿元,增长 18.3%;住宿和餐饮业零售额 1485.3 亿元,增长 22.5%;其他行业零售额 106.4 亿元,增长 19.6%。限额以上批发和零售企业经营状况良好,全年实现商品销售 14707.2 亿元,比上年增长 38.6%,其中批发业 10616.4 亿元,零售业 4090.8 亿元,分别增长 38.8%和 38.1%。受汽车下乡、税费减免、以旧换新等利好政策推动,汽车销售持续快速增长,全年实现零售额 1128.0 亿元,增长 36.3%,占限上贸易企业零售额的 27.9%。

六、开放型经济

积极应对外需不足的严峻局面,对外贸易降幅不断收窄。全年进出口总额 3388.3 亿美元,比上年下降 13.6%,降幅比上半年和前三季度分别收窄 11.6 个和 7.7 个百分点;其中出口 1992.4 亿美元、下降 16.3%,进口 1395.9 亿美元、下降 9.5%,降幅比上半年分别收窄 8.5 个和 16.2 个百分点,比前三季度分别收窄 6.4 个和 9.9 个百分点。进出口总额占全国份额上升到 15.4%。

出口商品结构进一步优化,高技术含量产品出口增加。机电产品、高新技术产品出口额为 1387.6 亿美元和 928.4 亿美元，分别占出口总额的 69.6% 和 46.6%。其中计算机与通信技术出口 640.3 亿美元，占高新技术产品出口额的 69.0%。外商投资企业出口 1466.4 亿美元，占出口总额的 73.6%。私营企业出口比重增大，出口额为 311.8 亿美元，占出口总额的 15.6%。对欧盟、美国、日本、香港特别行政区出口逐步恢复，出口额分别为 493.1 亿美元、451.6 亿美元、195.7 亿美元和 142.2 亿美元；对东盟、韩国、台湾省等市场出口额分别为 166.8 亿美元、100.9 亿美元和 49.0 亿美元；对俄罗斯、拉丁美洲、非洲出口额分别为 17.8 亿美元、90.2 亿美元和 47.4 亿美元。

表 4　进出口贸易主要分类情况

指标	绝对数（亿美元）	比上年增长（%）
出口总额	1992.4	－16.3
# 一般贸易	708.9	－23.0
加工贸易	1226.1	－13.6
# 工业制成品	1962.8	－16.4
初级产品	29.6	－8.4
# 机电产品	1387.6	－14.0
# 高新技术产品	928.4	－10.8
# 外商投资企业	1466.4	－16.2
国有企业	173.8	－16.4
进口总额	1395.9	－9.5
# 一般贸易	451.4	4.6
加工贸易	707.3	－15.8
# 工业制成品	1202.2	－10.5
初级产品	193.7	－2.8
# 机电产品	868.4	－12.2
# 高新技术产品	612.8	－13.2
# 外商投资企业	1130.8	－12.1

招商选资力度加大，利用外资结构不断改善。全年新批外商投资企业 4219 家，新批协议外资 509.8 亿美元；实际外商直接投资 253.2 亿美元，增长 0.8%。新批及净增资 3000 万美元以上的大项目 434 个。全年服务业新批外商直接投资项目 1352 个，协议注册外资 136.9 亿美元，实际到账外资 66.4 亿美元，增长 7.4%。开发区建设取得新进展。全省开发区完成进出口总额 2600.2 亿美元，其中出口总额 1477.5 亿美元，分别占全省总量的 76.7% 和 74.1%；实际到账注册外资额 190.7 亿美元，占全省总量的 75.3%。

企业“走出去”步伐加快，境外投资较快增长。全年新签对外承包工程和劳务合作合同额 50.3 亿美元，增长 3.0%；完成营业额 50.8 亿美元，增长 10.4%。全年新批境外投资项目 332 个，增长 43.1%，中方协议投资 10.6 亿美元，增长 67.6%。

七、交通运输、邮政电信业和旅游业

交通运输业稳步增长。全年完成旅客运输量、货物运输量分别比上年增长 9.5% 和 9.2%，旅客周转量、货物周转量增长 8.1% 和 8.5%。完成港口货物吞吐量 13.3 亿吨，增长 14.2%，其中外贸货物吞吐量 2.0 亿吨，增长 24.5%。港口货物吞吐量中，集装箱吞吐量达 878.0 万标准集装箱，增长 3.1%。年末全省公路里程 14.2 万公里、新增 1071.1 公里，年末高速公路里程 3755 公里。铁路营业里程 1642.1 公里，铁路正线延展长度 2381.8 公里。年末民用汽车保有量 458.1 万辆，净增 84.9 万辆，分别增长 22.8% 和 97.5%。年末私人汽车保有量 338.2 万辆，净增 74.9 万辆，分别增长 28.5% 和 106%。其中私人轿车保有量 216.5 万辆，净增 56.4 万辆，分别增长 35.2% 和 59.3%。

表 5　各种运输方式完成运输量

	货物周转量		货运量		旅客周转量		客运量	
	绝对数（亿吨公里）	比上年增长（%）	绝对数（万吨）	比上年增长（%）	绝对数（亿人公里）	比上年增长（%）	绝对数（万人）	比上年增长（%）
总计	5154.5	8.5	160966.8	9.2	1423.3	8.1	201262.9	9.5
铁路	323.9	-6.2	6137.4	19.9	311.3	-2.5	9167.2	3.6
公路	971.1	9.7	104002.0	8.8	1058.0	11.2	191001.0	9.8
水路	3372.1	10.1	42016.0	9.1	1.4	85.6	686.5	9.8
民航	0.6	-3.6	4.4	-5.1	52.7	15.4	408.2	16.3
管道	486.8	6.4	8807.0	8.8				

邮政电信业保持较快增长。全年邮政电信业务总量1812.4亿元，比上年增长14%。其中邮政业务总量153.6亿元，电信业务总量1658.8亿元，分别增长20.0%和13.4%。邮政电信业务收入737.2亿元，比上年增长7.4%。其中邮政业务收入93.3亿元，电信业务收入643.9亿元，分别增长24.2%和5.3%。年末局用交换机总容量4455.4万门。年末固定电话用户2662.4万户，减少306.1万户，其中：城市电话用户1694.4万户，乡村电话用户968万户。住宅电话用户1875.3万户，减少283.1万户。年末移动电话用户4918.4万户，净增961.5万户。全省电话普及率达98.8部/百人，比上年增加7.9部/百人。长途光缆线路总长度3.2万公里，新增0.1万公里。年末互联网用户961.0万户，新增189.4万户。

旅游业稳定发展。全年国内旅游人数29726.6万人次，比上年增长13.8%；国内旅游收入3449.5亿元，增长17.6%。全年境外入境旅游人数556.8万人次，比上年增长2.3%。其中外国人396.1万人次，与上年持平；港澳台同胞160.8万人次，增长8.5%。国际旅游外汇收入40.2亿美元，增长3.5%。旅行社组织公民自费出境旅游34.4万人次，下降2.7%。

八、财政、金融、证券和保险业

财政收入稳步回升。同口径财政总收入达到8404.9亿元（不含海关代征两税和关税等），比上年增长18.2%，增幅分别比上半年、前三季度提高13.6个和8.3个百分点。其中，地方财政一般预算收入3228.8亿元，增收497.4亿元，增长18.2%；基金收入1778.9亿元，增长35.2%。

表 6　全年财政收入分项情况

指标	绝对数（亿元）	比上年增长（%）
一般预算收入	3228.8	18.2
# 增值税（25%）	516.6	6.9
营业税	833.9	25.6
企业所得税（40%）	407.9	2.2
个人所得税（40%）	140.2	8.5
契税	245.5	37.0
上划中央四税	2641.9	10.0
# 国内消费税	293.2	69.2
增值税（75%）	1565.9	8.1
基金预算收入	1778.9	35.2

财政支出结构优化。一般预算支出3955.5亿元，增支708亿元，可比增长18.1%；基金预算支出1684.5亿元，增支377.8亿元，增长28.9%。全年教育支出675.9亿元，可比增长18.4%；一般公共服务支出569.9亿元，增长10.3%；公共安全支出282.5亿元，增长11.7%；社会保障和就业支出287.7亿元，增长24.3%。城乡社区事务支出455.6亿元，科学技术支出110.4亿元，环境保护支出140.9亿

元,分别增长25.9%、20.6%和48%。

金融市场高位稳健运行。年末全省金融机构人民币存款余额比年初增加11804.5亿元,比上年多增5236.6亿元;其中,居民储蓄存款增加3359.2亿元,少增347.1亿元;企业存款增加5690.8亿元,多增4317.7亿元。年末金融机构人民币贷款余额比年初增加9137.6亿元,比上年多增4826.5亿元;其中短期贷款增加2559.2亿元,多增1136.4亿元。

表7 金融机构人民币存贷款情况

指标	绝对数(亿元)	比年初增加(亿元)	比上年末增长(%)
年末各项存款余额	48850.3	11804.5	32.0
# 企业存款	18550.7	5690.8	43.9
居民储蓄存款	20080.6	3359.2	20.1
年末各项贷款余额	35296.7	9137.6	34.9
# 短期贷款	14723.7	2559.2	20.2
# 工业贷款	4629.6	479.4	11.7
商业贷款	1412.3	250.4	21.3
农业贷款	1391.5	380.9	37.8
私营企业及个体贷款	718.2	367.0	99.5
中长期贷款	18173.6	6464.6	56.3
# 消费贷款	5098.0	1919.6	60.6
# 个人住房贷款	4494.3	1782.1	65.7

证券市场运行平稳。年末全省境内上市公司由上年末的117家增加到128家,在上海、深圳证券交易所筹集资金270.7亿元,其中首发融资92.6亿元,分别比上年增加171.6亿元和65.2亿元。全年证券经营机构股票交易额72659.7亿元,比上年增长94.6%;期货经营机构代理交易额91637.4亿元,比上年增长69.4%。境内上市公司总股本658.5亿股,比上年末增长11.8%;市价总值8874.4亿元,比上年末增长151%。年末共有证券营业部252家,期货经纪公司营业部58家,证券投资咨询机构3家。

保险事业稳步增长。全年保费收入907.7亿元,比上年增长17.1%。其中,财产险收入228.4亿元,寿险收入619.5亿元,分别增长26.1%、17.3%,健康险和意外伤害险收入59.9亿元,比上年下降9.5%。赔付额273.5亿元,比上年增长2.4%。其中财产险赔付127.4亿元,增长5.1%;寿险赔付124.9亿元,比上年下降3.6%;健康险和意外伤害险赔付21.2亿元,增长28.9%。

九、科学技术和教育

科技创新产出大幅度提升。全省科技进步贡献率为52.3%。全年申请专利17.4万件,比上年增长36.2%,其中发明专利3.18万件。授权专利8.7万件,增长95.7%。企业成为专利申请主体,全省企业共申请专利7.9万件,占专利申请总数的45.6%。全省有51项成果获国家科技奖,其中自然科学奖4项、技术发明奖4项、科技进步奖43项,有195项成果获省科技进步奖。全年共签订各类技术合同1.4万项,技术合同成交额达113.3亿元,比上年增长20.5%。

高新技术产业加快发展。深入实施高新技术产业"双倍增"计划,全年实现高新技术产业产值21987亿元,比上年增长19.5%。组织实施省重大科技成果转化专项资金项目135项,项目总投入185.7亿元。全省高新技术企业达5241家,其中按国家新标准认定2723家。当年认定省级高新技术产品3487项,国家重点新产品247项,自主创新产品235项。已建国家级高新技术特色产业基地68个,其中当年新建9个。全省国家和省级高新技术产业开发区实现技工贸总收入24229亿元,比上年增长26.2%。

科技投入继续快速增长。全社会科技活动经费达1300亿元,比上年增长15%,研究与发展(R&D)活动经费680亿元,占地区生产总值的2%。全省从事科技活动人员58.9万人,其中研究与发展(R&D)人员22.3万人。全省拥有中国科学院和中国工程院院士92人。各类科学研究与技术开发机构4950个,其中政府部门属独立研究与开发机构149个,高等院校属科研机构 436 个,大中型工业企业办科研机构 2100 个。已建国家和省级高技术研究重点实验室、重大研发机构、工程技术研究中心、科技公共服务平台 1061 个,比上年增加 520 个,经国家认定企业技术中心 37 个。

质量检验不断加强。全省共有产品质量检验机构 177 个,国家检测中心 25 个;监督抽查产品 263 种,比上年上升 15%。共有产品质量、体系认证机构 4 个,完成强制性产品认证的企业 7904 个;法定计量技术机构 175 个,强制检定计量器具 433.5 万台件,下降 34%;制定、修订地方标准 241 项。

教育事业全面发展。全省共有普通高校 122 所,普通高等教育招生 42.98 万人,在校生 165.34 万人,毕业生 41.27 万人。研究生教育招生 4.02 万人,在校研究生 11.39 万人,毕业生 2.96 万人。高等教育毛入学率达 40%。全省中等职业教育在校生达到 104.82 万人(不含技工学校)。小学在校生巩固率达到 99.75%,初中在校生巩固率达到 98.56%,高中阶段教育毛入学率达到 95%,基本普及高中阶段教育。初中毕业生升学率 97.3%。小学学龄儿童入学率 99.94%。特殊教育招生 0.45 万人,在校生 3.09 万人。幼儿园在园幼儿 193.22 万人。城乡免费义务教育全面实行,各级各类学校政府财政经费投入不断加大。

表 8　各类教育招生和在校生情况　　单位:万人

指标	招生数		在校生数		毕业生数	
	绝对数	比上年增长(%)	绝对数	比上年增长(%)	绝对数	比上年增长(%)
研究生教育	4.02	14.86	11.39	8.79	2.96	13.85
普通高等教育	42.98	4.55	165.34	5.14	41.27	8.35
中等职业教育(不含技工学校)	35.08	-9.31	104.82	-7.67	31.65	3.60
普通高中教育	45.61	-5.55	142.22	-5.10	51.31	2.81
普通初中教育	77.79	-10.15	256.22	-7.93	96.28	-6.00
小学教育	66.05	2.83	396.02	-2.95	77.27	-10.06

十、文化、卫生和体育

文化事业更加繁荣。公共文化服务体系、文化市场体系建设取得新进展,文艺创作、广播影视、新闻出版和哲学社会科学事业取得新成绩。年末全省共有文化馆、群众艺术馆 117 个,公共图书馆 108 个,博物馆 186 个,档案馆 168 个,向社会开放档案 345 万卷(件、册);共有广播电台 14 座,中短波广播发射台和转播台 21 座,电视台 14 座,广播综合人口覆盖率和电视综合人口覆盖率分别达 99.99% 和 99.88%。有线电视用户 1722.2 万户,比上年增长 9.75%。生产故事影剧片 14 部。全年报纸出版 27.12 亿份,杂志出版 11413 万册,图书出版 46470 万册。

卫生事业统筹推进。全省城市社区卫生机构覆盖率达到 98%,农村三级卫生服务网络基本形成。新型农村合作医疗人口覆盖率达到 95% 以上,培训乡村卫生人员 17185 人。年末共有各类卫生机构 13402 个,其中医院、卫生院 2556 个,卫生防疫和防治机构 216 个,妇幼卫生保健机构 105 个。各类卫生机构拥有病床 251773 张,其中医院、卫生院病床 234718 张。共有卫生技术人员 306456 人,其中执业医师、执业助理医师 123166 人,注册护士 110567 人,卫生防疫和防治机构卫生技术人员 7545 人,妇幼卫生机构卫生技术人员 4999 人。乡镇卫生院 1415 个,床位 56416 张,卫生技术人员 63949 人,乡村医生和卫生员 70000 人。

体育事业蓬勃发展。全省运动员在十一届全运会等重大国内、国际比赛中,有63.5人次获金牌,42人次获银牌,43人次获铜牌。

十一、环境保护和安全生产

环保工作取得新进展。年末全省设立自然保护区31个,其中国家级自然保护区3个,自然保护区面积56.69万公顷。加强太湖、淮河流域水污染防治,太湖水质进一步改善,饮用水安全保障和湖泛防控取得积极成效。工业废水排放总量25.86亿吨,工业废气排放总量26400.5亿标立方,工业粉尘排放量20.15万吨,空气质量监测达到二级标准的城市11个。

安全生产事故下降。事故起数和死亡人数实现"双下降",全年发生各类事故20225起,死亡5870人,同比事故起数下降12.24%,死亡人数下降1.84%。亿元GDP生产安全事故死亡人数为0.168人,下降12.04%。

十二、人口、人民生活和社会保障

人口总量保持增长。年末全省常住人口7724.5万人,比上年末增加48.0万人。全年人口出生率9.55‰,比上年上升0.21个千分点;人口死亡率6.99‰,下降0.05个千分点;人口自然增长率2.56‰,上升0.26个千分点。

城乡居民收入稳定提高。根据对城镇住户的抽样调查,全年城镇居民人均可支配收入达20552元,比上年增长10.0%,考虑物价因素,实际增长10.5%;人均消费性支出13153元,增长9.8%,其中食品支出占人均消费性支出的比重为36.3%。根据对农村住户的抽样调查,全年农村居民人均纯收入达8004元,比上年增长8.8%,考虑物价因素,实际增长9.4%;人均生活消费支出5804元,增长8.9%,其中食品支出占人均生活消费支出的比重为39.2%。城乡居民居住条件进一步改善。城镇居民人均住房建筑面积为32.9平方米,农村居民人均住房使用面积为45.2平方米。以廉租房制度为重点、多渠道解决城市低收入家庭住房困难的政策体系全面建立,并取得一定成效。

社会保障体系不断完善。年末全省企业职工基本养老保险、城镇职工基本医疗保险、失业保险参保人数分别达到1387.8万人、1701.1万人(含参保退休人员)和1079.1万人,分别比上年末增加96.9万人、96.8万人和26.9万人。年末享受企业职工基本养老保险离退休人员385.5万人,享受城镇职工基本医疗保险退休人员418.6万人。年末全省企业职工养老保险、城镇职工基本医疗保险覆盖面分别达到98%、96%。城镇居民基本医疗保险参保人数达到1329.9万人,参保率超过97%。深入实施脱贫攻坚工程,100万贫困人口实现脱贫。

注:本公报使用的数据为快报数。

省政府办公厅关于转发省发展改革委江苏省 2010 年经济体制改革要点的通知

苏政办发[2010]74 号

各市、县人民政府,省各委、办、厅、局,省各直属单位:

省发展改革委制订的《江苏省 2010 年经济体制改革要点》已经省人民政府同意,现转发给你们,请认真贯彻执行。

二〇一〇年六月九日

江苏省 2010 年经济体制改革要点

省发展改革委

2010 年全省经济体制改革工作总体要求是:全面贯彻党的十七大和十七届三中、四中全会精神,深入贯彻落实科学发展观,围绕稳增长调结构抓创新惠民生大局,进一步深化改革,坚持把保持经济较快增长与调整经济结构结合起来,着力完善促进经济发展方式转变的体制机制;把政府推动与市场驱动结合起来,着力激发经济发展内在动力与活力;把推进经济建设与改善民生和促进社会公平结合起来,着力形成社会和谐稳定的体制机制,扎实完成"十一五"时期各项改革任务,为"十二五"规划顺利实施奠定坚实的体制基础。

一、加快形成转变经济发展方式的体制机制

(一)建立促进产业转型升级的体制机制。围绕实施新兴产业倍增、服务业提速、传统产业升级"三大计划",进一步深化财税、价格、金融等方面改革,加快形成促进产业优化升级的利益导向、可持续发展的价格机制和资金支撑体系。健全支持创新型企业发展的投融资体制,探索建立新兴产业创业投资引导基金。鼓励支持龙头企业围绕主业和优势集聚,开展跨地区、跨所有制兼并重组,培育更多规模大、实力强、具有核心竞争力的行业排头兵。大力实行开放式创新,广泛吸收全球创新资源、最新成果,引进高层次人才和创新创业团队,为促进新兴产业跨越发展、现代服务业加速发展、传统产业优化发展提供有力支撑。积极申报、认真开展国家服务业综合改革试点。研究和启动宿迁市以建立承接产业转移示范区为重点的综合配套改革试点。(省发展改革委、经济和信息化委、财政厅、商务厅)

(二)完善自主创新的体制机制。以建设国家技术创新工程试点省份为契机,加快完善技术创新体系,创新产学研合作机制,推进重大科技项目、重点创新型企业和重大创新平台建设,营造集聚科技人才要素的体制环境。加快金融与科技融合,推进科技信贷专营机构建设,积极开展科技小额贷款公司试点。推进国家实施知识产权战略示范省建设。全面开展南京市国家科技体制综合改革试点，力争在产学研结合、知识产权交易、金融与科技融合等方面实现新突破。（省科技厅、发展改革委、经济和信息化委、金融办，南京市人民政府）

（三）健全资源节约和环境保护的体制机制。深化资源性产品价格改革，推行居民阶梯式水、电价格改革，完善天然气和成品油价格改革方案。深入推进太湖流域排污权有偿使用和交易试点。稳步推进污水处理、垃圾处理收费制度改革，出台排放水污染物许可证管理办法。健全生态补偿机制，完善太湖流域环境资源区域补偿政策，在淮河流域选择部分重点河流开展试点。积极推行合同能源管理。（省物价局、环保厅、经济和信息化委、发展改革委、财政厅、住房城乡建设厅）

二、推进城乡发展一体化改革

（四）扩大城乡发展一体化改革试点。继续推进苏州市城乡一体化发展综合配套改革试点，在创新体制机制上实现新突破。总结试点经验，将行之有效的方法在全省有条件的地区逐步推开。积极探索城乡一体化发展中"三集中"、"双置换"相关配套改革，深化户籍制度改革，放宽城镇落户条件，在城市推行居住证制度。制定落实促进资源要素在城乡间自由流动、公共服务在城乡间均衡配置的政策措施，实现城乡协调发展。进一步完善社会保障，有条件的地区率先实现城乡社保并轨。（省发展改革委，省委农工办，省公安厅、人力资源社会保障厅、国土资源厅、财政厅、民政厅、住房城乡建设厅）

（五）稳妥推进经济发达镇行政管理体制改革试点。在做好盛泽、张浦、徐霞客、戴南四个国家试点镇工作基础上，再选择一批经济发达镇开展省级试点。创新行政管理体制，下放经济社会管理权限；创新机构编制管理，完善县乡财政管理体制，提高小城镇社会管理和公共服务能力。（省编办，省委组织部、农工办，省发展改革委、公安厅、民政厅、财政厅、人力资源社会保障厅、国土资源厅、住房城乡建设厅、法制办）

（六）稳定和完善农村基本经营制度。大力发展多种形式的农民新型合作组织，加大农业经营机制创新力度，培育适应现代农业发展要求的农业经营主体。推进农业适度规模经营，建立和完善多元化、多层次、多形式的农业社会化服务体系，提高农业生产经营组织化程度。（省农委）

（七）深化农村土地制度改革。做好农村集体土地所有权、宅基地使用权、集体建设用地使用权确权登记发放工作，建立健全土地承包经营权流转市场，加快建立城乡统一的建设用地市场。完善征地补偿安置政策，健全被征地农民社会保障制度。（省农委、国土资源厅、人力资源社会保障厅）

（八）深化集体林权制度改革。全面完成集体林明晰产权的主体改革任务，规范集体林权流转，完善森林资源评估体系和相关扶持政策，确保生态受保护、农民得实惠。（省农委、林业局）

三、深化国有企业改革和促进非公有制经济发展

（九）继续抓好省属企业改革重组。推进省属外贸类企业重组，完成省丝绸集团、纺织集团、舜天集团、开元集团、汇鸿集团、弘业集团重组工作。引导省属企业通过子企业间股权调整、兼并重组、引入增量投资等方式整合同类业务，清理退出劣势企业和低效投资，推进优质资源向主业和重要子企业集聚。（省国资委）

（十）深化国有企业公司制股份制改革。完成省属企业集团公司层面的公司制改造。鼓励和引导民营企业通过参股、控股、资产收购等形式，参与国有企业股份制改革。积极推动企业核心业务资产上市或整体上市，推动优质资源向绩优上市公司集聚。进一步完善公司治理结构，继续抓好外部董事制度试点工作。（省国资委、经济和信息化委）

（十一）鼓励和引导民间投资健康发展。制定实施落实《国务院关于鼓励和引导民间投资健康发展的若干意见》（国发[2010]13号）的具体措施，进一步消除制约民间投资的制度

性障碍，支持民间资本进入基础产业和基础设施、公用事业、社会事业、金融服务等领域，有效激发市场投资活力。（省发展改革委）

（十二）优化民营企业和中小企业发展环境。完善中小企业服务体系，健全担保机构的激励补偿机制。规范市场主体市场准入门槛设置，继续开展公司股权出资登记，积极探索债权、采矿权、海域使用权、林权出资登记。大力推动股权出质、动产抵押、商标和知识产权质押融资工作。加快实施中小企业信息化推进工程和公共服务平台建设。（省经济和信息化委、工商局、金融办、科技厅）

四、推动金融业改革发展

（十三）壮大地方金融业实力。推动江苏银行、南京银行、紫金保险增资扩股，加快跨区域发展步伐。推动江苏银行上市，鼓励股份制商业银行和农村商业银行到苏北苏中地区设立分支机构。积极引进外资银行到江苏设立总部和分支机构。积极推进沿海开发投融资平台建设。（省金融办，江苏银监局，省发展改革委、财政厅）

（十四）深化农村金融改革。推动符合条件的农村信用联社和农村合作银行改制组建农村商业银行。加快村镇银行发展步伐，全省争取发展到 20 家以上，覆盖 1/3 左右的县（市）。建立健全农村小额贷款公司监管体系，加快农村小额贷款公司发展步伐，2010 年争取突破 200 家，覆盖 1/3 左右的乡镇。在有条件的地方开展农民资金互助合作组织试点。（省金融办、财政厅，省委农工办，省农村信用联社）

（十五）促进保险业改革发展。探索发展农村医疗商业保险、农村小额贷款保证保险，完善政策性农业保险运作机制，扩大保险覆盖面。（省金融办、财政厅，江苏保监局）

五、完善现代市场体系

（十六）加快发展资本市场。支持有条件的企业利用资本市场开展兼并重组，大力发展企业债、公司债、短期融资券和中期票据等多种形式的债券融资，年内新增境内外上市公司 13 家。（省金融办、发展改革委）

（十七）规范土地和矿产资源市场。推进土地有偿使用制度改革，完善经营性用地和工业用地招标拍卖挂牌出让制度。研究制定土地市场交易管理办法，强化土地市场监测与监管机制，加强城镇地价动态监测体系建设。推进矿业权有偿使用制度改革，健全矿业权评估市场。（省国土资源厅）

（十八）建立统一规范的人力资源市场。启动《江苏省人力资源市场管理条例》立法工作，加快推进人才市场、劳动力市场、高校毕业生就业市场整合步伐，健全人力资源市场体系，大力发展人力资源服务业，完善城乡一体化的就业服务体系。（省人力资源社会保障厅）

（十九）完善商品流通市场体系。完善商品市场体系、居民生活服务体系、农村市场体系，鼓励大型流通企业兼并重组。培育发展农村经纪人和经纪组织，促进农产品产销一体化。扶持引导农资连锁经营，保障农资流通畅通有序。加快培育区域性粮食骨干企业，发展现代粮食流通产业。（省商务厅、粮食局）

（二十）加强社会信用体系建设。初步建成江苏省企业信用基础数据库和服务平台，开展信用管理示范企业创建工作，推进工程建设领域项目信息公开和诚信体系建设试点。加强“信用长三角”区域合作。（省经济和信息化委、发展改革委、监察厅、住房城乡建设厅、交通运输厅、水利厅）

（二十一）整顿和规范市场秩序。围绕食品安全和产品质量监管、广告市场和文化市场监管、治理商业贿赂、打击传销等重点，进一步完善市场监管体系，制止价格欺诈，健全基层监管执法长效机制。（省工商局、质监局、卫生厅、文化厅、物价局）

六、着力完善收入分配制度和社会保障体系

（二十二）推进收入分配制度改革。合理调整全省最低工资标准，提高劳动报酬占初次分配的比重。继续做好城乡低保工作，提高中低收入人群消费能力。完善地区、行业工资增长指导线发布机制。加快企业工资集体协商制

度和支付保障制度建设，构建政府主导、多方参与的劳动纠纷大调解制度。（省发展改革委、财政厅、人力资源社会保障厅）

（二十三）进一步完善城乡社会保障体系。继续加大社会保险扩面力度，全面实施养老保险关系跨地区转移接续制度。推进困难企业职工参加医保和在校大学生参加城镇居民医保。扩大异地就医医疗费用联网结算，研究制定医疗保险关系转移接续办法。加快推进新型农村社会养老保险，确保年内基本实现全覆盖。进一步完善城镇居民住房保障管理体系和保障性房源供应体系。（省人力资源社会保障厅、住房城乡建设厅）

（二十四）完善社会救助体系。全面建立和完善最低生活保障标准、五保供养标准增长机制，鼓励各地探索制定城乡主要行业收入基本标准，建立健全省、市、县三级综合减灾协调机制，全面实现救灾应急预案村级以上全覆盖。（省民政厅）

七、大力推进社会领域改革

（二十五）深化文化体制改革。以经营性文化单位转企改制为重点，完成一般性文艺院团改制，推进非时政类报刊改革。抓好党报党刊发行体制改革和电台电视台制播分离。深化公益性文化事业单位改革，完善公共文化服务投入保障机制和管理运行机制，健全覆盖城乡的公共文化服务体系。完成市县文化管理体制改革，加快各级文化市场综合执法机构的组建。推动各地开展体育社团社会化、实体化改革。（省委宣传部，省文化厅、广电局、新闻出版局、体育局，省编办）

（二十六）深化医药卫生体制改革。完善医药卫生体制改革配套文件，建立城市医院与基层卫生服务机构分工协作机制。探索基层医疗卫生机构运行机制新模式，以县为单位60%的地区实施国家基本药物制度。进一步健全城乡基层医疗卫生服务体系，促进基本公共卫生服务逐步均等化。积极开展公立医疗机构改革试点，改革公立医院管理体制和运行、补偿机制。深化药品流通体制改革。（省发展改革委、卫生厅、物价局、财政厅、商务厅）

（二十七）深化教育体制改革。制定并组织实施全省中长期教育改革和发展规划纲要。深化基础、高等和职业教育体制改革，建立义务教育优质均衡改革发展示范区、高等教育综合改革试验区和职业教育改革发展试验区。（省教育厅）

八、深化行政管理体制改革

（二十八）加快服务型政府建设。扎实推进市县政府和乡镇机构改革，全面完成政府机构改革任务。深入推进行政权力网上公开透明运行，健全行政权力网上运行的监督检查、考核评价、责任追究等各项配套制度，实现县级以上行政机关全覆盖、所有行政权力事项全覆盖、网上行政监察全覆盖。全面推进“三集中三到位”，制定出台关于进一步加强全省行政（便民）服务中心建设的意见。（省编办，省监察厅、法制办）

（二十九）积极推进事业单位分类改革。积极做好事业单位改革调研准备工作，编制分类目录，开展模拟分类。结合政府机构改革，做好相关事业单位整合归并工作。在巩固生产经营类事业单位改革成果的基础上，按照政事分开、事企分开和管办分离的原则，重点推进公益类事业单位改革。积极探索和推进事业单位管理体制改革与运行机制创新。（省编办，省财政厅、人力资源社会保障厅、发展改革委）

（三十）深化行政审批制度改革。取消、调整一批行政审批事项，对保留的行政审批项目实行编码管理。规范和优化投资管理程序，健全政府投资管理机制。（省监察厅、发展改革委，省编办）

（三十一）深化财政体制改革。深化省直管县财政改革，理顺预算外收入分配关系，完善转移支付制度，增强地方政府提供基本公共服务的能力。进一步完善预算管理制度，探索建立有机衔接的政府预算体系。研究建立预算绩效评价体系和科学合理的财政资金绩效管理机制，全面开展重点项目绩效评价工作。规范地方政府债务风险管理。（省财政厅）

（三十二）有序推进行政执法体制改革。加大综合执法试点工作力度，探索开展乡镇综合执法试点。探索实施相对集中行政许可权制度。完善行政执法调查取证制度，深化行政复议体制机制创新，探索行政复议委员会和相对集中行政复议权有效运作方式。（省法制办，省编办）

（三十三）促进行业协会和社会组织改革发展。探索设立行业协会和社会组织扶持发展基金，建立行业协会和社会组织绩效评估体系。有条件的地区和部门要积极推动行业协会承接政府转移的职能，强化行业协会和社会组织的服务功能。（省民政厅、经济和信息化委、发展改革委）

九、切实加强对改革工作的组织领导

（三十四）认真做好各项改革的组织实施工作。各市人民政府要切实加强领导，根据本要点，结合实际，明确改革重点，精心组织实施。各有关部门要进一步细化各项改革工作，制定推进改革的实施措施和时间步骤，及时反馈改革工作完成情况，确保年度目标任务全面完成。

（三十五）加强改革的跟踪检查。发展改革部门要加强对经济体制改革工作的总体指导和统筹协调，采取多种形式和有效措施，紧密跟踪各项改革进展情况，督促检查各项改革措施的落实。在做好年度改革工作的同时，要认真分析经济社会发展的新情况、新变化，从解决制约经济发展方式转变、提高自主创新能力和城乡一体化发展的重大体制性问题入手，研究提出中长期改革总体思路，科学编制“十二五”经济体制改革规划，进一步提高统筹推进改革的能力和水平。

江苏省人民政府办公厅
二〇一〇年六月十日

江苏省2010年改革综述

省发改委经济体制改革处

【概况】 2010年,江苏改革以邓小平理论和"三个代表"重要思想为指导,全面贯彻党的十七大和十七届三中、四中全会精神,深入贯彻落实科学发展观,围绕稳增长调结构抓创新惠民生大局,按照《江苏省2010年经济体制改革要点》的要求,不失时机推进重要领域和关键环节的各项改革,进一步发挥市场配置资源的基础性作用,增强经济发展的动力和活力。

【农村改革】 一是农民专业合作社保持良好的发展态势。2010年,全省"三大合作"带动农户比例达到42%,农民专业合作组织登记成员数168.2万户、出资额374.8亿元,三项指标均居全国首位。截至2010年底,全省农民合作社总数达3.9万个,入社成员625万户,分别较去年增长41.0%和15.5%;入社农户比例达42%,较上年增加5.7个百分点。通过开展"五好"示范社创建,强化合作社辅导培训,提高了合作社规范化建设水平,提升了合作社经济活力和效益。

二是土地承包与流转管理进一步规范。开展农村土地承包经营权登记,选择13个村作为省级农村土地承包经营权登记试点,为农村土地承包关系的长久不变奠定基础。积极推进农村土地承包经营权规范有序流转。指导各地实施流转合同制和备案制,不断健全土地流转服务网络,推进农村土地规范有序流转。截至2010年底,全省累计流转土地面积达1700万亩,占家庭承包面积的38%。

三是农业适度规模经营稳步推进。在稳定家庭承包经营关系的基础上,按照依法自愿有偿的原则,推进土地承包经营权流转,加快发展多种类型的农业适度规模经营。截至2010年底,全省农业适度规模经营面积3026万亩,较上年增长12.2%,占耕地面积比重达43%,有效促进了劳动力、土地和技术、资本等要素的优化配置。

【城乡一体化发展综合配套改革】 苏州市在制定完善政策制度、努力创新体制机制、加快调整空间布局、构建农民增收机制等方面都取得了突破性的进展。首先,按照"三规合一"要求,高起点、高标准编制(修编)镇村布局规划、土地总体利用规划和产业发展规划。到2010年底止,各先导区的镇村建设规划和土地利用总体规划的修编已基本完成,产业发展规划部分完成编制,大多在编制之中。其二,按照"三集中"要求,加大"三置换"改革力度,城乡空间布局继续优化。"三置换"工作已从先导区逐步向全市全面推开。全市工业企业向园区集中的比例已达83%,比上年增加8个百分点;农民向新型社区集中的比例达38%,比上年增加5个百分点,新增集中居住的农户约5.3万户;承包土地向规模经营集中的比例达70%,比上年增加14个百分点。其三,按照"均等化"要求,加快社保体制并轨,加大基础设施和公共服务投入,农民生活水平和质量进一步提高。全市新增纳入城保体系的农村劳动力达21.94万个,基本实现城乡养老保险并轨;继续推进新型农村合作医疗制度向城镇居民基本医疗保险制度过渡,人均基金从上年347元提高到400元;城乡低保也在全面并轨,并已建立起自然增长机制。

【户籍制度改革】 各地根据经济社会发展水平,实行相应的城市和城镇户口准入条件,放宽城镇落户条件,下放审批权限,简化办事程序等；同时指导各地结合实际，积极探索实施居住证制度。各地已全面实施城乡一元化户籍政策。在城市，无锡、苏州、镇江 3 市实行同时具备合法固定住所和稳定职业（生活来源）两个条件的政策，南京、徐州、常州、南通、扬州 5 市主要凭合法固定住所落户，连云港、淮安、盐城、泰州、宿迁 5 市只要具备合法固定住所或稳定职业（生活来源）一个条件即可落户。县以下地区的城镇落户条件，除苏州、无锡所辖县级市要求相对较高外，其他地区都低于城市。据统计，2002 年改革实施以来，全省累计办理户改落户 399.9 万人，其中进入城市落户 191.3 万人，进入小城镇落户 208.6 万人；全省城市化率提高了 10.9 个百分点。通过户籍制度改革，为促进城乡经济社会一体化发展提供了制度前提和技术保障。

【国有企业改革】 国有企业保持平稳较快发展，发展目标任务圆满完成。省属企业生产经营呈现出持续快速的发展态势，规模、实力明显增强，效益、质量显著提升。全年省、市国资委监管企业完成营业收入 4967 亿元，实现利润 421 亿元，同比分别增长 22.47% 和 24.71%；其中省属企业完成营业收入 2149 亿元，实现利润 189 亿元。截至 2010 年底，省市国资委监管企业总资产达到 1.84 万亿元，归属母公司权益 4693 亿元，同比增长 22.02% 和 22.57%。

国有资本加快向重点行业和领域集中，资源整合取得明显成效。省属新增国有资本进一步向基础设施、基础产业和战略性新兴产业领域集聚。2010 年省属企业增量投资主要投向交通、能源、高科技、现代服务业和城乡公用事业领域，上述重点领域项目的投资金额占省属企业全部投资的比重超过 80%。省属企业内部资源整合继续推进，2010 年，省属企业共对 27 户下属控参股企业实施了清理整合，完成 8 户劣势子企业和 12 项低效参股投资的清理退出，完成 7 户子企业股权、层级调整工作。

【环保体制改革】 一是将苏南地区的污水排污费从每当量 0.9 元提高到 1.4 元，苏南和苏中苏北地区的生活污水处理费分别调整到每吨 1.6 元和 1.3 元左右，进一步完善“污染者付费、治污者受益”的机制。二是完成排污权有偿使用和交易试点工作，在排污指标核定、申购等方面摸索出一套较为成熟的办法，已有 900 多家企业申购了排污指标，金额超过 1.2 亿元。三是将环境资源区域补偿范围从太湖流域推广到通榆河沿线，省政府还制订了《通逾河水环境质量区域补偿试点方案》。四是会同省有关部门出台《关于推进环境污染责任保险试点工作的意见》，苏州、无锡两市 300 多家企业与保险公司签约，总保额达 3.45 亿元。全省参加环境行为评级的企业增加到 1.7 万家，有关信息基本纳入银行绿色信贷系统。

【科技体制改革】 全省坚持以充分释放科教资源优势、提升企业自主创新能力为目标，加大产学研合作力度，统筹推进产业技术创新、企业自主创新和平台载体建设，科技发展取得显著成效。全社会研发投入占 GDP 的 2.1%，达到创新型国家科技投入水平；专利申请和授权量分别达到 23.6 万件、13.8 万件，居全国首位；全省高新技术产业产值近 3 万亿元，占规模以上工业比重达 33%；科技进步贡献率达 54%；区域创新能力连续两年名列全国第一。

一是大力提升企业自主创新能力。围绕全面提升企业集成创新资源能力和自主创新能力，着力推进科技资源向企业集聚、科技政策向企业倾斜、创新人才向企业流动、创新平台向企业延伸，企业自主创新能力得到进一步加强。2010 年达 840 亿元。其中企业研发投入占 80%，大中型企业研发投入强度高出全国平均水平 0.2 个百分点。

二是努力构建科技与金融有效结合的新机制。科技创新与金融支持是高新技术企业尤其是新兴产业快速发展的助推器。积极探索科技与金融有效结合的新机制，切实解决科技型中小企业融资难等困难，实现科技资源与金融优势有效互补。2010 年同国家开发银行、浦发银行、江苏银行、省再担保公司等 8 家金融机构签署合作协议，授信科技贷款额度 500 亿元，积极筹建全省科技金融服务平台。

三是深入推进南京国家科技体制综合改革试点工作。按照南京建设国家科技体制综合改革试点城市要求，全面推动试点工作和重点突破，进一步促进科教资源释放，大力发展创新型经济。支持南京市科技创新重点工程建设。“模范马路创新街区”，省科技厅和南京市政府将共同做好园区空间和产业规划，支持园区重点科技平台和高层次人才队伍建设，加快培育发展新兴产业；“麒麟科技创新园”已正式启动；会同省农科院等部门完成了“白马农业科技园区”的规划编制工作，该园区已获批为国家农业科技园区；“无线谷”、“生物医药谷”等南京科技创新重点工程也在稳步推进当中。省政府下发了《支持南京国家科技体制综合改革试点城市若干政策措施》。

【教育体制改革】 一是研究制订省中长期教育改革和发展规划纲要。省委、省政府在全国率先颁布《江苏省中长期教育改革和发展规划纲要（2010—2020年）》，在全国率先召开全省教育工作会议，全面部署未来十年全省教育改革发展。加强对苏北苏中地区教育现代化创建工作的指导、统筹和规划，指导苏南地区推进更高水平教育现代化建设。

二是深化教育改革开放。省政府建立省教育体制改革领导小组，召开全省教育改革工作会议，全面部署推进新时期我省教育改革，加快推进义务教育优质均衡改革发展示范区建设，研究部署高等教育综合改革试验区建设、职业教育创新发展试验区建设，大力促进学前教育和民办教育改革发展。组织申报国家教育体制改革试点项目，高等教育综合改革（含10个子项目）、优化配置义务教育师资、优化配置幼儿教师、深化职业教育体制改革、创建江苏开放大学、完善并扩大实施师范生免费教育、改革并完善保障教育优先发展的公共财政体制和投入机制、改革学前教育管理体制、探索独立学院规范管理和科学发展的有效方式、扩大来华留学生规模、以普通高中多样化建设促进素质教育创新发展、探索建立拔尖创新人才培养基地、推进中考改革、探索减轻中小学生课业负担的途径和方法、苏锡常区域整体联动推进义务教育优质均衡发展、开展地方政府促进高等职业教育发展综合改革试点等24个项目成为国家级教育改革试点项目。

三是建设高等教育综合改革试验区。省政府决定以建设试验区的形式推进国家教育体制改革试点，出台《江苏高等教育综合改革试验区建设方案》，明确了试验区建设的指导思想、目标、重点任务及保障机制。并在建设方案的基础上，研究确定了高等教育综合改革的10个子项目，每个子项目都分别制定了具体的实施方案。

【文化体制改革】 对照中央和省委确定的时间表路线图任务书，健全领导体制和督查机制，紧紧抓住重点领域和关键环节，推动改革由省级向市县全面展开。全省所有出版发行单位、影视剧制作发行放映机构、省级重点新闻网站、市县文艺院团完成转企改制。公益性文化事业内部机制改革基本完成。省级党报党刊发行体制改革和电台电视台制播分离改革已经完成，市县“三局合一”、“两局合一”全部完成，基本完成综合执法机构组建。文化发展的体制环境不断优化。文化产品创作生产持续繁荣。重点抓好影视剧创作生产，全省生产电影17部、电视剧29部925集，创作长篇小说60余部、中短篇小说180余篇，有49件作品在全国性文艺奖项评选中获奖。公共文化服务体系更加完善。扎实推进公共文化设施建设，省美术馆新馆建成使用，新华日报河西新闻传媒中心、南博二期工程等一批重点设施如期推进。我省在国家首届非物质文化遗产博览会上获金奖2项、银奖6项、铜奖1项，获奖数列全国第一。

【医药卫生体制改革】 一是基本医疗保障制度不断完善，新型农村合作医疗制度不断完善。到2010年底，全省城镇职工参保人数达1843.31万，比“十五”期末增加719.21万人，增长63.98%。城镇居民医保和新农合参保人数分别达到1396.77万和4384万，城镇居民基本医疗保险参保率达97.2%，城乡医疗保障覆盖率超过95%。新农合参合率继续保持在

95% 以上，人均筹资标准 190 元，支付限额全部达到当地农民上年度人均纯收入的 8 倍以上。有 21 个统筹地区开展综合支付方式改革试点、33 个统筹地区实施按病种付费，控制医药费用不合理增长。全省县乡两级政策范围内住院补偿比达到 61.55%，住院费用实际补偿比达到 45.34%。

二是公共卫生服务成效显著。争取中央投资 9500 万元，扶持 8 所市级以上精神卫生机构基础设施改造。完善管理公示制度，加强项目实施管理，9 类 22 项基本公共卫生服务运行质量进一步提高。全省累计建立居民健康档案 5133 万份，全人群建档率达到 63.5%，计算机管理率达到 79.5%。

三是基本药物制度稳步推进。按照国家和省委、省政府部署要求，全省首批 37 个县（市、区）从 2010 年 1 月 1 日起正式实施基本药物制度，第二批 45 个县（市、区）从 2010 年 10 月 1 日起开始启动。各地认真执行基本药物集中采购、统一配送、零差率销售、提高报销比例等政策，广泛开展人员培训，规范推进建立基本药物制度工作。全面推行岗位设置、竞争上岗和分配制度改革，加强绩效考核，基层医疗卫生机构“以药养医”机制开始得到扭转，群众看病就医负担显著减轻。2010 年，制度实施地区政府办基层医疗卫生机构共完成门急诊 3120 万人次，同比增长 8.9%；门诊均次费用 62 元，同比降低 23%；住院均次费用 2681 元，同比降低 6%；群众在基层医疗卫生机构就医费用平均下降 20%—25%；累计采购基本药物 12.4 亿元，减轻群众药品费用负担 10 亿元。

四是公立医院改革试点与服务管理取得新进展。出台《江苏省公立医院改革试点实施指导意见》，稳步推进公立医院改革。镇江公立医院改革试点进展顺利，一些做法得到卫生部肯定。

【就业与社会保障制度改革】 一是就业工作取得显著成效。全省认真实施积极的就业政策，重点人群统筹就业，加强服务促进就业，技能培训提升就业，通过扶持创业带动就业，保持了全省就业形势的稳中向好。全年城镇新增就业 128.7 万人，促进 18.9 万名就业困难人员实现再就业，城镇零就业家庭持续 40 个月保持动态为零，高校毕业生就业率超过 90%，全年新增转移农村劳动力达 44 万人，年末城镇登记失业率控制在 3.16%。根据就业形势的新情况、新特点，各级人力资源保障部门迅速采取措施，保证和推动了就业工作的有序开展。

二是社保制度建设取得突破性进展。覆盖人群进一步扩大，截至 2010 年末，全省基本养老、医疗、失业、工伤、生育保险参保人数为 1503.48 万、1843.31 万、1153.78 万、1205.18 万和 1086.42 万，分别比“十五”期末增加 551.18 万、719.21 万、315.28 万、524.98 万和 455.52 万；新型农村社会养老保险制度建设加快推进，全省参保人数达 1514.56 万人，新农保参保率达到 99%。率先在全国全面实施新农保，基本实现农村适龄居民参保和农村老年居民基础性养老金发放“两个全覆盖”。进一步提高了社会保障待遇水平，企业退休人员月人均养老金水平连续六年大幅度调整后达到 1466 元，城镇职工医保和居民医保制度规定范围内的医药费用报销比例分别达 80% 和 60%。社保基金规模不断扩大，进一步增强了可持续发展的基础。

【住房制度改革】 全省注重培育、规范和稳定房地产市场，防止房价过快上涨，通过金融、税收、土地供应、商品房预销售、住房建设规划和行政措施，保持房地产市场健康平稳发展。逐步扩大住房保障的覆盖面，实施住房保障申请、受理、审核的“三审两公示”工作制度，建立具有江苏特色的以廉租住房制度保障低保家庭、以经济适用住房制度保障低收入家庭、以公共租赁住房制度保障新就业人员和外来务工人员并以住房公积金制度为有益补充的住房保障制度体系，实现了低保住房困难家庭申请廉租住房实物配租和租赁补贴应保尽保，低收入住房困难家庭申请购买经济适用住房和廉租住房租赁补贴应保尽保。

【金融体制改革】 认真开展跨境贸易人

民币结算试点工作,进一步促进投资贸易便利化。正式成立“跨境贸易人民币结算试点工作小组”。及时制定试点工作操作指引,做好前期宣传。顺利完成出口试点企业的审核推荐和系统安装。同时,人民币对外直接投资、境外放款等跨境资本项目业务也逐步跟进。支持新设和引进各类法人金融机构,推动地方金融企业做强做大。截至2010年末,地方金融业资产总量已达到1.5万亿元,超过全省金融资产总量的1/4。资本市场发展取得新突破。全年新增境内外上市公司61家,同比增长3倍多,其中新增境内上市41家;企业通过股票市场融资1000多亿元,比上年增加2倍多,公司上市家数和股票融资总额均创历史新高;发行企业债券、短期融资券和中期票据700多亿元,比上年增长30%。保险业保持高位增长。全年实现保费收入1100亿元,同比增长21%;保险业一举扭转多年来亏损局面,实现利润20多亿元,经营效益大幅提升。发展新型农村金融组织,农村金融服务水平进一步提升。全省已成立农村小额贷款公司220家,总注册资本340亿元,累放贷款超过1000亿元,支持了超过9万个农户和县域中小企业,充分体现了小额、分散、覆盖面广的特点。推动再担保体系建设,金融支持中小企业效果显著。截至2010年末,再担保体系内累计再担保总额达到248亿元,同比增长26%,累计再担保项目8471个,同比增长31%,累计为6000多家中小企业提供了贷款项目再担保。金融环境进一步改善。打击非法集资取得明显成效,保险市场秩序得到规范,创建金融生态县工作取得新进展,新增金融生态示范县7个、金融生态达标县16个。

【财税体制改革】 完善“四位一体”公共财政管理体系。政府预算体系框架基本建立,全面编制政府性基金预算,积极推进国有资本经营预算制度试点,启动了省级部门预算编制动态化管理,预算执行的均衡性和时效性明显提高。加强地方政府性债务管理,对地方政府融资平台公司进行清理规范。继续深化省、市、县三级国库集中支付改革,国库集中收付管理体系更趋完善,税收收入电子缴库横向联网试点范围继续扩大。非税收入管理不断规范,省级1556个执收单位全面实施了非税收入收缴制度改革,国有土地使用权出让收支管理进一步强化。行政事业资产管理制度框架体系初步形成。政府采购管理改革深入推进,世贸组织框架下的政府采购协议谈判进展顺利。财政投资评审工作机制不断完善,全省财政投资评审超过970亿元,节约财政资金超过95亿元。

【行政管理体制改革】 一是全面完成政府机构改革。省有关部门认真做好职能调整、机构整合、人员定编定岗等组织实施工作。省政府各部门共取消、下放、转移行政审批事项50余项;加强宏观调控、住房保障、促进就业、食品安全监管等关系国计民生的职责80余项;调整部门职责90余项,其中理顺部门职责交叉事项50余项;明确和强化部门责任400余项。通过改革,省级各政府部门职能转变取得明显进展,职责关系进一步理顺,责任得到进一步强化。同时稳步推进市县政府机构改革。年底前各县(市、区)政府机构改革方案已全部实施到位,市县政府机构改革工作全面完成。通过改革,13个省辖市政府共撤销了各类副局级以上实体机构117个,撤销挂牌机构30个。106个县(市、区)政府共撤销了各类副科级以上实体机构901个,撤销挂牌机构459个。

二是积极推进行政审批制度改革。贯彻落实《国务院关于第五批取消和调整行政审批项目的决定》,认真做好对取消和调整行政审批项目的落实和衔接工作,切实加强后续监管,在省级部门开展第五批行政审批制度改革工作。切实抓好国务院第五批取消和下放管理层级行政审批项目决定的贯彻落实。认真清理部门规章,使部门审批权责与国务院决定保持一致。清理、取消和调整一批省级行政审批项目。在前四轮行政审批制度改革的基础上,对各部门上报的行政审批项目进行审核确认。对保留下来的审批项目,进一步减少审批环节,规范审批程序,明确审批权责,完善审批权力运行机制。

三是推进电子监察系统建设。在省级电子

监察平台的基础上,加大指导推进和管理力度,取得明显进展。全省 13 个省辖市、32 个省自建单位和 20 个省统建单位全部与省平台联网运行,省电子监察平台基本实现了从省行政权力网上公开透明运行公共平台实时抓取数据,事项查看、全程监控、预警纠错等功能运行正常。

四是全面推动绩效评估试点工作。根据全省行政工作要点和效能建设工作的部署,我省 13 个省辖市均确定一个县(市、区)和一个市直部门作为绩效评估的试点单位。通过深入了解各地、各部门绩效评估工作的开展情况,并商定省物价局为省级机关绩效评估工作的试点联系单位,有力推动了绩效评估试点工作的广泛开展。全省已确定 27 个县(市、区)、13 个市直部门为绩效评估试点单位,2 个市确定在市直部门全面推行绩效评估。全省初步形成了大力推进绩效评估的良好氛围。

五是积极推进全省小城镇发展改革试点工作。全省经济发达镇行政管理体制改革开始启动,省政府建立了省经济发达镇行政管理体制改革试点工作联席会议制度,起草了《江苏省经济发达镇行政管理体制改革试点工作意见》,在国家编办确定我省盛泽镇、张浦镇、徐霞客镇、戴南镇为国家试点镇的基础上,增加了 16 个镇共有 20 个镇作为省经济发达镇行政管理体制改革试点单位,明确了省有关部门的职责分工,试点工作进展顺利。

政策篇

中共江苏省委　江苏省人民政府关于提高统筹城乡发展水平进一步夯实“三农”发展基础的若干意见

苏发[2010]1号

2010年2月8日

2009年，面对国际金融危机严重冲击以及大量农民工失业返乡、部分农产品价格下跌等不利影响，全省各地各部门坚决贯彻落实党中央、国务院的决策部署，在省委、省政府的坚强领导下，全面推进农村改革发展，全省连续6年保持“三农”投入增加、粮食增产、农业增效、农民增收、农村稳定的好形势，农民人均纯收入提前达到省定小康目标，农民就业创业、农村公共事业建设、农村体制机制创新和农村基层组织建设取得显著进展。农业农村发展为全省国民经济企稳回升作出了重要贡献，为保增长、保民生、保稳定发挥了重要作用。

2010年，是全面完成“十一五”规划任务、认真谋划“十二五”发展的关键之年，也是加快转变经济发展方式、促进经济平稳较快发展的重要一年。做好今年的“三农”工作，对于巩固发展农业农村好形势，促进经济社会又好又快发展，加快全省“两个率先”进程，具有十分重要的意义。全省上下务必保持清醒认识，不断深化把解决好“三农”问题作为全局工作重中之重的基本认识，切实防止忽视和放松“三农”工作的倾向，坚持统筹城乡发展不动摇，着力夯实农业农村发展基础。

根据中发[2010]1号文件精神，紧密结合江苏实际，2010年全省农业农村工作的总体要求是：全面贯彻党的十七届三中、四中全会精神，深入贯彻落实科学发展观，坚持把统筹城乡发展作为实现“两个率先”的根本要求，围绕发展农村经济、增加农民收入中心任务，突出推进农业现代化和城乡发展一体化，加强思路、科技、体制和管理创新，健全政策支持和组织保障，下大力气抓好稳粮保供给、增收惠民生、改革促统筹、强基增后劲的各项工作，努力巩固和发展农业农村工作好势头，为经济社会又好又快发展提供有力支撑。

一、强化对农业的支持和保护，推动资源要素向农村流动

1. 加大对农业农村的投入。按照总量持续增加、比例稳步提高的要求，不断增加对“三农”的投入。财政支出优先支持农业农村发展，预算内固定资产投资优先投向农业基础设施和农村民生工程，土地出让收益优先用于农业土地开发和农村基础设施建设。各级财政对农业投入的增长幅度要高于其财政经常性收入增长幅度。耕地占用税税率提高后，新增收入全部用于农业。严格按照有关规定计提和使用用于农业土地开发的土地出让收入，严格执行新增建设用地土地有偿使用费全部用于耕地开发和土地整理的规定。对土地收入用于农业农村的各项资金征收和使用情况进行专项检查。增加现代农业发展资金和农业综合开发资金规模。加大财政支农项目和资金整合力度，加强农业专项资金审计，提高财政支农资金使用效益和管理水平。

2. 完善农业补贴政策和市场调控机制。

全面落实粮食直补、良种补贴、农资综合补贴、农机具购置补贴等各项政策，健全完善农业补贴办法。按照存量不动、增量倾斜的原则，新增农业补贴适当向种粮大户、农民专业合作社倾斜。鼓励有条件的地方对水稻规模种植农户实行价外补贴。认真执行粮食直补、农资综合补贴通过“中国农民补贴网”发放和其他涉农补贴“一折通”发放办法，加强监督检查，不准将补贴资金用于抵扣农民交费。严格执行好国家小麦、稻谷最低收购价和油菜籽等临时收储政策，落实粮食、食用植物油等储备任务，完善储备管理办法，健全吞吐调节和应急机制，加强省内外粮食产销合作，保持农产品市场稳定和价格合理水平。

3. 提高农村金融服务水平。全面落实和完善涉农贷款税收优惠、定向补贴、增量奖励等政策，对农村合作金融机构等银行业机构到农村增设分支机构和网点实行财政奖励，加大财政对农村信用社的扶持力度，进一步发挥其金融支农主力军作用。农业发展银行要拓展支农领域，大力开展农业开发、农村基础设施建设、县域城镇建设等中长期政策性信贷业务。加快农村合作金融机构、农业银行和邮储银行对全省乡镇“全覆盖”步伐，并扩大业务范围，增加信贷投放。大力发展农村小型金融机构，扩大农户小额贷款投放。加快发展村镇银行，积极发展农村小额贷款公司，规范农民资金互助组织发展，不断扩大服务覆盖面，建立健全监督管理体系。以省再担保公司为龙头，加快建立政府扶持、多方参与、市场运作的多层次农村信贷担保机制。市、县财政投资入股或补贴的担保公司，在担保总额中要安排一定比例为涉农贷款提供担保。各县（市）和有条件的乡镇要组建或确定农业贷款担保机构。扩大农村有效担保物范围，改善农村金融服务环境。推进符合条件的农业龙头企业上市融资。继续推进农业保险试点，巩固发展主要种植业保险，大力开展经济作物、养殖项目、高效设施农业保险，积极推进农机具、渔船、森林林木等保险，各级财政逐步加大对农户参加农业保险保费的补贴力度。健全农业再保险体系，建立财政支持的巨灾风险分散机制。鼓励在农村发展互助合作保险和农村小额保险等商业保险业务，推进农村小额贷款保证保险试点，探索建立农业保险与农村信贷相结合的银保互动机制。

4. 积极引导社会资源投向农业农村。各部门要按照城乡发展一体化要求，明确和落实有关服务“三农”的职责，在制定规划、安排项目、增加资金、兴办实事等方面切实向农村倾斜。要建立健全科技、教育、文化、卫生等下乡支农制度，通过完善精神物质奖励、职务职称晋升、定向免费培养等措施，引导城市优势资源流向农村。各行业要以“三农”发展为己任，扩大服务覆盖面，提高服务水平。进一步发挥城市对农村的辐射带动作用，鼓励和引导工商企业和民营企业积极参与新农村建设，发展农村产业，兴办农村公共设施。企业通过公益性社会团体、县级以上人民政府及其部门或者设立专项的农村公益基金会，用于建设农村公益事业项目的捐赠支出，不超过年度利润总额 12% 的部分准予在计算企业所得税前扣除。

5. 大力开拓农村市场。加大家电、汽车、摩托车等下乡力度，大幅度提高家电下乡产品最高限价，对现行限价内的产品继续实行 13% 的补贴标准，超出限价实行定额补贴，补贴对象扩大到国有农林场圃职工。按照国家确定的补贴政策，对符合条件的购买者及时兑现补贴。支持家电下乡和汽车下乡企业建设下乡产品销售网点、物流配送体系、售后服务体系和信息系统。规范下乡产品流通渠道，确保下乡产品质量，合理确定价格，提高产品信誉。继续推进“万村千乡市场工程”建设，进一步提高农家店的覆盖率和商品配送率，不断改善农村市场的商品供应。加大对供销合作社实施新农村现代流通网络工程的支持力度，加强物流配送中心、连锁超市和便利店等农村零售终端建设，尽快形成县（市）有配送中心、乡镇有超市、行政村有便利店的连锁经营服务体系，营造便利实惠、安全放心的消费环境。

二、加快转变农业发展方式,大力发展现代高效农业

6. 稳定发展粮食等大宗农产品生产。深入开展高产增效创建活动,加快推进粮棉油万亩示范片建设。启动实施新增43亿斤粮食产能建设规划,继续实施国家优质粮食产业工程和粮食丰产科技工程。建立健全粮食主产区利益补偿制度,增加产粮大县奖励补助资金,有关扶持政策向产粮大县倾斜。完善耕地质量建设检测体系,全面开展测土配方施肥,加大有机肥推广补贴、绿肥种植补贴力度,扩大测土配方施肥、土壤有机质提升补贴规模和范围。支持农垦发展现代农业,建设大型农产品基地。

7. 大力发展高效设施农业。加大农业结构调整力度,大力发展设施园艺业、规模畜牧业、特色水产业,全年新增高效农(渔)业面积300万亩,其中设施农(渔)业面积100万亩。突出抓好现代农业产业园区、农产品加工集中区、农产品市场体系建设,加快构建现代农业产业体系。加快建设一批产业特色鲜明、科技含量高、经济效益好、带动能力强的现代农业产业园区,认定扶持省级现代农业产业园区,积极创建国家现代农业示范区。培育一批有特色、有规模的农产品加工集中区,引导农产品加工企业集中、集聚、集群发展,积极发展农产品精深加工业。培育壮大农业龙头企业和农民专业合作组织,增强市场竞争力和对农户的带动力,提升农业产业化经营水平。支持区域性重点农产品、特色农产品批发市场建设和升级改造,推进每个县(市)建成一个上规模的农产品批发市场。积极建设大宗农产品仓储设施,完善鲜活农产品冷链物流体系,逐步提高现代流通业态比重。开展多种形式的农产品促销活动,大力发展农业会展经济。增加农产品绿色通道发证数量,方便农产品营销。

8. 加快推进农业适度规模经营。积极发展土地集中型、合作经营型和统一服务型农业适度规模经营,全年新增农业适度规模经营面积300万亩。重视发展粮食生产的适度规模经营。加快建立土地承包经营权流转市场,有效衔接土地流转供求。各级财政对达到一定规模的土地流转给予奖励补助。高效设施农业奖补资金要对种养大户、专业合作社实行倾斜,确保农民得益受惠。支持建设生猪、奶牛、水产品规模养殖场(小区),开展标准化创建活动。

9. 加强农业基础设施建设。编制实施高标准农田建设规划,坚持整合资源、连片治理、综合开发,年内建设高标准农田150万亩。组织实施国家农业综合开发高标准农田示范工程建设,示范县(市)每年财政投资不低于1200万元。大力开展土地整理复垦,增加有效耕地面积。加强流域性重点水利工程建设,推进中小河流综合治理、大中型水闸除险加固和大中型泵站更新改造,基本完成小型水库除险加固任务,增强抗旱排涝等防灾减灾能力。深入推进农村河道疏浚整治,建立健全定期轮浚机制。积极实施大中型灌区节水改造,加快小型农田水利工程建设。加大农业综合开发力度,提高丘陵山区和高沙土地区综合开发水平,加快黄河故道地区农业资源开发。启动滩涂围垦综合开发试验区工程。增加省级沿海滩涂开发专项资金规模,对沿海地区市县政府等投入主体按照规划实施成片农业围垦给予补助,标准由每亩1000元提高到2000元。提高高效生态渔业设施建设水平,加快建设沿海和内陆水域渔港及渔船安全设施。大力开展植树造林,新增造林面积150万亩,确保森林覆盖率达到20%。优化农机装备结构,积极研发推广适应设施农业发展需要的农机新装备、新技术,提高农业机械化水平。扩大秸秆机械化还田实施范围。培育农机专业服务组织,提高农机作业服务水平。

10. 加快科技创新和推广步伐。大力实施农业新品种、新技术、新模式工程,开展农业重大共性技术和关键技术联合攻关,开发一批有自主知识产权和核心竞争能力的重大技术。对重大农业科技研发,面向全社会进行招标。切实把农业科技的重点放在良种培育上,认真组织实施江苏省优良品种培育工程,加快农业生物育种、智能农业技术创新和示范推广应用。做大做强种子种苗产业，着力培育种子种苗企业，推进育繁推一体化。引进、培养一批农业科技领军人才。深入开展涉农高等院校和科研院所“挂县强农富民”工程、“送科技下乡、促农民增收”活动、“农业科技入户工程”和科普惠农兴村计划。充分发挥科技特派员的作用，鼓励高校涉农专业毕业生到基层农技推广机构工作。深入实施农业信息服务工程，全力打造“12316”农业服务热线、惠农短信发送、江苏为农服务网服务平台，提升农业信息服务水平。加强农业气象灾害防御体系和基础装备建设，充分发挥气象为农服务作用。

11. 提高农业对外开放水平。深入实施农产品出口振兴计划，加强农产品出口示范基地建设，建立出口农产品质量追溯体系，积极开展农产品境外促销活动，拓展农产品国际市场，扩大优势农产品出口。强化农产品出口通关检验检疫服务。推动农产品出口信贷创新，探索建立出口信用保险与农业保险相结合的风险防范机制。加快建设海峡两岸农业合作试验区。加强国际农业科技和农业资源开发合作，制定鼓励政策，支持有条件的企业“走出去”，拓展我省农业发展空间。

三、统筹城乡就业创业，进一步拓宽农民增收渠道

12. 建立城乡平等的就业制度。把政府促进就业的责任体制、公共就业服务体系、就业培训网络、城镇就业政策向农村延伸，促进农村劳动力多渠道转移就业。建立健全农民就业失业登记制度、求职登记制度、农村困难家庭就业援助登记制度。加强乡镇、行政村公共就业服务平台建设，加快建立公共就业服务信息网络。健全农民工社会保障制度，推进工伤保险全覆盖，加强职业病防治和农民工健康服务，将与企业建立稳定劳动关系的农民工纳入城镇职工基本医疗保险，全面落实包括农民工在内的企业职工基本养老保险关系转移接续办法。落实以公办学校为主、以输入地为主解决农民工子女入学问题的政策，关心农村留守儿童，切实为农民工子女上学提供方便。多渠道、多形式改善农民工居住条件，鼓励有条件的城市将有稳定职业并在城市居住一定年限的农民工逐步纳入城镇住房保障体系。

13. 加强农民技能培训。增加资金投入，整合培训资源，大力开展农村劳动力转移培训、农民创业培训和农业实用技术培训，提高农民就业创业能力。完善农村劳动力转移技能培训制度，加快建立培训、鉴定、就业“三位一体”的农民培训补助机制，切实提高培训质量和效果。加大对农村劳动力初次通过职业技能鉴定“以奖代补”投入，扩大补助范围，增加补助工种。突出培训重点，对技术含量高、培训成本高、符合产业结构调整导向的工种，提高奖励补助标准。鼓励用人单位加强农民工岗位技能提升培训，财政给予适当补贴。实施农民和在职职工技能、学历双提升计划，鼓励农民和职工到职教中心或合作办学的乡镇成教中心学习，并享受中等职业教育优惠政策。鼓励新成长农村劳动力参加技能提升学习，有条件的免试进入技工学校，享受相关国家助学金政策。对有创业愿望并具备一定创业条件的农民开展创业培训。

14. 鼓励农民自主创业。加强政策扶持，放宽农民创业准入条件，拓展农民创业发展空间。对农民初创的小企业，适当放宽注册资本额度和注册资本到位期限。规划区内进城创业的被征地农民申请小额担保贷款并从事微利项目的，由财政全额贴息，从事非微利项目的，由财政给予 50% 的贴息。银行业金融机构发放的农民创业贷款，省财政对贷款农户给予一定比例的贴息。返乡创业农民享受与外地客商同等优惠政策。农民创业担保贷款额度上限由 5 万元提高到 8 万元，合伙经营和组织起来创业的，由 8 万元提高到 10 万元。落实鼓励农民创业的各项税收优惠政策。对农民创办商贸、服务型等企业，吸纳持《就业失业登记证》的就业困难人员，按规定给予政策优惠。加强农民创业基地建设，积极开辟创业场所，引导和鼓励集聚发展。

四、切实保障和改善农村民生，缩小城乡公共事业发展差距

15. 扎实推进农村实事工程。进一步改善农村基础设施条件，提高农村公共事业发展水平。继续推进农村公路建设，新建改建农村公路4000公里，改造农村公路桥梁1600座。加快城市供水设施向乡村延伸，扩大区域供水覆盖面，解决400万农村居民安全饮水问题，基本完成农村改水任务。完成农村劳动力培训240万人。提高小学和初中生均公用经费拨款基准定额标准，加大家庭经济困难学生资助力度，各级政府新增的助学金向农村生源学生倾斜。对自愿到苏北地区基层单位工作、服务期达到3年以上（含3年）的全日制普通高等学校应届毕业生，实施相应的学费补偿政策。中等职业学校农村家庭经济困难学生和涉农专业学生免收学费，并对全省中等职业学校所有一二年级在校学生提供国家助学金。完善农村医疗卫生服务体系，扶持经济薄弱地区中心卫生院和村卫生室基础设施建设，农村基本公共卫生服务年人均补助资金不低于15元，落实乡镇卫生院人员绩效工资和乡村医生公共卫生服务补助政策。做好农村卫生人才定向免费培养和招募医学类本科生到乡镇卫生院服务工作。在60%的县（市、区）实施基本药物制度，实行基本药物零差率销售，减轻群众医药费用负担。深入推进"新农村新家庭"计划，继续实施农村计划生育家庭奖励扶助和特别扶助制度，实现农村人口和计划生育优质服务体系全覆盖。继续开展"送科普、送戏、送电影下乡"活动。新增农村有线电视用户60万户，实现所有行政村"农家书屋"全覆盖。完成2391个无村级组织活动场所村的综合服务中心建设，增强服务功能。完成1000个为农服务社建设。全面开展绿色村庄建设。大力推进农村环境综合整治，加快建立"组保洁、村收集、镇转运、县（市）集中处理"的垃圾处理模式，推进垃圾中转站建设，继续推进农村沼气建设、改厕、生活污水处理。完成200个省级村庄环境整治试点。加强农业面源污染治理，切实防止城市、工业污染向农村扩散，保护农村生态环境。

16. 提高农村社会保障水平。健全完善农村社会保障体系，不断提高保障水平，大力推进城乡社会保障一体化。提高农村低保标准，2010年苏中、苏北地区农村低保标准提高到每人每月210元、155元以上。巩固完善新型农村合作医疗制度，以县（市）为单位农民参合率保持在95%以上，年人均筹资标准不低于150元，其中财政补助不少于120元，最高支付限额提高到农民人均纯收入的8倍以上，全省住院医药费用实际补偿比例提高到45%以上。苏南及有条件的地区要适应当地经济发展水平，提高筹资水平和政府补助标准，不断提高参合群众的受益水平。做好新型农村合作医疗、农村医疗救助、城镇居民基本医疗保险、城镇职工基本医疗保险制度的政策衔接。加快建立新型农村社会养老保险制度，力争到年底所有涉农县（市、区）全部实行新农保，基本实现农村适龄居民参保全覆盖，确保符合规定条件的农村老年居民按时足额领取养老金。鼓励有条件地区实行农村社会养老保险、被征地农民基本生活保障和企业职工社会养老保险逐步并轨。逐步提高农村五保户集中供养率和供养水平。

17. 深入实施脱贫攻坚工程。深化"五方挂钩"和"五个一"帮扶机制，推进帮扶任务、项目、措施进村入户，实行建设高效农业、培训就业、发展集体经济和社会保障等多策并举，年内再完成100万农村人口脱贫任务，经济薄弱村脱贫目标实现村累计达到500个。进一步动员工商企业参与村企挂钩帮扶，扩大省属国有企业挂钩帮扶省定经济薄弱村数量和范围。2010年省财政安排9亿元奖补资金，专项用于直接促进贫困农民增收和集体经济发展的脱贫攻坚工程，继续实行资金安排与贫困人口数量和脱贫进度挂钩。更新和维护全省贫困人口建档立卡数据库。加大扶贫小额贷款发放力度。

18. 积极推进农民集中居住点建设。修编完善各类城乡规划，形成多层次规划有机衔接的规划体系。加强城乡规划与土地利用总体规划的衔接协调，各专业规划应当符合土地利用总体规划和城镇总体规划。农民集中居住点必须编制村庄规划,经批准后组织实施,按规定减免有关行政事业性收费。鼓励县(市)和有条件的乡镇建立小城镇和农民集中居住点建设融资平台。抓住当前农村建房需求增长和建筑材料供给充裕的时机,把支持农民建房作为扩大内需的重要举措,采取有效措施推动建材下乡,鼓励有条件的地方通过多种形式支持农民依法依规建设自用住房。

五、协调推进城乡改革,努力破除城乡二元结构

19. 积极提升城镇承载能力。本着"降低门槛、放宽政策、简化手续"原则,继续深化户籍管理制度改革,巩固完善以居住地登记户口为基本形式、合法固定住所和稳定职业为基本落户条件、城乡统一的户籍登记管理制度。加快落实放宽中小城市、小城镇特别是县城和重点中心镇落户条件的政策,中小城市和县城镇凭合法固定住所和稳定职业进行户口准入,不得附加其他条件;特大城市、大城市根据本地情况逐步放宽准入条件,促进符合条件的农业转移人口在城镇落户并享有与当地城镇居民同等权益。大力加强小城镇基础设施建设,着力提高小城镇综合承载能力和集聚效应。在小城镇范围内征收的基础设施配套费全部返还乡镇,用于小城镇建设。城市建设维护税新增部分,主要用于村镇规划编制、农村基础设施建设维护。安排年度土地利用计划要支持中小城市和小城镇发展。

20. 推进农村土地管理制度改革。根据新一轮土地利用总体规划,科学划定基本农田,实行永久保护,加大基本农田建设力度。开展土地承包经营权登记工作,分别不同情况采取确地、确权、确利相结合的办法,依法保障农民对承包土地的占有、使用、收益等权利。做好农村集体土地所有权、宅基地使用权、集体建设用地使用权的确权登记发证工作,力争用两年时间把农村集体土地所有权确认给具备土地登记发证要求的农村集体经济组织,并完成具备土地登记要求的宅基地使用权证和集体建设用地使用权证的登记发证工作,各级财政要给予必要的工作经费保障。开展以土地承包经营权置换城市社保、以宅基地使用权置换城镇住房的试点,实现农民向市民的身份转换。积极稳妥推进"万顷良田建设工程"试点,规范有序开展城乡建设用地增减挂钩试点,新增建设用地指标要划出一定比例用于新农村建设,主要用于产业集聚发展、支持农民创业、方便农民就近转移就业。农村宅基地和村庄整理后节约的土地仍属农民集体所有,在县域内按照土地利用总体规划使用,切实维护农民群众利益。

21. 发展壮大农民新型合作组织。贯彻实施《江苏省农民专业合作社条例》,加大政策扶持力度,大力发展多种形式的农民新型合作组织。制定土地股份合作社、社区股份合作社登记办法,全面开展登记工作。落实财政规费、税收登记工本费减免政策,加强用地、用电和"绿色通道"等方面的支持,引导金融机构增加对农民合作组织的信贷投放。鼓励和引导农村小额贷款公司、担保公司把农民专业合作社纳入服务范围,支持有条件的合作社兴办农村资金互助社。支持农民专业合作社自办农产品加工企业。充分发挥供销合作社人才、网络、设施等优势,搞好信息、营销、技术、农产品加工储运等服务。建立健全农民专业合作组织指导服务体系,强化产业发展、市场营销、运行管理等辅导服务。支持各地发展专业合作社联合社或行业协会。落实推进供销社改革发展的相关政策,加强基层供销合作社建设。

22. 加快推进林业改革。全面完成集体林权制度主体改革任务,加快推进配套改革,激发林业发展活力。规范集体林权流转,支持发展林农专业合作社。全面建立森林生态效益补偿制度,省级以上生态公益林补助标准提高到每亩20元。开展造林苗木、森林抚育补助试点,对林木良种生产使用、中幼林和低产林抚育给予补贴。深化集体林采伐管理改革,建立森林采伐管理新机制和森林可持续经营新体系。完善林权抵押贷款办法,建立森林资源资产评估制度。积极探索新形势下国有林业场圃管理体制和经营机制创新。

23. 发展壮大村级集体经济。鼓励各地开发利用农村集体土地、水面等资源，盘活土地、厂房、设备、物业等集体资产，通过招商引资发展农村非农产业和社区服务业，拓宽村级集体经济发展渠道。对于村级招商引资落户县（市、区）开发区、乡镇工业集中区的项目，税收地方留成部分要明确一定比例返还给村。农村土地整理新增的建设用地指标，要明确一定比例用于标准厂房和村级创业点建设。规范集体资产经营、管理和收益分配行为，建立健全集体资产保值增值和农民群众得实惠的运行机制。

24. 深化农村综合改革。基本完成乡镇机构改革的各项任务，切实强化乡镇公共服务和社会管理能力。加快建设具有农业技术推广、动植物疫病防控、农产品质量监管等功能的乡镇或区域性农技推广综合服务中心。完善财政转移支付制度，建立健全乡镇政府基本运转和履行事权的财政保障机制。落实村级运转经费保障政策，最低保障标准提高到每村12万元，省财政对经济薄弱地区给予补助。坚持政府引导、分级负责、农民自愿、上限控制、社会赞助、财政奖补的原则，探索建立新形势下村级公益事业建设的有效机制，完善农村公益事业建设一事一议财政奖补资金政策。积极探索乡村公益性债务化解办法，严格控制新债，锁定老债，逐步化解。采取以奖代补办法，分两年完成省定1011个经济薄弱村公益性债务化解试点工作。切实加强农村经营管理，搞好农村财务、集体资产、土地承包、农民新型合作组织指导等基础业务工作。

六、加强和改善党对农村工作的领导，巩固党在农村的执政基础

25. 完善农村工作领导体制机制。各级党委、政府要坚持把解决好“三农”问题作为全局工作的重中之重，牢固树立统筹工农、城乡发展的意识，采取更加明确、更加有效的政策措施，加快农业现代化建设，推进城乡规划、产业布局、基础设施、公共服务、劳动就业“五个一体化”。始终坚持党管农村的重大原则，市县机构改革中要强化党委统一领导、党政齐抓共管、农村工作综合部门组织协调、有关部门各负其责的农村工作领导体制和机制，协调推进城乡经济社会发展一体化工作。完善体现科学发展观和正确政绩观要求的干部考核评价体系，把粮食生产、现代高效农业发展、农民增收、城乡统筹发展、“三农”投入等作为考核地方特别是县（市）领导班子绩效的重要内容。鼓励基层进一步解放思想，大胆实践，积极探索城乡经济社会发展一体化的新思路、新途径、新方式，尽快建立起以城带乡、城乡互动的体制机制，增强农村经济社会发展活力。鼓励支持各地创新政策，不断提高“三农”工作科学化水平。

26. 加强农村基层组织建设。以加强党员队伍先进性建设和提高领导班子科学发展能力为重点，深入开展“三级联创”活动，大力实施“强基工程”，选好配强乡镇和村党组织书记，把乡村党组织建设成为推动科学发展、带领群众致富、密切联系群众、维护农村稳定的坚强领导核心。创新农村党的基层组织设置形式，推广在农民专业合作社、专业协会和外出务工经商人员相对集中点建立党组织的做法。完善村干部“一定三有”政策，加大从优秀村干部以及选聘到村任职的大学生中考录乡镇公务员、乡镇事业单位人员和选任乡镇领导干部的力度。加强“大学生村官”培养和使用，充分发挥他们在新农村建设中的作用。深入开展党性党风党纪教育，加强农村基层党风廉政建设。完善村民自治机制，做好第九届村民委员会换届选举工作，切实落实民主选举、民主决策、民主管理、民主监督各项制度。推行本村重大事项由村党支部提议、支委会和村委会联席会议商议、全村党员大会审议、村民代表会议或村民会议决议，以及决议公开、实施结果公开等做法。完成村务公开和民主管理“薄弱村”专项治理任务。深入开展社会主义新农村建设示范村创建活动，充分发挥先进典型的示范带动作用。

27. 切实维护农村社会稳定。深入推进矛盾纠纷“大调解”工作，畅通农村信访渠道，及时发现、妥善化解不稳定因素，坚决维护农村社会稳定和农民群众的合法权益。广泛开展多种形式的群众性精神文明创建活动,促进农村形成健康文明新风尚。加强和改进农村社会治安综合治理,广泛开展法制教育和安全防范宣传,夯实农村平安建设的根基。加大农村地区公共安全监管基础设施建设的投入力度,提高农村地区预防灾害事故和应急救援的能力和水平。依法管理农村宗教事务。

做好 2010 年农业农村工作任务艰巨、责任重大。我们要紧密团结在以胡锦涛同志为总书记的党中央周围,深入贯彻落实科学发展观,毫不松懈地推进农村改革发展,加快农业现代化和城乡经济社会发展一体化进程,努力开创“三农”工作新局面,为又好又快推进“两个率先”、建设江苏更加美好的明天而努力奋斗!

中共江苏省委 江苏省人民政府关于印发《江苏省中长期教育改革和发展规划纲要(2010—2020年)》的通知

苏发[2010]11号
(2010年8月26日)

各市、县(市、区)委,各市、县(市、区)人民政府,省委各部委,省各委办厅局,省各直属单位:

现将《江苏省中长期教育改革和发展规划纲要(2010—2020年)》(以下简称《教育规划纲要》)印发给你们,请结合实际认真贯彻执行。

教育事业涉及千家万户,惠及子孙后代,是关系经济社会长远发展的百年大计。江苏未来发展,关键靠人才,基础在教育。制定并实施《教育规划纲要》,优先发展教育,加快建设教育强省、率先实现教育现代化,对满足人民群众日益增长的教育需求、推动科学发展、建设美好江苏具有重大而深远的意义。

各级党委、政府要把优先发展教育作为贯彻落实科学发展观的重大战略部署,切实加强对《教育规划纲要》实施工作的组织领导,组织广大干部群众特别是各级领导干部认真学习《教育规划纲要》,深刻理解教育改革发展的指导思想、工作方针、战略目标、重点任务和重要举措,进一步增强做好教育工作的责任感、紧迫感和使命感。要加强统筹协调,细化政策措施,加大资金投入,有力有序推进《教育规划纲要》的组织实施。要广泛开展宣传活动,动员全社会共同推动教育事业科学发展。要建立健全工作责任制,实行目标管理,严格督查考核,切实把《教育规划纲要》提出的各项任务落实到位。

江苏省中长期教育改革和发展规划纲要

(2010—2020年)

根据《国家中长期教育改革和发展规划纲要(2010—2020年)》精神,结合江苏经济社会发展实际和人才发展规划要求,制定本规划纲要。

序言:百年大计教育为本

人才资源是第一资源,教育是培养人才、开发人力资源、促进人的全面发展的根本途径,在经济社会发展中处于基础性、全局性、先导性战略地位。强省必先强教,实现现代化必先实现教育现代化。

改革开放以来,特别是2005年省委、省政府作出加快建设教育强省、率先基本实现教育现代化决定以来,各级党委、政府高度重视教育,全社会关心支持教育,广大教育工作者不懈努力,全省教育事业取得令人瞩目的成就。免费义务教育全面实施,学前教育不断加强,高中教育基本普及,职业教育和继续教育健康发展,高等教育大众化快速推进,学校办学条件显著改善,办学水平和教育质量不断提升,教育公平迈出重要步伐,"学有所教"目标基本实现,公民整体素质逐步提高,教育发展主要指标达到中等收入国家水平,为保障和改善民生作出重要贡献,为经济社会发展提供了有力的人才支撑和智力保障。同时,必须清醒地看到,我省教育事业与经济社会发展的要求还不完全适应,教育体制机制不够完善,学校办学活力不强,区域、城乡、校际之间发展存在较大差距,优质教育资源不能满足人民群众日益增长的需求,素质教育水平和教育质量需要提高,教育服务经济社会发展的能力有待进一步增强。

百年大计,教育为本。当前和今后一个时期,是我省加快发展创新型经济、全面建设更高水平小康社会、基本实现现代化的关键阶段,也是深化教育改革、加快教育发展、建设教育强省、实现教育现代化的重要时期。随着工业化、城市化、信息化、国际化进程加快推进,依靠教育提高国民素质和社会文明程度,依靠教育提供人才支持和智力保障,依靠教育推动自主创新和管理创新,依靠教育促进经济转型升级和发展方式转变,依靠教育提升综合实力和国际竞争力,比以往任何时候都更加重要、更为紧迫。全省上下必须坚定不移地把教育优先发展摆上突出战略位置,不断深化教育改革,推动教育事业在新的历史起点上科学发展,着力建设更高水平的国民教育、惠及全民的公平教育、体系完备的终身教育、资源共享的优质教育,努力办好人民满意的教育,加快建设教育强省、实现教育现代化,教育发展主要指标达到国际先进水平,切实增创人才和智力支撑新优势,为推动科学发展、建设美好江苏作出新的更大贡献。

第一章　建设教育强省实现教育现代化

(一)指导思想

高举中国特色社会主义伟大旗帜,以邓小平理论和"三个代表"重要思想为指导,深入贯彻落实科学发展观,全面贯彻党的教育方针,大力实施科教兴省、人才强省战略,坚持面向现代化、面向世界、面向未来,坚持教育优先发展、率先发展、科学发展,坚持解放思想、改革创新、扩大开放,坚持分类指导、分区规划、分步推进,以建设教育强省、实现教育现代化为目标,以育人为本、实施素质教育为主题,以提高教育质量为核心,以促进教育公平为重点,以服务经济社会发展为导向,以深化教育教学改革为动力,着力完善现代教育体系,着力办好人民满意的教育,着力建设人力资源强省,为率先全面建成小康社会、率先基本实现现代化提供坚强的人才支撑和智力保障。

(二)工作方针

优先发展。坚持把教育摆在优先发展的战略地位,将办好人民满意的教育、建设教育强省、实现教育现代化作为贯彻落实科学发展观的重大战略部署,以更大的决心、更大的精力、更大的投入发展教育事业,真正做到经济社会发展规划优先安排教育发展,财政资金优先保障教育投入,公共资源建设优先满足教育发展和人力资源开发需要。

育人为本。坚持以人为本,以学生为主体,以教师为主导,把促进学生成长成才作为学校一切工作的出发点和落脚点,尊重教育规律和学生身心成长规律,充分激发学生的积极性和主动性,着力培养学生服务国家服务人民的社会责任感、勇于探索的创新精神和善于解决问题的实践能力,造就德智体美全面发展的社会主义建设者和接班人。

促进公平。坚持基本公共教育服务均等化,健全覆盖城乡的现代教育体系,公共教育资源向经济薄弱地区、农村地区、薄弱学校倾斜,重点推进区域内义务教育均衡发展，加快缩小城乡、校际教育发展差距，努力办好每一所学校，教好每一个学生。加强早期教育，普及特殊教育，完善并落实困难群体子女就学扶持政策，让人民群众共享教育改革发展成果。

改革创新。坚持以改革创新为强大动力，深化教育管理体制、办学体制、招生考试制度和教育教学改革，创新人才培养模式、学校管理机制、教育投入体制和教育评价制度。加快重点领域和关键环节改革步伐。鼓励基层和学校大胆探索、先行先试。进一步扩大教育对外开放，引进海外优质教育资源，借鉴世界先进教育理念和管理经验，加快培养国际化人才，提高教育参与国际竞争与合作的能力，增强教育的国际影响力。

提高质量。坚持科学的教育质量观，把促进人的全面发展、适应社会需要作为衡量教育质量的根本标准。树立以提高质量为核心的教育发展观，加强教师队伍建设，全面实施素质教育，创新人才培养模式，着力推进教育发展从注重外延扩张向注重内涵提升、从注重硬件建设向注重软件建设转变，鼓励学校办出特色、办出水平，出名师、育英才。

服务社会。坚持“三个面向”，瞄准世界教育先进水平，不断提高教育质量和办学效益，满足经济社会发展对各类人才的需求，着力提升人力资源开发水平。完善知识创新和知识服务体系，推进教育与科技、经济紧密结合，增强教育服务经济社会发展的能力和文化引领能力，着力提升教育对经济社会发展的贡献度。

（三）战略目标

适应“两个率先”战略部署，坚持教育优先发展、科学发展，到2015年，教育发展规模、教育质量、教育投入、教育贡献度继续走在全国前列，率先建成教育强省；到2020年，教育发展主要指标达到国际先进水平，率先实现教育现代化，建成学习型社会和人力资源强省。

实现更高标准的普及教育。学前三年教育全面普及，义务教育巩固率达99%以上，高中阶段教育毛入学率达95%以上，普通高中教育与中等职业教育协调发展，高等教育毛入学率达60%以上。公民受教育程度显著提高，主要劳动年龄人口平均受教育年限达12.2年，其中受过高等教育的比例达25.8%，新增劳动力人均受教育年限达15年以上，从业人员继续教育年参与率达60%以上，终身教育体系基本完备。

提供更为丰富的优质教育。各级各类教育协调发展，学前教育纳入国民教育体系，职业教育与普通教育互通，学校教育与社会教育衔接，形成开放灵活、选择多样的人才培养“立交桥”。教育公平得到保障，素质教育全面推进，创新人才培养水平显著提高。教师队伍整体素质增强，优质教育资源总量扩大，省定优秀标准学校达80%以上，学生、社会对学校的满意度达90%以上。

建成更加先进的教育设施。学校基础设施、教育技术装备特别是信息化程度达到发达国家平均水平。教育信息基础设施建设和教师运用信息技术能力明显增强，各级各类学校全面实现多媒体教学。数字化教育资源有效开发，全省教育基础信息数据库、教育基础信息系统、教育信息服务平台全面建成。覆盖所有学校、便利全体学生和公民学习的先进信息技术设施及应用体系不断健全，国家教育信息化标准达标率提高到90%以上。

构建更具活力的体制机制。适应社会主义市场经济体制、符合教育发展规律的教育体制机制全面建立。办学体制逐步优化，政府办学为主体、全社会积极参与、公办教育和民办教育共同发展的格局基本形成。现代学校制度建设加快推进，政府依法管理、学校自主办学机制不断健全，学校对政府管理和服务的满意度达90%以上。公共财政投入为主、多渠道筹措教育经费的教育投入机制更趋完善。教育对外开放不断扩大，全方位、多层次、宽领域的国际交流合作广泛开展，教育国际竞争力明显增强。

实施更有成效的社会服务。各级各类教育布局结构进一步优化，与人口总量结构变化相协调，与经济发展方式转变、产业结构调整要求相适应,人才培养基本满足现代化建设需要。教育对经济社会发展的贡献度大幅提升,形成一批满足经济社会发展需求的高水平科技成果,科技成果转化和高新技术产业化成效显著,高校应用研究开发成果转化率达到 80% 以上。

第二章　高水平普及 15 年基础教育

（四）提高基础教育整体水平。坚持分区规划、分类推进、分步实施,实现义务教育优质均衡,学前教育和高中教育全面普及,基础教育公平程度显著提高,城乡、区域和学校之间的教育资源配置、教育质量和办学水平等差距明显缩小,每个儿童少年都能接受适合自身发展的良好教育。

（五）切实加强学前教育。大力实施学前教育普及提高工程,2015 年基本普及学前三年教育,2020 年学前三年教育毛入园率达 98% 以上。重视 0—3 岁婴幼儿教育,逐步提高覆盖率。

强化政府职责。将学前教育纳入经济社会发展规划,切实提高政府保障水平,逐步实现就近入园入托。建立政府主导、社会参与、公办民办并举的办园体制。大力发展公办幼儿园,加大财政投入。大力扶持民办幼儿园,支持社会力量举办学前教育机构。探索以政府购买服务的方式发展学前教育。完善成本合理分担机制,切实改善办园条件。对家庭经济困难儿童入园给予财政补助。制定学前教育办园标准,健全幼儿园准入和督导制度。严格执行幼儿教师资格标准,依法落实幼儿教师地位和待遇。加强农村幼儿园建设,到 2012 年,每个乡镇至少办一所达省优标准的公办中心幼儿园,村级幼儿园都要建成合格园。县级教育部门归口管理学前教育,相关部门履行各自职责。到 2015 年,省优质幼儿园达 70% 以上,2020 年达 90% 以上。

提高保教质量。普及科学保教方法,加强对各类幼儿园保教质量的监管,防止小学化倾向。强化保健教师、保育员、营养员的培养培训。加强对幼儿健康水平的监测和评估。密切幼儿园与家庭的保教合作,提供多样化的学前教育指导与服务。

（六）促进义务教育均衡发展。大力推进义务教育均衡发展示范区建设,努力扩大并均衡配置优质教育资源,苏南等有条件的地区 2012 年、其他地区 2015 年左右全面达到均衡,区域内教育质量、教师队伍、办学条件、管理水平显著改善,义务教育公平度、满意度大幅提升。健全城乡一体化的义务教育发展机制,在财政拨款、教师配置、学校建设等方面向农村倾斜。加大对经济欠发达地区的财政转移支付力度,完善发达地区对口支援欠发达地区、城市支援农村教育的机制。加大对薄弱学校的支持力度,优化配置优质教育资源,实行县级教育部门统一管理中小学教师制度,区域内教师和校长定期合理流动。义务教育阶段严禁设置重点学校(班),逐步减少择校现象。每个适龄儿童少年按时入学并完成学业,消除义务教育阶段辍学现象,确保义务教育全覆盖。

提高义务教育办学水平。根据学龄人口变化、城市化进程和新农村建设规划,合理调整义务教育学校布局。逐步推进小班化教学,小学每班 35 人、初中每班 40 人以下。实施义务教育学校现代化建设工程,全面加强学校校舍、场地、师资队伍、设施装备等方面建设,到 2015 年,全省义务教育建成现代化标准的学校比例达 50% 以上,2020 年达 90% 以上。

（七）推动普通高中优质特色发展。实施高中质量提升和特色建设工程,努力做到高中学校布局合理、规模适度,每班班额 45 人以下,并逐步推进小班化教学。

坚持优质发展。加强内涵建设,加快提升高中整体办学水平和学生综合素质。到 2015 年,全省所有高中达到优质高中标准。到 2020 年,建成 100 所全国一流的高中。

坚持特色发展。鼓励学校根据高中教育性质任务、学生发展要求与教学现状,形成自身文化和教学特色。大力推进学校办学模式和育人方式多样化、个性化，积极开展研究性学习、社区服务和社会实践，注重培养学生自主学习、自强自立、创新精神和适应社会的能力。鼓励高中开设职业教育课程。

(八)提升基础教育公平程度。健全助学体系，确保每个学生不因贫失学、辍学。着力扩大优质教育资源，推进城乡、校际之间均衡协调发展，不断满足人民群众接受优质教育的需求。

实施特殊教育发展工程。到2015年，基本普及残疾儿童少年15年免费教育，其中接受高中阶段教育全免费比例达50%以上，2020年达95%以上。支持各级各类学校接受残疾人入学，完善随班就读保障体系。加强特殊教育学校建设，合理调整学校布局，使每所特殊教育学校都达到现代化办学标准。

完善流动就业人口随迁子女受教育的保障机制。坚持政府负责、公办为主，确保流动就业人口随迁子女由公办学校充分吸纳，平等接受义务教育。满足流动就业随迁人口子女接受非义务教育的需求，允许其在流入地参加中考或普通高考。

关爱农村留守儿童少年。加强寄宿制学校建设，扩大和规范校车接送范围，做好留守儿童教育和管理。

实施家庭经济困难学生资助计划。完善学前教育阶段家庭经济困难幼儿资助办法。提高农村义务教育学校家庭经济困难寄宿生的生活补助标准。扩大高中学生政府奖学金资助比例，2015年平均资助面达到15%。

(九)完善基础教育质量保障体系。尊重学生成长规律和教育规律，加强基础教育课程建设。实施《幼儿教育指导纲要》，科学开发幼儿园课程。加大义务教育和高中课程改革力度，深化教学改革，提高课程教学水平，增强学生学习能力、实践能力、适应能力。建立学生发展指导制度，加强对学生理想、心理、学业等方面的指导。

强化基础教育评价监测工作。创新评价制度，完善综合素质评价体系，为提高教育质量发挥正确导向作用。制订基础教育教学质量及学业水平评价标准，建立全省统一的教育质量监测体系，增强反馈、指导和服务功能。健全教育行政干部、教科研人员和校长听课、评课制度，加强对课堂教学的督查与指导。

坚持科研兴教。完善省、市、县、校四级教学科研网络，强化教师的科研意识，不断提高教学科研能力。大力推行校本教研活动，为教学资源交流共享及教师培训提高搭建有效平台。

第三章　创新发展职业教育

(十)增强职业教育吸引力。把发展职业教育放在更加突出的位置，以服务为宗旨、就业为导向，统筹规划职业教育与普通教育，统筹发展中等职业教育与高等职业教育，统筹推进学历教育与职业培训。完善职业教育支持政策，逐步实行中等职业教育免费制度，做好家庭经济困难学生资助工作。建立职业学校毕业生直接升学制度，拓宽毕业生继续学习通道。提高技能型人才的社会地位和待遇，加大对有突出贡献的高技能人才的宣传表彰力度，营造尊重劳动、重视技能、重视高技能人才的社会风尚。

(十一)提高职业教育发展能力。优化发展中等职业教育和高等职业教育，引导职业院校面向经济社会发展调整优化专业结构，设置职业技能人才紧缺专业或方向。重视发展面向农村的职业教育，围绕现代农业发展和新农村建设需要，加强涉农专业建设，扩大农村职业教育培训覆盖面。拓展职业教育服务功能，面向“两后”(初、高中毕业后)毕业生、退役士兵、返乡农民、在岗人员开展职业技能培训。

推进职业教育集约发展。组建多形式的职业教育集团，建立有效的运行机制和合作机制。加强省示范性高职教育园区建设，实行优势互补、资源共享、集聚发展，推进经科教联动、产学研合作。加强职业教育城市与农村合作、南北合作、东西部合作，推进区域共同发展。

加强职业院校优质资源建设。以省辖市为单位整体规划职业教育发展，推进布局调整，取消不合格职业学校及办学(班)点。实施职业教育基础能力建设工程,加强示范性职业院校建设,到 2012 年,县级职教中心全部达到省级示范性中等职业学校标准,公办中等职业学校全部达到国家级重点中等职业学校标准。实施县级职教中心建设计划、实训基地建设计划、示范专业建设计划和教师素质提高计划,不断提高职业院校的办学水平。全面推进中职专业规范化建设,创建一批国家示范专业点。加强职业教育课程开发,根据国家职业资格技能标准和岗位规范,建立职业教育专业建设标准和课程标准,形成理论实训一体化教学课程体系,实现中、高等职业教育课程、培养模式和学制衔接贯通。强化职业教育文化课程、专业课程和教学资源库建设,构建职业教育网络学习平台。实施技工院校示范专业和精品课程创建工程、高等职业教育优质资源建设工程和示范院校建设计划,到 2020 年,建成 100 所国内一流的中等职业学校、40 所示范高等职业院校、5 个高等职业教育园区和一大批职业教育实训基地。

(十二)培养高素质技能人才。突出以诚信敬业为重点的职业道德教育。以职业能力为核心,改革教学方法和管理机制,强化学生技能训练。完善职业院校学分制和弹性学制。全面推行工学结合、校企合作、顶岗实习的人才培养模式。建立健全技能型人才到职业院校从教制度和职业院校教师赴企业实践、学生顶岗实习制度,建设有职业教育特点和行业企业特色的专业文化、校园文化。定期开展教学质量评估,把毕业生的职业道德、职业能力、就业质量和用人单位满意度作为考核职业院校工作的主要指标。支持省有关部门及行业协会、大中型企业成立省职业院校毕业生就业联盟,构建开放、多元的学生就业服务体系。

推进创业创新教育。加强和改进职业教育创业与就业服务,到 2012 年,所有职业院校建有学生创业基地和项目。开展职业院校技能竞赛并创新竞赛制度,选拔培养一批技能标兵。遴选 40 所新兴工业园区职业院校,围绕园区产业结构升级调整专业设置,依据园区企业岗位要求创新课程教材和人才培养模式。

(十三)完善职业教育体系。适应经济发展方式和产业结构调整要求,健全中、高等职业教育协调发展的现代职业教育体系。探索特殊领域和专业五年制高职发展,支持高级技工教育发展。2011 年起试行中等职业学校毕业生注册进入高等职业院校和高级技校、技师学院学习的制度。完善五年制高职专升本制度,扩大专升本招生规模。

推进职业教育与普通教育互通融合。职业教育实训基地、课程和师资向普通中学开放,发展中学生职业技能和创新能力。建立普通高中与中等职业学校互通的高中阶段学籍管理平台。

促进职业教育终身化。推行学历职业教育与职业培训并举,全日制与非全日制并重。

(十四)健全现代职业教育制度。政府切实履行发展职业教育的责任,增强政府在发展职业教育中的统筹规划、综合协调、宏观管理作用。

依靠社会力量发展职业教育。支持行业开展人才需求预测,制定行业职业教育规划和人才培养规格。支持行业组织、企业举办职业院校,或依托职业院校进行职工培训。制定校企合作办学促进条例,健全校企一体办学规范,明确校企双方权利、义务,形成职业教育校企一体化办学模式。支持行业、企业与职业院校共建教学、生产、经营合一的开放式、示范性实训基地,支持企业接受职业院校师生实践实习、订单式委托职业院校培养人才。建立职业教育创新发展实验区,2012 年前,在有条件的市、县(市、区)先行试点,着重围绕职业教育管理体制、“双师型”教师队伍建设和校企合作等进行改革创新。遴选 100 所中等职业学校作为省职业教育校企一体化办学模式创新试点学校。

推行职业资格证书制度和劳动就业准入制度。把职业能力作为人才使用的重要依据。促进职业院校课程与职业标准融通、教育考核标准与职业技能考核标准衔接。实行职业院校“双证书”制度,支持有条件的职业院校建立职业技能鉴定机构。严格就业准入制度,认真执行先培训后就业、先培训后上岗规定。

健全督导检查制度。完善职业教育督导评价标准，定期开展职业教育执法检查和督导，促进职业教育政策措施落实。

第四章　提升高等教育办学水平

（十五）推动高等教育内涵发展。以提高人才培养质量为宗旨，以师资队伍整体素质和教学能力为关键，以科技创新水平和服务经济社会发展能力为重点，实现高等教育工作重心从外延发展向内涵建设、从规模扩张向质量提升转移。

（十六）建设高水平大学和重点学科。加快高水平大学建设，大力支持“985 工程”高校创建世界一流大学，大力推进“211 工程”高校建设，遴选一批符合经济社会发展需要、具有较高办学水平和鲜明学科特色的高校进行重点建设。支持具有行业背景的高校保持学科特色和优势，建设优势学科群，提升创新与服务能力。加强重点学科建设，形成基础学科、应用学科、新兴交叉学科等多类型重点学科，以及各类重点学科协调发展的学科体系。坚持瞄准国际学科前沿与瞄准国家战略目标和服务区域发展相结合，在经济社会发展急需领域建成若干重点学科群。创新学科管理和资源配置机制，推进重点学科与其他教育科研资源集成融合。实施江苏高校优势学科建设工程，加强能力建设、人才培养和科研创新，到 2015 年，建设 100 个与经济社会发展密切相关、具有一流创新条件和创新团队的优势学科平台，力争江苏高校国家一级学科重点学科占全国总数的 10% 以上，部分优势学科进入国际同类学科排名前列。

（十七）提高人才培养质量。确立人才培养在高校的中心地位，造就一大批拔尖创新人才和数以百万计的高素质专门人才。

创新人才培养模式和机制。扩大高等教育的选择性，采取大类招生、模块化培养、自主选择的培养模式。建立高校与科研院所、行业企业、高新技术开发区联合培养人才的机制，建设一批创新人才培养基地和青年英才培养基地。创新人才培养机制，全面推行学分制和弹性学制，推行跨校、跨区域、跨类型的学分互认，推行主辅修制、双专业制、多项技能等级证书制，推行本科学生导师制。建立高校区域合作育人机制，深化合作办学试点，推进教学联合体建设，实行资源共享、教师互聘、课程互选、学分互认。

实施高校教学质量提升工程。及时调整课程结构，更新教学内容，建立符合时代要求的课程体系。落实教授为本科生授课制度，深化教学改革，注重通识教育，促进文理交融，为学生提供更多的课程选择，拓展学生的知识面。优化教学过程，改进教学方式，引导学生勇于质疑、崇尚真理、追求卓越。建设一批特色专业、实验教学示范中心和优质教学资源中心。

强化实践教学环节。优化实践教学内容，构建以能力培养为主线、课内课外相结合的实践教学体系。加强校内外实践教学基地建设，重点建设一批国家级和省级实验教学示范中心与高职实训基地。实施大学生实践创新训练计划，推进创新实验项目，开展创新技能竞赛，设立大学生实践创新奖。实施卓越工程师教育培养计划，认定若干企业为合作培养单位，提升工程教育学生的工程实践、工程设计和工程创新能力。

健全教学质量保障机制。加强省级质量监控，完善高校教学质量评估办法，建立高校教学状态数据年度统计和公布机制，实行学生毕业设计（论文）抽检制度。完善高校内部质量监控办法，强化教师、院系、学校三级质量保障，建立行业企业、用人单位、教师、学生、家长和中介组织多方参与的评价制度。

实施研究生培养创新计划。加强研究生教育教学改革研究与实践，探索拔尖人才培养规律，强化系统严格的科研训练，为研究生创造良好科研条件。建立以科学研究为主导的导师责任制和项目资助制，推行产学研联合培养研究生的“双导师制”。推进研究生专业学位培养模式改革，优化研究生培养类型结构。促进研究生培养与科学研究和创新实践的紧密结合，加快产学研联合培养研究生基地建设。实施研究生国际合作培养计划，充分利用海外教育资源培养人才。深化研究生招生改革，突出科学素养、综合素质、创新潜能的考核。积极推进学术型、应用型、复合型等不同类型研究生培养模式改革。加大研究生学位论文质量抽检力度。

加强创业教育和就业指导。开设创业课程，设立大学生创业实践基地、科研成果孵化基地，到 2015 年，建设 40 所省级大学生创业教育示范校、30 个省级创业实践基地及孵化基地。实施高校毕业生就业创业计划，使每一个有意愿的毕业生都能参与相关就业创业准备活动，并得到就业创业指导与服务。采取政府购买岗位、报考公职人员优先录用等措施，引导高校毕业生到城乡基层、中小企业和中西部地区就业。落实困难家庭毕业生就业援助政策，强化公共就业服务。

（十八）优化高等教育结构。围绕经济社会发展和人才发展需求，加强统筹规划，优化资源配置。

优化区域布局结构。将高校布局纳入经济社会发展规划，科学合理调整高校设置，使每个省辖市至少拥有一所普通本科高校和多所高职院校。发挥高水平大学的辐射牵引作用，加大“985 工程”、“211 工程”高校和国家示范性高职院校对苏中、苏北高校和高职院校的对口支援力度。优化配置沿江沿海高等教育资源，增强服务沿江沿海开发和长三角一体化发展的能力。

优化学科专业结构。加强人才规划和需求预测，定期发布急需紧缺人才信息，引导高校根据经济社会发展需要及时调整专业，在高年级灵活设置专业方向。大力扶持优势明显、特色鲜明的专业，积极培育急需的新兴专业，强化与战略性新兴产业紧密相关的学科专业建设，采用产学研联盟、国际合作等方式，重点加强电子信息、新能源、新材料、新医药、环保、软件、物联网等领域的人才培养。

优化人才培养结构。扩大高层次创新型人才和应用型、复合型、技能型人才培养规模，积极发展研究生教育，加大专业学位研究生培养力度，优化发展高等职业教育，稳步扩大本科教育规模，构建高等职业教育、普通高等教育协调发展的人才培养体系。

（十九）增强科技创新能力与服务发展能力。大力推进高等教育与科技、经济的紧密结合，围绕国家和地方重大科技目标、战略性新兴产业发展，完善自主创新与科研成果转化相配套的高校科技创新体系，大力提高高校科研成果转化率。

着力提升科学研究水平。加强基础研究，强化应用研究，加快科研创新基地与创新平台建设，切实增强高校原始创新和集成创新能力。深入实施高校哲学社会科学繁荣计划，充分发挥高校思想库、智囊团作用。建立高校、科研院所、企业科技资源共享机制，大力开展科技创新联合攻关。支持高校优势学科、重点实验室与海内外高水平教育科研机构建立联合研发基地，形成一批一流的学科和科研成果。建立有利于学科交叉、队伍整合和资源共享的科研体制，完善以创新为导向的科研评价机制和分配激励机制，促进科研成果质量提高，促进科研与教学互动。加强学术诚信建设，营造良好科研环境。

全面深化产学研合作。支持高校主动融入区域技术创新体系，与地方政府、行业企业共建产学研合作基地。大力推进校企联盟行动计划，支持企业与高校共建实验室、研发中心等平台，鼓励高校教师到企业转化科技成果或开展联合攻关，选聘一批科技企业家担任高校兼职教授。推动大学科技园建设，支持高校科技人员创办科技型企业。

（二十）促进高校办出特色。以特色建设促进质量提升，推进高等教育高水平、多样化发展。科学建立高校分类体系，实行分类管理、分类指导和分类服务。制定高校分类发展规划，发挥政策指导、资源配置和绩效评价的作用，引导高校科学定位、特色办学，形成各自的办学风格，在不同层次、不同领域办出特色、争创一流。

第五章　健全终身教育体系

（二十一）构建人人皆学、处处能学、时时可学平台。坚持政府主导、统筹规划，整合各种教育资源，提供广覆盖、多类型、多层次、开放便捷的教育与培训，满足社会需求，促进人的个性发展和全面发展。依托学校、科研院所和企业施教机构，建设继续教育基地。开展形式多样的继续教育和职业技能培训，鼓励人们多形式、多渠道参与终身学习，使学习与创新逐步成为经济社会发展的重要理念和公民普遍的生活方式。到2020年，学习型组织普遍建立，终身教育体系基本完备，形成学习型社会。

（二十二）健全终身教育学习网络。学校教育要以终身教育理念为指导，培养学生树立终身学习理念，养成终身学习习惯，形成终身学习能力，为个人终身发展奠定基础。

积极发展继续教育。稳步推进学历继续教育，努力提高教育质量。加快发展职业导向的非学历继续教育，适应发展方式转变，开展大规模的知识更新和技能提升培训，大幅度提高继续教育参与率。鼓励个人接受继续教育，支持用人单位为从业人员提供教育培训，党政机关、企事业单位逐步实行在职人员带薪学习制度。到2020年，全省从业人员继续教育年参与率达60%以上，其中苏南地区达70%以上。

广泛开展社区教育。实施学习型社区建设工程，积极创建国家级、省级社区教育示范区，逐步完善社区大学、社区学院、社区教育中心和村（居）民学校四级社区教育网络。选择一批街道、乡镇开展学习型社区建设试点，全省乡镇成人教育中心全部转为社区教育中心。到2020年，全省乡镇（街道）、村（居）社区教育基地全面建成，城市居民参与社区教育活动达60%以上，农村居民达40%以上，形成城乡一体的社区教育体系。

大力开展农村成人教育。整合培训项目，健全县域职业教育培训网络，积极实施农村经济发展带头人素质提升计划、新农村实用人才培训工程和现代农业人才工程。统筹利用各类教育资源，建设农科教结合示范基地。广泛开展农村劳动力转移培训、农业实用技术培训和农民创业培训，加强对困难群体的就业援助培训，努力为外来务工人员提供更多的培训机会，提高农民的职业技能和创业能力。

加快发展老年教育。以老龄协会等老年社会组织为纽带，建设以各级老年大学为骨干、社区教育机构为依托、远程网络教育为重要形式的老年教育体系，到2015年，形成全覆盖的社区老年教育网络。建立养教结合的老年教育服务机构，为老年人提供便捷的学习环境。

积极发展社会培训。支持社会力量举办各类非学历教育培训机构。依法规范社会教育培训机构审批、评估和资质认证，健全监管体系，培育社会培训品牌，建设一批省级社会教育品牌机构。

（二十三）大力开发终身教育资源。建立教育资源开放共享机制，各级各类学校和培训机构主动向社会开放学习场所和教育设施，面向社会公众开展多形式的学习培训活动。推进终身教育公共服务体系及基础设施建设，扩大公益性文化体育设施免费开放范围，拓展其教育服务功能。

建设数字化终身教育资源。发挥广播电视、数字传媒等技术优势，大力发展数字化远程教育，建设卫星、电视和互联网为载体的远程开放教育及公共服务平台，完善省、市、县（市、区）综合性学习网站，建好江苏学习在线网站和终身教育资源网上超市，开发网络学习课件和终身教育课程，建成覆盖城乡的数字化终身学习网络。

建设开放大学。以广播电视大学开放教育为基础，利用现代信息技术手段，整合各类高等教育资源建立开放大学。逐步取消成人高等教育统一入学考试，实行宽进严出的注册入学制度，形成开放式教育体系。

开展自学考试综合改革。完善“国家考试、个人自学、社会助学”的自学考试制度，改革自学考试内容，完善自学考试功能，建立科学的自学考试专业课程体系和多元化评价机制。

（二十四）完善终身教育工作机制。将终身教育体系建设纳入经济社会发展和精神文明建设规划。政府成立终身教育促进委员会，加强统筹协调、政策制定和宏观管理。制定终身教育促进条例，明确政府及其相关部门、行业、企事业单位、教育机构和学习者的责任及权利、义务，形成政府主导、有关部门协同配合、社会各界广泛参与的机制。建立一支素质优良、爱岗敬业、乐于奉献的终身教育专兼职教师队伍。

创建学习型组织。制订学习型组织创建标准，党政机关带头，各级各类学校和科研院所示范，社区为依托，发挥民间组织作用。倡导全民阅读，推动全民学习，促进学习型社会建设。

构建终身学习激励机制。建立公民学分积累、转换与认证制度。实行江苏公民终身学习卡制度，对公民终身学习情况进行记录，作为岗位聘任、职称晋升、转岗择业、执业注册等的重要依据。推进不同类型学习成果互认与衔接。

营造终身教育良好氛围。大力宣传终身教育和构建学习型社会的重要意义，定期开展全民终身学习活动周、全民读书月及社区终身教育节等群众性宣传学习活动。

第六章　全面实施素质教育

（二十五）坚持德育为先、能力为重、全面发展。切实把德育融入各级各类教育，融入学校、家庭和社会教育的各个方面。将未成年人思想道德建设和大学生思想政治教育摆在首要地位，大力开展理想信念教育，用中国特色社会主义理论体系和社会主义核心价值体系引导学生树立正确的世界观、人生观和价值观。弘扬以爱国主义为核心的民族精神和以改革创新为核心的时代精神，培养学生服务国家服务人民的社会责任感和创新创业创优精神。加强道德教育，强化道德修养，培养良好品质。加强公民意识、文明礼貌、可持续发展和民族团结教育，重视劳动教育、安全教育、生命教育、国防教育，培养社会主义合格公民。

提高德育工作的实效性和感染力。将德育渗透于学校工作的各个环节，构建大中小学有效衔接的德育体系。加强中小学校和中职学校德育课程、高校思想政治理论课建设，注重发挥各门课程教学的德育功能。完善德育工作者选拔、培养和管理机制，着力建设一支高水平的思想政治理论课教师、辅导员和班主任队伍。营造良好育人氛围，建设体现时代特征、江苏特色、学校特点的校园文化。广泛开展中华经典诵读等活动，加强传统文化教育。强化学生德育实践，倡导志愿者服务并使其制度化，组织学生参加社会公益活动，大学、中学和中职学生都要有从事志愿者服务或社区服务的经历。

全面提升学生综合素质。坚持健康第一，推进“阳光体育”运动，培养学生良好的体育锻炼习惯，增强学生体质。加强健康教育，全面实施学生体质健康监测制度。重视心理健康和养成教育，培养健全人格。加强美育，丰富艺术教育内容和形式，推进高雅艺术进校园。加强普通话和规范汉字教学，提高学生语言文字应用能力。重视学生实践教育，教育学生学会动手动脑、学会生存生活、学会做人做事，增强主动适应社会的能力。

（二十六）构建具有江苏特色的课程体系。把课程教学改革作为实施素质教育的关键措施来抓，加强课程和教材建设，精选课程内容，优化课程结构，提高教师教学能力。中小学要按规定开设科学、艺术和实践活动课程，重视校本课程开发，推进初中综合课程和高中选修课程建设，并保证地方课程与校本课程的自主选择空间。职业教育课程要注重造就具有创业创新创优素质的技能型人才，注重学生职业道德、职业素质培养。高校课程要与经济社会发展紧密联系，形成有利于学科交叉融合的课程体系。强化课程教学管理，严格执行课程计划，确保开齐开足开好规定课程。实施教育信息化推进工程，探索网络环境下的教学模式，加强信息技术与学科课程的整合，到 2020 年，建成门类齐全、内容丰富的学科课程资源和学习资源库，基础教育实现学校、学科、内容全覆盖,职业教育、高等教育分别建成一大批网络课程。

(二十七)创新人才培养模式。更新人才培养观念,深化教学改革,创新教育内容和方法,着力培养学生的科学精神、创造性思维和创新能力。

注重学思结合,改进教学方式,倡导启发式、探究式、讨论式、参与式教学,激发学生的好奇心和求知欲,培养学生的兴趣爱好,引导学生主动参与、积极思考、大胆质疑,着力增强学生学习能力。

注重知行统一。加强实践教学,制定实施大中小学生社会实践教育指导纲要,开发实践课程、活动课程,完善科技实践、社会实践等培养环节,增强实验、实习、实训的实效。建立覆盖全省的社会实践基地,促进学生经常就近地参加社会实践。全面规划建设青少年校外实践基地和活动中心,推动校外活动中心延伸到乡镇和社区,到2012年,省辖市要建好一批综合性、有特色的素质教育实践基地,县(市、区)要建好一批青少年校外活动中心。健全大中专学生见习制度。

注重因材施教。关注学生的特点和个性差异,发展每个学生的优势潜能,推行分层教学、走班制、学分制、导师制等教学管理制度,为学生提供更多的学习选择机会和自由发展空间。完善学习困难学生帮助机制。健全公开、平等、竞争、择优的选拔方式,改进学生升学推荐办法。提倡名师引领,改进优异学生培养方式,在跳级、转学、转换专业以及选修高一学段课程等方面给予支持和指导。探索高中、高校拔尖学生培养模式,建立拔尖学生特殊培养制度,实行特殊人才特殊培养。按照严入口、小规模、重特色、高水平原则,每年选拔一批拔尖大学生进行专门培养。

改进教育评价制度。建立科学的评价标准,改变分数至上的片面做法,将学生综合素质和能力作为评价的基本标准,做好学生成长记录,完善综合素质评价。关注拔尖人才个性特征,促使更多的拔尖人才脱颖而出。科学制订学校和教师工作的评价标准,开展由政府、学校、家长及社会多方参与的教育质量评价。发挥教育督导评估作用,建立科学、公正、权威的教育质量监控机制、评估体系和督导公告制度。

(二十八)减轻中小学生过重课业负担。严格执行国家课程标准和教学计划,建立中小学生课业负担监测、举报、公告和问责制度,规范中小学办学行为。提高教师课堂教学效率和质量,教师不得从事有偿家教。规范社会教育机构办学行为。引导家长合理安排孩子的课余生活,尊重孩子有益的兴趣爱好,保障孩子的休息时间。

(二十九)形成推进素质教育工作合力。发挥政府主导作用,完善各级党委、政府及其教育部门推进素质教育的工作责任与保障机制,不得以任何形式下达高(中)考升学指标,坚决制止以升学考试成绩为唯一标准评价学校和教师。在教育评估和教育先进县(市、区)、先进学校评比表彰中,对违规办学的实行"一票否决",并按属地管理和谁主管谁负责原则,对区域内重大违规办学问题严格问责,追究相关领导和责任人的责任。

改进人才评价及选用制度。调整社会用人机制,拓展多元化人才成长通道。规范职位分类与职业标准,完善专业技术水平评价指标体系。健全人才合理流动机制,做到人尽其才、才尽其用。建立科学合理的薪酬制度,提高技能型人才待遇。强化人才选拔中对实践能力的考察,克服社会用人单纯追求学历的倾向。

形成学校、家庭、社会共同推进素质教育的机制。宣传、文化、新闻出版、广播影视等部门要为青少年健康成长提供优秀精神文化产品,营造良好舆论氛围,引导社会及家长形成科学教育观和人才观。文化馆、科技馆、图书馆、体育场馆等公共资源要经常性地开展有益学生身心健康的活动,博物馆、纪念馆、展览馆等各类爱国主义教育基地对学生一律免费开放。

第七章 加强教师队伍建设

（三十）大力实施人才强教战略。教育大计，教师为本。建设教育强省、实现教育现代化、全面实施素质教育，迫切需要提高教师整体素质和专业水平，造就一支师德高尚、业务精湛、结构合理、充满活力的高素质专业化教师队伍，造就一批教育家、教学名师和学科领军人才。提高教师地位，维护教师权益，改善教师待遇，在全社会形成尊师重教的良好风尚。

（三十一）强化教师职业道德。教师应当教书育人、为人师表，成为学生健康成长的指导者。加强教师职业理想、职业道德教育和修养，增强教师责任感、使命感、人格魅力和学识魅力。完善以质量和贡献为导向的教师评价机制，弘扬求真务实、勇于创新、严谨笃学、自尊自律的治学态度和科学精神，恪守学术道德，建立对学术不端行为监督、查处机制。坚持师德考核与业务考核并重，把师德考核结果作为教师聘用、评优评先的重要依据。

（三十二）提高教师整体素质和业务水平。优化教师教育布局结构，择优确定并重点建设教师教育基地，构建以师范院校为主体、综合性大学参与、职前职后教育贯通、学历非学历教育并举的现代教师教育体系，形成以本科和研究生教育为主，开放性、多样化、高水平的教师教育格局。合理确定师范生培养规模和结构，深化教师培养模式和课程改革，强化专业技能训练和实践能力培养，整体提升新教师的培养质量。完善优惠政策，吸引优秀学生报考师范专业。

加强中小学、幼儿园教师和校（园）长培训。以提高实施素质教育能力为目标，实行每五年一周期的教师和校（园）长全员培训。健全省、市、县（市、区）教师研修中心和计算机远程教育培训平台，完善省、市、县（市、区）、校四级教师培训网络。高度重视农村教师和校长培训，以提高业务素质和学历层次为重点，对农村学校紧缺学科教师实行订单式培养或培训，2012 年前对全省农村义务教育学校和幼儿园教师进行一轮全员培训。加强班主任培训。注重民办学校教师培训工作。

强化职业院校“双师型”教师队伍建设。依托行业企业和高校，重点建设一批职业教育教师培养培训基地，形成师范院校、综合性大学和行业企业共同培养，教师在岗研修与到企业实践培训并重、教师资格和职业资格并举的“双证型”教师培养培训体系，造就一批职业教育专家、教学名师、学科专业带头人和校企合作、产教结合的优秀教师团队。完善职业院校兼职教师制度。健全兼职教师跨校聘用的机制。开展职业院校教师“双师”素质培训，到 2015 年，高职院校和中职学校“双师型”师资分别达 78%、68% 以上；到 2020 年，分别达 85%、75% 以上。

建设高水平的高校教师队伍。全力支持高校申报国家海外高层次人才引进计划、长江学者奖励计划、国家杰出青年科学基金等项目，着力培养优秀拔尖人才、学术带头人和骨干教师。建立教学激励机制，引导教师潜心教学，强化教学业绩考核，培育一批教学名师和优秀教学团队。创新科研组织管理模式和资源配置方式，造就一批协作攻关、勇攀高峰的创新团队。依托重大科研项目和工程、重点学科和科研基地、国际交流合作项目等，建设一批高层次创新型教师培养基地。加大对优秀中青年教师的培养、使用力度，鼓励他们脱颖而出。实施高校优秀中青年教师留学计划，每年资助一批中青年骨干教师到海外高水平大学深造。提高高校外籍专任教师和具有海外教育经历的教师比例。实施学术大师和特聘教授引进计划，支持高校面向世界引进顶尖人才、学术大师，支持具有硕士、博士学位授予权的高校选聘 400 名“江苏特聘教授”。实施高层次创新创业人才引进计划，面向海内外引进一批业务水平高、学术造诣深、能带领本学科赶超国际国内先进水平的杰出人才。

（三十三）着力培养教育教学专家。倡导教育家办学，鼓励教师和校长更新教育观念，探索教育规律，改革教育方式，创新教育实践与理论，努力成为创新型教育教学专家。支持学校广泛设立名师工作室，充分发挥名师的传帮带作用。到2020年，省辖市要有若干名社会广泛认可、成绩卓著的教育教学名家，县(市、区)中小学主要学科至少要有1名以上特级教师。把教学作为教师考核的首要内容，设立教学成果奖，奖励教学成绩突出的各级各类教师。设立“江苏人民教育家”荣誉称号，表彰作出重大贡献的教育工作者。总结、宣传和推广教育教学专家的教育理论、实践成果及办学经验，充分发挥其示范引领作用。

(三十四)健全教师激励保障机制。完善学校分配制度，建立与工作业绩紧密联系、有利于激发人才活力和维护教师合法权益的机制。落实教师绩效工资制度，依法保证教师平均工资水平不低于或高于国家公务员平均工资水平。支持高校进行年薪制改革。完善并落实教师医疗、养老等社会保障制度。采取有力措施，吸引优秀人才长期从教、终身从教、到农村从教。改善农村教师工作条件，对长期在农村任教的教师在工资、职务、职称等方面实施倾斜政策，贡献突出的予以表彰奖励。对到苏北农村任教的大学毕业生实行学费补偿。建立统一的中小学教师职务(职称)系列，在中小学设置正高级教师职务(职称)。探索在职业学校设置正高级教师职务(职称)。

(三十五)完善教师管理制度。健全教师准入和新任教师公开招聘制度，严把教师入口关。建立教师资格证书定期登记制度。省教育部门统一组织教师资格考试和资格认定，县级以上教育部门按规定履行中小学教师招聘录用、职务(职称)评聘、培养培训和考核等管理职能。适应教育改革发展、实施素质教育、提高教育质量的需要，在动态调整教职工编制时，统一县镇、农村中小学编制标准，科学核定幼儿园、职业学校、高校、特殊教育学校的编制标准。创新学校人事管理和薪酬分配方式，强化岗位管理，对教师实行分类聘用、分类管理和分类考评，健全教师转岗和退出机制，对不适应教师岗位的人员要及时分流。建立校长任职资格准入制度，促进校长专业化。

第八章　加大教育改革创新力度

(三十六)深化教育管理体制改革。转变管理职能，创新管理方式，明确管理职责，形成政事分开、权责明确、统筹协调、规范有序的教育管理体制，提高公共教育服务水平。

改革政府管理方式。深化教育行政审批制度改革，政府及其部门发挥统筹规划、政策引导、行业准入、资金拨付、信息服务等方面作用，对教育发展速度、规模、质量、结构进行宏观管理，切实减少对学校不必要的行政干预，依法保障学校充分行使办学自主权和承担责任。完善教育决策机制，建立教育决策公示、听证制度，重大教育政策出台前应征求社会各界意见。建立教育发展咨询委员会，充分发挥专家在重大教育决策和重大建设项目实施中的作用。建设教育信息系统和电子政务平台，建成教育信息化公共服务体系。重视教育科学研究，为教育决策和改革发展服务。完善教育信息公开制度与途径。

健全分级管理机制。省统筹规划各级各类教育事业发展，推进教育综合改革，开展教育改革试点，确定办学条件、教师编制、招生规模、成本分担等基本标准。落实县级统筹，县、乡镇(街道)共建的学前教育管理体制。完善省级政府统筹规划实施、县级政府为主管理的义务教育管理体制，在落实县级政府主要责任的同时，注重发挥乡镇在参与支持义务教育中的作用。健全市县为主、政府统筹、行业参与、社会支持的职业教育管理体制，充分调动行业企业参与办学的积极性。优化部省共建、省市共建的高等教育管理体制，在加强省级统筹的基础上，充分调动地方政府、行业企业和社会力量举办高等教育的积极性，促进条块结合，增强高校发展活力和为地方服务的能力。

完善中介机构参与机制。推进管、办、评分离，建立健全教育中介组织准入、监管和行业自律制度。积极发挥行业协会、专业学会、基金会等中介机构和社会组织在教育公共治理中的作用。鼓励认证评价型和人才服务型中介机构发展。教育咨询、教育质量评估等工作逐步交由中介机构办理。

（三十七）推进办学体制改革。坚持教育公益性原则，以增强学校活力、提升教育质量、提高办学效益为目的，深化办学体制改革，形成政府主导、社会参与、办学主体多元、办学形式多样、充满生机活力的办学体制，促进公办教育和民办教育协调发展，不断满足人民群众多层次多样化的教育需求。

深化公办学校办学体制改革。推进公办学校多形式办学，允许社会力量通过公办民助、委托管理、合作办学等方式参与举办非义务教育公办学校。探索让部分中小学校、幼儿园优秀校长（园长）及团队管理多所学校（幼儿园），共享先进管理经验，促进薄弱校（园）提升办学水平和质量。支持公办学校之间，以及公办学校和民办学校之间联合组建教育集团。支持高中阶段公办学校集团化办学，借助优质教育资源改造薄弱学校，扶持新校发展。推动公办职业院校依托行业企业办学，支持企业、社会团体、个人参与举办职业教育和培训。探索公办高校整体转制改革。

大力支持民办教育。将民办教育作为教育事业发展的重要增长点和促进教育改革的重要力量，纳入教育发展总体规划，列为各级政府的重要工作职责，推动社会力量捐资、出资办学，以独立举办、共同举办等多种形式兴办教育。支持民办学校创新体制机制和育人模式，促进民办学校加强内涵建设，培育一批高质量有特色的民办学校。支持民办幼儿园提供优质特色保教服务。支持民办中小学高标准高质量办学，办出特色。支持民办高校科学定位，强化内涵质量，形成特色品牌。支持独立学院建设，完善独立学院管理运行机制。支持具备条件的民办高校申办本科和研究生教育。支持各类紧缺性、实用性非学历民办教育机构发展。依法落实民办学校、学生、教师与公办学校、学生、教师平等的法律地位，保障民办学校办学自主权。落实对民办学校的人才鼓励政策和财政扶持政策，落实促进民办教育发展的金融、产权政策，完善民办学校教师社会保障制度。对发展民办教育作出突出贡献的组织、学校和个人给予奖励和表彰。

依法管理民办教育。探索对民办学校实行营利性和非营利性分类管理。规范民办学校法人登记。完善民办高校督导专员制度。规范民办学校资产和财务管理，确保民办学校收取的费用主要用于教育教学活动和改善办学条件。健全民办学校办学质量监控体系，完善民办学校年检制度，强化对民办学校的督导评估。加强民办教育行业协会和中介组织建设，建立民办学校风险保证金制度，促进民办学校行业自律和规范办学。健全民办学校重组和退出机制，推动教育资源优化配置。

（三十八）建设现代学校制度。推进政校分开、管办分离，建立依法办学、自主管理、民主监督、社会参与的现代学校制度。完善学校法人治理结构，落实和扩大学校办学自主权，健全学校目标管理和绩效管理机制。

推动现代大学制度建设。促进学校完善章程，依照章程规范管理学校。完善公办高校党委领导下的校长负责制，建立党委领导、校长治校、教授治学、民主管理的现代大学治理结构。逐步取消高校实际存在的行政级别和行政化管理模式。探索教授治学的有效途径，充分发挥教授在办学中的主动性、积极性。健全工会、共青团等群众组织，发挥教代会、学代会的作用，保障教职工参与学校民主决策、民主管理和民主监督的权利。完善社会合作制度，扩大高校发展的社会参与度，形成高校和行业企业密切合作与共建的模式。设立高校理（董）事会，构建社会支持和监督高校发展的长效机制。建立高校信息公开制度和年度报告发布制度，接受社会和专业机构的评价与监督。

完善中小学学校管理制度。健全中小学和中等职业学校校长负责制，构建校长负责、党组织发挥政治核心作用、教职工代表大会和工会参与管理与监督的运行机制，不断提升学校管理的科学化、民主化、规范化水平。实行校务会议等管理制度,健全教职工代表大会制度,完善科学民主决策机制。建立中小学家长委员会。引导社区和有关专业人士参与学校管理和监督。扩大中等职业学校在办学模式、育人方式、资源配置、合作办学、服务社区等方面的自主权,健全现代职业学校制度。

规范民办学校内部管理体制。完善民办学校法人治理结构,推行董(理)事会、行政、党委三方成员双向进入机制。督促民办学校规范董(理)事会运行方式和决策程序,理顺董(理)事会与校行政的关系,确保校长依法行使教育教学和行政管理权。逐步推进监事制度。加强民办学校党的建设,理顺党组织与决策机构的关系,保证党组织参与学校重大决策。建立党组织与学校决策机构决策前的协商沟通机制、与学校行政管理机构的联席会议制度,确保党组织在民办学校工作中发挥政治核心作用。推进民办学校工会组织建设。

(三十九)改革考试招生制度。按照科学、公平、规范、高效原则,积极稳妥地推进中等、高等学校考试招生制度改革,逐步形成招考分离、分类考试、双向选择、多元录取的招生考试制度,实行政府宏观管理、专业机构组织实施、学校依法自主招生、学生多次选择的招考办法,形成有利于实施素质教育和培养创新人才的正确导向。

义务教育阶段实行免试、就近入学。

改革中考内容和招录办法。强化对考生知识面、综合分析、创新思维等方面能力的考查。扩大高中招生自主权,实行多样化录取方式。全面推行热点高中招生指标均衡分配到初中的政策。中等职业学校实行自主招生或根据学业水平考试成绩和综合素质评价注册入学。

深化高校入学考试和招录办法改革。试行普通本科院校与高等职业院校分类入学考试。鼓励普通本科院校以统一招生考试为主,根据各自选才要求辅以面试等方式选拔人才。完善高中学业水平测试和综合素质评价办法,逐步把测试评价结果作为不同层次高校的入学资格。规范艺术、体育类专业省统考和学校考试办法,提高考试的科学性和公信力。深化考试内容改革,着重考查学生的基本素质和综合能力。建立成人高等教育和高职院校注册入学制度。改革研究生招考办法,强化创新能力考查,发挥并规范导师在选拔录取中的作用。建立有利于人才选拔的多元录取机制,完善择优录取、自主录取、推荐录取、破格录取、定向录取等录取办法,增加考生选择机会。规范招生加分政策,维护考生权益,促进考试公平。健全学校负责、省教育部门监督的录取体制,落实高校招生自主权。

(四十)实施高等教育综合改革。大力推进高等教育综合改革试验区建设,着力突破制约高等教育科学发展的体制机制性障碍,着力激发高校办学活力,着力提高人才培养质量和服务发展能力。加快转变政府教育管理职能,依法增强高校办学自主权,有效实施教育督导,促进管办评分离,形成政事分开、责权明确、统筹协调、规范有序的高教管理体制。建立区域高等教育协作改革和联动发展机制。创新公办高校办学模式,增强办学活力和效益,支持公办高校之间、公办和民办高校之间优势互补。完善高校法人治理结构,建立现代大学制度,减少高校管理层级,优化内部运行机制。依据高校不同类型、目标定位和办学要求,建立高校分类评价体系。建立省属高校拨款咨询委员会,实施绩效拨款制度,实行财政拨款与高校绩效评价挂钩。

第九章　推进教育对外开放

(四十一)加强教育对外交流合作。教育国际化是世界教育发展的潮流,是建设教育强省、实现教育现代化的内在要求,也是培养国际化人才的必然选择。要进一步扩大教育开放,开展全方位、多层次、宽领域的教育国际交流与合作,加大引进海外智力和优质教育资源的力度,提高教育教学质量和学生素质,提升优秀人才的国际竞争力、公民的国际交往能力和江苏教育的国际影响力，建成教育对外开放先进省份。

（四十二）培养具有国际视野的人才。把握教育国际化战略的目标定位，着力造就一大批通晓国际规则、能够参与国际事务和国际竞争的国际化人才。建设一批国际化的学科专业和课程，支持高校建设一批用外语授课的特色专业。加强与国际知名大学合作，积极推进教师互派、学生互换、学分互认和学位互授联授。实施大学生海外学习计划，到 2020 年，高水平大学本科生中具有海外学习经历的学生比例达 5% 以上、其他院校达 3% 以上。支持高职院校为海外投资企业培养高技能人才。鼓励有条件的中等学校积极开展国际交流。加强和改进外语教学与师资培训，提高师生外语水平，加大双语教学课程比例，提高师生在教学科研和对外交流中的外语运用能力。

（四十三）引进优质教育资源。借鉴国际先进的教育思想、办学理念、教学方法和管理经验，引进消化吸收海外先进课程资源。积极创办中外合作的高水平大学，支持高校与国际知名大学合作建立教育科研机构。实施高层次海外引智计划，引进一批掌握国际前沿技术、拥有重大创新成果的高水平学者和管理专家。实施国际通用职业资格证书引进计划，到 2020 年，职业院校 20% 以上的专业课要与国际通用职业资格证书对接。探索高中阶段中外合作办学，建设一批高度整合的国际化课程。加大网络课程的开发利用力度。

扩大海外教师培训规模。着力建好教师海外培训基地，充分发挥基地在加强海外教师培训、扩大教育国际交流、强化汉语国际教育、展示江苏教育成就等方面的作用。

（四十四）增强教育国际影响力。鼓励高校招收外国留学生和港澳台学生攻读研究生课程，鼓励高职院校及示范高中招收留学生。将我省建成境外人士在中国（内地）学习的重要目标省份。到 2020 年，在苏学习的留学生达 5 万人左右，其中高水平大学研究生中留学生比例达 5% 以上。设立招收留学生的“茉莉花”政府奖学金，制定留学生勤工助学和医疗保险政策。建设一批境外人员子女就读的国际学校。鼓励中小学和幼儿园招收境外人员子女就学。鼓励高校在海外设立留学生校友会。

（四十五）拓展教育国际服务。加大政策支持力度，积极开发海外教育市场，支持高水平大学在海外举办分校（校园）或建立海外学习中心，鼓励高校联合举办海外办学园区。发挥江苏教育、文化优势，推进海外孔子学院和孔子课堂建设，提高办学效益和教育质量。建立高校海外志愿者服务机制。

积极开展与港澳台地区的教育交流与合作。拓展合作领域，丰富合作内涵，提高合作成效。

第十章　提高教育改革发展的保障能力

（四十六）强化对《教育规划纲要》实施的组织领导。建立各级党委、政府主要领导负总责，分管领导分工负责的责任体系。严格教育发展问责制，将《教育规划纲要》实施情况纳入各级党委、政府特别是主要领导政绩考核范围，作为干部任用的重要依据。健全党委、政府定期专题研究教育工作制度和党政领导班子成员定点联系学校制度。加强教育宏观决策和发展战略研究，提高教育决策的科学化水平。各级政府定期向同级人民代表大会或其常务委员会报告教育工作和教育经费预算决算情况，并充分听取政协及民主党派的意见和建议。要选配讲政治、懂教育、善管理的人员担任教育领导干部，不断提高教育公共服务专业化水平。省政府成立教育体制改革领导小组，研究部署、指导实施教育改革工作。省教育部门负责本纲要实施的组织协调，其他各相关部门密切协作，切实履行责任。市县党委、政府及其相关部门、各级各类学校要围绕本纲要提出的目标任务、政策措施，制定本地、本校的实施方案，确保落到实处。

（四十七）推进依法治教、依法治校。完善地方性教育法规、规章。根据国家法律法规，结合江苏实际,逐步修订或制订学前教育、义务教育、职业教育、高中教育、民办教育、终身教育、教育督导等方面的法规、规章。

全面推进依法行政。各级政府要依法履行教育职责,落实教育行政执法责任制,并将教育法律法规列入普法教育范围。加大教育行政执法力度,及时查处教育违法违规行为,建立规范教育秩序的长效管理机制,依法维护学校、学生、教师、校长和举办者的权益。完善教育信息公开制度,保障公众对教育的知情权、参与权和监督权。

坚持依法办学、从严治校。学校要完善符合法律规定、体现自身特色的学校章程和制度,认真履行教育教学和管理职责。尊重教师权利,加强教师管理。保障学生受教育权,按照公平公正原则对学生实施奖励与处分。开展普法教育,促进师生员工提高法律素质和公民意识,做遵纪守法的模范。

深入开展平安校园、和谐校园创建活动。强化安全教育、生命教育和学校安全管理,加强校园网络管理和周边治安综合治理。完善公安、教育、工商、文化、卫生等部门联合执法机制,坚决消除影响校园安全稳定的不和谐因素。健全学校突发事件应急管理机制,加强教育信访工作,及时化解矛盾和纠纷。

(四十八)保障教育投入稳步增长。教育投资是效益最大的投资。落实政府提供公共教育服务职责,把教育作为财政支出的重点领域予以优先保障。建立教育经费稳定增长机制,健全以财政拨款为主、多渠道筹措经费的教育投入保障体制,大幅度增加教育投入。

依法加大政府对教育的经费投入。年初预算以及预算执行中的超收收入分配都要体现法定增长要求,确保财政教育拨款增长明显高于财政经常性收入增长,确保全省财政教育支出占一般预算支出的比例高于中央核定的比例,确保我省全社会教育投入增长比例高于 GDP 增长比例。各级政府的人才发展专项资金应重点用于教育事业,开发人力资源。完善学校债务化解机制和债务风险控制机制,加大财政补助力度,积极化解公办学校基本建设债务。

健全多渠道筹措教育经费体制。各地土地出让经费要有一定比例用于教育设施建设。新建住宅小区必须按规划配套建设中小学、幼儿园。强化教育税费征收管理,专项用于教育事业。乡镇、街道要增加对学校、幼儿园的投入。对各级各类学校校舍建设实行规费减免。确保到 2012 年全面完成校舍安全工程的改造、加固任务。在重大建设和科研项目经费中应安排部分经费用于人才培训。提高企业职工培训经费的提取比例。引导企业和社会组织的人才发展资金投入教育事业,支持企业在学校设立人才基金。完善非义务教育培养成本测定办法,合理确定政府、家庭分担比例,适时调整学费(保教费)标准。支持民间资本兴办高校、中小学校、幼儿园、职业教育等各类教育和社会培训机构。加强各级各类教育基金会建设。完善社会捐赠教育的激励机制,落实个人教育公益性捐赠支出在所得税前扣除规定。

健全教育经费保障机制。义务教育全面纳入各级财政保障范围,实行预算单列。学前教育实行政府投入、社会举办者投入、家庭合理分担的投入机制。高中以财政投入为主、其他多种渠道筹措经费为辅,逐步提高财政投入水平。中等职业教育实行政府、行业和企业及其他社会力量等多渠道投入的机制。高等教育实行以举办者投入为主、受教育者合理分担培养成本、学校设立基金接受社会捐赠等筹措经费的机制,并推行基本支出拨款与专项绩效拨款相结合的财政拨款制度。终身教育实行政府主导、多元投入的经费保障机制。逐年提高各类教育生均经费基本标准和财政拨款基本标准,建立稳定增长机制。健全教育经费预算管理制度,提高预算执行效率。

优化公共教育资源配置。规范和完善教育经费转移支付制度,加大对经济薄弱地区义务教育经费统筹力度,教育经费分配向农村和经济欠发达地区倾斜。统筹城市各类教育发展,省辖市实行对所辖区教育经费转移支付制度。实施家庭经济困难学生资助政策,完善助学贷款机制,推进生源地信用助学贷款。鼓励各地探索试行更大范围的免费教育。

健全教育经费监管机制。严格执行财务制度,严肃财经纪律,建立教育经费绩效考评体系,提高经费使用效益。建立地方政府教育经费增长考核制度,将落实情况作为政绩考核、干部任用和省级财政分配教育专项资金的重要依据,教育经费增长未达法定要求的,要限期补足。建立教育投入年度公告制度,主动接受社会监督。健全教育经费审计、监察制度,强化全过程审计监督。完善学校收费管理办法,规范学校收费行为和收费资金管理。坚持勤俭办学,建设节约型学校。

(四十九)健全教育督导制度。加强教育督导机构和督学队伍建设,建立督学选拔聘任、督学资格认定、督学责任区和跨责任区督导制度。坚持督政与督教督学、监督与服务指导并重,加强对政府履行教育职责的督导,完善各级各类教育质量督导机制。制订中小学校实施素质教育督导标准,丰富和创新督导内容。推进督导机构独立行使职能。建立督学委派制度和督导结果公告制度、限期整改制度、问责制度。

(五十)加强教育系统的党建工作。深入学习马克思列宁主义、毛泽东思想、邓小平理论、“三个代表”重要思想和科学发展观,坚持用马克思主义中国化最新成果武装党员干部、教育师生,推进中国特色社会主义理论体系和核心价值体系进教材、进课堂、进头脑。坚持社会主义办学方向,把全面贯彻党的教育方针、培养社会主义建设者和接班人贯穿学校党组织活动始终。在学校工作中,高校党组织要充分发挥领导核心作用,中小学校党组织要充分发挥政治核心作用,学校基层党组织要充分发挥战斗堡垒作用和党员先锋模范作用。做好学校发展党员工作,提高党员整体素质。加强民办高校党建工作。推行学校党代会代表常任制。重视学校工会、共青团、少先队和学生会工作。

加强学校领导班子和领导干部队伍建设。推进干部人事制度改革,逐步实行多种形式的竞争性选拔办法,按照德才兼备、以德为先、注重实绩原则选任学校领导干部。加大学校与党政机关、企事业单位的干部交流力度。加强学校领导干部培养培训工作,创新研修模式,有计划地选派学校优秀中青年干部到地方挂职锻炼,安排学校领导干部到国内外知名学校研修,切实提高办学治校能力。

加强教育系统党风廉政建设和行风建设。健全教育、监督、惩治相结合的预防和惩治腐败体系,全面推行学校校务公开,强化学校廉政风险防范机制。

省政府办公厅关于印发全省医药卫生体制五项重点改革2010年工作安排的通知

苏政办发[2010]33号

各市、县人民政府,省各委、办、厅、局,省各直属单位:

《全省医药卫生体制五项重点改革2010年工作安排》已经省人民政府同意,现印发给你们,请结合实际,认真组织实施。

江苏省人民政府办公厅

二〇一〇年三月二十六日

全省医药卫生体制五项重点改革2010年工作安排

根据《国务院关于印发医药卫生体制改革近期重点实施方案(2009—2011年)的通知》(国发[2009]12号)和《中共江苏省委江苏省人民政府关于深化医药卫生体制改革的实施意见》(苏发[2009]7号)精神,现提出全省医药卫生体制五项重点改革2010年工作安排。

一、加快推进基本医疗保障制度建设

1. 城镇职工基本医疗保险(以下简称城镇职工医保)、城镇居民基本医疗保险(以下简称城镇居民医保)参保率分别稳定在95%以上,新型农村合作医疗(以下简称新农合)参合率稳定在95%以上。(省人力资源社会保障厅、省卫生厅)

2. 继续做好在校大学生以及城镇非公有制经济组织从业人员、灵活就业人员和农民工的参保工作。解决困难和破产关闭国有、集体企业退休人员参加城镇职工医保问题。指导和督促各地解决其他破产企业退休人员和困难企业职工的参保问题。(省人力资源社会保障厅、省财政厅等)

3. 提高基本医疗保障水平。城镇职工医保、城镇居民医保规定范围内医药费用报销比例分别达80%和60%,统筹基金最高支付限额分别提高到当地职工年平均工资和居民年人均可支配收入的6倍以上。新农合县、乡两级政策范围内住院补偿比例达60%,最高支付限额全面提高到当地农民平均纯收入的8倍以上,全省住院实际补偿比达45%。(省人力资源社会保障厅、省卫生厅)

4. 各级财政对城镇居民医保和新农合的补助标准提高到每人每年不低于120元,同时适当提高个人缴费标准,其中新农合人均最低筹资标准不低于150元。(省财政厅、省人力资源社会保障厅、省卫生厅)

5. 全面实行医疗救助制度与城乡医保同步结算,推进资助城乡低保、五保等重点对象参保参合,加大救助力度,有效使用救助资金。(省民政厅、省财政厅、省卫生厅、省人力资源社会保障厅)

6. 全面推进城镇居民医保和新农合门诊统筹工作。进一步完善城镇居民医保政策,将参保人员住院分娩发生的符合规定的医疗费用

纳入城镇居民医保基金支付范围。(省人力资源社会保障厅、省卫生厅)

7. 加强医保服务管理,制定医疗保险关系转移接续办法,开展医疗保险异地就医费用结算工作,提高医疗保险统筹层次。(省人力资源社会保障厅)

二、推进和完善基本药物制度

8. 推进首批实施地区基本药物制度建设各项工作。完善基本药物招标采购、配送等实施办法,严格执行政府办基层医疗卫生机构全部配备使用、零差率销售基本药物的规定,提高基本药物(含省增补药物)报销比例。积极探索促进公立医院使用基本药物的政策措施,推进其他各类医疗机构将基本药物作为首选药物优先选用。(省卫生厅、省财政厅、省人力资源社会保障厅、省物价局、省食品药品监管局等)

9. 至 2010 年底,全省 60% 的县(市、区)实施国家基本药物制度。(省卫生厅、省财政厅、省人力资源社会保障厅、省物价局、省食品药品监管局等)

10. 切实加强对基本药物生产经营和使用的监管,确保基本药物质量安全。指导和督促基本药物生产企业在规定期限内率先达到新修订的药品 GMP 要求,优先实行新的 GMP 认证;落实药品质量受权人制度,加强对生产现场的检查;逐步实行对基本药物生产、配送企业电子监管,年内将抗微生物药和注射剂品种纳入电子监管网;完善对基本药物品种不良反应监测、评价和监督性抽验,严肃查处制售假劣药品违法行为。(省食品药品监管局)

11. 根据国家临床基本药物应用指南和基本药物处方集,指导基层医疗卫生机构加强基本药物使用管理,规范处方行为,合理使用基本药物。(省卫生厅)

三、健全基层医疗卫生服务体系

12. 制定《江苏省区域卫生规划指导意见》,修订完善基层医疗卫生机构建设标准。(省发展改革委、省卫生厅、省财政厅、省编办)

13. 实施以全科医生为重点的基层医疗卫生队伍建设规划。(省发展改革委、省卫生厅)

14. 为基层医疗卫生机构招录和培训全科医师,继续实施城市医院对口支援基层医疗卫生机构工作。(省卫生厅、省人力资源社会保障厅、省财政厅)

15. 实施住院医师规范化培训工作。(省卫生厅、省财政厅、省编办、省人力资源社会保障厅、省教育厅)

16. 推动基层医疗卫生机构人事制度、收入分配制度、内部管理等多方面的综合改革。完善政府办城乡基层医疗卫生机构补偿机制,按照国家和省有关规定落实财政补助等政策,与国家基本药物制度相衔接。(省卫生厅、省财政厅、省人力资源社会保障厅)

17. 督促各地落实对乡村医生承担公共卫生服务等任务、村卫生室实行基本药物零差率销售给予合理补助,落实乡村医生养老保障政策。(省财政厅、省卫生厅、省人力资源社会保障厅)

18. 进一步健全基层医疗卫生服务体系。巩固完善基层医疗卫生服务网络,大力推进县级医院、中心乡镇卫生院和标准化村卫生室建设;发展和完善社区卫生服务网络,加快实现以街道为单位的社区卫生服务机构全覆盖。省在继续扶持经济薄弱地区城市社区卫生服务中心基本建设和村卫生室设备配置的基础上,对经济薄弱地区县级医院、中心乡镇卫生院和城市社区卫生服务站给予扶持,并通过合理规划设置,完善补助办法,转变投入机制,切实提升基层医疗卫生机构服务能力。开展乡村医生中专学历补偿教育和城乡基层卫生人员全科医学知识转岗培训等,全年培训不少于 1 万人。(省卫生厅、省财政厅)

四、促进基本公共卫生服务均等化

19. 全面落实基本公共卫生服务项目。认真实施已确定的 9 类国家基本公共卫生服务项目,指导督促各地按不低于 15 元的标准落实人均基本公共卫生服务经费。鼓励各地在省定项目基础上增加服务内容,提高人均经费标准。(省卫生厅、省财政厅)

20. 继续实施血吸虫病、结核病、艾滋病等重大疾病预防控制项目和国家免疫计划。加强对严重威胁人民健康的传染病、慢性病等的监测与预防控制,继续做好甲型H1N1流感等重大传染病、食品安全、饮用水污染和职业病危害等重大公共卫生事件的防控工作。对农村孕产妇住院分娩费用给予财政专项补助,每位农村孕产妇住院分娩的财政补助不低于400元,农村孕产妇住院分娩率提高到97%以上。完成25万名15岁以下青少年乙肝疫苗补种;对37万名农村妇女进行宫颈癌、乳腺癌检查;为所有孕前和孕期农村妇女免费补服叶酸预防出生缺陷;继续实施贫困白内障患者复明手术;新增83万户无害化卫生户厕,使全省农村卫生户厕普及率达80%以上。加强农村饮用水质监测,农村安全饮水工程卫生学评价及集中式供水水质监测覆盖率达100%。(省卫生厅、省财政厅、省残联)

21. 坚持预防为主,大力开展健康教育和健康促进,有效降低重大疾病的发生率。加强对公共卫生服务机构和公共卫生服务项目的绩效考核,切实提高医疗卫生服务水平。(省卫生厅、省财政厅)

22. 加快卫生信息化进程。构建公共医疗卫生服务信息平台,重点推进城乡居民电子健康档案建设,力争全省城市65岁以上老年人建档率达85%以上,城市居民健康档案规范化建档率达40%以上,农村居民达30%以上。统筹居民电子健康档案和医院电子病历的应用发展,促进医院与基层医疗卫生服务机构、公共卫生机构以及医药、医保机构的信息共享与业务协同。(省卫生厅)

五、推进公立医院改革试点

23. 根据卫生部等有关部委《关于公立医院改革试点的指导意见》,坚持公立医院的公益性质和主导地位,以促进公立医院切实履行公共服务职能,提供安全、有效、方便、价廉的医疗卫生服务为目标,制定出台我省公立医院改革实施指导意见及相关配套文件。加强对试点城市镇江市公立医院改革工作的指导。(省卫生厅、省发展改革委、省财政厅、省人力资源社会保障厅、省编办)

24. 完善公立医院服务体系,优化资源配置。强化区域卫生规划,合理确定公立医院功能、数量和规模,优化结构和布局,完善服务体系,建立公立医院之间、公立医院与城乡基层医疗卫生机构之间的分工协作机制。(省卫生厅、省发展改革委、省编办、省财政厅)

25. 改革公立医院管理体制。探索政事分开、管办分开的有效形式,建立协调、统一、高效的公立医院管理体制,科学界定公立医院所有者和管理者的责权,探索建立医院法人治理结构,推进医院院长职业化、专业化建设。(省卫生厅、省发展改革委、省编办、省财政厅)

26. 改革公立医院补偿机制。探索实现医药分开的具体途径,改变公立医院过度依赖药品销售收入维持运转的局面,逐步取消药品加成政策,合理调整医疗服务价格,完善基本医疗保障支付方式,落实财政补助政策。落实中医药扶持政策。(省卫生厅、省财政厅、省人力资源社会保障厅、省物价局)

27. 改革公立医院运行机制。深化公立医院人事制度和收入分配制度改革,建立健全以聘用制度和岗位管理制度为主要内容的人事管理制度;改进公立医院经济运行和财务管理制度;加强公立医院内部管理,落实各项医院管理制度,制订疾病诊疗规程并推广实施,加快推进信息化建设,保障医疗安全,提高服务质量和效率,控制医疗费用,方便群众就医。(省卫生厅、省发展改革委、省编办、省财政厅、省人力资源社会保障厅)

28. 健全公立医院监管机制。实施医院信息公开,完善公立医院绩效考核制度,加强医疗安全质量和经济运行监管。(省卫生厅、省发展改革委、省编办、省财政厅、省人力资源社会保障厅)

29. 形成多元化办医格局。鼓励、支持和引导社会资本进入医疗服务领域,完善政策体系,为非公立医疗卫生机构创造公平竞争的环境,促进不同所有制医疗卫生机构相互合作和有序竞争,满足群众不同层次的医疗服务需求。

(省卫生厅、省发展改革委、省编办、省财政厅、省人力资源社会保障厅)

30. 以质量安全和行为规范为重点,完善公立医院巡查制度,推进临床路径管理试点,大力改善医疗服务。加强医德医风建设,加大对违法违规行为查处的力度,创建平安医院,构建和谐医患关系。(省卫生厅、省监察厅等)

省政府办公厅转发省民政厅等部门关于江苏省贫困家庭儿童重大疾病慈善救助实施意见的通知

苏政办发[2010]91号

2010年7月20日

各市、县人民政府，省各委、办、厅、局，省各直属单位：

省民政厅、省财政厅、省人力资源社会保障厅、省卫生厅、省慈善总会制订的《江苏省贫困家庭儿童重大疾病慈善救助实施意见》已经省人民政府同意，现印发给你们，请认真贯彻执行。

江苏省贫困家庭儿童重大疾病慈善救助实施意见

省民政厅　省财政厅　省人力资源社会保障厅

省卫生厅　省慈善总会

为更好地发挥慈善救助机制在社会保障体系中的补充作用，切实缓解我省贫困家庭重大疾病患儿的医疗困难，促进少年儿童健康成长，结合我省实际，现就建立贫困家庭儿童重大疾病慈善救助制度提出如下意见：

一、指导思想

以科学发展观为指导，坚持政府救助、社会扶助和家庭自救相结合的方针，在用足、用好现有的新型农村合作医疗、城镇居民基本医疗保险（含学生基本医疗保险）和城乡医疗救助政策的基础上，调动全社会的力量，整合慈善资源，积极探索贫困家庭儿童医疗救助制度的新模式，建立符合我省省情的政府支持、社会参与、慈善组织运作的贫困家庭儿童重大疾病慈善救助运作机制。

二、救助原则

（一）属地管理原则。由县（市、区）政府相关职能部门和慈善会具体负责本辖区贫困家庭儿童重大疾病慈善救助制度的实施工作。

（二）公平、公正、公开、透明原则。通过媒体向社会发布政策规定，建立公开透明的管理制度，规范操作，加强监管，接受社会监督。

（三）以收定支原则。根据慈善救助资金的筹集情况，确定救助的病种和救助患者的数量，做到收支平衡、适度保障。

三、资金来源

（一）财政预算资金；

（二）慈善组织募集的善款；

（三）福利彩票公益金；

（四）其他合法来源。

四、救助对象

本省户籍、18 周岁以下、患重大疾病的孤儿（含弃婴、事实上无人抚养儿童）和纳入医保统筹的低保家庭、低保边缘家庭中的儿童。

五、救助病种

本着“先易后难、量入为出”的原则，在起步阶段初步确定以下几个病种的住院或门诊治疗救助，待条件成熟时，再适当扩大范围。

（一）白血病（含再生障碍性贫血、血友病）；

（二）先天性心脏病；

（三）尿毒症；

（四）恶性肿瘤。

六、救助标准

（一）对审定纳入救助的重大疾病患儿符合医保政策规定的住院和门诊治疗费用自付部分，即患儿住院和门诊符合医保政策规定的治疗费中扣除医保补偿、医疗救助以及其他临时救助和援助费用余下部分，按以下标准给予资助：

1. 孤儿：由省市县贫困家庭儿童重大疾病慈善救助资金全额承担。

2. 低保家庭患儿：由省市县贫困家庭儿童重大疾病慈善救助资金承担 80%。

3. 低保边缘家庭患儿：由省市县贫困家庭儿童重大疾病慈善救助资金承担 50%。

（二）对上述资助费用，省级贫困家庭儿童重大疾病慈善救助资金对苏北、苏中、苏南地区分别承担 70%、50%、20%。具体补助办法另行制订。

（三）各医疗单位应积极支持儿童大病慈善救助工作，主动减免部分医疗费用。

七、组织运作

（一）省级贫困家庭儿童重大疾病慈善救助资金由财政预算、慈善募集款、福彩公益金按 5∶3∶2 比例投入，在省慈善总会设立专门账户，专款专用。各地贫困家庭儿童重大疾病慈善救助资金组成，根据当地实际情况确定。一般采取由财政预算、慈善募集款、福彩公益金按比例投入，建立贫困家庭儿童重大疾病慈善救助长效机制。

（二）政府履行管理职责，并委托慈善会具体组织实施。

（三）患儿应在户籍所在地医保定点医疗机构接受治疗。对特殊情况确需异地转诊的，按医保规定办理相关手续。

（四）慈善救助费用由县级慈善会在患儿出院时与定点医疗机构直接结算，在扣除医保补偿、医疗救助补助、其他临时救助和援助费用后，将应由贫困家庭儿童重大疾病慈善救助资金支付的医疗救助费用拨付给定点医疗机构，救助费用不直接交给受助儿童及其监护人。其他医疗费用由患儿家庭自行支付。

对于异地转诊救治的，其费用由救助对象家庭按医保和医疗救助相关政策办理转诊手续并支付医疗费用后，回原籍办理医保补偿、医疗救助补助和其他救助，然后向县级慈善会申请救助。

县级慈善会按规定向省、市级慈善会申请补助。经审批后，省、市级补助资金按规定承担的比例直接拨入县慈善会账户。

八、保障措施

（一）组织领导

建立“政府支持、社会参与、慈善组织运作”的工作机制，省级成立由省政府分管领导牵头，省民政、财政、卫生、人力资源社会保障、慈善总会负责同志参加的协调工作领导小组，明确各部门职责。下设办公室和专家组，研究和协调儿童大病慈善救助制度与基本医保制度、惠民医疗制度的衔接，负责制订慈善救助的程序、规则以及方案的具体实施、总结和评估等工作。各级政府要高度重视，切实加强组织领导，定期召集相关部门研究解决工作推进中的相关问题。

（二）部门分工

各有关部门要积极配合，各负其责，共同抓好落实。

民政部门牵头研究建立完善贫困家庭儿童

重大疾病慈善救助有关规章制度，编制救助基金预算，协调慈善会受理救助申请、审批和救助资金的审核拨付，接受审计部门的审计和社会监督。做好贫困家庭儿童重大疾病慈善救助与城乡医疗救助政策的衔接工作，资助符合条件的贫困家庭儿童参保参合。

卫生部门会同相关部门研究确定大病种类，指导定点医疗机构制定医疗救助服务的各项管理制度，支持、鼓励医疗机构对患者实行“一免三减”的优惠政策，即免挂号费，对手术费、住院费、检查费实行优惠。加强对医疗机构服务行为的监管，指导医疗机构合理、节约使用救助资金。负责贫困家庭儿童重大疾病慈善救助制度与新型农村合作医疗制度的衔接工作，做好贫困家庭儿童参加新型农村合作医疗的服务管理工作。

人力资源社会保障部门负责贫困家庭儿童重大疾病慈善救助与城镇居民基本医疗保险政策方面的衔接工作，做好贫困家庭儿童参加城镇居民基本医疗保险的服务管理工作，并加强对医保结算费用的监管。

财政部门会同有关部门研究制定贫困家庭儿童重大疾病慈善救助资金的管理办法，对救助资金管理和使用情况进行监督检查。

慈善会负责募集社会各界善款，制定对贫困家庭儿童重大疾病实施慈善救助的细则，具体组织实施贫困家庭儿童重大疾病慈善救助工作，包括受理救助申请、网上公示、审批和救助资金的审核拨付等。

（三）资金管理

对慈善救助资金实行专户管理、专款专用。

定期公布资金使用情况，自觉接受审计部门的审计和民政、卫生、财政、人力资源社会保障等部门以及社会各界的监督。

江苏省关于印发《江苏省新型农村合作医疗支付方式改革试点方案》的通知

苏卫农卫[2010]8 号

各市卫生局：

根据全国新型农村合作医疗支付方式改革工作交流会议和 2010 年全省新农合年度专题会议精神，为了积极推进新农合支付方式改革，促进新农合制度健康发展，在征求各地意见的基础上，我们制定了《江苏省新型农村合作医疗支付方式改革试点方案》，现印发给你们，希各地结合实际，积极组织实施。

二〇一〇年四月一日

江苏省新型农村合作医疗支付方式改革试点方案

根据《中共江苏省委、江苏省人民政府关于深化医药卫生体制改革的实施意见》（苏发[2009]7 号）精神，为了积极推进新农合支付方式改革，促进新农合制度健康发展，结合我省实际，制定本方案。

一、指导思想

实施新农合支付方式改革，是指从以往按项目付费为主体的医疗费用后付制，逐步实行总额预付、按单元、按病种、按人头支付的医疗费用预付制的过程。开展新农合支付方式改革试点，要以科学发展观为指导，从当地农村实际情况出发，发挥卫生部门统筹管理医疗保障和医疗卫生服务的优势，着眼于控制医药费用不合理增长、提高参合人员受益和保障水平、促进医疗卫生机构健康发展，增强基金使用效益，进一步完善发展新农合制度，带动农村卫生综合改革，推动基本医疗卫生制度在农村的建立。

二、主要目标

开展新农合支付方式改革，主要包括总额预付、定额付费、按病种付费、按人头付费等相结合的综合付费方式改革试点，按病种付费试点两个方面。今年，在每个市选择 1 个县（市、区）开展综合付费方式改革试点，在 50% 以上的县（市、区）开展按病种付费试点；有条件的地区，可以扩大试点范围。力争在 2—3 年内，在全省 90% 以上的统筹地区开展新农合支付方式改革。

2010 年试点主要目标：

（一）在实施综合付费方式改革试点地区，实现次均住院费用零增长、住院费用实际补偿比提高到 45% 以上。

（二）在实施按病种付费试点地区，试点病种不少于 10 个，按病种付费的病例数不少于当地参合人员住院总人次的 20%，实现次均住院费用零增长、住院费用实际补偿比提高到 45% 以上。

三、主要措施

（一）因地制宜，探索符合当地实际需要的支付方式。综合支付方式改革要做到统筹区域内门诊和住院服务的全覆盖；按病种付费的病种选择主要考虑统筹区域内疾病发生频度、疾病经济负担、病种临床疗效等因素。各试点地区要紧密结合当地实际，遵循支付方式实施的基本原理，积极探索适合自身特点的支付方式。

（二）认真测算，合理制定新农合支付方式改革试点方案。各地要充分利用新农合制度实施以来历年积累的数据信息，借鉴已有的经验，发挥专家的作用，搞好测算和支付方式改革试点方案设计工作，在具体操作和管理上要力求简单、方便、易行、有效。由于2010年各地新农合补偿方案已经制定，在制定支付方式改革试点方案时，各地要注意与当前补偿方案的衔接。

（三）加强监管，维护参合人员的健康权益。试点地区要加强新农合信息化建设，及时掌握诊疗项目、药品使用、医疗费用等信息变化，注意研究支付方式改革后可能会出现的问题。要研究制定并依据疾病诊疗规范和临床路径、疾病诊断治愈好转标准，合理确定相关疾病限价标准，建立和完善医疗质量控制体系。新农合经办管理机构要改进监管机制和监管内涵，将更多的精力放在定点医疗机构的服务监管和基金运行分析上，确保支付方式改革取得预期效果。

（四）结合医改，推进农村基层医疗卫生机构综合改革。各地要以支付方式改革为抓手，以经济杠杆推动建立分级诊疗和双向转诊制度，推动适宜技术、适宜设备和基本药物在基层医疗卫生机构的运用，推动农村卫生机构人事分配制度改革、乡村一体化管理等重点工作的落实。

四、工作要求

（一）提高认识。各地要统一思想认识，增强改革的紧迫感、责任感，先行试点，以点带面，积极推进新农合支付方式改革。

（二）选定试点。要结合实施基本药物制度和农村医疗卫生机构综合改革，重点考虑到地方积极性、新农合经办管理能力、县乡村医疗卫生机构服务能力等因素，选好本地区试点单位。各市确定的综合支付方式改革试点和按病种付费试点单位名单，请于4月10日前报厅农卫处（省合管办）。

（三）方案审定。确定的试点单位要立足当地实际，科学合理地制定试点方案。综合支付方式改革试点方案请于4月30日前报厅农卫处（省合管办）审定，按病种付费试点方案由各市卫生局组织审定。

（四）加强指导。省成立技术指导组，协助试点地区修改完善改革试点方案，组织培训和现场调研，加强对试点地区工作的指导。同时，省建立监测制度，定期发布各试点地区主要指标情况。

（五）总结完善。根据各地试点情况，省适时组织召开新农合支付方式改革研讨会，交流试点地区典型工作经验，逐步完善新农合支付方式。

省政府关于加快推进供销合作社改革发展的意见

苏政发[2010]44号

各市、县人民政府,省各委、办、厅、局,省各直属单位:

供销合作社是为农服务的合作经济组织,是推动农村经济发展和社会进步的重要力量。近年来,全省供销合作社系统认真贯彻省委、省政府的决策部署,立足农村,服务"三农",加快改革重组,创新体制机制,拓展服务领域,提升服务水平,为发展现代农业、繁荣农村市场、促进农民增收作出了重要贡献。为加快推进全省供销合作社改革发展,根据《国务院关于加快供销合作社改革发展的若干意见》(国发[2009]40号)精神,结合我省实际,现提出如下意见:

一、进一步明确加快推进供销合作社改革发展的目标任务

(一)供销合作社改革发展面临的新形势新任务。当前,我省农村正在发生深刻变革,农业生产方式不断转变,农业经营形式加快转型,农村流通格局发生重大变化。在新形势下,迫切需要供销合作社发挥组织体系优势,积极参与构建新型农业社会化服务体系,为农民群众提供各种服务;迫切需要供销合作社发挥紧贴农民的优势,领办、创办各种农民专业合作社,提高农民走向市场的组织化程度;迫切需要供销合作社发挥扎根农村基层优势,大力发展连锁经营,开展农村社区综合服务,不断提高农民群众的生活质量;迫切需要供销合作社发挥流通网络覆盖城乡优势,加快推进农村现代商品流通服务网络建设,大力开拓农村市场,改善农村消费环境,扩大农村消费需求,促进城乡经济社会统筹发展。

(二)加快推进供销合作社改革发展的总体要求。当前和今后一个时期,加快推进供销合作社改革发展,要坚持以科学发展观为指导,全面贯彻统筹城乡经济社会发展方略,坚持为农服务宗旨,坚持社会主义市场经济改革方向,坚持合作制基本原则,坚持开放办社,大力推进供销合作社组织创新、经营创新、服务创新,加快构建运转高效、功能完备、城乡并举、工贸并重的农村现代经营服务新体系,努力成为农业社会化服务的骨干力量、农村现代流通的主导力量、农民专业合作的带动力量,把供销合作社真正办成农民的合作经济组织,推动供销合作事业又好又快发展,为发展现代农业、建设社会主义新农村、推进城乡发展一体化发挥更加积极的作用。

二、全力构建农村现代商品流通体系

(三)加快发展农副产品现代购销网络。支持供销合作社开办的农产品批发市场升级改造和功能提升,增强仓储运输、冷链物流能力,着力打造一批现代化农产品批发市场,促进现代高效农业发展。引导供销合作社创新农产品流通方式,推动大型连锁超市、农产品批发市场与农民专业合作社、种养基地、农业龙头企业、农产品经纪人的产销衔接,培育农产品品牌,为农民进入市场搭建平台、打开通道。支持供销合作社建设棉花仓储物流设施,符合条件的企业可以接受政府委托,承担国家棉花储备、进出口等任务。

(四)健全完善农业生产资料现代经营服务网络。支持供销合作社大力发展具有统一采购、跨区域连锁配送功能的大型农资经营龙头企业、区域配送中心和覆盖农村的连锁经营网络,确保广大农民群众用上放心农资。支持符合条件的供销合作社从事种子、农机具、成品油等商品经营,办好庄稼医院,为农民群众提供各种技术服务。支持供销合作社符合条件的企业,利用现有设施,承担化肥、农药以及防汛救灾物资的地方商业储备、救灾储备任务。

(五)完善提升农村日用消费品现代经营网络。引导扶持供销合作社发展壮大日用消费品连锁骨干企业,促进传统经营网络改造升级,加快区域物流配送中心建设,提高连锁网点覆盖率、商品配送率,构建以大型骨干企业为龙头、现代物流配送中心为支撑、乡村超市为终端的连锁经营网络。鼓励供销合作社发挥"一网多用"优势,拓宽经营领域,依法开展家电、图书、药品、通讯产品等连锁经营业务,促进农村商品流通。支持供销合作社加快培育和打造烟花爆竹经营龙头企业,合理布局经营网点,构建管理规范、设施齐全、安全消费的烟花爆竹经营网络。支持供销合作社依托城区日用品超市、农村为农服务社和乡村超市,加快农村非处方药品连锁经营网络建设步伐。充分利用供销合作社为农服务社等网络资源,促进卫生资源下乡进村。

(六)整合完善再生资源回收利用网络。鼓励供销合作社积极参与再生资源回收利用经营业务,加快专业化分拣中心、区域再生资源回收集散市场和综合利用处理基地建设。推进符合环保要求,集回收、加工、综合利用处理一体化的区域性再生资源回收利用网络建设,合理布局社区和村镇回收网点,规范企业经营行为,强化从业人员资格管理。支持供销合作社有条件的企业依法开展废旧家电、报废汽车等回收拆解业务,形成回收、分拣和加工利用一体化经营的再生资源回收利用体系,实现再生资源产业化经营、资源化利用和无害化处理。

三、着力构建农民合作经济组织体系

(七)大力发展新型农民合作经济组织。充分发挥供销合作社人才、网络、设施等优势,立足当地优势资源和特色产业发展,多种形式领办、创办农民专业合作社,组织农民开拓市场,提高农民组织化程度。带动农民专业合作社开展信息、营销、技术、农产品加工储运等服务,推进规模化种养、标准化生产、品牌化经营。引导和帮助农民专业合作社开拓农村市场,促进合作社产品进批发市场、进超市、进社区。支持供销合作社积极参与农民专业合作社"五好"示范社建设。鼓励供销合作社参与发展跨地区的农民专业合作社联合社(会),积极探索消费合作社、资金互助社等合作组织形式,不断增强辐射带动能力。

(八)积极发展行业协会。支持供销合作社发展农产品流通协会、农民经纪人协会、合作经济联合会等各类行业协会,强化行业自律,反映行业诉求,不断提升行业协会的影响力。在农资、棉花、茶叶、果品、食用菌、蜂产品、畜产品、烟花爆竹、再生资源等供销合作社传统优势领域,要充分发挥行业协会在制定产业政策、行业规划、产品标准等方面的积极作用,促进产业规范健康发展。

四、积极构建农村社会化服务体系

(九)强化农村社区综合服务。支持供销合作社参与为农服务工程建设,加快构建连接城乡、布局合理、功能完善、运转高效的农村社区综合服务网络。将为农服务社建设作为农村实事工程的一项重要任务,围绕农民群众生产生活实际需要,拓展服务领域,创新服务方式,在继续搞好农资供应、日用品销售、农产品收购经营基础上,积极开展文体娱乐、科技咨询等全方位服务,努力搭建生产生活资料供应平台、中介服务平台和公共服务平台。各地要制定相关扶持政策,调动社会各方力量,共同打造农村社区综合服务平台。

(十)拓展供销合作服务领域。充分利用供销合作社的教育培训资源,大力开展农产品经纪人、农民专业合作社带头人、农民技能的培训工作,发展农村中等职业教育,提高农民生产经营能力。鼓励供销合作社的企业法人按照市场准入条件参与组建村镇银行,支持供销合作社领办的农民专业合作社开展农村资金互助社和互助合作保险试点工作。银行业金融机构要加强与供销合作社社有企业的业务合作，积极探索发展适合当地农村特点的金融产品和服务方式。鼓励供销合作社开展农村养老、幼儿教育、观光旅游、家政服务、中介评估、经纪代理等生活服务，发展网上交易、电子商务、期货交易等新型交易方式，依法依规从事农村商业网点开发、物业管理、市场建设等，不断拓展供销合作社业务范围和服务领域。

（十一）开展农村流通信息服务。支持供销合作社积极参与农村信息化建设，充分发挥系统优势，大力发展农村流通信息服务，为农民群众提供农产品价格、品种、交易等市场信息以及其他相关信息，不断提高为农服务水平。

五、切实加强供销合作社组织建设

（十二）扎实推进基层社建设。基层社扎根基层、贴近农民，是为农服务的基础。要根据县域经济发展和规划建设要求，优化布局，创新机制，壮大实力，努力把基层社打造成自主经营的实体、为农服务的载体和辖区内农民专业合作的服务平台，构筑为农服务的前沿阵地。要建立完善基层社代表大会制度，引导社员参与基层社经营管理活动，密切与农民社员的联系，逐步结成利益共同体。基层社改制后的留存资产，由县级供销合作社代行所有权和管理权。

（十三）增强联合社服务功能。各级联合社要切实履行建设农村现代流通体系、发展农村合作组织、开展农村社区综合服务、管理监督本级社有资产和开展教育培训等职能，大力推进开放办社，广泛吸纳各类合作组织、农业龙头企业、专业大户，积极组建各类协会，拓宽服务范围，提升服务功能。强化社有资产监管，切实履行出资人职责，落实资产保值增值责任。积极探索建立与绩效挂钩的激励约束机制，充分调动管理者、经营者和职工的积极性。严格监督社有企业依法合法经营，督促其完善内部管理，加强风险控制。

六、积极创新社有企业经营机制

（十四）大力推进农业产业化经营。支持供销合作社社有企业依托农民专业合作组织，建设优质高效的农产品生产基地，引导农民开展集约化、规模化生产。鼓励供销合作社发展农副产品精深加工，支持供销合作社在果品、茶叶、畜产品、蜂产品、食用菌等传统优势领域加强品牌整合，加快产品开发，拓展国内外市场，提升农产品竞争力。支持供销合作社企业参与国家农业产业化、标准化示范和农业技术研发推广等项目，加大农业综合开发对供销合作社项目的支持力度。

（十五）推进社有企业建立健全现代企业制度。采取经营者和职工持股、引进社会资本等多种方式，加快推进投资主体多元化，健全法人治理结构，完善企业经营机制，提高市场竞争力。完善企业财务、投资和风险控制机制，加强内部审计监督，不断提高管理水平。支持具备条件的供销合作社企业在境内外资本市场上市。理顺县及县以上供销合作社机关、系统、企业三者管理关系，按照“社企分开、两权分离”原则，探索建立社有资产运行管理平台，加强对社有资产的监管，提高社有资产效益，确保社有资产保值增值。

（十六）做大做强社有企业。大力转变经济发展方式，促进社有企业更好更快发展。支持供销合作社以市场为导向，以资产为纽带，大力推动资本和生产要素向优势企业集中，通过兼并、重组等方式，着力在农资、棉花、农产品、日用消费品、再生资源等领域打造一批主业突出、充满活力、有较强影响力的企业集团，不断增强抵御市场风险的能力。支持供销合作社企业参与“万村千乡”、“双百”市场工程以及农超对接、家电下乡、汽车摩托车下乡、建材下乡、农机具下乡、以旧换新等工作，支持供销合作社企业积极申报农村物流服务体系发展专项资金、服务业发展专项资金、中小商贸企业发展专项资金扶持项目，大力开拓农村市场。

七、加强对供销合作社改革发展的组织领导

（十七）加强组织领导。各级人民政府要把加快供销合作社改革发展摆上重要议事日程，将可以由供销合作社承担的任务和职能委托或赋予供销合作社，强化组织领导，加大扶持力度，促进供销合作社健康发展。各有关部门要帮助供销合作社解决实际困难和问题，共同推动供销合作社改革发展。各级财政要加大对供销合作社改革发展扶持资金的投入，重点支持新农村现代流通网络工程、农产品批发市场体系以及为农服务社建设。各级制定出台的国有企业改革发展优惠政策，供销合作社企业可以参照执行。

（十八）妥善解决历史遗留问题。对2002年财政部等七部门共同核复的供销合作社系统地方政策性财务挂账，各市、县人民政府应尽快采取有效措施，抓紧落实处理。支持供销合作社多渠道消化经营性财务挂账，有关金融机构要加快处置供销合作社拖欠的金融债务。要尊重历史、注重现实，加快供销合作社土地确权和登记颁证工作，在2010年底前完成符合条件的登记发证工作，登记收费应严格执行国家有关规定。对供销合作社使用的原国有划拨建设用地，经批准可以采取出让、租赁方式进行处置，收益实行“收支两条线”，优先用于支付供销合作社破产和改制企业职工安置费用、补缴企业职工基本养老保险欠费、改善农村流通基础设施。抓紧落实相关政策，切实解决好供销合作社企业职工基本养老保险问题。

（十九）依法维护供销合作社权益。各级供销合作社理事会是本级社集体财产和所属企事业单位财产的所有权代表，任何部门和单位不得侵占、平调供销合作社财产。不得随意改变供销合作社及其所属企事业单位的隶属关系，保持供销合作社组织体系完整性。县及县以上联合社在严格核定人员的情况下，所需经费列入同级财政预算。对未参照《中华人民共和国公务员法》管理的联合社机关，由地方人民政府依据有关规定并结合实际，制定管理办法。

（二十）强化人才队伍建设。健全供销合作社代表大会和民主管理制度，完善供销合作社理事会、监事会机构设置，及时配齐配强班子成员，保持领导班子相对稳定。全面实施人才兴社战略，积极探索供销合作社机关、企事业单位人才双向流动机制，大力引进培养各类经营管理与专业技术人才，将供销合作社兴办的为农服务社、专业合作社负责人以及农产品经纪人等培训纳入全省新一轮农村实事人才工程，努力造就一支甘于奉献、勇于创新、善于开拓的高素质干部职工队伍。各级供销合作社要增强改革意识、发展意识、全局意识和责任意识，切实转变工作作风，改进工作方法，解放思想，求真务实，开拓进取，推动全省供销合作事业又好又快发展。

江苏省人民政府办公厅

二〇一〇年四月二十一日

江苏省政府关于支持南京国家科技体制综合改革试点城市建设的若干政策意见

苏政发[2010]142 号

各市、县人民政府,省各委、办、厅、局,省各直属单位:

为支持南京推进国家科技体制综合改革试点城市建设,突破科技体制机制障碍,充分释放科教资源,加快发展高新技术产业和战略性新兴产业,努力将南京的科教优势、人才优势尽快转化为创新优势、发展优势、竞争优势,并为全省乃至全国科技体制综合改革积累经验、提供借鉴,特提出以下政策意见:

一、支持南京在科技体制机制改革方面先行先试,进一步解放科技生产力,促进科技与经济紧密结合。支持南京将高新区建设成为自主创新核心区、新兴产业先导区、体制机制创新先行区、科学发展模式示范区,并申报国家自主创新示范区。

二、支持高校、科研院所发挥学科和科研优势,围绕南京重点发展的支柱产业、战略性新兴产业、现代服务业,建设一批产业技术研究院,开展产业发展战略研究和共性关键技术攻关,提供科技公共服务和人才培训。省科技计划和省高校优势学科建设工程对符合条件的产业技术研究院给予优先支持。产业技术研究院要坚持面向经济建设主战场,努力形成多元化投入、市场化运作、产学研紧密结合的体制机制。

三、支持南京开展股权和分红激励试点工作。高校或科研院所以科技成果作价入股的企业、国有或国有控股的院所转制企业、高新技术企业以及其他科技型企业,可对为科技成果研发和产业化作出突出贡献的技术人员及企业经营管理人员实行股权奖励、股权出售、股票期权等激励政策。

四、鼓励高校、科研院所将科技成果优先在南京转化。高校、科研院所以技术转让方式将职务科技成果提供给企业实施的,可将技术转让所得净收入的一部分奖励给科技成果完成人及为成果转化作出主要贡献的人员。奖励比例由各单位根据实际确定,原则上不超过 70%;采用股份制形式实施转化的,可将科技成果形成股权的一部分奖励给科技成果完成人及为成果转化作出主要贡献的人员。奖励比例由各单位根据实际确定,原则上不超过 70%。

五、支持南京科技金融改革试点。争取国家有关部门支持南京设立区域性非公开科技企业柜台交易市场,通过开展非上市公司股权融资、挂牌交易,为科技型中小企业开辟直接融资渠道,促进技术股权流动。争取国家有关部门支持南京高新区进入股份报价转让系统试点。

六、支持南京风险投资和股权投资基金发展。省用于扶持新兴产业的专项资金、省创业投资引导基金支持南京软件和服务外包、智能电网等重点战略性新兴产业发展,设立一批以投资在宁的创新创业、高成长性中小企业为主的专业股权投资机构。

七、支持南京科技金融服务业机构建设和发展。支持南京地区商业银行在宁设立科技支行,提高为科技型企业服务的能力和水平。支持南京市国家级和省级开发区、国家级大学科技园、麒麟科技创新园以及南京模范马路创新街区,按照“只贷不存、服务园区”的原则,设立科技小额贷款公司。省信用再担保公司要加快在南京地区设立分支机构，提高南京地区再担保业务覆盖面，加大对南京初创科技型中小企业的扶持力度。鼓励南京市出资组建再担保公司。

八、鼓励高校联合南京省级以上各类园区共同引进高层次创新创业人才。省教育厅协调高校提供教授（研究员）岗位和研发场所，南京各类园区提供创业启动资金、创业用房和专家公寓。对南京“紫金人才计划”入选者，优先推荐进入国家和省各类重大人才工程及人才资助项目，优先推荐申报国家和省各类科技计划。

九、推动高校、科研院所与南京科技型企业之间的人才双向交流。支持南京地区对高层次领军人才实行“创新在高校、创业在园区”的两栖模式。高校、科研院所每年拿出一定数量的访问学者和兼职教授、研究员等岗位，符合条件的企业优秀领军人才可在高校、科研院所聘评兼职教授（副教授）、研究员（副研究员）。省、市各类科技和人才计划予以优先支持，企业给予相应人员岗位补贴。

十、鼓励高校、科研院所科技公共服务平台和重大研发载体等对在宁企业开放。经省有关部门考核后，对正常运营费用给予适当补贴；对面向科技型中小企业的各类公共服务平台，根据年度服务绩效评价结果给予适当经费补贴，促进科技型中小企业加快发展。

十一、对在宁的大学科技园以及省级以上开发区与高校、科研院所共建的科技创新“园中园”，其省级以上重大平台和重大科技成果产业化项目的建设用地，涉及到农用地转用计划的，由相关部门积极给予支持。

十二、支持南京市加大区域科教资源整合力度，对南京市围绕国家科技体制综合改革试点城市建设重点任务，与国家和省有关高校、科研院所以及在宁央企合作共建的重大科技创新载体及平台，省财政相关专项资金给予优先扶持。

十三、省政府建立南京市国家科技体制综合改革试点城市建设联席会议制度，协调相关部门支持南京推进科技体制综合改革工作。

江苏省人民政府

二〇一〇年十一月十七日

省政府关于进一步促进中小企业发展的实施意见

苏政发[2010]90 号

2010 年 8 月 3 日

各市、县人民政府,省各委、办、厅、局,省各直属单位:

为贯彻落实国务院《关于进一步促进中小企业发展的若干意见》(国发[2009]36 号)精神,采取更加积极有效的政策措施,现就进一步促进我省中小企业平稳健康发展提出以下实施意见:

一、进一步健全中小企业服务体系

(一)加快推进中小企业服务体系建设。建立健全市、县(市)中小企业服务中心,着力培育骨干服务机构。制订中小企业服务中心星级认定办法,促进中小企业服务中心增强服务意识,拓展服务领域,提升服务能力,提高服务绩效。通过资格认定、业务委托、业绩奖励等方式,引导和带动专业服务机构加快发展。建立和完善财政补助机制,支持服务机构开展信息、培训、技术、创业、质量检验、企业管理等服务。到 2012 年,全省基本建立以公益性服务机构为主导、商业性服务机构为支撑的省、市、县三级中小企业服务机构体系。支持有条件的县(市)中小企业服务中心建设延伸到乡镇(街道)。

(二)加快中小企业公共服务平台建设。建立和完善省、市、县三级中小企业信息网站,为中小企业搭建政策解读、技术推广、人才交流、业务培训和市场营销等重点信息服务平台。支持各类投资主体面向重点产业集群和优势产业,建设一批产品设计、研发、检验检测、技术推广、信息咨询、人才培训等公共服务平台。

(三)帮助中小企业开拓市场。大力发展行业性电子商务平台,引导和推动中小企业开展电子商务活动。采取财政补助、降低展费标准等方式,支持中小企业参加各类展览展销活动,支持举办一批依托重点产业集群的专业性品牌展会,支持建立各类中小企业产品技术展示中心。出台贸易便利化措施,提高通关效率,加快出口退税进度。发挥各级、各部门驻海外机构的作用,积极提供国外市场信息,为中小企业开展各类国际合作交流活动提供服务和帮助。鼓励支持有条件的中小企业到境外开展并购等投资业务,收购技术和品牌,带动产品和服务出口。

二、多渠道缓解中小企业融资困难

(四)建立和完善中小企业金融服务体系。省内国有商业银行和股份制银行一级分行以及城市商业银行法人机构都要建立小企业金融服务专营机构,并在中小企业发达、金融需求旺盛的地区增设机构网点。鼓励民间资本参与发起设立村镇银行、小额贷款公司;支持民间资本以投资入股的方式,参与农村信用社改制为农村商业(合作)银行,支持、规范发展小额贷款公司,鼓励有条件的小额贷款公司转为村镇银行。

(五)加强和改善对中小企业的金融支持。完善中小企业授信制度,对中小企业金融服务实施差异化监管,逐步提高中小企业中长期贷款的规模和比重。完善信贷人员尽职免责机制,提高贷款审批效率,创新金融产品和服务方式。扩大贷款抵押物范围,积极推广动产、应收账款、仓单、股权、政府采购中标合同和知识产权质押等方式,缓解中小企业贷款抵质押不足的矛盾。要将中小企业贷款执行情况纳入各金融机构执行信贷政策的评估内容,对小企业贷款单独管理、单独考核。各商业银行和小额贷款公司等金融机构对中小企业的贷款余额增长率,应达到各项贷款的平均增长水平。鼓励建立小企业贷款风险补偿基金,对金融机构发放小企业贷款按增量给予适度补助,对小企业不良贷款损失给予适度风险补偿。省级财政对各银行类金融机构年度新增小企业贷款给予5‰的风险补偿。各级财政、税务部门要积极支持银行类金融机构及小额贷款公司,认真执行财政部有关中小企业贷款呆账核销政策规定,对符合呆账核销条件的中小企业贷款及时予以核销。

(六)拓宽中小企业融资渠道。支持中小企业上市融资,全力推动中小企业完成股份制改造并加快上市进程,实现中小企业多渠道成功上市。有条件的市、县(市)对上市成功的中小企业给予一定奖励。涉及资产所有权和土地使用权过户发生的费用,根据有关规定给予减免。大力发展创业投资、股权投资和融资租赁企业。鼓励有条件的地区设立创业投资引导基金或产业发展基金,引导社会资金设立主要支持中小企业的创业投资企业。鼓励和帮助中小企业通过发行企业债券、中期票据、短期融资券、集合债券、股权融资、项目融资及信托产品等形式直接融资,开展中小企业集合债券发行试点工作。培育和规范发展产权交易市场,为中小企业产权、股权交易和创投资金退出提供服务。

(七)完善中小企业信用担保体系。设立政府出资、企业联合组建的多层次中小企业信用担保机构,并逐步扩充资本金。鼓励支持民间资本和境外资本投资设立中小企业信用担保机构。制订并不断完善全省融资性担保机构监督管理办法和中小企业担保机构信用评级办法,促进担保机构规范、有序发展。完善对中小企业信用担保的激励和风险补偿办法,对按低于国家规定标准收取担保费以及按规定提取风险准备金的担保机构给予适当补助,对增加资本金的担保机构给予奖励。以省再担保公司为龙头,建立市、县担保公司共同参与的全省再担保网络体系,加强银保合作,完善再担保机制,逐步扩大中小企业再担保规模。鼓励支持有条件的市、县(市)建立相应资金,为中小企业按时还贷、续贷提供资金支持。落实对符合条件的中小企业信用担保机构免征营业税、准备金提取和代偿损失税前扣除的政策。国土资源、住房城乡建设、金融、工商等部门要为中小企业和担保机构开展抵押物及出质的登记、确权、转让等提供优质服务。

三、促进中小企业自主创新和转型升级

(八)支持中小企业增强自主研发能力和推进高新技术产业化。支持中小企业加大研发投入,开发先进适用的技术、工艺和设备,研制新产品。鼓励中小企业建立和实施标准体系,积极采用国际标准和国外先进标准,提高产品质量。实施中小企业知识产权战略,支持中小企业创立企业品牌,维护商标信誉,通过科技创新与开发形成自主知识产权。对中小企业国内外发明专利申请费,省级专利资助资金按规定予以补助。

(九)支持中小企业加快产业优化升级。扶持中小企业大力发展新能源、新材料、生物技术和新医药、节能环保、软件及服务外包、物联网等六大新兴产业。制订和实施人才引进计划,引导高端技术人才向六大新兴产业集聚。引导支持中小企业运用高新技术和先进适用技术改造提升传统产业。鼓励支持中小企业发展科技研发、工业设计、技术咨询、信息服务、现代物流等生产性服务业。支持中小企业在软件开发、服务外包、网络动漫、广告创意、电子商务等新兴领域拓展业务。充分发挥市场机制作用,综合运用法律、金融、环保、土地、产业政策等手段,依法淘汰中小企业领域的落后技术、工艺、设备和产品,防止落后产能异地转移。

(十)支持中小企业做大做强。在新兴产业、支柱产业和优势传统产业中,培育一批拥有自主知识产权、有一定规模、市场前景好的高成长型中小企业,集中财政、金融、科技、土地等资源,支持其做大做强。市、县(市)要根据区域产业特色,对“专精特新”中小企业和行业骨干中小企业予以重点扶持。

(十一)支持中小企业加快技术改造。按照省重点产业调整和振兴规划要求,支持中小企业采用新技术、新工艺、新设备、新材料进行技术改造,支持重点节能减排技术和高效节能环保产品、设备在中小企业推广应用。

(十二)构建中小企业技术创新支撑体系。加快培育中小企业公共技术服务示范平台、中小企业技术创新中心、中小企业技术创新基地,引导和服务中小企业技术创新。加强产学研联合,支持建设省中小企业国内技术转移平台、国际技术转移平台和科技成果对接平台,促进科技成果向中小企业转化。支持设立中小企业海外技术合作中心,帮助中小企业跨国配置科技资源。省级中小企业技术创新中心享受省级企业技术中心的优惠政策,省级中小企业公共技术服务示范平台和中小企业技术创新基地的技术服务收入免征营业税及附加。

(十三)引导中小企业集聚发展。按照布局合理、功能完善、特色鲜明、用地集约、生态环保的原则,培育一批省级中小企业产业集聚示范区。支持重点特色产业基地和产业集群实施品牌战略,提高特色产业比重,壮大龙头骨干企业,延长产业链,提高专业化协作水平,形成一批特色鲜明、竞争力强的产业基地和产业集群。鼓励中小企业与大型企业开展多种形式的经济技术合作,建立稳定的供应、生产、销售等协作关系。

四、提高中小企业经营管理水平

(十四)引导和支持中小企业加强管理。按照科学、规范、精细、效能的要求,指导帮助中小企业加强内部管理。支持中小企业建立现代企业制度,完善法人治理结构,推进管理创新。引导中小企业提高产品质量水平,建立健全质量管理体系。支持中小企业取得质量管理体系认证、环境管理体系认证和产品认证等国际标准认证。督促中小企业苦练内功、降本增效,严格遵守安全、环保、质量、卫生、劳动保障等法律法规,诚实守信经营,履行社会责任。

(十五)加强对中小企业各类人员的培训。加大财政资金对中小企业培训工作的支持力度,促进行业协会(商会)、中小企业培训机构开展政策法规、企业管理、市场营销、专业技能、客户服务等各类培训。用 3 年时间,对规模以上中小企业的主要经营管理人员实施轮训。

(十六)加快推进中小企业信息化。引导中小企业利用信息技术提高研发、管理、制造和服务水平,提高市场营销和售后服务能力。鼓励信息技术企业开发和搭建行业应用平台,为中小企业信息化提供软硬件工具、项目外包、工业设计等社会化服务。各级财政的技术进步专项资金应安排一定比例支持中小企业信息化建设。

五、营造有利于中小企业发展的良好环境

(十七)加大财政资金扶持力度。逐步增加省级中小科技型发展引导专项资金的规模。重点支持中小企业发展新兴产业、开展技术创新,改善集聚发展、规模发展和转型升级的公共服务环境。省级财政用于扶持企业发展的其他资金,应逐步提高扶持中小企业发展的比例。各市、县(市)人民政府应相应建立扶持中小企业发展专项资金,并逐步增加资金规模。

(十八)认真落实各项税收优惠政策。

1. 对年应纳税所得额不超过 30 万元的符合条件的小型微利企业,减按 20% 的税率缴纳企业所得税;从 2010 年 1 月 1 日至 2010 年 12 月 31 日,对年应纳税所得额低于 3 万元的符合条件的小型微利企业,其所得减按 50% 后计入应纳税所得额,按 20% 的税率缴纳企业所得税。

2. 符合条件的创业投资企业采取股权投资方式,投资于未上市的中小高新技术企业 2 年以上的,可按其投资额的 70%,在股权持有满 2 年的当年抵扣该企业投资企业的应纳税所得额;当年不足抵扣的,可在以后纳税年度结转抵扣。

3. 中小企业缴纳城镇土地使用税确有困难的,可按规定向主管地税机关提出减免申请。

4. 中小企业的固定资产由于技术进步原因需加速折旧的,可按规定缩短折旧年限或者采取加速折旧的方法。税务机关应及时指导企业办理事前备案手续。

5. 中小企业投资国家鼓励类项目，除《国内投资项目不予免税的进口商品目录》所列商品外，所需进口的自用设备以及按合同随设备进口的技术及配套件、备件，免征进口关税。

6. 全面落实高新技术企业、软件企业和资源综合利用等的税收优惠政策，对中小企业从事符合条件的环保、节能节水项目的所得，按规定给予企业所得税优惠。对企业购置用于环保、节能节水、安全生产等专用设备的，该专用设备投资额的 10% 可从企业当年的应纳税额中抵免；当年不足抵免的，可在以后 5 个纳税年度结转抵免。

7. 中小企业因有特殊困难不能按期纳税的，可依法申请在 3 个月内延期缴纳。

（十九）统筹解决中小企业用地需求。要按照产业结构调整和淘汰落后产能的要求，通过改造利用闲置场地、建设多层标准厂房等方式，采取切实有效措施盘活存量土地。各级人民政府在制订和实施土地利用总体规划和年度土地供应计划时，要统筹考虑中小企业投资项目用地需求，对特色产业基地、产业集群（集聚区、工业园区）、小企业创业基地以及高成长中小企业投资项目的多层标准厂房建设要优先供地。对符合条件并纳入省重点培育高成长中小企业的高新技术产业、现代服务业、新兴产业和高端制造业等重大项目优先供地。

（二十）构建和谐劳动关系。采取切实有效措施，加大对劳动密集型中小企业的支持力度，稳定和增加就业岗位。对中小企业吸纳符合条件的就业困难人员就业、签订劳动合同并缴纳社会保险费的，按规定在相应期限内给予基本养老保险、基本医疗保险、失业保险等社会保险补贴。重点推进工资集体协商制度，中小企业可与职工就工资、工时、劳动定额进行协商，签订工资集体合同。简化审批程序，对符合条件的，可向县级以上人力资源社会保障部门申请实行综合计算工时和不定时工作制。

（二十一）加大政府采购支持中小企业的力度。制定政府采购扶持中小企业发展的具体办法，提高采购中小企业货物、工程和服务的比例。重点支持中小企业开发的自主创新产品。进一步提高政府采购信息发布透明度，完善政府公共服务外包制度，为中小企业创造更多参与机会。推动中小企业政府采购信用担保融资工作。

六、强化对中小企业工作的组织领导

（二十二）加强组织领导。成立省人民政府促进中小企业发展联席会议制度，加强对中小企业工作的统筹规划、组织领导和政策协调。联席会议办公室设在省经济和信息化委（省中小企业局）。各地可根据工作需要，建立相应的组织机构和工作机制。

（二十三）加强对中小企业工作的指导。各级人民政府要把中小企业发展纳入国民经济和社会发展总体规划。各级中小企业行政管理部门要切实履行《江苏省中小企业促进条例》赋予的工作职责，加强综合协调和指导服务，督促发展中小企业各项政策措施的落实。政府其他有关部门要在各自职责范围内对中小企业进行指导和服务，落实有关政策。建立全省中小企业工作激励机制，对促进中小企业发展成效显著的市、县（市），省人民政府给予表彰。

（二十四）建立中小企业统计监测制度。省统计局会同省中小企业局建立和完善对中小企业的分类统计、监测、分析及发布制度，加强对规模以下企业的统计分析工作。省有关部门要及时向社会公开发布发展规划、产业政策、行业动态等信息，逐步建立中小企业市场监测、风险防范和预警机制。

（二十五）营造有利于中小企业发展的良好环境。清理不利于中小企业发展的政策文件和规章制度，优化中小企业发展环境。深化行政审批制度改革，全面清理并进一步减少、合并行政审批事项，实现审批内容、标准和程序的公开化、规范化。严格执行省人民政府关于取消部分行政事业收费项目的文件规定，切实减轻中小企业负担。各级人民政府应设立举报电话，及时受理和处理中小企业反映的问题。

二〇一〇年八月三日

江苏省财政厅 江苏省商务厅印发《关于调整专项资金结构加快商务领域科学发展的指导意见(2010—2012)》的通知

苏财工贸[2010]43 号

各市(县)财政局、商务局(外经贸局),省属有关单位:

根据全省加快转变经济发展方式工作会议精神,为进一步贯彻落实中央关于加快转变经济发展方式的一系列重要战略部署,进一步统筹好国内发展和对外开放,加快产业结构调整,加快进出口贸易结构调整,加快提高利用外资质量和水平,加快实施"走出去"战略,根据科学发展、突出重点、扶优限劣、扬长补短的政策取向,经研究,将原省外经外贸发展专项引导资金整合为商务发展专项引导资金,完善资金使用方向和重点,进一步加快内外贸融合、促进商务发展方式转变、促进商务领域科学发展。

现将省财政厅、商务厅《关于调整专项资金结构加快商务领域科学发展的指导意见(2010—2012)》印发给你们,请参照执行。相关实施细则另行通知。本意见在执行中有何问题请与省财政厅(工贸发展处)、省商务厅(财务处)联系。

附件:关于调整专项资金结构加快商务领域科学发展的指导意见(2010—2012)

二〇一〇年六月十八日

附件

关于调整专项资金结构加快商务领域科学发展的指导意见

(2010—2012)

根据全省加快转变经济发展方式工作会议精神,为贯彻落实中央关于加快转变经济发展方式的一系列重要战略部署,促进商务领域在科学发展道路上迈出更加坚实的步伐,促进商务事业持续又好又快发展,特提出如下意见。

一、加快商务领域科学发展的重要意义、基本思路

(一)加快商务领域科学发展的重要性和紧迫性。商务领域承担着促进外经贸稳定增长、结构调整和搞活流通、扩大消费的重要任务,在调结构、抓创新、促转型、惠民生中发挥着重要作用。今后一个时期,无论是国内外经济发展大环境要求,还是江苏自身发展需要,加快商务领域转变经济发展方式比以往任何时候都更加重要、更加紧迫,加快调整进出口结构刻不容缓,加快提高利用外资质量和水平刻不容缓,加快实施“走出去”战略刻不容缓,加快流通基础设施建设更大程度惠及民生刻不容缓。各地财政、商务部门要“立足大开放、搞活大流通、培育大产业、做强大企业”,紧紧围绕省委、省政府最新要求,在保持政策相对稳定的基础上,切实加强政策的针对性和有效性,促进商务事业持续又好又快发展。

(二)支持商务领域科学发展的基本思路。根据科学发展、突出重点、扶优限劣、扬长补短的政策取向,更好地发挥财政专项资金对转变经济发展方式的引导作用,进一步统筹好国内发展和对外开放,加快产业结构调整,加快进出口贸易结构调整,加快提高利用外资质量和水平,加快实施“走出去”战略,促进开放型经济转型升级,促进搞活流通,扩大消费,更好地推动我省由经济大省向经济强省转变。

二、我省支持商务领域科学发展的主要方向

我省支持商务领域科学发展、促进发展方式转变的政策要在国家总体原则指导下,积极创新,突出重点,提高效率。

国内贸易方面应继续加强商贸流通体系等基础设施建设,切实增强消费对经济的拉动效应。主要包括:进一步支持农村和农产品流通体系建设,完善农村流通网络和农产品流通链条。支持城镇居民生活服务体系建设,促进扩大居民生活服务消费。支持市场监测和应急调控体系建设,确保市场安全。支持江苏节能产品在全省的推广销售,加快再生资源的回收利用,发展绿色循环经济。大力推进新型流通模式发展。

外经贸方面应重点支持加快开放型经济的转型升级。主要包括:进一步支持外贸增长方式转变,提高出口产品附加值,提高一般贸易出口比重,提高服务贸易出口比重,提高自主知识产权和自主品牌产品出口比重。鼓励服务外包产业跨越发展。鼓励新兴产业利用外资和世界500强企业在江苏设立研发机构、销售机构。支持企业“走出去”拓展新的发展空间。提升出口基地和特色产业园区的集聚功能、服务功能、创新功能。

三、省级商务发展专项引导资金使用重点

2010—2012年,我省商务发展专项引导资金重点支持商务领域创新载体建设工程、商贸大企业培育工程、新兴产业促进工程、跨国经营推进工程,进一步完善商务服务和贸易促进体系建设,加快机制创新。

(一)创新载体建设工程

(1)重点支持一批我省产业关联度高、特色鲜明、规模较大、辐射能力强的专业批发市场建设。支持市场加快质量控制、标准化、品牌化、信息化等公共服务平台及其他公共基础设施建设;支持市场所在地政府为市场搭建宣传、推广平台。通过政策引导效应,鼓励相关研发、设计、检测机构入驻市场,吸引我省有自主知识产权、自主品牌和国外销售网络、销售市场的终端消费品生产企业进场经营,以进一步提升市场国际化、信息化、现代化水平,增强辐射能力,扩大经营规模,努力形成一批集交易中心、信息中心、价格形成中心、质量检测中心、新品展示中心、物流配送中心于一体的具有较大影响力的现代化国际商贸专业批发市场。

(2)支持一批重点出口基地和特色产业园区建设。重点支持带动能力强、影响力大的出口基地和特色产业园区开展公共技术与服务平台建设,鼓励企业开展国际市场产品准入认证、境外商标注册、建立质量可追溯体系等。支持出口基地和特色产业园区所在地政府搭建宣传、推广平台和改善公共基础设施,进一步培育江苏区域品牌,提升集聚功能、服务功能、创新功能,将出口基地和特色产业园区建设为创新型经济的先导和示范区。

(3)培育扶持一批与我省优势产业、战略性新兴产业密切相关的省内重点展会。重点支持省内旨在促进国际区域经济合作、推进优势产业、新兴产业发展的展会,进一步宣传江苏品牌与江苏形象。

(4)支持一批新型流通业态项目的发展。支持“互联网+物联网”等新型流通业态中的重点项目,进一步加大电子商务平台建设力度。

（二）商贸大企业培育工程

（1）支持一批总部在我省的大型流通连锁企业发展，鼓励大型连锁企业完善区域布局规划，提高市场覆盖率和占有率。支持我省具有一定经营规模和品牌知名度、拥有自主核心技术和研发能力的大型生产企业、连锁企业、重点企业集团赴境外设立销售网络或收购境外知名品牌，建立全球供应链或销售网络，增强国际竞争力。

（2）支持一批大型物流企业创新发展。支持海关特殊监管区、出口加工区加强保税物流中心建设，大力发展第三方物流；支持国家级流通领域现代物流示范城市加快流通基础平台、信息软件和专业人才建设。

（3）支持一批生产服务业龙头企业发展。对全国排名居前列的我省商务服务、研发设计、文化创意、金融服务等领域服务贸易龙头企业予以重点扶持，鼓励其加强研发测试、质量控制、标准建设及管理、知识产权管理，扩大技术、文化等产品出口，提高服务贸易出口比重。支持中华老字号企业的文化传承和创新发展。鼓励企业及行业协会积极参与国内外行业规则、标准的制定和修订。支持一批拥有自主知识产权、核心技术的企业和科研机构，积极承担国际标准化组织技术委员会相关工作，对参与或主导国家和国际标准修订的企业和科研机构给予奖励。

（4）支持一批有专利、有品牌、有海外市场的符合产业政策的企业做优做强。支持其重大技术改造和产品研发，提高其产品档次和附加值，提高自主知识产权和自主品牌产品国际竞争力，放大结构调整效应。

（三）新兴产业促进工程

（1）支持加快调整利用外资结构，提高利用外资质量和水平。对我省战略性新兴产业和服务业（不含房地产等）实际利用外资总量及增幅位居前列的市、县（市、区）政府予以奖励。鼓励世界 500 强跨国公司在我省设立区域总部、研发中心、采购中心等功能性机构。

（2）鼓励企业引进先进技术、重要装备和关键零部件，促进新兴产业加快发展，促进传统优势产业加快形成品牌优势，加快转型升级。对我省新引进的属于全国首次引进的重大装备或先进技术给予重点支持，对引进技术或装备带动产业结构升级、出口结构改善和通过消化吸收再创新取得成效的企业予以奖励。

（3）大力支持国际服务外包发展。按《国务院办公厅关于鼓励服务外包产业加快发展的复函》［国办函（2010）69 号］文件精神，完善我省促进国际服务外包产业加快发展的政策措施，支持国际服务外包产业跨越发展。

（四）跨国经营推进工程

（1）支持我省优势企业到境外从事生产加工、科研开发、资源开发及并购、上市融资等。

（2）支持我省优势企业参与国家境外经济贸易合作区和我省境外经贸集聚区建设。鼓励我省纺织、服装、轻工、家电（机电）等具有比较优势的企业入园、入区投资发展。

（3）鼓励我省对外承包工程企业赴境外承包大型工程和重点项目，不断建立与完善对外劳务预防与应急体系。

（五）支持政策性机构和商协会等中介组织完善服务体系

支持进出口银行、出口信用保险等政策性机构为流通企业提供金融创新服务，运用专项资金为大型企业“走出去”提供融资便利，为中小商贸企业缓解融资困难。支持行业协会、商会、贸易促进机构为各类企业开拓市场提供咨询、预警等服务。

（六）推进商务领域民生服务体系建设

对列入市、县政府重点建设的农产品流通体系、居民生活服务体系、市场安全及应急体系等民生工程，省级引导资金予以专项支持。探索实施长效激励机制，鼓励节能产品在全省的推广销售，加快再生资源的回收利用，发展绿色循环经济。

（七）进一步完善符合国际惯例的贸易促进政策体系

继续支持企业参加国内外商品展销会和公平贸易领域的维权工作，积极制定技术标准、安全标准、碳标准等非传统贸易摩擦应对预案，进一步发挥贸易摩擦预警机制作用。

四、省级商务发展专项引导资金使用方式

进一步完善商务促进资金管理模式，在合理确定项目实施条件、支持标准、进一步提高透明度的基础上，坚持以下原则：

（一）坚持资金切块与项目挂钩、统筹安排相结合。为进一步提高国家及省专项资金使用效果，在项目实施前提下，能切块下达的全部切块下达。暂不具备条件切块下达的，由省级统筹安排，简化环节，提高效率。

（二）坚持无偿资助与资本金投入相结合。引入创业投资模式，创新商务发展专项资金使用方式。运用部分专项资金设立商务领域创业投资引导基金，鼓励地方政府参与试点，省、市、县联动，依托专业机构对有研发能力、拥有自主知识产权、海外市场的科技型高成长性创业企业提供权益性投资。

（三）坚持重点突破与整体推进相结合。加大对重点领域和关键环节支持力度，带动商务发展水平整体提升，促进内外贸加快融合，促进内外贸创新发展、集约发展。

（四）坚持绩效评估与资金调剂调整相结合。对重点项目进行跟踪问效，使用效果不明显的，及时调整资金使用方向。加大区域间资金调剂，提高资金使用效果。

（五）坚持预算、执行与监督、评价相结合。继续加强资金归口管理，强化监督检查，进一步提高财政项目资金使用的科学化、精细化水平。

江苏省物价局关于印发《关于推进民生价格信息公布工作的意见》的通知

（苏价监[2010]250 号）

各省辖市物价局：

《关于推进民生价格信息公布工作的意见》经全省价格监测工作座谈会讨论修改，现印发给你们，请结合本地实际认真贯彻落实。

二〇一〇年七月十四日

关于推进民生价格信息公布工作的意见

近年来，全省价格系统在做好价格监测基础工作，努力为政府宏观调控服务的同时，积极拓展价格监测职能，在提升价格公共服务水平方面不断创新工作思路，民生价格信息公布工作有序推进并且取得了一定成效。为进一步推动民生价格信息公布工作在全省范围的深入开展，落实省局今年重点工作，在总结各地经验做法的基础上，特制定本意见，请各地结合实际予以贯彻。

一、统一思想，提高认识

民生价格信息公布是价格部门积极发挥价格杠杆作用，充分利用报纸、网络、电视、电子显示屏、社区公示栏等载体，向社会公布涉及居民生产生活的商品和服务价格信息，引导居民消费的公共服务工作。民生价格信息公布是市场经济条件下转变政府职能、打造服务型政府的重要抓手；是新形势下创新政府价格监管理念、监管机制和监管手段的有益尝试；是价格部门深入学习实践科学发展观，保障和改善民生，促进社会和谐稳定的重要举措。开展民生价格信息公布工作一方面体现了为民服务、提升价格公共服务能力的需要，另一方面也是加强市场价格监管、规范市场价格行为、提高价格透明度、改善市场价格环境的需要。各级价格部门要统一思想，充分认识到开展民生价格信息公布工作的重要意义，增强工作的主动性与自觉性。

二、把握原则，稳步推进

民生价格信息公布工作事关服务民生大局，为了保障民生价格信息公布工作能够取得较好的社会效应，实际工作中必须坚持以下几个基本原则：

一是依法行政原则。民生价格信息公布工作的开展要严格遵守价格法律法规和各项方针政策，要充分尊重企业的自主定价权，采取适当和科学的方式方法，取得企业的理解和支持。企业也要按照相关法律法规的要求，履行义务，予以配合，推动民生价格信息公布工作的深入开展。

二是以群众需要为原则。要紧密围绕人民群众密切关注的、涉及人民群众切身利益的商品和服务价格开展公布工作。

三是因地制宜原则。各地要以《江苏省价格监测制度》为基础，结合当地实际，选择品种、确定方式和发布载体。

四是有序推进原则。开展民生价格信息公

布工作时必须掌握工作节奏,范围要从少到多,覆盖面要由小到大,要有层次有重点的稳步推进。

五是灵活创新原则。在开展民生价格信息公布工作的实践中,要根据当地特点,结合实际工作的效果、市场反应,不断创新思路,灵活把握民生价格信息公布的内容、方法、手段。

六是上下联动原则。各市要充分发挥区、县物价局的主观能动性,发挥市、区、县价格系统与基层监测点联系多、情况熟的优势,调动有关价格监测定点单位参与民生价格公布工作的主动性、积极性,整合各项资源,提高工作效率,发挥系统整体优势。

三、规范制度,增强科学性

紧扣民生主题,确定公布范围。各地要突出民生重点,确定监测公布范围,同时,结合季节变化和居民消费热点,适当增减临时品种。涉及民生的商品和服务主要包括粮油等主副食品、日用消费品、家电等耐用消费品、药品、农资和重要居民服务等,各地可根据实际情况确定具体品种规格。目前尚未开展此项工作的市(县)可先从主副食品、涉农价格做起,已经开展此项工作的市(县)可将范围拓展到日用消费品、药品、居民服务等价格。各地也可以根据实际,增加本地特色商品的价格信息。公布的价格形式要以市场调节价为主,政府定价、政府指导价为辅。

区别对待,明确公布方式。目前民生价格信息公布方式主要以价格行情发布和"价比三家"为主,各地可以根据不同品种的特点选择不同的方式。价格行情发布要积极发挥价格信息对市场和消费预期的引导作用。"价比三家"要强化价格信息的采集和核查,确保价格信息的公信度。

严格公布程序,确保信息质量。民生价格信息工作包括价格信息采集、审查核对、汇总分析、公开发布等多个环节。规范各环节工作程序,确保每个环节的质量,是做好民生价格信息公布工作的基础。价格信息采集采取定点单位报送和价格主管部门采集两种方式进行,要以定点单位报送为主,价格监测员采价为辅。政府定调价的商品价格和服务收费标准以政策文件为准,具体公布时要公布有效日期;市场调节价的商品要采集挂牌价,采集要做到"时间、品种、规格、方法、口径"的统一。市、区(县)物价局价格监测中心要将采集的价格数据进行比对、分析,认真核查后进行汇总,再通过指定媒体和门户网站公布,确保公开发布的民生商品价格信息准确可靠。

选择公布载体,实行定期公布。民生价格信息的公布载体可以为门户网站、报纸、电视、价格监测专刊、电子显示屏、公示栏、短信平台等载体。在选择公布载体时,要根据不同品种、不同方式选择公布载体,要尽量选择影响面广、群众接触面大的新闻媒体或者其他载体,公布的形式要多样化、立体化,增加民生价格信息的受众面。对于价格变动比较频繁的民生商品,可实行每周定期采集公布的方式;对于价格相对比较稳定的商品,可适当拉长采集公布周期。

四、加强后续反馈,提高社会效能

要加强对民生价格信息公布后社会反应的跟踪。一方面,要密切关注居民对民生价格信息公布这项工作的知晓度、满意度以及改进这项工作的建议。另一方面,要密切关注民生价格信息公布后企业的反应,对涉嫌违反价格法律法规的行为配合价格监督检查部门进行检查,促进企业规范自身价格行为,净化市场价格环境。

要加强对民生价格信息公布工作的总结完善。及时总结民生价格信息公布工作中存在的不足、面临的困难等问题,不断完善民生价格信息公布工作机制,提高价格公共服务水平。要建立定期总结交流的制度,促进民生价格信息公布工作的制度化和常态化。

要加强对民生价格信息公布工作的适度宣传。加强与媒体的合作,对民生价格信息公布工作的作用和效果进行适度宣传,提高民生价格信息公布工作的知晓度,进一步扩大民生价格信息公布工作的社会影响,增强民生价格信息公布工作的社会效能。

五、统筹协调，加强领导

各地要将民生价格公布工作与全省“价格服务进万家”等活动载体相结合，逐步把民生价格信息公布工作纳入价格监测、监管的日常工作中，并作为今后一段时期内的重点工作来抓。要建立长效机制，增强各地民生价格公布工作的自觉性和主动性，加强组织领导，形成局领导负责、局机关相关部门密切配合、价格监测机构具体推进的工作机制。

要加强政府各部门之间的协调、沟通，积极争取财政、经贸、商务等部门的支持与配合，充实人员和经费，建立工作协调和保障机制，争取在政府层面推进这项工作，提高民生价格信息公布工作的层次和执行力。

2010 年部分地级市重要改革文件目录

南京市

△市政府办公厅转发市财政局《关于全面推进区级财政国库集中支付制度改革的指导意见》的通知(宁政办发[2010]45 号 2010. 05. 17)

△省政府办公厅关于转发省发展改革委江苏省 2010 年经济体制改革要点的通知(苏政办发[2010]74 号 2010. 06. 09)

△关于印发《南京市镇街机构改革指导意见》的通知(宁委办发[2010]25 号 2010. 06. 12)

△江苏省南京市人民政府关于印发《南京市 2010 年经济体制改革要点》的通知(宁政发[2010]141 号 2010. 08. 04)

苏州市

△关于印发《关于进一步深化干部人事制度改革的若干意见》的通知(张委发[2010]22 号 2010. 04. 21)

△中共苏州市委苏州市人民政府关于印发《苏州市中长期教育改革和发展规划纲要(2010—2020 年)》的通知(苏发[2010]54 号 2010. 10. 20)

南通市

△市政府办公室关于做好 2010 年农业保险试点工作的通知(通政办发[2010]105 号 2010. 06. 18)

△中共南通市委南通市人民政府关于深化医药卫生体制改革的实施意见(通委发[2010]8 号 2010. 09. 20)

△中共南通市委南通市人民政府关于印发《南通市中长期教育改革和发展规划纲要(2010—2020 年)》的通知(通委发[2010]9 号 2010. 10. 12)

△市政府关于加快推进供销合作社改革发展的意见(通政发[2010]92 号 2010. 11. 29)

△市政府办公室关于印发《南通市促进高职教育改革发展综合试验区实施方案》的通知(通政办发[2010]214 号 2010. 12. 01)

连云港市

△市府办公室关于印发连云港市 2010 年体制改革与机制创新工作要点的通知(连政办发[2010]83 号 2010. 05. 26)

△市政府办公室关于印发全市医药卫生体制五项重点改革 2010 年工作安排的通知(连政办发[2010]93 号 2010. 06. 11)

△市政府办公室关于印发全市医药卫生体制五项重点改革 2010 年度主要工作任务责任书分解意见的通知(连政办发[2010]178 号 2010. 09. 29)

淮安市

△中共淮安市委淮安市人民政府关于推进医药卫生体制改革的实施意见(淮发[2010]9 号 2010. 04. 15)

△市政府关于印发淮安市 2010 年经济体制改革要点的通知(淮政发[2010]112 号 2010. 05. 31)

△市政府关于推行市级预算绩效管理改革的意见(淮政发[2010]126 号 2010. 06. 25)

△市政府关于进一步加快农村法人金融机构改革发展的意见(淮政发[2010]180 号 2010. 09. 13)

盐城市

△盐城市人民政府机构改革实施意见(盐委[2010]8 号 2010. 02. 08)

△盐城市人民政府办公室关于印发盐城市 2010 年经济体制改革要点的通知(盐政办发[2010]112 号 2010. 05. 29)

△盐城市人民政府办公室关于印发全市医药卫生体制五项重点改革 2010 年工作安排的通知(盐政办发[2010]115 号 2010. 06. 16)

△盐城市人民政府办公室关于调整市深化医药卫生体制改革领导小组成员的通知(盐政办发[2010]127 号 2010.07.27)

镇江市

△关于加快林业改革和发展的意见(镇政发[2010]6 号 2010.01.14)

△关于市政府机构改革“三定”工作实施意见(镇政办发[2010]30 号 2010.02.09)

宿迁市

△中共宿迁市委宿迁市人民政府关于印发《沭阳县人民政府机构改革方案》的通知(宿委[2010]63 号 2010.04.14)

△中共宿迁市委宿迁市人民政府关于印发《宿豫区人民政府机构改革方案》的通知(宿委[2010]66 号 2010.04.14)

△市政府办公室关于转发市发展改革委宿迁市 2010 年经济体制改革要点的通知(宿政办发[2010]151 号 2010.07.15)

部门篇

农村改革

2010年我省农村经济体制改革工作，深入贯彻落实党的十七大和十七届三中、四中全会精神，以科学发展观为指导，围绕农民增收这一中心任务，推进农业经营体制机制创新，加快农业经营方式转变，不断巩固完善农村基本经营制度，有效促进农民增收和农业农村经济发展。

一、农民专业合作社保持良好的发展态势

2010年，全省“三大合作”带动农户比例达到42%，农民专业合作组织登记成员数168.2万户、出资额374.8亿元，三项指标均居全国首位。各地依法建立了政府优先扶持的农民专业合作社名录，营造农民专业合作社依法发展的社会氛围，提高农民合作社的覆盖面。截至2010年底，全省农民合作社总数达3.9万个，入社成员625万户，分别较去年增长41.0%和15.5%；入社农户比例达42%，较上年增加5.7个百分点。通过开展“五好”示范社创建、强化合作社辅导培训、举办合作社产品展销会等活动，提高了合作社规范化建设水平，提升了合作社经济活动活力和效益。2010年，扶持590多家农民专业合作社开展了省级“五好”示范社创建，8640家比较规范的合作社被列入名录库。

二、农业适度规模经营稳步推进

在稳定家庭承包经营关系的基础上，按照依法自愿有偿的原则，推进土地承包经营权流转，加快发展多种类型的农业适度规模经营。截至2010年底，全省农业适度规模经营面积达3026万亩，较去年增长12.2%，占耕地面积比重达43%，较去年增加4.7个百分点，有效促进了劳动力、土地和技术、资本等要素的优化配置。

三、村级公益事业建设投入力度逐年加大

以村民一事一议筹资筹劳制度为基础，财政奖补试点工作范围不断扩大，财政奖补资金逐年增加。2009年在58个县(市、区)试点，2010年覆盖全省各县(市、区)。中央和省财政投入奖补资金由2009年的5.2亿元增加到2010年的7亿多元，增长34.6%。一事一议财政奖补制度的实施，加快了村内公益事业步伐，有效改善了村内生产生活条件，初步构建了“政府资助、农民参与、社会支持”的村级公益事业建设投入机制。

四、土地承包与流转管理进一步规范

按照中央要求，开展农村土地承包经营权登记，选择13个村作为省级农村土地承包经营权登记试点县，查找农村土地承包管理工作的薄弱环节，进一步夯实土地承包管理基础，为农村土地承包关系的长久不变奠定基础。积极推进农村土地承包经营权规范有序流转。按照农业部《关于做好当前农村土地承包经营权流转管理和服务工作的通知》要求，指导各地实施流转合同制和备案制，不断健全土地流转服务网络，推进农村土地规范有序流转。加大对农村土地规模流转的补贴力度，省财政安排7000万元用于对土地规模流转补贴，充分调动广大农民流转土地的积极性。截至2010年底，全省累计流转土地面积达1700万亩，占家庭承包面积的38%。农村土地承包纠纷仲裁体系建设进一步强化。认真贯彻落实《农村土地承包经营纠纷调解仲裁法》，逐步规范仲裁委员会内部运行机制，提升仲裁水平。

五、村集体“三资”管理得到切实加强

扎实开展了村级集体财务管理薄弱村治理工作。通过建立健全财务管理制度，实行民主理财和财务公开，强化审计监督，规范财务管理基础工作，稳步推进村级集体财务管理薄弱村治理工作，全省70%的薄弱村完成了治理工作。进一步规范村级会计委托代理服务工作。认真贯彻落实中纪委等四部委《印发关于进一步加强村级会计委托代理服务工作指导意见的通知》精神，会同省纪委、省监察厅、省财政厅等部门起草下发了《关于进一步加强村级会计委托代理服务工作的意见》，对委托代理行为、村级会计核算、财务票据管理提出明确要求，切实加强村级会计委托代理服务工作。开展了省定经济薄弱村化债工作。对省定1011个经济薄弱村，突出抓好债务统计分析、业务培训、抽查确认等关键环节。截止2010年底，省财政安排4亿元专项资金，全面完成省定经济薄弱村债

务化解任务。

六、农经综合服务创新呈现新的亮点

在服务范围上,实施农经服务全覆盖,更多的农民从服务中得益受惠;在服务对象上,在原有面向广大农民群众五项服务的基础上,向乡镇企业、个体企业、农民专业合作组织以及种养大户延伸,向农村二、三产业以及产前、产中、产后全程服务延伸;在服务内容上、在做好现有服务的基础上,根据服务对象的需求,加强政策、法律、信息、资金、技术、流通等综合服务,特别是土地流转和土地承包纠纷调处服务;在服务方式上,变坐等服务为上门服务,变被动服务为主动服务,通过开通农经服务电话热线,提供网络服务,为广大农民群众及时解决了生产生活中遇到的难题。(江苏省农业委员会　周日夫)

农村信用社改革

2010 年,全省农村信用社坚持以科学发展观为指导,认真贯彻落实全省经济工作会议、农村工作会议和农村金融工作会议精神,组织指导全省农村信用社服从服务于农村经济发展大局,认真落实宏观调控形势下深化改革的各项工作措施,在宏观形势复杂多变、金融竞争日趋激烈的形势下,实现了各项业务的持续稳定增长,全面完成了年度工作任务。

一、发展步伐稳健,经营实力持续增强

一是资金实力持续增强。年末,全省农村信用社各项存款余额 7774 亿元,各项贷款余额 5398 亿元,分别比年初增加 1653 亿元和 948 亿元,增幅分别达 27% 和 21.3%,存款、贷款增量均占全国信合系统和全省金融同业第一位,存、贷款总量分别为全国信合系统第二位和第三位,位居全省金融同业第二位。二是经营效益稳步提升。全年实现各项收入 459 亿元,同比增加 93.8 亿元,各项支出 329.4 亿元,同比增加 53 亿元。实现净利润 95.8 亿元,同比增盈 30.1 亿元。三是抵御风险能力增强。全省农村信用社风险拨备覆盖率 140%,比年初增加 55.3 个百分点;净资产余额 559 亿元,比年初增加 265 亿元。四是资产质量不断改善。五级分类不良贷款余额为 150 亿元,比年初减少 35 亿元;不良贷款比例 2.78%,比年初下降 1.37 个百分点。五是电子银行业务发展加速。累计发行圆鼎借记卡 1349.7 万张,比年初增加 317.6 万张。累计发行圆鼎贷记卡 4.2 万张,比年初增加 1.9 万张,授信额达 5.5 亿元。开办手机银行 20.7 万户,交易金额 221 亿元。全年新增特约商户 6546 户,新增自助设备 947 台,新增 POS 终端 7180 台。网上银行个人开户 18.2 万户,企业开户 4 万户,交易金额分别为 514.4 亿元和 2324.5 亿元。

二、服务措施到位,涉农投入持续加大

(一)积极争取信贷规模,加强对信贷投放工作的指导。年初,针对宏观调控的新形势,省联社积极强化行业引领,充分发挥地方金融机构机制灵活快捷的优势,指导全行业抢抓机遇、及早投放、调整结构、把握投向,取得了明显的效果。一是启动早。年初就迅速召开年度工作会议,按照省委、省政府对经济工作、农村工作和农村金融工作的安排与要求,确定投向、及早投放。一、二、三季度的增量贷款分别为:535 亿元、212 亿元和 308 亿元,前三个季度合计增量为 1055 亿元。上半年,全省信用社信贷投放早、增量多的实绩还得到了省政府分管领导的批示肯定。二是增量实。在规模控制环境下,省联社对上多争取,争取到全国合作金融总量的 10%、950 亿元的增量计划;对内多挖潜,通过清收不良资产、抓紧呆账核销、调整信贷结构压缩票据资产的方式,三管齐下,腾出空间 263 亿元,全部投向经济实体。实际全年向实体经济增量贷款 1215 亿元,远远超过全省的平均增幅,且呈现超上年、超历史的"双超"业绩。三是投向好。指导各法人单位将增量贷款主要投向农业和农村中小企业,年内农业贷款增加了 364 亿元,年末余额达 1705 亿元,比年初增长 27.2%,高于全行业贷款平均增幅 5.8 个百分点;农村中小企业贷款增加了 749 亿元,年末余额达 3081 亿元,比年初增长 32.1%,高出全行业贷款平均增幅 10.7 个百分点。四是收官巧。进入 12 月下旬,认真贯彻银监会监管会议要求,层层实现一把手负责制,确保增量贷款调整进限额,剔除外币贷款外,净增 950 亿。

（二）积极落实“阳光信贷”推广计划，全力支持农民增收创业。及早出台信贷支农工作指导意见，坚持以农民增收为核心，有效落实“阳光信贷”推广计划，年末，全省66家法人单位1971个农村政策网点开办了“阳光信贷”业务，占全省农村网点总数的75.8%；授信农户318万户，授信总额达1067亿元；有39家法人单位“阳光信贷”已覆盖所有农村网点。积极会同省委组织部、省再担保公司启动大学生村官贷款项目。会同省扶贫办，积极推进全省扶贫县和黄茅老区扶贫小额贷款发放工作。全年累放扶贫小额贷款21.7亿元，超额完成了省政府落实的扶贫贷款发放计划。积极总结推广高邮的网上银行、南通的青年农民创业贷款、宿迁的大学生村官贷款等成功做法，支持农民以创业带动就业、以就业带动增收，全年累计发放农村青年就业创业和农民工返乡创业贷款190亿元。

（三）积极创新信贷服务方式，促进涉农贷款的大力投放。大力推广“易贷通”、电话银行、网上银行、手机银行等现代金融产品，提高服务效率。积极推行仓单质押、应收账款质押等新的抵（质）押贷款担保方式，促进信贷的有效投放。及时总结兴化“金纽带”信用联合体、金湖“行业信用协会”、新沂“一权一房”等新的贷款方式，支持采用集体诚信作担保放大授信额度的贷款模式，对微小企业和广大农户进行有效支持。围绕促进农业生产，支持农业产业化、农村工业化、城乡一体化发展进程，积极支持涉农、惠农、利农的行业和产业，着力支持规模农业、设施农业、观光农业等现代高效农业。推行流动资金循环贷款、银团贷款、农村工业园区综合授信贷款等多种方式，尽力满足中小企业的信贷资金需求，支持了全省18万多户中小企业发展壮大。年末，全省涉农贷款余额达3879亿元，比年初增加841亿元，增长27.7%，实现了涉农贷款增量、增速和占比“三个高于”的目标。

三、加强工作指导，深化改革持续推进

一是推进机制转换，加快转型步伐。省联社以海安、射阳等单位绩效考核方法为示范，推进全行业在目标市场、服务理念、发展模式、经营机制、资源整合等方面实施转型，完善剔除风险后以“模拟利润”为导向的考核机制建设，不断加大收入分配中绩效薪酬的比重，初步建立以岗位价值为基础的薪酬体系和以绩取酬的差异化分配制度。二是推进合并重组，加快银行组建。积极推进南京、南通、镇江城区机构的合并重组，指导如皋、扬州市区、海门、建湖、句容等单位的农商行组建工作，至年末，经银监会批准筹建农商行的单位达13家，年末银行类机构总数达45家，占比为70.3%。三是引导资本输出，推进南北合作。年内新增南北合作单位4对，注资3.41亿元。年末，已有7家农商行和农合行与苏中、苏北16家法人单位建立了资本合作关系，注资7.83亿元。四是加强工作指导，规范股权管理。出台股权管理指导意见，对股权设置、股权结构、股权交易、引进战略投资、期权激励、信息披露等提出指导性意见。

四、强化内部管理，运行质量持续提高

一是加强信贷风险管理。根据国家产业政策导向，切实加强重点客户和行业的监测预警，及时进行风险提示。出台信贷资产风险分类工作质量考核办法，制定下发流动资金管理和个人贷款管理实施办法。加强对政府融资平台公司贷款管理，及时掌握风险状况，落实分类处置措施，年末，此类平台贷款比年初净下降13.24亿元。组织开展全省信贷工作检查，及时揭示和化解风险。二是加强合规风险管理。完善风险管理体系，制定下发了五年风险管理机制建设规划和声誉风险管理办法。对省联社成立以来的各项规章制度进行全面梳理完善。加大对贷款五级分类不良率超过10%的法人单位的跟踪督查。完成了流程银行建设的前期准备工作，明确了流程银行建设试点单位。组织开展了对37家法人单位160多人次的专项审计、全面审计和离任审计。三是加强信息科技风险管理。认真做好世博会和亚运会期间的信息科技风险防范和安全报告上报工作，完成了同城灾备中心建设和各生产系统健康检查工作，组织开展了对全省分中心的信息科技安全检查，有效提高了全辖生产系统运行的稳定性，系统运行实现了全年安全无事故。信息科技风险管理工作得到了银监会的肯定，并作为农村信用社系统惟一代表在全国会议上介绍经验。四是加强财务会计管理。按照新会计准则要求，配套制定了财务管理、会计管理、会计核算基本规范和办法。积极推广系统内事后监督系统建设的成功经验，促进63家单位上线事后监督系统。五是加强案件防控治理。组织制定了"内控和案防制度执行年"活动实施方案，制定下发了员工违规处罚暂行办法和案件责任追究暂行办法，着力构建操作规范、内控严密、问责到位的案件防控机制，全年实现了发案数量和金额的"双降"。

五、增强履职能力，行业服务持续改善

一是强化行业服务，加快职能转变。推进省联社管理服务型向服务管理型职能的转变，建立处室目标管理责任考评机制，认真落实年度30项重点工作。有效实施分类指导策略，指导净资产为负数的单位制定计划，落实提高措施。加强与省相关部门的业务合作，积极与省劳动保障部门协调新农保开户事宜，目前已有20家法人单位与当地农保部门签订了开户合作协议。及时做好政策解释、信访复查、来信转办等信访工作，全年共分办人民来信251封，接待来访65批、183人次。二是推进金融创新，优化科技服务。组织开展金融创新评优表彰工作，对18个金融创新项目进行了表彰奖励。组织推广了在线考试系统等一批优秀科技创新项目。全力推进新一代综合系统建设，完成了整体工程项目的阶段性工作目标。加快业务品种研发，加大与保险机构和省工行、省农发行等单位的业务合作和程序开发。完成了52个软件开发项目建设和推广。推进清算、调剂平台建设，为基层法人单位调剂资金余缺搭建了有效的平台。充分利用现有的网络平台，为全省1200多万农户代发涉农补贴提供及时、快捷的服务，把党和政府的惠农政策直接落实到农户手中。三是强化大局观念，提供系统服务。省联社还积极利用信息结算中心这一服务平台，为全省233家小额贷款公司和4家村镇银行提供安全高效的专业化服务，为农村金融体系的完善提供配套服务。四是强化队伍建设，实施人才强社。完善基层班子成员业绩考核评价体系，组织开展基层班子成员年度考核。扩大竞争性选拔高管范围，集中组织了对无锡、江阴等13家单位20名高管人员竞争上岗选拔入围工作。加强专业人才引进，全年共定向引进科技、法律等各类人才151人。强化对全员的培训工作，全年共举办各类培训50多期，累计参训人员达40000余人次。组织2批50名高管人员赴美、德参加银行风险评价体系专题培训。利用视频会议系统，组织开展产品创新、应用、推广等方面的经验交流。筛选基层单位具有推广应用价值的系统建设项目，利用周末课堂的方式向基层进行普及推广。五是加强信息宣传，提升企业形象。充分利用省联社信息、专刊和简报三个平台，积极开展信息宣传服务。全年共编发简报56期，专刊40期，全年上报信息被省委、省政府办公厅录用40篇，省国资委录用63篇。211篇稿件被《金融时报》、《新华日报》等媒体录用，全省农村信用社的企业形象得到有效提升。（江苏省农村信用社联社　许锦绣）

财政体制改革

2010年，我省财政系统坚持以邓小平理论和"三个代表"重要思想为指导，全面贯彻落实科学发展观，按照省委省政府决策部署，牢固树立"以财政改革促进财政发展"的理念，充分发挥制度的根本性、长期性、全局性和稳定性作用，敢于和善于用改革的办法解决发展中存在的突出矛盾和问题，健全财政体制，创新财政管理，深化财税改革，更好地提升财政可持续发展能力。2010年全省一般预算收入达到4079.86亿元，增长26.4%。

一、坚持完善财政支持保障职能，促进经济发展持续向好

始终坚持"经济决定财政，财政印证经济、财政促进经济"的理念，根据形势的变化及中央和省委省政府的部署，先后实施了稳健的财政政策和积极的财政政策，全力促进经济社会又好又快发展。积极支持扩大居民消费需求，各项鼓励消费的财政政策全面落实，家电、汽车摩托车、农机下乡和汽车、家电以旧换新工作深入推进，家电下乡拉动消费超过139亿元。政府公共投资结构不断优化，争取中央扩内需资金59.72亿元，落实地方政府配套资金44.74亿元，全社会固定资产投资增长22.6%。顺利完成89亿元地方政府债券发行工作。认真落实了增值税转型、小型微利企业所得税优惠等结构性减税政策，严格行政事业性收费和政府性基金项目的审批管理。大力支持实施“三大计划”，省级新兴产业创业投资引导基金新增安排10亿元，总额超过30亿元，推动六大新兴产业全年产值超过2万亿元，占全部工业的23%；充分发挥省级现代服务业发展专项引导资金的带动作用，促进服务业增加值占GDP比重超过40%；省财政安排1.7亿元支持企业重点技术改造，安排7.7亿元支持中小企业产业和技术升级。省级重大科技成果转化、重大科技支撑计划、产学研联合创新和科技公共服务平台建设深入推进；启动实施江苏高校优势学科建设工程，专项资金规模达到10亿元；省级人才引进专项资金增加到每年4亿元。支持推进节能环保，中央和省财政安排47.72亿元，重点支持太湖和淮河流域治污、污水处理管网建设、工业污染源治理。统筹推进区域协调发展，现有区域经济发展扶持政策项项兑现；进一步完善了支持沿海开发的财税政策措施和南北共建园区考核奖励办法。

二、继续完善强农惠农各项政策，全面推进农村综合改革

筹措各类资金大幅度加大对“三农”的投入，巩固和加强“三农”发展基础，有力支持实现了粮食增产、农业增效、农民增收和农村稳定，为农村改革取得新的成效提供有力保障。兑付粮食直补、农资综合补贴、良种补贴、农机具购置补贴资金61.6亿元。省财政安排17.13亿元支持现代农业生产体系建设，高效农业面积达到2660万亩，占耕地比重超过三分之一。安排农业综合开发省以上财政资金18.5亿元，改造中低产田120万亩，建设高标准农田100万亩。农村综合改革不断深化，省财政安排促进农村金融改革发展奖励补偿资金7.33亿元，增长49.5%，355家金融机构获得风险补偿或奖励资金；农业保险试点工作顺利推进，安排财政保费和巨灾风险准备补贴5.4亿元；支持完成全省乡镇机构改革工作，安排专项转移支付资金2.16亿元提高村级组织运转经费保障水平；化解1011个省定经济薄弱村债务5.2亿元；村级公益事业建设一事一议财政奖补政策惠及全省90个县（市、区）和省农垦集团总公司所属国有农场，引导农民筹资筹劳、社会捐助、村集体投入、县乡财政投入10.5亿元；“一折通”综合服务平台进一步完善，全省通过“一折通”发放的财政涉农补贴项目90多项，发放资金总额近130亿元。继续推进财政支农资金整合。在全省范围内开展了强农惠农资金专项清理和检查工作。

三、积极强化民生保障政策，确保城乡居民生活显著改善

牢固树立公共财政“取之于民、用之于民”的理念，注重处理好促进经济发展和收入分配的关系，不断调整和优化财政支出结构，以加大财政投入提高群众生活水平，以提升群众消费能力促进经济可持续发展和财政可持续增收，加快形成公共财政健康平稳运行的良性循环。完善和落实义务教育经费保障机制，将生均公用经费拨款基准定额提高到小学450元、初中650元；向全省城乡义务教育阶段中小学生免费发放教科书；下达专项转移支付经费10.58亿元帮助经济薄弱地区31个县（市、区）实施义务教育学校绩效工资；全面实施免收农村义务教育公办学校寄宿生住宿费政策，受益学生92.5万人；免除了11万名中等职业教育学校农村家庭经济困难学生和涉农专业学生学费。省属高校生均财政拨款基准定额标准提高到4800元；发放高校国家助学金7.17亿元，惠及高校家庭经济困难学生23.9万人；向高校食堂发放临时价格补贴2666万元；省财政安排的122亿元高校化债资金提前一年全部拨付到位。支持实施更加积极的就业政策，全省城镇新增就业超过120万人。完善社会养老保障体系，养老保险省级统筹加快推进，全省养老保险参保人数达1498万人，企业退休人员养老金待遇平均提高10%，新农保参保率达到99%；全省医疗保障制度全面建立，城乡医疗保障覆盖率超过 95%，新型农村合作医疗省补标准提高到人均最高 90 元，城镇居民基本医疗保险政府补助标准提高到每人每年不低于 120 元；苏中、苏北地区农村低保标准提高到每人每月 210 元和 155 元以上；临时物价补贴发放对象进一步扩大，全年全省投入补贴资金 3 亿元，有效缓解了物价上涨对低收入群体基本生活带来的影响。加大对保障性住房建设的支持力度，认真落实相关税费优惠政策，基本建成保障性住房 25.47 万套，全省廉租住房在保户数 7.84 万户，改造各类棚户区 10 万户。医药卫生体制改革不断深化，实施基本药物制度的县（市、区）达到 82 个，占全省县（市、区）总数的 77%；公共卫生与基层医疗卫生事业单位绩效工资制度启动实施；公立医院改革试点顺利推进；医疗救助制度进一步健全，2010 年救助对象超过 300 万人次。公共文化服务体系更趋完善，支持中山陵等 238 家公共文化设施免费开放。社会管理得到加强，政法经费保障体制改革深入推进，省对市县政法转移支付达 16.27 亿元。

四、深入推进科学化精细化管理，进一步完善“四位一体”公共财政管理体系

牢固树立“以财政改革促进财政发展”的理念，充分发挥制度的根本性、长期性、全局性和稳定性作用，敢于和善于用改革的办法解决发展中存在的突出矛盾和问题，健全财政体制，创新财政管理，深化财税改革，更好地提升财政可持续发展能力。政府预算体系框架基本建立，全面编制政府性基金预算，积极推进国有资本经营预算制度试点，启动了省级部门预算编制动态化管理。加强地方政府性债务管理，对地方政府融资平台公司进行清理规范。预算执行的均衡性和时效性明显提高，国库集中收付管理体系更趋完善，省、市、县三级全面推开国库集中支付改革并继续深化，税收收入电子缴库横向联网试点范围继续扩大。非税收入管理不断规范，省级 1556 个执收单位全面实施了非税收入收缴制度改革，国有土地使用权出让收支管理进一步强化。行政事业资产管理制度框架体系初步形成，省级部门单位新增资产配置与部门预算编制相结合工作试点顺利开展。政府采购管理改革深入推进，中小企业政府采购融资平台建设得到加强，世贸组织框架下的政府采购协议谈判进展顺利。财政绩效管理改革稳步推进，出台了江苏省财政专项资金绩效管理办法，预算绩效目标管理试点进一步扩大，财政支出绩效评价长效化机制初步建立。财政监督不断加强，“大监督”机制深入推进，内控制度执行良好，预算公开力度明显加大，行政权力网上公开透明运行顺利通过省政府验收。财政投资评审工作机制不断完善，全省财政投资评审超过 970 亿元，节约财政资金超过 95 亿元。法治财政建设成效显著，财政“五五”普法顺利通过财政部验收。会计人才选拔评价机制进一步完善，会计从业资格全面实行无纸化考试。

（江苏省财政厅　陈　辉　石　斌）

价格体制改革

2010 年是“十一五”的收官之年，也是稳定价格总水平保障群众基本生活任务较重的一年。全省价格系统按照“稳增长、调结构、抓创新、惠民生”决策部署，妥善处理好加强调控监管保障群众基本生活与推进价格改革之间的关系，为稳定价格总水平、促进经济又好又快发展作出了积极贡献。

一、努力稳定消费价格总水平

加强粮油棉、肉蛋菜等重要商品价格走势价格监测预警预报，建立并落实生猪、粮食等农产品价格异动处置应急机制，为价格调控提供依据。出台加强价格调控监管 11 条措施，降低政府投资和国有企业所属的集贸市场摊位费和超市进场费收费标准，对其他主体实行备案制度，努力控制副食品价格上涨势头。积极履行市场价格调控联席会议办公室职责，配合省政府办公厅组织对 13 个省辖市稳定物价政策落实情况开展督查。建立蔬菜价格通报制度，引起各市领导的高度重视，促进了“菜篮子”市长负责制的落实。全面推进民生价格信息公布工作，出台《关于推进民生价格信息公布工作的意见》，扩大民生价格公布品种，逐步从主副食品类拓展到日用消费品类，指导各地从单一公布蔬菜零售价转变为同时公布蔬菜批发价和零售价，引导超市、农贸市场理性定价。主动引导社会舆论，全年召开各类价格新闻发布会或通气会16次，定期发布价格总水平运行情况和我省重要商品价格运行态势等，稳定群众消费心理。

二、运用价格杠杆服务经济社会发展

落实省委、省政府促进沿海开发的要求，及时出台扶持沿海产业园区发展、滩涂开发、造船业发展等7个方面的政策措施。贯彻全省转变经济发展方式会议精神，制定了服务产业结构调整、促进资源环境优化配置、推进节约型社会建设等16项价格举措。为培育壮大我省医药产业，从优化价费环境、实施价格扶持等方面对泰州"中国医药城"作出了8项扶持措施，其中仅减免行政事业性收费一项每年可为区内企业减轻负担1.5亿元。努力优化经济发展环境，我省正进行新一轮的涉企收费项目清理，将再取消、降低一批收费项目和标准，具体方案已报省政府，实施后可直接减轻企业负担超过2.3亿元。

三、深入推进环境资源和要素价格改革

主动向国家发改委争取光伏发电上网电价扶持政策，筹集专项资金2亿多元用于光伏发电企业补贴；出台生物质掺烧发电价格政策，促进能源结构调整。充分发挥价格政策"倒逼机制"作用，对脱硫不达标的发电企业扣减脱硫电价3900万元；提高差别电价执行标准，将高耗能、高污染行业中限制类、淘汰类企业差别电价执行标准分别提高到0.10元、0.30元。督促太湖流域五市落实污水处理费调整政策，按时将标准提高到1.30—1.60元/立方米；继续推进太湖流域化学需氧量排污权有偿使用试点工作，截至2010年底，全省863家企业缴纳了2009—2010年排污指标有偿使用费1.26亿元。

四、努力加强民生价费监管

出台促进房地产市场平稳健康发展，加快推进保障性住房建设的24条意见，强化商品房价格监管。指导扬州、昆山等10多个涨幅过快的市县对新建普通住宅商品房销售价格实行备案管理，何权副省长给予了批示肯定。尝试对高等教育成本实行常态监审，在高校推行学分制收费政策，进一步规范高校收费行为。稳妥推进基本药物制度，将县及县以上非营利性医疗机构销售廉价药以外省定价药品和市场调节价药品的加价率统一降至15%，重新公布了5675个药品的中标零售价格，平均降幅达8.95%。部署开展涉企收费、行业协会收费和电力价格大检查，1—11月份，全省共查处各类价格违法案件1860件，查处价格违法金额1.0亿元，实施经济制裁9830万元。（江苏省物价局 王亚雄）

经济信息管理体制改革

一、深化结构调整，转变发展方式取得新的进展

坚持以"调高调优调强"为基本取向，组织实施新兴产业倍增、服务业提速和传统产业升级"三大计划"，促进工业经济结构的调整优化。一是充分发挥规划引领作用。全面贯彻全省加快转变经济发展方式工作会议精神，率先出台工业经济转型升级实施意见，着手编制"十二五"工业和信息化4个综合规划和25个专项规划，整个规划体系将对今后五年发展起到重要的引领推动作用。二是着力培育新兴产业。制定实施六大新兴产业年度行动计划，出台加快发展软件业政策措施，推进物联网示范应用工程，组织或协同组织中国国际物联网产业博览会、江苏新能源汽车及零部件展洽会、南京软件产业博览会和中国苏州国际节能环保产品与技术展览会，采取多种方式加强与发达国家、先行地区在高新技术、新兴产业领域的合作交流；成立江苏智能电网、新能源汽车、物联网、信息安全、软件外包等产业联盟，一系列扎实有效的推进举措，为全省新兴产业主营业务收入突破2万亿元作出了应有的贡献。三是推进优势产业提升改造。鼓励支持首台首套重大装备研制应用，提升优化工程机械、轨道交通等重点产业链，增强装备行业核心竞争力；组织实施"核高基"和"新一代宽带无线移动通信网"两个国家科技重大专项，注重提升电子信息产业基地、专业园区发展水平；制定石化行业关键产业链优化提升行动方案，并落实到相关地区、企业和项目，去年全省三大主导产业主营业务收入均超万亿。坚持提升改造与淘汰落后并举,围绕纺织服装、冶金、轻工、建材四大传统产业,制定《传统产业升级计划》和《传统产业升级技术改造项目三年滚动计划》,实施自主创新、技术改造、两化融合、节能减排等八大工程,三年投资1.52万亿进行大规模技术改造。以高于全国的标准制定部分行业准入制度,停止审批、核准、备案"两高"和产能过剩行业扩大产能项目。四是促进生产性服务业发展。制订两化融合产业服务示范园认定办法、物流示范基地和示范企业评定管理暂行办法,开展生产性信息服务示范园和物流示范平台创建。组织"第四届中国国际物流科技博览会",开展省重点物流基地、企业及技术中心认定工作,全年物流增加值实现2580亿元,同比增长16.6%。制定《关于加快全省工业设计产业发展的指导意见》,筹备成立省工业设计协会,促进工业设计与产业发展互动并进。

二、加快完善技术创新体系,提升企业和产业创新水平

积极利用现有的职能手段,积极拓展工作的舞台空间,努力发挥经信部门在发展创新型经济中的重要作用。一是编制省重点技术创新计划。围绕企业技术中心创新能力建设、品牌产品质量攻关、重点新产品新技术开发三大方面,编制了2010年省重点技术创新项目计划,安排项目993个,总投资294亿元。预计这些项目完成后,年均可新增销售收入近1600亿元,新增利税300亿元,销售利税率19%。平均每个项目将新增销售收入1.6亿元,利税在3000万元以上。二是加快企业技术创新载体建设。以企业技术中心建设为主,深化中心建设工作内涵,提升企业创新质量效率。(1)扩大领域。由过去的工业领域逐步拓展到建筑领域、物流业。2010年还研究形成了在软件业中建设省级企业技术中心的具体办法,为今年组织认定打下了基础。(2)拓展方式。从企业内部和社会服务两个层面完善企业技术创新体系,在大力建设企业技术中心的同时,积极建设产业技术公共服务平台,为产业创新、企业创新提供公共技术服务。2010年授予扬州光电、数控机床2个产业公共技术平台。(3)加快步伐。2010年,认定省级以上技术中心150家,其中国家级7家;省级企业技术中心中,工业125家,物流业12家,建筑业6家。国家级、省级技术中心的建设步伐明显加快。三是加强企业技术创新能力建设。引导企业加大技术创新投入,根据委党组决策部署,围绕省级技术中心,组织工业转型升级专项引导资金A2类项目138项,支持14个项目补助资金1000万元。同时,积极组织有关企业争取国家创新能力建设项目支持,受国家发展改革委委托做好国家创新能力项目的日常管理和检查验收。四是推动落实优惠政策。对符合条件的国家级企业技术中心,可享受进口设备税收优惠政策。我省39家国家级企业技术中心中,2006—2009年间,14家享受过优惠政策,实际进口商品27938万元,实际减免税5849万元,占进口总额的20.9%。2010年计划进口商品的21家,预计进口额18994万元,其中已有10家减免税1558万元,其余11家正在办理相关手续。

三、实施有效调控,节能降耗完成既定目标

面对上半年节能指标凸现的严峻形势,全系统认真贯彻国务院和省委省政府决策部署,狠抓重点工作落实。一是强化综合协调。提请省政府及时下发了《进一步加大工作力度确保实现2010年度及"十一五"节能减排目标方案》及部门分工,组织对各省辖市和"千家、百家"企业2009年节能目标责任的评价考核,并向社会公告结果。把握自上而下强化节能工作的机遇,主动做好衔接协调工作,促成省人大修订颁布了《江苏省节约能源条例》。二是强化用能管理。对全省1900多家年耗能5000吨标准煤以上的重点用能单位进行监察审计,提出一批超国家和省限额指标、使用国家明令淘汰用能设备的企业名单,对有关企业执行惩罚性电价。三是强化关键措施。以工业锅炉(窑炉)节能改造、余热余压利用、电机系统节能等为重点,加快实施一批节能改造项目,形成300万吨标准煤以上的节能能力。深入推进"千家、百家"企业节能行动,实现了相关年度工作目标。

四、推进兼并重组，优势骨干企业带动作用得到更充分发挥

引导企业把握发展机遇，尊重市场规律，着眼调整转型，实施各种形式的兼并重组，加快做强做大步伐。一是注重政策引导。广泛深入地开展全省企业兼并重组工作调研，认真分析典型案例，总结推广基层经验。依据国务院《关于促进企业兼并重组的意见》，制定切合省情的工作指导意见，着力推进政策创新。二是加强跟踪服务。广泛及时地收集企业兼并重组信息，并通过多种形式加以披露和沟通。对有兼并重组意向的企业，尤其注意指导服务的跟进，致力于促进重大兼并重组方案的顺利实施。建立协调机制，积极服务央企、军企。三是培育优强企业。建立大企业（集团）跟踪监测制度，指导各地制定培育规模骨干企业计划并认真组织实施。公布2009年全省百强企业和百强民营企业名单，营造更加浓厚的发展氛围。

五、完善服务体系，中小企业发展环境继续改进优化

密切关注面广量大的中小企业发展情况，加大扶持力度，提高服务水平，促进其稳定健康和可持续发展。一是完善政策措施。提请省政府出台《关于进一步促进中小企业发展的实施意见》，从完善服务体系、建设服务平台、缓解融资难题、放宽准入门槛、鼓励和引导民间投资、扩大投资领域等方面扶持中小企业发展。会同有关部门承担全省民营经济大会筹备工作，高度负责地向省委、省政府提出加快发展民营经济的政策建议，积极推动以中小企业为主体的民营经济走转型升级之路。二是健全服务体系。建立并不断完善服务中小企业的"12318"体系机制，推进各级成立中小企业服务中心，至去年底市县级中心覆盖率已达97%。加快担保机构体系建设，全年纳入统计的中小企业信用担保机构注册资本金总额300亿元，新增担保额1280亿元。推进创业基地建设，认定50家小企业示范基地，实施"三年万家"微小企业进规模培育工程。三是培育星级服务平台。出台《江苏省中小企业公共服务平台星级评定暂行办法》，认定公布三星级以上公共服务平台110家，完成省政府50项重点任务"重点培育100家中小企业公共平台"的要求。四是开通全省中小企业"96885"免费法律服务热线。整合全省各地100家以上律师事务所、1000名以上专业律师，为全省中小企业提供每天24小时的免费法律咨询服务，建立首个省级中小企业法律公共服务平台。

六、扎实推进信用体系建设，信用体系建设取得新成效

一是初步建成江苏省企业信用基础数据库和服务平台。省级企业信用基础数据库和服务平台项目一期工程系统一期建设已通过初步验收。系统归集40家省级部门和单位及6个省辖市311类信息、2398个数据项、近5600万条记录，涵盖全省125.1万家企业、312.2万个个体工商户和5473家社会团体和民办非企业。为实现政府部门资源共享提供了支撑。数据质量明显提高，省级部门入库数据关联率由去年的73%提高到目前的83%，查得率99%。大力推动信用信息应用取得了初步成效，通过信息共享和比对，省国税局今年查得漏征漏管税源3000户，补缴税款2亿元。二是开展信用管理示范企业创建工作。省经信委、省信用办联合印发了《关于开展信用管理示范企业创建工作的意见》（苏经信信用[2010]292号）和《江苏省2010年信用管理示范企业创建工作实施方案》（苏信用办[2010]13号），制定了以培育信用管理机构健全、信用管理制度完善、信用管理效果明显、社会信用形象良好的创建标准。召开了全省信用管理示范企业创建工作会议，在106家申报企业中择优确定65家企业开展创建工作。采用政府购买服务的方式，引入11家第三方信用服务机构为企业免费提供咨询服务。示范创建工作取得了"一举三得"的较好效果。三是完成工程建设领域项目信息公开和诚信体系建设试点任务。会同省发改、住建、交通、水利等试点部门和南京、无锡、扬州、连云港等试点地区共同努力，圆满完成了试点任务。印发《省级试点部门工程建设领域项目信息公开目录》和《省级试点部门工程建设领域信用信息及数据项》，开通专栏38个。专栏开通率

100%,专栏链接率 100%,目录发布率 100%,获得国家有关部委的肯定。四是加强"信用长三角"区域合作。三省一市信用办共同组织编制并发布了《长三角区域社会信用体系建设规划纲要》,发布备案互认的信用服务机构共 115 家,其中上海市 63 家、浙江省 30 家、我省 22 家,支持备案信用服务机构跨省(市)域开展业务。

七、促进行业协会发展

重点制定行业协会绩效考核办法,并组织贯彻实施,对行业协会规范自身建设起到了强有力的推进作用。积极扶持行业协会举办大型会展、开展重大活动。配合有关部门做好行业协会有关乱收费、小金库等方面的治理工作。(江苏省经济和信息化委员会　韩　晶)

国有企业改革

一、国有企业保持平稳较快发展,"十一五"发展目标任务圆满完成

2010 年全省国有企业认真贯彻党中央、国务院和省委、省政府的决策部署,面对不断变化的宏观经济形势和极为复杂的市场环境,积极开拓保市场,管理提升降成本,加强管控防风险,生产经营保持较快增长,发展态势良好。全年省、市国资委监管企业完成营业收入 4967 亿元,实现利润 421 亿元,同比分别增长 22.47% 和 24.71%;其中省属企业完成营业收入 2149 亿元,实现利润 189 亿元。截至去年底,省市国资委监管企业总资产达到 1.84 万亿元,归属母公司权益 4693 亿元,同比增长 22.02% 和 22.57%。整个"十一五"期间,省属企业生产经营呈现出持续快速的发展态势,规模、实力明显增强,效益、质量显著提升。与"十五"末相比,资产总额增长 1.83 倍、归属母公司所有者权益增长 2.23 倍、营业收入增长 1.11 倍、实现利润增长 3 倍以上。

二、国有资本加快向重点行业和领域集中,资源整合取得明显成效

省属新增国有资本进一步向基础设施、基础产业和战略性新兴产业领域集聚。省属企业通过编制十二五发展战略规划,进一步明确战略定位和主业范围,以规划引领加快企业投资结构调整。经初步统计,2010 年省属企业增量投资主要投向交通、能源、高科技、现代服务业和城乡公用事业领域,上述重点领域项目的投资金额占省属企业全部投资的比重超过 80%。省属企业加大对战略性新兴产业的投资力度,中江公司、国信集团、丝绸集团、汇鸿集团等省属企业投资组建省环保产业股份公司,华泰证券、丝绸集团联合弘毅投资积极组建江苏新兴产业基金。省属企业内部资源整合继续推进,企业把清理劣势企业和低效投资作为资源整合的重点,在确保稳定的基础上,通过合并重组、产权转让、清理注销等多种方式,加快清理退出四级企业、劣势企业、低效参股投资。七户省属企业重组后,把资源整合放在突出位置,加大力度推进。徐矿集团、沿海集团、粮食集团等省属企业结合完善业务结构和组织经营结构,积极清理变现参股投资,严格控制新增参股投资。2010 年,省属企业共对 27 户下属控参股企业实施了清理整合,完成 8 户劣势子企业和 12 项低效参股投资的清理退出,完成 7 户子企业股权、层级调整工作。

三、大力实施企业重组,公司制股份制改革取得新进展

一是实现对外贸企业合并重组的突破。启动省属外贸企业重组,省丝绸集团、省纺织(集团)、弘业集团重组,汇鸿集团、开元集团重组,国信集团、舜天集团重组,重组企业间的资产、人员、管理的整合优化工作积极稳妥向前推进。省属企业数量减少、结构优化、实力增强。二是股权结构多元化继续推进。多家省属企业积极推进下属重点子企业的股权多元化,引进外部投资,优化资本结构,有条件的省属企业积极探索母公司层面引入增量投资。三是更加重视利用资本市场加快改革发展。年内华泰证券等 2 户国有控股公司实现 IPO,舜天船舶等 4 户国有控股公司 IPO 申请和国信地产借壳上市申请上报证监会审批。截至年底,全省有国有控股上市公司 43 户,正在进行或已完成股份制改造的拟上市企业达 47 户。(江苏省人民政府国有资产监督管理委员会　李秀斌　陈泳冰)

银行业金融机构改革

一、城市商业银行

（一）机构设置方面。法人机构继续将机构网点向苏北、向县域延伸。全年城商行设立县域机构13家，至2010年底，城商行县域机构达71家，覆盖率达100%。江苏银行设立北京分行，南京银行设立杭州分行、苏州分行、扬州分行，江苏长江商业银行设立泰州分行。异地城商行在我省相继设立北京银行南京分行、杭州银行南京分行、上海银行苏州分行和无锡支行；广州银行南京分行、南昌银行苏州分行、浙江泰隆商业银行苏州分行、宁波银行无锡分行正在筹建中。

（二）公司治理方面。江苏银行以董监事会换届为契机，董事长与行长分设、监事长到位，董事会增加3名独董，监事会增设监督委员会。南京银行改进监事会履职水平，细化评价规则，开展履职监督、基层调研和专项审计，取得较好效果。

（三）发展方式方面。法人机构积极谋划“转型”之路，业务重点向中小企业回归，江苏银行在全省推广小企业专营中心模式，南京银行将中小企业贷款作为发展的重点，对小企业贷款增量、增速提出下限要求，并大力支持科技型小企业发展；江苏长江商业银行继续坚持小企业、微小企业市场定位。

（四）业务创新方面。江苏银行整合供应链融资等小企业特色产品序列，创新办理省内第一笔跨境贸易人民币结算，南京银行成功发行省内首单中小企业集合票据，获准开办衍生业务资格，开展代办黄金交易业务。

二、农村合作金融机构

（一）积极推进农村商业银行组建。2010年完成了对丹徒联社等16家机构（7家联社、9家农合行）组建农商行前期准备工作的现场验收，向银监会上报了14家农商行的筹建初审意见，批复10家农商行开业、2家农商行筹建（根据银监会的授权）。2010年全省有10家农商行获准开业、7家农商行获准筹建，截至2010年末，全省共有41家农村银行机构，另有7家农商行获准筹建，农村银行合计占全省农合机构总数的71%。

（二）继续推进南北对接和南水北调。2010年，继续深化南北对接，鼓励苏南农商行继续以“跨区域、组团式、全覆盖”的方式到苏北连云港、徐州、盐城三地设立了22家异地支行，并支持苏南农商行在部分苏中地区设立了10家异地支行，为全省南北金融资源的合理配置搭建了平台，有效解决了苏中、苏北地区农村金融供应主体不足、金融服务薄弱等突出问题。此外，继续指导如皋联社和启东联社分别引进苏南农商行作为战略投资者，有效促进了其健康发展。

（三）加快培育新型机构。进一步加强与各类银行业金融机构（包括本省法人银行机构、外省城商行农商行以及国有、股份制等大中型商业银行）的沟通协调，积极落实村镇银行主发起行，认真指导开展村镇银行组建前期、筹建、开业等各项工作，2010年全省有15家村镇银行获准开业。

（四）督促机构实施股权改造。督促指导农村中小金融机构结合农村银行组建以及增资扩股等工作，于2010年底完成资格股改造工作，努力提高法人股占比，根据财政部等五部委的联合发文要求，规范内部职工持股，选择优质企业法人股东。目前全省农合机构的资格股改造工作基本完成，仅剩下少量扫尾工作。

（五）支持农商行发展壮大。支持农商行到省外设立异地支行、村镇银行或参股其他银行业金融机构。目前江阴农商行在省外设立的4家支行、射阳农商行主发起的武陟射阳村镇银行、江南农商行主发起的江南上海村镇银行已获准开业。支持东吴农商行在实施增资扩股的基础上（注册资本增加至30亿元），更名改制为苏州银行，改制后的苏州银行成为一家主要为地方经济和中小企业服务的现代化股份制商业银行。

（六）巩固基层网点布局，严控农村网点撤并。2010年初转发了《中国银监会办公厅关于加强农村中小金融机构营业网点监管工作的通知》（银监办发［2010］87号），加强对机构网点调整的监督管理，对农村网点的撤并不予审批，对个别网点的持续发展问题，督促机构以迁址方式解决，确保江苏省现有农村中小金融机构营业网点总量稳定，保证农村金融服务。截至2010 年末全省农村中小金融机构共有 3128 个网点，比年初增加 73 个。

三、非银行金融机构

（一）机构发展迅速，数量种类均有突破。

1. 重组 1 家信托公司。经多方配合，原南京市信托投资公司完成重新登记后，引进了日本住友信托银行作为外资股东，并更名为紫金信托有限责任公司，于 2010 年 11 月正式开业。

2. 新增 2 家财务公司。沙钢财务及国信财务公司分别于今年 4 月和 12 月获准开业，开业后运转情况良好，辖内财务公司队伍由原来的 5 家发展扩大为 7 家。

3. 拟筹建 1 家汽车金融公司。由中信银行主发起，拟在苏州筹建中信银行汽车金融公司，筹建材料已经银监会通过后上报国务院待批，其将成为省内第一家汽车金融公司，省内非银机构种类有了新突破。

（二）股权改革持续推进，法人治理日趋完善。

1. 江苏信托股权多元化取得进展。2010年，江苏信托股权多元化工作取得实质进展，目前已与 3 家大型企业签订转让 20% 股权协议，资产评估等工作已完成并取得国资委认可。

2. 国联财务增资扩股。国联财务业务发展迅速，本年度国联财务引入了 3 家合格的新股东，资本金从 1.2 亿元增至 5 亿元，资本实力增长了 3 倍，为进一步开展新业务打好基础。

3. 江苏金融租赁引入战略投资者。2010年度江苏金融租赁成功引入 IFC 作为战投，注册资本增长了 11%，增强了资本实力，扩大了业务发展空间。

（三）业务改革积极稳妥，产品创新显成效

1. 信托产品不断丰富。辖内信托公司针对不同层次客户的投、融资需求先后推出了一系列信托产品。如针对新农村建设的“农利丰”系列、进行私募股权组合投资“创富”系列、面向中小企业的“新兴产业 1 号”和“中小企业投融资计划”、满足高端投资客户的房地产三代产品等信托计划。

2. 财务公司金融服务能力增强。本年度红豆财务成功获批金融股权投资和承销成员企业债券两项新业务，扩充了业务范围，提升了金融服务能力。

3. 江苏金融租赁成功发债。经与银监会、人民银行多次沟通，江苏租赁本年度获准成为全国首批发行金融债的金融租赁公司，成功在全国银行间债券市场发行 5 亿元金融债券，扩大了资金来源渠道，优化了长短期资金结构。

（江苏省银监局　崔　龙）

金融宏观调控改革

2010 年，面对复杂多变的国内外经济金融形势，人民银行南京分行在总行的正确领导和苏皖两省省委、省政府的关心指导下，认真贯彻落实适度宽松货币政策，紧密结合苏皖实际，着力增强政策执行的针对性、灵活性和有效性，不断优化辖区金融生态环境，推进金融改革创新，维护金融稳定，进一步提升金融服务水平，加强和改进外汇管理，各项工作取得了明显的成效，有力促进了辖区经济结构调整升级和发展方式加快转变。

一、完善金融调控政策措施，积极支持辖区经济科学发展

一是着力增强执行货币政策的针对性、灵活性和有效性，全力支持辖区经济健康平稳运行。按照“总量适度、节奏平稳、结构调整、风险防范”的要求，认真执行适度宽松的货币政策，引导金融机构合理、均衡投放货币信贷，保持信贷总量的增长与全省经济的规模、效益和水平相适应，信贷结构的调整与全省经济发展方式加快转变的要求相协调。二是充分发挥信贷政策的引导作用，推动辖区经济结构转型升级。采取搭建银企对接平台、创新金融服务、加强政策协调配合等多种举措，引导信贷资金向高科技企业倾斜、向先进制造业和现代服务业倾斜、向沿海地区和苏北地区倾斜。三是充分发挥货币政策工具的引导功能，大力开展金融市场创新。以再贴现引导和支持小面额、中小机构、中小企业票据（“三小票”）以及“三农”和县域票据发展，充分发挥再贴现对票据市场和信贷投向的引导功能。

二、积极推进金融生态县建设，进一步优化辖区金融生态环境

坚持强化组织领导、完善考评机制，扎实开展辖区金融生态县创建工作，基层金融生态环境进一步优化。截至11月末，全省共有11个县（市、区）被评为“金融生态示范县”，33个县（市、区）被评为“金融生态达标县”。中央电视台、《新华日报》、《金融时报》等多家媒体对我分行金融生态县建设成效进行了宣传报道。

三、有序推动辖区金融改革

及时反映已改制大型银行改革的实际效果和改革中出现的新情况、新问题，持续跟踪调查农业银行股改绩效情况，加强对进出口银行、农发行、中信保等政策性金融机构改革问题的研究，对江苏证券、保险业改革发展情况进行监测分析。着力推进地方金融改革进程，及时总结江苏新型农村金融组织近年来发展情况，积极协助省政府推动科技小额贷款公司试点，确保辖区金融改革与金融稳定的有机结合。

四、依托管理和科技创新，进一步提升金融服务功能和服务水平

一是创新开展金融消费者权益保护试点工作。在辖区建立健全组织机构和工作机制，全面启动人民银行履职领域金融消费者权益保护工作试点。二是积极推动现代支付体系建设和支付结算工作创新。深入推进江苏省农村支付结算“快通工程”建设，初步建立非金融支付服务机构管理体系。创新结算工具，推广金融IC卡多领域应用有重大突破，组织完成了电子商业汇票系统在江苏省的全面推广应用。三是创新优化国库管理与服务。进一步扩大财税库银横向联网系统推广面，继续扩大国库直接支付领域，开发了“出口退税联网系统”，实现了出口退税电子化、无纸化处理。四是加强征信系统建设，促进征信业健康发展。五是加强金融科技创新，提升金融业信息安全水平。建设“金融信息科技信息共享平台”，为人民银行和金融机构之间的信息沟通提供便利渠道。规范辖区城市金融网管理办法，保障辖内金融业的信息安全。

五、加强和改进外汇管理与服务，有力助推外向型经济健康发展

一是率先开展重大外汇管理改革试点。积极开展进口核销制度改革试点、出口收入存放境外运作改革试点和个人本外币特许兑换业务试点业务的开展，减轻企业和银行的负担，促进投资贸易便利化。将代理远期结售汇业务试点银行代理远期业务资格扩大至省外分支机构，并允许其被代理行数量从一家扩大到三家，使代理价格的选择更加灵活，有效解决了地方法人银行因衍生产品运用受限不能为中小涉外企业提供基础避险工具的问题。二是着力完善外汇监管。按照五个转变的要求，通过制度创新、技术创新和手段创新，初步实施全口径经常项目外汇主体监管。借助相互连通的直接投资、贸易信贷和外债统计监测综合利用系统，探索建立资本项目主体监测框架，进一步提升主体监测效果。

六、认真开展跨境贸易人民币结算试点工作，进一步促进投资贸易便利化

作为第二批跨境贸易人民币结算试点地区，根据国务院批复和总行会议精神，正式成立“跨境贸易人民币结算试点工作小组”。主动加强与政府及相关部门的协调沟通，及时制定试点工作操作指引，做好前期宣传。试点正式启动后，一方面联合相关部门举办各种政策辅导和业务推介活动，另一方面顺利完成出口试点企业的审核推荐和系统安装。截至11月15日，全省13个省辖市全部顺利开办试点业务，省内17家银行共为368家企业办理试点业务累计870笔，交易涉及38个境外国家和地区，结算金额达到161亿元，位列全国第四，在第二批扩大试点地区中位列第二。12月，跨境贸易人民币结算出口试点开始启动。同时，人民币对外直接投资、境外放款等跨境资本项目业务也逐步跟进，金额已达9.4亿元，试点成效初显。（人民银行南京分行　卜建明）

商务体制改革

2010 年是我省内外贸合并运行的第一年，也是继续应对国际金融危机、保持经济平稳较快发展的关键一年，同时也是全面完成“十一五”规划的最后一年。我们按照省委、省政府关于加快转变经济发展方式的战略部署和“位次不后移、份额不减少、水平再提高”的要求，加强政策支持力度，着力提高利用外资质量，加快转变外贸发展方式，创新开发区发展模式，加快服务贸易和服务外包发展，引导和推动企业“走出去”，坚持扩大内需特别是消费需求的战略，充分挖掘内需的巨大潜力，加快形成消费、投资、出口协调拉动经济增长新局面。主动适应国内外形势变化，注重创新工作方法，扎实推进各项工作，取得明显成效。

一、完成内外贸合并组建商务厅

2010 年 2 月 26 日，江苏省政府正式批准省商务厅“三定”方案，省商务厅召开大会宣布顺利完成组建工作，内外贸合署办公。这是我省商务事业发展史上具有里程碑意义的一件大事，它标志着我省流通领域管理体制进行了重大调整，进入了内外贸统筹管理、协调发展的新阶段。组建后，省商务厅承担全省内外贸管理职责。内外贸管理职责的整合，对于我省开拓国际、国内两个市场，合理配置两种资源，促进内外贸一体化，实现内外贸协调发展，建立健全统一、开放、竞争、有序的现代化市场体系有着重要而积极的意义。

二、编制“十二五”时期商务领域发展规划

认真分析了国内外发展的新情况、新变化，从解决制约科学发展的重大体制性问题入手，研究提出中长期改革总体思路，科学编制“十二五”时期商务领域改革规划，进一步提高统筹推进商务改革的能力和水平。根据新机构的职责定位和工作特点，积极探索适应新形势、新任务和新要求的统一、高效的工作机制，按照新职责，履行新使命，进一步统筹国内市场与国际市场，更好服务企业、服务基层、服务商务发展大局，为开创全省商务工作新局面做出更大贡献。

三、深化行政管理体制改革

按照政事分开、事企分开和管办分离的原则，制订出台分类推进事业单位改革的总体文件及相关配套文件。2010 年 11 月，省商务厅召开直属事业单位工作会议，对我厅直属事业单位的建设、管理、发展等问题进行专题研究和部署。会议就落实商务厅“三定”方案，履行商务厅的职责，加强事业单位建设，充分发挥机关、事业单位的合力，扩大事业单位自主权，减少机关对事业单位具体管理，减少对事业单位事务性、技术性等具体事务的干预，明确事业单位独立法人地位，使事业单位自主管理微观运营事务；同时，厅机关要强化对事业单位的宏观管理，加强绩效管理和目标考核，确保事业单位服务质量和效率不断提高，确保事业单位公益目标的更好实现。促进商务各项工作任务高效率、高质量地完成。

四、进一步优化外经贸发展环境

进一步扩大开放领域，推动简政放权，放大政策效应，加快先行先试步伐，不断加大改革创新力度。为便于管理、便捷企业，我省商务系统已全面推行首问负责、限期办结等各项服务承诺。电子口岸建设已进入实质性阶段。此外，省商务厅与海关、商检、外管、银行等部门加强联系和合作，从货物通关、出口退税、用工成本、信用保险、收结汇以及各种费用等方面继续为出口企业做好服务，减少环节，提高效率，进一步提高贸易便利化程度，营造有利于外经贸健康发展的综合服务环境。改进审批工作，提高工作效率。为贯彻落实(商务部令 2009 年第五号)《境外投资管理办法》，按境外投资核准的各项要求，将境外投资便利化落到实处，出台了“境外投资核准工作暂行规定”，简化境外投资核准程序。

五、积极完善市场体系

一是全面推广代审代垫，实行销售、审核、兑付一站式服务。二是实行销售网点核查备案，开展电动自行车招标。三是加强产品质量监管。会同省有关部门，加强对下乡家电质量的监管与督查，确保下乡产品物美质优。四是全面推进汽车以旧换新。通过补贴政策，鼓励有关车主提前报废有关车辆。五是完善联合办公制度,各地商务、财政、环保部门密切配合,实行工作日集中受理制度,确保服务窗口正常运行。六是进一步加强市场建设与管理。推进批发市场做大做强、推进网点规划编制工作,实施“双百市场工程”,加强特种行业的管理。

六、坚持扩大内需政策

加快推进市场体系建设、大企业培育、新兴产业助推三大工程步伐。家电下乡、汽车以旧换新各项指标领先全国。实施万村千乡市场工程:一是加快农家店的建设。按照全年新建改建3000个农家店的目标,在科学规划、合理布局的基础上,重点推进空白乡镇和行政村的农家店建设,进一步提高农家店的覆盖率。二是加紧配送中心建设。根据高于国家标准的要求,重点支持面向农村市场的物流配送中心建设,不断提高对农家店的配送率。在选择承办主体时,优先考虑有较强配送能力的企业。三是提高农家店运营质量。鼓励引入非处方药、品牌专业店、通讯收费等业务,不断拓展经营范围和服务项目。对各地农家店存活率进行考核,促进整体运营水平的提高。

七、采取有效措施,积极应对贸易摩擦

首先,在全国率先建立了应对国际贸易争端联席会议制度;其次,积极配合中央政府在WTO框架中开展贸易争端谈判工作;第三,进一步建立健全了公平贸易预警监控机制。

八、研究出台相关政策

2010年省商务厅研究制订关于加快转变商务发展方式的意见;会同财政厅出台了《关于调整专项资金结构加快商务领域科学发展的指导意见》(2010—2012);研究修订了外商投资相关法律法规,进一步简化和规范外资审批程序;建立了外资并购安全审查制度;制订出台境外投资条例,加快完善境外投资促进政策和服务体系;进一步完善对小企业的支持政策;健全小企业信用担保体系;开展支持小企业融资的金融产品创新试点;研究制订促进小企业发展政策。

九、建立完善外贸信用风险防范预警体系

省商务厅与出口信保、人行、外管部门开展沟通合作,建立“外贸风险预警平台”,及时向企业发布外贸风险信息、剖析典型案例、交流应对经验,指导企业应对贸易风险。(江苏省商务厅 吴贵乾)

工商管理体制改革

2010年,全省工商管理系统在科学发展观的指引下,以促进经济发展方式加快转变为中心,以牢牢把握“四个只有”、深化建设“三型工商”为主线,以落实26条政策措施为抓手,充分发挥职能作用,进一步深化了市场准入机制和监管体制改革,较好地完成了全年的目标任务。

一、推动新兴产业跨越发展,产业结构优化升级成效突出

大力支持新兴产业跨越发展和现代服务业加速发展,对重点园区、重点企业和重点项目实行提前介入、跟踪服务,全省新登记新兴产业企业6215户,现代服务业企业37963户。大力支持文化产业发展,共帮助60家经营性文化事业单位完成了转企改制,帮助组建3个文化产业投资平台,探索登记了以有限合伙企业形式运作的文化产业发展基金。利用股权出资、分立合并、增资扩股等工商登记手段帮助企业组建集团264家。大力促进民营经济转型升级,帮助11122户个体工商户转型为企业,2479家个人独资、合伙企业转型为有限公司,辅导40户民营企业成功上市。对全省广告业发展进行了专题调研,完成了广告业发展政策意见和“十二五”规划制订的前期工作。主动服务沿海开发战略,帮助组建了江苏沿海开发集团,南通、盐城、连云港三地工商部门建立了共同服务沿海开发协作机制。

二、深入实施商标战略,品牌强省建设提升到新高度

省工商局提请省政府召开全省会议、出台规划意见、设立专项经费,深入推进实施商标战略工作,各市县迅速跟进部署,初步形成了“政府推动、部门联动、企业主动、社会互动”的工作格局。加大商标战略宣传培训力度,开通了江苏商标网,首度发布了《江苏商标战略实施年度报告》,举办了首期品牌管理师培训班。积极推进商标注册和高知名度商标培育，全省新增省级产业集群品牌培育基地 20 家，注册商标近 8 万件，著名商标 200 余件，驰名商标 63 件，其中驰名商标认定数创年度新高。截至目前，全省共有国内有效注册商标 28 万件，国际注册商标 750 件，行政认定驰名商标 199 件，著名商标 2300 余件，均位居全国前列。苏州、无锡、南京三市和红豆集团被认定为国家商标战略实施示范城市和示范企业。围绕品牌强省建设的商标宣传和保护工作机制得到了进一步加强，商标战略实施的内外部环境不断优化。

三、强化行政指导与帮扶，市场主体发展再上新台阶

通过争取扩大登记授权、创新审批登记模式、建设网上服务平台、完善优质服务制度等措施，着力营造更加便捷高效的市场主体准入环境，全系统获得总局外资登记授权的单位数居全国之首，各级登记窗口服务水平普遍保持当地领先水平。盐城在全国率先实行外资企业分段审批登记制度，南京、常州、扬州试点开发了网上登记系统，昆山、江阴、扬州、淮安实行了并联审批服务模式，苏州开展了食品流通经营个体工商户证照核发一体化试点，并核发了全国第一张外商投资合伙企业营业执照。千方百计帮助市场主体拓宽融资渠道，全省共办理股权出质 2845 件、动产抵押 8155 件、商标质押 11 件，为企业融资 1928.2 亿元，连云港、镇江、常州还以市场经营户、个体工商户信用评定和个私协会协调担保等形式争取银行授信，努力帮助市场主体缓解融资难题。广泛开展行政指导，加强对困难企业的帮扶，共走访企业 167434 户，解决企业提出的问题 13462 项，允许 1048 户外资企业延长出资期限、1839 户外资企业保留经营资格。深入开展合同助企行动，建立基层合同指导站 1774 个，调解合同争议 1375 起，连云港还联合法院成立了全国首家民商事行政调解中心。

四、推进新农村建设，支持农村改革发展扎实有效

促进农村经济合作组织加快发展，全省已登记专业合作社 31428 户、农村社区和土地股份合作社 295 户、合作联社 12 户。积极支持农村金融体制创新，全省已登记农村小额贷款公司 150 家，注册资本达 172 亿元。大力发展品牌农业，新增地理标志 8 件，总数达 45 件，全省注册农副产品商标累计达 3.8 万件。切实规范和加强农资市场监管，立案查处农资案件 2512 件，查获假劣农资商品案值 2192.88 万元。盐城、淮安等地工商部门推广使用了农资市场信息化监管系统，农资市场长效监管机制逐步建立。各地还结合实际开展了各具特色的支农服务行动，泰州开展的“基层分局(所)与百名大学生村官结对服务”活动，徐州开展的送知识、送技能、送服务下乡系列活动，赢得了农村广大干群的欢迎。

五、深入推进放心消费创建，维权救助体系不断完善

切实履行放心消费创建办公室职能，提请省、市、县政府层层召开会议，并协调各成员单位深入推进放心消费创建活动。通过开设专题网站、张贴创建标识、推广主题歌等形式，进一步营造了共创放心消费环境的社会氛围。积极拓展企业、行业、区域创建活动覆盖面，全省与消费安全密切相关的企业参创率达 65.2%，乡镇街道参创率达 83.2%。大力实施为民惠民放心消费实事工程，南通、连云港、扬州、镇江、无锡、南京、徐州等地积极推行校园食品安全、农贸市场升级改造、豆制品集中加工连锁经营、机动车维修、装饰装潢和农资农机连锁经营等实事工程，在社会上引起了广泛的反响。深入推进扩大 12315 进商场、进超市、进市场、进企业、进学校，“一会两站”实现农村村镇和城市社区全覆盖并且逐步走向规范化。完善了诉调对接、消费争议和解以及苏港澳等异地消费维权联动等工作机制，及时高效化解各类消费矛盾纠纷。

六、转变执法监管方式，监管机制创新持续推进

加强市场主体综合监管信息平台建设，积极创新和落实企业分类监管制度，宿迁、徐州、淮安、镇江、常州、南通、苏州工业园区采取两联制、岗区制等多种形式落实基层监管责任制、推进基层监管精细化，全系统对重点行业市场主体实地检查率达其总数的96.63%，实施警示管理18.81万户次，限制相关行为18.18万户，纳入限制管理的法定代表人10.91万人次。深入开展平安市场和文明诚信市场创建活动，加强市场信用建设和监管，全省完成信用认定的市场达3781家，开展经营者信用评定的市场2066家，分别占总数的96.1%和52.5%，有75个市场被省文明办、省工商局、省市场协会评定为"省级文明诚信市场"。徐州在全省率先实现了乡镇集贸市场登记率100%的目标。坚持"以网管网"，开通了江苏工商网络商品交易监管服务平台，出台了平台工作规范，在全国率先全面建立了涵盖全省各类网站主体的数据库，组织省内29家大型网络交易平台发出诚信自律倡议，至目前监管平台已有各类网站数据近43万个，其中经营性网站17.3万个，受理消费者申投诉43起，办结率达100%。积极推行相对集中办案、案源集中管理、专业化办案等机制，整合执法资源，改进办案模式，全系统共查办各类经济违法案件9826件，案值21.02亿元，连云港的项目化执法、泰州的行业分类整治等做法形成了专业化办案的雏形。

七、深入推进依法行政，法治型工商建设向更高层次迈进

积极创建依法行政示范点，着力构建依法行政教育、责任、制度、监督、考评"五大体系"。完善了全系统依法行政工作考核方案，促进了各单位主要负责人切实担负起依法行政第一责任人的责任。加强了基层法制建设，夯实了依法行政工作基础。严格工商行政管理执法证的管理和换发，切实规范了执法主体资格。对行政权力重新进行了清理审核，新制定各项业务工作规范18项，促进了执法规范化建设。加大执法监督力度，省工商局组织审查行政争议案件19件，评查案卷273件，镇江推行了开门审案制度，宿迁出台了自由裁量权计算公式，有效促进了办案质量的提高。（江苏省工商行政管理局　徐　楠）

住房和城乡建设改革

2010年全省城乡建设系统以科学发展观为指导，按照"关注民生、推进发展、促进转型"的总体工作思路，进一步深化建设领域各项改革，积极调整产业结构，加快推进转型升级，深化建筑企业改革，大力拓展建筑市场，积极倡导科技创新，全力保障民生住房，着力提升全省城乡规划建设和管理水平，取得了积极进展。

一、加快结构调整步伐，综合实力不断增强

围绕"保增长、调结构、促转型"的总体要求，调整和优化建筑企业结构，培育优势企业、扶持专业企业、发展劳务企业、鼓励多元经营。2010年，我省在全国率先出台了《推动建筑业产业结构调整、加快转型升级的若干意见》。据统计，我省一级以上建筑企业产值已突破6000亿元，产业集中度由55%上升到58%以上，全省有15家企业施工产值超100亿元，5家企业进入国际工程承包商225强、13家企业进入中国工程承包商60强。基础设施企业和专业企业共完成产值4500亿元，较上年同期增长29.42%，占到全省建筑业产值总量的38.3%，专业一级企业由五年前的数十家增加到378家，专业施工领域扩展到40多个门类。目前，江苏建筑业在国内已形成京津冀、沪浙皖、东三蒙、晋鲁豫、陕鄂渝、粤闽琼等六大集约化市场。2010年，江苏出省施工人员161万人，实现建筑业总产值4400多亿元；出国施工人数7.3万人，完成境外营业额50亿美元，并在129个国家和地区开辟了境外市场业务，建筑外经营业额超亿美元的企业达12家。

二、加大科技成果推广，推动产业转型升级

充分发挥科技先导作用，加大新技术、新材料和新设备的推广应用，创新管理机制，推动建筑产业由数量型、速度型、粗放型、劳动密集型向质量型、效益型、集约型、科技型的转变。2010年，省住建厅发布实施各类工程建设标准和标准设计39项，审查推广500余项科技成果项目，推广数量比2009年增加约50%。大力推进建筑节能示范工作，按照由工程示范向区域示范、由单项技术示范向技术集成应用示范的要求,扶持“建筑节能和绿色建筑示范区”,加强示范项目检查和绩效评估,指导可再生能源建筑应用的城市示范和农村示范工作。修订了《江苏省省级节能减排(建筑节能)专项引导资金管理暂行办法》,制定了节能示范区实施条件和建设指标,确定了 47 项、补助资金 15906 万元的建筑节能专项引导资金项目,为 4 项节约型校园建设项目、9 项太阳能光电建筑应用示范项目、3 项可再生能源建筑应用城市示范和示范县项目,争取国家财政资金支持 2.3 亿元。积极推动建筑节能服务产业发展,开展建设领域“合同能源管理项目”,推行绿色建筑评价标识工作。

三、深化建筑企业改革,增强企业发展活力

我省建筑企业改革改制步伐进一步加快,建筑企业产权制度改革、管理制度改革、劳动用工制度改革和分配制度改革全面深化。苏中、苏南地区企业的股份制改革基本完成,形成了南通四建、苏州二建、中南集团、华建集团等以股份制为纽带,集团化经营的多种发展模式。苏中、苏北等部分未改制到位的地区也加大了以企业产权制度为核心的改革力度,一些久拖未决的“老大难”问题得到了有效的解决。目前,全省 32 家特级企业全部改制到位,780 多家一级企业 80% 以上进行了股份制改革,发展活力显著增强,生产效益稳步提升。我省建筑业发展已步入“快车道”,连续多年保持高速增长。2009 年,我省成为全国第一个建筑业总产值突破万亿元的省份;2010 年,全省建筑业总产值再创新高,突破 12000 亿,建筑业增加值突破 2300 亿,占全省 GDP 比重 6.2%。

四、创新政府监管体制,提升政府行政效能

着力改进政府监管体制,创新工作手段,全面提升政府行政效能,加快城乡建设步伐。加快推进全省数字化城管系统建设,逐步建立完善城市管理高位协调机制和对各相关部门的绩效综合考评机制,全省共有 39 个市、县开展了“数字城管”工作,其中 20 个城市的数字城管系统投入运行,形成了“大城管”格局。推进市政公用事业市场化改革,鼓励社会资本、民营资本等各类资金投入市政公用事业基础设施建设,通过 BOT 等方式建设了一批城镇污水处理厂、垃圾焚烧发电厂等项目,全省 13 个省辖城市的供水、供气、污水处理和垃圾处理等行业市场化改革改制的比例超过 50%,累计融资近百亿元。稳步推进建筑节能监管体系建设,加强建筑能耗调查和节能信息统计工作,启动国家机关办公建筑和大型公共建筑能耗定额方法研究工作,加快建筑能耗监测平台建设。今年 7 月,省住建厅发布实施了《住宅工程质量分户验收规程》,凡未经分户验收或分户验收不合格的一律不得进行竣工验收,并将保障性住房、拆迁安置房全部纳入分户验收范围,目前,全省住宅工程质量分户验收覆盖率和合格率达 100%,住宅工程质量明显上升,投诉率大大降低。率先探索推行远程异地评标管理,实现了评标过程的“四化”,即“标书电子化”、“评委异地化”、“评标远程化”、“管理网络化”,完成了所有地区和所有政府投资工程全覆盖的工作目标。

五、科技创新成果丰硕,人才培育不苟形式

我省建设科技成果丰硕,获奖总数再创历史新高。其中,获国家批准立项的科技项目 92 项,获建设部华夏建设科学技术奖 5 项,获江苏省建设科学技术奖 29 项,各类科技成果鉴定项目近 50 项。目前,全省已建立并通过省级建筑企业技术研发中心共 31 个,特级企业拥有发明专利近 300 项,建筑业十项新技术得到广泛应用,20 多项工程通过了国家级建筑业新技术应用示范工程的验收,在城市建设、施工技术等多个重点领域的一批制约发展的热点、难点问题得到了解决。为加强城乡建设科技研究与示范,今年我省以支撑节约型城乡建设为主题,完成了全省节约型城乡建设绿色照明、垃圾资源化利用、节水型城市建设、市政管廊等案例集编写工作,下达科研攻关与示范项目 78 项、补助研究经费 300 万元。采取专题研讨、以会代训、举办论坛、送教上门等多种形式,着力加大了对企业家、企业高管、技术团队、项目经理、技师工长和劳务队伍等“六支队伍”的培训力度。配合省政府推进“六大高峰人才”工作,组织开展了全省第七批资助项目的申报、推荐工作;举办了第二届建筑企业信息化论坛、建筑企业发展高层论坛和全省建造师、项目经理培训等4期论坛和培训，培训高级管理人才1400人；开展技术人员职业技能培训和考核，培训考核施工员、机械员、资料员等各类岗位41031人。

六、着力推行住房改革，确保百姓住有所居

为推进城市化进程、改善人民居住环境，我省注重培育、规范和稳定房地产市场，防止房价过快上涨，通过金融、税收、土地供应、商品房预销售、住房建设规划和行政措施，保持房地产市场健康平稳发展。逐步扩大住房保障的覆盖面，实施住房保障申请、受理、审核的“三审两公示”工作制度，建立具有江苏特色的以廉租住房制度保障低保家庭，以经济适用住房制度保障低收入家庭，以公共租赁住房制度保障新就业人员和外来务工人员，并以住房公积金制度为有益补充的住房保障制度体系，实现了低保住房困难家庭申请廉租住房实物配租和租赁补贴应保尽保，低收入住房困难家庭申请购买经济适用住房和廉租住房租赁补贴应保尽保。城镇房屋拆迁管理得到进一步加强，完善了城镇房屋拆迁年度计划备案制度，建立了城镇房屋拆迁项目社会稳定风险评估制度。全面推进成品住房全装修工作，制定实施了全国第一部《成品住房装修技术标准》。引导各地开展节能环保型住宅开发建设，组织编写了“节能省地环保型住宅”和“成品住房全装修”案例集在全省推广。（江苏省住房和城乡建设厅　韩建忠）

国土资源管理体制改革

2010年，全省国土资源管理系统认真贯彻落实省委、省政府和国土资源部的决策部署，积极探索服务扩内需、保增长、调结构的新机制、新举措，加强土地调控，严把供应闸门，把土地作为调整经济结构、促进产业优化升级的重要手段，坚持“严格制度不动摇，用地标准不能降，耕地红线不能退”，全力为扩内需、调结构、促发展做好用地服务。

一、科学合理用地，竭诚保障发展

国土资源部下达我省2010年度新增建设用地计划后，我厅综合参考影响土地计划指标分配的4大类8项因素，经省政府同意，迅速将计划进行细化分解，并直接下达到全省52个县（市）。2010年，全省土地供应总量为66.21万亩，同比增长17.23%，安排“点供”项目152个，总投资额45.18亿美元、1405.35亿人民币，引导用地企业向新兴产业、现代服务业等项目集中。进一步提高项目用地门槛，提升节约集约利用水平，苏南重大项目投资强度实现了每亩507万元。大力规范土地市场行为，上半年通报13宗闲置土地企业，下半年对土地招拍挂公告行为进行专项治理。加强对房地产市场用地调控，认真开展房地产市场用地专项清理，加强土地出让公告内容审核，引导土地市场健康平稳发展。2010年，住宅用地供地量19.95万亩，经济适用房、廉租房（含公共租赁房）等用地3.09万亩，占总住宅用地的15.48%，其中廉租房（含公共租赁房）用地供应量同比增长554.59%。

二、加大巡查力度，全力规范管理

2010年省政府两次就查处整改工作进行专门部署，两次成立政府有关领导带队的工作组对重点地区进行土地执法巡查，倒排时间，倒逼进度，限期整改，以前所未有的力度和声势，强力整肃用地秩序。强化执法监管共同责任机制，5月份联合省纪委、省委组织部等五部门制定出台《江苏省党政领导干部违反土地管理规定行为责任追究暂行办法》。加大力度严肃查处违法违规用地行为，重点清查“未报即用”违法用地行为。上半年确定了12个“土地执法管理重点县”，暂停该地区三个月新上项目农用地转用、土地征收审批和省级用地计划“点供”。全省共立案查处土地违法案件716件，收回土地4571.7亩，依法追究党政纪责任102人，移送司法机关追究刑事责任5人。认真落实2009年度卫片执法检查工作要求，督促各地全面整改，顺利通过国土资源部检查，全省实现“零约谈、零问责”的目标，我省共获国土资源部奖励计划指标6.22万亩。积极开展全省征地拆迁专项治理，认真做好行政复议和征地补偿争议协调和裁决工作，切实维护被征地农民权益。

三、创新工作机制，提高保障能力

继续稳妥推进“万顷良田建设工程”试点。

2010 年,全省 13 个省辖市有 57 个县(市、区)正式向省厅提交了“万顷良田建设工程”试点申请项目 63 个,涉及土地总规模 118.91 万亩,计划新增耕地面积 18.81 万亩。已批准实施的试点工程共 38 个,涉及建设规模 72.78 万亩,计划新增耕地面积 11.75 万亩,可复垦建设用地 8.34 万亩。大力开展农村土地整治工作,省政府 2010 年 12 月份专门召开全省农村土地整治示范区建设工作会议,与项目所在县(市、区)签署部省合作整体推进农村土地整治示范建设目标管理责任书。扎实开展国土资源节约集约模范县(市)创建活动,江阴市、金坛市在 2010 年 12 月全国节约集约模范县(市)创建活动经验交流会上发言,《人民日报》、《国土资源报》等媒体刊登了两地创建的经验文章。积极转化地质找矿大讨论活动成果,扎实开展全省矿产资源潜力评价工作,为部署地质找矿工作提供了依据。有序实施《江苏省矿产资源总体规划(2008—2015 年)》,编制了《江苏省新一轮矿产资源开发整合方案》。加强地质环境保护,全面排查地质灾害隐患点、危险点,全省连续 7 年实现地质灾害人员零伤亡。

四、加强制度建设,维护群众权益

针对征地拆迁矛盾较为突出的现象,在认真调研的基础上,我厅牵头起草了《江苏省征地补偿和被征地农民社会保障条例(草案)》,旨在通过新条例实施,进一步提高征地标准,完善被征地农民社会保障。条例以法律的形式对补偿对象、补偿范围、补偿标准、保障渠道、资金保证管理以及责任落实进行了明确,对以往的补偿办法进行了修改完善。目前,该草案已经进入合法性审查阶段。这是我省继 2006 年以后再次把保障被征地农民利益纳入法制化范畴。至此,全省通过实施预存征地补偿款制度,“两公告一登记”制度、《江苏省征地补偿安置争议协调裁决办法》,以及即将实施的征地补偿和被征地农民社会保障条例,为被征地农民构筑了一条完整的权益保护链。

五、围绕中心工作,巩固基础建设

加快做好规划修编,《江苏省土地利用总体规划(2006—2020 年)》于 2010 年初获得国务院批复同意。县乡级规划成果正在抓紧编制,全省需编制县级土地利用总体规划的 78 个县(市、区)的规划大纲已全部审查通过,26 个县(市、区)规划成果已上报省政府审批。全省县级基本农田保护专项规划编制全部完成。全面启动“国土资源节约集约模范县”创建活动,建立我省创建指标体系。顺利完成第二次土地调查工作,完成二次调查标准时点统一更新、数据分析工作,超范围完成城镇土地调查工作。完成了 2009 年度变更调查工作与基本农田调查上图工作。

六、开展专项行动,化解廉政风险

深入开展“两整治一改革”专项行动,中央四部委深入开展国土资源领域腐败问题治理电视电话会议后,厅党组高度重视,及时召开会议,研究部署全省贯彻落实意见,下发了《关于印发开展“两整治一改革”专项行动领导小组及办公室组建方案的通知》,成立了厅“两整治一改革”专项行动领导小组,下设土地市场治理组、矿业权市场治理组、深化改革研究组、案件协查组和机关组。着力整治土地和矿业权交易市场存在的突出问题,开展土地出让公告发布审查工作,加强用地企业诚信体系建设,组建矿业权交易机构;着力整治干部队伍廉洁从政存在的突出问题,全面推进系统开展廉政风险排查整纠防控工作,查找廉政的风险点、反腐败的切入点,有针对性提出有效防范措施。通过专项行动的开展,深化国土资源管理工作改革,进一步提高国土资源管理风险的化解能力。(江苏省国土资源厅　林　颢　高　扬)

粮食流通体制改革

2010 年,各地按照全省粮食工作会议的要求,根据粮食流通形势变化和市场竞争需要,积极推进国有粮食企业深化改革,增强市场竞争力。泰州市、镇江市、淮安市等地在调查研究、学习考察的基础上,专题召开了国有粮食企业改革推进会。省局把做大做强县级国有粮食企业纳入全省粮食流通产业转型升级“五个一工程”,加强跟踪指导和考核推动。全省国有粮食企业以合并、股份制为主要形式的改革步伐加快，经营管理方式不断规范，一些国有粮食企业（公司），实现了仓容及资产、经营及效益的大幅度提升，成为区域性骨干粮食购销企业。截至2010年底，全省国有粮食购销企业由“十一五”末的1530家重组整合为1388家。2010年改制50家，其中股份制、公司制改革21家。现有1388家企业中，1057家实行了改制，其中股份制、公司制企业193家。现有职工2.54万人，其中在岗职工1.76万人。全省国有粮食购销企业认真执行国家粮食购销政策，积极收购农民余粮，全年收购粮食290亿斤，占全社会收购量的68%，销售粮食438亿斤，在稳定粮食市场、促进农民增收和保障粮食安全等方面发挥了主渠道作用。

一、着眼于增强竞争实力的骨干企业建设力度不断加大

县级粮食购销总公司实现由资产管理型向经营型转变，通过企业重组、股份制改造等形式，推进经营要素向优势骨干企业聚集，骨干粮食企业竞争实力得到增强。宝应县以粮食购销总公司为主要投资主体，通过资产重组和多元投资方式，集中财力建设宝应湖现代粮食物流中心，建立规范的法人治理结构，并以宝应湖现代粮食物流中心为投资平台，投资建设粮食加工实业。粮食购销总公司以委托经营方式，通过改制民营企业扩大经营规模，同时带动改制民营企业搞活经营。下一步将着手组建宝应粮食集团公司，增强宝应粮食的竞争力和影响力。靖江市粮食局通过撤消、合并，将原有的30家基层粮食购销企业重组为14家，企业单体经营规模和能力大幅提高。同时通过上市挂牌出让处置变现闲置资产，集中投入扬子江现代粮食物流中心建设，国有资本得到放大，取得了更大的经济效益。

二、着眼于增强发展能力的改革发展形式被更多地运用

各地对租赁、承包经营方式的弊端认识加深，逐步改变租赁、承包经营方式，以合并、股份制等形式推进企业改制。泰州姜堰市粮食局，从“面、点”两个层面实施国有粮食购销企业资源整合，从面上着眼，形成1+6+N（直属储备库+国有粮食购销骨干企业+收储库点）的格局；从点上着力，强化骨干粮库建设，实现做大做强的目标。邳州市以股份改造和整体划转形式，与中储粮江苏分公司邳州直属库联合组建了邳州中储粮收储经销有限公司。通过股份改造，将所属碾庄等5家粮管所的资产整合并入市粮食购销公司，以粮食购销公司名义与中储粮邳州直属库组建股份制公司，出资占公司注册资本的33%；通过整体划转、利润分成方式，将车夫山等10家粮管所纳入邳州中储粮收储经销有限公司管理，按公司产生利润的30%比例进行分配。如皋市粮食局实行库所合并，将原有的17家购销企业合并为一个购销公司和四家骨干粮食企业，有效整合人才资源和国有资产。同时通过资产变现、拆迁补偿等方式筹集4600万元，全部用于粮食物流中心和储备库建设。（江苏省粮食局　李彦光）

人力资源与社会保障制度改革

2010年，全省各级人力资源社会保障部门坚持以“三个代表”重要思想和科学发展观为指导，认真贯彻省委、省政府和人力资源社会保障部以及地方党委政府的工作部署，坚持以服务发展和改善民生为己任，锐意进取，奋发作为，圆满地完成了各项目标任务，为稳增长、调结构、抓创新、惠民生作出了重要的贡献。主要体现在以下六个方面：

一、就业工作取得显著成效

各级人力资源保障部门认真实施积极的就业政策，重点人群统筹就业，加强服务促进就业，技能培训提升就业，通过扶持创业带动就业，保持了全省就业形势的稳中向好。全年城镇新增就业128.7万人，促进18.9万名就业困难人员实现再就业，城镇零就业家庭持续40个月保持动态为零，高校毕业生就业率超过90%，全年新增转移农村劳动力达44万人，年末城镇登记失业率控制在3.16%。根据就业形势的新情况、新特点，各级人力资源保障部门迅速采取措施，保证和推动了就业工作的有序开展。

一是全力做好高校毕业生就业工作。通过

定期开展就业援助月、春风行动、民营企业招聘周、大学生就业服务月、人才服务进校园等专项活动,形成全省联动、覆盖城乡、贯穿全年的制度性安排。先后组织各类高校毕业生就业服务活动1400余场,安排1.18万名未就业高校毕业生参加见习,全省登记失业高校毕业生实现就业6.57万人,同比增加1.54万人。

二是积极推进农村劳动力有序转移。率先建立农民就业失业登记、求职登记、创业服务和农村困难家庭就业援助四项制度。针对农村劳动力提升技能的需求,提前下拨第一批培训券省级补助资金4125万元,落实免费技能鉴定等补贴政策,鼓励农民就地转移和自主创业。

三是加大对困难群体的就业帮扶。加强公益性岗位的开发,强化就业技能培训,落实有针对性的就业服务措施,帮助就业困难人员尽快实现再就业。此外,针对年初少数地区、少数企业一度出现的缺工现象,及时组织开展企业用工需求调查,加强劳动用工信息发布,积极组织举办一系列省际劳务协作招聘活动和省内招聘活动,促进用工企业与求职者对接,有效缓解了局部出现的"招工难"现象。

二、社保制度建设取得突破进展

覆盖人群进一步扩大,全省养老、医疗、失业、工伤、生育保险和城镇居民医保参保人数均超千万,主要险种参保率均超过95%;率先在全国全面实施新农保,基本实现农村适龄居民参保和农村老年居民基础性养老金发放"两个全覆盖"。进一步提高了社会保障待遇水平,企业退休人员月人均养老金水平连续六年大幅度调整后达到1466元,城镇职工医保和居民医保制度规定范围内的医药费用报销比例分别达80%和60%。社保基金规模不断扩大,进一步夯实了可持续发展的基础。

三、人才队伍建设统筹推进

深入实施人才强省战略,大力加强人才的培养、引进和使用,全省人才总量和质量得到进一步提升。截止2010年底,各类人才资源总量达810万,比"十五"期末增长40%以上,其中,高技能人才占技能人才比例达28%。率先在全国启动实施"企业博士集聚计划",连续五年成功举办"百名博士江苏行活动"。积极开展第五届"百名海外博士江苏行"活动,组织近200名海外博士与我省287家单位进行对接,签订正式合作协议26个,达成意向性待进一步确定的合作项目265个。首次开展"江苏友谊奖"评选表彰活动;认真落实重点人才工程项目,全年引进海外高层次紧缺人才超过2000名,引进国外技术、管理人才项目计划353项,1989名高层次拔尖人才纳入"六大人才高峰"第七批资助项目。

四、人事制度和工资收入分配制度改革迈出新步伐

围绕中央和省关于人事制度改革和收入分配制度改革的总体要求,坚持配套实施,稳慎推进,着力优化用人选人机制,理顺工资分配关系,取得了预期成效。公务员分类管理工作有序推进,公务员选用机制逐步完善,公务员队伍建设不断加强;事业单位人事制度改革稳步推进,全省实施人员聘用制度的事业单位和签订聘用合同的人数均超过90%;军转安置任务得到较好落实。

五、劳动关系调整机制得到完善

劳动关系协调能力不断提升,劳动者权益得到较好维护,劳动关系保持总体和谐稳定。去年年初,我省根据经济发展和改善民生的要求,率先在全国调整最低工资标准,从2月1日起,一类、二类、三类地区月最低工资标准分别调整到960元、790元、670元,平均涨幅达到12%以上,取得了良好的社会反响。

与此同时,全省劳动合同制度继续加快推进。截止2010年底,全省劳动合同签订率超过98%。全省各类企业签订集体合同10.86万份,比上年末增长12%;其中签订工资集体合同5.06万份,比上年末增长14.69%,超额完成省政府要求增长10%的重点工作目标。全省劳动关系协调工作进社区覆盖率达到95%。

针对侵害劳动者合法权益的突出违法问题,大力开展整顿人力资源市场秩序、整治非法用工、解决农民工工资拖欠等专项执法行动,加强劳动纠纷排查化解,健全群体性事件应急处置机制。全省监察网格基本实现全覆盖,监察信息系统已联通所有一级网格，二级网格联通率达98%。建立健全劳调组织调解、仲裁调解、司法调解等“五位一体”的劳动争议调解制度，加强劳动人事争议调解和仲裁，全省各类调解组织和各级劳动人事争议仲裁机构全年共接处劳动人事争议25.6万件，涉及劳动者27.4万人。切实加强农民工权益保护工作。

六、公共服务水平取得新提高

加强人力资源社会保障公共服务体系建设，着力加强县及县以下人力资源社会保障公共服务平台建设。注重推进公共服务体系标准化、规范化和信息化建设。进一步落实公共服务项目，建立了覆盖全省、服务统一的“12333”人力资源社会保障咨询服务系统，形成了覆盖全省、直达到村的人力资源社会保障工作网络，在各市普遍建设了技能含量高、体现科技发展前沿的高技能人才公共实训鉴定基地。（江苏省人力资源和社会保障厅　姜　茹）

民政体制改革

2010年，全省民政系统坚持以科学发展观为指导，恪守“以民为本、为民解困、为民服务”宗旨，充分发挥职能作用，扎实做好民生实事，不断推进改革创新，各项工作取得了新的成效，特别是在以下方面取得了突破性进展：

一、困难群众价格上涨动态补贴机制更加完善

为及时缓解价格上涨对困难群众基本生活的影响，切实保障困难群众基本生活权益，我厅进一步改进完善了困难群众价格上涨动态补贴机制。一是加强了部门协同，建立民政、财政、统计、物价部门联动机制，确保信息畅通；二是扩大了补贴范围，适用对象由低保对象扩展到包括重点优抚对象、农村五保对象、城市“三无”对象、孤儿等其他群体；三是以市为单位启动，从今年起，以省辖市为单位，按季度启动价格上涨动态补贴机制，并要求确保在低收入居民消费价格指数发布后40日内将物价补贴发放到位。2010年2季度以来，针对我省价格上涨较快的实际情况，先后3次启动困难群众价格上涨动态补贴机制，缓解了物价上涨给困难群众基本生活带来的不利影响，维护了社会稳定。

二、《江苏省慈善事业促进条例》正式实施

针对江苏慈善事业发展状况，省民政厅会同省慈善总会等相关部门、团体研究提出了对慈善事业立法的意见。经过一年多的调研、论证和修改，省人大常委会于2010年1月21日审议通过了《江苏省慈善事业促进条例》，开创慈善事业地方立法先河。《条例》首次对慈善活动、慈善组织和慈善募捐作了定义，规定了慈善组织、慈善捐赠和募捐、慈善救助和服务、扶持和奖励、慈善文化建设以及法律责任等内容，并规范了慈善组织内部管理和信息公开，引导其向规范化、制度化方向发展。《条例》的出台是慈善事业发展进程中的一个里程碑，极大地推动我省慈善事业的健康快速发展，也为国家相关立法提供了实践依据。根据《条例》规定，省民政厅及时出台了《江苏省慈善募捐许可办法（试行）》，这是全国首部针对慈善募捐的专门性法规。办法规定，除了由慈善组织和法律、行政法规规定的组织开展的募捐活动以及为帮助特定对象在本单位或者本社区等特定范围内开展的互助性募捐活动，其他任何募捐活动都必须先取得行政许可，自然人不得举行面向公众的募捐，以确保慈善募捐的公信力，促进慈善事业的健康发展。

三、贫困家庭儿童重大疾病慈善救助制度初步建立

省政府高度重视儿童大病医疗救助，为更好地发挥慈善救助机制在社会保障体系中的作用，切实缓解贫困家庭重大疾病患儿的医疗困难，省政府办公厅转发我厅等五部门《关于江苏省贫困家庭儿童重大疾病慈善救助实施意见》，这项由我厅牵头在全省建立的贫困家庭儿童重大疾病慈善救助制度，是我省在全国率先出台的又一重要惠民举措。按照“政府支持、社会参与、慈善组织运作”的工作机制，省级贫困家庭儿童重大疾病慈善救助资金由财政预算、慈善募集款、福彩公益金按5∶3∶2比例投入。随后，省民政厅又出台《实施细则》，进一步明确了慈善救助对象及标准、救助程序和保障措施，为有重大病患儿的贫困家庭带来了福音。

四、"慰烈工程"取得阶段性成果

为更好地缅怀先烈、牢记历史、教育后人，省民政厅在全省启动了慰烈工程项目，集中安葬散葬烈士和原地修缮散葬烈士墓。2010 年 4 月，进一步提出了推进"慰烈工程"的意见，明确要求各地 2011 年底前全面完成任务，并将"慰烈工程"纳入了"双拥模范城"的考核评比范围。截至目前，全省已累计投入资金 12530 万元，完成任务总量的 65%，已有 21 个县(市、区)完成了目标任务。"慰烈工程"的实施，受到了社会各界和新闻媒体的广泛赞誉，引起强烈的社会反响，也得到了民政部领导的充分肯定，对进一步拓展优抚工作领域、丰富优抚工作内涵、提升优抚工作水平起到了积极推动作用。

五、省部合作协议成功签署

2010 年 7 月 3 日，省政府民政部签署了《共同推进江苏民政事业率先发展合作协议》，这是省政府和民政部对接国家长三角和江苏沿海发展战略的重要举措。根据合作协议，部省将着重从推进社会组织改革与发展、创新现代城乡基层社会管理和服务模式、探索建立普惠的社会福利制度、不断完善救灾救助体系、完善优抚安置服务体系、做好行政区划和行政管理体制改革相关工作、加强民政事业基层基础建设等方面，加强合作，切实为江苏民政工作改革创新、先行先试、率先发展营造环境、创造条件，努力为江苏省和全国民政事业发展积累经验、提供示范、探索路径。协议提出把我省建设成为"探索现代民政事业发展的先行区、建立适度普惠型社会福利制度的试验区、统筹城乡区域民政工作协调发展的示范区"，为江苏民政事业未来几年的发展勾画了蓝图。(江苏省民政厅 周恒新 刘育林)

户籍管理体制改革

2010 年涉及全省公安系统的重点工作是：深化户籍制度改革，放宽城镇落户条件，在城市推行居住证制度，指导有关地区稳妥推进经济发达镇行政管理体制改革试点，服务城乡发展一体化。自 1997 年全省实施小城镇户籍管理制度改革，以及 2002 年省政府出台《关于进一步深化户籍管理制度改革的意见》，全面建立以居住地登记户口为基本形式，以合法固定住所、稳定职业(生活来源)为户口准入条件的新型户籍管理制度以来，全省公安机关充分发挥户籍管理的职能作用，始终把推进户籍制度改革作为服务发展、服务民生的重要内容，着力抓好各项措施的推进落实。2010 年，我省在前几年工作的基础上，按照《江苏省 2010 年经济体制改革要点》的部署要求，突出抓好三个方面的工作，推动户籍制度改革的深入开展，取得了显著成效。

一是继续抓好指导推进。在调查研究的基础上，指导各地根据经济社会发展水平，实行相应的城市和城镇户口准入条件，对进一步放宽城镇落户条件、下放审批权限、简化办事程序等提出一系列工作意见和要求，同时指导各地结合实际，积极探索实施居住证制度。经过全省公安机关的共同努力，目前各地已全面实施城乡一元化户籍政策。在城市，无锡、苏州、镇江 3 市实行同时具备合法固定住所和稳定职业(生活来源)两个条件的政策，南京、徐州、常州、南通、扬州 5 市主要凭合法固定住所落户，连云港、淮安、盐城、泰州、宿迁 5 市只要具备合法固定住所或稳定职业(生活来源)一个条件即可落户。县以下地区的城镇落户条件，除苏州、无锡所辖县级市要求相对较高外，其他地方都低于城市。据统计，2002 年改革实施以来，全省累计办理户改落户 399.9 万人，其中进入城市落户 191.3 万人，进入小城镇落户 208.6 万人；全省城市化率提高了 10.9 个百分点。

二是积极探索制度创新。主动回应经济社会发展的新要求和人民群众的新期待，不断推出深化户籍制度改革的制度措施。继 2008 年与劳动保障厅联合出台《关于做好优秀农民工落户城镇工作的意见》，放宽部分外来劳动者进城落户条件，2009 年出台企业和农村发展七项措施、服务沿海地区发展十条意见后，2010 年又围绕省委、省政府工作大局，相继制定出台了服务经济社会发展十项措施及服务民营经济发展和生态省建设十条意见，其中都对深化户籍制度改革工作提出具体要求,同时指导各地公安机关主动参与经济发达镇行政管理体制改革试点。户籍制度改革不仅在推进农村劳动力就地就近转移、提升城市化水平,以及解决群众实际困难、促进社会和谐稳定等方面发挥了积极成效,还有效推动了依托于户籍制度之上的其他社会机制改革,为促进城乡经济社会一体化加快发展提供了制度前提和技术保障。劳动保障部门已采取积极措施,扩大养老、医疗等保险覆盖面,全省养老保险已扩大到自由职业者。民政部门积极探索士兵退伍安置改革,无锡、苏州两市已实行城乡一体化退役安置政策。最近,苏州市公安局出台了《苏州市户籍居民城乡一体化户口迁移管理规定》,自 2011 年 1 月 1 日起,苏州市居民可在全市范围内凭合法固定住所迁移,不再受购房年限、工作地域、参保关系等条件的限制。淮安、镇江、无锡等地公安机关正在探索实施居住证制度,并取得了一定进展。

三是超前开展政策调研。按照省委主要领导指示,我厅按照"摸清情况、分析问题、提出办法"的要求,就进一步放宽中小城市和城镇落户条件,继续深化户籍制度改革进行了专题调研,提出了深入推进改革的意见措施,提请省政府批转。主要措施是,进一步放宽城市特别是中小城市落户条件;鼓励农村居民就地就近转移;取消暂住证制度,实行居住证制度,拓宽外来人员落户渠道。省政府对我厅上报的深入推进户籍制度改革意见进行了研究和修改,反复征求省有关部门和各市意见,进一步调整完善,目前已经省政府常务会议原则通过。(江苏省公安厅　邹智勇)

质量监督与管理体制改革

2010 年,围绕建设全国质监工作先导区、质监工作促进经济转型示范区、人民群众信得过的质量安全区的总体要求,全省质监系统以改革创新为动力,全面落实"三全一保"工作任务。

一、加强质量振兴

一是深入推进质量兴市。全省 13 个省辖市和 106 个县(市、区)全部开展了质量兴市活动,86 个设基层局的县(市、区)通过省级验收,9 个县(市、区)新创为全省"质量兴市"先进单位,2 个省辖市新通过"全国质量兴市先进市"省级验收。二是创新打造品牌集群。打造了吴江地板、南通家纺等一批品牌集聚地,培育江苏名牌 736 个。新增地理标志产品 6 个。三是抢占标准高地。新设立国际标准化组织技术委员会、分技术委员会及工作组 5 个,组织制定国际标准及提案 32 项,制修订国家、行业标准 872 项;推动六大新兴产业采标 50 项,知识产权转化为标准 207 项;组织省级高新技术标准化试点 10 个、国家级和省级服务业标准化试点 22 个。四是引导加强全社会质量管理。发布《2009 年江苏质量报告》,开展 10 大服务业用户满意度调查,新评定江苏质量管理奖 25 个。7 个省辖市设立了市长质量奖,8 个县(市)设立了政府质量奖。对首批申报的 833 家企业,进行了质量信用等级评定。

二、促进转型升级

紧扣促进经济转型升级这一重中之重,加大支持和服务力度。一是积极支持沿海开发。制定工作意见,推出 6 个方面、28 项服务举措,全年新批 8 个农业标准化示范区,培育 53 个江苏省名牌,创建 1 个优质产品生产示范区。二是扎实推进节能减排。开展节能专项行动,全年共帮助企业节约标煤 70 万吨以上。对 417 台重点耗能设备进行能效测试,在 6769 台锅炉使用单位开展节能、安全双达标活动。推进节能产品认证,在全国首批组织能源管理体系认证试点,完成节能产品认证 971 个、企业环境管理体系认证 2007 家。新增节能减排标准化试点 10 个。同时,还在全国质检系统首家成立了省能源计量数据中心。三是开展优质产品生产示范区创建活动。出台创建工作意见、管理办法及验收标准,明确 20 个重点培育对象,坚持政府主导、制定创建规划、督促依法生产、出台惠企政策、建设检测平台,全年建成 6 个省优质产品生产示范区。

三、确保安全底线

一是创新监管模式。在全省 9567 家食品生产企业、4650 家特种设备使用单位实施分类分级监管,食品企业实现全面覆盖,特种设备使用单位覆盖率达 30% 以上。二是组织专项整治。全面开展乳制品、含乳食品专项整治,抽查、监测乳制品、含乳食品 4186 批次;组织食品风险分析 2359 批次,针对倾向性问题,及时组织专项治理。全年食品监督抽查合格率 94.5%,比上年上升 3.8 个百分点。集中开展气瓶安全专项整治,巩固压力管道元件、冶金起重机械专项整治成果;组织特种设备使用单位开展隐患自查,共查出和整改各类隐患 1.7 万起,重大隐患督促整改率达到 100%。特种设备万台事故率 0.15、死亡率 0.13,远低于全国平均水平。三是开展检测工作整顿。对系统内 154 家检测机构及授权站进行集中整顿,整改问题 844 个。全年未发生系统性、区域性、行业性重大质量安全事故。

四、实施惠民行动

一是开展"两免"惠民行动。对全省集贸市场计量器具,全省村级和苏北乡镇医疗机构、全省计划生育指导站和社会福利机构医用计量器具 23.9 万台件实施免费检定。二是开展标准富民行动。组织制定 200 项省级农业地方标准,新建 22 个省级农业标准化示范区,示范区内农户人均增收 528.4 元。三是开展质量维权行动。加强 12365 投诉举报平台建设,开通 12365 家电下乡质量服务热线,全年共受理打假举报、质量申诉、业务咨询 22176 件,较上年增长 83%;针对群众反映突出问题,开展液化气违法添加二甲醚、加油站缺斤少两、家电下乡产品等专项执法行动;组织开门查质量,对消费者反映集中的 10 类产品开展监督抽查,及时发布抽查结果,引导消费。四是开展志愿为民行动。组织质监志愿者,进企业、进农村、进社区,送标准、送知识、送检测。其中,免费检测室内空气甲醛含量和"健康计量走进社会福利机构"活动产生了较大的社会反响。五是开展就业促进行动。建立全省标准信息公共服务平台,提高行政许可和组织机构代码办事效率,继续实施"首违不罚"规定,为扶持企业发展、改善就业形势作出了一定贡献。

五、执法监管规范有序

大力推进依法行政,规范执法监管行为。一是健全法规体系。《江苏省纤维产品质量监督管理办法》颁布实施,《江苏省服务标准化管理办法》等列入立法计划。二是加强监督抽查。根据国家重点监管产品目录,加大对涉及安全、节能、环保等产品监督抽查力度,组织对供上海世博会、广州亚运会、亚残会、玉树地震灾区物资和防汛物资等开展专项监督抽查。全年产品质量监督抽查合格率 95%,较上年上升 2.3 个百分点。三是重拳打假治劣。开展农资、建材、机电产品等 45 项专项执法行动,依法查办大要案 1064 起、移送司法机关处理 141 起。对区域性产品进行集中整治,关停企业 30 余家,有效提升区域产品质量整体水平。四是规范执法行为。全面推行说理式执法和开门审案,全省系统说理式执法推行面 100%,开门审案 200 余起。推进依法行政示范点建设,建成示范点 11 个。(江苏省质量技术监督局　薛　强)

机构和事业单位改革

一年来,在省委、省政府及省编委的正确领导下,省编办以邓小平理论和"三个代表"重要思想为指导,深入贯彻落实科学发展观,围绕中心,服务大局,稳步推进各项改革,较好地完成了各项工作任务。

一、认真组织实施地方政府机构改革

(一)全面完成省政府机构改革。完成了省公安厅、安全厅"三定"规定审核报批工作。积极指导各部门做好职能调整、机构整合、人员定编定岗等组织实施工作,对各部门在组织实施中提出的问题及时研究提出处理意见。省政府各部门"三定"规定组织实施工作于 2010 年 3 月底基本完成。通过改革,省政府各部门共取消、下放、转移行政审批事项 50 余项;加强宏观调控、住房保障、促进就业、食品安全监管等关系国计民生的职责 80 余项;调整部门职责 90 余项,其中理顺部门职责交叉事项 50 余项;明确和强化部门责任 400 余项。通过改革,省级各政府部门职能转变取得明显进展,职责关系进一步理顺,责任得到进一步强化。

（二）稳步推进市县政府机构改革。在充分调研、反复听取意见的基础上，研究制定了县（市、区）政府机构设置有关问题答复口径、关于县级食品药品监督管理机构设置问题答复口径等政策性意见。按照省委、省政府的要求，做好省辖市政府机构改革方案的审批和县（市、区）政府机构改革方案的备案工作，督促各市、县（市、区）做好机构改革方案的组织实施工作。2010 年 5 月，13 个市机构改革方案全部部署实施。6 月底，13 个省辖市所辖 106 个县（市、区）政府机构改革方案全部审核备案完毕，年底前各县（市、区）政府机构改革方案已全部实施到位，市县政府机构改革工作全面完成。通过改革，13 个省辖市政府共撤销了各类副局级以上实体机构 117 个，撤销挂牌机构 30 个。106 个县（市、区）政府共撤销了各类副科级以上实体机构 901 个，撤销挂牌机构 459 个。

（三）认真做好工商、地税、质监省以下垂直管理系统市县机构改革工作。在多次调研、反复沟通的基础上，印发《江苏省市县工商行政管理系统机构改革的意见》和《江苏省市县地方税务系统机构改革的意见》，完成了地税各市县局机构改革方案的审核工作。同时，与省质监局研究制订了全省质监系统市县机构改革指导意见。

二、完成了乡镇机构改革工作

（一）根据 3 月 26 日召开的全省乡镇机构改革工作电视电话会议的精神，积极指导各地研究起草乡镇机构改革方案，做好政策咨询和业务指导工作，认真做好涉改县（市、区）乡镇机构限额和编制总量审批工作以及部分财政转移支付县的乡镇机构改革方案的审核备案工作。定期了解、收集、汇总、上报全省乡镇机构改革进展情况，及时编发工作简报，交流先进经验和典型做法，指导各地做好改革的相关工作。

（二）进一步加强督查考核。多次赴县乡（镇）开展乡镇机构改革进展情况督查，对各地在改革工作中碰到的新情况、新问题，及时研究提出处理意见，确保乡镇机构改革工作平稳顺利推进。12 月下旬会同省有关部门对乡镇机构改革完成情况开展抽查验收工作，特别是对省财政转移支付县（市、区）全面检查验收。目前，除苏州、宿迁两市先期完成改革试点任务外，其他 11 个市也已完成乡镇机构改革任务。通过改革，乡镇政府职能得到初步转变，乡镇领导职数得到有效控制，乡镇机构得到优化整合，乡镇编制得到精简，行为规范、运转协调、公正透明、廉洁高效的基层行政管理体制正在逐步建立。

三、开展行政管理体制改革调研试点工作

（一）积极开展经济发达镇行政管理体制改革。按照 2009 年 11 月召开的全国经济发达镇行政管理体制改革试点工作座谈会的要求，经中央编办及省领导同意，确定我省盛泽镇、张浦镇、徐霞客镇、戴南镇为中央编办试点镇。会同有关部门赴兴化市戴南镇、江阴等地召开了经济发达镇行政管理体制改革工作调研座谈会，研究讨论我省试点工作。赴浙江省义乌、温州、宁波三地学习考察当地扩权强镇的经验做法。赴广东等地区学习改革成功经验，在此基础上，起草了《江苏省经济发达镇行政管理体制改革试点工作意见》，经省政府专题会议、省委常委会议审核、中央编办备案通过后，以两办文件印发。召开了各市及 20 个试点县（市、区）编办主任会议，布置了经济发达镇行政管理体制改革试点相关工作。赴昆山指导当地研究制定张浦镇的改革实施方案，在昆山召开了各市编办行政处长会议，实地考察了昆山的改革工作，并了解各市改革试点工作的进展情况。

（二）积极做好省直管县体制改革准备工作。2010 年 7 月，中央编办在北京召开了省直管县体制改革试点省（区）编办主任座谈会，研究部署启动省直管县体制改革试点的有关工作。根据中央编办和省领导的要求，我办就确定试点县多方征求意见，选择苏州的昆山市、泰州的泰兴市、宿迁的沭阳县为省直管县体制改革试点县（市），并报中央编办备案。11 月，我办为中央编办召开的省直管县体制改革试点工作座谈会准备了相关材料，同时积极做好改革试点的各项准备工作。

四、积极做好事业单位分类改革的研究准备工作

（一）研究提出事业单位分类改革的意见建议。在广泛征求意见的基础上，对中央《关于分类推进事业单位改革的意见（征求意见稿）》研究提出修改意见，经省政府主要领导同意后，以省政府办公厅名义答复中央编办。先后两次对中央编办起草的事业单位分类、主要承担行政职能事业单位改革、事业单位法人治理结构、创新事业单位机构编制管理等 4 个配套文件（征求意见稿）研究提出修改意见。起草省政府领导在部分省（区、市）事业单位改革工作座谈会上的发言稿，并根据会议精神，提出我省下一步事业单位改革工作建议报省委、省政府。在对部分事业单位进行调研、深入剖析的基础上，起草形成《健全党对事业单位领导的体制机制调研报告》，上报中央编办。和南京大学公共管理学院有关专家合作完成江苏省科研机构分类改革研究课题，为下一步改革提供理论支撑。

（二）参加公益机构改革与公共服务发展国际研讨会。根据中央编办要求，参加公益机构改革与公共服务发展国际研讨会，并做大会交流发言，重点介绍我省文化领域和无锡市管办分离改革情况，同时积极学习国内外有关事业单位改革最新研究成果，为我省推进事业单位分类改革汲取经验、做好准备。

五、配合做好行业体制改革工作

（一）参与做好卫生体制改革发展相关工作。参与制定印发《江苏省公立医院改革试点实施指导意见》（苏卫医[2010]39 号）、《关于加强我省卫生人才队伍建设的实施意见》（苏卫人[2010]24 号）等相关文件。在对 32 个省财政转移支付补助县（市、区）基层医疗卫生机构基本情况进行全面调查摸底、细致测算和反复磋商的基础上，完成了这些县（市、区）基层医疗卫生机构的编制总量核定工作，制订印发《关于抓紧做好基层医疗卫生服务机构编制核定和备案工作的通知》（苏编办通[2010]24 号），督促各地抓紧做好基层医疗卫生机构核编和备案工作。根据省统一部署，先后赴南通、常州、镇江市开展基本药物制度实施情况督查和公共卫生与基层医疗卫生事业单位实施绩效工资有关情况调研。

（二）参与做好教育体制改革发展相关工作。参与修改完善《江苏省中长期教育改革和发展规划纲要（2010—2020 年）》及其重点任务分解方案。参与做好我省义务教育优质均衡改革发展示范区建设、加快学前教育改革发展等政策文件的调研和修改完善工作，作为《纲要》的配套文件以省政府办公厅文件印发。会同省财政厅、教育厅，制订印发《关于开展公办幼儿园编制标准调研的通知》（苏编办通[2010]29 号），对开展公办幼儿园教职工编制标准制定的调查研究和统计摸底工作作出部署。

（三）做好食品药品监督管理体制调整和编制划转工作。根据中央和省部署，与省人力资源社会保障厅、省公务员局、省食品药品监管局等联合印发《关于省以下食品药品监督管理机构人员编制划转有关问题的通知》（苏编办发[2010]5 号），将省以下食品药品监督管理机构由省以下垂直管理改为地方政府分级管理，并就调整人员编制管理权限、做好机构编制和人员划转交接工作提出了要求。

（四）做好耕地占用税和契税征管职能划转的有关工作。与省地税局、省财政厅、省人力资源社会保障厅共同召开全省"两税划转"工作会议，进一步做好耕地占用税、契税有关职能、机构、编制的划转工作。（江苏省机构编制委员会办公室　贯　雷）

科技体制改革

2010 年，全省科技系统坚持以科学发展观为统领，深入实施科教与人才兴省战略，认真贯彻国家和省委省政府决策部署，坚持以充分释放科教资源优势，提升企业自主创新能力为目标，加大产学研合作力度，统筹推进产业技术创新、企业自主创新和平台载体建设，大力优化有利于企业科技创新环境，不断推进全省科技体制改革工作，科技发展取得显著成效。全社会研发投入占 GDP 的 2.1%，达到创新型国家科技投入水平；专利申请和授权量分别达到 23.6 万件、13.8 万件，居全国首位；全省高新技术产业产值近3万亿元，占规模以上工业比重达33%；科技进步贡献率达54%；区域创新能力连续两年名列全国第一。

一、集成科技创新资源，大力提升企业自主创新能力

企业是创新的主体。近年来，围绕全面提升企业集成创新资源能力和自主创新能力，我们勇于探索和改革，着力推进科技资源向企业集聚、科技政策向企业倾斜、创新人才向企业流动、创新平台向企业延伸，企业自主创新能力得到进一步加强。一是推动企业加大研发投入。通过政府引导性资金投入的稳定增长，不断强化企业原始创新的自主意识和积极性，引导企业研发资金投入持续增长。“十一五”以来，全社会研发投入年均增长30%以上，2010年全社会研发投入达840亿元，其中企业研发投入占80%，大中型企业研发投入强度高出全国平均水平0.2个百分点。二是支持企业研发机构的建设。在抓好常规创新载体建设的同时，突出加强了企业“一站两院三中心”等研发平台和创新载体建设，重点依托大中型企业和科技型企业，新建122家“企业院士工作站”；首次启动建设（常州）江南现代工业研究院等4家产业技术研究院；突出节能技术等产业领域，组织建设6家企业研究院；围绕智能电网等战略性新兴产业前瞻性技术领域，立项支持11家重点实验室建设；建设35家重大科技创新平台；培育102家重点科技服务机构；建设企业工程技术研究中心399项。目前，全省本土大中型企业建有研发机构的比例达70%。三是推进“校企联盟”等创新组织的建设。面向全国3000多家高校院所开放“江苏省科技服务社会校企联盟”网上管理系统；加强“校企联盟”与省各类科技计划的集成。今年新增“校企联盟”近1000个，累计达到5068个，参与高校104家，院所73家，学科团队3000多个，服务企业科技人员超过26000人。四是推动企业科技政策落实。以落实研发费用加计扣除、高新技术企业认定、加快发展创业投资的若干意见等政策为重点，选派1000多位科技政策辅导员对口帮扶企业，使5100多家企业直接减免税收107亿元。五是加强创新人才队伍建设。在省人才工作领导小组的统一部署下，积极配合组织部门，认真组织实施2010年度江苏省高层次创新创业人才引进计划、企业博士集聚计划，以及第三批“科技镇长团”的选派、产业教授的选聘以及“科技企业家培育工程”。率先在全国启动了首批我省科技创新团队引进和建设工作，8个具有世界先进水平或国内顶尖水平的科技创新团队，获得了1.35亿元科技项目经费和4100万元人才经费支持，提高了我省战略性新兴产业的自主创新、持续创新和核心竞争能力。

二、创新工作思路，努力构建科技与金融有效结合的新机制

科技创新与金融支持是高新技术企业尤其是新兴产业快速发展的助推器。如何探索科技与金融有效结合的新机制，切实解决科技型中小企业融资难等困难，实现科技资源与金融优势有效互补，建立多元化科技创新投融资体系是实施创新驱动战略的重要措施之一。一是建立科技金融工作机制。加强与省财政、金融、银监、证监、保监、人民银行等部门之间的联系，建立日常性工作协调机制。2010年同国家开发银行、浦发银行、江苏银行、省再担保公司等8家金融机构签署合作协议，授信科技贷款额度500亿元，积极筹建全省科技金融服务平台。推进无锡市和苏州高新区国家科技保险试点工作，30多家科技企业投保转移风险100多亿元。镇江、无锡列为国家知识产权质押贷款试点城市，2010年全省开展知识产权质押贷款30笔，贷款金额1.3亿元。支持北京银行发行科技企业集合票据，成功帮助微创医药、银海等企业募集资金2亿元。二是推进科技金融政策的研究制订。深入基层、企业和金融机构组织开展调研，制订了一系列有利于科技金融工作的政策措施，推动省政府出台《关于开展科技小额贷款公司试点的意见》，先后下发《加快发展创业投资的若干意见》、《关于开展科技小额贷款公司试点的意见》等文件，为科技金融工作提供政策性制度保障。组织省级以上高新园区开展科技小额贷款公司试点，筹建苏州融达、镇江紫阳等6家科技小额贷款公司。支持高新区建设科技支行，设立农业银行无锡新区科技支行、交通银行苏州工业园区科技支行、南京银行江宁支行等5家科技支行。三是全面推动科技金融的有效对接。成功举办2010年中国(江苏)科技金融暨创业投资对接推进会,1000多家科技型中小企业与200多家金融及投资机构参会,达成科技投融资意向近20亿元。安排科技贷款增长风险补偿奖励资金9100万元,引导全省科技贷款余额增长30%以上。批准无锡创建全省首个科技金融创新服务示范区,鼓励推动全省各地广泛发展科技金融。全省创投机构200多家,管理规模320亿元,60%以上项目投向新兴产业和高科技企业。

三、加强工作指导,深入推进南京国家科技体制综合改革试点工作

按照南京建设国家科技体制综合改革试点城市要求,主动加强组织协调,努力加大投入,全面推动试点工作和重点突破,进一步促进科教资源释放,大力发展创新型经济,取得了阶段性进展和成效。一是成立高层次专家咨询委员会。为更好地推动试点工作,省科技厅积极联系,协助成立试点工作高层次专家委员会,邀请包括院士、原国家部委领导和大学教授等10多位国内知名专家学者担任委员。2010年6月组织召开了第一次会议,从战略高度为试点工作建言献策,专家们提出了许多好的政策建议。二是支持南京市科技创新重点工程建设。“模范马路创新街区”,省科技厅和南京市政府已签署协议,将共同做好园区空间和产业规划,支持园区重点科技平台和高层次人才队伍建设,加快培育发展新兴产业;“麒麟科技创新园”已正式启动,正着手申报国家技术创新示范基地;会同省农科院等部门完成了“白马农业科技园区”的规划编制工作,该园区已获批为国家农业科技园区;“无线谷”、“生物医药谷”等南京科技创新重点工程也在稳步推进当中。三是积极开展专题研究和专项试点工作。在国家层面,争取科技部“南京深化科技体制改革综合研究”的立项支持,相关专题研究已着手开展。省级层面,支持东南大学开展高校向企业技术转移机制创新研究和试点,支持南京工业大学开展高校与企业共建产学研战略联盟机制创新研究和试点,支持南京中医药大学开展鼓励科技人员在岗创业、离岗创业、引进企业科技人才等方面的机制创新研究和试点,进一步促进产学研结合。四是研究制定了推进体制改革的政策意见。会同南京市起草了《支持南京国家科技体制综合改革试点城市若干政策措施》,已经省政府下发,形成了支持南京市综合改革的13条意见。《意见》对南京市深化科技体制综合改革,突破科技体制机制障碍,进一步释放科教资源,加快发展高新技术产业和战略性新兴产业,将起到重要的指导作用。

四、突出工作导向,进一步营造科技创新的良好环境

以建设国家技术创新工程首批试点省份为契机,加强科技创新工作的软硬环境建设,进一步整合创新资源和力量,努力营造有利于全社会创新创业的良好氛围和环境。一是加强和完善科技创新的布局。围绕国家技术创新工程建设目标要求,全面加强创新型企业培育工作,全年新增徐工集团、美新半导体等7家国家创新型试点企业,全省省级以上创新型企业达1048家;规划建设南京创新创业模范路、苏州科教创新区等10个核心创新型园区;首批确认南京高新区、江阴高新区生物医药等10家培育高成长性“瞪羚”企业的科技企业加速器;围绕战略性新兴产业部署建设南京软件、无锡IC设计等100家省科技产业园。加快推进南京、无锡等4个国家创新型试点城市建设;首批启动建设昆山等10个江苏省创新型试点城市,确定昆山周庄、宜兴高塍等23个江苏省创新型乡镇。二是全力打造“阳光科技”,营造公平竞争的良好环境。坚持“三主动、五公开”的政务公开原则,加强重大项目组织的公开招标,树立开放、高效的廉政科技形象。2010年,围绕发展创新型经济和经济转型升级的重大科技需求,集聚国内外优势科研力量突破制约新兴产业发展的重大核心技术,设立5MW海上风电等6个重大招标项目,面向国内外公开组织招标,确保了科技行政权力公开透明运行。三是全面推动建立省市科技工作会商机制。围绕科技创新工作思路,按照突破重点、形成亮点的工作要求,借鉴开展省部会商的成功经验,坚持工作重心下移,进一步探索省市会商的工作模式和科技计划领域,加强工作组织和协调会商,突出地方党政科技"一把手"重点工程,突出地方创新需求和产业特色发展,全年组织落实了 20 个重大平台建设、58 个重大成果产业化等一批支撑产业升级的重大项目,充分发挥了地方政府抓科技工作的区位优势和主动性。四是深度推进与中科院在江苏的全面合作。进一步落实与"两院两校两部委"的产学研合作,推动徐州、南通等五市与中科院签订战略合作协议,实现全省所有省辖市均与中科院系统签订战略合作协议。南京市、常州市、南通市等与中科院系统建立技术转移分中心,加强了战略新兴产业孵化和人才培养的合作;在县级层面,推动张家港市、丹阳市与中科院签署全面战略合作框架协议。积极推进与中科院产业资本的合作;在太仓启动中科院"导师计划",促进地方以人才的集聚和技术转移加快产业结构优化升级。五是进一步推进跨国技术转移。成功举办"中国·江苏第二届国际产学研合作论坛暨跨国技术转移大会",围绕 6 大战略性新兴产业领域,组建 10 家"产业创新国际合作联盟",密切了与国际知名研发机构的合作关系,营造了全球科技资源集聚江苏的氛围,深化了江苏开展国际产学研和跨国技术转移的品牌形象,提高了江苏企业在海内外的知名度。六是进一步营造良好的政策法制环境。协调国税、地税等部门制定《企业研发费用加计扣除操作规程》;制订《江苏省创新型企业建设工作实施方案》,出台《江苏省自主创新产品政府首购和订购实施办法(试行)》、《江苏省创新型园区管理办法(试行)》、《江苏省创新型城市、创新型乡镇、创新型园区建设评价考核指标体系(试行)》等政策意见。加大科技进步法的落实,对省高新技术发展条例、省科技成果转化条例、省民营科技企业发展条例等进行修订,推进依法行政。(江苏省科技厅　邓逸民)

教育体制改革

2010 年,全省教育系统坚持以科学发展观统领全局,紧紧围绕加快建设教育强省、率先实现教育现代化的目标,统筹推进教育改革发展。

一、研究制订省中长期教育改革和发展规划纲要

省委、省政府在全国率先颁布《江苏省中长期教育改革和发展规划纲要(2010—2020年)》,在全国率先召开全省教育工作会议,全面部署未来十年全省教育改革发展。加快创建教育现代化。加强对苏北苏中地区教育现代化创建工作的指导、统筹和规划,指导苏南地区推进更高水平教育现代化建设。

二、深化教育改革开放

省政府建立省教育体制改革领导小组,召开全省教育改革工作会议,全面部署推进新时期我省教育改革,加快推进义务教育优质均衡改革发展示范区建设,研究部署高等教育综合改革试验区建设、职业教育创新发展实验区建设,大力促进学前教育和民办教育改革发展。组织申报国家教育体制改革试点项目,高等教育综合改革(含 10 个子项目)、优化配置义务教育师资、优化配置幼儿教师、深化职业教育体制改革、创建江苏开放大学、完善并扩大实施师范生免费教育、改革并完善保障教育优先发展的公共财政体制和投入机制、改革学前教育管理体制、探索独立学院规范管理和科学发展的有效方式、扩大来华留学生规模、以普通高中多样化建设促进素质教育创新发展、探索建立拔尖创新人才培养基地、推进中考改革探索减轻中小学生课业负担的途径和方法、苏锡常区域整体联动推进义务教育优质均衡发展、开展地方政府促进高等职业教育发展综合改革试点等 24 个项目成为国家级教育改革试点项目。深化高校人事制度改革,全面完成全省高校岗位设置和岗位聘任工作。继续推进南京国际大学报批工作,支持东南大学和澳大利亚莫纳什大学合作举办国际研究院,促进西交利物浦大学启动研究生层次教育,加强汉语国际推广。省政府设立"茉莉花留学江苏政府奖学金",鼓励外国学生来苏留学。

三、建设高等教育综合改革试验区

省政府决定以建设试验区的形式推进国家教育体制改革试点项目——高等教育综合改革,出台《江苏高等教育综合改革试验区建设方案》,明确了试验区建设的指导思想、目标、重点任务及保障机制。并在建设方案的基础上,研究确定了高等教育综合改革的10个子项目,分别是:深化高等教育管理体制改革、建设现代大学制度试点;区域高校联盟试点;高校人才培养体制改革试点;江苏省卓越工程师教育培养计划试点;实施“江苏高校优势学科建设工程”,推进高水平大学、特色大学建设试点;深化高校产学研合作、增强高校社会服务能力改革试点;创新高校高端人才队伍建设机制试点;建立一批中外合作高水平大学和项目、推进江苏高等教育国际化战略试点;招生考试改革试点;建立健全高等学校分类评价体系,每个子项目都分别制定了具体的实施方案。(江苏省教育厅 焦 伟)

文化体制改革

一、文化产品创作生产持续繁荣

重点抓好影视剧创作生产,全省生产电影17部、电视剧29部925集,《老大的幸福》、《决战南京》、《大女当嫁》等6部作品相继在央视黄金时段热播,被称为“江苏广电现象”。电视剧《变迁》、电影《秋之白华》、《辛亥革命》等被列入全国庆祝建党90周年、纪念辛亥革命100周年重点影视题材规划。制作完成电视动画88部52309分钟,原创动画产量质量继续保持全国第一。创作长篇小说60余部、中短篇小说180余篇,有49件作品在全国性文艺奖项评选中获奖。推出一批图书精品佳作,《凤凰文库》和《中华大典·文学典》重大出版工程系列图书陆续出版,《承载》、《1912:南京》等作为纪念辛亥革命100周年选题上报国家。各艺术门类成果丰硕,昆曲《1699·桃花扇》、滑稽戏《顾家姆妈》、京剧《飘逸的红纱巾》、油画《夜车》和《雪龙号》等在文华奖、全国美展等评选中荣获大奖,《梦境西游》、《美丽新世界》、《茉莉花》等产生较大影响。加强文化品牌建设,举办江苏国际艺术周暨第五届亚洲美术馆馆长论坛,中国百家金陵画展等品牌活动影响不断扩大。在省主要媒体开辟《看文化》等文化宣传专栏,举办孙晓云书法作品展和李洁、张其萍、李政成、任洁、杨婷婷等个人演出专场,组织中青年优秀演艺人才巡回汇报慰问演出,集中宣传推介优秀人才作品。顺利召开省第八次文代会第七次作代会,完成省文联省作协换届,进一步调动广大作家艺术家的积极性创造性。

二、公共文化服务体系更加完善

扎实推进公共文化设施建设,省美术馆新馆建成使用,新华日报河西新闻传媒中心、南博二期工程等一批重点设施如期推进。扩大公共文化设施向公众免费开放范围和数量,南京中山陵免费开放首日参观人数2.7万、次日达5.8万,在全国产生积极影响。深入实施文化惠民工程,全省实现“市有三馆、县有两馆、乡有一站、村有一室”,省级送书58.4万册、送戏2800多场、送电影20多万场下乡,有线电视用户超过1885万户,在全国率先实现农家书屋行政村全覆盖。文化信息资源共享工程省市县乡村五级设施网络建设全面到位,“县县建有支中心”的目标任务基本完成。组织开展“欢乐家园”、“沿海行”、“百名文艺家惠民演出”、“高雅艺术进校园”等大型公益性文化演出,丰富活跃群众文化生活。编制大运河(江苏段)遗产保护规划,实施大运河沿线重点文物抢救保护工程。我省在国家首届非物质文化遗产博览会上获金奖2项、银奖6项、铜奖1项,获奖数位列全国第一。

三、文化产业快速发展

各地加大投入和招商力度,确立重点文化产业项目600多个,投资总额达3440多亿元。全省建有300多个文化(创意)产业园区,包括4个国家级动画产业基地、20个国家级和27个省级文化产业示范基地。省重点文化集团进一步做大做强,资产规模442.2亿元、净资产241.8亿元。凤凰出版传媒集团与台湾元太科技合作开发“电子书包”,与法国阿歇特出版集团合资公司正式挂牌,凤凰置业成功借壳上市,集团全年收入达135亿元。新华报业集团接收整合群众杂志、江南时报,研发推出新华日报iPad版,集团收入达15.4亿元。省广电集团优漫卡通卫视上星播出,江苏卫视全国覆盖率居省级卫视第一,《非诚勿扰》等新栏目收视表现优异,江苏网络广播电视台正式开播,集团全年总收入61.13亿元,增长50.44%。省广电网络公司加快网络改造升级和县级网络的深度整合,加快推进NGB和物联网建设,加快发展互动电视等增值业务,全年实现营业收入25.3亿元。省演艺集团推出系列演出季,加快推进"苏演院线"建设,大力拓展海外市场,全年经营收入达1.25亿元。江苏中江网传媒股份有限公司正式运行。凤凰出版传媒集团、广电集团、广电网络公司、演艺集团入选第二届全国文化企业30强,数量列各省区市之首。积极推进"三网融合"业务,南京成为首批全国试点城市。江苏尚阳、无锡慈文紫光等一批科技文化企业迅速成长。省文化产业引导资金扶持重点项目151个,总额超过2亿元。初始资金20亿元的紫金文化发展基金正式运作。落实了172家改制企业的免税政策。积极争取中央财政资金6275万元,支持全省24个文化企业的发展。省市联合举办第五届南京文交会,吸引近600家企业和单位参加,现场交易金额突破5000万元,订单交易额达6亿元。金融机构授信文化企业力度加大,仅南京和镇江两市就分别得到授信140亿元、50亿元。制定出台《江苏文化发展绩效考核评价方案》,对13个省辖市文化发展绩效进行综合考核评价,较好发挥了考核导向、激励推动作用。

四、文化体制改革全面推进

对照中央和省委确定的时间表路线图任务书,健全领导体制和督查机制,落实改革方案和配套政策,紧紧抓住重点领域和关键环节,推动改革由省级向市县全面展开。全省所有出版发行单位、影视剧制作发行放映机构、省级重点新闻网站、市县文艺院团完成转企改制。公益性文化事业内部机制改革基本完成。省级党报党刊发行体制改革和电台电视台制播分离改革已经完成,市县"三局合一"、"两局合一"全部完成,基本完成综合执法机构组建。我省文化体制改革继续走在全国前列,文化发展的体制环境不断优化。(江苏省省委宣传部　王明珠)

卫生体制改革

2010年是深化医药卫生体制改革取得重要进展的一年。省委、省政府高度重视医改工作,省领导多次开展专题调研,省政府先后召开实施基本药物制度、深化医药卫生体制改革等专题会议,制定出台一系列政策,有力推动了医改向纵深发展。全省卫生系统上下齐心、勇于实践、扎实有序推进各项工作,人民群众切实享受到了越来越多的医改成果。

一、新型农村合作医疗制度不断发展完善

全省新农合参合人口4384万人,参合率继续保持在95%以上,人均筹资标准190元,支付限额全部达到当地农民上年度人均纯收入的8倍以上。有21个统筹地区开展综合支付方式改革试点、33个统筹地区实施按病种付费,控制医药费用不合理增长。全省县乡两级政策范围内住院补偿比达到61.55%,住院费用实际补偿比达到45.34%。在26个统筹地区开展提高农村儿童重大疾病医疗保障水平试点工作,收治先心病和白血病两类疾病患儿252名,人均补偿2.1万元,有效减轻群众负担。省级新农合信息平台投入使用,66个统筹地区和15家三级医院实现与省级平台联接,有效提升新农合管理水平、方便了患者看病就医。6个县(市、区)获得江苏省新型农村合作医疗管理先进单位称号。新农合条例通过省十一届人大常委会初审,为保障新农合健康发展打下坚实基础。

二、基层卫生工作进一步加强

新一轮农民健康工程进展顺利,各项指标任务全面落实,8个县(市、区)达到农民健康工程先进县(市、区)标准。基层医疗卫生服务体系建设取得新进展,争取中央投资2.545亿元,扶持16个县医院、24个社区卫生服务中心和82个中心乡镇卫生院建设;完成经济薄弱地区3000个村卫生室基本设备配备,帮助苏中苏北地区完成88个社区卫生服务中心业务用房改造任务,对162个达到省定建设标准的社区卫生服务站给予专项补助。建成50个省级示范乡镇卫生院、28个省级示范社区卫生服务中心。加强农村卫生队伍建设,全年培训农村卫生人员1.04万人,在岗乡村医生中专学历补偿教育实施顺利,为农村定向免费培养大专生1083人。超过80%的乡村卫生机构实现业务服务管理一体化,56个县(市、区)实现乡村医生养老保障全覆盖。继续推行责任医生制度和团队服务,强化基层医务人员"三基"知识训练,制订社区常见病诊疗路径,95%以上的城市社区卫生服务中心能够提供"六位一体"综合卫生服务。

三、公共卫生服务成效显著

争取中央投资9500万元,扶持8所市级以上精神卫生机构基础设施改造。完善管理公示制度,加强项目实施管理,9类22项基本公共卫生服务运行质量进一步提高。全省累计建立居民健康档案5133万份,全人群建档率达到63.5%,计算机管理率达到79.5%。免费为207.1万名3岁以下儿童提供健康体检等保健服务、为72.4万名孕妇提供孕产期保健服务、为765万名65岁以上老年人进行体格检查和健康指导。儿童免疫规划疫苗免费接种2090万人次。排查重性精神病患者18.9万人。管理高血压患者482.7万人、糖尿病患者108.1万人,规范管理率均达到80%以上。全面实施重大公共卫生服务项目,圆满完成425万名儿童麻疹疫苗强化免疫、87.7万名儿童乙肝疫苗补种的任务,所有血吸虫病流行(县、区)达到传播控制标准、提前实现国家血防中长期规划目标,结核病防治规划确定的各类工作指标位居全国前列,艾滋病防治工作取得新成效。免费为白内障患者实施复明手术1万多例,完成59.8万名孕妇艾滋病筛查和65万名农村妇女"两癌"免费检查任务,对60.1万名农村妇女实施住院分娩补助,对61.4万名农村妇女免费增补叶酸,新增农村无害化卫生户厕107.9万座、卫生户厕普及率达83%,农村饮水水质卫生监测覆盖面100%。深入开展爱国卫生运动,推进城乡环境卫生整洁行动,新建成国家卫生镇13个、省卫生镇22个、亿万农民健康促进行动江苏省示范县(区)2个、省卫生村380个,60%的医疗卫生单位建成为无烟单位。全省甲乙类法定报告传染病发病率下降到150.6/10万、孕产妇和婴儿死亡率分别下降至6.00/10万和4.04‰。进一步加强卫生应急队伍装备建设,强化疫情监测,建成6个省卫生应急工作示范县(市、区)。在处置泰兴"4.29"事件、无锡"7.4"事件和南京"7.28"事件等重大突发事件中,卫生系统迅速反应、周密部署、措施得力,最大程度地维护了人民群众生命健康安全。圆满完成对口支援绵竹工作,对口支援绵竹医疗卫生总队被省委省政府评为先进集体、3名队员被评为先进个人。

四、基本药物制度稳步推进

按照国家和省委、省政府部署要求,全省首批37个县(市、区)从2010年1月1日起正式实施基本药物制度,第二批45个县(市、区)从2010年10月1日起开始启动。各地认真执行基本药物集中采购、统一配送、零差率销售、提高报销比例等政策,广泛开展人员培训,规范推进建立基本药物制度工作。与此同时,统筹推进基层医疗卫生机构综合改革,采取"一次核编、逐步配齐"的办法,完成制度实施地区基层医疗卫生机构核编工作;按照"核定任务、核定收支、绩效考核补助"原则,省财政预拨经济薄弱地区补助资金1.59亿元;全面推行岗位设置、竞争上岗和分配制度改革,加强绩效考核,基层医疗卫生机构"以药养医"机制开始得到扭转,群众看病就医负担显著减轻。2010年,制度实施地区政府办基层医疗卫生机构共完成门急诊3120万人次,同比增长8.9%;门诊均次费用62元,同比降低23%;住院均次费用2681元,同比降低6%;群众在基层医疗卫生机构就医费用平均下降20%—25%;累计采购基本药物12.4亿元,减轻群众药品费用负担10亿元。

五、公立医院改革试点与服务管理取得新进展

出台《江苏省公立医院改革试点实施指导意见》,稳步推进公立医院改革。镇江公立医院改革试点进展顺利,一些做法得到卫生部肯定。大力促进民办医疗机构发展,全省共有民营医疗机构9072家,民营医疗机构床位占医疗机构总床位达24.9%。扎实推进大型医院巡查,着力提升医院精细化管理水平。统一规范和标准,积极开展电子病历试点,全省超过三分之一的三级医院使用比较规范的电子病历系统。深入开展“医疗质量万里行”活动,保障医疗质量安全。积极推行临床路径管理,全省试行临床路径管理的二、三级医院达到131家,2010年三级医院出院者平均住院日比2009年缩短了0.32天。与此同时,继续深入开展“全面改善医疗服务,推进医德医风建设”专项行动,紧紧围绕创建“满意窗口”、优化服务流程、分流就诊高峰、加强医患沟通、优化就医环境等方面,落实医疗服务核心制度,大力推进医德医风建设,全面改善医疗服务。积极开展“优质护理服务示范工程”、“志愿者医院服务”等活动,推进医学检验检查结果互认,大力开展平安医院创建,预约挂号服务在全省县以上公立医院全面开展。

六、中医药事业健康快速发展

加强中医药服务体系建设,重点扶持30所县以上中医医院。开展基层中医药工作先进单位创建活动,建成全国农村中医药工作先进县(市)2个、全国社区中医药工作先进区2个;6家医院获得全国综合医院中医药工作示范单位称号,顺利完成第四批20家省级中医药特色社区卫生服务中心创建工作。加强中医重点专科建设与管理,新增1个国家中医药防治传染病重点研究室和1个国家二级中医药实验室,江苏省中医院被确定为中医药标准研究推广基地(试点)建设单位。获得973项目2项、国家自然基金项目34项,发明专利78项。认真实施中医药人才建设项目,强化培训和继续教育工作,开展中医类别全科医师岗位培训,组建名老中医工作室,加强中医药文化建设与宣传,中医药人才队伍梯队更加合理,中医药内涵建设更加丰富,服务能力显著增强。

七、卫生科教水平显著提升

“科教兴卫”工程进展顺利,成效显著。全年累计投入建设经费4504万元,获得国家科技进步奖一等奖1项、国家科技进步奖二等奖1项、省部级科技进步奖一等奖13项。国家“十一五”科技支撑计划“江苏省农村适宜技术示范研究”项目全面结题,筛选16项农村适宜技术在全省推广,覆盖70%以上的乡镇卫生院和50%以上的村卫生室。科教兴卫工程实施五年来,建设了12个临床医学中心、31个医学重点学科,培养了29名医学领军人才、120名医学重点人才,建成4个国家级重点学科、6个卫生部重点实验室,部分高新技术达到国内、国际领先水平。去年,获得国家重点临床专科建设项目12个。出台《江苏省住院医师规范化培训实施办法(试行)》,全面启动全科医师规范化培训工作,目前在培全科医师856人。学校教育、毕业后教育和继续教育规范开展。

八、卫生监督执法能力进一步增强

大力推进卫生监督体系标准化建设,已有49个市、县(市、区)通过省级评估验收。卫生监督综合管理信息系统建设进展顺利,并已进入试点阶段。全面履行食品安全综合协调职能,制定完善食品安全规章制度,建立规范长效的管理机制。加强公共卫生监管和医疗行业监督,开展消毒产品、生活饮用水及涉水产品、传染病防治、职业卫生等专项卫生监督检查,加快推进公共场所卫生监督量化分级管理,深入开展城市饮用水监测网络试点,落实学校卫生监督职责,依法开展卫生行政许可,加大对非法行医打击力度。

九、食品药品监管力度不断加大

组织开展餐饮服务食品安全专项整治,认真做好上海世博会期间全省餐饮服务食品安全保障工作,有效保持餐饮服务食品安全监管工作的连续性和稳定性。做好保健食品许可、化妆品生产企业卫生许可及非特殊用途化妆品备案管理等工作,集中开展保健食品、化妆品生产企业违法添加专项检查。药品安全专项整治取得重要阶段性成效,累计查处药品、医疗器械违法案件4450件,取缔无证经营户234个,捣毁制假窝点35个,移送公安机关立案查处涉嫌犯罪案件55件,追究刑事责任85人。层层签订责任书,建立中标情况报备制度,组织开展工艺处方核查,加强生产、配送现场监管,进行评价性抽验和监督抽验,基本药物质量监管工作实现良好开局。紧扣质量安全主线,加强研制、生产、流通、使用全过程监管,药品科学监管水平有了新的提高。推进城乡药品监督网和供应网建设,24 个市辖区顺利通过城市社区药品“两网”建设示范区检查验收。(江苏省卫生厅 何新羊)

体育管理体制改革

2010 年,在省委省政府正确领导下,在国家体育总局指导关心下,全省体育系统紧紧围绕建设体育强省目标,深入贯彻落实科学发展观,解放思想,开拓进取,扎实工作,体育事业和体育产业各项改革工作稳步推进。

一、以不断满足群众日益增长的健身需求为宗旨,深入贯彻实施《全民健身条例》

以贯彻落实《全民健身条例》为契机,努力推动群众体育工作迈上新台阶。一是以推动“三纳入”为突破口,强化政府公共体育服务职能。省已将贯彻落实《条例》工作纳入 2010 年人代会政府工作报告、纳入经济社会“十二五”发展规划,将全民健身经费纳入年度财政预算。绝大部分省辖市和所有县(市、区)也将全民健身工作写入《政府工作报告》,明确了全民健身工作任务和工作要求;二是建立全民健身设施“建、管、用”制度。加大城乡基层体育设施的配套建设,建设 30 个健身广场(体育公园、社区多功能场地),在苏北地区 2000 个行政村健身点上配置一条健身路径。各地对已建成的健身设施,落实管理单位,明确管理制度和维护责任人,逐步建立“建、管、用”长效机制。三是积极推进公办学校体育场馆向社会公众开放。确定了南京、无锡等地 20 所中小学为试点单位,体育场馆在课余时间和节假日向学生开放,并创造条件逐步向社会开放。目前,部分市、县(市、区)政府颁发了学校体育场地向社会开放规定,对学校场地向社会开放提出了要求;一些市(区)政府财政每年拨出专款,鼓励扶持全市所有中小学校体育场地免费向社会开放。四是大规模培训社会体育指导员。加强南京体育学院社会体育指导员培训基地建设,重点发展国家级社会体育指导员,先后举办了三期国家级社会体育指导员培训班并培训 1200 多名一级社会体育指导员。五是建立全民健身志愿服务长效机制。以社会体育指导员队伍为骨干,在培训指导、组织保障、活动策划、表彰奖励等方面探索经验,不断扩大全民健身志愿者队伍,充分利用全民健身日、省运会及传统节庆活动等平台,开展社会体育志愿服务活动。六是积极推动体育社团社会化实体化发展。在前年省属体育社团社会化实体化改革的基础上,继续扩大试点范围,印发《省属竞技体育项目协会改革发展试点工作方案》,把篮球等奥运项目协会确定为试点协会,积极推动“五有”建设。深入推进非奥运项目体育社团改革发展,确定了航空等 5 个非奥项目协会为“五有”目标重点推进协会,以点带面地推动省属体育社团发展。

二、以备战伦敦奥运会和第 12 届全运会为主线,进一步调整竞技体育项目布局

围绕备战奥运会和第 12 届全运会目标,制定了《江苏竞技体育“3012 工程”计划》,提出了“以科学发展观为指导,优化结构、突出重点、提高效益、均衡发展”的战略思想,加大了竞技体育管理体制改革力度。一是完善运动项目群管理体制。撤销、合并冬季项目、帆船 470 级等项目,增设了高尔夫球、女子橄榄球等项目,进一步优化项目布局,加大竞技体育管理体制改革力度,以项目群为主线,实行集约化管理。二是完善省、市、高校、企业联办运动队体制。鼓励有条件的省辖市建立省市联办运动队,在游泳、乒乓球、篮排足青年组、垒球、马术、橄榄球、高尔夫等项目上引入联办和竞争机制。三是多项举措狠抓薄弱项目体制机制建设。针对我省乒乓球项目滑坡实际,引入竞争机制,在有条件的市设立省队市管训练点,在徐州、镇江和苏州市成立乒乓球项目省队市管训练点。游泳项目采取引进来、走出去办法,聘请了美国高水平教练。赛艇和女子橄榄球项目分别邀请了英国和美国教练来宁试训,与澳大利亚等国队伍保持联系,想方设法物色优秀教练员来宁执教。四是全力推进训科医管一体化。加强体能教练和队医培训,举办体能教练培训班,分批分次派遣我省优秀运动队队医赴国家体育总局医院培训;组建备战十二届全运会周期医疗专家组,出台《江苏省优秀运动队队医工作管理办法》，对队医管理、运动员伤病报告、药品的使用和管理等进行规定。五是加大退役运动员安置力度。建立孵化基地实施退役运动员创业孵化项目，对退役运动员创业实行一对一的“导师制”辅导，在创业项目选择、创业风险评估、商业模式设计等方面提供全方位服务。组织退役运动员职业转换过渡期培训，加大退役运动员就业安置力度，从局系统事业单位招聘岗位中拿出一定比例，优先考虑接收组织安置运动员。

三、以贯彻省政府《关于加快发展体育产业的实施意见》为契机，加快推进体育产业发展

2009 年，省政府出台了《关于加快发展体育产业的实施意见》，明确未来 5 年我省体育产业发展的总体目标、重点任务及保障措施，明确体育产业享受国家和省有关扶持服务业发展各项政策，从 2011 年起设立省级体育产业发展引导资金和体育产业创业投资基金等扶持奖励基金，同时，在金融、税费、投资、用地、人才等方面出台了一系列政策措施。召开了全省体育产业工作会议，对今后一个时期全省体育产业工作进行全面部署。进一步扩大体育彩票销量，按照“两条战线，齐头并进”工作思路，狠抓市场培育、渠道建设、营销管理、安全保障等各项措施，紧抓玩法培育，在保持体彩产品呈现 7 位数等概率型游戏稳步增长同时，继续狠抓即开型彩票工作，把竞彩作为优化玩法结构、转变增长方式的主要抓手，继续加大布局力度，进一步填补城乡市场空白，2010 年，我省发行体育彩票 93.4 亿元，再创历史新高，连续五年位居全国第一。充分挖掘体育赛事资源。采取企业冠名、共担风险等方式，加强赛事综合开发，使体育竞赛表演成为现代服务业的重要组成部分，推动体育产业快速发展。

四、以赛风赛纪和反兴奋剂工作为重点，办好第十七届省运会

第十七届省运会是我省举办的规模最大、水平最高的综合性体育盛会，共设青少年部、高校部、职工部 3 个类别 58 个竞赛项目，参赛运动员、裁判员、工作人员超过 2.6 万人。为实现省政府提出的“赛风赛纪和反兴奋剂不出大的问题”的目标，一是积极贯彻“教育、自律、制度、监督、惩处”的十字方针，坚持以防为主、惩处并举、综合治理原则，严格教育，狠抓纪律，落实制度，加强监督，严厉惩处。通过严密部署、严格管理，做到对十七届省运会赛风赛纪的认识不放松，明确任务、落实责任不放松，狠抓干部队伍的思想作风和制度建设不放松，切实做到未雨绸缪、防患未然。二是加大对竞赛管理人员和裁判员监管力度。充分酝酿、反复斟酌、精心细选竞赛管理人员和裁判员，重视加强对裁判员的管理和监督，抓好裁判员的业务培训和思想政治学习，对业务水平不合格、思想作风有问题的裁判员，坚决不用；对在比赛中出现严重违规违纪的裁判员严肃处理，决不姑息迁就。三是坚定不移地抓好反兴奋剂工作。专门召开反兴奋剂工作会议，采取一系列严厉措施，加大省运会反兴奋剂工作。采取飞行检查、自查自纠、骨龄检查等方式，加大查处力度，3000 多名资格有问题的运动员主动退出比赛或被取消参赛资格，对弄虚作假的运动员和相关单位进行了处罚，并进一步完善各项管理制度，加大兴奋剂检查数量，加大检查覆盖面。省运会期间，对青少年部 11 个比赛项目 293 人次运动员进行赛内和赛外检查。省运会赛风赛纪问卷调查结果显示：第一阶段对赛风赛纪总体满意度为 94.9%，第二阶段为 96.1%，第三阶段为 98.3%。

五、以深化体教结合为手段，加快体育后备人才培养

积极拓宽体育后备人才培养渠道，提高后备人才质量。一是切实加强各级各类业余体校建设。出台了《江苏省国家高水平体育后备人才基地考核管理办法》，进一步加强我省现有 40 个国家级基地的规范化管理，充分发挥国家级基地在体育后备人才培养中的集聚和示范作用。继续创建国家高水平体育后备人才基地及青少年奥林匹克俱乐部，评定星级业余体校，积极引导基层训练单位和社会力量进一步提高对体育后备人才培养的关注度和积极性。二是进一步扩大省市共建一线运动队和三线体校范围。制定振兴江苏乒乓球规划，实行大乒乓球体制,引进高水平教练员,引入竞争机制,在有条件的市体校设立了 3 个省优秀运动队训练点,同时建立全省竞争性选拔进优秀运动队制度,调动各方面积极性。三是继续完善教育体育联席会议机制。整合教育体育优势资源,共同制定全省高校体育教育、师资队伍建设、高水平运动员培养、场馆设施建设和项目竞赛等相关政策,建立定期会商、资源共享等机制,研究解决有关问题。整合局训练中心资源,制定二期工程规划方案,为南京体院扩大招生创造条件。

六、以"科教兴体"和"人才强体"为支撑,打牢体育科学发展的坚实基础

牢固树立科学技术是第一生产力、人才资源是第一资源的思想,大力实施"科教兴体"、"人才强体"战略,努力提高科教水平,不断优化队伍结构,为体育强省建设提供强大的人才支撑和智力支持。一是切实加强体育科技攻关服务。进一步优化体育科研资源配置,提高竞技体育训练科技攻关、科医服务能力和群众体育科研水平。给省体科所增加体育科研人员 10 个编制,进一步加大科研投入力度,2010 年体育科研课题经费超过 300 万元,比 2009 年增长两倍多。切实加强市级体科所建设,13 个省辖市均建立体科所(室),有编制、有人员,科研经费、硬件投入、人员编制等基础条件大为改善,省市体育科研机构和覆盖率居全国之首。强化奥运金牌项目科技攻关服务,全面落实训练、科研、医疗、管理一体化。二是重视加强运动员文化教育工作,认真贯彻国务院办公厅转发国家体育总局等部门《关于进一步加强运动员文化教育和运动员保障工作意见》,与省教育厅等有关部门草拟《关于进一步加强运动员文化教育和运动员保障工作的实施意见》。制定了市级体育运动学校文化教育考核办法、优秀运动队文化教育考核意见、运动队远程网络教育实施办法,推动运动员文化教育工作。三是深化干部人事制度改革。规范干部选拔任用制度,在事先确立用人标准和选拔程序的前提下,通过竞争性选拔的方式,从基层选拔优秀干部担任机关处级职位,推动干部交流,实行竞争上岗,促进干部队伍建设的制度化规范化。认真落实《公务员法》、《党政领导干部选拔任用条例》及干部选拔任用工作"四项监督制度"等有关法规政策,加快人事制度改革,出台了《省体育局党组关于进一步加强干部队伍管理的意见》,完善了人员进入、干部选拔任用管理、考核评价、培养和奖励、退出和约束等机制。积极与省人社厅沟通协调,确定我省体育系统事业单位岗位设置方案,加快完成岗位设置,推行人员聘用制度。四是筹建"中国网球学院"。着力打造集训练、教学、科研、经营、服务于一体的综合性应用型网球学院,目前总体规划和建设立项、经费筹集以及争取总局网管中心支持等工作正在抓紧进行。(江苏省体育局　王志光)

环保体制改革

2010 年全省环保系统主要开展了四项工作:一是将苏南地区的污水排污费从每当量 0.9 元提高到 1.4 元,苏南和苏中苏北地区的生活污水处理费调整到每吨 1.6 元和 1.3 元左右,进一步完善"污染者付费、治污者受益"的机制。二是完成排污权有偿使用和交易试点工作,在排污指标核定、申购等方面摸索出一套较为成熟的办法,已有 900 多家企业申购了排污指标,金额超过 1.2 亿元。三是将环境资源区域补偿范围从太湖流域推广到通榆河沿线,省政府还制订《通逾河水环境质量区域补偿试点方案》。四是会同省有关部门出台《关于推进环境污染责任保险试点工作的意见》,苏州、无锡两市 300 多家企业与保险公司签约,总保额达 3.45 亿元。全省参加环境行为评级的企业增加到 1.7 万家,有关信息基本纳入银行绿色信贷系统。(江苏省环保厅　姚　宾)

行政审批制度改革

2010 年,全省各级纪检监察机关,按照政府自身改革和建设的要求,加大行政效能监察力度,认真开展行政审批制度改革,促进政府职能转变和管理方式创新,推进政府依法行政,规范行政行为,整合政府行政资源,促进社会事业和经济发展。

一、注重科技创新,大力推进电子监察系统建设

电子监察系统建设是我们全年的“一号工程”。我们紧紧围绕罗志军省长“三个全覆盖”的要求,在基本建成省级电子监察平台的基础上,加大指导推进和管理力度,取得明显进展。目前,13个省辖市、32个省自建单位和20个省统建单位全部与省平台联网运行,省电子监察平台基本实现了从省行政权力网上公开透明运行公共平台实时抓取数据,事项查看、全程监控、预警纠错等功能运行正常。

(一)主持和参与文件制定。一是出台《江苏省电子监察系统内部运行管理暂行规定》。以制度建设为切入点,在总结系统开发运行以来工作经验的基础上,结合我省实际情况,起草出台《江苏省电子监察系统内部运行管理规定(征求意见稿)》,详细规定了职责范围、分级权限、日常管理、督办流程和责任追究办法。二是认真研究起草电子监察平台考核验收标准。按照省政府办公厅关于开展2010年度全省行政权力网上公开透明运行考核验收工作的通知要求,科学合理地将电子监察平台考核分为技术标准、系统功能和系统运行三个大部分,共十一个小项,为公平公正地对各地各部门电子监察平台考核验收结果奠定基础。

(二)开展督查指导。为全面掌握各地、省各有关部门工作进展情况,与省政府法制办、省政府办公厅电子政务办相关人员组成联合督查调研组,通过听取汇报、观摩演示、查看资料等方式,对13个省辖市和52个省级机关部门逐一进行了全面督查,对电子监察存在问题进行了点评,对下一步如何改进提出了明确要求。在此基础上形成专题督查报告报省政府及委厅领导。省领导罗志军、赵克志、弘强分别就督查报告作出重要批示。

(三)认真参与考核验收。作为省行政权力网上公开透明运行考核验收工作组的重要成员,认真开展对省各有关部门、各省辖市电子监察情况的考核验收工作,指导各省辖市对所辖县(市、区)电子监察情况进行考核验收。遵循“考核验收不是目的,重要的是推进工作”的思路,在考核中对电子监察平台建设和应用管理中存在的缺陷当面指出,同时注意听取被考核单位的意见,彼此沟通交流,把问题搞清搞透。对通过考核验收单位,及时以书面形式反馈整改建议,督促指导各地各部门在现有基础上再接再厉,不断推动工作深入开展。

(四)积极开展二期平台开发的调研。省电子监察系统(一期)于2009年底如期开发完成后,根据《江苏省电子监察系统建设方案》的总体规划,着手进行二期建设的研发工作,考虑将重大项目、重点市场和内部权力监控逐步纳入电子监察平台。为做实基础工作,进行了充分的前期调研准备。首先,通过下发调查表,摸清了各省辖市相关模块的建设情况。其次,先后到省卫生厅、省住建厅、省机关事务管理局、省发改委分别调研药品(耗材)采购、工程建设招投标、政府采购和省管资金重大投资项目电子监察系统建设和运行情况。在此基础上,结合我省建立权力内控机制的实际情况,草拟了《江苏省电子监察系统(二期)建设实施方案》。

二、注重方法创新,积极开展绩效评估探索工作

(一)积极配合省政府办公厅做好行政绩效管理制度课题研究工作。按照省政府的统一要求和部署,积极配合省政府办公厅,全面组织实施行政绩效管理制度课题研究工作。一是代省政府办公厅草拟了课题研究工作方案,明确了课题研究的重点内容、组织分工和时间安排,统筹规划了课题研究的全过程。二是草拟了课题研究的基本框架,从政府部门绩效评估的意义、各地开展工作的基本情况、构建指标体系的指导思想和基本内容等四个方面,明确了调研报告大纲的主体结构,提交省政府办公厅。三是开展绩效管理制度建设工作调研活动。6月,由省政府办公厅朱光远副主任带队,派员赴福建省、云南省和深圳市以及省内的部分市、县进行调研,为课题调研文稿的起草工作提供借鉴。四是组织调研报告撰写。按照省政府办公厅的要求,与课题组相关成员分工协作,最后形成调研报告,上报省政府。五是代省政府办公厅草拟关于开展绩效管理的实施办法(试行),

目前,实施办法已送法制办审核。

(二)全面推动绩效评估试点工作。根据全省行政工作要点和效能建设工作的部署,要求 13 个省辖市均确定一个县(市、区)和一个市直部门作为绩效评估的试点单位。从 2 月份开始,赴无锡市、淮安市、连云港市等省辖市及部分省级部门,通过实地走访、召开座谈会、数据采集等方式,深入了解各地、各部门绩效评估工作的开展情况,并商定省物价局为省级机关绩效评估工作的试点联系单位,有力推动了绩效评估试点工作的广泛开展。目前,全省已确定 27 个县(市、区)、13 个市直部门为绩效评估试点单位,2 个市确定在市直部门全面推行绩效评估。全省上下初步形成了积极探索、勇于创新,大力推进绩效评估的良好氛围。

三、注重规范提高,确保四级便民服务网健康发展

随着我省四级便民服务网建设基本实现全覆盖,亟需加以规范和提高,保障四级便民服务网的健康发展。从去年起,着手《关于进一步规范全省四级便民服务网建设的意见》的起草工作,多次调研,广泛征求意见,数易其稿。今年 3 月初,又联合省政府法制办在镇江召开座谈会,邀请各市行政服务中心、市政府法制办和市纪委效能监察室负责人参加,重点就如何修改和完善《意见》进行研讨,并根据研讨内容进行了修改。目前该《意见》已经通过厅长办公会的讨论,并经过省政府法制办审定,以两家名义联合上报省政府办公厅,计划以省政府办公厅名义下发全省。今年还配合监察部开展了《全国省级、地市级、县区级政务(行政)服务中心基本情况调查问卷》工作,及时将《调查问卷表》下发各市、县,组织认真填写并进行了汇总,进一步掌握了全省的基本情况,并按时上报,受到监察部的好评。5 月下旬,国家预防腐败局来我省调研四级便民服务网建设工作,认真准备了汇报材料,全面展示江苏工作创新特色和亮点,参与陪同考察了省住建厅远程评标系统、省人保厅网上审批大厅,以及镇江市、扬中市勤丰村、苏州市和昆山市周庄镇的行政(便民)服务中心。考察结束时,国家预防腐败局领导对江苏的工作作出了高度评价,肯定江苏四级便民服务网建设走在了全国前列。

四、注重权力清理,全面落实行政审批制度改革各项工作

为了贯彻落实《国务院关于第五批取消和调整行政审批项目的决定》,认真做好对取消和调整行政审批项目的落实和衔接工作,切实加强后续监管,按照委厅领导要求,在省级部门开展第五批行政审批制度改革工作。

(一)切实抓好国务院第五批取消和下放管理层级行政审批项目决定的贯彻落实。对国务院要求取消、下放的项目坚决取消、尽快下放;加强后续监管;认真清理部门规章,使部门审批权责与国务院决定保持一致。

(二)清理、取消和调整一批省级行政审批项目。在前四轮行政审批制度改革的基础上,对 2008 年 10 月以后保留的省级行政审批项目进行清理,各部门按照“应减必减”、“该放就放”的要求研究提出取消和调整审批项目的处理意见。对各部门上报的行政审批项目进行审核确认。组织人员对各部门上报情况逐项进行清理和核对,初步确定保留和取消的行政审批项目方案,征求相关意见,对初步方案进行修改和调整,拟定本轮清理工作草案,向各部门进行反馈,对草案进行修改和调整,形成清理方案送审稿,报效能建设领导小组进行审核。

(三)进一步规范行政审批行为。对保留下来的审批项目,进一步减少审批环节,规范审批程序,明确审批权责,完善审批权力运行机制,大力推进“阳光审批”,规范审批收费行为。积极推进行政审批制度改革长效机制建设。一是全面推进“三集中、三到位”,创新工作机制和制度,优化行政审批流程,提高行政审批效率。二是进一步完善和落实行政审批项目清理审核机制、新设行政审批项目审查论证机制,加强对新设行政审批项目的审核把关,做好新设审批项目与已有审批项目的衔接工作。三是健全行政审批廉政风险防控机制,充分利用电子监察系统,加强对审批过程各环节的动态监督。(江苏省监查厅　葛成波)

地方篇

南 京 市

2010 年政府工作报告

各位代表：

现在，我代表南京市人民政府，向大会作政府工作报告，请予审议，并请各位政协委员和其他列席会议的人员提出意见。

一、2009 年政府工作回顾

刚刚过去的 2009 年，是新世纪以来我市经济社会发展最为困难的一年，也是应对国际金融危机取得重大成效的一年。在中共南京市委的正确领导下，全市上下认真学习实践科学发展观，落实中央、省委省政府各项决策部署，全力以赴保增长、保民生、保稳定，很好地完成了十四届人大二次会议确定的目标任务。

经济实现新增长。全年完成地区生产总值 4170 亿元，增长 11.5%。完成财政总收入 901.15 亿元，增长 21.4%，其中地方一般预算收入 434.51 亿元，增长 12.4%。完成社会消费品零售总额 1961.58 亿元，增长 18.8%。完成全社会固定资产投资 2668.03 亿元，增长 23.9%，其中工业投资 1300.4 亿元，增长 20.3%。居民消费价格总水平涨幅为 0.1%。突出抓好旅游、汽车、家电等重点消费领域，拉动经济增长。出台促进外经贸发展、扶持企业开拓市场等多项政策，取消、减负一批行政性收费，减轻企业负担 30 多亿元。

产业结构调整取得新进展。以重大工程及项目推动产业升级，全力培育大企业大集团。规模以上工业企业实现总产值 6756.15 亿元。开工建设高世代液晶面板、扬巴二期等 81 个亿元产业项目。全面启动国家科技体制综合改革试点城市和中国软件名城创建试点城市建设工作。完成软件业务收入 630 亿元。支持 100 家制造业信息化示范企业和 100 家信息化技术供应企业发展。新组建国家工程技术研究中心 1 家，省级工程技术研究中心 44 家，国家及省、市工程技术研究中心累计达 146 家，新建大中型企业研发机构 88 家。13 家省级服务业集聚区入园企业达到 2427 家。成功举办了重洽会、金洽会、软博会、台湾名品交易会等多个品牌展会，承办了第十二次中欧领导人会晤和第五届中欧工商峰会。实施污染减排项目 170 个，关停小化工企业 21 家。

城市建设取得新成就。大胜关铁路大桥顺利合龙，长江隧道全线贯通，京沪高铁、沪宁城际、铁路南站、绕越高速东南段、长江四桥等重点工程进展顺利。推进纬七路东进西延等快速路建设，拓宽改造和燕路等一批主次干道。基本完成地铁二号线一期、一号线南延和二号线东延主体工程。完成中山东路——汉中路、中央路——中山路——中山南路综合整治。加快实施公交优先战略，新增和更新公交车 1200 辆。仙林、城东污水处理厂二期工程投入试运行，生活污水日处理能力达到 150 万吨。大城管长效机制进一步完善。完成造林 10 万亩，森林覆盖率提高到 25%。城市新增绿地 1000 万平方米，建成区绿化覆盖率达 46.5%，人均公园绿地面积 13.6 平方米。

人民生活水平有了新提高。立足富民优先，努力构建收入增长机制，城市居民人均可支配收入 25504 元，增长 10.3%，农民人均纯收入 9850 元，增长 10%。就业形势保持稳定，制定困难企业帮扶就业政策，援助高校毕业生、困难人员就业，新增就业岗位 19.96 万个，城镇登记失业率控制在 3.02%。率先实现医疗、工伤、生育三险市级统筹，企业退休人员养老金、城市和农村低保标准分别有了新提高。新型农村养老保险覆盖人数达 120.33 万，覆盖率达 96.6%。出台老年人优待办法，老年人的社会优待水平进一步提高。建成经济适用房 256 万平方米，储备廉租房 1500 套。完成危旧房片区拆迁改造 151 万平方米,完成 50 个小区出新、800 幢房屋整治。

农村发展取得新成绩。郊县地区生产总值占全市比重达 47.4%,实现工业增加值 1100 亿元,增长 14.3%。新增高效农业 16.5 万亩、设施农业 5.1 万亩。休闲农业接待游客 430 万人次,实现旅游收入 14 亿元。启动第三轮农村实事工程,农村民生得到进一步改善。农民专业合作、土地股份合作、社区股份合作组织取得新进展,农村发展的活力有效增强。以创业带就业,突破农民增收薄弱环节,促进农民收入持续增长。

社会建设取得新进步。推进鼓楼医院等改扩建,建成社区卫生服务机构 879 个。新型农村合作医疗人均筹资标准提高到 180 元以上。全力防控甲型 H1N1 流感,有效控制疫情的传播流行。深入实施素质教育,积极完善政府助学体系,大力发展职业教育,启动农村幼儿园提升工程。实施南京海外留学人才居住证制度,高层次专家、人才引进和培养取得新突破。深化全国文明城市创建,开展市民文明素质提升、环境优化、文明交通等活动。继续推进平安南京建设,强化基层基础工作,扎实做好人民信访工作,着力化解社会矛盾,依法打击严重犯罪。成功举办国庆 60 周年和南京解放 60 周年系列纪念活动。南京云锦织造技艺、金陵刻经和南京剪纸成功入选世界人类非物质文化遗产代表作名录。连续第三次获得全国民族进步模范集体先进称号。积极申办青年奥运会,群众体育事业蓬勃发展,启动农民体育幸福工程,建成完善 82 个街道体育健身中心。援助四川绵竹灾后恢复重建工作成效显著。全力打造军地互帮互促的双拥工作平台,做好拥军 20 件实事。宗教、人防、侨务、外事、档案、工会、妇女、儿童、慈善、地方志、残疾人、红十字、人口计生、社会科学等各项事业取得新的进步。

政府自身建设得到新加强。开展学习实践科学发展观活动,出台了《关于坚持科学发展,转变发展方式,加快转型发展、创新发展、跨越发展的意见》,超前谋划后危机时代南京新一轮发展。采取措施积极破解发展中的难题,解决人民群众关心的热点难点问题。扎实推进服务发展、服务基层、服务群众活动。组建全市文化综合管理机构,推进文化市场统一执法。出台重大行政决策评估办法,提升决策的科学化水平和政策执行的有效性。自觉接受人大及其常委会的监督,支持人民政协履行参政议政职能,办结人大代表议案和建议 580 件、政协提案 584 件。

各位代表,过去的一年,面对国际金融危机的严峻挑战,全市上下迎难而上,顽强拼搏,共克时艰,赢得了发展,交出了优秀的答卷。尤其重要的是我们经受了考验,砥砺了意志,积累了经验,获得了宝贵的精神财富。这就是越是在困难和挑战面前,越是要坚定信心,抓住机遇,奋勇争先,用智慧去战胜困难;越是在困难和挑战面前,越是要坚持发展这个执政兴国的第一要务,坚持科学发展,转变发展方式,加快转型发展、创新发展;越是在困难和挑战面前,越是要坚持突出重点、解决难点,用改革和创新的办法统筹协调解决发展中遇到的难题;越是在困难和挑战面前,越是要坚持以人为本,关注民生,改善民生,维护和发展广大人民群众的根本利益。

过去的一年,成绩来之不易,经验弥足珍贵。在这里,我代表南京市人民政府,向在各行各业辛勤劳动的全体市民,向人大代表、政协委员、各民主党派、工商联和无党派人士、各人民团体、社会各界人士,向驻宁人民解放军、武警官兵,向所有支持南京建设与发展的香港、澳门特别行政区同胞,台湾同胞,海外侨胞和国际友人,表示衷心的感谢!

在肯定成绩的同时,我们也清醒地意识到,南京的发展与群众的期望还有差距,还存在一些深层次的问题需要解决:经济总量和整体实力还需要增强,调整经济结构、转变发展方式十分紧迫;科教资源亟待整合,优势有待发挥;城市功能品质有待提升,环境质量有待改善;城乡二元结构矛盾依然突出,统筹城乡发展压力较大;市民关心的住房、医疗、增加收入、社会保障等方面还有许多问题需要解决;政府自身能力、作风建设亟待加强。这些问题,我们一定高度重视,并采取有力措施,重点加以解决。

二、加快推进转型发展创新发展跨越发展

环顾国际国内,世界经济复苏企稳回升的趋势已经显现,新一轮科技革命、产业革命已经兴起,全球范围内的产业分工和产业结构调整正在加速推进;调结构抓创新促转型成了我国经济发展的主题;各城市竞相发展,给南京争先进位带来一定的压力。审视南京,人均 GDP 已近 8000 美元,正处于发展的关键时期和转型时期,既有再上新台阶、实现新跨越的基础,又有转型发展、创新发展的机遇条件。一是打造综合交通枢纽的优势。机场、铁路、港口、铁路南站等工程的建设,将为南京在新一轮竞争中集聚发展要素、集聚财富,发挥重要枢纽功能。二是构建科技与产业相结合的创新优势。南京科技资源、人才资源不可多得,通过整合转化,提高创新能力,将为新一轮发展抢占制高点提供有力支撑。三是建设南京都市圈和城市群的优势。这在提升南京城市能级,扩大中心城市影响力、辐射力、带动力的同时,将为南京提供更多的发展机会、创业机会、商业机会。四是发挥南京发展平台和载体的优势。通过历年的发展积累,南京产业基础和承载能力、集聚能力有很大提高,将有助于在新的起点上实现新的跨越。综合分析南京面临的发展大势、发展机遇、发展条件,在后危机时代,以创新型经济为特征的新一轮发展中,南京必须坚持科学发展,转变发展方式,加快转型发展、创新发展、跨越发展,才能赢得先机,奋力走在前列。

今后一段时间,我们要把科学发展作为行动指南,把转型发展作为基本路径,把创新发展作为根本动力,把跨越发展作为目标指向。要以现代化国际性人文绿都为目标,以“抢抓新机遇、再创新优势、实现新跨越、建设新南京”为总要求,以 2012 年和 2015 年为时间节点,坚持集约发展,绿色增长,突出重点,统筹协调,全力提升,全面提速,推动经济社会发展再上新台阶。到 2012 年,全市地区生产总值突破 6000 亿元,全社会固定资产投资达到 4200 亿元,地方财政一般预算收入突破 600 亿元,科技进步贡献率达到 55%,城市居民人均可支配收入和农民人均纯收入分别达到 35000 元和 13000 元。到 2015 年,全市地区生产总值突破 1 万亿元,全社会固定资产投资达到 6300 亿元,地方财政一般预算收入突破 1000 亿元,科技进步贡献率达到 60%,城市居民人均可支配收入和农民人均纯收入分别达到 50000 元和 17000 元。

实现以上的目标和任务,全市经济将呈现出科学发展、总量增加、结构优化、产业转型、活力增强的新格局;城市将展现出功能更加完备、空间更趋合理、品质显著提升、环境更为秀美的新面貌;社会将展现出文明和谐、生活安康、城乡协调、人与自然和谐发展的新局面;人民将过上财富收入明显增加,生活质量明显改善,社会保障明显提高,幸福感、舒适感、安全感明显增强的新生活。

三、2010 年经济社会发展的主要目标和任务

今年是完成“十一五”规划目标的决战之年,也是全面实施“三个发展”的开局之年。按照省委、省政府的部署和市委十二届十七次全会的安排,2010 年政府工作的总体要求是:全面贯彻落实科学发展观,加快转变发展方式,坚持以调结构、促转型、抓创新、上水平为主线,坚持先进制造业和现代服务业“双轮驱动”,坚持创新驱动和投资消费拉动,着力推进经济结构调整和产业转型升级,着力推进科技创新型经济发展,着力扩大对外开放,着力提升市容环境、提升城市品质、提升人居质量,着力推进以改善民生为重点的社会建设,着力推进政府职能转变和能力作风建设,在新一轮发展中奋勇争先、抢抓先机、抢占制高点,努力开创全市经济社会发展的新局面。

今年经济社会发展主要预期指标是:地区生产总值增长 12%;地方财政一般预算收入增长 12%;社会消费品零售总额增长 17%;全社会固定资产投资增长 22%;实际利用外资和地

方外贸出口分别增长18%和10%；环保投入占地区生产总值比重达到3%以上，万元地区生产总值综合能耗、化学需氧量排放量和二氧化硫排放量完成“十一五”规划确定的目标；城市居民人均可支配收入增长11%；农民人均纯收入增长10%；全社会研发经费支出占地区生产总值的比重在3%左右；居民消费价格总水平涨幅控制在3%左右；城镇登记失业率控制在4%左右。

实现今年经济社会发展的目标，要认真做好以下六个方面的重点工作：

（一）着力推进产业转型升级，加快转变发展方式

推动经济结构调整，突出发展高新技术产业和战略性新兴产业，提升传统产业，提高经济增长质量和效益，构筑先进制造业、现代服务业共同发展的现代产业体系。

大力提升先进制造业发展水平。坚定不移地实施工业第一方略，重点布局在经济技术开发区、高新区、江宁开发区、化工园和溧水、高淳县发展先进制造业。实现工业增加值1900亿元以上，增长12%，新增规模企业400家。确保全年完成工业投入1600亿元，增长23%。电子信息产业以高世代液晶面板项目为龙头，打造液晶显示产业基地，带动电子信息产业升级。石化产业以扬巴二期、扬子石化升级项目和小化工整治，推进发展循环经济、环境友好的“绿色化工”。钢铁产业重点推进南钢和梅钢精品钢基地建设。汽车产业重点发展上海大众B级车、名爵、长安等整车项目，提升整车生产能力，建设零部件产业基地，加快发展新能源汽车。培育壮大风电与光伏、电力自动化及智能电网、通信、节能环保、生物医药、新材料、轨道交通、航空航天等八大新兴产业，抢占产业制高点。加快推进南瑞国家智能电网科研及生产基地、国睿科技园、中环光伏、高齿风电传动项目、浦镇轨道环形试验二期、中航南京轻型动力基地建设。切实做好工业化和信息化融合工作，建成10个综合服务平台。强化有效投入，优化投资结构，实施一批投资量大、技术含量高的项目，增强发展后劲。继续实施大企业大集团战略，壮大规模经济，扶持中小企业发展，提升产业竞争力和工业整体实力。

加快发展现代服务业。把发展现代服务业放到更加重要的位置，重点布局在玄武、鼓楼、雨花台、秦淮、白下、建邺、下关区和河西新城，加大力度推进软件及服务外包、金融保险、现代物流、信息服务、旅游会展、文化创意、商务服务、商贸流通等八大服务业发展，带动南京产业转型，实现服务业增加值增长13%以上。建设中国软件名城，着力打造软件大企业集群，完成华为研发基地建设和中兴三期项目，软件销售收入达到800亿元。抓住签署两岸金融监管合作备忘录（MOU）的契机，继续引进包括台湾在内的境外银行、证券、保险机构。加快建设中国移动通信华东物流仓储中心和南京空港、龙潭港物流园。积极对接上海世博会，整合旅游资源，加快景区景点建设，打造六朝古都、钟山风景、民国文化、佛教圣地、秦淮风情等旅游品牌。加强与国际著名会展公司合作，推动会展业国际化、品牌化，认真做好南京国际汽车展览会、台湾名品交易会等品牌展会。大力发展游戏动漫和工业设计、产品设计等创意产业，加快建设中国移动游戏产业基地和江苏广电影视基地。培育大型商贸企业集团，力争5家企业集团销售收入超100亿元、苏宁集团进入世界企业500强。整合提升新街口、湖南路、夫子庙特色商业街区，加快河西新城、仙林大学城商业功能建设。完善促进消费的政策，继续推进家电下乡和家电以旧换新工作，增强居民特别是低收入群体的消费能力。

加快发展绿色产业。以建设绿色经济、低碳城市为目标，加快发展新能源和节能环保产业，鼓励绿色消费，逐步提高可再生能源在能源消费总量中的比重。继续推进节能减排工作，完成扬子石化等11家企业脱硫减排工程并实现达标排放，重点抓好钢铁、石化、建材等高耗能行业，以及年耗能在5000吨标准煤以上企业的燃煤及能源结构改造。积极推进化工园和金陵石化地区循环经济示范园区建设。坚持清洁

生产,对污染企业全面实行强制性清洁生产审核。继续实施化工产业结构调整,鼓励企业淘汰落后产能。

(二)着力推进科技创新,加快发展创新型经济

以国家科技体制综合改革试点城市和国家创新型试点城市建设为契机,突出整合资源,构建南京创新型经济体系,增强自主创新能力,把创新型经济培植成新的增长点。

打造科技创新载体。规划建设科技创新示范园区,加快高新区建设。推动国家级、省级开发区转型升级,建设园中园,加快建设模范马路创新街区、液晶谷、无线谷、生物和医药谷、农业谷。促进一批校办、企办科技园区整合提升。完善开发区商务、居住、生活配套功能,强化园区在创新创业和产业升级中的载体作用。

搭建科技创新平台。整合和发挥南京地区高等院校、科研院所、企业和园区资源,面向全国,面向全球,搭建新能源、软件服务、智能电网、电力自动化、低碳经济、工业设计、文化创意等一批科技与产业相结合的平台。加快组建南京产业技术研究院,鼓励本地企业与高校科研院所联合建立产学研合作平台、产学研合作产业基地或中试基地,力争产学研基地达到30家。打造产业特色鲜明、创新产品领先、创新人才集聚的区域创新平台。

引进兴办研发机构。积极筹建智能电网、太阳能、通信、光伏、节能环保等产业的国家级技术中心,建立一批公共服务平台。推动创新资源集聚和整合,建立开放共享的技术、产业、标准、专利等产学研合作技术创新联盟。鼓励企业引进兴办研发中心、技术中心、工程技术研究中心,全面提高企业自主创新能力,推进科技与产业、科技与经济的结合。

培育高新技术企业。高新技术产业产值占规模以上工业比重达42%左右。强化企业创新主体地位,启动“千企创新升级”计划,加快培育10个百亿元水平的创新型集团和100个成长型潜力大的创新型企业。引进、支持、培育成长型科技型中小企业,鼓励企业进行科学研究、技术开发、产品更新,提高产品附加值,培育一批新的产品群,提升产品的竞争力。

引进人才完善政策促进创新。围绕科技创新,出台政府管理、科技、金融、土地、人才、涉外经济、法制等促进政策措施。制定科技成果就地转化和产业化政策,出台《南京市知识产权战略纲要》。建立高位调控机构,强化行政调控能力和市场配置能力,推动资源整合。启动实施“紫金人才行动计划”,加大投入,创新机制,改善环境,以产业集聚人才,以平台吸引人才,以人才支撑发展。三年内市、区和开发园区筹资10亿元引进领军型人才、海内外高层次人才来宁创业,培育创新团队;筹资10亿元支持科技创新平台建设;筹资10亿元培育新兴产业发展。评选十大科技创新企业、十大科技研究中心、十大科技创新人物和十大产学研成果奖,营造支持创新创业的良好氛围。成立南京科技银行,创建中小科技型企业投资公司,引进风险投资、创业投资、天使基金等公司机构,推进企业上市,努力解决科技型企业融资问题。加快发展科技研发服务业,鼓励科技人才创新创业,支持研发服务机构向经营型企业转变。

(三)着力扩大对外开放,加快实现开放型经济新突破

南京经济转型,必须在开放中发展,在统筹国际国内两个市场中集聚要素、集中项目。

推动开发园区转型升级。进一步优化生产力布局,根据开发园区不同资源禀赋和区位特点,明晰产业定位,围绕上下游产业链,建设一批专业园区与功能区,形成产业分工明确、功能定位合理、发展特色鲜明的新格局。经济技术开发区重点建设成为国内一流的平板显示产业和临港产业基地。高新区着力打造应用软件及系统集成、光机电一体化、生物和医药等高新技术产业基地。化工园立足乙烯、醋酸、氯碱的产业链延伸,发展以循环经济、节能减排、环境友好为重点的“绿色化工园区”。江宁开发区重点发展汽车、电子信息、智能电网等先进制造业和现代服务业。主城区内的各省级开发区、园区以现代服务业为主,建设国家级服务外包基

地、国家级软件产业示范区和各具特色的科技园区、总部基地、创新街区、金融集聚区、空港产业园、港口物流园、商务商贸区。加快设立金陵海关。积极申办综合保税港区,建设海关、商检等服务功能为一体的口岸综合服务中心,优化口岸环境。

提高招商引资层次水平。扩大招商引资,优化引资结构,推进先进要素向南京集聚。围绕发展先进制造业、现代服务业,重点引进一批龙头型、基地型、主导型项目,促进制造业招商向高附加值、高技术含量发展,引进现代物流、金融保险、研发等现代服务业项目,引进跨国公司区域管理总部、营运中心、研发中心等项目,引进实力强、规模大、品牌响、产业关联度紧、技术含量高、符合南京产业特色的央企、民企来宁投资。加快提高现代农业、科技创新、生态建设、基础设施、新能源、节能环保和社会事业等领域利用外资、民资的水平。强化产业链招商、重点地区招商、社会化招商、专业化招商,加强宁台产业合作,突出对欧美日韩招商。引导外资通过股权置换、战略投资等方式并购和参股重组内资企业。推动各类企业寻求在海外市场上市,提高间接引进外资的规模。建立一支素质好、业务能力强的专业招商团队。

转变外贸发展方式。巩固传统市场,开拓新兴市场。调整出口产品结构,大力推进具有自主知识产权的高新技术产品、机电产品、风电、太阳能、大型装备制造和特色农产品出口,形成出口产业集群。培育更多的外贸出口主体,推动大型商贸企业收购出口,制造业企业由供货转向直接出口。加快发展服务贸易,促进工程承包、劳务、旅游、运输、软件、金融、商业服务、文化创意等服务贸易出口。打造面向国内外市场以南京产业为主导的展会。培育和引进服务外包领军企业,重点发展业务流程、知识流程等服务外包产业。加大关键设备、元器件等产品的进口力度,促进技术改造和新产品研发。加快发展对外直接投资,鼓励企业参与国际并购重组,培育具有国际品牌的跨国公司。外事、港澳台工作要积极为开放型经济服务,促进经贸往来合作。

(四)着力提升城市功能品质,加快改善人居环境

围绕提升市容环境、提升城市品质、提升人居质量三年行动计划,科学规划、科学建设、科学管理,彰显城市人文、生态、滨江、宜居的特色。

市容市貌整治工程。实施市政道路整治,立体整治地下管网、地面路况、绿化、城市家具,全路设置残障通道。实施主城背街小巷改造。实施市容市貌整治,拆除违法设施、违章建筑、违章户外广告,出新店招店牌、建筑立面和围墙,实施夜景亮化。完成 31 条主干道和 600 条街巷的整治任务。建设道路沿线绿化设施、街头绿地游园广场、城市公园和城市绿化生态廊道。实施城市交通环境整治,建设智能交通系统,提高交通管理水平,逐步缓解中心城区交通压力和过江难问题。

重大基础设施工程。全力推进综合交通枢纽建设,加快"一带三港"建设步伐,启动建设禄口机场二期工程、龙潭港物流园、纬三路过江通道。建成绕越高速东南段、沪宁城际铁路。推进铁路南站、京沪高铁、宁杭和宁安城际铁路以及长江四桥、六合——江都高速、溧水——马鞍山高速、高淳——芜湖高速等建设。完成凤台南路、应天大街西延和卡子门大街快速化改造。继续推进滨江大道建设,完成一批主次干道及支路拓宽改造。坚持公交优先,加快城市公共交通体系建设,地铁二号线一期、一号线南延、二号线东延建成通车;开工建设地铁三号线一期、一号线西延过江线;新购更新公交车 680 辆,新建改造 20 座公交场站,完成出租车更新升级 2500 辆。规划建设长途客车、城市公交、地铁轻轨相衔接的换乘中心。加强长三角区域合作,推进南京都市圈建设,加快宁镇扬同城化步伐。

历史文化保护工程。以敬畏历史、敬畏文化、敬畏先人之心,加强历史文化名城保护。全面保护鼓楼——清凉山、明故宫、老城南三大片区。今年重点实施内秦淮河、中华门门东蒋寿山故居及门西胡家花园和南捕厅“一线三片”保护工程，推进老城南历史街区、风貌区的保护、利用、改造和复兴，启动金陵大报恩寺工程。推进明城墙风光带玄武门——神策门段保护与建设，建成朝天宫历史文化街区。继续做好第三次全国文物普查工作，确定第三批市级文保单位及其控制保护范围。建立一批非物质文化遗产传承保护基地和生态保护实验基地，扶持非物质文化遗产传承人。

新城拓展提升工程。完成城市总体规划和土地利用总体规划，按照“一城三区”的空间布局，完善“一城三区”功能和新区基础设施，提升建设水平，加强主城与新区之间的有机联系。完善河西新城CBD配套功能，加快河西新城南部地区建设，强化东山、仙林新区综合配套功能。抓住铁路南站建设和红花机场迁建机遇，以铁路南站地区为核心，推进秦淮、雨花台、建邺、江宁、白下区等资源整合，加快建设南部新城。加快推进跨江发展，整体规划建设滨江岸线发展带，重点推动浦口新城、下关滨江地区、江心洲科技生态城、六合新市区四大功能板块建设。

环境质量改善工程。用三到五年时间，实施雨污分流和水环境治理工程，建设500多公里的污水收集主次干管。今年实施玄武湖、金川河“一湖一河”流域整治。加快推进滁河防洪治理。重点整治机动车污染，实行黄标车限区域、限时段行驶。实施工业污染治理，两年内对燕子矶周边地区56家化工企业关停并转。实施工地二次扬尘治理，强化施工现场标准化管理，推进文明工地建设，强化渣土车专项治理。

绿色南京、智慧南京工程。规划建设从三汊河口——三桥鱼嘴、沿秦淮新河——东善桥、沿外秦淮河——七桥瓮——内秦淮河滨江沿河百里风光带和长江滨江亲水岸线风光带。抓好绿博园提档升级和郊野公园建设。基本完成玄武湖公园整治，继续实施中山陵环境综合整治，打造以紫金山和玄武湖为主体的城市“中央公园”。继续建设幕燕滨江风光带，建成10块城市绿地，提档改造10个广场。完成生态防护林、景观林建设5000亩，垂直绿化50公里，屋顶绿化5万平方米。完成200万平方米以上太阳能、地热能等可再生能源建筑应用，推进可再生能源建筑应用示范城市建设。加快智慧南京建设，深入推进信息资源数字化、信息传输网络化、信息技术应用普及化，运用信息技术、物联网技术提升城市建设管理、城市交通、环境监测、文化教育、医疗卫生等领域的信息化水平。

城市管理工程。深化全国文明城市创建成果，创新管理体制机制，整合优化管理资源，加快推进管理重心下移、属地化管理。进一步整合城管执法力量，制定城市管理规范手册。严格规划管理，完善规划公示和批后管理，强化规划的严肃性和权威性；实行最严格的环境准入制度，加大对环境违法行为的查处力度；严格实行项目招投标管理；强化拆迁工地、建筑工地、市政设施的文明管理，加强联合执法，切实解决城市管理顽症。加强征地及房屋拆迁管理，坚持依法拆迁、规范拆迁、文明拆迁，保护农民和被拆迁人的合法权益，切实制止征地拆迁中的违法违纪行为。

（五）着力统筹城乡发展，加快实现郊县发展新跨越

郊县是未来南京发展的重要空间和载体，必须继续把统筹城乡发展作为战略任务来抓。增强郊县发展活力，优化调整郊县生产力布局，加快郊县工业化、城镇化进程，提高农民富裕程度。

深入推进农业结构调整。规划布局农业“1115工程”，用三年时间建设高标准农田100万亩、经济林果100万亩、高效养殖100万亩、设施蔬菜50万亩。坚持科技兴农，重点抓好溧水白马农业科技园、台湾农民创业园等30个农业园区建设，新增设施农业6万亩，打造现代农业生产基地和产业集群，发展都市型、效益型农业。加强农田水利建设，保护乡村生态，改善农业生产条件。扩大南京嘉年华品牌的影响力，发展乡村旅游、生态旅游，实现农业旅游收入15亿元以上。继续扩大农业保险试点，降低农民从事农业生产的灾害风险。

加快郊县工业化进程。以省级开发区为主要载体,整合各种园区资源集中集聚发展。加大郊县有效投入,力争郊县新增工业投入 1000 亿元以上。着重引进技术、资金密集型与带动能力强的重大项目,组织市区、大集团产业向郊县转移,培育郊县新的经济增长点,实现郊县产业优化升级。

提升郊县公共设施水平。统筹规划郊县交通、水利等重大基础设施建设。继续加大投入,实施农民健康、农村环境、社会保障等八大实事工程。继续实施"村村通"农村公路提档升级工程,新建改建农村公路 450 公里。逐步扩大区域供水范围,改善溧水、高淳两县居民饮水质量。坚持以城带乡,科学规划,合理开发,探索推进"三个集中"的有效途径,实现土地集约、产业集群、人口集中,把中小城镇建设摆在更加重要的位置,加快推进新市镇建设,提升城镇化发展水平。新增 6 万农村有线电视用户,解决偏远山区 4900 户农村家庭收看卫星电视和 20 个村居委会无办公用房问题。

增强郊县发展活力。深化农村改革,制定增强郊县内生发展动力和活力的政策措施,市级财政转移支付重点支持郊县产业发展和民生工程。市、区县、镇(街)政府联动加强村级能力建设,用两到三年时间逐步消除可支配收入低于 50 万元的行政村。发展小额贷款公司,争取兴办村镇银行,努力缓解"三农"发展贷款难的矛盾。扎实开展农村万顷良田建设工程、土地整理和农村居民点的整治,不断优化用地结构,增加土地有效供给。抓住城乡建设用地增减挂钩政策,鼓励农民实行宅基地置换,试点探索农村集体建设用地"同地、同价、同权",全面提高农村土地的综合利用效益。创新农村经营体制和运行机制,提高农业生产组织化程度,新增农民专业合作社 200 家,土地股份合作社 80 家,社区资产股份合作社 80 家,农民资金专业合作社 15 家。

(六)着力改善民生,加快社会全面进步

更加关注民生、保障民生、改善民生,在为民、富民、惠民、安民方面投入更多的精力和财力,使城乡居民生活年年有改善。

实施富民工程。大力弘扬"创业、创新、创优"精神,积极营造创业氛围,激发群众的创业活力。进一步降低民间资本准入门槛,放宽市民创业的注册资本、经营范围核准、投资者出资方式和经营场所限制等准入条件。加大培训力度,提高农民创业就业技能。新发展私营企业 1.5 万户、个体工商户 2.6 万户,新增注册资本 300 亿元。整合政策、行政、资金和信息等资源,大力发展各类创业服务社会中介组织,完善创业投资和信用担保等体系,为创业者提供"一站式"服务。组织各级机关工作人员"一对一、一帮一"挂钩帮扶 15 万户农村低收入家庭和 5 万户城市困难家庭,为群众办好实事。

稳步提高社会保障水平。强化社会保险扩面征缴,社会保险基金收支总量增长率达到 10% 以上。实现养老保险城乡全覆盖,推进新型农村养老保险与国家和省政策的对接,提高农村居民养老保险待遇,重点扶持参保边缘户等困难群体。被征地农民 100% 进入基本生活保障,企业退休人员社会化管理服务面达到 90% 以上。

加大住房保障力度。开工建设保障性住房包括廉租房、经济适用房、中低价商品房、租赁房和人才公寓等 600 万平方米以上,今年竣工 300 万平方米,其中廉租房 1500 套。完成危旧房改造 80 万平方米以上。开工建设商品房 800 万平方米。调整低收入住房困难家庭保障准入标准,对人均住房建筑面积 15 平方米及其以下的低保家庭和低收入无房家庭,实行廉租房实物配租和租赁补贴。提高农村危房改造补助标准。完成老住宅区房屋整治 800 幢,出新小区 70 个,不断改善居民居住质量。加强和改善房地产市场调控,继续整顿和规范市场秩序,遏制房价过快上涨势头。

推进教育公平。不断提高义务教育水平,抓好优质教育资源均衡化发展,促进特色教育和素质教育,发展职业教育。实施中小学校新标准建设工程,推进农村幼儿园标准化建设。

完成农村特殊教育发展三年行动计划，对全市特殊教育学生实行免费教育。推进城乡百校千师携手共进计划，免费培训农村教师，选派优秀大学毕业生和城镇教师到农村学校任教。完善政府扶困助学绿色通道，对城乡低保家庭和低收入农村家庭的子女，上幼儿园、就读普通高中、职业中专和技校全面实行“教育助学券”制度。外来民工子女在公办学校就读比例达到90%以上。

提供优质卫生服务。建设覆盖城乡居民的基本医疗卫生制度，为群众提供安全、有效、方便、价廉的医疗卫生服务。全市60%政府办基层医疗卫生机构全部配备、使用零差率销售基本药物。完成20个以上城市社区卫生服务中心改扩建和设备配备，居民在社区卫生服务机构门急诊率达到55%以上。提高新型农村合作医疗筹资标准，六合区和溧水、高淳县每人每年不低于230元，各级财政补助占筹资总额的70%以上。做好人口与计划生育工作，继续开展人口计生“和谐家园”工程。

做好文化体育惠民工作。实施文化惠民工程，深入开展送戏、送书、送电影下乡活动。全市10个公共图书馆和10个文化馆达到国家一级馆标准。积极推进南京博物馆、南京档案馆、河西新城文化艺术中心、小红花少儿艺术基地等文化设施建设。全力以赴做好青年奥运会申办工作。广泛开展全民健身运动，扎实推进百万市民健身工程和农民体育幸福工程，力争13个区县全部建有体育中心或全民健身中心。切实做好第六次全国人口普查工作。

创建全国最安全城市。推进社会矛盾化解和社会管理创新，构建和谐社区。完善社会治安防控体系，建立时空化巡防机制，全面推行技防工程建设。依法严厉打击违法犯罪行为，保持高压态势。大力开展平安社区、平安景区、平安工地、平安校园创建活动，做好流动人口服务管理。加强人民调解、行政调解和司法调解。扩大法律援助覆盖面，做到应援尽援。强化食品药品质量和生产、交通安全的监督管理，切实维护人民群众生命财产安全和生产生活秩序。加强国防教育、国防动员、国防后备力量建设和人民防空工作，继续开展双拥共建活动，积极做好服务南京驻军工作，落实优抚安置政策。

各位代表，2010年在全面完成“十一五”规划目标任务的同时，要充分发扬民主、凝聚各方智慧、集思广益，制定好“十二五”规划，前瞻性、导向性引领全市下一个五年经济社会发展，努力在新的起点上推进转型发展、创新发展、跨越发展。

四、开创政府工作新局面

今年政府工作是在新一轮转型发展和政府机构大部制改革背景下进行的，需要我们以转变政府职能、创新体制机制为重点，加快改革步伐，努力建设对人民负责、为人民办事、受人民监督、让人民满意的政府，努力建设依法治理、务实勤政、运转高效、清正廉洁的政府。

（一）创新公共服务理念，推进政府管理机制创新

面对新任务新要求，政府要强化开放意识、大局意识、忧患意识、服务意识，积极履行公共服务职责，切实做好管制性事务、基础性事务、服务性事务、保障性事务，创造良好的发展环境。进一步完善民意沟通机制，充分利用人民信访、市长信箱、网络在线、干部下访、市民论坛和民意调查等形式，广泛听取市民对政府重大事项和各项决策的意见和建议，认真做好人民来信来访工作，畅通政府与群众联系渠道。进一步完善决策咨询机制，建立健全重大行政决策咨询、论证会、听证会等制度，加强政策跟踪评估，提高决策科学化、民主化水平。进一步完善执行督查机制，加强对重大决策、重点工程、重要任务的督促检查，及时掌握时序进度，提高政府的行政执行能力。建立健全应急管理机制，加强应急处变能力建设，妥善处理自然灾害、事故灾难、公共卫生及社会安全等突发事件，最大程度地预防和减少突发事件造成的危害。进一步完善为民服务机制，加快建设南京市行政服务中心和区县、镇街办事服务中心，健全网上办事平台，切实提高服务发展、服务基层、服务群众的水平。

（二）改革行政管理体制，提高政府行政效能

按照中央大部制改革和省机构改革要求，调整和优化政府机构设置，进一步转变政府职能，理顺部门分工，积极推进区县简政放权，精简管理层级。继续推进行政审批制度改革，下放审批权限，精减审批事项，简化审批环节，提高审批效率和办事水平。进一步扩大政府信息公开，加快电子政务建设，完善新闻发布制度。深化财政管理制度改革，增强预算管理透明度。切实做好区县和镇（街）机构改革，探索事业单位分类改革。加快推进干部人事制度改革，努力形成广纳群贤、人尽其才、能上能下、充满活力的用人机制。

（三）规范行政执法，强化问责监督

建立健全决策权、执行权、监督权既相互制约又相互协调的权力结构。坚持依法行政，全面推进行政执法规范化建设，进一步规范行政处罚自由裁量权，完善行政处罚基准制度，推行行政指导。深入推进权力阳光运行机制，切实加强对权力运行的监督，完善惩防体系，廉洁从政。健全述职述廉、经济责任审计等制度，严格责任追究。继续强化对社保基金、住房公积金和扶贫、救灾等专项资金的监管，以及对涉农、教育、卫生等领域的监督检查，切实解决反腐倡廉建设中人民群众反映强烈的突出问题。进一步完善以科学发展观为导向的考核评价体系，建立科学的分类考核办法、奖惩办法，切实做到激励有效，约束有力。

（四）转变机关作风，提高行政能力和水平

全面建设学习型机关，政府工作人员要刻苦读书，努力学习，开拓视野和思路。大力弘扬理论联系实际、密切联系群众、求真务实、争先创优、清正廉洁的作风，切实增强驾驭全局的能力、开拓创新的能力、统筹协调的能力、执行落实的能力、服务群众的能力。增强为市民、为基层服务意识，提高办事效率。牢固树立亲民爱民之心，时刻把老百姓的冷暖安危放在心上，诚心实意倾听民声，实实在在为民办事，公道正派主持正义，凝心聚力，充分调动干部群众的积极性，为共同的目标而奋斗。切实反对形式主义、官僚主义和铺张浪费，珍惜民力，节约财力，勤俭办一切事业，始终保持人民公仆的良好形象。认真接受人大及其常委会的监督，及时报告工作。积极支持人民政协履行政治协商、民主监督、参政议政职能。加强同人民代表、政协委员的联系，切实做好人大代表建议、批评和意见及政协提案办理工作。广泛听取各民主党派、工商联、无党派人士以及各人民团体的意见和建议。

各位代表，新的机遇蕴藏着新的希望，新的目标引领着新的征程。加快南京新一轮建设与发展，任务艰巨，责任重大，使命光荣。让我们更加紧密地团结在以胡锦涛为总书记的党中央周围，高举邓小平理论和“三个代表”重要思想的伟大旗帜，以科学发展观统领经济社会发展全局，不断解放思想，奋力抢抓机遇，加快推进转型发展、创新发展、跨越发展，为南京的美好明天而努力奋斗！

（南京市人民政府代市长季建业2010年1月18日在南京市第十四届人民代表大会第三次会议上的报告）

改革综述

今年以来,全市上下坚决贯彻落实市委、市政府“三个发展”总体部署,紧紧围绕“保增长、促转型、惠民生”目标,一手抓科学发展,一手抓改善民生,在关键领域和重点环节积极推进改革攻坚,各项改革工作呈现出良好发展态势,各项改革任务均已达到或提前完成序时进度要求。

一、务实推进国家科技体制综合改革试点

(一)完善统筹协调和决策咨询机制。重视发挥市级层面“产学研官介商”联系会议制度的功能和作用,加强对改革试点工作的统筹和会商、指导和协调;积极推进建立(科技)部、省、市联动机制。成立试点工作高层次专家咨询委员会,邀请包括院士、原国家部委领导和大学教授等国内知名专家学者担任委员,为改革试点建言献策。

(二)加强创新载体和平台建设。正式启动建设全市科技创新的核心园区“麒麟科技创新园”,同时开展其申报国家重点技术创新基地工作。与省科技厅签署了共建“南京模范路科技创新园区”协议。成立了南京高新区“南京生物医药技术创新及产业基地”和“南京大学生物医药研究院”。加强了液晶谷、无线谷、白马现代农业科技创新和产业化示范基地和雨花软件园、徐庄软件园、建邺新城科技园等特色园区建设。推进了智能交通产业技术研究院、轨道交通产业技术研究院、中国物联网研究发展(南京)中心、新材料产业技术研究院、膜材料研究院等相对较为成熟的产业技术研究院建设。

(三)健全技术转移和产学研合作机制。在东南大学开展了高校向企业技术转移机制创新研究和试点。在南京工业大学开展了高校与企业共建产学研战略联盟机制创新研究和试点。为推动高校科技人员创新创业,在南京中医药大学开展了鼓励科技人员在岗创业、离岗创业、引进企业科技人才等方面的机制创新研究和试点。积极推进高新技术产业联盟建设,成立了“南京生物诊断试剂技术创新战略联盟”和“江苏省蜂产业技术创新战略联盟”。

(四)推进科技与金融结合。拟定相关扶持政策,推动工商银行南京分行、南京银行等四家银行支行挂牌“南京科技支行”,科技金融试点正式启动。学习借鉴先进经验,积极探索筹建区域性非公开科技企业柜台交易市场。

(五)构建政策支撑体系。制定出台了《关于推进科技创新、推动产业转型、发展创新型经济的行动计划》,对构建创新体系、发展创新型经济的目标、路线图、时间节点进一步细化。提出了“三个10亿计划”(即三年内市、区县、园区联手筹资10亿元用于引进领军人才,10亿元用于科技产业创新平台,10亿元用于支持新兴产业发展),出台了支持科技创新的20条政策措施。上报并获批省政府《关于支持南京建设国家科技体制综合改革试点城市的若干政策措施》意见,重点围绕进一步整合和释放科教资源,促进技术转移,加强产业技术创新平台、大学科技园、高新技术园区、科技金融建设等方面对我市科技体制综合改革进行支持。制定并上报市政府《南京市促进技术转移条例》(草案),推动科技立法,促进技术转移法制化、规范化。

二、着力加强现代金融体系建设

(一)完善金融组织体系和平台载体建设。在认真处理全市4家农信社历史遗留问题、清产核资和做好发起人征集等工作基础上,申报筹建“江苏紫金农村商业银行”。发展壮大金融控股平台,成立紫金担保公司;筹建紫金信托;推动紫金控股入股紫金农商行,成为单一最大股东。引进菲律宾首都银行、北京银行南京分行、浙江中大期货江苏分公司等总部或地区总部金融机构顺利开业并落户河西CBD,提高金融集聚区能级。

(二)继续健全融资服务体系。进一步推进中小企业担保机构发展,推动全市担保机构实现规模化、专业化经营,目前全市共有专业性中小企业融资担保机构70家左右,注册资金总额约75亿元,年末担保余额约200亿元。引导和推进股权投资基金发展,制定出台了《南京市政府创业投资引导基金管理办法(试行)》,与深创投合作设立了规模为3亿元的股权投资基金并正式开始运作;与中科招商签订了设立总规模200亿元、首期50亿元股权投资基金的合作协议;与汉能投资签订了设立首期3亿元股权投资基金的合作协议,2010年底全市股权投资基金已经达到25只,基金总额超过40亿元。扎实推进债券融资工作,完成河西新城区国资公司10亿元企业债券和高新开发总公司12亿元企业债券发行工作。加大了企业上市融资力度,实现华泰证券、科远股份上市融资164亿元、中电联IPO已获批准。

(三)稳步推进农村金融。农业保险试点工作不断深化,进一步巩固发展主要种植、养殖业保险品种,水稻、小麦、油菜险种基本实现全覆盖,能繁母猪实现“应保尽保”;大力推进农机具保险,积极推广蔬菜大棚、育肥猪、肉鸡、林木四个高效特色农业保险险种。农村小额贷款组织加速发展,全市已有13个地区获准开展农村小额贷款组织试点,9家小额贷款公司已经正式营业,注册资本金共计9.8亿元。

三、稳步开展民生领域体制改革

(一)推进教育体制改革。坚持教育均衡发展,大力实施了江北教育振兴工程、农村中小学标准化建设工程、农村幼儿园提升工程等。进一步增加教育投入,全面落实《南京市2008-2010“学有优教”行动计划》,全年市本级教育经费向农村转移支付1.4亿元;继续实施免费义务教育,新增投入1.9亿元;完善15年政府扶困助学绿色通道,全市用于教育助学资金6000多万元。制定《南京市中长期教育改革和发展规划纲要》,提出“实现高水平教育现代化,率先建成人力资源强市”的新目标,确立“优先发展、促进公平、改革创新、提升品质”的工作方针,明确素质教育、高位均衡、人才强教、合作开放四大战略,为今后五至十年南京教育发展绘好蓝图。启动实施了“江苏省义务教育优质均衡改革发展示范区”创建工作。进一步完善了义务教育学校实施绩效工资后的教师奖励、评价机制。着手推进教师队伍在区域范围内合理、有序流动,促进区域教育均衡发展。启动实施义务教育学校“新班额计划”,完善热点高中指标生工作,新增3所指标生学校,不断探索解决择校难题。

(二)积极实施新一轮医改。按照先试点、后推开的原则,在全市范围全面实施了国家实施基本药物制度。着手研究建立药房托管与基本药物、集中采购的有效衔接,以及基层医疗卫生机构专科用药的保障模式。公立医院改革寻机推进,确定市胸科医院作为改革试点医院,改革方案制定完成,拟在管理体制、补偿机制、运行机制和监管机制方面进行改革探索。新型农村合作医疗人均筹资标准进一步提高,六合区、溧水县、高淳县人均筹资额提高到230元以上,其他区县提高到300元以上,最高达到了350多元,高于国家医改意见标准;目前全市7个区县共有194万人参加新农合,参合率连续稳定在100%;全市筹资总额达到5.27亿元。不断完善社区首诊和双向转诊制度,提高参保人员社区就医医药费用报销比例,引导群众“小病在社区,大病进医院,康复回社区”。积极推行全科团队服务和责任医生制度。

(三)继续推进文化体制改革。对市属6家艺术院团转企改制完成了财务审计、资产评估和工商注册,正在完善相关配套政策,力争把“老人老办法”的精神落到实处。完成了市影剧公司出资人变更及移交给市文化集团的相关工作。依照事业单位内部机制改革方案,完成了局系统12家直属事业单位的岗位设置工作。

(四)健全促进就业创业机制。落实积极的就业政策,延长“阶段性降低四项社会保险费率”等三项政策、优先中小企业和部分困难企业享受优惠政策、简化困难企业享受帮扶政策申报程序,对企业进行帮扶,减收企业社会保险费6.3亿元、减收补缴社会保险费滞纳金2746万元、发放社保补贴和岗位补贴2475万元,帮助企业保岗位,稳定就业;继续落实“个十百千万亿”创业工程,出台针对高校毕业生和失业人员的创业补贴办法,积极落实鼓励扶持妇女创业的小额贷款政策，实施创业场地租金补贴暂行办法，大力推进首批国家级创业型城市建设，力图通过创建创业型城市带动就业；实施援助就业，集中力量做好高校毕业生、农村劳动力和就业困难人员三个重点群体的就业工作；实施全员培训计划，统筹失业人员、农村转移劳动力、新生劳动力等城乡各类劳动者就业培训和创业培训，培训18.03万人，提升城乡各类劳动者就业创业能力。

（五）加强社会保障体系建设。坚持民生普惠均衡原则，落实养老保险关系异地转接政策，重点推进农民工、餐饮服务员、厂方促销员、私营个体雇用人员、劳务中介机构代理人员等"五类人员"参保，全市社会保险五项险种累计参保人数达1076.83万人次。制定新农保与部、省意见对接办法，全市新农保覆盖率达99.06%，新农保"三年目标两年完成"。推进城镇居民医保，居民医保覆盖率达到98.4%。启动大学生医保，出台大学生医保门诊费用包干办法。提高社会保障待遇水平，49.5万企业退休人员人均上调养老金169元。降低职工个人医保负担，职工医保和居民医保规定范围内住院医疗费用报销比例分别达到80.6%和61.2%。24万灵活就业人员纳入生育保险。拟定养老保险市级统筹办法，完善医疗、工伤、生育保险同城联网就诊结算，同城联网就诊结算44.1万人次。

四、积极探索社会管理体制改革

（一）社区建设和体制改革扎实推进。基层社区管理体制改革力度不断加大，以社区为单位成立社区党委；积极探索实践以"三报告一评议"为载体的基层人民民主实践形式，形成社区党委、居民委员会和社区管理服务站向群众报告工作，让社区群众评议社区的工作机制；组建社区管理服务站，下设社区管理组、社区服务组和社会保障组，承接和履行政府延伸至社区的各项公共管理与服务；推进行政人员、财政经费和各类资源下沉。基层选举制度不断完善，基层民主自治水平不断提高，城乡社区全面实施"海选"，2010年农村村委会换届选举的直接选举率达100%、一次直选率达80%以上。社区社会组织蓬勃发展，2010年各类社区民间组织达9000多家。社区服务从提供福利性服务向提供社会性服务转变，全市社区普遍建立"慈善超市"、"爱心超市"和互助社，各社区均建立了"15分钟"服务圈，开展为老、法律、家政等服务项目。

（二）社会组织引领、培育和发展迈出新步伐。在全省率先成立社会组织联合党委，采取"单独组建"、"联合组建"和"选派帮建"等形式，推动社会组织"建支"，扩大党在新社会组织中的覆盖。成立南京市社会组织工作领导小组，加大与各业务主管单位的协调力度，形成社会组织监管合力。建立全省首个社会组织孵化器——"南京市爱德社会组织培育中心"，并在4个区推广并建立孵化器。目前全市共有各类社会组织近12846个。

（三）大调解"五大机制"不断完善。进一步健全"三调"对接机制、专业调解机制、排查分析机制、社会稳定风险评估机制和考核评价机制，将社会矛盾纠纷调处成功率评价考核范围由市扩大到13个区县党政领导正职，不断提高社会矛盾纠纷化解水平。按照"哪里有矛盾纠纷，哪里就有调解工作"的原则，合理规划设置辖区内的调解组织，多层面搭建调解组织网络平台，特别是抓好矛盾调解工作向企事业单位、集贸市场、流动人口聚居区、行政接边地区的延伸覆盖。深入推进全市诉调、检调对接工作，促进各类调解资源对接整合和优势集聚，实现调解工作效能最大化。

五、继续深化推动国企改革和民营经济发展

（一）加快国企集团改革重组。基本完成港口集团与中外运长航集团的战略重组。积极推进交通集团与物资集团资产、资源的一体化运作和业务体系的全面融和。推进机床集团股份制改造和资产重组，妥善解决了企业历史遗留问题。加快推进出资企业内部资源清理整合，完成36户企业的清退和股权调整工作。协调解决南京证券"一参一控"等历史遗留问题。完善国资监管制度，修订了企业经营业绩考核指标,对企业财务管理、产权管理、评估备案等工作做了进一步改进与完善。

(二)大力推动民营经济发展。贯彻落实国务院《关于鼓励和引导民间投资健康发展的若干意见》,制定出台《关于鼓励和引导民间投资健康发展的意见》,明确了促进民间投资的45条意见,在市场准入、基础设施和公共项目建设、重大项目合作、投融资等方面作出突破性规定,激发民间资本积极性。确定并提供总投资2000多亿元的100个重大项目向民营资本开放和深度对接,促进全市民营经济大发展。目前民营经济增加值占全市 GDP 比重已达40%左右。

六、稳步实施行政管理体制改革

(一)完成政府机构改革。改革以建设责任政府为目标,以转变政府职能为核心,积极探索实行职能有机统一的大部门体制,对政府原有的42个部门进行了重新调整设置,涉及调整变动的机构共26个,实际减少9个正局级机构,同时探索"大处室",规定新组建部门内设机构精简20%—25%,保留部门内设机构总体精简10%。

(二)加大依法行政力度。制定完成《依法行政四年行动计划(2011—2014)》,为贯彻国务院、省依法行政会议精神提供了综合性实施意见。全面清理行政权力,按照机构改革后重新确定的职能,对市政府部门和区县政府及其部门的行政权力,逐项进行了主体、事项、流程的确认及转移行使。经过清理,2010年市级行政审批事项减少40%,行政权力事项减少3765项,修改废止规章和规范性文件862件。

(三)政府管理和服务创新。深化行政权力阳光运行机制建设,38个市级机关及13个区县已全部建成阳光运行业务系统,形成了"外网受理、内网办理、外网反馈、全程监察"的工作机制。探索政务公开和行风监督新模式,在全国首次采取电视直播形式组织被评议单位领导进行公开述职,当场民主测评,当场公布结果。推进"12345"政府服务呼叫中心建设,实行一个号码对外服务。发挥市重大项目代办中心作用,为企业提供"菜单式"服务,共签订代办项目155个,涉及投资金额1163亿元。加快建设市行政服务中心,推行"一门式"、"一站式"高效便捷的审批方式。

(四)深化事业单位改革。出台《南京市事业单位岗位设置管理实施意见》,基本完成我市事业单位岗位设置工作,共涉及事业单位近500家。

七、进一步推进农村经济体制改革

(一)积极发展龙头企业和合作组织。加大投入,创新运作机制,培育区县级以上农业龙头企业178家,其中国家级6家、省级20家、市级22家、县区级130家,龙头企业的支撑作用日益显现,辐射带动能力明显加强,销售收入突破600亿元。坚持"边发展边规范、以规范促发展",大力培育和发展农民专业合作社,农民的组织化水平进一步提升,截至去年年底南京农民专业合作组织总数达到809家,同比增长105%,吸纳社员总数超过7.2万户,比上年净增4.1万户,全年实现农产品销售收入20亿元,直接带动18万农户增收1亿多元。

(二)继续推进农村集体资产股份制改革。按照"先易后难,以点带面,因地制宜,稳步推进"和"明晰产权、建立机制、资产增值、群众受益、边发展、边规范"的工作思路,超额完成全年80个资产股份合作社的改革任务,目前全市累计有322个村(居)、组完成了资产股份制改革(其中村级274家、组级48家),涉及股民(社员)79万多人,量化集体资产总量12.6亿元,全市已进行集体资产产权改制的村占总村数达36%。

(南京市发改委　朱　成　张学晖)

无 锡 市

2010 年政府工作报告

各位代表：

现在，我代表无锡市人民政府，向大会报告工作，请予审议，并请市政协委员和其他列席人员提出意见。

2009 年工作回顾

2009 年是新世纪以来我国经济社会发展最为困难的一年。一年来，在中共无锡市委领导下，无锡市政府以科学发展观为指导，紧紧依靠全市人民，积极应对国际金融危机，努力保持经济社会平稳较好发展。预计，实现地区生产总值 5000 亿元，同比增长 11.5% 左右，按常住人口计算人均地区生产总值达 8.1 万元；财政总收入 1062 亿元，增长 16.8%，其中一般预算收入 415.9 亿元，增长 13.8%；城镇居民人均可支配收入、农民人均纯收入均增长 10% 左右；城镇登记失业率 2.8%；居民消费价格指数 99.5，各项工作迈上了新的台阶。

一、全力扩内需保增长，经济实现平稳较好发展

有效投入显著增长。积极扩大政府性投资，努力争取部省投资，狠抓一批重大基础设施项目、产业项目、环境和民生项目，全社会固定资产投资 2387.6 亿元，增长 27.2%。落实中央投资项目市级配套资金 31 亿元，安排市本级经济发展专项资金 7 亿元。投资结构持续优化，工业技改投入增长 16.7%，服务业投入占比达到 55.3%。华润上华 8 英寸集成电路、尚德“冥王星”光伏电池等项目投产，海太半导体封装测试、中航无锡发动机控制工程中心、无锡粮食科技物流中心、宜兴油车水库等项目进展顺利。消费市场持续活跃。落实促进消费各项政策，实现社会消费品零售总额 1651.4 亿元，增长 18.7%；百亿元市场增加到 7 家。全市商品房销售面积 1007.4 万平方米，增长 87.5%。预计实现旅游总收入 615 亿元，增长 18.2%。灵山景区成为国家 5A 级旅游景区。开放型经济逆势求进。积极加大政策扶持力度，努力调整出口产品结构和市场结构，强化出口品牌建设，大力培育新能源产品等新的出口增长点，进出口贸易出现向好势头。预计，进出口总额完成 439.5 亿美元，其中出口 260.1 亿美元。利用外资结构改善，高新技术和现代服务业外资占比大幅提升，成为产业结构调整的重要力量。预计完成到位注册外资 32 亿美元，增长 1.1%。服务保障力度加大。积极开展银企合作，组织金融机构向 1976 户企业提供授信支持 1640.5 亿元。全市金融机构各项本外币存贷款余额分别达到 7405.7 亿元和 5474.9 亿元，其中中长期贷款占比提高到 43.1%。实施增值税转型改革，执行企业所得税新政策，减免行政事业性收费，减轻企业税费负担。建成三级行政服务网络，全市 6620 项行政权力事项实现网上公开透明运行。通过向上争取和内涵挖潜，保障扩内需保增长项目用地 3900 多公顷。

二、切实调结构促转型，经济竞争能力显著增强

三次产业结构优化。大力实施机械装备、纺织服装、现代商贸等十大产业调整提升计划，积极培育传感网、新能源、软件服务外包和文化创意等九大类重点新兴产业，预计高新技术产业增加值占规模以上工业增加值比重达到 43.6%；服务业增加值占地区生产总值比重提高到 42.5%；现代高效农业面积累计超过 7 万公顷，占全市耕地面积的 50.6%。“科技创新和服务外包促进年”活动成效明显。

设立市级创业投资引导资金 10 亿元，安排政产学研和国际科技合作专项资金 1 亿元。与

"7 + 1"政产学研联盟院校签订合作项目累计达2500多项,研发投入超过75亿元。全市累计建成创新创业创意载体750多万平方米,集聚科技型企业2900多家。新增省级工程技术研究中心98家。预计全社会研发费用占地区生产总值比重达2.3%。无锡被列为中国服务外包示范城市。产业竞争能力增强。国家传感网创新示范区(国家传感信息中心)获国务院批准,中国物联网研究发展中心正式成立。国家火炬计划江阴风电装备产业基地、惠山风电关键零部件产业基地获批。中国邮政长三角速递物流集散中心落户无锡。兴澄特钢公司、无锡供电公司获无锡市长质量奖。新增中国驰名商标34件。16家企业集团入围2009中国企业五百强,入围企业数居全省首位。

三、坚持统一规划统筹建设,城乡一体化进程明显加快

城市功能进一步提升。完善新城建设、老城改造和产业园区发展等重点规划,完成一批公共服务设施专项规划。太湖新城框架基本成型,锡东新城建设全面展开。惠山古街、清名桥等五大历史文化街区保护建设进展顺利,运河公园建成开放。城市管理和环境综合整治力度加大,主要街道包装出新,市容市貌得到改善。基础设施承载力进一步增强。地铁1号线正式开工。无锡综合交通枢纽、沪宁城际铁路惠山站和新区站加快建设。贡湖大道、新光路、红星路等城市道路投用,市区竣工通车城市道路215公里,其中市级组织实施101.5公里。无锡机场跑道加厚工程竣工,全年进出港旅客和货邮吞吐量分别达221.8万人次和4.7万吨。无锡江阴港迈入亿吨大港行列。锡苏高速、230省道宜兴段等对外交通工程完工,苏南运河市区景观段示范工程基本建成。500千伏江阴东等输变电工程竣工,川气东输入锡工程投用。太湖、长江"双水源"双向对置供水格局基本建立,中桥水厂深度处理、尾水处理和雪浪水厂尾水处理等工程完工。无锡建成国家节水型城市。新农村建设进一步加快。十大强农惠农工程全面完成年度任务,农村新五件实事总体目标提前实现。通过"两置换一转化",新增耕地和农用地728公顷,完成土地整理5727公顷。新增农村公路300公里,改造农村危桥314座。新建为农服务社259家。村级经济股份合作社增加到446家,累计发放个人股红利近5亿元。在抓好无锡建设发展的同时,全力落实对口支援任务,其中援建四川汉旺地震灾区的卫生院、中心小学、幼儿园、自来水厂、新镇一期道路等公共设施和297套廉租房已交付使用。

四、大力整治环境优化生态,生态文明建设扎实推进

太湖治理深入开展。加强饮用水源地保护,全面启动贡湖湾等湖岸湿地工程,沿太湖纵深200米范围内开展生态修复,建设防护林和入湖河道生态绿地。科学组织调水引流,完成太湖生态清淤197万立方米。加大蓝藻打捞力度,建成运行4座藻水分离站。建成污水管网700多公里,基本实现污水主管网全覆盖。全面推进控源截污"排水达标区"建设,全市68座污水处理厂全部达到一级A排放标准,污水日处理能力达到190万吨,全市城镇污水集中处理率达到85%。主要污染物入湖总量下降,太湖无锡水域水质改善,富营养化指数降至中度水平。节能减排完成良好。全市179个减排项目全部完成,预计主要污染物化学需氧量和二氧化硫排放总量在2005年基础上均累计削减30%。加强节能监督,严格项目能效评估,有效遏制高耗能项目建设。预计万元地区生产总值能耗下降4.5%以上。积极发展循环经济,45家企业完成强制性清洁生产审核验收。推行环境资源区域补偿和排污许可、有偿使用及排污权交易试点,集中开展环保专项行动,严查环境违法行为。绿色无锡建设成效凸显。全年造林绿化4680公顷,市区新增城市公共绿地837万平方米,人均公共绿地达13平方米,无锡成为省内惟一的"国家森林城市"。457个自然村完成村庄环境综合整治,全年建成绿色家园示范村147个、示范镇10个,新增国家级环境优美乡镇13个、国家级卫生镇8个。所辖宜兴市和锡山区、惠山区、滨湖区通过国家生态市

(区)考核验收,新区创建成国家生态工业示范区,无锡市、江阴市被确定为国家生态文明建设试点城市。

五、着力办实事惠民生,市民生活质量持续改善

就业形势稳中趋好。千方百计促进就业,降低社保费率,延长就业补贴期限,提高补贴标准,发放稳岗社保补贴1.1亿元,安排就业再就业资金4.1亿元,全市新增城镇就业10.8万人,扶持自主创业9577人,城镇失业人员再就业7.2万人。社会保障水平提高。全市企业养老、基本医疗、失业保险参保人数分别增加3.7万人、5.3万人、5.9万人,城乡养老保障覆盖总人数达341.9万人。41.9万名企业退休人员月人均增加养老金139.5元。新型农村合作医疗人均筹资水平超过300元,市区城镇居民医疗保险补助标准提高到98.5元。市区23家社区卫生服务中心按规范化标准建设到位,严格执行社区药品统一配送、零差率销售和社区卫生优惠及免费服务制度,药品价格和大型设备检查收费降低30%。市区及江阴最低生活保障制度实现城乡统一,其中市区月标准提高到380元。实事项目惠及群众。26项为民办实事项目全面完成。完成老新村整治和老住宅特修87万平方米,4558户家庭享受廉租住房保障。推进城乡公交一体化,实行统一票价,刷卡六折优惠,市区公交线路增加到201条,日客流量已超过100万人次。社区扁平化管理全面推开,累计建成城市社区事务工作站447家,农村社区服务中心603家。新增机构养老床位1800张、社区居家养老服务站82家,惠及老年人6万多名。加大对困难群众的慈善救助力度,支出慈善资金2.2亿元。为266名贫困家庭低龄残疾儿童提供免费康复训练,为1401户残疾人家庭进行无障碍设施改造。

六、积极促和谐维稳定,社会发展水平有效提升

社会事业全面发展。坚持教育优先,全面实施义务教育学校教师绩效工资改革,义务教育优质均衡水平有所提高。加快教育布局调整,市辅仁高级中学、青山高级中学、聋哑学校及南菁中学、宜兴中学新校区全面建成,办学条件进一步改善。推进藕塘职教园区和各类职业院校建设,支持在锡高校发展提高,为无锡现代化建设提供人才支撑。公共文化服务体系建设和文化惠民工程取得新进展,无锡博物院科技馆等建成启用,农家书屋建设全面完成。阖闾城遗址入围中国十大考古新发现。积极推进对外友好交流,全市国际友城总数增加到30个。健康城市建设有力推进。建成4个省级全民健身工程和一批健身游园,无锡射击射箭馆投用。成功举办市第十届运动会,无锡籍运动员在十一届全运会上取得历史最好成绩。医药卫生体制改革全面启动。传染病、慢性病、职业病防治等公共卫生工作全面加强。市妇幼保健院新门诊大楼、精神残疾康复中心等建成投用。人口和计划生育工作取得新成绩,成为全国首批人口计生综合改革示范市。社会保持和谐稳定。畅通信访渠道,健全社会矛盾纠纷排查化解机制,切实维护群众合法权益。提升民族宗教事务服务管理水平,实现民族宗教领域团结和谐。严格加强食品药品和安全生产监管,全市食品安全检测合格率达96.8%,各类生产安全事故起数和死亡人数连续八年实现“双下降”,全市未发生重特大安全事故。健全社会治安防控体系,严厉打击违法犯罪行为,维护全市政治安定、社会安全、人民安宁的良好局面。史志、档案、侨务、对台、人武、人防、双拥、气象、防震减灾、无线电管理、应急管理等工作取得新成绩,妇女、儿童、老龄、残疾人等事业有了新发展。无锡市第二次全国经济普查任务圆满完成。去年3月,我市成功举办第二届世界佛教论坛,给海内外与会嘉宾和社会各界人士留下了深刻印象,赢得广泛赞誉,无锡的知名度、美誉度、影响力得到新提升。

2009年市政府以转变职能为核心,按照精简统一效能原则,全面实施机构改革,强化对决策和执行等环节的监督检查,加强廉政建设,推进权力阳光运行,确保各级行政管理机关依照法定权限和程序行使职权、履行职责。认真贯彻市人大及其常委会的各项决议，扎实办理人大代表的建议、批评、意见和政协委员的提案及建议案，努力提高政府行政执行能力和工作实效。

各位代表，2009 年是新中国成立 60 周年。这一年，全市人民齐心协力，努力克服国际金融危机的严重影响，无锡经济社会发展保持良好势头，向率先基本实现现代化目标迈出了新的步伐。这些成绩来之不易，凝聚着全市人民的智慧和辛劳。在此，我代表无锡市人民政府，向在各个领域和不同岗位上辛勤劳动、无私奉献的全体市民，向给予政府工作积极支持的人大代表和政协委员，向各民主党派、工商联、各人民团体和各界人士，向中央及省在锡单位，向驻锡人民解放军、武警官兵和公安干警，向所有参与、支持和关心无锡建设和发展的海内外朋友，表示崇高的敬意和由衷的感谢！

各位代表，我们也清醒地看到，我市经济社会发展还面临不少困难和矛盾：经济持续增长的基础还不稳定、不牢固，社会投资和企业投资不足，消费需求对经济增长的贡献份额还不高，外部需求恢复困难很多。结构性矛盾仍较突出，传统产业技术水平和附加值偏低，新兴产业的发展壮大缺乏核心技术、领军人才和龙头企业，服务业的总量规模与发展水平都亟待提高。资源环境的瓶颈制约十分明显，生态环境质量还不稳定，资源节约型、环境友好型社会建设任重道远。城乡居民收入增长滞后于经济发展速度，社会保障层次还比较多、水平还不够高，城市管理、社会治安等方面还有一些突出问题亟待解决。此外，政府职能转变和作风建设仍有待进一步加强和改进。这些，都需要在今后工作中全力破解，重点突破。

2010 年工作总体要求

进入新的一年，我市经济社会发展面临的形势依然复杂，积极变化和不利影响同时显现，短期问题和长期问题相互交织，内生因素和外部因素相互影响。当前，正处于国际金融危机影响减弱、世界经济有望恢复增长的转折期。国家宏观政策保持稳定，积极扩大内需、保持适度增长的措施扎实有力。从自身发展来看，无锡已进入工业化后期，这是一个产业优化升级、发展方式转变的重要拐点，也是一个创新发展模式、实现现代化跃升的关键时期。近年来，我市积极加大投入、力促转型，为后续发展积蓄了潜力和后劲；消费市场热点增多、日趋活跃，为经济增长提供了内源动力；城市现代化和城乡一体化进程加快，为无锡拓展了新的发展空间。我们必须科学把握后危机时代的形势变化，应对各种困难挑战，抢抓世界范围新技术革命和新产业发展机遇，全力争取赢得新的发展优势。

根据无锡所处经济社会发展阶段与实际情况，温家宝总理对无锡提出了建设“生态城、高科技产业城、旅游和现代服务城、宜居城”的殷切希望。“四城”定位，高屋建瓴，言简意赅，是对无锡现代化建设目标的高度概括和内涵提升，是无锡城市转型、发展方式转变与现代化建设的大目标和总方向。建设生态城，就是要把经济发展和环境保护有机统一起来，把建设“资源节约型、环境友好型”城市作为主要抓手，突出源头控制，强化综合治理，发展绿色经济，建设低碳城市，使无锡走上山川秀美、城市繁荣的和谐发展之路。建设高科技产业城，就是要集聚科教资源，吸引高端人才，全方位构筑以企业为主体、市场为导向的区域自主创新体系，全力推进科技成果产业化，培育区域高科技产业体系、企业体系、产品体系和品牌体系，构筑创新型产业高地。建设旅游和现代服务城，就是要把旅游业发展作为优化服务经济结构、完善城市功能、提升城市品牌的重要手段，使旅游业成为现代服务业的龙头、城市经济的战略性支柱产业；同时，围绕旅游核心功能，发展大旅游，带动大服务，促进现代服务业壮大规模、提高水平，全面提升中心城市发展能级。建设宜居城，就是要把市民福祉提高、生活环境改善和经济增长、城市功能完善结合起来，充分整合无锡的自然优势、经济优势和人文优势，全面系统地提升城市宜居品质，把无锡打造成一个市民自豪、生活舒适的现代化城市。

今年是实现“十一五”发展目标、谋划“十二五”规划的关键之年，也是全面启动“四城”建设的开局之年。做好今年工作，具有承前启后的历史意义。政府工作的总体要求是：全面贯彻落实中央和省的决策部署，以率先基本实现现代化为主线，以建设“生态城、高科技产业城、旅游和现代服务城、宜居城”为目标，按照“促转型、扩内需、稳增长、惠民生”的要求，把扩大内需作为基本立足点，把推动发展方式转变和经济结构调整作为主要着力点，把保障和改善民生作为根本出发点和归宿点，努力实现经济社会又好又快发展。

综合考虑各方面因素，今年经济社会发展的主要预期目标是：地区生产总值增长12%左右；万元地区生产总值能耗降低4%；主要污染物排放总量在2005年基础上累计削减32%；环境质量综合指数达到90；地方财政一般预算收入同口径增长12%；城镇居民人均可支配收入和农民人均纯收入均增长10%以上；城镇登记失业率控制在3.6%以内；居民消费价格指数控制在省定范围以内。

新的形势和任务，对政府工作提出了更高要求。工作中着重把握好以下几点：深化市场改革，完善政府调控。遵循市场经济规律，不断加强和改善政府经济调节能力，坚持不懈地推进改革开放，为经济社会发展提供强大动力和制度保障。着力扩大内需，努力稳定外需。坚持扩大内部需求特别是消费需求的方针，积极拓展外需市场领域和层次，实现外需与内需有效互补，着力提高经济国际竞争力。力推结构调整，加速城市转型。以“四城”目标定位引导经济结构、城乡结构和社会结构大调整，切实转变发展方式，全面提高区域竞争力和可持续发展能力，建设怡人宜居繁荣的现代化城市。坚持改善民生，增进社会和谐。更加注重围绕保障和改善民生来谋划发展，完善公共服务和社会保障，加强社会管理，维护安定团结的社会政治环境，促进人的全面发展和社会全面进步。

2010年主要工作任务

一、提高驾驭市场经济能力，保持国民经济平稳较快发展

贯彻落实中央宏观调控各项政策措施，加强和改善经济调节与市场监管职能，巩固和增强经济回升向好势头。突出财政政策实施重点。加大对民生领域、社会事业、科技创新、生态环境、基础设施的保障力度，重点支持新兴产业发展。加强税收和非税收入征缴管理，继续从严控制一般性支出。创新政府投资项目建设管理运作机制，维持政府投资适度规模，重点用于在建项目。加强财政资金绩效审计，提高资金使用效率。鼓励民间投资。更加注重调动社会投资积极性，合理引导社会投资方向，拓宽社会投资领域。优化信贷结构，增加有效信贷投放，保障重点项目建设发展。鼓励金融机构开发适合中小企业特点的金融产品，鼓励社会力量兴办担保机构，鼓励发展风险投资和创业投资，不断拓宽融资渠道。全力推进和落实170个市级重点项目。全社会固定资产投资增长20%。扩大消费需求。完善收入分配制度和社会保障体系，着力提高居民经营性及财产性收入，努力扩大中等收入群体，加大对低收入群体的帮扶力度，稳定并提升消费预期。优化商业网点空间布局和业态结构，增强城市社区服务功能，健全农村流通网络，实现为农服务社全覆盖。适应群众生活多样化、个性化需要，培育消费热点，引导消费升级。强化市场信用建设，狠抓商品安全监管，构建食品安全保障体系。社会消费品零售总额增长18%。促进房地产业健康发展。完善住房保障体系，市区新开工建设保障性住房7500套，新增廉租住房700套。完成老新村整治改造和老住宅特修80万平方米，基本完成中心城区重点成片危旧住房和快速内环以内城中村改造任务。增加普通商品房用地供应，加快中低价位、中小套型普通商品住房建设，合理引导住房消费。继续加强市场监管，整顿和规范房地产市场秩序。

二、加大经济结构调整力度，构筑现代产业体系

坚持以结构调整为主线，全面实施"新兴产业培育年"和"无锡千人计划促进年"活动，加快建设创新型经济领军城市和科技创业家摇篮城市，提高产业集聚资源、综合发展的能力。抢占产业竞争制高点。对电子信息、新能源、生物医药、新材料、软件和服务外包等重点发展的新兴产业，要聚焦项目，面向市场，注重实效，培育具有国际竞争力的企业集团和企业家团队，建设一批特色产业基地。重点打造国家微电子产业基地，加快壮大集成电路、液晶显示、汽车总成及零部件等产业集群，着力发展光伏、风电装备等产业。尤其要把建设国家传感网创新示范区作为重中之重，高起点高标准编制发展规划，加快推进研发机构、标准体系、检测平台和应用示范工程建设，培育壮大一批专业企业，拓展传感产品应用市场。高新技术产业增加值占规模以上工业增加值比重提高到 45%。全力创建国家创新型城市和国家知识产权示范城市，进一步拓展政产学研联盟，支持重大科技成果在锡实现转化、应用和量产。全社会研发费用占地区生产总值比重达到 2.5%。提高产业附加值。加速运用高新技术改造提升机械、轻纺等传统优势产业，促进产业链向研发、设计、营销、服务等全过程延伸，推动支柱产业从数量规模型向品牌效益型转变。推广卓越绩效管理，鼓励企业主导和参与制订国际标准、国家标准和行业标准。推进名牌战略，建设国家商标战略实施示范城市。积极发展现代高效农业，加强农产品质量和品牌建设，加快农业标准化步伐，做大做强一批农业产业化龙头企业和现代农业园区，不断提高农业附加值。提升服务业发展水平。大力发展现代物流、金融、文化创意等新兴服务业，优化升级商贸流通、社区服务等传统服务业，服务业占比提高到 43.5%。着力发展总部经济，推进企业主辅业务分离，加快现代服务业集聚区建设。要聚焦旅游业，创新旅游资源管理体制与旅游产业运行机制，大力培育发展旅游专业化企业，鼓励民间资本、外商资本开发旅游资源，实现旅游资源专业化、集约化、规模化经营。抢抓上海"世博会"契机，加快推进八大博览园等旅游新品建设，打造精品景区和精品线路，推动文化游、农业游、水上游等业态发展。加强旅游产品整体策划和创新包装，强化无锡旅游休闲目的地形象推广。

三、突出生态城宜居城目标，打造现代化区域中心城市

坚持区域城市化发展导向，以城乡一体化为目标，统筹城乡发展，增强中心城市集聚辐射功能，致力打造个性鲜明、特色彰显的现代化山水湖滨城市。优化城乡空间布局。努力提高太湖新城公共服务配套能力，加快建设市民中心、会展中心和大剧院等重点工程，营造新城风貌特色。进一步完善锡东新城规划体系，全面推进启动区建设，力争建成路网主骨架。提升蠡湖新城品质，实施蠡湖水环境深度治理和生态系统修复，积极稳妥推进功能开发。有序推进城市更新，重点提升城市功能，完善配套设施和生态系统，做强做大中心城区。加强历史文化遗址保护，推进古街、古村、古镇保护建设，积极参与大运河申遗工作，加快创建国家历史文化名城群。严格保护耕地，依法集约节约利用土地，推进万顷良田建设和"两置换一转化"工作，完成土地整理 4000 公顷。强化重大基础设施建设。全面推进地铁 1 号线建设，力争启动 2 号线。加快推进京沪高速铁路和宁杭城际铁路无锡段及其站区配套设施建设，确保沪宁城际铁路无锡段如期建成。继续加大机场功能建设和航线开辟力度，进出港旅客人数达到 260 万人次，货邮吞吐量达到 6 万吨。完善城乡道路体系，建成环太湖高速公路硕放互通和锡张高速公路，推进高浪路东延、金城东路快速化改造等城市重点道桥项目。市区新建拓建城市道路 100 公里，全市建成农村公路 200 公里，改造农村危桥 200 座。改善生态环境质量。编制实施低碳城市建设规划，创建国家生态城市群，建设生态文明先驱城市。调整资源利用结构，推进能源计量工作，鼓励开发新能源，使用清洁能源，建设资源再回收利用体系。切实加强控源截污，推进入湖河道和城乡河塘整治，加快走马塘拓浚延伸工程建设，稳步推进梁塘河等八大湿地工程，完成太湖生态清淤426万立方米，主城区生活污水集中处理率提高到95%以上，实现主要污染物入湖总量继续下降，确保水环境质量持续改善。基本完成环城古运河风貌带综合整治。全年新增造林绿化面积4300公顷，市区新增城市绿地500万平方米。强化大气环境综合整治，扩大烟尘控制区范围，加强建筑工地综合管理。完善生活垃圾收运体系，市区建成区生活垃圾机械化收集率达95%。

四、深化改革扩大开放，增强转型发展动力

围绕形成有利于科学发展的体制机制，不断深化改革创新，充分发挥对外开放的带动作用，进一步激发经济社会发展的动能与活力。优化所有制结构。完善市场竞争机制，放宽市场准入，激励民间投资，增强民营经济竞争力。鼓励企业改善经营机制，充分利用国内外资本市场，促进民营企业发展壮大。高度重视中小企业发展，推动中小企业技术进步和结构调整。深化国有资产管理体制改革，规范投资行为，完善监管制度，确保国有资产保值增值。深化重点领域改革。推进财税管理体制改革，强化政府资源性收益管理。探索建立综合性公共资源交易中心，形成统一市场，实行统一监管。强化三级行政服务体系功能，进一步理顺规范行政审批权限和事项，清理取消不合理收费项目。加快推进“资源节约型、环境友好型社会”综合配套改革试点工作。继续深化农村改革，壮大农村合作组织，加强土地承包经营权流转管理和服务，探索建立城乡统一的建设用地市场。提升开放型经济国际竞争力。开放型经济是无锡的优势和特色，任何情况下都不能懈怠和放弃。要创新理念，突出重点，增创对外开放新优势。实施多元化利用外资战略，继续加大招商引资力度，促进引资与引智相结合，引智与培育新兴产业相结合，着力引进有利于推动科技创新、产业升级和区域协调发展的外资项目。强化开发区资源优化整合，提升开发区功能，加快各类创新要素向开发区集聚。积极应对国际市场变化，进一步加强服务和引导，加大国际市场开拓、进出口信用保险等资金扶持力度，深化出口基地和品牌建设，促进外贸转型升级。进出口总额增长5%。完善信息服务网络，积极发展对外投资和经济合作，提高“走出去”成效，拓展经济发展空间。

五、着力保障和改善民生，促进社会和谐进步

坚持以人为本发展理念，继续加大民生领域和社会建设投入力度，全力办好30项实事项目，稳步提高人民生活水平，促进社会全面进步。提升就业保障水平。继续实施积极就业政策，实现城乡就业优惠扶持政策全覆盖，重点援助帮扶大中专毕业生、农民工、就业困难人员等群体。新增城镇就业10万人，扶持自主创业3000人。扩大企业工资集体协商制度覆盖面，维护劳动者合法权益。探索建立城乡一体的居民养老保险和医疗保险制度，完成市区新型农村合作医疗与城镇居民医疗保险制度的整合并轨。进一步提高企业退休人员基本养老金，全市企业养老、基本医疗保险覆盖人数分别增加10万人和4万人。完善社会救助体系，提高社会救助覆盖面。提升公共服务能力。健全教育投入保障机制，全面实施素质教育，提高区域教育现代化水平。改造义务教育相对薄弱学校及办学点60所，完成城市职业技术学院、高等师范学校新校区建设。深化医药卫生体制改革，健全基层医疗卫生服务体系，全面推行基本药物制度，稳步推进公立医院改革试点，努力提升医疗服务水平。社区卫生服务中心探索实行收支两条线管理。完成市二院综合病房大楼建设，推进市中医院易地新建、三院改扩建、人民医院二期和食品药品检验检测中心等工程建设。建立健全分级投入机制，实施区域公交资源整合，进一步优化公交线网结构，增加公交运力，完善场站基础设施，全面完成公交智能化建设，公交分担率提高到25%。提升城市文明程度。深入开展群众性精神文明创建活动，争创全国文明城市。繁荣哲学社会科学，积极发展文学艺术、新闻出版和广播电视事业，加强网络文化建设与管理。提高免费开放公共文化设施服务水平。大力发展文化产业,完善产业链,培育骨干文化企业。全面实施《全民健身条例》,推进体育基本现代化试点工程,加强公共体育设施建设,完成体育公园改造扩建工程。积极备战十七届省运会。完善人口计划生育优质服务体系,夯实基层人口服务管理基础,全面提升人口素质。做好无锡市第六次全国人口普查工作。加强民族宗教工作。争创全国双拥模范城"六连冠"。继续结交国际友城,深化各领域国际交流与合作。提升社会管理效能。完善城管体制机制,落实各级管理职责,提高城管科技水平,实现市容市貌明显改善。深入推进社会矛盾化解、社会管理创新、公正廉洁执法三项重点工作。完善信访工作制度,扎实开展人民调解工作。进一步落实企业安全生产主体责任,确保安全生产形势稳定。严厉打击各类违法犯罪活动,深化社会治安防控体系建设,加强基层基础工作,提高平安创建的层次和水平,促进社会和谐稳定。

六、强化政府自身建设,全面履行政府职能

围绕建设服务型政府,切实加强政府自身建设,转变工作作风,求真务实,埋头苦干,少说多做,更好地为发展服务、为基层服务、为群众服务。加快职能转变。全面完成市、市(县)区和乡镇政府机构改革任务,深化事业单位改革,理顺职责关系,优化机构设置,提高管理效能。健全应急管理体系,提高预防和处置突发公共事件能力。加强调查研究,健全民主集中、专家咨询、社会公示与听证等制度。编制好"十二五"国民经济和社会发展规划。严格依法行政。依照法定权限和程序行使权力、履行职责,依法管理经济社会事务,规范政府行政行为。全面落实市政府常务会议法律学习制度。继续推进政务公开,健全政府信息公开和新闻发布制度,提高政府工作透明度和公信力。自觉接受人大法律监督、工作监督和政协民主监督,主动接受群众监督和舆论监督。加强从严治政。弘扬务实作风,狠抓工作落实,加强重点工作、重大决策的跟踪督查,深入开展执行力监督检查,确保政令畅通。健全责任追究体系,严格实施领导干部问责制。全面落实廉政建设责任制,扎实推进无锡特色惩治和预防腐败体系建设,加强对行政权力运行的监督和制约,强化公务员队伍教育、培训和管理,努力建设高效廉洁的人民满意政府。

各位代表,新的形势催人奋进,新的征程任重道远。让我们紧密团结在以胡锦涛同志为总书记的党中央周围,在省委、省政府和市委的正确领导下,解放思想,开拓创新,团结拼搏,锐意进取,为率先基本实现现代化而努力奋斗!

(无锡市人民政府市长毛小平 2010 年 1 月 18 日在无锡市第十四届人民代表大会第三次会议上的报告)

改革综述

今年是“十一五”改革的收官之年，也是积极谋划“十二五”改革的创新之年。一年来，在市委、市政府的领导下，全市各级认真贯彻落实《无锡市2010年深化改革创新体制工作要点》确定的五个方面32项重点工作，大胆探索，积极创新，分别在行政管理体制、社会事业、财税、金融、科技等各领域改革上取得了阶段性成效和明显突破。

一、行政管理体制改革取得新进展

一是完成市、市（县）区机构改革。按照“上下衔接、权责一致”的原则，加强对部门交叉职责的梳理、协调和界定，合理调整现有编制存量，核定内设机构和领导职数，已圆满完成43个部门的“三定”工作，进一步理顺了政府职能，强化部门责任，减少部门职责重复、职能重叠。各市（县）区也结合各自实际，同步完成了各地政府机构改革工作。

二是深化乡镇机构改革。制定《关于深化全市乡镇机构改革的指导意见》和《无锡市乡镇机构改革人员分流指导意见》，通过召开动员会、推进会，组织实施乡镇机构改革工作，乡镇机构改革已于7月上旬全面完成。

三是深化政府绩效管理改革。开展“健全促进科学发展的党政领导班子和领导干部考核评价机制”改革试点。按照“分类与分层相结合、广度与深度相结合、定性与定量相结合、探索工作与建立制度相结合”的总体思路，召开专题座谈会、跟踪推进会，突出差别化、常态化、系统化和导向化，力求全面健全考核目标机制、考核评价机制、综合评定机制和考核结果运用机制。

四是深化行政审批制度改革。深入推进各镇（街）中心标准化建设、规范化运行，各市（县）区结合实际建立了镇（街）中心标准化建设示范点。巩固完善“两集中三到位”、“三通四化”改革成果，进一步优化审批流程，通过流程再造，累计减少流转环节328个；畅通重大项目审批绿色通道，全市重大项目审批承诺时限始终保持在70个工作日以内。逐步实施“权力网上运行”长效化管理，不断深化提升“权力网上运行”工作成效。

五是试行竞争性党内选举制度。创新选举办法，组织通过差额推荐、差额酝酿、差额考察、差额表决选拔干部，差额产生科级以上干部61名。在村（社区）领导班子换届改选时，各市（县）区通过“公推直选”、“两推一选”等竞争性选举方式，产生了新一届村（社区）领导班子成员。

六是深化干部人事制度改革。制订了《关于贯彻〈2010—2020年深化干部人事制度改革规划纲要〉的实施意见》，提出了“领导班子配备规范化改革”、“扩大干部工作民主”等七大类22项具体措施。组织开展“健全促进科学发展的党政领导班子和领导干部考核评价机制”单项改革试点，不断健全考核目标机制、考核评价机制、综合评定机制和考核结果运用机制。继续实施年轻干部“305”选拔培养工程，面向基层公开选拔30名年轻干部担任领导职务，到今年底总数将达100名。

七是深化行业协会商会改革。按照职责分工，基本完成政府有关职能部门向相关行业组织职能转移、授权或委托事项的统计工作，完成无锡市建筑行业协会等12个市属行业协会、商会、学会与市建设局等6家行业主管部门进行了政府相关职能转移的集中签约，推动我市由“大政府、小社会”向“小政府、大社会”转变。推动政府购买行业协会、商会服务工作，认真梳理并初步确定今年由政府购买行业组织服务成果的相关项目。

八是加大政府信息公开力度。审计方面，创新信息公开方式，积极探索“参与式审计”模式。政府采购方面，进一步改进政府采购项目管理系统，深化开发电子反向拍卖等功能，促进协议供货和零星采购产品采购价格的降低；将政府采购监管信息系统向部门集中采购和分散采购推开，实现对各种组织形式的全覆盖。

九是大力实施扁平化管理。通过完善社区事务工作站工作机制，提高专职社区工作者待遇,调整社区工作运转经费,实行社区工作准入制度,有效整合社区资源,着力破解了长期困扰社区建设的“瓶颈”问题,全市共有 398 个城市社区、114 个农村社区实施了扁平化管理,分别占比 70.3% 和 16.9%,全市农村社区服务中心建成数 608 个,占村委会总数的 90.2%,基本实现农村社区服务中心全覆盖。

二、财税、金融、投资、科技和经济领域改革取得新进展

一是深化财税体制改革。打破现有经济发展类专项资金管理模式,对经济发展类专项资金进行全面整合,设立了“无锡市重点产业发展引导资金”。按照绩效管理要求,及时做好资金的绩效拨款,根据项目实施进度,拨付财政补贴资金。发挥市级重点产业引导资金对产业发展杠杆作用,全力支持我市八大新兴产业发展,及时拨付本级各类专项资金。

二是完善政府采购制度。拟定了《无锡市战略性新兴产业自主创新产品政府定购(制)实施暂行办法》,加强对我市战略性新兴产业发展的支持。进一步落实促进节能减排的政府采购政策,对环境标志产品实行优先采购,强化绿色采购执行机制。通过采取定购、定制等办法,突破了现有的首购、订购等政府采购框架,实行差别化管理,更大力度地对我市战略性新兴产业发展进行扶持。

三是创新政府性投资建设管理机制。围绕创新政府性投资建设管理机制的总体目标,编制中心“三定”方案、事业单位法人名称变更登记、内设机构设置等各项工作,于 2010 年上半年组建完成市公共工程建设中心。强化工作职能,发挥政府投资公共工程集中建设优势,组织实施城市重点道桥工程项目、重大社会事业公共建筑和环境工程,积极承担中国太湖生态博览园、市环境监控中心、中国民族工商业博物馆扩容改建、市美术馆(文物商店)、市人民大会堂会场改造等社会事业公共建筑和环境工程项目的代建任务。

四是创新公共资源交易管理体制。加强对公共资源交易平台现状的调研,完成了《关于组建无锡市公共资源交易中心的调研报告》;市委赵书记多次组织召开座谈会,制定完成公共资源交易中心组建工作方案。

五是深化金融体制改革。银行机构积极创新信贷产品,开展股权、应收账款、知识产权质押贷款的尝试,知识产权质押贷款实现零的突破。企业上市工作成效显著,全市预计新增上市公司 16 家,融资额折合人民币超过 100 亿元,新增上市公司家数及融资额创历史最好成绩。推进小额贷款公司试点工作,我市现有农村小贷公司 36 家(其中开业 22 家,筹建 12 家),居全省第二,实现了市(县)、区全覆盖。积极参与科技小额贷款公司的试点,目前已有 2 家小贷公司获批筹建。

六是深化科技体制创新。创新科技计划组织体制,严格科技项目申报、评审工作程序,创新推进高新产业发展方式,企业创新活力进一步增强,全市高新技术企业总数累计达到 519 家。探索市、区、街道(镇)三级联动机制,共同推进三创载体建设。深入开展了国家知识产权示范城市建设,省内第一家科技银行——中国农业银行无锡科技支行正式成立,无锡市被国家知识产权局授予国家知识产权工作示范城市称号,已正式获批成为省内首个科技金融创新发展试验区。

七是建设高层次科技人才体系。围绕“引得进、留得住、用得好”的目标,制定出台了《无锡市中长期人才发展规划纲要》和《关于建设“人才特区”的意见》、《关于更大力度吸引物联网技术和产业高层次人才三年行动计划》、《关于实施“百千万”人才工程三年行动计划》等政策文件,着力构建“2 + 13”人才政策体系。按照“成立之初当保姆、发展之中当助教、成功之后当保安”的要求,通过构建创业培训、人才招聘、企业融资、市场推广、法律咨询、生活保障六大服务平台,进一步完善了我市的创业服务体系。截至目前,已集聚各类人才超过 9000 人。

八是推进国有企业产业转型和战略调整。加强投资管控和存量资产的调整处置,严格限制不符合国有资本配置方向和企业主业方向的投资,加强企业内部调整、重组和整合,缩短管理层级,加快退出劣势企业和低效参股投资,推动国有资本加快向重要行业、关键领域及企业核心主业集聚,国有资本在企业核心主业的集中度达到95%。制定出台《无锡市市属国有企业全面预算管理指引》,国企试行开展全面预算管理。通过签订工作目标考核任务书,进一步推进完善国有资产经营责任制。制定出台了《无锡市市属企业资产损失责任追究暂行办法》,进一步健全国有企业领导人员激励约束机制。

九是改善民营经济发展环境。加快制定扶持民营经济转型发展政策意见,推进民营经济转型升级,强化民营经济在经济转型发展中的作用和地位。召开全市民营经济工作会议,提出今后一段时期民营经济转型发展的意见。搭建创业载体,完善创业激励,全市累计建成省小企业创业示范基地6家,重点培训小企业创业基地9家,基地内服务及在孵企业数量超过1500家。预计至2010年底,民营经济实现济增加值达3620亿元,民营经济占全市GDP的比重达63.5%。

三、资源环境体制改革取得新进展

一是推进资源管理体制改革。落实节能目标责任考核工作机制,进一步健全了节能评价考核制度,实行节能目标责任制,形成了完整的三级节能网络工作体系。健全节能项目的财政奖励机制,建立重点节能项目储备库,实行动态管理。探索节能执法工作机制,有效地加强了全市重点用能企业负责人的节能意识。健全对新建项目的源头约束机制,制定出台《无锡市产业合理用能评估审核暂行办法》、《无锡市固定资产投资项目节能评估审查实施细则(暂行)》,成立无锡市合理用能评估审核委员会,制定评估审核流程,认定四家能评中介机构,并将新上项目合理用能评估纳入到市行政服务中心服务事项,建立健全了项目源头约束体系。

二是推进环境管理体制改革。大力推行排污权有偿使用和交易制度,制定《无锡市主要污染物排污权有偿使用和交易管理暂行办法》和相关实施细则,对694家企业开征COD排放指标有偿使用费3477万元,对113个新上项目实施排污权交易,交易额达1290多万元。大力推行资源环境区域补偿制度,在主要入湖河道、京杭运河、望虞河西岸等33个河道断面开展补偿试点,当月断面水质指标值超过控制目标的,按化学需氧量每吨1.5万元、氨氮每吨10万元、总磷每吨10万元,由上游地区给予下游地区相应补偿资金。大力推行环境污染责任保险制度,被环保部确定为全国试点城市,今年已完成企业环境风险评估273家,全市投保企业累计141家,共收取保费463.12万元,保险责任限额达2.83亿元。大力推行公众参与制度,组织开展“市民检查团”和“专家服务团”活动,对2310家企业实行环境行为信息公开评级。

三是推进资源环境价格改革。积极向省局争取开征施工工地扬尘排污费,初步确定施工工地扬尘排污费标准。推进水、电、气等资源性产品价格改革,调整地下水资源收费标准,继续执行峰谷分时电价、脱硫电价和差别电价政策,规范了新建居住区供配电工程价格,取消了部分高耗能企业的电价优惠。适时调整了非居民用天然气价格,探索建立了车用天然气与成品油价格联动机制,进一步完善了热煤价格联动机制。

四、社会事业领域和事业单位改革取得新进展

一是深化社会事业“管办分离”改革。积极探索体育、园林等企业化运行体制。园林方面,进一步理顺直属公园景区管理体制,规范公园管理处和专业公司“管养”职能,不断深化完善公司化、市场化运营机制。建立租赁评价体系,对租赁经营项目进行指导、服务、监管。建立了各管理处、专业公司财务独立核算体系和预算管理机制。体育方面,积极推进体育场馆下属事业单位转企改制。

二是深化医药卫生体制改革。扎实推进医改五项重点工作,研究制定医改各项配套文件,已制定出台《关于基层医疗卫生机构实施国家基本药物制度暂行办法》、《关于完善政府卫生投入政策实施意见》等20个政策文件。加快实施国家基本药物制度,至7月20日,除宜兴外的所有市(县)区政府办的基层医疗卫生服务机构,全部配备使用、零差率销售基本药物并执行相应的报销政策。加快推进基层医疗卫生机构规范化建设,健全基层医疗卫生机构,按照人员、标识、药品、财务、服务、信息、制度、考核标准"八统一"的要求,在规定标准内核定人员编制、配置相关设备,全面加强服务能力达标建设。加快推进基本医疗保障制度建设,完成了经办机构整合,切实加强基本医疗保障体系建设,提高医疗保障水平,加快推进城镇居民基本医保、新农合和儿童医疗统筹制度整合为统一的城乡居民医保制度(简称"居民医保")。积极探索公立医院改革,制定完成了公立医院改革实施意见。

三是深化教育管理体制改革。不断完善学校理事会制度建设,着力加强学校理事会制度内涵建设,进一步拓展和放大学校理事会功能作用,切实发挥理事会的议事、咨询、协调、监督功能。积极推进学校后勤服务社会化,继续拓展学校后勤服务外包的项目和范围,积极鼓励有条件的学校推进食堂外包改革和试点,青山高中、汽车工程学校、机电高职等学校都通过购买服务的方式实施了食堂服务外包。启动市属院校物业管理新模式,积极推动职业学校内部服务市场向社会开放,搞活职业学校物业管理。全面启动教师轮岗交流,各地均按照不低于专任教师总数15%和不低于骨干教师总数15%的比例,对教师进行了交流,均衡配置了教师资源。

四是深化文化管理体制改革。全面完成市县两级国有文艺演出院团转企改制,制定《无锡市市属文艺演出院团深化改革组建无锡市演艺集团有限公司方案》,将无锡歌舞剧院、无锡市滑稽剧团、无锡市评弹团、无锡市锡剧院、无锡市锡剧团等5家院团整体转企改制为无锡市演艺集团有限公司,建立市属文艺演出院团事业身份人员托管中心,落实转制院团在企业所得税、房产税,以及涉及国有文化资产划转、过户和转换土地使用性质等手续的税费减免优惠政策。目前共有市县两级11家国有文艺演出院团完成改革任务(8家院团"事转企"并核销事业建制,3家院团撤销)。积极推进电影放映等经营性文化单位转企改制,基本完成了宜兴市影剧公司、江阴市影剧公司、江阴大剧院、长江影剧院等5家经营性文化事业单位的转企改制工作。试点探索制播分离改革,对集团媒体内容、技术、人力等相关资源进行有机整合,组建无锡网络广播电视台,打造多媒体、跨区域的新型传媒业务形态,推动相关栏目、频道整体制播分离改革试点,组建节目制作公司或栏目剧工作室,以市场化方式进行栏目剧创作、拍摄等工作。

五是深化体育管理体制改革。深化体育场馆所有权和经营权分离改革,在体育公园、体育中心两个负责场馆管理的事业单位组建"无锡市天健体育运营管理有限公司"和"无锡市新威体育场馆运营管理有限公司",进一步建立健全与市场经济发展相适应的管理体制和运行机制,在确保公益性的前提下,通过"市场化运作、企业化管理、社会化服务",努力实现国有资产的保值增值。

六是规范事业单位管理制度。积极开展清理规范市级机关和市属事业单位编外用工,制订出台了《无锡市市级机关事业单位编外用工管理暂行办法》及《关于清理规范市级机关事业单位编外用工的实施意见》,分阶段进行清理规范。目前,已完成各部门(单位)编外用工指标申请的梳理汇总,形成了编外用工指标初审意见。

七是深化事业单位绩效工资改革。全面实施义务教育学校绩效工资。启动推进公共卫生与基层医疗卫生事业单位绩效工资,研究制订了符合我市公共卫生与基层医疗卫生事业单位实际的绩效工资实施办法。

八是深化事业单位人事制度改革。市属事业单位人员基本实现聘用制。市属事业单位基本完成了岗位设置工作,建立了事业单位岗位设置和人员聘用信息管理系统。制定事业单位工作人员考核办法，着力加大对事业单位人员的考核。

五、城乡统筹体制改革取得新进展

一是统筹推进城乡就业制度改革。落实更加积极的就业政策，在全省率先制定出台了以“三延续、二放宽、一重点”为主要内容的“减负稳岗”新政，实施医保和失业保险降率政策，涉及企业5万多家，减轻负担4.45亿元。全面推进扶持就业政策落实，完善城乡统一的就业援助制度。积极推进城乡创业政策均等，大力促进城乡创业。积极推进人力资源市场整合工作，在充分调研的基础上，我局已完成了人力资源市场整合方案的制定工作，确定了建立城乡统一开放、平等竞争、规范有序的人力资源市场的工作思路。

二是统筹推进城乡社会保障制度改革。出台《无锡市就业和社会保障城乡一体化实施方案》，城乡一体化的社会保障制度已完成了制度搭建和动员宣传，正步入全面实施阶段。建立城乡一体的养老保障制度，在原有以城镇企业职工基本养老保险、新型农村养老保险、被征地农民保障制度和城镇居老年居民养老补贴为主要内容的城乡养老保障制度体系基础上，按照城乡统筹的要求，积极推进城乡养老制度的并轨。建立城乡一体的医疗保险制度，制定下发《无锡市区居民基本医疗保险暂行办法的通知》。

三是统筹推进城乡土地管理制度改革。认真落实《无锡市集体建设用地使用权流转管理暂行办法》，进一步明确了集体建设用地使用权流转方式、用途和收益分配，推进和规范集体土地使用权流转健康有序展开。加强土地节约集约考评，创新节约集约用地评价考核指标，向各市(县)区颁发了《2010年国土资源管理目标任务书》，积极探索新增建设用地供地每亩达400万元以上的考核机制。

四是统筹推进城乡公共服务均等化。稳步提高农村基础设施和基本公共服务的保障水平，初步建成镇村两级社区卫生服务机构一体化管理体制，全市农村社区服务中心基本实现全覆盖。完善外来人口居住地管理制度。

(无锡市发改委改革处)

徐 州 市

2010 年政府工作报告

各位代表：

现在，我代表市人民政府向大会作工作报告，请予审议，并请市政协各位委员和其他列席人员提出意见。

一、2009 年工作回顾

2009 年，受国际金融危机影响，我市经济社会发展经受了新世纪以来最为严峻的挑战和考验。在省委、省政府和市委的正确领导下，全市广大干部群众深入学习实践科学发展观，以振兴徐州老工业基地为主线，认真贯彻落实中央扩大内需的决策部署，全力以赴保增长、保民生、保稳定，较好地完成了十四届人大二次会议确定的各项任务。

（一）综合经济实力不断增强

经济实现平稳较快增长。全年完成地区生产总值 2220 亿元（预计，下同）、增长 13.5% 以上；实现财政总收入（含基金）467.6 亿元、增长 30%，一般预算收入 164.3 亿元、增长 30.6%；金融机构各项存款余额 2172.6 亿元、比年初增加 453.5 亿元，各项贷款余额 1132.6 亿元、比年初增加 336 亿元；城市居民人均可支配收入和农民人均纯收入分别达 18800 元、6900 元，均增长 11%。

投资和消费需求持续扩大。“三重一大”项目进展顺利，全社会固定资产投资完成 1600 亿元、增长 28%；其中工业投资 820 亿元，超过全社会固定资产投资的一半；“四大产业”完成投资 860 亿元、增长 32%。消费拉动作用明显增强，全社会消费品零售总额达 800 亿元、增长 18%，消费对 GDP 增长贡献率达 44%。

产业升级步伐不断加快。四大主导产业培育成效显著，装备制造、能源、食品及农副产品加工三大产业实现产值 2390 亿元、增长 22.8%，商贸物流旅游业实现营业收入 1288 亿元、增长 17.8%。徐工集团营业收入突破 500 亿元，“中国工程机械之都”通过国家认定。中能多晶硅产量达 7500 吨、跃居亚洲第一。高新技术产业完成产值 519 亿元、增长 51.6%；全市开发市级以上新产品 1500 项，专利申请量达 6900 件、授权量达 2400 件。服务业实现增加值 840 亿元，增长 15.5%；浦发、莱商等商业银行来徐设立分支机构，徐州经济开发区获批省级国际服务外包示范区。

（二）改革开放扎实推进

重点领域改革稳步实施。市县政府机构改革和乡镇综合改革启动，362 家国企改革全面完成，市直经营性文化事业单位和文艺院团转企改制有序实施，铜山县、云龙区基本药物零差率销售试点稳步推进，市级投融资平台建设进一步强化，农村新型金融组织建设加快，新沂市被评为“江苏省金融生态示范县（市）”。民营经济快速发展，民营工业产值增速高于全市工业 11 个百分点。

开放型经济加快发展。全市实际到账注册外资 6.9 亿美元、增长 19.8%，增幅列全省第三；全年共引进 118 名高层次创新创业人才。自营出口完成 15.2 亿美元，下滑趋势得到基本遏制；新签外经合同额、完成营业额分别增长 39% 和 35%。大力加强开发区建设，徐州经济开发区和其他 7 个省级开发区实现业务总收入 2368 亿元、增长 50%。南北共建园区建设扎实推进，东方鲁尔工业园列入国家商务部指导项目。

（三）统筹发展进一步加快

现代农业发展和新农村建设扎实推进。粮食总产实现六年连续增产，高效农业占耕地总面积比例、设施农业总面积、高效农业产值继续保持全省第一。市级以上农业产业化龙头企业实现销售收入 241 亿元、增长 15.5%；农民专业合作社发展到2271个,入社农户达68.1万户。重点规划建设40个中心镇,新建成50个市级新农村示范村和200个环境综合整治示范村,解决了100万农村人口的饮水安全问题。

县域经济发展速度明显提高。铜山工程机械和钢铁冶金、沛县煤化工和铝加工、丰县盐化工和电动车、邳州板材和家具、新沂农用和精细化工、睢宁白色家电和纺织等特色产业规模层次稳步提升。六县(市)工业增加值增长22.3%,高于全市4.5个百分点,铜山、邳州跨入全国百强县行列。

节能减排和生态建设成效显著。全市万元GDP能耗下降5.8%,化学需氧量、二氧化硫排放量完成年度省定任务。全部关闭水泥立窑生产线,建成城镇污水处理厂17座,南水北调截污导流工程投资量完成过半。实施了9257亩市区山地绿化和15项绿化景观重点工程,全市森林覆盖率达27.6%,市区建成区绿化覆盖率达41.6%。

各项社会事业协调发展。全市80%的小学和初中建成市标准化学校,投入2.67亿元实施"中小学校舍安全"等工程建设,义务教育学校绩效工资全面落实,职业教育和高等教育加快发展。中国矿大科技园二期工程如期竣工,动漫博物馆建成开放,镇文化站和行政村"农家书屋"投入使用,徐州剪纸被联合国教科文组织列入"人类非物质文化遗产代表作名录"。城乡公共卫生服务体系日趋完善,9大类22项基本公共卫生项目实现全覆盖。人口和计划生育工作进一步加强,人口自然增长率控制在6‰以下。全民健身活动深入开展,14人次获世界冠军和全运会冠军,成功申办省第18届运动会。全力支持四川灾后重建,援建工作全省领先。人防、民兵、民族宗教、双拥、档案、外事、侨务、台湾事务、统计、物价、广播电视、新闻出版、住房公积金管理、无线电管理、淮塔管理、气象、妇女儿童、青少年、关心下一代、老龄、扶贫等各项事业都取得了新的进展。

(四)中心城市建设力度显著加大

综合交通枢纽地位进一步巩固。京沪高铁徐州段线下工程顺利完成,徐连铁路电气化改造和火车站风雨棚改造基本结束,丰沛铁路全面开工,徐济高速江苏段建设加快推进,观音机场国家一类对外开放口岸建设、大郭庄机场搬迁和徐兰客运专线项目有力推进,徐州港总体规划获部、省联合批复,徐淮铁路和徐连城际铁路纳入省政府长三角铁路网规划。

功能性项目建设加快推进。市区12条道路改扩建及7个路口渠化改造工程竣工,珠江路和徐贾快速通道按计划推进,云龙湖"四合一"工程、规划馆、档案馆等项目建成开放。中心商圈、新城区商圈和高铁站区商圈建设全面展开,彭城壹号和南湖水街等月光经济区竣工运营。新城区公共服务设施建设进展顺利,工程学院新校区一期工程投入使用,行政办公区基本建成。

城市管理水平不断提高。积极构建"大城管"体制,基本形成部门协同、齐抓共管的格局。对12个马路市场和7个城市出入口等进行专项环境整治,对32条道路户外店招实施改造,设置规范便民服务点470余处,主城区保洁市场化管理实现全覆盖,开放型公园和景区管理机制逐步完善,文明城市创建活动深入开展。

(五)民生改善取得新成效

重大民生问题有序解决。8大类为民办实事项目基本完成。集中力量解决振兴老工业基地三大历史遗留问题,制定并实施棚户区改造计划,出台了拆迁补偿安置、审批手续简化和规费减免等政策措施,完成棚户区拆迁面积175万平方米,建设和购买安置房180万平方米,对41个老居民小区进行了综合整治;采煤塌陷地复垦治理完成3万余亩,置换指标分配使用,中德合作徐州生态示范区建设取得积极进展;采煤塌陷区村庄搬迁工作稳步推进,矿地关系和谐稳定。

就业创业工作扎实推进。突出抓好"政策促就业、培训促就业、创业促就业"工程,培训各类技能就业人员26.2万人次,发放创业担保贷款突破1亿元,开辟了大学生创业培训基地,我市荣获首届"中国创业之城"称号。全年城镇新增就业 11.8 万人，下岗失业人员再就业 5.6 万人，新增农村劳动力转移就业 9.16 万人。

社会保障体系逐步完善。全市社会保障支出 88.78 亿元、增长 20.4%。企业职工社会保险覆盖面进一步扩大，城镇居民医疗保险参保率达 95.5%，新型农村合作医疗参合率达 99%。弱势群体基本生活保障水平不断提高，在省内率先建成残疾人基础数据库，为 5.7 万名就业困难人员发放社保补贴 11239.7 万元；城乡低保标准分别提高到每人每月 283 元和 130 元；发放灾害救助资金 2600 万元；新建经济适用房 9220 套，新增廉租住房 1280 套，发放廉租住房租赁补贴 1238 万元。

和谐稳定的社会局面得到巩固。进一步健全信访突出问题及群体性事件处置机制，实行领导干部接访下访制度和市领导包案责任制，较好解决了一批信访突出问题。应急管理体制机制逐步完善，安全生产和食品药品安全工作不断强化，"平安徐州"、"法治徐州"建设深入推进，确保了社会大局稳定。

（六）行政效能明显提升

行政审批制度改革继续深化。审批事项削减幅度达 39%，部门行政审批职能实现相对集中，市行政服务中心许可事项入驻率和窗口现场办结率分别达 88% 和 82%。取消、合并市级行政事业性收费项目 29 项，降低收费标准 27 项，减轻企业和社会负担 5000 万元。

"勤廉徐州"创建活动扎实开展。继续开展万人评议机关活动，加大行政问责力度，强化层级监督、行政监察和审计监督，绩效考核体系逐步完善。行政权力网上公开透明运行和电子监察系统开通使用，建立完善了重大决策、重要部署和重点工作的跟踪督查制度及责任追究制。严格落实党风廉政建设责任制和行政执法责任制，自觉接受市人大及其常委会的法律监督和工作监督，主动接受市政协及社会各界的民主监督，以及社会公众和新闻媒体的监督，依法行政、廉洁从政水平进一步提高。

在充分肯定成绩的同时，我们也清醒地认识到，当前我市经济社会发展中还存在一些突出矛盾和问题：农业发展基础仍较薄弱，农产品精深加工和流通体系建设相对较慢，农民收入持续增长的难度进一步增加。工业经济增长特别是部分骨干企业的生产经营还面临不少困难，高新技术产业比重不高。实际利用外资总量偏小，出口形势依然严峻。财政收支矛盾比较突出，城乡居民就业、社会保障、看病、上学等问题仍然较多，城市交通拥挤问题日益突出，维护社会稳定的任务较为繁重。一些政府部门效率不高，少数干部服务意识不强，个别干部还存在腐败行为等。对于这些问题，我们将在今后工作中重点加以解决。

各位代表，回顾过去一年的工作，在复杂的形势下我市取得的成绩来之不易。这是全市上下认真落实中央和省委、省政府的决策部署及一系列政策措施，坚持迎难而进、全力推动发展的结果，是各位人大代表、政协委员和社会各界人士监督、支持与帮助的结果。在此，我代表市人民政府，向全市各族人民群众、人民解放军驻徐部队、武警官兵和公安民警，向各民主党派、无党派人士、工商联和人民团体，向支持徐州现代化建设的香港特别行政区同胞、澳门特别行政区同胞、台湾同胞、海外侨胞和各界人士，向投身徐州经济社会发展的国内外投资者和企业家，表示衷心的感谢并致以崇高的敬意！

二、2010 年经济社会发展总体思路及主要目标

今年是实施"十一五"规划的最后一年，也是振兴徐州老工业基地的关键一年，做好今年的工作具有特别重要的意义。综合分析今年的宏观经济环境，总体趋势向好，机遇与挑战并存。从国际看，全球经济复苏与诸多制约因素相互交织，主要经济体和新兴市场国家经济运行的积极信号明显增加，但不确定因素依然较多，金融危机影响尚未根本消除，贸易保护主义加剧，低碳经济将带来新的挑战。从国内看，政策机遇延续与结构调整紧密结合，国家今年将继续实施积极的财政政策和适度宽松的货币政策，把调结构、防通胀、促民生作为工作重点，既为推动经济结构转型升级提供了政策支持，也对我们的工作提出了更高要求。从省内看,各市之间的竞争态势日趋明显,在苏南产业结构升级、沿海开发起步、周边城市竞相发展的大背景下,我市面临前有进位机遇、后有赶超压力的竞争环境。对此,我们要牢固树立忧患意识,以更大的力度推动又好又快发展。

今年政府工作的总体思路是:以邓小平理论和"三个代表"重要思想为指导,全面贯彻党的十七大和十七届三中、四中全会精神,深入落实科学发展观,按照中央提出的"五个更加注重"的要求,牢牢抓住振兴徐州老工业基地、江苏沿海开发和融入长三角三大机遇,进一步解放思想、扎实工作,着力加快产业结构调整,着力做大做强区域性中心城市,着力强化改革创新,着力改善民生与建设和谐社会,推动经济社会发展再上新台阶。

今年国民经济和社会发展的主要预期目标是:(1)地区生产总值增长13.5%。(2)财政一般预算收入增长18%。(3)全社会固定资产投资增长26%。(4)实际到账注册外资增长15%。(5)自营出口总额增长14%。(6)社会消费品零售总额增长18%。(7)城市居民人均可支配收入增长10%,农民人均纯收入增长10%。(8)城镇登记失业率控制在4%以内。(9)高新技术产业产值占规模以上工业的比重达15%,科技研发投入占GDP比重达1.45%。(10)单位地区生产总值能耗下降5.5%。(11)化学需氧量和二氧化硫排放量完成省下达的减排任务。(12)人口自然增长率控制在6‰以内。

围绕实现上述目标,我们将着重处理好五个关系:一是处理好新型工业化与城市现代化良性互动的关系。坚定不移地实施新型工业化第一方略,注重运用工业化理念发展农业和现代服务业,把加快城市化进程作为拉动增长、优化结构、扩大消费的突破口,同步推进产业发展与城市建设。二是处理好传统产业与新兴产业协调发展的关系。把保增长与调结构紧密结合,认真贯彻国家关于产业升级和新兴产业发展的各项规划,加快发展四大主导产业,实施高新技术产业跨越发展、传统产业加速调整、创新型经济培育、农业提档升级"四大行动计划"。三是处理好招商引资与全民创业双轮驱动的关系。牢固树立抓项目就是抓发展的理念,强化专业招商队伍建设,明确招商引资主攻方向,健全招商激励机制,形成招商引资的强大合力;大力营造全民创业的浓厚氛围,深度挖掘全民创业潜力,加快形成内源型和外源型经济齐头并进的发展格局。四是处理好争先进位与和谐建设统筹兼顾的关系。按照发展是第一要务、稳定是第一责任的要求,全面开展对标找差活动,确保主要经济指标增长快于全省、快于上年、快于小康进程,强力提升全市和各县(市)区综合实力在全省的位次;积极稳妥推进各项改革,切实做好民生改善工作,加快解决振兴老工业基地三大历史遗留问题。五是处理好重点带动与整体推进点面结合的关系。把重大产业、重大基础设施、重大城建和实事工程项目以及事关改革发展稳定的大事作为各项工作的重中之重,集中力量抓好130项重大项目建设,确保全社会固定资产投资突破2000亿元、工业投入突破1000亿元,为保增长、调结构、促发展提供强有力的支撑。

三、全力推进经济又好又快发展

徐州老工业基地振兴最根本的任务是加快产业振兴。我们将加大经济结构调整力度,深入推进改革开放和自主创新,大力发展民营经济和县域经济,不断提升经济增长的质量和效益。

(一)扎实做好"三农"工作。认真贯彻中央农村工作会议精神,全面落实强农惠农政策,加快完善现代农业发展体系,进一步强化农业基础、稳定农业生产、促进农民增收。一是切实稳定粮食生产。深入实施农业新品种、新技术、新模式工程,推进粮食高产创建和高效农业规模化,加强高标准农田和水利工程建设,进一步改善农业抗灾防灾条件,巩固和提升粮食生产能力。二是大力发展现代农业。实施"2020"工程,重点建设20个万亩连片的设施蔬菜、瓜果生产基地,20个大中型畜禽和水产养殖场。加快现代农业园区和农产品加工区建设,积极创建国家级农业示范园。着力培育引进一批农副产品深加工企业,发展壮大林果、生态肉鸭、奶牛、大蒜四大产业化体系。积极开展“学寿光、赶寿光”活动,加大农产品品牌创建力度,大力拓展农产品销售渠道。加强农村专业合作组织和农民经纪人队伍建设,力争 40% 以上的农户加入农村专业合作组织。三是努力增加农民收入。继续采取多种措施促进农民增收,把促进农民就业创业作为最大的农民致富工程来抓,加强技能培训,拓展外出就业空间,促进就地就近就业;鼓励发展多种形式的村级集体经济,帮助农民从农业生产、农产品加工和市场流通中增加收入。四是深入推进新农村建设。加强农村基础设施、生态环境和治安环境建设,完善农村综合服务体系,继续办好“农村六件实事”,加大扶贫开发力度,新建 50 个市级新农村示范村和 200 个环境整治示范村,完成 20 万户农村改厕任务,解决好 70 万农村人口的饮水安全问题,实现 27 万人脱贫目标。五是深化农村各项改革。稳定和完善农村土地基本经营制度,加快推进土地承包经营权流转,发展多种形式的农业适度规模经营,拓宽农民增收渠道。加快农村金融改革,积极发展农村小额贷款公司、村镇银行和金融互助组织,建立健全农业担保体系。深化集体林权制度改革,基本完成主体改革任务。

(二)加快工业结构调整步伐。坚持“做强主导产业、做新传统产业、做大新兴产业”的结构调整思路,加快提升工业经济发展层次。一是强化主导产业链条延伸。装备制造业重点延伸工程机械主机和关键零部件产业链,壮大矿山、建材、锻压设备和专用车辆等特色装备制造业,推进徐工斗山柴油发动机等项目建设,进一步巩固和提升“中国工程机械之都”的地位。能源产业重点延伸多晶硅 - 太阳能电池 - 电池组件 - 太阳能发电系统等光伏产业链,实施年产 9000 吨电子级多晶硅、硅棒切片等项目。食品及农副产品加工业重点延伸精深加工产业链,大力发展乳品及饮料、休闲食品及烟草制品业,重点建设维维食品产业园、徐烟技改以及肉鸭、水产和葡萄深加工等项目。二是强化传统产业转型升级。着力培育形成煤焦化、甲醇深加工、氯碱和精细化工等煤盐化工产业链;打造以铝箔、压铸件、型材和再生铝为终端产品的铝产品精深加工产业链,推进骨干钢铁企业升级改造;加快建设日产万吨水泥熟料生产线,延伸新型建材、特种板材及高档家具产业链。三是强化新兴产业倍增发展。重点壮大新医药、新材料、电子信息、节能环保和物联网等新兴产业,加快建设恩华药业原料药基地等新医药项目,瑞源科技镭射定转纸等新材料项目,台湾荧茂触摸屏及保护镜片等电子信息项目,高创风电设备等节能环保项目,力争新兴产业规模两年翻番。

(三)打造现代服务业高地。坚持生产性服务业和生活性服务业互动并进,促进服务业发展提速、比重提高、结构优化,加快建设一批现代服务业集聚区。一是重点壮大商贸物流旅游业。加快力宝购物中心、苏宁综合商务广场、中央国际商务广场、金鹰国际二期等中心商圈项目建设,有序推进世茂商业步行街、老东门时尚街区、中华老字号精品街区、西部中介商业街等商业街区建设;继续抓好徐州经济开发区生产物流、新城区生活物流、九里综合物流等五大物流基地建设;精心编制全市旅游业发展总体规划,加快推进主题公园、吕梁山风景区、大洞山风景区和窑湾古镇等一批旅游项目建设。二是大力发展总部经济、动漫软件等新兴服务业。发挥城市中心区商务楼宇相对集中和高铁枢纽即将形成的优势,重点发展总部经济、服务外包、金融保险等服务业。大力发展动漫创意、软件开发、科技研发、教育培训等创意产业和技术服务业,加快徐州软件园、徐州经济开发区软件及服务外包基地、创意产业园等项目建设。三是着力增强消费对经济增长的拉动作用。继续拓展城市社区商业服务领域,年内新开 40 家社区便民店。健全农村消费品流通体系,力争镇村两级农家店覆盖面分别达到 100% 和 92% 以上,新增农业生产资料销售网点 105 个;做好家电、汽车摩托车下乡和家电以旧换新工作,充分释放农村消费市场的潜力。

（四）促进民营经济和县域经济加快发展。坚持因地制宜、分类指导，做大民营经济，做强县域经济。一方面，加速民营经济崛起。完善促进民营经济发展的政策措施，加快构建公平竞争平台，进一步降低民营企业准入门槛，鼓励民间资本进入基础设施、公用事业等领域。切实规范涉企检查行为，推行收费公示和企业付费登记卡制度。继续推行中小企业金融顾问制度，着力解决民营企业融资难题。抓好重点骨干企业提档升级和新增长点培育，鼓励支持民营经济产学研联合，帮助有潜力的企业加快上市融资。另一方面，加快县域经济发展。完善县域经济发展综合考核体系，深入开展比学赶超活动，营造争先进位的浓厚氛围。加大县域产业结构调整力度，力争各县（市）每年新上一批亿元以上项目，推动重点产业集群集约发展。积极争取国家和省加强中小城市及小城镇发展的扶持政策，放宽县城镇落户条件，培育壮大一批工业强镇、旅游强镇和商贸强镇，进一步提高各地城镇化水平。加强各县（市）金融生态环境建设，组建市、县、镇三级担保机构及商业性、互助性担保机构。继续实施大学生村官工程，推动高层次经营管理人才和专业技术人才投身县域经济发展。采取有力措施，促进贾汪区经济加快发展。

（五）努力提高开放型经济发展水平。大力实施开放带动战略，力争实现开放型经济发展新突破。一是构建招商引资新格局。完善招商引资体制机制，强化县（市）区和开发区的招商主体地位，根据市相关部门职能落实招商责任，提高考核权重，加大奖惩力度。加强专业招商队伍建设，强化招商人员技能培训和绩效挂钩。突出招商重点，围绕四大产业和“三重一大”，加强对台对港对德以及央企和民企的招商，精心办好各类招商活动。高度重视招才引智工作，强化高层次人才引进和载体建设。二是提升开发区的承载力和竞争力。重点强化徐州经济开发区建设，组织开展“产业升级年”活动，推进国家级开发区申报、国家级出口加工区创建工作，积极带动徐州工业园发展，加速迈进全省先进开发区行列。建立完善其他省级开发区和南北共建园区的激励考核机制，优化乡镇招商引资统计考核办法，推动招商引资项目向开发区集中。三是加强出口基地和品牌建设。加大对骨干外贸企业的扶持力度，狠抓工程机械、新能源、优质农产品等重点产品出口，着力引进一批以出口为主的利用外资项目。积极实施“走出去”战略，鼓励冶金、板材等优势企业赴境外投资和组建营销网络，扩大国际市场份额。

（六）切实抓好环境保护和土地节约集约利用。不断加大环境和土地的保护力度，强化环境改善和土地永续利用。加强环境治理和生态建设。编制实施流域水环境整治规划，健全突发环境事件应急处置机制。强化节能减排目标责任制，努力发展低碳经济，加大小造纸、小焦化等“五小”企业生产线关闭力度，坚决杜绝新上高耗能高污染项目；扎实推进淮河流域水污染防治项目建设，全面完成省下达的目标任务。逐步推进城区化工企业搬迁，加强主城区北部环境综合整治，市区建成和改造5个污水处理厂。组织开展重点企业和公共机构节能行动。启动实施国家森林城市和生态园林城市创建工作，抓好吕梁山景区山地绿化等生态环境项目建设。强化节约集约用地。坚持最严格的耕地保护制度和最严格的节约用地制度，按照“质量优先、规模优先、急用优先、集约优先”的原则，切实提高用地门槛和投资强度，重点保障符合规划和产业政策、科技含量高、投资密度大、成长性好的项目用地。充分利用增减挂钩、万顷良田建设和振兴老工业基地等政策，加快推进土地整理和采煤塌陷地治理，加大闲置土地清理处置力度，积极拓展用地空间。把节约集约和依法规范用地工作纳入县（市）区综合考核，完善土地违法责任追究和执法奖惩机制，坚决遏制违法违规用地行为。

（七）加大改革创新推进力度。围绕增活力、强动力，抓住改革和创新两个关键环节，努力解决制约发展的深层次问题。精心组织实施各项改革。全面完成市县政府机构改革，建立有机统一的大部门管理体制，上半年基本完成乡镇机构改革。加快事业单位改革，重点抓好生产经营类事业单位改企转制，统筹推进行政管理执行类、社会公益类事业单位改革，实施事业单位绩效工资，建立事业单位岗位设置管理制度。继续深化国有企业改革，完善企业内部法人治理结构。健全财政部门预算和国库集中支付制度，建立市风险投资公司，整合市级投融资平台，继续大力引进外地股份制金融机构。优化整合文化产业资源，成立文化产业发展集团和演艺集团。深化医药卫生体制改革，实施基本药物制度，推动公立医院改革试点，建立医保异地就医结算平台。加快培育创新型经济。推进中国矿大科技园、省“333”工程科技成果转化徐州基地、海外科技人才创业基地、国家级留学生创业园等科技创新公共服务平台建设，力争工程机械研究院、工程机械研发试验检测中心、多晶硅工程中心建设取得新突破。大力实施知识产权战略，组织对关键项目和核心技术的联合攻关，争取年内全市专利申请量达7000 件、授权专利 2500 件。鼓励引导企业增加研发投入、创建自主品牌，强化科技成果转化应用，建立“政产学研金”合作联盟。加快实施“徐工产品智能化工程”等一批信息化示范项目，重点建设一批信息化示范企业。

四、突出抓好特大型区域性中心城市建设

大力实施 23 项重大基础设施项目和 8 大类 149 项城建重点工程，进一步完善综合服务功能，整体提高中心城市的辐射带动能力。

（一）强化重大基础设施建设。扎实推进京沪高铁徐州段、丰沛铁路、徐济高速、宿新高速、观音机场改扩建、南水北调等续建项目，组织实施徐兰客运专线徐州段、现代化大型煤炭枢纽港、湖西航道等新建项目，积极抓好大郭庄机场搬迁、城市轨道交通等前期推进项目，拉开特大型区域性中心城市的发展框架。

（二）加快新城区建设。完善新城区管理运行机制和国资公司经营运作机制，突出抓好道路、景观绿化等基础设施建设，重点实施市中心医院新城区分院、新体育中心、中小学校、吉田商务广场等公共服务项目，继续推进安置房建设，积极吸引社会资本投入新城区商业开发。

（三）推进老城区改造。制定实施市区道路三年畅通计划，着力推进淮海路等 20 项道路贯通工程，建成珠江路快速通道，续建徐贾快速通道，推进淮海路省级示范路、中山路等重点道路综合整治，有效改善城市交通状况。实施云龙湖周边景观改造、彭祖园和九龙湖公园敞园改造等 17 项景观绿化工程。抓好供水安全保障、公交发展、垃圾收运体系建设等公用设施项目，新建或改造 14 个农贸市场，加快开明市场搬迁，建设一批便民疏导点。坚持依法拆迁、和谐拆迁、阳光拆迁，确保完成棚户区拆迁任务，力争城中村改造取得明显突破。

（四）抓好高铁站区建设。围绕建设集“交通枢纽、生态、商务、居住”四位一体的城市副中心，全面抓好高铁站区核心区建设，加快实施站房主体、地下空间和站前广场及相关主干道建设，推进山体整修复绿、长途汽车站、公交首末站及基本商业设施建设，满足京沪高铁通车需要；预留城市轨道交通通道，为后续整体开发打下良好基础。

（五）提高城市管理水平。进一步完善大城管的长效机制，充分发挥街道、社区在城市管理中的基础作用，切实提高城市管理综合效能。加强城乡结合部和居民小区的环境治理，加大社区公共服务和安全设施建设，健全社区管理体制，全面实施市区马路市场整治，推进停车场建设和交通秩序、违法违章建筑等专项整治。建设数字化城管系统，完善主城区保洁、绿化管护市场化运作机制。

（六）促进房地产市场健康发展。全面贯彻落实国家和省关于房地产业发展的各项政策，合理确定房地产用地规模和供应节奏，优化区域供应结构，完善土地招拍挂和商品房预售等制度，适当增加中低价位、中小套型普通商品住房和公共租赁房用地供应，增加普通商品住房有效供给。加强商品房价格监管，研究制定房价控制措施，推行新建商品房价格备案制度，严肃查处圈地不建、捂盘惜售、哄抬房价等违法违规行为，努力遏制房价过快上涨势头。加大保障性住房建设力度，建设和购买定销安置房276万平方米，续建经济适用房及廉租房28万平方米，解决好低收入家庭的住房困难。

（七）推动淮海经济区核心区一体化发展。加快修编东陇海线产业带徐州区域规划，继续推动淮海经济区发展规划编制工作，着力构建大城市对应连云港大港口的发展体系。重点加强与徐州接壤的7个地市的交流合作，在交通、产业、市场、旅游等十大领域，共同探索一体化发展途径，力争淮海经济区核心区建设取得实质性进展。

五、全面开创和谐社会建设新格局

围绕建设“和谐徐州”，用更大的力度保障和改善民生，加大各项社会事业投入，努力让发展成果更多地惠及广大群众。

（一）全面落实为民兴办的实事项目。按照更加注重改善民生、贴近百姓的原则，坚持公共财政支出向低收入群体和弱势群体倾斜，重点实施住房保障、社会保障、民生关爱、新农村建设、蓝天碧水、生态景观、城区畅通、市场繁荣、社会事业、平安放心等10大类实事项目。我们将进一步细化落实责任、全力以赴推进，确保圆满完成各项工作任务。

（二）大力推动就业创业。抓好新一轮就业再就业政策的落实，积极为企业降压减负，帮助企业稳定就业岗位，推进“充分就业社区”、“充分转移村镇”创建活动，开发更多的公益性就业岗位，确保城镇“零就业家庭”、农村“零转移农户”持续“动态清零”，年内力争城镇新增就业7.5万人、失业人员再就业3.5万人。着力优化创业环境，发放创业担保贷款2亿元，扶持创业项目1000个，制定实施鼓励大学生创业的政策措施，鼓励科研人员、返乡农民工、复转军人、机关干部及退休人员创业，在全市兴起全民创业的热潮。

（三）不断强化社会保障。进一步加大财政投入力度，扩大社会保险覆盖面，重点促进农民工、灵活就业人员、城镇居民等群体参加城镇职工或居民社会保险。各级财政对城镇居民医疗保险和新型农村合作医疗保险的补助标准提高到每人每年120元。进一步提高社会养老保障水平，加快推进老年服务设施建设，市区9.8万名70岁以上的老年人免费乘坐公交车，新型农村社会养老保险年内基本实现全覆盖。健全社会救助机制，逐步解决59.3万残疾人生活和康复问题，继续做好17万户低保家庭及弱势群体的救助工作，努力做到应保尽保、有难必助。

（四）全力保障社会和谐稳定。整顿和规范市场秩序，扎实开展食品药品专项治理，抓好放心肉、放心菜等安全监管和服务体系建设，创建100家放心消费示范街道（社区）和乡镇。贯彻安全生产“一岗双责”制度，坚决杜绝重特大事故发生。完善社会突发事件应急处置体系，做好灾害救助和防灾减灾工作。健全领导干部接访下访制度，推进“阳光信访”工程建设。深入推进社会矛盾化解、社会管理创新和公正廉洁执法三项重点工作，更加重视基层基础建设，在全市建成500个规范化中心警务室；加强社会治安综合治理，健全大调解机制，构建更加严密的防控体系，严厉打击各类犯罪活动，高水平建设“平安徐州”、“法治徐州”。

（五）统筹发展各项社会事业。坚持教育优先发展，加快区域教育现代化进程，力争主城区、铜山县、沛县达到省教育现代化县（市、区）标准；进一步改善190万在校师生的教学和生活条件，扎实推进教师绩效工资实施工作，继续实施“中小学校舍安全”等重点工程，完成生物工程高等职业学校一期扩建、工程学院新校区二期工程建设；支持中国矿大等驻徐高校加快发展，提高科研创新和服务地方发展的能力。大力发展文化产业，培育特色文化品牌。加快市区公立医院布局调整和基本建设，以县为单位全面达到农民健康工程先进县标准。积极推进人口和计划生育综合改革，继续稳定低生育水平，促进出生人口性别比趋于平衡。认真贯彻全民健身条例，加强公共体育设施建设，精心做好省第17届运动会参赛和第18届运动会筹备工作。不断提升双拥工作水平，确保实现“全国双拥模范城”七连冠目标。全面完成对口支援四川地震灾区恢复重建任务。扎实推进精神文明建设,深入开展文明城市、社区、村镇、行业等创建活动,积极推进未成年人综合实践基地建设,大力净化社会文化环境。统筹抓好人防、民兵、民族宗教、档案、外事、侨务、台湾事务、统计、审计、广播电视、新闻出版、住房公积金管理、无线电管理、淮塔管理、气象、妇女儿童、青少年、关心下一代、老龄等方面的工作,促进各项社会事业协调发展。

六、进一步加强政府自身建设

履行好政府职责,肩负起人民重托,推动我市经济社会又好又快发展,必须按照科学发展观的要求,不断加强政府自身建设,努力提高政府及各部门的执行力。

(一)提高依法行政的能力。强化领导干部的宪法意识,加强行政执法人员培训,不断提高依法行政的自觉性。建立完善重大行政决策听证、合法性审查、集体决定、实施情况后评价等制度,规范行政自由裁量权行使,强化行政执法责任追究。巩固行政审批制度改革成果,深化政务公开,完善行政权力网上公开透明运行机制。坚持向市人大及其常委会报告工作,向市政协通报情况,认真办理人大代表和政协委员提出的议案、建议、提案,广泛听取各民主党派、无党派人士、工商联和人民团体的意见,积极加强对口联系,主动接受各方面的监督。

(二)提高为民服务的能力。始终把人民满意作为检验政府工作成效的根本标准,进一步转变机关作风,牢固树立亲民为民的鲜明工作导向。广泛开展调查研究,虚心问政于民、问需于民、问计于民,努力使工作思路、政策措施更加符合实际、符合人民群众的愿望。注重普惠民生的制度性安排,不断强化公共服务职能,建立完善各级便民服务中心,加快社区民生综合服务中心建设,尽最大努力为人民群众办好事、办实事。

(三)提高开拓创新的能力。以开展振兴徐州老工业基地创新奖评选活动为契机,加快培育一支“善操作、会落实、能创新”的干部队伍,努力使创新成为广大干部的基本思维方式和工作习惯。把“三重一大”作为创新的主战场、把体制机制创新作为主攻方向、把解决问题作为衡量创新成效的重要标准,大力营造崇尚创新、尊重创新、保护创新的良好环境,充分调动全市上下创新发展的积极性。以创新的精神编制“十二五”发展规划,使其成为推动我市又好又快发展的宏伟蓝图。

(四)提高拒腐防变的能力。始终按照“两个务必”的要求,贯彻落实中央《建立健全惩治和预防腐败体系 2008—2012 年工作规划》,大力加强反腐倡廉建设,深入开展反腐败斗争,不断深化“勤廉徐州”创建活动。进一步健全廉政建设制度,真正用制度管权、按制度办事、靠制度管人,从源头上预防和治理腐败;进一步增强各级干部的廉洁从政意识,严格执行厉行节约的各项规定,有效压缩行政运行成本。全面开展问责问效问廉、治散治庸治腐工作,认真做好纠风和专项治理,牢固树立为民、务实、清廉的政府形象。

各位代表,当前我市正处于发展的关键时期,面临的任务光荣而艰巨。让我们在党的十七大和十七届三中、四中全会精神指引下,在省委、省政府和市委的正确领导下,紧密团结和依靠全市人民,坚定信心,振奋精神,埋头苦干,开拓创新,为圆满完成“十一五”规划、加快实现全面建设小康社会目标而努力奋斗!

(徐州市人民政府代市长张敬华 2010 年 1 月 18 日在徐州市第十四届人民代表大会第三次会议上的报告)

改革综述

2010年徐州市经济体制改革工作紧紧围绕市委、市政府提出的各项改革目标任务，继续深化重点领域和关键环节改革，着力解决影响和制约科学发展的突出问题，各项改革工作取得积极进展。

一、部署全市2010年经济体制改革总体工作

年初我委根据市委、市政府和省发改委工作部署，结合我市改革工作的实际情况，确定我市经济体制改革的工作任务，拟定了我市《改革要点》初稿，经广泛征求意见多次修改完善，报市政府审定，并以徐政办发[2010]第189号文件颁布实施。根据《改革要点》的内容，我们对工作任务进行了分解，明确主办和协办单位，并定期进行检查督促，为进一步推进我市经济体制改革工作起到了积极的指导作用。

二、行政管理体制改革实现新突破

深化政府机构改革。按照中央和省有关地方政府机构改革的要求，徐州市委、市政府印发了《徐州市人民政府机构改革实施意见》(徐委发[2010]13号)，市政府工作部门按照《实施意见》规定进行了重新设置。并制定出台了《市级政府机构改革方案》、《县(市)、区政府机构改革指导意见》，进一步理顺职能关系，积极调整优化政府组织结构，精简和规范各类议事协调机构及办事机构，规范机构设置，完善行政运行机制。全面完成市县政府机构改革，建立有机统一的大部门管理体制。

基本完成乡镇机构改革。全面推开乡镇机构改革，进一步转变镇级政府职能，综合设置党委政府机构和事业机构，精简编制和领导职数，妥善安置分流人员，降低行政成本，提高行政效率，强化为农服务，逐步建立行为规范、运行协调、公正透明、廉洁高效的基层行政管理体制和运行机制。在改革中把转变政府职能、合理设置机构贯彻始终，千方百计把落聘人员的安置工作做好，维护农村社会稳定。

事业单位改制步伐加快。加快生产经营类事业单位改企转制步伐，完成市直第三批生产经营类事业单位分类工作，全面推开县(市)区生产经营类事业单位改革工作。积极做好行政管理执行类、社会公益类事业单位职能梳理、模拟分类、资源整合等前期工作，为改革分类推进创造条件。

市直生产经营类事业单位改制取得突破性进展。制定了2010年市直生产经营类事业单位改制工作目标、计划和措施，为更为有序地推进事业单位改制转企工作打下了良好基础。积极推进市文化局系统9家生产经营类事业单位转企改制工作，完成9家涉改单位人员转企改制实施方案的初审工作，并报市文改办批准后实施。妥善处理南郊宾馆遗留问题，通过深入调研，召集相关部门反复研究讨论，提出市旅游局所属南郊宾馆改制遗留问题的处理意见并上报市政府。完成体育局体育场招待所、市政府驻外办事处改制的前期摸底以及测算改制安置成本等前期准备工作，并制定相关计划安排和工作意见。会同有关部门积极做好三家工业资产经营公司下属事业单位改企转制前期准备工作，完成三家工业资产经营公司下属事业单位改制成本、人员安置费用的测算以及工作方案。

深化行政审批制度改革。加大力度清理行政审批项目，进一步减少行政许可(审批)项目，政府行政审批事项削减39%。建立完善重大行政决策听证、合法性审查、集体决定、实施情况后评价等制度，规范行政自由裁量权行使，强化行政执法责任追究。规范工作流程，简化审批程序，大力推行网上审批，进一步改善审批方式。建立了“一个窗口对外”的审批机制，推进部门行政审批事项集中办理，实现行政审批事项入驻率达到85%以上。继续加强审批事项的后续监管。

三、农村综合改革取得新成效

突出抓好重点中心镇改革与建设。通过完善规划编制、管理和实施，来优化中心镇布局结构，促进中心镇科学发展。按照统一规划、适度超前、突出重点的原则，加快建设和完善中心镇镇区基础设施；加大社会事业投入，加快建设和完善文化、体育、卫生、计生、养老设施，切实提高城镇综合承载能力，通过创建，社会服务功能水平明显提升。建立多元化城镇建设资金投入机制。各地按照政府支持与市场运作相结合的原则，千方百计吸引外资、民资和社会资金参与城镇建设。新沂市窑湾镇借助骆马湖旅游发展有限公司这一融资平台，面向社会融资，目前已融资 1 亿多元用于古镇保护性开发。加快推进城乡建设用地增减挂钩工作。充分考虑中心镇发展需要，用地指标向中心镇适当倾斜，优先保证中心镇建设需要，中心镇土地整理后置换出来的新增指标全部留在中心镇。睢宁县给予每个创建镇安排 30 亩建设用地指标，较好地缓解了用地难问题。加快推进镇容镇貌环境综合整治，确保城镇环境有明显提升。

积极探索农村土地经营制度改革创新。以土地承包经营权确权和推进土地承包经营权向土地集中型、合作经营性、统一服务型流转作为加快农村土地管理制度改革、稳定和完善农村基本经营制度、发展农业适度规模经营、拓宽农民增收渠道的重要举措，取得了明显成效。全市新增土地流转面积 25 万亩，总面积达到 180 多万亩，新增量和总量居全省首位。农业适度规模经营面积新增近 50 万亩，累计达 285 万亩。土地股份合作社发展到 291 个，土地入股面积 20.94 万亩，土地流转和适度规模经营发展步伐明显加快。以农民专业合作组织发展为重点的农村“三大合作”快速发展，农民组织化程度进一步提高。目前全市农民专业合作社累计工商登记达 4130 家，其中新组建 600 多家，新增入社农户数 8 万个。

四、教育体制改革再上新台阶

积极推进教育均衡发展。加大投入，加快教育现代化建设进度，积极创建“江苏省教育现代化县(市)、区”。对优质幼儿园、星级高中创建等现代化建设中的关键环节进行重点部署，全市共创建省优质园 40 所、市优质园 28 所。基础教育各级各类学校硬件建设、校容校貌和均衡化程度登上了新的台阶，农村学校、薄弱学校办学条件得到有力改善。稳步推进校舍安全工程，全市校安工程地方安排专项资金实际到位 3.8 亿元。提升教育教学质量，进一步完善教育教学目标责任制和监控机制，完善教学质量四级监控体系，推进课程改革和课堂教学改革，课堂教学效率和质量明显改善。继续实施徐州市基础教育信息化公共服务体系建设，完善“名师在线”、“名师课堂”资源库，建成覆盖全市的高速区域教育城域网及网络应用平台，推进优质教育资源共享。深入实施素质教育。积极推进学校内涵建设，创建省艺术特色学校 9 所。推动职业教育快速发展，提升服务经济社会发展能力，成功举办第四届“中国淮海职教节”，不断提升徐州职业教育的影响力和辐射力。

五、文化体制改革谋求新发展

基本完成市县文化行政管理机构改革。完成市直经营性文化事业单位及文艺院团转企改制。依据市文化体制改革与文化产业发展领导小组《关于印发徐州市市直经营性文化事业单位转企改制总体方案的通知》(徐文改通[2009]1 号)及《关于印发徐州市市直文艺院团转企改制总体方案的通知》(徐文改通[2009]1 号)精神，2010 年，强力推进徐州市电影剧场公司等 6 家经营性文化事业单位及江苏省梆子剧团等 3 家文艺院团转企改制，目前 9 家单位已全面完成资产评估、资产审计、人员身份界定、安置费用测算、实施方案审批等工作，转企改制工作基本结束，已进入最后的人员安置和费用兑现阶段。同时积极推进沛县曲艺厅等 10 家县级经营性文化事业单位、丰县小凤凰剧团等 5 家县级文艺院团转企改制，目前新沂市柳琴剧团已完成转企改制工作，成立了新沂市柳琴剧团有限公司。组建成立徐州演艺集团与徐州文化产业集团。依据市直 9 家单位转企改制总体方案，加快组建成立徐州演艺集团与徐州文化产业集团。目前已完成集团公司注册登记工作，设立了集团董事会、监事会，初步搭建起了组织架构，集团公司内设综合办公室、财务中心、人力资源中心和经营管理中心。同时两个集团积极开展文化产业项目运营工作。徐州文化产业集团已全面启动中山堂改造、华夏学宫建设、社区影院建设和书画拍卖活动等运营项目。加快推进市县文化行政综合执法机构改革。根据省委办公厅、省政府办公厅《关于深化文化行政管理体制改革的实施意见》通知要求,积极开展文化行政综合执法机构改革工作。

六、医药卫生体制改革实现新跨越

基本药物制度取得显著成效。我市首批实施基本药物制度的单位为铜山县28个乡镇卫生院、448个村卫生室和云龙区4个政府举办的社区卫生服务中心,覆盖人口145万,涉及基本药物599个品种、约1500种规格。截至9月25日,使用基本药物5762.70万元,按国家零售价格计算,药品价格降幅达到50.06%,群众受益水平在全省处于前列,每门诊人次费用明显较低,其中:村卫生室下降24.10%,乡镇卫生院下降21.79%,群众满意率达到97.62%。认真贯彻省、市深化医药卫生体制改革工作会议精神,按照市政府部署,认真做好社区卫生服务机构与其他医疗卫生机构剥离、基层医疗卫生机构人员编制核定和管理、制定全市统一的基本药物采购目录等工作,在鼓楼区、泉山区、经济技术开发区、新沂市和沛县启动第二批基本药物制度地区,年内实施基本药物制度地区达到60%以上。

医疗保障制度取得新进展。2010年我市新农合筹资标准提高到150元,其中各级财政补助提高到120元,补偿封顶线提高到10万元,达到农民年人均纯收入的16倍以上。全面推进新型农村合作医疗综合支付方式改革,从6月1日起,在全市范围内推行总额预付、按病种收费和补偿、保底补偿等综合支付方式改革,落实控费措施,提高群众的受益水平。全市参合人口已达到637.30万人,参合率99.23%,群众受益率达到234.59%。加大重大疾病补偿力度,在丰县、邳州市启动儿童重大疾病医疗保障措施,对儿童先天性心脏病、白血病等重大疾病提高新农合补偿标准和补偿上限。公共卫生服务项目有效落实。在全省率先推进公共卫生服务逐步均等化工作,实现9大类22项国家基本公共卫生服务项目全覆盖,加强项目资金绩效考核,开展基本公共卫生服务规范培训,进一步明确社区卫生服务站的公共卫生职能,全面落实基本公共卫生服务项目。全市已累计建立居民健康档案618万份,其中:60岁以上老人健康建档率达到78.9%。慢性病人与老年人的动态健康管理逐步规范。初步落实了对重性精神疾病的管理。积极拓展重大公共卫生服务范围,启动农村孕产妇住院分娩补助、15岁以下人群补种乙肝疫苗、农村妇女乳腺癌和宫颈癌免费检查、农村妇女增补叶酸预防新生儿神经管缺陷、儿童口腔疾病综合干预窝沟封闭预防龋齿、特困家庭妇女免费妇女病检查等6项重大公共卫生服务项目。基层卫生服务体系建设进一步完善。

进一步加强农村卫生服务体系建设。合理调整农村医疗卫生机构布局,积极推进镇村卫生机构标准化建设。大力实施卫生支农,组织城市二级以上医疗机构与农村卫生机构结对帮扶,提升城乡基层医疗卫生机构医疗服务能力和水平。社区卫生服务网络建设更加完善,主城区新增2个社区卫生服务中心,县城镇城市社区卫生服务机构设置规划全面启动。社区卫生服务机构标准化建设初见成效。公立医院改革稳步推进。

七、民生保障体制改革取得新进展

加大工资分配宏观调控力度。调整了最低工资标准,经市政府同意,从2010年2月1日起调整我市最低工资标准。调整后的徐州市区最低月工资标准为790元/月,县(市)最低月工资标准为670元/月。启动实施了"集体合同制度彩虹计划",以工资集体协商为重点,从2010年到2012年,用三年时间推动各类企业普遍建立集体协商机制,推动各类已建工会企业建立集体合同制度。

进一步完善社会养老保险制度。今年是新农保工作的开局之年。根据国家试点意见和省实施办法精神,结合我市经济社会发展实际,市政府出台了《徐州市新型农村社会养老保险制度实施办法》,调整完善了我市新农保政策。为实现新农保全覆盖的工作目标,建立了市、县(市、区)、乡镇、村四级管理体系。建立健全多层次基本医疗保障体系。深入贯彻落实国家、省有关文件精神,完善职工医保政策,努力扩大覆盖面,继续推进在校大学生参加城镇居民医保,巩固和扩大覆盖面。建立缴费年限与待遇享受相挂钩的激励机制,促进参保对象连续参保。强化基金监管和支付管理,建立基本医疗保险风险金制度,医疗保险统筹层次逐步提高,统筹基金的共济能力和保障能力得到加强。

(徐州市发改委　钱　钢　周苓莉)

常 州 市

2010 年政府工作报告

各位代表：

现在，我代表常州市人民政府向大会作工作报告，请予审议，并请市政协各位委员和其他列席人员提出意见。

一、2009 年工作回顾

刚刚过去的 2009 年，是极不平凡的一年，历史罕见的国际金融危机给我市发展带来了前所未有的困难。市政府在中共常州市委的领导下，在市人大和市政协的监督支持下，深入学习实践科学发展观，坚定信心，积极应对，攻坚克难，负重奋进，着力做好保增长、保民生、保稳定各项工作，较好地完成了市十四届人大二次会议确定的目标任务。

（一）经济平稳较快增长。全年实现地区生产总值 2518.7 亿元，按可比价增长 11.7%，户籍人均水平超过 1 万美元。地方一般预算收入突破 200 亿元，达到 215.9 亿元，增长 16.6%。全社会固定资产投资完成 1704.8 亿元，增长 17.7%。工业经济量质齐升。规模以上工业完成产值 5978.7 亿元，增长 15%。五大产业完成产值 3690.8 亿元，增长 24.1%。规模以上高新技术企业完成产值 2887 亿元，增长 23.9%。服务业发展势头强劲。实现服务业增加值 997.3 亿元，按可比价增长 14.1%。成交额超 50 亿元的大市场达到 10 家，超百亿元的 3 家。创意产业实现销售 63 亿元。旅游总收入超过 260 亿元，接待国内外游客 2270 万人次。现代农业再创佳绩。建成标准粮田 21.4 万亩，新增高效种植业 13.8 万亩。水稻单产再创历史新高，连续七年位居全省第一。开放型经济难中求进。实际到账注册外资 22.6 亿美元、新增工商登记注册外资 43.2 亿美元，分别增长 10.9% 和 16.1%。引进光宝科技、晶元光电等一批重大项目。全年完成进出口总额 150.8 亿美元，下降 14.5%，其中出口 108.7 亿美元，下降 18.0%。武进出口加工区获国务院批准并封关运作，海关、国检金坛办事机构建成运行。

（二）结构调整取得成效。产业结构进一步优化。服务业增加值增速快于地区生产总值和工业增加值增速，在三次产业中的比重达到 39.6%，提高 1.6 个百分点。投资结构得到改善。高新技术产业、服务业投资增速均超过全社会固定资产投资增速，分别达到 21.8% 和 19.1%。增长动力结构更趋合理。社会消费品零售总额达 901.4 亿元，增长 18.9%。科技创新能力不断增强。研发投入占地区生产总值的比重达 2%，企业技术研发经费投入 93.7 亿元，新标准认定省高新技术企业 113 家。时速 250 公里动车组高速转向架及应用项目、稻/麦秸秆人造板技术与产业化项目分获国家科技进步一、二等奖。常州科教城被批准为国家大学科技园。私营经济蓬勃发展。新增个体工商户 3.3 万户、私营企业 8946 户、注册资本 262.3 亿元，分别增长 14.1%、26.2% 和 37.1%。资本结构得到提升。金融机构本外币存贷款余额分别达到 3854.89 亿元和 2568.93 亿元，增长 34.2% 和 36.9%。成功发行常州投资集团、武进城投、常高新等 3 只企业债券，融资额达 57 亿元。天龙光电在创业板成功上市。成立江南银行、两家村镇银行和 4 家农村小额贷款公司。人才结构不断完善。引进海外人才 467 名，其中领军型创新创业人才 98 名，千名海外人才引进计划五年目标三年完成。

（三）民生继续得到改善。城乡居民收入稳步提高。城镇居民人均可支配收入 23760 元，增长 10%。农民人均纯收入超过 11000 元，增长 10.1%。就业形势基本稳定。城镇新增就业 8.2 万人，农村劳动力转移 2.13 万人，城镇登记失业率控制在4%以内。社会保障水平得到提高。养老、医疗、失业保险参保分别净增4.5万人、4.9万人和4.2万人,三大保险综合覆盖率达到97%以上。被征地农民基本纳入社会保险范围,新型农村养老保险覆盖率达到77.8%。新型农村合作医疗参保率达100%。市区低保、居家养老服务补贴、居家养老服务中心运行补贴和百岁老人营养补贴提标全部落实到位。卫生惠民成效明显。累计建成城区卫生服务中心20家、服务站63家,完成社区卫生服务信息化系统一期工程,甲型H1N1流感得到有效防控。住房保障力度加大。对符合条件的经济适用房申请家庭每户补贴8万元,经济适用房购房签约5000户,新增廉租住房家庭1953户,基本实现了廉租住房和经济适用房应保尽保。完成65万平方米老小区整治,建成停车泊位6800个。公交优先战略深入实施。开通快速公交二号线,初步形成快速公交骨架网络,空调公交车比例超过65%,公交出行比例达25.5%。和谐安民工程取得成效。完成56个老住宅小区安防设施改造提升,建成156个技防村(社区)。社会治安综合治理绩效名列全省第一,被评为"全国社会治安综合治理优秀市"。

(四)城乡面貌又有变化。现代化综合交通网络进一步完善。常州机场新航站楼主体工程开工建设。西绕城高速、泰州长江大桥南接线工程超额完成年度目标。京沪高铁、沪宁城际、宁杭铁路客运专线及配套场站建设顺利推进。全面建成长虹路、通江大道、录安洲港区疏港公路及239省道改造等道路工程。录安洲夹江港区一期工程及京杭运河东、西港区建成投运,新沟河延伸拓浚工程列入国家太湖治理重点项目。城市建设加快推进。北部新城全面启动,南部新城初具规模,完成东部地区发展规划研究。清潭路、吊桥路、月季路改造工程完工。开工建设青洋路高架。中吴大道实施城市化改造。建成江边污水厂二期、戚区污水厂二期等重点市政工程。电网建设投入超过20亿元,供电能力和安全性大幅提高。城市长效管理水平逐步提升。建成数字化城管三级平台和视频监控系统,数字化城管覆盖面积扩大到220平方公里。完成城市主要道路环境提升任务。环境质量不断改善。节能减排指标全面完成,国家生态市建设考核指标达标率上升到85.2%,金坛、武进通过全国生态市(区)验收。11个太湖考核断面达标率82%,滆湖清淤一期工程全面完成,市区又有6条支河达到水清标准。空气质量优良天数达到334天。实施城乡绿化"八大工程",新增绿地2584.4公顷。东坡公园、圩墩遗址公园、恐龙谷温泉公园建成开放,"三河三园"景观河带基本建成。新农村建设扎实推进。新改建农村公路297公里,疏浚县乡河道171条,整治村镇河塘4798个。966个村达到"三清一绿",450个村达到"五化三有"。

(五)各项事业协调发展。教育发展水平进一步提升。所有辖市区均达到省教育现代化标准。全市省级优质中小学、幼儿园达到347所,占比率和就读率分别达到60.6%、72.3%。公办高中全部成为省三星级以上学校。省级优质职业学校占比率和就读率分别达到75%、90%。文化事业繁荣兴旺。常州大剧院竣工投运,现代传媒中心开工建设。各类博物馆、纪念馆和图书馆全面免费开放,农家书屋实现全覆盖,送文化下乡1.3万场次。电影《邓稼先》、广播剧《军训日记》获全国"五个一工程"奖,动画电影《麋鹿王》获全国华表奖。初步完成青果巷历史文化街区保护规划。卫生事业持续发展。市第三人民医院门急诊大楼、市疾控中心综合楼竣工投用。市第七人民医院门急诊病房综合大楼开工建设。完成数字卫生信息系统一期工程。体育事业蓬勃发展。被评为全国体育先进单位。第十七届省运会筹备工作有序开展。建成圩墩公园羽毛球基地、西林公园全民健身基地和飞龙体育主题公园等户外广场,体育中心综合服务大楼及清潭体育馆改造项目顺利完工。精神文明和民主法治建设得到加强,社会保持和谐稳定。援助四川灾后重建工作可望实现"三年任务两年完成"。与此同时,安全生产、双拥共建、人武人防、外事侨务、对台事务、审计统计、海关国检、药监质监、粮食供销、边防海事、档案地方志、防灾减灾、民族宗教、老龄、妇女儿童、人口和计划生育、残疾人事业、关心下一代等工作都取得了新成绩。

（六）发展环境不断优化。深入开展“服务企业关爱有加、支持企业克难求进”活动，先后出台促进五大产业、外贸出口、房地产业发展等多项政策措施，充分发挥政策在保增长中的驱动效应。全市落实各类财政优惠政策155亿元，企业固定资产购进税款抵扣达18.96亿元，为出口企业办理各类出口退免税89.14亿元。开展银企对接洽谈活动，达成634亿元贷款合同和意向协议。落实收费减负项目71项，在全省率先放开环评、建设审图和房屋测绘市场。完成“三合一”网络平台二期建设，全市45个部门的行政处罚、行政强制、行政检查实现网上运行。行政审批集中度达到78%，重点项目审批提速45%。建立土地执法监察长效管理机制，保障依法高效用地。大力推进依法行政，自觉接受市人大、政协和各民主党派的监督，609件建议和提案全部办结。荣获中国社科院2009年中国城市竞争力评比政府创新能力第一名。

各位代表！我们之所以能够战胜各种困难，有效应对国际金融危机的挑战，继续保持经济社会健康稳定发展的良好势头，是全市人民在中共常州市委的领导下，坚决贯彻中央和省一系列宏观经济政策，克难求进、团结拼搏的结果，也是同方方面面的关心和支持分不开的。在此，我代表市人民政府，向全市人民，向市人大代表、政协委员、各民主党派、工商联、各人民团体、离退休老同志、无党派及各界人士，向驻常部队指战员、武警官兵和全市公安干警，向部、省驻常单位和在常的中外投资者、科技工作者、全体务工人员，向所有关心、支持常州建设和发展的海内外朋友们，表示衷心的感谢和崇高的敬意！

在肯定成绩的同时，我们也清醒地认识到工作中存在的问题。由于受金融危机的严重影响，年初确定的外贸目标没有完成；经济发展中结构性、素质性问题依然存在；产业招商还缺乏有效举措，工业投入的质量和水平有待提高；广大人民群众的收入增长还不快，中低收入群体的生活水平有待提高；行政机关的效能不尽如人意，政府职能转变还要进一步加快。这些问题都要在今后工作中切实加以解决。

二、2010年目标任务

2010年，是实施“十一五”规划的最后一年，也是充满挑战、大有作为的一年。全年政府工作的指导思想是：以科学发展观为指导，高扬“创新、发展、提高”主旋律，突出“招商、引智、投入”重点，坚持在保增长中快转型，在快转型中保增长；坚持以增量投入促进存量调整，在调整中实现产业升级；坚持外向带动战略，全面提升对外开放水平；坚持全面协调可持续发展，建设幸福和谐常州；坚持以民为本民生优先，让人民群众共享科学发展的成果。

全市主要预期目标是：地区生产总值增长12%；地方一般预算收入增长12%；全社会固定资产投资增长18%，其中工业投资增长20%；社会消费品零售总额增长17%；外贸进出口总额增长10%以上；注册外资实际到账增长10%；全社会研究与开发经费支出占地区生产总值的比重达到2.2%；城镇居民人均可支配收入增长10%，农民人均纯收入增长10%；城镇登记失业率控制在4%左右；万元地区生产总值综合能耗下降3.5%，化学需氧量和二氧化硫排放量均削减1%；环境质量综合指数达到85分以上。

为实现上述目标，今年将着力抓好六项重点工作：

（一）调结构

围绕经济转型升级，加快结构调整，加快发展低碳经济和创新型经济，尽快壮大优势产业，不断增强我市的综合竞争力。

1. 加快发展新兴产业。(1)深入推进五大产业振兴计划。实施输变电设备、工程机械及车辆、新能源等九个专项产业发展规划，进一步提升产业规模和发展水平。五大产业规模以上企业产值增长20%，占全市规模工业的比重超过 60%。(2)继续加大有效投入。深入开展“有效投入提升年”活动,推进 160 项市重点项目,实施 100 项工业重点项目,培育 200 个工业新增长点,确保全市工业投入超千亿。(3)推动企业做强做大。引导企业通过资产重组、资本运作、品牌提升、与央企合作等方式,拉长产业链,加快形成产业联盟、企业集团。把输变电、轨道交通产业打造成国内行业第一品牌,五大产业形成营业收入超 100 亿元的企业 3 家、50 亿~100 亿元的 6 家。

2. 突破发展现代服务业。(1)推进大市场和物流园区建设。重点抓好东南陶瓷城改扩建等十大重点市场建设,年成交额超 100 亿元以上市场达 4 个,50 亿元以上的达到 12 个。建成中国物流常州综合物流中心一期、亚邦食品医药物流中心等 4 个物流园区,开工建设苏浙皖边界物流中心改扩建项目。(2)大力发展生产性服务业。围绕软件、创意、产品交易等产业,着力打造一批生产性服务业集聚区,重点建设津通现代服务业交易中心。(3)提升旅游业竞争力。建设环球恐龙城迪诺创意园、环球数字狂欢谷等十大文化旅游项目,打造历史文化之旅。确保全年接待国内外游客 2500 万人次,旅游总收入突破 300 亿元。(4)创新金融服务。深入推进金融生态环境建设,所有辖市区均创建成省金融生态优良县(区)。进一步扩大信贷规模,确保信贷投放增长 15% 以上,中小企业贷款增长 18% 以上。组建 3 家农村小贷公司,引进 1 家外地金融机构,确保紫金保险常州公司开业运营。推进企业上市,力争 2~3 家企业在境内外上市。(5)促进房地产市场稳定健康发展。保持房地产消费政策的连续性,进一步规范和完善土地市场,稳定市场心理预期和房价。(6)建设新型商业街区。重点推进新北区通江中路、武进花园街、钟楼宝龙城市广场等五大新型商业街区建设。

3. 提升发展高效农业。(1)深入实施现代农业“双百万亩”和“万顷良田”建设工程。新建 10 万亩高标准农田,新增 10 万亩高效种植业、3 万亩高效渔业、3 只亿元产出农产品。(2)加快现代农业示范园区建设。重点建设 10 个现代农业示范园区、10 个高效设施农业示范基地、10 个农业生态示范点和 10 个“一村一品”专业村,建设一批休闲观光农业发展集聚区。(3)推进农村改革富民。新发展农民专业合作社 100 家,组建专业合作联社 5 家。新建土地股份合作社 20 家,新增土地流转面积 5 万亩。新增农业适度规模经营面积 20 万亩。抓好帮扶茅山老区长效机制的落实,年收入 20 万元以下的经济薄弱村减少 100 个。全面完成集体林权制度改革。

4. 大力发展开放型经济。(1)提升利用外资水平。加大招商引资力度,优化利用外资结构,突破外资大项目。新增总投资 3 亿美元以上项目 2 个、总投资超亿美元或工商登记注册外资超 3000 万美元项目 18 个、世界 500 强投资项目 5 个,制造业实际到账外资占全市 65%,生产性服务业利用外资占服务业 30% 以上。(2)强攻突破外贸出口。全力拓展国际市场,加快培育规模企业,着力调整出口结构。新增出口超 5000 万美元企业 5 家、超亿美元企业 2 家,高新技术和机电产品出口占比分别提升 3 个百分点。(3)稳步推进企业“走出去”。新核准境外投资企业和中方协议投资均增长 10% 以上,新签外经合同和外经营业额均增长 10% 以上。(4)大力发展服务外包。以创意产业为重点,吸引境内外大型外包企业来常设立分支机构,培育一批领军型服务外包企业,争创全国服务外包示范城市。

(二)抓创新

以科技创新为核心,加快建设创新型城市,增强经济发展的内在动力,这是我市率先基本实现现代化的一项战略任务。

1. 推进以企业为主体的创新体系建设。(1)大力发展高新技术产业。以企业牵引、产品带动,加快高新技术产业集聚扩张。年内重点培育省级高新技术产品 150 只,通过新标准认定省高新技术企业 80 家以上,全市规模以上高新技术产业产值增长 18% 以上。(2)突出企业自主创新。完善增强企业自主创新能力的政策体系和激励机制,激发企业创新热情,重点支持100家创新型试点企业,全市企业研发投入达到110亿元以上。(3)推进产学研合作。充分发挥在常高校的积极作用,大力引进大学大院大所来常设立研发机构,鼓励支持企业建设产学研合作基地,促进科技成果转移转化。全年引进研发机构5家,建立50家企业产学研合作基地和研发中心,实施产学研合作项目200项。(4)加强知识产权工作。专利申请量和授权量分别达10000件和3200件,其中发明专利申请1600件。

2. 构建三级创新研发平台。(1)加快科教城建设。加快科教城二期及三期国际创新基地建设,科教城研发及孵化用房实现翻番,累计引进研发机构及高科技企业420家、研发人才8000人。(2)加快孵化器建设。全市孵化器面积累计达250万平方米,在孵企业3000家,1~2家孵化器进入国家级加速器试点。(3)加快企业研发机构和公共科技服务平台建设。新增企业创新平台60家,其中省级以上"两站三中心"15家。培育市级以上科技公共服务平台10家,新增3~5家重大公共技术服务平台。

3. 大力度引进高层次人才。(1)实施新一轮千名海外人才集聚工程。全年引进领军型创新创业人才100名、高层次研发人才100名、海外人才500名。(2)为高层次人才营造良好发展环境。加大政策优惠力度,加快领军型创新创业人才融资平台和特色孵化器等载体建设,为海内外人才创新创业提供良好的条件。

4. 全面推进创新型科技园区建设。(1)科学制订园区发展规划。充分利用国家高新区、武进高新区和常州科教城的创新资源,以五大产业为重点,努力建设创意、光伏、风电设备、生物医药、新能源汽车、机器人及智能装备、半导体照明和功能材料等八大创新产业集群,使创新型科技园区成为常州可持续发展的创新动力源和经济增长极。(2)整合资源形成合力。整合全市科技、教育、人才和产业资源,调动"两区一城"的创新积极性,力争通过五年努力,创建成国家创新型科技园区。(3)促进全市园区加快发展。全年新增开发区基础设施投入100亿元,开发区实际到账外资、地区生产总值、一般预算收入占全市比重分别超过75%、45%和50%,新增外资制造业大项目占全市80%以上,单位面积投资强度和产出水平均达300万元/亩以上。

(三)重民生

坚持把民生工作摆在更加突出的位置,全心全意为人民谋利益,努力使常州人民的生活一年更比一年好。

1. 以创业带动就业。(1)推动全民创业。完善创业扶持体系,激发全民创业热情,扩大创业带动效应。全年新增个体工商户1.8万户、私营企业7200家、个私注册资本120亿元。用三年时间,建立创业孵化基地50个,扶持创业1万人,带动就业5万人。(2)努力扩大就业。通过完善政策、资金扶持、市场对接、培训提升、优化服务等措施,稳定扩大就业。挖掘和提供公益岗位,帮助弱势群体解决就业困难。

2. 提高社会保障水平。(1)完善城乡居民社会养老保障体系。建立市区城镇居民社会养老保险制度,完善新型农村养老保险,做好城保、新农保的制度衔接工作。(2)进一步提高社会保障水平。城镇养老、医疗、失业保险分别净增参保3万、3万、2万人,三大保险综合覆盖率保持在97%以上。基本实现农村社会养老保险应保尽保。继续增加企业退休人员养老金。(3)实现"小康常州,居者有其屋"的目标。适当降低住房保障申请条件,扩大住房保障覆盖面。廉租住房和经济适用住房保障做到应保尽保。

3. 优化社会公共服务。(1)继续实施公交优先发展战略。推进城乡公交一体化,市区行政村公交通达率达100%。加快建设公交调度指挥中心和城铁、高铁公交枢纽站。新建候车亭300座。新购空调公交车300辆,市区空调车比例达70%以上。(2)大力发展公用事业。实施500千伏和220千伏输变电工程建设。新建燃气管网50.4公里。加强饮用水源保护和饮用水监测,确保居民饮用水质量。开工建设江边污水处理厂三期工程,新建 30 公里污水管网。(3)推进菜市场改造提升。改造提升 4 家菜市场。加强农副产品安全检测,完善菜市场长效管理机制。(4)全面完成公厕改造提升任务。新建公厕 23 座、改造 46 座。

4. 继续办好十件实事。(1)扩大就业。全年新增就业岗位 8 万个,新增就业 6 万人,援助困难群体就业 3000 人,动态消除城镇零就业家庭和农村零转移家庭。(2)新农保扩面。年内全市新型农村社会养老保险覆盖面达到 90%以上,武进区、新北区农村老年居民补贴标准每人每月 60 元。(3)住房保障。续建廉租住房和公共租赁住房 20 万平方米,新开工建设 12 万平方米,实物配租 500 户。蓝天新苑、飞龙新苑经济适用房工程一期 34 万平方米主体竣工。住房公积金扩面 5.5 万人以上,发放低息贷款 20 亿元。(4)对老住宅小区进行全面整治和提升。非成建制老住宅小区:年内完成 125 万平方米,达到“基本设施完善、住宅环境整洁、实现物业管理”。成建制老住宅小区:年内完成市区 65 万平方米,达到“立面出新、楼道亮化、环境美化、安防设施完善、物业管理和谐”。在 30 个小区增设停车泊位 5000 个。(5)提升医疗保障水平。城镇职工和居民医保最高支付限额分别提高到职工年平均工资和居民年人均可支配收入 6 倍以上,制度规定范围内医药费用报销比例分别达到 80% 和 60%。各级财政对居民医保的补贴标准每人每年不低于 120 元。(6)爱老助老。民办投资建设的养老机构新增床位补贴标准提高到 3000 ~4000 元,租赁创办的新增床位每张补贴 1000 元。对市区 90 周岁以上老人每月补贴 200 元,其中全护理人员再提高 100 元。建设市爱心护理院,设置 200 张床位。建设数字化为老服务平台,逐步打造“十五分钟养老服务圈”。(7)残疾人服务“三进五有一免”工程。推进残疾人“康复服务、安养服务、无障碍设施进家庭”,实现残疾人“有康复中心、就业教育培训中心、庇护安养机构、辅助器具服务中心、文化体育活动中心”,市区持证残疾人免费乘坐公交车。为 3900 名有康复需求的残疾人提供康复服务,为 628 名低保重度残疾人实施居家安养服务,为 300 户有需求的困难家庭装配无障碍设施。建成 2 万平方米市康复中心、1600 平方米教育就业技能培训中心、5000 平方米全日制托养服务中心、800 平方米辅助器具服务中心、1800 平方米文化体育活动中心。(8)和谐安民提升工程。对 1998 年后建的 100 个老住宅小区和 125 万平方米散居楼进行整治,全面安装电子防盗门,新增防爬套,新建围墙,增设门岗,新增社会面和老住宅小区视频监控探头 850 个,建成 46 个技防村(社区),完成技防入户 2 万家。(9)提升农村小康水平。完成农村实用技术、实用人才等培训 10 万人次。新农合参保率达 100%,人均筹资达 240 元,住院补偿率达到 45%。每镇每季送一场戏,每村每月送一场电影,每镇每年送价值 1 万元的书籍,新增农村有线电视用户 2.5 万户。建设为农服务社 200 家,为农服务社行政村覆盖率达到 90%。(10)建设宜居环境。绿地:年内建成或基本建成城铁北广场绿地、雕庄公园、丁塘港生态湿地公园等 9 个公园绿地,启动圩墩公园三期、桃园绿地二期等 7 个公园绿地建设。碧水:继续推进市区 60 条河道清水工程,巩固提升 52 条河道水质,综合整治 8 条河道水环境,完成 10 条河道生态修复。蓝天:重点对龙虎塘、新闸、牛塘、滨江等 4 个区域的工业企业进行恶臭气体整治,20 家重污染企业实施限停产或驻厂监管。“禁燃区”建设扩大至 66 平方公里,积极推进秸秆综合利用,全面实施高污染车辆限行管理,整治扬尘污染。全年空气质量优良天数达到 330 天以上。

(四)优环境

按照“民本、现代、文化、生态”理念,加快城市化和国家生态市建设步伐,全面优化人居环境,全方位展示常州对外新形象。

1. 加快基础设施建设。(1)推进铁路站场建设。建成常州市客运中心及综合配套系统、沪宁城际铁路戚墅堰站,完成京沪高速铁路常州站、宁杭铁路客运专线溧阳站、瓦屋山站主体工程。(2)加快建设以高速公路、干线公路为主的公路网络。续建常州西绕城高速公路、泰州大桥接线常州段、104国道溧阳西段、241省道金坛北段。开工建设苏锡常南部通道常州段、常溧高速公路。(3)实施机场改扩建及配套道路工程。完成机场改扩建工程,常州机场高架连接线、新机场路城市化改造建成通车。(4)加快港口航道建设。建成录安洲港区1号泊位。加快苏南运河西段、锡溧漕河、芜申线、丹金溧漕河等三级航道网整治。(5)推进水利工程建设。开工建设城市防洪大运河东枢纽、南运河枢纽、采菱港枢纽等节点工程,完成沙河水库、大溪水库、前宋水库的除险加固,积极推进新孟河、新沟河延伸拓浚工程。

2. 统筹推进城乡建设。(1)完善中心城区路网。完成青洋路高架、中吴大道城市化改造工程,实施劳动东路东段、白云南路等道路建设工程。戚月路及地道、永宁路及地道和新堂北路、竹林西路、飞龙东路建成通车。(2)加快建设南北新城区。南部新城新建续建延政西路、聚湖西路等骨干道路,实施兰陵南路全面改造,加快西太湖生态休闲区建设。北部新城完善重点地区规划,建设创意产业基地、高铁场站周边等重点片区路网。(3)实施东大门三期建设工程。建成常焦线、泡桐路武进段,开工建设工业大道、大明路北段,完成东方东路城市化改造、革新河清水工程建设。(4)增强城镇承载能力。按照统筹规划、合理布局、完善功能、辐射带动的原则,加快金坛、溧阳城市化建设步伐,集中力量抓好一批在区位、产业等方面有明显优势的重点中心镇建设,增强其吸纳人口和就业的能力。(5)实施农村环境提升工程。在全面完成"三清一绿"、"五化三有"的基础上,以辖市区为单位,建立村庄环境长效管理机制。新建农村公路60公里、桥梁100座。完成50个行政村、28条县乡河道、728个河塘整治任务。

3. 改善生态居住环境。(1)重点实施五大特色绿化工程。一是公园绿地建设工程,办好2010年第四届中国月季花展暨世界月季联合会区域性大会。二是道口绿化工程,对沪宁高速常州、横山桥、薛家道口、沿江高速常州南道口进行绿化提升,对沿江高速滆湖道口进行绿化。三是垂直绿化工程,对铁路地道、高架路桥柱、部分河道进行垂直绿化。四是道路绿化工程,全面提升现有道路绿化水平,城区的主要道路不但要全年常绿,还要实现四季有花。五是围墙绿化工程,对146公里围墙实施绿化。全年新增绿化面积553.47公顷。(2)巩固提升水环境质量。完成太湖水污染防治年度目标,3条入太湖河道主要水质指标年均值达到五类水质标准。(3)加大节能减排力度。强化重点用能企业管理,发挥公共机构节能表率作用。做好江边污水处理厂等大型污水处理厂减排后续项目,开展城市污水处理厂中水回用。加快金坛、溧阳、武进乡镇污水处理厂管网建设。完成工业固体废弃物安全填埋场一期工程主体建设。

4. 全面提升长效管理。(1)提升数字化城管水平。进一步细化主城区内的基础数据普查,对街巷里弄等未普查区域进行补测,实现数字化管理全覆盖。(2)加强市容环境整治和管理。对沪宁城际铁路、青洋路快速高架两侧进行整治。对中吴大道、飞龙东路等22条城市主要道路进行环境提升。(3)实施"一路两区"亮化工程。全面完成通江大道－怀德路－延陵路－和平北路一线两侧和奥体中心片区、南部新城片区的亮化提升工作。(4)动员全市人民参与城管。组织我爱我家城市管理百人"找差团"活动,邀请人大代表、政协委员和市民网民代表与城管部门一起,查找城市管理的薄弱环节,制定落实整改方案,全面提升城管水平。

(五)促和谐

加快发展社会事业是促进科学发展的重要举措,要加大投入力度,优化资源配置,着力提高社会管理和公共服务水平。

1. 提升教育整体水平。(1)推进教育重大项目建设。实施常州技师学院新校区、刘国钧高职校、市五中、北郊中学初中部等21个千万元以上重点项目,完成35万平方米校舍抗震改造建设任务。(2)促进教育均衡发展。新增省优质幼儿园 5 所、优质小学 18 所、优质初中 7 所。外来务工人员子女接受义务教育普及率 100%，公办学校吸纳比例 85% 以上。(3)全面实施素质教育。切实推进减负增效，新增德育、科技、体育、艺术等特色学校 100 所。

2. 提高卫生服务质量。(1)加快医疗机构基础建设。市中医院门诊病房综合楼、阳湖医院竣工投运，完成三院院区和卫生监督所改造。实施儿童医院病房楼装饰、七院综合楼建设，完善数字卫生信息化系统一期工程。(2)减轻群众就医负担。积极推进医药卫生体制改革，切实降低人民群众就医费用。大力发展社区卫生，城市社区卫生服务机构建设全面达标，医院挂钩帮扶社区卫生服务机构覆盖率达 100%，对社区卫生机构继续实行“六免二减”政策和基本药品零差率销售。(3)实施重大公共卫生服务项目。加强甲型 H1N1 流感等疾病的防控，加大基本公共卫生投入，全市人均基本公共卫生服务经费标准提高到农村 15 元、城市 20 元。

3. 发展繁荣文化事业。(1)加快文化重点项目建设。加快建设常州未成年人社会实践基地，实施青果巷历史文化街区保护工程，全面推进历史文化名城建设。(2)加强文化基础设施建设。全面提升数字电视服务质量，提升乡镇文化站和行政村农家书屋水平，农村行政村文化室全面达标。(3)开展群众性文化活动。常州大剧院演出超过 100 场，广场、书场、小剧场等演出 1000 场次以上。

4. 办好十七届省运会。(1)当好东道主。认真做好筹备和组织工作，以“全新的城市形象、现代的比赛场馆、一流的组织水平、精彩的开幕闭幕、辉煌的竞技体育、热情的文明市民”，全面展示常州的对外形象，把十七届省运会办成江苏历史上最精彩、圆满、成功、难忘的运动会。(2)以迎接十七届省运会为契机，全面实施《全民健身条例》。完善和提升新建小区、老小区的体育设施。扩大奥体中心、中天体育馆开放项目。举办好中国羽毛球大师赛、世界跳水系列赛等重大国际赛事。

5. 协调发展各项事业。加大全国文明城市创建力度，不断提升全民素质。认真编制“十二五”规划纲要。健全应对突发事件的工作机制，全力做好安全生产长效管理和重大危险源监控，实施食品药品安全放心工程。认真做好信访工作，妥善化解社会矛盾。做好第六次全国人口普查，深入推进普法工作。加强国防教育、国防动员和人民防空工作，扎实推进双拥共建活动。推行优生优育早教工程，实现人口计生优质服务体系城乡全覆盖。支持工会、共青团、妇联等人民团体工作，进一步加强外事、侨务、台湾事务、地方志、民族宗教、防灾减灾、关心下一代、妇女儿童等工作。

(六)强自身

新形势、新任务对政府工作提出了新的更高的要求，要以转变政府职能为核心，着力提高公务员的整体素质和服务水平。

1. 推进改革。(1)推进机构改革。完成市县政府和乡镇机构改革，理顺职责关系，将政府职能切实转移到为市场主体服务和创造良好发展环境上来。(2)深化行政审批制度改革。逐步做到市级机关行政审批职能向一个处室集中，审批处室向行政服务中心集中。行政审批事项集中度提高到 82% 以上，“一事一评”满意度稳定在 99% 以上。(3)完善公共财政制度。统筹安排预算内外资金，建立国库单一账户体系，规范预算单位账户管理。推进政府非税收入改革，健全政府投资管理体制，提高财政资金使用效益。

2. 崇尚创新。(1)树立改革创新意识。一切从有利于发展出发，一切从方便企业和市民出发，创造性地开展工作，让常州的发展永远充满生机和活力。(2)创新政府管理和服务方式。加快电子政务建设进程，完善“三合一”网络平台，实现省、市、县三级全面联网交换数据。各部门要围绕发展中的重点、难点、热点问题，勇于突破，敢于创新。(3)全面推进政务公开。完善重大事项集体决策、专家咨询、社会公示与听证等制度，有效扩大公众对政府决策的参与度。健全政府信息发布和发言人制度，发挥好市长公开电话、市长与网民交流平台和部门服务热线作用,及时解决人民群众的合理诉求。

3. 重在落实。(1)转变作风。全体公务员要深入实际,服务企业,服务群众,工作要雷厉风行,说干就干,一抓到底。(2)强化监督。自觉接受人大和政协的监督,自觉接受群众监督和舆论监督,支持监察、审计等部门依法履行监督职责。(3)依法问责。坚持依法、规范、高效行政,严格、公正、文明执法。对不作为、乱作为行为,实行严格的问责制度。

4. 廉洁从政。(1)坚持廉洁自律。全体公务员要严格要求自己,自觉遵守廉洁自律的各项规定,始终保持为民务实清廉的良好形象。(2)严惩违法犯罪。加大违法违纪案件查办力度,坚决打击贪污贿赂、腐化堕落等违法犯罪行为。(3)强化制度建设。深化土地出让、工程招标、产权交易、政府采购等重点领域的廉政体系建设,推进公共资源市场化配置。(4)节约行政开支。严格控制公用经费和一般性支出,坚决制止铺张浪费,确保把有限的资金用于加快发展和改善民生。

各位代表!新的历史征程呼唤着我们,新的宏伟目标激励着我们。让我们在中共常州市委的领导下,团结一致,坚定信心,锐意进取,开拓创新,为率先基本实现现代化、再创常州新辉煌而努力奋斗!

(常州市人民政府市长王伟成2010年1月21日在常州市第十四届人民代表大会第三次会议上的报告)

改革综述

2010 年是实施“十一五”规划的最后一年。常州市紧紧围绕市委市政府提出的“富民强市、两个率先”的目标，解放思想、开拓创新，用改革办法破解发展难题，抓住经济社会发展中的突出矛盾，加大重点领域和关键环节的改革攻坚力度，不断完善市场经济体制，为科学发展、和谐发展增添动力。

一、继续深化经济领域体制改革

围绕“形成各种所有制企业平等竞争、相互促进格局，引导和推动企业又好又快发展”要求，积极继续深化经济体制改革。一是推进企事业单位改制扫尾。完成常州药物研究所改制工作。顺利实施市文广新局所属的常州市青年锡剧团、常州市歌舞团、常州市演出公司、常州市文物商店、常州市出版事务所和常州日报社印刷厂等事业单位改制转企，注销其事业单位法人资格，分别成立企业法人公司。二是积极推动企业争取上市。发挥上市企业引领产业发展、带动产业转型升级作用，推动企业海内外上市。全年新增上市企业 5 家，通过审核待发 5 家，累计上市企业数达 21 家。三是继续加大对外开放力度。重点针对基地型、龙头型和世界 500 强企业开展招商引资，全年招引外资实际到账 26. 7 亿美元，增长 18. 1%。完成进出口总额 222. 8 亿美元，增长 47. 7%，其中出口 155. 6 亿美元，增长 43. 2%。四是拓展债券融资新渠道。完成 2010 金坛债发行，2010 常州债、2010 武进经发债进入国家会签程序，常州首只中小企业集合债、国内首只地级市农村商业银行次级债“江南银行 2010 次级债券”完成各项前期。全年新增创业投资企业 6 家，新增注册资金 11. 52 亿元。五是推动制造企业“主辅分离”试点。努力推动制造企业做精主业、剥离辅业、实现“主辅分离”。市发改委会同财政、税务等部门出台了扶持推进政策，选定了 30 家重点企业进行试点，目前已有 19 家企业完成了“主辅分离”工作。

二、积极推进民生福祉增加的体制改革

为营造“老有所养、病有所医、居有其屋”的社会环境，我市积极推进养老、医疗、社区卫生、社会救助等社会保障改革。一是社会保障得到明显加强。养老保险、医疗保险实现全覆盖，城镇职工三大保险参保率和新型农村养老保险覆盖率均达到 97% 以上，新型农村医疗合作保险参保率达 99%，城乡低保做到应保尽保。二是住房保障体系进一步完善。建成了包括经济适用房、廉租房、公共租屋在内的多层次的住房保障体系。全年新增廉租房家庭 1062 户，经济适用房货币补贴家庭 724 户，廉租房和公共租赁房实物配租 855 户。我市住房保障全覆盖的做法还得到了中央领导的充分肯定。三是医药卫生改革快速推进。出台了《常州深化医药卫生体制改革实施意见》和《常州市关于建立国家基本药物制度的实施意见》，明确制定 12 个医改配套政策并已出台 6 个。在金坛市、戚墅堰区实施基本药物制度试点的基础上，全市基层医疗卫生机构全部配备和使用基本药物，且全部纳入医疗保障药品报销目录。四是民生工程建设成效显著。大力推进公交优先战略，行政村公交通达率达到 100%，建成了快速公交系统，居民公交出行率 2010 年达 25. 8%。公园绿地、市区所有公厕改造并免费开放。累计改造提升了市区 103 个菜市场、完成 125 个计 1000 多万平方米的老小区改造整治，50 万老小区居民受益。

三、深入推进农业农村体制改革

围绕加快新农村建设要求，推进农业农村体制改革，深化小城镇发展改革试点，新农村建设发展取得积极变化。一是继续深化农村“三大合作改革”。农村合作经济组织快速发展，累计达 1900 家，社员覆盖率达 35%。农村土地向规模经营主体流转，流转土地面积近 70 万亩，占家庭承包面积的 40%，适度规模经营面积占全市耕地面积的 60% 以上。全市完成集体林权制度改革面积约 80 万亩，占总任务的 98%。二是努力打造优美小康家园。建立了辖市区、镇、村环境长效管理机制，做到制度、资金、人员三落实。全市 37 个镇实施了工业污水集中处理，建成投运生活污水处理工程 170 余个，疏浚县乡河道约 500 条计 1400 余公里,清淤整治村庄河塘 2 万多个。全市所有村实现"三清一绿",约 50% 的村达到"五化三有"。三是小城镇发展改革试点取得新进展。横山桥镇区布局调整重点项目建筑面积 9 万㎡的羊绒城一期建成,已售出 8 万多㎡。推动镇区工业企业向外搬迁,完成占地 67 亩的八毛厂地块挂牌出让和占地 150 亩的精细化工厂、三毛厂的土地收储。顺利实施镇政府机构改革,政府机构调整合并成"五办五中心",27 个建制村合并成 19 个村和一个社区。

四、加快推进行政管理体制改革

围绕推动"政府管理创新,缩减行政审批,推进政务公开"要求,深化推进行政管理体制改革。一是继续深化行政审批制度改革,审批总事项由 927 项减少为 416 项,减幅达到 55.1%,许可类、非许可类行政审批工作日分别压缩了 35% 和 34%,取消、降低了 221 个收费项目。二是完成行政审批、行政执法数据库、行政效能监察三网合一网络平台建设,全市 45 个部门的行政处罚、行政强制、行政检查实现网上运行。行政审批集中度达到 78%,重点项目审批提速 45%。三是进一步完善政务公开制度,符合条件的政府信息全部上网公布。改进和加强了新闻发布、网上沟通制度,畅通了政府和企业、市民双向交流渠道。

五、统筹协调加快改革的推进实施

坚持"服务发展推改革,深化改革促发展"的宗旨,进一步增强发展和改革的联动性,统筹协调改革的推进实施。一是制定出台全市改革指导意见。省政府关于《江苏省 2010 年经济体制改革要点》颁发以后,我们结合常州市的实际和 2010 年六十项重点工程(工作)实施、明确了常州 2010 年加快经济发展方式转变的体制机制改革、努力实现基本公共服务均等化改革、健全统筹城乡协调发展的机制改革、着力提高社会管理服务水平改革等五方面重点改革内容,并且精心组织实施。二是促进经济建设与体制改革统筹协调推进。注意把发展工作推进、重点项目建设、体制改革实施同步布置、同步分析、同步检查。还探索成立了改革创新推进工作小组,实现重点问题重点突破。三是加强体制改革前瞻性研究。围绕经济建设和体制改革的重点难点问题,积极搞好相关前瞻性研究。共完成中心镇培育调研、文化体制改革调研、中介机构发展改革调研、公共资源市场化改革等多项改革专题调研,为改革推进给予方向、思路和措施指导。

(常州市发改委　刘卫国　蒋博渊)

苏 州 市

2010 年政府工作报告

各位代表:

现在,我代表苏州市人民政府,向大会报告工作,请予审议,并请市政协各位委员和其他列席人员提出意见。

一、2009 年工作回顾

过去的一年,是进入新世纪以来我市经济社会发展最为困难的一年。市政府在中共苏州市委的正确领导下,深入学习实践科学发展观,紧紧依靠全市人民,全力做好保增长、促转型、惠民生、创和谐的各项工作,较好地完成了市十四届人大二次会议确定的目标任务。尤其是面对国际金融危机的严重冲击,我们认真分析研判形势,及时把握经济动态,坚决执行上级决策,务实采取应对措施,积极主动服务企业,切实解决实际困难,促进了全市经济回升复苏,经济运行情况总体好于预期。

(一)经济保持稳定增长。全市地区生产总值预计达到7400 亿元,按可比价计算比上年增长 11%。实现地方一般预算收入 745.2 亿元,增长 11.4%,总量和增量继续位居全省首位。内需有效扩大,完成全社会固定资产投资 2967.4 亿元,增长 13.6%;社会消费品零售总额 1846.3 亿元,增长 19%;旅游总收入 830 亿元,增长 13%。工业生产逐步回升,总产值达到 2.37 万亿元,增长 6.6%,其中规模以上工业产值增长 7.1%。服务业支撑作用明显增强,增加值增长 14.5%。年末金融机构人民币存贷款余额分别比年初增长 31.3% 和 35%;全年保费收入增长 17.5%;新增备案创业投资企业 18 家,增加注册资本 27.6 亿元。商品房销售面积增长 116.7%。现代物流、商务服务、社区服务等行业均实现较快发展。

(二)转型升级进程加快。大力推进自主创新,科技进步综合实力保持全省领先。全社会研究与试验发展经费支出占地区生产总值的比重超过 2%,财政科技经费投入超过 27 亿元。苏州纳米技术与纳米仿生研究所列入中国科学院序列,新增省级以上科研机构 142 家。我市被批准进行国家创新型城市试点,苏州高新区、苏州工业园区进入国家创新型科技园区建设试点行列,常熟成为国家教育部首个“蓝火计划”试点城市。实施新一轮姑苏创新创业领军人才计划,引进高层次领军人才及团队 38 个,8 人入选中央组织部“千人计划”,29 人进入省高层次创新创业人才引进计划。苏州工业园区成为国家海外高层次人才创新创业基地。加强知识产权创造、运用、保护和管理,专利申请量、授权量分别增长 13.2% 和 96.7%,我市通过国家知识产权示范城市创建验收,国家知识产权局苏州专利代办处获准设立,太仓被认定为中德合作基地知识产权保护区。落实产业振兴计划,制定加快工业结构调整和优化升级的实施意见,促进新兴产业跨越发展,新增国家高新技术企业 334 家,昆山经济技术开发区光电产业园成为国家新型工业化产业示范基地,苏州工业园区生物纳米科技园成为省级生物医药专业孵化器。实施名牌带动和技术标准战略,开展质量兴市活动,新增中国驰名商标 53 件。注重培育地标型企业,百强工业企业产值占规模以上工业产值的比重达到 42.4%,比上年提高 1.4 个百分点;江苏沙钢集团成为全省唯一跻身世界 500 强的企业。落实服务业新一轮跨越发展计划及九大专项计划,完成服务业投资 1656 亿元,增长 24.6%,占全社会固定资产投资的比重达到 55.8%,比上年提高 4.9 个百分点;服务业增加值占地区生产总值的比重比上年提高 2 个百分点。建设城市中央商务区、花桥国际商务城、苏州工业园区综合保税区、苏州科技城等重要载体,新增省、市级服务业集聚区 15 个。文化产业发展尤其是文化与旅游融合发展取得新成效,一批重大项目加快建设,太湖文化论坛国际会议中心、太湖水底世界海洋馆等项目顺利建成。旅游业全面提升计划抓紧实施,6 个镇、村进入中国特色旅游名镇名村行列。

(三)体制改革纵深推进。积极推动城乡一体化发展综合配套改革,确立 23 个改革先导区,出台了三年实施计划、就业和社会保障、农村宅基地及住房置换城镇商品住房等一系列政策文件,初步形成了城乡一体化发展的政策制度框架。优化国有经济布局,强化经营业绩考核与薪酬管理,国有企业经济效益明显提高。市政府机构改革基本完成,县级市、区政府机构改革稳步实施。行政审批项目和 1996 年以来经济类政策文件清理工作进一步开展。新增上市公司 4 家,募集资金 37 亿元;发行企业债券 43 亿元,超额完成年度目标。苏州国际发展集团构建起比较完善的地方金融平台,市区设立首期 2 亿元的再担保基金。金融生态建设成果显著,在全省率先实现全辖区金融生态达标县(市)创建"满堂红"。文化体制、医药卫生体制、市容市政管理体制和集体林权制度改革稳步开展。民营经济加快发展,私营企业和个体工商户注册资本由年初的 3557 亿元增加到 4359 亿元。

(四)开放型经济企稳向好。受国际金融危机影响,全市完成进出口总额 2014.5 亿美元,其中出口 1140.9 亿美元,分别下降 11.8% 和 13.4%,但降幅逐月收窄,占全国、全省的比重有所上升。招商引资力度加大,实际利用外资 82.2 亿美元,增长 1%,引进了一批具有总部经济业态的项目。我市成为中国服务外包示范城市,接包合同额 14 亿美元,执行额 8.7 亿美元,分别增长 122% 和 93.5%。推动开发区"二次创业",国家级、省级开发区逐步从产业集聚向功能提升转变,从政策优惠向体制优化转变。苏州工业园区开发建设十五周年庆典活动顺利举办,中新联合协调理事会第十一次会议成功召开,国家又在五个方面给予园区先行先试政策。张家港保税港区一期通过封关验收,昆山出口加工区转型为综合保税区,太仓港保税物流中心获准设立。积极开展对外投资和外经合作,中方境外投资额达到 3.2 亿美元,增长 53.6%,占全省的 30.3%;完成对外工程承包劳务合作营业额 4.4 亿美元,增长 18.9%。加强外事友好交流,新增友好城市 2 个,总数达到 41 个,居全国地级市之首。侨务工作取得新成绩,我市被评为全国侨务工作先进单位。以"台湾江苏周"为标志,对台工作全面深化,昆山海峡两岸商贸合作区建设进程加快。引进内资项目注册资本 409 亿元,增长 23.6%。加强南北挂钩合作,苏州宿迁工业园开发建设实现"三年打基础"的既定目标,各类共建园区进展顺利。高质量超额完成对口援建四川地震灾区年度任务,以及对口支援西藏林周、陕西榆林、重庆云阳等工作。

(五)农村发展成效显著。现代农业再上新水平,粮食夺得高产丰收,建成 78 个千亩以上高标准现代农业示范区,其中万亩以上的达到 14 个。新增高效农业 15.5 千公顷、设施农业 3.7 千公顷、市级以上农业产业化龙头企业 16 家,新添一批无公害农产品、绿色食品、有机食品,总数达到 1402 个。全市财政投入新农村建设资金 36.5 亿元,增长 24%。粮食直补、水稻价外补贴和良种、农机、农资购买补贴等惠农政策得到落实。创新农村金融服务,政策性农业保险、农业担保的领域和规模继续扩大,新增小额贷款公司 15 家,总数达到 18 家,累计注册资金 35.4 亿元。新建"三大合作"组织 309 家,持股农户占农户总数的比重超过 90%,农业规模经营面积占到 56%。完成农村集体资产确认产权发证工作,农村集体资产总额超过 700 亿元,村均集体收入增长 14.7%。建成"粮食银行"72 家,入行农户 5.1 万户。农村社区服务中心建成率达到 100%,张家港、太仓先后被评为全国农村社区建设实验全覆盖示范单位。新建扩建农民集中居住点 860 个。新增农村公路 60 公里、汽车客运站 25 座,改建公路桥梁 90

座,新辟农村公交班线 15 条。发展公共事业,加强环境治理,农村生产生活条件得到改善。

(六)基础设施建设力度加大。坚持规划先行,太湖国家旅游度假区分区规划暨城乡协调规划、阳澄湖生态休闲旅游度假区总体规划抓紧制定,京沪高速铁路苏州站周边地区控制性详细规划以及市域轨道交通、医疗卫生设施、户外广告等规划编制完成。各项工程大力推进,苏州火车站北站房如期完工,广场地下空间开发工程和长途换乘综合楼开工建设;京沪高速铁路苏州段、沪宁城际铁路苏州段加快施工。常昆高速公路、苏锡高速公路建成通车,318 国道苏州段改建完工,227 省道吴江段改建基本完成。太仓港集装箱码头三期工程基本建成。城市轨道交通 1 号线进入施工高峰,2 号线开工建设。北环快速路延伸工程进展顺利,一批城市道路改造、景观照明、市容环境综合整治工程相继完工。平江、沧浪、金阊新城完成道路、河道、绿化等工程 60 项。海洋泾引排、永昌泾口门等工程顺利竣工。新增 110 千伏及以上线路 812 公里,正负 800 千伏特高压直流工程抓紧施工。“无线城市”加快建设,3G 网络工程积极实施,宽带互联网用户突破 150 万户。人防转民防工作有效开展,新增人防工程 59.4 万平方米。地震应急救援和气象灾害监测、预警能力逐步增强。落实公交优先战略,市区建成 3 个公交换乘中心,新增国Ⅲ排放标准的公交车 401 辆,公交 2 号快线投入使用。

(七)生态环境持续优化。继张家港之后,常熟、昆山、太仓又被确定为全国生态文明建设试点地区。张家港、常熟、太仓、昆山成为国家可持续发展实验区。新增省级生态村 25 个、绿色社区 76 个、绿色学校 99 所。推进石湖景区北大门及滨湖绿带、三角咀生态公园二期、苏州火车站地区综合改造绿化景观、城市道路绿化综合整治,以及莲池湖公园、西塘公园、白洋湾生态公园等绿化工程建设,市区新增绿地 530 万平方米。实施绿色通道、绿色家园、绿色基地和沿湖沿江生态绿化、山体宕口复绿等工程,建成苏州高新区太湖湿地公园等生态绿地,太湖国家旅游度假区湖滨湿地公园和常熟沙家浜湿地公园成为国家级湿地公园,苏州高新区大阳山被命名为国家森林公园。农村新增林地绿地 8140 公顷,陆地森林覆盖率达到 22%。我市通过全国绿化模范城市考评和国家园林城市复检。全社会环境保护投入 270 亿元,增长 13.4%,占地区生产总值的比重达到 3.6%。开展东太湖、阳澄湖水环境综合整治,实施国家水体污染控制与治理科技重大专项苏州项目,严格防治蓝藻,集中式饮用水源水质达标率达到 100%。新建改建扩建城镇污水处理厂 12 座,新增污水日处理能力 51.3 万吨,苏州福星、娄江、城东污水处理厂升级改造完成主体工程。农村生活污水治理力度加大,太湖、阳澄湖保护区生活污水处理率达到 50%,其他地区达到 30%。苏州七子山垃圾填埋场扩建一期工程、苏州垃圾焚烧发电厂二期工程全面完工。扩大高污染燃料禁燃区面积,控制建筑施工和道路扬尘,治理机动车尾气,推动清洁公交体系建设,城市环境空气质量良好以上天数达到 329 天。基本完成数字环保一期工程,建成环境信息系统。严格保护耕地,合理安排建设用地,国土资源保障发展的能力继续增强。推广合同能源管理,建设节能项目,实现节能 152 万吨标准煤。积极发展循环经济,注重资源综合利用,新增通过 ISO14000 认证的企业 100 家,通过清洁生产审核验收的企业 200 家,循环经济试点企业 100 家。化学需氧量和二氧化硫减排量完成年度目标,环境质量综合指数达到 91.3。

(八)社会事业繁荣进步。优质教育资源稳步扩大,省、市优质幼儿园比例达到 80%,义务教育阶段学校装备水平全面提高。苏州成为全国推进义务教育均衡发展工作先进地区。新增四星级普通高中 2 所,三星级普通高中全部通过省级复评。创建省高水平示范性中等职业学校 7 所、省三星级以上中等职业技术学校 8 所,国家汽车运用与维修专业技能人才培训基地全面落成。素质教育成效显著,教育质量明显提高。在 2009 年高考和全国职业院校技能大赛中,我市取得前所未有的优异成绩。新增

2个国家级社区教育实验区，各县级市、区均建有老年大学。苏州独墅湖科教创新区加快建设，苏州国际教育园全面建成并实行属地化管理，在苏高校服务地方经济社会发展的能力进一步增强。苏州美术馆新馆、文化馆新馆、名人馆主体结构封顶，新建市图书馆分馆6座，各县级市、区公共文化设施建设取得新进展，镇（街道）以上公益性文化设施实现全覆盖，每个行政村均设立农家书屋。有线电视数字化整体转换通过国家验收。《顾家姆妈》、《我的天堂》、《流动的花朵》三部作品获全国"五个一工程奖"，《一二三，起步走》获全国优秀保留剧目大奖，《青春跑道》入选国家舞台艺术精品工程十大精品剧目；吴江"区域文化联动"获全国第三届文化创新奖，《七色花》栏目获全国优秀少儿广播栏目一等奖。全市联动举办第四届苏州阅读节，我市被评为全国全民阅读活动先进单位。文化遗产得到有效保护，苏州端午习俗、宋锦、缂丝、香山帮传统建筑营造技艺被联合国教科文组织列入人类非物质文化遗产代表作名录，顺利完成第三次全国文物普查野外调查、全国非物质文化遗产普查和京杭大运河苏州段保护规划编制工作，平江历史街区被评为中国历史文化名街，10处古典园林、风景名胜区被命名为国家重点公园，苏州古城保护与更新入选上海世博会城市最佳实践区案例，太仓海运仓遗址入选全国古遗址类重要新发现。新一轮《苏州市志》抓紧修编，《苏州史纲》出版发行，市档案馆新馆开工建设，吴江市档案馆晋升为国家一级档案馆，《苏州年鉴》获得第四届全国年鉴评比特等奖。加快城乡社区卫生服务机构标准化、示范化建设，机构普及率和人口覆盖率均达到100%。相城区被评为全国中医药特色社区服务示范区。江苏盛泽医院建成使用，市中医医院迁建和市肿瘤诊疗中心建设进展顺利。严格防治甲型H1N1流感，加强艾滋病感染者监测管理，开展高危行为干预，有效防止了传染病传播。实施母婴阳光工程和医疗便民服务"一卡通"工程，开展新一轮老年居民免费健康体检，实行社区居民常用药品政府补贴，降低群众药费负担。推进农民健康工程，50%以上的镇达到苏州市农村卫生现代化总体要求。完善城乡一体的人口和计划生育服务管理体系，改造、新建社区（村）世代服务室948家，开展第三次流动人口计划生育专项整治，深入实施人口出生缺陷社会化干预工程，建立公益性0～3岁早教点91个，我市成为全国人口和计划生育工作综合改革示范市。抓好体育基本现代化试点，全民健身工作迈向长效化，成功承办中国乒乓球公开赛等重大赛事，在第十一届全国运动会上苏州运动员实现参赛项目、参赛人数、参赛成绩三项新突破。妇女儿童事业保持率先发展，拥军优属工作取得新成绩。

（九）人民生活继续改善。城镇居民人均可支配收入26320元，农民人均纯收入12987元，分别增长10.3%和10.2%。 18项实事项目全面完成年度任务。开发公益性岗位1万个，新增就业13万人，8万名失业人员实现再就业，城镇登记失业率为2.9%，苏州籍高校毕业生就业率达到95%，95%的社区建成充分就业社区，85%的行政村建成充分就业村。免费培训城乡劳动者37万人，培训及鉴定高技能人才8500人。扶持自主创业，创业孵化基地增至70个，参加创业培训的人数达到1万人。城镇职工养老、医疗、失业、工伤、生育五大基本保险覆盖面均超过98.5%，社会保障基金征缴率巩固在99%以上。农村基本养老保险参保率达到99%，农村老年居民享受基本养老待遇或养老补贴的覆盖面达到99%，农村基本医疗保险参保率达到97%，被征地农民纳入城镇社会保障工作稳步推进。中小学生和少儿医保门诊补助政策制定实施。城乡居民最低生活保障标准分别提高至每月380元和每月260元，共计向9万名困难群众增发一个月低保金。社会救助力度加大，发放各类救助补助资金11.5亿元，帮扶困难群众18.3万人次。新增养老床位2227张，在全省率先实现居家养老服务中心（站）全覆盖。建成残疾人康复中心9个，为18周岁以下的听障人群免费配发助听器，创建全国无障碍建设城市通过国家中期检查。社区建设成果显著，成功承办全国和谐社区建设工作会议，张家港、太仓、昆山市和平江、沧浪、金阊区，以及4个街道、6个社区被评为首批全国和谐社区建设示范单位。新建经济适用住房25万平方米，新增廉租住房1226套，向2565户居民发放租赁补贴，对申请住房保障的低保、低收入家庭做到应保尽保。市区完成18个老住宅小区、185条街巷、202幢零星居民楼综合整治任务，解危修缮危旧住房11.8万平方米。新增参加住房公积金制度的职工25万人，职工使用住房公积金122亿元。加强食品药品安全监管，实行药品分级分类管理，开展远程动态监控，建成吴江、吴中2个省级食品安全示范县（市、区）。改进价格监管，社会价格监督服务网络基本建立，居民消费价格总水平下降0.2%。我市价格监管服务工作被评为全国先进。

（十）精神文明建设、民主法制建设和政府自身建设进一步加强。制定建立健全全国文明城市长效管理机制的意见，抓好市民文明素质培养、未成年人思想道德建设、新苏州人融合等工作，成功举办庆祝新中国成立60周年系列活动，以及"迎国庆、讲文明、树新风"等教育实践活动，苏州进入全国公共文明指数测评第一方阵。学术研究成果涌现，科普活动丰富多彩。民族团结进步事业不断推进，依法管理宗教事务的能力进一步增强。坚持依法治市，法治苏州建设再上新水平。广泛普及法律知识，我市被评为全省"五五"普法中期先进市。法律援助覆盖面持续扩大，"关爱民生法治行"等法治惠民活动受到群众好评。做好社会矛盾纠纷大调解工作，成立市医患纠纷调解委员会，出台了医疗纠纷预防与处理办法。平安建设全面加强，我市荣膺全国社会治安综合治理优秀市"五连冠"，太仓获得全国平安建设先进县（市）称号，常熟、太仓、昆山被评为全国平安畅通县（市）。市区三轮摩托车、电动三轮车、机动轮椅车专项整治效果明显。创新信访工作机制，积极化解信访积案，妥善处理了一批历史遗留问题和群体性事件。落实安全生产责任，开展"安全生产年"活动和隐患排查治理、宣传教育、执法三项行动，全市挂牌整改重大隐患649项，投入整改资金11.8亿元，较大以上事故明显减少。基层群众自治制度化、规范化、程序化水平不断提高，社区居委会和村委会依法自治达标率超过99%，张家港、昆山、太仓被评为全国村务公开民主管理示范单位。推动科学立法、民主立法，注重听取专家学者、行业协会、行政相对人的意见和建议，全年提请市人大常委会审议通过地方性法规4件，颁布政府规章3件。落实行政执法责任制，全面开展行政指导，加强行政复议和应诉工作，有效化解了行政争议。提高行政服务中心、便民服务中心的服务质量，及时办结率和群众满意率均超过99%。加强党风廉政建设和机关作风效能建设，深化政务公开，开发应用电子监察综合系统，推进行政权力网上公开透明运行。坚持厉行节约，公车购置及运行、会议、公务接待、出国出境等费用均按规定实现下降。加大审计力度，注重绩效审计和审计成果转化，财政资金使用效益继续提高。我市审计工作连续第三次被评为全国先进。市政府自觉接受市人民代表大会及其常务委员会的法律监督、工作监督和市政协的民主监督，坚持重大事项向市人大常委会报告、向市政协通报，注重发挥各民主党派、工商联、无党派人士和人民团体的参政议政作用，共办复人大议案1件、代表建议178件、政协提案363件，人大代表、政协委员均表示满意或基本满意。

各位代表，2009年，苏州在"两个率先"的征程中迈出了新的步伐、实现了新的发展，成绩来之不易。这是社会各界、方方面面同心同德、团结一致、克难奋进的结果。在此，我代表市政府向全市人民，向人大代表、政协委员，向离退休老同志，向各民主党派、工商联和无党派人士，向各人民团体，向驻苏解放军、武警和消防官兵，向国家和省驻苏单位，向参与、支持和关心苏州现代化建设的海内外朋友，表示衷心的感谢和崇高的敬意！

回顾过去的一年，我们也看到，苏州的发展仍面临不少困难和问题，政府工作还存在诸多不足,主要是:经济回升的基础尚不稳固,进出口脱幅明显,企业效益恢复缓慢,财政增收难度加大;自主创新能力亟待增强,经济转型升级的任务紧迫而艰巨;社会事业发展相对滞后,社会矛盾仍然较多;市民“口袋”还不够丰满,部分群众生活比较困难,惠民利民工作需要加强;政府的管理水平和服务能力还需进一步提高。对此,我们将高度重视,在今后的工作中努力加以解决。

二、2010 年主要任务

今年是实施“十一五”规划的最后一年,也是苏州实现“两个率先”的关键一年。当前,宏观形势总体向好,但国际金融危机的影响尚未完全消退,有利条件和不利因素相互交织。我们要忧患于心,自信于心,奋勇拼搏,全力以赴完成“十一五”规划的各项任务,为实施“十二五”规划奠定坚实基础。

根据中共苏州市委十届十一次全体(扩大)会议精神,今年政府工作的总体思路是:认真贯彻党的十七大和十七届三中、四中全会精神,以邓小平理论和“三个代表”重要思想为指导,全面落实科学发展观,坚持“两个率先”不动摇,立足稳增长、促转型、惠民生,巩固和发展经济回升向好势头,加快推进经济发展方式转变,把培育发展创新型经济摆上重要战略位置,继续深化改革、扩大开放,重点在增加有效投入、发展新兴产业、推进城乡一体化、提高服务业发展水平、增强中心城市集聚辐射功能、提升城市文明程度、保障和改善民生、改进政府管理与服务等方面取得新突破,奋力开创“三区三城”建设新局面,实现经济社会又好又快新跨越。

全市经济社会发展的主要预期目标是:地区生产总值增长 12% 左右,地方一般预算收入增长 12% 左右,全社会固定资产投资增长 16%,社会消费品零售总额增长 16%,进出口总额增长 6%,实际利用外资与上年基本持平,城镇居民人均可支配收入和农民人均纯收入增长 10%,城镇登记失业率控制在 4% 以内,居民消费价格总水平涨幅控制在 3% 左右,全社会研究与试验发展经费支出占地区生产总值的比重达到 2.2%,单位地区生产总值能源消耗和化学需氧量、二氧化硫排放总量全面完成“十一五”节能减排考核目标,环境质量综合指数超过 90。

在新的一年里,重点做好以下八个方面的工作:

(一)推动经济增长,加快转型升级

在稳定增长的基础上更加重视推进经济结构的战略性调整,努力形成新的竞争优势。高度重视基础设施投入,提高高精尖产业、新兴产业、现代服务业的投资比重,力争总投资超过 4180 亿元的 220 项重大项目年内完成投资 960 亿元以上。扩大消费规模,优化消费结构,提升居民消费能力和水平。改造拓展城市商圈,建设特色商业街,发展社区商业,促进城市消费。深入推进“万村千乡”市场工程和“家电下乡”活动,挖掘农村消费潜力。继续开展“家电以旧换新”,促进消费升级。对接上海世博会,全面提升旅游业,着力打造古城文化深度游、新城浪漫时尚游、太湖生态休闲游三大旅游品牌,加快建设苏州古城、环太湖、环阳澄湖和沿长江四大旅游集聚区,创建金鸡湖全国商务旅游示范区和平江全国文化旅游示范区,扩大旅游消费。推进工业结构调整和优化升级,实施新能源、生物医药、新型平板显示和智能电网四大产业跨越工程,发展战略性新兴产业和低碳经济。加快信息化与工业化融合,鼓励企业开展技术改造,提升产业层次。培育大企业大集团,打造地标型企业。积极创建国家实施商标战略示范市,支持企业争创名牌产品,参与国内国际标准化活动。促进服务业新一轮跨越发展,力争服务业增加值占地区生产总值的比重比上年提高 1 个百分点以上。以物流、金融、商务、服务外包、文化创意、房地产、科技和信息服务为重点,加速发展生产性服务业,提升发展消费性服务业,创新发展公共服务业,加快建设中央商务区等服务业集聚区和各类服务业重点项目。扎实开展国家创新型城市试点工作,构建国内一流的创新型经济发展高地。把自主创新放在更加突出的位置,用足用好鼓励创新的各项政策,促进科技与金融结合,引导企业增加科技投入、设立研发机构,强化企业的创新主体地位,提高各类企业的创新主动性。完善科技创新公共服务平台,为全社会创新活动提供有力支撑。加强与国内外高校、科研机构的合作,鼓励产学研联合体围绕高新技术重点领域和传统产业关键技术进行研发攻关,支持在苏高校、科研机构加快成果转化和技术推广,全面启动科技镇长团和企业研究生工作站工作,实现科研优势与生产优势的融合互动。建成中国科学院苏州生物医药工程技术研究所一期、二期工程,力争常熟大学科技园通过国家级验收。加强知识产权工作,创建全国版权示范城市和国家知识产权示范城市。深入实施姑苏创新创业领军人才计划和其他各项人才培养、引进工程,完善配套政策,加大资助力度,加速引进和集聚创新型、紧缺型、高层次人才及团队。继续举办苏州国际精英创业周,打造常态化的具有广泛影响的苏州人才工作品牌。

(二)深化体制改革,扩大对外开放

大力推进城乡一体化发展综合配套改革,力争取得突破性进展。重点改革农村土地使用制度、户籍制度和金融体制,探索实行"区镇合一"管理,注重发挥先导区的示范带动作用,逐步建立农业生态补偿机制,促进工业企业向规划区集中、农业用地向规模经营集中、农民居住向新型社区集中,鼓励农户将集体资产所有权、土地承包经营权、宅基地及住房置换成股份合作社股权、城镇保障和城镇商品住房。深化农村股份合作改革,推进资源资产化、资产资本化、资本股份化,增加农民财产性收入。调整优化国有经济资本结构、产业结构、产品结构,增强竞争力。围绕建设区域功能性金融中心的目标,发展壮大金融业。支持设立地方法人金融机构,引进银行、保险和各类创业投资机构,引导股份制商业银行增设县域分支机构,加快发展农村小额贷款公司和农村信用担保机构,推动企业上市融资和优势上市公司再融资。培育具有竞争优势的规模型民营企业,发展"专、精、特、新"的中小民营企业,鼓励民营经济做大做强。深化医药卫生体制改革,完善基层医疗卫生服务体系和基本医疗保障体系,实施国家基本药物制度,逐步实现基本公共卫生服务均等化。优化事业单位机构编制管理,稳步实施事业单位岗位绩效工资制度。积极探索资源性产品价格和环保收费改革。发展行业协会,做好部分政府职能向行业协会转移、政府购买行业协会服务等试点工作。拓展对外开放的广度和深度,巩固和扩大开放型经济的领先优势。切实加强新兴制造业和服务外包、金融、物流、商贸等服务业领域的利用外资,重点引进龙头型、旗舰型、科技型项目,吸引跨国公司设立区域性总部,提升苏州在经济全球化、区域一体化中的地位。继续落实稳定外需的各项政策,支持企业开拓市场,增加优势产品和拥有自主知识产权、自主品牌产品的出口。创建省级、国家级科技兴贸出口创新基地,建设加工贸易转型升级示范区。促进内外资企业对接合作,提高加工贸易的本地采购率和增值率。跟踪服务境外重点投资项目,鼓励和引导企业"走出去",开发利用境外资源,合作开展技术研发,带动外贸出口和利用外资。推动开发区率先从开放优势向创新优势转变,全力将苏州工业园区、苏州高新区、张家港保税港区、昆山综合保税区、昆山花桥经济开发区建设成为现代服务业和跨国公司区域总部的集聚区、创新型经济的示范区。拓宽中新合作领域,提高中新合作水平,全面增强苏州工业园区的综合竞争力,加快建设国际化、现代化、信息化、生态型、创新型的新城区。整合海关特殊监管区功能,争取设立苏州高新区综合保税区、吴江综合保税区和太仓保税港区。优化大通关体系,促进贸易便利化和物流业发展。加强对口支援和南北挂钩合作,推进援建项目和共建园区建设,完成四川地震灾区援建任务。

(三)加强建设管理,完善城市功能

以城市总体规划为统领,高标准编制东太湖地区总体规划、苏州高新区西部生态城总体规划和控制性详细规划、尹山湖地区控制性详细规划和城市设计，完善城市商圈规划。加大基础设施建设力度，建成沪宁城际铁路苏州段、苏州火车站公交换乘中心综合楼，启动高铁新城一期和沪通铁路苏州段工程。确保锡张高速公路建成通车，完成338省道鹿苑至高峰段、224省道周市至任阳段、230省道吴江北段改造任务，改建227省道常熟段，开工建设太仓港疏港高速公路，完成张家港疏港高速公路建设的前期工作，力争尽早开工。城市轨道交通1号线实现全线贯通，抓紧建设2号线。建成北环快速路延伸工程，开工建设苏福快速路和高铁快速路，改造修建一批城市道路。加快沿江港口和运河码头建设，建成投用太仓港集装箱码头三期工程。续建张家港复线船闸工程，推进苏南运河航道改造升级，整治杨林塘太仓段三级航道。建成苏州综合客运枢纽汽车站、苏州汽车北站一期工程、昆山城北汽车站，建设金阊新城客货运枢纽。推进沙洲电力二期、常熟电力扩建和特高压输电等工程，建成500千伏苏州东输变电设施，新建500千伏常熟南输变电设施，实施一批220千伏、110千伏输变电项目。建设“数字城市”，扩大无线宽带和3G网络覆盖面，加快信息化进程。完成横山自来水厂迁建和苏州高新区第二自来水厂扩建任务。增加水利投入，增强抗灾能力。新增人防工程50万平方米。积极创建全国无障碍建设城市。加快平江、沧浪、金阊新城开发建设。高起点规划虎丘地区综合改造工程，争取尽早启动。围绕打造全国最干净城市的目标，实行精细管理，加强环卫保洁，整治市容环境，实施景观照明提升工程。改进城管执法方式，注重联动配合，提高违法建设的发现率和拆除率，严肃查处无证设摊、偷倒垃圾、运输车辆抛撒、乱停乱放车辆、乱贴乱设户外广告等行为。落实长效管理措施，巩固三轮摩托车、电动三轮车、机动轮椅车专项整治成果。

（四）坚持统筹协调，推进新农村建设

继续增加公共财政对农村的投入，统筹城乡社会事业发展和基础设施建设，促进城乡公共服务均等化。高度重视被撤并镇的规划、建设和管理，明确功能定位，优化配置资源，改善发展环境。完善农村社区服务中心，提升综合服务和管理水平。加强农村集体资产管理和优化整合，促进保值增值，增强村级经济发展的“造血”功能，构建富民强村长效机制。坚持现代农业生态、生产、生活、生物的功能定位，落实农业空间布局规划，扩大适度规模经营，建好现代农业示范园区和高标准农田，稳定粮食生产，发展设施农业、生态农业和休闲观光农业，提高农业综合效益。推广使用先进适用农机装备，实现水稻生产全程机械化。应用标准化技术，开发生产无公害农产品、绿色食品和有机食品，推行农产品质量安全可追溯制度。严格防控重大动植物疫病，确保产业安全和生态安全。健全地方粮食储备体系，充分发挥粮食批发市场的作用，保障粮食供应。办好“粮食银行”，进一步开展放心粮油进农村、进社区等服务。加快农民集中居住区建设，整治村庄环境，实施河网水系畅流工程和圩区达标工程。新建农村公路100公里以上、汽车客运站25座，开辟农村公交班线10条以上。加强农村生活垃圾收运一体化管理，完善农村卫生保洁体系。推进村庄绿化、沿河绿化、大型片林示范区、湿地林带营造等工程，农村新增林地绿地8000公顷，陆地森林覆盖率达到23.5%。

（五）保护生态环境，节约利用资源

加强水源地污染隐患排查和整治，建设各县级市第二水源地，构建多水源保障体系，抓好蓝藻防控和后续处置，确保饮用水安全。全面推进东太湖、阳澄湖水环境综合整治，延伸拓浚走马塘，做好国控断面、省界断面水质达标工作。完成苏州福星、娄江、城东污水处理厂改造升级工程，开工建设农村生活污水治理项目450个，敷设配套管网800公里，城镇生活污水处理率超过85%，太湖、阳澄湖保护区农村生活污水处理率达到70%，其他地区达到40%。进一步扩大高污染燃料禁燃区范围，整治工业废气污染、餐饮业油烟污染、机动车尾气超标排放，发展清洁公交，在城区设立高污染车辆禁行区。严格控制生活噪声和建筑施工噪声。认真执行环境评价准入制度，严禁新上高污染、高排放项目，推进工程减排、结构减排，削减排放增量，降低排放存量。加强农业面源污染控制，注重畜禽粪便循环利用。争创环保示范街区，新增一批省级生态村和绿色社区、绿色学校。全力创建生态市，力争全面达到国家标准。推进三角咀生态公园三期、环古城风貌保护三期、胥江河景观带、石湖景区等重点绿化景观工程，提升城市主次干道、苏州火车站地区和平江、沧浪、金阊新城的绿化水平，市区新增绿地 500 万平方米。开展阳澄湖、昆承湖生态修复，保护湿地、山体和野生动植物。编制完成新一轮土地利用总体规划，切实执行最严格的耕地保护和节约用地制度，提高土地利用效率。狠抓节能降耗，坚决淘汰落后产能。加强节能监测和能源审计，对重点耗能企业实行严格监管。扩大循环经济试点，推行清洁生产，树立零排放企业典型。建设苏州国家环保高新技术产业园和苏州工业园区中新生态科技城。推广使用建筑节能技术和材料，建成一批绿色工程、绿色建筑。开展全民节能行动，倡导节约、环保、低碳的生产生活方式。

（六）发展各项事业，促进社会进步

深化文明城市长效管理，进行公共文明指数测评，组织开展全国文明城市建设示范城区创建工作和评选表彰，举办“迎世博、讲文明、树新风”等教育实践活动，加强市民公共行为礼仪教育。抓好未成年人思想道德建设，办好未成年人校外实践基地和社区公益性活动阵地。支持哲学社会科学研究，推动理论创新。普及科学知识，提高全民科学素质。构建征信系统，建立社会诚信体系。倡导团结互助、扶危济困的社会风尚，发展志愿服务事业。贯彻“共同团结奋斗、共同繁荣发展”的民族工作主题，落实党的宗教工作基本方针，促进民族和睦、宗教和顺、社会和谐。做好双拥和优抚安置工作，争创全国双拥模范城“五连冠”。坚持教育优先发展，完善以县为主、城乡一体的教育管理体制，优化配置公共教育资源，提高公办学校吸纳外来人员子女入学比例，切实履行义务教育优质均衡发展的政府责任。规范办学行为，深化素质教育，促进学生全面发展。建设高素质的教师队伍，评选“苏州教育名家”。创建国家级高水平示范性中等职业学校 4 所、省高水平示范性中等职业学校 1 所、国家级社区教育实验区 1 个。启用市实验小学新校，建成苏州评弹学校新校，建设市盲聋学校新校，改造苏州中学校舍，增设新城配套学校，实施校舍安全工程和教育 E 卡通工程。优化公共文化设施布局，实现村以上四级全覆盖；完善图书馆网络，实现镇以上三级全覆盖。建成苏州美术馆新馆、文化馆新馆和名人馆，筹建中国太湖博物馆。坚持贴近实际、贴近群众、贴近生活，繁荣文艺创作。开展群众文化活动，丰富市民精神生活。更加注重保护历史街区和各类重要历史遗存，加大投入力度，深度挖掘利用历史文化资源。做好吴国都城考古研究和王陵调查勘探工作，建立非物质文化遗产保护名录体系和代表性传承人认定、保护机制，加强吴文化研究。建成上海世博会城市最佳实践区苏州展厅，展示古城保护与更新成果。建设市档案馆新馆，继续修编《苏州市志》，启动编纂《苏州通史》。精心承办太湖文化论坛首届年会、第 47 届国际风景园林师大会、城市更新与文化传承世博主题论坛、第二届中国文化遗产日主场城市活动、第八届中国国际民间艺术节和中国国际科教影视展评会暨制作人年会。加强政策扶持，发展壮大文化产业。强化疾病预防控制，提高处置重大疫情和公共卫生突发事件的能力，有力有序防控甲型 H1N1 流感。建成市中医医院，加快建设市肿瘤诊疗中心、吴中人民医院、苏州大学附属第一医院平江分院、苏州大学附属儿童医院园区总院、金阊新城医院和苏州科技城医院，基本完成明基医院一期工程，改建市立医院本部门诊急诊楼。继续开展老年居民免费健康体检，对在职参保女职工进行妇女病普查，加大母婴阳光工程和医疗便民服务“一卡通”工程实施力度，健全急救体系。提升新型农村合作医疗保障水平，人均筹资标准达到 400 元左右。推进健康城市建设，提高市民健康水平。认真开展第六次全国人口普查。深化人口与计划生育综合改革，完善计划生育利益导向政策，争创全省人口协调发展先进县(市、区)。加快体育基本现代化步伐，积极备战第十六届亚洲运动会和第十七届江苏省运动会，建设市体育运动学校新校配套工程。

(七)实施民生工程，保障安定和谐

继续增加民生投入，认真办好惠民利民的10个方面35项实事。积极争创国家级创业型城市，做好以创业带动就业工作。实施就业援助，深入创建充分就业社区和充分就业村。构建高校毕业生就业管理网络，组织8万个高校毕业生就业岗位。加强职业技能培训，免费培训城乡劳动者25万人。建立职工工资正常增长机制，在提高效益的基础上增加职工收入。提高城乡低保人员、低保边缘人员、原享受生活补助的上世纪六十年代初精减退职老职工、重残人员和城市“三无”人员、农村“五保”人员的生活救助(补助)标准。加大社会救助力度，探索分类救助新模式，努力保障困难群众的基本生活。鼓励社会捐赠，支持发展社会福利和慈善事业，筹建市社会福利中心。高度重视老龄工作，发展养老服务业，新增养老床位5000张。开展残疾人康复和无障碍设施进家庭活动，争创全国残疾人工作示范城市。扩大保障性住房建设规模，加快建设进度，组织供应廉租住房1280套、经济适用住房5100套，基本解决城镇住房保障对象的住房问题。扩大住房公积金制度的覆盖面和受益面，新增缴存住房公积金的职工15万人。市区完成130万平方米老住宅小区、60万平方米零星居民楼和80条街巷整治任务，解危修缮危旧住房10万平方米，启动整治改造36个城中村，实施1.8万户天然气置换工程。加强住房物业管理，提高管理水平。坚持公交优先，优化公交布局和管理，建设苏州汽车南站公交枢纽站，市区新增国Ⅲ排放标准的公交车500辆，新辟公交线路10条。加强民生价格监管，完善重要民生商品价格(收费)采集公布系统。升级改造城乡农贸市场。深化消费放心城市创建工作，打造全国消费放心首善之地。严格食品药品监管，构筑食品药品安全责任体系，确保饮食用药安全。大力建设法治城市，重点抓好依法行政、法制宣传教育等工作，建设市民法制教育中心。争创全省、全国“五五”普法终期先进单位，开展法治建设先进镇(街道)和诚信守法企业创建活动。加大法律援助和法治惠民力度，保障弱势群体合法权益。推进政府行政管理与基层群众自治的有效衔接和良性互动，注重发挥基层自治组织的作用。组织指导村民委员会和社区居委会换届选举。推动城乡和谐社区建设，提高群众满意度。健全大防控体系，建设“平安苏州”。加强社会治安综合治理和基层基础建设，持续开展打黑除恶、治理车辆被盗、整治娱乐场所等专项行动，加快完善治安监控系统。强化上海世博会期间的安全保卫，切实维护社会稳定。坚决打击境内外敌对势力的渗透破坏活动，保障国家安全。抓好国防动员和民兵、预备役工作，支持驻苏部队现代化建设。完善大调解机制，层层落实信访责任，从源头上预防和化解社会矛盾。妥善处理劳资纠纷，开展劳动关系和谐企业创建活动。做好刑释解教人员安置和社区矫正工作，减少社会不稳定因素。高度重视应急管理，建立基层应急体系，增强处置各类突发事件的能力。构建和完善企业安全生产管理体系，加强对高危企业、职业危害和中小企业的监管督查，严防事故发生。

(八)转变政府职能，提高工作水平

完成本轮政府机构改革任务，逐步理顺部门职能。深入进行调查研究，认真听取专家学者和社会各方面的意见，科学编制“十二五”规划。落实政府重大行政决策程序规定，提高决策质量和效率。坚持科学立法、民主立法，加强政府立法工作。严格执行规范性文件制定和备案审查制度。健全行政执法责任制，加大专项执法检查力度。深化市政府行政复议委员会改革试点工作，提高行政复议的公信力。落实行政机关负责人出庭应诉制度，完善重大行政诉讼案件跟踪反馈机制。各级政府要自觉接受人民代表大会及其常务委员会的法律监督、工作监督，接受人民政协的民主监督，接受司法机关的监督，接受新闻舆论和社会公众的监督，认真办理人大议案、代表建议和政协提案。进一步清理行政审批事项，推进部门行政审批职能向一个处室集中，审批处室向行政服务中心集中，力争做到审批和服务事项进入行政服务中心到位，部门对行政服务中心窗口授权到位。加强便民服务中心建设，整合服务资源，努力实现“一个号码对外，一条热线全管”。抓好公务员队伍建设，提高公务员整体素质。深入推进源头治腐工作，健全惩治和预防腐败体系。集中治理工程建设领域的突出问题，坚决查处违纪违法案件。完善电子监察综合系统，强化政务督查和效能监察。规范和扩大政务公开的内容与范围，健全政府新闻发布制度。深化行政权力公开透明运行，加强对行政权力的监督和制约。持续开展纳税人评议政风行风活动，坚决纠正损害群众利益的不正之风，切实解决群众反映强烈的突出问题。坚持对政府投资的重点项目进行跟踪审计，推行领导干部选人用人责任审查、机构编制责任审核和任期经济责任审计“三责联审”制度，深化财政预算执行审计，推广绩效审计。倡导和保持艰苦奋斗、勤俭节约的优良传统，加强机关事务管理，严格控制公务购车用车、会议、公务接待和出国出境经费支出，降低行政成本，提高财政资金使用效益。全体政府工作人员特别是领导干部要坚定理想信念，强化宗旨意识、发展意识、廉政意识，坚持问政于民、问需于民、问计于民，多办顺民意、解民忧、惠民生的实事，千方百计让人民群众共享改革发展的成果。

各位代表，苏州发展正处在非常关键的时期，困难和挑战考验着我们，目标和责任激励着我们。让我们紧密团结在以胡锦涛同志为总书记的党中央周围，在中共苏州市委的领导下，以崇高的使命激发热情，以务实的作风创新克难，为开创“三区三城”建设新局面、实现经济社会又好又快新跨越而努力奋斗！

（苏州市人民政府市长阎立 2010 年 1 月 19 日在苏州市第十四届人民代表大会第三次会议上的报告）

改革综述

2010年，在省发改委的直接指导和关心下，在市委、市政府的正确领导下，我市认真贯彻落实国家、省有关经济社会改革的方针政策，各项改革工作组织有力，措施扎实，取得显著成效。

一、行政管理改革取得突破性进展

（一）全面完成政府机构改革。按照省机构改革的总体部署，全市顺利完成市、县（市、区）政府机构改革目标。市政府工作机构由原来44个（工作部门39个、特设机构1个、直属事业机构2个、部门管理机构1个、省垂直管理机构1个）调整为40个。县级市政府机构分别从原来35至42个统一调整为32个，区政府机构分别设置18至24个。

（二）深化改革行政审批制度。去年，市级机关行政审批总事项由607项减少到554项。市级机关47个部门561项行政许可和非行政许可审批事项以及管理服务类事项已进驻行政服务中心，26个部门建立了行政许可处。5个县级市的行政审批制度改革同步开展。

（三）继续推进行业协会改革。为进一步理顺政府、企业、市场、中介组织之间的职能关系，去年我委拟定了《关于促进市属行业协会（商会）改革与发展的实施意见》（送审稿），已上报市政府审议。《实施意见》在加强行业协会自身建设，理顺行业组织关系，引导行业协会规范运作，建立政府购买公共服务制度等方面作出了具体规定。在开展社会组织等级评估方面，市民政局制订了《社会团体评估实地考核要点》、《民办非企业单位评估实地考核要点》，已有36家获星级社会组织认定。

二、城乡一体化改革试点工作整体推进

按照省委、省政府《关于推进城乡发展一体化综合改革试点工作的报告》精神，继续扎实推进城乡一体化配套改革，去年10月，苏州城乡一体化综合配套改革试点工作成为国家发展改革委联系点，被列入“中澳政府管理项目”计划。

一是整体推进力度明显加大。各级党委、政府站在全局和战略的高度，坚持把城乡一体化改革发展作为加快经济社会转型升级的重要抓手，摆上重要议事日程，有力有效有序地加以推进，形成了上下互动、城乡联动、整体推动的领导体制和工作机制。

二是示范引导水平明显提升。全市各地充分发挥先导区的示范引领作用，在规划布局、土地资源、社会保障、集中居住、现代农业、“三置换”、“三集中”等关键环节和重要领域集中突破，取得了以点带面、点面结合、整体推进的积极效果，有效提升了城乡一体化发展水平。

三是政策制度创新明显加快。坚持把体制机制创新作为综合配套改革的动力源泉，加强制度设计和政策安排，改革创新进程进一步加快。市委、市政府在出台10多个政策意见和相关部门出台20多个配套文件的基础上，去年又出台了全面推进城乡一体化改革发展的决定、鼓励农民进城进镇落户、建立生态补偿机制、人口计生、教育等城乡一体化的政策文件，进一步完善了政策制度框架，实质性地推动了城乡一体化改革发展。

四是改革发展成效明显显现。我市在推进城乡一体化进程中，已经基本建立城乡规划的有机融合机制、城乡资源的一体化配置机制、三次产业的协调发展机制、小城镇和新农村的联动建设机制、城乡就业社保的统筹机制、农民市民化的转换机制、农民参与的议事机制、城乡公共服务均等化的推进机制、城乡改革的协同机制。

三、社会事业和社会管理改革稳步推进

（一）城乡教育一体化开始启动。积极推进城乡教育一体化，《苏州市中长期教育改革和发展规划纲要（2010—2020）》（苏发［2010］54号）编制完成，我市已被确定为全省义务教育优质均衡改革发展示范区。高标准保障教育公平，区域内公办幼儿园、小学、初中、高中阶段学校和特殊教育学校逐步由各市、区教育行政部门统一管理。全市21所“四独立”改制学校，其中14所转为公办，4所改成民办。全面启动教育 E 卡通项目和教育公共服务平台建设。

（二）文化事业单位改革加快实施。根据公益性文化事业和经营性文化产业分类改革发展的要求，加大力度改革国有文艺院团、新闻出版单位。苏州市歌舞团、苏州市锡剧团（苏州市舞美中心）分别转制为国有企业。苏州报业集团、广电集团开始整合重组。文化产业发展政策体系初步建立，财政专项引导资金总额超过 1 亿元。

（三）医药卫生体制改革不断深化。一是推进基本公共卫生服务均等化。2010 年，我市以常住人口为基数，按人均 33 元的标准向城乡居民提供 9 大类 22 项基本公共卫生服务项目，共投入 3.02 亿元；实施重大和特色公共卫生服务项目，共投入 2.50 亿元。二是完善基层医疗卫生服务体系。全市共有城乡社区卫生服务中心 137 家、服务站 1169 家，超过 80% 的城乡社区卫生机构实现镇村一体化。组建社区卫生服务团队 714 个，社区卫生服务机构门急诊量达全市总量的 55.89%。三是健全基本医疗保障体系。2010 年，职工医保和居民医保参保人数达 503 万，新农合参保 269.87 万人，筹资标准达人均 466 元，各级财政投入占比达 70% 以上，县、镇两级政策补偿比达 63.62%，全面推行按病种结算和总额预付制。城乡医疗救助工作省内领先。四是全面落实基本药物制度。我市以实事工程的形式，对政府办基层医疗卫生机构全部配备使用和零差率销售基本药物，2010 年累计投入 4260.8 万元。同时，按照城乡基层卫生机构编制标准，加快核编工作。五是探索公立医院改革。修订《苏州市医疗机构设置规划》，明确公立医院的数量、类别、规模和布局、大型医疗设备配置。建立公立医院与城乡基层医疗机构之间的分工协作机制。

（四）社会管理体制不断创新。市委、市政府下发了《关于进一步加快推进城乡和谐社区建设的若干意见》（苏发［2010］4 号）、《关于进一步创新完善社会建设管理体制的若干意见》（苏发［2010］60 号）。推进城市社区工作站建设，进一步建立党组织为核心、居（村）委会为主体、工作站整合承接政府延伸服务、各类社会组织共同参与的互联、互补、互动机制。健全利益协调、诉求表达、权益保障机制和自然灾害、事故灾难、公共卫生事件、社会安全事件应急管理体制机制。建立社区党组织牵头的社区联席会议制度，沟通、协调、解决社区群众反映的各种问题与困难。实行市、区（县）两级社区公共服务事项准入制度。市政府出台文件，调整提高社区党组织、居委会、工作站专职人员的生活补贴、工资、保险等福利待遇，要求不低于当地城镇职工平均工资水平。

（五）社会保障制度更加完善。截止 2010 年底，全市城镇职工养老、医疗、工伤、生育、失业五大社会保险参保覆盖率达到 98.6% 以上，参加农保 38.61 万人，农保覆盖率达到 99.6%，农村老年居民按月享受基本养老待遇覆盖率达 99.6%。同时，稳步提高养老待遇水平，企业退休人员月人均增加基本养老金 127.3 元；城镇老年居民养老补贴标准由原来 180 元/月提高到 210 元/月。

四、经济体制改革攻坚克难

（一）推进国有企业资源整合。对市国资委监管的 14 家国有企业制订了优化重组方案，集中优势资源在金融、城市基础设施、文化旅游等领域发挥领军作用。我委牵头制定了《关于调整完善市区公交企业体制方案》，市交通局制订了《苏州公交行业评价指标体系》、《苏州市市区公共汽车客运企业服务质量规范及考核办法》及《市区公交线网的优化调整方案》，市财政局制订了《苏州市政府购买公交服务与成本规制办法》。

（二）鼓励民营企业加快发展。建立了一批重点中小企业创业基地和以融资信用、培训、信息服务、管理咨询等为主要内容的综合性中小企业服务机构，已有 14 家平台获省星级认定。民营科技企业 3250 家，列全省首位。去年，市委市政府出台了《关于加快民营经济转型升级的若干意见》，“十二五”期末，全市规模以上民营企业超 1 万家，注册资本超过 8000 亿元。

（三）深化财税金融体制改革。一是增强市级财政调控职能。从去年1月起，调整了市与工业园区、高新区、吴中区和相城区的财政分配体制。二是全面推进非税收入管理改革。制定《非税收入征管日常监督检查行政指导办法》，扩充非税收入管理内容。三是完善地方金融体系。注册成立苏州银行。设立目前国内最大的创业投资母基金600亿元。农村小贷公司累计开业47家，成立全省第一家资本金3亿元的科技小贷公司。去年新增上市公司16家。发行企业债券61亿元。

（苏州市发改委 刘伟民 夏成华）

南 通 市

2010 年政府工作报告

各位代表：

现在，我代表市人民政府向大会作工作报告，请予审议，并请市政协委员和其他列席人员提出意见。

一、2009 年工作回顾

过去一年，面对国际金融危机的严重冲击，全市上下在省委、省政府和市委的正确领导下，深入贯彻落实科学发展观，围绕"扎实保增长、全面达小康"工作主线，抢抓长三角一体化发展和江苏沿海开发两大国家战略机遇，落实中央、省的决策部署和政策措施，圆满实现了"保增长"、"达小康"两大目标，较好完成了市十三届人大二次会议确定的各项任务。

2009 年，实现 GDP2872.8 亿元，按可比价计算增长 14%，增幅继续位居全省前列；财政总收入 486.1 亿元，其中地方一般预算收入 198.99 亿元，比上年分别增长 24.6%、24.7%；节能减排约束性目标实现；全社会固定资产投资 1802 亿元，增长 19.7%；城镇居民人均可支配收入 19468 元，农民人均纯收入 8696 元，分别增长 11% 和 11.3%；城镇登记失业率 2.8%。通州、海门、如皋、启东地方一般预算收入均突破 20 亿元。

2009 年，省定全面小康 25 个指标总体达标，在全省江北率先以市为单位达到全面小康标准。

（一）积极应对国际金融危机，主要经济指标增幅继续高于全省平均水平。

受国际金融危机影响，2009 年初，我市不少行业出现负增长，相当数量企业经营困难，面临关停风险。我们坚决贯彻落实上级一系列政策措施，按照市委"危中抓转机、难中攀新高"的要求，正确分析形势，从容应对挑战，加强分类指导，强化要素保障，帮助企业渡过难关，促进经济全面回升。密集出台我市扩大内需促进经济增长的十项措施和优化投资环境等 30 多个政策文件。跟踪解决项目报批、用地、拆迁难题，连续推动工业、服务业、城建等项目落地开工，促进总投资 2220 亿元的 180 个市级重点项目加快建设；争取中央扩内需投资项目 130 个。落实中央、省扩大消费政策，做好家电、农机、汽车摩托车下乡等工作，社会消费品零售总额 1086 亿元，增长 18.7%。果断采取促进外贸增长 10 项措施，全力保市场、争订单，外贸出口降幅低于全省 11.4 个百分点，总量占全省的份额提高。针对企业经营难和融资难，实施增值税转型改革，组织涉企收费专项治理，采取 60 项税费减免措施，对符合条件的企业缓缴社会保险费和给予社会保险补贴，市本级财政安排扶持企业发展资金 3.11 亿元，增值税转型让利 17.1 亿元，减轻企业负担超过 20 亿元，办理出口退（免）税 102.48 亿元；推出"金融超市"等 12 项举措，推动金融机构与 1300 多家企业达成 1500 多亿元授信意向，各类金融机构新增贷款 681.23 亿元，为历史最高水平。及时推出促进房地产回暖优惠政策，大力度推进拆迁安置房建设，加大普通商品房供地力度，推动出让地块加快开工，加强市场监管和消费引导，全市普通商品房销售面积增长 59%，拆迁安置房新开工面积 342.38 万 m^2、增长 31.9%，市区普通商品房用地出让 232.45 公顷、增长 249.9%。全市经济运行好于预期，主要指标增幅高于全省平均水平，GDP、地方一般预算收入、规模以上工业增加值增幅分别高于全省 1.6 个、6.5 个、2.3 个百分点。

（二）全力抢抓国家战略机遇，新一轮沿海开发全面拉开。

抓住长三角一体化发展和江苏沿海开发两

大国家战略机遇，迅速组织规划、政策、项目向上对接，修编出台《南通市沿海开发规划》，制定实施《南通沿海开发行动纲要》，全力抓好117项重点工作和100个重大项目，掀起新一轮江海联动开发热潮。

以港口建设带动开发。洋口港完成投资43亿元，10万吨级LNG码头和管线桥工程初具规模，30万吨级航道建设研究取得初步成果；吕四港区总体规划获部省批复，东灶港作业区码头建设实质性启动，腰沙－冷家沙海域开发前期研究加快。新通海沙和天生港水道整治开发有序推进。如皋港国家一类口岸正式开放，洋口港、吕四港获批临时开放。全市港口货物吞吐量1.36亿吨。

以基础设施支撑开发。崇启大桥完成总投资的38%；江海高速完成总投资的72.3%，新204国道全线通车，328国道和334、225、221省道改扩建加快。沪通铁路进入深化过江方式比选阶段，宁启铁路南通段复线电气化改造、海洋铁路建设快速推进。兴东机场飞行区改扩建通过国家民航局审批。海启高速、通如高速、宁启铁路通启段、连申线航道等项目前期工作取得实质性进展。经多方争取，临海高等级公路、平海干线公路项目列入省计划，取得突破性进展。重大电力设施建设实现新突破，大唐吕四电厂4×60万千瓦超超临界机组获国家发改委核准，我市电力装机容量达到571万千瓦，成为全省重要的电力能源生产基地。

以载体打造促进开发。苏通科技产业园正式奠基，一期9.5平方公里基础设施项目开工建设，跨江开发、跨国合作迈出重要一步。在建在谈园区跨江合作项目20个，各县（市）区与上海的园区合作均取得实质性成效。13个省级以上开发区GDP、财政总收入占全市比重分别提高2个、4个百分点。洋口港南通国际产业园正式成立，沿海5个滨海产业园区建设加快。

以扩大开放推动开发。积极参加省沿海开发系列专题招商，精心组织港洽会等重大活动和“六百六促”招商竞赛，新增工商登记注册外资55亿美元，注册外资实际到账20.05亿美元。提高利用外资质量，新批1亿美元以上项目8个，新落户世界500强投资项目4个。全面整顿对外劳务市场，加快推动“走出去”，完成外经营业额11.56亿美元，连续14年保持全省领先。继续争创江苏民营经济第一大市，个体工商户总数、私营企业数和注册资本保持全省第二，民营经济增加值、实现税收、完成投资占全市比重分别超过50%、60%、70%，20家企业入围全国民营企业500强。新落户央企投资项目12个，市国有资产经营公司为重点项目建设融资82亿元，其中发行企业债券23亿元。积极推进企业上市，中南建设、罗莱家纺成功上市，新增首发申请过会企业2家。

（三）着力推进产业升级，发展方式转变加快。

主动利用国际金融危机形成的倒逼机制，把扩内需、保增长与调结构、抓创新、促减排紧密结合，促进经济转型升级。

加快发展先进制造业。制定实施船舶海工及重装备等六大产业转型升级规划纲要。大力推进主导产业高端化。建造世界首座第六代超深水海洋钻探储油平台、被欧洲造船界誉为“熔盛型”的40万吨矿砂船等一批船舶海工高端产品。全市规模以上造船完工量567万载重吨、海洋工程及特种船舶完工量253万综合吨，分别增长95.3%、361%。装备制造、电子信息、精细化工加速向产业链上游发展，神马电力复合绝缘子系列产品技术水平国际领先。大力推进新兴产业规模化。新能源、新医药、新材料及节能环保产业产值308亿元，占规模以上工业比重5.1%。风电并网发电装机容量54.4万千瓦，增长34%；光伏电池及组件产量321兆瓦，增长44.9%。大力推进传统产业品牌化。现代纺织、粮油食品、冶金建材等行业优势进一步巩固，南通成为中国家纺指数发布中心；新增省级以上名牌产品70个，驰名、著名商标24件。通过调高调优调强，高新技术产业实现产值1800.73亿元，占规模以上工业比重提高1.9个百分点；年销售收入超30亿元工业企业新增4

家,熔盛重工成为我市首家百亿级工业企业。推动建筑业向高附加值、高效益转型,施工产值突破 2000 亿元,增长 26%。

加快增强自主创新能力。国家级研发机构实现零的突破,新增省级工程技术研究中心 44 家、超历年总和,新增院士工作站 14 个、高新技术企业 105 家,新增科技孵化器面积 105 万 m^2、增加 3 倍,新增国家级、省级科技孵化器 12 家,科技创业社区即将建成投入使用。专利授权量 9279 件、列全省第二,通过国家知识产权试点市验收。我市连续 5 次被评为全国科技进步先进市。制定实施“江海英才”计划。市长质量奖评选正式启动。

加快推动集约节约发展、提升节能减排水平。强化土地集约利用,省级以上开发区投资强度 254 万元/亩,增长 11.4%;“万顷良田建设工程”试点全面启动,连续 18 年保持耕地占补平衡。促进产业集中布局,10 个百亿级产业板块、50 个重点工业集中区销售收入,占规模以上工业比重分别提高 2 个、2.5 个百分点。实施 329 个节能减排项目。加大重点行业、重点区域环境整治力度,七大化工园区企业集中度提高 10.8 个百分点;市区姚港化工区三类企业提前 1 年完成搬迁改造,西城区集中供热工程完成。推进生态市创建,“城市环境综合整治定量考核”连续 6 年列全省第一,新增全国环境优美乡镇 18 个、省级生态村 17 个。

加快促进服务业发展。制定实施《加快市区服务业发展三年行动计划》,市区服务业增加值占 GDP 比重提高到 39.4%。全市服务业增加值 1028.84 亿元,增长 14.3%,连续 2 年高于 GDP 增幅。全力抓好 72 个市级服务业重点项目,规模以上服务业投资 442 亿元,增长 34.9%。新增省级服务业集聚区 2 家。现代物流业增加值增长 15%。新引进金融机构 3 家。研究出台《服务外包发展战略和产业规划》,新引进服务外包企业超过 100 家,服务外包营业额增长 116.8%,我市成为全省江北首个省级国际服务外包示范城市。市区一批高星级酒店项目加快建设。狼山、濠河创 5A 级景区等一批旅游项目快速推进,“江与海的交响”等 5 条精品线路入选世博旅游推荐线路,实现旅游总收入 188 亿元,增长 24.7%。

(四)大力加强“三农”工作,新农村建设扎实推进。

大力调整农业结构,推动现代高效农业上规模、上水平。粮食连续六年丰收、综合单产创历史新高;规模以上“三资”开发农业投资 102.85 亿元,列全省第一;新增高效农业面积 29.1 万亩,其中设施农业 11.96 万亩;新增高效渔业面积 12 万亩。农业综合开发投资历年最多,农机装备水平进一步提高。

深入推进农村综合改革,增强农村发展活力。加强农业服务体系建设,着力构建四级农业技术推广网络。提高农村经济组织化程度,新增农村三大合作组织 1040 家、农村土地流转面积 52 万亩。强化农村金融服务,小额贷款公司实现县(市)区全覆盖。进一步加强农村基层组织建设和经营管理,村级公共服务中心功能不断完善,村级债务下降 6.7%。供销服务网络、粮食流通体系进一步健全。

加强农村基础设施和环境建设。新建农村公路 900 公里,新建、改造农村公路桥梁和农用桥梁 984 座。县(市)新建污水处理厂 25 家,新增污水日处理能力 16 万吨,乡镇污水处理设施覆盖率突破 50%。扎实推进新一轮农村六件实事,农村河道整治提前一年完成省下达任务,农村改厕超额完成年度任务,农村生活垃圾“户集、村运、镇处理”机制进一步健全。新增造林面积 25 万亩,高标准建设“绿色通道”249 公里,森林覆盖率提高到 20%。积极稳妥推进农民集居区建设,新增竣工面积 580 万 m^2、入住农户 2.9 万户。

(五)加大城市建设力度,中心城市辐射力增强。

强化规划龙头作用。以通州撤市设区为契机,迅速修编形成新一轮城市总体规划,编制完成市区分区规划、城市近期建设规划等 4 类 22 项规划,开展县(市)城总体规划修编和省级重点中心镇规划编制,积极构建大城市空间格局。

突出提升中心城市功能。组织实施106项城建项目,完成投资超100亿元。加快推进以通沪大道高架等快速通道为重点的68项路桥工程,市区新增道路面积189万m^2。新城区建设提速,中央商务区和能达商务区分别完成投资23.6亿元、2.1亿元;老城区改造步伐加快,十字街综合改造、老小区整治等工程陆续实施;北翼新城和通州区城东新区建设有序推进。加强城市环境和公用设施建设,制定并启动市区"清水工程"三年行动计划,完成12项河道整治工程;市区更新公交车180辆,新增绿地300公顷,新增污水日处理能力12.5万吨。

2009年1月20日我市荣获全国文明城市称号。我们以此为动力,深入推进精神文明创建工作,不断提高城市管理水平。积极开展"迎国庆、讲文明、树新风"活动,城市公共文明指数测评列全省地级市首位。历史文化名城保护规划获省政府批准。着力构建"大城管"格局和城市管理长效机制,市级数字化城管平台建成并投入使用。

统筹推进中心城市与县(市)城、重点中心镇、小集镇建设。全市城市化率52.7%,提高2.4个百分点。支持县(市)城完善城市功能、加速人口集聚,各县(市)城完成城建投资总和超过100亿元。大力培育重点中心镇,一批临港新镇、工贸强镇、旅游名镇特色更加明显,对农村发展的示范带动力进一步增强。

(六)重视改善民生工作,社会公共服务和管理进一步加强。

把改善民生作为"保增长、达小康"的落脚点,持续加大民生投入,全市财政在就业、社会保障和教育、医疗、文化事业等方面的投入139.74亿元,增长24.1%,比地方一般预算支出增幅高3.8个百分点。12件26项政府为民办实事项目全面完成(见附件一)。在市人大代表"加快实现城乡居民普遍饮用长江水"1号议案的推动下,新增区域供水受益乡镇24个、近100万人,第二批70万农村居民饮水安全问题得到解决。

大力促进就业。以开展充分就业社区创建和实施促进就业五项工程为抓手,通过服务企业、鼓励创业、发展经济创造就业岗位,通过落实优惠扶持措施稳定就业岗位,通过政府购买服务开发就业岗位,新增城镇就业8.2万人,帮助创业近2万人,促进城镇失业人员再就业3.8万人,城镇登记失业率连续11年低于全国、全省水平;全市城镇95%以上社区建成充分就业社区;农村劳动力转移新增4.6万人,总量继续保持全省领先。

积极完善"广覆盖、保基本、多层次、可持续"的社会保障体系。城镇职工基本养老、基本医疗、生育、工伤、失业保险和城镇居民医疗保险覆盖率均超过97.5%;新型农村社会养老保险参保人数113万人,参保率97.6%,居全省前列;新型农村合作医疗参合率99.2%,市区新型农村合作医疗和城镇居民医疗保险实现并轨,在通大学生全部纳入城镇居民医疗保险;为市区城镇老年居民发放养老补贴。再次提高企业退休人员养老金和城乡低保标准。深入推进脱贫攻坚工程,农村贫困人口减少14.25万人。

加快发展社会事业。全面推进区域教育现代化,8个县(市)区接受省级评估。编制完成教育中长期改革发展规划。义务教育阶段绩效工资兑现到位,优质普通高中建成率100%。职业教育服务地方发展能力得到增强。南通大学成为交通运输部和省政府共建大学。提高公共卫生服务水平,市区实现基本药物零差价销售,新一轮农民健康工程启动;甲型H1N1流感等重大疫情防控有力有效。人口自然增长率-2.7‰。推进城乡公共文化服务体系建设,乡镇综合文化站和村文化室、"农家书屋"全覆盖,成功承办第四届尼泊尔中国节。文化精品创作在省"五个一"工程七个门类中均有获奖。县(市)有线电视数字化整体转换率接近30%。全民健身和南通体育日系列活动深入开展,我市在全省江北率先建成体育强市。大力推进社会事业重点项目建设,市第六人民医院基本建成,妇幼保健院迁建完成总体设计;报业新闻传媒中心、图书馆新馆奠基,市民服务中心主体封顶。老龄事业加快发展,职工权益维护、妇女、儿童、青少年、残疾人、关心下一代、见义勇为、法律援助、红十字和慈善等工作进一步加强。对口援建四川地震灾区一年完成三年投资任务的70%。

深入推进平安南通建设。主动化解社会不稳定因素,大调解机制、大防控体系不断完善,矛盾纠纷调处成功率上升,万人发案率下降,公众安全感98.8%,平安南通成为百姓认可的社会品牌、经济发展的重要优势。2009年5月18日我市获得全国社会治安综合治理"长安杯"。法治城市创建全面启动。安全生产事故起数和死亡人数连续8年双下降。社会应急管理体系进一步健全。食品药品监管扎实有效。居民消费价格指数下降1.3%。国防教育、民兵预备役、优抚安置、人防(民防)、国家安全等工作取得新成绩,6个县(市)区荣获全省双拥模范城称号。民族、宗教、外事、侨务、港澳事务、对台事务、地方志、统计、气象、防震减灾、无线电管理、档案、保密、新闻出版、哲学社会科学、机关事务管理等工作继续加强。

各位代表!过去一年,我们认真开展深入学习实践科学发展观活动,积极弘扬新时期"南通精神",努力提高工作创造力、行政执行力和政府公信力。坚持把上级要求和南通实际紧密结合,以创新的思路和办法应对危机、克服困难。针对性地加强调查研究,30多项调研成果转化为化解难题的对策措施。创新重大项目办公会和重点企业会办会等推进机制,完善"12345"政府服务热线、市长信箱、市长接待日、群众来信来访、网上与群众直接交流的民生诉求服务机制,努力提高服务企业、服务群众效能。加大督查力度,127项重点工作全面完成。加强政府法制建设,废止、修改不适应发展要求的政策性文件845个。深入推进政务公开,实施行政权力网上公开透明运行。自觉接受市人大及其常委会的法律监督、工作监督和市政协的民主监督,认真执行市人大及其常委会决议,支持市政协参政议政。对市人大代表1号议案和"大力培育支柱产业,提升区域经济竞争力"2号议案,市政协"优化投资结构,增加有效投入"、"推进新型城镇化"建议案,建立市长、副市长牵头承办责任制,加大投入和推进力度,确保有关目标任务落到实处。高度重视、圆满完成人大代表建议、政协委员提案办理任务。全面推行政府投资项目代建制,深入开展工程建设领域突出问题专项治理,强化用人责任、经济责任、编制责任联合审计。推动节约型机关建设,市级机关公用经费压缩11%。

各位代表!我们清醒地看到,我市经济社会发展仍然面临严峻挑战。经济结构中的深层次矛盾还比较多,高端产品、新兴产业比重还不高,相当数量的企业创新能力还不强,支撑发展的大企业(集团)还不多;城市化进程还需加快;城乡居民持续增收难度较大,部分群众生活比较困难,抑制普通商品房价格过快上涨还需作艰苦努力;随着经济环境变化和社会转型,社会管理面临不少新情况;政府职能还需加快转变,少数部门和工作人员为企业和群众服务的主动性、创造性还有待增强,极少数人甚至违法违纪。对此,我们一定高度重视,认真解决。

各位代表!过去一年,是经受重大考验、取得重大收获的一年。我们不仅取得了超出预期的发展成果,向新中国成立60周年献上了一份厚礼,而且积累了在复杂环境中推动经济社会又好又快发展的宝贵经验,为今后工作奠定了坚实基础。这是在市委的正确领导下,市人大、市政协的监督支持下,全市人民风雨同舟、共克时艰的结果。在此,我谨代表市人民政府,向广大干部群众,向人大代表、政协委员和离退休老同志,向市各民主党派、工商联、各人民团体和各界人士,向人民解放军、武警驻通部队官兵、公安干警和部省驻通单位,向所有关心和支持南通发展的海内外朋友,致以崇高的敬意和衷心的感谢!

二、2010年目标任务

在全省江北率先以市为单位总体达到全面小康标准,标志着我市提前实现了"十一五"规划确定的"全面达小康、建设新南通"的预期目标。站在新的历史起点,市委十届六次全会按照《江苏沿海地区发展规划》和省委、省政府对南通“两个率先”的要求,提出用9年左右时间,建设一个“经济更加强盛、科教更加发达、社会更加文明、文化更加繁荣、生态更加优良、人民更加幸福的基本现代化新南通”。今年是开启基本现代化建设新征程的第一年,也是实施“十一五”规划的最后一年。这一年,经济环境中不确定、不可预料因素仍然较多,我们将保持清醒头脑,做好应对各种困难和挑战的准备。这一年,长三角一体化发展和江苏沿海开发两大国家战略全面实施,上海世博会正式举办,迈入“桥港新时代”的南通具有更多发展有利条件。我们将倍加珍惜利用好历史机遇,放大好比较优势,延续好发展态势,让全面小康成果更多惠及老百姓。

今年政府工作的总体要求是:全面贯彻党的十七大和十七届三中、四中全会精神,深入贯彻落实科学发展观,按照省委、省政府和市委一系列决策部署,抢抓长三角一体化发展和江苏沿海开发两大国家战略机遇,在提高经济增长质量和效益、加快经济转型升级、统筹城乡区域发展、深化改革扩大开放、改善民生维护稳定上下更大功夫,加快推动经济发展方式转变和由全面小康向基本现代化迈进,全面完成“十一五”各项发展目标,奋力开启基本现代化建设新征程,努力开创科学发展新局面。

今年全市经济社会发展的主要预期目标是:GDP突破3200亿元,增长13%左右;财政总收入突破560亿元,其中地方一般预算收入增长15%;全社会固定资产投资增长20%,外贸出口总额增长10%,社会消费品零售总额增长17%;城镇居民人均可支配收入、农民人均纯收入均增长10%,居民消费价格指数涨幅3%以内,城镇登记失业率4%以内;全社会研发投入占GDP比重1.8%左右,高新技术产业产值占规模以上工业比重30%以上;万元GDP综合能耗下降4%左右,主要污染物COD、SO_2排放总量下降幅度完成省下达任务。与往年比,今年首次把全社会研发投入占GDP比重、高新技术产业产值占规模以上工业比重作为预期目标,主要是强化科学发展导向,把着力点更好地放到依靠科技进步,转变发展方式,提升发展质量上来。

按照上述要求和目标,我们将更加突出转变发展方式,奋力打造经济竞争新优势;更大力度推进沿海开发,拓展经济发展新空间;更高水平扩大开放,增强发展新动力;更好统筹发展,加快城市化和城乡一体化新进程;更加注重改善民生,加强社会建设和管理,努力形成社会和谐稳定新局面。

(一)更加突出转变发展方式,奋力打造经济竞争新优势。

把转变发展方式作为今年工作的重点和决定我市未来经济发展的关键,加快向创新型经济、绿色低碳经济转型升级。

狠抓支柱产业向高端升级。实施船舶海工及重装备、能源新能源及其装备制造两大产业“双倍增”计划。推动船舶海工产业向“高技术、高附加值、高配套、较大经济规模”方向发展,重点扶持发展深海钻井平台、LNG船、豪华游艇及超大型船舶等高端产品,拉长船舶海工配套产业链,加快建设国际先进、国内一流的船舶海工及重装备制造基地;扶持发展高端输变电设备、能源新能源制造及装备,加快建设长三角重要的能源及装备制造基地,力争2~3年内船舶和海洋工程综合吨位产量、新能源和节能环保技术装备及配套产值实现倍增目标。推动电子信息、石化及新材料两大产业“双突破”。着力突破终端产品占比相对偏低和具有国际先进水平高端产品相对偏少的状况,加快建设国内一流的电子信息产业基地和全国重要的新兴石油化工及精细化工产业基地。促进纺织、轻工两大产业“双提升”。支持企业加强技改,引导产业链向研发设计和营销服务两端延伸,提升产品附加值,提升产业品牌化水平。积极推进建筑业转型升级,加快产业链向关联度高、附加值高的上下游延伸。

狠抓新兴产业拓展规模。研究制定加快我市战略性新兴产业发展意见,重点支持新能源、新医药、新材料及节能环保产业,大力培育智能装备、海洋技术、生物工程产业，力争规模以上新兴产业产值突破 450 亿元、占规模以上工业比重提高 1 个百分点以上。加大风电产业发展规划统筹力度，着力打造“海上风电三峡”，力争风电并网发电装机容量 80 万千瓦以上。重点发展高转换效率光伏电池及组件，抓好一批太阳能发电示范项目，力争 2 ~3 年光伏电池及组件产能 1000 兆瓦以上。集中力量主攻生物医药、新型合成材料等具有竞争优势的领域，形成一批新兴特色产业集群。对战略性新兴产业实行政策优先扶持、资金优先安排、技术人才优先引进，引导优质要素向新兴产业集聚。

大力提高现代服务业在三次产业中的比重。现代服务业发展的重点在市区，在县(市)城、中心镇。认真落实加快市区服务业发展三年行动计划，力争市区服务业增加值占 GDP 比重突破 40%，全市服务业增加值占 GDP 比重超过 36%。突出提高物流附加值，加快发展第三方、第四方物流，积极培育出口加工区保税物流，力争物流总额增长 20% 以上，港口货物吞吐量突破 1.5 亿吨。高度重视发展旅游业，抓住上海举办世博会的契机，把旅游业与会展、商务服务等结合起来，加快新建一批 4A、5A 级景区，加大旅游资源商品化开发、高星级酒店建设力度，吸引更多海外、市外游客，着力打造独具特色的江海旅游门户城市。以建设文化强市为目标，大力实施文化建设规划纲要，推进文化产业园区和基地建设，积极发展广播影视、创意动漫、出版发行、演艺娱乐、工艺美术、民俗博览等文化产业。推进实施服务外包发展规划，重点发展研发、软件、呼叫等产业，力争服务外包营业额增长 30% 以上。改造提升批发、零售、住宿、餐饮等传统服务业，促进城乡消费升级。加快培育壮大 21 个市级以上服务业集聚区，抓好 110 个市级服务业重点建设项目和 50 个重大前期项目。

大力提升自主创新能力。着力培育自主知识产权和自主品牌，做大做强科技型企业，确保高新技术产业产值突破 2000 亿元。建设一批高层次创新平台和科技园区，确保科技孵化器面积达到 200 万 m^2。推动企业研发平台建设，引导支持企业加入产业技术创新联盟和技术标准联盟，完善以产业为纽带的产学研合作机制。大力实施“江海英才”计划，加强高层次人才队伍建设，力争引进高层次创新创业人才 150 名、新建“院士工作站”6 个。

大力强化节能减排、环境保护工作。加快淘汰落后产能，从严把好项目节能评估和环保准入关。确保新增污水日处理能力 20 万吨，全市生活污水集中处理率和农村生活垃圾无害化处理率均提高 10 个百分点。严格化工集中区污染排放管理，深入开展小化工、小印染企业污染整治，对不符合条件的一律关停，对违法违规排放的依法严惩。启动实施城市水系规划，加快推进市区“清水工程”三年行动计划。积极增加森林碳汇，力争森林覆盖率提高 1 个百分点。加快生态市创建步伐，力争基本达到国家生态市考核标准，确保 3 ~4 个县(市)基本达到国家生态县考核标准。

(二)更大力度推进沿海开发，拓展经济发展新空间。

按照“当好全省沿海开发主力军，打造江苏新的增长极”的定位，组织好沿海开发大会战，切实落实沿海开发行动纲要。

建设大港口。启动洋口港 30 万吨级航道规划建设工作，加快腰沙－冷家沙港口开发前期工作。开工建设洋口港 10 万吨级航道和推进吕四港挖入式港池及进港航道上延工程，抓好洋口港 10 万吨级 LNG 码头、10 万吨级液体化工码头和吕四港 5 万吨级散货码头、东灶港作业区 2 个 2 万吨级通用码头建设，加快推进新通海沙岸线整治工程和狼山港三期集装箱泊位、如皋港公用码头等 11 项工程建设，确保 5 万吨级以上码头新增 5 座，总数突破 40 座。

培育大产业。大力实施六个“千亿级”产业板块培育计划，制定促进海洋经济发展意见。以大项目带动大产业，重点推进 3 类各 80 个市级重点项目。突出抓好总投资超百亿元的王子制纸、恒力 PTA、大唐吕四电厂和总投资超 50 亿元的 LNG 接收站、熔盛海工等重点项目建设，力争醋纤五期等项目早日获批开工。跟踪争取电动汽车、金鹰差别化纤维、宝钢工业园等10个百亿级产业项目。做强重点载体集聚大产业。按照“江海生态城、国际创业园”的定位，全力推进苏通科技产业园建设，力争基础设施一期工程基本完成、二期工程全面启动。跟踪抓好20个园区跨江合作项目。实施园区跨越三年行动计划，强化产业布局规划引导、特色园区培育，促进国家级开发区“三次创业”和12个省级开发区“二次创业”、争先晋位，推动5个滨海产业园区提升功能、错位发展，开工建设洋口港南通国际产业园，做大做强重点工业集中区，增强对重大项目的吸引力和承载力。

构筑大通道。全力争取沪通铁路尽快开工，宁启铁路南通段复线电气化改造和海洋铁路建设分别完成投资8亿元、6亿元。确保兴东机场飞行区改扩建完成总工程量的60%。继续做好崇启大桥建设服务工作；确保江海高速、328国道建成通车，221、225省道改扩建完成路基工程，336省道改扩建工程全面开工；实施总投资60亿元临海高等级公路和平海干线公路东段改扩建工程。启动连申线航道南通段整治工程。加快崇海大桥、海启高速、通如高速、宁启铁路通启段、南通客运枢纽东站等项目前期工作。

滩涂大开发。抓紧编制《南通沿海滩涂匡围开发规划》，实施洋口港太阳岛三期等5个滩涂围垦项目，推进金牛岛、腰沙－冷家沙垦前工作。坚持生态开发、集约节约开发，积极探索市级统筹、市县联动、共建共享新机制。设立市级沿海开发引导基金，巩固多元化开发格局。今年力争围垦滩涂20万亩，为沿海产业发展提供用地保证。

（三）更高水平扩大开放，增强发展新动力。

充分利用两种资源、两个市场，充分激发市场主体活力，确保注册外资实际到账25亿美元，引进市外民资400亿元。

提升开放型经济国际竞争力。一是促进对外贸易转方式、扩份额。提高自主知识产权、自主品牌产品出口比重，培育一批出口超亿美元企业、超10亿美元特色产业和国家级、省级出口基地。认真落实出口退税、信用保险、信贷等政策措施，继续优化海关、质检等服务，扩大外贸出口在全省的份额。二是促进利用外资调结构、提质量。注重产业链招商，围绕优势特色产业，招引一批产业关联度高的旗舰型、龙头型项目，催生一批创新型项目，培育一批龙头、配套企业。注重放大资源性优势招商，精心组织港洽会、世界船舶高层峰会等专题招商活动，引导外资更多投向沿海开发领域。注重营造比较优势和环境招商，以生产要素成本优势、国际化配套服务和便捷舒适人居环境，吸引一批跨国金融、贸易、投资等机构落户。创新利用外资方式，鼓励引进私募、创投基金，鼓励境外上市，鼓励外资企业增资扩股，培育一批根植型企业；推动引资与引智力、引业态结合，大力招引各类研发中心、采购中心等地区性总部落户。三是促进“走出去”上水平、拓空间。加快完善境外投资促进体系，努力推动由劳务、产品输出为主到产业、技术、资本、品牌等集成化、规模化输出的提升。强化“走出去”的引导和服务，鼓励过剩产能有序向外转移，鼓励有条件企业收购境外知名品牌、营销网络和研发机构。

放大民营经济领先优势。以争创江苏民营经济第一大市为抓手，提升民营经济总量和质态优势。一是大力弘扬“三创”精神，充分激发群众创业激情。积极探索放开民资准入领域，降低准入门槛。加大财税、担保等政策支持，完善“金融超市”等中小企业融资机制，为创业提供环境和平台。二是大力提升民营经济板块竞争力。进一步做强家纺、电动工具等10个百亿级优势特色板块，重点扶持一批发展基础好的专业大市场，促进集聚化发展。培育一镇一品、一村一品，支持做强区域特色产业板块。三是大力推动争创“三名”。支持民营企业加强与国内外大企业（集团）合作，培育一批领军型企业，力争年销售收入超亿元民营工业企业新增160家，总数达到700家；培育更多名牌产品和优秀民营企业家，推动民营经济提质增效。

加大重点领域改革力度。推进市县政府机构改革，深化乡镇机构改革。实施新一轮市区财政体制。加快组建南通农村商业银行，推动农村信用社体制改革；全力争取在通设立沿海开发银行，新引进银行机构 2 ~ 3 家，实现外资银行落户零的突破。加大企业上市推动力度，力争上市企业新增 5 家，总数达到 20 家，形成具有相当规模的南通上市板块。支持有条件的企业发行债券。确保国有资产保值增值。稳妥推进文化体制改革。认真实施事业单位全员聘用和绩效工资改革。

（四）更好统筹发展，加快城市化和城乡一体化新进程。

加大中心城市建设力度，进一步发挥对城乡统筹发展的带动作用。按照新一轮城市总体规划“建设我国东部沿海江海交汇的现代化国际港口城市、上海北翼的经济中心和门户城市、国内一流的宜居创业城市、历史与现代交相辉映的文化名城”的定位，不失时机掀起新一轮城市（镇）化建设热潮，力争城市化率提高 2 个百分点。着力增强中心城市集聚辐射功能，提高市区经济总量在全市中的比重。以推进 110 项城建项目为抓手，加大老城区商业中心改造力度，完成十字街综合改造一期工程，显著提升南大街核心商圈功能和形象；加快新城区商务中心建设，高标准打造标志性空间和载体，增强对各类要素的吸引力和集聚力；完善通州区、港闸区、开发区服务配套功能，落实扶持通州区和其他三区加快发展的政策，推动四个区联动发展。编制新一轮城市道路交通规划，积极推动“干道快捷化、道路网络化、交通立体化、管理手段设施化”，组织市区快速路网建设大会战，完成通沪大道高架工程，开工建设通宁大道、外环北路快速化改造等快速路工程，实现主城区机动车辆在 20 分钟内能上高速；推进 70 条次干道、支路建设；强化交通组织管理，完善交通分流、公共停车等设施；新辟、优化一批公交线路，规范发展出租车行业，提高公交出行分担率。加强宜居环境建设，加快推进一批“城中村”和危旧房改造、老小区整治工程，建设环保公园等一批绿化景观工程；加快实施寺街・名人文化区、南通・1895 等一批历史文化保护建设工程，做好国家历史文化名城保护工作。完善数字化城管平台，加强市容环境、小区物业管理，提升城市精细化管理水平。

加强县（市）城和重点中心镇建设，提升对城乡统筹发展的承载能力。一是加强县（市）城和中心镇基础设施建设，提高城镇的发展质量和水平，进一步增强公共服务、产业承载和吸纳人口就业能力。二是提高城镇集约发展水平。完善县（市）城总体规划和重点中心镇建设规划，进一步优化城镇空间布局。坚持最严格的耕地保护和节约用地制度，促进工业向园区集中、人口向城镇集中、居住向社区集中，积极探索解决“三集中”遇到的新情况新问题，努力提高城镇土地利用率。注意发挥好小集镇基础设施较好、规模相对成型等优势，示范带动农民集居点加快建设。三是推进户籍制度改革，研究制定加快城市（镇）化的配套政策，逐步解决农村人口在城镇的就业和生活问题，加快农村劳动力向非农产业和城镇转移。在有条件地区积极探索开展土地承包经营权置换城镇社保以及宅基地、住房置换城镇住房改革试点。

扎实做好“三农”工作，夯实城乡统筹发展基础。继续落实强农惠农政策，深入推进“民富、村美、风气好”新农村建设。一是大力发展现代高效农业。以项目农业为抓手，打造高效农业规模优势，力争形成 10 亿元以上规模产业不低于 15 个，确保新增高效农业面积 25 万亩，规划建设万亩以上园区 10 个、千亩以上设施农业基地 20 个。加大农田基础设施建设和农业综合开发力度，积极发展市区都市生态型现代农业。二是加强农村基础设施建设。继续办好新一轮农村六件实事。新建农村公路 1200 公里，新建、改造农村公路桥梁和农用桥梁 600 座以上。继续加快推进区域供水和农村饮水安全工程，新增日供水能力 40 万吨，新增区域供水受益人口 80 万人，完成第三批 70 万农村居民饮水安全建设任务。深化农村环境综合治理，继续抓好农村河道疏浚，全面推行农村河道、道路、绿化、垃圾清运“四位一体”长效管理机制。三是多渠道增加农民收入。把促进农民就业创业作为最大的农民致富工程，加快推进劳动保障服务平台和促进就业创业政策体系向农村延伸，村级劳动保障服务平台实现全覆盖，确保50%的行政村建成“充分就业村”。大力发展村级集体经济，拓展农民增收渠道。深入实施脱贫攻坚工程，继续抓好扶贫和老区开发，基本消除绝对贫困现象。四是深化农村各项改革。坚持农村基本经营制度，推进“万顷良田建设工程”，促进农业适度规模经营。发展农村三大合作组织，力争农民专业合作组织入社率提高4个百分点、社区股份合作制改革面达到80%、新增土地股份合作社100家。创新农村金融保险服务，积极发展农村小额贷款公司，开展农民资金互助合作试点，扩大农业政策性保险试点。

（五）更加注重改善民生，加强社会建设和管理，努力形成社会和谐稳定新局面。

进一步推动公共资源配置向就业、社会保障和教育、医疗等民生领域倾斜，确保地方一般预算支出的50%以上用于民生。坚持为民办好10件27项实事。

着力强化就业和社会保障工作。把就业作为民生工作的头等大事，完善财税、信贷、社保补助等扶持政策，支持企业增加就业岗位，创造条件帮助城镇劳动者自谋职业、自主创业，开发公益岗位帮助城镇就业困难人员就业，确保新增城镇就业岗位7万个、城镇零就业家庭动态为零。大力创造面向大学生的智力密集型就业机会，引导高校毕业生到基层就业、到中小企业就业和自主创业，确保高校毕业生年终总就业率不低于90%。继续扩大社会保险覆盖面，积极推进灵活就业人员、农民工等参加城镇职工基本养老保险，将城镇居民纳入生育保险，进一步完善新型农村社会养老保险制度。提升社会保障水平，提高企业退休人员养老金，对城镇老年居民发放养老补贴。关心关注弱势群体，完善城乡低保、农村五保户、被征地农民生活保障标准自然增长机制。

着力解决群众关注的住房问题。一是加大保障力度。继续高效率、高质量推进拆迁安置房建设，确保跟上城市建设和拆迁户安置的需要，全市拆迁安置房新开工410万 m^2 以上、竣工交付300万 m^2 以上。增加廉租住房实物配租和经济适用房供应，继续保证符合住房保障政策的申请对象“应保尽保”。二是加大要素供给力度。把土地作为调控房地产市场的重要手段，适时增加住宅用地供应，加快中低价位、中小套型普通商品房建设，增加普通商品房有效供给。三是加大监管引导力度。充分发挥金融、税收等政策措施对房地产市场调节的杠杆作用，进一步依法规范房地产市场秩序，保持房地产市场平稳健康发展。

着力解决群众关注的看病、养老问题。进一步优化城乡医疗资源布局；加快实施市区新城区医院和市妇幼保健院迁建等项目，支持优质医疗资源向社区延伸，提高社区卫生服务水平，促进公共卫生服务均等化。抓好医药卫生体制改革，开展公立医院改革试点，推进实施国家基本药物制度，降低群众看病负担。确保新型农村合作医疗人均筹资标准提高到160元，其中政府补助不低于120元，住院费用实际补偿比例45%以上。建立城镇职工和居民医保门诊统筹制度，城镇职工医保和居民医保制度规定范围内医药费用报销比例分别达到80%和60%。加快发展老龄事业和老年服务产业，加强养老服务体系、设施建设，实现市区居家养老服务站全覆盖。

大力发展社会事业。启动实施教育中长期改革发展规划，提升区域教育现代化水平。推进中小学布局调整优化，促进基础教育均衡协调发展。完成中小学校舍安全改造150万 m^2。办好学前教育和特殊教育。制定新一轮职业教育发展规划，加强示范专业和实训基地建设，促进职业教育优化发展。积极支持南通大学建成国内有影响的综合性大学，加强各所高校重点学科、重点实验室建设。加大扶困助学力度，确保家庭经济困难学生就学。强化城乡公共文化服务体系建设,加快图书馆新馆、凤凰书城、工青妇文化活动中心等一批文化设施建设,探索建立乡镇综合文化站和村文化室、"农家书屋"长效管理机制。基本完成县(市)有线电视数字化整体转换,推进农村乡镇广播电视站规范化建设。巩固提升全国文明城市创建成果,广泛开展群众性精神文明创建活动。加强社会主义核心价值体系和未成年人思想道德建设,弘扬新时期"南通精神",光大精神文明"南通现象"。贯彻落实国务院《全民健身条例》,全面备战省十七运。实施计划生育优质服务,做好省人口协调发展先进县(市)区创建工作。开展第六次人口普查。积极发展妇女、儿童、青少年、残疾人、见义勇为、红十字和慈善等事业。推进民族、宗教、外事、侨务、港澳事务、对台事务、气象、防震减灾等事业协调发展。扎实做好地方志、哲学社会科学、关心下一代、无线电管理、档案、保密、机关事务管理等工作。完成对口援建四川地震灾区任务。

全力维护社会稳定。更加注重社会矛盾化解,深化大调解机制建设,切实加强信访工作,建立社会稳定风险评估机制,从源头上减少和预防社会矛盾发生。更加注重基层基础建设,发挥乡镇街道政法综治中心功能,实现问题联处、矛盾联调、治安联防、平安联创。更加注重社会组织建设和管理,建立完善以专业社工、心理矫治为主抓手的社会管理服务新平台。更加注重流动人口社会化服务和管理,提高外来人员管理服务中心综合服务水平。更加注重加强长安南通建设,提升大防控体系建设和公正廉洁执法水平,依法惩治各种违法犯罪行为。完善应急管理机制,提高突发事件预警处置能力。强化安全生产监管。认真落实食品安全监管责任,深入开展药品安全整治。继续做好甲型H1N1 流感等重大传染病防控工作。加强关系民生的重要商品价格监管和市场调控。推进法治南通、诚信南通建设,完成"五五"普法任务,完善社会信用体系。支持国防和部队建设,开展全国双拥模范城"五连冠"创建活动,做好国防教育、征兵、民兵预备役、人防(民防)、国家安全、反邪教等工作。

各位代表!做好"十二五"规划的编制工作,是今年的一项重要任务。我们将在全面完成"十一五"各项目标的同时,充分发扬民主,集中各方智慧,认真谋划好下一个五年经济社会发展的思路、目标和举措,全力推进新一轮又好又快发展。

各位代表!新的形势和任务对政府工作提出了更高要求。我们将进一步加强自身建设,勤勉尽责,奋发进取,为巩固全面小康成果,推进基本现代化建设不懈努力。以创新的举措服务发展,提高工作创造力,建设服务型政府。坚持执政为民,完善民生诉求服务机制,有效解决涉及群众利益的突出问题。更好服务企业,服务项目推进。推动行政审批提速增效,加强电子政务建设,全面实施行政权力网上公开透明运行;完善项目并联审批、限时办结等制度。以务实的作风抓好落实,提高行政执行力,建设责任政府。坚持求真务实,加强调查研究,说实话、出实招、办实事、求实效。健全抓落实的工作机制,加强重点工作督查考核,严格责任追究,强化各级政府的执行力,确保各项工作落到实处。以良好的形象取信于民,提高政府公信力,建设法治政府、廉洁政府。着力提高依法行政水平,进一步规范行政行为。扩大政府投资项目、公共政策、公共服务等信息公开,坚持重大事项集体决策、专家咨询、社会公示和听证等制度。自觉接受人大及其常委会的法律监督和工作监督,主动接受政协的民主监督,高度重视办好人大代表议案、政协建议案和人大代表建议、政协委员提案。广泛听取各民主党派、工商联、无党派人士意见,充分发挥工会、共青团、妇联等人民团体和行业协会、商会的积极作用。坚持艰苦奋斗,廉洁从政,从严治政,认真贯彻落实中央《党员领导干部廉洁从政若干准则》和《关于进一步从严管理干部的意见》,主动接受各方面监督,强化制度约束,坚决查处各类违法违纪案件,保持公务员队伍为民务实清廉的良好形象。

各位代表!南通新的发展征程已经开启,

我们肩负的使命光荣而重大。让我们紧密团结在以胡锦涛同志为总书记的党中央周围，在省委、省政府和市委的坚强领导下，团结拼搏，锐意进取，为全面实现“十一五”目标，加快向基本现代化迈进而努力奋斗！

（南通市人民政府市长丁大卫2010年1月20日在南通市第十三届人民代表大会第三次会议上的报告）

改革综述

2010 年,南通市坚持以科学发展观为统领,坚持改革的基本方向,着眼于制度建设和体制创新,统筹协调,点面结合,各项改革工作全面推进,促进了经济社会平稳较快发展。全市实现地区生产总值 3417.9 亿元,按可比价计算增长 13%;财政总收入 713.4 亿元,增长 46.8%。其中,地方一般预算收入 290.8 亿元,增长 46.1%;城镇居民人均可支配收入 21825 元,增长 12.1%;农村居民人均纯收入 9914 元,增长 14%。

一、加强对改革工作的统筹协调

一是对全市改革工作进行谋划和部署。市发改委起草并协调完善《2010 年南通市体制改革工作要点》,报市政府。市政府办公室以通政办发[2010]108 号文予以转发。认真做好改革的情况汇总和目标考核。对市政府分解部署的各项改革工作目标的实施进展和完成情况进行跟踪检查。二是认真研究"十二五"全市经济体制改革专项规划。市发改委分别形成了《南通市"十二五"经济体制改革思路研究》课题报告和《南通市"十二五"经济体制改革规划》(修改稿)。三是做好改革信息上报工作,全年在省发改委改革信息系统录用各类信息、动态、分析研究报告等共 904 篇,得分列全省第一名。

二、扎实推进行政管理体制改革

按照市委、市政府的统一部署,推进市县政府机构改革和经济发达镇行政管理体制改革的试点以及其他相关机构行政管理体制的调整完善工作。

一是全面完成市县政府机构改革工作。根据省委、省政府批准《南通市人民政府机构改革方案》,研究制定了《南通市人民政府机构改革实施意见》。《市政府各部门领导职数调整方案》和《市政府各部门及市委相关部门人员编制调整方案》,分别经市委常委会和市编委会审议通过。同时,批准下发了各县(市)区政府机构改革方案,保证了市县政府机构改革的同步推进。

二是扎实抓好经济发达镇行政管理体制改革试点准备工作。根据省确定的相关指标,研究确定了启东市吕四港镇、如皋市长江镇作为省级经济发达镇行政管理体制改革的试点单位,提出了改革试点准备工作方案。

三是积极抓好行政管理体制调整完善工作。根据国务院办公厅文件要求,对全市驻京办事机构设置情况进行了认真调研,督促指导各县(市)区按照要求撤销了驻京办事机构,收回了人员编制,根据工作需要保留了市政府驻北京联络处。根据省委精神,对市委机要局机构进行调整设置,由原为市委办公室内设机构调整为单独设置,为市委部门管理机构,由市委办公室管理,并充实了人员编制。同时,对各县(市)区机要保密机构进行了调整整合,机要局和保密办实行一个机构两块牌子。根据上级要求,对海安县、如东县、海门市、启东市食品药品监督管理机构进行了调整设置,由原在卫生局挂牌改为单独设置,作为政府工作部门。根据省里统一部署,做好全市财政系统耕地占用税和契税征管职能、机构、编制和人员划转地税部门的有关工作,理顺和规范了"两税"征管职能。

三、稳步推进事业单位改革

一是积极稳妥地推进公共卫生与基层医疗卫生事业单位绩效工资实施工作。按国家和省统一部署,对我市的公共卫生与基层医疗卫生事业单位津补贴进行了清理核查,同时对其他事业单位的收入水平情况进行了调查统计,全面准确地了解掌握全市公共卫生与基层医疗卫生事业单位目前的收入分配水平和状况,研究测算、征求各方面意见,认真制定实施办法。

二是做好义务教育学校奖励性绩效工资考核分配的相关工作。人事、教育部门科学制订奖励性绩效工资考核办法,切实做好奖励性绩效工资分配的政策和业务指导,推动义务教育学校搞活奖励性绩效工资分配。

三是平稳推进事业单位岗位设置管理工作。市委办、市府办印发了《南通市事业单位岗位设置管理实施意见》。组织、人事部门出台了事业单位岗位设置管理配套文件《南通市事业单位工作人员竞聘上岗暂行办法》、《南通市事业单位岗位聘用认定办法》;制定了《南通市事业单位岗位设置管理若干问题的处理意见》。至年底,100家市属事业单位岗位设置方案已通过核准,县(市)区岗位设置方案已全部核准。

四、推进财政金融体制改革

财政管理体制逐步完善。实行全面预算指标管理。所有财政资金都由预算处按照规程生成指标;所有拨款都由国库处按照预算指标执行;在全面指标管理基础上,预算处形成"完整统一的财政预算"本子。非部门预算经费拨款取消单位收据。对所有企业及条管部门的财政拨款不再要求单位提供"收据",直接以银行回执作为记账凭证,提高办事效率。规范财政存款在银行间的分配。科学制订考核办法,实行财政存款分配与各银行贷款增长、代理财政业务量等指标挂钩,银行不需要"找关系",即可得到应得的存款额度,银行不得以财政存款增量增加个人分配,坚决杜绝银行人员到财政争拉存款的问题。政府采购"分段操作制"。实行权力分设,监督管理与采购操作相分离。在全省率先实行政府采购"分段操作制",一个采购项目经过计划接受、标书制作、开评标、合同见证等4道环节,各环节分别由不同的操作者执行,相互监督,相互制约。

金融体制改革不断深化。南通农村商业银行挂牌成立。全年全市小额贷款公司获批5家,累计已经获批17家,其中15家已挂牌成立。

五、企业上市工作取得新突破

2010年,全市企业上市实现了四个方面的历史性突破。一是新增上市公司数多,创历史最佳。全市新增上市公司9家,列全省第二。全市上市公司总数累计达23家。二是新募集资金量多,创历史最高。历年来募集资金总量超270亿元(含再融资34.02亿元),其中2010年新增量超过200亿元。熔盛重工在香港的上市,募集资金超146亿元港币,为港股民企最大IPO;3家上市公司实现再融资额18亿元。三是中小板创业板企业数多,创历史排名最前。目前,我市在深交所挂牌的中小板创业板企业数为12家,居全国各大城市第8位,排名为历史最靠前位,在全国地级市中居第4位。四是上市公司实现县区全覆盖,屡呈资本市场新景象。联发股份挂牌,使得我市9个县(市)区都拥有了自己的上市公司。同时,出现了一天两家南通企业同时过会、一天两家企业同时挂牌等全国资本市场少见现象。

六、深化医药卫生体制改革

一是基本医疗保障体系日趋完善,医保覆盖率和受益面逐步提高。目前,我市已经建立城镇职工医保、城镇居民医保和新农合三项基本医疗保障制度,初步实现了人人享受基本医疗保障的目标。其中,新农合实现了"一增两提升":参合人员比例逐年增长(参合人数由2004年的146万提高到520万),参合率由2004年的65.4%提高到99.5%;人均筹资标准达到160元,其中财政补贴提高到120元(2011年人均筹资将达200元);群众受惠程度逐年提升,实际住院费用补偿比由27%提高到42%,住院最高补偿费由5万元提高到8万元。医疗救助制度逐步健全。建立了政府主导、民政牵头、部门协作、社会参与的工作机制。目前各县(市、区)均已制定了城乡一体化的医疗救助制度,医疗救助对象基本涵盖了城乡低保、农村五保、市县总工会核定的特困职工、享受民政部门定期定量生活补助费的六十年代精简退职职工、重点抚优对象、低收入家庭中患重大疾病人员等。各地救助比例为城乡居民医疗保障补偿后个人自付费用的30%~50%不等,最高救助金额为3万元。

二是基本药物制度顺利进行。根据省政府统一部署,我市崇川区、港闸区和海安县作为全面首批实施基本药物制度的地区。2月下旬,崇川区、港闸区所有社区卫生服务中心统一实施基本药物制度,以街道为单位覆盖率达100%;4月初海安县在4个中心卫生院及19个村卫生室实施,乡镇覆盖率为28.57%。7月份,市经济技术开发区正式实施基本药物制度,所辖5家社区卫生服务中心统一配备使用并零差率销售599种基本药物,以乡镇(街道)为单位覆盖率100%。制度实施后,四个区(县)的药品价格同比降幅达40%,受到群众普遍欢迎。

三是基本公共卫生服务逐步健全。各地积极创新工作举措,有的县(市)采取"集中打包"购买与专项购买相结合的方式,对基本公共卫生服务项目实行购买服务,镇卫生所与各中心卫生院、乡镇民营医院、社区卫生服务站等签订购买服务协议书;有的将公共卫生服务项目纳入对各镇和相关部门目标管理考核内容,进一步健全完善了卫生所、医院、服务站三类机构的考核评估机制;还有的全面实施公共卫生服务重点单位重点项目考核制度,对落后单位实施重点管理,提升了项目实施绩效。

四是基层医疗卫生服务体系建设取得进展。城市医疗卫生服务网络逐步健全。市区共建社区卫生服务中心21个,实现了每个街道(镇)建有1个社区卫生服务中心的目标。目前正在抓紧推进县(市)城区和农村的社区卫生服务体系建设。

七、深化国资国企改革

按照国有资本有进有退的要求,积极组织国有出资企业整合有效资源。产控集团组织实施南星电子、上海国贸、风神空调等6家劣势低效股权流转,退出国有资本2500万元。同时推进江苏长虹清算工作,完成748名职工分流;华联商厦转股工作完成;整合商业小门店完成47名人员分流。市国资委组织对江天化学股权进行调整,创造条件满足上市要求;置业集团将三家房地产公司整合,成立江苏盛和房地产股份有限公司,为推动企业发展加快上市作好准备。加大盘活闲置资产,软件商务楼、飞越百度文化广场、扎染厂科技创意产业园等一批现代服务业项目进展顺利。

增加对新兴产业和优势项目的投入,完成对洋口港国际产业园增加投资1亿元,产控集团投入1.24亿元参加南通科技定向增发。国投公司投资1亿元、占股10%作为第一大股东发起成立南通农村商业银行;投资1亿元参股上海市北科技产业园建设,吸引上海国企来通投资。

推进重点企业改革。指导大生集团继续深化改革,积极推进印染分公司整体转岗方案实施和英瑞公司资产整合,完成集团公司薪酬体系分配制度改革,优化劳动组合,集团减员减负增效工作取得明显成效。

八、深化农村改革

农村经营体制机制得到创新。全市新增农民入社户数8.05万户,居全省前列。围绕农业适度规模经营抓农地股份合作,新增农地股份合作社190家,新增入股面积15万亩。社区股份合作制改革稳步推进。新增社区股份合作社239家,量化资产2.97亿元,社区股份合作制改革面达到83%。全市累计三大合作社总数达3745个,入社成员占农户总数的31.7%。

做好农村土地承包经营权登记的试点工作。根据农业部、省农委的统一部署,制定下发了《南通市农村土地承包经营权登记试点办法》。全市共8个村开展土地承包经营权登记试点工作。通过试点,为健全农村土地承包经营权登记制度探索了经验。

搞好土地流转管理和服务。实施土地流转合同制,重点是抓好土地流转合同标准文本的推广使用。乡镇土地流转交易中心做到"有人员、有组织、有牌子、有场所、有制度、有活动、有档案"。依法开展土地承包纠纷仲裁,全市年内受理土地承包纠纷仲裁案件共8起。建立了农村土地承包经营权流转情况监测制度,落实海门市为农业部农村土地流转情况监测点。

九、社会保障体制进一步健全

一是健全城乡养老保险制度。积极推进灵活就业人员、农民工等参加企业职工基本养老保险。全市参保人数实现双超。至2010年末全市参保人数达111.2万人,缴费人数达106.5万人,均突破百万大关;缴费人数比2009年末净增7.2万人。基金收入再创新高。基金总收入达62.36亿元,当期结余3.84亿元,全年实现收支平衡、略有结余的目标。市本级参保缴费单位已达 15582 家，养老保险参保人数达 42.52 万人。强势推进农村居民社会养老保险全覆盖工作。市政府出台《南通市农村居民社会养老保险全覆盖工作目标考核办法》，截至年底，全市有 197.48 万人参加新农保，实现了真正意义上的全覆盖。提升社会保障水平，全市已有 108.69 万名 60 周岁以上农民领到了基础养老金，发放率 99.62%，发放总量全省第一。企业退休人员养老金水平苏中领先。全市平均养老金达到 1300 元，市区达到 1424 元。各县（市、区）全面建立城镇老年居民养老补贴制度。做好被征地农民基本生活保障工作。新增被征地农民基本生活保障率达到了 95% 以上。企业退休人员社区管理服务率、档案接收率双 100%。

二是加强各项社会保险制度建设。率先建立城镇职工和居民医保门诊统筹制度，群众医疗负担有效减轻。目前，城镇职工基本医疗保险和城镇居民基本医疗保险制度规定范围内的医疗费用基金支付的比例分别为 81% 和 61%。全面完成医疗生育保险市级统筹。率先建立居民生育保险制度，生育保障从企业走向全民，为全国领先。职工工伤保险实现市级统筹。老工伤人员全部纳入工伤保险统筹管理。完善失业保险制度，失业保险参保人数为 80.5 万人，失业人员生活得到保障。

（南通市发改委　黄元宰　梅　华）

连 云 港 市

2010 年政府工作报告

各位代表：

现在，我代表市人民政府向大会作工作报告，请予审议，并请各位政协委员和其他列席人员提出意见。

回顾与总结

刚刚过去的 2009 年，是新世纪以来我市经济社会发展最为困难的一年。受国际金融危机影响，全市保增长保民生保稳定遇到的压力和挑战前所未有。在中共连云港市委的坚强领导下，我们深入学习实践科学发展观，全面把握形势，从容决策应对，团结带领全市人民，抢抓重大历史机遇，统筹推进各项工作，完成了市十二届人大二次会议确定的目标任务。

——经济平稳较快增长。预计实现地区生产总值 935 亿元，增长 13.5%；全社会固定资产投资 1000 亿元，增长 28.6%；社会消费品零售总额 369.4 亿元，增长 19%。三次产业结构调整为 16.2∶47.3∶36.5。

——发展质量逐步提升。完成财政总收入 232.3 亿元，增长 28.6%；其中一般预算收入 90.2 亿元，增长 36.3%。提前实现"十一五"规划目标。100 个工业新增长点项目投产达效，规模以上工业利税、利润分别增长 20%、24%。一批重大基础设施开工建设。

——人民生活继续改善。城镇居民人均可支配收入达到 16850 元，农民人均纯收入 6000 元，分别增长 10.5%、10%。金融机构各项存款余额突破 1000 亿元，其中城乡居民储蓄存款余额 452.9 亿元，比年初增加 54.5 亿元。城镇登记失业率 3.1%，居民消费价格总水平下降 0.7%。

一年来，我们开展的工作及取得的成效主要有以下几个方面：

一、坚持力保增长促进转型，经济发展实现逆势上扬

积极应对国际金融危机影响，坚定跨越信心，力保强劲增势，千方百计扩大投入、稳定生产、促进消费，推进转变发展方式，提升经济综合实力。

保增长措施有效落实。全面贯彻扩大内需政策，出台稳定工业生产、扶持中小企业、促进外贸稳定系列工作措施。加大项目争取力度，166 个项目列入国家扩大内需投资计划，争取中央和省资金 10.2 亿元。全年争取各类扶持资金 42.9 亿元。185 项亿元以上在建项目加快推进，完成工业投资 628 亿元，增长 25.5%，实现规模以上工业增加值 360.2 亿元，增长 16.5%。建筑业增加值增长 20.8%。推动消费扩量升级，形成一批消费亮点。全市新增汽车销售 2.8 万辆，完成商品房销售 514 万平方米，分别增长 79.1%、130.6%。家电下乡呈现旺势。加大金融支持发展力度，新增各项贷款 214 亿元，是上年的 2.2 倍。落实出口退税 9.3 亿元，增长 32.9%。

先进制造业加快成长。坚持调结构与保增长并重，编制实施船舶工业、装备制造等 9 项产业振兴规划，推动优势产业集聚发展，中材高新硅材料等 6 个重大产业项目和新能源装备、创新药物等特色产业基地建设进入省"双百"工程，新医药、新材料、新能源和装备制造业销售收入占规模以上工业比重 40%，较上年提高 5 个百分点。大力发展高新技术产业，恒瑞医药成为国家级创新型试点企业，中复连众 3 兆瓦海上风电叶片下线，42 个产品被认定为省级高新技术产品，新增科技孵化器面积 4.5 万平方米，实现高新技术产业产值 337 亿元，增长 48.5%，占规模以上工业比重提高4.6个百分点。推进省制造业信息化科技工程示范市建设，制造业信息化应用覆盖率提高10个百分点。"汤沟"成为中国驰名商标，太阳雨热水器获省出口名牌称号。认真落实节能减排措施，实施热电联产等20项节能降耗重点工程，完成16项污染减排项目，单位地区生产总值能耗下降完成省定目标，化学需氧量削减4580吨，二氧化硫减排完成"十一五"任务。

高效农业快速发展。加快推进高效农业规模化，新增高效农业面积41.5万亩、高效渔业面积4.2万亩，畜禽规模化养殖比重提高6.5个百分点，成为全国最大的泥鳅养殖出口基地、蝴蝶兰种苗生产基地和省内最大设施渔业基地、鲜切花基地。灌云县、灌南县分别建成全国最大的芦蒿和纯白金针菇生产基地。认真落实强农惠农政策，发放粮食等政策性补助资金4亿元，建成9个国家级高产万亩示范区，粮食总产334.5万吨，连续七年丰产丰收。完成绿化造林24.5万亩，森林覆盖率达19.5%。新增农业利用外资项目20个，农产品出口连续四年居全省前列。农产品质量品牌建设继续加强，申报无公害品牌50个、绿色食品品牌8个、省级名牌农产品2个。东海老淮猪肉通过国家地理标志保护产品认定。

现代服务业继续提升。港口运输在亿吨大港的新起点上增开航线12条、"五定"班列4趟，实现吞吐量1.14亿吨、集装箱运量303万标箱。科技创意产业园等28个服务业重点项目加快推进，金海国际商务大厦主体封顶，保税物流中心获批建设，全市新发展物流企业310家。实施民航机场国际候机厅改扩建工程，客运量突破30万人次。旅游业实现新发展，东海国际水晶珠宝城成为国家AAAA级景区，新增全国农业旅游示范点3个，境内外游客接待量、旅游总收入分别增长10%、12%。第三代移动通讯服务全面开通。商贸流通业加快提升，家乐福、沃尔玛等世界知名零售企业进驻港城，中翔钢材等一批区域性专业市场投入运营。服务业增加值增长15.2%。

二、坚持抢抓机遇谋划发展，新一轮沿海开发迅速展开

以连云港为龙头的江苏沿海地区发展规划获得国务院批准，港城发展跃上国家战略平台，我们积极放大政策效应，组织动员全市结合实际，扎实推进规划实施。

规划对接落实工作有效开展。建立沿海开发工作推进机制，制定贯彻规划三年行动方案。加强保税港区等重大政策争取，强化沿海开发新优势宣传推介，狠抓重大产业项目招商，迅速形成推进沿海开发的强劲声势。徐圩港区、赣榆港区总体规划通过部省联合审查，灌河口拦门沙治理乘势启动。石化产业基地、大型商品粮储备基地等一批重大项目成功签约，田湾核电5、6号机组获准开展前期工作，华电灌云风力发电、华东物料城、华磁电器等一批项目加快推进，国电联合动力、万吨碳纤维一期工程等产业项目建成投产。

重大基础设施建设全面提速。港口30万吨级航道获准立项，先导试挖工程顺利启动，30万吨原油码头签订合作协议，30万吨矿石码头具备水水中转条件，庙三突堤集装箱泊位实现临时靠泊。主体港集疏运体系不断完善，南疏港道路二期工程基本建成，东疏港高速公路、内河港建设加快推进，开工建设北疏港通道。徐连铁路电气化改造竣工运营。连临高速公路路面基层基本完成，242省道路基贯通，310国道宋跳至大酒壶段建成通车。盐灌船闸通航，盐河航道整治开工。通榆河北延、新沭河治理、大浦河调尾等重点水利工程有效推进，500千伏伊芦变扩建、220千伏龙河、墅港等一批输变电工程建成使用。

沿海生产力布局优化拓展。强势启动徐圩新区开发，编制完成发展战略规划、总体规划、产业启动区和高新区控制性详细规划。226省道北延段和区内徐新路、港前路、徐圩大道等7条道路快速推进，基础设施建设框架全面拉开。申报国家东中西区域合作示范区取得积极进展。建立投融资平台，与多家金融机构开展战略合作，获得银行授信300亿元。同步开展产业项目招商,签订重大产业项目合作协议 7 项。连云港开发区“五园五中心”建设加快推进。灌河船舶工业园获批省级特色产业园,两翼临港产业区承载功能不断增强。

三、坚持扩大开放创业创新,跨越发展动力持续增强

立足增创发展新优势,加快重点领域和关键环节改革,推动全民创业,推进开放型经济转型升级,增强经济社会发展活力。

科学发展体制机制加快构建。以学习实践科学发展观活动为引领,制定实施转变发展方式等 9 个文件,进一步确立科学发展工作导向和激励机制。启动实施新一轮政府机构改革。整合创新领导体制和工作机制,筹建徐圩新区和科教创业园区管委会,顺利完成板浦镇、宁海乡区划调整。深化事业单位改革,实施义务教育学校教师绩效工资。稳步推进基本药物制度试点、社区卫生机构综合配套改革。推进投融资体制创新,完善投融资平台建设,新海连公司成功发行 15 亿元企业债券,港口股份获准发债 6.5 亿元。市财政投入资金 2000 万元,大力实施创业创新领军人才集聚工程。采取降低出资注册门槛、扶持创业载体、成立县乡创业指导服务中心等多项措施,大力促进全民创业。积极扶持中小企业发展,帮助 1300 多家中小企业融资 30 亿元。加大小额担保贷款发放力度,实施“春风进万家创业助贷工程”。加快壮大民营经济,新增私营企业 6000 户、个体工商户 3 万户,民营经济增加值增长 15%。

开放型经济发展逆势奋进。强化招商引资工作,积极拓展与海内外大企业合资合作,在境内外密集举办投资说明会,利用“台湾江苏周”等各类经贸平台,广泛集聚外来资源,全市注册外资实际到账 10.3 亿美元,内联客方到位资金 370 亿元。扶持外贸企业发展,调整出口产品和市场结构,完成出口 19.5 亿美元。创新外派劳务市场管理机制。积极支持企业“走出去”发展,新增境外注册商标企业 6 家。实施园区开发提升计划,出口加工区拓展了保税物流功能、二期建设通过海关验收,省级以上开发区固定资产投资增幅高于全社会 3.3 个百分点,规模以上工业销售收入增长 41.3%,占全市比重 68.6%。连云港开发区在国家级开发区排名中较上年上升 1 位。推进与长三角、珠三角、中西部地区互动合作发展,与上海、郑州、西安等重要城市建立战略合作机制,连云港——深圳新型产业园签约。提升南北挂钩协作水平,连云港开发区江宁工业园、灌云开发区被批准为省南北挂钩共建园区。

四、坚持统筹推进加快建设,城乡一体化发展取得新进展

围绕建设国际性海滨城市目标,加速推进城市化,加快建设新农村,着力构建以城带乡、城乡互动发展新格局。

特大城市框架进一步拉开。新一轮城市发展总体规划获批实施,编制完成城乡统筹、城市生态系统等专项规划 20 项。连云新城抛填形成陆域 10 平方公里,起步区胜利湖、海州湾商务中心等重点项目主体完工。科教创业园区、孔望山等片区开发快速推进,中心城市建成区面积突破 100 平方公里,城市化率达 43.2%。城镇发展体系不断完善,赣榆城区加快向沿海拓展,东海、灌云、灌南县城规模扩大,新增市级城市化示范镇 4 个,燕尾港海滨新城建设步伐加快,温泉镇成功创建省级园林小城镇。

中心城市功能不断提升。东部城区中央商务区建设加快推进,海棠路立交、铁路连云港东站等重点工程竣工使用,新东方供水加压站主体工程竣工。新海城区开工建设苏宁广场等重点项目,完成旧城拆迁改造 63.5 万平方米。新建续建城市道路 18 条,城市路网加快完善。发行城市公交 IC 卡,增开和调整优化公交线路 8 条。整治刷新城市绿化景观,青年公园开园,孔望山生态园、东盐河景观带一期工程主体完工,开工建设北固山森林公园和海滨公园改造工程,城市人均公共绿地达 11 平方米。新增自来水干线管道 30 公里、集中供热面积 50 万平方米、管道燃气用户 9000 户,完成人防工程 13.6 万平方米。数字化城管建设取得积极进展。环境质量持续改善,垃圾焚烧热电厂基本建成,刘湾垃圾填埋场建设加快推进，城市污水处理率达79.3%，市区空气质量优良率93%，公众环境满意率85.6%，提高1个百分点，25项指标达到国家环保模范城创建考核标准。

新农村建设扎实开展。完成15个乡镇总体规划、390个新农村建设规划修编，建设康居示范村30个，开展19个省级村庄环境整治试点。完成182条河道疏浚，新改建排灌站174座，改造中低产田15.7万亩，复垦新增耕地近2万亩。建成农村公路520公里、桥梁130座，城乡客运一体化覆盖率达81.3%，行政村班车通达率99.2%。新改建村卫生室350个，增加农村户用沼气1.5万户，完成改厕3万座。新发展农民合作经济组织540家、土地股份合作社31家，新增土地流转面积13.5万亩，增加集体收入过20万元村73个。农村日用消费品、农资乡级“农家店”覆盖面达100%。

五、坚持经济社会协调发展，社会建设不断加强

在加快经济发展的同时，大力发展社会事业，深化城市文明创建，维护社会稳定，不断强化和谐社会基础。

科技教育加快发展。深入实施创新驱动战略，积极推动高等院校、科研院所来连兴办研究院。与南京大学合作建设国家重点实验室分室和高新技术研究院，引进南京工业大学筹建海洋工程研究院、江苏大学成立东海机械汽配研究院，与河海大学签订科技合作协议。和东南大学合作组建省高新技术研究重点实验室。江苏海洋资源开发研究院建设加快推进。中科院能源动力研发中心一期工程基本建成，标志着我市拥有了国际先进水平的研发平台。新增省级博士后科研工作站9家、企业院士工作站2家。新上省以上科技计划项目126项。省硅产品检测中心、高性能纤维产品检测中心成功落户。全市专利申请量1500件、授权350件。加大义务教育投入，落实义务教育免费政策，资助贫困生8600万元，启动实施中小学校舍安全工程。促进教育均衡协调发展，开工建设东部城区四星级高中、市未成年人素质教育基地，连云港开发区三星级高中建成招生，苍梧小学主体封顶。全市学前教育毛入学率94.4%，小学、初中入学率基本100%，高中段毛入学率95.1%。大力发展职业技术教育，创建省三星级以上中等职业学校8所、省级示范专业9个、国家级实训基地1个。地方高等教育发展加快，连云港师专、工贸高职校迁入新址。

各项社会事业协调推进。医疗卫生服务体系不断完善，市一院综合楼主体封顶，建成新传染病医院。启动县级中医院、乡镇卫生院、城市社区卫生服务中心建设项目17个，农村社区卫生服务站标准化率87%，城市社区卫生服务中心全部纳入医保定点。新型农村合作医疗参合率达99.5%。疾病防控、卫生监督能力不断增强，高度重视甲型流感疫情防控，为重点人群免费接种疫苗12.5万份，传染病发病率低于全省平均水平。人口和计划生育工作继续强化，人口自然增长率6.9‰，计划生育率90%以上。公共文化服务体系不断完善，开工建设市文化创意产业园、广播影视文化城、东部城区文化创业中心，在苏北率先实现村文化室、农家书屋全覆盖。东海县被评为全国文化先进县，灌南县成功举办国际魔术交流活动。完成城区数字电视整体转换，有线电视入户率72%。群众性体育运动广泛开展，灌云县等8家单位被国家体育总局授予群众体育工作先进单位。我市籍运动员获得十一届全运会2金、4银、2铜的好成绩。母婴安康工程、妇女活动中心等实事项目扎实推进，开工革命纪念馆新馆及陇海公寓复建工程，市气象防灾减灾指挥中心、美术馆建成使用，完成海清寺一期工程。全民国防教育、民兵预备役和双拥优抚工作进一步加强。全面完成经济普查。档案、外事、侨务、对台工作、防震减灾、红十字、老区开发、关心下一代和光彩事业、慈善事业取得新成绩。

精神文明建设和社会管理取得新成效。开展庆祝新中国成立60周年系列活动，组织参加“奋进的江苏”大型成就展，举办“放歌港城”歌咏比赛、文化博览会等群众性文化活动500余场。深入开展文明城市创建，获全国未成年人思想道德建设工作先进城市称号。对口援助四川什邡镇灾后重建完成投资1.8亿元。加强基层民主政治建设，57个社区和街道受到国家表彰。深入推进法治建设、平安创建，灌南县被评为全国平安建设先进县。推进基层信访基础达标工程，深化大调解工作机制，成立市区医患纠纷调解中心。加强社会治安综合治理，开展汽车、摩托车、电动自行车“三车”被盗“断流”和酒后驾车专项整治行动，道路交通事故下降5.5%。安全生产形势保持稳定，连续五年获省考核优秀。严格食品药品监管，开展打击违法添加非食用物质和食品添加剂专项整治，药品生产经营环节监督率100%，零售企业远程监控率95%。加强应急管理工作，“神盾2009”国家核应急演习圆满完成。

六、坚持富民惠民改善民生，群众利益得到保障

注重以人为本，践行发展为民，认真解决群众切身利益问题，努力提高城乡居民生活水平。

城乡就业规模进一步扩大。大力推进创业带动就业，制定稳定就业和促进创业工作实施意见，落实财税缓征等政策措施，积极帮扶困难企业稳定就业。开展充分就业社区创建和系列就业促进活动，投资1.4亿元建设公共实训鉴定基地，建立毕业生见习基地，多渠道扶持大中专毕业生、下岗失业人员就业。完成职业技能培训24.6万人次，新增城镇就业6.7万人、农村劳动力转移8万人，实现下岗失业人员再就业2.4万人，为2.5万名就业困难对象和灵活就业人员办理社会保险补贴。保持城镇零就业家庭动态为零。

社会保障能力进一步提升。扩大社会保障覆盖面，实现社会保险市区统筹，城乡基本社会保险覆盖率达93.7%。提高11万名企业退休人员养老金标准，人均每月增加128元，推行新型农村养老保险制度，新增参保人员11.4万人。开通城镇职工医疗保险省内异地就医结算，组织20万城镇医保参保人员免费健康检查，积极资助城乡困难群众参加医疗保险。加强被征地农民基本生活保障，新增失地农民全部纳入社会保障。增加城乡低保9313人，发放低保金1.5亿元。市社会福利中心建设、老年大学搬迁改造取得积极进展。农村五保对象集中供养率达70%，提高4.3个百分点。

发展惠民力度进一步加大。优化公共财政支出结构，提高公共产品和公共服务供给能力，民生投入占财政支出比重提高4.8个百分点。加快推进蔷薇河沿线排污截流整治，建成水质自动监测站，竣工大圣湖应急供水工程，启动市区自来水水质深度处理项目，大力实施农村饮用水安全工程，完成60万人改水任务，城乡群众饮用水安全保障进一步增强。加强保障性住房建设，竣工经济适用房22万平方米，建设限价房408套、廉租房880套，发放廉租住房租赁补贴1795户，提供人才安置房100套。发放城镇职工住房公积金贷款18亿元。加大便民工程建设力度，修建便民道路30条，整治人行道板5万平方米，新装小街巷路灯1000盏。加强扶弱助残工作，扎实推进脱贫攻坚工程，帮助农村12.5万贫困人口脱贫。

一年来，我们深入学习实践科学发展观，推进转变政府职能，提升行政效能，建立了行政决策专家咨询、重大决策公示等制度，推进行政权力网上公开透明运行、削减行政权力603项，开通“12345”政府服务热线，建立行政审批网上平台，停止和减免征收行政事业性、服务性收费71项。坚持依法行政，自觉接受人大及其常委会的法律监督、工作监督和人民政协民主监督，认真办理集中式饮用水源地保护议案，办结人大代表建议135件、政协委员提案421件。综合运用信访、调解、行政复议等多种方式，妥善化解社会矛盾。强化审计监督和行政监察，推行行政问责制，加强廉政建设，改进机关作风，优化发展环境，服务科学发展、跨越发展水平有效提高。

回顾过去一年工作，在推进科学发展、跨越发展的征程上，我们迎难而上、砥砺奋进、力克时艰，有效抵御了国际金融危机冲击，完成了保增长促跨越年度任务，巩固发展了加速崛起的良好态势。更加令人欣慰的是，我们不仅在经历金融危机严峻挑战和重大考验中收获了丰硕发展成果，而且提高了在复杂环境中组织开展工作的能力，积累了在创新思路中破解发展难题的经验。成绩来之不易！这是中共连云港市委正确领导、全市人民团结奋斗、社会各界共同努力的结果。在此，我代表市人民政府，向辛勤工作在各条战线的广大干部群众致以崇高的敬意！向大力支持政府工作的人大代表、政协委员、各民主党派、工商联和人民团体，向为连云港改革发展稳定作出积极贡献的在连部省单位、驻军部队、武警官兵和公安干警，向所有关心支持连云港建设的海内外朋友，表示衷心的感谢！

在肯定成绩的同时，我们也清醒地看到，全市经济社会发展还面临不少困难，存在一些问题。一是产业经济实力还不强，资源环境保护、节能减排约束压力加大。二是重大项目建设、高端人才培养引进等发展制约需要进一步创新思路、大力破解。三是中心城市承载和辐射功能还不强，城市化进程需要进一步加快。四是民生事业满足群众需求还有不小差距。同时，政府自身建设还存在一些薄弱环节，公共服务能力需要进一步增强。对这些问题，我们将高度重视，采取有效措施，切实加以解决。

形势与任务

各位代表，连云港发展正站在新的历史起点上，国家对新一轮沿海地区发展作出重大部署，以连云港为龙头的江苏沿海地区成为国家战略规划的重点发展区域，为我们在更高平台上推进科学发展、跨越发展提供了历史性机遇。连云港发展正处于加快跨越的关键阶段，中央从区域协调发展的战略高度，赋予我市重要使命，全市发展已经进入工业化、城市化加速期，多年积累的发展基础更加坚实，长期集聚的发展潜能蓄势迸发，为我们实现进位争先、崛起振兴提供了强大动力。连云港发展正迎来更加有利的政策支持，宏观经济政策保持连续性稳定性，国家部委支持长三角和江苏沿海地区发展的政策措施正在陆续制订，省委、省政府出台促进沿海开发若干政策意见，为我们会战沿海、昂起龙头提供了良好条件。尽管当前还面临世界经济复苏缓慢曲折、国内经济运行新老矛盾交织的复杂环境，面临新一轮区域发展竞争压力日益增大的艰难挑战，只要我们坚定信心、抢抓机遇、乘势而上，充分利用有利条件，调动积极因素，变压力为动力，就一定能够不断夺取经济社会发展新胜利，书写后发先至的时代新篇章！

根据省市实施沿海开发规划总体部署，从现在起到2012年，是我市立足国家战略平台，推进落实沿海开发规划实现重点突破、全面提速的关键三年。我们将坚持“以港口为龙头带动、产业为主攻方向、城市为有力依托、基础设施为坚实支撑、城乡统筹为战略取向”的基本策略，持续兴起沿海开发热潮，加快建设大港口、培育大产业、服务大腹地、实现大发展。

综合实力实现跨越提升。到2012年，全市地区生产总值达到1600亿元，力争1800亿元；人均地区生产总值达到35000元，力争40000元。财政收入达到400亿元，其中一般预算收入超过150亿元。累计完成全社会固定资产投资3500亿元。连云港开发区进入国家级开发区综合实力20强。四县力争进入全国百强县行列。

港口发展实现跨越提升。加快建设“一体两翼”组合大港，建成连云港区25万吨级航道、徐圩港区10万吨级航道，建设赣榆港区5万吨级航道，实施灌河口航道口门整治工程；建设30万吨原油码头、大堤作业区集装箱泊位及赣榆、灌河港区一批万吨级泊位。完善集疏运体系，建成东疏港、北疏港高速公路和通榆河疏港航道，建设盐河、灌河等内河航道，建成连盐铁路，力争空港成为一类开放口岸。完善口岸“大通关”体系，加快腹地“无水港”建设，建成运营保税物流中心，争取设立保税港区。港口吞吐能力达到1.6亿吨、集装箱600万标箱。基本建成集装箱干线大港和区域性国际物流中心，新亚欧大陆桥东桥头堡功能显著增强。

产业培育实现跨越提升。大力实施现代农业、新型工业、现代服务业振兴工程。加快建设一批现代农业产业园，打造全国沿海现代农业和新农村建设示范区。积极发展战略性新兴产业，改造提升传统产业，加快培育高新技术产业、临港基础工业、现代服务业三大千亿产业板块，争取大型石化、清洁能源、新型钢铁等项目纳入国家“十二五”规划并开工建设，努力打造全国沿海新型工业基地。全市规模以上工业销售收入达 3000 亿元，新医药、新材料、新能源和装备制造业比重超过 50%。着力建设区域性航运、物流、商务、金融、信息和旅游中心，推进现代服务业集聚发展。初步形成支撑跨越发展的新型产业体系。

城市建设实现跨越提升。按照“一心三极”规划布局，加快推进东部城区北拓南延、新海城区互连东进、赣榆城区向中心城区汇聚。实施重点片区提升工程，快速推进连云新城开发，起步区初具规模，基本建成科教创业园区和孔望山片区，加快建设徐圩新区、赣榆海滨新区，推进实施东海西双湖、灌云燕尾港、灌南灌河口半岛新区开发建设。中心城市人口达到 120 万人，城市化率达 50%，四县县城人口均达 20 万人以上。强力推进国家环保模范城、园林城、卫生城和文明城市创建工作，初步构建现代化的特大城市、富有魅力的国际性海滨城市。

转型升级实现跨越提升。加快建设创新型城市，大力发展循环经济、低碳经济，推动经济结构优化升级，高效农业占耕地面积比重提高到 35% 以上，高新技术产业产值年均增长 30% 以上，三次产业结构调整为 10∶54∶36。提升科技创新能力，新医药、新材料、新能源产业研发投入占销售收入比重提高 3 个百分点，全社会研发投入占地区生产总值比重提高到 1.5%，科技进步贡献率达 45% 以上。加强生态建设和环境保护，提高节约集约发展水平，节能减排达到国家要求，环境质量综合指数保持在 85 以上。

和谐构建实现跨越提升。到 2012 年，城镇居民人均可支配收入超过 22000 元，力争 25000 元，农民人均纯收入超过 8000 元，力争 9000 元，全面完成脱贫攻坚目标。社会保障体系进一步完善，城镇基本养老、基本医疗和失业三大保险覆盖面均达到 95% 以上，新型农村合作医疗应保尽保。基本实现低保家庭住得上廉租房，低收入家庭住得起经济适用房，新就业人员租得起住房。平安建设深入开展，公众安全感进一步增强，社会事业全面进步，城乡文明程度不断提高，和谐稳定的局面更加巩固。

2010 年是全面推进落实沿海开发规划的第一年，也是完成“十一五”规划、编制“十二五”规划的关键之年。根据中央、省经济工作会议和市委十届九次全会部署，今年政府工作总的要求是：认真贯彻党的十七大、十七届四中全会精神，深入实践科学发展观，围绕“高扬创新大旗、推动全面跨越”年度工作主题，把大力推进沿海开发作为首要任务，把顺利完成“十一五”规划作为决胜目标，加快创新发展，深化改革开放，推进结构调整，促进转型升级，坚持城乡统筹，不断改善民生，保障和谐稳定，奋力开创经济社会科学发展、跨越发展新局面。

主要预期目标是：地区生产总值增长 14%，财政一般预算收入增长 20%，完成全社会固定资产投资 1200 亿元，实现注册外资实际到账 10 亿美元，引进内联客方到位资金 400 亿元。社会消费品零售总额增长 16%，城镇居民人均可支配收入增长 11%，农民人均纯收入增长 11%，城镇登记失业率控制在 3.6%，居民消费价格涨幅不高于省控标准，节能减排完成省下达任务。这些指标是根据上级精神和我市实际情况确定的，统筹考虑了有利条件和不利因素，兼顾了需要和可能。我们将确保实现，力争完成得更好。

工作与措施

新的一年，面对新形势新任务，我们将进一步解放思想、开拓进取，强化措施、扎实工作，奋力在沿海开发上重点突破，在创新发展上大力推进，在转型升级上积极作为，在城市建设上加快提升，在要素集聚上广泛吸纳，在服务型政府塑造上着力强化，为打造江苏沿海开发龙头奠定坚实基础。政府工作重点抓好以下七个方面：

一、博取良好开局,重抓以项目推进为主线的沿海开发建设

加快重大基础设施建设,打开沿海开发新局面。坚持把基础设施工程作为推进沿海开发的有效抓手,快速推进港口30万吨级航道建设,开展30万吨原油码头前期工作,30万吨矿石码头、庙三突堤5个集装箱泊位投入运营,建设氧化铝、液体散货泊位,加快旗台防波堤、大堤作业区和徐圩港区10万吨级航道建设,推进实施赣榆港区5万吨级航道、灌河口航道口门整治和码头泊位工程。加快完善集疏运体系,建成东疏港道路,竣工疏港航道和内河港一期工程,推进北疏港通道和盐河航道整治工程建设。提升口岸服务功能,建设"一站式"服务中心,完善电子口岸信息平台,建设煤炭、矿石等中转配送基地,扩大港口与陆桥沿线、内陆腹地的"区港联动"。扎实推进连盐铁路建设,争取连宁铁路开工,完成机场国际候机厅扩建和区域性大型机场选址,提升交通枢纽地位。加快实施新沭河治理、大浦河调尾、连云新城挡潮闸等水利项目,完成通榆河北延送水工程。推进220千伏临海、灌河等输变电工程。

重抓徐圩新区开发建设,打造沿海开发新平台。坚持港产城一体化开发,按照基础设施适度超前、产业项目加快推进的要求,整合徐圩新区发展资源,加快云湖核心区、产业启动区和产业服务中心等重点工程建设,加快配套交通、电力、给排水、通讯、水利等基础设施,建设与主城区连接的快速通道。建立共建共用机制,制定激励扶持政策,加快人才、技术、资金和项目集聚,积极承接临港重大项目。完成固定资产投入30亿元。

推进重大产业项目建设,展现沿海开发新成效。开工建设新海发电公司超超临界机组,加快推进华电风力发电、田湾核电5、6号机组扩建工程,启动实施连云港碱厂产业结构调整项目,确保新海石化二期、杰孚特重工、离子膜氯碱等50项重点项目竣工投产。跟踪落实6个省级重大产业项目和31个重大签约项目,积极推进日本生态产业园、高新化纤产业园、盐化工等重大项目。加快完善连云港开发区"五园五中心"、板桥盐化工集中区、连云港化学工业园和柘汪、燕尾等临港产业园区承载功能,优化空间布局,提升发展层次。

强化政策对接事项争取,增强沿海开发新动力。扎实推进"六六六"工程,重点突破十大争取推进事项。认真对接省沿海开发实施意见和分类规划,制订实施综合交通、工业布局等13项具体行动方案。确保石油储备、大型石化基地、新型钢铁、徐连客运专线等一批重大项目进入国家和省"十二五"规划,力争早日开工建设。推进国家东中西区域合作示范区和保税港区争取工作。加大配套政策争取力度,积极推动国家部委和省有关方面,细化完善沿海开发扶持政策,争取国家和省在城市建设、产业发展、投融资、资源环境、开放合作等方面的更大支持。

二、促进转型升级,提升以质量效益为内涵的经济建设

加快工业经济结构调整。突出新型主导产业培育,以临港基础工业和高新技术产业为重点,加快建设一批带动产业结构优化升级、提升综合竞争力的重点项目,坚持高端切入,积极发展清洁能源、生态环保、生物技术等战略性新兴产业,推动总量扩张与转型调整互动并进。完成全社会工业投资750亿元,确保康缘药业中药注射剂、晶海洋半导体等100个新增长点项目投产达效,规模以上工业增加值增长15.5%。突出特色产业板块打造,实施千亿产业培植计划,加快推进恒瑞豪森新医药产业园、正大天晴新区制剂、博宇船用设备、碳纤维二期、多晶硅等一批重大项目,新医药、新材料、新能源产业产值均突破150亿元,完成装备制造业产值300亿元。大力推进工业集聚发展,省级以上开发区工业销售收入占全市比重提高5个百分点。

推进现代服务业集聚发展。围绕提升功能、打造特色,重点抓好现代服务业集聚区和33个重点项目建设。加快发展现代物流业,推进金港湾国际物流园建设,新建一批"无水港",增开五定班列,增辟内外贸航线,启动建设航运交易市场，完成港口吞吐量 1.2 亿吨，集装箱运量 360 万标箱。空港具备开放条件，开通境外包机航线，民航客运量超过 35 万人次。加快区域性国际商务中心建设，积极发展服务外包，引办、承接大型商务会展活动，大力发展研发设计、信息服务、市场中介等生产性服务业。着力发展金融产业，吸引股份制商业银行、外资银行来连开办分支机构，积极筹建地方性银行。推进文化产业发展，加快文化创意产业园建设。加大旅游资源整合力度，加强花果山旅游区开发，争取启动大型主题游乐项目，培育一批特色农业旅游项目，实施旅游年票制度，游客接待量、旅游总收入分别增长 12% 和 15%。加快推进华东物料城、义乌小商品城等重点商贸项目，做大区域性专业市场，扩大社区商业、家政服务等生活消费。服务业增加值增长 15%。

加强技术创新能力建设。大力发展创新型经济，推进创新型城市建设，进一步激发全社会创新创造的热情和活力。今年公共财政支持创新力度进一步加大，市财政安排科技进步和创新投入突破 1 亿元，增长 74.5%。加快实施主体培育、平台建设、成果转化三项工程，积极推动企业自主创新，培育高新技术企业 30 家、高新技术产品 50 个、信息化科技工程示范企业 10 家，高新技术产业产值达到 430 亿元。加快打造创新平台，中科院能源动力研发中心形成研发能力，南京大学连云港高新技术研究院、南京工业大学连云港海洋工程研究院等投入运行，扎实推进硅产品、高性能纤维和风力叶片 3 个检测中心建设，建立大学科技园、重点实验室、工程技术研究中心、企业院士工作站等研发机构 30 个，培育农业科技园区 10 个，新增科技孵化器面积 3 万平方米。促进产学研联合，推进创新成果转化，组织实施重大科技成果转化项目 10 项。加强知识产权保护，全市专利申请量 1600 件、授权量 400 件。实施人才强市工程，培养引进一批领军型人才。加大品牌培育力度，争创省以上名牌 10 个。促进企业标准化建设，采用国际标准 15 项。

推动资源环境持续发展。落实最严格的土地管理制度，坚持集约节约利用土地资源，提高土地投入强度和产出效率，保障重点项目、民生工程建设用地。扎实推进节能减排，严格控制高耗能、高污染项目，重点实施 20 项节能技术改造项目，认真开展建筑节能标准设计试点，建设低能耗和绿色建筑示范工程，新建建筑执行节能标准比例达到 90%。积极发展低碳经济，大力推行清洁生产和资源综合利用，开发太阳能、沼气等清洁能源项目，推广秸秆高效利用技术和生态种养殖模式，发展绿色食品生产和加工业。加强生态建设，推进实施临洪河口等湿地保护，加快建设绿色连云港，大力开展绿化造林，森林覆盖率超过 20%。突出抓好水源保护，加强海洋开发管理，保护海洋环境。

三、打造宜居品牌，推进以特大城市为目标的城市建设

建设特大城市，构建新型城镇体系。坚持沿海拓展、组团开发、滚动推进，加快构筑特大城市框架。完成城乡建设投入 190 亿元，城市化率超过 45%，中心城市建成区面积超过 120 平方公里。连云新城加快推进陆域形成工程，起步区基础设施配套完善，东哨西墅片区展现新形象。加快科教创业园区、孔望山片区等重点区域开发，启动猴嘴片区改造。完善城市外部交通，建成连临高速，加快 204、226、242 等国省道建设，推进实施临海高等级公路。新建改建凌州东路等城市道路 46 条，建成花果山大道猴嘴立交，完善连接各城区的快速交通网。大力推进新型城镇化，加快人口向城镇集中、居住向社区集中、土地向规模经营集中，促进四县县城向中等城市发展，完成总体规划修编，加强重点中心镇、临海城镇、特色城镇建设，着力构建沿海沿东陇海线城镇发展轴，形成交通便捷、结构合理、功能互补的区域城镇体系。

彰显地方特色，提升城市建设品位。突出山海特色，凝结文化气质，努力打造个性鲜明的城市生态人文景观。大力推进山海景观轴、滨海休闲带建设，建成使用金海国际商务大厦、金港湾商务大厦等一批重点项目。精心打造城市亮点，改造刷新海棠路、大港路、海连路沿线环境，实施新海城区出入口等一批节点区域整治工程，建设猴嘴文化公园，启动玉带河景观带综合整治。积极培育城市核心商圈，推进苏宁广场、家乐福、沃尔玛等现代城市商业综合体建设，提升陇海步行街、万润商业街、盐河南路餐饮街、墟沟海鲜街等特色街区品位。改善城市窗口形象，完成新浦客运总站扩建，改造苏欣、捷安等汽车客运站。大力推进南极北路、锦屏棚户区改造，完成拆迁改造面积60万平方米，进一步改善城市居住条件。

完善配套功能，塑造城市宜居环境。加大新一轮“四城同创”推进力度，加快提升城市对人口、产业承载和服务能力。开工建设南城、板桥污水处理厂，续建6座污水提升泵站，新增城市污水管网15公里。完成自来水深度处理工程，新改建自来水管道20公里。新增管道天然气用户8000户、集中供热30万平方米。建成刘湾垃圾填埋场一期工程。实施一批城建惠民项目，深化社区街巷改造。推进城市立体绿化，新增绿地220万平方米，城市绿化覆盖率达到42%。开通运行数字化城市管理系统。完善社区服务设施布局，创新物业管理模式，积极打造市民10分钟生活圈，提升城市居住适宜度。

四、推进城乡统筹，加快以富民增收为核心的新农村建设

进一步构建现代农业体系。突出生态、高效、外向发展方向，提升农业设施化水平，建设国家大型商品粮基地、高效特色农业基地和生态观光农业基地。推动结构优化升级，抓好现代农业示范园区、千亩连片设施农业、粮食高产创建等工程，重点培育优质粮油、设施蔬菜、畜禽养殖、食用菌和花卉苗木五大主导产业，新增高效农业30万亩，其中设施农业15万亩，发展高效渔业10万亩、工厂化养殖10万平方米，畜禽规模养殖比重提高5个百分点。增强龙头带动能力，鼓励农产品精深加工，发展壮大20家龙头企业，新办农产品加工企业100家。加快发展外向农业，实施出口振兴计划，农产品出口保持全省领先水平。编制城郊农业发展规划，打造生态、观光、休闲农业品牌。培育创新支撑体系，加强农业科技攻关，加快引进推广农业新品种、新技术、新装备，高度重视农产品质量安全，提高无公害、绿色和有机农产品比重。

进一步改善农村生产生活条件。落实强农惠农政策，加大“三农”投入。扎实推进新一轮农村实事，加强基础设施建设，建成农村公路200公里，完成185条河道疏浚和1700个河塘整治，继续实施农村饮用水安全工程，完成42万人改水任务。加快农业资源开发，改造中低产田15万亩，提高农业机械化水平，增强综合生产能力。加大脱贫攻坚力度，实现10万贫困人口脱贫。抓好农村环境整治，建设30个康居示范村，实施80个市级村庄整治工程，新建一批户用沼气池、畜禽养殖场沼气治理工程，建成农村沼气站10个。建立长效运行管理机制，巩固乡镇文化站、村文化室、农家书屋全覆盖建设成果。完善农村流通网络，大力推进家电、农机下乡，“农家店”村级覆盖率提高10个百分点。

进一步放开搞活农村经济。深化农村综合改革，完善农业经营体制，大力发展农民专业合作、土地股份合作组织，新增合作社100家以上，增加土地流转面积20万亩，新增农业规模经营面积15万亩。完成集体林权制度改革。创新发展农村金融，加大金融支农力度，引导金融单位在乡村设立分支机构，推进农村贷款组织和村镇银行建设，建立农业投资担保公司，推广高效设施农业保险。培育农民创业主体，加强劳动技能培训，促进农村劳动力就地就近转移。培育发展农村经纪人2000人，培训农民20万人，新增农村劳动力转移3万人。

五、深化改革开放，强化以开拓创新为取向的机制建设

坚持改革创新，破解体制机制难题。做好市县政府机构改革工作，加快职能转变，全面开展乡镇机构改革，规范机构设置，提高行政效能。完善目标考核制度，制定完善科学发展评价和推进沿海开发考核体系，进一步增强导向性。扎实开展医药卫生体制五项重点改革，整合卫生资源，组建市级医疗集团，加快医疗卫生事业发展，提高公共卫生服务水平。完成文化体制改革任务，推动经营性文化事业单位转企和公益性文化事业单位内部改制，培育壮大文化产业市场主体。启动事业单位岗位设置改革，实施绩效工资。完善国有企业管理体制，促进国有资本资产重组和产业整合。积极开展金融创新，争取成为省金融综合改革实验区，鼓励金融保险和证券等机构创新金融产品，推进企业上市和上市再融资。着力整合社会资源引导创新创业实践，实施中小企业融资担保百亿工程，开展集成式社会化服务，增强民营经济和中小企业参与市场竞争、增加就业的活力和竞争力。建设小企业创业示范基地 10 家，新增私营企业 6000 家，个体工商户 3 万户。

加快开发开放，汇聚优质要素资源。强化载体功能建设，推动开发区建设从基础开发向完善生产服务配套转变，全面提升开发区建设发展水平。启动省级开发区申报扩区工作，积极申报国家级高新技术开发区，加快出口加工区、国际服务外包示范区等特色园区建设，实现保税物流中心一期封关运作，新增省级特色园区、南北共建园区 2 家。创新招商方式，加快政策推介型招商向产业营销型招商转变，举办“新丝绸之路”企业合作国际论坛，突出抓好 67 个投资 3000 万美元或 5 亿元以上的年度重大招商项目。强化综合协调服务，加大对 30 家重点外贸企业、100 家出口增长企业的跟踪指导，继续抓好出口基地和品牌建设，支持企业开展境外技术合作和市场拓展，外贸出口增长 10%，国际服务贸易增长 20%。

六、推动和谐发展，致力以改善民生为重点的社会建设

更加注重就业和社会保障，着力富民惠民。加强职业技能培训和公共就业服务，实施特别职业培训计划，建立城乡一体的公共就业技能培训平台，加大对就业困难人员、零就业家庭、返乡农民工就业援助力度，城镇新增就业 4.5 万人。加快完善社会保障体系，推动社会保险向服务业、个体从业人员扩面覆盖，按照人均增长 10% 的标准，继续提高企业退休人员基本养老金水平，开通与上海异地就医结算。全面推进农村社保体系建设和被征地农民基本生活保障工作，畅通新老农保转换和城乡养老保险转移通道，进一步提高城乡基本社会保险覆盖率。促进房地产市场健康发展，增加普通住房供给，加强保障性住房建设，新建经济适用住房 39 万平方米、廉租住房 773 套，提供人才安置房 100 套。完善以城乡低保为主体的新型社会救助制度，实现对低收入群体全覆盖。加快示范性养老机构建设，落实尊老金补助和老人优待政策，改善五保老人生活待遇，提高社会福利保障水平。

更加注重社会事业协调发展，改善公共服务。坚持教育优先，促进均衡协调发展，学前教育毛入学率稳定在 94% 以上，小学、初中入学率均达 100%，高中段教育毛入学率稳定在 95% 以上，省三星级以上学校就读比例达 85%，高等教育毛入学率进一步提高。促进高等院校内涵建设，提升办学水平和层次。切实保障义务教育经费，确保经济困难家庭子女、进城务工人员子女、农村留守儿童平等接受义务教育。进一步改善办学条件，加快推进中小学校舍安全工程。大力发展城乡公共卫生，健全卫生监督体系，新型农村合作医疗参合率稳定在 98% 以上，住院费用实际报销比例进一步提高。农村卫生服务体系健全率、城市社区卫生服务人口覆盖率均达 98% 以上。开展第六次人口普查，在全省率先实现人口计划生育城乡优质服务体系全覆盖，人口自然增长率控制在 7‰左右。繁荣发展文化事业，完善公共文化服务体系，筹办国际西游记文化旅游节。认真贯彻落实全民健身条例，增强群众体质，常年参加体育活动人群保持在 50% 以上，力争在十七届省运会上取得好成绩。为进一步提高公共产品供给能力，今年将重点推进一批社会事业项目。竣工东部城区连云港高级中学，建成苍梧小学，启动科教创业园区中小学建设。市一院综合楼投入使用，加快实施东方医院病房楼工程，启动建设市公共卫生中心。加快推进广播影视文化城、连云区文化创业中心建设。完成市体育中心主体育场建设、跳水游泳馆主体封顶、体育馆投入使用，四县体育中心基本建成。推进革命纪念馆新馆及陇海公寓复建工程。完成市老年大学搬迁改造,加快实施市社会福利中心工程,启动老干部活动中心建设。

更加注重精神文明和民主法制建设,完善社会管理。深化文明城市创建,广泛开展群众性精神文明活动,加强社会主义核心价值体系和公民道德建设,塑造文明连云港、诚信连云港、平安连云港形象。积极开展双拥工作,加强国防教育和动员,提高优抚安置保障水平,加强经济社会发展统计监测。做好民族宗教工作,抓好外事、侨务、对台事务,重视发展妇女儿童、残疾人、红十字、老区开发和关心下一代事业,推动气象、地方志、防震减灾等工作再上新台阶。完善质量安全监管机制,保障群众饮食用药安全。健全生产安全监控体系,实行企业安全标准化,促进安全生产形势持续稳定。推进乡镇依法行政和村务民主管理,做好村民委员会换届选举工作,开展和谐社区创建,建立社会稳定风险评估和信访工作代理机制,深入做好矛盾纠纷排查化解,社会矛盾纠纷调处成功率达95%以上。加强法治城市建设,构建完善的社会治安防控体系,万人刑事案件发案率控制在0.46%以下,提高突发公共事件应急处置能力,增强群众安全感。

七、提高行政效能,加强以人民满意为标准的政府建设

优化政府服务,增强发展推动力。进一步强化为企业发展服务,坚持有求必应、无事不扰,助企业创新创业,给企业雪中送炭。注重服务方式创新,加强规划引领、政策指导、信息服务,完善扶持产业发展、推进项目建设的措施办法。认真组织编制“十二五”规划。加强四级便民服务网建设,提升“12345”政府服务热线、市长信箱、群众来信来访办理服务质量。建立审批事项清理和流程优化动态机制,认真清理行政事业性收费,努力使连云港成为政府效能最高、行政成本最低的城市之一。

狠抓工作落实,提升行政执行力。强化调查研究,进一步构建科学民主的决策机制,主动接受人大法律监督、工作监督,积极支持人民政协履行政治协商、民主监督、参政议政职能,认真听取各民主党派、工商联、群团组织、专家学者和方方面面的意见,扎实办理人大代表议案、建议和政协委员提案,使政府的工作部署、政策措施,更加符合客观实际和群众意愿。创新重大项目领导办公会、难题会办会等机制,建立政府常务会议听取目标任务责任单位工作汇报制度,加大重点工作、重大事项和重要民生问题的跟踪落实力度。树立高效务实的工作导向,强化绩效考核,加强效能监察、行政问责。

加强作风建设,提高政府公信力。深化政务公开,加强政府新闻发布工作,扎实推进行政权力网上公开透明运行,建立完善电子监察系统,加强对政府性资金和投资项目的审计监督。大力发扬艰苦奋斗、勤俭办事作风,严格财政预算编制执行,严控出国出访考察和会议、接待、差旅等公务支出,实行一般性行政经费零增长,将有限的财力更多地投向创新创业和社会民生事业。进一步强化机关软环境建设,坚持勤政廉政,坚决反腐倡廉,努力打造高效务实、为民清廉的公务员队伍。

各位代表,连云港发展已经迎来加速崛起的重要机遇期。新的形势催人奋进,新的征程任重道远。让我们紧密团结在以胡锦涛同志为总书记的党中央周围,深入实践科学发展观,在中共连云港市委的领导下,以克难奋进的勇气、创新创造的举措、团结拼搏的作风,满怀激情,开拓进取,为加快昂起江苏沿海开发的龙头,推进全面跨越、后发先至而努力奋斗!

(连云港市人民政府市长徐一平2010年1月19日在连云港市第十二届人民代表大会第三次会议上的报告)

改革综述

2010 年全市体制改革与机制创新工作的总体要求是:全面贯彻党的十七大、十七届三中全会精神和市十二届人大三次会议确定的各项目标任务,深入实践科学发展观,围绕“高扬创新大旗,推动全面跨越”年度工作主题,把大力推进沿海开发作为首要任务,创新工作思路,转变发展模式,为实现跨越发展不断破解重点领域和关键环节体制机制难题。

一、不断创新体制机制,积极服务沿海开发

(一)加快发展创新型经济。依托田湾核电、中复连众、恒瑞医药、716 研究所等重大平台,着力发展生物医药、高新材料、清洁能源、环保产业等战略性新兴产业和低碳经济,大力发展现代服务业,努力推进现代农业,加快构建具有连云港特色、支撑未来发展的现代产业体系。大力发展新医药、新材料、新能源、生物环保科技等高新技术产业和大规模临港基础产业,2010 年,规模以上工业增加值增长 15.5%,新医药、新材料、新能源产业产值均突破 150 亿元。以生产型服务业为突破口,加快发展现代物流、商贸金融、旅游休闲、文化创意等新兴服务业,2010 年服务业增加值增长 16%,服务业固定资产投资增长 20%。推进生态观光农业基地建设,加快发展高效农业及市级以上农业龙头企业,年内新增高效农业面积 30 万亩、设施农业 15 万亩,发展壮大 24 家省级以上重点龙头企业,全市市级以上龙头企业发展到 130 家。

(二)提升科技创新水平。加快中科院能源动力研究中心等重大科技创新平台建设并尽快形成研发能力,加快江苏省海洋资源开发研究院建设,促进我市海洋产业发展。进一步完善连云港清洁能源创新产业园概念性规划,加快建设清洁能源创新产业园。加快提升企业自主创新能力体系建设,着力推进建立重点实验室、工程技术研究中心、企业院士工作站等研发机构 30 个。深入推进与“两院两校”及省内高校的产学研合作,重点推进建设创新型园区,创建连云港大学科技园、连云港创新服务中心,推动国家和省级开发区、高新区、高新技术产业基地建立 2 ~ 3 家专业型科技孵化器。

(三)创新人才服务机制。深入实施“人才强市”战略,实施“科技创新创业人才工程”,以急需紧缺人才引进为主要任务,大力引进我市沿海开发和重点产业急需的各类高层次创业创新型专业人才。加快实施“555”高层次创业创新领军人才集聚工程,紧跟我市沿海开发、产业结构优化和新兴产业发展需要,实行引才、引智、引项目三者并举,以领军人才引进为重点,积极引进高层次创业创新人才,确保年内引进一批高层次创业创新人才及领军型人才,加快培养造就一支以创业创新领军人才为重点的高素质人才队伍。实施“海外人才来连创业计划”,努力为重点企业、重点项目提供一流的国际人才与智力服务,推进优秀人才境外培训工程,加快推进人才国际化进程。发挥产业优势,加强以新医药、新材料、新能源、装备制造、海洋化工等为重点的产业发展载体建设,建立健全人才政策平台,不断加强人才载体建设。

(四)创新金融支撑体系。适应沿海开发需要,进一步扩大企业债券发行规模,帮助符合条件的效益较好、偿债能力较强的骨干企业发行企业债券,继续推进港口集团 15 亿元、海州湾公司 10 亿元企业债券申报工作,年内争取成功发行 1 家。加大企业上市工作力度,积极推进我市重点企业上市进程,加大对拟上市企业的培育,不断丰富我市拟上市企业后备资源库。支持各类金融主体开展金融产品创新,争取国外金融机构和国内更多的股份制商业银行、外资银行来连设立分支机构,推动设立法人金融机构和非银行金融机构,争取国内金融机构、相关企业以及市内投融资平台共同组建股权投资基金,年内设立中科黄海基金。实施“千亿贷款”行动计划,搭建政银企合作平台,创新金融产品和担保方式,规范资产抵押登记流程,为实施沿海开发战略提供强有力的金融支持。

二、稳步推进行政管理体制改革，切实转变政府职能

（五）稳步实施政府机构改革。按照精简、统一、效能的原则，做好市县政府机构改革工作，全面开展乡镇机构改革。坚持以转变职能为核心，进一步理顺职能关系，优化组织结构，规范机构设置，提高行政效能，合理确定人员编制，完善行政运行机制。

（六）加快推进行政审批制度改革。构建沿海开发重大项目审批服务特别通道，完善中介配套服务，加大服务沿海开发力度。进一步完善四级便民服务网络，不断提高县（区）、乡镇、村便民中心的服务水平。积极推进行政权力网上透明公开运行，继续加快网上审批建设，整合网络资源，加强对县区工作指导，以市级网上政务大厅为依托实行网上申报、网上受理、网上反馈，建成全市行政审批服务工作统一共享的电子网络服务体系。

（七）不断完善公共财政体系。继续深化部门预算、国库集中支付改革，健全上下级政府间财力与事权相匹配的体制。加强政府采购工作规范化建设，进一步提高采购效率。强化非税收入预算管理，完善非税收入征缴管理系统。推进财政支出绩效评价，加快建立财政项目资金绩效目标管理的新机制，提高财政资金绩效管理水平。完善财政监督机制，加快构建事前、事中、事后相结合、日常监管与重点检查相结合财政监督检查新机制。

（八）大力推进事业单位人事与分配制度改革。积极探索和推进事业单位管理体制改革与运行机制创新，在先行试点的基础上，全面推开我市事业单位岗位设置管理工作，通过科学设岗、竞争上岗、聘约管理，建立健全我市公益型事业单位岗位设置管理机制。以事业单位岗位设置为基础，进一步深化事业单位收入分配制度改革，对专业技术人员按确定的岗位等级执行相应的岗位工资标准，按照事业单位岗位绩效工资的分配考核要求，推进事业单位分配制度改革的有序深化。

三、深入推进农村各项改革，强化新农村建设的体制保障

（九）扎实推进农村土地经营模式创新。扎实做好土地承包管理基础工作，土地承包经营权证书、承包地块、面积、合同全部落实到户。积极稳妥促进农村土地流转，鼓励农民通过多种途径流转土地承包权，培育更多专业大户、家族农场和农民专业合作组织等规模经营主体，加快发展合作经营型、土地集中型、统一服务型等农业适度规模经营。新增农业适度规模经营面积40万亩。充分发挥乡镇土地流转服务中心的平台作用，进一步丰富服务内容，拓展服务领域，为农村土地流转提供更加完善的服务支撑，新增土地流转面积20万亩。

（十）大力发展农民合作经济组织。坚持“民办、民管、民受益”的原则，鼓励多主体参与、落实优惠政策，扶持农民合作经济组织发展，年内新增农民合作组织200家。充分发挥资源整合的促进作用，推动合作组织向区域性、行业间联合拓展，不断扩大合作组织的辐射带动范围，带动农户新增3.7万户，组织开展“五好”农民专业合作社示范创建活动。加快发展农村土地股份合作社、社区股份合作，因地制宜发展劳务合作、资金互助合作等新型合作组织，提高对农户、土地和产业的覆盖。

（十一）积极创新金融支农模式。继续深化对现有农村合作金融机构的改革，鼓励发展适合农村特点和需要的各种微型金融组织，加快发展村镇银行、农村小额贷款公司、农民资金互助社等新型农村金融机构，尽快建立商业性金融、合作性金融、政策性金融相结合的农村金融体系。引导和鼓励各类金融机构创新支农金融产品、拓展涉农业务范围、增加涉农信贷投放，逐步建立市场主导与政府引导相结合的金融支农新机制，全市金融机构新增涉农贷款30亿元。加快推进农村信用担保体系建设，鼓励农业龙头企业、农民合作经济组织等组建担保公司，引导各类担保机构进入农村市场，发展形式多样的涉农担保业务，吸引各种信贷资金和社会资金投向“三农”领域。

（十二）坚持城乡统筹发展。进一步优化空间布局，推进城乡协调发展。促进城乡公共事业均衡发展，加快发展农村文体事业和教育事业，推进农村广播电视村村通、农民健身设施等重点工程，继续组织实施“千校万师支援农村教育工程”，完善农村教育免费政策和教育经费保障机制。不断提高农村社会保障水平，全面推进新型农村社会养老保险工作，力争年度前全市适龄农民参保率达到 80%，60 周岁以上符合条件的农村居民全部发放基础养老金；巩固提高新型农村合作医疗制度，新农合筹资标准人均不低于 150 元；健全农村居民最低生活保障制度，完善农村低保补助标准自然增长机制，低保标准提高到每人每月 150 元以上。继续做好小城镇综合配套改革试点工作。积极促进生产要素在城乡之间自由流动，进一步发展农民创业发展空间，形成以工促农、以城带乡、城乡互动的长效机制。

四、大力推进医药卫生体制改革，不断提高全民健康水平

（十三）加快推进基本医疗保障制度建设。继续扩大参保（合）覆盖面，做好特殊群体的参保工作，实现应保尽保。巩固、完善城镇居民医保费用统筹制度，城镇职工医保在市区统筹基础上探索实施全市统筹，新农合开展县转市住院病人统一管理、费用即时结报试点，在全省范围内初步实现异地就诊异地费用委托结报。

（十四）抓紧实施国家基本药物制度。在 60% 的县区实施基本药物制度，试点县区政府办基层医疗卫生机构全部配备和使用基本药物，并实行基本药物零差率销售，根据调整后的江苏省基本医疗保险药品目录，将基本药物全部纳入我市城镇职工医保、城镇居民医保和新农合药品目录，基本药物报销比例明显高于非基本药物。健全基本药物网上集中采购、统一配送和质量监管制度，落实实施基本药物制度财政补助政策。

（十五）进一步健全基层医疗卫生服务体系。调整基层医疗卫生机构设置规划，完善机构人员编制配备。加快基层医疗卫生机构标准化建设。着力加强基层卫生人才队伍建设。开展基层医疗卫生机构内部管理机制和人事分配制度改革。

（十六）促进基本公共卫生服务逐步均等化。为城乡居民免费提供基本公共卫生服务，规范建立城市居民健康档案。2010 年我市按人均不低于 15 元标准设立基本公共卫生服务项目经费。继续在灌南县开展 35 ~ 59 岁农村妇女“两癌”检查项目试点。对全市农村妇女补服叶酸、孕产妇住院分娩等实施补助，努力提高补助标准。继续实施结核病、艾滋病等重大疾病预防控制和国家免疫规划、贫困白内障患者复明、改厕以及对 15 岁以下人群补种乙肝疫苗等重大公共卫生服务项目。

（十七）积极推进公立医院改革。认真做好市级公立医院改革试点前期各项准备工作，适时启动改革试点，加快组建市级医疗集团。深化公立医院运行机制改革，以调动医务人员积极性为重点推进人事分配制度改革，推行人员聘用、岗位管理和绩效工资制度。改革公立医院补偿机制，逐步开展取消药品加成、增设药事服务费试点。加强医德医风建设，持续改进医疗服务。

五、加快推进文化体制改革，促进文化事业和文化产业发展

（十八）改革文化管理体制和运行机制。切实转变政府文化管理职能，实现政企分开、政事分开和管办分离，推动文化行政管理部门由办文化为主向管文化为主转变，由微观管理向宏观管理转变，由主要面向直属单位向面向全社会转变，更好地履行政策调节、市场监管、社会管理和公共服务的职能。创新文化经营机制，建立富有经营活力的微观运行机制，增强文化企业自我发展能力。推进文化产业投资主体多元化，形成以公有制为主体、多种所有制共同发展的文化产业格局。

（十九）深化公益性文化事业单位内部改革。积极推进公益性事业单位内部人事制度、收入分配制度和社会保障机制等改革，坚持面向市场不断激发自身活动，努力形成设施完备、功能齐全、服务优良、引导有力的公益文化事业主体,2010年底前,全市公益性文化单位基本建立岗位设置管理制度和人员聘用制度。

(二十)推进经营性文化事业单位转企改制。按照"创新体制、转换机制、面向市场、壮大实力"的要求,对一般文艺院团、非时政类报刊等经营性文化事业单位实行转企改制,完善法人治理结构,建立现代企业制度,使其在市场竞争中发展壮大,成为有活动、有实力的市场竞争实体,2010年,完成市和县(区)一般文艺院团改制。文艺院团改制与结构调整相结合,实行同城同类院团资源整合。抓好党报党刊发行体制和广播电视节目制播分离改革,推进报刊发行、电视剧制作机构进入市场,实行公司化运作。

六、完善市场主体运行机制,促进经济协调发展

(二十一)继续完善国有资产监管体系。进一步加强国有企业重大事项管理,认真组织落实《连云港市市属国家出资企业重大事项管理暂行办法》。进一步完善企业法人治理结构,探索推行外派监事,充分发展企业监事会的监督作用。进一步加强国有企业内部资源整合力度,整合市属监管企业内部同类业务,确定市属监管企业各自的重要子公司,突出企业的主营业务,减少企业层级,清理劣质企业和退出低效参股企业,引导国有资源向优势主业和重要子公司聚集。

(二十二)优化中小企业发展环境。启动中小企业融资担保百亿工程,尝试搭建一个长期为中小企业融资服务的有形平台"金融超市"(金融服务日),促进政银保企合作的长效机制。积极推进我市担保公司与省再担保公司的合作,不断解决中小企业融资难问题。进一步加强对全市融资性担保机构的监管,制订规范担保公司健康发展的实施意见,推动中小企业信用担保体系建设,着力改善中小企业融资担保的制度环境和信用环境,担保公司信用评级制度,促进商业银行与优质担保公司的合作,促进全市担保体系健康良性发展。引导服务机构提高工作水平,进一步加强创业辅导工作,提高创业服务能力。推进创业基地建设,争创省级重点产业集群,拓展创业载体建设。着力整合社会资源引导创新创业实践,开展集成式社会化服务,增强民营经济和中小企业参与市场竞争、增加就业的活力和竞争力。

七、加强改革的统筹协调,确保各项改革的有序推进

市各相关部门要切实加强领导,进一步细化各项改革工作,制定推进改革的实施措施和时间步骤。各县、区要结合实际,明确本地区改革工作重点,精心组织实施,大力推进各项改革深入开展。市发改委要抓好全市改革创新工作的统筹协调及宏观指导,加强对改革工作的督促检查,推动改革创新工作的顺利开展。

(连云港市发改委　王仁和　蔡　清)

淮 安 市

2010 年政府工作报告

各位代表：

现在，我代表淮安市人民政府，向大会报告工作，请予审议，并请市政协委员和其他列席同志提出意见。

2009 年工作回顾

2009 年是新世纪以来全市经济发展最为困难、遇到挑战最为严峻的一年，也是全市上下团结拼搏、各项工作取得较大突破的一年。一年来，在市委的正确领导下，我们坚持以科学发展观为统领，全面落实中央和省委、省政府保增长保民生保稳定的各项决策部署，强力推进“五大建设”，在应对挑战中抢抓机遇，在创新思路中破解难题，圆满完成了市六届人大二次会议确定的各项任务。预计全年完成地区生产总值 1030 亿元，同比增长 13.5%；财政总收入 213.5 亿元，增长 25.2%，其中地方一般预算收入 96.5 亿元，增长 35.2%；全社会固定资产投资 1100 亿元，增长 33.3%；社会消费品零售总额 400 亿元，增长 19.1%；金融机构本外币存款余额 942 亿元、贷款余额 673 亿元，分别增长 34.3%、45%；城镇居民人均可支配收入 15646 元、农民人均纯收入 6300 元，分别增长 11.7% 和 11.4%，财政总收入、全社会固定资产投资等 9 项指标提前完成“十一五”规划目标。

一年来，我们主要抓了五个方面工作：

（一）突出项目建设，经济支撑力进一步增强。新型工业化进程加快。规模以上工业实现增加值 414.5 亿元、销售收入 1560 亿元、利税 170 亿元，分别增长 16.9%、22% 和 20%。完成投入 540 亿元，组织实施 220 个亿元以上项目，淮阴卷烟厂“十一五”技改、润尔华 120 万吨渣油综合利用、旺旺二期等项目竣工投产，实联化工 100 万吨纯碱、70 万吨大圆坯深加工等项目开工建设。IT、食品、医药等产业快速发展，富士康销售突破 60 亿元。传统产业品牌化建设取得重大进展，新增中国驰名商标 3 项。科技创新和节能减排成效明显，高新技术产业产值增长 46.3%，单位生产总值能耗下降 4.5%。农业产业化规模扩张。全市高效种植业、高效渔业面积分别达到 236 万亩、41 万亩，畜禽规模养殖比重达 74%，新增省级龙头企业 3 户，国家级台湾农民创业园成功获批，市现代农业高科技示范园、粮食物流园初步建成。30 个重点乡镇工业集中区、100 个村级创业点完成固定资产投入 80 亿元，新建标准化厂房 100 万平方米，累计入驻企业 1524 户，带动 7.4 万农民就业。农田水利、农业综合开发分别完成投资 6.9 亿元、2.8 亿元，新植成片林 5.4 万亩。现代服务业水平提升。五星级鼎立国际大酒店建成投运，省电子信息产业基地、省级软件和信息服务产业园成功获批，阿里巴巴、搜狐等知名软件企业相继进驻，服务业增加值同比增长 15.5%。旅游业快速发展，全年接待游客 1011 万人次，实现旅游总收入 101 亿元，市博物馆、盱眙第一山创成国家 4A 级景区。

（二）突出功能配套，城市承载力进一步增强。坚持规划引领，完成新一轮城市总体规划、土地利用总体规划修编。投入 261.2 亿元，实施 515 个重点建设项目，中心城市基础设施覆盖面达 157 平方公里，建成区面积 110 平方公里，人口增加到 110 万，城市化率达 43%。越河路、枚皋中路、人防 051 工程等顺利完成，万达广场、新亚国际购物广场等快速推进，生态新城启动建设。组织实施了淮海东路改造、淮海南路美化亮化等工程，免费开放中央（钵池山）公园，建成古黄河生态园，新增公共绿地240万平方米。房地产市场稳步回升，市区开工建设商品房840万平方米，竣工270万平方米，改造房屋41万平方米，建筑业增加值增长25.2%。住房公积金个贷比率提升11.9%，中小学教师公积金全部纳入财政预算。和谐城管效应进一步放大，国家环保模范城市顺利通过验收，中心城区物业管理与社区服务荣获中国人居环境范例奖。交通基础设施建设完成投资45亿元，建成涟水机场主体工程和城南汽车客运站，开工建设盐河航道整治、宿淮铁路等工程，205、325等国省及地方干线公路建设快速推进。南水北调淮阴三站、里运河清淤等水利工程顺利完成。

（三）突出改革开放，发展原动力进一步增强。各项改革稳步推进。市属国有企业改制基本完成，八大资产公司整合步伐加快。市县机构改革全面启动，义务教育阶段教师津补贴规范工作基本完成。投融资体制改革不断深化，市城市资产和新城投资公司总资产分别达93.6亿元、72.9亿元，市属融资平台实际到账资金71.4亿元，其中成功发行15亿元企业债券；交通银行进驻我市，苏南6家农村商业银行在县（区）设点，江苏银行实现县域全覆盖。农村改革深入推进，组建土地股份合作社53个，农民专业合作组织达3675个，新建供销连锁网点4338个，小麦托市收购9.8亿公斤，农村小额贷款公司试点全面推开，农业保险提档扩面。对外开放成效显著。积极开展苏南、浙江、深圳、东莞等系列招商活动，成功举办第八届淮扬菜美食文化节暨第四届台商论坛，新引进5000万元以上内资项目261个，固定资产实际到位244亿元；新批外资项目164个，协议注册外资13.1亿美元，实际到账6.1亿美元，其中台资占比达58%，我市已成为江北知名台资企业集聚最多的地区。积极扩大外贸出口，实现进出口总额21.4亿美元，其中出口14.7亿美元；出口加工区成功拓展保税物流功能，进入全国出口加工区前二十位，名列全省第五、江北第一。园区功能不断完善。8个省级开发区新增基础设施投入54.3亿元，实现业务总收入1653亿元，成功创建5个省级特色产业园区。留学人员创业园获批国家高新技术创业服务中心，淮安工业园区和盐化工新区基础设施加快推进，海关“区港联动”便捷通关模式正式启动。

（四）突出民生改善，政府亲和力进一步增强。社会事业健康发展。新增3所三星级普通高中、4所四星级中等职业学校，城乡学前三年幼儿入园率、义务教育阶段巩固率、初中毕业生升学率、残疾儿童接受义务教育率、高等教育毛入学率分别达94%、99.9%、97%、97%和38.8%。城市社区卫生机构标准化普及率达96%，新型农村合作医疗覆盖率达99.9%，建成百万农民“15分钟健康就医圈”，甲型H1N1流感和手足口病防控工作得到加强。中国南北地理分界线标志园、中国淮扬菜博物馆等建成开放，基本完成主城区有线数字电视整体转换；成功获得第十八届省运会承办权。“世代服务”体系建设实现城乡全覆盖，全市计划生育率达94.15%。社保体系逐步健全。城镇新增就业6.6万人，下岗失业人员再就业3万人，发放助保贷款3600万元，城乡低保、廉租房补贴、农村五保对象供养全部实现提标扩面。投入3.6亿元帮助16万人脱贫，省定经济薄弱村村均收入达4.6万元。为5731名困难群众免费提供法律援助。民生实事全面完成。新建23个市级示范社区卫生服务中心、123个标准化卫生服务站；发放尊老金1896万元；为14.66万名企业退休职工免费体检；6.6万名市区65周岁以上老人免费乘坐公交车；建成廉租房904套，建设经济适用房5268套；解决56万农村居民饮水不安全问题；完成农村改厕11.8万座；市综合性社会福利中心、妇女儿童活动中心建设全面启动，乡镇文化站、农家书屋等工程均超额完成任务。

（五）突出环境优化，投资吸引力进一步增强。积极为企业排忧解难，全年减负1.9亿元，4次银企对接融资204亿元，为中小企业新增担保贷款31.3亿元，为富士康、达方电子等企业输送员工两万多人。通过城乡建设用地增减挂钩、争取点供指标、独立选址等措施,获批建设用地 2.6 万亩。“五五”普法深入推进,市政府自觉接受人大依法监督和政协民主监督,充分发挥各民主党派、工商联、无党派人士和人民团体参政议政作用,511 件建议、提案全部办结。深入开展群众性精神文明创建活动,扎实推进平安创建,“1 + 3”安全监控体系建设在全国推广,“阳光信访”入围中国地方政府创新奖。对口援建成绩显著,投入 1.28 亿元,建成四川绵竹玉泉学校、敬老院等项目。政府法制、机关事务、国防动员、双拥、外事侨务、民族宗教、防震减灾、红十字、工商管理、技术监督、统计、审计、食品药品监管、出入境检验检疫、行政审批、招投标、供电、烟草、盐业、物价、农机、气象、残联、档案、地方志等工作都取得了新的成绩。

回顾一年来的工作,我们深刻体会到:越是困难的时候,越要自觉贯彻落实科学发展观,用发展的办法解决前进中的问题;越是困难的时候,越要坚持改革创新,用创新的思路把握工作主动权;越是困难的时候,越要高度关注民生,用实实在在的措施造福人民群众;越是困难的时候,越要牢记责任使命,用美好愿景凝聚人心、鼓舞士气。也正是有了这些共识,我们才能在非常之年取得非常业绩。在这里,我代表淮安市人民政府,向在各个领域和岗位上辛勤劳动、无私奉献的全体市民,向给予政府工作积极支持的人大代表和政协委员,向各民主党派、工商联、无党派人士、人民团体、各位老同志和社会各界人士,向解放军和武警驻淮部队指战员,向所有参与、支持和关心淮安发展的海内外朋友,表示衷心的感谢和崇高的敬意!

在看到成绩的同时,我们也清醒地认识到存在的困难和问题,主要是:生产要素制约严重,少数重大项目进展不快;列统企业数量较少,县域经济发展较慢;城市化水平不高,功能配套不够完善,集聚和辐射能力有待增强;财政增收压力加大,收入质量和结构有待优化;少数群众生活困难,社会保障水平有待提高;影响社会安定的因素仍然存在;少数部门市场意识淡薄,动手操作能力亟待加强。对此,我们将高度重视并采取有效措施加以解决。

2010 年工作安排

各位代表,今年是实施“十一五”规划的最后一年。做好今年的工作,我们既面临着严峻的挑战,更具备有利的条件。一方面,国际金融危机影响仍然存在,经济回升的内在动力仍然不足,周边地区竞相发展的态势给我们带来了巨大的压力。另一方面,中央继续实施积极的财政政策和适度宽松的货币政策,保持宏观经济政策的连续性和稳定性;江苏沿海开发上升为国家战略和苏北整体纳入长三角一体化等政策叠加效应日益凸显;省委、省政府进一步加大对苏北支持力度;特别是经过多年的发展,我市人均地区生产总值突破 3000 美元,步入了工业化转型、城市化加速和国际化提升互动并进的快车道,这些都给淮安加快发展带来了重大机遇。只要全市上下坚定信心,抢抓机遇,奋力拼搏,就一定会在更高起点上实现新的跨越。

今年政府工作的总体思路是:全面贯彻党的十七大和十七届三中、四中全会以及中央、全省经济工作会议精神,以邓小平理论和“三个代表”重要思想为指导,深入贯彻科学发展观,按照市第五次党代会第四次会议部署,紧紧围绕“五大建设”,以加快发展为主题,以加大投入为基础,以改革开放为动力,以转变发展方式为重点,大力提高新型工业化、特色城市化、农业产业化和经济国际化水平,全面发展各项社会事业,扎实推进民生建设,努力实现主要指标增幅保持全省前列,促进经济社会又好又快发展。

国民经济和社会发展的主要预期目标是:地区生产总值增长 13.5%;财政总收入增长 20%,其中地方一般预算收入增长 25%;全社会固定资产投资增长 35%;社会消费品零售总额增长 18%;外贸进出口总额增长 20%,注册外资实际到账增长 25%;城镇居民人均可支配收入、农民人均纯收入分别增长12%和10%；居民消费价格指数低于全省平均水平；城镇登记失业率控制在3.5%以内；单位生产总值能耗、化学需氧量、二氧化硫排放量分别完成省定目标。

围绕上述目标任务，我们将重点抓好六个方面工作：

（一）抢抓政策机遇，保持经济又好又快发展。用足用活中央和省一系列政策措施，准确把握产业导向和资金投向，切实把政策机遇转化为加快发展的强大动力。

加大有效投入。牢固树立大项目意识，突出抓好939个投资5000万元以上重点项目建设，完成投资918亿元。对投资10亿元以上项目，实行一个项目、一套班子，全力以赴，务求实效。进一步优化投资结构，提高基础设施和重大工业项目的投资比重，提高农业和服务业项目的投资比重，提高环境保护和资源节约项目的投资比重，以投资结构优化带动经济结构优化。

扩大消费需求。认真落实富民措施，多渠道增加城乡居民工资收入、经营收入、财产性收入和其他合法收入。进一步做好家电、农机、汽车下乡工作，鼓励连锁经营向农村延伸。落实保持房地产市场稳定健康发展的政策措施，支持居民自住和改善型住房消费。积极开发旅游、文化、健身和网络等热点消费，促进消费结构升级。

优化出口结构。提高机电产品、高新技术产品和农产品的出口比重，积极开展品牌创建和基地建设。巩固扩大主体市场出口规模，增加对东盟等新兴市场的出口。加快出口加工区二期建设，优化"区港联动"通关模式和检验检疫服务流程，促进加工贸易转型升级。

（二）立足做大做强，提升新型工业化发展水平。坚持新型工业化第一方略，推动工业经济提速增效，全年工业投入700亿元，新增列统企业200个，规模以上工业增加值增长16.8%。

主攻重大项目。深入开展"工业重大项目攻坚年"活动，组织实施亿元以上项目240个，其中10亿元以上项目20个，新开工亿元以上项目120个，竣工投产100个。落实市县（区）领导联动挂钩、重大项目绿卡制度，加大帮办协调力度，做好南瑞集团导线生产基地、盱眙核电、汽车零部件产业园等项目前期准备，开工建设淮阴发电厂30万千瓦热电联产、楚州燃机发电、今世缘优质酒技改三期、华尔润35万吨纯碱等项目，加快实施实联化工100万吨纯碱、70万吨大圆坯深加工、30万吨密胺、富士康三期、维科一期等项目，确保安邦20万吨离子膜烧碱、百隆色纺、飞翔纸业一期等项目竣工投产。

培育规模企业。全面实施中小企业提升工程，新增200个年销售1000万元以上的新增长点。加快研发机构建设，新建企业研发中心15个，新增高新技术企业40户。大力实施品牌带动战略，新创一批省级以上名牌产品。深入开展银企对接活动，做大担保公司规模，成立再担保公司，着力解决中小企业贷款难问题。扎实推进城乡建设用地增减挂钩和万顷良田建设工程，积极向上争取点供指标，优化土地供应结构，全力保障用地需求。加大对内对外招工力度，千方百计满足企业用工需求。完善煤电油运紧急调度制度，优先保证重点行业和企业生产需要。

聚焦特色产业。大力实施九大产业提升计划，围绕三大主导产业规模化，着力引进带动能力强的大项目，拉长IT、盐化工新材料、特钢产业链；围绕传统产业品牌化，引导企业加大技改和产品研发投入，提高产业竞争力和产品附加值，促进机械、纺织、烟草食品、建材产业向产业链、价值链高端攀升；加大政策支持力度，大力发展新能源、新医药等战略性新兴产业，主攻最具成长性和爆发力的核心产品群，主攻最具区域竞争力和产业带动力的龙头型项目。以省级淮安软件园等为载体，积极发展信息服务外包产业。

（三）坚持统筹兼顾，加快构建城乡一体化格局。以富民壮村强乡镇为核心，统筹推进农村工业化、城镇化和农业产业化发展，加快社会主义新农村建设。

重抓现代农业。大力推进高效农业规模化，全年新增高效种植业 30 万亩、高效渔业 6 万亩，畜禽规模养殖比重提高到 79%，建成 11 个年销售 10 亿元的县域主导产业，拓展淮安大米、盱眙龙虾、洪泽湖大闸蟹等品牌空间。整合各类资源，因地制宜建设省、市、县三级高效农业园区，台湾农民创业园完成项目投入 5 亿元以上，加快核心区和农产品精加工区建设。培育壮大龙头企业，新引进固定资产投资超亿元项目 10 个，新增年销售超亿元企业 3 户。

壮大县乡经济。坚持“一县一品”，突出抓好一批百亿元产业集群，以特色产业推动县域经济发展。抓好乡镇工业集中区和村级创业点建设，30 个重点乡镇工业集中区完成固定资产投入 90 亿元，新建标准化厂房 60 万平方米，新增列统企业 60 户以上，实现工业销售 100 亿元以上；新建 100 个上规模的村级创业点，每个创业点新建 1000 平方米标准化厂房，入驻企业 2 个，带动 30 人就业，为村级集体经济增收 5 万元。加大脱贫攻坚力度，抓好劳动力技能培训，完善信贷扶持政策，确保省定经济薄弱村集体收入全部超过 4 万元。

改善农村环境。加强农业基础设施建设，抓好中小水库除险加固，推进灌区配套改造，新建一批高标准农田，进一步提升农业机械化水平。加快区域供水进程，新增 12 个乡镇集中供水。推进小城镇基础设施建设，新建 15 座乡镇垃圾中转站，积极开展村庄污水处理试点，抓好秸秆禁烧、综合利用和绿化造林工作，创建省级康居示范村 3 个、市级康居示范村 30 个。加快城市生产要素向农村流动、基础设施向农村延伸、公共服务向农村覆盖，促进城市化与新农村建设良性互动。

（四）提升功能品位，推进苏北重要中心城市建设。围绕省委、省政府对淮安长远发展的战略定位，按照“东扩南连、三城融合、五区联动”的发展思路，坚持经典规划、精致建设、精细管理，投资 399.8 亿元，实施十大类 650 个重点项目，建成区面积达 120 平方公里，人口 120 万，城市化率提高到 45%。

完善城市功能。加快生态新城建设，重点实施“四馆”、淮安大剧院、交通服务中心、突发事件应急指挥中心、体育中心等项目。加快商业商务区建设，重点实施万达广场、苏宁广场、丰惠广场、雨润国际大厦、仕泰隆机电模具城等项目，树立一批新地标。加快河下古镇、淮安府署、码头古镇等项目建设，增强城市旅游集散功能。加快基础设施建设，重点实施通甫南路、枚皋中路跨大运河和里运河大桥、韩侯大道、徐杨水厂、四季青污水处理厂改扩建等项目。加快城市信息化进程，推进“数字淮安”建设。

优化人居环境。全面提升滨河绿化，新建城市森林公园、古黄河湿地公园、恩来水上公园、城南公园等 14 个公园，改造提升南北地理分界线标志园、中央（钵池山）公园、楚秀园、樱花园，实施淮涟路、机场路等路段绿化，新增公共绿地 300 万平方米。提升控制里运河、古黄河水位，贯通里运河和钵池山水系，整治清安河、文渠河、内城河、外城河等河道。健全城管长效机制，集中开展市容保洁、交通秩序、车容车貌、违法建设、城市出入口环境整治等专项活动。巩固创模成果，加强水源地保护，尽快实施白马湖生态水资源保护工程，大力防治各类污染，改善空气质量，营造良好的生活环境。

加速旧城改造。推进北京南路、淮海南路、里运河沿线和水渡口片区等 22 个地段、84 万平方米改造，促进老城区出新。通过绿化改造和沿线环境整治，全面提升健康西路、淮海西路、延安东西路等主次干道景观。规范房地产市场秩序和土地出让行为，强化共有产权房、安置房等保障性住房建设，开工建设商品房 850 万平方米，竣工 280 万平方米。

拓展对外通道。策应沿海大开发战略，加快实施盐河航道整治以及 327、235 省道建设，加强与连云港、盐城等城市对接。围绕全面融入长三角，积极推进宿淮铁路建设，做好连淮扬镇铁路前期工作。继续实施 205、325、237 等干线公路改造工程,加快淮海南路延伸段(清浦——金湖)建设,提高乡镇一级公路通达率。加快涟水机场建设和营运准备,10 月 1 日前正式通航,同时做好口岸申报工作。

(五)深化改革开放,着力增强经济发展活力。坚持市场化和国际化,不断拓展改革的深度和开放的广度,努力提高区域竞争力。

推进各类改革。以转变政府职能为核心,全面完成市县(区)政府机构改革和乡镇机构改革。加快"事改企"扫尾工作,稳步推进事业单位绩效工资改革。启动医药卫生体制改革,制定出台实施意见和配套政策。妥善解决国有企业改制遗留问题,完成八大资产公司整合。完善公共财政体系,优化支出结构,积极开展财政资金绩效评估,提高资金使用效益。深化投融资体制改革,引进浦发银行来淮设立分支机构,加快市区信用联社向农商行转制步伐,推进农村小额贷款公司试点工作,进一步做大城市资产、新城投资公司规模,力争资产均超百亿元,增强投资、开发等经营能力。大力发展民营经济,全年新增私营企业 4500 户、个体工商户 3.5 万户、注册资本 200 亿元。

提升开放水平。深入开展"百日招商竞赛"活动,全年引进 5000 万元以上内资项目 300 个、3000 万美元以上外资项目 10 个。围绕巩固台资高地,以珠三角、长三角以及台湾为重点,组织好台资招商活动,提高赴台招商频率及实效,办好第五届台商论坛和台北重大经贸活动,加快台湾工业总会淮安工业园建设,加强与台湾工业总会、内湖科技园的联系,放大富士康、台玻等品牌效应,吸引更多的台商来淮投资。主动对接央企,赴京举办专场招商活动,力求在盐化工、汽车零部件等产业配套方面取得突破。加大民资招商力度,以广东、浙江、上海、苏南为重点,组织开展小分队招商、专业招商,引进一批投资规模大、带动能力强、集聚效应明显的龙头型项目。

强化载体建设。对照国家级开发区标准,加快 8 个省级开发区集中供热、集中治污、物流等配套设施建设,完成基础设施投入 60 亿元,全部实现"九通一平"。推进淮安经济开发区创建国家级开发区工作,新创 2 ~3 家省级特色产业园区,加快淮安工业园区和盐化工新区基础设施建设,完善功能配套,增强对外吸引力。

(六)坚持以人为本,更加注重保障和改善民生。把解决民生问题摆上更加重要的位置,进一步加大帮扶力度,通过大力改善民生来推动经济快速增长。

繁荣社会事业。推进义务教育均衡发展,全面实施中小学校舍安全工程,争创 4 所三星级以上普通高中、中等职业学校和 30 所省市级优质幼儿园,完成附中田家炳教学楼、商校二期建设,异地新建北京路小学,积极争创教育现代化先进县(区)。开工建设市一院门急诊暨内科大楼,加快市三院创建"三甲"专科医院、市四院创建三级传染病医院步伐,新创省级卫生乡镇 2 个、卫生村 15 个,全面改善医疗卫生条件。深入实施食品药品放心工程。全面加强人口和计划生育工作,统筹解决人口问题。启动周恩来童年读书处旧址修缮和环境整治及周信芳、郎静山故居维修保护工程,提高镇村文化设施使用效率和管理水平。精心办好各类节会,促进淮扬菜申遗工程。大力开展全民健身运动,积极备战十七届省运会。完成《淮安市志》初稿。

完善社保体系。认真落实扶持就业再就业各项措施,健全弱势群体就业援助机制,突出抓好高校毕业生和困难家庭毕业生就业援助工作,确保城镇新增就业 5 万人、下岗失业人员再就业 2.5 万人。积极实施新型农村社会养老保险,以县(区)为单位实现全覆盖,建成 310 个社区居家养老服务中心,五保对象集中供养率达 60%。规范临时救助制度,保障低保边缘群体和低收入困难群体的基本生活,对贫困残疾人参加新农合和城镇居民基本医疗保险给予全额补贴。

办好民生实事。投入 18.53 亿元,实施新一轮为民办实事工程:1. 廉租房租赁补贴实现应保尽保,建设廉租房 886 套、经济适用房 3000 套;2. 建成市综合性社会福利中心、妇女儿童活动中心;3. 将城市、农村低保标准分别提高到 300 元/月、160 元/月;4. 将尊老金发放范围扩大到城市,其中百岁老人提高到 300 元/月;5. 大力推行市民"一卡通";6. 为 6000 名特困人员办理助保贷款;7. 向贫困家庭中的重度残疾人发放护理补贴;8. 大力实施农村环境综合整治;9. 积极落实医疗、保健等各项惠民措施;10. 扩建职业学校,启动淮中、实小生态新城分校建设。

加强社会管理。完善社区管理和村民自治制度,组织好第九届村委会和第三届城市居委会换届选举,保障人民群众依法行使民主权利。深入开展"五五"普法,提升法治淮安创建水平。全面推进社会治安综合治理,严厉打击各类刑事犯罪活动,巩固提升平安创建成果。扎实开展双拥共建活动,努力实现全国双拥模范城"三连冠"目标。进一步加强信访工作,深化"阳光信访"内涵,完善社会矛盾排查化解机制,有效预防和处置群体性事件。深入推进"1+3"安全监控体系建设,扩大安保互动覆盖面,强化交通、消防、建筑等领域专项整治;完善应急管理体系,提高应对灾害性天气等突发事件能力,建成市灭火应急救援中心,保障人民群众生命财产安全。

各位代表,做好"十二五"规划编制工作,是今年的一项重要任务。我们要在全面完成"十一五"各项目标的同时,认真研究下一个五年经济社会发展的思路、目标、任务和工作举措,推动淮安在新的起点上更好更快地发展。

进一步加强政府自身建设

围绕服务型政府建设,深入学习实践科学发展观,加快职能转变,增强服务意识,提高行政效能,努力把淮安建成最具竞争力的服务高地、成本洼地和投资福地。

强化诚信建设。打造诚信政府,凡承诺过的事、定下来的工作,不管遇到多大困难和压力,都坚决兑现到位,以良好的信誉赢得客商的青睐和群众的信任。建设诚信社会,大力弘扬开明开放的现代文化,逐步建立社会信用体系,坚决反对弄虚作假、欺上瞒下的不正之风,严厉打击制假售假、不当竞争的违法行为,营造良好的社会风气。塑造诚信公民,积极开展各类主题教育活动,引导广大干部群众诚实守信、务实崇信、求实尚信,努力形成和谐融洽的人际关系。

强化团队建设。提高统筹协调能力,重大事项及时向市委和人大常委会汇报,自觉接受人大和政协监督,充分发挥各民主党派、工商联、无党派人士和人民团体参政议政作用,形成发展合力。加强对上沟通联络,研究政策,包装项目,积极争取,使各类扶持措施发挥最大效应。提高市场运作能力,进一步解放思想,积极运用市场理念和运作模式来解决发展中遇到的难题,鼓励更多的市场资源参与发展。提高动手操作能力,各级干部不仅要当指挥员,更要当战斗员,带头狠抓项目建设,带头解决矛盾困难,带头推动工作落实,加大跟踪督查、定期通报和问责追究力度,一级抓一级,层层抓落实。

强化效能建设。进一步减少办事环节,压缩审批时限,实行重大项目联合审批、限时办结制,加快推进网上办事大厅和电子监察系统建设,继续精简压缩会议文件,少开会、开短会、多开协调会,集中精力谋发展。进一步提高工作效率,打破条条框框的束缚,冲破部门本位主义的局限,突破墨守成规的做法,推行一线工作法,马上办、现场办、变通办,不断提高政府执行力。进一步增强服务意识,哪里有需要哪里就有服务,哪里有困难哪里就有人去解决,对基层和企业多支持、多帮助,少收费、少干扰,创造宽松的发展环境。

强化廉政建设。坚持创新制度,全面贯彻落实党风廉政建设规定,扎实推进人事、财政等体制改革,加强国有资产和工程招投标、政府采购、土地出让等重点领域监管,坚决纠正损害群众利益的不正之风。坚持廉洁从政,领导干部带头执行各项廉政规定,加强品行修养,清清白白做人,勤勤恳恳做事;强化行政监察和审计监督,深化政务公开,推动权力公开透明运行。坚持勤俭节约,大兴艰苦奋斗之风,压缩行政支出,将有限的资金用到最急需的地方,用到发展经济和改善民生上,以为民务实清廉的形象,团结和带领广大干部群众创造发展新业绩。

各位代表,新的一年,困难和挑战考验着我们,责任和使命激励着我们。让我们紧密团结在以胡锦涛同志为总书记的党中央周围,在省委、省政府和市委的正确领导下,解放思想,开拓创新,全面完成"十一五"规划目标,努力开创淮安的美好明天!

(淮安市人民政府市长高雪坤2010年1月20日在淮安市第六届人民代表大会第三次会议上的报告)

改革综述

2010 年,我委在市委、市政府的正确领导下,紧紧围绕“五大建设”,紧紧围绕结构调整,紧紧围绕发展方式转变,积极主动推进各项改革,为全市经济和社会发展作出了巨大贡献。

一、行政管理体制改革步伐坚实

一是积极稳妥推进政府机构改革。顺利完成了市县政府机构改革方案的实施,乡镇机构改革全面推开;市政府所有工作部门“三定”规定已经过市编委审核、市政府批准下发,市政府机构改革任务已全部完成,各县区政府机构改革工作基本完成,各县区乡镇机构改革已顺利通过省考核小组的检查验收。二是继续深化事业单位改革。调整了淮阴、金湖、盱眙等县(区)兽医管理体制改革中的机构编制。调整了淮阴、金湖、洪泽三县(区)文化广电事业单位,设立了文化行政综合执法大队、广播电视台等机构。设立了市县两级公路超限检测站,分流安置了原二级公路收费站有关人员。开展事业单位岗位设置管理制度试点工作。在全省率先开展公益事业特许经营权转让,实现投资主体多元化,提高了公用事业运营效率和服务质量。三是不断推进政务公开。市直各部门电子政务实行统一数据中心、统一基础网络、统一应用软件、统一管理机制,集中建设“四统一、大集中”模式,行政权力网上公开透明运行和电子监察系统全面正式开通,并与省级平台成功对接。《政府信息公开条例》得到贯彻实施,深入开展公共企事业单位办事公开工作,目前市直公共企事业单位均编制了公开目录和指南。

二、经济体制改革深入推进

一是微观主体改革基本完成。染整厂等剩余企业按照“彻底改、改彻底”的要求,在稳定中完成了职工理顺劳动关系调整、国有土地处置、内部机制转换等工作。协调解决 8 个资产公司参照公务员管理老人员的调资缺口问题,保证了正常运转,做好资产公司整合准备工作。把推进企业重组作为实现企业靠大靠强、做大做强、跨越发展的重要举措,全力推进清拖农装对外重组步伐,在全国范围内多方联系、推介、招商,引进战略投资者,与上海鼎力科技发展(集团)股份有限公司进行反复商谈,达成共识,正式签订战略重组框架协议,促进了企业规模做大、机制创新、技术进步、管理水平提高。

二是农村改革扎实推进。推进农民专业合作组织提质增效。全市农民专业合作社已发展到 4610 个,参加农户比重达 55%;建成年营销额 2000 万元以上的市级“五好”示范社 50 个、年营销额 1000 万元以上县级示范社 155 个、年营销额 300 万元以上镇级示范社 1140 个。推进农村土地流转提量增速。建立“明确粮食数量、货币价格保底,群众自愿选择、依约及时兑付”的土地流转价格形成机制,引导农民依法自愿有偿流转土地,发展多种形式的农业适度规模经营。全市累计流转土地面积达 89.78 万亩,农业适度规模经营面积达 87.71 万亩,同比分别增加 42 万亩和 26.6 万亩。充分发挥农业龙头企业带动土地流转、发展规模经营的引领作用,全市市级以上龙头企业已发展到 120 户,其中省级龙头企业 20 户、国家级龙头企业 3 户,实现销售收入、利税和利润同比均增长 35% 以上,带动 71 万农户建立各类基地 168 万亩。推进政策性农业保险提档扩面。全市三麦、水稻承保面分别达 96.2% 和 95.9%,保费总收入达 1.2 亿元,共支付因灾理赔款 7910 万元,受益农户达 20.3 万户。三麦承保 300 元以上档次的比重达 63.7%、水稻承保 400 元以上档次的比重达 46.5%,分别提高 19.7 个和 27.9 个百分点。

三是财政绩效管理得到强化,金融创新成效明显。出台了《关于推行市级预算绩效管理改革的意见》,全面完成职业教育财政支出绩效评价工作;财政支出结构通过调整优化,重点保障了民生工程实施,提高了基本公共服务水平。全市财政落实资金 12.4 亿元,支持“城乡居民十件实事”顺利推进。成功引进浦发银行来淮设立分支机构。新成立农村小额贷款公司三家,累计 7 家,清浦区一家小额贷款公司也将于近期正式开业。积极推进村镇银行组建工作,广州农商行即将在盱眙县成立一家村镇银行。创新担保抵押方式,推出林权证抵押、仓单、提货单质押、订单质押、仓储抵押收费权质押等贷款抵押方式和存货质押贷款、商标权质押贷款业务、行业信用协会信贷模式以及企业优质应收账款质押等方式,较好地解决了农村中小企业担保抵押难问题。深入推进中小企业信用制度和信用担保机构评级制度建设,聘请江苏中诚信信用管理有限公司为全市注册登记的27家担保机构和275家中小企业分别进行信用评级和外部评级,并将评级结果发至全市金融机构,为银保合作搭建平台。组建淮安市再担保公司,有效分散担保公司的经营风险,增强行业公信力,放大担保倍数。

四是土地资源利用取得新突破。通过实施土地开发整理,占补平衡补充耕地项目69个、新增耕地6877.54亩、调剂占补平衡易地补充耕地指标9312亩。通过稳妥推进万顷良田建设工程,实施总规模12.26万亩,投入资金估算11.3亿元,预计新增耕地1.27万亩,可用于挂钩耕地指标9200亩。争取点供用地计划3429亩,争取独立选址用地计划9116.48亩,争取追加用地计划1502亩。实施城乡建设用地增减挂钩项目256个,预计新增耕地1.74亩,目前已通过验收212个项目,确认新增耕地1.36万亩。盘活存量建设用地。通过征收土地闲置费、限期开发、无偿收回、督促企业按期开工和追加投资等形式,盘活利用存量建设用地4600亩。大力推进节约集约用地。严格执行项目核准、投资强度、注册资金到位、绿地规模、容积率、建筑密度等规定,全市新建标准厂房72万平米,节约土地1500余亩。创新土地市场建设体系。在严格坚持土地出让招拍挂各项规定的同时,在全省率先建立土地出让挂牌起始价集体决定制、土地招拍挂主持人随机抽取制、土地出让底价评委票决制等创新机制,保证了土地市场的公开公平公正。

五是利用资本市场取得阶段性成果。年内有1户企业获准并购重组,1户企业完成上市申报,1户企业进入上市辅导,3户企业完成上市股改。企业上市已呈现出改制培育、辅导申报、发行上市梯度推进滚动发展的新局面。正在完善进一步鼓励企业上市的若干政策意见,在淮政发[2007]135号文的基础上,加大财税扶持、资金扶持、项目申报和用地倾斜、人才引进培养力度。

六是外向型经济发展势头良好。全市利用外资突破10亿美元,预计全年注册外资实际到账10.5亿美元,同比增长92%;协议注册外资20亿美元,同比增长50%;推进省级特色产业园区建设,新获批"江苏淮阴太阳能产业园"1家,累计达到7家,数量全省第二。新获批市开发区与昆山高新区、盱眙与雨花开发区、金湖与宜兴开发区3家南北共建园区,累计达到5个。制订完善市级服务外包示范区、重点企业认定办法,着手启动相关认定工作。

七是科技体制创新驱推经济。改革科技计划体系和项目安排办法,始终将财政资金的使用效益放在突出位置,出台了《市级科技计划项目绩效考核意见》,强化了对科技项目技术效益、经济效益及财政资金使用效益的综合评价。2010年,市本级财政科技投入达到1570万元,80%以上用于支持和服务企业创新活动,企业投身科技创新的积极性不断提高;推进产学研合作,从点对点、项目与项目的合作,逐渐走向共建创新基地、互派挂职、开展载体与载体之间的合作;推进科技载体建设,全年新获批省级科技企业孵化器3个(累计达11家,其中国家级1家,孵化面积超过30万平方米,累计孵化企业150余家,毕业企业36家),新获认定省级科技产业园6个;完善创新服务体系,新建企业院士工作站4个、企业工程技术研究中心31个,新获批省级高技术重点实验室1个。全年新建公共技术服务平台11个。积极推进科技金融体系建设,科技小额贷款、科技成果转化风险投资、科技担保等筹划工作均开始实质性启动。

八是加快污水处理费制度和资源综合利用价格改革的步伐。针对城市化快速发展、城居人口迅速增长、污水排放量随之大幅增加的新形势,住建、环保、物价等部门认真研究制定了我市污水处理费征收标准调整的建议方案,为政府决策提供重要依据。稳妥实施市政公用事业改革,根据《江苏省城市市政公用事业特许经营中期评估制度》规定,在全省率先启动对供水企业的中期评估,在全省行业会议上进行了经验介绍。

三、涉及民生领域的改革方兴未艾

一是教育各项机制建立健全。积极开展《淮安市中长期教育改革和发展规划纲要(2010—2020年)》编制工作。建立教育现代化建设市级评估机制。明确各县区"江苏省教育现代化先进县区"创建任务的责任落实机制、评估考核机制以及市级主要指标及完成时间等,推动了全市教育现代化建设。金湖县已通过"江苏省教育现代化先进县"的省级验收;建立健全教育均衡发展促进机制。以创建"江苏省义务教育优质均衡发展示范区"为抓手,着力推进教育均衡发展,积极探索建立"外助式、合作式、内生式"的优质均衡发展模式。洪泽县被确定为全省首批示范区建设试点县。深化办学模式改革,采取"名校+新校"、"强校+弱校"的形式,组建66个基础教育办学集团。认真做好清理规范改制学校工作。全市14所义务教育阶段改制学校清理规范方案全面实施。建立健全实施素质教育长效机制。深化课程改革,切实规范办学行为。改革招生考试制度,改革小升初和中考招生办法。小学生升入公办初中严格执行派位制度,民办初中学校实行推荐和电脑派位相结合,将热点高中招生计划的50%按照初中学生数定向分配到全市所有初中;外来务工人员随迁子女100%就读市区公办学校,实现学生入学机会均等。建立健全教师轮岗交流机制。启动实施教师轮岗交流制度,市直四所小学40名老师轮岗交流,部分县区在县区域内积极开展义务教育学校教师轮岗交流。选派200名左右城镇优秀教师赴农村支教,100名左右农村教师到优质学校挂职进修。

二是医改五项重点工作进展顺利。积极稳妥地推进医改五项重点工作,制定出台了《关于推进医药卫生体制改革的实施意见》、《加快实施医药卫生体制五项重点改革2010年工作方案》等26个医改文件,明确了2010年加强公共卫生服务体系建设、推动基本公共卫生服务逐步均等化、完善基本医疗保障制度、实施国家基本药物制度、推进公立医院改革试点等五项重点改革任务。在城乡基本医疗保障制度建设、落实基层医疗卫生机构建设项目、建立国家基本药物制度、实施重大及基本公共卫生服务项目等方面走在全省前列,受到了省有关部门的肯定。尤其是人民群众十分关注的国家基本药物制度的实施成效初显。金湖县和清河区率先实施国家基本药物制度。9月1日起,洪泽、清浦、开发区、淮阴区启动国家基本药物制度实施工作。全市共有27个政府举办的社区卫生服务中心(乡镇卫生院)和185个村卫生站实施国家基本药物制度。基层医疗机构门急诊(含村卫生室)均次费用,由实施前的59.1元下降到39.78元,下降幅度为32.69%。

三是社会保障能力逐步增强。一是强化社保惠民,成果城乡共享。重抓新农保、特困助保、免费体检和医保普惠等省、市政府"为民办实事"项目。新农保从试点运行到基本全覆盖不到半年,参保率和发放率分别达98.69%、99.83%;做大特困群体助保工程。解决困难"断保"群体无力缴纳养老保险费问题,累计为5631名特困人员办理发放助保贷款2950万元;实施医保普惠制,推动居民参保全覆盖,将大学生纳入城镇居民医保;全力促进就业。进一步完善省级财政技能培训补贴政策,逐步实现由"补过程"到"补结果"的转变;完善就业帮扶机制。积极开展被征地农民基本社会保障工作,全市被征地农民6.84万人当年发放生活补助费和养老金共计2.73亿元,参保率达67.1%,在苏北处于领先位置。二是规范城乡低保。"提标扩面"工作全面启动,从7月1日起,城市居民最低生活保障线标准为每人每月300元,农村居民最低生活保障线标准为每人每月160元;三是加快住房保障体系建设。全年全市新增廉租住房890套,在建111套;对3454户低收入住房困难家庭发放了廉租住房租赁补贴;新开工经济适用住房3071套;新增公共租赁住房5787套,在建2583套;城市低收入家庭住房困难户占总户数比重预计下降到1.0%。

四、改革的统筹协调进一步强化

在各有关部门的支持下,市政府文件出台了《2010年淮安市经济体制改革要点》;为了打造好全市改革统筹协调工作的重要平台,我们根据市政府的要求,结合目前部门改革联络员制度运行的现状,出台了《关于进一步完善部门改革联络员制度的通知》,印发了《淮安市部门改革联络员年度考核办法》(试行),进一步调动了各部门改革联络员的工作积极性。去年部门联络员在完成情况汇报、年度总结和计划的同时,共完成调查报告21篇,报送信息264条。我市在全省改革信息得分2590分。

(淮安市发改委　曹汉华　何　涛)

盐 城 市

2010 年政府工作报告

各位代表：

现在，我代表盐城市人民政府向大会作工作报告，请予审议，并请各位政协委员和其他列席人员提出意见。

一、2009 年工作回顾

2009 年是新世纪以来我市经济社会发展最为困难的一年。面对复杂多变的经济形势和前所未有的工作压力，我们在省委、省政府和市委的正确领导下，紧紧依靠全市人民，深入贯彻落实科学发展观，变压力为动力，化挑战为机遇，全力做好保增长保民生保稳定工作，较好地完成了市六届人大二次会议确定的各项任务。

——全市经济难中求进、好于预期。一年来，我们坚持把保增长促发展作为首要任务，认真落实中央和省应对国际金融危机的一系列决策部署，采取超常规措施推进各项工作，年初确定的经济发展目标全面完成，部分指标增幅位居全省前列。全市完成地区生产总值 1923.8 亿元，比上年增长 13.5%；财政总收入 311.9 亿元，增长 44.3%，其中地方一般预算收入 126.8 亿元，增长 40.5%，增幅列全省第一。抢抓国家扩内需政策机遇，积极争取中央投资项目和资金。组织实施八大类重点工程项目、工业“三百”工程以及城建、交通和社会事业重点项目，千方百计扩大有效投入。全年完成全社会固定资产投资 1500.3 亿元，增长 33.9%，其中规模以上工业投资 824.8 亿元，增长 35.1%，接近“十五”工业投资的总和。新增贷款 323 亿元，贷款余额突破 1000 亿元，争取异地金融机构在我市信贷投放 126 亿元。深入开展“三服务”活动，帮助企业解决各种实际问题。全市规模以上工业实现增加值 714.2 亿元，增长 16.7%。东风悦达起亚汽车公司全年销售汽车 24.1 万辆，实现税收 18.1 亿元，分别增长 71.4% 和 88.8%。民营经济加快发展，主要指标增速继续走在全省前列。中联电气在深圳中小企业板成功上市。落实鼓励消费的政策措施，促进房地产市场健康发展，全市商品房销售面积增长 74.8%，家电下乡销售收入列全省第二，社会消费品零售总额增长 19.2%，增幅列全省第一。对外开放取得新的进展，全市注册外资实际到账 10.4 亿美元，总量继续保持苏北第一；进出口总额 28.6 亿美元，增幅列全省第二。

——产业升级取得新的突破。加大结构调整力度，着力推进传统农业向现代农业转变、传统工业向新型工业转变、传统服务业向现代服务业转变。扎实开展“高效农业突破年”活动，不断深化农村改革，推进现代农业示范园区、农产品加工集中区和农产品批发市场“三大载体”建设，全市高效农业总面积达 431 万亩，跨上全省第一的新台阶。组织编制 10 大产业发展振兴规划，大力发展新兴产业和特色产业。华锐风电去年 5 月投产，当年实现销售 30 亿元，入库税收 1.12 亿元。我市环保产业迅速起步，被认定为国家级环保装备产业基地。各县（市、区）特色产业发展较快，重点镇特色园区建设初见成效，建湖县被评为“中国节能电光源制造基地”。加强科技创新体系建设，新建国家和省级研发、设计、检测等公共平台 14 个，国家发改委批准在我市设立中国海上风电技术装备研发中心，江苏科行环境工程技术中心成为我市首家国家级企业技术中心。推进服务业集聚区及重点项目建设，市区家乐福开门迎客，水街二期、迎宾馆、国际会展中心相继建成，海盐历史文化景区、大纵湖旅游景区创建成国家 4A 级旅游景区。现代物流、金融商务、服务外包、科技信息等生产服务业加快发展。全市服务业实现增加值 670 亿元，增长 15%。二、三产业增加值占地区生产总值的比重比上年提高1.8个百分点。

——城乡面貌发生可喜变化。大市区建设实现“三年展新貌”目标。去年市区累计投入190亿元,组织实施了154个城建重点项目。城市道路等基础设施逐步完善,综合整治解放路,建设我省长江以北地区第一个快速公交系统,全面完成青年路西延、北环路和大庆路西延等40多条道路建设任务。实施油坊沟整治,完成串场河闸站、大马沟调尾等防洪骨干工程。老城改造和新城建设步伐进一步加快,人民路农贸市场等一批公共设施建成运营,先锋岛等地段完成成片拆迁;城南新区全年开工项目49个,竣工44个,完成投资65亿元,建成园林大道、内港湖公园、盐塘河公园、城南健身中心等基础设施和公共设施配套项目,一批新型住宅小区加速推进,一个现代化新城区已初见端倪。各地加快县(市)城和重点镇建设步伐,大丰市在苏北县城中率先成为国家卫生城市。积极推进城乡统筹发展,启动了21个镇村的试点工作。以交通为重点的全市基础设施建设取得新突破。新204国道南段、331省道市区段基本建成,326省道响水东延段、327省道滨海段、沿海高速阜宁连接线、231省道建湖和阜宁段、332省道大丰段建成通车,一级公路竣工里程全省最多。新建220千伏变电站3座、110千伏变电所8座,电网供电能力进一步增强。邮政、通信等建设取得新的进展。里下河地区灾后应急治理工程基本建成,通榆河北延送水、海堤达标等重点水利建设工程加快实施。组织开展农村基础设施、农村环境整治、绿色盐城建设三大会战,全市完成农村改厕10.9万座,森林覆盖率比上年提高1.2个百分点,农民生产生活环境进一步改善。国土资源工作成效明显,我市被评为全国“双保”先进单位和基本农田保护先进市。

——沿海开发在新的起点上全面推进。江苏沿海地区发展上升为国家战略,为盐城新一轮发展带来了历史性机遇。我市深入宣传贯彻《江苏沿海地区发展规划》,积极做好规划、政策、项目对接工作,制定沿海开发三年实施计划,在更高起点上推进沿海发展。加快以港口为重点的基础设施建设,大丰港区二期工程7万吨级码头建成通航,滨海港区10万吨级航道、射阳港区进港航道整治和响水港区灌河口拦门沙治理等工程加快推进。开通了南洋国际机场至香港、昆明、三亚等地的新航线。大力实施沿海45个重点产业项目,完成投资162.3亿元。成立沿海发展规划建设委员会,组建盐城港港口局,搭建海兴公司等投融资平台,加强对岸线、滩涂、盐田等战略资源的管理,保障沿海开发科学、有序推进。坚持以开放促开发,组建市政府驻日韩港台联络机构,加强与重点企业、重要商会联系,强力推进对日韩港台的招商工作。成功组织“2009中国盐城经贸洽谈会暨第二届海盐文化节”、“中国盐城丹顶鹤国际湿地生态旅游节暨沿海发展经贸洽谈会”。全年新开工亿元以上工业项目210个,比上年增加30个。加快开发区和各类园区建设,南北挂钩和盐沪合作共建开发区取得新的进展,各地中小企业园新建标准厂房154万平方米、新入园企业549户,各类园区的产业规模和层次进一步提高。外事、侨务、台办、工商、质监、食品药品监督、检验检疫、海关、海事、气象、保险等部门和单位立足自身职能,服务全市发展大局取得新的成效。

——和谐发展的基础工作更加扎实。在经济工作难度较大的情况下,我们更加重视保障和改善民生,群众也更加理解和支持政府工作。一年来,我们千方百计提高城乡居民收入水平,市区城镇居民人均可支配收入17770元,增长12%;农民人均纯收入7620元,增长11%,居民消费价格总水平基本稳定。年初确定为民兴办的26件实事基本完成。着力解决返乡农民工、高校毕业生、城镇困难家庭等重点群体就业问题,城镇新增就业8.96万人,年末城镇登记失业率为2.58%。进一步完善社会保障体系,提高了企业退休职工养老金标准和市区居民低保标准、社区工作者工资补助标准以及环卫工人工资福利待遇。新型农村社会养老保险制度全面推行。进一步扩大住房保障范围,市区新建政策性保障住房 73.9 万平方米,5300 户低收入困难家庭享受廉租住房补贴和实物配租。扎实推进脱贫攻坚工程,全市 16 万贫困人口实现脱贫目标。认真吸取"2·20"水污染事件的教训,切实加大市区饮用水源保护力度,关闭搬迁饮用水源保护区内所有化工企业,盐都区成为无化工区,完成城西水厂取水口西移和城东水厂第二取水口建设,启动实施盐龙湖饮用水源工程,区域供水和农村饮水安全工程建设加快推进。全面发展各项社会事业,市区建成全民健身中心、科技馆暨青少年活动中心、新四军人物馆、陆公祠修复扩建工程、淮剧艺术博物馆、一院老干部病房楼等一批社会事业重点项目。落实教育优先发展战略,义务教育、职业教育、高等教育加快发展,义务教育阶段绩效工资兑现到位。强化城乡公共卫生体系建设,有效开展甲型 H1N1 流感防治工作,新型农村合作医疗和城镇居民基本医疗保险实现全覆盖。文化和广电事业取得新的发展,全市乡镇文化站建设全部达到省定标准,7 个县(市、区)实现农家书屋全覆盖,数字电视整体转换工作通过国家验收,成功举办"精彩中国·魅力盐城"大型文艺晚会。在第十一届全国运动会上,我市实现了全运会个人金牌零的突破。坚持计划生育基本国策,人口自然增长率控制在 3.2‰以内,我市被评为全国首批人口和计划生育综合改革示范市。新闻出版、档案、地方志、红十字、老龄、残联、关心下一代、慈善等事业也取得了新的进步。坚持依法行政,自觉接受市人大及其常委会、政协以及各民主党派、社会团体和广大人民群众的监督,认真听取人大代表、政协委员反映社情民意,办理市人大代表建议 141 件、市政协委员提案 356 件。广泛开展平安盐城、法治盐城创建活动,切实加强社会治安综合治理、信访、安全生产、消防、民族事务和宗教等工作,有效化解各类社会矛盾,社会保持和谐稳定。不断提高统计、审计、行政监察等工作水平,建立科学发展评价考核体系,促进全面小康社会建设。人事编制、物价、防震减灾、援建灾区、住房公积金、粮食、供销、扶贫开发、保密、机关事务管理、民兵预备役、人民防空、国防动员、双拥共建等工作得到进一步加强。支持工会、共青团、妇联开展各方面工作,共同促进社会和谐。

各位代表,过去的一年,在极其困难复杂的宏观经济环境下,全市经济社会发展能够取得上述成绩,实属不易。这是各地、各部门同舟共济、共克时艰、主动作为、奋力拼搏的结果,凝聚着全市人民的智慧和力量。在此,我谨代表市人民政府,向各位代表和委员,并通过你们向全市广大干部群众、人民解放军驻盐部队和武警官兵、政法干警,向各民主党派、工商联、无党派爱国人士和人民团体,向省属驻盐各单位,向热心支持盐城发展的海内外各界人士,表示崇高的敬意和衷心的感谢!

在肯定成绩的同时,我们也清醒地看到,我市经济社会发展中仍然存在一些矛盾和问题:经济回升的基础还不稳固,消费和出口对经济增长的拉动力不够强,扩大需求存在较大制约;经济发展中的结构性矛盾仍然突出,传统产业比重偏高,现代服务业发展还不快;就业形势仍然严峻,城乡居民收入持续增长的难度加大,财政收支矛盾突出,保障和改善民生与人民群众的新期待还有差距;政府机关作风有待改进,行政服务效能需要进一步加强。对这些问题,我们一定高度重视,并在今后的工作中采取更加有力措施,切实加以解决。

二、2010 年工作总体要求

各位代表,2010 年是实施"十一五"规划的最后一年,也是建设全面小康社会的关键之年。同时,做好今年工作,对全面实施沿海开发国家战略,实现全市经济社会发展的新跨越,也具有特殊意义。总体上看,今年我市经济处于恢复性增长期,发展环境好于去年,既有许多难得的发展机遇和有利条件,又面临不少新的困难和不确定因素。我们要进一步坚定信心,抢抓机遇,乘势而上,在新的起点上推进全市经济社会新发展。

今年政府工作的总体要求是:全面贯彻党的十七大和十七届三中、四中全会精神,按照中央、全省经济工作会议以及市委五届六次全体会议的部署,以邓小平理论和“三个代表”重要思想为指导,深入贯彻落实科学发展观,加快转变经济发展方式,把保增长与调结构结合起来,着力巩固和发展经济向好势头,着力加快经济转型升级,着力推进沿海开发,着力统筹城乡协调发展,着力深化改革开放,着力保障和改善民生,促进社会和谐稳定,推动全市经济社会又好又快发展,确保全面实现“十一五”目标。

按照这一要求,今年全市经济社会发展的主要预期目标为:地区生产总值增长13%以上,规模以上工业增加值增长18%,二、三产业增加值占地区生产总值的比重和高新技术产业产值占规模以上工业的比重均提高1.5个百分点;全社会固定资产投资和规模以上工业投资增长30%,研发投入占地区生产总值的比重力争达到1.5%;地方一般预算收入增长20%,社会消费品零售总额增长18%,注册外资实际到账增长20%,出口总额增长20%;万元GDP能耗下降5.3%,化学需氧量和二氧化硫排放量全面完成“十一五”削减目标;城镇登记失业率控制在4%以内,城镇居民人均可支配收入增长12%,农民人均纯收入增长10%,人口自然增长率控制在3.5‰以内,全市城市化率达到48%。这些发展目标是立足盐城实际确定的,既充分考虑到与实现“十一五”规划目标、2011年全市总体上全面达小康目标相衔接,又体现了中央、省经济工作会议和市委五届六次全体会议提出的新要求。对这些目标任务,我们在确保完成的基础上,力争完成得更好一些。

针对宏观形势和盐城经济社会发展的实际,实现今年经济社会发展目标,要把握好以下几个方面:一是坚持把加快转变经济发展方式作为刻不容缓的重大任务。把保持经济平稳较快发展和加快经济发展方式转变有机统一起来,在发展中促转变,在转变中谋发展。更大力度推进经济结构调整,加快建立以现代农业为基础、先进制造业和现代服务业为支撑的产业体系。更加注重提高经济增长质量和效益,加强节能减排和生态环境保护,加快建设资源节约型、环境友好型社会。二是坚持把培育战略性新兴产业和特色产业作为推进结构调整的关键举措。着眼后危机时代竞争要求,把握世界科技和产业发展方向,抓住当前国家和省重点支持战略性新兴产业发展的机遇,集中力量培植我市新兴产业,大力发展特色产业,抢占产业发展制高点,增强区域经济竞争力。三是坚持把提高投资效益作为促进经济持续较快增长的重要保障。在继续扩大投资规模的同时,更加注重优化投资结构,提高投资效益。严格按照政策导向和产业定位新上项目、增加投资,着力抓好竣工项目的投产达效,尽快形成新的经济增长点,进一步提高投资对经济增长的贡献份额。四是坚持把改革创新作为推动经济发展的根本动力。注重运用改革的办法,解决发展中的各类矛盾和问题,把政府调控和市场机制有效结合起来,充分激发市场主体活力,调动社会各方面力量,凝心聚力,加快发展。五是坚持把改善民生作为和谐社会建设的基础工作。坚定不移地落实富民优先方针,千方百计增加城乡居民收入,更大力度推动公共资源配置向民生领域倾斜,加快发展各项社会事业,不断提高公共服务水平,切实加强社会建设,努力形成和谐稳定的新局面。

三、巩固和发展经济向好势头

继续扩大有效投入。保持合理的投资规模和结构,促进投资稳定增长,增强发展后劲。全年全社会固定资产投资力争超过2000亿元,其中规模以上工业投资突破1000亿元。坚持经济工作项目化、项目推进节点化,继续实施八大类重点工程、工业“三百”工程等重点项目。进一步优化投资结构,加大对“高、新、特”产业发展、沿海开发、社会事业、基础设施和民生工程的投资力度。着力提高投资效益,强化效益考核,促进新上项目尽快达产达效。对上年新竣工的120多个工业重点项目投产达效加强跟踪督查,促其尽快成为新的、实实在在的经济增长点。加强和改进投资管理,坚决把好土地、环保、节能、产业导向等审核关,严格控制新上高消耗、高排放项目。

提高出口和消费对经济增长的贡献份额。

抓住当前国际贸易市场恢复性增长的机遇，稳定传统出口市场，大力开拓东盟、中东、非洲等新兴市场。培植十家出口超 5000 万美元、百家出口超 500 万美元、千家出口超 100 万美元企业，进一步扩大出口规模，改善出口结构，促进外贸出口加快回升。加快服务业发展，积极扩大消费需求。大力推进市现代物流园区、大丰港物流园区等服务业集聚区建设，实施苏宁电器苏北物流中心、市开发区国际软件园与服务外包基地、汽车物流等重点项目，促进现代服务业与先进制造业互动发展。发展文化、出版、体育健身以及社区服务、家政服务、咨询服务等服务型消费，规划建设城南大型游乐场。借助上海世博会平台，推动旅游业加快发展。积极推进丹顶鹤保护区和大丰麋鹿保护区新增重点项目建设，新四军纪念馆争创国家 4A 级旅游景区。进一步拓展消费空间，稳定汽车、住房、通讯等热点消费，加大家电下乡、汽车下乡实施力度，增加农机具购置补贴，激活农村消费市场。加快城乡消费场所和服务体系的提档升级，优化消费环境。

促进房地产业健康发展。加大保障性住房建设力度，努力实现居者有其屋。在市区新增 700 套合计 3.5 万平方米住房用于廉租住房实物配租，新开工建设经济适用住房 20 万平方米。编制 2010—2012 年住房建设规划，改善住房供应结构，今年开发建设 60 万平方米中低价位商品房和 200 万平方米以上的普通商品房，支持居民自住和改善性住房消费。放宽购房入户及教育、社保等相关配套政策，吸引投资者、创业者在盐城定居。加强房地产市场监管，依法查处违法违规行为；加强土地供应管理，有效控制土地出让规模和价格；加强商品房竣工验收和销售管理，保证住房质量，促进房地产市场健康发展。

强化政策和要素支持。加大财政投入，保障中央新增扩内需项目配套资金和政府性投资项目所需资金。大力扶持重点产业、重点企业、重点项目发展，市财政今年安排 1 亿元专项资金，用于支持新兴产业和特色产业发展、科技平台建设和企业技改等。对应税销售超亿元的工业企业，将出台有针对性的扶持政策。支持东风悦达起亚汽车公司扩大产能、开拓市场，实现产销 33 万辆乘用车目标。落实各项减税、减费政策，减轻企业和创业者税费负担。加强银企对接，促进金融机构加大信贷投放，调整信贷结构。加大招商引行力度，加快全市担保体系建设，做大做强中小企业政策性担保公司，组建市级再担保公司，着力帮助中小企业解决贷款难问题。加强经济运行调节，深化“三服务”工作，抓好煤电油气运等生产要素保障，确保经济平稳运行和重大项目加快建设。

四、更大力度推进经济转型升级

大力发展新兴产业和特色产业。集中力量培育一批战略性新兴产业，重点发展新能源和节能环保产业，积极发展电动汽车和海洋生物产业，鼓励发展电子信息和新材料、新医药产业。着力打造市区、大丰、阜宁、东台 4 个风电产业园，在东台、大丰、射阳、响水规划建设沿海风光互补产业示范基地。到 2012 年，全市风电装机容量力争达到 250 万千瓦，光伏并网发电装机容量 150 兆瓦，新能源产业形成 500 亿元销售规模。推进市环保产业园建设，全力引进龙头企业和关键项目，加快形成环保研发、工程总承包、技术服务和装备制造的产业链，提高产业发展层次，打造国内一流的环保产业基地。深入研究电动汽车、海洋生物和电子信息、新材料、新医药等产业的发展方向，找准切入点，积极创造条件实现新的突破。大力发展县域经济特色产业，按照规划引领、园区支撑、龙头带动、品牌提升的思路，引导各县（市、区）集中要素资源，努力培植 2～3 个百亿元级特色产业。推进特色产业集群化、园区化，把省级开发区、工业集中区和中小企业园建成全市各地特色产业发展的重要载体。50 个重点镇按照“一镇一品”的要求，进一步明确工业集中区和中小企业园的产业定位，加强园区公共配套服务，加快特色产业发展。

加快科技创新体系建设。把大力发展创新型经济作为促进科技创新与经济转型升级的结合点,建立健全政府、开发区、企业、高校及科研院所共同参与的科技创新体系,提高全市科技创新水平。对各地研发投入情况加大考核力度,促进公共创新平台建设,支持企业自主创新。在市区规划建设城南科技城,尽快建设科技商务中心、现代工业设计中心、科技信息中心、科技创业中心、城市发展设计中心等重点项目。11 个省级开发区年内都要建立 1 个以上公共研发平台和孵化中心。发挥企业创新主体作用,引导企业增加研发投入,在规模以上工业企业中普遍建立研发中心,重点抓好国家海上风电技术装备研发中心、中建材环保研究院等项目建设,争取新创国家级企业研发中心 1 家,省级企业研发中心和工程技术中心 50 家,建立市级研发中心和工程技术中心 200 家。加快推进全市企业的技术改造,深入实施"千企千万"工程,全年完成企业技改投入 100 亿元以上,全面推进纺织、机械、化工等传统产业的提档升级,淘汰落后产能。

加强节能减排和环境保护工作。充分利用我市资源优势和环境优势,积极发展低碳经济,促进绿色增长。抓好节能减排,确保全面完成"十一五"节能减排目标。严格实施建设项目能耗审核制度,严把高能耗建设项目和高能耗产品准入关。在全市范围内加强污水处理系统建设,加快建设市区城北污水处理厂一期、城南污水处理厂二期工程。深入实施蟒蛇河、通榆河、射阳河"清水走廊"三年行动计划,对饮用水源等重点生态区进一步加大保护力度。加快生态市和绿色盐城建设步伐,抓好生态县、环境优美乡镇、生态村、生态工业园区、生态农场、绿色社区等十大类重点生态工程项目建设,以沿海造林、村庄绿化、绿色通道、农田林网和城镇绿化为重点,组织实施百项造林绿化工程,新增造林 34 万亩,争创国家园林城市。

五、努力开创沿海开发新局面

继续加强以港口为主的集疏运体系建设。迅速拉开盐城港"一港四区"错位发展的大框架,强力推进 20 个基础设施重点项目建设,不断提升港口功能。加快大丰港区二期工程建设,建成 3 个石化码头,启动以大件码头为重点的三期工程建设。充分发挥大丰港一类开放口岸优势,积极开辟新的航线。加快滨海港区 10 万吨级航道工程建设,做好建设 6 个运煤专用码头、4 个液体化工码头和 2 个通用码头的前期工作,启动 30 万吨级航道、码头建设可行性论证研究。加快射阳港区进港航道建设,建成 3.5 万吨级码头,同步推进黄沙港国家中心渔港建设。尽快开工建设响水港区灌河口航道整治一期工程。适时启动东台深水港建设可行性研究论证工作。积极推进连盐铁路建设、新长铁路盐城至海安段复线电气化改造,开工建设盐徐高速盐城至大丰港区段、临海高等级公路。发挥我市内河航道资源优势,大力推进内河港口建设,加快实施通榆河东台段、刘大线航道整治等重点工程,提高海河联运能力。

加快推进港城建设。高起点编制沿海港城建设规划,着力解决好布局、功能、特色问题。鼓励有条件的县(市)行政中心东移临海,促进港城快速崛起。加快港城启动区建设,着力做好行政服务、商贸、商务服务和居住配套等重点项目建设,为推进港口开发和临港产业发展提供支撑。积极探索市、县、镇共同推进港城建设的新途径。

着力突破沿海重大产业项目。围绕建设全国重要的能源基地、新型工业基地目标,加快实施响水裕廊 100 万吨重油裂解、滨海煤化工、射阳益海粮油二期、大丰港木材加工、东台新材料等 20 个重大产业项目。大力推进陈家港电厂、射阳港电厂"上大压小"工程建设,基本建成沿海 100 万千瓦陆上风电场,开工建设滨海港区中电投储配煤中心和东台国华、大丰华电及龙源等海上风电场,加快东台、大丰、射阳、响水等地面光伏电站建设。实施市开发区太阳能电池、盐都 5 兆瓦海上风机等一批重大项目。加强临港经济区建设,积极推进沿海风电、船舶、盐化工、泵阀、港口机械、碳纤维、海洋医药、海洋食品等产业园区建设,力争快出形象、早见成效。临港经济区要争创省级开发区,有条件的争取设立出口加工区和保税物流园区。围绕沿海产业发展重点，继续与国家和省做好规划、政策和项目对接工作，大力推进沿海专题招商，形成更多的产业投资。科学组织滩涂围垦和综合开发。加快编制我市海域滩涂围垦开发利用总体规划，坚持政府主导、市场运作，统一规划、分步实施，明确 135 万亩滩涂围垦的布局、时序、方向和重点工程，全面启动实施东台 100 万亩滩涂围垦综合开发试验工程，抓紧组织开展条子泥 40 万亩滩涂围垦项目的技术论证和方案比选，为尽快开工“江苏滩涂第一围”创造条件。坚持科学开发，创新资源利用方式，提高资源利用效率，统筹安排好产业开发、城镇建设、农业生产和生态保护，努力走出滩涂开发利用新路子。

以日韩港台为重点深化对外开放合作。强化对日韩港台的招商引资工作，努力实现利用外资新突破，保持利用外资总量领先苏北。结合我市产业发展需要，着力引进电子信息、精密机械、汽车、造船、食品加工以及现代服务业等领域的日韩港台企业来盐投资。充分发挥驻外经贸联络机构的作用，与日韩港台大企业、重要工商团体建立更加密切的联系，不断拓展新的合作领域。今年，每个县（市、区）和市开发区确保招引 3 个以上投资超 3000 万美元项目，全市利用日韩港台资本占实际利用外资的比重达到 80% 以上。进一步强化全市 11 个省级开发区的载体建设，坚持建区与造城双轮驱动，完善功能配套，增强对重大外资项目的吸引力和承载力。大力推进南北挂钩和盐沪合作共建开发区，提高区域合作水平。加大市开发区创建国家级开发区工作力度，促进各个省级开发区在全省进位争先。

六、扎实推进城乡统筹发展

高度重视抓好“三农”工作。以增加农民收入为核心，加强农业科技支撑，大力发展现代高效农业。加快现代农业示范园区建设，支持大丰丰收大地等有条件的园区创建国家级现代农业示范园区。全年新增高效农业面积 85 万亩以上，设施农业突破 20 万亩，力争建成总量第一、比重领先的“全省高效农业第一市”。更大力度推进全市 12 个重点农产品加工集中区和 9 个农产品批发市场建设，新上规模农产品加工龙头企业 60 个，培植一批年销售超 5 亿元、10 亿元的农业产业化龙头企业。大力推进农民合作组织、农村土地流转、农村金融服务“三项改革”，加快农村经营体制、农业经营方式和农村金融制度创新，鼓励和引导农民参与高效农业发展，并从中得到更多的实惠。全市新发展农民专业合作组织 500 个以上，加入农民专业合作组织的人数和带动农户数占总农户的比重分别达到 40% 和 60%，新增土地流转面积 55 万亩以上。继续加大对“三农”的投入，支持村级经济发展，加强农村基础设施和社会事业建设，夯实“三农”工作的基础。

进一步加快城市化进程。坚持把推进城市化作为扩内需调结构的重要抓手，加快城市现代化、农村城镇化、城乡一体化进程，全市城市化率提高 1.8 个百分点左右。围绕建设特大城市的定位，继续做大做强中心城市。今年大市区组织实施 10 大类 108 个城建重点项目，年内完成投资 200 亿元。按照成环成网的要求，加快推进市区道路、桥梁建设。开工建设“田字形”快速道路系统，年内基本完成范公路、青年路建设。实施开放大道整治和毓龙路西延改造工程，建成世纪大道通榆河大桥、331 省道通榆河大桥及新长铁路下穿隧道工程、新都路串场河桥改造工程。加大老城改造力度，推进先锋岛综合开发，完成剧场路、酒厂路、劝业场等地段成片拆迁工作，开工建设苏宁、同曦国际购物广场和建军路地下商业街，支持商业大厦、人民商场重建、扩建，构建建军路核心商业区。加快城南新区建设，重点加强公共配套设施建设和居住区开发，推进行政商务中心区、金融集聚区建设。加快亭湖河东片区和盐都西南片区、市开发区中心区建设，努力打造区级城市中心。加强城市管理和环境综合整治，有序安排城中村改造，加大对违法违章建筑的查处力度，强化市区公共交通管理，提升物业管理水平。加强“人民城市人民建”的宣传引导，完善相关政策，营造有利于城市拆迁、建设和发展的良好氛围。扎实开展“四城同创”活动,全面提高市民素质和城市文明程度,增强城市软实力。大力推进县城和重点镇建设,引导各县(市)围绕2020年前建成中等以上城市的目标,制定县城建设三年计划,明确近期重点建设任务,提高规划建设水平。合理安排50个重点镇的城镇建设、农田保护、产业聚集、村落分布等空间布局,确定工业、居住、公共配套等功能分区,促进工业向园区集中、人口向城镇集中、居住向社区集中。推进城镇户籍制度改革,引导在城镇工作和生活的农民有序转为市民。

推进城乡统筹试点工作。坚持规划引领,上半年全面完成各类规划的编制工作,确保城乡统筹发展规划与城镇建设规划、土地利用总体规划等有机衔接。组织21个试点镇村编排今后三年基础设施、公共服务、社会保障等功能性项目实施计划,加大推进力度,促进城乡基础设施有效对接、社会事业均衡发展、公共服务逐步均等,确保各个试点镇村年内建成2~3个重点项目,逐步形成一批功能较全、形态新颖的小城镇和农村新型社区。鼓励试点镇村大胆改革创新,积极探索统筹城乡发展的新途径、新机制,为在全市范围内扩大试点积累经验。推进乡镇区划调整和农村集中居住点整合工作,加快城镇和农村新型社区建设,提高农民居住的集中度、成套率和综合配套水平。

构建城乡一体的交通体系。加快建设市区到各县(市)城、沿海港城的1小时快速交通圈,确保10月18日前完成204国道全线改造,年底前完成231省道盐都段建设任务,实施连接建湖、阜宁、亭湖的234省道改造工程和亭湖至大丰段的226省道改造工程。进一步加强农村公路升级改造和路网建设,新建、改建农村公路1000公里,完成农村公路危旧桥梁改造200座。完善农村公共交通配套设施,推进“路、站、运”一体化建设,将全市行政村客运班车通达率提高到95%。

七、着力保障和改善民生

提高社会保障水平。进一步完善社会保障体系,扩大保障覆盖范围,提高保障标准,发挥社会保障的普惠作用。全面推行新型农村养老保险,基本实现农村适龄人员参保全覆盖。提高新型农村合作医疗补助标准,人均筹资不低于150元,其中政府补助不低于120元。落实城乡低保标准自然增长机制,健全临时生活救助制度,逐步形成较为完善的社会救助体系。积极做好物价监测工作,完善与价格上涨联动的低收入群众生活补贴机制,及时足额发放物价补贴。适时提高农村五保供养标准,确保分散供养和集中供养标准不低于上年度农民人均纯收入的40%和50%。积极发挥红十字会、慈善总会等组织的作用,广泛动员社会力量,开展助困、助学、助残、助老等公益活动。

加快社会事业重点项目建设。切实加大公共财政投入,优化社会事业资源布局,加快公共事业设施建设,满足人民群众对公共产品、公共服务的基本需求。在市区组织实施总投资超过100亿元的40个社会事业重点项目,年内完成总投资43亿元。加大市区教育资源整合力度,提高义务教育办学规模和水平。完成盐城一小等三所学校整合重建,实施解放路实验学校南校区扩建;在亭湖、盐都新区分别新建一所高中、一所九年制学校和一所幼儿园;市开发区新建一所幼儿园;城南新区开工建设盐城中学城南校区,促进优质教育资源合理布局。加强公共卫生事业建设,新建、改扩建市区10所医院,在城南新区新建一所三级综合医院,亭湖新区新建一所二级综合医院,市开发区新建一所三级妇幼保健医院,开工建设市二院传染病病房楼、市四院精神科病房楼,加快市三院新区医院建设,年内建成市中医院门急诊楼和市卫生监督所业务楼,推动大市区医疗资源均衡配置。加快县级医院、乡镇卫生院、村卫生室和社区医院、社区卫生服务中心基础设施建设,进一步完善城乡医疗卫生体系。推进文化盐城建设,实施广播电视塔、市图书馆新馆、市博物馆、杂技大世界、妇女儿童活动中心等文化设施项目,发展文化产业和文化事业。复建护国永福禅寺。广泛开展群众性体育健身活动,加快城南体育中心一期工程建设,开工建设建军路全民健身中心，完善社区健身网点。加强社会事业公共设施的管理，提高运营水平和社会效益。稳定低生育水平，提高出生人口素质，开展人口普查工作。进一步加强精神文明建设，做好新闻出版、网络管理、档案、地方志、地名管理、民族宗教、防震减灾、人民防空、关心下一代和残疾人事业等方面工作。确保完成援建灾区任务。

继续为群众办好实事。今年继续为民兴办28件实事，进一步解决群众关注的热点难点问题。千方百计扩大就业，全年确保新增就业6万人，扶持下岗失业人员再就业2万人，援助就业困难人员再就业5000人，扶持创业1000人，新增农村劳动力转移就业7万人，动态消除城镇"零就业家庭"，逐步消除农村"零转移家庭"。确保饮用水安全，加快推进盐龙湖工程建设，续建区域供水一期工程，完成城东水厂扩建工程，实施惠及40万农民的农村饮水安全工程。努力为群众创造更好的生活环境，继续推进市区老小区、易淹片区和后街背巷整治，市区技防小区建成率提高到85%以上；新建农村户用沼气池1万座、无害化户厕11.3万座；整治室外农贸市场和流动摊点，新建、改造8个农贸市场，建设一批管理规范的特色经营场所；新增公交车100辆，优化运行线路和运营时段安排。关心困难群众和社会弱势群体，市、县两级普遍建立残疾人庇护安养中心，在市区建设一所为残疾儿童提供义务教育的学校。推进老年公益事业，新建一处市级老年公寓和亭湖区、盐都区示范养老院。对计划生育特困家庭给予奖励扶助，让人均年收入低于2500元的农户全部脱贫。推进"慰烈工程"建设，清明节前将散葬烈士墓全部迁入烈士陵园。

促进社会和谐稳定。加强社会建设和管理，围绕化解社会矛盾、社会管理创新、公正廉洁执法三项重点，深入开展法治江苏、法治城市、法治县（市、区）、法治乡（镇）、民主法治村（社区）和无邪教地区创建活动，继续做好"五五"普法工作，提高全民法治观念和法律素质。完善利益诉求的协调机制，加强和改进信访工作。完善处置突发事件的应急机制，提高危机管理和抗风险能力。完善平安社会的综合治理机制，深入推进平安盐城建设。进一步强化安全发展理念，开展创建全国质量兴市先进市活动，加强农产品质量检测，深化食品药品质量和安全生产监督管理，积极推进安全生产考核训练基地建设，切实维护人民群众的生命财产安全。开展法律援助工作，为经济困难群众无偿提供法律援助。扎实推进"双拥"共建活动，密切军政、军民关系，创建新一轮"全国双拥模范城"。

八、坚持改革创新推进发展

深化重点领域和关键环节改革。根据省委、省政府的统一部署，全面完成市县政府机构和乡镇机构改革任务。深化财税体制改革，调整和优化财政支出结构，提高公共财政基本服务能力。完善大市区财税管理体制，进一步增强市区发展活力。推进医药卫生体制改革，努力在建立基本药物制度和推进基层医疗卫生机构运行机制改革方面取得突破。继续进行文化体制改革，抓好各类文艺团体资源整合和改革改制工作。适时启动事业单位绩效工资改革，规范事业单位财务管理和收入分配秩序，调动事业单位工作人员积极性。

着力破解发展难题。拓宽思路，创新机制，努力解决发展中的土地、资金、人才等瓶颈问题。全面启动万顷良田建设一期工程，做好射阳盐场1.58万亩土地复垦工作，开展农村土地整治活动，用好用活存量用地市场化配置和城乡建设用地增减挂钩政策，想方设法盘活存量土地，发挥我市土地资源优势，促进重大项目建设和城乡统筹发展。进一步完善投资机制，促进投融资平台健康发展。加强对市、县两级政府投融资平台的管理，强化审计监督，确保规范运作。大力推进企业重组、上市、发债等工作，争取新增上市企业2~3家，发债融资25亿元。大力实施"330"重点人才工程，引进创新创业领军人才，加强职业技能培训和人才培养工作，为经济社会发展提供人才支撑。

努力建设创新型、服务型政府。不断创新政府管理方式，提高行政效率，改善公共服务质量。以新一轮政府机构改革为契机，加快政府职能转变，深入推进机关作风建设和效能建设，切实履行好服务发展、保障民生和维护稳定的基本职能。加强调查研究，创新发展理念，精心谋划切合盐城实际的发展战略，倡导精细化管理，不断提高政府工作的效益和水平。组织做好“十二五”发展规划编制工作。坚持依法行政，加强行政监督，规范行政行为。自觉接受人大法律监督、工作监督和政协的民主监督，认真办理人大代表议案、建议和政协委员提案，提高办成率。加快电子政务网络工程建设，完善政府新闻发布制度，大力推进政务公开，加强与人民群众的沟通，主动接受社会监督和媒体监督。切实加强政府廉政建设，认真落实党风廉政建设责任制和责任追究制，加强对政府公共投资项目的跟踪审计和领导干部的经济责任审计，坚持艰苦奋斗、勤俭节约，树立为民务实清廉的良好形象。

各位代表，展望新的一年，我们面临着新的挑战和考验，肩负着新的目标和任务。让我们高举中国特色社会主义伟大旗帜，坚持以邓小平理论和“三个代表”重要思想为指导，深入贯彻落实科学发展观，在省委、省政府和市委的正确领导下，紧紧依靠和团结全市人民，凝心聚力，扎实工作，为全面完成今年经济社会发展任务和“十一五”规划目标而努力奋斗！

（盐城市人民政府市长李强 2010 年 1 月 19 日在盐城市第六届人民代表大会第三次会议上的报告）

改革综述

2010 年，在市委、市政府的正确领导和省发改委的指导下，按照国家、省的总体部署和年初全市改革要点的要求，针对我市经济发展过程中的体制机制瓶颈约束，积极探索创新，关键领域的改革工作取得了可喜的成绩。

一、企业直接融资取得新的突破

一是企业上市工作步伐加快。年内，响水的“雅克化工”、大丰的“辉丰股份”和“丰东热技术”等 3 家企业在深圳中小板成功上市，上市工作业绩显著；建湖的“信得机械”等 6 家企业正在进行股改，可望于 2011 年上半年陆续进入上市辅导期。截止 2010 年底，全市共有境内外上市企业 12 家，其中，境内上市 7 家，境外上市 5 家。二是企业债券发行力度加大。继 2009 年悦达 10 亿元债券成功发行后，年内市开发区东方公司和城投集团分别成功发行 10 亿元债券和 15 亿元债券，悦达集团发行短期融资券募集资金 8 亿元。大丰港开发建设公司 6 亿元和城南投资公司 15 亿元企业债券已通过省发改委审核并上报国家发改委待核准。三是创业投资工作取得新进展。市恒利风险投资公司通过省发改委核准备案，成为我市首家获准备案的创投企业。省高科投资集团与我市相关企业合作成立盐城高科创业投资公司，成为我市首家注册资本超亿元的创投企业。

二、企事业改革工作不断深化完善

全市企事业单位产权制度改革基本结束，2010 年主要是做好扫尾完善工作。一是继续加大劣势企业退出市场力度。市医药公司破产已依法裁定终结，化纤集团、糖烟酒公司、化机厂、天缘饭店等一批已进入程序的企业破产工作正在抓紧推进，东悦化纤破产进入法定程序，华通集团破产已经会商论证，石化总公司的职工安置已经完成。二是积极稳妥处理企业改制遗留问题。市医药公司、亭湖球宇公司、市交建公司、盐都金鹏鞋业公司等一批企业土地处置方案已批准实施，粮油供应公司、阳春集团、经济开发总公司、众想集团等一批已改制企业的资产剥离、职工权益、成本支付、离退休费用、生活区整治等遗留问题已经多次会商，正在陆续落实解决。三是强化涉及企业改革的维稳工作。下发了《关于市直企事业改革改制重大事项社会稳定风险评估的实施意见》。牵头组织 24 个市直相关部门单位认真排查、积极化解涉及改革改制信访热点难点问题，对 34 个重点信访事项，逐一开展化解工作和落实稳控措施。对商业大厦、江动集团、港口集团等企业职工集访事项组织力量进行集中处置。对市政府办交办的响水县砖瓦厂、伍佑轧花剥绒厂、阜宁县饮服公司等企业职工信访件，组织了复核答复。

三、城乡统筹改革稳步推进

2010 年，我市按照中央统一部署，学习借鉴成都、重庆和苏州、嘉兴等地先进做法，立足本市实际，积极探索城乡统筹改革发展之路，取得一定进展。一是市及各县（市、区）成立了统筹城乡发展工作领导小组及其办公室，加强对城乡统筹工作的领导；二是出台政策，明确总体要求、主要目标和推进措施；三是科学编制城乡统筹发展规划，实施乡镇和村行政区划调整；四是加大政策扶持，鼓励和支持城乡统筹发展；五是精心组织试点，加快特色城镇和新型农村社区建设；六是着力打造产业发展平台，努力促进农民就业增收。由于我市的城乡统筹工作措施扎实，成效明显，在 2010 年长三角改革发展暨城乡统筹发展高峰论坛上，我市被评定为长三角地区城乡统筹发展范例城市。

四、市场体系建设迈出新的步伐

资本市场进一步发展壮大，呈现良好的发展势头。年内，我市共新引进东吴证券、华泰证券东台营业部、弘业期货等 6 家证券、期货营业部，全市证券、期货营业部累计已达 11 家。其中，证券营业部 8 家，期货营业部 3 家。11 家营业部全年交易额近 4500 亿元，比上年增加一倍以上，实现营业收入 2 亿元左右，实现营业税金约 1200 万元，实现利润 1.2 亿元左右，开户数近 20 万个。中介市场监管进一步加强，优化和改善了经济发展环境。按照国家、省的部署精神，在加强金融市场、证券期货市场、生产要素市场、商品市场等市场监管的同时,中介服务市场的监管又有新的突破。在2009年涉企中介专项整治的基础上,由市发改委起草的《盐城市中介机构管理试行办法》已以市政府名义下发,相关的配套制度正在制订或完善,即将陆续出台。随着中介监管组织的建立和监管政策的出台,我市中介机构监管的长效机制开始启动。

五、医药卫生体制改革进一步深化

根据国家、省的统一部署,市、县两级政府分别成立了深化医药卫生体制改革领导小组及其办公室,市政府与各县(市、区)政府分别签订了医改目标责任书,市本级出台了《深化医药卫生体制改革实施意见》及14个配套文件,各项工作有序推进。一是基本药物制度稳步实施。全市分三批次实施基本药物制度。第一批东台、盐都、亭湖、市开发区2月7日开始实施。第二批大丰、射阳、建湖12月26日前也已全部到位。阜宁、滨海、响水三县将在今年全部启动。截至年底,全市已有60%以上的基层医疗机构实行基本药物制度,惠及群众518万人,药品费用下降22%,初步缓解了"看病贵"、"看病难"的矛盾。二是基本医疗保障制度进一步完善。基本医疗保障面不断扩大。2010年全市城镇职工医保、居民医保参保人数达279万,参保率达98%,新农合参合率达99.83%。提高了参保居民受益水平,城镇居民、城镇职工住院费用报销比例分别达到63%和81%。三是基层医疗卫生服务体系得到加强。东台、建湖人民医院积极实施国家扶持项目,落实配套资金1.2亿元。21个乡镇卫生院实施改造。完成了610个村卫生室建设任务,通过省验收。全市13个街道全部建起了卫生服务中心。四是促进基本公共卫生服务均等化。全市落实公共服务经费4815万元,免费为城乡居民提供9类22项基本公共卫生服务。建立居民健康档案456万份。完成2.88万名农村妇女"两癌"检查。对27763名农村妇女住院分娩进行补助。为1500名贫困白内障患者开展复明手术。五是稳步推进公立医院改革试点。市口腔医院作为全市公立医院改革试点,已全面启动全员聘用制,完善收入分配办法,推行岗位绩效考核,强化医院管理,提高服务水平。

六、文化教育体制改革取得实质性进展

根据国家和省的统一部署,市歌舞团、省淮剧团从差额拨款事业单位转为企业的方案已经形成,即将出台挂牌。同时,整合我市文化资源,积极筹备成立盐城市演艺集团,做大做强演艺产业。在教育体制改革方面,编制了全市教育改革发展中长期规划,重新调整了义务教育施教范围,大市区组建了11个教育集团,初步实现优质教育资源均等化目标。

(盐城市发改委　傅金龙　史小鹰)

扬　州　市

2010 年政府工作报告

各位代表:

现在,我代表扬州市人民政府,向大会作工作报告,请予审议,并请市政协各位委员和其他列席人员提出意见。

2009 年政府工作回顾

2009 年是极不平凡的一年。面对国际金融危机的严峻形势,我们在中共扬州市委的领导下,以科学发展观为统领,认真贯彻落实中央和省一系列决策部署,坚定信心,危中寻机,迎难而上,保增长、保民生、保稳定,基本完成市六届人大二次会议确定的目标任务。预计全年地区生产总值 1805 亿元,增长 13.6%;财政总收入 310.09 亿元,其中一般预算收入 128.08 亿元,分别增长 16.5% 和 22.2%;全社会固定资产投资 1063.9 亿元,增长 33.8%;城市居民人均可支配收入 19500 元,农民人均纯收入 8240 元,分别增长 12% 和 10.6%。

一、经济发展企稳向好

工业持续回升。规模以上工业实现产值 4460 亿元、利税 325 亿元,分别增长 26.4% 和 21%。全市规模以上工业增加值 1131 亿元、高新技术产业产值 1361 亿元,江都规模以上工业产值 1113 亿元、邗江全部工业产值 1130 亿元,实现“四个千亿元”突破。石油化工、汽车船舶和机械装备三大主导产业产值 3078.4 亿元,增长 28.9%;新能源、新光源、新材料“三新”产业产值 344.7 亿元,增长 41.6%,占规模以上工业产值比重达 7.7%。完成工业投入 903 亿元,增长 30%。投资亿元以上竣工或部分投产项目 140 项,其中 10 亿元以上 10 项。新增规模以上企业 423 家,累计 3446 家。新创中国驰名商标 7 个。单位地区生产总值综合能耗下降 4.6%。建筑业总产值 1209 亿元,增长 15%;获鲁班奖 3 项。

服务业加快发展。实现增加值 655.2 亿元,增长 14.5%,占地区生产总值比重 36.3%。江苏信息服务产业基地(扬州)签约入驻企业 40 家。软件与信息服务业销售收入 65 亿元,增长 18%。石化、港口、公铁水等重点物流园区加快建设。承办了第 44 届全国旅交会和第 19 届中国厨师节。蜀冈 - 瘦西湖风景名胜区获“国家文化旅游示范区”和“全国文明风景旅游区”称号。来扬游客 2270 万人次,旅游总收入 245 亿元,均增长 20% 以上。华夏银行扬州支行、邗江民泰村镇银行正式挂牌营业。金融机构年末存贷款余额为 2067 亿元和 1212.8 亿元,分别增长 33.2%、36.4%。

农业稳步增长。全年粮食总产 282 万吨,创历史新高,连续 6 年丰收。新增高效农(渔)业面积 54.4 万亩、设施农业 6.2 万亩、适度规模经营 34 万亩。海峡两岸(扬州)农业合作试验区建设加快推进。农业利用外资 2.16 亿美元,利用民资 58.4 亿元,新增项目 800 个。新建农村“三大合作”组织 815 个。80 家市级以上农业龙头企业实现销售 176 亿元,增长 20.3%。农业、水利及综合开发等争取省以上投资 10.9 亿元。新创“三品”品牌 67 个。国家有机食品质量监督检验中心落户宝应。土地复垦与综合整治新增耕地 2.54 万亩。粮食流通、供销、农机、气象等工作得到加强。

扩内需成效显现。获批中央扩内需项目 175 个,计划投资 22.7 亿元,争取中央资金 4.6 亿元。投资亿元以上、当年投入 5000 万元以上项目 252 个,比上年增加 37 个。家电汽车下乡、家电以旧换新和农机具财政补贴等各项刺激消费政策得到较好落实。“万村千乡”市场工程持续推进。社会消费品零售总额 619 亿元,增长18.7%。全市房地产开发投资129.5亿元,竣工商品房505.9万平方米。市区商品房销售面积235.2万平方米,增长73.7%。

二、开放创新深入推进

科技创新能力进一步提高。新认定国家高新技术企业60家。全年高新技术产业产值增长57.2%,占规模以上工业产值比重30.5%,比上年提高5.9个百分点。获批省级以上科技计划项目456项,争取上级科技资金1.8亿元。研发经费支出占地区生产总值比重1.5%。成功举办科技创新成果展暨洽谈会和上海、南京、长春“科技创新·产业合作”推介会,签订产学研合作项目227个。新增省级以上“两站两中心”29家,各县(市、区)均建立省级创业服务中心。引进高层次领军人才153人、产业发展急需专业技术人才1384人。国家光电重点实验室、国家洗漱用品检测中心投入运行。扬州被列为国家“十城万盏”半导体照明应用工程试点城市、绿色新能源特色产业基地。荣获“全国科技进步先进市”称号。

改革开放不断深化。开展了境内外系列招商引资活动,成功举办“烟花三月”国际经贸旅游节。协议利用外资56.01亿美元、注册外资实际到账22.66亿美元,分别增长11.8%和31.7%;新批注册外资1000万美元以上项目195个。新增民营企业注册资本金543.1亿元,增长35.1%;新开工投入5000万元以上民资项目365个。外贸出口40.1亿美元。外经营业额2.2亿美元。扬柴与潍柴合作重组。市开发区开发总公司和城建控股公司企业债券成功发行。扬农化工实现再融资,3家企业上市材料报证监会审批。新增35家担保公司和6家农村小额贷款公司、6家农村资金互助合作组织。完成10个乡镇集体林权制度改革。

园区建设取得新进展。市开发区升级为国家级经济技术开发区,光电产业园被列为省十大创新型园区。“八区二园”新增开发面积8平方公里,实现业务总收入3815亿元。一般预算收入59亿元、注册外资实际到账18.25亿美元、新增民营企业注册资本金378亿元,分别占全市总量的46%、81%和70%。37个乡镇工业集中区营业收入增长35%。

三、城乡建设迈开新步伐

重大基础设施建设加快推进。江海高速扬州段、沪陕高速江六段、京杭运河扬州段“三改二”、邵伯和施桥三线船闸扩容、新民滩特大桥、乌塔沟分洪道等工程加快建设。宁启铁路复线及电气化改造、扬州港5号泊位开工建设。苏中江都机场项目已经国务院常务会议通过。连淮扬镇铁路、淮河入江水道整治和500千伏扬州西输变电工程等项目的前期工作取得积极进展。

城乡统筹稳步发展。出台了《关于推进市区率先统筹城乡发展的实施意见》。完成“强县强镇、三年倍增”目标任务。农村“十大工程”、“新五件实事工程”加快推进,新建农村公路470公里,疏浚县乡河道2900万方。新建“一池三改”户用沼气池1.56万个、无害化卫生户厕7.3万座,新增农村饮用安全水20万人。全面推动区域供水工作,覆盖范围不断扩大。培训农村实用人才和农技人员29万人次、劳动力10.1万人,新增转移7.1万人。新型农村合作医疗覆盖率99.8%。新创全面小康村180个、新农村示范村33个。

城市功能不断完善。深化“一体两翼”战略规划的研究编制,开展新一轮城市总体规划(2009—2020)修编。完成城市建设投资125亿元。新改建润扬北路、沙湾路等城区主次干道22条,翻建街巷68条。加快建设第五水厂、城北客运总站等项目。新辟公交线路4条,新增公交车200辆。建成万花园二期和润扬森林公园二期工程。整治古运河沿线环境。城区50平方公里主要区域实现无线宽带网络覆盖。建成数字化城管二期工程,道路保洁、绿化养护等方面市场化运作又有新成效。

生态市建设持续推进。新建六圩污水处理厂二期、赵庄垃圾焚烧发电厂等项目。新铺设污水管166公里。城市生活污水集中处理率84.3%。11个乡镇建成污水集中处理设施,15个乡镇通过全国环境优美乡镇命名或考核。大力开展秸秆禁烧和综合利用工作。新增造林15.3万亩，其中成片造林10.2万亩。森林覆盖率达18.1%。市区新增绿化面积160万平方米。强化对135家重点污染源企业的监管，完成年度强制性清洁生产项目。化学需氧量、二氧化硫排放量分别下降5.3%和6.9%。

四、和谐社会建设取得新成绩

民生工程深入实施。城镇新增就业7.3万人，期末城镇登记失业率2.91%。城镇职工基本养老保险参保率96.5%，新型农村社会养老保险参保率65.2%。城镇职工和居民基本医疗参保率分别达96%和95%。市区被征地农民基本生活保障"即征即保"率100%。农村五保集中供养率80%。实施市区70岁以上"三无"老人生活补贴政策。新发社会保障·市民卡3万张。市区新建和调剂廉租房280套，提供经济适用房1095套，发放购房政策性补贴782.9万元，公房解危6.13万平方米。新增住房公积金缴存职工4.6万人，归集住房公积金20亿元。提高了低保标准。落实残疾人帮扶政策。积极开展临时救助工作。关心发展慈善事业。支援四川地震灾区恢复重建任务按计划实施。市区为民办实事项目全面完成。邗江、广陵、维扬通过小康社会达标验收。

社会事业协调发展。教育教学质量进一步提升，邗江、广陵通过区域教育现代化省级验收。职业教育服务发展能力增强。特殊教育成效明显。宏志班教育覆盖所有县(市、区)。启动中小学校舍安全工程。义务教育阶段教师绩效工资稳妥实施。文化博览城建设加快推进。完成东关街二期工程，复建宋大城东门，长乐客栈对外营业。修缮阮元家庙祠堂、冬荣园、小盘谷等一批文保建筑。宋夹城遗址被授予"国家考古遗址保护公园"称号。开展第三次全国文物普查。雕版印刷、剪纸技艺入选"人类非物质文化遗产代表作名录"。扬州被评为"中国传统工艺美术特色基地"。新建社区文化活动室65个、农家书屋366个。扬剧《县长与老板》获第十一届中国戏剧节"优秀剧目奖"。成功举办第三届世界运河名城博览会，"世界运河历史文化城市合作组织"在扬成立。顺利承办第五届中日韩文化交流论坛。积极做好甲型H1N1流感防治工作。城乡社区卫生服务机构覆盖率分别为100%和97%。举办了第四届鉴真国际马拉松(半程)赛等赛事。扬州籍运动员在第十一届全国运动会上获金牌6枚。我市荣获全国"全民健身优秀组织奖"。人口计生优质服务体系覆盖率90%。有线电视入户率90%以上，市区双向数字电视技术平台通过国家验收。行政村实现宽带网络全覆盖。实施全国第二次经济普查。档案(方志)、社科研究和地震、民族宗教等工作扎实开展。

社会保持和谐稳定。社会预警和突发公共事件应急处置机制进一步健全，社会治安防控体系建设得到加强，公众安全感连续7年保持在96%以上。做好人民来信来访工作。社会矛盾纠纷大调解机制进一步完善。积极开展文明城市创建活动。开办"市民论谈"，"开放、创新、精致、优雅"的市民精神形成广泛共识。社区建设进一步加强，广陵、维扬荣获"全国和谐社区建设示范城区"称号。未成年人思想道德建设和关心下一代、老龄工作取得新进展。开展安全生产执法、治理、宣教三项行动，推进企业安全生产主体责任的落实。市场物价、食品药品监管等工作得到加强。强化国防后备力量建设，积极做好双拥和人民防空工作，荣获全国"全民国防教育先进单位"称号。

五、行政效能不断提高

行政管理体制进一步优化。完成市级政府机构改革方案并获省批准。机构编制管理进一步加强。深入开展"机关管理促进年"活动，资产、财务、工程项目、土地管理和行政收费行为进一步规范。建立以绩效考核为主要内容的考评机制。加强"部门权力内控体系"建设，建成市电子监察系统。

依法行政得到加强。制定了《扬州市2009—2014年依法行政工作规划》。积极开展行政权力清理审核和行政复议层级监督等工作，发布规范性文件20件，受理行政复议案件176件。执法规范化建设深入推进。自觉接受市人大法律监督、工作监督和市政协民主监督，办理人大代表议案、建议 299 件，政协提案 366 件。听取各民主党派、工商联和社会各界的意见和建议。深入开展法制宣传教育，我市被评为“五五”普法中期全国先进单位。积极发挥监察、审计等内部监督的作用。加强对中央扩内需保增长政策措施落实情况的监督检查。认真落实党风廉政建设责任制，抓好重点领域、重点行业的纠风和反腐败工作，查处了一批违纪违法案件。

公共服务水平不断提升。全面推进政务公开，政府新闻发布工作得到加强。制定优化投资环境、减轻企业负担等政策，开展服务经济、服务企业、服务基层“三服务”活动。深入推进行政审批“两集中、两到位”，试行“一窗式”并联审批，有效压缩投资项目办理时限。加强公共财政建设，新增财力重点用于改善民生、优化公共服务。多渠道倾听民声民意，积极解决难点、热点问题，政府公开电话和“寄语市长”回复率均在 90% 以上。

各位代表，回顾 2009 年的工作，盘点 2009 年的成绩，我们深深感到，在本世纪以来遇到困难最多、最大的这个年份，我们不仅较好地完成了全年目标任务，而且在许多方面有新的进展和新的突破，并为今后的发展积累了经验，奠定了基础。成绩来之不易，经验弥足珍贵，信心尤为重要。这是中共扬州市委正确领导的结果，是市人大、市政协有效监督和大力支持的结果，是全市人民同心协力、克难奋进的结果。在此，我谨代表市人民政府，向全市人民，向各位人大代表和政协委员，向所有关心、支持、参与扬州建设和发展的同志们、朋友们表示衷心的感谢和崇高的敬意！

在充分肯定成绩的同时，我们也清醒地认识到：经济回升的基础还不稳固，经济转型升级的任务还很艰巨；工业大项目、大企业不多；县域经济综合实力不强；提升城市功能与品质、推进城乡统筹还有大量工作要做；社会保障水平还需进一步提高；政府建设和公共服务与群众期望相比仍然存在差距。这些矛盾和问题都需要我们在今后的工作中，采取更加有力、更加有效的措施，切实加以解决。

2010 年政府工作任务

2010 年是我市总体上全面建成小康社会的决胜之年，是圆满完成“十一五”规划的收官之年，也是在发展中促转变、在创新中谋发展，为“十二五”规划启动实施创造条件的奠基之年。政府工作总体要求是：全面贯彻党的十七大、十七届三中、四中全会和中央、全省经济工作会议精神，以邓小平理论和“三个代表”重要思想为指导，深入贯彻落实科学发展观，围绕市委五届八次全会提出的“发展创新型经济、建设创新型城市”目标，坚持求发展与调结构并举，着力转变发展方式；坚持发展规模与提高质量并举，着力提升经济效益；坚持投资消费拉动与开放创新驱动并举，着力增强发展活力；坚持突出重点与统筹发展并举，着力提高城乡建设水平；坚持保增长与保民生并举，着力改善人民群众生活；坚持社会管理与政府建设并举，着力提高公共服务能力，不断开创我市经济社会又好又快发展的新局面。

全市经济和社会发展的预期目标为：地区生产总值增长 13%。财政总收入增长 16%，其中一般预算收入增长 18%。全社会固定资产投资增长 25%。研发经费支出占地区生产总值比重 1.8% 以上。社会消费品零售总额增长 16%。城市居民人均可支配收入增长 12% 左右。农民人均纯收入增长 10% 左右。城镇登记失业率控制在 4% 以内。约束性指标为：单位地区生产总值综合能耗下降 4.2%，二氧化硫排放量削减 2.4%，化学需氧量削减 5.5%。全市总体上建成全面小康社会。

重点抓好六项工作：

一、推动经济持续快速发展，进一步增强综合实力

强势推进工业经济。坚持新型工业化第一方略，启动实施“八大产业振兴发展三年行动计划”。加快主导产业优化升级。石油化工着力发展烯烃产业链、精细化工和生物化工；汽车船

舶重点开发新能源汽车和特种船舶；机械装备主攻数控机床、特种钢制管和液压件。大力发展新兴产业。新能源全力推进高纯硅材料、太阳能电池和光伏发电系统集成等关键技术突破；新光源大力推进 MOCVD 等关键设备引进应用和外延片产业化，加快大功率、高亮度 LED 芯片、LED 终端显示应用产品的技术研发；智能电网重点发展输配电设备及线缆、用户终端设备及器件等。加快提升传统产业和生产性服务业。进一步推进中小企业“千企升级”工程，促进企业技术、产品、管理、机制等创新。实施“培大培强”计划，新增年产销过 50 亿元企业 3 家，其中 100 亿元企业 1 家。加大对工业经济引导支持力度。设立产业发展基金，扩大对工业经济的政府引导资金规模，强化对八大产业及其重大项目、引进科技创新型领军人才的扶持与奖励。全市规模以上工业增加值增长 16%。

加快振兴县域经济。制定实施县域经济新三年“争先进位、创新发展”计划，明确争先进位目标。完善县域经济发展规划，加强对重点中心镇规划和土地利用总体规划修编、产业布局和发展规划编制的指导，进一步明确产业发展重点和城市发展定位。全力实施工业强县战略，抓住世博会、长三角、沿海开发和宁镇扬区域合作的机遇，主动对接上海及苏南地区的经济转型和产业调整，承接与本地产业发展方向相吻合的先进制造业和现代服务业项目，培植优势明显的主导产业、特色产业，形成一批产值 10 亿元以上的龙头企业（群）。大力建设省级开发区和乡镇工业集中区，强化园区基础设施和公共服务平台建设，推动部分乡镇工业集中区与省级开发区挂联共建，新增营业收入 50 亿元以上乡镇工业集中区 2 家。积极发展建筑业，全年建筑业总产值增长 12%。

突出工业大项目建设。坚持“项目为王”，以提高有效投入为目标，积极开展“项目推进年”活动，完善领导挂钩、定期督查制度，强化对大项目的服务协调、管理考核机制。狠抓龙头型、基地型、创新型大项目的引进与实施。全年新开工 10 亿元或 1 亿美元以上项目 20 项，工业投入增长 30%。推进中海造船三期、诚德钢管三期等一批项目，加快形成百亿元生产能力。抓好亚东石化、建滔化工、九龙客车、玛切嘉利液压挺杆及缸套、力徕光电薄膜太阳能、晶澳太阳能电池片、宝胜特高压电缆、永辉特种丙纶纤维等项目建设，尽快形成 50 亿元以上生产能力。继续推进我市企业与央企、上市公司、跨国集团进行战略重组。加快直接融资步伐，争取 1 家以上企业上市。

大力发展开放型经济。围绕八大重点产业特别是新兴产业和关键领域，进一步加大招商引资、招才引智力度。突出欧美、日韩以及东南亚等地，大力推进专题招商、专业招商、产业链招商和科技合作招商，提升利用外资质态。坚持外资、民资和国资“三资联动”，加大引进央企和民资大项目力度。办好 2010“烟花三月”国际经贸旅游节。全年注册外资实际到账增长 20% 以上。进一步推进口岸开放，提升联检机构服务水平。提高涉外企业专业化、国际化程度，促进出口品牌培育和外贸产品升级，不断优化出口结构，扩大外贸市场。规范劳务输出市场，支持有实力的企业“走出去”。外贸出口、外经营业额均增长 10% 以上。

积极扶持发展民营经济。进一步优化发展环境，引导民营企业练好内功，增强活力。新发展民营企业 13000 户以上。支持民营企业与国内 500 强和上市企业的合作，大力培育一批创业型、科技创新型企业。加大对“三新”科技项目、区域优势项目和特色产业项目的引进，新开工亿元以上项目 100 个。加强区域品牌建设，新增省级以上品牌 32 个。进一步放宽市场准入，扩大民间投资领域。加快发展小额贷款、融资担保、科技服务等机构，推进创业园标准厂房建设，引导和推进全民创业。全年新增民营企业注册资本金增长 25% 以上。

二、切实转变发展方式，进一步优化结构提高效益

着力抓好科技创新。以发展创新型经济为引领，加快产业创新、发展模式创新、体制机制创新和人才创新。继续实施“8631”行动计划，加快“八区二园”向科技创新型园区转变，完善各类公共技术服务平台功能。加大60家科技创新型大企业和300家科技成长型企业培育力度。建立健全以企业为主体的技术创新体系。新增省级以上“两站两中心”30家。继续组织开展“科技创新·产业合作”推介、“百名院士专家进百企”、“千家企业进百校”活动，启动大学科技园建设，全年实施产学研合作项目250项，新建院士工作站10家以上。研究制定与我市八大产业相关的知名高等院校和科研院所的深度合作计划。加强各类创业创新型人才的引进，突出高层次人才体系建设。制定出台《扬州市知识产权战略纲要》，推进国家知识产权试点城市建设。积极吸引市外创投、风投公司来扬投资科技创新型企业，支持发展以民间资本为主体的创投公司。新认定国家高新技术企业50家。全年高新技术产业产值增长30%。

加快提升服务业。把旅游业作为支柱产业强力发展。以蜀冈－瘦西湖风景名胜区创成国家5A级精品景区为目标，重点加强“两古一湖”等景区景点建设；抓好旅游资源整合和综合服务能力提升，促进扬子江集团、瘦西湖旅游发展有限公司等旅游龙头企业做大做强。办好第45届全国旅交会。建立旅游网站，加强境内外旅游促销。全年来扬游客和旅游总收入均增长15%以上。积极发展软件、信息服务外包等信息服务业，优化提升信息传输、信息技术服务业，推进文化创意产业发展。促进江苏信息服务产业基地（扬州）、市开发区信息系统集成和邗江嵌入式软件开发应用、维扬动漫等产业集聚区建设，全年实现软件和信息服务业销售收入80亿元。抓好长江石化、港口等一批省、市级物流园区建设，大力培育一批现代物流龙头企业和成长型企业。引导33家大企业实施非核心业务分离试点。进一步完善金融服务体系，努力增加信贷投入，优化信贷结构。新增1家以上域外金融机构，筹建市农村商业银行和再担保公司。认真落实国家扩大消费的政策措施，加快提升传统商贸业。加强核心商圈和专业市场建设，形成百亿元市场群2～3个。积极实施“万村千乡”市场工程，扩大品牌连锁经营，活跃城乡市场。优化土地供给机制，增加普通商品住房供给，支持居民自住购房需求。加大对房地产市场监管力度，保持房地产业持续平稳健康发展。

深入推进集中集约发展和节能降耗。有计划推进企业退城进园工作。加快工业产业向园区集中、高新技术产业向高新园区集中、新型产业向专业园区集中。实施LED城市照明示范工程，新建和改造LED市政照明灯具5万盏。推进太阳能屋顶计划项目建设和光伏发电并网工作。开展公共机构能耗分项计量和建筑节能改造工作。实施扬农化工等10项重点节能改造项目，培育100家节能示范企业。抓好1个国家级和12个省级循环经济试点，组织实施20项循环经济示范项目。

三、坚持统筹发展，进一步推进城乡一体化进程

构建城乡发展新格局。统筹城镇布局和产业衔接，率先完成市区1100平方公里范围内的城乡统筹发展规划，80%的乡镇完成镇区近期建设用地控制性详规编制，合理安排城乡用地、交通、水利等基础设施和市政设施等空间布局。促进公共资源与服务向农村延伸，广陵、维扬、市开发区实现城乡低保标准一体化。统筹城乡社区卫生体系建设。便民服务中心实现行政村全覆盖。加快推进城镇化步伐，研究制定农村转移人口落户城镇的政策。制订农村土地市场流转的意见。开展“双置换”改革试点。基本完成林权制度改革。推进城乡金融服务一体化。积极发展村镇银行、小额贷款公司等新型农村金融机构，有条件的乡镇组建农业担保公司。

加快推进现代高效农业。落实强农惠农政策，夯实“三农”发展基础。以增产增效增收为目标，稳定主要农产品生产。新增高效农（渔）业园区面积20万亩，其中设施农（渔）业8万亩；农业适度规模经营30万亩。创建20个万亩粮油高产示范方和20个千亩设施农业示范基地。以工业化的思路发展农业，推进更多的农产品以标准化方式进入超市。打造一批高效农业特色乡镇和专业村，培植 10 个 10 亿元以上优势主导产业。加快海峡两岸（扬州）农业合作试验区建设，新引进项目 200 个以上。推进农业科技创新和综合开发。加快推广水稻种植全程机械化。农产品质量安全合格率达 95% 以上。

稳步增加农民收入。大力发展农产品加工，加快产业化经营步伐，市级以上龙头企业销售收入增长 20%，参与农业产业化经营的农户 65 万户。健全农业社会化服务体系。深入开展农民专业合作社示范创建活动，新组建各类合作组织 500 个，提高合作社的运作能力和经济效益。加大农村实用人才培训力度，转移农村劳动力 4 万人。依靠城镇化为农民增收提供更多的机会，增加农民工资性、财产性收入。

改善农村生产生活条件。抓好河、塘疏浚整治，完成中小型水库除险加固任务。建立农村公路、河道、村庄保洁与绿化植树的长效管护机制，农村生活垃圾集中处理率达 90%。新建农村公路 200 公里、桥梁 100 座。加强秸秆综合利用，力争在全省率先实施秸秆机械化全量还田。新建“一池三改”户用沼气池 1 万个，完成改厕 6 万座。新增全面小康村 100 个以上、新农村示范村 30 个以上。

四、着力优化城市功能，进一步提升城市品质

全面推进重大基础设施建设。加快沪陕高速江六段、宁启铁路复线及电气化改造、扬州港 5 号泊位和乌塔沟分洪道等重点工程建设，确保京杭运河扬州段“三改二”工程竣工，建成江海高速扬州段、安大公路宝应段。开工建设苏中江都机场、沪陕高速江广段扩容、淮河入江水道整治、高水河工程和 500 千伏扬州西输变电工程。进一步推进连淮扬镇铁路、京沪高速扩容及南延、扬天高速公路、江都港区新泊位、仪征港区液体化工码头二期和扬州二电厂三期等项目前期工作。

加快主城区建设。围绕迎接扬州建城 2500 周年，按照“精当规划、精致建设、精细管理”的要求，进一步提升城市品质。完成城市总体规划的修编工作。完善主城交通网络，延伸改造北环路、西三环等道路，打通城区环路；实施文昌东路东延、新 328 国道、扬仪路等工程。不断完善城市供水、供气、污水处理等公用设施。开工建设会展中心二期、规划馆、运博会永久性会址等工程，加快建设赵庄垃圾焚烧发电厂。积极保护老城区，优化改造旧城区，不断完善新城西区，加快广陵新城、南部临港新城、蜀冈生态新区、蒋王等片区建设。继续整修东关街历史文化街区，实施丁氏、马氏住宅群维修等工程，整治甘泉路、广陵路，修缮传统民居 100 户。完善数字化城管体系，扩大城市管理市场化运作范围，健全长效管理机制。

积极创建全国文明城市、国家生态市和森林城市。深入开展全国文明城市创建工作，重基础、重过程、重长效，不断提升市民素质，切实提高人民群众生活的满意度和幸福感。优化环境监管体系，对 75 家重点排污企业实行视频监控。加大对饮用水源地整治保护力度，县级以上集中式饮用水源地实现水质自动监控。全面完成淮河流域扬州段水污染防治任务。加快污水管网建设，建成六圩污水处理厂二期工程。全年空气优良天数 320 天以上。创成全国环境优美乡镇 15 个、省市级生态村 50 个。突出森林生态建设，优化城市大型生态绿地布局，加强永久性绿地保护，大力推进城区、园区、企业绿化工程，做好现有骨干道路、城市出入口、河道两侧的绿化提质增量，继续高标准建设大江风光带和一批公共绿地，市区新增绿化面积 100 万平方米以上。全市新增造林 15 万亩以上，森林覆盖率提高 1.5 个百分点。全面实现“十一五”化学需氧量和二氧化硫排放量削减目标。

五、注重改善民生，进一步促进基本公共服务均等化

努力促进就业创业。深入实施积极的就业政策，全年采集就业岗位 9.5 万个，新增城镇就业 4.6 万人。完善城镇“零就业家庭”和农村“零转移家庭”就业援助长效机制，重点推进高校毕业生、就业困难人员和农民工就业，建成充分就业社区80个。加强创业服务平台建设,建成创业孵化基地15个。推介创业项目200个,扶持自主创业1000人,带动就业6000人。强化职业技能培训和公共就业服务,全年培训城乡劳动者7.6万人,其中就业再就业培训3.6万人。

完善社会保障体系。全年城镇职工基本养老保险净增3.2万人,新型农村社会养老保险参保率达80%,市区被征地农民基本生活保障"即征即保"率稳定在100%。稳步推进医药卫生体制改革,加强城乡居民公共卫生服务体系、基本医疗服务体系、基本医疗保障体系及基本药物制度建设,推进市二院公立医院改革试点。发展惠民医疗服务。城镇职工和城镇居民基本医疗参保率均达98%。大学生参保率100%。全市新型农村合作医疗覆盖率稳定在97%以上,人均筹资标准不低于150元。发放社会保障·市民卡20万张。推进建立居民电子健康档案。抓好住房公积金归集扩面工作。进一步完善廉租房和经济适用房保障制度,努力提高对住房困难家庭的保障水平。完成农村扶贫三年目标。

做好社会福利和救助工作。完善城乡低保、农村五保供养标准自然增长机制。推进残疾人保障与服务体系建设,强化残疾人康复服务。免费培训1600名残疾人,帮助1000名残疾人实现就业。建设50个县级残疾人扶贫基地。加快推进无障碍城市创建。进一步健全临时救助体系,建成市综合性救助中心。对市区城市低保对象实行常见病常用药品资助制度。加大低保边缘对象的临时救助力度。做好支援四川灾区九龙镇重建工作。

集中力量办好民生大事。推进基本公共服务均等化,为城乡居民免费实施9大类22项基本公共卫生服务,打造"15分钟健康圈"。加快区域供水工程建设,建成第五水厂一期工程,区域供水覆盖率市区和仪征100%、高邮和江都达70%以上、宝应达60%以上。新增73万人饮用安全水。突出抓好市区"五改一解",改造老小区11个、老城区背街小巷50条、城中村10处、农贸市场10个,改扩建一批老城区绿地,实施公房解危6万平方米,让老城区市民享受到更好的公共服务与居住环境。大力度改善公共交通,市区新增公交车400辆、更新出租车100辆,新建公交首末站和停车场6个。

六、维护社会繁荣稳定,进一步促进社会和谐

发展各项社会事业。均衡发展义务教育,优化发展高中教育,积极发展职业教育。改善办学条件,实施中小学校舍安全工程。继续推进区域教育现代化。实施农村留守儿童关爱工程。新招收宏志班20个。建成市新图书馆、音乐厅和美术馆等项目。启动建设青少年活动中心、妇女儿童活动中心。继续做好大运河联合申遗和扬州地方申遗。推进文化体制改革。深入开展文化下乡、进社区活动。全市数字电视用户达40万户,有线电视入户率94%以上。建设体育公园体育场,建成市游泳跳水馆。办好第五届鉴真国际马拉松(半程)赛。推进全民健身,加快体育强县(市)创建工作。人口计生优质服务体系覆盖率达100%。组织实施全国第六次人口普查。做好民族宗教工作。继续办好"市民论谈",弘扬市民精神,提高社会主义精神文明建设水平。

努力建设和谐社区。建立健全"四位一体"的社区管理服务体制机制。规范社区居民自治,大力发展适应居民需求的社区医疗卫生、劳动就业、文化体育、养老等服务,全市新建社区居家养老服务中心(站)120个,升级150个。整体联动,全方位推进农村社区建设。加强社区工作者队伍建设,合理配备社区专职工作者,力争做到一个社区有一名任职大学生。建立健全社区自我服务与管理制度,引导和支持社会组织参与社区管理。开展和谐社区示范单位创建活动,城区新建15个社区服务中心和邻里中心。

保持社会稳定。以社会矛盾化解、社会管理创新、公正廉洁执法为重点,积极打造"平安扬州"、"法治扬州"。加强社会治安综合治理基层基础工作,健全社会治安防控体系,积极防范和依法打击各类违法犯罪活动。完善应急管理体系,增强突发性公共事件应急处置能力。切实做好社会稳定风险评估工作。严格落实安全生产责任制,推行安全生产专家工作制度,强化对危险化学品、船舶制造、道路交通和食品药品等领域的安全监管,严防重特大事故发生。进一步提高防灾抗灾能力。加强市场监管,保持物价稳定,继续抓好放心消费工程。落实信访工作领导责任制,认真解决各类信访突出问题。大力加强法律援助工作,维护群众合法权益。完善国防动员体制机制,深入开展双拥和国防教育,巩固发展军政、军民团结。

努力开创政府工作新局面

形势的新变化、发展的新任务,要求我们进一步坚持科学发展观,突出以人为本的理念,强化开拓创新的意识,增强公共服务的水平,切实加快职能转变,推进管理创新,努力建设人民满意的政府。

增强忧患意识,提高争先进位的责任感。面对改革发展的任务和区域竞争的压力,我们将进一步居安思危、居安思进,聚焦聚力抓经济,克难求进谋发展,推动经济尤其是工业经济做强做大;进一步增强大局意识、整体观念,自觉服从大局,主动服务大局,做到心往一处想、劲往一处使,提高为科学发展服务的本领;进一步在全省工作中找准部门定位,不断创新创优,加大向上争取政策、资金、项目的力度,以服务发展的业绩论贡献,以在全省同行中的位次比高低;进一步奋发有为、狠抓落实,把困难估计得更充分,把措施考虑得更周全,面对各种任务和挑战,拉得出、打得响、干得成。

重视学习调研,提高推动发展、服务基层的能力。按照“眼界宽、思路宽、胸襟宽”的要求,深入开展创建学习型机关活动,抓好“新知学堂”讲座、读书会等各类公务员培训工作,不断提高综合思维能力、专业化操作本领。加强调查研究,以“发展创新型经济、建设创新型城市”为目标,做好“十二五”规划编制工作,重点开展生产力空间布局、转型发展方向、重大基础设施建设、社会事业协调发展、保障和改善民生等重要内容的研究,特别是紧盯国际先进制造业、服务业发展趋势和科技创新领域的新成果,牢牢把握国家产业政策新变化和区域经济发展的新要求,加强我市战略性新兴产业发展的研究,抢抓新一轮发展的制高点。着力破解发展难题,帮助企业解决资金、土地、劳动力和能源供应等问题,打造良好的发展环境。

深化作风建设,提高依法行政水平。自觉接受市人大及其常委会法律监督和工作监督,积极支持市政协履行政治协商、民主监督、参政议政职能,主动听取各民主党派、工商联、人民团体的意见和建议。认真办理人大代表议案、建议和政协提案。重视群众监督和舆论监督。办好政府公开电话、“寄语市长”和部门服务热线。广泛开展法治城市创建,认真落实行政执法责任制,规范行政执法自由裁量权,强化行政执法监督和行政复议工作。全面完成“五五”普法任务。激励广大公务员敢于负责、勇于担当,在服务大局中找准工作的着力点,做到工作思路项目化、操作方案专业化,工作任务可定义、可量化、可操作、可考核、可追究,切实提高工作成效。坚持深入一线、深入基层,问政于民、问需于民、问计于民,凝聚民心,集中民智,引导广大群众积极投身到创业创新创优中来。加大治懒治庸治浮力度,务实作风,从严考核,通过督查会、会办会、现场观摩会等形式,面对面、硬碰硬、实打实地推进各项工作有序、有力地开展。

切实转变职能,创新政府工作。认真实施新一轮政府机构改革。加强公共财政建设。不断扩大税源,提升税收服务质量;推进财税科学化、精细化管理;优化财政收支结构,从严控制一般性支出。做好国有资产经营与管理工作。深化行政审批制度改革,优化办事流程,提高办结效率。建立重大行政决策调研制度,完善决策信息和智力支持系统。深入推进行政权力网上公开透明运行,坚持政府新闻发布和重要行政事项、公共政策社会公示制度。强化资源整合、政策集成和协调沟通,形成工作合力,提高政府总体效能和系统解决问题的能力。

加强反腐倡廉,建设廉洁政府。进一步落实党风廉政建设责任制,深入开展反腐倡廉教育,加快推进惩治和预防腐败体系建设。坚持用制度管权、管事、管人,加强对财政资金、重大投资项目和民生事项的审计,深入开展治理商业贿赂和工程建设领域突出问题等专项工作,严肃查处违法违纪行为。深入开展创建“规范收费学校、规范收费医院”活动,坚决纠正损害群众利益的不正之风。大力倡导艰苦奋斗、勤俭办事,深化节约型机关建设。

各位代表!站在历史的新起点,面对人民的新期待,我们深感责任重大、使命光荣。让我们在中共扬州市委的领导下,紧紧依靠全市人民,同心同德,扎实工作,奋发进取,为不折不扣地完成2010年的各项任务,为加快实现全面小康和“十一五”规划目标,为建设“创新扬州、精致扬州、幸福扬州”而努力奋斗!

(扬州市人民政府代市长谢正义2010年1月19日在扬州市第六届人民代表大会第三次会议上的报告)

改革综述

2010 年，我市围绕破除经济社会发展中的深层次矛盾和体制障碍，坚定不移地深化改革，推进体制机制创新，实现各项改革取得新进展，为推动经济社会平稳较快发展提供了制度保障。

一、多项改革亮点持续显现

干部公开选拔制度形成常态化。我市坚持把构建科学的选人用人机制作为深化干部人事制度改革的重点，通过积极运用公开选拔、公推公选、竞争上岗、公推直选、跨部门交流，岗位培育锻炼等适应不同职位的选拔方式，初步建立了一套干部竞争性选拔任用制度体系。2010 年选拔市管领导干部，首创“三推三考”干部选拔任用优选模式，同时，做到干什么考什么，全部实行实名制推荐。此项做法得到中组部的充分肯定并推广。

行业协会发展改革形成市场化。按照市场化的改革方向，积极推进行业协会与行政机关脱钩改革，出台了《关于全市行业协会与行政机关脱钩的实施意见》、《关于加强全市社会团体收费管理的暂行办法》，通过“制订方案、自查自纠、集中整改、规范提高”四个阶段推进，对政会不分、服务不规范等问题，下发整改通知书，限期改正。目前，在协会任职或兼职的 357 名公务员都辞去了领导职务，并选举产生了新的领导班子。市发改委、建设局、经贸委、农委、文广局等部门还以文件形式赋予协会工作职能。经过整改，行业协会市场化运作机制基本形成，运行质态明显改善。

行政权力运行监控形成规范化。我市不断加大投入，加强行政审批电子监察系统建设，强化对部门权力运行过程和结果的全程监控，从源头构建反腐倡廉的监控体系，提高行政运行效能。在总结试点部门和部分县(市)推行内控体系建设取得经验的基础上，扩大到市直各部门和各县(市、区)全面推开。通过梳理行政事项，排查预发风险，制订防范预案等，确保行政权力在阳光下高效顺畅地运行。其中，市级共梳理优化权力事项 3573 项，排查风险点 9032 个，制订相关预控措施 17776 条，基本达到内控事项与预控措施全覆盖的要求。

城乡统筹协调发展形成制度化。我市把推进城乡统筹协调发展作为全面建设小康社会的重大战略举措，坚持市区先行、同步实施。编制完成了城市总体规划和 29 个单元控制性详规，以及村庄布局规划，通过大力开展城乡建设用地增减挂钩、万顷良田建设工程、环境综合整治等，重点推进城乡基础设施、公共服务同城化对接，实现了主城区与镇村交通运输全覆盖，区域供水延伸到周边 25 个乡镇，基本养老医疗市区实行了统一标准。农村基础教育、基础医疗卫生服务、公共文化建设不断完善。

二、各项改革取得较大进展

行政管理体制改革逐步深入。一是围绕建立健全转变经济发展方式的制度环境，完善了加快转变经济发展方式等一系列文件，明确经济社会发展的方向、重点和对策措施，符合科学发展的综合评价体系正在形成。二是全面推行依法行政，修订并实施了政府工作规则和政务公开等一系列规定，科学民主的议事决策机制逐步完善。三是优化政府组织结构，全面启动并完成市级新一轮政府机构改革，政府职责关系逐步理顺。四是深化行政审批制度改革，清理并公布市级行政许可事项和非行政许可事项，加大推进“两集中、两到位”工作，实现市级行政许可事项全部集中受理，80% 以上集中办理的目标，提升了行政服务效能。五是深化投资改革，全面实施鼓励和支持投资的各项政策措施，建立政府投资项目管理办法，落实企业投资项目核准和备案制，推行投资项目代建制、重大项目联审制等，形成了多元投资格局。六是深化财政投资改革，全面实施非税收入征管和收支分类改革，建立比较规范的预算制度和支出制度，加大新增财力用于民生支出的比例，健全了公共财政服务体系框架。

农村综合配套改革整体推进。一是围绕提升行政服务和社会管理效能，合理确定乡镇机构设置，分流人员，基本完成乡镇机构改革任务。二是农村土地流转改革逐步规范,70 多个乡镇按照“五个有”的标准建立了土地流转服务中心或服务大厅。三是农村“三大”合作组织发展较快,促进农村经营机制创新。当年新建农村“三大合作”组织 631 个,总数达 3127 个,其发展数量和运行质态继续保持全省领先。四是小城镇发展改革试点顺利展开,以县城镇和重点中心镇建设为重点、一般镇建设为基础,科学划分形成工业、农业、商贸、居住、生态等若干片区,拓宽了农民集中居住和创业就业渠道。五是农村金融改革取得突破性进展,仪征在苏中率先建立农村合作银行,邗江民泰村镇银行、江都农村商业银行等一批金融机构建成开业,相继成立的 13 家小额贷款公司年内投向“三农”的贷款近 40 亿元,促进“三农”发展的金融服务支持体系正在形成。

国有企事业单位改革不断深化。制订了国有资产经营公司改制重组方案,通过引进战略投资者,推进增量改革,促进国有资产向高新产业、优势产业集聚。完成亲亲集团、琼友工贸公司、亚细亚商业总公司等一批企业改革重组和破产清算。针对部分改制企业存在股权分散、产权不清、职工劳动关系尚未调整到位、发展融资难等问题,组织市发改、国资、财政、国土、劳动、审计、房产、金融等部门对改制企业进行“回访”,通过现场办公,区别不同情况,提出解决办法和措施,协调解决了企业资产处置、房屋土地资产过户、重点人员劳动关系调整以及融资难等问题,努力化解社会矛盾,促进企业健康发展。按照政事分开、事企分开、经营性与非经营性分开的要求,稳步推进文化事业单位分类改革。完成广陵书社转企改制,市报业、广播电视传媒集团挂牌成立,整合市歌舞团、京剧团、大剧院、音乐厅等资源,组建市歌舞剧院有限公司,推进文化馆、图书馆、双博馆等 12 个公益性事业单位人事、分配制度等内部机制改革,促进文化事业建设和繁荣。

要素资源市场化改革取得新进展。企业上市和债券发行取得新突破。汇银家电、长青农化、亚威机床等企业顺利上市。太平洋造船、远洋东泽电缆等报会待审,培育水箱集团等 30 多家上市后备企业。首期中小企业集合债券、市开发总公司二期企业债券等已申报,新设华工创投公司、英菲尼迪扬州基金等创投机构,中科半导体、扬杰电子等多家企业引进股权投资基金,吸引域外资金来扬投资,扩大企业直接融资规模。土地综合开发和整治形成新优势,基本满足经济社会发展需要。通过推进城乡建设用地增减挂钩,加大土地复垦和综合整治的力度,到 2010 年底,新增耕地 1.3 万亩,有效化解了城乡建设用地矛盾。人才引进和开发成效斐然。制订推出了“绿扬金凤引才计划”等一系列引进和开发人才的若干政策措施,人才集聚、激励人才机制基本形成。年内引进各类高层次人才、领军人才近 100 人,产业发展急需专业技术人才近 500 人。

社会民生领域改革力度加大。市委、市政府连年出台关注民生的 1 号文件,推进社会领域的各项改革。一是鼓励和支持就业、创业的政策体系和公共服务体系逐步完善。新增城镇就业 8.8 万人,城镇登记失业率 2.72%。二是覆盖全社会的养老、医疗保障体系不断健全。城镇职工基本养老保险参保净增缴费人数 4.4 万人,医疗保险参保新增人数 4.42 万人,城乡居民最低生活保障标准分别提高到人均每月 320—340 元和 210—340 元。三是深化医疗卫生体制改革。制订并实施深化医疗卫生的实施意见和相关 15 个配套文件,基层医疗卫生服务体系基本建立,共建成城乡社区卫生服务中心 108 个,覆盖率达 100%;基本公共卫生服务成效显著,免费为城乡居民提供 9 大类 22 项基本公共卫生服务;基本医疗保障制度不断完善,城镇职工基本医疗保险参保率稳定在 95% 以上;新型农村合作医疗参保率稳定在 98% 以上。城镇职工、城镇居民、新农合医疗目录范围内住院报销比例分别提高到 80%、60% 和 60%;基本药物制度稳步有序实施,仪征市、邗江区、广陵区、开发区、维扬区 5 个县(市、区)53 家社区卫生服务中心实施了基本药物制度,覆盖人口达 200 万人,使人民群众得到实惠;公立医院改革正在有序启动。四是深化教育体制改革。重点推进城乡优质教育均衡发展,成功实施扬州中学教育集团树人中学与开发区合作办学,育才小学西校区建成并面向社会招生,建立区域内中小学教师定期交流制度,目前在省实验小学和省示范初中学习的农村学生比例分别提高到 58.1% 和 80.6%。在扬务工人员子女实现全部入学并同等享受义务教育政策。高职教育形成了以市场为导向、就业需求与办学模式相适应的机制,促进各类人才健康成长。

(扬州市发改委　洪庆生　陈　武)

镇 江 市

2010 年政府工作报告

各位代表：

现在，我代表镇江市人民政府，向大会作工作报告，请予审议，并请市政协委员和其他列席人员提出意见。

去年工作回顾

刚刚过去的2009年，令人难忘。

一年来，在市委的正确领导下，我们坚持以科学发展观统领全局，认真贯彻中央和省决策部署，紧紧依靠全市人民，积极应对金融危机的深度影响，危中抢机、逆势而上、奋力拼搏，除进出口指标外，全面完成市六届人大二次会议确定的各项任务。预计全市实现地区生产总值1580亿元，同比增长13.5%；地方财政一般预算收入101.6亿元，增长18.6%；全社会固定资产投资1010亿元，增长40.6%；实际利用外资13.2亿美元，增长10%；社会消费品零售总额490亿元，增长19.5%；城镇居民人均可支配收入21240元，实际增长12%；农民人均纯收入9695元，实际增长12.1%；城镇登记失业率2.35%；单位GDP能耗下降4.65%，化学需氧量削减2.2%，二氧化硫排放量削减4%。全社会固定资产投资、实际利用外资等多项主要经济指标增幅一直位居全省前列。“抢抓机遇、跨越发展”成为过去一年镇江最鲜明的特征。

一、抢抓产业振兴机遇，结构调整取得较好进展

主动对接国家和省产业振兴规划，加快推进结构调整。“千百亿工程”深入推进。装备制造等五大产业实现销售2515亿元，增长14.8%，占工业总量的83.6%。10个项目列入全省100个重大产业项目计划，一大批薄膜太阳能、风能、核能及航空装备、新型节能环保项目成功落户。签订央企项目10个，总投资220亿元。金东、大亚、奇美3家企业销售超百亿元。“千企技改”全面实施，完成技改投入480亿元，占全部工业投入的80%。高新技术产业加快发展。实现产值1063亿元，占规模以上工业的比重达33.1%。建成科技孵化中心25万平方米，镇江大学科技园升格为国家级。全市科技进步贡献率达51%，第七次被评为“全国科技进步先进市”。“331人才计划”顺利实施，34个新兴产业项目、172名高层次人才得到资助。现代服务业加速提升。增加值占GDP的比重达37.7%。软件产业营业收入达65亿元，增长116.7%；成为省级国际服务外包示范城市；金山大剧院、沃尔玛超市等一批项目建成开业；商品房销售457.3万平方米，增长113.6%；私人轿车新上牌数突破3万辆，增长71.7%；旅游收入增长26%。现代农业提速增效。完成“三资”投入农业34.5亿元。新增高效农业22.4万亩，其中设施农业5.8万亩，高效农业面积占耕地面积的34.9%，农民现金收入中16.8%来自高效农业。4个中型水库除险加固项目争取中央扩大内需资金9034万元，丹阳、扬中通过省级农村河道疏浚验收。

二、抢抓扩大内需机遇，城乡面貌发生显著变化

利用国家实施4万亿投资的有利时机，一手抓拆迁，一手抓重大基础设施建设，投资量、拆迁量和建设工程量均创历史新高。完成城乡建设投资305.1亿元，同比增长31.7%。实行依法、阳光、惠民、和谐拆迁，市区完成拆迁381万平方米，增长1.1倍。南徐新城、北部滨水区、大市口AB地块、双井路片区和“三铁一桥”等建设顺利推进，金港大道、南山西入口、新南门汽车站、滨江旅游专线等工程顺利竣工，完成50万平方米老住宅小区整治。开通两条大运量公交线,完成出租车更新,城市照明控制中心建成启用。城管重心全面下移,"数字城管"正式运行。7 个省级开发区基础设施投入 98 亿元,增长 75.3%。在全省率先试点万顷良田建设工程。农村"三集中"有序推进,新建农民集中居住点 63 个,面积 257 万平方米。农村区域供水入户率、卫生户厕普及率、行政村班车通达率、互联网接入率进一步提高。家电下乡销售 7.98 万台,获财政补贴 2038 万元。生态市创建全面推进,"青山绿水"工程加快实施,21 个乡镇通过全国环境优美乡镇省级考核,秸秆禁烧效果明显好于往年,已建和在建污水处理厂 34 座,太湖流域 140 项重点整治工程基本完成。

三、抢抓宏观政策机遇,改革创新力度不断加大

充分利用国家实施积极的财政政策和适度宽松的货币政策的宏观环境,筹措资金、深化改革、推进开放。获得中央预算内和省级配套专项资金 5.17 亿元,发行企业债券 30 亿元,BT 融资 40 亿元。金融机构本外币各项贷款余额 1348.3 亿元,新增贷款 382.6 亿元,均创历史之最。华夏、民生、浦发、大新、招商等 5 家银行分支机构落户镇江。成立 5 家中小企业金融服务中心,"淡马锡"融资模式为 540 户中小企业发放贷款 31 亿元。成立 8 家农村小额贷款公司。新增 7 家创业投资公司。利华国际在纳斯达克成功上市。调整市区财税分配关系,顺利实施市直行政事业单位零基预算。市县政府机构改革、开发区综合改革、军转干部安置方式改革、市属事业单位分类改革和国企改革扫尾工作有序推进。农村改革强力推进,新增合作组织 531 家,新增入社农户 4.2 万户。涉农乡镇全部建立土地流转服务中心。

四、抢抓保障民生机遇,社会事业协调全面发展

认真落实中央和省一系列惠民政策,加快改善民生。脱贫攻坚"两消除"任务全面完成。镇江被评为首批"中国创业之城",新增私营企业 4828 家、个体工商户 1.82 万户,累计注册资本达 661 亿元;新增城镇就业 5.2 万人,转移农村劳动力 3.3 万人,返乡农民工基本实现再就业;镇江籍高校毕业生就业率达 90%。实现低收入住房困难家庭应保尽保。构建起"两基本一补充"社会养老保障体系,城乡医保人口覆盖率 92.3%。人口出生缺陷发生率降至 9‰。成为全省唯一公立医院改革试点城市,成立两大医疗集团,医药卫生体制改革取得良好开端。新二院整体搬迁工程、一院内科医技楼、中医院门诊综合楼建设加快推进。公共卫生服务能力显著增强,有效防控甲型 H1N1 流感疫情。全面完成县级区域教育现代化创建,率先发放义务教育绩效工资。文化产业发展迈开步伐,新广电中心、金山演艺广场、西津渡老码头文化创意园投入使用,成功举办"大爱镇江"、"万人红歌会"、"迷笛音乐节"和市民大讲堂等活动,数字电视整体转换率达 92%。体育会展中心、职工文体活动中心等开工建设,竞技体育和全民健身运动蓬勃开展。"平安镇江"、"法治镇江"建设深入推进,再次获得"全国社会治安综合治理优秀地市"称号。信访工作扎实有力,为全局发展作出重要贡献。援建绵竹板桥镇的卫生院等 5 个重点工程交付使用。双拥工作再创佳绩,安全生产、食品药品安全和民族宗教、外事、侨务等工作取得新进展。

五、抢抓"效能建设"机遇,行政水平进一步提升

坚持创新思路。树立"产业兴则镇江兴"、"结构调整定输赢"的工作导向,全力推进结构调整。深入研究长三角一体化新格局下加快提升城市软硬实力的具体办法。坚持克难奋进。实施"保增长促发展"六大工作机制,开展"服务中小企业千户行"等活动,及时出台扶持房地产、外贸发展等政策,完善土地收储办法,加强投融资平台建设,有效解决了资金、用地等难题。坚持真抓实干。开展招商、推进项目、组织拆迁、建设工程等各项工作,都做到只争朝夕、责任到人、取信于民。坚持依法行政。建立权力阳光运行系统和大督查机制,在全省率先开通市政府"12345"服务热线,继续深化"两集中、两到位”工作，切实加强对重要领域、重点项目和资金使用的审计监督。自觉接受人大监督，认真执行人大决议决定，主动加强与政协的民主协商，办理人大代表建议219件、政协提案459件，满意率达97%以上。充分听取人大代表和政协委员的意见建议，做到科学民主决策，切实依法行政。

伴随着城市的发展与变化，我们欣喜地看到：在实干兴市的氛围中，在经济指标的升位中，在城乡面貌的巨变中，在发展成果的共享中，镇江人坚定了跨越发展的信心，激发了建设家园的热情，找到了苏南城市应有的自豪感，迎来了大刀阔斧干事业的新时代。现在的镇江，城市充满了活力，人民满怀着希望！

在此，我代表市人民政府，向全市人民，向所有关心支持镇江发展的社会各界，表示衷心的感谢并致以崇高的敬意！

在总结成绩的同时，我们也清醒地看到，经济社会发展中还存在不少薄弱环节。主要是：经济结构不优，新兴产业占比偏小；城市创新能力不强，综合实力偏弱；城乡居民收入水平偏低，对消费的拉动作用不强；城市管理需要进一步加强；等等。这些问题，我们将在今后的工作中，采取有力措施，认真加以解决。

今年主要工作

今年政府工作的总体要求是：认真贯彻党的十七届四中全会、中央经济工作会议以及市委五届九次全会精神，坚持“跨越发展、创新驱动、绿色增长、和谐共享”，以转变发展方式为主线，以全面加速城市化为手段，加快结构调整，完善城市功能，推进城乡一体，切实改善民生，促进社会和谐，建设充满活力、古代文明与现代文明交相辉映的现代化山水花园城市。

全市经济社会发展的主要预期目标是：地区生产总值增长12%；地方财政一般预算收入增长15%；全社会固定资产投资增长20%；社会消费品零售总额增长17%；实际利用外资增长10%；研发投入占GDP比重达到2%，高新技术产业产值占规模以上工业比重达到35%；城镇居民人均可支配收入、农民人均纯收入增长10%；城镇登记失业率控制在4%以内；单位GDP能耗、化学需氧量和二氧化硫排放量全面完成“十一五”削减任务。

围绕上述目标，我们将全力抓好以下六个方面：

一、推进经济结构调整，增强城市实力

坚持转变方式、创新驱动，乘势而上、强抓投入，确保全年产业类投资完成850亿元。

大力发展新兴产业。围绕形成规模、产值增长40%以上的目标，在新能源领域重点发展薄膜太阳能和核电、风电装备制造，薄膜太阳能形成从设备制造、电池生产、TCO玻璃、发电站到农业发电大棚的产业链，核电、风电装备制造形成核心部件、整机制造及配套能力；在新材料领域重点进行碳纤维、高温合金等的研发生产，形成集聚优势；在电子信息领域重点发展物联网、智能电网和集成电路；在海洋工程领域重点发展船舶设计和核心部件制造以及深海钻井平台配套等。

推动支柱产业升级。通过引进技术、自主研发、改进工艺与装备等途径，加速产业升级，加快推进“千百亿工程”向纵深发展，五大产业实现销售增长20%以上，新增3家销售超百亿元企业。新增省级高新技术企业50家，省级高新技术产品120个，高新技术产业产值突破1400亿元。继续实施“千企技改”工程，完成技改投资600亿元，坚决淘汰落后产能。大力开展节能降耗、清洁生产和循环经济试点，构建秸秆生物质能开发利用等循环经济产业链，积极探索“绿色制造”和低碳经济发展路子。

加快发展现代服务业。力争服务业增加值占GDP比重达到40%。引进和新建薄膜太阳能、电力电器、智能电网等10家省级以上研发机构和检测中心，新建100万平方米科技孵化中心。加快西津渡文化产业园、南山文化休闲园等园区建设，吸纳各类资本推动文化产业大发展。着力推进大港四期工程和中石油长江项目、惠龙国际等物流基地建设，新建现代物流仓库20万平方米。深入实施“软件千企”工程，

加快服务外包产业发展。完善市场政策,保持房地产业稳定健康发展。改造提升传统商业业态,新建高端商业场所 100 万平方米。按照把旅游业培育成为战略性支柱产业的要求,加大投入力度,主动对接上海世博会,开工建设 8 家左右五星级标准酒店,积极推动"三山"、茅山创建国家 5A 级旅游景区,开通一批乡村旅游专线。

积极发展现代农业。加快土地流转步伐,建设 3 ~5 个核心区域 1 万亩以上的现代农业园区,新建投资 1000 万元以上的高效农业规模基地 50 个,新增高效农业 22 万亩、其中设施农业 5.5 万亩。加强市场建设,强化科技支撑,突出为农服务,培育现代农民。坚持量质并举,大力发展"四有"合作经济组织,新增入社农户占比达 25% 以上。全面完成县乡主要河道疏浚和中小水库除险加固工程。

继续提升开放水平。切实加大招商选资力度,力争新批外资大项目 15 个以上,投资超亿元的央企项目 10 个以上、民资项目 80 个以上。创新利用外资方式,大力引进创业投资基金、股权基金。推动各开发区由规模化产业集群向高效化创新集群转型,由单一功能区向叠加功能区转型,由外延式扩张向可持续发展转型,推进镇江经济开发区升格为国家级。大力优化出口产品结构。继续实施创新创业领军人才集聚工程,引进 10 个以上领军团队、30 名以上领军人才,引进硕士以上人才 1000 名。继续开展国际友好交流等活动,提升镇江知名度。

二、树立现代城市理念,提升城市品质

围绕凸显山水花园城市的特色和个性,切实提升主城的规划、建设和管理水平。

构筑"一中心四区域"大格局。大市口核心圈进一步强化中央商务区功能,加快推进大市口 A、B 地块和双井路片区等建设,提升周边环境。南徐新城以办公、居住、康体功能为主,新行政中心、档案馆、市民公园、文化公园和新二院一期工程交付使用,商务办公 A 区、体育会展中心、职工文体中心和市场服务中心综合楼主体封顶,开工建设商务办公 B 区、交通综合楼和高铁场站,花园城基本成型。北部滨水区凸显文化、旅游功能,全面完成内江控水各项工程,贯通滨江外环线,实施内江北岸景观改造,启动文化艺术中心、长江文化主题公园和西津湾不夜城建设,着力打造长江最美的城市港湾和江南最美的城市名片。丁卯科技城致力于打造新兴产业功能区,新增科技创新载体 50 万平方米以上,建成科技园中心研发区、专家公寓酒店和 1 号研发楼,确保 2 号研发楼主体封顶,开工建设产业集聚 A 区等项目。南山—官塘板块强化生态、休闲、商住功能,整治南山周边环境,完成南山森林防火通道和旅游绿色通道建设,建成开放莲花洞景区,促使南山成为城中"绿肺";完成官塘片区控制性规划编制,有序推进基础设施建设和土地一级开发整理。

推动城市品位快提升。进一步提升规划水平,坚决做到规划不成熟、不动一寸土。实施 5 个危旧房片区和 10 个城中村改造,完成 50 万平方米老小区成片整治,基本完成市区菜市场改造任务,推进邻里中心建设,在各类新建筑群和风光带同步配套公共服务设施。完成市区高速公路三大出入口整治,建设苏宁、万达、九润等一批融购物、休闲、商住等为一体的城市综合体,开工建设一批高层或超高层建筑,提升城市形象,丰富城市天际线。提高建筑形态、风格和色调的设计水平,实现长江路、南徐大道、中山路和解放路等重点地段形象设计全覆盖。进一步加快西津渡等历史文化街区的保护性开发,传承城市文脉。

推进精致管理全覆盖。积极应用信息技术、物联网技术,启动"智慧城市"建设。提高数字城管水平,完善城管执法体制,落实城管重心下移责任,增强实时监测与动态控制能力。整治违章搭建和占道经营,强化对各类工地和渣土运输的管理,防治二次扬尘污染。对南徐大道、金港大道、中山路、解放路和长江路等干道实施智能化管理,新增一批停车泊位,缓解交通拥堵和停车难问题。实施无物管小区集中整治,落实长效管理措施。

三、推动城乡一体发展,扩展城市空间

加快城市组团发展。顺应当前城市之间集群化、互补性、联动式发展的趋势,强化主城区的辐射带动作用,促进丹阳向中等规模城市发展,句容与南京同城同建,扬中向全岛城市化迈进,丹徒新城与主城无缝对接,大港板块建设滨江产业生态新城。

优化城镇布局规划。加快城郊结合部镇改街道、村改社区的步伐,促进农民变市民,推进土地等资源集约利用。深化农村综合配套改革,以城乡挂钩、万顷良田工程和“双置换”、“三集中”为手段,建设10个左右新市镇、新社区示范点和30个左右中心村集中型新社区,推进未成年人社会实践基地建设。

统筹基础设施建设。加快主城区“三横九纵”路网建设,基本消除丁字路、断头路,打通交通节点,做到“外部高速成环、内部加密成网”。继续推进“三铁一桥一枢纽”等重大项目建设,开工建设泰州大桥东、西高速接线工程,实现全市域半小时内上高速目标。实施338省道、238省道新区段拓宽改造工程。加快推进公交全覆盖,建成城际综合客运枢纽站,开通大运量公交3、4号线,建成丹徒新城、镇江新区等公交停车场和枢纽站。推进农村公路及客运班车向较大自然村延伸。加快天然气管网向乡镇延伸,完成区域供水管网263公里,解决农村10万人饮水安全问题。

四、加强生态文明建设,彰显城市特色

全力推进生态市创建。坚持整治与建设并重,夯实生态市建设基础,达到国家生态市创建标准。句容、丹徒、丹阳和扬中达到国家生态县建设标准,全市80%以上的乡镇达到环境优美乡镇标准。加强环保基础设施建设,34座污水处理厂形成减排能力,城市污水集中处理率达到85%以上,47个村污水处理设施完成建设任务。加大饮用水源地保护力度,治理农业面源污染,确保集中式饮用水源水质达标率为100%。突出抓好重点行业和企业的环境整治,加强机动车尾气污染防治。

全面完成“青山绿水”工程。全部拆除主城区山体周边和河道两侧的违法建设和不符合规划的破旧建筑,退房还山、修复生态、完善景观,完成11座山体和古运河中段等3条通江河道整治,新增12个开放式公园,实现山水城林融为一体。

全民行动美化家园。在主城区重点抓好垂直绿化、精细绿化和小区绿化,大力建设城区小游园,努力做到相距500米有绿地;在辖市大力推进村庄以及沿铁路、公路和河道的绿化,确保全年植树造林10万亩。深入推进农村环境卫生长效管理,进一步提升镇村环境面貌。

五、提高人民生活品质,促进城市和谐

建设创业城市。培育创业文化,大力推动自主创业、全民创业。加强创业载体建设,每个辖市建设1个高标准综合性创业孵化基地,高校建设一批创业基地。建成苏南人力资源市场,建立四级创业指导服务体系。全年成功扶持创业6500人,带动就业3.5万人,争创国家级“创业型城市”。坚持创业带动就业,突出抓好大中专毕业生、城镇就业困难群体、农村劳动力和被征地农民就业。完善零就业家庭动态清零长效机制,率先建成“充分就业市”。

建设幸福城市。同步推进社保制度和参保人群两个“全覆盖”,实施“五险合一”统一征缴,企业职工基本养老保险新增扩面3万人,职工参保率达95%以上,城乡居民养老保险覆盖率达70%以上。有序将新农合整体纳入城乡居民医保制度,实现城乡居民医保一体化运行,全市各类医疗保险覆盖率达95%以上。加强廉租房、经济适用房和公共租赁房等保障性住房建设。全面完成以公立医院改革为核心的医药卫生体制改革,认真落实国家基本药物零差率制度,继续减轻群众就医负担。加强对甲型流感等各类传染病的防控,完善突发公共卫生事件应急机制。继续加大对社会困难群体的救助力度,大力发展老龄和慈善事业。继续做好扶贫和茅山老区开发工作。

建设人文城市。以争创全国文明城市为抓手,提升市民文明素养,增强城市软实力。积极实施“文化营销城市”策略,提升“文化嘉年华”

品牌,开展"文心公益行动",举办"长江迷笛音乐节",推动大运河申遗,催生新兴文化业态,加大城市形象宣传力度。切实推进义务教育均衡发展,加大中小学校舍安全工程推进力度,加快教育资源整合和布局调整,推进更高水平的教育现代化。广泛开展全民健身活动,积极备战省第十七届运动会。加大"双拥"六创全国模范城力度,扎实推进"双拥"八大工程,切实做好外事、侨务、人口计生、民族宗教和妇女儿童等工作。

建设平安城市。密切关注企业的生产经营,依法保护职工权益,防止经营风险转化为社会风险。严格落实安全生产责任制,减少一般事故,遏制较大事故,杜绝重特大事故,实现事故起数、死亡人数连续九年"双下降"。大力推进质量兴市战略,强化食品药品监管,规范市场经济秩序。加强社会治安综合治理,做好"五五"普法末期考核验收工作,积极创新社会管理机制,切实提升技防水平和应急能力,依法严厉打击各种刑事犯罪和经济犯罪,认真做好信访和矛盾调解工作,扎实推进"法治镇江"、"平安镇江"建设。

六、加强政府自身建设,引领城市升级

城市管理者的眼光,决定着城市的未来。加快城市化,必须进一步提升政府工作水平。

坚持开放创新。全体公务人员将按照建设学习型政府的要求,加强学习,努力以全球观念和战略眼光,研究城市化和城乡一体化的规律,更加热爱城市、熟悉城市,更好地建设城市、管理城市。自觉树立市场观念和开放意识,善于依据市场规律经营城市;完成新一轮政府机构改革,继续深化投融资体制改革,全面放开城市建设各类市场,引进更多的外来投资者参与城市化进程。

坚持以人为本。在加速城市化进程中,一定更加注重利民、便民、亲民。联动推进户籍等配套制度改革,让城市化为人民群众提供更多的安身之所、生活之便、创业之需和富裕之路。继续坚持依法、阳光、惠民、和谐拆迁,确保人民群众的合法权益;始终把人民群众的需求放在第一位,每项工作的安排与推进,每个工程的设计与建设,都自觉做到以满足人民、服务人民为根本。

坚持依法行政。市政府及工作部门将始终坚持依法行政、公正透明。认真执行市人大及其常委会的决议和决定,定期报告工作,自觉接受监督。不断加强与市政协的民主协商,主动听取各民主党派、工商联、无党派和社会各界人士的意见。对事关群众利益的重大决策,深入研究论证,广泛听取意见。

坚持廉洁从政。严格落实党风廉政建设责任制,深入推进行政权力网上公开透明运行,严肃查处违法违纪行为。强化审计监督和行政监察,带头厉行节约,保持政府机关清廉、为民、务实的良好形象。

各位代表,2010 年是充满挑战而又令人期待的一年。让我们在市委的坚强领导下,团结和依靠全市人民,继续开拓创新、真抓实干、合力攻坚,为全面加速城市化、提升竞争力,为实现镇江跨越发展、后发先至而努力奋斗!

(镇江市人民政府市长刘捍东 2010 年 1 月 12 日在镇江市第六届人民代表大会第三次会议上的报告)

改革综述

2010年,我市坚持以科学发展观统揽全局,全面贯彻落实中央和省加快经济发展方式转变的决策部署,着眼于制度建设和体制创新,着眼于统筹协调和重点突出,各项改革工作全面推进,有力地促进了全市经济社会平稳较快发展。全市实现地区生产总值1956亿元,增长13.3%;地方一般预算收入138亿元,增长36%;全社会固定资产投资1327亿元,增长31.3%;社会消费品零售总额560亿元,增长18.9%;实际利用外资16.1亿美元,增长12%;城市居民人均可支配收入23075元,增长10.1%;农民人均纯收入10874元,增长12.8%。全社会固定资产投资、社会消费品零售总额等指标增幅位居全省前列。

一、深入推进行政体制改革

(一)全面推进行政权力网上公开运行。按照高点定位、先行示范、全速推进的思路,高标准备规划和建设全市行政权力网上公开透明运行工作。在对各部门行政审批、行政处罚、行政征收、行政强制等服务事项进行系统梳理的基础上,编制行政权力网上公开透明运行程序,实现政府各部门行政权力的网上公开透明运行,并通过江苏省权力公开领导小组的验收。实现了"县级以上行政机关全覆盖、行政权力事项全覆盖、网上行政监察全覆盖"。

(二)创新政府投资项目管理。会同市监察局联合起草了《镇江市政府投资项目管理和责任追究暂行办法》,出台了《关于加强政府投资项目概算调整管理的通知》。对重大政府投资项目实行审批前公示制,对所有投资项目实行审批后公告制,有效加强了民众与政府间的沟通,进一步完善和健全政府投资项目的决策机制。加大项目审批服务力度,研究起草了《关于进一步规范项目全过程管理和优化项目服务的通知》,进一步明确了10项工作制度和10项服务承诺。

二、继续深化财政体制改革

(一)推进预算体制改革。认真贯彻落实市政府《关于进一步完善市级政府性专项资金(基金)管理使用的意见》(镇政办发[2010]24号)精神,科学合理制定专项资金(基金)年度支出计划,严格规范专项资金(基金)报批程序,加强专项资金(基金)的拨付、结余管理和绩效评价工作;并建立重大项目支出预算评审机制,深入推进财政结余资金和银行账户的清理归并。加快推进二三产业分离工作,提高地方财政的"实惠度",全市完成100户企业的分离任务,实现地方税收8000万元;着力推进财政支出绩效管理全覆盖,重点加强政府性专项资金的绩效评价,从社会关注的农业、教育、社保、科技、公共卫生等民生支出入手,逐步建立起更为广泛的支出绩效评价指标体系和评价机制,充分发挥绩效评价对财政资金管理使用的导向作用。

(二)加强财政运行监管。着力规范政府投融资平台,切实防范潜在财政风险。认真分析投资公司和收储中心的债务风险,加大政府投资项目的监管力度,努力降低融资成本,提高资金使用效益。积极构建防治"小金库"滋生的长效机制。加强对党政机关和事业单位所有违法违规账外资金和资产进行检查清理。

(三)完善国库集中支付制度。首先,完善财税库行联网系统。切实加强对重点地区、重点行业、重点税种的调查研究,实时掌握每一个重点税源企业的纳税情况,建立健全税收经济分析、企业纳税评估、重点税源监控和税务稽查的良性互动机制,切实提高组织收入的预见性和主动性。进一步完善了国库集中支付程序。继续扩大了国库集中支付资金使用范围,规范支付业务流程,减少用款计划追加频率,严格对经济科目的执行控制,提高了资金支付效率。

三、继续抓好医药卫生体制改革

坚持"整体联动、重点突破"的总体要求,积极探索、大胆改革,各项工作有序、扎实开展,取得了初步成效。

(一)创新资源优化配置方式。镇江医改的总体思路是"一核心四同步":即以公立医院改革试点为核心,同步推进基本医疗保障等四项改革。对公立医院改革,镇江市在市区组建了康复和江滨两个以三级甲等医院为核心的医疗集团,将各二级医院、专科医院和社区卫生服务中心全部整建制并入。每个集团内部进一步优化配置资源,基本实现检查结果、医师培训、采购配供、信息平台等资源的共享。建立集团医院与社区的分工协作机制,有效落实"小病在社区、大病进医院、康复回社区",2010 年社区门急诊量增长 35%、占市区总量的 53.8%。加强县、镇、村三级医疗机构建设,乡镇成立社区卫生服务中心,并按 5000 人左右规模设立中心村社区卫生服务站,实行镇村一体化管理。

(二)创新医院管理运行制度。一是建立出资人制度。市政府委托卫生行政部门履行出资人职责,负责建立公立医院法人治理结构。二是完善法人治理结构。由出资人代表、医院法人代表、医院职工代表及其他代表组成医院理事会,理事会对出资人负责。实行理事会领导下的院长负责制。三是改革人事分配制度。取消医院行政级别,实行全员聘用、岗位绩效工资,实行薪酬分配向临床一线、技术骨干、质量效率倾斜。四是实行管办分开。理事会履行办医职责,卫生行政部门依法实行全行业管理。五是建立绩效考核评价体系。涵盖社会满意、运行效率、运营效益、发展能力四大类 20 项指标,其中社会满意权重占 57%。去年,公立医院平均医疗成本费用率下降 2.26 个百分点,百元医疗收入耗材下降 2.14 元。

(三)创新惠民便民机制。率先在全省实现基本药物制度全覆盖,截至去年底,平均药价下降 42.1%,门急诊量增长 12.5%,门诊均次费用平均下降 21.6%,减轻群众负担 1.78 亿元。不断完善医保费用支付方式,采取以"就诊人头"为核心,总额预算、弹性决算、部分疾病按病种付费相结合的复合式办法,控制医疗费用增长,去年我市医院的门诊均次费用和住院均次费用为全省最低。创新社区卫生服务模式,组建 164 个"3 + X"家庭健康责任团队,重点对 65 岁以上老人、救助对象、慢性病患者和 0 ~ 7 岁儿童等人群,开展上门健康服务,打造 15 分钟健康服务圈。全面开展预约诊疗服务,专家门诊预约率达 50% 以上,落实社区首诊病人转诊预约服务,社区服务综合满意度提升 4.37 个百分点。

(四)创新多元化投入机制。加大政府对公立医院的投入,确保每年增幅高于经常性财政预算支出增长。政府以购买服务的方式,向各类医疗机构择优购买各类公共卫生、医疗服务产品,促进医疗集团之间的良性竞争。改革基层医疗卫生机构补偿机制,实施基本药物零差率后,市财政预算安排 1.7 亿元专项补助基层机构。同时,将人均基本公共卫生服务经费由 2009 年的 15 元提高到 20 元。鼓励社会资本,包括国内外医疗机构、管理集团、科研院所及其他社会资本以合作、托管、改制等形式,参与医疗集团的发展与改革,全面提高医疗集团的综合竞争力。

四、大力推进金融领域改革创新

加大金融业改革推进力度,初步形成了银行、保险、证券、担保、典当等多种金融机构共同发展、功能不断健全、结构日趋合理的现代金融组织体系,为镇江经济和社会发展提供强有力的支持和服务。大力推进企业直接融资。全年实现了 2 家企业境外上市、2 家上市公司增发再融资,累计股权融资 16.9 亿元;同时,全市储备了一批后备企业上市队伍,初步形成了企业上市滚动发展的良好局面。全市创业投资蓬勃发展,全市已注册创业投资企业 23 家,总注册资本 18.6 亿元。债券融资力度加大。全市债券发行达 106 亿元,总量全省第一。另有 12 亿元镇江国投(恒顺二期)等一批企业债券发行积极争取中。

五、大力推进"新市镇、新园区、新社区"建设

(一)加强组织推进。根据市委许书记的要求,全市上下把加快"三新"建设,作为打破城乡二元结构、统筹城乡发展的重要抓手,强势推进,已形成了"市联席会议面上指导、辖市区组织实施、部门服务支持、镇村具体落实、农民真正参与"的工作格局。

（二）突出政策扶持和计划统领。启动了11个新市镇试点镇规划修编工作。先后出台了《关于加快推进新市镇建设的意见》和土地、金融、户籍等8个配套文件。这个1+8的政策文件，含金量高、激励性强，同时又给基层创新实践留下了足够的空间，为全市“三新”建设提供了强有力的政策支持。制定了三年行动计划，统领各地的“三新”建设。

（三）加强银地对接和平台搭建。据初步估算，到2012年“三新”建设初见成效，全市11个新市镇建设试点镇累计需要资金投入500亿，需要金融资本、工商资本、社会资本乃至民间资本的广泛参与。市里专门出台《关于金融业支持新市镇新社区新园区建设的实施意见》，用来引导和鼓励金融业支持“三新”建设。市财政到2012年每年安排1000万专项资金，用于“三新”建设规划编制、基础设施投入和现代农业园区建设的奖励和补助，辖市区财政也配备相应资金。同时，为切实解决“三新”建设资金瓶颈，积极搭建“三新”建设投融资交流平台，各辖市先后组建了新市镇投资开发公司，通过多渠道融资，用于“三新”建设。

（镇江市发改委　张斌成　钱志俊）

泰 州 市

2010 年政府工作报告

各位代表：

现在，我代表市人民政府向大会作工作报告，请予审议，并请市政协委员和其他列席人员提出意见。

一、2009 年工作回顾

过去的一年是极不平凡的一年。面对国际金融危机给经济社会发展带来的前所未有的困难和挑战，我们在中共泰州市委领导下，深入贯彻落实科学发展观，紧紧依靠全市人民，提振信心、攻坚克难，扎实工作、拼搏进取，较好地完成了市三届人大二次会议确定的目标任务。

着力化解金融危机影响，国民经济保持平稳较快发展。面对全球性金融危机，及时制定和采取一系列保增长促发展的政策措施，促进经济全面回升。预计全年实现地区生产总值 1650 亿元，可比增长 14%。其中，第一产业增加值 125 亿元，增长 4.8%；第二产业增加值 945 亿元，增长 14%；服务业增加值 580 亿元，增长 14.8%。预计全市财政总收入 343.8 亿元，一般预算收入 138.6 亿元，分别增长 31.1%、37.1%，增幅分别列全省第 4 位、第 2 位；市区财税增速进一步加快，比重明显提高。全社会固定资产投资突破千亿元，达 1166.2 亿元，增长 29.6%。继续实施“5218 工程”，全市粮食总产达 310.2 万吨，连续 6 年创新高，新增高效农业面积 30 万亩。加快推进农业产业化、市场化进程，新增龙头企业 10 家、农村三大合作组织 314 家，农业利用“三资”40 亿元。强化优质农产品基地建设，新增国家级农业标准化示范区 1 个、国家级无公害农产品、绿色食品和有机食品共 50 个。泰兴农产品加工园被授予国家级农产品加工创业基地称号。建立市级农业巨灾风险准备金，高效设施农业保险覆盖面进一步扩大。扎实抓好绿化造林工作，新增造林面积 12.3 万亩，森林覆盖率达 17.5%。全力以赴抓运行监控、结构优化、项目实施和要素协调，工业经济回升向好。全市规模以上工业实现产值 3723 亿元，增加值突破千亿元；预计实现利税 410 亿元、利润 232 亿元，分别增长 45%、55%，增幅均居全省前列。组织实施产业振兴计划，着力推动产业转型升级。生物医药技术、船舶及配套、不锈钢制品等产业基地被授予江苏省首批特色产业基地称号。引导企业抢抓“谷底投入”机遇，加大项目开发实施力度。扬子江地佐辛注射液、兴达子午轮胎钢帘线、新源电工高压绝缘纸板等项目列入国家重点产业振兴和技术改造投资计划，安泰动力、申视塑料等一批高新项目竣工投产，中海油润滑油等一批重、特大项目成功获批。全年工业技改财务发生数 737.6 亿元，实施亿元以上重大技改项目 145 个，比上年增加 25 个。开展政银企融资洽谈活动，加强信用担保体系建设，设立企业应急周转金财政专户，力保企业资金链不断。积极实施品牌战略，新增中国驰名商标 3 个，靖江、泰兴、姜堰跻身中国商标百强县。春兰股份复牌上市。大力发展民营经济，新增私营企业 7472 家、个体工商户 2.9 万户，私营个体经济注册资本总额突破千亿元。建筑业发展势头良好，总产值达 1100 亿元，增长 15.3%。江苏一建完成改制，江苏骏龙建设等 6 家公司晋升为一级资质企业。深入推进“833 工程”，服务业发展速度进一步加快，占 GDP 的比重比上年提高 1 个百分点。完善政策措施，全市 140 家企业实现工贸分离。积极落实各项刺激消费政策，发放家电、汽车摩托车下乡补贴，减免购房契税，消费需求进一步扩大。全市社会消费品零售总额469.9亿元，增长18.7%。举办中国泰州国际旅游节，成功承办省第六届园博会，全年接待游客突破1000万人次，旅游业总收入突破100亿元。泰州华侨城一期顺利实施。金融业加快发展。浦发银行和长江商业银行泰州分行获准筹建，苏中首家村镇银行——靖江润丰村镇银行开业。年末全市各项存款余额1916.3亿元，比年初增长35.2%；贷款余额1205亿元，增长50.3%，增幅居全省第1位，其中当年新增贷款403.4亿元；全市发放小额担保贷款1.76亿元，规模居全省首位。

大力实施开放、创新双轮驱动，发展动力进一步增强。更加注重以开放促进创新、以创新带动开放，努力为经济社会发展提供强大引擎。精心组织境内外招商活动，台资、央企重大项目招引取得新突破，总投资10亿美元的纬创资通项目、总投资22亿元的中农发动物疫苗项目成功落户并开工建设。全年注册协议外资27亿美元，实际利用外资10.5亿美元，完成自营出口42.2亿美元，新签外经合同额3.85亿美元，实现外经营业额4.5亿美元。举全市之力推进医药城建设，医药园区升格为国家级医药高新技术开发区。全球最大的疫苗企业葛兰素史克等200个产业项目签约落户，150家公司注册成立，美时医疗等48家企业建成投产，分子平台、中试二期等研发平台建成运营，金迪克、疫苗中心等重点工程加快建设。省级开发区产业承载能力进一步增强，出口加工区建设有力推进。跨江联动开发取得新成效，江阴－靖江工业园区实现营业收入308亿元，增长69.3%。沿江基础设施建设加快推进，新增万吨级码头9个，靖江港区4个万吨级码头实现对外开放，高港永安港区二期顺利实施。全市港口货物吞吐量突破1亿吨。海关、国检、海事、边检等口岸查验机构为开放型经济发展作出新贡献。外事、侨务和港澳台事务工作取得新成绩，与美国威廉斯波特市结成国际友好交流城市。我市被台湾电电公会评为“值得推荐城市”，与台湾工业总会、制药同业公会签订长期战略合作协议。积极推动创新型经济加快发展。全年高新技术产业产值突破千亿元，达1137.5亿元。首批16家市级企业院士工作站成立，中科院泰州中心新入驻4家研发分中心，省级科技孵化器新增3家。春兰动力镍氢电源系统入选国家首批自主创新产品，泰州供电网无功电压优化运行集中控制系统等3个项目获得国家科技进步奖二等奖，9家企业成为全省首批创新型企业，我市成为全省唯一的国家知识产权工作示范市，并再次被评为国家科技进步先进市。成功举办第七届科技洽谈会。

强力推进中心城市建设，城乡面貌发生较大变化。2009年是城建项目最多、体量最大、投资最强的一年。紧紧抓住国家扩内需、保增长政策机遇，强化资金筹措，推进阳光拆迁，加快项目实施，全年市区城建投资达120亿元。“十大重点工程”全面实施，园博园按期开园，泰九路改造基本完工，稻河古街区改造、凤城河风景区三水湾建设、南通路改造、328国道泰姜段改线有序推进，泰州博物馆、图书馆、美术馆开工建设；鼓楼南路、海陵南路和扬子江路南延等一批路桥工程如期竣工，新老城区交叉道口改造24处，鼓楼路、税东街沿街小区环境整治基本结束。组织开展全国文明城市创建工作先进市、国家历史文化名城、国家级节水型社会建设试点市、国家生态市创建活动，中国宜居城市创建达标，国家园林城市创建通过专家组现场考核和遥感测试。数字化城管平台建设取得新成效，我市获得中国城市管理进步奖。各市加大城建力度，城区形象得到进一步提升。靖江滨江新城核心区加快建设，泰兴北部片区改造力度加大，姜堰创建国家卫生城市通过省级考核，兴化历史文化建筑保护和修缮成效明显。继续推进全面小康“十百千”工程，新创市级全面小康先行村250个；认真办好农村新“5＋1”实事，新（改）建农村公路800公里，改造农村桥梁460座，改厕7.7万座，疏浚河道3923万方，泰兴、姜堰、海陵农村河道疏浚通过省级验收。城乡基础设施进一步完善，泰州长江大桥及北接线建设进展顺利，全长 76 公里的兴泰公路改（扩）建工程提前建成通车，宁启铁路复线及电气化改造、引江河疏港大道等重点项目相继开工建设；周山河和老通扬运河整治一期如期完成，各市城区防洪工程加快推进；500 千伏凤城变等一批重点电力设施建成投运，邮政、通信等基础设施建设取得新进展。

努力促进社会全面进步，各项社会事业加快发展。贯彻教育优先方针，稳步推进区域教育现代化创建，姜堰、海陵通过省级验收；重视义务教育均衡发展，着力提升基础教育教学质量，全市高考成绩继续位居全省前列；加快高等教育发展步伐，泰州大学筹建工作取得积极进展，南京医科大学康达学院等 3 所高校药城校区启动建设；调整和完善市区中小学中长期布局规划。加快文化泰州建设，《泰州市历史文化名城保护规划》修编完成，非物质文化遗产名录体系建立，12 部古籍入选国家级古籍保护名录；泰州大剧院建成运营，海纪馆重新布展开馆，省泰中旧址保护性改造一期、北山寺大殿和岳武穆祠修缮进展顺利，市歌舞剧院组建；隆重举行庆祝建国 60 周年、纪念改革开放 30 周年、纪念海军诞生 60 周年等系列文化和庆祝活动。全市有线电视用户总量突破 120 万户，市区有线电视数字化转换率达 95%。举办第三届少儿艺术节、第五届全民健身节和老年艺术节，承办全国乒乓球超级联赛、全国男子排球联赛。在第十一届全运会上，我市运动员获得 3 金 3 银 1 铜的历史最好成绩。兴化被授予国际象棋之乡称号。强化基层卫生资源布局调整和卫生服务网络建设，全市建成省级示范卫生院 10 个、标准化卫生院 88 个，市区建成社区卫生服务中心 26 个、卫生服务站 80 个；加强卫生应急能力建设，有效应对甲型 H1N1 流感疫情。人口出生性别比例保持在正常值范围内，计生优质服务体系实现全覆盖，我市被列为全国人口和计划生育队伍职业化建设试点市。加强生态环境保护，秸秆烟害防控、企业违法排污整治等专项整治行动取得新成效。兴化戴南中日合作农村分散型污水处理示范项目如期建成。组织开展“大爱倾城、情满泰州”等慈善活动，市慈善资金规模扩大到 6000 万元。完成第二次全国经济普查，并获国家先进集体称号。史志档案、社会科学、新闻、物价、统计、气象、防震和民族宗教、妇女儿童等工作继续加强，质监、药监、工商管理为地方经济发展作出了新贡献，国防教育、国防动员、民兵预备役、双拥工作和人民防空事业取得新成绩。

全力保障和改善民生，人民生活水平有了新的提高。坚持把保民生作为保增长的出发点和落脚点，认真为民办好实事，努力让改革发展成果更多地惠及民众。预计全年城镇居民人均可支配收入 19090 元，农民人均纯收入 8220 元，分别增长 11%、12%；城乡居民储蓄存款余额突破千亿元，达 1002 亿元，增长 21%。积极创建国家级创业型城市，大力实施创业带动就业行动计划，鼓励和支持返乡农民工、高校毕业生以及失业人员创业，全年实施各类培训 40 万人次，净增城镇就业人员 5.4 万人、失业人员再就业 2.2 万人、农民创业 5.35 万人，城镇登记失业率控制在 3% 以内。出台城乡居民社会养老保险实施办法，进一步扩大社会保障受益面。降低市区职工医疗保险起付段标准，完善门诊统筹和二次救助办法，建立退休人员个人账户与养老金同步增长机制，在全省率先启动异地就医实时结算试点；提高新型农村合作医疗住院报销比例和补偿封顶线标准，新增参保人员 5 万人，参保率达 98%。高度重视社会困难群体生活，提高城乡居民最低生活保障标准、退职老职工定补标准，及时发放老复员军人和老残疾军人遗孀生活补助，与 1.6 万名农村重点优抚对象签订住院医保协议，对市区 939 户低保家庭实行免费医保，将 18809 名重残无业人员全部纳入低保范围，基本实现市区有劳动能力并有就业意愿的残疾人“零待业”。市社会福利中心、市救助管理站、市残疾人综合服务中心建成启用。千方百计保障困难家庭住房需求，全市新建经济适用房 58.2 万平方米，市区新建经济适用房30万平方米，落实租售并举保障房源350套、廉租房源272套。积极发展市区公共交通，新开辟线路7条，火车站公交停车场基本建成，实现公交股权回购。区域供水工程扎实推进，农村饮用水安全工程新增受益人口45万人。抓好农村扶贫帮困工作，新增脱贫人口5.7万人。高度重视食品、药品安全，放心消费工作取得新成效。群众性精神文明创建活动深入开展，组织泰州市“突出贡献人物”评选，定期开展“百姓系列”市民素质教育活动。“百姓信服的好法官”陈燕萍成为全国重大典型。

致力加强自身建设，施政能力和水平继续提升。注重研究和分析宏观经济形势，抢抓积极财政政策和适度宽松货币政策机遇，适时出台政策性措施、指导性意见，着力化解发展中遇到的矛盾和制约。大力推进政府管理、服务创新，有序推进新一轮政府机构改革，进一步理顺和完善市区行政、财政管理体制，取消和停止行政事业性收费、政府性基金46项；深入推进“三服务”活动，完善重大项目推进机制，政府效能进一步提高。始终坚持依法行政，及时清理政府规范性文件，开展行政复议委员会试点。自觉接受市人大及其常委会的法律监督、工作监督和市政协的民主监督，重视和发挥各民主党派、工商联、无党派人士和各人民团体的参政议政作用；认真办理人大代表建议和政协提案，综合满意率达99.8%。加强基层民主法制建设和社区建设，“村民直评村官”做法得到推广，建成国家级民主法治示范村5个、全国和谐社区示范区1个。组织开展“信访积案化解年”、“大接访、大下访、大排查、大调处”等活动，各类矛盾纠纷和信访案件得到妥善处置。推进“平安泰州”建设，组织开展打击“两抢”、传销、电信短信诈骗和假币犯罪等专项行动，圆满完成大型活动安全保卫工作。社会公众安全感认可度达98.6%。高港区被评为全国平安建设先进区。建立健全各类应急预案，完善应急体制和机制，应对突发事件能力不断增强。苏中区域消防中心一期竣工。扎实推进对口援建工作，援建四川绵竹拱星镇项目全面推进，部分工程竣工交付使用。进一步深化政务公开，建成行政权力网上公开透明运行系统；着力办好政府网站，丰富和完善在线访谈等栏目，“网上政府”建设取得新成效。认真接处市长公开电话、市长信箱和行风热线，及时为群众解决实际困难和问题。落实廉政建设和反腐败工作责任制，出台公开监察新增投资项目实施意见，加大执纪执法和纠风治乱工作力度。机关公有资产管理进一步加强，节约型机关建设取得积极进展。

各位代表，过去一年政府各项工作取得的成绩，是在中共泰州市委的正确领导下，在市人大、市政协的监督和支持下，全市人民团结拼搏、共同努力的结果。在此，我代表市人民政府，向辛勤工作在全市各行各业的广大干部群众，向给予政府工作热情支持和有力监督的全体人大代表、政协委员，向市各民主党派、工商联、各人民团体和各界人士，向各驻泰机构以及驻泰部队指战员、武警官兵和公安干警，向所有关心支持泰州现代化建设的海内外朋友，表示衷心的感谢！

在充分肯定成绩的同时，我们也清醒地看到，全市经济社会发展中还存在一些问题和不足，主要是：经济回升的基础还不稳固，部分企业运营较为困难；转型升级的任务还非常艰巨，经济结构偏重、发展方式粗放、创新能力不强等都不同程度地存在；经济国际化水平有待进一步提高，利用外资规模还不够大，重大储备项目还相对较少，外贸出口增速回落；中心城市功能不够完善，集聚和辐射带动作用还不够强，社会建设、文化建设也存在不少薄弱环节；改善民生面临一些新的问题，就业形势依然严峻，农民持续增收难度还较大；政府自身建设有待进一步加强，尤其需要加快提升服务发展的能力和水平、切实提高执行力和落实力。对上述问题，我们一定高度重视，采取切实有效措施，在今后的工作中努力克服和解决。

二、2010 年工作任务

各位代表，今年是实施“十一五”规划的最后一年，也是确保经济社会发展“三年再来一个大变化”的决战冲刺之年。做好今年的政府工作，具有十分重要的意义。综合分析国内外形势，总体上继续向好，但不确定、不可预料的因素依然较多。我们要辨证分析和正确把握发展形势，坚定信心、克难奋进，努力在应对挑战中抢抓机遇，在开拓进取中增创优势，确保经济社会平稳较快发展，加快走出一条具有泰州特色的创新发展之路。

今年政府工作的总体要求是：全面贯彻党的十七届四中全会、中央和省经济工作会议精神，认真落实市委三届七次、八次全会决策部署，以科学发展观统揽全局，紧紧围绕“三年再来一个大变化”，坚持开放创新双轮驱动，进一步加快经济转型升级、增强中心城市功能、推进城乡统筹发展、提高人民生活水平，奋力开创泰州科学发展新局面。

今年全市国民经济和社会发展主要调控目标为：地区生产总值可比增长 12%；财政总收入增长 15%，一般预算收入增长 15%；全社会固定资产投资增长 20%；社会消费品零售总额增长 16%；自营出口额增长 5%；实际利用外资增长 10%；城镇居民人均可支配收入增长 10%，农民人均纯收入增长 9%；居民消费价格涨幅不高于全省平均水平；城镇登记失业率控制在 3.5% 以内；研发投入占地区生产总值比重 1.8%，高新技术产业产值占规模以上工业比重 30% 以上；万元 GDP 能耗下降 5%。

今年将重点做好五个方面的工作：

（一）推进转型升级，力促经济又好又快发展。在巩固和发展经济回升向好势头的同时，把调结构、促转型摆上突出位置，努力在转变经济发展方式、促进区域共同发展上取得更大进展。

大力发展新兴产业。加快医药产业发展，突出抓好医药高新区领军人才、研发机构引进和科技成果产业化，加快龙头型产业项目、研发制造支撑平台和基础设施建设，力争早日实现“双千目标”。加快电子信息产业发展，着力抓好纬创资通项目实施，积极引进相关企业和高端产品，打造电子信息产业集群。加快新能源产业发展，重点实施一批太阳能发电系统及配套产品、核电风电配套产品和新型电池等重点项目，形成新的重要增长点。科学规划和加快培育新材料、新型环保设备、智能电网等产业，拉长产业链，促进规模化。高度重视低碳经济、绿色经济和循环经济发展，坚决淘汰落后产能，积极推广高效节能技术和产品，努力完成“十一五”节能减排任务。大力发展现代物流、金融保险、服务外包、软件开发等生产性服务业，为新兴产业发展提供有力支持。年内新增省级现代服务业集聚区 1～2 家，力争把医药高新区打造成国家级服务外包示范区。

切实增强创新能力。坚持开放式创新与自主创新并举，用高新技术和先进适用技术加快改造、提升传统支柱产业，不断增强产业竞争力。鼓励和支持企业引进科技成果、开展技术合作、推进创新体系建设，努力突破一批关键技术、转化一批重大科技成果、培育壮大一批创新型龙头企业。年内，全市重点建设 100 个产学研联合体，跟踪实施 20 个重大科技专项，上争和组织实施国家、省级各类科技项目 100 个以上，引进一批高层次创新创业人才，市及各市（区）均成立风险投资公司或创业投资公司。全年高新技术产业产值力争突破 1400 亿元。认真落实《关于进一步促进中小企业发展的若干意见》，切实改善创新创业环境，培育一批创新型中小企业；实施百企上市培育计划，新增一批企业进入上市辅导期或实现上市。

加快发展县域经济。坚持分类指导，强化服务支持，提升县域经济整体发展水平，努力形成各具特色、充满活力、奋勇争先的生动局面。引导各市发挥自身优势，找准目标定位，加快转型升级，进一步做大做强主导产业和特色产业。促进工业集中区集约、集群发展，突出抓好项目招引和产业集聚，着力打造一批有影响、有特色的经济板块。全力支持各市上争项目,高效做好协调、服务工作,积极帮助化解发展难题。认真落实帮扶政策措施,推动黄桥老区和里下河地区加快发展。

着力壮大市区经济。按照市区经济率先转型升级、加快发展的要求,坚持一手抓总量扩张、一手抓质态提升,推动市区经济发展壮大,切实提高占全市经济比重。调整优化市区产业发展格局,进一步明晰产业定位和发展方向。强化市区新兴产业功能区建设,更好地集聚高新项目和高端人才。完善市区管理体制机制,合理划分事权和财权,激发市区发展活力。进一步增强对市区产业发展的政策支撑,不断提升市区经济综合竞争力。

(二)抓好"三农"工作,推动农村经济社会全面发展。坚持以提高农民收入为核心,大力发展农村经济,加快推进新农村建设。

积极发展现代农业。继续实施"5218 工程",推进农业适度规模经营,着力打造一批特色农业园区和规模基地。开展高产增效创建示范活动,新增万亩粮油高产增效示范片 30 个、高效农业面积 21 万亩。整合农业科技推广资源,加快构建种养业良种繁育体系,促进先进适用技术落地应用。开展"农产品质量建设推进年"活动,建设优质农产品生产基地。加大高效设施农业保险推进力度,规模种养业项目保险实现全覆盖。抓好以绿色通道建设为重点的林业绿化工作,新增造林面积 12 万亩以上。完善动植物疫病防控体系,保证农产品质量安全。

继续推进新农村建设。认真办好农村新一轮实事,不断改善农村生产生活条件。抓好农村道路建设,新(改)建农村公路 500 公里。按照"全国亿万农民健康促进行动"部署,广泛开展农村健康知识普及,建成 1 ~2 个省级示范县(市)。继续实施农村饮水安全工程,新增受益人口 18.8 万人。加强农村环境综合整治,加快秸秆能源化利用,整治疏浚农村河道,推进农村户厕无害化改造,完善城乡垃圾收运、处理体系。深入开展环境优美乡镇争创活动,全面完成"十百千"工程建设任务,新创成国家级环境优美乡镇 3 个、市级全面小康先行村 200 个以上。加大扶贫帮困力度,确保完成脱贫攻坚目标任务。

努力促进农民增收。围绕提高农民种养业收入,积极推广种养新模式、新品种;大力发展订单农业,支持农业产业化龙头企业加快发展;继续组织好农产品营销工作,进一步扩大市场份额,促进农民增收。围绕提高农民经营性收入,大力发展农村三大合作组织,年内新增 300 家;强化农民创业培训,扩大农村小额贷款规模,扶持农民创业。围绕提高农民工资性收入,适应重大项目建设用工需求,抓好专业技能培训,促进农民本地转移就业。全年组织农民实用技术培训 15 万人、创业培训 8000 人,新增创业农民 5 万人、创业带动就业 15 万人。

(三)扩大对外开放,提高开放型经济发展水平。认真研究新形势下境外资本转移规律、贸易发展动态,努力在更广领域、更高层次上参与国际竞争与合作。

更大力度推进招商引资。进一步加大行政推动力度,切实提高招商活动实效。继续突出抓好台资和央企招引,放大纬创资通落户的集聚效应,组织高密度的赴台招商,加快打造台商投资集聚区;强化央企投资信息追踪,组织好各类推介活动,力争获得更多的央企研发机构和产业基地布点。着力加强产业链招商,重点围绕医药高新区和纬创资通项目建设,强化上下游产业和关联产业项目的招引,加快形成医药和 IT 产业集群。加强引资载体建设,引导医药高新区和各省级开发区做好新一轮规划修编,培育特色园区。深入推进沿江开发,积极做好沿海开发策应工作。

保持外贸出口稳定增长。抢抓全球经济逐步复苏有利时机,转变外贸增长方式,积极发展对外贸易。进一步优化出口结构,力争机电和高新技术产品的占比达 65% 以上;健全自主出口品牌促进机制,培大育强骨干企业,新增一批出口超 3000 万美元企业。加快出口产业集聚区建设,力争获批国家级出口加工区。深化出口企业服务,落实国家信用保险政策措施,打造"贸银信"合作平台;支持企业参加各类会展,积极开拓国际市场。指导和服务企业有效应对贸易摩擦。

加快"走出去"步伐。支持有实力的企业到境外投资、兴办实业,在更高层次上利用"两种资源"、"两个市场",提升国际竞争力。鼓励有条件的企业与跨国公司、知名企业高端合作,在战略性合作并购重组中实现高位嫁接。积极推进重点企业开展境外资本运营,实现境外上市。支持企业承揽总承包业务,着力提高对外承包工程和劳务合作水平;规范外派劳务,加强境外劳务纠纷和突发事件的应急处置工作。重视和加强外事、侨务工作,促进对外交流合作。

(四)加快城市建设,提升中心城市集聚和辐射能力。按照南进东扩、组团发展、功能互补、生态宜居的要求,坚持市区一体、多点并进,强力推进大项目建设,加快拉开大城市框架,全面掀起大推进热潮。

进一步优化城市布局。强化规划引领,注重形态设计,完善空间架构。完成新一轮城市总体规划修编和各类分区规划、控制性详细规划编制,组织进行重要区域和关键节点的城市设计。加快城市交通骨架体系建设,启动 231 省道泰高路改线和站前路建设,推进引江河疏港大道、泰州大桥北接线工程,建成 328 国道泰姜段改线。统筹推进南部新城区规划建设,重点实施海军大道东延和东风路、鼓楼路、海陵路南延等"四路七桥"工程,启动建设新区高级中学、市人民医院新院,建成医药高新区会展中心。有序推进北部老城区建设,突出抓好东、西大门和青年路两侧改造,实施迎春路、迎宾路东延等老城区道路畅通工程,着力解决"断头路"问题。积极推进滨江港城区建设,实施春港路、迎江路、环港大道等路桥项目,加快打造泰州"外滩"。

进一步完善城市功能。围绕加快集聚人气、商气,着力繁荣坡子街商圈,规划建设周山河街区城市商贸中心。积极引进新型流通业态、大型商贸企业,实施济川路城市综合体、华钜金海广场、大润发超市、红星美凯龙等重点项目,推进市区农贸市场建设和升级改造,建设东风路农产品批发等特色市场。加快博物馆、图书馆、美术馆、文化馆、规划展示馆、青少年活动中心、未成年人社会实践基地等场馆设施建设,启动新体育中心规划设计;继续推进市区长江水通乡达镇和燃气进老小区,确保城南污水处理厂二期竣工、市区污水管网实现全覆盖;大力发展城市公交,加大投入、强化管理,突出抓好公交车辆更新、线路优化和公交站场建设,确保市区公交服务水平得到显著提升。继续完善数字化城管二期工程,综合整治无物管小区环境,切实加强公共停车场建设。

进一步提升城市品位。坚持走内涵发展之路,加快塑造和展现城市个性、品质。着力彰显历史文化底蕴,扎实抓好历史遗存保护、修复,改造复兴稻河古街区,启动建设城中、渔行等历史文化街区,完成北山寺、岳武穆祠修缮和俞氏等古民居保护工程。致力打造城河文化精品,围绕"水位可亲、水体流畅、水质优良"目标,实施城市水生态环境建设工程,完成周山河、老通扬运河二期整治;加快凤城河沿河景观带建设,扩建柳敬亭公园,繁荣三水湾时尚休闲街区。大力发展旅游文化,规划建设滨江生态湿地旅游度假区,启动建设大桥生态景观公园,支持泰州华侨城建设和开发,举办第二届中国泰州国际旅游节,打造长三角旅游目的地。深入推进全国文明城市创建工作先进市创建活动,认真做好国家历史文化名城创建迎检工作,组织实施生态市建设行动计划,确保通过国家环保模范城市复查,创成国家园林城市和江苏省节水型城市。

进一步加快城乡重大基础设施建设。积极配合和服务泰州长江大桥、苏中机场、宁启铁路复线及电气化改造、江海高速泰州段、泰镇高速泰州段、宁通高速泰州段扩容等重点项目建设,规划建设泰州港核心港区,建成京泰汽车客运站。实施引江河二期、卤汀河拓浚和城郊水资源保护，深入推进区域供水工程。加快实施500千伏泰兴变扩建、220千伏洋桥变等输变电项目，确保年内建成投运。继续完善通信等基础设施。

进一步推进城乡一体化发展。统筹抓好各市城区和镇村建设，引导各市加快城区建设步伐，推动黄桥、戴南、溱潼、新桥等中心城镇加快向小城市方向发展，培育一批特色明显的中小城镇。着力抓好市区村组（社区）股份制改革和社区建设工作，加快撤镇设街、撤村设居和城中村、园中村、城郊村改造步伐。积极推进户籍制度改革，放宽城镇落户条件，引导农民逐步、有序融入城镇。继续推动城市生产要素向农村流动、基础设施向农村延伸、公共服务向农村覆盖，有效扩大城乡消费需求。

（五）保障改善民生，促进社会和谐稳定。在保增长促发展的同时，更加关注民生福祉，加强社会建设与管理，构建和谐泰州。

突出抓好就业和社会保障工作。扎实推进国家级创业型城市创建工作，确保通过国家验收；整合各类就业创业扶持政策，建立面向城乡的普惠化政策体系，行政村全部建成村级创业就业服务平台，促进民营经济加快发展；实施就业再就业援助，动态消除“零就业”家庭，全年净增城镇就业人员4万人。完善城乡居民养老保险办法，建立农村基本养老保险金、老年农民养老补贴调整机制，确保新农保实现全覆盖、参保农民达120万人；调整医疗保险政策，提高参保人员保险待遇，新型农村合作医疗保险参保率稳定在98%以上，全市人均筹资标准不低于150元、市区达180元；推进养老和工伤保险统筹，不断提高基金支付能力。进一步完善被征地农民社会保障制度，确保参保率达90%。加强劳保监察和劳动争议调处工作，维护企业职工和进城务工农民合法权益，构建和谐稳定劳动关系。促进房地产业稳定健康发展，突出抓好保障性住房建设，着力解决低收入家庭住房困难，市区新开工建设经济适用房5万平方米，新增租售并举经济适用房350套和廉租房源、公共租屋各50套。完善城乡低保分类救助和特困救助制度，对中等职业学校家庭经济困难学生和涉农专业学生免收学费，对农村义务教育公办学校寄宿生免收住宿费，对残疾人实施生活救助和就业安置。

繁荣各项社会事业。加快教育现代化步伐，靖江、泰兴和高港区域教育现代化创建通过省级验收；促进义务教育均衡发展，恢复义务教育阶段“公有民营”学校公办性质，均衡配置优质教育资源；启动全市中小学校舍安全工程，迁建市区康和学校；大力发展职业教育，增强服务地方经济发展的能力；继续推进泰州大学筹建工作。加快发展文化事业和文化产业，鼓励文艺创作，办好第二届梅兰芳艺术节等重大文化节庆活动；加大文化体制改革力度，完成市淮剧团改制工作；继续加强乡镇（街道）宣传文化中心和村文化室建设，力争实现“农家书屋”全覆盖。推进各市有线电视数字化整体转换，建设泰州地面数字电视传输平台。深化医药卫生体制改革，开展公立医院改革试点和基本药物制度试点；完善公共卫生服务体系，市区重点建设10个社区卫生服务中心、40个服务站。积极申办重大体育赛事，做好省第十七届运动会参赛工作。落实计生保障优惠政策，积极创建“全省人口协调发展先进县（市、区）”。扎实做好第六次全国人口普查工作。完善社会福利服务体系，大力发展慈善事业。加快养老服务社会化步伐，开工建设海陵区养老院、高港区养护院。继续推进人民防空与防灾一体化建设。积极发展史志档案、社会科学、新闻、物价、统计、气象、防震等事业，认真做好民族宗教和妇女儿童等工作。

加强精神文明和民主法制建设。贯彻落实《公民道德建设实施纲要》，深入实施“市民文明素质提升工程”。以文明行业（单位）、社区、村镇创建为重点，推进城乡文明和谐共建活动。组织开展“百万市民学礼仪”、“文明交通”、“志愿者服务”等道德实践活动，努力放大“百姓系列”、“爱心”品牌效应。大力宣传陈燕萍等先进典型,充分发挥示范引领作用。完善学校、家庭、社会“三结合”网络,进一步加强和改进未成年人思想道德建设。深入开展双拥共建活动,做好国防教育、国防动员、民兵预备役和兵员征集工作。大力推进村(居)民自治,认真组织村(居)委会换届选举。继续抓好“五五”普法,增强全体公民法律意识。加强社会管理创新,维护社会和谐稳定。完善群众利益诉求协调机制,落实信访工作领导责任制,坚持领导干部定期接访和下访,切实解决一批疑难信访案件;加强调解工作制度化、规范化建设,积极调处、化解社会矛盾纠纷;落实重大决策、重大项目社会稳定风险评估制度,从源头上预防和减少社会矛盾。开展第三轮“平安泰州”建设,深化社会治安综合治理,推进信息化、立体化社会治安防控体系建设,抓好社会闲散青少年教育、流动人口管理、刑释解教人员帮教安置工作;开展“五星级”村(社区)创建活动,综合整治城中村、城郊村等治安复杂地区,大力推进外来人口“新市民工程”。进一步强化应急机构和救援队伍建设,积极预防和妥善处置突发性公共事件。加强安全生产监督检查,严防重特大事故发生。实施食品、药品放心工程,保障人民群众生命健康安全。

三、加强政府自身建设

各位代表,科学应对当前宏观经济形势,加快推进“三年再来一个大变化”,全面完成“十一五”规划任务,都对政府工作提出了新的、更高的要求。我们将以打造实干政府、阳光政府、法治政府、廉洁政府为主线,进一步加强政府自身建设,更好地肩负起建设和谐美好新泰州的重任。

(一)着力打造实干政府。坚持大干快干、苦干实干,促进各项工作大见效、快见效。大力倡导雷厉风行的工作作风,立说立行、紧张快干,确保既定工作快速上手,工程项目强力推进,各项目标早日完成。大力倡导敢于碰硬的认真态度,知难而进、迎难而上,以改革创新的思路化解矛盾、突破困局,下决心消除影响和制约发展的体制机制性障碍,解决一批群众关注的热点难点问题。大力倡导一抓到底的执着精神,把抓落实作为政府工作的生命线,紧紧围绕市委的各项决策部署,细化、实化操作性措施和办法,一件一件地落实,一项一项地推进,切实提高执行力和落实力。

(二)着力打造阳光政府。坚持以公开为原则、不公开为例外,进一步推进政府信息公开,保障公众充分享有知情权;坚持问政于民、问需于民、问计于民,涉及群众切身利益的重大决策和相关措施出台前,主动听取人大代表、政协委员和群众的意见,保障公众行使参与权;坚持将权力运行全过程置于“阳光”之下,深化行政权力网上公开透明运行工作,保障公众行使监督权。把建设“网上政府”作为打造阳光政府的重要抓手,继续强化政民互动平台建设,切实办好“望海楼论坛”,认真接处市长信箱群众来信,高度重视政府新闻发布和网络舆情应对工作。

(三)着力打造法治政府。按照法定权限和程序,行使权力、履行职责。建立规范性文件科学运行和定期审查机制,积极推行行政复议集中受理,强化行政执法行为监督,加大行政问责力度,严肃查处行政不作为和乱作为。自觉接受市人大及其常委会的法律监督和工作监督,积极支持政协履行政治协商、民主监督和参政议政职能,主动听取各民主党派、工商联、无党派人士和各人民团体的意见,继续办好人大代表建议和政协提案。进一步转变政府职能,深化行政管理体制改革,完成市及市(区)政府机构改革任务。切实做好“十二五”规划纲要编制工作。

(四)着力打造廉洁政府。认真落实党风廉政建设责任制,加强教育、制度、监督并重的惩治和预防腐败体系建设,扎实推进反腐倡廉工作。深化廉政文化建设,引导公务员强化廉洁从政意识。积极构建政府投资项目监督管理制度体系,强化对重点领域、重点环节、重点项目的审计监督和行政监察,依法查办各类违纪、违法案件。深化纠风和工程建设领域专项治理工作,从严整治政风、行风。坚持艰苦奋斗、勤俭节约,压缩行政支出,把有限财力、物力用到发展经济与改善民生上,始终保持为民务实清廉的良好形象。

各位代表,泰州已经站在一个新的发展起点上,机遇与挑战并存,希望与困难同在。让我们紧密团结在以胡锦涛同志为总书记的党中央周围,在中共泰州市委的领导下,紧紧依靠全市人民,解放思想、锐意创新,抢抓机遇、拼搏进取,为全面完成今年经济社会发展和"十一五"规划各项目标任务,加快实现"三年再来一个大变化"而努力奋斗!

(泰州市人民政府市长姚建华2010年1月19日在泰州市第三届人民代表大会第三次会议上的报告)

改革综述

2010 年,在市委、市政府正确领导下,全市紧紧围绕稳增长、调结构、促转型,着力消除影响社会经济发展的体制机制障碍,体制改革工作有序推进。

一、实施政府机构改革

按照"加快政府职能转变、理顺关系、优化组织结构、提高行政效能"的行政管理体制改革指导思想,认真组织实施 2010 年市政府机构改革工作。一是根据中共中央、国务院《关于地方政府机构改革的意见》和省委、省政府《关于印发<江苏省市县政府机构改革的意见>的通知》精神,精心拟定市政府机构改革方案。二是对市级机关 55 家部门(单位)重新制定了"三定"规定。通过"三定"规定的拟订,政府职能转变取得明显进步,部门职责关系进一步理顺,责任进一步强化,内设机构和人员编制得到有效控制。三是认真拟订了有关机构编制调整、人员分流、事业单位隶属关系调整等改革配套文件。改革后,我市政府工作部门由 38 个精简为 35 个,政府直属事业单位由 12 个精简为 3 个,撤销议事协调机构 4 个。同时,整合归并了相关事业单位,撤销事业单位 20 家。

二、完成乡镇机构改革工作

按照中央、省关于 2010 年乡镇机构改革的部署要求,全面推进乡镇机构改革任务。一是优化了镇领导班子结构,提升基层组织执政能力。各镇统一实行党委、人大、政府领导班子交叉任职体制,镇领导班子职数精简比例达 27%。二是整合了行政资源,转变乡镇政府职能。围绕"发展、稳定、服务"三大任务,将镇党政机关统一综合设置为"四办一所",将镇事业单位统一综合设置为"三中心一站一所"。三是精简了人员编制,激发工作活力。改革后,以 2001 年市县乡机构改革后核定数为基数,乡镇行政编制精简 10%,共精简了 381 名,乡镇事业编制精简 44%,共精简了 2268 名。四是完善了相关配套改革措施,提高改革的整体实效。

三、深化行政审批制度改革

在巩固行政审批"两集中两到位"改革成果的基础上,着力推动审批事项向电子政务平台集中,做到"网上审批到位",使"两集中两到位"发展到了"三集中三到位"。全市 574 项行政审批事项全部实行了网上受理、网上预审、网上审批。同时对"流程再造"资料进行整理和逐项审核,对审批项目进行了动态调整,重新确认了 532 项进中心项目,占全市行政许可项目的 92.68%。

四、继续推进国有企业改制工作

在去年完成江苏一建改制工作的基础上,今年市直启动了市属其他国有建筑企业以"三置换一保障"为主要内容的改制工作。年内,泰州一建、泰州二建等建筑企业改制工作基本完成。

五、不断提升产学研合作层次

扎实推进校企合作,成功举办泰州企业院校行活动,签订科技合作项目 48 项,达成意向性合作协议 183 项。加快建设技术创新战略联盟,江苏省生物医药产业创新国际合作联盟正式挂牌成立,为全省首批获准挂牌的国际性技术创新战略联盟。牵头组建江苏省动力电池产业技术创新联盟、优质小麦产业技术创新战略联盟,为区域新兴产业发展提供有力支撑。企业研发实力不断增强,获批省工程技术研究中心 25 家、省院士工作站 11 家、省重点实验室 2 家。被认定为省级外资研发机构 3 家、市级 13 家。

六、地方金融实力不断增强

一是继续引入新的银行业金融机构入驻泰州。年内,浦发银行、招商银行设立泰州分行,兴业银行泰州分行已获准筹建;吴江农村商业银行泰兴支行、姜堰支行,无锡农村商业银行靖江支行相继开业。二是银行业金融机构网点布局不断优化。江苏长江商业银行成功设立泰州分行,中信银行姜堰支行、江苏银行泰兴支行、南京银行姜堰支行和泰兴支行、交通银行泰兴支行成功开业。三是本地农村中小金融机构改革工作不断深化。启动泰州海阳和姜堰农村合作银行改制工作，着手设立农村商业银行。四是推动新型农村金融机构的组建工作。泰兴建信村镇银行年内开业，年末，农村小额贷款公司已累计组建20家，注册资本金累计达到14.2亿元。

七、农村改革不断深入

一是农业适度规模经营取得新进展。按照“依法、自愿、有偿”的原则，引导农民以多种形式将农村土地向种养大户、农民合作组织、农业企业等市场主体流转，推进农业适度规模经营。年内，新增流转土地面积19.43万亩，累计达72万亩，占家庭承包面积的21%；农业适度规模经营面积19.15万亩，累计新增面积179万亩，占耕地总面积的38%。二是三大合作组织发展取得新突破。加大农村土地流转项目和发展农民合作经济组织资金扶持力度，为各类农民合作经济组织建立贷款“绿色通道”、开展“五好”农民合作组织示范创建活动。全年新增农民专业合作社456家、土地股份合作社108家、社区股份合作社183家。全市累计组建三大合作经济组织总数达2145家。三是农业保险覆盖面进一步扩大。各市（区）在抓好水稻、小麦、油菜、能繁母猪等传统保险业务的同时，大力开展奶牛、肉鸡、肉鹅、育肥猪、设施大棚等高效设施农业保险。农业保险保费收入总额达到1.5亿元，其中高效设施农业保险保费收入885万元。四是推动重点城镇建设工作。市委、市政府出台了《关于大力推进重点镇村建设的意见》，在2009年的基础上再重点打造四个小城市，同时加快推进九龙、永安洲两个镇农民集中居住社区建设，形成“4+6”的工作格局，着力推进全市22个重点镇加快发展，重点扶持50个重点村，加快形成城乡经济社会发展一体化的新格局。五是启动经济发达镇行政管理体制改革试点。根据中央、省有关要求，贯彻落实中央关于“依法赋予经济发展快、人口吸纳能力强的小城镇相应行政管理权限”的精神，组织戴南镇、黄桥镇国家级和省级行政管理体制改革试点前期调研、制定方案等工作，推进扩权强镇试点工作。

八、医疗卫生体制改革逐步深化

一是新型农村合作医疗制度不断完善。围绕建立稳定的筹资增长机制、严格的管理机制及有效的费用控制机制，不断提高群众保障水平。年末，参合人口数345.87万人，参合率为99.57%。全面推行门诊统筹，门诊在乡村两级医疗机构实行即时结报。住院补偿总人数12.32万人，累计补偿26930.91万元，住院补偿比例为43.58%，比上年提高了3.93个百分点。二是公共卫生服务工作得到强化。全市按照不低于人均15元标准落实基本公共卫生服务经费，认真实施省定9类22项基本公共卫生服务项目。在进一步做好艾滋病、结核病、血吸虫病等重大传染病防治工作的同时，全面实施新增6项重大公共卫生服务项目。三是基层医疗卫生服务体系进一步健全。加快城市社区卫生服务机构建设，基本建成城市社区卫生服务体系，形成“15分钟健康服务圈”。坚持将农村卫生机构基础设施建设列入民生工程组织实施，新、改、扩建416个村卫生室。四是基本药物制度建设进展顺利。明确“五个统一”的工作要求，规范基本药物网上集中采购和配送企业招标遴选，在靖江、泰兴、海陵、高港试点推进基本药物制度，基层医疗卫生单位药价平均下降47%，累计让利1800万元。着眼于建立新的机制，制订出台一系列配套文件，整体推进药品购销、机构编制、财政投入、人事分配、绩效考核等综合改革，按照“核定任务、核定收支、绩效考核”，落实财政补助。五是启动公立医院改革试点。选择靖江市组建医疗集团，开展公立医院改革试点，明确医疗集团性质为企业化管理的事业单位，拥有自主经营权、自主用人权和自主分配权。

九、教育改革创新得到新加强

高港区、靖江市、泰兴市顺利接受省教育现代化创建现场评估，姜堰市、海陵区强化创建成效，兴化市完成年度创建任务，全市教育现代化市（区）创建基本完成。全面落实市政府《关于进一步推进义务教育均衡发展的意见》，整合优质教育资源，建立县域内义务教育学校校长、教师城乡交流机制，组织名特优教师送教下乡30多场次，受益教师达4000多人（次），实施市直、海陵、高港5所优质学校与新区5所学校结对支教。根据国家未来教育改革发展要求，制订了《泰州市中长期教育改革和发展规划纲要》，引领泰州教育未来十年发展方向。启动新区高级中学校区建设和迁建康和学校、明珠实验学校，积极培植新区优质基础教育资源。进一步完善义务教育经费保障机制，预算内生均公用经费按每生每年小学370元、初中610元省定基准定额落实；全面完成清理规范改制学校工作，24所改制学校回归公办。公办义务教育学校全部实现划区招生、就近入学。深化中考招生制度改革，公办四星级高中指标生比例提高到60%，“择校热”得到有效遏制。实行高中招生录取、公示、建学籍“三同步”。

十、多渠道促进就业

继续采取措施减轻企业负担，配套制定困难企业社保、岗位、培训补贴申报办法和特别职业培训计划实施方案，稳定就业局势。鼓励创业带动就业，制定出台《关于进一步推进国家级创业型城市创建工作的通知》，重点强化创业资金补贴、创业孵化扶持和创新创业奖励。建立服务企业用工长效机制，出台了《关于加强外来务工人员服务管理工作的意见》，创造性地实施新市民政策，确保外来务工人员引得进、留得住、用得好。在巩固街道（乡镇）、社区劳动就业和社会保障平台的基础上，建立充分转移、创业型乡镇（村）和村级平台建设联动机制，不断推进公共就业服务体系向农村延伸、向农民覆盖的步伐。2010年，全市新增城镇就业7.85万人，期末城镇登记失业率2.75%，新增农村劳动力转移5.11万人，新增创业5.62万人，带动就业17.02万人。

十一、社会保障工作取得新成效

制定出台了《泰州市城乡居民社会基本养老保险办法》，全力推进农村新型养老保险全覆盖。通过确保养老金按时足额发放、最大限度扩大养老保险范围、加大特困救助力度等措施，提升企业养老保障能力，实现企业养老保险应保尽保；出台市区城镇居民医疗保险大病统筹办法，建立大病统筹基金，实现与职工医保制度衔接。城镇职工医保和居民医保制度规定范围内医药费用报销比例分别达到80%和60%的目标，城镇职工基本医疗保险和城镇居民基本医疗保险最高支付限额分别提高到当地职工年平均工资和居民年人均可支配收入的6倍以上。试行生育保险结算谈判机制，进一步扩大生育保险补贴范围，提高津贴标准，基本实现生育保险个人零自付。作为省试点城市，实行工伤保险市级统筹制度，建立基金调剂统筹机制，全市工伤保险逐步实现“五统一”。扎实推进农民工工伤保险扩面工作，进一步推进建筑工程项目参加工伤保险。全面建立和谐劳动关系。落实工资调控措施，进一步有效规范企业工资支付行为。全力推进工资集体协商工作，完善最低工资标准、人工成本上升信息和工资指导线等制度。进一步完善劳动人事争议调解仲裁工作体制，健全了“调、裁、诉”衔接机制，劳动人事争议调处效能全面提升。年末，养老、医疗、工伤、生育、失业五大基本保险参保人数分别达67.5万人、95万人、71.3万人、50.9万人和47.4万人。

十二、人才制度建设成果显著

在创新创业项目资助、融资体系、税收减免、创业风险投资等方面出台专门的扶持政策，加快集聚海内外领军人才，构筑医药产业人才高地。积极实施重点人才工程，组织实施“泰州市高层次创新创业人才引进计划”、“泰州市海外优秀人才引进计划”，年内共受理82名高层次创新创业人才申报首批资助计划。健全高技能人才培养制度建设，制定完善紧缺型高技能人才补贴政策，将政府购买培训成果政策范围扩大到高级工，实现补贴政策全覆盖；推进企业技能鉴定全覆盖政策，提高企业一线职工技能鉴定比例，全面深入推行企业内现场评价方式。2010年，全市共引进各类优秀人才805人，22个项目进入省双创资助计划实地考察、综合评审阶段，引进外国专家72人次，引智项目23项。6家企业获批设立省级博士后科研工作站,3 家企业获批设立国家级博士后工作站。

十三、社会救助水平不断提高

一是城乡低保实现应保尽保。全市共保障城乡低保对象 22473 人和 89609 人,城乡人均低保标准分别提高到 340 元/月和 210 元/月。全市有 20993 名重残无业人员享受生活救助金或低保金待遇。二是五保供养工作全面加强。全市共供养五保老人 24151 人,落实五保供养经费 6957.2 万元,五保集中供养率达到 65%。三是城乡医疗救助制度不断完善。进一步完善城乡医疗救助制度,医疗救助与新农合、城市居民和职工医保信息相衔接的医疗保险与救助同步结算平台年内全部建成。积极资助困难群众参合参保,全市有 11.2 万多民政救助对象免费参加了医疗保险,全市累计救助城乡困难患者 11.3 万人次,支出救助金 2353.5 万元。四是防减灾救灾能力进一步提升。完成自然灾害救助应急预案修订完善工作,建立了市、县、乡、村四级灾害信息员网络队伍。

十四、启动文化体制改革

按照全省文化体制改革要求,扎实抓好文化行政管理体制、经营性文化事业单位转企改制、公益性文化事业单位体制机制创新等各项改革。完成全市文广新局组建工作,泰州市淮剧团等经营性事业单位转企改制有序实施,组织市博物馆、图书馆、文化馆等公益性文化单位内部改革;依托南师大泰州学院等高等院校,市场化运作、企业化管理,成立泰州市歌舞剧院;面向全国招聘 8 名专业画师,优化提升了专业文艺人才队伍实力;泰州报业、广播电视传媒集团成立,整合全市新闻网站资源、组建新“泰州网”大型综合网站,全面提升传媒产业实力;整合文化旅游资源,组建泰州文化旅游发展有限公司。

(泰州市发改委　王洪兴　马林春)

宿 迁 市

2010 年政府工作报告

各位代表：

现在，我代表市人民政府，向大会作工作报告，请予审议，并请市政协各位委员和其他列席人员提出意见。

提前一年实现"十一五"规划主要目标

2009 年，是新世纪以来，我市经济社会发展经受挑战最多、经历困难最大的一年，也是我们团结和带领全市广大干部群众解放思想、砥砺奋进、攻坚克难，经济社会发展取得丰硕成果的一年。面对国际金融危机的扩散蔓延和国内外形势的复杂变化，在市委的坚强领导下，我们坚决贯彻中央、省一系列决策部署，在应对挑战中抢抓机遇，在创新思路中破解难题，在激烈竞争中加快发展，圆满完成了市三届人大二次会议确定的各项任务，提前一年实现了"十一五"规划的主要目标。

——综合实力跃上新的平台。预计实现地区生产总值超过 810 亿元、增长 14% 以上，人均 GDP 超过 2500 美元；财政总收入首次突破百亿元大关，达到 130.2 亿元，增长 41.3%；一般预算收入在全国 333 个地级市排名中首次进入百强行列，达到 63.1 亿元，增长 35.6%；90% 左右的乡镇财政总收入超过千万元。

——产业结构发生积极变化。预计三次产业比例达到 18.7∶47.6∶33.7，农业占比首次降至 20% 以下，二产、三产占比分别提高 1 个和 0.7 个百分点。传统产业支撑作用明显，新兴产业不断发展，高效农业、现代服务业也都有了突破性的进展。

——人民生活水平显著提高。预计城镇居民人均可支配收入 12320 元、农民人均纯收入 6080 元，均增长 12.5%。各级财政用于民生的投入超过 70 亿元，增长 30%。

过去的一年，我们主要抓了以下几方面工作：

一是抢抓机遇扩大有效投入，大力培育新的经济增长点。预计全年完成 50 万元以上固定资产投资 745 亿元，增长 41.1%。扎实开展"亿元大项目推进年"活动，分别新引进、开工、竣工亿元以上工业项目 289 个、57 个和 22 个，累计完成工业固定资产投资 556.3 亿元，增长 40.9%。翔盛粘胶、德华纺织、金鑫轧钢等一批大项目相继投产，可成科技、晨风服饰、赐富薄膜等一批大项目进展顺利。不断深化南北挂钩合作，全面推进共建工业园区建设，新落户来自苏州的产业转移项目 61 个，到位资金 35.3 亿元。全面开展"千名干部帮千企"活动，及时兑现工业发展扶持奖励政策，支持企业加快发展。全年净增规模以上企业 357 户，总数达到 2035 户，产值超亿元企业达到 110 家，实现规模以上工业增加值 198 亿元，增长 20.2%。洋河股份成功上市；双沟酒业销售收入突破 25 亿元；"箭鹿"、"绿陵"被认定为中国驰名商标。扎实推进农业产业化经营，加强龙头企业建设，促进高效农业发展。天津宝迪、广东温氏、北京汇源等知名企业相继落户，146 家市级以上龙头企业累计实现销售收入 76.3 亿元、增长 10.5%。粮食生产连续第六年保持增产，新增高效农业 36.3 万亩、高效渔业 11.3 万亩。认真落实汽车下乡、家电以旧换新等刺激消费政策，城乡市场繁荣活跃，汽车类消费实现翻番，社会消费品零售总额达到 234.4 亿元，增长 19.1%。获批省级软件和信息服务产业园 3 家、省级国际服务外包示范区 2 家，软件和服务外包产业实现主营业务收入 5 亿元，增长 4 倍。完成进出口总额 6.23 亿美元，其中出口 5.35 亿美元，分别增长 31% 和 24.3%。

二是统筹推进城乡建设，不断增强区域发展的载体支撑。立足于优化城市功能、改善城市环境、提升城市品位，全面推进配套服务设施建设。市区的金柏年财富广场、四季青服装批发市场以及沭阳县的大润发、泗洪县的“第一街”、泗阳县的苏果等大型商业设施相继投入运营，海关国检大楼、湖滨新城商务大厦完成主体工程，宝龙城市广场正加快建设。中心城市水系沟通、市区第二水厂等重点水务工程进展顺利，一批生态环保基础设施投入使用，全市污水总处理能力达到25.5万吨/日，完成省下达的年度节能减排任务，秸秆禁烧再次实现国家卫星遥感监测零火点记录。荣膺“中国优秀旅游城市”称号，再获“中国城市管理进步奖”殊荣，顺利通过“国家园林城市”现场专家评审。在加快中心城市和县城建设的同时，制定出台鼓励农民进城（中心镇）购房和到集中居住区建房居住的政策，合理引导农民住房需求，全市城市化率提高到37.8%，启动建设农民集中居住区638个，累计建房5万余户。省道245、249及市区运河一号桥、黄河三号桥等重点交通基础设施工程顺利推进，全市人民期盼已久的宿宿淮铁路、宿新高速启动建设，宿迁融入长三角、对接沿海开发迈出了实质性步伐。

三是着力深化改革创新，有效破解发展瓶颈制约。加大金融领域改革创新力度，引导各金融机构扩大信贷投放。引进苏州五家农商行到宿设立分支机构，重组市国丰、城投、交投、水投、国投五大投融资平台，新成立5家注册资本亿元以上担保机构，7家小额贷款公司开业运营，全市金融机构各项贷款余额比年初净增142亿元，增长43.8%，比全省平均水平高出8.9个百分点。积极推进城乡建设用地增减挂钩，实施万顷良田建设工程，深入开展土地“三清”工作，促进城乡土地资源的合理配置和高效利用，全年新增建设用地储备面积2.46万亩，盘活存量土地8000亩。继续深化行政审批制度改革，削减行政审批事项，压缩审批办理时限，市级行政权力实现网上公开透明运行。创新中心城市管理体制和运行机制，赋予宿豫区、宿城区与各县同等的经济社会管理权限，把宿迁经济开发区、市湖滨新城作为相对独立的经济社会发展主体，放手放权支持四个城区加快发展。

四是健全完善社会保障体系，尽最大努力保障和改善民生。实施更加积极的就业政策，突出以创业促就业、增加投入保就业、政府购岗助就业，全年新发展私营企业6709家、个体工商户4.86万户；城镇新增就业3.2万人，登记失业率3.1%；新转移农村劳动力12万人，返乡农民工全部实现就业。覆盖城乡的社会保障制度框架基本形成，保障范围不断扩大，标准逐步提高。全市“五险”扩面合计新增17.5万人，3.8万农村居民参加新型社会养老保险试点，城镇居民医疗保险参保率、新型农村合作医疗参合率均达98%以上。企业退休人员人均养老金提高到每月1028元，失业保险金最低发放标准提高到每人每月371元，职工大病医疗救助、城镇居民医疗保险最高支付限额分别提高到20万元和10万元，城乡低保标准提高到每人每月210元和130元，农村五保集中和分散供养标准提高到每人每年2700元和2100元、集中供养率达61%。新建经济适用房52.6万平方米，新筹集廉租住房874套，人均月收入低于450元、住房建筑面积低于16平方米的低收入住房困难家庭全部纳入住房保障范围。又有54.3万农村人口喝上干净卫生的自来水，26万农村贫困人口实现脱贫。全力支援四川地震灾区灾后重建，对口援建的绵远小学、医院等6个项目在全省率先全面竣工并投入使用。

五是积极发展各项社会事业，切实维护和谐稳定良好局面。及时兑现义务教育教师绩效工资，大力扶持民办教育发展，城乡义务教育全部免除学杂费，春秋两季累计发放免费教科书128万套。义务教育入学率保持100%，初中毕业生升学率连续五年保持苏北第一，高考本科达线突破万人大关。农村留守少年儿童食宿条件改善和农村合格幼儿园建设“两项工程”惠及留守儿童10万余名、幼儿8万余名。10所职业学校被评为省三星级以上职业学校，市技工学校通过国家高级技工学校验收，湖滨新城职教园区在校生超过 3 万人，全市普职比达到 4.3∶5.7。认真贯彻中央和省深化医药卫生体制改革精神，加强公共卫生服务体系建设，健全市县乡村四级医疗卫生服务体系，推行基本药物制度，市传染病防治中心投入运行，手足口病、甲型流感得到有效防控。新建乡镇卫生与计生服务中心 99 家，计划生育率达到 95% 以上。与南农大、南工大、南信大等多所高校建立产学研合作关系。大型音舞诗剧《虞美人》在宁首演，与电影《彭雪枫纵横江淮》、电视剧《美丽的中国结》同获省“五个一工程奖”。在苏北率先全面完成乡镇文化站建设，农家书屋建设实现全覆盖，有线电视新发展农村用户 13.9 万户，市博物馆、名人馆正式免费对外开放。扎实推进平安宿迁、法治宿迁建设，建立健全应急管理机制，各类社会矛盾及时化解，安全生产形势总体良好，食品药品市场平稳有序，社会保持和谐稳定。沭阳县、泗阳县分别被评为“全国文明县城”和“全国平安建设先进县”。反腐倡廉建设不断加强，国防动员、人民防空、双拥共建工作取得新的成绩，统计、审计、档案、物价、气象、工会、妇女、青少年、工商联、地方志、民族、宗教、外事、侨务、对台事务、供电、通信、无线电管理等事业也都取得新的进步，为全市经济社会发展作出了新的贡献。

各位代表，回首过去一年，全市经济社会能够在复杂严峻形势下保持快速发展的好势头，逆势跃上新平台，确实来之不易，十分难能可贵。这些成绩的取得，是市委正确领导和市人大、市政协有效监督和全力支持的结果，集中了方方面面的智慧和力量，凝聚了全市上下的心血和汗水。创业的路上充满了艰辛、挑战与考验，也留下了我们共克时艰、共谋发展、共创和谐的奋斗足迹。我们不仅全面完成了促增长、促发展的预期目标，而且在应对危机中提高了驾驭复杂局面的实际能力，在改革创新中积累了破解难题的重要经验，为做好今年乃至“十二五”时期的工作奠定了良好基础。在此，我代表市政府，向在各条战线上付出辛勤劳动的全市人民，向给予我们工作大力支持、有效监督的人大代表、政协委员以及各民主党派、工商联、群众团体和离退休老同志，向为宿迁改革发展稳定作出积极贡献的中央和省驻宿单位以及人民解放军、武警官兵和人民警察，向直接参与宿迁建设的海内外客商、省级机关和苏州市广大援宿干部，以及所有关心与支持宿迁发展的社会各界人士，表示衷心的感谢并致以崇高的敬意！

各位代表，在充分看到成绩的同时，我们也清醒认识到工作中存在的矛盾和问题：相对于经济总量的快速膨大，产业质态还需进一步提高，新兴产业发展比较滞后，经济增长的外向拉动力仍然不足；相对于工业化水平的快速提升，城市化进程还需进一步提速，全市城市化率明显低于全省平均水平，中心城市和部分县城的人气商气需要加快集聚；相对于财政收入的快速增长，富民步伐还需进一步加快，城乡居民收入增幅总体上低于财政收入的增幅；相对于经济社会的快速发展，节能减排工作还需进一步加强，全面完成“十一五”节能减排任务必须付出更大努力。同时，少数政府部门的服务意识有待进一步增强，办事效率有待进一步提高，形式主义、官僚主义和消极腐败现象在少数人身上仍不同程度地存在。对于这些问题，我们一定给予高度重视，采取有效措施，切实加以解决。

新一年度的奋斗目标和总体要求

2010 年是全面完成“十一五”规划、超前谋划“十二五”发展的关键一年。今年政府工作总的指导思想是：坚持以邓小平理论、“三个代表”重要思想和科学发展观为指导，全面贯彻中央和省经济工作会议精神，按照市委三届五次全体（扩大）会议的部署，着力构建现代产业体系，加快经济转型升级步伐；加速推进城市化进程，增强统筹城乡发展能力；全面深化改革开放，形成更加有利于科学发展的体制机制；切实保障和改善民生，促进社会和谐稳定；全力冲刺经济总量、固定资产投资双超“千亿”的新高峰，坚定不移地推动经济增长继续走在全省前列。

经济社会发展的主要预期目标是:地区生产总值增长 13.5%,财政总收入增长 30% 以上,一般预算收入增长 25% 以上;50 万元以上固定资产投资增长 35% 以上;社会消费品零售总额增长 18%,进出口总额、实际到账外资均增长 15% 以上;研发投入占地区生产总值比重达到 0.6% 以上,高新技术产业产值占规模以上工业比重达到 6%;城镇居民人均可支配收入、农民人均纯收入均增长 12% 以上;万元 GDP 能耗下降 5% 以上,COD、二氧化硫排放总量在 2005 年的基础上分别削减 8.3% 和 2.8%。

这些指标的安排,既是确保经济增长继续走在全省前列的客观需要,更是宿迁实现更大突破的根本要求;既全面分析了宿迁保持较快增长的现实可能性,也统筹考虑了各方面的不利因素和有利条件。就目前来看,今年经济社会发展环境尽管仍然存在一些不确定、不稳定因素,但总体上将好于去年。国际金融市场渐趋稳定,世界经济有望实现恢复性增长。中央宏观经济政策的基本取向没有改变,积极的财政政策和适度宽松的货币政策将继续实施。宿迁已经整体纳入长三角发展一体化规划,与沿海开发正紧密对接,在国家宏观发展战略中的地位明显提升;财政总收入超百亿,实现更好更快发展的基础和能力有新的增强;一批重大项目加快建设,陆续形成新的经济增长点。我们只要牢牢把握发展机遇,充分发挥比较优势,坚持不懈,埋头苦干,就一定能够圆满完成全年目标任务。

在今年工作中,将注意把握好以下五个方面:一是更加注重在狠抓投入中培育新的增长点。切实利用好积极财政政策和适度宽松货币政策的机遇,以项目推进为主题,以有效投入为抓手,积极稳妥地加大政府投入力度,激发社会投资活力,增加信贷投放规模,着力培育新的经济增长点,真正以高投入拉动高增长,以大项目推动大发展。二是更加注重在转型升级中构筑产业优势。以提高增长质量为目标,切实处理好速度和效益的关系,在尽可能快地扩张经济总量的同时,以前瞻性的眼光和思路,主动超前地实施科技自主创新,不失时机推进经济转型升级,加快建立以传统产业为主体、新兴产业为主线、现代服务业为主导的特色产业体系。三是更加注重在统筹兼顾中加快城市化进程。在扭住推进新型工业化这个核心不动摇的同时,下更大力气加快城市化步伐,特别是集主要精力建设好中心城市和县城,以产业的集聚发展增强城市承载能力,通过城市的功能内涵提升为产业发展提供配套服务,着力构建以中心城市为核心、中小城市和重点城镇为纽带、农民集中居住区为基础的城镇化体系,实现工业化、城市化的相互促进和良性互动。四是更加注重在改革开放中激发内生动力。深入推进新一轮思想解放,推动重点领域和关键环节改革取得更大突破,打造更具吸引力的投资环境,以更加有效的制度安排助推科学发展、跨越发展。矢志不移地走开放兴市之路,大力实施“东向战略”,主动融入长三角一体化、对接沿海大开发,全面拓展对外开放的广度和深度,提高对外开放的质量和水平,推动外向型经济再上新台阶。五是更加注重在加快发展中全力改善民生。把保障和改善民生作为最重要的政策取向和政绩追求,依靠发展经济为改善民生创造条件,通过民生改善为经济发展提供动力。坚持既尽力而为又量力而行,更加积极地推动公共资源配置向民生领域倾斜,不断健全完善与经济发展水平相适应的社会保障体系,让发展的成果更多地惠及于民,切实增强人民群众的幸福感和满意度。

全力推动经济社会跨越发展

围绕保增长、扩内需、调结构、促转型、惠民生的总体要求,突出重点,统筹兼顾,着力做好六个方面工作。

一、坚定不移引大培强,打造工业主导产业新支撑

突出以大项目带动大产业。确保食品饮料、纺织服装、林木加工、机械电子四大百亿级产业,年内分别实现销售收入 200 亿元、150 亿元、150 亿元和 100 亿元。始终把招商引资作为第一抓手,组织精干力量组建 6 个专业招商

局,大力开展“亿元大项目攻坚年”活动,采取协作组招商、产业链招商、专业招商、以商引商等方式,迅速掀起招商引资新热潮。瞄准国内外大企业、大集团,重点加强与央企、省属大企业对接,着力引进一批产业关联度大、技术含量高、辐射带动力强的龙头型项目。全年确保新引进、开工、竣工亿元以上项目 300 个、150 个和 100 个,每个县(区)引进投资 15 亿元以上的大项目不少于 2 个,全市工业固定资产投入增长 50% 以上。推动在手重大项目加快建设,力争可成科技一季度首条生产线投产,天威节能、晨风服饰、宝迪食品上半年投产,翔盛粘胶二期、德力化纤、明宇电气、苏钢鑫益机械下半年投产,林浆纸一体化项目力争年内开工。

大力培育重点骨干企业。研究出台更具针对性和含金量的“短平快”政策,加大对本土企业和已落地生根外来企业的扶持力度,鼓励企业通过技术改造、购并联合做大做强。选取 20 家具备上市潜力的企业进行重点培育,引导企业通过发行企业债券等方式直接融资。重点支持 40 个省级、50 个市级新增长点建设,帮助中小企业成长壮大,全年确保净增年销售收入超亿元企业 20 家、规模以上企业 350 户,规模以上工业增加值增长 20% 以上。强化经济运行调节,完善落实扶持企业发展的政策措施,做好煤电油运调度和生产要素保障,促进企业效益持续好转。今年将继续增加新型工业化产业引导资金,全市各级财政直接安排的资金总额不低于 1.5 亿元。

全面提升园区发展水平。强化基础功能配套,认真研究市内尤其是市区各开发区资源整合和布局优化问题,促进功能叠加、资源共享和优势再造,增强大项目落户承载力。严格坚持投入产出标准,提升集约发展水平,推动开发区全面升档进位,今年各省级开发区在全省综合排名至少上升 3 个位次。以南北共建园区为主要载体,积极创建“江苏省产业转移示范市”,把宿迁打造成为苏南等发达地区产业转移的最佳集聚区,每个共建园区今年分别引进 5 亿元以上项目 1 个、亿元以上项目 5 个。大力支持洋河、双沟两大特色园区建设,增强酒业产业竞争力,全力打造“酒都宿迁”品牌。促进重点中心镇工业集中区健康快速发展,每个县(区)重点培育 3 ~5 个乡镇工业集中区。

增强外向型经济拉动作用。坚持抓外资、促外贸、带外经,积极开展“外资突破年”活动,重点加大对台招商力度,努力争取举办“台湾江苏周”专项经贸洽谈活动,全力打造台资企业新集聚区。年内确保实际到账外资 1.8 亿美元,每个县(区)引进投资 6000 万美元以上的外资项目不少于 1 个。积极拓展外贸市场,鼓励企业参加各类展会,对出口实绩明显、发展潜力较大的企业进行重点扶持,全年实现进出口总额 7 亿美元。大力实施“走出去”战略,全方位参与国际经济交流与合作,确保全年实现对外经济合作营业额 3500 万美元以上。强化外向型经济载体建设,海关国检综合楼年内投入使用,海关机构正式开关运作,国检机构力争尽快获批;依托运河宿迁中心港枢纽工程,积极论证规划和启动建设宿迁口岸。

二、扎实推进农业产业化经营,增创高效规模农业新优势

强化龙头企业建设,推进高效农业规模化。全力招引国内外知名的“农”字号大企业落户,每个县(区)年内引进不少于 1 个投资亿元以上的龙头企业项目,全年农业招商项目到位资金 40 亿元。开展“龙头企业提升年”活动,加快中加奶牛、江苏雨润、南京卫岗等项目建设。充分发挥财政资金引导作用,按照“整合打包、集中扶持、整体推进、连片开发”的要求,着重向重点龙头企业、产业核心基地以及合作组织、种养大户倾斜,提高现代高效农业区域化、规模化、专业化发展水平。全年确保新增高效农业 40 万亩、高效渔业 15 万亩,新发展设施农业 20 万亩,每个县(区)至少建成 1 个万亩连片的省级现代农业产业园。推进土地流转有形市场规范化建设,大力发展农民合作经济组织,促进农业适度规模经营,年内农民合作经济组织新增入社农户 10 万户以上,新发展适度规模经营 45 万亩。发挥科技引领作用,提高农业的质量和效益。大力实施农业新品种、新技术、新模式“三新”工程,支持市农科院发挥棉花品种创新等科研优势,加快“运河湾科研基地”建设,打造全省一流的现代农业科技示范园区和国内领先的国家级棉花育种科研基地;以荷兰绿港、瑞克斯旺等项目为主导,加大优质种苗研发推广力度,把宿迁培育成为重要的种苗“三新”示范基地。年内每个县(区)都建成一个集精品生产、科技示范、教育培训于一体的农业科技示范园。强化农产品质量安全建设和品牌创建,对获得省级以上质量或品牌认证的农产品生产主体给予一定奖励,年内每个县(区)确保创建省级名牌农产品2个以上。积极发展循环农业,结合沼气工程建设,加强种养产业之间衔接,实现污染减排、资源循环,促进农业经济持续稳定发展。年内新增农村户用沼气池3000处以上、规模畜禽场沼气治理工程20处以上。切实抓好重大动物疫病防控,保障畜牧业健康稳定发展。

健全流通服务体系,促进农产品产销衔接。加强农产品交易市场建设,每个县(区)年内都建成1个交易面积3万平方米以上、年交易额1亿元以上的特色农产品交易市场,并在年内投入运行。推进农产品网络销售平台建设,强化信息服务,培育无形市场。积极借助江苏农业国际合作洽谈会、江苏名特优农产品(上海)交易会、中国国际农产品交易会等会展平台,促进农产品生产基地、加工企业与市内外批发市场、连锁超市的合作对接,不断拓展农产品销售渠道。

三、积极推动现代服务业发展,扩大消费需求新空间

坚持外引与内培并重、生产性与生活性并举,推动服务业发展提速、比重提高、结构提升。全年确保实现服务业增加值320亿元,增长15%以上,占GDP比重提高1.5个百分点。大力发展软件和服务外包产业,组织实施好宿迁软件园二期、三期,宿迁服务外包产业园大型呼叫中心、电子商务中心、数据备份中心和软件孵化器的建设,着力推进京东商城(宿迁)信息科技园、经纬服务外包产业园呼叫中心等重点项目,全年新增软件和服务外包企业100家,主营业务收入突破10亿元。高度重视现代物流业发展,加快开发区物流园、粮食物流中心二期建设,培育2家以上具有区域辐射功能的物流基地、5家以上第三方物流企业,鼓励条件成熟的农村地区建设客货兼顾的道路运输场站。着重加强洪泽湖湿地公园、苏北花卉生态旅游园等重点旅游项目建设,扎实推进骆马湖水上旅游开发,努力打造具有地方特色和核心竞争力的旅游品牌,推动旅游业有更大发展。继续采取强有力的措施,增加普通优质商品房的有效供给,规范房地产市场秩序,有效防止商品房价格过快增长,促进房地产业健康发展,全年新增房地产开发面积650万平方米。加快演艺娱乐、动漫制作、文化博览、影视广播等文化产业发展,尽快实现新的突破。

不断拓展消费需求空间,在千方百计增加城乡居民收入,增强居民消费能力的基础上,认真落实扩内需政策,简化汽车摩托车、家电下乡和农机购置补贴程序和操作流程,做好家电以旧换新工作,巩固发展城乡消费持续增长的好势头。进一步健全城乡商贸流通体系,实施“万村千乡市场工程”,重点刺激农村消费,优化消费环境,发展新型消费业态,培育汽车、旅游、住房等重点领域消费热点,促进市场持续繁荣。大力发展纺织品、服装、家具、建材等具有地方特色的专业市场,加快餐饮酒吧、休闲会所、教育培训、医疗保健等服务场所建设,引导多样化消费需求。

四、全面提升基础设施配套水平,构建城乡一体化发展新格局

完善区域交通网络体系。加快构筑公、铁、水、空一体化的现代综合交通运输体系,全年完成交通基础设施总投入25亿元。在公路建设上,开工建设沭阳至连云港的省道344宿迁段,做好省道326建设前期工作,着力打造宿迁向东连接连云港机场和港口的无收费快速通道。加快省道245、249宿迁段建设,确保年内竣工。开工建设国道205、省道330、325宿迁段,按计划推进宿新高速建设。年内完成农村公路通车里程299公里。在铁路建设上,加快宿淮铁路建设进度,明年底建成通车;完成徐宿淮铁路立项审批工作,争取早日开工建设,把宿迁建设成为华东铁路网中的重要节点城市。在水运建设上,加快建设宿迁运河中心港物流枢纽,开通运河集装箱运输。规划建设宿迁至连云港港口的水上快速通道,构筑通江达海的大港航格局。积极争取在连云港港口设立宿迁码头区,在宿迁设立对接连云港港口的物流服务及货代区,把宿迁打造成直接承接国际海运的“无码头港口”。在航空建设上,加强和徐州观音机场、连云港白塔埠机场的共建共享,年内确保观音机场宿迁城市候机楼投入使用,并开通旅客班车,实现“一站式”便捷化服务,最大限度方便旅客出行、货物运输。

丰富中心城市功能和内涵。在积极推进第三轮城市总规修编、强化规划执行的基础上,着重围绕人气商气集聚,推进总投资 269 亿元的中心城市六个方面 74 项重点工程建设,其中年内确保完成投资 110 亿元以上。一是滨水景观营造工程。举全市之力建设湖滨新城,确保省第七届园博会园博园完成总工程量 80% 以上。千方百计加快中心城市水系沟通工程建设,今年全面开工,力争五年任务三年完成。二是危旧片区改造工程。全年市区新建拆迁安置房不低于 150 万平方米,其中“幸福公社”一期 415 亩危旧片区改造工程确保一季度启动,年内投入不低于 8 亿元,完成住宅及配套工程 20 万平方米以上。三是城市客厅靓装工程。全面推进宝龙城市广场、金鹰天地广场暨国际购物中心、金田国际广场、中豪国际广场建设,加快形成城市中心区黄河四号桥至项王桥段城市地标群。四是历史街区修复工程。精心组织宿迁“1897”、粮食博物馆、水利博物馆、酒文化博物馆等工程建设,积极申报国家级和省级文保单位,加快推进历史文化名城创建工作。五是迎宾门户拓展工程。重点实施开发区大道景观优化、环城西路道路优化及景观绿化提升等工程。六是基础功能提升工程。全面加快市区水、气、路、管网及文体场馆等基础设施配套,按计划推进总投资 23.2 亿元的重点电网工程建设,完成市区第二水厂净水厂及配套管网建设,强化城市基础支撑。沭阳、泗阳、泗洪三个县城也要超前谋划和推进一批重点基础设施项目,不断提升综合承载能力。

提高镇村建设发展水平。按照城乡一体化和“集约、集聚、集中”的发展理念,全面启动新一轮小城镇规划修编,完成所有确定的农村集中居住区详细规划编制,构建科学合理的市域城镇体系和村镇规划体系。把省市重点中心镇作为小城市打造,在产业布点及社会事业资源配置上予以倾斜,吸引周边地区农民就业落户。积极探索农民原居住用地的退出补偿机制,通过集中投入、连续投入,加快集中居住区服务设施配套,促进建新与拆旧衔接推进,新房入住与老宅置换同步落实,确保年内具备入住条件的集中居住区入住率达 60% 以上、老宅基置换率达 80%,每个集中居住区达到 500 户、人口在 2000 人以上。加强农业资源开发,大力改造中低产田,积极推广新型农机具,完善水利设施配套,提高农业综合生产能力。

加强生态建设和环境保护。深入开展低碳示范城市、国家园林城市、国家级环保模范城市以及“江苏人居环境城市管理范例奖”创建活动。认真落实河(湖)长制度,深入实施节能减排攻坚工程,确保“十一五”节能减排任务不折不扣完成。沭阳城南污水处理厂、泗洪县城北及双沟镇污水处理厂、宿城区洋河污水处理厂二期和新区污水西接工程、市开发区配套污水管网工程,以及湖滨新城生活污水处理厂等重点工程确保上半年完工,全年新增日处理污水能力 16.75 万吨,新建排污管网 145 公里,市区污水收集处理率达到 85% 以上,各县城区达到 75% 以上。大力发展循环经济,推行清洁生产,淘汰落后高耗能设备,提升建筑节能水平。持续开展“杨树产业年”活动,高标准推进城市绿化建设,强化农村环境综合整治,大力开展环境优美乡镇、村庄创建活动,不断优化、美化城乡生活和发展环境。

五、继续深化重点领域和关键环节的改革创新,增添科学发展新动力

推进财政金融改革与发展。强化财政收入

监管，深化预算管理和非税收入管理改革，开展财政资金绩效评估，发挥财政资金的酵母和杠杆作用，引导更多的社会投资投向重点领域、重点项目和重点工程，提高财政资金使用效益。认真做好金融改革试点，加大金融招商力度，年内确保引进金融机构2家，组建村镇银行2家，成立农村小额贷款公司8家，2家以上农村合作银行改制为农村商业银行，力争交通银行、南京银行、华夏银行等股份制商业银行来宿设立分支机构。积极争取扩大授信额度，增加贷款规模，全年新增贷款200亿元以上，其中工业贷款60亿元以上。继续加强投融资平台建设，切实增强融资功能和投资经营能力，到年底，市级五大投融资平台总资产不低于150亿元，直接融资30亿元以上。探索开办"金融超市"，在银行与小企业、个体工商户和自主创业者之间搭建融资平台。定期组织银政、银企、银保对接，全年组织银企洽谈会3次以上，为企业融资突破200亿元。激励和引导中小企业认缴互助基金，年内基金规模达到5000万元，互助融通资金额度达5亿元。全面推进政策性农业保险，扎实做好第二批农业险种试点扩面工作。

促进土地资源节约集约利用。实施差别化供地政策，将用地计划向技术含量高、产出效益好、环境污染少的项目倾斜，重点保障工业大项目、城市基础设施建设、民生保障工程等用地需求，切实提高用地绩效，促进土地节约集约利用。加快万顷良田工程建设，年内完成建设总量70%以上；积极争取城乡挂钩置换周转指标，全年新增2.5万亩以上。推进开发区土地清理整顿，继续做好"三清"工作，加大对闲置、囤积土地的整治力度。进一步完善基本农田保护考核评价体系，抓好土地整理项目建设督查、检查和验收，确保耕地占补平衡有余。加大土地收购储备经营力度，充分发挥储备土地融资作用，为重大基础设施、旧城改造筹措建设资金。积极开展农村集体建设用地收储和开发，促进城乡建设用地资源合理配置。加快自主创新体系建设。加强以企业为主体的自主创新体系建设，加快重大科技成果转化，增强企业自主创新能力。积极吸引国内大企业大集团来宿创办、支持企业与高校院所联办科研机构，推动规模以上企业建立研发机构、开展产学研合作，全年实施产学研合作项目200个以上。加强科技公共基础设施建设，确保年内国家白酒产品质量监督检验中心基本建成，江苏省（洋河）生物酿酒技术研究院启动建设，全年实施省、市重点技术创新项目25个。围绕主导产业和新兴产业发展，大力实施"百名创业创新领军人才集聚计划"，确保年产值5000万元以上企业全部拥有长期合作的外协专家。

六、着力加强以民生为重点的社会建设，努力开创和谐稳定新局面

优化服务推动创业就业。全面落实以创业促就业政策措施，加大创业小额担保贷款支持力度，严格按政策规定扩大金融信贷投放，放大以创业带动就业的倍增效应，年内确保每个县（区）都设立总额不少于500万元的创业小额贷款担保基金，为各类有创业愿望的群体提供有效、便捷的服务，真正使想创业的有机会、敢创业的得支持、创成业的受鼓励，全年新增个体工商户3万户、私营企业3000家。继续组织实施特别培训计划，全年完成农村劳动力培训4万人、再就业培训2万人。加大就业再就业资金投入，全力做好重点企业用工服务，继续通过政府购岗等方式做好就业困难群体就业援助工作，全年新增城镇就业2.2万人，失业人员再就业8000人，城镇登记失业率控制在4%以内，动态消除城镇零就业、农村零转移家庭。市、县（区）安排就业再就业资金比去年增加10%以上。加快建立城乡一体的公共就业服务体系，把公共就业服务网络延伸到村，年内30%以上的行政村设立劳动保障工作站。扩大失业保险基金支付范围，增加用于促进就业的支出比例，充分发挥失业保险的"保生活、促就业、防失业"功能。

尽力提高社会保障水平。全面实施新型农村社会养老保险，足额安排补助资金，高标准推进新农保制度全覆盖，确保参保率达到95%以上，农村老年居民基础养老金年内全部发放到位。落实国家调整企业退休人员养老待遇政策，确保养老金按时足额发放。做好三产服务业、商贸流通业、新型经济组织、社会中介机构以及灵活就业群体社会保险扩面工作，全年“五险”扩面合计新增 13 万人以上。建立城镇职工基本养老保险关系转移接续平台，确保参保人员养老保险关系顺利转移接续。不断提高城镇居民医疗保险待遇水平，把城镇职工、居民报销比例分别提高到 80% 和 60%，做好城市规划区范围内城镇居民参加医保工作，确保参保率达 98%、参保人员续保率达 90% 以上；提高新型农村合作医疗补偿比例，将筹资标准提高到 150 元，其中财政补助 120 元，确保参合率稳定在 98% 以上；建立医保异地就医联网结算系统，年底前在全市范围内实现城镇职工、居民医保参保人员就医购药“一卡通”。认真落实被征地农民社会保障政策，实现新征地农民“即征即保”。按自然增长机制要求提高城乡低保和农村五保供养标准。增加保障性住房供给，全年新增廉租住房 668 套，新开工经济适用住房 5600 套，确保人均月收入低于 600 元、住房建筑面积低于 18 平方米的低收入住房困难家庭全部纳入住房保障。全面加强社会救助，加快残疾人事业发展，切实保障特殊困难群体基本生活。继续实施饮水安全工程，年内新解决 50 万农村人口饮水安全问题。深入实施“脱贫攻坚”工程，确保年内再有 26 万以上农村贫困人口实现脱贫。

协调发展各项社会事业。加快教育现代化创建步伐，力争泗阳、宿城率先通过省级验收；做精做优基础教育，完善农村教育保障机制，保证城乡小学和初中的生均公用经费分别达到 370 元、610 元，义务教育阶段普及率、巩固率保持 100%；抓好中小学校舍安全工程建设，全年完成 300 万平方米改造任务；宿迁学院年内申本成功；提升职业教育办学水平，推进职业教育集团化办学，全市普职比达到 4∶6；落实对民办学校以奖代投政策，促进民办教育可持续发展。加快建立基本药物制度，按照人均不低于 15 元的标准安排基本公共卫生经费，不断扩大基本公共卫生服务覆盖面；市人民医院病房大楼年内建成，完成 104 个乡镇卫生院升级改造和村卫生室改建任务；充分发挥市传染病防治中心的作用，实现市区传染病人集中收治；成立市、县医疗卫生事业投资管理中心，统一负责各级政府对医疗卫生机构投入资金的使用和管理，实现政府资本投入与社会资本投入的有效对接。加快计划生育服务体系规范化建设，年内“世代服务”中心全部投入使用，持续稳定低生育水平。扎实开展全国第六次人口普查。积极繁荣文化事业，大力培育文化企业，加快“文化宿迁”建设。认真贯彻落实全民健身条例，加强城乡公共体育设施建设，扎实做好十七届省运会参赛工作。

构建维护稳定的长效机制。深入开展基层信访工作达标升级活动，抓好乡（镇）信访基础性工作，努力减少基层信访量。继续坚持领导干部定期接访、下访制度，健全领导包案机制，积极化解信访积案。大力推进劳动保障监察“两网化”和劳动争议仲裁“实体化”建设，严格执行农民工工资公示、保证金、专用账户制度，推行工程建设领域“黑名单”制度，确保不发生农民工工资拖欠问题。深入推进平安宿迁、法治宿迁建设，强化社会治安综合治理，加强法律服务和援助工作，着力构建城乡一体的社会治安“大防控”格局。强化食品药品安全监管，规范食品药品市场秩序，确保群众饮食用药安全。加强价格监测预警体系建设，整顿规范市场价格，净化消费环境。全面落实安全生产责任制，加大对道路交通、危化品、建筑施工等重点行业的整治力度，强化事故隐患排查治理，坚决遏制重特大安全事故的发生。高度重视应急管理工作，建立统一指挥、反应灵敏、协调有序、运转高效的应急管理机制，不断提高预防和处置突发公共事件能力。加强国防动员和民兵预备役建设，推动双拥共建。

各位代表，做好“十二五”规划编制工作，是今年的一项重要任务。我们将在提前一年实现“十一五”规划主要目标的基础上，充分发扬民主，凝聚各方共识，集中全民智慧，聘请专家参与，以严谨务实的态度，努力使规划更加科学完善，更加符合实际，更加具有前瞻性、战略性和导向性，真正编制出引领宿迁未来发展，惠及宿迁人民群众的好规划。

进一步提高政府管理和服务水平

新一轮跨越发展的宏伟目标，对政府工作提出了新的更高要求。我们将按照“为民、务实、廉洁、高效”的施政理念，坚持服务发展、服务群众，勤勉尽责、敬业奉献，开拓创新、奋发有为，不断开创政府工作新局面。

在政府职能转变上下更大功夫。根据省统一部署和要求，实施市、县(区)政府机构改革，理顺部门职责关系。认真落实向宿豫区、宿城区及宿迁经济开发区、市湖滨新城下放职权的有关文件，督促市直各相关部门加强业务指导，真正把权力下放到位。进一步完善行政审批“三集中、三到位”制度改革，特别是继续清理和规范涉企收费，凡是外地不收的，宿迁坚决不收；标准有弹性的，坚决按下限收取。坚持群众利益高于一切，下更大力气统筹解决好群众最关心、最直接、最现实的利益问题，今年将重点办好七个方面66项民生实事项目，全市各级财政用于民生的投入确保比去年增长30%以上。

在工作效能提升上下更大功夫。进一步修订完善政府工作规则，着重在强化领导之间分工合作、部门之间配合协作等方面，作出更加明确的规定，从制度上防止各自为政、推诿扯皮。大力推行“一线工作法”、“工作成果倒逼法”，真正把一件件实事、一个个项目、一项项工程抓紧抓实、抓出成效，确保政府承诺过的事情、定下来的工作坚决落实到位。坚持寓管理于服务之中，新建并运行好便民服务中心、“12345”市长热线，市级行政权力确保全面上网公开透明运行，各县(区)也要参照市级标准在年底前上网运行，最大限度地提高办事效率。

在科学民主决策上下更大功夫。自觉接受人大的法律监督和政协的民主监督，健全人大代表建议、政协委员提案的办理机制，强化办理责任，增强办理实效，在确保100%答复率的同时，着力提高满意率和办结率。经常深入基层、深入群众调查研究，问政于民、问需于民、问计于民，从基层和群众中汲取更多的智慧和更大的力量。坚持重大事项集体决策，健全民主集中、专家咨询、社会公示与听证等制度。从今年起，我们将以市政府的名义，聘请有关行业的顶尖专家，组建“外协专家顾问团”，为各主导产业发展提供智力支持。

在廉洁从政建设上下更大功夫。认真落实党风廉政建设责任制，深化教育、制度、监督并重的惩治与预防腐败体系建设。进一步规范公共资源交易行为，完善土地出让、政府采购、工程建设招投标等制度，下决心整顿和规范拆迁市场，坚决堵住一些重要部门、热点岗位、关键环节权力运行的监管漏洞。强化领导干部任中经济责任审计，加大对重点领域、重大工程、重要环节的审计和监察力度，严厉查处各类违法违纪行为，努力从源头上预防腐败。深入开展政风、行风评议活动和纠风治乱工作，对群众反映强烈的问题实行挂牌督办，责令限期整改。大兴艰苦奋斗、厉行节约之风，严控行政开支，降低公务成本，将更多财力用在刀刃上。通过努力，切实把我们的政府建设成为思想解放的政府，团结高效的政府，清正廉洁的政府，为民办实事的政府。

各位代表，新的目标催人奋进，新的任务光荣艰巨。让我们在市委的坚强领导下，万众一心，开拓奋进，苦干实干，合力攻坚，为全面完成今年各项任务而努力奋斗！

(宿迁市人民政府市长缪瑞林2010年1月17日在宿迁市第三届人民代表大会第三次会议上的报告)

改革综述

2010 年,宿迁改革以邓小平理论和"三个代表"重要思想为指导,深入贯彻科学发展观,紧紧围绕国家、省发展改革委和市委、市政府提出的各项改革目标,继续深化重点领域和关键环节改革,着力解决影响和制约科学发展的突出问题,积极探索创新经济发展方式,进一步完善经济体制和运行机制,为全市经济社会平稳、快速、创新发展提供体制机制保障,各项改革取得新的进展。

一、城乡一体化改革顺利推进

(一)加快农村土地流转步伐。不断完善农村基本经营制度,在泗洪县孙园镇开展农村土地承包经营权确权发证试点。逐步建立市、县、乡、村四级土地流转有形市场和县乡土地仲裁庭,按照依法、自愿、有偿的原则加快土地流转。2010 年,全市新增土地流转面积 43.4 万亩,累计达到 232 万亩,占耕地面积的 34.2%。重点推开"土地租金 + 分红 + 打工工资"、"土地合作社 + 公司 + 交易市场"等模式,发展合作经营型、土地集中型、统一服务型等形式的适度规模经营。2010 年新增适度规模经营面积 63.84 万亩,累计达到 257 万亩,占耕地面积的 37.8%。

(二)创新农民合作经济组织发展机制。开展"农民合作组织提升年"、"五好"合作社创建活动,鼓励和引导农民专业合作社横向联合,促进农民合作经济组织规范发展。泗洪县在全省率先试点合作社信息化管理。2010 年,全市新增农民专业合作社工商注册数 1261 个,新增入社户数 13.06 万户,创建市级"五好"合作社 30 个。

(三)积极推进城乡统筹就业。大力实施创业带动就业工程,加大创业培训指导和各项政策扶持。积极发挥失业保险金保基本促就业的成效,积极推进统筹城乡就业。全市城镇新增就业 37246 人,帮助 11616 名城镇下岗失业人员再就业,其中援助就业困难群体实现就业 4184 人,城镇登记失业率为 2.97%。开展创业培训 10121 人,培训农村劳动力 95213 人,其中,转移前培训 81844 人,在岗培训 15712 人,新增农村劳动力转移 135473 人。

(四)进一步完善城乡社会保障体系。实施"社保覆盖行动",重点向开发区企业、工程建设领域、餐饮服务、商贸流通、个体工商户延伸;实现新征地农民"即征即保";推行全市医疗保险"一卡通",建立全市集中的医疗保险数据中心,将市区应用的"金保工程"五险合一统一软件系统推扩到三县实现全市联通。全年,"五险扩面"新增 20.3 万人,城镇居民医保参保率 98.6%,新农保参保率 99.97%。企业退休人员养老金人均增加 136.4 元/月,失业金最低标准增加了 117 元/月。城市低保标准提高到 230 元/月,农村低保标准提高到 155 元/月。

二、金融改革创新取得新突破

(一)金融改革创新快速推进。农村合作银行改制初见成效,宿迁民丰农村商业银行挂牌开业,泗阳农合行已获准改制为农村商业银行。农村金融改革发展步伐加快,沭阳东吴村镇银行设立第三家乡镇支行——桑墟支行,成为全国第一家设有 4 家支行的村镇银行。招商银行引进取得新突破,交通银行宿迁分行开业,稠州商业银行已确定来宿设立宿迁支行。

(二)新型农村金融组织发展加快。苏州银行来宿发起组建 3 家村镇银行开业,在全省率先实现村镇银行县域全覆盖。全市新获批筹建开业农村小额贷款公司 15 家,总数达 30 家,数量位居全省第三、苏北第一。

(三)直接融资工作取得新进展。秀强股份申请 IPO 创业板(首发)获中国证监会创业板发行审核委员会审核通过,双星彩塑上市申报材料已被国家证监会受理,全市新设立或改造股份制企业 20 家。

三、现代市场体系进一步完善

(一)全市招标投标管理改革创新取得显著成效。强化招标采购源头管理,实现项目审批部门和行业管理部门信息共享。落实重大项目标前检查、评标结果复查和标后履约督查三项制度,实现招标投标市场与工程施工现场的

"两场联动"。加快推进政府采购全程电子化,在全省率先研发了政府采购业务管理系统。建立评标现场视音频直播,开标现场网上直播,对开评标现场进行实时全程监督。初步建立网上招标投标系统,从招标人提交招标公告、招标文件,到投标人报名、领取招标文件,全部通过网络操作、网上审核。全面实施 CA 认证,保障电子招标投标数据的安全性。

(二)深化征地制度改革工作。创新开展征地及补偿社会稳定风险评估工作,明确市辖区域内征地及补偿工作在依法办理建设用地报批手续时,均应开展征地及补偿社会稳定风险评估工作。对土地出让金清欠、收取土地闲置费、推进政府拆迁交付净地、收回土地使用权四类典型项目公开挂牌督办。进一步完善部门联席会议、案件移送制度,切实发挥发改、规划、建设、房管等部门在违法用地查处中的联动作用,构建共同管护网络。推进采矿权审批制度改革,推行矿产资源有偿取得制度,研究建立采矿权有形市场。

(三)进一步完善减排和环境综合整治促进机制。建立健全政府、企业、社会多元化环保投融资机制。按照"谁投资,谁受益"的原则,广泛吸纳社会资金,大力支持民投、民建、民营工程,逐步形成国家、集体、个人、社会力量等多元化的投入机制。市区河西、北区、沭阳县、泗阳县和泗洪县等污水处理厂均采用 BOT 方式建设。

(四)主要污染物减排和环境综合整治工作取得积极成效。全市新建成 6 个污水处理厂和 1 个电厂脱硫工程,全年共运行减排项目 27 个,其中 COD 项目 21 个,削减 COD3837 吨;二氧化硫项目 6 个,削减二氧化硫 1272 吨,顺利完成"十一五"减排目标任务。全市 311 个行政村(居)开展了环境综合整治工作,建成县区级试点村 294 个、省级示范村 17 个。

四、医药卫生体制改革取得明显成效

(一)基本医疗保障制度逐步规范。城镇居民医保筹资标准 180 元,其中政府补助 120 元,特困居民政府全额补助。新农合人均筹资标准 150 元,各级财政补助 120 元。参加居民医保 106.59 万人,职工医保 39.15 万人,困破企业退休人员 45880 人全部参加医保,大学生参保 30028 人,参保率 100%。全市新农合参合人口 359.37 万人,参合率达 98.56%。县、乡两级政策范围内住院补偿比达到 60% 以上,全面推行门诊统筹与住院统筹相结合的补偿模式,门诊补偿限额提高到 3 万元,封顶线提高到 12 万元。市区范围内所有定点医疗机构均使用新农合 IC 卡,实现了"持卡就诊、刷卡报销"。

(二)基层医疗卫生服务体系不断完善。完成全市 111 家乡镇卫生院基础设施建设和 848 个村卫生室仪器设备配备,2010 年重点加强 4 所县级综合医院、5 所精神病院、21 所中心乡镇医院、5 个社区卫生服务中心基础设施建设。沭阳、泗阳、泗洪县人民医院分别与南京市二院、无锡市中医院等市外三级医院建立对口支援关系,共有 46 名三级医院的医务人员到我市支援工作。所有乡镇医院都与城市二级以上医院建立了对口帮扶协作关系。

(三)公共卫生服务逐步实现均等化。研究制定出台一系列文件和实施细则,指导全市扎实开展 9 大类 22 项基本公共卫生服务项目和 6 类重大公共卫生项目。建成省级卫生村 18 个,农村饮水水质卫生监测覆盖面达 100%,全年完成改厕 45127 户,完成任务数 100.28%。

(四)做好实施基本药物制度准备工作。按照既要减轻群众用药负担,又要维护民营医院生存和发展的原则,在广泛调研基础上,形成我市实施基本药物制度初步意见。

(五)深化医疗卫生机构改革。一是规范医疗机构办医主体,督促医院完善股东大会制度,建立法人治理结构;明确登记事项,对医疗机构进行重新登记;制定院长任职条件,提高院长队伍素质;加强对民营医院管理者的培训和指导,使民营医院规范运作。二是建立政府投入与社会资本有效对接机制。三是建立后进乡镇医院办医主体退出机制,鼓励乡镇医院增资扩股,制定乡镇医院升级达标计划,2~3 年内全面完成升级达标任务。加大乡镇医院考核监督力度,对发展缓慢、经营不善、服务不好、不达标准、在县区医疗机构综合考评中连续两年后三名的,变换办医主体,通过公开竞争,选择能力强的办医主体举办。

五、行政管理体制改革继续深化

(一)深化政府机构改革。出台《宿迁市人民政府机构改革实施的意见》,整合优化政府组织机构,转变政府职能,推行职能有机统一的大部门体制改革,使之更加适应经济社会发展需要。明确责任,初步解决职责交叉、权责脱节等突出问题,建立健全部门间协调配合机制。

(二)深入推进行政审批"三集中、三到位"改革。39 个市级部门已改革到位,120 人进驻中心,中心可办理审批服务事项 206 项,其中行政许可事项 173 项,备案及便民服务事项 33 项。

(三)推进行政权力网上公开透明运行工作。开通市级行政权力网上公开透明运行系统和电子监察系统,市级机关 43 个单位纳入市电子监察系统运行,网上运行权力事项 32714 件,并通过省政府验收。

(宿迁市发改委　郝康永　李　波)

专题篇

医疗卫生体制改革

综　述

深化医药卫生体制改革，是深入贯彻落实科学发展观的重大实践，是维护十几亿人民健康福祉的重大民生工程。

早在2009年7月，江苏省委、省政府为贯彻落实中共中央、国务院关于新医改决策的部署，结合江苏实际，就已发布了《关于深化医药卫生体制改革的实施意见》，这标志着江苏省新一轮医药卫生体制改革已全面启动，这是"十一五"期间江苏医药卫生领域的一项重大标志性工作。

《实施意见》立足当前，着眼长远，提出了江苏省医改的"时间表"和"路线图"，勾勒了近期到2011年和远期到2020年改革的框架和任务，其总体要求是：以邓小平理论和"三个代表"重要思想为指导，深入贯彻落实科学发展观，围绕"两个率先"，着眼于解决人民群众最关心、最直接、最现实的利益问题，全面深化医药卫生体制改革，突出公益公平，创新体制机制，努力把基本医疗卫生制度作为公共产品向全民提供，确保医药卫生事业发展走在全国前列、医疗服务领域改革取得突破。同时，在改革中要力求协调好政府与市场、公平与效率、激励与约束的关系。

根据《实施意见》要求：到2011年，我省基本公共卫生服务得到普及，政府免费提供规定的基本公共卫生服务项目；基层医疗卫生服务体系比较完善，建成城乡15分钟健康服务圈；基本医疗保障制度覆盖全体城乡居民，城镇职工基本医疗保险、城镇居民基本医疗保险、新型农村合作医疗参保率均稳定在95%以上，城乡医疗救助制度有效实施，个人医药费用明显降低；基本药物制度初步建立，政府办基层医疗卫生机构全部配备、使用和零差率销售基本药物，城乡居民平等获得安全质优价廉的基本药物；公立医院改革试点有序推进，各项工作取得积极进展，管理体制和运行机制逐步完善。到2020年，基本建立覆盖城乡居民的基本医疗卫生制度。

为此，2009—2011年，江苏省各级财政将新增投入418亿元，主要用于医改五项重点任务：一是加强公共卫生服务体系建设，促进基本公共卫生服务逐步均等化。二是健全基层医疗卫生服务体系，方便群众看病就医。三是推进基本医疗保障制度建设，构建多层次保障体系。四是建立基本药物制度，完善药品供应保障体系。五是推进公立医院改革试点，创新管理体制和运行机制。

2010年是实施"十一五"规划的最后一年，是确保完成省委、省政府明确的三年医改任务的关键之年。江苏省紧紧围绕"保基本、强基层、建机制"，坚持突出重点、统筹安排、循序渐进，认真落实五项重点改革任务，江苏各地各部门按照中央和省委省政府部署要求，积极深化，稳步推进，深化医改工作已取得明显成效，广大人民群众开始享受到医改带来的实惠。

一是基本医疗保障水平稳步提高。城镇职工医保、居民医保和新农合参保（合）率均稳定在95%以上，医疗救助制度不断完善。2010年，城镇职工医保政策范围内医疗费用基金支付比例达80%；城镇居民医保政府补助人均达134元，政策范围内住院费用的基金支付比例达60%；新农合政府补助人均达165.6元，参合农村居民县乡两级政策范围内住院补偿比达61.55%，住院费用实际补偿比达45.34%。城镇居民医保和新农合全面推进门诊统筹。建成省市县乡村互联互通、费用即时结报的新农合信息平台，城镇职工医保和居民医保参保人员住院费用也实现刷卡实时联网结算。

二是基层医疗卫生服务体系不断完善。农村三级医疗卫生服务网络基本健全，城市社区卫生服务中心实现全覆盖，初步形成了城乡 15 分钟健康服务圈。近几年，省财政安排专项资金，对经济薄弱地区 700 所乡镇卫生院、200 所中心卫生院、320 个社区卫生服务中心基础设施建设和 244 个社区卫生服务中心、1 万个村卫生室基本设备装备予以扶持，显著改善了城乡基层医疗卫生条件。同时，加强基层医疗卫生队伍建设，提升基层医疗卫生服务水平。目前，全省城市社区卫生服务机构人均门急诊费用为三级医院的 50% 左右，社区卫生服务的吸引力进一步增强。

三是公共卫生工作得到强化。全面加强公共卫生服务体系建设，疾病防控和突发公共卫生事件应急处置能力大幅度增强。全省人均基本公共卫生经费达到 15 元，在国家确定的基本公共卫生服务项目基础上，增加了食品和饮用水监测、突发公共卫生事件应急处理等项目，共实施 9 类 22 项基本公共卫生服务，同时认真落实重大公共卫生服务项目，均超额完成国家下达的任务。农村卫生户厕普及率提高到 83%。

四是基本药物制度建设扎实推进。目前，全省已有 82 个县（市、区）实施这项制度，占县（市、区）总数的 77%。2010 年，全省制度实施地区政府办基层医疗卫生机构门急诊量比上年增长 8.9%，门诊均次费用降低 23%，住院均次费用降低 6%；基本药物集中采购价比国家发改委规定的最高零售价低 44%；群众在基层医疗卫生机构就医费用平均下降 20% 以上。各地以实施基本药物制度为契机，完善投入补偿机制，加强绩效考核，"以药补医"机制开始得到调整。

五是公立医院改革试点逐步深入。省制定出台公立医院改革试点实施指导意见。作为国家联系试点城市的镇江市积极探索以集团化为载体的公立医院改革途径，并调整和改革政府对公立医院的管理方式。其他地区也开展多种形式探索，在优化医疗资源布局结构、创新内部管理和运行机制、推进多元办医等方面取得了积极进展。全省民办医疗机构发展到 9072 家，床位数占全省总床位数的 24.9%。

（省医改办　钱晓兰）

领导讲话

【罗志军省长关于深化医药卫生体制改革的批示】

深化医药卫生体制改革是惠及全民的重大民生工程，各方广为关注，群众寄予厚望。一年来，我省各地各有关部门在深化医改方面做了大量工作，五项重点改革实现良好开局，取得了初步成效，但也存在少数地区思想认识不到位、工作进展不平衡等问题。今年是深化医改十分关键的一年，面临的任务更加繁重。各地各有关部门要充分认识深化医改的重要性和复杂性，始终把这项工作作为一件大事来抓，开拓进取、迎难而上，坚定不移地把医改推向深入。市县政府及部门的领导同志要切实加强对医改重点问题的研究，理清工作思路，落实工作责任，确保改革不走样、不变形。要紧紧围绕“保基本、强基层、建机制”这一中心，大力推进基本药物制度建设，进一步加强五项重点改革之间的统筹协调，当务之急是着力在深化医改各个环节建立完整规范的制度，着力完善财政补偿机制，真正做到建机制、求实效、群众得实惠。要创造性地开展工作，及时总结推广新鲜经验，严格工作督查和考核评价，以深化医改的实际成效取信于民、取信于社会。

（2010 年 7 月 25 日）

【何权在全省深化医药卫生体制改革工作会议上的讲话】

同志们：

这次会议是在深化医药卫生体制改革攻坚克难的关键时期召开的。会议的主要任务是认真贯彻中央的部署要求，总结交流一年来我省深化医改的成绩和经验，深入分析面临的形势，研究部署下一阶段工作任务。罗志军省长对这次会议高度重视，先后两次作出重要批示，要求把深化医改作为一件大事来抓，开拓进取、迎难而上，坚定不移地将医改推向深入。刚才，郭兴华同志代表省医改领导小组通报了医改督查情况；有关市县政府负责同志作了大会发言，其他各市作了书面交流；省政府还与各市政府签订了医改目标责任书。下面，我讲几点意见：

一、深刻认识深化医改面临的新形势

深化医药卫生体制改革，是党中央、国务院着眼经济社会发展全局作出的重大决策，也是一项惠及全民的重大民生工程。去年 4 月国务院召开深化医改工作会议以来，省委常委会、省政府常务会议专题审议出台了我省医改方案，省政府制定了一系列政策措施，对深化医改工作作出部署。各地按照国家和省的要求，精心组织，周密安排，着力推进五项重点改革，取得了初步成效。一是基本医疗保障制度不断完善。一方面以困难破产企业职工、大学生、灵活就业人员等为重点，做好医保扩面工作；另一方面着力在提高医疗保障水平、规范基金使用管理、改进医疗保障服务上下功夫。目前，全省城乡医疗保障覆盖率超过 95%，城镇职工医保、居民医保、新农合政策范围内医疗费用报销比例分别达到 79%、54.5%、58.9%。二是公共卫生服务工作得到强化。各地按照不低于人均 15 元标准落实基本公共卫生服务经费，9 类 22 项基本公共卫生服务和 6 项重大公共卫生服务项目得到较好落实，疾病预防控制能力不断提升。三是基层医疗卫生服务体系进一步健全。加快城市社区卫生服务机构建设步伐，启动实施县级医院、乡镇中心卫生院建设项目，城乡基层医疗卫生服务条件不断改善。提高基层医疗卫生队伍技术水平，改革基层医疗卫生机构服务模式，基层医疗卫生服务的吸引力逐步增强。四是基本药物制度建设进展总体顺利。首批实施的 37 个县（市、区）政府办基层医疗卫生机构已全部配备使用、零差率销售基本药物，门急诊均次费用下降 21%，门急诊人次同比增长 11%，减轻群众药品费用负担 2.34 亿元。大部分实施地区在重新核定编制基础上，采取先预拨、后结算的方法，对基层医疗卫生机构运行进行补助。各地还坚持把增投入与建机制紧密结合起来，深化基层医疗卫生机构运行机制改革，制定实施绩效考核办法，调动广大医务人员的积极性。五是公立医院改革试点开始启动。省制定出台公立医院改革试点实施指导意见,各地从实际出发开展多种形式改革探索,有的探索以集团化为载体的公立医院改革途径,强化医疗资源纵向整合,促进分级诊疗和双向转诊;有的积极推进投资主体多元化,加快形成多元办医格局;有的以调动医务人员积极性为重点深化医院内部改革,完善人事分配制度,创新内部管理和运行机制,为今后全面推开公立医院改革积累经验。

经过全省上下的共同努力,我省深化医改工作初步实现了开好局、起好步的要求,成绩来之不易。但我们也要清醒地看到,工作中还存在一些薄弱环节和问题。一是思想认识和组织实施水平有待进一步提高。总体上看,各地对医改工作比较重视,但与中央和省委省政府的要求以及面临的繁重任务相比还有差距。有的地方对国家和省有关政策文件学习研究不够深入,特别是在一些难点工作以及如何建立良性发展和运行机制方面理解不到位、把握不准确、缺乏有效措施。二是部分重点工作需要深入研究和推进。基本医疗保障制度建设方面,一些地区门诊统筹工作尚未启动,医保与医疗救助衔接不够,基金支付、监管水平有待进一步提高。基本药物制度建设方面,一些地方在药品选择、采购供应、配备使用等环节还不够规范,少数基本药物的价格仍然偏高。基层医疗卫生服务体系建设方面,少数地区政府办乡镇卫生院和城市社区卫生服务中心尚未实现全覆盖,基层卫生人才缺乏的矛盾仍较突出。三是在建立良性机制上还有大量工作要做。在财政补偿机制方面,个别地区的措施带有临时性,财政补助没有纳入预算安排,资金保障仍需加强。有的地方市级财政没有对所辖区安排补助经费,对村卫生室没有明确补助标准,基层医疗卫生机构实行基本药物制度后的运转保障机制尚未真正建立。在考核激励方面,部分地区绩效考核工作存在指标不细、标准不明、执行不严等现象,未能达到预期效果。对这些问题,我们必须高度重视并切实加以解决。

医改是我国医药卫生事业改革发展从理念到实践的重大创新,是保障和改善民生、促进人的全面发展的必然要求,是全面建设小康社会、加快推进社会主义现代化建设的重要任务。各地各有关部门要进一步统一思想,深刻认识面临的新形势,切实增强责任感和紧迫感。首先,中央对深化医改工作提出了新要求。在 5 月 28 日中央政治局就世界医药卫生发展趋势和我国医药卫生体制改革问题进行第 20 次集体学习时,胡锦涛总书记强调,医药卫生事业关系亿万人民健康,关系千家万户幸福,关系经济发展与社会和谐,关系国家前途和民族未来,是一个十分重大的民生问题。各级党委和政府要站在党和国家事业发展全局的高度,把维护人民健康权益放在第一位,周密部署,扎实工作,确保改革目标实现。今年 5 月 21 日,国务院召开全国深化医改工作会议,李克强副总理指出:我们这次改革,在国际上引起广泛关注,改革能否取得预期成效同样引人瞩目。可以说,在医改方面也面临一场国际竞争。我们要发挥社会主义集中力量办大事的政治优势和制度优势,力争在推进医改上走在前面,努力实现预定目标。会上,国务院医改办还与各省政府签订了责任书。党中央、国务院的决策部署和中央领导同志的一系列指示精神,为我们进一步做好工作指明了方向。我们要把中央的决策部署贯彻落实到医改的各个环节,把工作做得更加深入细致、扎实有效。其次,人民群众对深化医改工作有了新期待。医改是涉及全社会的系统工程,与人民群众的切身利益息息相关。近年来,看病就医问题始终是社会各界关注的重点和热点。随着改革的不断推进,当前人民群众的关注点已经从医改的方向、原则转移到改革的进展和成效上来。现在,三年重点改革的任务十分紧迫,我们必须加快改革步伐,让人民群众得到更多实惠,兑现党和政府对人民作出的庄严承诺。第三,深化医改工作进入了攻坚克难的新阶段。医改触及的利益主体多,涉及体制机制的深刻变革。随着五项重点工作的持续推进,改革的综合性和复杂性进一步显现。特别是实施基本药物制度和进行公立医院改革试点,涉及到利益格局的调整,也暴露了一些长期积累的深层次矛盾,使医改工作真正进入了解决深层次体制机制问题的深水区。在这个关键时期,需要我们坚定信心,勇于探索,承担责任,破解难题,处理好各方面关系,确保改革按既定方向推进。总之,各地各有关部门要切实把思想认识统一到中央及省委省政府的决策部署上来,上下一心,迎难而上,全力以赴保证各项改革措施的落实。

二、紧紧围绕"保基本、强基层、建机制"落实医改各项任务

今年是实现深化医改近期目标的关键之年。中央一再强调,在推进改革过程中,一个重要原则就是"保基本、强基层、建机制"。各地各有关部门要紧紧围绕这一原则开展工作,切实把医改各项任务落到实处。

(一)立足保基本,提高基本医疗保障和公共卫生服务水平。一年来深化医改取得的一项重要成果,就是进一步强化并落实了政府保基本的责任。保基本,就是要保障人民群众看病就医的基本需求,让群众有基本医疗保障、有基本医疗和公共卫生服务。基本医疗保障方面,要在继续巩固扩大覆盖面的同时,把重点放在提高保障水平和经办服务水平上。一是要通过提高筹资水平和封顶线、降低起付线和个人支付比例、推行住院统筹与门诊统筹相结合、合理控制各类医保基金结余率等措施,不断提高医疗保险待遇水平。有条件的统筹地区,要逐步建立医疗保险"二次补偿"机制,实行医疗保险和医疗救助一体化运作,重点解决大病、重病的参保人员医疗费用个人负担过重的问题。二是要加强基本医疗保障服务管理,研究制定流动就业人员医疗保险关系转移接续实施意见和业务经办规程,明确参保人员跨地区、跨制度关系转移接续、待遇享受和经办方面的具体要求;完善省内异地就医联网结算平台管理服务功能,加快实现13个省辖市全面联网结算,同时积极开展长三角地区异地就医经办服务协作和费用代报销工作。三是要完善医保付费方式,实行差别化补偿政策,积极开展新农合综合付费方式改革和按病种付费试点,构建参保人员合理就医导向机制。公共卫生服务方面,今年的重点是抓好落实,提高实效。一是要认真实施基本公共卫生服务和重大公共卫生服务项目,加强专业公共卫生机构对基层医疗卫生机构的业务指导,帮助基层提高公共卫生服务能力,严格执行服务标准,提高项目实施的质量和效率。二是要切实加强项目资金管理,市县财政按照省定项目资金管理办法,将项目资金纳入财政预算,并采取"年初预拨、次年结算"的办法,及时拨付给基层医疗卫生机构,保证30%的经费用于对村卫生室补助。三是要建立健全公共卫生服务项目监测评价制度,加大日常监管力度,及时公开服务项目、内容和标准,主动接受社会监督,确保项目任务落到实处。

(二)着力强基层,全面增强基层医疗卫生机构服务能力。基层医疗卫生服务机构是基本医疗和公共卫生服务的重要载体,也是医疗卫生服务体系的一个薄弱环节。基层服务能力不强、质量不高,小病也到大医院看,很大程度上加剧了看病就医矛盾。提高基层服务能力是联结五项重点改革的重要纽带,把基层工作做好了,有利于促进各项改革早见成效。各地各有关部门要积极推进工作重心下移,把更多的财力、物力投向基层,把更多的人才、技术引向基层,切实增强基层的服务能力。在农村,要继续巩固完善三级医疗卫生服务网络,加强县医院标准化建设,切实发挥县级医院的龙头作用。要以功能合理、规模适度、服务规范、健康运行为导向,加快乡镇卫生院规范化建设步伐,力争年内建成50个省级示范乡镇卫生院。要推进乡村卫生机构一体化管理,以乡带村,乡村联动,提高村卫生室建设管理水平。同时,要全面落实乡村医生养老保障政策,切实解决乡村医生老有所养问题。在城市基层,重点是加强标准化建设,完善设施配套、科室设置、服务流程和规章制度。个别机构建设任务还没有完成的地区,要采取有力措施尽快全面完成建设任务,实现以街道为单位标准化社区卫生服务中心全覆盖。增强城乡基层医疗卫生机构服务能力，硬件是基础、软件是关键，必须在软件建设上下更大功夫。要着力提升基层医疗卫生人员技术水平，努力培养更多的全科医生。要积极转变基层医疗卫生机构服务方式，强化综合服务、连续服务和上门服务，与居民建立相对稳定的服务关系，使更多的城乡居民不出社区、不出乡村就能看病。

（三）突出建机制，促进深化医改持续健康推进。机制对于事业发展更具全局性、根本性和可持续性。建立基本医疗卫生制度，保证医药卫生事业健康发展，关键在于形成体现公益性、调动积极性、充满生机活力的长效机制。这方面有大量工作要做，当前重点是抓紧把以下几个机制建立起来：一是健全基本药物的采购使用机制。基本药物制度是一项全新的制度，是这次医改的重中之重，各地要把推进和完善这项制度放在今年医改工作最突出的位置。要进一步扩大实施范围，确保今年年底前在全省60%的县（市、区）政府办基层医疗卫生机构实施基本药物制度，有条件的地区可全部推开。要针对实施中发现的突出问题，抓紧建立健全相关机制，使这项制度持续健康地实施。在目录品种管理方面，省有关部门要针对首批实施地区反映的品种、数量、价格等方面的问题，在不增加省增补药物目录品种总量的前提下，对品种结构进行微调，更好地满足基层医疗卫生机构的用药需求。在招标采购方面，要继续认真落实以省为单位的集中采购措施，调整完善操作办法和管理办法，切断不合理的利益链条，进一步降低部分药品的虚高价格。国家明确要求量价同招，实行既招价也招量，要根据目前情况逐步加以完善。各地要以省辖市为单位，按照“一品两规”的要求，在省公布的中标（入围）产品范围内合理选择药品，以县（市、区）为单位，在省药品集中采购与监管平台上统一采购基本药物，并严格执行省统一采购价。鼓励有条件的地方以市、县（市、区）为单位统一结算药品价款。今年即将实施基本药物制度的地方，还要抓紧开展配送企业招标工作。在配备使用方面，国家基本药物加上省增补药物品种，大体上能够满足基层医疗卫生机构用药需求，要通过加强医务人员培训和规范管理，科学合理地引导群众用药。今年即将启动实施基本药物制度的地区，要抓紧对库存目录外药品进行清理，确保规定的过渡期满后不再使用目录外药品。二是完善基层医疗卫生机构补偿机制。基层机构实行基本药物制度后，政府落实补偿机制，对保证机构正常运行、调动医务人员积极性至关重要。李克强副总理特别强调：“对保障运行所必需的缺口资金，要纳入政府对基层机构的投入中统筹解决，也可以探索医保购买服务等方式进行补充，但无论采取哪种方式，财政都必须承担起兜底的责任确保网底不破。”根据这一要求，当前要以县（市、区）为单位，采取一次核编、逐步配齐的办法，在省定基层医疗卫生机构编制配备范围内，明确本地区人员编制配备标准。在此基础上，按照“核定任务，核定收支，绩效考核补助”的要求，落实政府补助经费。省财政对经济薄弱地区符合区域卫生规划的政府办基层医疗卫生机构进行核定补助，同时积极研究对实施基本药物制度、推进综合改革、多渠道补偿工作做得较好地区的“以奖代补”办法。这里要特别指出的是，各地都必须按照公共卫生与基层医疗卫生单位绩效工资实施后的模式实施基本药物制度、建立财政补偿机制，采取定期预拨、年终结算的办法将经费拨付到位，确保基层医疗卫生机构正常运转。三是建立医改资金筹措机制。促进医药卫生事业发展，需要进一步加大投入，增加资源供给。加大这方面的投入也是改革，是优化财政支出结构、建设公共财政的改革，是以人为本、建设服务型政府的改革。能不能保障投入，能不能做到用投入换机制、用投入换效益，是深化医改的关键。省财政已通过预算加大了投入，各地也要下决心调整财政支出结构，完善政府对公共卫生、城乡基层医疗卫生机构和基本医疗保障的投入机制，落实公立医院政府补助政策。要建立科学稳定的政府卫生投入长效机制，保证政府卫生投入增长幅度高于经常性财政支出增长幅度，保证医药卫生体制改革所需资金。同时，要健全资金使用管理办法，严防发生违法违规行为。

三、着力研究解决医改重点难点问题的路径

医药卫生体制改革总体方向清晰、重点任务明确，但由于这项改革涉及面广、复杂程度高，加上各地情况差别较大、基础条件不一，有些重点难点问题需要深入研究，进一步探索解决路径。

（一）关于实施基层医疗卫生机构绩效考核制度。保障城乡居民享有基本医疗和公共卫生服务，很大程度取决于基层医疗卫生机构的运行状况。在政府加大投入的同时，必须建立科学的绩效考核制度，充分调动基层医疗卫生队伍的积极性，保证政府投入变成人民群众的实际利益。省有关部门已经制定下发基层医疗卫生机构绩效考核办法，但这只是一个原则性的指导意见，具体操作方法需要各地结合实际进一步细化。在考核导向上，要突出公益性，坚持社会效益优先原则，促进服务质量和水平的提高。在考核内容上，要突出服务效率，合理量化，综合评价，体现劳动价值和工作绩效，实现多劳多得、优劳优得。在考核方式上，要突出群众参与，将行政部门考核与群众满意度调查结合起来，将专业评估与群众感受结合起来。在考核结果运用上，不仅要把考核结果作为财政核拨补助经费和绩效工资的依据，而且要作为基层医疗卫生单位负责人评价、任用的依据。同时，要指导基层医疗卫生机构做好内部绩效考核工作，切断医务人员收入与业务收入之间的直接联系，按照不同岗位特点分别制定岗位规范，强化岗位职责考核，完善激励和约束，形成以岗位责任和绩效为基础的奖惩机制，并将考核结果作为兑现绩效工资的主要依据。

（二）关于拓展基本公共卫生服务内容、提升服务层次。按照国家统一部署，今后将逐步增加基本公共卫生服务经费。经费增加后，服务内容如何拓展，服务层次如何提升，服务均等化如何进一步体现，需要我们认真研究。目前，部分地区在省定最低标准基础上增加了基本公共卫生服务经费，相应的服务内容有所拓展，标准也有所提高，受到了群众的欢迎。省有关部门要注意总结这方面的情况与经验，适时提出扩大公共卫生服务的指导性意见。各地也要相互学习借鉴，在完成省定最低限任务基础上不断提高公共卫生服务水平。具体可从两个方面入手：一方面，将现有项目做深做细，提升服务层次。现有9类22项基本公共卫生服务，涵盖范围比较广，每一项服务都具有较强的拓展性，要结合项目实施情况，开展技术评估，逐步提高标准，改进服务方式，增强服务群众的贴近度和控制危险因素的有效性。另一方面，适当增加服务项目，拓展服务内容。要根据当地主要健康问题，按照干预措施的投入产出比，结合财力状况和基层医疗卫生机构服务能力，科学筛选新增服务项目，使公共卫生服务真正惠及广大群众。

（三）关于高起点规划和推动卫生信息化建设。信息化的医疗卫生系统，可以向居民提供便捷服务，促进各类医疗卫生机构良性互动，提高政府对医疗卫生服务的监管水平。医改五项重点工作，每一项都离不开信息化建设。在深化医改过程中，要把信息化建设作为一项战略性举措，摆上突出位置，加大推进力度。一是要认真研究制定推进区域卫生信息化建设的总体方案。抓紧开展全省卫生信息化工作调研，根据医药卫生体制改革的目标和方向，按照整体设计、系统集成、分步实施、突出重点、实用高效的原则，提出切实可行的建设目标和任务。重点要谋划好全省卫生信息化的总体架构，同时要解决医疗、医保信息兼容共享等问题，形成比较切实可行的方案。二是要加快建设以居民健康档案为基础的区域卫生信息化平台。顺应卫生工作由单纯疾病治疗、公共卫生向综合健康管理转变的趋势，在建立居民健康档案基础上，逐步将疾病控制、医疗服务、医疗保障等各项业务系统整合、联通起来，构建面向区域内全体居民及医疗卫生机构的疾病防治和健康管理信息平台，跟踪居民健康和治病历史，监控医院服务和管理，量化考核医务人员工作情况。三是要同步推动医疗卫生系统的纵向和横向合作。充分利用信息化建设成果,对医疗管理与服务等进行整合规范,强化医疗卫生领域各服务机构之间的合作,特别是医疗机构之间的纵向合作,建立分工协作、双向转诊等机制,努力将医疗机构之间的竞争关系转变为合作关系,从而有效降低医疗成本,提高医疗服务质量效率和公平程度。

(四)关于推进公立医院改革试点。李克强副总理指出:公立医院改革现在还在试点阶段,需要不断探索,稳步推进。但对一些看得准、见效快、群众能感受到的事情,我们也要创新机制,上下联动、内增活力、外加推力,不失时机地加以推进,以提高公立医院的服务质量和运行效率。各地各有关部门要按照这一思路扎实开展公立医院改革试点工作,力求有所突破、形成特色。一是上下联动,建立完善公立医院与基层机构的分工协作机制。认真研究制定公立医院设置规划,合理确定公立医院数量和规模,优化结构和布局。研究制定分级诊疗标准和双向转诊规范,积极推进医疗保障付费方式改革,加快建立社区首诊制度和双向转诊制度。采取多种形式,探索在不改变各自功能定位及独立法人地位的前提下,以技术支持为纽带,建立公立医院与基层机构之间长期稳定的、制度性的分工协作机制。继续实施对口支援工作,加强公立医院对基层医疗卫生机构的帮扶指导,不断提高城乡基层医疗卫生服务能力和水平。二是内增活力,健全有激励有约束的公立医院内部运行机制。要进一步深化人事制度改革和内部分配制度改革,强化绩效考核,激发员工的积极性和创造性。要坚持以病人为中心大力改善服务,优化诊疗流程,规范医疗行为,改善就医环境,减轻群众看病负担。要按照精细化的要求,加强医院成本核算和控制,完善内部管理制度,提高管理效率。这些方面有很多工作可做,各地要大胆探索。三是外加推力,建立多元办医的竞争机制。进一步完善政策体系,营造各类医疗机构共同发展、有序竞争、富有活力的环境,鼓励支持和引导各类资本进入医疗服务领域,直接举办医疗机构,或以多种形式参与部分公立医院的改制重组,通过竞争机制的作用,进一步提高医疗服务质量和水平。对个性化、高档次的医疗卫生服务,公立医疗机构可以逐步让渡给市场。但要注意的是,医疗卫生服务是一个特殊行业,直接关系群众生命安危,必须加强行业监管,引导社会办医依法经营、严格自律、健康发展。

(五)关于加快培养使用农村卫生人才。近年来,我省开展了一系列农村卫生人才培养培训工作,但人才短缺仍是目前农村医疗卫生机构最突出的矛盾。各地各有关部门要把这项工作作为当务之急,采取有针对性措施,千方百计解决好农村卫生人才培养使用问题。一是要加强培训工作,提高在职人员技术水平。在前些年大规模开展在职人员培训的基础上,从增强培训工作的针对性出发,采取"务实进修"等办法,组织乡镇卫生院医生到县医院、县医院医生到三级医院层层进修,为基层培训一批技术人才和管理人才。同时,继续做好乡村医生中专学历补偿教育工作。二是要大力培养一批人才,为基层输送有生力量。针对基层卫生技术人员补充难的问题,各地要进一步完善政策措施,大力开展引进、培养工作,为基层补充一批新鲜血液。农村定向免费培养大专生工作去年启动以后,报名踊跃,但由于一些地方相应政策未能及时到位,影响了最终招生人数。各地特别是各县(市、区)政府要从大局出发,立足长远,统筹安排岗位编制,尤其要落实好定向就业协议,避免人才流失。与此同时,省有关部门要按照国家统一部署,着手做好为农村基层免费培养本科层次临床医学和中医学专业人才工作。三是要完善政策措施,构建人才培养使用长效机制。建立和实施住院医师规范化培训制度,对拟从事临床工作的医学毕业生分别进行全科方向和专科方向的规范化培训,是临床医学人才成长的必经阶段,也是加强基层医疗卫生队伍建设的制度保障。各地要以建立这一制度为抓手,把为基层培养全科医师作为当前的工作重点,对新参加工作的住院医师进行 1 至

3 年的规范化培训,努力为城乡基层培养合格的全科医师。要进一步完善城市医院对口支援城乡基层制度,制定完善基层卫生人才培养、使用、评价和激励办法,努力用好的制度和机制留住人才、用好人才。

四、切实加强医改组织实施工作

今年深化医改的目标要求都已明确,总体上是任务更重、要求更高、责任也更大。这就需要我们以高度的责任感和使命感,以坚韧不拔的精神和求真务实的作风,全力抓好组织实施和贯彻落实工作,确保各项任务按时、保质、保量完成。

一是要层层落实责任。领导重视、责任落实是保证医改顺利推进的前提。市县政府作为深化医改的责任主体,要切实加强对深化医改的组织领导,坚持把这项工作摆在重要位置,坚持不懈地加以推进。市县政府及有关部门的负责同志要拿出更多的时间和精力放在医改上,既要抓宏观决策、也要深入一线解决实际问题,既要保进度、更要见成效。这次会上,省与各市签订了目标责任书,进一步明确了各地医改的目标任务。各市要根据责任书的内容,细化分解工作指标,明确改革实施的阶段性要求,与基层实施单位建立目标责任制,推动各项工作任务的落实。

二是要健全工作机制。各级深化医改领导小组要充分发挥作用,进一步完善组织领导体系,构建分工明确、上下畅通、运转高效、执行有力的工作机制,引导政府部门、医疗机构、医务人员积极主动地参与到医改中来,使各项医改任务和政策措施能够及时有效地落实到基层。要切实加强各地特别是县级医改办建设,组建一支意志坚定、业务精通、能打硬仗的专门负责医改工作的队伍。医改领导小组各成员单位要主动站在医改全局的高度,加强对医改重要问题的研究,搞好部门和部门之间、任务和任务之间的配合衔接,形成推动改革的强大合力。

三是要加强督查考核。目前,国家正在制定医改进展和效果评价督导方案,省里也将制定实施方案开展医改政策落实督导评价工作。要把督查考核作为推动医改的重要抓手,建立健全逐级督查、定期督查、随机抽查等制度,加强对改革进展和效果的考核评价。省医改办要强化对省辖市的督促指导,省辖市要加大对县的检查督促力度,采取分片包干等多种形式全面掌握医改进展情况,对各项任务进行动态监督管理,及时查找不足,落实整改措施,切实做到科学评价、赏罚分明,使医改成效成为考核干部业绩的重要内容。

四是要总结推广经验。深化医改是一项开创性的工作,需要基层结合实际不断进行探索。特别是基本药物制度和公立医院改革试点两项改革实施后,面临的新情况、新问题比较多。各地要充分发挥主动性和创造性,因地制宜制定具体方案,探索有效的形式和办法。省有关部门要加强对各地创新做法和成功经验的了解和汇总,对具有普遍指导意义的做法进行总结提炼,采取多种形式,及时加以推广,充分发挥典型引路和示范带动作用。

同志们,深化医药卫生体制改革是党和政府向人民群众作出的庄严承诺,广大群众对医改工作有着新的期盼。开弓没有回头箭。我们一定要深入贯彻落实科学发展观,坚定信心、开拓进取、扎实工作,切实把这项重大民生工程抓紧抓好,为保障人民健康、构建和谐社会作出积极贡献!

(2010 年 7 月 30 日)

【朱步楼在全省县级领导干部医改专题研究班上的讲话】

同志们:

由省委组织部、省医改办联合举办的县级领导干部医改专题研究班,今天正式开班。这期研究班是在医改进入攻坚克难的关键时期举办的,对于帮助大家进一步认清形势、理清思路,不断提高组织领导医改的能力和水平,将起到有力的促进作用。中华医学会党组饶克勤书记曾于今年 5 月中央政治局第二十次集体学习时就医药卫生体制改革作专题讲解,他对江苏工作十分关心,今天亲临指导,并将作辅导报告,我们要认真学习领会。关于如何办好这期研究班，省委组织部郭广银副部长将作具体部署，请大家按照郭部长的要求，利用这次难得的机会，认真学习，深入研讨，确保取得预期成效。下面，我讲几点意见，供大家参考。

一、县级领导干部在深化医改中肩负重要使命

深化医药卫生体制改革，是党中央、国务院作出的重大决策部署。这项改革从去年启动实施至今已有一年半时间，工作重点也从当初的政策制定转移到抓落实、见实效上，工作重心下沉到基层。县级领导干部是基层医改的组织实施者，身处医改工作一线，必须进一步认清深化医改的重要性，认清医改工作面临的形势，认清在推进医改中所承担的重要职责。

（一）深化医改是一项重大而紧迫的任务。医药卫生事业与人民群众健康幸福息息相关，是重大的民生问题。新中国成立后，党和政府在很困难的条件下，用较少的成本建立了覆盖城乡的医疗卫生服务体系，人民健康水平得到了很大提高。但由于种种原因，卫生事业发展与人民群众健康需求不相适应的矛盾还很突出。1980 年到 2008 年，卫生总费用增长了 100.6 倍，人均费用增长了 74.4 倍，而同期农民人均纯收入仅增长 21.6 倍，城市居民人均可支配收入只增长 36.5 倍。医药费用上涨过快，个人负担过重，看病就医不方便，群众对此反映十分强烈。为切实解决医疗卫生这一人民群众最关心、最直接、最现实的民生问题，去年 3 月党中央、国务院启动实施新一轮医改，作出了三年初见成效的郑重承诺。现在，三年时间已经过半，如期实现改革目标，时间紧迫，任务艰巨。但是，开弓没有回头箭，能否搞好医改，关乎党和政府的公信力。我们必须加大改革力度，不仅要保进度，更要见成效，让群众得到更多实惠，兑现党和政府作出的庄严承诺。

（二）医改进入了攻坚克难的关键阶段。去年以来，我省各地各有关部门按照中央和省委省政府的决策部署，精心组织，周密安排，着力推进五项重点改革，取得了积极进展和初步成效。但随着医改向纵深推进，改革的综合性和复杂性进一步显现。特别是基本药物制度实施和公立医院改革试点的推进，一些长期积累的深层次矛盾逐步显现，涉及到“以药补医”等沉疴痼疾，牵一发而动全身，由此带来了管理体制、运行机制、人事分配制度等一系列的深刻变革，新情况新问题不断涌现，改革的难度不断增大。这一方面要求我们必须在创新体制机制、综合推进改革上花大力气、下大功夫，拿出切实有效的办法，逐一破解难题。另一方面，也要求我们认真研究、提前预判、积极应对改革中不断出现的新情况新问题，主动争取各方的理解、支持和参与，确保改革按照既定目标积极稳妥地推进。

（三）县级医改工作直接关系医改成败。郡县治则天下安，县域强则国家富。县是行政管理的基本单元，县级政府在我国行政组织中处于“上联省市、下结乡村、承上启下”的重要位置。深化医改的政策措施要通过县一级贯彻到基层，工作任务要依靠县一级落实到基层，县级医改的组织程度、工作力度是医改工作能否取得预期成效的决定性因素。同时，医药卫生体制改革涉及面很广，我省各个县（市、区）的经济社会发展差异比较大，医疗卫生工作基础也不一样，需要结合实际进行积极探索。在深化医改过程中，只有县一级做到制定政策不变形、建立机制不走样、推进工作不滞后，并主动探索实践，创造性地完成各项任务，才能实现全省医药卫生体制改革的整体推进，也才能走出一条人民群众认可、符合中央要求、具有江苏特色的医改道路。

总之，深化医药卫生体制改革关系经济社会发展全局，县级医改工作关系深化医改大局。作为领导这项工作的县（市、区）长和医改办的同志，大家一定要把思想和行动统一到中央和省委省政府的决策部署上来，进一步增强责任感、使命感和紧迫感，在狠抓落实上下功夫，在开拓创新上下功夫，在攻坚克难上下功夫，切实加快改革步伐，让人民群众得到更多的实惠。

二、认真研究和把握深化医改的重大问题

深化医药卫生体制改革是当今世界许多国

家面临的一项重大社会改革，涉及到各方利益的重大调整和社会治理模式、经济发展方式的重大变革。这项改革的政策性很强，必须明确思路、把握方向，才能保证改革有力有序推进，达到预期目标。

一是要把强化医疗卫生公益性作为推进医改的鲜明导向。深化医改的基本思路主要是三句话：坚持公共医疗卫生的公益性质，把基本医疗卫生制度作为公共产品向全民提供，逐步实现人人享有基本医疗卫生服务。维护公益公平是这次医改最突出的特点，也是国际社会认可的医改趋势。今年上半年，美国出台的医改方案在理念和政策上都与我国有相似之处，他们提出在未来10年耗资1万亿美元，全面改革医疗保健系统，将尚未参保的3200万人纳入医保范围，此举被誉为“结束了美国作为最后一个没有建立全民医保制度的发达国家的历史”。我国的医改方案，在总体目标和制度体系、政策措施等方面，都贯穿了坚持公共医疗卫生公益性质的主线，明确基本公共医疗卫生是政府应当承担的责任，是公共财政安排的重点。这就要求我们在实际工作中，要突出政府提供公共卫生和基本医疗服务的主导地位，强化政府在制度、规划、投入、监管等方面的职责，使基本医疗卫生服务的公益性充分体现、公平性和可及性明显提高。

二是要把保基本强基层建机制作为推进医改的指导原则。李克强副总理多次强调，要实现医改目标，必须坚持保基本、强基层、建机制。保基本，就是要保障群众的基本医疗卫生服务需求，包括基本医疗保障、基本医疗和公共卫生服务、基本药物，基本医疗卫生服务要与经济社会发展相协调，力所能及，逐步提高。非基本部分，要发挥市场机制的作用，鼓励和引导社会力量参与，促进有序竞争，提高运行效率、服务质量和水平，满足群众多层次多样化的医疗服务需求。强基层，就是要把工作的重心下移，把更多的财力、物力投向基层，把更多的人才、技术引向基层，切实增强基层医疗卫生机构的服务能力和吸引力，使群众“小病不出村镇和社区”。建机制，就是要致力于健全制度，形成稳定的长效机制。目前，医药卫生领域存在的问题是多方面因素造成的，主要根源在于体制机制不合理。没有体制机制的重大突破，就难以实现医药卫生事业可持续发展。在推进医改的过程中，必须把增加投入与建立机制结合起来，健全基本药物招标采购机制，完善基层医疗卫生机构补偿机制，形成公立医院协作、运行和竞争机制，保证医药卫生体系规范有效地运转。

三是要把调动医务人员积极性作为推进医改的重要举措。医改的很多政策措施要靠医务人员去落实，医改的成果最终要通过医务人员的工作来体现。医疗卫生工作者长期奋战在第一线，对医药卫生事业改革发展的规律认识深刻，是深化医改当之无愧的主力军。他们以什么样的精神状态去面对和参与医改，事关医药卫生体制改革的持续推进，事关群众对医改的切身感受。因此，在深化医改过程中，要把保护和调动医务人员的积极性放到突出位置。在制定政策、研究问题时，要充分发挥医务人员熟悉业务的优势，广泛听取他们的意见和建议。要通过深化医改健全科学有效的激励机制，加快实施绩效工资制度，充分体现医务人员的知识和技术价值，进一步营造“尊医重卫”的社会氛围。要注意引导医务人员进一步加强对精湛医术的追求，通过刻苦钻研业务，提高专业技能，增强服务意识和服务本领。同时，依靠制度规范医生的诊疗用药行为，加强医德医风教育，弘扬救死扶伤的职业精神，以充分发挥广大医疗卫生工作者参与、推动改革的积极性和创造性，在全社会树立“白衣天使”的光辉形象。

三、着力推进基层医药卫生体制改革重点工作

为使医改尽快收到成效，国务院明确近三年重点抓好五项改革，提高基本医疗卫生服务的可及性，有效减轻居民就医费用负担，着力缓解看病就医矛盾。工作中，要结合县级医改实际，突出重点，抓住关键，按序时进度高质量完成各项任务。

（一）抓紧实施基本药物制度。建立基本

药物制度是一项重大的制度创新，是缓解群众看病难看病贵问题的有效途径。基本药物制度一头连着医疗卫生机构和医务人员，一头连着药品生产流通领域，对深化医改全局具有重要影响。实施基本药物制度，是县级医改重中之重的任务。目前，我省第二批实施基本药物制度的45个县（市、区）已经确定。这些地区要迅速行动起来，倒排工作进度，制定明确的时间表和路线图，确保在今年12月份前全面实施到位。首批实施地区要根据实践中反映出来的问题，进一步研究和落实相关措施，不断加以完善。

（二）大力推进基层医疗卫生机构综合改革。要以实施基本药物制度和绩效工资为契机，大力推进基层医疗卫生机构综合改革，努力建立体现公益性、调动积极性、充满生机活力的体制机制。要细化财政投入政策，采取"核定任务、核定收支、绩效考核补助"的办法，对基层机构给予补助并纳入预算，有效建立基层医疗卫生机构运行保障机制。抓紧核定基层医疗卫生机构编制，推行岗位管理和人员聘用制度，强化绩效考核，积极推进人事分配制度改革。完善社区卫生服务中心、乡镇卫生院的服务规范和管理模式，推进医保制度与基层医疗卫生服务有效衔接，加快构建分级分工的医疗卫生服务新体系。

（三）进一步完善基本医疗保障制度。一方面，以困难破产企业职工、大学生、灵活就业人员等为重点，继续做好医保扩面工作；另一方面，着力在规范基金使用管理、加强不同医保制度衔接、提高保障水平上下功夫，确保到今年底城镇职工医保和居民医保参保人员制度规定范围内医药费用报销比例分别达到80%和60%，新农合参合人员实际住院医药费用补偿比达到45%。同时，要完善医保付费方式，积极开展新农合综合付费方式改革和按病种付费试点，构建参保人员合理就医导向机制。

（四）加快健全基层医疗卫生服务体系。坚持硬件建设与软件建设并重，提高基层医疗卫生服务能力和水平，努力把一般疾病解决在基层。完善基层医疗卫生服务网络，大力推进县级医院、中心乡镇卫生院和标准化村卫生室建设，加快实现以街道为单位的社区卫生服务机构全覆盖。突出抓好以全科医生为重点的人才队伍建设，着力解决人才短缺问题，提升基层医疗卫生人员专业技术水平。推行基层医疗卫生信息化，建立以电子健康档案为基础的区域卫生信息平台，逐步实现社区与社区之间、社区与医院之间、社区与居民之间的信息共享、服务联动。

（五）努力促进基本公共卫生服务逐步均等化。认真实施基本公共卫生服务和重大公共卫生服务项目，严格执行服务标准，加大日常监管力度，提高项目实施的质量和效率。在完成省定最低限任务的基础上，各地要结合财力状况，适当拓展基本公共卫生服务内容，提高服务层次。扎实推进疾病预防控制体系建设，认真落实重大疾病防控措施，切实保障公共卫生安全。

此外，要结合实际开展公立医院改革试点，加强医疗服务管理，建立健全有激励有约束的公立医院内部运行机制、公立医院与基层机构的分工协作机制，努力提高医疗服务质量和服务效率。切实加强食品药品监管和卫生监督，紧紧围绕群众反映强烈的突出问题，深入开展食品药品安全专项整治，为人民群众营造安全放心的饮食用药环境。

四、切实提高县级医药卫生体制改革执行力

现在，医药卫生体制改革目标任务已经明确，工作思路也比较清晰，关键在于抓好落实，抓出成效。县级政府承担的医改任务十分繁重，遇到的困难和矛盾也比较多，这就需要我们以坚韧不拔的精神，全力以赴，攻坚克难，切实做好医改的组织实施工作，确保取得预期成效，让群众得到更多实惠。

（一）落实政府责任，加大投入力度。县级政府作为深化医改的责任主体，要坚持把这项工作摆在重要位置，加强组织领导，坚持不懈推进。县（市、区）负责同志要用更多的时间和精力加强学习，把握政策；科学决策，大胆实践；深入一线，强化指导。要充分发挥医改领导小组的作用，强化统筹协调，完善工作机制，形成整体合力。资金投入、财力保障是实现医改目标的关键。要积极调整财政支出结构，保证政府卫生投入增长幅度高于经常性财政支出增长幅度，医改资金按时、足额落实到基层，保障医改任务顺利完成。

（二）加强督查考核，狠抓工作落实。为明确医改任务、落实地方责任，今年7月省政府与各地签订了医改目标责任书。近期，省医改办将会同有关部门对各地医改落实情况每月开展一次抽查，每季度开展一次全面调查摸底，实时动态掌握各地深化医改工作情况，对改革进展和效果进行考核评价。各地也要把医改工作纳入年度考核范围，把监督和评价工作作为推进医改的重要机制和手段，对各项医改任务进行动态监管，认真查找问题，及时抓好整改，促进各项政策措施和工作任务落到实处。

（三）注重宣传引导，营造良好氛围。医药卫生体制改革，群众关心，社会关注。要根据不同时期的工作重点，围绕群众关心的问题，结合本地实际，宣传医改政策措施，做好解疑释惑工作，使改革深入基层、深入人心。要坚持正确的舆论导向，加大对改革实施进展和成效的宣传，增强社会各界对医改的信心。同时，要引导社会合理预期，使公众认识到解决医药卫生体制深层次问题需要一定时间，改革目标任务的完成具有探索性、渐进性和阶段性，消除急躁情绪，争取理解和支持。

最后，预祝这次研究班取得圆满成功！祝大家在今后的工作中不断取得新成绩、迈上新台阶！

（2010年11月1日）

【曲福田在全省医改办主任会议上的讲话】

同志们：

7月30日召开的全省深化医药卫生体制改革工作会议，是我省完成医改三年近期目标的关键时期召开的重要会议。罗志军省长为会议作了重要批示，再次强调了医改是惠及全民的重大民生工程，要求各地各有关部门要充分认识医改的重要性和复杂性，始终把这项工作作为一件大事来抓，以深化医改的实际成效取信于民、取信于社会。省医改领导小组组长、副省长何权同志在会上作了重要讲话，充分肯定了我省一年来医改工作的积极进展和初步成效，深入分析了医改面临的新形势，进一步明确了2010年度医改重点工作任务，全面部署了改革的组织实施工作，也对我们做好下一阶段医改工作提出了新的更高的要求。各地医改领导小组和医改办要召开专题会议，认真学习领会，深入贯彻落实。

我们今天下午的会议，就是要认真学习和贯彻落实省委省政府对医改工作的具体部署，加大工作力度，扎实推进今年各项医改工作。刚才，北京大学李玲教授给大家做了有关医改的专题讲座，为我们介绍了国内外医改的理论和实践经验，分析了目前我国深化医改的形势以及推进医改过程中面临的一些问题，提出了她对于我国推进医改的一些思路和建议，为我们从事医改工作开阔了眼界，深化了理论认知。会后，大家要认真研究、消化和吸收。下面，我就全省医改办系统如何学习和贯彻会议精神，做好今年的医改工作讲几点意见。

一、充分认清形势，增强医改工作的责任感和使命感

何权副省长的讲话在肯定医改工作取得积极成效的基础上，深刻分析了目前医改面临的新形势新要求，对于我们统一思想、提高认识，进一步做好今后的医改工作具有十分重要的指导意义。

首先，从我省的医改实践看，一年来全省医改取得了明显进展和初步成效。通过多方努力，至目前，全省医疗保障覆盖率超过95%，城镇职工、城镇居民医保政策范围内的医疗费用报销比例分别达到79%和54.5%，新型农村合作医疗农民住院实际补偿比例达到43.5%。首批实施基本药物制度的37个县（市、区）门急诊人次同比增长11%，门急诊均次费用下降

20%。9类22项基本公共卫生服务和6项重大公共卫生服务项目全面实施。公立医院试点开始启动。群众开始享受到医改带来的实惠,基层医疗卫生事业发展水平得到提升。其次,改革的难度逐步增加。随着五项重点改革的不断深入,特别是实施国家基本药物制度和公立医院改革试点相继进入实质性阶段,利益格局开始进行调整,新情况新问题不断涌现,改革的难度和复杂性也逐步凸显。三是各方对改革成效的预期增强。随着时间的推进,各级政府投入的人力、物力、财力逐步增加,党和政府的要求,人民群众的企盼,社会各界关注的焦点,都将更多地转移到改革的实效上来。四是改革的国际竞争压力增大。从国家层面来看,国际金融危机以来,美国出台了医改法案,一些国家加大了医改力度,使我国医改面临的压力加大。要求我国必须充分发挥制度优势,在这场关乎民生、关乎全局的竞争中走在前面。

2010年是完成医药卫生体制改革三年近期目标承前启后、攻坚克难的关键之年,面对医改工作新的形势和任务,我们一定要有清醒的认识,把思想和行动统一到中央、省委省政府的决策部署上来,特别要认真学习领会胡锦涛总书记在中共中央政治局第22次集体学习会上有关医改的重要讲话,学习落实李克强副总理在全国医改会上的讲话精神,进一步坚定信心,迎难而上,以高度的责任感和使命感,贯彻落实好全省医改会议精神,有力有序地推进改革不断深入。

二、理清工作思路,提高工作的针对性有效性

在7月30日的全省医改会上有五个市县区的负责同志分别就近期深化医改五项重点工作介绍了本地区的做法和经验,具有较强的指导性和可操作性。13个市都提供了书面交流材料,大家互相学习,有利于提高工作的针对性和有效性。

一年来各地的经验和医改实践表明,医改的基本方向、总体思路和实施路径符合国情、省情和发展阶段,既符合医药卫生事业的规律,也是切实可行的。一是坚持公共医疗卫生的公益性。这是这次深化医药卫生体制改革必须坚持的方向,是中央和国务院基于当前我国医药卫生领域存在的突出矛盾,以及市场经济条件下保障群众健康权益的需要做出的正确选择,体现了努力实现全体人民病有所医的坚定决心,也是顺应建设现代国家的要求。而要做到这一点,首要的是加大政府对医疗卫生事业的投入和责任,下决心改变多年来欠账过多,投入不足的问题。二是坚持保障人民群众的基本医疗卫生需求。坚持保障基本需求,把基本医疗卫生制度作为公共产品向全民提供,这是综合考虑了我国的国情国力,也是借鉴了国际的有益经验。要做到这一点就要在实践中合理划分基本医疗卫生和非基本医疗卫生问题,明确基本医疗卫生的标准。目前,加快推进和完善基本医疗保障制度、实施国家基本药物制度、加强基层医疗卫生体系建设、推进基本公共卫生服务均等化就是首先满足和保障群众的基本医疗卫生需求。三是坚持政府与市场相结合。政府要保障基本医疗卫生制度的建立和有效运行,而非基本医疗卫生要充分发挥市场机制的作用,满足群众多样化、多层次的医疗卫生需求。既要避免政府包揽过多、负担沉重、效率偏低,也要避免过多依赖市场、影响公平性和公益性,要合理运用政府和市场两个手段,实现公平和效率的统一。四是立足当前,着眼长远。这次医改,是一次全面、综合、系统的改革。改革不仅确定了2010年的远期目标,而且从最紧迫的问题入手,明确了前三年的重点改革任务。其中心就是保基本、强基层、建机制,这也为更好的发挥市场机制作用、解决非基本问题创造前提和条件,以逐步全面的实现公平、提高效率。同时,分阶段地推进改革,一方面是积极稳妥、循序渐进,便于操作,另一方面,有步骤地推进,能够早见效、获得更多的社会认同和支持。

我们要进一步深入学习领会中央和省委、省政府深化医改的一系列方针政策,结合各地的实际情况,解放思想,实事求是,大胆探索,开拓创新,因地制宜地开展工作,创出一套适合江苏实际情况的成功模式。

三、明确目标任务，准确把握2010年医改重点工作

这次全省医改会上，何权副省长对下一阶段医改工作进行了全面部署，进一步明确了工作目标任务和工作重点。我们看到，与去年相比，今年的工作量增加了近2/3，超过一半的任务涉及体制机制创新，工作的难度可见一斑。为此，我们要按照“保基本、强基层、建机制”的原则，突出重点，把握主攻方向，有序推进各项改革。一是把国家基本药物制度建设作为当前工作的重中之重。要在基本药物制度建设取得积极进展的基础上，进一步加大实施力度，完善配套措施。首先要进一步扩大实施范围，目前全省各市上报的第二批实施基本药物制度的县（市、区）已超过85%，要抓紧落实实施进度，确保年底前达到国家和省政府要求的60%的括面比例。其次要完善制度，细化政策，规范基本药物招标采购、配备使用、医保报销、质量监管等关键环节。同时要加快推进配套改革，结合基层医疗卫生机构实行绩效工资制，全面建立基层医疗卫生机构补偿机制、推进人事分配、运行机制等综合改革。

二是加快推进公立医院改革试点，力争在关键环节有所突破。一要根据公立医院改革的总体部署，紧紧围绕体现公益性和调动积极性两大目标，结合当地实际，在管理体制、运行机制、补偿机制、监管机制等方面进行试点探索。二要研究和科学制定医疗机构设置规划，合理确定区域内公立医院数量、类别、规模和布局以及大型医疗设备的配置，为民营医疗机构发展留有合理空间。三要在细化公立医院惠民措施、公立医院与基层医疗卫生机构对口协作、为基层医疗机构提供人才培训和诊疗技术支持等方面尽快动作，有所突破，为进一步深化公立医院体制机制改革打下基础。

三是做好“保基本、打基础、强基层”的有关工作。基本医疗保障、基层医疗卫生服务体系、基本公共卫生服务，都是保基本、打基础、强基层的重要范畴，要按照国家和省里的要求，在进一步扩大覆盖范围，提高服务公平性和可及性的基础上，大力提高服务水平和效率。基本医疗保障制度建设重点要提高保障水平和管理服务水平，同时积极探索医疗保险的多种支付方式，努力发挥好政府和患者的“守门人”作用。基层医疗卫生服务体系方面，要推动以全科医生为重点的基层医疗卫生队伍建设，适时开展适宜人才培养和培训。基本公共卫生服务要确保完成预定任务量，着力提高服务质量和效益，有条件的地方可逐步合理增加服务项目，提高服务标准，要把好事办好，真正惠及广大群众。

四是突出建机制。要坚持把建机制作为工作重点。随着医改的不断深入，特别是基本药物制度的实施和公立医院改革试点的推进，医药卫生体制改革逐步进入关键阶段，建机制的任务显得尤为紧迫。要致力于在深化医改各个环节建立完整规范的制度，制定科学的工作方案，充分发挥考核、评价和导向作用。要着力规范基本药物采购、配备、使用机制，完善财政补偿机制，建立医疗机构内外部竞争、激励和约束机制等，努力做到建机制、求实效、群众得实惠。

四、切实履行职责，把医改办各项工作抓紧抓好

一年来，全省医改办系统在各级党委政府和医改领导小组的领导下，克服了改革起步阶段时间紧、任务重、人手少的种种困难，在制定起草相关文件、综合协调医改工作、汇总交流医改信息等多方面做了大量认真细致的工作，使医改由国家方案变成了地方实践，基本完成了预定的工作任务，实现了开好局、起好步的目标。下一阶段，大家要在总结经验、找出差距和不足的基础上，再接再厉，认真履行工作职责，切实做好各项医改工作。

一要明确责任分工落实重点任务。根据国务院医改办和我省签订的医改责任书要求，我办会同有关部门将各项任务分解到全省各市。7月30日全省医改会议上，省政府已和各市政府签订了2010年度医改责任书。责任书中有明确数字的指标任务要保证完成；一些有明确

落实要求的政策措施要根据省里的统一部署按时落实到位；一些鼓励探索类的任务各地可以根据具体情况积极实施。各市、县（市、区）医改办要按照省里的统一部署和时间进度，把各项医改任务逐级分解落实到到部门、单位和个人。同时各地要根据具体任务，抓紧梳理、出台和落实各项保障措施，确保医改重点任务的有效推进。

二要发挥好牵头协调作用。医改是一项复杂的系统工程，需要各有关部门齐心协力，协同推进。一年来的实践经验也表明，加强部门合作对于落实医改任务极为重要。要继续加强医改办相关工作制度建设和落实，切实加大统筹协调力度，努力搭建部门之间沟通平台，为各部门的工作做好服务。在推进医改过程中，各地医改办要积极向党委、政府领导提出意见和建议，当好参谋和助手。要加强与财政部门的联系，落实医改各项资金，保证及时到位，保证用好医改资金。加强与人力资源社会保障、民政等部门的联系，发挥好医保基金作用，强化医疗救助衔接，完善基本医疗保障制度。加强与卫生、药监、编办等部门的联系，协同推进国家基本药物制度的实施，落实卫生规划、人员编制政策等。

三要强化督查考核和评估。地方的组织实施情况直接决定着医改能否取得成效。随着医改的推进，国务院医改办工作的重点将从制定政策转移到落实政策上来，国务院医改办对此已有明确要求，省医改办也将出台督查考核办法。各市医改办要将督查考核作为推动医改的重要抓手，进一步细化和完善医改考核方案，明确任务要求，细化实施进度，建立定期督查考核机制。对考核中发现的问题要限期整改，对好的做法要及时总结，并定期上报，以奖励先进、督促落后。要在督查考核的基础上进一步开展医改评估工作。目前，国家正在制定医改进展和效果评价督导方案，以对医改实施效果进行客观评价并指导各地医改工作，届时省里也将研究制定实施方案。

四要抓好组织建设。贯彻落实好中央和省委省政府各项医改政策，扎实推进医改工作，关键在于组织领导。各地要充分认识医改工作的长期性和复杂性，把医改作为当前和今后几年一项全局性工作来抓，健全医改组织机构，加强医改办公室能力建设。各市医改办要积极创造条件，充分发挥多部门联合办公的优势，保证医改各项组织协调工作的顺利开展。各县（县级市）级政府也要加强医改工作，组建完善医改组织机构，构建分工明确、上下畅通、运转高效、执行有力的工作制度，使各项医改任务和政策能够及时有效地落实到基层，确保医改工作顺利推进。

五要加强学习深入调研。医改工作政策性强、实践性强，需要我们不断加强学习，适应改革发展提出的新要求。要加强学习，首先是学好国家和省委省政府的医改文件和各项配套政策，认真吃透文件政策精神。还要学习各地和兄弟省市好的做法和经验，努力启发思路改进工作。其次要加强培训，这次我们邀请了李玲教授就深化医改问题作了专题报告，今后这样的培训学习还将不定期举行，希望能以此形式促进大家业务水平的提高。各市医改办也要组织相互学习和工作交流，取长补短，不断提高工作的能力和水平。要深入调查研究，针对深化医改的重点、难点问题积极进行研究探讨，提出对策建议。当前要重点研究如何建立基层医疗卫生机构规范的财政补偿机制、绩效考核机制、内部激励机制等，研究非政府办基层医疗机构如何参与实施基本药物制度等问题。要加强对综合性问题的研究，从医改全局的角度考虑问题，加强政策衔接，发挥政策合力。

六要加强宣传和信息工作。医改社会性强，要努力把握舆论宣传的主动性。要加强政策解读，重点宣传改革进展和取得的成效，客观反映改革的长期性、艰巨性和复杂性，争取社会各界的理解、支持和参与，合理引导社会预期。各地医改办要配合宣传部门，做好宣传方案，将集中宣传和日常宣传相结合。要密切跟踪舆情，及时研究医改重点热点问题，提高医改宣传教育工作的针对性和有效性。要进一步健全信息报送制度。国务院医改办已经制订了信息报送制度工作细则，我办也拟定了全省医改办系统信息报送工作制度，明确了信息报送考核办法，这个文件近期就将印发到全省各市医改办。各市要按照要求加强医改信息的采集、汇总、上报工作，及时向省医改办提供各地工作进展情况、创新做法和成功经验，省医改办将在汇总分析的基础上把有关情况及时报送省委、省政府和国务院医改办。

同志们，深化医药卫生体制改革工作任务艰巨，责任重大。我们要在省委省政府的正确领导下，团结一心、开拓创新、扎实工作，坚定不移地把医改工作向前推进，全面完成我省今年的各项医改工作任务。

（2010 年 8 月 5 日）

经验交流

【南京市】

去年 4 月,深化医药卫生体制改革工作启动以来,我市认真贯彻落实国家、省有关部署,成立医改领导组织,狠抓工作落实,大力推进五项重点改革,深化医改工作取得积极进展和明显成效,广大人民群众开始逐步享受到医改带来的实惠。

一、医改重点工作进展情况

(一)推进基本医疗保障制度建设

一是不断提高医保覆盖面。我市城镇职工医保于 2001 年 1 月正式启动,截至今年 4 月底,全市职工医保已参保 257.66 万人,覆盖率 98.5%。2004 年,我市出台了困难企业职工参加医疗保险办法,解决了全市 17 万困难企业职工医疗保障问题。2009 年,重点落实行业统筹单位参保工作,并出台了建筑业农民工大病医疗保险办法。我市居民医保于 2007 年 7 月启动,截至今年 4 月底,全市城镇居民参保 112.85 万人,覆盖率 98.8%。

二是不断加大居民医保财政补助力度。2010 年,我市居民医保老年居民、其他居民筹资标准为 550 元/人·年。财政补助标准分别为 275 元/人·年、150 元/人·年。学生儿童的筹资标准为 220 元/人·年,财政补助标准为 120 元/人·年。对享受低保待遇、重度残疾、重点优抚对象、特困职工家庭子女、孤儿等 5 类城镇居民,按筹资标准予以全额补助。我市居民医保门诊统筹主要政策是:老年居民和其他居民门诊起付标准为 300 元,300 ~ 800 元之间的费用,基金支付比例为 40%。学生儿童不设起付标准,0 ~ 300 元之间的费用,基金支付 40%。我市在医疗保险政策的制定和配套完善上向社区医疗机构实行了一系列倾斜,制定家庭病床管理办法。选择部分适合社区卫生服务机构开展的常见病种,开展家庭病床结算试点。慢性病患者增加一家社区卫生服务机构作为慢性病定点医院。降低参保人员社区就诊的起付标准和自付比例。凡在社区卫生服务中心和社区卫生服务站住院的,起付标准比三级医疗机构分别降低 44%、70%,报销比例比三级医疗机构提高分别 5 和 7 个百分点。门诊慢性病人个人自付比例下调 10 个百分点。

三是努力提高医保保障水平。目前我市职工医保制度规定范围内住院医疗费用报销比例已经达到 80.1%。居民医保制度规定范围内住院和门诊大病医疗费用的报销比例已经分别达到 60.6% 和 65.7%。职工医保统筹基金最高支付限额为 18 万元,大病医疗救助基金上不封顶;居民医保最高支付限额调整到 15 万—22 万元,均超过了当地职工年平均工资和居民年人均可支配收入的 6 倍以上。

四是积极探索医保市级统筹。我市制定了《南京市城镇职工医疗、工伤和生育保险市级统筹实施意见》,于 2009 年 4 月 1 日起在全市启动实施,拟用两年时间,逐步实现市和三区医疗、工伤、生育保险基金筹集、政策待遇、经办服务和信息系统管理四个统一。目前已初步实现医疗保险同城联网就诊结算,已实现市区与三区两县 138 家定点医疗机构的联网结算,并同步实现了三区两县与市区 24 家三级医疗机构的联网结算。截至 4 月底,全市同城联网就诊结算已经达到 73.8 万人次,发生费用 3.3 亿元。

五是不断发展新型农村合作医疗。2010 年 7 个区县共有 194 万人参加新农合,参合率连续几年稳定在 100%,筹资标准较 2009 年又有了大幅度的提高,人均筹资标准均在 230 元以上,江宁区达 350 元,雨花台区 335 元,各级政府财政补助占筹资总额的 73%。新农合实行门诊和住院统筹补偿模式,门诊补偿不设起付线,补偿比例基本为 40% 以上,住院补偿比例在一级、二级和三级定点医疗机构分别不低于 60%、50% 和 40%,个人补偿最高额度均达 10 万元以上。各区县都建立了新农合信息化管理系统,在本辖区内区县级医疗机构、社区卫生服务中心和大部分社区卫生服务站实行了网络化即看即报。根据省卫生厅关于新农合支付方式改革的要求，确定高淳县为试点单位，目前正在实施门诊及住院统筹总额预付及18个单病种付费试点。

六是大力实施医疗救助。对城乡低保户、五保户等特困群体，免费加入居民医保或新农合，减免医疗费用、发放医疗救助金。市卫生、民政部门积极开展南京市医疗救助同步结算平台建设试点工作。

（二）初步建立国家基本药物制度

根据国家、省里的部署和市委、市政府的要求，今年2月10日起秦淮区、建邺区、雨花台区和高淳县实施国家基本药物制度，7月份起在全市全面实施，纳入社区卫生服务网络的基层医疗卫生机构全部配备使用、零差率销售基本药物，提前一年半实现"初步建立国家基本药物制度"的目标。

一是确定区县基本药物采购目录。组织区县卫生局、采购中心和药品遴选专家，对首批实施国家基本药物制度的区县品种，进行了遴选审核，按照省卫生厅规定的口服、注射"一品两规"要求，确定了537个通用名1228个品规为区县采购目录。

二是认真组织网上统一采购。首批实施的4个区县卫生局采购平台运转顺畅，各区县采购中心作为主采购人，积极配合市采购中心，及时与配送企业联系，确保了采购品种的及时供货，保证了基层医疗机构基本药物及时上柜销售。截至6月底，首批4个区县共网上采购基本药物近480个通用名1200余个品规，价值近3500万元。7月1日，市政府召开全市全面实施基本药物制度工作动员会，下发了《关于全面实施国家基本药物制度的指导意见》，其余9个区县全面实施基本药物制度，7月15日起基本药物正式上柜销售。

三是加大基本药物临床应用监管。基本药物在基层医疗机构应用后，常用药大幅度降价，居民就诊人均费用明显下降。首批实施区县社区卫生服务机构门急诊就诊人次比实施前有不同程度的增加。同时，各级医疗机构加大基本药物制度宣传力度，引导居民消费基本药物，并逐步成为居民就诊的首选药物。

四是提高基本药物医保报销比例。继去年9月1日我市在全国率先将国家基本药物307种全部纳入基本医疗保险甲类目录后，今年又将省增补基本药物292种中乙类药品的个人自付比例全部调整为零。同时，城镇居民基本医疗保险和城镇职工生育保险药品目录参照调整后的药品支付标准执行。

五是完善配套政策。在市委、市政府的统一部署下，市发改、人社、财政、卫生等相关部门积极配合、通力协作，相关改革工作同步启动。相继出台了《完善政府财政投入政策的实施意见》、《南京市基层医疗卫生事业单位人事制度改革实施意见》、《关于加强乡村医生队伍建设和管理的实施意见》等配套文件，启动了政府办社区卫生服务机构编制核定工作，初步确定了乡村医生实施基本药物制度后的财政补助标准和办法，调动了乡村医生参与改革、支持改革、推进改革的积极性。

（三）不断健全基层医疗卫生服务体系

全市共有879家社区卫生服务机构，居民步行10—15分钟就可到社区卫生服务中心（站）。玄武、白下、鼓楼3个区被评为全国社区卫生服务示范区，秦淮区被评为全国中医药特色社区卫生服务示范区，7个区被评为省级社区卫生服务先进区，23个中心被评为省级示范社区卫生服务中心。近3年来，我市共完成了77家社区卫生服务中心和40所分中心（非建制镇街）改造或新建任务，改善了基层医疗卫生服务环境。社区卫生服务机构房屋面积、医疗设备配置等均高于省定标准，处于同类机构前列。积极加强对口支援和纵向合作。2009年确定了老五县医院与三级医院（含在宁省属医院）的对口支援关系，受援医院管理技术水平明显提高。今年5所郊区县综合医院的26个专科成为市重点专科。进一步完善城市卫生对口支援城乡基层卫生工作。目前全市130多个社区卫生服务中心都有医院对口支援，对口支援覆盖率达到100%。

（四）稳步推进基本公共卫生服务均等化

2010 年，全市确立了基本公共卫生服务项目十大类 27 项 42 条。今年第一季度问卷调查显示居民对社区卫生服务机构提供的基本公共卫生服务满意度为 94.92%。居民健康管理工作稳步推进，为 484.97 万人建立了健康档案，建档率达 62.88%。健康教育工作取得实效，居民传染病防治和妇幼保健知识知晓率稳步提高。儿童计划免疫质量稳中有升，传染病防治工作有序开展，妇幼保健工作稳步开展，老年人保健和慢病管理工作逐步完善，社区康复工作逐步加强。切实加强项目资金管理，2010 年人均基本公共卫生服务经费标准，城市不低于 28 元，农村不低于 20 元。各基层医疗卫生机构建立专账，切实加强支出管理，严格开支范围，确保专款专用。认真实施重大公共卫生项目。共为 2.9 万名儿童补种了乙肝疫苗。确定六合区为国家、省“两癌”检查的项目区，已为 2.86 万名农村妇女进行了“两癌”初查。2010—2011 年将对雨花台区和江宁区的 3.3 万名（约占 40%）适龄农村妇女进行“两癌”检查。农村妇女增补叶酸和农村孕产妇住院分娩补助工作有序开展。

（五）积极开展公立医院改革试点

一是认真调研论证，制定改革方案。去年下半年以来，我市认真开展调查摸底，确定以市胸科医院为试点单位开展公立医院改革。今年上半年组成考察调研组赴浙江东阳、山东济宁、广东高州、广东深圳等地开展公立医院改革学习考察，积极在改革公立医院管理体制、补偿体制、运行机制与监管机制方面进行探索，目前已起草我市公立医院改革试点方案初稿。

二是强化质量管理，确保医疗安全。落实临床诊疗规范，坚持合理检查、合理用药、合理治疗。大力推进临床路径管理，提高医疗质量，保障医疗安全，规范诊疗行为，节约医疗费用。落实医院管理各项制度要求。定期不定期、分层分级组织对医疗核心制度的贯彻落实情况的监督检查，强化医务人员“三基三严”训练和考核。

三是改善医疗服务，方便群众就医。继续深入开展卫生系统“加强医德医风建设、全面改善医疗服务”专项行动，不断改进服务态度，优化门、急诊就医流程，方便患者就医。积极开展门诊预约诊疗服务，开展灵活多样的预约挂号服务。实施院务信息公开，主动接受社会、患者及医院职工的监督。

四是完善政策，积极推进多元化办医。目前南京市已有民营医疗机构 833 家，南京同仁医院、明基医院、南京医科大学眼科医院等一些上规模、有技术特色的民营医疗机构，为我市医疗卫生事业的发展作出了积极的贡献。2009 年 2 月，市政府批转《南京市医疗机构设置规划（2009—1015 年）》，在未来 5—10 年内，南京地区医疗资源配置以结构调整为主。新增医疗机构以社会力量举办为主，把医疗机构的增量发展空间留给社会力量。

以上成绩的取得，主要得力于三个有利条件：一是党委政府高度重视。市委市政府主要领导、分管领导多次听取深化医药卫生体制改革工作汇报并作重要批示。在今年“项目多、任务重、财力紧”的情况下，投入大量资金用于医改工作，居民医保、新农合财政补助资金、人均公共卫生服务经费等指标均高于国家和省里的要求。二是思想作风明显转变。通过开展学习实践科学发展观以及争先创优活动等，全市人民群众尤其是医改相关部门广大干部职工进一步加深了对科学发展观科学内涵、精神实质和根本要求的理解，加深了对全市“创新发展、转型发展、跨越发展”的认识，为深化医改奠定了坚实的思想基础和工作基础。三是团结协作共克难关。面对繁重的医改工作任务，我们积极转变思路，在市委、市政府的领导下，加强各有关部门之间的沟通和协调，团结协作，攻坚克难，着力解决医改进程中的实际问题，有力地保证了医改各项工作的顺利推进。

二、下一步工作打算

下一步我们将根据《中共中央国务院关于深化医药卫生体制改革的意见》、《国务院关于印发医药卫生体制改革近期重点实施方案

(2009—2011 年)的通知》、《中共江苏省委江苏省人民政府关于深化医药卫生体制改革的实施意见》的要求,认真落实责任状各项工作任务,围绕五项重点改革,狠抓工作落实,让医改成果惠及广大人民群众。

(一)继续推进基本医疗保障制度建设。2011 年底前城镇职工医保、城镇居民医保参保率达到 95% 以上,新农合参合率稳定在 100%。不断提高基本医疗保障水平。2010 年和 2011 年,参加城镇居民医保的学生儿童筹资标准分别不低于每人每年 220 元、250 元,财政补助标准分别不低于 120 元、150 元;老年居民及其他居民筹资标准分别不低于每人每年 550 元、600 元,老年居民财政补助标准分别不低于 275 元、300 元,其他居民财政补助标准分别不低于 150 元、180 元。2010 年和 2011 年新农合筹资标准,六合区、高淳县、溧水县分别不低于每人每年 230 元、280 元,其他区不低于每人每年 300 元、350 元,各级财政补助占筹资总额的 70% 以上。城镇职工医保和城镇居民医保参保人员制度规定范围内医药费用报销比例分别达到 80% 和 60%,新农合参合人员实际住院医药费用补偿比例达到 50% 以上。城镇职工医保不设最高支付限额,城镇居民医保最高支付限额提高到城镇居民年人均可支配收入的 8 倍以上,新农合最高支付限额提高到当地农民年人均纯收入的 10 倍以上。

(二)初步建立基本药物制度。在全市基层医疗卫生机构全面实施基本药物制度,基层医疗卫生机构全部配备使用、零差率销售基本药物。认真研究解决实施基本药物制度过程中发现的基本药物品种、价格等问题,坚持以人民满意为宗旨,推进政府办基层医疗卫生机构运行机制改革,积极推行收支两条线预算管理,保证基层医疗卫生机构的正常运行,充分调动医务人员积极性。加大投入,完善制度,保证村卫生机构正常运行,筑牢农村三级医疗网的网底。加强监管,保证基本药物质量安全可靠。

(三)健全基层医疗卫生服务体系,方便群众看病就医。大力发展以县(区)级医院为龙头、镇街社区卫生服务中心和社区卫生服务站(村卫生室)为基础的农村医疗卫生服务网络,实行镇(街)、村卫生机构一体化管理。完善以社区卫生服务为基础的新型城市医疗卫生服务体系。大力转变基层医疗卫生机构服务方式,重点在强化综合服务、连续服务和上门服务上下功夫,引导门诊服务下沉到基层。进一步完善城市医院与城乡社区卫生服务机构的分工协作机制。全市居民社区门急诊人次要达到当地总量的 45% 以上,社区预防保健人次达到当地总量的 60% 以上,65 岁以上老人健康档案建档率达到 85%。

(四)促进基本公共卫生服务逐步均等化。按照我市十大类 27 项基本公共卫生服务项目,认真梳理和调整基本公共卫生服务内容,严格执行服务标准,提高服务质量。根据重大公共卫生服务项目管理方案,保质保量地完成年度项目工作任务。加强各级专业公共卫生机构能力建设,加强对社区和农村医疗卫生机构的对口业务指导。保障公共卫生服务所需经费。2010 年人均基本公共卫生服务经费标准,按常住人口计,城市不低于 28 元,农村不低于 20 元;2011 年分别提高到 30 元、25 元。

(五)创新管理体制运行机制,推进公立医院改革试点。积极探索,在改革公立医院管理体制、运行机制、补偿机制和监管机制等方面争取取得突破。强化公立医院公益性质,坚持“以病人为中心”,努力把医疗费用降下来,满意度升上去,切实把维护人民群众健康权益放在第一位。改革公立医院运行机制。加强管理,落实各项核心制度,提高医院制度化、规范化、标准化管理水平,为人民群众提供安全、有效、方便、价廉的医疗服务。努力提高医疗服务水平,主动接受社会、患者及医院职工的监督。

(2010 年 7 月)

【无锡市】

深化医药卫生体制改革是党中央、国务院的重大决策,是贯彻落实科学发展观、促进经济社会全面协调可持续发展的必然要求,也是关系人民群众切身利益的重大民生工程。一年来,在省委、省政府的领导下,在市委、市政府的全力组织和推动下,我市医改以保基本、强基层、建机制为中心,统筹推进五项重点工作,在实施基本药物制度、加强基层医疗卫生服务体系建设等方面均取得突破性进展和阶段性成效。

一、深化医药卫生体制改革的总体情况

按照国家、省关于医改工作的总体部署和要求,结合我市实际,坚持以人为本,创新工作方法,突出重点难点,稳步推进实施,医改各项工作取得了长足进展,有效缓解了人民群众“看病贵、看病难”问题,确保了中央和省各项医改政策和措施的贯彻落实。

(一)基本药物制度得到有力实施。我市的基本药物制度起步较早。一是完善基层卫生服务体系,营造基本药物制度外部环境。目前,我市按照建设 15 分钟健康服务圈的要求,以 3—5 万人设立一个社区卫生服务中心标准,先后建成社区卫生服务中心、站 918 个,社区卫生服务机构覆盖率达到 100%。为更好更快地实施基本药物制度,我市进一步对辖区内基层医疗卫生机构布局规划作了新的调整,根据镇街撤并、服务范围、发展规模等实际情况,确保每个建制街道(镇)有一家政府举办的社区卫生服务中心(卫生院),并实施中心和站一体化管理。二是注重服务机构规范化建设,搭建基本药物制度实施平台。2006 年以来,我市分别投入社区卫生服务建设资金 1.24 亿元,各区政府通过提供用房和直接投资等方式配套投入 2.3 亿元,按照功能完善、规模适度、经济适应原则,启动城区 23 家社区卫生服务中心以房屋改建、设备配备、功能完善为主的规范化建设。目前,城区 23 家社区卫生服务中心业务用房面积全部达到 3000 平方米以上,全自动生化仪等基本设备配备齐全。同时,投入 2000 万元,抓好人才队伍建设、社区卫生适宜技术推广以及重点项目推进等工作。三是实施收支两条线管理,保障基本药物制度有力实施。近年来,通过加强社区卫生服务机构建设投入,明确社区卫生服务工作经费补助标准,实行药品零差率销售专项补助,截至 2009 年底,财政对社区卫生服务经常性工作经费投入已经达到按户籍人口 35 元/人/年,药品零差率销售专项补助达到户籍人口 15 元/人/年,较好地解决了机构运行补偿问题。但随着国家基本公共卫生服务项目的不断增加,以及推行基本药物制度和基层医疗卫生机构实施绩效工资等具体要求,市政府及时提出了对社区卫生服务中心(卫生院)实施收支两条线管理的实施意见,明确城区 23 家社区卫生服务中心自 2010 年起实施收支两条线管理,其他社区卫生服务中心(卫生院)2011 年全面实施。按照“核定任务、核定收支、绩效考核补助”的原则,实行预算管理、收入全额上缴、支出分类核定、结余统筹管理。四是强化社区信息化管理,加强基本药物制度实施监管。2006 年起,我市开始建设社区卫生服务信息系统,涵盖了“六位一体”全部工作和管理内容。目前,信息系统已经在城区 23 家社区卫生服务中心联网运行,在我市先期推行的城区社区卫生服务中心药品集中采购、统一配供和零差率销售中起到了高效的监管作用。

从 2010 年 4 月 1 日起,江阴和崇安、南长、北塘区政府办的基层医疗卫生服务机构,全部配备使用、零差率销售基本药物并执行相应的报销政策,基本药物目录外药物停止使用;锡山区、惠山区、滨湖区、新区从 7 月 20 日起启动实施基本药物制度;年底前,宜兴市要在 50% 的政府办基层医疗卫生机构启动实施,到 2011 年全面完成。据统计,1—6 月份首批 4 个制度实施地区 34 个社区卫生服务中心基本药物销售金额 6260.23 万元,药品平均价格较往年同期下降 45% 以上,门急诊总人次 142.33 万人次,较去年同期上升 25%,次均门诊费用 78 元,较去年同期下降 11%,基本药物平均配备品种数达 250 种以上,基本药物平均配送到位率达 85% 以上。

(二)基层医疗卫生服务体系逐步健全。基层医疗卫生服务体系建设顺利起步,制定出台《关于加强城乡基层医疗卫生服务体系建设的实施意见》、《无锡市社区卫生服务机构绩效考核办法》、《关于全市城乡社区卫生服务机构实行“八统一”规范管理的实施意见》等政策，实施城乡基层医疗卫生机构的规范化建设。积极调整基层医疗卫生服务机构布局，完善城乡基层医疗卫生服务网络。全面实施城乡基层医疗卫生服务机构人员管理、机构标识、药品购销、财务核算、服务项目、信息平台、制度建设、考核标准的“八统一”规范化管理，积极推进社区卫生服务中心、站一体化管理。提升基层医疗卫生服务队伍素质，继续抓好在岗人才培育、全科医生规范化培训、退休高级医学专家进社区服务、市级医院与社区卫生服务中心对口协作、社区卫生适宜技术推广等工作，提升社区卫生服务能力。建立和完善社区卫生服务机构绩效考核指标体系及考核标准，考核结果与核拨社区卫生服务机构补助经费、核定社区卫生服务人员绩效工资及其他各项奖惩挂钩，调动基层医疗卫生机构的积极性。1—5 月，全市居民在社区卫生服务机构就诊比例达 53.7%，城区社区卫生服务机构实施惠民优免服务共计 2246.2 万元。

（三）基本医疗保障制度建设有序推进。2009 年底，已完成经办机构整合，将原市社保基金管理中心职责、市统筹医疗费用结算中心职责、新农合管理办公室职责，整合划入新组建的市社会保障基金管理中心。2010 年，着力做好政策制定、制度完善等工作，制定出台了《无锡市加快推进基本医疗保障制度建设的意见》、《无锡市区职工基本医疗保险定点零售药店管理办法》，基本完成了《关于完善市区职工医疗保险住院医疗费用结算办法的意见》、《无锡市居民基本医疗保险暂行办法》和《无锡市城乡医疗救助暂行办法》的起草工作；2011 年起按新的基本医疗保障制度实行全面并轨，职工医保、居民医保、医疗救助三个层面的保障制度实行“五统一”：即政策制度统一、基金管理统一、待遇水平统一、信息系统统一、经办流程服务标准统一，力争基本医疗保障覆盖率达到 98%。

（四）城乡居民基本公共卫生服务均等化程度不断提升。全面开展 9 大类 22 项基本公共卫生服务项目，重大妇幼卫生项目有序开展，全市落实补助农村孕产妇免费住院分娩 5416 人，增补叶酸妇女 9622 人。2010 年，各级财政对全市常住人口人均基本公共卫生服务经费投入将达 25.3 元，其中市级财政投入 1728 万元，对重大妇幼卫生服务项目投入预算 975.94 万元；建立了医保结余资金对妇女宫颈癌、乳腺癌检查项目经费的补助途径；明确基本公共卫生服务规范，各级疾病预防控制机构、妇幼保健机构充分发挥技术支撑作用，成立基本公共卫生服务项目技术指导组，加强对社区卫生服务中心技术指导和专题培训；转变服务模式，深入家庭，主动采取有效干预措施，做到基本公共卫生服务与医疗服务的有机结合。

（五）公立医院改革进展良好。按照“保公益、强基础、提水平、可持续、显特色”的要求，通过认真总结、专题调研、广泛征求意见、借鉴先进经验，研究制定了我市《关于进一步深化市属公立医院改革的实施意见（讨论稿）》，并先后赴卫生部、省卫生厅作专题汇报并征求意见，初步确定了下一步深化市属医院体制机制改革的思路，着力在完善医疗资源布局、深化管理体制和运行机制改革、加快推进“三名”战略、提高服务质量和效率等方面求突破，力争通过 2—3 年左右时间，使公立医疗服务体系进一步形成结构优化、层次分明、制度健全、资源共享、城乡高度协作的发展格局，有效缓解群众不同层次的看病就医难题。

（六）绩效工资制度稳步实施。目前正按照省政府的部署，抓紧调查研究，摸清岗位编制、人员构成、收入水平等基本情况，把握政策规定，细化实施方案，将尽快编制完成详细的实施办法和绩效考核制度。

二、深化医药卫生体制改革的做法体会

总结一年来的工作，我市医改工作主要有以下几方面做法体会：

（一）医改工作必须强化组织领导、健全工

作机制。强有力的组织领导是深化医药卫生体制改革的重要保证和有力支撑。自 2009 年 6 月医改工作开展以来,市委、市政府高度重视,专门成立了由市政府常务副市长和分管副市长为组长,市发改委、财政、卫生、劳动等部门“一把手”为副组长,各市(县)区分管副市长、市各相关部门为成员的医改工作领导小组,设立医改领导小组办公室,统筹协调和组织推进全市医改各项工作。各市(县)、区也相应成立了医改工作领导小组。市医改领导小组先后 9 次召开专门工作会议,推进落实医改各项工作,讨论研究医改重点难点问题,并结合阶段性工作提出推进医改的新思路、新方法、新举措,为推进医改各项工作提供了坚强的组织保障。同时,我市还建立健市医改领导小组会议、医改办主任联席会议、医改联络员会议工作体系,全市各级各部门各负其责,各司其职,形成了统一协调、分工协助、齐抓共管、有序运行的工作机制,确保了医改工作的顺利推进。市医改领导小组会议讨论在认真学习上级精神,深入开展调研论证,广泛征求各方意见的基础上,前后历经半年时间,制定出台了我市《关于深化医药卫生体制改革的实施意见》。

(二)医改工作必须深入调查研究、完善配套政策。医改工作涉及广大群众的切身利益,任何政策的出台都必须经过深入调研、充分论证,形成符合我市实际的推进举措,这也是深化医药卫生体制改革的基本要求。市各相关部门围绕医改重点工作的实施推进,从工作现状、存在困难、问题症结、解决措施等多个层面,开展了广泛深入的调查研究,吃透了情况,摸清了家底,为启动医改工作提供了全面、翔实、准确的第一手资料。在深入调研的基础上,我市计划研究制定 23 个配套文件。目前,已正式出台《关于基层医疗卫生机构实施国家基本药物制度暂行办法》、《关于完善政府卫生投入政策实施意见》、《关于促进城乡居民基本公共卫生服务均等化的实施意见》、《关于加强城乡基层医疗卫生服务体系建设的实施意见》、《无锡市关于加快推进基本医疗保障制度建设的意见》等 15 个政策文件,有效加强了对医改工作的指导和推进。

(三)医改工作必须突出工作重点、稳妥推进实施。医改工作涉及面较广,推进难度大。对此,在推进过程中,我市既着眼长远,又立足当前,既抓好全面工作,又突出重点环节,有力有序推进医改各项工作的落实。2009 年 12 月 10 日,我市召开了深化医药卫生体制改革工作会议,全面启动部署了医改各项工作。实施国家基本药物制度是我市医改工作的重中之重,在医改推进中,我市以加快实施基本药物制度为重点,制定出台了《无锡市基层医疗卫生机构实施国家基本药物制度暂行办法》,成立了无锡市国家基本药物制度工作委员会,负责基本药物制度实施环节管理;成立了市级基本药物专家评审组,负责基本药物目录遴选等。根据我市中标配送企业分布情况,按每个试点 2 家配送企业的标准遴选确认药品配供关系,建立配供关系的双方实行全部目录药品独家配送。通过基本药物专家评审组评审确定基本药物使用目录,根据省中标药物品种在无锡地区的使用历史、机构原有使用习惯、品牌评价、质量效用评价以及价格因素等,在省定目录中遴选确定了我市基本药物使用目录。制定下发《关于在首批试点地区政府办基层医疗卫生机构实施基本药物制度的通知》,明确了配送协议签订、基本药物集中采购和统一配送、基本药物零差率销售和合理用药制度、基本药物配备和使用监管、舆论宣传引导等具体要求,并明确了各项工作的时间节点要求。

三、下阶段医改工作的主要思路

医药卫生体制改革涉及方方面面,事关重大,任务艰巨。我市的医改工作虽然取得了一些进展,但总体来说还刚刚起步,还有大量具体细致的工作要做。下一步,我市将继续围绕保基本、强基层、建机制,按照国家、省和市委市政府的要求,进一步加强领导,坚定信心,攻坚克难,开拓创新,确保全面实现医改工作各项目标任务。

一是加强组织领导。坚持把深化医药卫生

体制改革作为一项全局性工作,充分发挥医改领导小组的组织协调作用,健全机制,落实责任,扎实推进。市各级各部门各负其责,各司其职,切实履行职责,加强协调配合,全力以赴做好工作,努力形成统一协调、分工协作、齐抓共管、有序运行的工作机制。

二是加强重点推进。推动各有关部门根据职责分工,围绕重点改革任务,抓紧制定配套文件,注重听取各方意见,确保各类政策衔接。坚持整体推进,继续抓紧抓好实施国家基本药物制度工作,确保年底目标顺利实现,人民群众真正得到实惠;抓紧抓好公立医院改革工作,加强调查研究,拟定改革方案,抓紧启动改革;加强政策研究,坚持用政策引导、激励和保障深化医药卫生体制改革,认真研究新情况、新问题、新矛盾,及时完善医改政策措施。同时,加强对基础薄弱地区的工作指导,在政策、资金等方面给予积极支持。

三是加强财政保障。在确保医药卫生体制改革的资金投入的基础上,积极研究多渠道补偿机制,研究建立医保基金对社区卫生服务中心实施基本药物合理补偿机制,实施医保基金预付制,为推进基本药物制度提供有力的资金支撑,同时,创新资金投入方式,建立健全激励和约束机制,严格资金使用监管责任制,保证使用效益,确保投入效果达到预期、超过预期。

四是加大宣传引导。主动公布医改进展情况,及时回应医改关注热点,合理引导社会预期,充分调动各方参与和推进医改的积极性、主动性和创造性,努力为深化医改营造良好舆论氛围和社会环境。

(2010 年 7 月)

【徐州市】

医药卫生体制改革工作启动以来,我市认真贯彻落实国家和省有关文件和会议精神,统一思想认识,加强组织领导,全面动员部署,周密组织实施,扎实开展医改五项重点工作,取得了明显成效。现将有关情况汇报如下:

一、强化医改领导体制和工作机制建设

去年全省深化医药卫生体制改革工作会议召开后,市委、市政府高度重视,市委常委会、市政府常务会议专题研究部署医改工作。市政府成立了由常务副市长和分管副市长任组长的深化医药卫生体制改革领导小组,统筹全市医改工作。同时分解医改工作任务,明确各职能部门的工作职责,建立联络员制度,抽调专人成立市医改办,实行集中办公。去年年底,市委常委会、市政府第 20 次常务会议研究通过了《关于深化医药卫生体制改革的实施意见》,提出了全市医改工作的总体目标和具体要求。市政府先后召开全市深化医药卫生体制改革工作会议、全市公共卫生服务项目启动实施会议,全面部署和安排我市医改工作。市政府主要负责同志先后 6 次现场调研,研究医改重点工作。市医改领导小组制定出台了一系列指导性文件,市医改办及各相关部门先后下发了关于做好农村基层医疗卫生机构设置调整、人事制度改革、收入分配制度改革、内部管理机制改革、绩效考核、实行基本药物制度补助办法、收支两条线管理实施意见等一系列配套文件。建立工作督查和情况通报制度。市政府加强对医改工作的督促检查,重要工作明确由市政府督查室督查,去年 12 月份以来,市政府已先后五次组织专项督导检查,推进医改各项重点工作开展,市医改办编发医改简报 29 期,及时向省医改办、卫生厅及市委、市政府主要领导报告全市医改工作进展情况,并通报各县(市)区政府及有关部门。目前,各县(市)区已建立健全深化医药卫生体制改革的领导体制和工作机制,医改各项重点工作正全面推进。

二、扎实开展医改各项重点工作

(一)医疗保障制度建设取得新进展

城镇职工和城镇居民基本医疗保险工作稳步推进。全市城镇职工医保参保达 121.9 万人,城镇居民参保达 100.37 万人,在校大学生参保达 1.4 万人。一是完善制度建设。市政府出台了《关于调整市区城镇职工基本医疗保险有关政策的通知》(徐政办发[2009]124 号)、《关于将大学生纳入城镇居民基本医疗保险的实施意见》(徐政办发[2009]171

号)、《关于转发〈江苏省大学生参加城镇居民基本医疗保险暂行办法〉的通知》(徐劳社医[2009]17 号)等一系列配套文件。二是财政投入及时到位,基金运行安全。全市职工医保基金累计收入 63 亿元,支出 52.1 亿元,基金使用率达 93.32%。居民医保基金累计收入 1.2 亿元,支出 1.04 亿元,基金使用率达 86.3%。三是保障水平不断提高。全市城镇职工、居民医保规定范围内的医疗费用报销比例分别达 81.46% 和 50%。

新型农村合作医疗制度成效显著。全市参合人口已达 637.1 万人,参合率达 99.25%。一是切实加强领导,科学设计新农合制度。在国家和省调整新农合筹资标准后,市政府及时出台了《关于进一步完善和发展新农合制度的意见》(徐政办发[2009]188 号)、《徐州市 2010 年度新农合与农村医疗救助实施方案的通知》(徐政办发[2009]189 号),把年度筹资标准提高到 150 元/人,其中个人缴费标准提高到 30 元/人,各级财政补助提高到 120 元/人,并调整了补偿标准,镇级住院补偿标准提高到 70%,县级提高到 50%,补偿封顶线提高到 10 万元,达到农民年人均纯收入的 16 倍。二是切实做好筹资工作。截至 6 月底已筹集参合资金 9.75 亿元,其中各级财政补助 6.88 亿元,个人缴费 1.91 亿元,基金到位率达 92%。三是完善管理制度,保证新农合基金安全。严格执行《新农合基金财务制度》、《新农合基金会计制度》,完善新农合基金拨付办法和会计核算办法,保证新农合基金安全。四是推行综合支付方式改革。从今年 6 月 1 日起,在全市范围内推行总额预付、按病种收费和补偿、保底补偿等综合支付方式改革,纳入按病种管理的已达 134 种疾病。综合支付方式改革实施以来,乡镇卫生院住院实际补偿比提高了 10.37 个百分点,县级医院住院实际补偿比提高了 5.94 个百分点、市级医院提高了 5.18 个百分点,住院实际补偿比提高 4.53 个百分点。近日还将推行儿童重大疾病医疗保障措施,提高儿童先天性心脏病、白血病等重大疾病的新农合补偿标准和补偿上限。五是加强新农合经办机构建设。继续开展创建省先进合管办活动,完成了新农合县级业务系统升级改造任务。全市新农合受益水平明显提高,上半年全市参合群众受益率达 155%,较去年同期提高 14.29%;其中住院率达 2.92%。门诊就诊率达 152%,较去年同期分别提高 32.21% 和 20.47%,全市门诊补偿比达 32.8%,住院政策补偿比达 61.15%。

城乡医疗救助工作正常开展。充分利用职工医保、居民医保和新农合的信息服务、监管结算平台,进一步做好医疗救助与其他基本医疗保险制度的"无缝衔接"。截至 2009 年底,我市已将符合医疗救助条件的 5.6 万名城市困难群众、29.7 万名农村困难群众全部纳入资助范围,其参保参合筹资标准中个人负担部分全部由政府资助,两项合计 1107 万元。2009 年全市直接救助城市困难群众 4.24 万人次,农村困难群众 1.2 万人次,支出救助资金达 4142 万元,相应减轻了社会特困群体的医疗负担。今年上半年全市共资助农村贫困人口参合 25.87 万人次,农村贫困人口参合率 100%。同时,按照省民政厅等四部门《关于进一步做好城乡医疗救助工作的意见》(苏民保[2008]8 号)要求,市卫生局、民政局已实现新农合与农村医疗救助的"一站式"服务和现场刷卡结报,使救助对象能够方便、快捷地获得医疗救助。

(二)实施基本药物制度成效显著

我市首批实施基本药物制度的单位为铜山县 28 个乡镇卫生院、448 个村卫生室和云龙区 4 个政府举办的社区卫生服务中心,覆盖人口分别为 120 万、25 万人。截至 6 月底,两地政府办基层医疗卫生机构收治门诊和住院病人 120.23 万人次,较去年同期增长 15.76%,累计使用基本药物 3353.5 万元,按照国家零售价格计算为群众减少药品支出 3105.9 万元,药品价格下降幅度达到 48.08%。市医改办专门邀请卫生行风监督员,对乡镇卫生院、社区卫生服务中心和村卫生室开展明查暗访,群众满意率达 97.62%。

为保证基本药物制度顺利实施,我市重点做好六方面工作:一是确保财政补助经费及时到位,建立了"两个按月预拨"的经费拨付机制。云龙区和铜山县财政补助资金和医保经费按时拨付到位,云龙区下拨启动资金338万元,铜山县已下拨补助资金2800万元。二是做好基层医疗卫生机构人员编制核定工作。市编办按照《江苏省基层医疗卫生机构设置和编制配备标准实施意见》确定的原则,做好云龙区城市社区卫生服务中心和铜山县乡镇卫生院人员编制核定工作。三是及时调整城乡医疗保障政策。市卫生局将599种基本药物全部纳入新型农村合作医疗报销范围,并提高补偿标准;市人社局把基本药物目录内药品纳入城镇职工、城镇居民基本医疗保险报销范围,并将基本药物目录内的乙类药品报销比例提高5~10个百分点。四是做好基本药物采购供应和目录外药品的清理工作。目录外药品能退回的退回、不能退回的一律按照进价销售。同时,成立了县(区)基本药物代采办公室,负责本地区基本药物的统一采购。基本药物全面实施集中招标采购和统一配送。截至6月底已累计采购基本药物2372个品规、价值3158.3万元,已配送到位3007.6万元,到位率达95.23%,基本保证临床用药需要。五是积极探索建立基层医疗卫生机构管理体制和运行机制。市有关部门出台了一系列配套文件,相关单位正在积极探索、稳步推进。六是加强调度,随时掌握工作动态。建立了基本药物制度周报、月报和定期督查制度,随时了解工作进展情况。

(三)基层卫生服务体系建设逐步完善

一是做好基层医疗卫生机构设置规划调整工作。各地卫生、人社、编制部门密切配合,严格按每个镇或3~5万人口设置一所镇卫生院、每个行政村或3000~5000人口设置一个村卫生室的要求,做好基层医疗卫生机构设置规划的调整工作,非驻镇卫生院转为驻镇卫生院的分院。二是加强镇村卫生机构建设。2009年完成村卫生室设备建设项目720个,卫生院建设项目54个;今年上半年,全市已开工和将要开工的卫生院建设项目57个,已开展村卫生室建设项目817个,到6月底已完成村卫生室建设项目746个,其中新建村卫生室241个,改建505个,总投入达5188.14万元,新建、改建卫生室建筑面积93216平方米。同时,按照省、市农村示范镇卫生院建设标准,大力推进镇卫生院标准化、规范化建设,全面开展农村示范镇卫生院创建工作,努力改善镇卫生院服务条件。三是扎实推进农村卫生人才队伍建设。积极做好人才招募和培养工作,继续做好乡村医生中专学历补偿教育和转岗培训工作,促进乡村医生执业和服务的规范化。去年以来,全市共培训全科医师、社区护士、放射骨干、医技骨干560人,2376名乡村医生完成全科医学知识培训,通过高考招收"定向免费培养的大专生"185人,招收"全科医师规范化培训"人员13人。大力实施卫生支农工作,组织城市二级以上医疗机构与农村卫生机构结对帮扶,严格执行城市医院医务人员在晋升中、高级职称前到城乡基层卫生机构累计服务一年的制度,努力提高基层卫生机构的服务能力和水平,2009年共派出卫生技术人员443人。

(四)公共卫生服务项目得到有效落实

积极推进公共卫生服务逐步均等化工作,实现9大类22项国家基本公共卫生服务项目全覆盖。积极拓展重大公共卫生服务范围,2009年增加农村孕产妇住院分娩补助、15岁以下人群补种乙肝疫苗、农村妇女乳腺癌和宫颈癌免费检查、农村妇女增补叶酸预防新生儿神经管缺陷、儿童口腔疾病综合干预窝沟封闭预防龋齿、特困家庭妇女免费妇女病检查等6项重大公共卫生服务项目。截至6月底,全市已累计建立居民健康档案560万份,60岁以上老人建档率达78.9%,健康教育宣传资料入户率达90%以上;适龄儿童建卡率和儿童免疫规划疫苗接种率保持在95%以上,传染病防治措施有效落实;妇幼保健工作不断加强,孕妇早孕建卡率、保健管理率、产后访视率、3岁以下儿童系统管理率达90%以上;慢性病人与老年人的动态健康管理逐步规范,累计管理慢性病人45

万人,初步落实了对重性精神疾病的管理;重大妇幼卫生项目有效落实。完成"两癌"检查 1.28 万人,完成率 100%;完成农村孕产妇住院分娩补助 10291 人,口服叶酸预防神经管缺陷项目实际发放叶酸 95959 盒,30310 人已服用。

(五)公立医院改革试点逐步推进

一是合理调整公立医院布局结构。根据"政府主导、控制总量、优化存量、适应需求、体现公益、属地管理"的原则,依据省卫生资源配置标准、区域卫生规划和医疗机构设置规划指导意见,研究制定徐州市区域卫生规划和医疗机构设置规划,统筹医疗资源配置,明确公立医院的类别、数量、规模、布局、大型医疗设备配置标准和功能、任务。启动市第一人民医院北迁和市中心医院新城区医院建设工作,推动公立医院结构布局的优化调整。二是推行预约诊疗服务。全市各三级医院和部分二级医院已开展多种形式、不同程度的门诊预约诊疗服务,取得了一定成效。三是深化医院人事分配制度改革。建立健全以聘用制度、岗位管理制度为主要内容的人事管理制度。根据政府批准的医院规模和编制,合理确定用人数量,建立按事设岗、竞聘上岗、以岗定薪、合同管理的用人机制,实现固定用人向合同用人、身份管理向岗位管理转变。完善医务人员职称评审制度,实行岗位绩效工资制度、工资待遇与服务质量及岗位工作量等综合绩效挂钩。逐步实行以专业技术能力、工作业绩和医德医风为主要评价标准的绩效考核制度,根据医疗服务工作特点合理确定医务人员待遇水平,充分调动医务人员的积极性。在全市范围内广泛深入开展以"争创人民满意医院、争做人民满意医生"为主题的"双争"活动,取得了良好的社会效益。四是继续推行城市医院对口支援基层医疗卫生机构,市级医院对口 1~2 所乡镇卫生院或社区卫生服务中心,建立分工协作、上下联动的工作机制,不断完善双向转诊制度,取得了较好的效果。

(六)卫生信息化建设取得新的进展

医药卫生信息化建设是保障公共卫生服务、医疗服务、医疗保障、药品供应保障体系有效运转的八项体制机制与支撑条件之一。为此,我市把卫生信息化摆在重要位置,市政府先后下拨卫生信息化建设专项经费 180 万元,用于新农合市级平台、基本药物监管平台、社区卫生服务、卫生监督管理、卫生办公信息等网络系统建设。目前,已完成市卫生信息中心机房硬件设备采购等工作,完成了县级新农合管理系统的升级改造,实现市、县、镇、村四级定点医疗机构联网管理和现场刷卡结报,城乡居民电子健康档案、慢性病管理实现网络化管理,年内逐步将各项业务系统整合、联通起来,构建面向区域内全体居民和医疗卫生机构的疾病和健康管理信息平台,建立全方位动态的医药卫生和居民健康网络信息体系,为城乡居民提供系统化、连续性、全过程的健康服务。

三、存在问题与下一步工作打算

深化医药卫生体制改革是一项系统工程,我市取得了一定的成绩,但还存在一些问题。一是基层医疗卫生机构人员超编问题突出。二是实施基本药物制度后资金收支平衡缺口太大,地方财政普遍感觉压力较大。三是基层医疗卫生机构存在严重的债务问题亟待解决。我市将按照这次会议部署,进一步加强组织领导、强化工作措施,深入细致地落实医改五项重点工作。

一是完善医疗保障制度。进一步提高城乡居民基本医疗保障覆盖面,确保城镇职工、城镇居民、农村居民参保(合)率稳定在 95% 以上,城镇职工、城镇居民政策范围内医药费用报销比例达到 80% 和 60% 以上,新农合政策补偿比达到 60% 以上,住院实际补偿比达到 45%。不断完善新农合综合付费方式改革,启动儿童重大疾病医疗保障制度,提高儿童先天性心脏病、白血病等重大疾病的保障水平。

二是扎实搞好基本药物制度扩面工作。会后,我市将在沛县、新沂市、鼓楼区、泉山区、九里区和徐州经济技术开发区启动基本药物制度,实施基本药物零差率销售,确保 60% 以上的政府办基层医疗卫生机构实施基本药物零差率销售。

三是加快基层医疗卫生服务体系建设。完善县城镇社区卫生服务体系建设规划，加快县级医院建设步伐，按照序时进度完成中心卫生院、一般乡镇卫生院、精神病专科医疗机构、社区卫生服务机构和村卫生室的年度建设任务。认真组织实施公开招录医学专业人员参加全科医师规范化培训工作，落实乡村医生养老保障政策。年内力争建成 7 个省级示范乡镇卫生院、20 个市级示范乡镇卫生院。

四是促进公共卫生服务逐步均等化。认真组织实施 9 类 22 项基本公共卫生服务项目和六项重大公共卫生服务项目，全面落实公共卫生服务专项经费，完善项目公示制度和绩效考核管理办法，加快推进公共卫生服务信息化进程，确保城市居民电子健康档案规范化建档率达 50% 以上，农村居民健康档案规范化建档率以县为单位达到 30% 以上。

五是力争公立医院改革有所突破。在全市范围内继续广泛深入开展以“争创人民满意医院、争当人民满意医生”为主题的“双争”活动，加强内部管理，优化诊疗流程，规范医疗行为，减轻群众看病负担。选择 1 所市级医院开展公立医院改革试点工作，选择 2 ~ 3 个县级综合医院，开展县级综合医院与基层医疗机构之间的分工协作机制试点工作。

六是推进基层医疗卫生机构管理和运行机制综合改革。推行全员聘用制、人事代理制、绩效考核、绩效工资等综合改革。制定乡镇卫生院（社区卫生服务中心）人员竞争上岗与超编人员分流实施办法，稳步推进人事制度改革，保持基层队伍稳定。

（2010 年 7 月）

【常州市】

自去年国家和省深化医改工作启动以来，常州市委、市政府高度重视，把推进医改作为一项重大的民生工程、民心工程来抓，及时研究、认真部署，目前整个工作进展顺利、成效明显。现将主要情况汇报如下：

一、工作进展情况

（一）完善组织机构，明确目标任务

一是建立组织机构。成立市医药卫生体制改革工作领导小组，建立联席会议、信息通报等制度。明确成员单位各自职责，形成各部门齐抓共管、协同推进的工作格局。推动各辖市、区建立相应的组织体系，实行重点项目督查制度，确保目标任务明确，责任落实到人。二是科学制定医改方案。根据国家、省医改目标和工作任务，结合常州实际，制定《关于深化医药卫生体制改革的实施意见》，对今后三年的工作任务进行了细化和明确。三是制定医改配套政策编制计划。明确要制定 12 个医改配套政策，目前已出台 2 个。

（二）五项重点改革任务取得较大进展

1. 基本公共卫生服务均等化程度有了提高

全面落实基本公共卫生服务项目。开展 9 类 22 项基本公共卫生服务项目，建立农村居民健康档案 131 万份，为 60 岁以上老人建立健康档案 56.6 万份，实行计算机管理 25.8 万份；为 0 - 36 个月婴幼儿建立保健手册 3.5 万册，为孕产妇建立保健手册 6800 册；疫苗强化、群体接种 8 万人。

农村孕产妇住院分娩补助等重大公共卫生服务项目全面启动，群众获得了应有的实惠。在此基础上，全面开展免费婚检服务，全市婚检率回升到 72.5%，比上年提高了一倍。

2. 基层医疗卫生服务体系进一步健全

一是加快基层医疗卫生机构基础设施建设。制定《常州市基层医疗卫生服务体系建设与发展规划》。努力推进达标创建，目前农村已建成 4 个省级示范中心、39 个市级示范中心、200 个市级示范服务站；城市已建成 13 个省级示范中心。社区卫生服务中心和服务站业务用房达标率分别为 90% 和 89%，基本装备 100% 达到省定标准。

二是加快落实基层医疗卫生机构编制和绩效工资标准。转发《江苏省卫生事业单位岗位设置管理指导意见》，结合行业实际要求进行岗位设置。公共卫生和基层医疗卫生事业单位工作人员实行岗位绩效工资制度，已完成津贴补贴的清理核查工作，并对工资收入情况进行了统计分析。

三是加快基层医疗卫生队伍培训。组织全市基层医疗卫生机构管理人员和服务人员进行国家基本公共卫生服务规范培训。城市社区卫生服务机构全科医生培训率 81%，社区护士岗位培训率 94%，公共卫生医师培训率 85%。规范乡村医生从业管理，全面解决乡村医生养老保障问题。医院挂钩帮扶社区卫生服务机构覆盖率达 100%。

3. 基本医疗保障实现广覆盖

一是建立基本医疗保障体系。职工医保参保率稳定在 95% 以上，出台了“破关撤”企业退休人员、原乡镇企业大小集体退休(养)人员参加职工医保、困难企业职工参加住院基本医保等政策；居民医保参保率稳定在 95% 以上，解决“一老一少”、非从业局民和高校大学生医疗保障问题，消除保障“盲点”；新型农村合作医疗参保率 100%；医疗救助对象(低保对象)与居民医保实施一体化管理，医疗救助对象 100% 纳入居民医保，并由政府全额补助参保费用，医疗救助目前已做到与医保同时结算。

二是提高基本医疗保障水平。职工医保待遇逐年提高，市本级统筹区职工医保已取消最高支付限额的规定；居民医保最高支付限额由原 10 万元/年提高至 15 万元/年，超过居民人均可支配收入 6 倍以上，居民医保普通门诊统筹待遇提高至 200 元/人·年；新农合今年全市人均筹资将达 240 元，比去年增加 42 元。今年一季度，市本级统筹区职工医保、居民医保住院费用个人自付比例分别为 27%、50%，范围内费用报销比例分别达 86% 和 60%，加上每年年底开展的“二次补偿”，实际补偿比例已经超过了新医改要求。

三是完善基本医疗保障制度。保障模式逐步向城乡统筹过渡。市本级统筹区对已经纳入城市管理的原农村户籍人员按自愿原则，可以留在新农合，也可以选择参加居民医保。金坛市、溧阳市、武进区将居民医保与新农合合并运行，解决了参保人员难以划分、保障水平难以统一、经办管理成本较高的矛盾。采取多种方式办理异地居住就医结算。在金坛、溧阳和武进统筹区实行刷卡就医双向开通，省内异地就医实行联网结算，常沪异地就医实行委托报销，省外就医实行邮寄报销和集体委托集中报销，异地就医人员还可以申请个人账户现金发放。加快定点医疗机构建设，目前市本级统筹区定点社区卫生服务机构共有 82 家，2009 年出台了市区民营医院纳入医保定点范围的办法，目前已将 8 家民营医院纳入医保定点。引导参保人员就近到社区就诊。降低参保人员在社区就诊的负担，职工医保特定病种药费补助个人自付比例由 30% 降为 25%，老年居民、非从业居民的个人账户和门诊医疗费用补助全部规定在社区使用。

四是保障医保基金安全运行。加强两定单位基础管理，形成了以医保经办机构为龙头，以定点单位为平台，以信息系统为支撑的医疗保险管理组织体系。加大医保稽查力度，严防基金流失，确保基金合理使用。深入开展“医保基金使用效率提升年”活动，促进基金健康高效运行。

4. 稳步推进基本药物制度

一是明确全市基本药物目录。2009 年将《国家基本药物目录》中的治疗性药品全部纳入医保甲类目录管理，个人自付比例为 0；针对我省增补的 292 种基本药物，除部分医保甲类药品外，其余 210 种乙类药品，个人自付比例由原 10% 调整为 0，并自今年 4 月 1 日起开始执行。

二是启动实施基本药物制度。确定金坛市和戚墅堰区为第一批实施基本药物制度地区，覆盖人口 65 万人。在实施过程中，全面实行基本药物网上采购、统一配送、零差率销售，基本药物目录以外的药物全部下架；严格执行基本药物中标价格，杜绝与中标企业进行“二次议价”；基本药物全部纳入基本医疗保障药物报销目录，报销比例明显高于非基本药物。

三是开展药品质量抽查。目前已抽检220批,其中属于国家基本药物目录的166批,属于省基本药物目录的54批,合格率99.6%,其中一批维生素K1注射液抽检可见异物不合格。

5. 积极探索公立医院改革

选择市第三人民医院进行公立医院改革试点,在管理体制、运行机制、补偿机制、监管机制等方面积极探索。建立完善公立医院法人治理结构,明确所有者和管理者的责权,实现管办分离;深化人事分配制度改革,全面推行人员聘用、岗位管理、绩效工资制度。鼓励社会资本进入医疗服务领域,鼓励社会力量举办非营利性医院。扶持民营资本举办老年护理、康复等领域的医疗机构。民营医院在科研立项、职称评定、继续教育等方面享受公立医院同等待遇。

(三)落实医改经费,保障医改顺利进行

2010年,市、区两级财政预算均对医改五项重点改革工作作出了安排,基本做到资金平衡。一是加大基本公共卫生项目投入。按农村人均15元、城市人均20元标准落实基本公共卫生服务专项经费,农村项目补助经费总预算4838万元。二是加大重大公共卫生项目投入,到目前为止各级财政已落实专项资金427万元。三是加大医保补助投入。市本级统筹区居民医保对所有参保人群参保费用均实行普惠制的政府补助,人均政府补助超过120元,政府补助占参保费用的比重超过70%,特殊群体(城市低保和重度残疾人员)享受全额补助。同时打破户籍限制,外来务工人员在常就读子女享受同等补助待遇。四是加大基本药物制度投入。金坛市把实施基本药物制度列为2010年八大民生工程之首,制定了基本药物制度补助办法,基本药物制度补偿资金3000万纳入2010年财政预算。

二、存在的主要问题

(一)基本医疗保障方面。一是基本医疗保险制度统筹层次不高。各统筹区在参保缴费、待遇支付等方面尚有差异,造成基金盘子分散、抗风险能力降低、医保管理成本上升等问题。二是统筹城乡医疗保险制度建设不够。居民医保与新农合属于不同部门管理,一定程度上产生了制度不衔接、资源不共享的弊端。三是新农合与居民保险制度目前还未有效衔接,新农合仍处于低水平、广覆盖阶段。

(二)基本药物制度方面。一是基本药物制度实施后,基层医疗卫生机构药品收入大幅度减少,除保证基层医疗卫生机构正常运转外,必要的基本建设和基本装备的财政补偿机制需进一步完善。二是公众熟悉认可的一些常用药、专科用药不在目录范围内。一定程度上造成了床位使用率下降。

(三)基层医疗卫生服务和公共卫生服务体系方面。一是公共卫生基础设施相对薄弱,卫生监督与疾病预防控制队伍人才缺乏,特别是基层单位缺乏高水平的人才,乡村两级缺乏稳定从事疾病预防控制的人员。二是各地农村乡镇卫生院使用的部分编外人员(临时工)以及即将退休的乡村医生,尚无相关补助政策和保障措施。三是定编核岗工作,需尽快按标准落实城乡基层卫技人员的编制。四是基层卫生人才队伍紧缺,仍是制约基层卫生事业发展的瓶颈。

三、下阶段工作打算

下一阶段,我市将认真贯彻落实本次会议精神和要求,坚定信心,攻坚克难,突出重点,着力保基本、强基层、建机制,确保完成今年医改任务。

(一)进一步完善基本医疗保障体系

一是稳定基本医疗保险参保率,将更多的人群纳入基本医疗保险范围。二是提高基本医疗保险保障水平。建立职工医保大额普通门诊医疗费用补助办法,加大基本医疗保险“二次补偿”力度。三是完善基本医疗保险关系转接。对职工医保、居民医保、新农合制度之间的跨制度、跨地区转换衔接办法进行研究并提出可行性方案。四是提高基本医疗保险统筹层次。对全市各统筹区现行的职工医保制度进行整合,使全市制度逐步趋向一致,同时进行信息系统改造,为平稳过渡到全面实行市级统筹创造有利条件。五是加强基本医疗保险管理。优化医保经办机构与两定单位医疗费用结付办法,建立定点资格准入、退出机制。六是完善新型农村合作医疗制度。随财政收入增长逐步增加对参保农民的补助,在金坛、溧阳、武进和新北区进行支付方式改革。

(二)不断强化公共卫生服务

一是规范开展基本公共卫生服务项目。加快居民健康档案建设,提高电子健康档案管理率。加强慢性非传染性疾病防治网络建设,开展全人群干预,加强重点人群管理。二是有效实施重大公共卫生服务项目。继续实施血吸虫病、结核病、艾滋病等重大疾病预防控制项目和国家免疫规划。加强对严重威胁人民健康的传染病、慢性病的监测与预防控制。三是落实公共卫生服务项目经费。建立公共卫生服务项目专项经费,并根据经济发展水平逐年增加投入。

(三)加快基层医疗卫生服务体系建设步伐

一是完善服务网络。构建起县乡两级、乡村一体、防治结合、分工合理的新型农村卫生服务体系,完善城区社区卫生服务体系,使居民在家门口就能方便看病。二是提升服务水平。按照“六位一体”要求提供卫生服务,并突出公共卫生服务职能。三是提高人员素质。建立健全社区和乡村卫生技术人员在职培训机制,加快培养具备全科医学理念和综合知识的专门人才。

(四)推进实施基本药物制度

加强对金坛市、戚墅堰区基本药物制度实施工作的考核和指导,帮助解决实施中遇到的困难和问题。制订和完善基本药物制度的有关配套政策,为全面实施基本药物制度打好基础。到 2010 年底,全市所有政府举办的基层医疗机构配备和使用基本药物,并实行零差率销售。所有零售药店、医疗机构均配备销售国家基本药物。进一步加强药品质量管理,规范基本药物采购。建立基本药物采供违约惩戒机制,保证基本药物生产与供应。加强用药指导和监管,发挥临床药师对药品使用的指导和监督作用,促进规范合理用药。

(2010 年 7 月)

【苏州市】

深化医药卫生体制改革工作启动之后,苏州市委、市政府高度重视,强化组织,周密部署,全力以赴抓好落实工作。在认真调研、充分酝酿的基础上,今年 2 月,市委、市政府召开了全市深化医药卫生体制改革暨 2010 年卫生工作会议,主要领导亲自到会并作重要讲话。会上,下发了《关于深化医药卫生体制改革的实施意见》,明确了我市医改的目标任务、基本原则和重点内容,并对实施基本药物制度进行了全面部署。4 月上旬,市政府又召开全市深化医药卫生体制改革领导小组成员(扩大)会议,全面推进年度各项任务的落实。在省委、省政府的正确领导下,经过全市各级各部门的共同努力,深化医药卫生体制改革各项工作正有条不紊地抓紧推进,并取得了阶段性成效。

一、医改重点工作进展情况

(一)基本医疗保障制度不断健全。扎实推进医保扩面工作。不断提高医保覆盖面,做到应保尽保。全市职工医保、居民医保和新农合参保率均稳定在 98% 以上。到今年上半年,全市参加各类社会基本医疗保险的总人数已突破 750 万,其中户籍人口约 630 万。稳步提高报销水平。职工医保和居民医保参保人员在制度规定范围内的医药费用报销比例分别提高到 88% 和 61% 左右,新农合参合人员住院医药费用实际补偿比例达 47% 左右。全市 9 个社会保险统筹区中,有 7 个已取消职工医保最高支付限额封顶线,居民医保最高支付限额在当地居民人均可支配收入的 7 倍以上,新农合最高支付限额在当地农民年人均纯收入的 10 倍以上。不断完善医保政策。完善困难企业职工、农民工和在校大学生医保,推出门诊待遇政策。整合完善市区居民医保政策体系,实现居民医保、中小学生医保和大学生医保制度并轨。统筹城乡居民医疗保险,逐步实现新农合与居民医保制度框架的统一。实施大市范围统一政策、开展异地结算工作和经办资源整合工作，正式启动三年内职工医疗保险政策框架“五统一”工作。全面落实医保补助经费。2010 年全市城乡居民医疗保险平均筹资约 400 元/人/年，其中各级财政补助约 280 元/人/年。继续加大医疗救助力度。对各类城乡困难人群，在其参加社会基本医疗保险的基础上，实施保费补助、实时救助和年度救助全过程一体化的医疗救助制度。全市 11.4 万名符合条件的困难对象，享受到了保费补助、实时医疗救助、年度医疗救助的待遇。2009 年，全市医疗救助金实际支出近 1.6 亿元。

（二）基本药物制度逐步建立。全面推进基本药物制度。制订实施工作方案，沧浪区、平江区、金阊区和吴江市先期启动。截至今年 6 月，四个地区所辖 27 个乡镇（街道），常住人口 219.91 了。所有政府办基层医疗卫生机构已全部配备和使用基本药物。据统计，上述地区基层医疗卫生机构共完成门急诊 139.03 万人次，较去年同期上升 15.16%；门急诊均次费用 68.8 元，同期下降 16.53%；医疗服务总收入 1625.41 万元，销售基本药物 5028.99 万元；同国家零售指导价相比，基本药物平均价格下降 37.32%，共减少居民药品支出 2994.34 万元。严格统一采购基本药物。按照“六统一”制度，以省辖市为单位，根据基层用药需求和用药习惯，在省招标平台上按照“一品两规”的原则遴选了 1791 个产品，确定统一配送企业，签订购销合同，实行零差率销售，并于 3 月中旬全部完成了目录外药品的清理工作。全力保障制度后续运行。核定人员编制，下发相关配套文件，明确我市城乡基层医疗卫生机构人员编制标准，城区按 12 人/万、农村按 18 －20 人/万进行配备。落实财政补偿，全面实行目标管理、绩效考核、收支两条线管理，建立健全以坚持公益性为导向、以提高服务质量和效率为核心、以落实岗位责任和进行绩效考核为基础的奖惩机制，切实提高基层医疗卫生机构的服务效率和服务质量。目前已累计下达财政补助资金 1134.8 万元。国家基本药物全部纳入基本医疗保障药品报销目录，并提高参保人员和新农合参合人员使用基本药物报销比例 10% －20%，引导参保人员首选使用基本药物。规范基本药物市场秩序。加强基本药物生产及质量监督管理，全面督查生产、配送、使用和不良反应监测等各个环节。对 21 家生产企业、3 家中标药品配送单位、24 家使用单位开展了专项检查，有效规范了基本药物市场秩序。

（三）基层医疗卫生服务体系进一步健全。推进基层医疗卫生机构建设。按照城乡一体化发展的要求，不断完善布局，加大经费投入，夯实基础建设。积极开展省级示范系列创建活动，提升服务内涵和水平。全市所有社区卫生服务机构全面开展团队服务，以镇（街道）为单位实行网格化管理。推行以人员管理为重点的“八统一”镇村一体化管理，年内镇村一体化管理率将达 90% 以上。深化基层医疗卫生机构改革。积极制订实施意见，稳步推进以岗位设置、全员聘用为核心的人事制度改革。目前，所有公立基层医疗卫生机构均已完成绩效工资测算数据的统计上报，其中市本级、吴江市、常熟市、平江区、沧浪区和金阊区已完成部门会审。加大基层医疗卫生队伍培训力度。采用培训提升、帮扶下派、定向培养、政策留住“四个一批”方式，提高基层医务人员业务水平。政府出资开展全科医师规范化培训，目前累计 186 名全科医师接受培训，首批 26 人已顺利结业。全面落实城市大医院对口支援城乡基层医疗机构工作，下派医务人员 1500 多人次，接受基层进修人员 500 多人次，帮扶基层建立特色专科 30 多个，开展新技术新业务 70 多项，累计培训医务人员 3 万多人次。严格执行职称晋升的有关规定，所有二级以上医疗机构的医师在晋升前均到基层开展服务。

（四）基本公共卫生服务均等化有力推进。大力开展公共卫生服务项目。重大疾病防控、国家扩大免疫规划、老年居民免费健康体检等重大公共卫生服务项目有序实施。农村妇女两癌普查在试点基础上逐步推开，农村妇女增补叶酸、农村孕产妇住院分娩补助方案、职业病危害监控、部分病种基本药物免费供给等特色公共卫生服务项目逐步推出。探索重性精神疾病社区康复服务新模式，开展社区慢病高危人群健康评估和心理干预。深入开展食品安全专项整治，全力保障世博会食品安全。开展健康城市建设回顾性评估，启动编制“新三年行动计划”。不断完善公共卫生服务体系。大力推进疾控体系能力建设，加快启动市公共医疗中心项目。完善城乡卫生监督体系，建制镇卫生监督分所覆盖率达 90% 以上。健康教育、精神卫生、应急救治、采供血等专业公共卫生服务网络进一步健全。全面落实政府公共卫生职责。按照 33 元/人（常住人口）的标准落实社区基本公共卫生服务经费，向城乡居民提供九大类 22 项基本公共卫生服务项目。积极制定基本公共卫生服务规范，建立绩效考核评价标准和方法。

（五）公立医院改革试点工作稳步开展。推进新一轮公立医院的建设。调整完善新一轮医疗机构布局，加快卫生重点工程建设，全面改善患者就医环境。市中医院年内将实现提升性搬迁，苏大附一院平江分院、苏大附儿院园区总院、金阊新城医院、苏州科技城医院年内将开工，一批县市、区级卫生重点工程进展顺利。深化公立医院管理体制和运行机制改革。认真总结第二轮市属医院管办分离改革，深化公立医院人事制度、分配制度改革，积极探索公立医院法人治理结构。根据国家和省的要求，研究制定我市公立医院改革试点的实施意见，2011 年起在全市有序推开。探索公立医院人力资源总量控制，建立有序竞争、有效激励的岗位聘用制度，实行岗位绩效工资制度，逐步完善公立医院补偿渠道。加快完善上下协作机制。引导一般诊疗下沉到基层，促进分级医疗、双向转诊。2009 年，社区卫生服务机构转入医院的病人达 6.5 万人次，由医院下转社区卫生服务机构 1.7 万人次，卫生资源的利用率和可及性得到进一步提高。

我市深化医改工作虽然取得了一定成效，但对照国家和省的要求，对照人民群众的期望，还存在着一些问题，如：基本药物还不能完全满足群众用药需求，尤其是承担基本医疗服务的乡镇卫生院矛盾更加突出；基层医疗卫生服务体系需要进一步完善，人才紧缺仍是制约基层卫生事业发展的瓶颈；公立医院改革需要进一步推进，尤其在管理体制、运行机制、补偿机制、监管机制以及建立法人治理机制等方面还需要完善。

二、下一阶段工作打算

下一步，我市将坚持率先发展、科学发展、和谐发展的理念，根据国家和省关于深化医药卫生体制改革的总体要求，以本次会议为契机，不断探索卫生体制改革的新举措，加快卫生现代化建设步伐，进一步深化落实五项重点任务。

一是着力促进基本公共卫生服务均等化。按照“分工明确、信息互通、资源共享、协调互动”的要求，健全专业公共卫生服务网络，提升对重大疾病及突发公共卫生事件的预测预警和处置能力；认真实施基本、重大和特色公共卫生服务项目，公共卫生服务逐步覆盖全市常住人口。健全财政投入保障机制，加强项目管理，实现公共卫生服务的项目化实施、规范化运行和常态化管理。

二是不断健全基层医疗卫生服务体系。以规划为龙头，根据城乡一体化进程和人口分布情况合理配置资源，健全城乡基层医疗卫生服务网络。积极推进城乡社区卫生服务机构规范化建设，推行“八统一”镇村一体化管理。加强基层医疗卫生机构能力建设，转变服务模式，进一步完善双向转诊制度。发挥中医药优势，年内新增 1 个以上省级中医特色示范社区卫生服务中心。

三是加快完善基本医疗保障体系。不断提高医保覆盖面，做到应保尽保，完善政策，逐年提高保障待遇。按动态完善的要求，将困难对象全部纳入医疗救助范围。加大对各统筹区城镇职工医保“五统一”的推进力度，为明年实现“五统一”奠定基础。

四是全面建立国家基本药物制度。及时总结先期实施地区的经验，积极制订第二批地区的实施方案，确保年内全面开展。加强调研和督查,不断完善基本药物制度配套政策。面向社区居民、面向基层医务人员,大力宣传基本药物制度的重要意义和相关政策,积极引导广大居民群众对基本药物制度的认可度和信任度。

五是扎实推进公立医院改革。推进卫生全行业属地化管理,加大对在苏的部、省属医院的财政扶持力度。完善公立医院法人治理结构,逐步推行医院管理队伍职业化。改革公立医院补偿机制,逐步将公立医院补偿由服务收费、药品加成和财政补助三个渠道改为服务收费和财政补助两个渠道。结合国家和省的要求,深化完善市属医院管办分离改革。

(2010 年 7 月)

【南通市】

去年以来,我市认真贯彻落实《中共中央国务院关于深化医药卫生体制改革的意见》和《中共江苏省委江苏省人民政府关于深化医药卫生体制改革的实施意见》精神,加强组织领导,强力有序推进。去年 7 月 27 日,市委常委会专题听取了省医改会议精神汇报,研究讨论了我市的贯彻落实举措。今年,市政府第 40 次常务会议进行了专题研究,原则通过了我市深化医改的实施方案,并将深化医改五项重点工作列为年度重点工作目标任务和对县(市)政府年度考核内容。我市及时成立了以常务副市长和分管副市长为组长,发改、财政、卫生等 17 个部门为成员的深化医药卫生体制改革领导小组,强化统筹协调,精心部署实施。目前,医改各项工作进展顺利,完善基本医疗保障制度、实施国家基本药物制度、健全基层医疗服务体系和促进基本公共卫生服务均等化等重点工作取得明显进展。现将有关情况汇报如下:

一、医改重点工作进展情况

(一)基本医疗保障制度日趋完善

1. 关于城镇职工和居民基本保险制度。一是医保覆盖面稳中有升。去年以来,我市努力在推进社保扩面与减轻企业负担、促进企业发展上寻找平衡点,稳步推进医保扩面征缴工作,参保覆盖率均达 95% 左右。市区新农合与城镇居民医保率先并轨,市区农村居民参加城镇居民医保人数达 12 万人,参保率达 98%。同时,根据省相关通知精神,我市积极推进大学生参加城镇居民基本医疗保险工作,全市 8.48 万名大学生全部纳入居民医保。二是保障水平不断提高。去年,我市出台了《南通市市区城镇职工基本医疗保险实施办法》,对参保人员个人账户超支后的普通门诊费用按在职职工 50%、退休人员 70% 的比例结付;已办理糖尿病、高血压、乙型活动性肝炎专项门诊的患者按老政策享受。将职工医保最高支付限额由 18 万提高到 19 万;大病医疗救助基金报支比例提高五个百分点;对医疗费用过重的参保人员进行二次报销;取消转外就诊个人负担规定;对特殊医用材料报销标准也进行了调整等,进一步提升医疗保险保障水平。今年,出台了《关于调整市区城镇居民基本医疗保险有关政策的通知》,建立了门诊医疗统筹制度,参保成年居民在签约的医保定点社区服务机构原个人医疗账户积余资金用完后,400 元以内的补偿 30%;调整门诊大病病种限额及报销比例,增加了精神病和再生障碍性贫血等病种。三是基金运行和服务管理日趋规范。目前,我市财政对城镇居民参加医保的补助为每人每年 160 元,城镇职工医保、城镇居民医保规定范围内医药费用报销比例分别为 80.2% 和 50.44%,统筹基金最高支付限额超过职工年平均工资和居民年人均可支配收入的 6 倍以上。至 2009 年底,全市职工医保基金收入 21.63 亿元,基金支出 17.79 亿元,当年结余 3.84 亿元;居民医保基金收入 1.57 亿元,基金支出 1.21 亿元,当年结余 0.36 亿元。与此同时,积极推进社区定点就诊优惠制度,参保人员在签约的定点社区卫生服务机构就诊的可享受降低个人负担、提高统筹基金支付比例的优惠政策待遇。加快医保市级统筹步伐,建立医疗保险异地就医费用结算平台,全市范围内已基本实现异地就医“一卡通”;开通了沪通委托报销工作,实现了与上海直接联网实时报销医疗费用;采取个人账户异地化发放、省内异地结算联网、邮寄报销管理等方式共同解决异地就医结算问题。今年以来,市内异地就医门诊

17862 人次,发生费用 352.92 万元,住院 970 人次,发生费用 743.54 万元。沪通异地报销 822 笔,金额 164 万元。

2. 关于新型农村合作医疗制度。一是筹资机制逐步完善,参合率稳步提高。我市认真贯彻"政府补助为主、农民群众合理负担"的原则,强化行政推动,探索建立稳定的筹资增长机制,努力使筹资水平与农村经济社会发展及群众承受能力相适应。截至目前,全市新农合参合人数为 520 万人,参合率达 99.52%,较去年同期上升 0.34 个百分点,达历史最好水平。人均住院补偿 1819 元,全市平均住院费用实际补偿比为 40.88%,政策范围内住院补偿比全市平均值为 56.82%。二是补偿方案趋于合理,基金管理更加规范。全市实行住院统筹补偿和门诊统筹补偿相结合的补偿模式,合理调整了住院补偿起付线和封顶线,扩大了特殊病种的补偿范围。全市住院补偿最低封顶线达到 8 万元。按照"专户储存、专款专用、封闭运行"的管理要求,严格执行新农合财务管理制度,实行"医院结算、合管办审核、财政拨付、银行兑付"的基金封闭运行办法,进一步规范了新农合基金的管理。三是设施建设步伐加快,服务能力得到提升。目前,全市已有如东、如皋、海门等地实现了与省新农合平台联网,海安、如东、海门等地开展了新农合门诊村级网络即时结报。积极推进支付方式改革,海安县实施了按单病种结算试点,选择临床医疗路径相对明晰、治愈标准易于掌握的 10 个病种按病种付费。在总结海安县经验的基础上,我市出台了新农合支付方式改革工作方案,推荐 15 种单病种付费名单,要求各地结合实际筛选 10 种以上,力争 2011 年扩大到 15 种以上。

3. 关于城乡医疗救助制度。我市坚持把加强城乡医疗救助工作作为解决城乡困难群众看病就医矛盾的重要惠民政策,建立了政府主导、民政牵头、部门协作、社会参与的工作机制。目前除海安县外均已制定了城乡一体化的医疗救助制度,医疗救助对象基本涵盖了城乡低保、农村五保、市县总工会核定的特困职工、享受民政部门定期定量生活补助费的六十年代精简退职职工、重点抚优对象、低收入家庭中患重大疾病人员等。各地救助比例为城乡居民医疗保障补偿后个人自付费用的 30% ~50% 不等,最高救助金额为 3 万元。2009 年,全市共救助 177888 人次,支付救助资金 2837 万元。我市由市民政局牵头,市财政、劳动保障、卫生等部门配合,重点推进医疗救助与城镇居民(职工)医疗保险、新型农村合作医疗制度相衔接,实现了医疗救助即时结算,救助对象出院时只需支付个人自付部分费用。今年 2 月 1 日起,市区医疗救助即时结算正式运行。

(二)基本药物制度建设顺利启动

按照省委、省政府的部署和要求,我市首批三个区(县)全力推进基本药物制度实施工作。崇川区、港闸区于今年 2 月在所有社区卫生服务中心启动实施,覆盖率达 100%;海安县于今年 3 月底在 4 个中心卫生院及 20 个村卫生室实施,乡镇覆盖率 28.57%,人口覆盖率 35%。截至 4 月底,三个地区基本药物采购总额 1391.23 万元,销售额 836.12 万元。自实施基本药物制度以来,崇川区、港闸区的社区卫生服务中心门急诊数量较去年同期分别上升 7%、15%,门急诊均次费用分别下降 8%、10%,药品价格平均降幅达 40%;海安县先行实施的 4 个卫生院急诊量较去年同期上升 15.8%,门急诊均次费用下降 40%,药品价格平均降幅达 45%。

一是强化组织领导。市政府成立了基本药物工作委员会,下发了《南通市实施国家基本药物制度工作方案》、《南通市基本药物集中采购统一配送和费用结算工作实施方案》和《南通市区基本药物确标办法》,并多次召开会议作出部署。分管市长多次率领相关部门负责人深入试点地区,督查了解实施情况。崇川区、港闸区、海安县加大了行政推进力度。市编办、财政、人保、卫生等部门建立了部门协作机制,制定完善了相关配套政策。我市还建立了基本药物制度实施情况定期监测与报告制度,及时掌握进度,保证工作顺利推进。

二是规范操作程序。首先,严格基本药物确标工作。按照确标办法,对照国家和省基本药物目录,组织有关专家于1月22—23日在省药品集中招标采购确定的中标企业目录中,遴选确定了市区社区卫生服务机构基本药物目录品种(计2460种)。其次,严格配送企业确定工作。三个先行地区严格按照规范程序,共确定了6家符合资质条件的配送企业,做到了统一组织机构、统一招标平台、统一规范操作、统一网上采购、统一药物配送。第三,严格实施目录外药品清理工作。三个先行地区共清理目录外药品2010种,先行实施基本药物地区的21个机构,已全部配备和使用国家基本药物目录和省增补药物目录内的药品,并实行零差率销售。

三是落实配套政策。① 科学核定人员编制。按照一次核编、逐步配齐的原则,已完成市经济技术开发区、港闸区和崇川区社区卫生服务中心的机构设置和核编,海安县基层医疗卫生机构编制总量已经省编办批复下达。② 完善财政补偿机制。按照"补运行经费、不补药品差价"的原则,崇川区和港闸区对区属社区卫生服务中心实行收支两条线管理,对公立医院领建和社会力量举办的社区卫生服务机构按规定销售的基本药物,按销售额的一定比例给予相应补偿;海安县对4个中心卫生院及20个村卫生室实行基本药物制度零差率销售减少的收入,由县政府给予差额补助。市财政通过调整转移支付基数对区适当补助,已下达补助经费2302万元。海安县财政已将省补助款808万元拨付到专门账户(机构)。③ 落实医疗保障政策。基本药物全部纳入城镇职工医保、城镇居民医保和新农合报销范围。对属于乙类药品的基本药物,个人自付比例在10%以下的,取消个人自付比例;自付比例20%以上的药品调整为10%。海安新农合对基本药物报销比例也统一上调,所有医保和新农合收费系统已全部调整到位。

四是加强培训考核。全市统一开展了基本药物集中采购、统一配送、网上采购流程、基本药物临床用药指南和基本药物处方集的培训工作,同时印制了基本药物目录工作手册,临床科室、药房、收费等做到人手一册。各基层医疗卫生机构在醒目位置公示统一的基本药物目录价格,向广大群众公开相关信息。在对基层卫生机构公共卫生绩效考评的基础上,正在抓紧修订基本药物制度与公共卫生服务综合绩效考核办法,确保取得预期效果。

五是严格基本药物监管。严格加强基本药物的质量监督,指导相关生产企业对照GMP标准组织生产,加强各个环节管理,开展处方工艺核查,有效防控质量安全风险;指导相关生产企业完善药品不良反应监测机制,专人负责药品不良反应监测、调查、评价、处理工作,确保基本药物质量可靠、安全有效。建立基本药物生产企业中标情况报备制度、基本药物品种监管档案,加强基本药物配送企业日常监管,组织了基本药物配送企业专项检查,将基本药物品种作为今年重点抽验对象。

(三)基本公共卫生服务有序开展

去年以来,我市把推进基本公共卫生服务项目作为重要民生工程,精心组织,强势推进,顺利通过全省基本公共卫生服务项目考核,让人民群众得到了实惠。

一是强化组织领导。市政府将实施基本公共卫生服务项目列入重点工作目标,加大了推进力度,市卫生局具体负责这项工作。针对基本公共卫生服务项目的调整,我市及时印发了《南通市促进基本公共卫生服务逐步均等化的实施意见》,进一步明确目标任务,落实经费保障措施。市各有关部门按照职责分工,密切配合,整体联动,建立健全了部门协作机制。各县(市)都成立了相应的组织领导机构,出台了实施意见。

二是推进项目落实。在项目推进的过程中,各地精心谋划,周密部署,确保思想认识、组织实施、经费保障"三个到位"。海安县创新工作举措,采取"集中打包"购买与专项购买相结合的方式,对基本公共卫生服务项目全面实行购买服务;通州区将公共卫生服务项目纳入对各镇和相关部门目标管理考核内容。崇川区全面实施公共卫生服务重点单位重点项目考核制度，对落后单位实施重点管理，责成限期整改，提升了项目实施绩效。按照省定 9 大类 22 项基本公共卫生服务要求，我市及时修订考核评估细则，进一步健全完善基层医疗卫生机构的考核评估机制。

三是完善资金补偿机制。市政府明确提出，今年我市人均基本公共卫生服务项目经费不低于 18 元，其中市区人均不低于 21 元，明年全市不低于 20 元。市县(市)两级财政加大资金保障力度，项目资金统一列入财政预算。2009 年结算年度内资金拨付到位率 100%。2010 年市本级通过财政体制的调整，对三个区已下达公共卫生补助经费 787 万元。进一步加强对资金使用的管理，确保专账管理，专款专用，资金使用率与项目工作进度相适应，对村卫生室的补助已达到 32%。

四是强力推进重点工作。针对公共卫生服务新增项目，我市先后下发了《关于加强我市老年人健康管理工作的通知》、《关于规范城乡居民健康档案管理的通知》、《关于加强慢性病管理的通知》和《关于做好重性精神疾病防治工作的通知》，进一步提升了规范化管理水平。围绕居民电子健康档案建设，市政府组织赴上海长宁区学习居民健康电子档案平台建设经验，已委托南通大学完成软件开发，正在抓紧完善。按照省定 9 大类 22 项工作要求，结合《国家基本公共卫生服务规范》，重点难点工作正在有序推进。

(四)基层医疗卫生服务体系建设取得进展

一是城市社区卫生服务体系基本建成。近两年市政府将发展城市社区卫生服务纳入为民办实事项目，强化行政推动，加大财政投入，严格督查考核，市区共建社区卫生服务中心 20 个，实现了每个街道(镇)建有 1 个社区卫生服务中心的目标，目前正在抓紧推进县(市)城区的社区卫生服务体系建设。在加快体系建设的同时，着力提升社区卫生综合服务能力，探索建立以全科团队为主导形式的家庭责任医生制度，实现社区卫生服务网格化管理。目前，市区共有 51 个全科团队，每个团队服务 2 ~ 3 个社区，每月进社区服务时间不少于 6 个工作日。2009 年，市区各社区卫生服务中心上转病人 5965 人次，二级以上医院下转病人 2343 人次，初步形成了“小病到社区，大病进医院，康复回社区”的就医新格局。

二是农村医疗卫生服务体系建设迎难而进。2002 年前后，我市所辖各县(市)均实施了乡镇卫生院产权制度改革，全市(不含主城区)有乡镇医院 214 个，已改制 214 个；中心医院 41 个，已改制 12 个。从总体上看，乡镇医院改制取得了一定成效，也存在一些问题，对我市加快医改整体进程尤其是实施基本药物制度带来一定的难度。去年以来，我市在加快县级医疗卫生机构建设的同时，着重破解乡镇卫生院建设的难题，先后组织了多次调研论证，目前思想认识基本统一，改革思路基本明确。拟采取资源整合、优化重组、适度新建的思路，以县(市)、区政府为主导，以乡镇行政区划为单元，对基层医疗卫生资源进行整合重组，条件尚不具备的可另行新建，力争年内在每个乡镇办好一所卫生院，同步实施国家基本药物制度。

三是基层卫生队伍素质不断提高。近年来，我市切实强化基层卫技人员的培养。按照省统一培训计划，去年起举办了两期社区医护人员培训班，共有 547 名全科医师和 279 名社区护士接受了培训，考试合格率均达 95% 以上。组织全市 1936 名乡村医生参加了中专学历补偿教育，对全市近 1738 名乡村医生进行了补缺性转岗培训，合格率达到 99%。积极开展农村卫生人才定向免费培养，去年共委托培养 76 名，均签订了双向就业协议。认真开展住院医师规范化培训工作，去年以来有 166 名住院医师完成培训并通过考核；启动全科医师规范化培训工作，建成全科医学培训基地 2 个。已招收单位委培的全科医生 15 名。

(五)公立医院改革进行了有益探索

一是积极探索公立医院体制机制改革。近年来，我市在市直医院全面推进“委托经营管理”改革，由市卫生局代表政府与医院管理层逐年签订委托合同，将医疗服务和资产运营委托医院领导班子全面管理，实行院长负责制，享有一定的人事分配和经营管理自主权，以实现社会效益为首要目标，以提高医疗服务水平和资产使用效率为重要内容。医院工资总额与年度综合绩效直接挂钩，并实行财务负责人委派制。经过多年探索，绩效评估体系不断完善，公益服务职能得到体现，经济运行质态持续改善，医院门急诊和出院病人数逐年增长，业务支出增幅、管理费用占业务支出比等逐年下降。

二是积极推进公立医院服务方式改革。在公立医院推行临床路径管理，18 所二级以上医院开展了临床路径管理试点；开展预约诊疗服务，6 所三级医院、11 所二级医院开展预约诊疗服务，通过电话、网站、短信、就诊病人门诊预约、出院病人出院时预约、挂钩社区机构预约、专家门诊预约、咨询互动平台等多种形式。延伸服务内容，方便群众就医。组织大型医院巡查，制订实施了“大型医院巡查工作方案”，建立大型医院巡查员专家库，明确了巡查对象和巡查职责，上半年组织了第一轮综合巡查，对巡查发现的问题进行了梳理，逐一下发督查整改意见书，促进了医院内涵建设和服务质量的改善。

三是积极构建多元化办医格局。近年来，我市积极发展民营医疗机构。在制定《南通市区域卫生规划》时，充分考虑了区域经济发展可能带来的医疗服务需求增长，在坚持政府主导的前提下，积极发挥市场机制作用，引导民间资本向适宜的领域和有需求的区域投资，鼓励个体私营投资者到需求较迫切的城市新区、城郊结合部、开发区等医疗资源相对缺乏的地区投资；支持民间资本向特需医疗、康复医疗、老年护理、慢病护理、医疗美容、生殖健康、中西医结合等特色明显的适宜领域投资，培育了一批以南通瑞慈医院、良春风湿病医院、和美家妇产科医院等为代表的优秀民营医院，初步形成了民营医院与公立医院相互促进、共同发展的局面。

二、存在问题

前一阶段，我市在推进深化医改五项重点工作中取得了阶段性进展，但对照当前深化医改的要求和人民群众的期望，还存在一些亟待解决的矛盾和问题。主要有：

一是深化乡镇卫生服务体系改革任务较为艰巨。由于乡镇医院全面改制，我市各地有70%的乡镇没有政府举办的卫生院。经过前一阶段的努力，各县（市）就实现“政府在每个乡镇办好一所卫生院”的工作目标已趋于统一，但由于地方财力紧张和担心引发社会不稳定等原因，实际操作的难度很大。

二是全面推行基本药物制度存在困难。尽管我市先行地区基本药物制度实施取得一定成效，但是全面推进实施基本药物制度的财政压力较大。县级政府是实施基本药物制度的责任主体，承担主要的经费补偿任务，省对县（市）、市对区给予适当财政补助。据测算，实施基本药物制度后，平均每个县（市）每年约新增财政支出 6000 ~ 8000 万元。

三是基本医疗保障水平需要提高。如城镇居民基本医疗保险刚刚起步，筹资标准、保障水平仍然比较低；新农合筹资标准目前仅为城市居民医保的一半，农民群众迫切希望与城镇居民享受同等医保待遇；人口老龄化进程的加快，将使医疗保险基金面临潜在的风险和压力；参保人群的不断扩大和个性化服务需求的提升，对经办管理服务提出了新的要求。

四是公立医院改革需要解决的问题还较多。目前公立医院 90% 以上的收入来自医药收入，由于常规诊疗项目收费标准长期低于成本，大多数医院的医疗收支严重亏损，药品利润仍是医院正常运行的重要支撑。与此同时，公立医院仍参照机关享受一定的行政级别，在干部管理方面存在管人与管事的相对脱节，人事代理制、全员聘用制、绩效工资制目前更多体现在形式上，干部能上不能下、人员能进不能出、待遇能高不能低等问题依然不同程度存在，医护员工的积极性尚未充分调动起来，内部运行活力不够。

三、下一步工作打算

今后一段时期，我市将认真贯彻中央和省

关于深化医改的决策部署，加快推进医药卫生体制各项重点改革，确保取得预期成效。近期我们将下大决心、花大力气，着重抓好实施基本药物制度和深化完善乡镇卫生服务体系改革两项工作。

（一）强化目标管理。按照中央和省关于深化医改及实施国家基本药物制度的决策部署，结合第二批实施基本药物制度地区的启动实施，力争在第三季度基本完成乡镇卫生服务体系改革任务，为年内全面实施基本药物制度打下基础。为此，我们将组织专门力量，深入基层督查指导，敦促各地将两项改革摆上重要议事日程，克服等待观望思想，抓紧完善实施方案，迅速落实推进措施，重点安排好财政补偿资金，确保医改政策能落实、基层医院能运转、人民群众得实惠。

（二）把握三个原则。一是积极稳妥原则，妥善处理好资产重组、人员安置等过程中的敏感问题，确保平稳过渡；二是因地制宜的原则，鼓励各地结合实际大胆探索，最大限度节省改革成本、提高改革绩效；三是依法规范原则，推进优化重组，采取自愿形式，允许民营医院自主选择，确保不留后遗症。

（三）力求平稳推进。在深化乡镇卫生服务体系改革中，我们将妥善处理好三方面关系：一是改革发展与稳定的关系。在深化完善改革的过程中，根据各地发展水平和财力状况，研究切实可行的实施方案，兼顾不同利益主体的合法权益，积极应对和化解可能出现的不稳定因素。在坚持政府办好乡镇卫生院并实施基本药物制度的同时，对符合条件的民营医院实施基本药物零差率销售，给予适当财政补助，以保持改革的平稳过渡。二是深化改革与方便群众就医的关系。无论是推进乡镇卫生服务体系建设还是推进基本药物制度，都坚持把方便群众看病就医作为改革的出发点和立足点，确保农村卫生事业得到发展，基层医务人员受到鼓舞，广大农民群众得实惠。三是坚持政府主导与发挥市场机制作用的关系。以政府主导为基本前提，坚持“保基本、强基层、建机制”，深化基层医疗卫生机构综合改革，落实基层医务人员绩效工资制度，凸显医疗卫生的公益性质；同时充分发挥市场机制作用，积极引导民营医院改善服务、错位发展，不断提高医疗服务水平，满足群众多样化的医疗卫生需求。

（四）严格督查指导。深化乡镇卫生服务体系改革，责任重，难度大，情况复杂。为确保两项改革顺利推进，市政府已将这项工作列入年度重点工作和对县（市）政府目标考核内容，层层落实责任，强化压力传递。市医改领导小组定期召开会议，研究推进举措，协调矛盾、问题；建立定期督查制度，对各地进展情况及时通报，对组织领导不力、工作推进缓慢、达不到要求的限期督促整改。要求市发改、财政、卫生、编制、人保等相关部门主动参与介入，加强工作指导，搞好政策对接，力所能及地帮助基层解决实际困难，形成强大工作合力，共同推动医药卫生体制改革取得预期成效。

（2010 年 7 月）

【连云港市】

去年以来，我市认真贯彻落实国家和省关于深化医药卫生体制改革的决策部署，切实加强组织领导，深入研究推进措施，及时出台配套政策，有序推进五项重点改革，努力使医改成果更多地惠及人民群众。

一、医改重点工作进展情况

（一）基本医疗保障制度建设扎实推进。把城乡医疗保障制度建设作为改善民生质量的基础性工作和根本性制度来抓，切实做到“政府主导、部门联动、政策完善、投入到位、规范运作、持续发展”，基本形成了“三基本一补充”的医疗保障体系。一是城乡医疗保险制度不断完善。广泛开展农民工医疗保险专项扩面行动，进一步扩大城乡医疗保险覆盖范围，全市参加城镇职工医保的农民工有 82564 人。截止 2010 年 6 月底，全市城镇职工医保参保单位已达 7068 个，参保人数 55.59 万人；全市城镇居民医保参保人数 75.76 万人，参保率达到 96.8%。二是基本医疗保障水平不断提高。2009 年，我市市区开始实施城镇居民医保门诊统筹制度，将符合条件的社区卫生服务中心全部纳入医疗保险定点，实行社区首诊，提高社区首诊报销比例，并对社区卫生服务机构给予政策倾斜。同年，我市与省医疗保险结算管理平台实现联网，将医保服务窗口延伸到南京6家定点医院，有效解决参保人员异地就医难题。目前，我市参保人员持卡就医，按照政策规定需个人负担的现金部分，由参保人员个人与定点医疗机构结算，其余部分由医保经办机构与定点医疗机构直接结算。三是新农合工作水平进一步提升。统筹地区全部实行"住院+门诊+特殊病种大额门诊统筹"补偿模式，除特殊病种大额门诊种类由各县自定外，全市统一起付线、封顶线、费用分段，相对统一分段补偿标准。东海县在全省率先建立"监管分离、独立运行、垂直管理"的新农合稽查体系，有效控制了费用的不合理支出。灌南县积极探索新农合基金支付方式改革，实行按病种付费方式，严格控制医药费用上涨水平。2009年，新农合参合率达99.45%，参合农民住院实际补偿比为43.28%，位居全省第四位，次均住院费用2711元，为全省最低。四是城乡医疗救助工作取得新突破。市政府印发《连云港市市区城乡困难居民医疗救助办法》，确定了救助对象范围、救助方式、救助标准以及起付线、封顶线和医疗救助资金筹集渠道，实现了即时结算。所辖四县人民政府也出台了医疗救助办法。目前，全市现有医疗救助对象18.18万人。五年来共实施医疗救助66.5万人次(含资助参保参合)，年均发放救助金2150余万元。

(二)基本药物制度顺利实施。严格按照目标任务要求，加快实施基本药物制度，确保实施地区的财政投入、医保报销、人员编制核定及目录外药品清理等工作全部到位。一是严格执行"一品两规"要求。以市为单位，在省公布的基本药物中标的候选品种中首次遴选药品1583种，并根据基层需求和药品配送情况，适时调整确定基本药品1498种，目前基层医疗卫生机构实际采购药品达1016种。二是全部配备使用基本药物。在去年确定赣榆县、海州区作为首批实施国家基本药物制度地区的基础上，今年新增东海县、灌南县作为实施国家基本药物制度地区，确保年底前有60%县区实施国家基本药物制度。实施基本药物制度以来，居民就诊人均费用明显下降，赣榆县、海州区基层医疗卫生机构门急诊总量较去年同期上升16.20%，次均门诊费用较去年同期下降26.68%。三是做好基本药物配送工作。我市共有21家药品生产企业，其中6家企业可生产基本药物品种130种；共有21家药品批发企业，其中2家企业取得基本药物配送资格。建立基本药物中标情况报备制度，全市共有6家生产企业55个品种和2家批发企业进行报备。采取日常检查与专项检查相结合的方法，对国家基本药物品种，做到抽验全覆盖。四是制定实施基本药物制度财政补偿方案。在县基层医疗卫生服务机构补助方面，除省财政补助外缺口部分由各县统筹解决。在市区基层医疗卫生服务机构补助方面，按服务的人口、质量、数量，对基层医疗卫生服务机构提供公共卫生服务给予补助，并通过考核拨付资金。建立城乡医保门诊费用统筹制度，对城乡参保居民在基层医疗卫生服务机构购买的零差率药品，通过调整医保政策，按照进价的一定比例从医保统筹资金中给予基层医疗卫生服务机构补助。

(三)基层医疗卫生服务体系不断健全。通过加大投入，改革管理体制，优化运行机制，加强卫生技术人员培训等措施，不断提高基层医疗卫生服务能力，逐步完善基层医疗卫生服务体系。一是加强基层医疗卫生服务机构建设。2007年以来，我市获得中央、省财政扶持的乡镇卫生院(城市社区卫生服务中心)房屋建设和改造项目96个，总投资12768.5万元。全市共改造村卫生室1259个，完成规划建设数的95%，赣榆县实现以行政村为单位的农村社区卫生服务机构全覆盖。灌南县将20个乡镇卫生院从租赁者手中重新收归国有，对卫生院发生的2000余万元债务由县财政按比例分3年还付，卫生院领导班子由县卫生局任命，切实维护了基层医疗卫生服务机构的公益性质。二是开展基层医疗卫生服务机构编制核定工作。按照省要求，赣榆县核定基层医疗卫生服务机构事业编制 1210 名，海州区核定事业编制 363 名，东海县、灌云县、灌南县分别核定事业编制 1698 名、1447 名、1353 名。积极推进基层医疗卫生服务机构深化人事分配制度改革，出台了我市基层医疗卫生事业单位人事、收入分配制度改革的实施意见。三是加强基层医疗卫生服务机构人才队伍建设。2007 年以来，全市共面向基层招募医学类本科生 213 人，定向培养大专生 116 人，培训合格各类基层卫生人员 7517 人，3260 名在岗乡村医生参加中专学历补偿教育，48 名学员接受全科医师规范化培训。全市二级以上医院均开展对口支援工作，每家至少支援 3 个以上乡镇卫生院（城市社区卫生服务中心）。灌南县核定 100 个全额拨款事业编制，专门用于卫生系统优秀人才的引进和储备。东海县近几年为乡镇卫生院引进医学本科生 100 多名。

（四）公共卫生服务得到加强。通过实施国家基本公共卫生服务项目和重大公共卫生服务项目，对城乡居民健康问题实施干预措施，减少主要健康危险因素，有效预防和控制主要传染病及慢性病，使城乡居民逐步享有均等化的基本公共卫生服务。一是制定政策措施。市、县（区）均制定出台促进基本公共卫生服务逐步均等化的文件和方案，实施为 15 岁以下人群补种乙肝疫苗，结核病、艾滋病等重大疾病预防控制，国家免疫规划，贫困白内障患者复明，农村改水改厕等重大公共卫生服务项目；实施了农村孕产妇住院分娩补助，农村妇女孕前和孕早期补服叶酸预防出生缺陷，农村妇女乳腺癌、宫颈癌检查等重大妇幼卫生服务项目。灌南县、赣榆县在乡镇设立了卫生监督分支机构。灌南县还实行政府买单的免费婚检制度，东海县免费为农民普查高血压病。二是落实专项资金。市、县（区）政府按照地方配套标准，将基本公共卫生服务项目和重大妇幼卫生服务项目补助经费纳入财政预算，落实项目专项资金。目前，已下达 2009 年省、市级基本公共卫生服务项目补助经费 740 余万元，各县（区）按照本级财政承担比例，共落实年项目配套资金 2260 余万元，全市项目资金总体到账率达 99.4%。三是提高信息化水平。精心打造妇幼卫生信息管理平台，为政府部门实时获得相关数据和实时考核、分配、使用补助经费提供了技术支持，从而建立了标准规范、实时动态、全程监管的基本公共卫生服务和重大妇幼卫生专项服务管理机制，提高了经费使用效率和管理工作水平。

（五）公立医院改革有序推进。切实把握试点的政策要求，加强公立医院内部管理，落实各项规章制度，保障医疗质量，提高服务效率，控制医疗费用，让老百姓多得实惠，让医院更好发展。一是开展公立医院改革试点准备工作。我市确定东方医院作为公立医院改革试点单位，探索公立医院管理体制、运行机制和补偿机制的有效形式，逐步将服务收费、药品加成收入和财政补助三个渠道改为服务收费和财政补助两个渠道，使其真正回归公益性。赣榆县创新财务监管模式，在卫生系统设立财务集中管理中心，所属医疗单位实现收支两条线管理。二是建立公立医院和基层医疗卫生服务机构协作机制。2007 年以来，通过医保政策引导等方式，推动公立医院和基层医疗卫生服务机构逐步建立相互协作的关系，双方通过签订双向转诊协议，明确责权利，逐步形成了“大病进医院、小病进社区、康复回社区”的良好格局。三是扶持民营医院发展。认真落实国家、省有关政策，大力支持各类社会资本进入医疗领域，兴办非营利性医疗机构或发展特色特需医疗服务。目前，全市民营医疗机构拥有床位 924 张，一级及以上民营医疗机构达 20 个。

二、下一阶段工作打算

我市深化医改工作虽然取得了初步成效，但对照国家和省的部署要求，还存在一些问题和薄弱环节，主要是组织实施水平有待进一步提高，部分重点工作需要深入研究和推进，在制度机制的建立健全方面还要做大量的工作。当前及今后一个时期，是我市实施沿海开发战略、推动快速崛起腾飞的关键时期，也是深化医药卫生体制改革、推动医疗卫生事业跨越发展的重要阶段。我们将以这次全省深化医药卫生体制改革工作会议为契机，紧紧围绕“保基本、强基层、建机制”的原则，进一步强化职责，突出重点，明确任务，扎实推进深化医改各项工作，使医改成果更多地惠及广大人民群众。

一是健全制度机制。切实加强对医改工作的目标管理，在基础设施建设、基本药物采购、专项资金运转等各个环节建立完整规范的制度，进一步探索完善绩效考核办法，建立逐级督查、定期督查制度，保障医药卫生体制改革顺利实施。加强对医疗卫生机构的有效监管，督促医疗卫生机构不断健全各项管理规章制度，加快推进人事分配制度改革，严格执行医疗服务技术操作规范，为广大参合群众提供安全、质优、价廉、便捷的医疗服务。

二是完善政策措施。深化城镇职工医保、城镇居民医保、新农合和城乡医疗救助信息系统建设，逐步实现信息资源整合共享，稳步扩大基本医疗保障覆盖面；不断改善基本医疗保障服务，城乡医保全面实行门诊统筹，新农合开展县转市住院病人统一管理、费用即时即报试点，在全市范围内初步实现异地就诊异地费用委托结报；推广参保人员就医“一卡通”，实现医保经办机构与定点医疗机构直接结算。按照公共卫生与基层医疗卫生单位绩效工资实施后的模式实施基本药物制度，统筹地区严格执行政府办基层医疗卫生机构全部配备使用、零差率销售基本药物的规定。认真做好基本药物采购和配送工作；积极探索公立医院和其他各类医疗卫生机构使用基本药物的方法措施；加强对基本药物生产、经营、储存和使用等环节的质量管理，加大药品不良反应监测力度，建立药品安全预警和应急处置机制。完善财政补偿办法，逐步建立基本药物使用政策保障机制、公共卫生经费保障机制、基层医疗卫生机构补偿机制和公立医院补偿机制，确保财政资金及时足额到位、项目得到有效落实。

三是创新运作模式。推动市级公立医院改革试点，并按照省“上下联运、内强活力、外增推力”的要求，加强对公立医院改革试点的跟踪研究，探索公立医院管理体制、运行体制改革的有效路径。积极推进新农合支付方式改革试点工作，根据省部署适时启动儿童大病医保试点，控制医药费用不合理上涨，进一步提高群众受益度。建立健全疾病预防控制、健康教育、妇幼保健、精神卫生、应急救治、采供血、卫生监督和计划生育等专业公共卫生服务网络，加强公共卫生机构标准化建设，提高公共卫生服务能力。公共卫生经费增加后，要进一步研究拓展服务内容、提升服务层次，并继续在灌南县开展35－59岁农村妇女“两癌”检查项目试点，适时在全市推开。

四是加强医疗机构建设。根据区域卫生规划，合理确定我市公立医院的设置数量、布局、床位规划，加快建设市公共卫生中心，组建市一院集团和市中医药集团，进一步整合医疗资源。大力推动非公立医院发展，积极引进国内知名医院和投资者来我市依法兴办高水平、有特色的专科医院。依据《江苏省基层医疗卫生服务体系建设与发展规划》，及时调整基层医疗卫生机构设置规划，完善机构人员编制配备，并按照新的建设标准，加快推进基层医疗卫生机构基本建设，巩固完善基层医疗卫生服务网络，大力推进城市社区卫生服务机构、乡镇卫生院和标准化村卫生室建设。引导和督促基层医疗卫生机构使用适宜技术、适宜设备和基本药物，提供安全有效和低成本服务。继续开展城市医院对口支援基层医疗卫生机构工作，实现全覆盖。着力加强基层卫生人才队伍建设，通过公开招募、定向培养、在岗培训等方式引进和培养1000名农村卫生人才。加强全科医师规范化培训工作，基本完成基层卫生技术和管理人员培训任务。加强医德医风建设，规范服务行为，提高服务质量，树立卫生队伍良好的社会形象。

（2010年7月）

【淮安市】

自去年深化医药卫生体制改革工作启动实

施以来，我市认真贯彻落实上级党委、政府一系列重大决策部署，强化政府主导，密切部门配合，精心组织实施，全市医药卫生体制改革五项重点工作按照省政府的统一部署有效推进。我们的主要做法是：

一、加强领导，建立健全深化医药卫生体制改革的推进机制

为深入推进医药卫生体制改革的实施，我市成立了专门的医改领导小组，由市政府常务副市长和分管副市长担任组长，市卫生、发改、财政、人社、编办、民政、药监等部门负责同志为成员，统一组织实施医改工作。领导小组下设办公室，抽调专门人员，集中办公。各个县（区）、市直各有关部门也都成立了专门机构，推动实施医改工作。市委、市政府制定出台了《关于推进医药卫生体制改革的实施意见》，市各相关部门分别研究制定了 26 个医改配套文件，形成了深化医改的政策框架。建立医改工作责任制，明确财政部门保投入、人事部门保编制、卫生部门保建设、发改部门保规划、人社部门保社保等职责，形成了齐抓共管的组织领导机制和运行机制。市委、市政府主要负责同志多次召开专题会议，研究解决医改中的重大问题。市政府将医疗保障、基层医疗机构建设、公共卫生服务等重大项目，列为今年为民办“十件实事”内容予以推进。市委、市政府将医改工作落实情况纳入科学发展综合目标政绩考核体系，进行考核，严格奖惩。市医改领导小组定期对各地工作情况进行督导评价，保证各项政策措施落实到位。

二、全力推进，医药卫生体制五项重点改革取得了明显成效

中共中央、国务院《关于深化医药卫生体制改革的意见》和省委、省政府《关于深化医药卫生体制改革的实施意见》出台后，我市结合市情，以五项改革为重点，努力把各项惠民举措落到实处。

（一）推进城乡居民医疗保障制度建设，扩大医疗保障覆盖面。一是着力提高新型农村合作医疗保障水平。2009 年，全市住院实际补偿比达 42.9%，次均住院补偿费用 1622.91 元，获万元以上补偿达 3938 人次。今年，全市新型农村合作医疗人均筹资 150 元，其中，农民自筹 30 元，各级财政补助 120 元，现已基本到位全市参合人口 350.72 万人，参合率达 99.89%。补偿封顶线提高到 12 万元，补偿模式发展为住院统筹、门诊统筹和门诊特殊病种补偿相结合，既扩大群众受益面，又提高群众受益水平。二是着力扩大城镇职工居民医保覆盖面。至今年 6 月底，全市城镇职工基本医疗保险参保人数达 61.71 万人，参保率 92%；城镇居民参加医疗保险人数达 112 万人，参保率 96%。全市关闭破产企业退休人员参加医疗保险人数为 5.21 万人，农民工参保人数为 8.18 万人，把 7 万名在校大学生纳入城镇居民医保。加大财政补助和政策扶持力度，各统筹区城镇居民医保财政补助标准达到人均 140 天以上，居民门诊统筹逐步推开。全市城镇职工医保和城镇居民医保规定范围内医药费用报销比例已分别达到 80%、60%，医疗保险封顶线达到职工年平均工资和居民年人均可支配收入的 6 倍以上。三是着力保障困难群体及时得到医疗救助。在各县（区）建成低保对象医疗救助结算平台，实现了从过去的零星救助到现在的常规救助，从过去的事后救助到现在的即时救助的重大转变。2009 年全市实施医疗救助 3.73 万人次，发放救助金 2229.68 万元。今年 1—6 月，全市已实施医疗救助 1.05 万人次，发放救助金 991.8 万元，有效缓解城乡困难群众看病难的问题。

（二）完善基本药物制度各项政策措施，提高广大群众满意度。去年以来，我市把实施国家基本药物制度作为五项重点医改的首要任务来抓，以“七到位”、“一转变”的有力举措，保障基本药物制度在试点地区的顺利实施。“七到位”，即：一是政策解读到位，确保不变形、不走样；二是财政预算到位，做到基本药物制度改革所需资金纳入政府财政预算；三是绩效工资到位，对实施基本药物制度试点的单位，拟在核定编制、核定收支的基础上，实行绩效工资；四是基本药物到位，按照指定的基本药物目录，及时保障药品供给。五是思想工作到位，确保实施机构和医务人员按照基本药物临床用药指南和处方集的规定，规范使用基本药物；六是惠民制度到位，把实施基本药物制度和推进惠民医疗措施结合起来，确保群众受益；七是稳定工作到位，加大宣传引导力度，争取广大群众的理解和支持，坚决把好事办好、实事做实。“一转变”，即：逐步转变基层医疗卫生机构以药养医现象。从今年元月份起，金湖县和清河区全面实施基本药物制度。新制度实施几个月来，政府办基层医疗机构门诊量较去年同期增加近30%，门急诊病人平均费用降低35%，药品平均费用降低45%，群众满意度显著提高，基本药物制度初见成效。今年9月1日前，洪泽、淮阴、清浦、经济开发区将启动实施国家基本药物制度，目前各项准备工作基本就绪，明年我市将实现全覆盖。

（三）健全基层医疗卫生服务体系，打造农民15分钟健康服务圈。一是坚持“政府主导、群策群力、多极投入”的建设机制，建优全市农村“15分钟健康服务圈”。全市已有106个乡镇卫生院和1156个村卫生室实现建设标准化，分别占总数的91%和92%。2010年，市政府投入1500万元，兴建11所惠民社区医院和乡镇卫生院。市财政还通过“以奖代补”的形式，对100个示范化村卫生室每家补助1.5万元，年底前将全面完成全市乡村基层医疗机构基本建设任务。二是坚持“网络平台、全程服务、医患和谐”的服务机制，充分彰显贴近群众、主动便捷的特点。把城市社区卫生服务理念和方法引入农村，重点推进“三个服务”，力求实现“三个转变”。“三个服务”，即：费用刷卡服务、团队巡诊服务、建档跟踪服务。在全市启动建设“纵向到底、横向到边”的农村医疗卫生服务数字平台，实现老百姓刷卡就诊。全市已累计建立居民健康档案196万份，计算机管理档案126万份，其中，65岁以上老人建档率达86%，高血压、糖尿病的规范化管理率达85%。“三个转变”，即：服务对象由病人向社区、人群、家庭转变，工作职责由单纯治病向治病、保健并举转变，服务方式由坐堂行医向送医上门转变。三是坚持“科学整合、村域覆盖、责任片区”的规划机制，提高资源利用效率。坚持科学布点，调整优化医疗卫生资源，改变办医分散，位置偏远，低水平重复建设状况。全市乡镇卫生院由原来的164个调整为116个，村卫生室由原来2589个调整为1259个。资源整合后，进一步提高了服务质量，同时也增加了村医的收入。农村患者到村社区卫生服务站的首诊率达68%，次均门诊费用是乡镇卫生院的63%，是县级医疗机构的36%。

（四）抓好公共卫生项目建设，推进基本公共卫生服务均等化。全市基本建成疾病预防控制体系、应急医疗救治体系和基本医疗服务体系、卫生执法监督体系，公共卫生信息网络体系建设不断加快。市财政投入1.2亿元，异地新建了市传染病医院。2009年，市第一人民医院创成“三甲”综合医院。全面落实省定9类22项基本公共卫生服务项目，人均补助15元。不断推进城乡居民健康档案建立、健康教育与健康促进等工作的开展。在继续实施重大疾病防控、国家免疫规划等项目基础上，全面实施15岁以下人群补种乙肝疫苗、农村孕产妇住院分娩补助、补服叶酸和“两癌”检查等重大公共卫生项目，按序时进度推进各项工作任务，让人民群众得到了看得见、摸得着、感受得到的医改实惠。

（五）加强公立医院管理，积极探索公立医院改革的有效形式。按照卫生部等五部委《关于公立医院改革试点的指导意见》，结合我市医疗机构发展的现状，对本级政府举办的公立医院的设置和发展规划进行了调整，并进一步加大财政投入，确保达到建设标准。完善了市直医院“托管制”改革方案，从公立医院管理体制、补偿机制、运行机制上进行积极探索，强化公立医院监管，大力改善服务，不断提高社会满意度。同时，鼓励、支持和引导社会资本发展医疗卫生事业，推动形成投资主体多元化、投资方式多样化的办医体制。

三、突出重点，确保完成今年医药卫生体制改革各项任务

总体而言，我市医药卫生体制改革取得了一定的成绩，但与省委、省政府的要求相比，与人民群众的期望相比，还有不少差距。我们将以贯彻落实这次会议精神为契机，继续围绕“保基本、强基层、建机制”这一中心，以医药卫生体制五项重点改革为抓手，突出重点，突破难点，坚决打好今年医改攻坚战，确保完成医药卫生体制改革各项目标任务。

（一）进一步加强对医改工作的组织领导。发挥好政府的主导作用，坚持分工负责，密切配合，合力推进医药卫生体制改革，共同把这一事关人民群众切身利益的好事难事办实、办好。加强对医改政策的学习、理解和掌握，在工作中做到不变形、不走样，加强对医改进度的督查，把医改的具体任务指标按照时间段进行分解，逐条逐项列出时间进度表，把工作细化到每个季度、每个月、每周，实时监控任务完成进度，动态掌握改革推进情况。加强对医改责任的落实，以责任状的形式细化分解到各县（区）政府和市直各有关部门，并严格按照责任状要求进行督导考核。

（二）进一步聚焦医改的重点、难点问题。根据前一阶段检查的情况看，我市医改中还存在公共卫生服务项目资金未能足额及时拨付、基层医疗卫生单位人才缺乏等方面的不足，我们将组织好专题调研督查活动，逐一落实解决措施。着力扩大“三保一助”覆盖面，提高保障水平。继续发展“十五分钟健康服务圈”，进一步健全基层卫生服务体系。全面落实公共卫生服务项目，促进公共卫生服务均等化。过细落实第二批国家基本药物制度准备工作，确保 9 月 1 日全面实施。按照省统一部署，积极推进公立医院改革。

（三）进一步推动医改工作的创新创优。总结推广清河区政府投资 1.5 亿元新办社区服务中心的做法，全面完善城市社区卫生服务体系。探索建立更加有效的激励机制，切实调动基层卫生人员的积极性。做优农村卫生服务体系，进一步打响农村社区卫生服务品牌。创新医学人才引进、培养和使用机制，做强淮医品牌，打造惠民福地。总之，我们将按照这次会议签订的目标责任状，在全面完成 33 项指标任务的基础上，结合实际推出一系列“自选动作”，大胆实践，创新创优，努力为深化医药卫生体制改革趟路子、出经验，把医改工作不断推向深入，向省委、省政府，向全市人民交上一份满意的答卷。

（2010 年 7 月）

【盐城市】

我市深化医药卫生体制改革工作，按照省委、省政府统一部署，采取扎实措施，积极推进各项工作的落实，圆满完成了时序目标任务，现将有关情况汇报如下：

一、关于深化医药卫生体制改革工作进展情况

去年 7 月 24 日省政府深化医药卫生体制改革工作会议后，我市围绕国家和省明确的深化医药卫生体制改革路线图和时间表，按照统筹谋划、突出重点、市县联动、部门互动的要求，深入调研，精心筹划，扎实抓好各项工作的落实，努力做到政策不变形，机制不走样、工作不落后。

（一）切实加强组织领导。深化医药卫生体制改革是党和政府的重大战略部署，也是重大民生工程。市委、市政府高度重视，成立了由常务副市长陈正邦任组长，市发改委、卫生、财政、人力资源与社会保障、食品药品监管局等 12 个部门为成员单位的深化医药卫生体制改革领导小组，并从发改、卫生、财政、人社、药监等部门抽调骨干人员集中办公，制定了例会、督查、简报等一系列工作制度，形成部门联动的工作机制；市政府多次专题研究卫生事业工作，李市长多次专题会办《2010—2015 盐城市区卫生资源布局规划》、《盐城市区社区卫生服务机构布点规划，及市区四级卫生服务体系建设工作，明确今年为卫生事业改革之年和建设之年，仅市区正在实施的卫生项目达 10 个，总投资 25.87 亿元。常务市长陈正邦和分管市长多次牵头调研、会办研究深化医药卫生体制改革的困难和问题;市医改办和各相关部门在深入调研的基础上,研究制定了《关于深化医药卫生体制改革的实施意见》及《关于深化全市基层医疗卫生事业单位人事制度改革的指导意见》、《基层医疗卫生事业单位工作人员收入分配制度改革指导意见》等配套文件。1 月 13 日市政府召开了全市深化医药卫生体制改革工作会议,明确了我市医药卫生体制改革工作任务、工作责任和工作要求。市医改领导小组又通过召开基本药物制度、基本公共卫生服务项目、新型农村合作医疗等不同层次的会议,对各地工作进行督查指导,有力推进了各项工作的落实。

(二)不断完善基本医疗保障制度。一是切实提高城镇职工、居民医保水平。加快实现医保制度全覆盖,全市城镇职工和居民医保参保人数分别达 108 万人和 97 万人,参保率分别达 97.1% 和 99.3%。除东台、响水等地省属农场、盐场的 4241 名退休职工近期才并入当地医保外,其余 8.6 万名困难破产企业退休人员全部纳入职工基本医疗保险,占 95.4%。全市 16.75 万困难企业职工已有 13 万人参加职工医保,占 80.77%,2.99 万人参加了居民医保,占 17.86%,0.23 万人参加了新农合或异地参保,占 1.37%;驻盐高校 6.4 万名大学生全部纳入居民医保。强化医疗保障能力,今年我市在去年实行居民医保差别化标准(成年居民 100 元~140 元,学生儿童 80 元左右)、实现居民医保全覆盖的基础上,进一步统一和提高了居民医保标准,目前,全市所有统筹地区已调整到 120 元以上。2009 年,我市城镇职工、城镇居民医保政策范围内医疗费用报销比例分别达 81% 和 63%。为进一步提高参保人员的受益率,今年全市各地全面实行门诊统筹和居民连续参保时间与统筹报销待遇挂钩的激励政策,全市居民医保最高支付限额达 8 万元. 城镇职工医保统筹基金最高支付限额均达当地职工年均工资的 6 倍以上,其中大市区取消了最高支付限额,各县(市)均达 20 万元以上,居民医保基金和职工医保统筹基金累计结余率分别为 14.1% 和 8.7%。积极探索医疗保险市级统筹,通过建立医保基金风险调节金制度,依托"金保工程"平台统一信息系统,加快住院医疗一卡通工程建设等措施,全市 9 个县(市、区)已全部实现门诊医疗个人账户一卡通和医保经办机构与定点医疗机构、定点零售药店直接结算,7 个县(市、区)实现市级联网实时结算。二是不断巩固发展新型农村合作医疗制度。今年以来,我市以提高新农合保障水平为核心,进一步完善住院统筹与门诊统筹相结合的补偿模式,全市各级医疗机构报销比例提高了 10% - 15%,最高支付限额达到农民上年人均纯收入的 10 倍以上;以提高新农合管理质量和参合群众受益水平为重点,严格基金使用管理和转诊管理考核制度;以改革支付方式为突破,大力推进盐都、射阳新农合综合支付方式试点改革,全面推行按病种付费方式;以方便群众为宗旨,不断完善信息系统建设,实现市级新农合定点医疗机构即时结报。1—6 月份,全市新农合参合率达 99.83%,与去年基本持平。人均筹资 156 元,增加 51.89 元,实际补偿比达 44.43%,提高 3.08 个百分点。三是努力实现医疗救助与医保同平台运行。积极开展医疗救助,逐步建立资助参合参保、诊疗费用减免、医疗统筹补偿、医疗救助、慈善大重病救助、大重病一次性补助的多元、梯度救助机制。2009 年,全市累计救助农村居民 28.42 万人次 2455 万元、城市居民 3.18 万人次 831 万元。东台、大丰和射阳已完成城乡医疗救助与城镇居民(职工)基本医疗保险、新型农村合作医疗同步结算平台衔接,滨海完成农村医疗救助与新型农村合作医疗同步结算平台衔接。其中东台城乡医疗救助与城镇居民(职工)基本医疗保险、新型农村合作医疗同步结算形式受到民政部表彰,被命名为"东台模式"。

(三)积极实施基本药物制度。我市东台和大市区自 2 月 7 日实施基本药物制度以来,全市 50 个乡镇卫生院、12 个社区卫生服务中心和 627 个实施一体化管理的村卫生室、50 个社区卫生服务站累计诊疗 147.6 万人次,增长 18.06%。次均门诊费用 59.36 元,住院费用

1960.83 元，分别下降 20.6% 和 17%。我们主要做了以下几个方面工作：一是规范基本药物配备使用。首批实施地区以区（市）为单位通过省药品集中采购平台集中采购基本药物品种 2397 个 5977.91 万元，全部实行中标配送企业统一配送和零差率销售。全市实施基本药物制度的基层医疗机构于 3 月 25 日停止使用目录外用药，累计清理目录外药品 2142 种 1654 万元。加强基层医疗卫生机构监督管理，未发现与中标企业进行二次议价行为。组织基层医疗卫生机构人员集中培训学习《国家基本药物临床应用指南》、《国家基本药物处方集》，不断规范用药行为。二是强化政策保障。为保证实施基本药物制度的基层医疗机构的正常运转，明确市财政对亭湖区 7 个街道社区卫生服务中心经常性收支差额，按不超过省补助后缺口的 50% 进行补助，其他基层医疗卫生机构经常性收支差额由地方政府统筹解决。目前，首批实施地区均明确了基层医疗机构经常性收支差额的补助标准和村卫生室补助办法，东台市按照 2009 年村卫生室药品实际利润予以补助，亭湖区每年补助每个村卫生室 3 万元。截至 6 月底，首批实施地区共拨付资金 2964 万元。其中东台市 1416 万元，盐都区 600 万元，亭湖区 918 万元，市开发区 30 万元。同时，进一步完善医保政策，将城镇职工、居民医保和新农合基本药物报销比例各提高 5 个百分点。三是强化基本药物质量监管。按照本辖区基本药物生产企业、中标配送企业和基层医疗机构“三个”全覆盖的要求，先后开展了基本药物生产企业处方工艺核查、基本药物配送专项检查和基层医疗机构基本药物使用环节专项督查，抽检药品 243 批次，其中基本药物品种 106 批次，未发现不合格基本药物品种。

（四）基层医疗卫生服务体系不断完善。我市各县（市、区）严格按照每个县有一所公办标准化县级医院，每个镇有一所公办卫生院，每个行政村或 3～5 千人口有一个标准化村卫生室的要求，切实加强基层医疗机构基础设施建设，不断提升服务内涵，初步形成了基本满足群众需要的基层医疗卫生服务体系。一是强化基础设施建设。2009 年以来，全市共实施 123 个基础设施建设项目，计划总投资 13.16 亿元，目前已竣工 57 个，开工建设 31 个，其余 35 个即将开工建设。同时，完成 2054 个村卫生室标准化建设，全面完成村卫生室标准化建设任务。二是深化人事分配制度改革。根据省乡镇卫生院和社区卫生服务中心设置标准，完成东台、盐都、亭湖、大丰和建湖基层医疗卫生机构编制核定工作，响水、滨海、阜宁和射阳已报省待批。同时，全面推行全员聘用制，实行定岗定薪、绩效考核，把个人工作报酬与工作实绩挂钩，提高了卫技人员的积极性。三是强化考核。以实施基本药物制度为契机，加强基层医疗卫生机构绩效考核，出台了《基层医疗卫生机构绩效考核意见》等文件，重点加强基层医疗卫生机构组织管理、服务数量、服务质量以及群众受益等方面的考核，形成了全市基层医疗卫生机构绩效考核政策框架。各地依据文件精神，进一步细化工作数量和质量指标，制定了公共卫生项目服务清单，并通过定期督查，加强考核管理，实行年初预拨、年终决算的办法，提高了卫生服务质量。四是加强人才队伍建设。建成全科医师培训基地 10 个，住院/专科医师规范化培训基地 9 个，仅去年免费接受乡镇卫生院进修人员 456 人次，培训基层医务人员 1000 多人，公开招募 26 名本科生到乡镇卫生院工作，定向乡镇基层医疗卫生机构培养大专生 72 名，完成 5938 名乡村医生中专学历补偿教育。扎实开展卫生支农工作，全市已有 37 个市、县医疗卫生单位与 134 个建制乡镇卫生院签订了对口支援协议，实现了卫生支农全覆盖。阜宁县通过县乡纵向合作，强化县级医疗机构对基层医疗卫生机构的指导，实现资源共享，提高基层医疗卫生机构的服务能力。同时，为稳定乡村医生队伍，市政府出台了《关于切实解决乡村医生养老保障问题的意见》，目前射阳、阜宁等 6 县已落实乡村医生的养老待遇。

（五）逐步推进基本公共卫生服务均等化。2009 年，甲、乙类传染病总发病率为 105.76/10

万,孕产妇死亡率为2.6/10万,婴儿死亡率为3.76‰,五岁以下儿童死亡率为5.1‰,出生缺陷发生率为4.3‰。一是加强公共卫生服务体系建设。坚持关口前置、重心下移,切实加强乡镇卫生监督体系建设,建成乡镇分所21个,全市已有8个县(市、区)实现全覆盖,盐城和大丰卫生监督所被评为“达标示范单位”,滨海卫生监督所被评为“达标单位”。加强基层医疗卫生机构妇、儿保门诊规范化建设,进一步强化基本公共卫生服务项目管理工作,基本公共卫生服务能力不断提高。二是规范实施基本公共卫生项目。按照省人均15元公共卫生服务经费标准,多渠道筹措资金1.12亿元,通过专账管理、专款使用,年初预拨、年终考核结算,认真实施9类22项基本公共卫生服务项目。积极推进基层医疗卫生机构信息化建设,全市60岁以上城市老年人建档率达90.96%,农村达87.8%。三是扎实抓好重大公共卫生项目。认真实施15岁以下儿童补种乙肝疫苗。白内障复明工程、农村妇女“两癌”检查、免费婚检、农村妇女住院分娩补助、孕前和早期补服叶酸和农村改厕等重大公共卫生项目,全市已有8个县(市、区)实行免费婚检,婚检率达49%,提高3倍,完成农村改厕10.9万座。

(六)稳步推进公立医院改革。我市在研究确定市口腔医院作为公立医院改革试点单位的同时,重点围绕完善公立医院管理体制、运行机制、监管机制、补偿机制,按照统筹安排、突出重点、积极探索、以点带面的思路,加以推进。一是完善医疗机构评价机制。在进一步调整充实专家评审库的基础上,通过调研初评和现场评审,以及平时考核与年度考核相结合的办法,对全市10所二级医院进行了综合评审,其中东台市人民医院等7所医院达二级甲等综合医院的标准,盐都区第二人民医院等3所医院达二级乙等综合医院的标准,医院评审工作迈上了制度化、科学化、规范化的轨道。二是创新监管措施。围绕优化医疗卫生服务,市卫生部门、医疗机构等分别从不同的角度、不同的层次,开展“三服务一提升”、健康服务进万家、十佳服务科室、二十佳服务窗口、三十名服务明星评选等活动,着力解决就医环境、服务流程、服务态度、诊疗质量、投诉处理、廉洁行医等方面的问题。全市医疗服务质量明显改善,群众满意度不断提高。三是不断提高服务内涵。相继在市一院和建湖县人民医院开展了22个专业112个病种临床路径试点工作,不断规范诊疗行为。同时,全面推广市三院无陪护理经验,加强专科护理培训,不断提高临床护理专科化水平。四是构建和谐医患关系。通过建立第三方调解机构,加强与商业保险机构合作,使一大批医疗纠纷得到妥善解决,全市239家医疗机构投入892.29万元参加了医疗责任保险,实现一级以上公立医院全覆盖,省司法厅给予了高度评价。深入开展平安医院创建活动,市一院成为省首批“平安医院”。

二、关于下一阶段深化医药卫生体制改革的打算

当前和今后一段时期,正是我市深化医药卫生体制改革的关键时期,我市将按照《全省医药卫生体制五项重点改革2010年工作安排》要求,着力抓好以下几项工作:

(一)完善基本医疗保障制度。完善新农合信息系统建设,加强与省级定点医疗卫生机构的衔接,实现省内定点医疗服务机构现场结报。积极探索新农合支付方式改革,努力控制医药费用不合理增长,实现住院病人次均费用零增长目标。

(二)积极实施基本药物制度;在进一步完善首批实施基本药物制度的基层医疗卫生机构运行机制、补偿机制、监管机制的同时,着力做好第二批实施基本药物制度地区的各项准备工作,确保按照省统一部署适时启动。

(三)加快基层医疗卫生服务体系建设。结合新一轮乡镇行政区划调整,进一步完善基层医疗卫生机构规划,建立科学的层级服务体系。积极创建示范乡镇卫生院,加快县医院、中心卫生院、村卫生室和城市社区卫生服务机构基础设施建设步伐,确保全面完成年度目标任务。积极推进基层医疗卫生机构综合改革,不断提高基层医疗卫生机构运行效率和服务质量。

（四）全力推进基本公共卫生服务均等化。加快城市居民健康信息系统建设，做好射阳农民健康档案国家试点县工作，推进健康档案电子化管理，全面提高基本公共卫生服务水平。根据省统一部署，重点抓好 15 岁以下儿童补种乙肝疫苗、白内障患者复明手术等重大公共卫生项目，确保完成率达 100%。

（五）稳步做好公立医院改革工作。进一步完善市口腔医院试点改革方案，着力在运行机制、监管机制上求突破，努力为公立医院改革探索新经验。

（2010 年 7 月）

【扬州市】

中央和省委、省政府部署深化医药卫生体制改革工作以来，我市按照中央和省的部署要求，强化组织领导，健全工作机构，完善政策措施，广泛宣传发动，积极稳妥、务求实效地推进深化医改五项重点工作，取得了阶段性成效，重点工作任务落实，社会普遍反映良好。

一、深化医药卫生体制改革五项重点工作进展情况

我市按照省政府要求，先后制定了《扬州市医药卫生体制五项重点改革 2009 年工作安排》和《全市医药卫生体制五项重点改革 2010 年工作安排》，并根据省政府的统一部署，有计划、有步骤地推进医改五项重点工作。

（一）“全民医保”的目标基本实现

截至今年 6 月末，全市城镇职工基本医疗保险参保达 91.8 万人，城镇居民基本医疗保险参保 56.1 万人，参保率均达到 95% 以上；新型农村合作医疗参合 286.6 万人，参保率达 99.8%，基本达到应保尽保的目标。

1. 突出解决好特殊困难人员医保问题。对老年居民、未成年居民、特困居民、大学生等群体参加城镇居民医保，以及广大农村居民参加新农合均给予参保补助，今年我市各级财政对城镇居民医保和新农合人均补助标准达到 120 元。大力推进关闭破产企业退休人员进医保，到 2009 年底，全市 8.2 万人关闭破产企业退休人员已全部参加基本医疗保险。此外，大力推进农民工进基本医疗保险，参保人数已达 18.98 万人；着力推进大学生进医保，市区 7.7 万名大学生也在去年全部纳入城镇居民基本医疗保险范围。

2. 不断提高基本医疗保障筹资和待遇水平。今年，我市将新型农村合作筹资水平由人均 120 元提高到人均不低于 150 元，城镇居民医保市区提高到人均 400 元。同时，我市通过连续的政策调整，进一步降低城镇职工和城镇居民基本医疗保险住院起付线，提高报销比例和最高支付限额，并建立了门诊费用统筹制度。目前，我市在职职工、退休人员、城镇居民医保目录范围内住院报销比例分别达到 80%、90% 和 60%。对于新型农村合作医疗，我市在重点保障住院和门诊大病的同时，将普通门诊费用纳入基金支付范围，进一步缓解了农民医药费用的负担。今年我市县、乡两级政策范围内住院补偿比例达到 60%，实际补偿比例达 45% 以上，最高支付限额提高到当地农民人均纯收入的 8 倍以上。

3. 不断提升医疗保障管理服务水平。我市城镇职工医疗保障已全部做到全程实时结算，并在 2009 年开通了沪扬异地就医结算平台。全市新农合定点医疗机构均建立了网上结报系统，正与省新农合进行联网，基本做到“即看即报”。此外，我市高邮市被确定为综合付费方式改革试点市，宝应县、江都市、仪征市和邗江区为按病种付费试点县（市、区）。

4. 积极开展城乡基本医疗救助工作。近年来，我市不断整合资源，切实加大医疗救助的力度。目前，低保对象、特困职工，残疾人就医时均可享受一次免费、二次减免、三次补助救助办法，即免费参加城镇居民医疗保险，医疗费用按规定给予减免，大病给予补助，并实现了医疗救助一站通结算。

（二）基本药物制度建设稳步推开

我市按照国家和省总体部署，制定了《关于实施国家基本药物制度的意见》、《扬州市实施基本药物制度基层医疗卫生机构经费补助办法》,明确了实施步骤。目前,广陵区、维扬区、仪征市三个试点地区已全面实施。基本药物制度实施以来,各社区卫生服务中心日门诊量较去年同期上升 18.5%,医疗费用下降 30% 左右。1. 严格按规定采购配备基本药物。今年 1 月,我市下发《关于试点县(市、区)基层医疗卫生机构基本药物零差率药品遴选工作方案》和《关于遴选我市基本药物零差率药品配送商及组织采购的办法》,在国家公布的基本药物 307 个品种和省增补的 292 个品种中,依据公平、公开、公正的原则,优先考虑基层医疗机构在用品种,按照“一品两规”和“一规两厂”的要求在省公布的中标(入围)产品中选择药品近 2000 个品规。目前广陵区、维扬区、仪征市三个试点县市区的 27 家社区卫生服务中心已全部配备、使用和零差率销售基本药物。

2. 切实强化对基本药物的质量监管。加强对基本药物生产企业监管。将我市生产基本药物的 10 家企业 199 个批准文号 77 个中标品种作为年度药品安全监管工作的重中之重,对每家企业每年开展 2 次以上的专项检查,并建立基本药物品种监管档案,从源头上保证基本药物质量安全。加强基本药物配送企业监管。建立基本药物质量管理领导小组,负责基本药物采购、仓储、配送、电子监管、应急处置等工作,对基本药物配送企业和试点医疗机构的监督检查覆盖率达到 100%。加强基本药物质量监督抽验。截至 6 月底,全市共抽验国家基本药物目录及省增补目录药品 265 批次,占已抽验药品的 42.4%,其中生产企业 26 批次、配送企业 85 批次、基层医疗机构 154 批次。

(三)基层卫生服务体系基本形成“15 分钟健康服务圈”

到目前为止,全市已建成城乡社区卫生服务中心 108 个,社区卫生服务站 1044 个,社区卫生服务中心(站)覆盖率城市达 100%,农村达 97% 以上。建成省示范社区卫生服务中心 10 个。

1. 加强社区卫生服务机构标准化建设。通过加大投入,全市社区卫生服务机构标准化建设率达 50%。今年有 38 个社区卫生服务中心进行标准化建设,年内标准化建设率将达到 70%。社区卫生服务除开展医药卫生服务外,还积极组织建立居民电子健康档案,定期开展免费检测、指导用药、健康管理等服务,目前城乡 60 岁居民健康档案建档率达 80%。

2. 基层医疗卫生机构人才队伍不断加强。加快基本医疗卫生机构的编制核定工作。实施基本药物制度的仪征市、广陵区、维扬区三地基层医疗卫生机构完成了编制核定工作,其他地区正按照基本药物制度要求,抓紧推进编制核定工作。此外,为提高基层卫生人员素质,我市还积极组织城乡基层卫生人员参加专业培训、继续教育和乡村医生学历补偿教育,全科医师培训。2009 年,我市为农村基层定向培养 30 名大专卫生人才,完成继续医学教育培训 16000 余人次。

3. 加强城市大医院与基层医疗卫生机构的帮扶共建。目前,全市有 22 家市、县级医疗卫生机构对口支援 129 家基层医疗单位和社区卫生机构,311 名医务人员到基层帮助工作。同时,我市还实施了城市医院与社区卫生服务中心双向转诊制度,推行社区责任医生制度和团队服务模式,让老百姓在家门口就享受大医院专家服务。今年 1—6 月,全市大医院副高级以上医师进社区、到农村坐诊帮扶达 1078 个工作日。

(四)大力推进基本公共卫生服务逐步均等化

免费为城乡居民提供 9 大类 22 项基本公共卫生服务,截至 2010 年 6 月底,全市城乡人口和项目覆盖率达到 80%。免费为适龄儿童、外来务工者提供 11 种疫苗预防接种,接种率达 98% 以上,15 岁以下乙肝疫苗补种率达 97% 以上,超额完成了省下达的疫苗补种任务。实施农村妇女分娩补助 2 万多人,为农村育龄妇女普遍免费服用叶酸,宫颈癌、乳腺癌免费筛查 3 万多人。突出抓好重大疾病防治,血吸虫、艾滋病、结核病、手足口病等重大疾病预防控制工作得到有效落实，建立重大传染病疫情、食物中毒和职业中毒的预警机制。

（五）稳妥推进公立医院改革试点

根据市委、市政府《关于深化医药卫生体制改革的实施意见》，我市确定扬州市第二人民医院为市级公立医院改革试点单位，市委、市政府领导高度重视，市政府主要领导和分管领导多次调研并作出指示，力求在管理体制、运行机制、补偿机制、监管机制等重点和难点方面探索出一条路子。目前，《扬州市第二人民医院（市惠民医院）综合改革试点方案》已草拟完毕，初步打算将按照构建 15 分钟健康圈的要求，把市二院建成服务于本区域的综合医院，在此基础上，拓展服务功能，建成全市的惠民医院，方便群众看病就医。同时，积极推动医疗卫生机构收入分配和运行机制改革，调整对在职人员经费补贴方式，从经营收入中给予解决，变“养人办事”为“办事养人”，将财政补贴与医疗服务挂钩与保证公益性质挂钩，提高资金使用效率。

二、深化医药卫生体制改革的主要措施

（一）强化组织领导。去年全省深化医药卫生体制改革工作会议后，我市市委、市政府连续召开会议，市委、市政府主要领导多次批示，研究部署我市深化医改工作，为全市医改工作打下了扎实的基础。根据省有关要求，我市以及所属各县（市、区）均成立了市深化医药卫生体制改革领导小组和医改办公室，明确了领导小组成员单位职责分工，制定了工作计划，并在去年底召开了全市医改大会，进一步统一思想，广泛发动。此外，我市先后颁布实施了《关于深化医药卫生体制改革的实施意见》、《关于完善政府卫生投入的实施意见》、《关于实施基本药物制度的意见》、《扬州市实施基本药物制度基层医疗卫生机构经费补助办法》、《关于做好基层医疗卫生机构编制核定工作的通知》、《关于深化全市基层医疗卫生事业单位人事制度改革的实施意见》、《扬州市基层医疗卫生事业单位工作人员收入分配制度改革实施意见》、《扬州市基层医疗卫生机构内部管理制度改革指导意见》、《扬州市关于促进基本公共卫生服务逐步均等化的实施意见》、《扬州市基本公共卫生项目资金绩效考核办法》、《关于完善和发展新型农村合作医疗制度的意见》、《关于进一步完善城乡医疗救助制度的意见》、《关于认真贯彻实施深化医疗服务价格改革的意见的通知》等十三个文件。

（二）建立多渠道投入机制。强化各级政府在提供公共卫生和基本医疗服务中的主导地位，具体做到“三完善、一落实”：即完善政府对公共卫生的投入机制，城乡公共卫生服务经费和专业公共卫生服务机构运行经费由政府全额安排；完善政府对城乡基层医疗卫生机构的投入机制，政府对其举办的基层医疗卫生机构运行成本给予补助补偿，并对提供公共卫生服务的社会办医疗卫生机构等给予补助；完善政府对基本医疗保障的投入机制，财政提供必要资金，建立和完善“新农合”、城镇居民医保、城镇职工医保和城乡医疗救助制度；落实公立医院政府补助政策，逐步加大投入，形成规范合理的投入机制。同时，鼓励和引导社会资本参与，大力发展医疗慈善事业，以形成“投资主体多元化、投资方式多样化”的新格局。2010 年，市财政对医疗卫生投入安排 1.78 亿元，较 2009 年增长 30%。

（三）完善绩效考核制度。市政府明确对各地各有关部门医改工作的重点目标任务完成情况进行督查，进行绩效考评，并建立严格的目标管理考核制度，将此次医改目标任务完成情况作为评价各级领导干部的重要依据。同时，建立投入与产出的绩效评价机制，对效率和效果，特别是对资金使用是否符合计划方向，是否存在挪用和浪费，投入的基础设施建设和设备配置是否取得预期效果等加强评测。此外，我市特别重视基本公共卫生服务绩效考核方面，2008 年曾邀请复旦大学专家制定《扬州市城市社区卫生服务机构公共卫生服务项目绩效考核评估标准》、《扬州市基本公共卫生服务项目资金绩效考核办法》，对基本公共卫生服务实行了分级管理，实行一次预算、二级管理、三次拨付的管理办法。即由社区卫生服务机构编制预

算,市区两级共同审核,补助资金分三次拨付办法。在考核管理上,由区级行政部门进行日常管理和考核的同时,还组织相关专家和群众对此进行百分考核,考核结果与资金拨付挂钩并作为调整和优化下年度预算支出的依据。

(四)加强舆论政策宣传。医药卫生体制改革涉及面广、政策性强,需要社会方方面面的理解、支持和参与。我市在推进深化医改工作的同时,积极做好舆论宣传和政策解读工作,一方面向要广大人民群众深入宣传医改的重大意义、目标、原则、任务和措施,同时,讲清医改的艰巨性、复杂性,正确引导社会预期另一方面调动广大医务工作者参与医改的积极性、主动性和创造性,维护好他们的合法权利,确保医改工作的顺利实施,并取得实质性成效。

三、深化医改工作下一步打算

下一步,我市将按照省委、省政府统一部署,全面推进医药卫生体制五项重点改革,不折不扣完成与省政府签订的《医改工作责任书》。重点一是加快推进基本医疗保障制度建设。继续推进城镇职工基本医疗保险、城镇居民基本医疗保险以及新农合扩面参保工作,稳定参保率。同时,进一步提高基本医疗保障筹资水平和待遇水平,健全城镇居民医保和新农合门诊统筹工作,加强医保服务管理,探索建立基本医疗保险市级统筹机制。二是推进和完善基本药物制度。今年,我市新增邗江区、市经济技术开发区实施国家基本药物制度。严格执行政府办基层医疗卫生机构全部配备使用、零差率销售基本药物的规定,提高基本药物报销比例。积极探索促进公立医院使用基本药物的政策措施,推进其他各类医疗机构将基本药物作为首选药物优先选用,同时,切实加强对基本药物生产经营和使用的监管。三是健全基层医疗卫生服务体系。进一步推进基本医疗卫生服务机构标准化建设,加强基层医疗卫生机构人员队伍建设,推动基层医疗卫生机构人事制度、收入分配制度、内部管理等多方面的综合改革。督促各地落实对乡村医生承担公共卫生服务、村卫生室实行基本药物零差率销售给予合理补助,落实乡村医生养老保障政策。四是促进基本公共卫生服务均等化。全面落实9类国家基本公共卫生服务项目,并鼓励各地增加服务内容,提高人均经费标准。继续实施血吸虫病、结核病、艾滋病等重大疾病预防控制项目和国家免疫规划及农村孕产妇住院分娩补助等项目。构建公共医疗卫生服务信息平台,重点推进城乡居民电子健康档案建设。五是推进公立医院改革试点。制定出台我市公立医院改革试点实施方案及相关配套文件。继续推进试点医院扬州市第二人民医院公立医院改革工作。同时,强化区域卫生规划,合理确定公立医院功能、数量和规模,优化结构和布局,完善服务体系,逐步建立公立医院之间、公立医院与城乡基层医疗卫生机构之间的分工协作机制。

(2010年7月)

【镇江市】

去年7月24日省政府确定镇江作为全省公立医院改革试点城市后,我市高度重视,迅速建立了医改工作联席会议制度和工作班子,出台了《深化医药卫生体制改革的实施意见》、《公立医院改革试点的实施意见》等一批配套文件。从去年9月开始,全面启动以公立医院改革为核心的五项改革,组建了江苏康复、江苏江滨两大医疗集团,在全市范围内全部实施了基本药物制度,基本医疗保障制度建设、基层医疗卫生服务体系建设、基本公共卫生服务等工作继续巩固提升。根据本次会议的安排,现将我市医改工作推进情况汇报如下:

一、一年来医改工作推进情况

根据国家和省确定的改革目标和总体思路,我市医改工作的总体安排是:“一核心四同步”,即以公立医院改革试点为核心,同步推进基本医疗保障、基本药物制度、基层医疗卫生服务和基本公共卫生服务四项改革,形成互相促进、协调发展的良好局面。力争通过一年的努力,在2010年底基本完成国家和省明确的公立医院改革试点任务。通过改革,达到“三提高一降低”的目标,即:提高医疗服务质量和水平、提高医务人员积极性、提高社会满意度,降低医疗服务成本和费用。

对照省政府确定的目标任务，一年来我市医改五项重点工作的推进情况为：

（一）公立医院改革试点情况

去年 11 月 6 日我市正式组建以资产为纽带、紧密型的江苏康复医疗集团和以技术为纽带、松散型的江苏江滨医疗集团，两大集团分别以镇江市第一人民医院、江苏大学附属医院为核心，以专科医院、社区卫生服务机构为成员。并分别成立了由政府相关部门代表、辖区卫生局负责人、成员医院院长、有关专家和医院职工代表为成员的理事会和监事会。集团的理事会形式，既是管办分开，又是法人治理结构的一种形式。市政府委托卫生行政部门履行市直公立医院出资人职责，负责建立公立医院法人治理结构，确定公立医院规划和发展方向，监督公立医院资产和运营。理事会对出资人负责，就医院运营中的重大事项通过全体会议形式进行决策。医疗集团院长对理事会负责，拥有医院的经营管理和人事管理权。建立分级分层的绩效考核评估体系，理事会建立考核集团院长为核心的医疗集团绩效考核办法，医疗集团建立对成员医院的考核办法，成员医院负责对科室和医务人员的考核。同时，建立了集团党政联席会议、党委会、院长办公会等会议制度，构建了日常工作运转体系，两大集团全面进入实质运行。

在布局结构方面，康复集团根据功能定位，易地规划建设市精神卫生中心；在南徐新城新址建设市二院，对集团相关学科进行整合，使新二院成为专科特色鲜明的综合医院。江滨集团发挥技术和管理优势，展开技术合作，加强成员医院的专科建设，与市三院合作共建综合门诊部，与市中医院合作开展中西医结合专科建设，与解放军第三五九医院合作开展骨科疾病研究等。

在资源整合方面，康复集团建立临检、影像、采购配供、消毒供应、信息和社区卫生服务管理等 6 大中心。江滨集团成立专家会诊中心、社区全科医生规范化培训中心、社区健康宣教中心和病人双向转诊中心等。同时，大力推进技术力量、检查设备、后勤服务等医疗资源在集团内部医院之间、集团所属医院与社区卫生服务机构之间的共享。

在内部运行机制上，全面推行医院全成本核算，强化医院风险经营意识，加强医院财务监管，严格预算和收支管理，降低成本，提高效益。深化医院人事分配制度改革。实行岗位聘用制、结合新一轮事业单位绩效工资改革，完善以专业技术能力、工作业绩和医德医风等为主要评价标准的绩效考核体系，将医疗集团发展和职工个人利益紧密联系，有效调动医务人员积极性。目前、两大集团已形成一整套基本的内部运行机制。

（二）基本医疗保障制度建设情况

围绕“两基本一救助”的基本医疗保障体系，着力于制度的创新和整合，促进基本医疗保障制度在全市范围内的共建共享。积极推动扩面参保工作，认真落实对困难企业职工、农民工和在校大学生等重点扩面人群参保工作。截至目前，全市社会医疗保险参保 250 万人，全社会医保人口覆盖率 92.3%，其中市区达到 95%。新农合参合人口 157.86 万人，参合率达 99.97%。将新农合与城镇居民基本医疗保险并轨运行，实现农村居民与城市居民同等待遇。居民医保（新农合）人均筹资全市均不低于 205 元，其中各级财政补助标准提高到人均 130 元，提前实现省定标准。职工医保和居民医保统筹基金最高支付限额，分别提高到职工平均工资和居民人均收入的 8 倍。职工医保取消了最高支付限额，参保人员制度内费用报销比例达到 87% 左右。自今年 1 月 1 日起建立自费医疗补充保险制度，参保人员住院期间发生的医保报销范围以外的费用可报销 40%。

积极探索推进医保市级统筹。今年 1 月 1 日起，实现了医疗保险市区统筹（含京口、润州、丹徒区和镇江新区）。异地就医结算加快推进，去年我市开通与上海、南京的医保异地就医结算。今年 5 月 1 日起实现外地驻镇医保人员在镇江直接刷卡看病，其中与南京已实现双向异地就医实时结算。同时,建立城乡统一的社会医疗救助体系,形成了救助工作统一由医保机构经办、其他部门分工协作的机制,让每位救助对象都享有基本医疗保障。对年满60岁以上参加居民基本医疗保险的救助对象实行了“基本医疗服务包”救助办法,门诊基本医疗免费。

(三)基本药物制度实施情况

经过两级政府的共同努力,至今年2月28日,我市六个辖市、区和镇江新区基层卫生机构全面实施基本药物制度,实现基本药物制度全覆盖,成为全省首个全部实施基本药物制度的省辖市。目前,三个辖市和丹徒区所有基层医疗卫生机构执行国家和省目录599种,村卫生室执行国家目录307种,全部按零差率销售。

以辖市(区)为单位在“江苏省药品集中采购平台”上集中采购基本药物,严格执行省公布招标价格,全部做到“五统一”。建立大市协作调剂机制,各辖市基本药物集中采购和统一配送率达90%以上,辖区配供率达95%以上。明确了财政补助方案并将补助资金纳入财政预算,在今年实施基本药物零差率中,市本级新增补贴4000万元,各辖市区政府新增补贴3亿元。通过实施基本药物制度,全市基层医疗卫生机构药品价格平均降低44.38%,门急诊量增长16.9%,门诊均次费用平均下降21.6%。

(四)基层医疗卫生服务体系建设情况

按照“保基本、强基层、建机制”的要求,我市将城市社区卫生服务机构纳入医疗集团,增强大医院对社区的辐射作用、帮扶作用,建立集团医院与社区卫生服务机构科学合理的分工协作机制。今年首先重点抓好市区社区卫生服务机构标准化建设,市政府制定下发《医疗集团社区卫生服务机构标准化建设的意见》。明确建设主体为辖区政府,落实建设投入责任;明确管理主体为两大医疗集团,落实技术和管理责任。市区两级投入3500万元,推进社区卫生服务机构标准化建设。

目前,两大集团所属14家社区卫生服务中心,从硬件到软件全面提升,已初步达到省定建设标准。医疗集团通过采取专家坐诊、人员进修培训、业务指导等灵活多样的形式,对社区卫生服务机构的临床诊疗技术等进行帮扶,将医疗集团的优质资源适度转移到社区,增强社区的基本医疗服务能力。

集团各医院开通社区卫生服务机构双向转诊绿色通道,采取“一免三优先”措施,社区转大医院免挂号费,优先预约专家门诊,优先安排辅助检查,优先安排住院等,大医院将一般常见病、多发病、诊断明确的慢性病、康复期患者或临终关怀患者,及时下转到社区卫生服务机构诊治,并提供治疗方案和定期查房临床指导,使“小病在社区、大病进医院、康复回社区”得到有效落实。

我市先后制定了基层医疗卫生服务体系建设、基本药物财政补助、医保报销和编制核定、绩效考核、人事分配制度改革等十多个配套文件,积极推进基层医疗卫生机构综合改革。按照省规定标准,完成了城市社区卫生服务中心和乡镇卫生院人员编制核定。在辖市和丹徒区,重点推进医疗卫生服务机构“三改二”,打破行政区划和地域界限优化调整布局,全面推进镇村一体化建设,将原来县、镇、村三级医疗机构改为县级医疗机构、镇村一体化的基层医疗卫生机构两级。

(五)基本公共卫生服务推进情况

坚持政府购买服务的理念,加大政府对公共卫生的投入,人均基本公共卫生服务经费在2009年达到15元的基础上,今年提高到人均20元。政府免费为城乡居民提供省定的基本公共卫生服务,足额财政预算安排资金落实重大公共卫生项目。对应由各级政府举办的疾控、防疫、精神病诊疗、妇幼保健、中医诊疗等,由政府性资金给予保障。同时,加强绩效考核制度建设,强化目标管理,对基本公共卫生服务和重大公共卫生服务项目进行量化考核。

二、下阶段深化医改的工作安排

深化医改关系到广大人民群众的切身利益,任务艰巨、时间紧迫、责任重大,尽管一年来我市抓紧开展各项工作,积极进行了有益的探索,但取得的成绩还只是初步的,下阶段的工作更加繁重艰巨。我们将以这次全省医改工作会议为契机,认真贯彻落实这次会议精神,抓紧全面完成改革试点任务,为江苏医改走在全国前列争作贡献。下阶段将重点抓好以下工作:

(一)深入抓好两大集团内部机制的完善和到位。坚持公益性与积极性的统一,继续细化和完善内部运行机制,推动各项规章制度全面执行到位。按照全省的统一部署,做好人事分配制度、绩效考核等改革,有效促进医务人员提高服务质量和效率。

(二)大力加强社区卫生服务机构的内涵建设。在全面完成标准化建设任务的基础上,进一步深化完善社区与大医院的"分级医疗,双向转诊"制度,加强慢性病在社区的管理,强化社区医疗机构上门入户服务,让社区真正成为满足群众基本医疗需求的可靠基地。

(三)加大财政投入,进一步调整优化政府投入方向。继续加大医保扩面力度,争取达到95%人口覆盖率目标,提高学生保险财政补贴标准,适时提高基本公共卫生经费补助标准。继续完善机制,建立稳定的财政投入机制,提高绩效考核水平。将政府投入重点放在逐步提高公共卫生标准、医保标准、重点专科建设、领军人才的培养,全科和住院医师规范化培训以及公共卫生基础建设上。

(四)下大力气抓好医药卫生信息化建设。按照全面满足医改需求,高效统一、系统整合、互联互通、信息共享的原则,总体设计,分步实施,加快卫生信息化建设步伐,在今年底基本完成以健康档案为核心的卫生信息化建设任务。

(五)认真做好基本药物制度的深化完善。一是建立药品生产企业和药品配送企业退出机制。二是建立多元化的基本药物补偿机制。结合绩效工资改革,对基层医疗机构实行基本药物制度后运转经费不足部分,采取财政专项补助、提高基本公共卫生补助标准等多种方式,使基层医疗卫生机构得到合理补偿。

(六)大力推进县级医药卫生体制改革工作。在抓好市区公立医院改革的同时,加强对辖市医改工作的指导和督查,整体推进全市医改工作,重点落实区域卫生布局规划和资源优化调整,推进镇村一体化建设。积极引导丹徒区依托两大医疗集团进行医疗资源整合。

【泰州市】

全省医改工作启动一年多来,在省委、省政府的领导下,我市坚持以科学发展观为指导,把深化医药卫生体制改革作为发展卫生事业的第一要务,稳步推进抓试点,突出重点抓扩面,严格政策抓落实,完善制度抓规范,全市医药卫生体制改革的各项工作进展顺利,取得了预期成效。

一、医改重点工作进展情况

(一)基本医疗保障制度基本实现全覆盖

一是以扩面增量为着力点,积极推进基本医疗保险制度建设。年初,我市按照省定扩面指标要求,进一步细化分解目标任务,将目标任务完成情况列入"三个文明"考核内容,形成一级抓一级、层层抓落实的责任体系。为确保灵活就业人员、被征地农民、破产企业退休人员及困难职工都能够享受医疗保险,我市制定了宽松的参保政策,进一步完善了参加职工医疗保险办法。为让进城务工人员、外来务工人员可以单独参加医疗保险和工伤保险,我市建立了断保救助基金。为多途径、多渠道的扩大参保人群,我市将各类园区企业、私营个体企业、外商投资企业、街道社区小企业作为扩面的重点,积极协调组织在籍学生参加医疗保险,进一步健全了征缴机制。据统计,目前,全市职工基本医疗保险参保人数达到92.6万人,城镇居民参保人数达到70.1万人,市区居民医保参保人数达12.6万人,覆盖面达99%;在籍学生(包括大学生)已全部纳入学生儿童医疗保险;新型农村合作医疗制度参加人数342.37万人,参合率达到99.53%。二是以普惠群众为出发点,不断调整完善报销政策。为使参保人员得到实惠,我市出台了大病统筹、门诊统筹办法,纳入医保的慢性病种由16种增加到32种,降低了住院辅助检查项目和乙类药品的自付比例,同时将基本药物全部纳入医疗保险目录范围,并将乙类药品的自付比例降低了10%。目前,我市职工医保最高支付限额达到30万元,政策范围内报销比例平均达到81%;居民医保最高支付限额平均达到20万元,政策范围内报销比例平均在60%以上。三是以群众满意为落脚点,大力开展新农合支付方式改革试点。为进一步方便农村医保对象就医、降低低保家庭医疗提前救助门槛、加大门(急)诊医疗救助力度,我市全面实施了门(急)诊补偿制度,建立了医疗救助资金,在部分乡镇建立新农合补充基金,在姜堰市实施住院预付补偿综合支付改革试点,在海陵区、靖江市、泰兴市开展单病种付费方式改革试点,对参合人员实施再补偿,努力使群众"看得起病"。2010年,全市一季度累计补偿9852万元,其中住院补偿比为45.16%,市(区)、乡二级政策补偿比分别达到63.02%、69.77%。

(二)基本药物制度实施工作顺利推进

一是加大组织推进力度。按照省医改办统一部署,我市的靖江市和海陵区为全省首批实施基本药物制度市(区)。为确保实施顺利推进,市政府制定出台《泰州市实施国家基本药物制度工作方案》、《泰州市基层医疗机构绩效考核办法》、《泰州市基层医疗机构内部管理机制实施意见》等8个配套文件,进一步明确了两级政府责任。同时对实施基本药物制度试点市(区),以2009年药品收入差额为基数,市政府给予50%的补助。靖江市每年财政补助6600万元,年终结合人员绩效工资考核结算,确保财政补助足额到位。海陵区年药品销售差价补助1100万元,市财政年给予补助550万元。二是完善基本药物遴选采购配送制度。根据靖江、海陵两市(区)上报的基本药物需求品种,市卫生部门及时组织专家对照国家和省中标(入围)的基本药物目录,遴选产生"泰州市基本药物采购目录",在两个实施市(区)基层医疗卫生单位实施,并选择4家配送企业负责基本药物的统一配送,两市(区)及时成立代采机构,基本药物制度实施工作扎实推进。截止到6月31日,两市(区)全面实行基本药物零差率销售,基层医疗机构药品平均降价46.5%,累计让利1400多万元。三是加强市场监督管理。市人大、市政协先后组织相关部门对两市(区)基本药物补助资金情况进行了专题督导检查,推动基本药物制度相关政策的落实。市食品药品监管局、市卫生局等部门和单位定期组织对基本药物目录的品种实行抽检,督促零售药店配备和销售基本药物;认真开展药品和医疗服务价格大检查,加强对存在安全隐患的重点品种、突出问题的治理,严厉打击非法药品买卖行为,确保药品市场规范有序、健康运行。

(三)基层医疗卫生服务体系建设全面加强

一是重点推进基层医疗卫生机构建设。全市将农村卫生机构基础设施建设列入民生工程组织实施,市财政对验收合格的乡镇卫生院、村卫生室分别给予5万元、1万元的奖励补助,对验收合格的社区卫生中心、卫生站分别给予8万元、3万元的奖励补助,全市中心乡镇卫生院、村卫生室建设得到全面加强。一年来,市及市(区)两级财政累计投入资金5980万元,新、改、扩建30个乡镇卫生院、472个村卫生室,建成乡镇卫生院107个、累计建成率87.10%,已建成村卫生室1043个、累计建成率89.99%。二是全面实施乡村一体化管理。推行农村卫生室"三制"、"四有"、"五统一"的乡村一体化管理模式,村卫生室服务水平进一步提升。三制:对乡村医生实行聘任制、工资制、保险制;四有:看病有登记、开药有处方、转诊有记录、收费有发票;五统一:统一机构建制、统一行政管理、统一业务管理、统一药械管理、统一财务管理。目前,全市以乡镇为单位一体化管理率达到92%。三是突出抓好基层医疗卫生队伍建设。全市已建立住院医师规范化培训基地5个,对基层240名住院医师进行了阶段性考核。组织基层800多名医护人员,参加社区全科医生和社区护士培训。乡村医生中专学历教育全面实施,全市已有2128名乡村医生通过了中专补偿学历教育第一阶段考试和教学评估工作。临床诊断技术对口支援合作成效明显,全市每个乡镇卫生院都有二级医院的医生挂钩长期服务。

一年来,全市先后选派 1420 名医务人员到农村基层开展卫技服务,开展手术 10674 例,会诊及疑难病例讨论 7689 次,开展新技术新业务 435 次,免费接受基层医院医务人员进修 667 人次,帮助卫生院建立特色专科专病 126 个。

(四)公共卫生服务取得阶段性成果

一是落实资金保障。我市将基本公共卫生服务项目和重大公共卫生项目经费投入纳入市(区)政府及市级相关部门目标管理考核内容,确保城市新增卫生投入主要用于社区卫生服务工作,并出台市区城乡基本公共卫生服务财政补助办法,明确城市基本公共卫生服务由市、区财政各负担 50%、农村基本公共卫生服务由各区财政负担。2010 年,市区按照人均 18 元的标准实施专项补助,市财政补助 450 万元。各市(区)财政都按照市政府确定的筹资标准及时安排专项补助资金,全市共补助 5275 万元。二是优化公共服务。加强居民健康档案工作,全市已建立统一规范的居民健康档案 113.6 万份,其中 60 岁以上老人建档 48.3 万份。加强妇女儿童健康保健工作,为辖区 3 周岁内婴幼儿以及孕产妇建立保健手册。加强计划免疫工作,上半年全市为适龄儿童免费接种一类疫苗 28 万人次,为重点人群疫苗强化接种 18 万人次。加强婚检、生殖健康检查等免费服务工作,去年,全市为生育、节育对象开展随访服务 103 万人次、生殖健康查治 28.45 万人、宫颈癌筛查 78605 人,并为 1200 对不孕不育夫妇开展了查治服务。三是严格考核管理。按照《基本公共卫生服务项目考核评价标准》,围绕实施新版公卫服务项目,细化出台了 9 大类基本公共卫生服务实施方案、项目清单、考评细则,定期组织专家组进行调研考评,并将考核结果与公共卫生服务经费的划拨挂钩,实行严管理、硬考核、真兑现。

(五)公立医院改革试点工作开局良好

一是优化整合公立医院资源,组建医疗集团。2009 年,靖江市委、市政府制定下发了《关于推进卫生事业管办分离改革组建靖江市医疗集团的实施意见》,将靖江市人民医院和中医院组建成靖江市医疗集团,明确医疗集团性质为企业化管理的事业单位,拥有自主经营权、自主用人权和自主分配权。今年 3 月,靖江市医疗集团召开了第一次党代会,选举产生了医疗集团领导班子,建立了相关组织机构。二是创新运行机制,实施两权分离改革试点。靖江市通过改革补偿机制,将公立医院补偿改变为服务收费和财政补偿两个渠道,财政对医院的基本建设、重点学科发展和政策性亏损等方面给予专项补助,以切实扭转公立医院的趋利行为,使其真正回归公益性。靖江市还在第二人民医院开展了医院所有权和经营权分离试点,落实公立医院独立法人地位,院长相对独立行使医院经营管理权责;完善人事分配制度改革,加强医院内部管理,健全考评体系,提高医疗服务质量和运行效率,确保职工合法权益,调动医务人员积极性。三是认真落实政策,鼓励社会力量办医。认真落实民办医疗机构各项优惠政策,在规划上给社会力量办医留足空间,在政策上予以鼓励、支持和引导社会力量进入医疗服务领域,兴办医疗卫生机构,发展专科医疗服务,满足多样化医疗服务需求。

二、下一阶段工作打算

一年来,我市的医改工作取得了较好的成绩,但与省委、省政府要求相比,与先进地区相比,还存在一定差距。我市将按照本次会议精神要求,认真贯彻省委、省政府决策部署,进一步突出重点,切实加大组织推进力度,坚定不移地按期按质完成全市医改各项工作任务。下一阶段,我市将重点抓好以下几项工作:一是加大实施基本药物工作力度,争取非试点市(区)年底前全面启动;二是建立健全基层医疗卫生服务体系,加大对市区、社区卫生服务中心(站)补助扶持力度,确保 2011 年全部达标;三是深化人事分配制度改革,加大人才培养和引进力度,积极推行绩效工资制,夯实改革发展的基础;四是加强基层队伍建设,加大乡村医生养老保险实施力度,解决其后顾之忧;五是坚持公共医疗卫生机构的公益性,对部分改制医院由政府进行回购,努力使群众获得更多的的实惠;六是大力推进基本公共卫生服务均等化，加强居民电子健康档案建档工作，力争今年居民电子健康档案建档率60%以上；七是全面开展公共卫生服务工作绩效考核、加强医院内部管理，健全考评体系，提高医疗服务质量和运行效率，为群众提供更优质、更高效的医疗卫生服务；八是深化公立医院改革试点，探索经验，总结推广，加快建立具有泰州特色的公立医院发展和服务体系。

【宿迁市】

我市根据国家、省医药卫生体制改革总体部署，紧密结合多年来宿迁医改率先探索的实际，抓住医改五项重点，积极稳妥推进医药卫生体制改革，各项工作取得明显进展。

一、医改重点工作进展情况

（一）努力促进基本公共卫生服务均等化

一是建立居民健康档案。对辖区内妇女、儿童、60岁以上老人、残疾人及慢性病人建立统一规范的健康档案，对重点人群定期随访，全市已建立健康档案96万份。二是开展健康教育。全市按照一村一栏的要求设置健康宣传栏2198块，按月更新宣传内容。沭阳县举办农民健康知识竞赛活动，印发80万份《中国公民健康素养——基本知识与技能》宣传材料；泗洪县分5期印发100余万份《全民健康报》；泗阳县众兴镇农民代表我市参加全省农民健康知识竞赛，获得三等奖。三是强化预防接种。11种疫苗合格接种率总体均达到90%，全市疫苗强化免疫接种92万人次，群体性接种12万人次，强化免疫接种率和群体性接种率均达到95%以上。四是加强传染病防控。市、县（区）建立了传染病报告和突发公共卫生事件报告制度，做好重点传染病防治工作，配合治疗管理非住院结核病人、疟疾病人和艾滋病人。五是做好儿童保健。乡镇医院、乡镇卫生院共同配合做好儿童保健管理，村卫生室建立3岁以下儿童保健手册，开展系统管理和新生儿访视工作。六是开展妇女保健。开展妇女病普查普治，统一印制各类台账资料，孕产妇保健手册建册率98.7%，早孕建卡率97.3%，接受产后访视率97.9%，孕产妇系统管理率96.8%。七是加强老年人保健。60岁以上老年人健康档案建档率达90%以上，为1.66万名65岁以上老人提供疾病预防、自我保健、自救等健康指导。八是加强慢性病管理。按照慢性病管理规范，对已确诊的高血压、糖尿病患者进行动态的、个性化管理，并对其有碍健康的行为方式进行干预。九是加强重性精神疾病管理。登记在册确诊重性精神疾病患者1337人，开展居家重性精神病人进行治疗随访和康复指导1019人次。十是做好重大妇幼卫生项目。全市共补助孕产妇787名，发放叶酸36355人份。泗洪县完成两癌检查23497人，查出12例宫颈原位癌、2例乳腺癌、6例癌前病变。十一是15岁以下人群补种乙肝疫苗。已对全市125407名1994年至1995年出生的未免疫人群实施了第三轮乙肝疫苗接种。

（二）加强基层医疗卫生服务体系建设

1. 加强机构和编制配备。市、县区成立卫生人才服务中心，负责同级医疗卫生机构的人才引进、培养和管理。各县区政府按乡镇人口的15/万核定乡镇医院、卫生院事业编制，按2/万配备乡镇卫生院公共卫生人员，按13/万配备乡镇医院卫技人员。所有事业编制人员由县区卫生人才服务中心办理人事代理，统一管理，派驻到乡镇医院工作。

2. 加强基础设施建设。今明两年拟投资1.14亿元，新建22所乡镇卫生院，目前已投入990万元，建成5所，同时新建3所城市社区卫生服务中心。沭阳县中医院新建病房楼、泗阳仁慈医院新院投入使用，沭阳县人民医院15.2万平方米新院即将全面封顶，市、县（区）5所精神病防治院建设全面启动，全市108家乡镇卫生院（社区卫生服务中心）和848个村卫生室达到省定建设标准。

3. 加强队伍培养培训。实施在岗乡村医生中专学历补偿教育，目前全市共有4678名乡村医生参加中专学历补偿教育。开展基层卫生人员岗位培训，今年开展全科医师转岗培训78人，乡村医生培训146人，城市护理97人，农村公共卫生43人，城市公共卫生38人。定向培养农村卫生人才,2009 年全市录取定向委培生 90 名,今年计划招录 196 名。组织 60 名乡镇医院医生到县医院“务实进修”。

4. 加强对口支援和合作。市传染病防治中心、中医院及沭阳县、泗阳县、泗洪县人民医院分别与南京市二院、无锡市中医院、江苏省人民医院、无锡四院、徐州市中心医院进行对口支援。提高我市医院整体水平。全市 19 个二级以上医疗机构与 111 个乡镇医院、4 个社区卫生服务中心全部建立了纵向合作关系,帮助、指导基层医疗机构提升服务能力。

(三)不断完善基本医疗保障制度

1. 不断提高新农合保障能力。我市于 2003 年 10 月在沭阳县进行新农合试点,2004 年 8 月在全市推行。筹资标准提高到 150 元,参合人数 359.33 万人,参合率达 98.57%,今年上半年累计补偿 194.96 万人次,补偿金额 24202.54 万元。2009 年 7 月 1 日起,按照“市区统筹、区筹市管、服务外包、强化监管”方式,对市区新农合管理体制进行调整。目前,县乡两级住院补偿比达 60% 以上,门诊补偿限额提高到 3 万元,封顶线提高到 12 万元。推广使用新农合 IC 卡,在定点医疗机构当场报销住院和门诊医药费,实现“持卡就诊、刷卡报销”。

2. 不断提高社会保险扩面质量。自 2007 年以来,我市针对不同时期经济社会发展特点,确定工作重点和服务措施,实现社会保险进园区、进企业、进行业,有效扩大社会保险覆盖面。截至今年 5 月底,全市城镇职工参保 36.2 万人,同比增加 4.3 万人,增幅 11.9%,其中农民工参保 6.9 万人。城镇居民参保 63.2 万人。同比增加 28.4 万人,增幅 44.9%,综合参保率为 98.1%;在校大学生参加城镇居民医保达 3.5 万人,参保率为 98.5%。全市 4.4 万名困难破产关闭国有集体企业退休人员全部纳入基本医疗保险。

3. 不断提高保障待遇水平。一是进一步降低起付线,扩大门诊慢性病范围,建立门诊特殊病报销制度、公务员医疗补助制度、参保职工定期免费健康体检制度,提高报销比例和最高支付限额。二是提高居民医保筹资水平和财政补助标准,对困难群体重点帮扶。居民医保筹资水平提高到每人每年 180 元,其中一般居民个人缴纳 60 元,政府补助 120 元;对低保户、二级以上重度残疾人员、特困职工、五保户、6-12 级优抚对象等社会特殊群体的个人缴费 30 元部分,由民政部门从医疗救助资金中划拨,个人不再缴费。城镇职工医保参保人员在制度规定范围内的报销比例达到 82%,市本级最高支付限额为 20 万元,其他统筹地区最高支付限额在 10 万~15 万元之间。城镇居民医保参保人员在制度规定范围内的报销比例为 58%,最高支付限额为 10 万元。城镇职工医保和城镇居民医保最高支付限额均达到当地职工年平均工资和居民年人均可支配收入 6 倍以上。

4. 不断提高医保经办效率。一是建设市区“五险合一”业务系统,推行“一站式办结”社保服务。2008 年 6 月,市区“金保工程”统一应用软件正式上线运行,企业和群众参保享受“一站式”社保服务。二是整合医保业务系统,建立覆盖市区各个街道和定点医院、药店的计算机信息管理系统,实现市区城镇职工、居民医保参保人员看病就医的“一卡通”。三是实现与省异地就医结算平台的联网对接,为参保人员异地就医提供高效便捷的服务。四是建设居民医保和职工医保个体参保人员市区银行缴费系统,2009 年市本级信息系统与银行联网,实现了灵活就业人员和居民直接到银行网点缴费参保、续保。五是推行与定点医疗机构网上结算,网上办理参保人员住院手续、结算医保报销费用,定点医疗机构每天“实时”传输住院人员就诊用药信息,网上监管定点医疗机构行为,有效防止医保基金的流失。

(四)积极准备实施基本药物制度

目前全省基本药物制度主要在公立的基层医疗机构实施,我市医疗机构已全部改制为民营医院。但我们认为,不管基层医疗机构实行什么样体制,减轻群众用药负担的要求是一样的,宿迁也要实行基本药物制度。为做好这项工作,我们对全市 108 家乡镇医院的实际用药进行了调查，对 2010 年 3 月 1 日以前最后一次药品采购情况进行统计，108 家乡镇医院共使用药品 1153 种，其中基本药物目录内药品 443 种。在药价方面，全省实行施基本药物制度之前，我市平均药价比其他地区低 10% 左右，实施基本药物制度后，我市药价比实施基本药物制度的地区高出 20% 左右。按照既要减轻群众用药负担，又要维护民营医院生存和发展的原则，我们在广泛调研基础上，形成了我市实施基本药物制度初步意见，向省有关部门作了汇报，在吸取借鉴兄弟市经验的基础上，从明年起全面实施基本药物制度。

（五）继续深化医疗卫生机构改革

自 2000 年以来，除了新建的市传染病防治中心以外，我市所有公立医疗机构都进行了改制，并取得效果。全市医疗卫生资产总额由 2000 年初的 4.95 亿元增至 2009 年底的 32.76 亿元；卫技人员由 8450 人增至 12628 人，病床由 5230 张增至 10972 张，医疗机构基础建设逐步加强，医疗技术水平明显提高。与外市相比，我们公立医院改革的任务较轻。但加快医疗机构深化改革的任务仍然存在。针对我市实际，我们从以下几方面深化医疗机构改革。

1. 进一步明确各级政府办医责任。在鼓励社会资本投入的同时，进一步加大政府投入。市、县（区）成立“卫投中心”，专门负责管理各级政府投入的医疗卫生资产，按照市政府《非公办医疗机构和民办学校政府投入资金管理办法》，对各级政府投入非公办医疗卫生机构的资金、设备、物资等，采取借款、参股、租赁等形式投入，纳入国有资产管理，接受市、县（区）国资委的指导和市、县（区）财政、审计部门的监督，理顺政府财政投入与社会资本投入的关系，保证政府投入权益。按照国家和省里的医改方案精神，市财政投入重点投向市人民医院、中医院、传染病院和精神病院，各县区财政重点投向县人民医院、中医院和乡镇医院、卫生院。政府投入的资金所得的入股分红继续用于医院的发展。

2. 进一步规范医疗机构设置。按照“优化资源、数量控制、规模办医、提高质量”的原则，重新修订区域卫生规划和医疗机构设置规划，合理配置医疗卫生资源，给各类医疗机构合理的发展空间，建立覆盖城乡、布局合理、功能完备、方便就医的医疗卫生服务体系。

3. 进一步规范医疗机构办医主体。为解决民营医院股权不明、治理结构不合理的现象，研究制定规范医疗机构办医主体的意见，督促医院完善股东大会制度，明确法人治理组织体制和管理机构；明确登记事项，对医疗机构进行重新登记；制定院长任职条件；加强对民营医院管理者的培训和指导，使民营医院规范运作。

4. 进一步促进医疗机构服务提升。根据我市卫生事业发展需要，提高乡镇医院办医标准，鼓励乡镇医院增资扩股，制定乡镇医院升级达标计划，2～3 年内全面完成升级达标任务。加大乡镇医院考核监督力度，各县（区）每年对乡镇医院发展情况进行综合考核排名，对发展缓慢、经营不善、服务不好、不达标准，在县区医疗机构综合考评中连续两年后三名的，变换办医主体，通过公开竞争，选择能力强的办医主体举办。

二、下阶段工作打算

一是进一步贯彻落实国家医改方案和省实施意见。认真总结、回顾我市医改工作，进一步明确改革思路、方向和目标要求，坚持公共医疗卫生事业的公益性，坚持政府主导与市场机制相结合，在医疗服务领域推行管办分开，开放医疗市场，鼓励和吸引社会资本、外来资本进入医疗服务领域，扩大医疗资源供给，激发医疗机构活力。继续增加政府卫生投入，完善政府投入与社会投入的有效结合方式，加大医疗服务供给能力建设，特别是加强农村卫生服务体系建设，对乡镇卫生机构进行全面改造升级，培养卫生人才，强化行业监管，全面改善和提高医疗服务。二是进一步完善医疗保障制度。提高医疗保障制度的筹资和保障水平，加大扩面工作力度，重点做好开发区企业、非公有制经济从业人员、农民工、灵活就业人员和自由职业者参加城镇职工基本医疗保险工作，提高城镇居民医保的筹资水平，提高最高支付限额，让更多的医改成果惠及人民群众。

典型推荐

【无锡市】

近年来,无锡市委市政府高度重视基层医疗卫生服务体系建设,着力在理顺运行体制、规范机构建设、增强服务能力、提升改革成效上下功夫,不断推动基本医疗,卫生服务工作取得新发展。今年上半年,城区社区卫生服务机构完成诊疗服务人次同比增长 21%,均次门诊费用较市级医院低 58%,居民在社区卫生服务机构就诊比例升至 53.7%,群众满意率保持在 90% 以上。

一、坚持政府主导,规范体系建设

无锡市于 1998 年启动试点社区卫生服务工作,至 2006 年建成城区社区卫生服务中心 23 家。此后,开展了两轮社区卫生服务机构建设工程,至 2008 年基本形成分工合理、定位明确、协作密切、层次分明的城市两级医疗卫生服务新体系。2009 年以来,根据国家、省医改部署,我市进一步加快调整和完善城乡基层医疗卫生服务体系,进一步优化基层医疗卫生服务机构布局,确保每个街道(乡镇)有 1 所政府举办、独立建制的社区卫生服务中心,每个社居委(行政村)或 3000~5000 服务人口设立一个社区卫生服务站,达到 10~15 分钟服务圈的设置标准。

二、提供政策保障,体现惠民宗旨

一是政府保障资金投入。一方面,保障社区卫生服务运行经费,市、区两级财政分别按人均 3 元、20 元标准设立专项工作经费,用于开展“六位一体”服务;另一方面,实行专项补助,市、区两级财政按服务对象人均 6 元标准设立计免专项经费、按辖区人口 0.5 元/人标准设立精防专项经费、按服务对象人均 3 元标准设立妇幼专项经费,社区卫生服务规范建设经费由市、区两级财政全额承担。2010 年,全市社区卫生服务经常性财政投入按常住人口计算达到人均 52 元以上。

二是部门协同推动发展。发改、建设、规划等部门对基层医疗卫生服务机构建设改造进行规划立项;编制部门做好机构设置和人员编制管理实施方案,社保部门出台医保支持基层医疗卫生服务机构的相关优惠政策,财政部门安排落实各项资金,其他各部门也密切配合,推动了基层医疗卫生服务不断向前发展。

三是积极推行惠民服务。为居民免费建立健康档案,对经济困难居民实行两免四减半(免普通门诊挂号费和诊疗费,床位费、检查费、治疗费、手术费减半),为辖区 60 岁以上老人每 2 年免费体检一次。2009 年 4 月起,我市再次下调了社区卫生服务部分设备检查费用,数字化摄影检查、彩超检查、呼吸机使用、血生化检验收费统一按省定一类医院收费标准的 70% 执行。

三、改革运行机制,实施规范管理

一是实施城乡社区卫生服务中心、站一体化管理和“八统一”规范管理。社区卫生服务站人、财、物由中心统一管理,城乡社区卫生服务机构同步实施人员管理、机构标识、药品购销、财务核算、服务项目、信息平台、制度建设、考核标准等“八统一”规范管理,构筑统筹城乡、协调发展的医疗卫生服务网络。

二是实施收支两条线管理。崇安、南长、北塘区于今年 1 月实施,江阴市和其他城区于 7 月份实施,宜兴市将于 2011 年起实施。通过实施收支两条线管理,实行预算管理、收入全额上缴、支出分类核定、结余统筹管理,建立基层医疗卫生服务机构发展的长效补偿机制,确保公益性质和运行活力。

三是强力推进基本药物制度实施。江阴市、崇安区、南长区、北塘区为首批试点,于 2010 年 1 月起开始实施;锡山区、惠山区、滨湖区、新区于 2010 年 7 月实施;宜兴市 50% 的政府办基层医疗卫生机构于 2010 年底前实施,2011 年全面实施。截至 2010 年 6 月底,4 个首批实施地区的 34 个社区卫生服务中心基本药物销售金额 6260.23 万元,药品平均价格同比下降 45% 以上,门急诊总人次较去年同期上升

25%,次均门诊费用较去年同期下降11%。

四是实施绩效考核制度。建立和完善绩效考核指标体系及考核标准,实行卫生行政部门考核服务机构、服务机构考核工作人员的分类分层绩效考核办法,考核结果与核拨基层医疗卫生服务机构补助经费、核定人员绩效工资及其他各项奖惩挂钩,有效调动基层医疗卫生机构的积极性。

五是实施信息化管理。为全面提高基层医疗卫生服务质量和科学管理水平,我市于2006年启动建设社区,卫生服务信息系统,在城区社区卫生服务机构、专业公共卫生机构和卫生管理部门之间实现互联共享。信息系统融入"六位一体"综合服务功能模块,实现共享应用。居民健康信息不仅在社区卫生服务机构间实现共享,卫生管理部门、专业公共卫生机构也能通过信息系统实时监督服务过程;同时,通过与信息系统互联的电子显示屏实时公示药品和服务信息,居民对价格和优惠一目了然。

六是强化人才队伍建设。开展全员定期岗位培训,推行适宜技术专项培训,实施全科医师规范化培训,并确定用3年时间为城区23家社区卫生服务中心引进100名本科以上学历的全科医学毕业生,上岗前进行规范化培训,培训合格后全部正式进编,并明确在基层医疗卫生服务机构工作满3年、5年各奖励1万元。目前,70名学员经过公开招录已开展规范化培训。同时,由市级财政出资,按年薪每人5万元的标准面向全市二级以上医院聘请50名退休副高以上职称医生到基层医疗卫生机构服务,发挥"传、帮、带"作用,提高基层医疗卫生机构的技术水平。

(无锡市人民政府2010年7月30日)

【苏州市】

我市按照"城乡统筹、覆盖全民"的工作思路,坚持政府主导、为民惠民、创新创优,加快推进基本医疗保障体系建设,率先在制度上实现"人人享有基本医疗保障"。目前,苏州基本医疗保障体系初步实现了"五个化",即:保障制度规范化。以政府令的形式出台社会基本医疗保险管理办法,建立了覆盖城乡的基本医疗保障体系。覆盖对象全员化。全市职工医保、居民医保和新农合参保率均稳定在98%以上。基金来源多元化。建立政府、单位、家庭和个人责任明确、分担合理的医保基金多渠道筹资机制。其中,各级财政对居民医保、新农合的补助标准达每人每年280元以上。管理服务社会化。医保信息系统不断完善,经办机构服务进一步规范,率先在国内地级市中实现了农民刷卡看病。医疗救助一体化。实施医疗救助的统一管理,困难群体抵御因病致贫、因病返贫的能力明显提高。我们的主要做法是:

一、不断完善城乡基本医疗保障制度

认真实施《苏州市社会基本医疗保险管理办法》,建立和完善基本医疗保险、大额医疗费用社会共济、地方补充医疗保险、社会医疗救助"四位一体"的医疗保险体系。结合实际,不断完善政策体系。今年4月1日起,全面实施2010年度医保新政,完善困难企业职工、农民工和在校大学生基本医疗保障工作,推出门诊待遇政策。根据苏州城乡一体化发展的总体要求,实施大市范围统一政策、开展异地结算等工作,出台《关于全市统一职工医疗保险政策的实施意见》,正式启动全市各统筹区职工医保覆盖范围、保障项目、待遇支付标准、医疗救助办法和内外管理制度的"五统一"工作,计划明年到位。统筹城乡居民医疗保险,整合完善市区居民基本医疗保障政策体系,实现居民医保、中小学生医保和大学生医保制度并轨、框架统一和基金统一管理,各类参保人员享受相同财政补助标准、相同待遇水平。

二、稳步提高城乡社会医疗保险待遇

根据经济发展水平和医保基金承受能力,逐年调高医保基金结付标准,降低参保人员自付比例,参保人员待遇稳定增长机制已经建立。在普遍提高待遇的基础上,坚持"四个倾斜",即向在基层医疗机构就医人群倾斜,向低保、低保边缘等特殊困难人群倾斜,向大病、重病、患者倾斜,向老年人倾斜。通过一系列政策调整,职工医保和居民医保参保人员在制度规定范围内的医药费用报销比例分别提高到 88% 和 61% 左右,新农合参合人员住院医药费用实际补偿比例达 47% 左右。全市 9 个社会保险统筹区中,有 7 个已取消职工医保最高支付限额封顶线,居民医保最高支付限额在当地居民人均可支配收入 7 倍以上,新农合最高支付限额在当地农民年人均纯收入 10 倍以上。各项指标都达到了国家和省深化医改的要求。

三、严格规范城乡基本医疗保障基金管理

加强医疗服务行为管理和基金管理,建立有利于可持续发展的管理运行机制。按照"总量控制、年度预算、绩效考核、综合决算"的原则调整完善医保基金支付方式。采用"以总量预算为主,按病种付费、按服务项目付费和按床日费用付费相结合"的综合式结算方式,充分调动医疗机构和医务人员控制医疗服务成本的主动性和积极性,加强了医保基金支出管理的可控性、规范性。坚持"以收定支、收支平衡、略有结余"的原则,建立医保基金有效使用和风险防范机制。合理控制年度结余和累计结余,市区职工医保统筹基金当年结余率控制在 10% 左右,新农合基金结余率控制在 8% 以下。建立健全医保定点单位考核机制,实施分级管理、信用等级评定等制度。通过管理机制的规范,进一步加强了医保基金管理,提高了基金使用效率。

四、着力提升城乡基本医疗保障管理服务水平

坚持把优化服务与加强制度建设放在同等重要位置,积极适应保障对象由城镇职工向城乡居民的转变,针对参保人群多元化、利益诉求个性化的特点,不断提升管理服务水平,为广大参保人员提供以人为本的服务。及时调整完善医保业务管理服务规程,根据不同人群的特点,有针对性地提出管理服务措施,逐步实现了标准化管理。不断完善医保信息系统,夯实管理基础,将"大厅式服务"向多层次网络式管理方式转变,提高管理服务水平。以异地安置退休人员为重点,在建立苏州大市异地就医结算服务平台的基础上,做好江苏省内异地就医结算联网工作。以流动就业人员为重点,做好基本医疗保障关系转移接续工作。

做好基本医疗保障工作,事关深化医改大局,事关人民群众切身利益。苏州的工作虽然取得了一些成绩,但离上级的要求,离群众的期望还有一定差距。下一步,我市将认真贯彻这次会议精神,按照"率先发展、科学发展、和谐发展"的要求,不断深化医药卫生体制改革,更加注重以人为本,更加突出创新创优,使基本医疗保障体系进一步增强公平性、适应流动性、保证持续性,全力促进我市医疗保障工作在更高平台上的可持续发展,为苏州加快转型升级和"三区三城"建设作出不懈努力。

(苏州市人民政府 2010 年 7 月 30 日)

【镇江市】

公立医院改革试点是医改的重点和难点之一。自去年 7 月镇江被确定为全省公立医院改革试点城市、今年 2 月成为公立医院改革国家联系试点城市以来,我市以极强的荣誉感和使命感,加快开展改革试点各项工作,取得了积极进展。

我市坚持"一核心四同步",即:以公立医院改革试点为核心,同步推进基本医疗保障、基本药物制度、基层医疗卫生服务体系建设和基本公共卫生服务四项改革,力争达到"三提高一降低"的目标,即:提高医疗服务质量和水平、提高医务人员积极性、提高社会满意度,降低医疗服务成本和费用。重点抓了以下工作:

一、以集团化为载体,着力推进公立医院管理体制机制改革

在改革举措上,以政府引导、自愿为主原则,去年 11 月 6 日正式组建以资产为纽带、紧密型的江苏康复医疗集团和以技术为纽带、松散型的江苏江滨医疗集团,两大集团分别以镇江市第一人民医院、江苏大学附属医院为核心,以专科医院、社区卫生服务机构为成员,并分别成立由政府相关部门代表、辖区卫生局负责人、成员医院院长、有关专家和医院职工代表为成员的理事会和监事会。市政府委托卫生行政部门履行市直公立医院出资人职责,负责建立公立医院法人治理结构,确定公立医院规划和发

展方向，监督公立医院资产和运营。理事会对出资人负责，就医院运营中的重大事项进行决策。医疗集团院长对理事会负责，拥有医院的经营管理和人事管理权。建立分级分层的绩效考核评估体系，理事会建立考核集团院长为核心的医疗集团绩效考核制度，医疗集团对成员医院考核，成员医院负责对科室和医务人员考核。目前，两大集团全面进入实质运行。

二、以提高效能为核心，进一步优化公立医院布局结构和资源配置

在布局结构方面，康复集团根据功能定位，易地规划建设市精神卫生中心；计划搬迁市儿童医院，在市四院原址建设市妇幼保健院；在南徐新城新址建设市二院。江滨集团发挥技术和管理优势，展开技术合作，加强成员医院的专科建设。在资源整合方面，康复集团建立临检、影像、采购配供、消毒供应、信息和社区卫生服务管理等6大中心，江滨集团成立专家会诊中心、社区全科医生规范化培训中心、社区健康宣教中心和病人双向转诊中心等，同时大力推进医疗资源共享。

三、以标准化建设为抓手，大力推进医院和社区间分工协作机制建设

增强大医院对社区的辐射、帮扶作用，建立集团医院与社区卫生服务机构科学合理的分工协作机制。今年首先重点抓好市区社区卫生服务机构标准化建设，市、区两级投入3500万元，两大集团所属14家社区卫生服务中心从硬件到软件全面提升，已初步达到省定标准。医疗集团对社区卫生服务机构临床诊疗技术等进行帮扶，将优质资源适度转移到社区。集团各医院开通社区卫生服务机构双向转诊绿色通道，对社区上转病人采取“一免三优先”措施，将一般常见病、多发病、诊断明确的慢性病、康复期患者及时下转到社区，使“小病在社区、大病进医院、康复回社区”得到有效落实。

四、以提高运行效率为目标，深入推进公立医院内部机制建设

在内部运行机制上，全面推行医院全成本核算，强化医院风险经营意识，加强医院财务监管，严格预算和收支管理，降低成本，提高效益。深化医院人事分配制度改革。实行岗位聘用制，结合新一轮事业单位绩效工资改革，完善以专业技术能力、工作业绩和医德医风等为主要评价标准的绩效考核体系，将医疗集团发展和职工个人利益紧密联系，有效调动医务人员积极性。目前，两大集团已形成一整套基本的内部运行机制。

五、以加大政府投入为主导，不断完善公立医院补偿机制建设

加大政府对公立医院的投入，确保卫生投入增长高于经常性财政预算支出增长幅度。投资4.5亿元，迁建、新建和扩建二院、精神病院、中医院及康复医院医技楼等。坚持政府购买服务的理念，加大政府对医疗保险和公共卫生投入。政府免费为城乡居民提供省定基本公共卫生服务，财政预算安排足额重大公共卫生项目资金。对应当由各级政府举办的疾控、防疫、精神病诊疗、妇幼保健等，由财政资金给予保障。

（镇江市人民政府2010年7月30日）

【江阴市】

深化医药卫生体制改革是人民群众热切期盼、社会各界高度关注的重大民生工程，实施国家基本药物制度又是深化医药卫生体制改革的重要内容。自去年江阴被确定为全省首批实施基本药物制度的地区后，我们根据省、无锡市的部署要求，倒排时间，倒逼工作，于今年1月1日，统一在我市17个社区卫生服务中心、194家社区卫生服务站全面实施国家基本药物制度，真正让人民群众享受到了医改所带来的“看得见、摸得着”的实惠。

一、始终坚持政府主导改，既抓认识统一，又保政策落实

深化医改是党中央国务院作出的重要决策，也是一项利民惠民的政府工程。为确保我市医改工作取得成效，市委、市政府高度重视，紧密结合“建设幸福江阴、确保人人都有好身体”的目标，专门成立组织，专题调研决策，专项开会部署，成立了由市长任组长、3个分管市领导任副组长的医改领导小组，并把医改列入政

府为民办实事的内容，细化到月，量化到季，考核到年。组织了全市区域卫生布局、财务运行、药品收支、人员构成和绩效考核等五个专题的调研，先后 5 次组织召开座谈会，全面听取医疗卫生机构负责人、镇（街道）党政领导、相关部门、人大代表、政协委员等各界人士对医改的意见和建议。市委书记朱民阳和市长王锡南分别多次深入乡镇和卫生院亲自调研，先后 3 次对改革工作作出批示，切实做到亲历亲为。在广泛征求意见的基础上，《江阴市社区卫生服务中心（卫生院）实行基本药物制度财政补助的意见（试行）》、《关于对社区卫生服务机构实行“八统一”规范管理的实施意见（试行）》、《江阴市基层医疗卫生机构绩效考核办法（试行）》、《关于对社区卫生服务中心（卫生院）实行收支两条线管理的实施意见（试行）》、《关于基本药物采购配送与使用管理的实施意见》、《江阴市医疗卫生机构设置和编制配备的实施意见（试行）》等 6 个配套文件相继出台，切实从财政投入、发展规划、人员配备、基础建设等方面提供了明确的政策保障，以便在全市医疗卫生机构逐步形成全员聘用的竞争机制、规范用药的监督机制、合理结保的运行机制、核定收支的补偿机制、绩效考核的分配机制。

二、始终坚持基本优先改，既抓资源整合，又保基础建设

去年年初，我市就着手整合全市区域卫生资源，重新优化配置基层医疗卫生服务资源，对辖区内基层医疗卫生机构布局作了重大调整。经过一年多的努力，《江阴市区域卫生发展规划（2010—2020）》正式通过市人大常委会审议批准。同时，边规划、边实施，按照打造 15 分钟健康服务圈和城乡一体化的目标，加快卫生资源优化整合，对基层医疗卫生机构设置进行了调整。根据乡镇撤并、服务范围、发展规模等实际情况，在确保每个建制街道（镇）有一家政府举办的社区卫生服务中心（卫生院）的基础上，对部分规模较大、水平较高、服务范围较广的社区卫生服务中心（卫生院）重新定位，逐步向二级综合或专科医院发展。截至目前，全市按照建设 15 分钟健康服务圈的要求，累计建成社区卫生服务中心、站 211 个，社区卫生服务机构覆盖率达到 100%。机构性质明确为政府举办的独立法人公益类事业单位，人员身份核定为全民事业编制，日常运行实行财政全额补助。为切实加强机构规范化建设，按照“功能完善、规模适度、经济适用”的原则，启动了社区卫生服务设施规范化建设，今年市、镇（街道）通过提供用房和直接投资等方式配套投入 1.3 亿元。目前，城区 17 家社区卫生服务中心业务用房面积都超过 3000 平方米，基本设备配备齐全，较好地满足了常见病、多发病、慢性病诊疗和基本公共卫生服务的需要。

三、始终坚持把握重点改，既抓规范运行，又保财政补偿

实施国家基本药物制度是一个系统工程，涉及目录遴选、招标采购、生产配送、配备使用、零差率销售、医保报销等众多环节，哪个环节落实不好、衔接不上都会影响制度的实施效果。因此，我市在基本药物制度的实施上，抓住关键，注重推进基本药物制度的统一性，全市所有社区卫生服务中心和所属服务站，从 1 月 1 日起统一实施，做到“六个统一”，即统一配备使用基本药物，统一实行零差率销售，统一网上集中采购，统一组织药物配送，统一收支财政补偿，统一下架非基本药物。其他医疗机构和药店也按比例配备和零差率使用基本药物，同时调整了医保结报比例，城镇医保参保人员按照规定全额给付，不另设个人自付比例。新农合参合人员在基层医疗卫生机构就医补偿比例高于非基本药物 10%，今年还新增建立了 1500 万的新农合大病补充保险和 870 万的大病救助基金，以鼓励和引导参合人员首选使用基本药物。同时制订了《基本药物制度财政补助办法》，按照“定编定岗、核定任务、核定收支、绩效考核补偿”的原则，市、镇财政按 4:6 承担，将实施基本药物制度的基层医疗卫生机构运行经费、公共卫生经费、社区卫生服务站乡村医生补助经费等都列入了今年财政预算，对全市所有社区卫生服务中心全部实行收支两条线管理，从根本

上改变“以药养医”的格局，维护基层医疗卫生机构的公益性质。据统计，全面实施基本药物零差率销售后，1 至 9 月我市基层医疗卫生机构使用的 532（省 176）种药品中，与国家指导价格相比，国家基本药物目录药品下降 43.9%，省增补目录药品下降 41.2%。药品收入由去年同期的 8156 万元下降到 6322 万元，减少 1834 万元；医疗收入由去年同期的 4249 万元下降到 3884 万元，减少 365 万元，市级财政今年已经累计下拨财政补贴 7185 万元，确保了基层医疗卫生机构实施基本药物制度后的正常运行。

四、始终坚持以人为本改，既抓绩效考核，又保服务优化

根据省和无锡制定下发的基层医疗卫生机构绩效考核办法，为加快推进基层医疗卫生事业单位绩效工资改革，建立以服务质量和服务数量为核心，以岗位责任和群众满意为基础的绩效考核机制，我市制订出台《江阴市医疗卫生机构设置和编制配备的实施意见（试行）》和《江阴市基层医疗卫生机构绩效考核办法（试行）》，以定岗位、年聘用、绩考核、能进出的方法，对社区卫生服务中心人员重新定编定岗，全面推行人事聘用制度和岗位管理制度，核定编制 841 人，公开选拔社区卫生服务中心主任，通过定向公招、社会公招和合同聘用等完成了人员竞聘上岗，探索建立了两级绩效考核制度，实施了个人收入分配与绩效考核挂钩的机制。在考核内容上，突出服务效率，合理量化；在考核方式上，突出群众参与，将行政部门考核与群众满意度调查结合起来，将专业评估与群众感受结合起来；在考核结果上，不仅把考核结果作为财政核拨补助经费和绩效工资的依据，而且作为基层医疗卫生单位负责人评价、任用的依据，极大地促进医疗卫生机构和医务人员服务技术、服务质量和服务效率的提高。今年 1 至 9 月社区卫生服务机构的门诊人次由去年的 68.5 万人次上升到 105.5 万人次，较上年同期上升了 54%，门急诊均次费用由去年的 93.4 元下降到 65.5 元，较上年同期下降 29.9%。

五、始终坚持统筹务实改，既抓机制创新，又保人均享有

实施国家基本药物制度，关键是要建立良好的长效机制。为统筹衔接医疗单位人事制度、绩效工资制度、财政投入制度、药品集中采购制度、医疗保障制度和基层医疗卫生服务体系建设等多项制度改革落实到位，逐步建立起一套体现公益、服务高效、运行顺畅的基本药物制度运行体系，我市重点建立了“三大工作制度”，全力确保这项惠及民生的好事办得实办得好。一是建立了医改例会制度。成立基本药物工作委员会，定期召开卫生、发改、财政、编办、人保等部门分管领导参加的工作例会，定期听取医改工作进展情况汇报，协调解决基本药物实施过程中遇到的困难和问题。同时，跟踪落实并及时掌握各部门、各地区医改工作动态，确保改革工作顺利推进。二是建立了定期巡查制度。成立基本药物制度改革实施情况巡查组，定期分片召开实施基本药物制度督查会，听取各卫生中心执行情况，并对存在的问题提出整改。定期分片区对全市基层医疗卫生机构基本药物配备使用情况和零差率销售政策执行情况进行督查，及时发现并妥善解决基本药物制度实施过程中遇到的困难和问题，确保全市基层医疗卫生机构按规定时间节点和要求全面落实各项改革措施。三是建立了宣传服务制度。将今年作为医改政策的集中宣传年，深化第二轮“百名医生进社区”和“城市医生进基层”工作。今年市财政专拨 3000 万元用于基本公共卫生，全面启动建设集健康档案、医疗、公共卫生三个数据库为一体的“智慧卫生”工程。同时充分发挥社区卫生服务机构网点布局贴近居民的优势，建立了团队管理的服务模式，社区卫生服务中心及所辖社区卫生服务站按服务人群建立由公卫医师、临床医师和护理人员组成的健康管理团队，分区域与家庭签订健康保健合同，落实服务责任制，对农户特别是老年人、妇女、儿童等重点人群进行全过程动态化健康管理；建立了上门服务、主动服务、全程服务的健康管理模式，发挥好社区卫生医疗、预防、保健、康复、健

康教育和计划生育技术指导“六位一体”功能，确保基本公共卫生服务人均享有。

深化医药卫生体制改革和实施基本药物制度任务艰巨，责任重大。经过全市上下的共同努力，我市深化医改工作尤其是实施基本药物制度初步实现了开好局、起好步的要求，但由于这是一项全新的改革，我们也清醒地看到在推进的过程中还存在一些薄弱环节和问题，我们将在省、无锡市的坚强领导下，发扬“只为改革想办法，不为困难找理由”的克难求进精神，以更强的责任、更实的举措、更好的保障、更高的效能创新推进基本药物制度实施，按时按求圆满完成各项改革目标任务，让老百姓真正得到比改革前更安全、更方便、更价廉、更满意的医疗卫生服务。

（江阴市人民政府 2010 年 11 月）

【吴江市】

近年来，我市坚持以科学发展观为指导，紧紧围绕“人人享有基本医疗卫生服务和实现基本卫生现代化”的总体战略目标，坚持公平为先、效率优先、素质领先的原则，大力发展卫生事业，取得了积极成绩。尤其是新医改方案颁布后，我市因地制宜，勇于开拓，积极稳妥推进医药卫生体制改革，力求实现我市卫生事业发展的新跨越。

一、主要做法

医药卫生事业事关人民群众切身利益，事关经济社会发展全局。推进医药卫生体制改革，合人心，顺民意。我市高度重视，及时成立由市政府一把手任组长，常务副市长、分管副市长任副组长的医药卫生体制改革领导小组，召开深化医药卫生体制改革动员大会和推进大会，制定医改配套文件，建立监督考核体系，促进医改五项重点工作的有序推进。

（一）严格落实政策，全面实施基本药物制度。作为江苏省首批实施基本药物制度的市（县），全市所有基层医疗卫生机构都按照省市有关要求配备、使用和零差率销售基本药物，并取得了初步成效，基本药物平均价格下降 41%，门诊处方均次费用下降 21%，门急诊人次增加 19%。一是科学制定工作方案。在国家、省市基本药物制度工作方案基础上，结合吴江实际，制定了工作方案和监督管理办法。二是建立完善操作规范。做到“六统一”：统一药物目录，在国家基本药物目录和省增补目录的范围内，按照“一品双规”的要求，遴选了 1222 个品规的药物，作为吴江市基本药物目录；统一采购平台，成立了市卫生局采购办，作为全市统一采购平台，各基层医疗卫生机构把订单先报至采购办，由采购办审核登记后，在江苏省基本药物采购平台上进行集中采购；统一购销合同，由采购办、基层医疗卫生单位和配送企业签订三方购销合同；统一药品配送，选定了 2 家苏州市范围内的中标配送企业，配送企业根据订单将基本药物直接配送到各单位；统一药品结算，由市采购办与配送企业结算基本药物费用；统一药品价格，严格按照国家及江苏省核定的基本药物集中采购价格（含配送费用）实行零差率销售基本药物。三是提高基本药物报销比例。将基本药物全部纳入医保报销范围，明显提高基本药物目录内药品使用比例及报销比例，新型合作（居民）医疗保险可报比在原来的基础上提高 10%，政策内住院可报比达到 80%。四是落实相关配套措施。对基层医疗卫生机构开展定编定岗工作，按每万人常住人口配备 18 名卫技人员标准，全市基层医疗卫生机构共核定人员编制 2000 名；实施收支两条线管理，对社区卫生服务机构基本建设和设备购置等发展建设支出、在职人员经费、事业单位养老保险制度改革前符合国家规定的离退休人员费用、承担公共卫生服务的业务经费、人才培训和招聘支出等项目进行补助。其中，在基本建设和设备购置补助上，政府安排专项资金用于基层医疗卫生机构的标准化建设，由市、镇（区）两级财政按现行财政体制分担。在人员经费补助上，在编人员绩效工资由财政按政策逐步补助到位，并与当地事业单位工作人员平均工资水平相衔接，卫技人员年人均收入不低于 7～8 万元；乡村医生年人均收入不低于 3.5 万元，由市、镇（区）两级财政按现行财政体制分担。

（二）突出公益惠民，不断提升基本医疗保障水平。一是扩大医保受益范围。城镇职工医疗保险方面，将本市机关事业单位工作人员、企业职工（含外地农民工）、在校大学生、灵活就业人员、60年代精减退职人员等均纳入医保范围。新型合作（居民）医疗保险方面，将农村居民、未参加城镇职工医保的城镇居民（含在校学生）及在本市居住满2年的新吴江居民纳入了参保范围，实现了城乡居民医疗保障全覆盖；2010年全市新型合作（居民）医疗保险镇（村）覆盖率达100%，参保率为98.47%。二是不断提高筹资标准。2010年新型合作（居民）医疗保险基金标准提高到人均420元，其中，居民个人出资120元/人，市财政补助165元/人，镇财政补助135元/人。筹资标准在苏州大市范围内继续保持领先，基金标准达到上年度居民人均纯收入的3.3%。三是不断提高医保报销比例。根据基金运行情况，逐步提高新型合作（居民）医疗保险住院和门诊报销比例和最高封顶线。2010年最高可报医疗费用为22万元，最高补偿支付限额15万元，达到上年度农民年人均纯收入的11倍，本市实际住院补偿比达50%以上，本市政策内住院补偿比达60%以上。与此同时，重点向基层医疗卫生机构就医人群倾斜，向低保、低保边缘等特殊困难人群倾斜，向大病、重病患者倾斜，向老年人倾斜。四是完善困难人群救助制度。2003年来，我市先后出台了《吴江市农村特困人群医疗救助办法》、《吴江市困难人群医疗救助办法》和《吴江市惠民医院实施方案》，对贫困人群就医实行“十免十减免”的援助，并制定完善了《吴江市少年儿童大病医疗救助办法》，救助对象扩大到十种大病患儿（恶性肿瘤、白血病、血友病、再生障碍性贫血、先天性室间隔缺损、先天性房间隔缺损、先天性动脉导管未闭、先天性肺动脉瓣狭窄、重症尿毒症、脑瘫），极大地减轻了贫困人群医疗费用负担。

（三）注重特色创新，大力推进公共卫生服务均等化建设。一是加大公共卫生资金投入。积极调整财政支出结构，设立了公共卫生专项资金，用于政府购买公共卫生服务。加强公共卫生项目资金管理，实行工作绩效考核机制，考核重心向工作质量和社会效益倾斜，确保专项资金规范使用。2010年，我市人均公共卫生服务经费达到88元。二是落实公共卫生服务项目。全面落实9大类22项基本公共卫生服务和重大公共卫生服务项目，制定并下发了吴江市公共卫生工作要点、工作任务、工作要求和考核细则。同时按照项目化管理的要求，加强对基层工作的指导与督促检查，推进公共卫生服务项目落实到位。三是继续推进特色公共卫生服务包。在全国率先实施了母婴关怀工程，推行“六免二关怀”服务，即关怀妇女、关怀儿童，免费婚前保健、孕期保健、住院分娩、产后保健、儿童保健、儿童计划免疫；开展了流动人口、低保人员孕产妇定点限价分娩及限价人流（药流）服务和婚检一站式服务，大大提高了妇幼保健水平。开展精神病防治工程，系统管理全市重型精神病患者，对其中参加新型合作（居民）医疗保险的患者提供部分免费药物治疗，并对所有患者进行了血、尿常规，心电图，肝肾功能等辅助检查。开展社区糖尿病、高血压、肿瘤病人等规范化管理，以及免费增补叶酸预防神经管缺陷项目和农村妇女“两癌”筛查项目。

（四）强调科学发展，不断完善医疗卫生服务体系。一是优化医疗卫生结构布局。结合我市城乡一体化进程，按照层次清楚、结构合理、功能到位、公平可及的要求，制定了《吴江市医疗机构设置规划（2009～2015）》，健全以市级医院为龙头，乡镇卫生院（社区卫生服务中心）为基础，社区卫生服务站（卫生室）和其他特色专业服务机构为补充的三级医疗卫生服务网络。进一步加强社区卫生服务机构标准化建设，确保每个建制镇（办事处）有一所政府举办的乡镇卫生院（社区卫生服务中心），按每3000～5000名服务人口设置一个社区卫生服务站（卫生室），不断完善“15分钟”健康服务圈。二是完善医疗卫生结构层次。按照“小病在社区，大病到医院，康复回社区”的要求，进一步明确各医疗卫生机构的功能定位。全市综合性医院主要提供高水平、综合或专科医疗服务、突发公共卫生事件医疗救治以及基层医疗卫技人员培养工作。严格界定社区卫生服务机构适宜技术、适宜设备和诊疗范围，推行“六位一体”综合性服务。三是加强基层人才队伍建设。实施全科医生委托培养计划，每年培养全科医生 30 名。继续加强岗位培训，全科医生、社区护士培训率达 98% 以上，全面落实乡村医生一年一度轮训工作，积极开展乡村医生中专学历补偿教育，继续抓好社区医务人员“三基”继续教育，不断提高基层卫生工作队伍水平。四是提升卫生管理水平。改革运行管理机制，实施镇村一体化管理，基层医疗卫生机构实行人员、标识、药品、财务、服务、信息、制度、考核等“八统一”；实行收支两条线管理，逐步建立以公益性为核心的社区卫生运行机制；实施分级诊疗，推进社区首诊、双向转诊；推进收入分配制度改革，实施岗位绩效工资制度，逐步建立健全职工收入合理增长的激励和约束机制；推进人事制度改革，以服务质量和工作效率为核心，实行岗位管理和人员聘用制度。

（五）坚持因地制宜，积极推进公立医院改革试点。大力推进公立医院改革试点工作。2009 年 11 月，由美国唐仲英基金会捐资，江苏省、吴江市和盛泽镇三级政府共同投资近 5 亿元的江苏盛泽医院正式开业。该院实行理事会领导下的院长负责制，全权委托江苏省人民医院进行管理。目前，该院充分发挥省人民医院派出的 50 人管理和专家团队的作用，融合先进的管理模式，极大地提升了管理水平，各项改革试点工作进展顺利，成立了心肺血管、消化系统、神经系统、肿瘤、妇幼保健等五大中心，部分项目填补了吴江医疗卫生领域空白。这种管办分离、多方投资的模式，也为公立医院发展改革提供了一条可借鉴的新思路。

卫生信息化是实现卫生现代化的重要抓手。2008 年，我市启动了区域卫生信息化建设，通过以吴江“市民卡”为载体，梳理业务流程，通过模式再造、机制突破和管理创新，全面整合信息资源。在推进医改的过程中，我们加大了卫生信息化工作力度，目前，已初步建立了一个中心（数据中心）、三大平台（信息交换平台、卫生管理平台、卫生服务平台）和三大应用系统（医院、社区、公共卫生应用系统）。一是邀请国家信息中心、卫生部信息中心等信息专家进行规划论证，制定了总体方案；并结合国家、省市要求，率先制定了吴江市电子健康档案标准。二是结合“五个一”市民健康工程、两癌筛查等项目，目前已经为 75 万居民建立了电子健康档案，并开设查询网站，居民可上网查询自己所有的健康信息。三是推行了电子病历、电子处方，直接载入居民健康档案，并全市共享，提高了就诊准确性。四是推行远程会诊，将优质医疗资源覆盖到广大基层医院。

二、几点体会

（一）深化医药卫生体制改革，领导重视是前提。党委政府高度重视，将卫生事业置于社会事业发展的重要地位，围绕服务经济社会发展大局，以新医改为契机，争取在政策、财政、组织上给予更大支持，并统筹到城乡一体化发展的全盘中是深化医改的重要前提。

（二）深化医药卫生体制改革，部门合作是保障。卫生工作面广量大，必须从纵向和横向两个维度入手，纵向上落实政策、强化管理，横向上协调推进、多方配合，协调好各级政府、各个部门以及各医疗卫生机构关系，积极争取多方支持参与，妥善解决重点难点问题。

（三）深化医药卫生体制改革，合理规划是根本。加强卫生全行业管理，推进区域一体化进程，整合优化医疗卫生资源，按照结合实际、公平可及、功能到位、适度超前的原则，不断构建完善新型医疗卫生服务体系。

（四）深化医药卫生体制改革，注重创新是关键。按照“降低费用、提高水平、规范功能、加强管理”的要求，坚持以人为本、与时俱进相结合，不断探求卫生运行机制和工作模式上的创新。

三、存在问题及下一步打算

在深化医改过程中，我们遇到了一些困难和挑战，也存在着诸多不足。一是卫生资源总量仍然不足。近年我市卫生事业发展水平虽大大提升,但仍与我市经济社会发展不符,与老百姓日益增加的健康需求也不相符。二是人才缺乏问题始终存在。尤其是乡镇卫生院等基层医疗卫生机构,吸引不了人、招聘不到人、挽留不住人的现象较为突出。同时,乡村医生队伍年龄老化,导致卫生人才结构性短缺较为严重。三是基本药物制度尚需进一步完善。下一步,我们将坚持科学发展不动摇,坚持改革创新不停步,勇于开拓,积极创新,深化医改,推进吴江卫生事业全面健康可持续发展。

(一)立足发展,全面加快卫生现代化建设步伐。继续做大做强龙头医院,大力发展专科特色医院,标准化建设基层卫生机构。十二五期间,我市将进一步加大投入,不断完善层次合理、功能到位的医疗卫生服务体系;加快建设吴江市集中式供应中心、远程影像会诊中心和集中式检验检测中心,实现资源共享、集约建设和高效利用。加快推进“人才强卫”战略,启动实施吴江市卫生人才“5515”工程(5年内在本市医疗卫生机构培育和引进5名吴江市卫生领军人才、10名吴江市卫生重点人才、50名吴江市卫生优秀人才),加强重点学科专科建设和重点人才培养,加强基层卫生人才队伍建设,并按年度医疗卫生业务总收入的3%落实经费保障。加快推进卫生信息化建设,力求率先建成标准统一、资源共享、网络畅通、应用全面、安全可靠的区域卫生信息化平台,并加快在卫生应急、绩效考核、健康档案、慢病干预等方面的应用。

(二)立足创新,全面优化卫生体制机制。优化管理机制,着力推进卫生全行业管理,管理模式逐渐由镇村一体化向县域一体化转变。全面改革人事聘用制度和收入分配制度,强化绩效考核,推动医务人员由单位人向系统人的角色转变,调动医务人员积极性,提高服务效率和质量,确保政府投入发挥最大效益。改革补偿机制,强化政府主导作用,坚持公益为先原则,不断完善收支两条线管理,真正建立以公益性为核心的运行机制。

(三)立足惠民,全面提升医疗卫生服务水平。进一步完善基本医疗保障制度,通过提高筹资水平和封顶线、降低起付线和个人支付比例、推行住院统筹与门诊统筹相结合、合理控制医保基金结余率等措施,不断提高医疗保险待遇水平。进一步推进基本药物制度实施,完善药品供应保障体系,严格落实政策、规范操作流程、加强监督管理,基本药物价格进一步下降,医疗费用有效控制。进一步推进公共卫生服务均等化建设,全面落实基本公共卫生服务和重大公共卫生服务项目,继续探索具有吴江特色公共卫生服务包,不断拓展公共卫生服务新内涵。

(吴江市人民政府2010年11月)

【扬中市】

自今年2月28日零时开始,我市基层医疗卫生机构全面实施基本药物制度。运行8个月来,总体情况良好,呈现出“两升、四降”的态势:截止到9月底,基层医疗卫生机构门急诊工作量同比上升30.36%,医疗服务收入上升20.86%;药品价格下降38%,基层医疗卫生机构门急诊均次费用下降30.11%,药品收入下降24.74%,药品收入占医疗总收入的比例下降15.3%,全市医疗卫生机构共让利群众1481万元。可以说,基本药物制度的实施达到了预期效果,受到了广大群众的欢迎和好评。

一、精心准备,积极稳妥推进基本药物制度实施工作

一是加强组织领导。我市高度重视基本药物制度实施工作,将这项工作作为2010年10项为民办实事工程之一,写入市政府工作报告加以部署落实。专门成立了由市政府分管领导任组长,市卫生、发改经信、财政、人社、物价和食品药品监管等部门负责人为成员的扬中市基本药物制度实施工作领导小组,统筹协调推进基本药物制度实施工作。二是明确工作目标。去年年底,我市根据上级文件精神,结合本地实际,确定了实施基本药物制度的工作目标。即:自2010年2月底开始,全面实施基本药物制度,所有政府举办的基层医疗卫生机构全部配备和使用基本药物,所有基本药物通过省级网

上公开招标采购、统一配送，并实行零差率销售；其他各类医疗卫生机构和零售药店按规定配备和使用、销售基本药物。三是出台具体方案。我市在深入调研和广泛征求意见的基础上，制定出台了《扬中市基本药物制度实施方案》、《扬中市基层医疗卫生机构基本药物集中采购遴选和监督管理实施方案》等一系列文件，为基本药物制度的全面实施提供了制度保障。四是做好核算工作。我市卫生、财政、人社等部门对基层医疗卫生机构人员编制和三年来经常性收支情况进行了核定，对基层医疗卫生机构实施基本药物零差率销售后财政投入补偿金额进行了测算，并制定了具体补偿方案。

二、理清思路，注重与医改其他工作相衔接

我市在推进基本药物制度实施过程中，紧紧围绕“保基本、强基层、建机制”这一要求，坚持与基层医疗卫生服务体系建设相衔接，保障群众全面享有基本的医疗卫生服务，具体做到“三个结合”。一是与转变基层医疗卫生机构运行方式相结合。我市在加大财政投入的基础上，积极引导基层医疗卫生机构明确功能定位，调整发展思路，拓展服务领域，提高服务水平，逐步转变“以药养医”的运行方式，进一步减轻基层群众医疗负担。二是与加快基层医疗卫生机构标准化建设相结合。我市以实施基本药物制度为契机，按照资源整合、优化配置的原则，加快推进基层医疗卫生机构标准化建设。今年年底，50%的基层医疗卫生机构完成标准化建设。到 2011 年底前，100%的基层医疗卫生机构将达到省定标准。三是与提升基层医疗卫生机构服务质量相结合。我市将政府对基层医疗卫生机构的补助资金分为维持运转补助经费、工作量绩效考核补助经费和服务质量绩效考核补助经费三个部分，对基层医疗卫生机构进行考核拨付。在考核过程中，加大对服务质量的考核力度，积极引导基层医疗卫生机构不断提升服务质量和水平，以更好地满足基层群众医疗服务需求。

三、落实措施，确保基本药物制度取得实效

具体做到了“三化”，即培训一体化、采购平台化、报销一卡化。培训一体化。在实施基本药物制度过程中，我们坚持镇村一体化培训，对全市所有医务人员进行了全员培训，确保每一名医务人员都熟练掌握基本药物制度相关政策内容。采购平台化。根据省、市统一部署和相关文件要求，我市基层医疗卫生机构通过省医疗机构药品采购与监管平台，统一采购所需基本药物。报销一卡化。我市将基本药物全部纳入城镇职工基本医疗保险和居民基本医疗保险报销范围，报销比例明显高于非基本药物。为方便基层群众，我市开发了二代身份证刷卡系统，居民医保参保人在全市城市社区卫生服务中心(站)、乡镇卫生院、村卫生室就诊，只需凭二代身份证就可以直接报销相关医疗费用。

基本药物制度实施以来，我们有三点体会：第一，镇村一体化的管理体制是基础。我市早在 2006 年就实施了镇村医疗机构一体化管理，将村卫生室纳入乡镇卫生院统一管理。乡镇卫生院对村卫生室全面实行业务统一管理、人员统一调配、财务统一结算、工资统一发放、药械统一调拨。这一管理模式，理顺了镇村两级医疗卫生机构关系，促进了基本药物制度的顺利实施。第二，科学的补偿机制是前提。加大政府投入，建立科学合理的补偿机制，是转变基层医疗卫生机构运行方式的核心环节，也是保障基本药物制度能够长期实施的重要前提。我市在建立补偿机制过程中，一方面，坚持政府主导，按照“核定任务、核定收支、绩效考核补助”的办法，对核定的基层医疗卫生机构经常性收支差额给予补助，今年共安排补助资金 1800 万元。另一方面，挖掘基层医疗卫生机构自身潜力，开源节流、拓展收入，提高运行效益。自实施基本药物制度以来，我市基层医疗卫生机构总体运营态势良好。3—9 月份，6 家乡镇卫生院医疗服务收入同比增长 20.86%，业务收支结余同比增长 10.84%。第三，现代化的监管手段是保障。我市在实施基本药物制度过程中，通过量化指标、加强督查、提高监管信息化水平等形式，切实强化对基层医疗卫生机构的监管考核力度，有效保障了基本药物制度的顺利实施。今年年初，我市在各基层医疗卫生机构建立了医生工作站系统和 HIS 系统(医院信息化管理系统),通过监管平台可以直接查询基层医疗卫生机构医务人员使用基本药物和处方值情况,从而对医务人员"三合理"行为(合理检查、合理治疗、合理用药)进行有效监管。实践证明,只有建立健全科学严格的监管考核机制,才能确保政府补助资金发挥最大效益,真正让基层群众得到实惠。

在基本药物制度实施过程中,我们也遇到一些困难和问题,下一阶段,我市将继续健全完善各项制度,切实把实施基本药物制度这一民生工程办实办好。一是进一步巩固基本药物制度实施成果。我市将结合基本药物制度的实施,进一步深化基层医疗卫生机构人事分配制度改革,根据上级统一部署,实施绩效工资改革,健全完善绩效考核管理办法,逐步形成科学有效的绩效考核机制,不断提高基层医疗卫生机构医务人员工作的积极性。同时,加大培训力度,进一步提高广大基层医务人员的综合素质,以更好地为基层群众服务。二是进一步完善基层医疗卫生服务体系。我们将以建设整岛一体化医疗卫生服务体系为目标,以基层医疗卫生机构标准化建设为抓手,以实施"均衡化、一体化、信息化、特色化"建设为重点,科学调整基层医疗卫生机构布局,全面落实"双向转诊"、"分级诊疗",引导广大居民养成正确的就医理念和习惯,逐步形成"小病在社区、大病进医院、康复回社区"的就医新格局。三是进一步坚持便民、惠民、利民宗旨不动摇。基本药物制度是一项惠民政策,我市将从便民、利民的角度出发,继续调整完善医疗保险等相关政策,提高医保的普惠面;加强基层医疗卫生机构自身建设,不断提升医疗服务水平,使基层群众能享受到更好、更优质的基本医疗卫生服务。

(扬中市人民政府 2010 年 11 月)

【南京市建邺区】

建邺区作为南京市首批实施基本药物制度的四个地区之一,从今年 2 月开始启动,3 月 30 日前所有社区卫生服务机构全部配备使用基本药物,并全部实行零差率销售。我区的基本药物制度实施情况多次受到国家、省、市督查组领导的充分肯定。

一、统一思想,加强领导,切实提高对基本药物制度实施工作的组织程度

我区被确定为南京市首批实施基本药物制度的地区之后,区委、区政府高度重视,及时传达学习、深刻领会国家和省市医改相关文件精神,精心组织,周密安排,积极稳妥地推进国家基本药物制度实施工作。

一是加大对实施工作的组织领导力度。实施国家基本药物制度是一项政治性、政策性、全局性和社会性很强的工作,标准高、要求严。为此,我区多次召开区长办公会、区委书记办公会、区政府常务会、区委常委会,专题研究部署实施国家基本药物制度工作,及时召开了全区实施国家基本药物制度动员大会,出台了《建邺区实施国家基本药物制度工作方案》、《建邺区基本药物采购、配送、使用实施细则》,成立了以常务副区长为组长,发改、财政、人事、劳动、卫生、审计、药监等相关部门主要领导为成员的领导小组,坚持每周例会制度,加强统筹指导和督促检查,及时协调解决所遇难题,各成员单位和基层社区卫生服务机构按照职责分工,层层落实责任,强化协调配合,形成推进合力,为保障实施工作顺利进行奠定了扎实基础。6 月 7 日和 10 月 26 日,我区政协常委会和人大常委会先后对基本药物制度实施情况进行了专题视察。

二是加大对实施工作的宣传培训力度。基本药物制度是一项全新的制度,涉及到重大利益的深刻调整,需要社会各界特别是广大社区群众和社区卫生服务机构医务人员的理解、支持和参与。我们通过制作宣传横幅、展板,开展广场宣传活动,组织全科团队下社区,在各社区卫生服务机构门诊大厅张贴通知等形式,广泛宣传实施基本药物制度的重大意义和主要政策,努力提高广大群众对实施国家基本药物制度及零差率销售的知晓率。同时,通过开设培训班、以会代训和制作基本药物目录手册等形式,对全区卫生系统广大干部职工特别是基层

社区卫生服务机构医务人员进行培训，促进医务人员以积极的态度应对基本药物制度的实施，深刻理解、准确把握使用基本药物制度的基本要求和工作规范。

三是加大对实施工作的经费保障力度。经费保障是基本药物制度实施的重要保障。实施基本药物制度以来，我们按照省相关部门《关于完善政府卫生投入政策的实施意见》、《江苏省基层医疗卫生机构实施基本药物制度补助办法（试行）》、《江苏省基层医疗卫生机构设置和编制配备标准实施意见》和实施绩效工资的要求，依照"核定任务、核定收支、绩效考核补助"的政府补偿办法，组织财务人员，对全区社区卫生服务机构前三年的门急诊量、出院人次以及经常性收入和经常性支出进行核定，并参照公共卫生单位的人均工资水平，对财政补助经费进行测算。为确保国家基本药物制度的顺利实施，保证各社区卫生服务机构的正常运转，我们制定了"全额预算、收支两条线管理"的政策补偿办法，在省市绩效工资具体政策明确之前，由区财政进行预拨，保证职工收入水平不低于 2009 年水平，保障基层医疗卫生机构正常运转。截止到 9 月份，累计拨付实施基本药物制度综合补助 1300 多万元。

二、严格政策，强化措施，保证实施基本药物制度工作积极有序进行

一是坚定不移执行上级政策。我们按照时间节点，根据省市基本药物制度实施工作相关规定，结合我区实际，采取"自下而上、自上而下"的形式，遴选确定了我区基本药物目录，采取公开招标的形式，在入围市候选基本药物配送企业中，确定了南京医药股份药事服务有限公司和江苏省医药股份有限公司作为建邺区基本药物配送企业。为确保基本药物采购、配送、使用正常运行，区卫生局成立药品采购中心和财务结算中心，负责基本药物的采购、配送及使用监管，对过渡期间非基本药物的药品，采取退货、移交及部分使用零差率销售的办法处理。同时，我们还根据省市要求，把基本药物全部纳入城镇职工基本医疗保险、城镇居民基本医疗保险和新型农村合作医疗报销范围。

二是科学合理核定机构编制。基层医务人员是基本药物制度具体执行者，科学合理地对社区卫生服务机构医务人员核定编制，有利于解决基层医务人员的后顾之忧。我们根据《江苏省基层医疗卫生机构设置和编制配备标准实施意见》，结合我区发展实际，在充分调研的基础上，制定了《建邺区社区卫生服务机构设置和核编实施意见》，全区 7 家社区卫生服务中心共核定编制数 410 名，目前我们已将全区社区卫生服务中心初步核编情况上报市编办待批准。

三是积极稳妥实行绩效考核。在初步核定社区卫生服务机构人员编制的基础上，我们制定了《关于深化建邺区基层医疗卫生事业单位人事制度改革的实施意见》《建邺区基层医疗卫生机构内部管理机制改革实施意见》、《建邺区基层医疗卫生事业单位工作人员收入分配制度改革的实施意见》、《建邺区社区卫生服务机构绩效考核办法（试行）》，在各社区卫生服务机构全面实行以绩效考核为重点的人事制度改革。坚持把绩效工资与工作数量、效率质量及社区群众满意度挂钩，每月对社区卫生服务机构进行一次绩效考核，并依据考核结果下拨财政综合补助经费，确保基本药物制度得到有效落实。

三、突出重点，统筹兼顾，扎实推进全区医药卫生体制改革

我们在认真实施基本药物制度的同时，按照国家和省市医改工作的总体部署和要求，紧紧围绕"保基本、强基层、建机制"这个中心，统筹推进医药卫生体制改革各项重点工作。

一是大力推进基本医疗保障制度建设。积极推进城镇职工、城镇居民、事业单位医保参保和新农合参合工作，不断提高医保覆盖面。截止到 9 月，全区参加城镇职工医保 16.59 万人，城镇居民医保 4.18 万人，新农合 1.13 万人，事业单位医保 1.27 万人，覆盖率均在 98% 以上。认真落实城镇职工医保医疗费用、城镇居民医保住院及门诊大病费用报销比例，不断加大居民医保补助力度，对特困群众实施医疗救助，努

力提高医疗保障水平。1—9 月份,全区共投入各类医疗补助保障经费达 1200 多万元。

二是不断健全基层医疗卫生服务体系。我们按照《江苏省城市社区卫生服务中心、站设置标准》要求,以居民需求为核心,以规划为先导,加快卫生基础设施建设,不断完善社区卫生服务网络,加强业务用房改扩建,更新仪器设备,提升服务水平。同时围绕实施人才战略,加大人才培养和人才引进力度。采取科学先进的管理手段和服务能力,加强卫生信息化建设,提高社区卫生管理和服务的现代化程度。新建了区公共卫生大楼,对各个社区卫生服务中心和部分社区卫生服务站进行改扩建和装修出新,我区卫生系统的基础设施建设水平走在全市前列,滨湖社区卫生服务中心建成后陆续接待国家、省、台湾地区以及新闻媒体参观考察团 36 批次,受到广泛好评。我区先后获得国家级血防传播控制达标区、省社区卫生服务先进区、省卫生应急示范区、省级艾滋病行为干预项目区、省社区卫生服务示范(滨湖)中心、省社区卫生服务中医药特色示范(南苑)中心等称号。

三是积极促进基本公共卫生服务逐步均等化。坚持以示范全科团队创建为抓手,不断完善我区社区卫生服务全科团队网络建设,规范运行模式,明确服务内容,深化服务内涵,完善服务功能,做到"人员进团队、服务进家庭、档案进电脑"。今年以来,共建立健康档案 21 万余份,其中 60 岁以上居民建档率达 83%,健康档案计算机管理率 100%。35 周岁以上患者慢病管理率 99%,法定传染病网络直报率 100%。深入开展双向转诊工作,今年与明基医院签订了双向转诊"医疗合作协议",建立了双向转诊绿色通道。认真实施重大公共卫生服务项目,按计划开展麻疹疫苗强化免疫,规范乙肝、卡介苗等预防接种服务。全区累计接种 29580 人次,接种率为 97.73%,完成 747 人的 HIV 抗体检测工作。免费为辖区 523 名贫困妇女进行了妇科检查。孕产妇住院分娩率 100%,孕产妇保健覆盖率达 90% 以上,7 岁以下儿童保健管理率达 95% 以上,5 岁以下儿童死亡率降低至 7.98‰。

下一步,我们将按照省市的总体要求和部署,深入实施基本药物制度,全面推进医药卫生体制改革,以更大的工作成效促进全区卫生事业又好又快发展,全面提高人民群众健康水平。

一是进一步完善社区卫生服务网络。以居民需求为核心,进一步加快卫生基础设施建设,不断完善社区卫生服务网络。以规划为先导,继续加强业务用房改扩建,更新仪器设备,提升服务水平,同时采取科学先进的管理手段和服务能力,加强卫生信息化建设,提高社区卫生管理和服务的现代化程度。

二是进一步完善社区卫生服务功能。不断规范社区卫生服务运行模式,建立"双向转诊"绿色通道,努力提升基本医疗服务水平,进一步加强公共卫生服务,扩大服务范围和对象,真正把"九大项、二十七个子项"公共卫生服务项目落到实处,提高辖区居民群众的健康水平。

三是进一步落实收支两条线管理。坚定不移地将"全额预算、收支两条线管理"的补偿办法真正地全面落实到各社区卫生服务机构及其他公共卫生事业单位,确保基层医疗卫生机构正常运转,确保职工的积极性得到提高。

四是进一步完善绩效考核体系。坚持以深化人事分配制度改革为核心,建立人事岗位管理机制,完善以服务数量、服务质量及社区居民满意度为核心内容的绩效考核体系。制定激励政策,充分调动医务人员的积极性,防止"大锅饭",确保各项目标任务的完成以及基本药物制度目标的实现。

五是进一步加强人才队伍建设。制定激励政策,加强卫生技术人员队伍,提高服务能力和水平,采用人才引进、送出去学习和内部培训等形式,使人才队伍的服务能力和水平适应社区卫生服务工作的需要,满足社区居民的健康需求。

(南京市建邺区人民政府 2010 年 11 月)

【南通市崇川区】

去年以来,我区以基本公共卫生服务项目为抓手,以争先创优为目标,加强组织领导,加大财政投入,规范服务行为,扎实推进基本公共卫生服务逐步均等化,取得了一定成效。

一、加强组织领导,创新工作举措

区委、区政府高度重视,成立了以分管区长为组长的促进基本公共卫生服务逐步均等化工作领导小组,明确了目标任务、内容和工作措施。为加大公共卫生服务的推进力度,针对我区工作现状及存在问题,创新工作举措,强化工作管理。一是创新管理机制。推行公共卫生工作重点单位、重点项目管理制度,将季度督查、年中和年度检查中总体成绩落后的单位列为该专业工作重点管理单位,存在问题较突出的项目列为重点管理项目,对列入重点管理单位和重点管理的项目实施挂牌整改。完善绩效考评和公共卫生专项经费挂钩办法,工作完成数量和工作完成质量双向挂钩。二是创新工作平台。克服主城区所特有的困难,在市区率先实施了妇幼卫生信息系统建设,有效提升了妇幼卫生科学化管理水平。在全市率先开展计划免疫叫号服务系统,有效解决了排队拥挤现象,得到服务对象的一致好评。三是创新工作体制。区政府积极协调民政、计生等相关部门,将社区计生专干转型为计卫专干,承担相关公共卫生基础工作。同时充分应用社区流动人口协管员队伍资源,承担0—7岁流动儿童和外来人口孕产妇信息的登记和报告工作,从而使流动儿童和孕产妇管理得到加强。

二、加大财政投入,提供有力保障

2010年基本公共卫生服务专项资金按常住人口每人21元的标准设立,并纳入财政预算。专项资金主要用于辖区从事基本公共卫生服务项目的补助,专款专用。为加强政府投入的绩效考核,区卫生局不定期组织相关专家对各服务单位进行检查指导,每半年组织考核一次,年中考核为定性考核,年度考核分定性考核和量化考核,同时加强公共卫生服务项目资金的监督管理。按季预拨80%经费到各街道社区卫生服务中心,20%的经费在年底公共卫生服务工作考核评估后,根据各服务单位对服务工作的完成情况予以兑现。近两年来,区财政在保证基本公共卫生服务经费的基础上,还将基层医疗卫生服务体系建设纳入全区年度重点项目。投入1200万元新建区疾病预防控制中心、卫生监督所大楼,投入近60万元用于妇幼信息系统、计免叫号系统建设,投入20多万元用于麻疹疫苗强化免疫和甲型H1N1流感防控工作,增加近100万元用于实施重大妇幼卫生项目。

三、规范服务行为,提升服务质量

一是多种形式的健康教育活动深入开展。认真组织开展各种形式的健康教育讲座、咨询、卫生保健知识宣传活动。社区卫生服务中心、居民居住区卫生宣传栏覆盖率达到100%,医疗卫生单位和居委会认真组织开展卫生防病知识宣传、咨询活动。创办《崇川健康》,分发到每个家庭,宣传健康教育知识。

二是预防接种工作成果得到有效巩固和提升。规范化门诊建设取得显著成效,全区10家单位全部达标。加强对应种未种儿童的核查,儿童五苗基础接种率和五苗覆盖率均达100%。对村居流动人口管理人员的流动儿童计划免疫管理工作进行规范,流动儿童建卡率达98%以上。认真组织开展强化免疫接种和群体性接种工作,对8月龄～14岁儿童7.8万人进行麻疹疫苗强化免疫,对15岁以下儿童开展乙肝疫苗查漏补种工作。

三是传染病防治工作得到全面加强。建立健全传染病报告和突发公共卫生事件报告制度。传染病疫情和突发公共卫生事件网络直报系统完善,报告及时规范。认真做好重点传染病防治工作,较好地完成了甲型H1N1流感防控、艾滋病、血吸虫病、肺结核病等重大传染病防治工作任务。

四是妇幼保健工作质量显著提升。全区示范化儿童保健门诊合格率达到90%。建立了较完整、规范的儿童保健信息管理系统,辖区内0－36个月儿童保健手册建册率、儿童死亡和出生缺陷监测漏报率、新生儿访视率等指标均达到标准。以妇幼保健信息系统建设为平台,推动妇女保健工作水平进一步提升。

五是社区卫生服务功能进一步完善。以创建省级社区卫生服务先进区为抓手，把完善服务功能、提升服务能力和工作水平作为推进社区卫生服务的一项重要措施来抓。加快建立居民健康档案，全区60岁以上老年人健康档案建档率达92.22%。慢性病规范化管理、老年人保健管理等工作取得显著成效。

六是重性精神疾病管理扎实推进。不断拓展公共卫生服务内容，着力推进重性精神疾病管理项目，对辖区重性精神疾病患者进行摸底登记，登记重性精神疾病患者664人，并加强了对社区精防医生、精防护士、社区责任医生(个案管理员)等人员的业务培训，重性精神病管理工作有序开展。

七是重大妇幼卫生项目全面实施。明确重大妇幼卫生项目工作的目标任务、内容和工作措施，全面落实重大妇幼卫生项目专项经费。农村妇女增补叶酸经费统一由政府支出；农村孕产妇住院分娩补助按实际分娩人数每人400元标准补助；农村妇女宫颈癌和乳腺癌检查项目相关经费由区财政一次性拨付。目前这些项目正在按照省市有关部门的要求有序推进。

(南通市崇川区人民政府2010年7月30日)

【赣榆县】

赣榆县是全省首批实施基本药物制度37个县(市、区)之一。今年2月份实施以来，县委、县政府高度重视，坚持把实施国家基本药物制度作为一项德政工程、惠民工程强抓不懈，明确思路，创新举措，全力推进，全县各基层医疗卫生机构全面实施国家基本药物制度，并实现零差率销售。

一、主要做法

(一)精心组织实施，狠抓“三个到位”，保障国家基本药物制度迅速落实。一是组织宣传到位。年初，成立了赣榆县实施国家基本药物制度工作领导小组，县长任组长，常务副县长、分管副县长任副组长，县卫生局等13个部门主要负责人为成员，组织协调实施工作。下发了《赣榆县实施基本药物制度工作意见》，对基本药物目录管理、配备使用等作了细致安排。将实施基本药物制度列入《政府工作报告》，由县委督查室负责督查推进。积极开展实施基本药物制度的宣传，利用县电视台等新闻媒体，制作专题片，向社会各界广泛宣传，积极引导群众使用基本药物；编印基本药物制度专题宣传画2000份，张贴在各镇卫生院和村卫生室宣传栏，先后发放宣传单20000张。将实施基本药物零差率后的药品价格在基层各医疗卫生机构醒目位置进行公示，以便接受社会监督。组织镇村医疗卫生单位深入学习医改和基本药物制度相关文件，增强基层单位执行基本药物制度的自觉性。县卫生局开展《基本药物临床应用指南》和《基本药物处方集》培训，并对镇级临床医生和药事人员进行轮训，组织开展近200人参加的基本药物合理运用知识竞赛，通过对基本药物知识的培训，强化临床医务人员合理用药意识，确保规范使用基本药物。二是平台打造到位。为保障基本药物制度实施，我县出台了《赣榆县基层医疗卫生服务体系建设与发展规划》，对我县镇村医疗卫生资源进行再整合和规划，强化镇村一体化建设，着力打造优质服务平台。在辖区内重新规划设置中心卫生院5家、一般卫生院13家，并进行升级改造，使其能有效履行辖区内医疗卫生服务和管理职能，提升服务水平；积极加强村级卫生机构建设，近三年来，投入近2000万元对村卫生室进行改造，按照信息化、标准化、一体化“三化”标准，新建和改扩建村卫生室396家，全部达到省标准化验收标准，并加大村级信息、诊疗和办公设备的添置，实现镇级联网和新农合村级现场结报全覆盖。积极加强镇村一体化管理，按照聘任制、工资制和养老保险制及业务统一管理、药品统一调拨、财务统一管理和行政统一管理等对村卫生室实行“三制四统一”，并建立完备的乡村医生档案。为了稳定村医队伍，县政府召开常务会议专题研究乡村医生养老保障问题，对符合条件的注册乡村医生参照灵活就业人员参保政策，纳入企业职工养老保险；对达不到参保条件但符合补助政策的，县、镇财政给予生活补助。全县共为1356名村医交纳养老保险，为

514 名村医发放养老补助。通过强化镇、村卫生机构一体化管理，打造优质的服务平台，为基层单位实施基本药物制度奠定了良好的基础。三是经费保障到位。科学测算镇卫生院药品加成、药品收入占总收入比重等情况，将人员经费、公用支出、医疗收入、公共卫生收入等统一核算。在此基础上，将实施基本药物制度所需资金及时纳入 2010 年度财政预算，确保基本药物制度的顺利实施。

（二）明确操作步骤，抓好“三个环节”，稳步推进国家基本药物制度。一是科学遴选，确立基本药物目录品种。根据全省确定的基本药物，结合我县用药习惯，组织专家对省定的中标品种进行了遴选，确定 1498 种适宜药品作为我县使用品种。二是统一代购，确保基本药物有序配送。将县医药招标办调整重组为基本药物代理采购办公室，配建网上采购平台，并与省建立接口，各镇卫生院预算每月药品的品种和用药量，报县代采办统一扎口，实行网上统一代购。与 2 家省中标企业签订配送服务合同，所有采购药品统一配送到位。全县实施基本药物制度至今，共完成网上采购 1085 个品种共计 3378.33 万元，药品配送到位率 85.90%。三是严格管理，确保基本药物规范使用。我县于 2009 年 12 月份，开展对镇卫生院库存药品的清理、盘存和结转工作，今年 3 月份，已完成全部目录外用药清理。同时，明确要求基本药物制度正式实施后，全县镇、村卫生机构必须全部配备和使用国家基本药物，库存药品一律按进价销售，并将基本药物原零售价、省中标价、销售价格在醒目位置进行公示，任何单位不得以任何理由使用目录外药品，不得以任何形式变相加价，确保基本药物广泛应用。成立了由县财政局、卫生局、审计局和监察局等单位负责同志组成的督查组，定期组织对基层医疗卫生机构实施基本药物零差率情况进行督查，并将督查结果以督查通报形式进行通报，确保基本药物零差率相关政策措施落到实处，真正让老百姓得实惠，将其打造成一项重要的惠民工程。

（三）完善配套政策，建立“五项机制”，确保基本药物制度落到实处。一是建立政府补偿机制。按照“核定任务、核定收支、绩效考核补助”的办法，建立健全补偿机制。组织专门班子，深入镇卫生院，开展综合调研，合理界定基层医疗卫生机构收支，制订并出台了《赣榆县基层医疗卫生单位实施基本药物制度补助办法》，规定对基层医疗卫生机构补助实行先预拨，后结算办法，每月向基层单位预拨差额部分 70%，剩余 30% 部分次年 1 月考核发放。县财政对乡村医生因实行基本药物零差率销售减少的收入和承担的基本公共卫生服务支出予以合理补助。县财政将所需资金全部纳入财政预算，目前，已拨付启动资金 2500 万元，保证了基本药物零差率顺利实施。基本药物全部纳入城镇职工和居民医疗保险以及新农合“三张网”报销范围，报销比例明显高于非基本药物，用经济手段引导和促使广大患者广泛接受和愿意使用基本药物。二是建立资金监管机制。在坚持预算权不变、资金所有权不变、财务审批权不变的前提下，按照“集中管理，分户核算”的原则，实行“收支两条线管理”，设立县医疗单位财务中心，将各镇卫生院的收支账务全部纳入管理，对镇卫生院财务管理进行会计核算和监督，实行集中收付、统一管理，最大程度地压缩开支，保障经费统筹安排、合理使用。健全资金管理责任制，明确资金监管责任和失职的处分办法，对资金运行进行跟踪问效、全程监督。加强财政监管和审计监督，将资金的事前、事中、事后监控，日常检查和重点检查有机地结合起来，形成有效的资金监督检查机制。公开基本药物补助资金的使用途径，提高资金使用的公开性和透明度，接受社会各界和广大群众的监督。三是建立绩效考核机制。以基本药物使用和医疗服务质量为核心，由县卫生局、财政局等部门对基层医疗卫生机构进行绩效考核，将考核结果与财政经费补助挂钩；以医疗质量、用药规范、医德医风为主要内容，由基层医疗卫生单位对职工个人进行绩效考核，将考核结果与个人绩效工资挂钩，确保医疗卫生机构按规定配备基本药物，医务人员规范使用基本药物，促进医疗卫生机构补偿机制和内部分配制度的完善，全面提高服务质量和效率。四是建立基本药物使用的快速评价体系。为控制药品费用，加强对基本药物实施的快速评价，规范基本药物实施工作，县卫生局通过对基层各医疗卫生单位基本药物实施情况的调研，建立赣榆县基本药物实施评价体系，通过对基层各单位实施基本药物的网上采购、药占比、贵重药品比例、门诊次均费用、医疗费用、药品费用较去年同期下降幅度和次均住院费用等7项指标进行评价，建立起基本药物实施的考核评价体系，通过7项指标对各单位基本药物实施情况及实施效果进行评价，将评价结果与财政补助挂钩，促进基本药物的规范实施。五是建立较为高效的内部管理机制。按照辖区内人口的万分之十一的标准，对基层卫生院进行核编，共核定镇卫生院人员编制1210名，同时，设定工作岗位，开展人员竞聘上岗。建立基层人员绩效工资制，将其收入与个人工作质量、工作数量和群众满意度等指标相结合。加强对业务人员的考核，建立以服务质量和工作效率为核心，以群众满意度为落脚点，以技术含量高低、风险程度大小、岗位责任轻重为导向，按岗位性质、岗位职责进行分类的考核机制，提升基层单位人员服务效率。

二、主要成效和体会

自实施基本药物制度以来，全县基层医疗卫生机构门急诊总量较去年同期上升7.20%，次均门诊费用较去年同期下降21.08%，次均出院病人费用下降10%，医疗收入较去年同期上升了7.29%，药品收入较去年同期下降25.12%，群众用药负担大大减轻，群众满意度明显上升。实施基本药物制度至今，我们有以下几点体会：一是组织保障是基础。实施基本药物制度是政府的一项民心工程，作为政府要全力以赴抓好落实，政府重视是落实基本药物制度并规范实施的前提。二是财政投入是保证。基本药物制度的实施需要大量的资金投入，良好、及时的资金投入才能保证基本药物制度的有效实施，确保基层医疗卫生单位的良性运转，从而更好地服务于群众，为广大群众提供质优、价廉、高效的医疗卫生服务。三是绩效考核是关键。如何保证基本药物制度的规范有序开展，并得到群众的认可，首先，要抓好对实施单位总的绩效考核，了解实施基本药物制度在基层单位运行情况，基层单位在医疗服务水平、服务数量及服务效果取得的成绩来评价实施绩效，从而总结实施经验；其次，还要建立快速评价系统，定期对各单位在运行基本药物制度中相关数据进行分析，从而及时校正运行过程中存在的问题，保证基本药物制度在设计程序中规范运行，保证实施效果。

三、存在问题和下一步打算

通过近一年的运行，我县实施国家基本药物制度虽然取得了一些成绩，但也存在一些不足和问题，需要各级予以关注，并进一步加以解决，一是医改资金的保障机制还需进一步完善，基层医疗卫生机构保运转压力很大；二是使用的基本药物品种和规格偏少，包括儿科、妇科的用药偏少，影响了临床诊疗需求；三是药品配送存在不及时、不到位现象，需要加强对配送企业和生产企业的硬约束，建立和完善生产和配送企业退出机制，规范生产和配送企业行为；四是基层医疗卫生单位的医疗条件急需改善，地方财力已无力承担，一定程度上影响了基层单位的发展后劲，建议尽快出台相关债务化解或资金补助政策，切实减轻基层医疗卫生单位资金负担。

（赣榆县人民政府2010年11月）

省相关部门配套政策文件目录

△中共江苏省委 江苏省人民政府关于深化医药卫生体制改革的实施意见(苏发[2009]7 号 2009.07.24)

△省卫生厅 省财政厅 省人口和计划生育委员会关于促进基本公共卫生服务逐步均等化的实施意见(苏卫社妇[2009]9 号 2009.07.29)

△省财政厅 省发展和改革委员会 省卫生厅 省人力资源和社会保障厅 省民政厅关于完善政府卫生投入政策的实施意见(苏财社[2009]132 号 2009.08.20)

△省机构编制委员会办公室 省财政厅 省卫生厅 江苏省基层医疗卫生机构设置和编制配备标准实施意见(苏编办发[2009]7 号 2009.08.25)

△省民政厅 省财政厅 省人力资源和社会保障厅 省卫生厅关于进一步完善城乡医疗救助制度的意见(苏民保[2009]11 号 2009.09.15)

△省卫生厅 省财政厅 省民政厅 省农业委员会 省中医药局关于完善和发展新型农村合作医疗制度的意见(苏卫农卫[2009]8 号 2009.09.17)

△江苏省发展改革委 江苏省编办 江苏省财政厅 江苏省卫生厅 江苏省中医药局关于印发《江苏省区域卫生规划指导意见》的通知(苏发改社会发[2010]1293 号 2010.09.26)

△省深化医药卫生体制改革领导小组关于印发江苏省 2009 年实施国家基本药物制度工作方案的通知(苏医改发[2009]5 号 2009.10.30)

△省人力资源和社会保障厅 省机构编制委员会办公室 省财政厅 省卫生厅 省民政厅 中国保险监督管理委员会江苏监管局关于加快推进基本医疗保障制度建设的意见(苏人社(L)[2009]126 号 2009.12.15)

△省物价 局省卫生厅 省人力资源和社会保障厅关于印发深化药品和医疗服务价格改革的意见的通知(苏价费[2009]406 号 2009.12.18)

△省人力资源和社会保障厅 省卫生厅关于印发《江苏省卫生事业单位岗位设置管理指导意见》的通知(苏人社(R)[2009]170 号 2009.12.24)

△省财政厅 省卫生厅 省人力资源和社会保障厅江苏省基层医疗卫生机构实行基本药物制度补助办法(试行)(苏财规[2009]12 号 2009.12.31)

△省基本药物工作委员会关于印发《江苏省基本药物集中采购和配送企业招标实施方案》的通知(苏卫综合[2010]5 号 2010.01.06)

△省卫生厅 省财政厅 省人力资源和社会保障厅关于印发《江苏省基层医疗卫生事业单位工作人员收入分配制度改革指导意见》的通知(苏卫人[2010]9 号 2010.03.05)

△省卫生厅 省财政厅关于下发江苏省基本公共卫生服务项目资金绩效考核办法的通知(苏卫社妇[2010]3 号 2010.03.08)

△省卫生厅 省财政厅 省人力资源和社会保障厅关于印发《江苏省基层医疗卫生机构内部管理机制改革指导意见》的通知(苏卫综合[2010]7 号 2010.03.09)

△省卫生厅 省人力资源和社会保障厅关于印发《关于深化全省基层医疗卫生事业单位人事制度改革的指导意见》的通知(苏卫人[2010]10 号 2010.03.09)

△省卫生厅 省财政厅 省人力资源和社会保障厅关于印发《江苏省基层医疗卫生机构绩效考核办法(试行)》的通知(苏卫社妇[2010]4 号 2010.03.09)

△省卫生厅 省发展和改革委员会 省经济和信息化委员会 省监察厅 省财政厅 省物价局 省人力资源和社会保障厅 省商务厅 省食品药品监督管理局 省中医药局关于印发江苏省基本药物制度实施办法的通知(苏卫社妇[2010]6 号 2010.03.12)

△省卫生厅 省发展和改革委员会 省财政厅关于印发《江苏省基层医疗卫生服务体系建设与发展规划》的通知(苏卫规财[2010]103 号 2010.03.12)

△省卫生厅 省机构编制委员会办公室 省发展和改革委员会 省财政厅 省人力资源和社会保障厅 省物价局关于印发江苏省公立医院改革试点实施指导意见的通知(苏卫医[2010]39 号 2010.04.09)

城乡发展一体化

综　述

自2008年在苏州率先开展城乡一体化改革发展试点工作以来，我省各地在学习和借鉴成都、苏州等城市经验的基础上，结合本地区实际，扎实推进城乡配套改革，大胆创新体制机制，“五个一体化”得到较快推进，一些工作取得突破性进展。基本建立城乡发展一体化的组织领导体系和工作推进机制，城乡发展一体化战略列入“十二五”时期六大发展战略之一。

一、城乡空间布局不断完善

规划是城乡统筹发展的灵魂，按照城乡规划全覆盖的要求，制定有利于城乡协调发展的建设和发展规划。近几年来江苏抓住长江三角洲城市群快速发展的重要机遇，依托南京、苏锡常和徐州三个都市圈，加快推进沿江城市群，积极推动东陇海城市发展，着力培育区域性中心城市，壮大县城和重点中心镇，逐步形成了交通网络相连接的结构合理、功能互补、布局协调、生态良好的城镇体系布局。并且按照区域发展定位以及不同区域资源环境承载能力和发展潜力，在苏南、苏中、苏北的区域划分基础上，将全省进一步划分成优化开发区域、重点开发区域、限制开发区域和禁止开发区域。根据不同区域，实施差别化的土地、财税及资源配置等方面政策，有效推动省内资源跨区域的合理流动和利用，逐步形成新的区域调控框架。在全省范围内推动工业向园区集中、人口向城镇集中、居住向社区集中的“三集中”发展模式，促进了工业、农业、居住、生态等重大专项规划基本实现城乡对接。苏州在试点工作中确定的23个先导区已全面完成镇村布局规划和土地利用修编，通过“三集中”、“三置换”，累计30多万农户、100万农民实现了居住地转移和身份转变，83%的工业企业进入园区，70%耕地实现规模经营，38%的农户实现集中居住。各地积极稳妥地推进户籍制度改革，促进有条件的农民转为市民。到2010年底，累计办理户改落户399.9万人，其中进入城市落户191.3万人，进入小城镇落户208.6万人，全省城市化率提高了10.9个百分点。

二、城乡基础设施建设明显加快

“十一五”期间我省不断加大对农村基础设施建设的投入力度，把基础设施建设的重点转向农村，从而达到城乡联网、城乡共享的目标。一是大力提升农村交通投入水平。不断改善农村居民出行条件，减少出行时间和成本，提高农村与城市的融合度。全年新改建农村公路6043公里，改造桥梁2172座，新建农村客运站106个，城乡客运一体化候车厅2336个，全省93.6%的行政村通上客运班车。二是完善防洪减灾、水资源供给、水资源保护三大体系。“十一五”期间，全省有205条河流、262个河段被列入《全国重点地区中小河流近期治理规划》，并有53条河流已经批复实施；完成了29座大中型水库和555座小型水库除险加固工程的前期工作和建设任务。启动了大中型泵站和水闸除险加固的前期工作，首批9座大型泵站除险加固工程已经完成。全省完成1275万农村居民饮水安全工程，实施农村河道疏浚整治完成土方20亿立方米，完成29个大型灌区和10个中型灌区节水改造规划任务，实施了44个农田水利重点县工程。三是不断提高农村公共设施投入力度。实行山水田林路综合治理，大力开展以“六清六建”为重点的农村人居环境建设和环境综合整治试点工作。加大了道路、生活污水和垃圾处理等社区生活设施建设配套。五年中共投入建设改造资金约5亿元，完成1000

个省级村庄环境整治试点，建设整治村内主次道路 270 公里、修建排水管道 230 公里、新建垃圾箱 3.3 万个、新建公厕 1900 座、增加公共绿地 320 万平方米。目前，全省约 1 万个规划保留村庄人居环境得到初步整治，占规划保留村庄总数的 25%，整治工作进展在全国处于领先地位。到 2010 年底，全省建有生活垃圾收集点的行政村比例超过 70%，实现无害化处理的行政村比例超过 20%。苏南地区初步建立城乡统筹的垃圾收运体系，苏中、苏北垃圾收运水平得到明显提升，太湖流域全面建成覆盖城乡的垃圾收集、转运、处理网络。

三、城乡产业布局不断优化

通过工业、农业、服务业发展融合互动，不断优化产业结构，扩大区域之间的产业分工协作，形成城乡一体的产业垂直分工新格局。一方面是通过推进工业经济转型升级，推动规模企业集聚集群，为城乡一体化提供了产业支撑，为失地、进城农民提供了广阔就业空间，真正做到了以工带农，以工促农的发展。江阴市通过打造 4 个“千亿级新兴产业集群”和 5 个“百亿级新兴战略性产业园”不断优化产业结构，加快产业升级步伐，有 71 个产品成为国内行业生产销售冠军。另一方面以项目农业建设为抓手，加快现代农业、高效农业的发展，与工业形成了互为支撑的城乡产业结构。省财政安排 17.13 亿元支持现代农业生产体系建设，高效农业面积达到 2660 万亩，占耕地比重超过三分之一。安排农业综合开发省以上财政资金 18.5 亿元，改造中低产田 120 万亩，建设高标准农田 100 万亩。已批准实施的试点工程共 38 个，涉及建设规模 72.78 万亩，计划新增耕地面积 11.75 万亩，可复垦建设用地 8.34 万亩。

四、城乡基本公共服务逐步实现均衡发展

我省不断加强农村公共服务，大力发展农村教育、卫生、文化、体育等社会事业。探索并建立起了以财政资金为引导的农村多元化投入机制，努力使经济发展成果更多地体现在改善民生上。一是坚持教育优先。在全国率先对农村义务教育阶段学生全部免除学杂费，教科书免费提供。启动农村中小学寄宿制学校建设，基本完成农村中小学危房改造任务，农村办学条件明显改善。全省下达专项转移支付经费 10.58 亿元，帮助经济薄弱地区 31 个县（市、区）实施义务教育学校绩效工资。全面实施免收农村义务教育公办学校寄宿生住宿费政策，受益学生 92.5 万人，免除了 11 万名中等职业教育学校农村家庭经济困难学生和涉农专业学生学费。二是不断优化卫生资源配置。鼓励城市卫生资源向农村辐射，扩大农村和基层公共卫生资源的比重。完善乡村卫生服务体系建设，初步形成了以县乡两级、乡村一体、防治结合、分工合理的农村卫生服务网络，乡镇卫生院医疗装备水平和医务人员的技术水平逐步提升。基本完成 3000 个经济薄弱地区村卫生室设备配备，建成 50 个省级示范乡镇卫生院、28 个省级示范社区卫生服务中心。省级新农合信息平台投入使用，66 个统筹地区和 15 家三级医院实现与省级平台联接，有效提升新农合管理水平，方便了患者看病就医。新农合参合人口 4384 万人，参合率继续保持在 95% 以上。全省县乡两级政策范围内住院补偿比达到 61.55%，住院费用实际补偿比达到 45.34%。三是加强农村文化建设。实施广播电视“村村通工程”以及文化站改造工程，有线电视和农家书屋基本实现行政村全覆盖。开展文化、科技、卫生“三下乡”活动。文明村、文明户创建活动覆盖全省各乡镇。

五、城乡就业和社会保障水平稳步提高

通过加大农村劳动力培训转移力度，不断拓展农民增收渠道，江苏城乡居民在劳动报酬和社会保障等方面的差异在逐步减少。一个多层次、一体化、广覆盖的社会保障体系初步形成。一是统筹城乡就业。统筹管理城乡劳动力资源和就业工作，逐步健全城乡就业管理服务平台及网络，在全省范围内营造城乡劳动力就业公平竞争、同工同酬、同等待遇的良好环境，实现城乡劳动者平等就业。通过取消农村劳动力进城和跨地区就业的限制，完善农村劳动者进城务工和跨地区就业合法权益保障的政策措施，农民进城就业环境得到改善。率先建立农民就业失业登记、求职登记、创业服务和农村困难家庭就业援助四项制度。针对农村劳动力提升技能的需求，提前下拨第一批培训券省级补助资金4125万元，落实免费技能鉴定等补贴政策，鼓励农民就地转移和自主创业。2010年新增转移农村劳动力达44万人，城镇登记失业率控制在3.16%。二是统筹城乡社会保障。全面建设城乡协调的社会保障体系，通过农民个人缴费、集体补助、政府补贴三方筹资，在苏南、苏中、苏北分类指导的新型农村养老保险制度初现雏形。建立相对独立的被征地农民的基本生活保障制度和养老、医疗等社会保险制度，将被征地农民纳入统一的城乡就业培训体系，使被征地农民享受城镇同等人员再就业优惠扶持政策，研究制定了城镇基本养老保险、农村社会养老保险、被征地农民基本生活保障衔接办法，在一些有条件的地区实行城乡社会保障并轨。目前全省养老、医疗、失业、工伤、生育保险和城镇居民医保参保人数均超千万，主要险种参保率均超过95%。率先在全国全面实施新农保，基本实现农村适龄居民参保和农村老年居民基础性养老金发放“两个全覆盖”。

六、农村金融组织体系不断完善

通过推进农村金融服务均等化建设，拓展政策性金融服务功能，推进农村金融产品和服务方式创新，不断完善涉农金融机构和业务的扶持政策，进一步加强对农村金融的风险监管。农村金融的“自我造血”能力不断增强，金融服务更有力地支持农业产业化发展，推动传统农业向现代农业转变。支持社会主义新农村建设，为农民增产增收和改善生活提供更充分更有效的服务。2010年有10家农商行获准开业、7家农商行获准筹建，全省共有41家农村银行机构，农村银行合计占全省农合机构总数的71%。鼓励苏南农商行以“跨区域、组团式、全覆盖”的方式到苏中、苏北地区设立支行，为全省南北金融资源的合理配置搭建了平台，有效解决了苏中、苏北地区农村金融供应主体不足、金融服务薄弱等突出问题。

（省发展改革委　李君良　李班）

领导讲话

【曲福田在全省农工办主任会议上的讲话】

同志们：

这次全省农工办主任会议，重点围绕推进城乡经济社会发展一体化，交流做法和体会，分析情况和问题，探讨思路和对策。

加快形成城乡经济社会发展一体化新格局，是党的十七大提出的一项重要奋斗目标。近年来，我省上下按照中央和省委、省政府的部署，扎实推进城乡统筹发展，思想认识逐步统一，工作思路日益清晰，改革步伐明显加快，政策措施更加有力，城乡经济社会发展一体化已经取得了初步的成效，特别是我省率先提出的“三化”带“三农”战略思路，率先明确的“五个一体化”科学体制，率先实行的城乡规划全覆盖，率先推进的“三集中”、“双置换”等，形成了鲜明的江苏特色，为面上全面推进城乡发展一体化作出了积极探索，也为全国统筹城乡发展积累了有益经验。

推进城乡发展一体化，是各有关部门和全社会的共同责任。作为党委农村工作综合部门，我们要把协助党委、政府加快推进城乡发展一体化作为一项重要职责和使命。第一，为党委政府解决“三农”问题、推动“三农”又好又快发展当好参谋助手，是农工办的根本任务，而加快推进城乡发展一体化是落实科学发展观的内在要求，是解决“三农”问题的根本出路，对此我们责无旁贷。第二，推进城乡发展一体化是一项复杂的系统工程，既要对城乡、工农、区域利益格局作出重大调整，又要在发展战略、政策取向、工作思路上作出重大转变，涉及面十分广泛，需要农工办充分发挥职能作用，加强综合设计，协调各种关系，化解各类矛盾，凝聚各方力量，推动政策创新、工作开展和任务落实。第三，推进城乡发展一体化是一项全新的事业，面临着许多新情况、新问题，这既给我们工作提出了新要求、新挑战，也为我们施展才华提供了新阵地、新舞台。不少市县委农工办已经在实践中找准了自身定位，承担了重要职责，发挥了积极作用。因此，全省各级农工办一定要认清形势，振奋精神，开拓创新，全力以赴，扎实工作，为尽快形成城乡发展一体化新格局作出应有的贡献。

城乡二元结构是中国城乡关系的主要特征，其形成有着复杂的历史背景和演变过程，主要体现在：城乡分割的户籍制度，城乡差别的土地制度，城乡分治的管理体制。推进城乡一体化发展，核心是打破传统的城乡二元结构，尤其是破除二元结构赖以存在的制度基础，构建城乡统筹的科学体制，建立城乡一体化的运行机制，使生产要素在城乡之间自由流动，公共资源在城乡之间均衡配置，工业与农业互动发展，城乡空间形态持续优化，城乡关系由分割到协调最终实现融合。在此，我想着重就推进城乡发展一体化中的几个重点难点问题讲几点意见，与大家共同研究和探讨，以利于进一步深化思想认识、理清发展思路、推动工作开展。

一、关于推进农民变市民问题

尽管江苏已经进入工业化后期，但城市化率只有 55.6%，而真正有城镇户籍的人口只有 39%，城市化严重滞后于工业化。按照发达国家的发展经验，江苏的城市化率应在 65% 以上。我们要把引导农民有序转变为市民，作为当前推进城乡改革联动、加快城乡发展一体化的重要突破口。可以这样说，只有农民有序转变为市民，农民收入水平才能有大的提高，现代农业发展才能有足够的空间，城市化质量才能有大的提升。根据省委农工办会同省有关部门的专题调研情况，当前要着力在三个方面加大研究和推进的力度：一是提高城市化水平。坚持以大城市为依托、中小城市为骨干，促进大中小城市和小城镇协调发展，积极探索江苏新型城市化道路。城市化水平还不高的经济欠发达地区，要大力发展中心城区和中小城市，充分发挥他们在区域发展中的龙头作用。经济发达地区要加快城市现代化步伐，通过内涵发展和功能提升，增强对小城镇和农村的辐射带动能力。二是大力发展小城镇。要把小城镇作为农民变市民的主要载体，加大扶持力度，加快发展步伐。强化“新市镇”理念，完善城镇功能，改善公共服务，提升小城镇的承载能力和对农村人口的吸引能力。在用地政策上，修编新一轮乡镇土地利用总体规划时，应对小城镇用地作出统筹安排；村庄整治等节约的建设用地指标，通过城乡建设用地增减挂钩，应安排部分用于小城镇建设。在财税政策上，对在小城镇内产生的财税、行政性规费和土地出让金，地方留成部分应划出一定比例给小城镇；支持成立小城镇建设投融资公司，多渠道筹措资金，加快基础设施和社会事业发展步伐。在产业发展上，要加快培育地方优势主导产业，加大城镇工业集中区建设投入力度，做大做强特色块状经济，扩大城镇就业空间。在管理体制上，对人口规模较大、经济实力较强的镇，可由市、县政府通过直接放权或委托等方式，扩大行政和经济管理权限，增强小城镇发展活力。三是深化户籍制度改革。按照宽严有度、分级承接的原则，对不同规模的城市要研究制定不同的落户标准，引导有条件的农民逐步转变为市民。适度放宽特大城市和大城市的落户条件，进一步降低中小城市落户标准，全面放开小城镇落户条件，县城镇、建制镇内的户籍人口，可以凭合法固定住所实施户口通迁。要着重研究提供公共服务、扩大城镇住房保障覆盖、社会保障转移接续等方面的政策措施，让进城农民工享有与当地城镇居民同等的权益。

二、关于加快城乡规划一体化问题

规划是推进城乡发展一体化的龙头。我省在推进城乡规划一体化方面已经做了大量工作，在此基础上，要进一步提升规划理念、完善规划体系、促进规划协调，更好地发挥规划对城乡发展一体化的引领作用。一要坚持以县为单元。县域是推进城乡发展一体化的重要载体，体现在规划上，就是要以县域为空间单元，以县城为中心、中心镇为支点，统筹城乡规划编制，合理规划城乡建设、工农业发展、生态保护等各类空间，调整优化城乡空间布局，加快形成布局合理、分工有序、开放互通的城乡空间结构体系。二要推进规划全覆盖。在城乡总体规划的基础上，要编制和完善主体功能区规划、镇村布局规划、重点区域控制性详规、村庄规划以及其他各类专业专项规划，在县域范围内形成覆盖城乡建设、产业布局、公共服务、基本农田保护、生态保护、历史文化传承与保护等各个领域的规划体系。三要促进规划融合。要破除城乡分割、各项规划自成一体的局面，强化规划叠合、统筹编制的理念，加强各类规划之间的相互协调，做到纵向覆盖和横向衔接有机统一。尤其要推进城镇规划、土地利用总体规划、产业发展规划、环境保护规划“四规叠合”。四要注重加强居民点规划。农民集中居住点规划要尽量做到“三靠近”，即靠近城镇、靠近开发区、靠近商务区，使其具备城镇或集镇功能。要加强分类指导，根据各地自然条件、地理位置、产业基础、历史文化等多种因素，将居民点划分为不同类型，因地制宜推进规划编制。

三、关于深化农村土地使用制度改革问题

现有的农村土地制度是城乡二元结构的基础制度，土地使用制度改革是促进城乡发展一体化的关键环节。从全省实际情况看，当前要着重研究和推进以下几方面工作：一是确权登记发证。这是土地使用制度改革的基础。要分别不同情况，采取确地、确权、确利相结合，尽快完成农村土地承包经营权登记发证。加快农村集体土地所有权、集体建设用地使用权、宅基地使用权的确权登记发证，进一步明晰农村集体经济组织和农户对农村集体土地的责、权、利关系。二是积极推进农村土地产权交易有形市场建设。在健全农村土地承包经营权流转市场的基础上，着力探索建立城乡统一的建设用地市场。对依法取得的农村经营性建设用地，通过统一有形的土地市场，公开规范地转让土地使用权。三是积极推进城乡建设用地增减挂钩试点。在确保建设用地总量不增加、耕地面积不减少和农民利益得到有效保障的前提下，充分运用好城乡建设用地增减挂钩政策，不断加大

推进力度。挂钩项目的占补平衡在县(市)域范围内实施,挂钩指标应在县(市)域范围内调剂,充分运用土地级差收入原理,实现土地资源在更大范围内的优化配置,同时也使推进城乡发展一体化获得更多的资金支持。四是大力推进"双置换一转换"。继续推进以土地承包经营权、宅基地使用权、农村住房置换城镇住房和社会保障,不断完善不同区域置换的最佳途径和具体政策,积极探索农村承包地、宅基地退出机制,加快农村土地和住房从实物形态向价值形态转变,促进农民向市民的身份转换。五是形成农民土地增值收益的分享机制。保障农民土地权益是深入推进农村土地制度改革的出发点和落脚点。要明确农村土地产权交易收益分配办法,确保集体建设用地交易收益大部分返还农民;探索建立农村承包地、宅基地的退出补偿机制,让进入城镇的农民有安家置业、就业创业的资金积累;加快发展社区股份合作组织,允许社区股份合作组织预留一定面积的建设用地,重点支持农民就业创业,增加农民的财产性收入。

四、关于加快现代农业建设问题

建设现代农业是推进城乡发展一体化的一项重要任务。省委十一届五次全会提出要在2020 年基本实现农业现代化。要按照优质、高效、外向、生态、安全的要求,切实转变农业发展方式,加快现代农业建设步伐,走出一条具有中国特色、江苏特点的农业现代化道路。从现阶段来看,发展现代农业要着力研究和把握四个关键环节:一是大力发展农业适度规模经营。规模经营是世界各国现代农业的共同特征。目前全省务农劳动力有 876 万人,劳均耕地 8 亩,而农业部制定的土地规模经营标准是劳均 15亩。因此,要在坚持农村基本经营制度的前提下,通过农村土地股份合作,加快土地承包经营权流转,实现适度规模经营,促进劳动力、土地和技术、资本等要素的优化配置,加快形成区域化布局、专业化生产、集约化经营、社会化服务的现代农业发展格局。二是创新农业经营模式。随着农民变市民进程的加快,必须高度重视农业经营主体的培育问题。从当前实践和长远发展来看,农民专业合作组织和农业专业大户应该成为现代农业发展的主要经营主体。要强化政策扶持、项目扶持、培训扶持,为农业现代化培育可持续发展的经营主体。三是深化农业投融资体制改革。要大力发展小型农村金融机构和小额贷款,扩大村镇银行试点范围,加快农村小额贷款公司试点步伐,推进在农民专业合作组织内兴办农民资金互助组织,在控制风险的前提下,鼓励农村新型金融组织拓展农村小额贷款业务领域。健全农村担保体系,在有条件的地方试点组建农村产权流转担保公司,探索开展农村产权抵押担保融资。四是健全农业支持保护机制。按照"总量持续增加、比例稳步提高"的要求,加快完善财政支农支出稳定增长机制。鼓励有条件的地方探索设立耕地保护基金,为承担耕地保护责任的农民提供补贴。

五、关于推进城乡社会保障接轨问题

健全农村社会保障体系,积极推进城乡统筹的社会保障制度建设,是城乡发展一体化的基本要求。尽管我省农村社会保障体系建设已经取得了显著进展,但就总体情况来说,仍然存在着城乡保障制度不衔接、保障标准差距过大等突出问题。从全省来看,当前要在三个方面加强研究、加快推进:一是研究制定城乡居民统一的养老保障办法。探索实行一套保障体系,分层分档缴费和享受待遇,逐步统一城乡居民养老保险制度。研究城乡养老保险转移接续办法,在有条件的地方,允许农户以承包经营权折抵为城镇养老保险基数,推动以土地承包经营权置换城镇社会养老保障。二是尽快统一城乡低保标准。苏北地区要加快缩小城乡低保差距,苏南等经济发达地区要在同一县(市)范围内,努力实现城乡低保标准相同、保障范围相同。已经实现全面小康的县(市),应当尽快实现城乡低保制度完全对接。三是逐步缩小城乡居民医疗待遇差距。研究制定具体的接轨办法,加快新型农村合作医疗与城镇居民医疗保险的对接,将与企业建立稳定劳动关系的农民工纳入城镇职工基本医疗保险,逐步实现城乡居民在统一体系内同标准参加医疗保险、同条件享受医疗待遇。

六、关于推进城乡基本公共服务均等化问题

促进城乡基本公共服务均等化，是城乡一体化发展的基本特征。近年来，我省农村公共服务水平有了显著提高，但与城市相比，与农村发展的要求和农民群众的愿望相比，仍然存在明显差距。当前及今后一段时间，应着力研究推进这几项工作：一是切实提高农村师资水平。将到乡镇及以下学校支教作为教师评定高级职称的必备条件，推动城镇优质学校、骨干教师到农村开展结对帮扶和对口支教，探索县域范围内中小学教师跨学校定期交流任教制度。二是切实提高农村医疗卫生水平。加强县乡村三级医疗卫生机构建设，逐步实现每个农村居民在本村内都能得到基本医疗卫生服务。完善农村公共卫生服务体系，落实好财政对农村卫生机构的补助政策。严格执行城市医生晋升职称前到基层医疗卫生机构服务的规定，确保每年每个乡镇卫生院有一名城市医生支农服务。三是切实加强农村文体事业发展。建立稳定的农村文化投入保障机制，推进重点文化惠民工程建设，尽快形成比较完备的农村公共文化服务体系。

七、关于推进城乡社会管理一体化问题

城乡关系的变化必然要求城乡社会管理体制的创新。要加快政府公共服务和社会管理职能向农村延伸，加快建立城乡一体、权责一致、运转高效的城乡社会管理体制。一是统筹整合区域行政管理体制。完善县乡行政管理机构和职能设置，强化乡镇政府公共服务和社会管理职能。积极探索“区镇合一”、“区镇互补”的行政管理体制，对有条件的县城镇、中心镇、农业示范区，赋予更多的行政和经济管理权限。二是建立健全新型社区管理体制。积极开展撤村建居，稳步推进镇村体制向街道社区体制转变，实现政府行政管理和社区自我管理的有效衔接。加快村级综合服务中心建设，促进城镇社区管理和服务模式向农村延伸。三是健全村级公共事业投入保障机制。明确各级政府对村级基础设施建设、社会事业发展的投入责任，不断加大投入力度，并纳入财政预算。完善农村公益事业建设一事一议财政奖补政策，促进农村公共事业发展。

以上是推进城乡经济社会发展一体化过程中需要关注的七个重点难点问题，我们在工作中还会遇到很多新情况、新问题，需要各地结合实际，以创新的思维和举措，积极探索，总结经验，互相交流，互相提高。

（2010 年 4 月 11 日）

经验交流

【南京市】

7 月上旬,南京市委市政府召开“加快推进全域统筹建设城乡一体化发展的新南京”工作会议,正式出台了《关于加快推进全域统筹、建设城乡一体化发展的新南京行动纲要》和五个配套文件,确立了“全域统筹、一体发展”的目标思路,按照城乡规划、产业发展、要素配置、基础设施和公共服务的“五个一体化”要求,以“农地重整,村重建,要素重组”为基本路径,完善“多予少取、重在放活”制度设计,激发郊县发展内生动力,促进城乡生产要素有序流动,公共资源均衡配置,基本公共服务均等覆盖,城乡发展空间集约利用。

坚持“富民优先、规划引领、以城带乡、放权搞活、改革创新、调整提升”六个原则,以土地综合整治为切入点,大力推进“三个集中”,努力提高农村集体建设用地和农民承包经营土地的集中度、流动性和财富性。大力推进新城新市镇和新社区建设,通过“三个置换”实现“三个转变”即:以土地承包经营权置换城镇社会保障;以分散的农村宅基地和农民住房置换城镇产权住房;以集体资产所有权置换股份合作社股权。转变农业生产方式、农民生活方式和农民身份,力争用 6 ~ 8 年的时间,全市减少农民 100 万人。

重点推进六大工程建设:一是实施新城新市镇新社区建设工程,强化全域规划建设管理;二是实施土地综合整治工程,集约利用盘活土地资源;三是实施重大基础设施通达工程,改善城乡交通水利供水条件;四是实施产业振兴工程,加快郊县新型工业化进程;五是实施现代农业发展工程,提高农业综合生产能力;六是实施富民惠民工程,提高农民财富积累和保障水平。

统筹城乡的政策措施可以概括为“放、调、投、改、保”五个方面。放,就是放权,除了规划和土地出让由市里统一管理,凡是市政府能下放的经济管理权限全部下放。调,主要是指产业布局和经济结构调整,鼓励市区重点企业、高新技术企业转移到郊县发展,着力打造郊县 14 个特色产业集群,形成新型产业园区体系和现代城镇布局体系。投,就是加大城乡统筹的财政投入,通过广开财路,扩大多元投资,公共财政重点向郊县投入,确保统筹城乡发展的“千亿级投资计划”顺利实施。改,就是着力改变城乡二元结构的行政管理体制,改革不适应统筹城乡发展的户籍制度,改革财政管理体制和土地使用制度,为统筹城乡发展建立完善的体制机制。保,就是要加强面向农民的就业和社会保障体系建设,建立和完善新型农民养老保险制度,提高新型农村合作医疗水平,创造条件逐步与城镇保障体系衔接并轨。

在具体政策上,市、区县、镇街按照 4∶3∶3 的比例对新市镇、新社区(农民集中居住点)规划编制进行全额补助;市里建立土地整治专项资金 10 亿元,支持农村土地综合整治;对 8 个欠发达镇,每年帮促资金实际到位不少于 1 亿元;设立农民创业专项资金 5000 万元,支持农民创业增收。

(南京市委农工委)

【无锡市】

近年来,无锡市委、市政府始终坚持把推进城乡一体化作为深化农村改革、推动全市科学发展的重大战略,紧紧围绕城乡规划、产业发展、基础设施、公共服务、就业保障“五个一体化”要求,统一思想,明确任务,精心组织,扎实推进,加快建设社会主义现代化新农村,取得了阶段性显著成效。2009 年,全市农村社会总产值达到 11500 亿元,农民人均纯收入达到 12403 元,城市化率达到 67.7%,高效农业面积比例提高到 50.6%,农村劳动力充分就业率达到 93%,农村养老保障综合覆盖率扩大到 92%。为确保“五个一体化”顺利推进,在具体工作中切实增强了六个方面的工作动力。

一是切实增强规划调控力。坚持把科学编制农村规划作为实施城乡一体化发展战略的首要任务,编制完成了城乡融合、相互衔接、全覆盖的农村镇村布局总体规划,以及相关详细规划、专项规划。充分发挥规划的导向控制作用,有序推进了农业、工业、居住“三个集中”,在全市范围内显著优化了经济、社会、空间和生态等方面的结构布局。

*二是切实增强政策引导力。*围绕城乡制度平等、权利平等,坚持以人为本,结合地区实际,不断推进城乡统筹的政策制度建设。近几年来,陆续研究出台了助民、富民、惠民等方面的政策意见60多项,积极搭建城乡平等和谐的政策平台和制度框架,打破二元结构,消除城乡差别。

*三是切实增强投入支撑力。*深入落实国家各项财政支农政策,研究制定“财政投农资金投入使用评价办法”,大力推进财政投入逐步向农村发展倾斜。充分发挥工业化水平高、带动能力强的优势,大力促进“以工哺农”,近几年累计吸引工商资本90多亿元。切实增加金融体系对“三农”的资金支持力度,目前全市农村小额贷款公司总数发展到26家,实现了市(县区)全覆盖。

*四是切实增强示范带动力。*建立了社会主义现代化新农村建设示范村、示范镇指标体系,深入开展了争创新农村建设示范镇、示范村活动,以此引领农村各项建设协调发展、均衡发展、同步发展,加快城乡统筹、一体化进程。目前,全市示范镇、示范村的个数累计达到24个、485个。在全省首批评定的100个社会主义新农村建设师范村中,无锡有16个村榜上有名。

*五是切实增强社会共建力。*创新实施了“一村一品、一村一企”和新型乡镇企业发展战略,全市所有涉农行政村均与企业建立挂钩关系,联手共同发展。积极推进市校合作,全市农村六个板块与浙江大学、南京农业大学等院所在多个领域开展了深入广泛的合作。全面启动了“军民同心共建美好家园”活动,130个驻锡部队与驻地130个村(镇、园区),结成新农村建设对子,开展了重点支援、合力共建活动。在今年全市统筹城乡基层党建工作中,深入开展新一轮市级机关与经济薄弱村的结对挂钩帮扶活动。

*六是切实增强组织保障力。*建立了由市委书记、市长任组长的社会主义现代化新农村建设领导小组,成员单位扩大到35个,下设8个重点工作办公室。领导小组建立了决策部署、组织推进、督查考核等工作制度,每年向各市(县区)、各成员单位下发目标任务,2005年到2010年分别是27项、32项、37项、36项、62项、46项。市委分别于年中和年末组织开展全面督查,市各责任部门定期对工作进行总结,领导小组根据统计局核准数据定期召开情况通报会,公布工作开展及指标完成情况。为了确保工作落实,市委常委会把推进城乡“五个一体化”作为对市(县)区和条线部门年度述职考核的重要内容,建立起了严格的督查考核和一把手述职、一张票否决制度。

(无锡市委农工办)

【徐州市】

一、坚持以科学规划为引领,构筑城乡一体化发展的框架

坚持把城市和农村作为一个整体来规划,先后完成了城市总体规划、镇村布局规划以及产业发展、基础设施建设、生态环境保护等专项规划,实现了城乡规划全覆盖。同时,加快推进5个县城、30个中心镇和600个中心村建设,初步形成了“中心城市—中小城市(县城)—中心镇—中心村”的架构和雏形。

二、坚持以强县富民为根本,夯实城乡一体化发展的基础

大力实施县域经济赶超战略和农业提档升级计划,大力推进农民就业创业。全市高效农业面积发展到434.7万亩,设施农业面积达到113万亩;私营企业达到6.3万户,注册资本1008.9亿元,农村劳动力转移总量达到212.7万人,农民从事非农产业收入占全部收入的比重提高到65%以上;上半年全市农民人均现金收入达到4318元,增长15%。

三、坚持以中心镇建设为抓手,打造城乡一体化发展的节点

坚持把中心镇建设作为特大型区域性中心城市的重要支撑和推动城乡统筹发展的有力抓

手,将中心镇创建分为工业型、商贸旅游型和综合型三大类,分门别类加以指导;市财政专门拿出 3000 万元用于编制 30 个集中创建镇规划,安排 3000 万元专项资金成立担保公司,为中心镇基础设施建设提供贷款担保;加大对中心镇用地指标倾斜,保障中心镇建设用地,即将出台相关政策,赋予中心镇部分县级经济社会管理权限,使中心镇享受与职责相符的人权、事权和财权。

四、坚持以实事工程为重点,改善城乡一体化发展的环境

全市农村公路总里程达 7000 余公里,基本实现村村通公路、通班车;基本解决了农村人口的饮水安全问题;全市义务教育人口覆盖率达到 100%,高等教育毛入学率达到 40%;新型农村合作医疗参合率稳定在 95% 以上,农民住院实际补偿比例提高到 45%;深化"五方挂钩"和"五个一"帮扶机制,加大整村推进力度,年内完成 27 万农村人口脱贫任务;大力推进"绿色徐州"建设,全市森林覆盖率达到 29%。

五、坚持以改革创新为动力,探索城乡一体化发展的路径

全市注册资金超过 100 万元的农民专业合作社达到 1497 个,42 家农民资金互助组织累计投放资金 1.8 亿元,农业保险保费收入达到 2 亿元;村级集体"三资四化"管理全面展开,"一权一房"抵押贷款和"土地集零归整"等改革试点工作深入开展;大力实施"突破睢宁"战略和"丰县崛起"行动计划,推动区域均衡协调发展;鼓励在土地双置换、金融、户籍等方面大胆改革,取得了较好成效。

(徐州市委农工办)

【常州市】

今年以来,常州市委、市政府高度重视城乡一体化发展工作,在政策层面、改革层面和实践层面大胆探索,全力推进城乡一体化建设。

一是领导重视。全省农村工作会议后,常州市委、市政府就贯彻落实会议精神,推进城乡一体化建设召开专题会议进行研究部署。6 月上旬,市委市政府领导率农工办、财政、国土、建设、规划等相关部门负责人,围绕"市、镇和中心村的规划,完善工业、农业、服务业等各类园区建设,现代高效农业发展,拓宽农民增收渠道,完善社会保障体系,建立农村社区管理新机制"等内容进行专题调研。6 月下旬,出台了《中共常州市委、市政府关于加快推进城乡一体化改革发展的意见》。

二是行动迅速。在 2 月初召开的常州市农村工作会议上,市委市政府要求全市上下以万顷良田建设工程为重点,抢抓机遇、攻坚克难、积极作为,在城乡统筹发展改革上有新突破,形成城乡一体化发展新格局。6 月中旬,召开了全市城乡一体化建设现场推进会,对前一阶段工作进行了总结,对下半年工作提出了新的要求。

三是目标明确。常州市城乡一体化建设目标是:到 2012 年,基本建立城乡一体化推进的体制机制。全市农民人均纯收入在 2008 年突破 1 万元的基础上,达到 1.5 万元,城乡居民收入差距逐步缩小,农村集体经济不断壮大。全市行政村村级集体收入力争达到 50 万元以上,其中有三分之一的行政村超过 100 万元。到 2015 年,全市农民人均纯收入力争达到 2 万元,城乡居民收入比例控制在 2∶1左右。城乡公共服务均等化体制框架基本形成,城乡基础设施、社会保障、公共卫生、文化教育等领域的差距显著缩小。农村基层组织建设进一步加强,农民民主权利得到有效保障。城乡经济与人口资源协调发展,生态环境和人居环境显著改善,可持续发展体制机制加快形成。

四是重点突出。在推进城乡发展一体化工作中,常州市着重从九个方面加以推进:注重完善城乡融合的发展规划;着力提升城镇发展水平;改革创新土地使用制度;积极构建富民强村发展机制;加快推进农业产业转型升级;建立健全城乡统一的就业与社会保障制度;统筹发展城乡社会公共服务;切实提高农村金融服务能力;有序改革城乡社会管理制度。

五是措施有力。进一步强化党委统一领导、党政齐抓共管、农村工作综合部门组织协

调、有关部门各负其责的农村工作领导体制和工作机制，建立合力推进的工作机制。按照总量持续增加、比例稳步提高的要求，不断扩大财政资金投入规模。从2011年起，统筹整合相关涉农资金，建立市级专项资金，重点用于支持城乡一体化试点和示范工作，建立多元投入的保障机制。支持武进区争创全国城乡一体化改革试验区，鼓励各辖市(区)、重点镇加大改革发展力度，建立典型示范的导向机制。每年初制定考核细则，明确考核内容，把重点工作量化到各级各部门，实行目标管理，平时加强情况跟踪调研、监督检查和阶段性效果评估，年终进行考核评比，建立责任落实考核机制。

（常州市委农工办）

【苏州市】

近几年来，苏州市围绕“五个一体化”的总体目标，以破除城乡二元结构为核心，以创新一体化体制为关键，以优化配置城乡资源为重点，大胆创新实践，全面推进城乡一体化建设工作，取得了明显成效。

一、坚持规划引领，统筹城乡空间布局

打破行政区域限制，强化功能片区规划，调整优化工业与农业、城镇与农村的空间布局，科学确定城镇规划区、工业生产区、农业发展区、农民居住区和生态保护区。加强城镇体系规划、土地利用总体规划和各类专项规划有机结合。按照“现代社区型、集中居住型、整治改造型、生态环保型、古村保护型”五种模式，全市2.1万个自然村规划调整为2517个农村居民点。规划建设了“百万亩优质水稻、百万亩特色水产、百万亩高效园艺、百万亩生态林地”的农业空间布局。全市形成了一个中心城市、五个副中心城市、若干个中心镇的城镇发展格局。

二、坚持改革创新，构建政策制度框架

近三年先后制定了《中共苏州市委 苏州市人民政府关于城乡一体化发展综合配套改革的若干意见》、《苏州城乡一体化发展综合配套改革三年实施计划》和《中共苏州市委 苏州市人民政府关于全面推进城乡一体化改革发展的决定》等16个政策性文件，指导城乡一体化改革发展的全局实践。建立生态补偿机制，农村土地使用制度、社会保障制度、投融资制度等方面的创新力度不断加大，为全面推进城乡一体化发展提供了政策支撑。

三、坚持转变方式，加强现代农业建设

按照“四生”功能定位，加快落实“四个百万亩”农业产业空间布局，不断推进“水稻规模化、蔬菜设施化、水产标准化、营销现代化”，现代农业呈现出快速发展的良好态势。进一步推进农村土地流转，累计流转面积达154.3万亩，占64.6%，农业适度规模经营面积累计达146.7万亩，占61.3%。进一步推进农业园区建设，目前全市共有现代农业园区175个，已建成核心区面积54.7万亩。大力推进高效品牌农业，累计建设高效农业178万亩，设施农业34.5万亩，无公害农产品、绿色食品、有机食品总数超过1419个。加快一产和三产的融合发展，建成生态观光农业基地150多个。加快建设农产品现代营销体系，做大做强“永不落幕农交会”品牌。加大农业龙头企业建设力度，规模以上农业龙头企业367家，资产总额344.3亿元。鼓励金融向“三农”倾斜，全市基本形成国险、省险、市险、县险四级保险体系，累计投保农户333万多户次，承保风险56亿元。农业担保累计担保55亿元。农村小额贷款公司22家，累计发放贷款110亿元。

四、坚持“三大合作”，突出富民强村

目前，全农村社区股份合作、土地股份合作、农业专业合作组织累计达2935家，持股农户占农户总数的92%。新组建富民合作总社16家，农民专业合作联社5家。农村新型股份合作经济呈现出提速发展、规范发展、联合发展、创新发展的良好势头。全市农民人均纯收入连续七年实现两位数长，去年达到12987元，其中，财产投资性收入比重达33%。全市农村集体总资产787亿元，村级集体总资产348亿，元村级总收入54.7亿元，90%的村超100万元，98个村超1000万元，13个村超3000万元。

五、坚持先试先行，探索“三集中、三置换、三保障”

积极推进农民居住向社区集中、工业企业向园区集中、农业用地向规模经营集中。鼓励农户将集体资产所有权、土地承包经营权、宅基地及住房置换成股份合作社股权、城镇保障和住房，实行换股、换保、换房进城，促进农民身份转变。目前，全市 82% 的农村工业企业进入工业园，61% 的承包耕地实现规模经营，35% 的农户迁入集中居住点。积极推进城乡居民养老保险、医疗保险和最低生活保障覆盖并轨。全市农村基本养老保险覆盖率 98.5%，133.5 万农村劳动力参加了城镇职工养老保险，老年农民社会养老补贴覆盖率达 99.5%。积极推行新型农村合作医疗保险制度向基本医疗保险制度过渡，农村基本医疗保险参保率达 97%，人均基金 400 元，基本实现农民持医保卡就诊看病。农村低保应保尽保，7 个市、区已实现城乡低保标准并轨。

六、坚持均衡发展，提升农村公共服务水平

近几年来，投入近 200 亿元建设了 459 个市级示范村和 19 个省级示范村。全市 88% 的村建成了集党员活动、就业社保、商贸超市、卫生计生、教育文体、综治警务、民政事务、环境保护等功能于一体的新型社区服务中心。农村小学、初中全部达到教育现代化评估标准，所有公办高中达省三星级办学标准。城乡医疗卫生加快联动，90% 以上乡镇和村建成卫生服务中心。农村公共文化全覆盖，图书设施、数字电视、文化活动室在镇村建成。全市行政村班车通达率达 99%，城乡公交一体化覆盖率达 89%，所有乡镇都能在 15 分钟内上高速公路。区域集中供水入户率超过 95%。农村自来水普及率超过 99%。56% 的村实现生活污水集中处理。90% 以上的村建立了生活垃圾“户集、村收、镇运、县处理”的垃圾无害化处理体系。组建市农村再生资源回收有限公司，建立健全了回收利用体系。

七、坚持以点带面，形成整体推进机制

选择了 23 个经济实力较强、产业特色鲜明、领导班子坚强有力的镇（区），作为城乡一体化发展综合配套改革先导区，鼓励先行先试，为全面推进改革积累经验、提供示范。全市各市、区和 23 个先导区都成立了城乡一体化投资发展公司，通过组建市场运作主体，积极为先导区提供资金、融资和运作等方面的支持。近四年来，全市投入新农村建设资金 200 多亿元，涌现出一大批经济发展快、面貌变化大、功能布局优、配套设施全的现代新型社区。

（苏州市委农工办）

【南通市】

4 月中旬，南通市下发了《关于成立南通市统筹城乡发展工作领导小组的通知》，市长丁大卫任组长，33 个部门为成员单位，办公室设在市委农村工作办公室。随后落实了市统筹城乡发展工作领导小组成员单位工作职责，明确了统筹城乡发展年度重点工作任务，并将目标任务分解落实到各部门。

一是推进城乡建设规划一体化。将《南通市沿海开发城乡统筹规划》作为 2010 年市规划编制重点项目，提出全市城镇发展新格局，科学确定城乡统筹的发展目标和发展战略，重点实现城乡统筹空间布局规划。积极推进县（市）乡镇总体规划修编工作。重点组织对启东、海安县（市）城市总体规划进行修编，努力做大做强县（市）中等城市。积极开展一般镇主要街道和重点地段的详细规划编制工作，不断优化完善村庄规划。

二是推进城乡产业布局一体化。根据全市产业分布现状和发展趋势，开发建设“三沿”（沿江，沿海，沿铁路线、高等级公路线）经济带，优化区域经济结构。以“三沿”经济带建设为抓手，将整个市域作为一个整体统筹规划。同时，积极实施城市化发展战略，实现城市化与工业化互动发展，增强城镇对全市经济的辐射带动作用。

三是推进城乡基础设施一体化。围绕农村公路建设计划，实现城乡道路联网畅通。上半年完成农村公路 650 公里，改造农村公路桥梁 76 座。推进城乡公交一体化建设，上半年已调整、优化城乡公交线路131条。全力推进以区域供水和生活污水处理设施建设为主要内容的城乡基础设施联建共享。目前已基本完成项目初步设计、施工图批复等前期审批工作,7月中旬将全面开工建设。提前一年完成第一轮农村河道疏浚整治规划建设任务。

四是推进城乡公共服务一体化。全面建成村级公共服务中心。全年目标建设为农服务社100家,已建成73家。全市1705个农村社区卫生服务站实现了房屋设备双达标,农村社区卫生服务站示范化建设率达95%。推广"农路、河道、绿化和垃圾处理"四位一体的农村环境长效管理新模式,进一步改善农村人居环境。截止到6月底,新增有线电视用户4.4万户,总户数达到196.3万户,农村有线广播调频双入户已达104万户。

五是推进城乡就业保障一体化。按照"市(县)有市场、乡镇有场所、村组有窗口"的要求,加快人力资源市场向农村延伸、向农民覆盖。抓好农民就业创业培训,努力实现"培训一人、就业一人"、"就业一人、培训一人"的目标。扩大养老保险覆盖范围,健全保障体系。进一步调整和完善新农保政策,与国家和省政策全面对接。进一步完善新型农村合作医疗制度,提高"新农合"筹资和保障水平,全市新农合参合率达到99.52%。切实加强城乡工伤保险工作,全面贯彻执行高风险行业农民工先行参加工伤保险的相关政策措施。

(南通市委农工办)

【连云港市】

今年以来,连云港市加大城乡规划建设、产业发展、基础设施、公共服务等统筹力度,推进城市优质要素向农村流动、基础设施向农村延伸、公共服务向农村覆盖、现代文明向农村渗透,努力把连云港建设成为城乡一体、协调发展的国际性海滨城市。

一、发展生态高效外向农业,夯实农民增收基础

出台了《市级现代农业产业园区认定管理办法》,印发《千亩连片高效设施农业示范基地创建活动方案》、《市级畜牧规模养殖示范点创建活动方案》,大力实施万顷良田建设工程,加快高效设施农业发展。全市新增高效农业16.2万亩,累计达196.3万亩,占耕地总面积的35%;新增设施农业面积8.6万亩,累计达到78.9万亩;省级规模禽场达到170个,规模猪场达到52个;农产品出口1.45亿美元,增长15.6%;新建农村"一池三改"户用沼气9100户,秸秆气化集中供气工程10处。全市农民人均现金收入3560元,增幅为15.9%。

二、加快以城带乡、以工促农步伐,促进农业发展方式转变

一是制订现代农业发展规划。制定并完善《全市现代农业发展规划》、《花卉产业发展规划》等,形成配套衔接、管理有序的规划体系。二是发展适度规模经营。通过多形式流转土地承包经营权,发展土地集中型、统一服务型、合作型规模经营,全市适度规模经营面积达123.4万亩,促进了特色产业进一步做大做强。三是加快发展农民合作经济组织。深入推进创新创优活动,努力提升农民合作经济组织运行质态。新增农民合作组织354家,总数达1879家,成员总数23.51万人,占农户总数的25.4%。比上年提高了近8个百分点。四是推进新农村建设。以宁连路两侧环境整治为示范,带动农村环境综合治理由点到线到面全面展开,以康居示范村建设为引领,推动农村住房、村容村貌发生明显改观。30个市级康居示范村累计完成投资7.4亿元,新建居住户8596户、面积154万平方米。

三、健全完善社会保障体系,提高农民生活质量

一是扎实办好创业就业富民实事。强化政策引导和指导服务,大力发展民营经济,鼓励农民积极就业、自主创业、发展兴业。新增转移农村劳动力3.74万人,培训农村劳动力2.7万人,转移就业率90%以上。二是扎实办好社会保障安民实事。积极做好新型农村社会养老保险工作,进一步完善社会救助体系。全市新型农村合作医疗参合率达99%,新型农村养老保

险参保人数达 25.8 万人。三是扎实办好公共服务惠民实事。深入开展对农村的支教、支医行动和送科技、送卫生、送法律下乡活动，启动农村卫生人才“千人计划”，实施基层医疗卫生服务网“升级换代”工程，有线电视光缆联网和公共体育设施实现覆盖所有行政村。

四、统筹城乡党建，为农村经济社会发展提供重要保障

一是统筹城乡党的建设。开通统筹城乡基层党建远程网络互动平台，推动党的组织资源转化为发展资源、组织优势转化为发展优势、组织活力转化为发展活力。投入近 3 亿元，1431 个行政村全面建成 200 平方米以上、功能完善的新农村服务中心和四级便民服务网络。二是开展城乡结对帮扶。组织市 132 家后方单位，重点帮扶 48 个省定经济薄弱村，累计到位各类帮扶资金 2088 万元。同时，深入开展党员干部“一帮三”活动，结对帮扶贫困农户 21605 户。三是加强农村基层干部队伍建设。组织优秀年轻干部、大学生村官到乡镇（街道）、村（社区）任职、挂职，选派农村基层干部到上级机关挂职锻炼，推进城乡干部交流互动。赣榆县选拔 60 名农村优秀青年委托高校培养，推动了农村后备人才培养模式的战略转型。

（连云港市委农工办）

【淮安市】

今年以来，淮安市按照增强经济实力为先、改善农村民生为要的思路，突出富民壮村强乡镇目标，积极探索经济次发达地区推进城乡一体化的实现路径。

一、大力发展镇村经济，促进城乡产业融合

始终把乡镇工业集中区和村级创业点作为对接城市产业发展、壮大乡镇综合实力的重要载体来抓，建立健全季度观摩交流制度，完善激励扶持机制，市委常委会、市政府常务会定期听取汇报、研究发展举措，加大推进力度。上半年，乡镇工业集中区共完成工业固定资产投入 83.4 亿元，新建标准厂房 52.6 万平方米，新进工业项目 378 个；启动建设村级创业点 602 个，入驻工业企业 718 户。加快现代高效农业建设，大力推广一镇一业、一村一品经营模式，新增高效种植业 27.1 万亩、高效渔业 8.3 万亩，其中设施农业 5.9 万亩，生猪、家禽规模养殖比重提高到 70% 和 79%，新获得国家地理标志证明商标 1 个。

二、拓展农民增收空间，缩小城乡收入差距

全力推进农民创业就业，重抓创业孵化工程向农村覆盖，新建农民创业孵化基地 11 个，开展农民创业培训近 3000 人；以农村“零转移”家庭、贫困劳动力等为重点，积极开展企业用工对接活动，新增农村劳动力转移就业 2.1 万人。大力发展农村合作经济，优化服务方式，建立健全市县乡三级联创、部门挂钩帮扶、县区结对竞赛等机制，促进合作组织提质增效，增强带动农民增收能力，农民专业合作社已发展到 4180 个，参加农户 52 万户，占总农户 52%。

三、繁荣农村公共事业，推进城乡和谐协调

加快市域城镇规划体系建设，突出做大中心城市，带动县城镇、县域次中心镇、区域重点镇、特色镇、中心村等 5 大节点建设，构建层次分明的城镇发展格局。加快发展农村社会事业，改革新农合补偿办法，基本建成农村社区卫生 15 分钟健康服务圈，农民参合率达 99.89%；积极实施农村教育提质工程，百所薄弱学校得到优质学校的帮扶，选派 200 名城镇优秀教师赴农村支教、100 名农村教师到优质校挂职进修。完善农村社会保障体系，提高农村低保、五保户供养、困难群体救助标准，全面推行新农保，全市参保率达 95.41%，60 岁以上老人发放率已达 98%。

四、健全工作推进机制，提供有力组织保障

市委市政府二月底进行了全面部署和安排，并将城乡一体化工作作为“十二五”发展规划重要内容。坚持试点先行，将清浦区作为全市城乡一体化示范区，整合资源要素集中扶持，探索加快发展的有效办法。大力实施干部挂职、部门挂扶、领导挂点等为重点的帮扶工程，市级机关选派 51 名科级以上干部到乡镇任职，增强基层发展经济的活力。加大金融支农力度，狠抓投融资平台建设，推行“农户 + 征信 +

信贷”模式,金融机构涉农贷款余额249.6亿元。其中农村企业贷款余额97.1亿元,分别比年初增加35.5亿元和13.5亿元。强化督促考核,将现代高效农业、乡镇工业集中区、村级创业点、农民创业就业等作为评先评优重要依据,激发共同推进城乡一体化发展的动力。

(淮安市委农工办)

【盐城市】

近年来,盐城市按照规划引领、试点先行要求,扎实开展统筹城乡发展各项工作。目前,全市首批21个试点镇村各项工作已全面启动,统筹城乡发展规划编制基本到位,重点项目正在紧锣密鼓地实施,在统筹城乡发展方面取得了显著成效。

一、全面进行动员部署

市、县(市、区)均成立了由党政主要领导挂帅的推进统筹城乡发展工作领导小组,办公室设在党委农工办,切实加强了对统筹城乡发展工作的组织领导。召开了全市统筹城乡发展动员大会,出台了《关于推进全市城乡统筹发展的实施意见》。

二、积极编制完善统筹发展规划

今年以来,全市坚持规划引领,加快推进各试点镇村统筹城乡发展规划的编制工作。一是高度重视试点镇村的统筹发展规划编制工作。年初以来,市委农工办会同市规划、建设等有关部门,先后多次召开规划编制工作专题会议,研究部署各试点镇村统筹城乡规划编制工作。市主要领导5月中旬专门召集了大市区统筹城乡发展试点镇村规划汇报会,并提出相关要求,为高起点编制各试点镇村统筹发展规划奠定了良好基础。二是研究制定《盐城市统筹城乡发展试点镇村基本设施配置参考标准(试行)》。今年5月,市委农工办根据要求,牵头组织市直23个部门共同研究制定了《盐城市统筹城乡发展试点镇村基本设施配置参考标准(试行)》,作为试点镇村完善规划的依据。三是认真编制各试点镇村统筹发展规划。上半年,各地、各试点镇村按照规定的时间节点,积极完成统筹发展规划的编制工作。各县(市、区)都聘请了高资质规划编制单位精心编制试点镇村的统筹城乡发展规划。四是抓紧编制县(市、区)域城乡统筹总体规划。目前已委托江苏省城市规划设计院、上海同济大学等单位编制县(市、区)域城乡统筹总体规划。大市区的统筹城乡发展规划,市规划部门正在着手通过招投标方式确定编制单位。

三、合理优化镇村空间布局

在加强中心城市和县城建设的基础上,积极稳妥地推进镇村区划调整,优化农村镇、村布局。全市现有138个乡镇1962个行政村,各县(市、区)正通过推进区划调整,引导农民到新型社区集中居住。预计调整后全市镇的总数将由现在的138个调减至100个左右,新型农民集中居住点将由6000多个减到1000个左右。

四、制定出台扶持政策

5月份,市委、市政府出台了《关于鼓励和支持统筹城乡发展的政策意见》,从加大财政支持、创新土地使用管理制度、深化户籍制度改革、城乡社会保障接轨、鼓励引导集中居住等方面提出了31条推进城乡统筹发展的扶持政策。目前,各县(市、区)也分别研究制定了推进城乡一体化发展的政策意见。

五、大力实施重点项目建设

今年以来,全市以项目为抓手,大力促进试点镇村基础设施和社会事业项目建设,努力实现城乡公共资源配置的一体化。各地、各试点镇村以项目建设来推动统筹城乡发展,取得较好成效。如大丰市大丰港城启动区建设,启动34个项目,计划总投资41.23亿元,今年投资16.17亿元,已投资1.72亿元建设星光大道、滨湖大道、环湖路、通港桥和滨湖大桥等基础设施项目。

(盐城市委农工办)

【扬州市】

近年来,扬州市着力构建“三大体系”,大力推进城乡规划、土地利用等“八个一体化”。坚持同声共应、思想先行,同步推进、市区先行,同谋大计、规划先行,同心协力、试点先行的“四同四先行”原则,形成了具有扬州特色的城乡一体化发展理念。

一、构建组织领导体系

成立市委、市政府主要负责同志任组长、职能部门参加的统筹城乡发展工作领导小组，在发改委设立统筹办，从多个机关部门抽调精干人员加强力量配备。各县（市、区）也相应成立领导小组和统筹办。市县机关部门安排专人负责统筹城乡联络协调、业务指导、考评推进工作。形成了党委政府统一组织领导，市县统筹办统一运作指导、督查推进，各级各部门统一贯彻落实、协调配合的城乡一体化发展工作体制机制。

二、构建政策支撑体系

先后出台"1 + X"政策文件，即《中共扬州市委　扬州市人民政府关于推进市区率先统筹城乡发展的实施意见》和 17 个部门出台的配套办法。这套文件的重点、亮点、突破点主要有：1. 发展思路强调率先突破。推动扬州市区 1100 平方公里范围内城乡率先统筹发展，构建"大扬州"、"新扬州"格局，通过市区的先行先试带动和促进全市统筹城乡发展。2. 工作重点更加系统全面。着力推进城乡规划、土地利用、产业布局、就业社保、基础设施、金融服务、社会事业发展和社会管理等"八个一体化"。3. 公共资源配置更加均衡。重点加快城乡交通、供水、供电、污水处理、水利、燃气、邮政和互联网建设；加强城乡教育、医疗、文化、体育事业建设，实现基本公共服务均等化。4. 生产要素流动更加自由：重点盘活用好农村集体建设用地，增加农民财产性收入。5. 城乡居民就业生活更有保障。建立健全就业创业体系，让能就业且有就业愿望的城乡劳动者充分就业；加快完善农村养老、医疗、低保、工伤、生育、困难救助和社会福利体系。6. 生态环境确立长效机制保障。以"三清一绿"为抓手，以完善"四位一体"长效管护机制为关键，着力改善和美化农村环境。7. 农民进城落户条件更加宽松。

三、构建督查考核体系

市委、市政府定期开展"城乡统筹部门工作日"活动，了解掌握各级各部门对"1 + X"政策文件目标任务的落实情况，加强对城乡一体化工作的业务指导、督促检查和主导推进。今年安排了 17 个部门工作日，已开展了规划、国土、建设、水利、社保等近十个工作日活动。各级各部门层层落实部门工作日要求，制定详细活动计划，着力改进工作中存在的薄弱环节，着力推进重点目标任务的贯彻落实。各级统筹办牵头制定城乡一体化考核考评办法，加强业务指导和考核奖励，通过交流汇报、定期通报等途径和方式，推进城乡一体化加快发展。

（扬州市委农工办）

【镇江市】

近年来，镇江市始终把统筹城乡发展、加快城市化进程作为重中之重，在调整经济结构、转变发展方式等方面积极探索和实践。特别是去年以来，全市各地各部门把"新市镇、新社区、新园区"建设作为打破城乡二元结构。促进"三农"转型升级、协调推进城乡一体化发展的重要载体，创新作为、强势推进，形成了前所未有的良好局面和发展势头。

一、着力构建以城带乡、以工促农发展机制，协调推进城乡一体化发展

一是实施村企合作的"三百"（百企挂百村，投入超百亿）行动，全市村企结对实现了全覆盖，村企合作项目总数 581 个，总投资 23.7 亿元；二是重点开展以农村"三大合作组织"、高效农业规模化和土地流转为主要内容的"三千计划"，改革农业经营体制和机制，农村合作经济组织超过 1400 家，全面消除了高效农业"千亩连片空白镇、百亩连片空白村"，流转土地面积占耕地面积 25% 以上，提高了农业生产和农民的组织化程度；三是组织实施了"三包两消除"脱贫攻坚行动，全面消除村年集体收入低于 15 万元的经济薄弱村、年人均收入低于 2500 元的贫困户；四是全面提升农村实事工程效用，使硬化道路通达到村、农民职业技能培训、新型农村合作医疗、养老保险覆盖率均达到 98% 以上，使城乡环卫一体化管理、城乡就业创业一体化政策、区域供水乡镇全覆盖、城乡文化信息实时共享等基础设施建设由城向乡全面延伸。

二、全面加快"三新"建设步伐,统筹破解"三农"发展瓶颈

在今年3月份召开的全市新市镇建设动员大会上,对新市镇建设的基本内涵、目标定位、工作重点、组织保障等工作进行了全面部署。出台了《关于加快推进新市镇建设的意见》,进一步细化目标任务、工作重点和政策措施,在推进"三新"建设工作措施上,主要抓了六方面工作:一是抓规划引领。各试点镇围绕全市新市镇建设规划导则,以超常规的思路和手法完成了"三新"建设规划。目前,各辖市、丹徒区、镇江新区均制定了"新市镇建设三年行动计划(实施方案)",各试点镇也基本完成了各自的"三年行动方案",对"三新"建设总目标、年度目标、工作重点、具体措施等进行了细化和明确。二是抓政策扶持。市委、市政府在出台《加快推进新市镇建设的意见》的基础上,配套出台了有关土地、金融、户籍制度改革和规划导则、工农业园区建设、"双置换"和资金使用等8个文件,为全市"三新"建设提供了强有力的政策支持。三是抓宣传造势。新市镇建设工作联席会议办公室联合市委宣传部、各新闻媒体单位迅速启动"三新"建设宣传月活动,通过宣传报道,及时、全面地反映全市各地"三新"建设的新思路、新做法、新经验和新成果,集中展现"三新"建设给农业、农村、农民带来的新变化,不断扩大"三新"建设的影响力。四是抓产业支撑。一方面突出提升工业集中区建设水平。到今年底,确保10个镇营业收入超百亿;到2012年,力争10个以上工业集中区营业收入超百亿元,集中区营业收入占乡镇工业总量的比例超过70%。另一方面,重点抓好现代农业产业园区的建设。目前共建成各类农业园区123个,核心区面积18.9万亩,年销售28.73亿元,辐射带动高效农业面积67.85万亩,促进农民年均增收600元以上。五是抓富民惠民。始终把"让农民自愿、让农民得益"作为"三新"建设的首要前提,尊重农民意愿,维护群众利益,把发展经济、增加收入,特别是完善保障、促进创业就业等事关民生的工作,摆上突出位置,大力推进农业、就业、创业、物业"四业富民",推进农村养保、低保、合作医疗和被征地农民基本生活"四保惠民",使农民群众带"五金"(土地流转金、合作社股金、就业薪金、物业租金和各类保障金)进城入镇。六是抓创新作为。各地在"三新"建设中形成了各自的特色和做法。比如,在融资方面,镇江新区以银行组团的形式融资18亿元;丹阳市界牌镇采取了政府主导掌控、董事会运作、引进开发商的做法。在住房保障方面,各地的基本做法是农民拆迁补偿标准就高不就低,安置房价格就低不就高,努力减轻群众负担,促进农民迁居。在生活保障方面,丹阳市界牌镇为农民构筑了九道生活保障线;句容市实施了城乡医疗保险并轨。在就业保障方面,镇江新区投入资金,为农民免费培训工作技能、购买公益性就业岗位、提供创业支持。

三、转变"三农"发展方式,"三新"建设取得阶段性成效

目前,全市"三新"建设在推进城乡一体化发展上取得了阶段性成效。突出表现为"三得一上"。一是农民得到了实惠。农民居住条件大为改善、农民财产性收入成倍增长、农民保障性收入明显增加以及农民创业就业渠道大幅拓宽。二是发展得到了空间。镇江新区以"万顷良田建设"为契机,对5.6万亩土地进行整合,置换出8542亩建设用地,为发展腾出了空间;句容市通过新市镇建设,置换出4000多亩建设用地,仅后白镇通过新社区建设就置换出1600亩建设用地;丹阳市界牌镇通过新市镇建设,将整合出6500亩土地用于工业和三产发展。三是党委、政府树立了威信。党委、政府"惠民富民"措施得到了群众的拥护、理解和支持,使干群、党群关系更加和谐,"三新"建设已进入了基本无障碍的良性状态。四是科学发展上了水平。通过"三新"建设,不仅实现了居住集中、用地集约、产业集聚,优化了城乡空间布局,而且推进了结构调整、提升了现代农业、促进了"三农"经济转型升级。今年1-6月份,全市新开工农民集中居住点54个、建成面积176万

平方米；农村定报工业企业实现销售 1596 亿元，增长 29.5%；市级现代农业园区建成区面积 4.29 万亩；新增高效农业 19 万亩，增长 47.6%；农民人均现金收入 6560 元，增长 13.6%，其中财产性收入增长 15% 以上；新增农村"三大合作"组织 208 家、入社农户数 3.2 万户。

（镇江市委农工办）

【泰州市】

近年来，泰州市坚持城乡统筹发展，加大以城带乡、以工促农推进力度，社会主义新农村建设取得明显成效，城乡居民收入差距不断拉大的势头得到减缓。2009 年，全市城乡居民收入比为 2.21∶1。

一、大力发展农村经济，为推进城乡一体化奠定物质基础

2009 年，新增高效农业面积 30 万亩，高效农业面积累计达到 177 万亩。新增创业农民 5.13 万人，带动就业 16.16 万人。农村生产总值 945 亿元，占全市生产总值 1650 亿元的 57.3%，同比增长 18.2%。全市农民人均纯收入达到 8180 元，增幅连续 6 年达到 11.5% 以上。今年上半年，全市农民人均现金收入达到 6218 元，同比增加 793 元，增长 14.6%。

二、不断加大重点镇村建设力度，为推进城乡一体化示范引路

建成国家历史文化名镇、全国小城镇建设示范镇及全国环境优美乡镇各 2 个，全国重点镇 5 个，省重点中心镇 7 个，市级重点中心镇 16 个。建成省级环境优美乡镇 5 个、生态村 12 个、康居示范村 13 个，市级环境优美乡镇 30 个、生态村 122 个、全面小康先行村 700 个。今年以来，进一步组织实施重点镇村建设"125"工程，即：10 个作为小城市打造的镇进一步强化产业集聚、人口集中、产品集散功能，加快形成集约化、规模化、现代化格局；22 个重点镇进一步完善功能、做强特色，增强区域辐射带动能力；50 个重点村大力发展村级集体经济和高效农业，加大环境综合整治力度，积极推进集中居住社区建设。

三、全面提升农村基础设施建设水平，为推进城乡一体化创造条件

今年以来，已建设农村公路 356.6 公里，完成全年投资计划的 53%，农村公路桥梁完成投资 1.7 亿元，占计划的 58%。疏浚县乡村三级河道 5105 条、2767.3 万方，超额完成年度目标任务。已建 12 座压缩式垃圾中转站，新增无害化卫生户厕 4.7 万座，建成"一池三改"户用沼气池 1400 只。

四、努力实现公共服务均等化，为推进城乡一体化提供支撑

2009 年，全市参加新型合作医疗人数 352 万人，参合率 99.4%。义务教育阶段学校全部免收学杂费。农村有线电视入户率达到 68.36%。今年以来，城乡公共服务均等化进一步推进。基本公共卫生服务覆盖到全市所有农村常住人口，参加城乡居民养老保险的人数达到 99.94 万人，完成全年目标任务的 83.28%。

五、大力推进农村体制机制改革创新，为推进城乡一体化增添活力

今年以来，全市新增土地流转面积 6.4 万亩，新增农业适度规模经营面积 10.5 万亩，新增农民专业合作、土地股份合作、社区股份合作等三大合作经济组织 213 家。今年上半年新增农村小额贷款公司 2 家，累计有 12 家农村小额贷款公司开业，2 家批准筹建。农村小额贷款公司注册资金达到 14 亿元，投放余额 12 亿元。主要种植业、养殖业项目保险覆盖率达到 100%。通过采取留地安置、统一集中安置、对被征地农民进行技能培训等多种途径，基本建立起被征地农民发展机制和基本生活保障机制。以农村土地承包经营权换社保、农村宅基地换城镇住房的"双置换"试点开始启动。

（泰州市委农工办）

【宿迁市】

近年来，宿迁市委、市政府加快推进城乡经济社会协调发展，先后出台了《关于进一步深化改革创新 加快推进城乡一体化发展的意见》、《关于实施城乡统筹、加快"三农"发展的意见》，基本构建起城乡统筹发展的制度框架，开

启了城乡一体化发展的新格局。

一、着力提升城镇化发展水平

牢固树立“镇当城建”理念，按照“育特色、优环境、聚人气、兴产业”目标要求，年内所有乡镇完成总规修编的论证和报批工作。按照“三集中”和“三靠近”原则，有重点、分层次、按计划地在小城镇规划区范围内选择合适地点建设农民集中居住区，实现小城镇建设与新农村建设的有机统一。年内省级、市级和其他小城镇“三靠近”集中居住区分别新建300套、200套和100套住宅，使小城镇尽快形成规模。鼓励和引导有条件、有实力、有能力的农民优先到中心城市、县城和重点中心镇购房居住，不断提高城镇化发展水平。

二、加快构建城乡结合的现代产业体系

把加快县域经济发展和繁荣农村经济紧密结合起来，着眼于经济转型升级，以开发区、工业集中区、农民创业点、大学生村官创业园等为载体，推动各类企业集中、集聚和集约发展。坚持把现代农业产业园区建设作为重要抓手，确保年内每个县(区)建成1个省级和1个以上市级现代农业产业园。全力提升高效农业的规模、质量和效益，确保年内新增高效农业40万亩、高效渔业15万亩，其中设施农业20万亩。大力推进农业招商，发挥龙头带动作用，促进农产品加工转化增值。

三、努力推进城乡公共服务均等化

从7月份起将城乡低保标准分别提高到每人每月230元和155元，五保集中和分散供养标准提高到每人每年2900元和2300元。坚持统筹城乡就业创业，以实施“全民创业”和“三来一加”工程为抓手，全面落实以创业促就业政策。广泛开展“五方挂钩”、“牵手脱贫”等活动，壮大村集体经济，增加贫困户收入，确保年内全市26万农村贫困人口脱贫。

四、均衡配置城乡资源

创新农村土地使用管理制度，实施差别化供地政策，将用地计划向技术含量高、产出效益好、环境污染少的项目倾斜，重点保障工业大项目、城市基础设施建设、民生保障工程等用地需求。创新农业经营机制，积极发展农业适度规模经营和农民合作经济组织，年内每个县(区)都要建成2-3个千亩以上、每个乡镇建成2-3个200亩以上的规模种植田块，增强粮食综合生产能力，提高农业现代化水平。创新农村金融服务体制，完善农业保险体系，增强农业抗风险能力。

五、构建和谐发展的生态经济体系

以“四城同创”活动为载体，努力打造“生态宜居城市”和“最整洁、最现代、最生态”新农村。弘扬“生态为归宿、创业求变迁”的城市精神，加快发展循环经济、绿色经济、低碳经济。

(宿迁市委农工办)

典型推荐

【丹阳市】

近日，丹阳市委、市政府召开统筹城乡发展暨“新市区、新市镇、新社区”建设动员大会，近500人参加了会议。丹阳市提出，2010年投入60亿元，拆迁200万平方米，搬迁农户7500户，加快城中村改造，全面启动城市规划红线范围内5片新市区建设，加快新市镇建设，重点推进37个新社区建设，农民集中居住率和城镇化率均突破50%，到2012年农民集中居住率达到52%以上，城镇化率达到60%以上，具有丹阳特色的城乡经济社会发展一体化格局基本形成。为实现这一目标，市委、市政府决定重点推进“两大工程”：

一是推进“万顷良田建设工程”。市委、市政府成立了领导小组，下发了《丹阳市“万顷良田建设工程”三年行动计划》，对工程的目标任务、工作要求、政策措施等都作了明确。全市“万顷良田建设工程”总面积13.3万亩，分13个项目区，拆迁户数1.9万户，总投资105亿元，到2012年建成高标准农田10万亩。要求全市上下在思想上倍加重视、措施上果断有力、合力上最大发挥，确保“农民得实惠、发展得空间”，实现保护资源、保障发展的双赢。

二是推进“三新”工程。进一步借鉴苏州、嘉兴等先进地区经验，在实际操作过程中，把握好三个重点：一是高屋建瓴抓规划。强化全域规划理念，推进土地利用总体规划、城镇规划、产业发展规划、生态建设规划“四规”有机融合，建设节能型、环保型、生态型的新市区、新市镇、新社区。加紧修编、完善“三新”规划体系，力争6月底前新市镇、新社区规划完成报审稿，7月中旬经所在地镇政府和镇人大通过，8月份报市政府批准。二是抢抓机遇快建设。通过“三新”建设，力争实现“四个转变”，即把城市红线范围内的村庄转变为新城区、把具备条件的中心镇转变成小城市、把散居的传统村落转变成现代化的城市社区、把具备条件的农业人口转变成城市人口，真正做到“造农村新城，造农业新景，造农民之福”。

三是为民造福办实事。

加快启动“三置换”改革，为逐步推进城乡社会保障一体化、公共服务均等化创造条件，让更多的农民变为市民，让更少的农民种更多的地，确保农民“安居、乐业、有保障”。

（丹阳市委农工办）

附　录

热点聚焦

文 化

关注理由

文化体制改革是一场深刻的变革，必须坚持不懈、有序推进。江苏省紧紧抓住重点领域和关键环节，对照时间表、路线图、任务书，推动改革由省级向市县展开，确保不翻牌、不走回头路。省重点文化集团不断发展壮大，凤凰出版传媒集团成为全国第一家资产、销售双超百亿的出版集团，广电网络公司在全国率先实现省市县三级广电网络互联互通、全程全网，演艺集团成为全国第一家经营收入超亿元的演艺企业，江苏手机报用户位居全国省级党报集团首位，江苏卫视成为第一家覆盖全国所有地级以上城市的省级卫视。

同时，在实践中，江苏省鼓励大胆设想、精心求证，突出市场导向；强调错位发展、人无我有，避免“千军万马”走独木桥；大力强化主业、加强配套，形成集聚效应。全省文化产业增速连续5年达30%以上，2009年省属文化集团资产规模达330亿元、净资产200亿元、净利润近20亿元，全省有60多个文化(创意)产业园区、4个国家动画产业基地、7家国家文化产业示范基地，生产并发行原创动画片69部40314分钟。各地加大文化招商力度，引进项目团队带动发展。

近年来，江苏省还抓住重大活动、重大节庆、重大题材，精心研究制定创作规划，突出抓好影视剧生产和品牌建设。2009年投资生产电影14部，制作完成电视剧23部742集，电影《邓稼先》和《十月围城》、电视剧《人间正道是沧桑》、舞台剧《飘逸的红纱巾》和《西施》等一批优秀作品广受好评。以现实题材为主的中国百家金陵画展、中国曲艺“牡丹奖”、中国音乐“金钟奖”(民乐)、中国民间文艺“山花奖”等社会参与度、知名度不断扩大，成为富有影响力的文化活动品牌。

保障人民群众的基本文化权益，让人民群众共享文化建设成果，是推动文化大发展大繁荣的根本目的。江苏省以政府为主导、以公共财政为支撑、以公益性文化事业单位为骨干、以全民为服务对象、以基层特别是农村为重点，积极实施文化惠民工程，取得了丰硕成果：先后建成南京图书馆新馆、江苏广电城、江苏国际书城、省美术馆新馆等一批省级重点文化设施，实现了“市有三馆、县有两馆、乡有一站、村有一室”的目标，所有行政村都拥有了农家书屋；有线电视、数字电视用户数居全国第一；全省174家博物馆、纪念馆等实现了向公众免费开放；“高雅艺术进校园”、“百名文艺家惠民演出”、“文化暖心”、“沿海行”等大规模公益性文化演出受到了群众的热烈欢迎；覆盖城乡的公共文化设施体系基本形成。在各方的关注和努力下，江苏开始了“文化大省”向“文化强省”的转变。(方大春)

各界声音

【梁保华：推进江苏文化体制改革促进文化大发展大繁荣】 深化对文化建设重大问题的认识，进一步增强推进文化体制改革和文化发展的自觉性坚定性。一要深化对文化地位作用的认识，既看到文化教育人民、引领社会的意识形态属性，又看到文化的商品属性、产业属性、经济属性，按照中国特色社会主义事业总体布局要求，把文化建设摆上更加突出的位置来抓。二要深化对文化建设根本任务的认识，既保障人民群众基本文化权益，又满足多样化多层次多方面文化需求，把履行政府职责和发挥市场功能结合起来，促进社会效益和经济效益有机统一、共同提升。三要深化对文化发展方向的认识,既把握好社会主义制度的本质要求,又适应社会主义初级阶段基本国情的客观要求,坚持“二为”方向、“双百”方针、“三贴近”原则,大力发展先进文化,支持健康有益文化,努力改造落后文化,坚决抵制腐朽文化。四要深化对文化发展动力的认识,更加注重依靠改革创新和科技进步增强文化发展活力,着力破除制约文化发展的体制障碍,转变文化发展方式,加快文化与科技融合,不断解放和发展文化生产力。五要深化对文化发展格局的认识,统筹政府主导作用与社会各方面积极性,统筹国际国内两个市场、两种资源,努力形成多元投入、全方位发展的新格局。

按照科学发展的要求,坚决打好文化体制改革攻坚战。坚持把加快国有经营性文化单位转企改制作为中心环节,切实做到“真转、真改”,培育合格市场主体。积极探索文化领域公有制多种实现形式,推动文化投资主体多元化。进一步打破条块分割、地区分割、城乡分割的格局,加快构建统一、开放、竞争、有序的现代文化市场体系。在去年全面完成出版和电影制作发行放映单位转企改制的基础上,加快推进文艺院团转企改制、公益性文化事业单位内部机制改革、市县文化行政管理体制改革等,力争提前全面完成改革任务。

抢抓转变经济发展方式的机遇,着力推动文化产业跨越式发展。要把发展文化产业摆上更加重要的日程,把文化产业重大项目纳入“十二五”经济社会发展总体规划,纳入加快转变经济发展方式战略布局。重点支持凤凰出版传媒集团、省演艺集团、省广电网络公司等文化企业通过上市融资、跨地区跨行业整合资源,实现低成本扩张,迅速做大做强。鼓励和支持骨干文化企业大胆“走出去”,融入国际文化产业链,提高文化产品附加值,增强江苏文化产业的国际竞争力。重点发展高科技文化创意产业园区,积极建设地方特色文化产业园区,着力打造专业化文化生产基地,促进文化生产要素和相关文化企业集聚发展,提高文化产业规模化、集约化、专业化发展水平。促进文化产业与江苏丰富的历史文化资源相交融,与教育、体育、旅游、休闲等产业相嫁接,与科技创新、工业设计、城市建设等相结合,激发新的文化创意,催生新的文化业态。

顺应改善文化民生的期待,更好地保障人民群众基本文化权益。要认真分析人民群众的文化需求,科学区分并正确处理好基本文化需求与多样化多层次多方面文化需求这二者的关系,坚持把公益性文化事业作为社会事业发展的重点,按照公益性、均等性、基本性、便民性原则,继续完善公共文化服务体系,进一步扩大覆盖范围、健全服务功能、提高服务水平。坚持以政府为主导,以公共财政为支撑,把加大投入力度与改进投入方式结合起来,切实提高财政资金使用效益。把社区文化中心建设纳入城市建设规划,把乡村基层文化设施建设纳入新农村建设规划,优先安排涉及群众切身利益的建设项目,完善公共文化设施网络。深入实施文化惠民工程,进一步扩大向社会免费开放公共文化设施的范围,推动城市公共文化服务向农村延伸。创新公共文化服务方式,广泛运用现代科技和经济调节手段,提高公共文化资源利用效率,提高公共文化服务质量。

紧贴“两个率先”的实践,努力繁荣江苏文化百花园。要坚持“二为”方向和“三贴近”原则,鼓励支持作家艺术家和理论工作者深入群众、深入基层、深入生活,创作更多受群众欢迎的优秀文艺作品,生产更多思想性、艺术性、观赏性俱佳,具有市场竞争力的优秀文化产品。坚持以丰厚文化资源为依托,大力创新创作生产机制,着力打造文化活动品牌,突出抓好重点作品规划生产。建立多出精品、多出人才的激励机制,加大对优秀作品创作生产扶持和奖励力度,加大对文化人才、优秀作品宣传推介力度,充分发挥“紫金文化奖章”引导激励作用,表彰奖励有突出贡献的优秀文化人才。充分发扬艺术民主和学术民主,促进百花齐放、百家争鸣,各种门类、各种风格、各种流派的艺术竞相发展、争奇斗艳,使江苏文化百花园更加绚丽多

彩。——摘自《光明日报》

【省委:深化文化体制改革　加快建设文化强省】 第一,加快文化体制机制改革创新。继续推进国有经营性文化单位转企改制,积极推动已转制的文化企业建立现代企业制度、完善法人治理结构,培育合格市场主体。努力做大做强骨干文化企业,加大资源整合力度,支持重点文化企业做大做强,打造有实力、有竞争力、有影响力的国有或国有控股的企业和企业集团。继续深化公益性文化事业单位改革,按照“增加投入、转换机制、增强活力、改善服务”的要求,着力推进文化单位内部机制的改革创新。积极推动文化投资主体多元化,加快形成以公有制为主体、多种所有制共同发展的文化产业格局。加快推进文化管理体制改革,抓紧完善国有文化资产管理体制,构建现代文化市场体系,继续推进文化市场综合执法改革。第二,大力推动文化产业跨越发展。抢抓当前有利时机,把发展文化产业作为建设文化强省的战略举措,作为加快转变经济发展方式的重要抓手,力争到2012年全省文化产业增加值占GDP比重达到5%以上。要把实施重大文化产业项目与建设文化产业集聚区和产业集群结合起来,增强文化产业整体实力和竞争力;把提升改造传统文化产业与加快发展新兴文化业态结合起来,加快文化产业结构调整;把整合资源与特色发展结合起来,提高文化产业规模化、集约化和专业化水平;把文化创新与科技创新结合起来,提高江苏文化的影响力;把政府资金引导与鼓励社会资本投入结合起来,促进金融资本、社会资本与文化资源的对接。第三,加快完善公共文化服务体系。以政府为主导、以公共财政为支撑,按照公益性、均等性、基本性、便民性原则,进一步完善公共文化设施网络,深入实施文化惠民工程,扩大公共文化设施向社会免费开放的范围,创新公共文化服务方式,切实提高公共文化资源利用效率,提高公共文化服务质量。第四,坚持以改革促发展,努力多出优秀人才、多出优秀作品。坚持为人民服务、为社会主义服务的方向和百花齐放、百家争鸣的方针,鼓励和支持文化工作者贴近实际、贴近生活、贴近群众,创作更多受群众欢迎的优秀文艺作品,生产更多具有市场竞争力的优秀文化产品。要坚持先进文化的前进方向,引导广大文化工作者和文化单位始终把社会效益放在首位,坚决抵制庸俗、低俗、媚俗之风,努力实现社会效益和经济效益的有机统一。——摘自8月15日江苏省委常委会会议内容

【杨新力:转变文化发展方式加快文化改革发展】 文化改革发展是一项系统工程,应通盘考虑、科学布局、协调推进。具体而言,可以在以下几个方面着力:“两个到位”——属于公益性文化事业的政府投入到位,属于经营性文化产业的转企改制到位;“两个提升”——提升文化产业在国民经济中的地位,提升文化的教育引领作用;“两个提高”——提高文化产品生产数量、促进市场繁荣,提高文化产品质量、多出精品力作;“两个途径”——发展新兴文化产业、培育知名文化品牌,运用现代科学技术、推动文化创新,不断提高文化影响力竞争力;“两个效益”——正确处理社会效益和经济效益的关系,始终把社会效益放在首位,努力实现两个效益的统一。

努力繁荣文艺创作生产。艺术创作生产有其自身规律,急不得;满足人民群众日益增长的精神文化需求,慢不得。这要求把尊重文艺创作规律与增强紧迫感有机结合起来,推动文艺事业又好又快发展。基于这一认识,江苏省着力把握好几个原则:既有“高原”又有“高峰”,多出精品力作、名家大师;既有“一枝独秀”又有“百花齐放”,推动各类艺术竞相发展、争奇斗艳;既出作品又出产品,借助市场力量增强传播力和影响力。——摘自《人民日报》

【省政府:加快文化产业发展】 要按照胡锦涛总书记对江苏工作“六个着力推进”的新要求,切实贯彻国务院《文化产业振兴规划》,认真落实梁保华书记在省文代会、作代会上的讲话精神,在重视发展公益性文化事业的同时,创新体制机制,强化市场导向,加快文化产业发展,推进文化强省建设,促进发展方式转变,使

文化产业成为江苏新的支柱性产业。——摘自罗志军在加快推进文化产业发展座谈会上的讲话

【媒体:江苏给力“文化强省”】 “文化大省”怎样加快建成“文化强省”?江苏用实实在在的业绩写出了漂亮的答卷:全省文化产业增速连续5年达30%以上;覆盖城乡的公共文化设施体系基本形成;各地文化产业立项投资规模超过3400亿元;到今年底,中央和省委、省政府确定的文化体制改革时间表、路线图、任务书将全面完成。

实现转变经济发展方式新突破,必须加快文化改革发展。2009年,江苏省人均GDP达到6475美元,全社会文化消费潜能加速释放。针对经济结构的深层次矛盾,江苏省委、省政府提出“文化强省”战略:建设文化事业强、文化产业强、文化人才队伍强、文化综合实力位居全国前列的文化强省。省委书记梁保华发出“动员令”:要把提高文化软实力变成推动科学发展的硬任务。

一年前,全国文化体制改革“南京会议”推广“江苏经验”后,江苏唱响文化改革发展“大风歌”,文化建设风起云涌,文化产业异军突起,全省文化产业单位数、从业人员数、营业收入、总资产等指标均居全国前列,文化产业增加值首次突破千亿元大关,文化改革发展实现“惊人一跃”。

改革攻坚迸发动力,“盆景”变成“百花园”

“文化体制改革是一场攻坚战,坐不住、等不起、慢不得,江苏推动改革由省级向市县展开,确保改革不翻牌、不走回头路。”省委常委、宣传部部长杨新力坚定的语气中流露出欣慰:江苏凤凰出版传媒集团成为全国第一家资产、销售双超百亿的出版集团,江苏广电网络公司在全国率先实现省市县三级广电网络互联互通、全程全网,江苏省演艺集团成为全国第一家经营收入超亿元的演艺企业,江苏手机报用户位居全国省级党报集团首位,江苏卫视成为第一家覆盖全国所有地级以上城市的省级卫视。

作为全国文化体制改革的领跑者,江苏文艺院团转企改制不再被视为“难啃的骨头”。财政支持力度不变,老人老办法,新人新机制,一系列以人为本、实事求是的措施,使各地院团改革实现“软着陆”。今年年底,江苏省将完成市县一般性文艺院团转企改制,市县文化、广电、新闻出版“三局合一”和文化综合执法机构组建,文化体制改革继续走在全国前列。

调结构促转型势在必行。江苏省内一批重点文化集团,改革起步早,在相关政策的鼓励下持续发展,已逐步成长为文化市场的主导力量和文化产业的战略投资者:江苏省演艺集团投资建设的新型演艺文化连锁体系苏演院线,是该集团“演艺产业化、产业立体化”战略的最新成果,3年将实现100家的连锁规模,被列入2010年度“国家十大文化创新工程”;由10个城市电视台、江苏省广播电视总台与战略投资者一起组建的江苏省广电信息网络股份有限公司,注册资本达68亿元;新华日报报业集团跨媒体合作,集中省广电集团、省出版集团和省广电网络公司等优势资源,联合打造新媒体平台“中江网”;销售收入超百亿的凤凰出版集团与国际知名出版集团共同组建股份制企业。

文化企业实现跨地区、跨行业、跨所有制资源整合,是江苏体制改革的“得意之笔”。文化领域混合所有制改造步伐加快,社会资本大规模进入,文化产业多元投入格局正在形成,行业“航母”扬帆起航。统计数字显示,全省3万多家文化产业法人单位,70%来自民营企业,创造的文化产业增加值已占全省半壁江山。

在江苏,越来越多文化改革的“盆景”和“试验田”正变成大面积的“百花园”和“丰收田”。

政策创新激发活力,“软实力”练就“硬功夫”

“文化产业说到底是文化,发展文化产业要激情也要冷静。”省长罗志军表示,“要在遵循艺术创作规律和市场经济规律的基础上,在最有潜力、最有前景的重点文化领域率先突破,在满足群众文化需求的同时实现产业价值。”今年7月,省政府下发《关于加快文化产业振兴若干

政策的通知》，文化产业政策进一步明确。

新业态的兴起，让人们感受到江苏文化产业令人瞩目的“硬效益”：增加值名列全国第三；年增幅30%居各行业前列；增量占GDP的3%，对GDP的贡献率却近5%；文化产业总体规模、发展速度和发展潜力，均列全国三甲。

文化是软实力，文化产业是硬功夫，机制是撬动文化产业的杠杆。

长期以来，文化企业缺乏固定资产抵押物，产品收益情况难以评估，获得金融信贷支持难上加难。缺少资金，成为中小文化企业“成长的烦恼”。

“江苏的政策创新让产业发展大有作为。”省政府有关负责人向记者介绍江苏的“加减乘除”产业政策——

加，加大资金投入。省政府已连续两年成立省级文化产业引导资金。省财政与凤凰出版集团、省广电总台、省广电网络公司、新华日报报业集团和江苏高科技投资集团有限公司等共同出资20亿元，组建了江苏紫金文化产业发展基金，今年已启动一批重大项目；积极推进银企对接，中信、浦发等4家银行向南京文化企业联合授信140亿元。一年来，江苏各地文化产业立项投资规模超过3400亿元。

减，减轻企业负担。江苏将创意设计等高科技新兴文化产业所得税从25%降至15%，将网吧业营业税从17%降至5%，南京新开办的文化企业免税3年。今年上半年，财税部门共落实156家改制企业的免税工作。

乘，让资金发挥“乘数效应”。各地普遍设立文化产业引导资金，同时募集和引入创投基金。无锡设立初始规模2亿元的文化产业发展基金，常州从去年起连续5年将向文化产业投入2.5亿元，南京投入扶持资金近800万元撬动约500亿元投资。

除，坚持优胜劣汰，推进产业集聚。江苏省文化产业园区（基地）规模已达300家左右。为进一步整合资源，常州将原本成熟的动画产业基地、软件园和中华恐龙园整合成生态文化创意产业集聚区，融创意产业孵化、休闲旅游、文化消费为一体，2009年销售收入63亿元。

目前，江苏一批骨干企业已经成长为中国文化产业的行业杆标。今年5月深圳文博会上，凤凰出版集团、江苏省广电集团、江苏省广电网络公司和江苏省演艺集团均入选全国文化企业30强，入选数量居全国第一。

厚积薄发释放能力，既有“高原”也有“高峰”

“艺术创作生产有其自身规律，急不得；满足人民群众日益增长的精神文化需求，慢不得。这要求把尊重文艺创作规律与增强紧迫感有机结合起来，推动文艺事业又好又快发展”。基于这一认识，江苏出精品、出人才、出效益，一批文化品牌提升了江苏文化影响力，展示出文化江苏既有“高原”也有“高峰”的繁荣景象。

短短一年，江苏组织创作新剧目100余部，一批优秀艺术作品获得国家级大奖。京剧《飘逸的红纱巾》获全国“五个一工程”奖、文华优秀剧目奖；昆剧《1699·桃花扇》获文化部文华大奖特别奖。

“他们在影视剧创作方面突然发力，仿佛一夜之间就突破某种瓶颈，在影视产业的高原之上挺拔而起，站到了行业的领跑线上。”有人这样评价影视界的“江苏现象”。

仅仅一年，江苏出品电影17部，创作完成电视剧32部986集。其中，影片《南京！南京！》、《建国大业》、《十月围城》票房均过亿元，电视剧《人间正道是沧桑》荣获全国“五个一工程”奖，在“白玉兰”奖评选中一举摘得3项大奖。

江苏缘何成为全国品牌聚集的文化重镇？江苏文化军团异军突起的奥秘何在？是“江苏机制”激活了文化生产力。

江苏省委宣传部出台重点文艺创作项目三年资助办法，鼓励精品创作，并配套一系列监督落实机制。仅《人间正道是沧桑》，省委宣传部就投入了1000万元风险基金，这笔基金一直滚动在文艺精品生产领域。有了引导资金和风险投资，企业打通了最后的资金瓶颈，使其在市场上抢得先机。

一批文化企业开始走出本土,影响世界。9月28日,《新华日报iPad阅读版》和人民日报、南方日报一起面向全球正式发布。新华日报报业集团依托新闻资源优势,大力发展新兴媒体,江苏手机报用户超过220万户,《中国江苏·3G》已覆盖全世界68个国家。

海安"523"文化产业主题公园,形成了集油画创作、生产和销售于一体的文化创意产业链,成为我国油画产业的升级版平台,产品出口到多个国家和地区。

未来的竞争是科技的竞争,是人才的竞争,更是文化软实力的竞争。江苏既注重文化发展数量和规模,更注重文化发展的结构和质量,一个"文化事业强、文化产业强、文化人才队伍强、文化综合实力强"的文化强省正阔步走来。

——人民日报江苏分社副社长赵京安2010年11月10日《人民日报》头版头条　全文

地方经验

【常州市:明确文化体制改革三条脉络】 常州市委常委、宣传部长徐缨梳理了2010年常州文化发展的三条脉络:一是要深化文化体制改革,二是要加快文化事业发展,三是要增强文化产业的规模。

徐缨指出,改革是趋势,从整个层面上来看,文化体制改革任重道远,必须坚持不懈;改革是动力,现在竞争激烈,只有改革才能带来更多的活力,比如广电改革进一步激活了机制,取得了良好的社会经济效益;改革要稳妥,文化企业既具有经济属性同时又具有意识形态属性,要考虑如何更好地把握、协调、运用政策,调动各方的积极性。

徐缨强调指出,文化体制改革的主要任务是:推动国有经营性文化单位转企改制,深化公益性文化事业单位内部改革,加快政府文化行政管理职能转变;服从大局,与其他改革相互配合;改革方案要与实际情况相符,进程与效果相适应。下一步工作,要做到"三个不变":目标进度不变,必须按既定计划积极改革,改出积极性、主动性和竞争力;责任和要求不变,具体工作要细、实、稳、准,使改革具备可操作性,平稳有序进行;政策规则不变,政策依据要权威,现有政策要用足,定期会商机制要确立。——摘自常州市发改委网站

【南通市:多举措确保文化市场健康有序】 南通市坚持"一手抓繁荣,一手抓管理"的指导方针,加强依法行政,加大监管力度,规范文化市场。

第一,法制意识明显增强。行政权力网上公开透明运行,争创最佳办事环境,"网吧变更"和"电影放映单位设立"的办理时限由15天缩减到6天。在全省文化市场管理工作会议上发言《严格依法行政,防止群体性突发事件发生》。

第二,安全监管毫不松懈。开展文化市场"平安世博"主题活动。节假日及全国"两会"期间市、区联动,分别对市区网吧和歌舞娱乐场所及大学附近网吧安全生产进行专项检查。

第三,网吧整治多措并举。一是宣传教育。通过公开信、手机短信、会议、法律知识培训等形式传达中央、省、市新政策。详细解读文明城市测评体系中涉及网吧的内容,与每位网吧业主签订《南通市网吧行业"讲文明、树新风、迎世博"责任状》。召开行政执法重大处罚通报会,震慑违规经营者。二是严格审批。中小学周边200米内和居民住宅楼内坚决不许可设立网吧,同时将高校周边200米也纳入禁设网吧范围,目前已有16家网吧迁出高校周边地区。三是技术监控。网吧技术监控系统全覆盖,服务器在线率和客户端安装率全省领先。通过技术监控平台拦截低俗网站147个,处理违法违规网络游戏报警374批次,过滤色情、暴力、反动等低俗网络内容2517条。四是行业自律。组织召开网吧协会理事会,敦促会员履行《南通市网吧行业自律承诺书》。

第四,娱乐场所整治成效显著。实施娱乐场所"阳光工程",优化娱乐场所环境。对全市歌舞娱乐经营场所进行重新审核登记,换发《娱乐场所经营许可证》171张。举办市区歌舞娱乐场所负责人法律知识培训班。

第五，境外卫星电视传播秩序整治成绩突出。结合创建无“小耳朵”社区活动，全市拆除“小耳朵”5600多个，端掉非法销售窝点31个。各级管理部门均开展专项整治行动，手段新、效果好。如皋争创无“小耳朵”先进市，结合数字电视整体转换工作大力宣传发动。如东开展创建无“小耳朵”先进（乡）镇活动。

第六，电影市场逐步规范。在全市开展电影放映单位换证工作，对全市电影放映单位相关数据进行月统计。

第七，文化稽查重拳出击。全市共出动15490人次，检查文化经营场所7209家次，受理举报275件，立案调查119起，行政处罚468000元，取缔“黑网吧”和其他非法经营场所37家，协助部、省级文化市场管理部门督办重大案件7起。市文化稽查队协助查处“1210”特大网络游戏“私服”案表现突出，受到省文化厅通报表彰。——摘自南通市发改委网站

【淮安市：全力推进大文化项目建设】 淮安市委常委、宣传部长刘希平在2010年度大文化项目建设观摩推进现场会上要求，坚持以科学发展观为统领，准确定位淮安文化发展方位，努力将淮安建设成苏北文化强市和长三角北部地区的文化中心；准确把握文化的政治和经济双重属性，着力提高经济和社会两个效应；努力实现文化事业、产业、人才“三强”，全力抓好出人才、出精品、出效应“三出”；着力抓好文化事业、文化产业、精品生产、人才队伍四方面工作：构建一个覆盖城乡的公共文化服务体系，产业要提高科技含量、扩大经济总量、增加就业数量、优化项目质量，坚持差别化竞争、特色化打造、市场化运作、项目化推进，强化人本观、弘扬主旋律，合理规划、重点培养人才。按照要求，总投资5000万元以上、年内竣工的项目才能够申报“大文化”项目，淮安市8个县（区）列入2010年“大文化”建设考核的项目共有19个，计划总投资16.28亿元，至十月份已投资14.296亿元，完成计划的87.6%。——摘自淮安市发改委网站

教 育

关注理由

教育发展事关百年大计，教育改革关系千家万户。“十一五”期间，江苏省委、省政府大力实施科教兴省战略，不断加大教育投入力度，全省教育事业持续协调健康发展，各项教育改革有序推进，教育的整体水平和综合实力继续位居全国前列，“十一五”规划确定的各项发展目标和任务圆满完成。幼儿教育稳步发展，普及水平和保教质量显著提升。义务教育巩固率保持在 99%。高中阶段教育毛入学率达 96%，职普结构比例更趋合理。高等教育持续健康发展。全省有普通高校 124 所、独立学院 26 所，在校生 177.49 万人，普通高校数和在校生数连续多年位居全国第一，全省高等教育毛入学率达 42%。

各级党委、政府认真贯彻落实省委、省政府的决策部署，坚持教育优先发展，教育投入大幅度增加，办学条件显著改善，近 5 年全省教育经费年均增长 17.5%。全省义务教育债务全面化解，省属高校建设债务化解取得阶段性成效。各级各类学校办学条件显著改善。高校核心竞争力不断增强。全省高校一级学科国家重点学科占全国总数的 10% 以上。全省高校建有国家实验室、国家重点实验室、国家工程实验室 18 个（总数全国第三），部省级重点实验室 164 个，国家级工程（技术）研究中心 9 个（全国第三）、部省级工程（技术）研究中心 131 个，国家级大学科技园 11 个（全国第二）、省级以上大学科技园 10 个。高等教育质量不断提升。全省高校有国家级特色专业 233 个、精品课程 341 门、双语示范课程 45 门、实验教学示范中心 38 个、高职实训基地 39 个、人才培养模式创新实验区 51 个、教学团队 86 个、教学名师 38 位（均居全国第二）。职业教育基础能力建设不断加强。建成 58 个国家级、省级示范性中高等职业院校，建成 156 个省级中、高职实训基地，支持 34 个经济薄弱县建设职教中心。师资队伍建设力度不断加大。坚持国内培训和国外研修并举，切实加强教师培训工作，完成教师省级培训 40 万人次，赴国外培训 7603 人次。坚持外引和内培并举，高层次人才队伍规模不断壮大。全省高校新增两院院士 6 人、长江学者特聘教授 34 人，38 人入选国家“千人计划”。组织 1000 所学校与苏北农村薄弱学校结对帮扶、对口支教，选派 7169 名高校毕业生到苏北农村任教，农村师资力量得到加强。区域教育现代化建设稳步推进。区域教育现代化由苏南向苏北顺利推进，自 2007 年全面启动教育现代化建设水平评估以来，已有 62 个县（市、区）通过评估，获“江苏省教育现代化建设先进县（市、区）”称号。

全省城乡义务教育阶段学生学杂费全面免除，城乡义务教育阶段所有学生教科书全部免费提供，全面免收农村义务教育阶段公办学校寄宿生住宿费，全省实现了真正意义上的免费义务教育。义务教育阶段学校教师绩效工资全面实施。外来务工人员随迁子女义务教育入学率达 98.8%。各级各类教育扶贫助学体系不断健全，实现了“不让一个学生因贫困而失（辍）学”的目标。将高校毕业生就业作为重要民生工程，年终总就业率均超过 90%，处于全国领先位置。

符合国情实际、具有江苏特色的义务教育、职业教育和高等教育管理和发展模式初步形成。省域部分教育体制改革上升至国家层面，以全国试验区的形式率先试点。办学体制改革稳步推进，以政府办学为主体、社会各界共同办学、公办学校与民办学校共同发展的格局基本形成。学校人事分配制度改革加快推进，高校后勤社会化改革成效显著。稳定推进招生考试制度改革，顺利实现了 08 高考方案及方案微调后的平稳过渡。教育对外开放不断扩大，全省有中外合作办学机构和项目 449 个（总数全国第一），9 所高校举办或参与举办 17 所孔子学院（全国第三），建有中小学海外孔子课堂 7 所。我省获国家、省、单位公派出国留学累计达 5000 人（居全国第三），省公派留学人数全国第一。

“十一五”时期,全省高校共向社会输送了200万名毕业生,为经济社会发展提供了有力的人才支撑。全省高校科技创新和服务能力不断增强,共申请专利21150项、授权9450项,其中申请发明专利14434项、授权5893项,申请实用新型专利4962项、授权3554项。高校1960项科技成果获奖,其中国家级科技成果奖123项。总计获得科研经费投入突破300亿元,高校科技服务地方的主要指标大幅度提升。职业教育和社会教育累计开展农村劳动力职业技能培训1420万人次,建立了152个农科教结合示范基地,示范推广新技术、新品种5900多项。建设全国社区教育示范区8个、全国社区教育实验区12个(均居全国第一)。

2010年,全省教育系统坚持用科学发展观统领全局,紧紧围绕加快建设教育强省、率先实现教育现代化的目标,统筹推进教育改革发展稳定,各项工作取得新的成绩。(方大春)

各界声音

【梁保华:提高质量是高教核心任务】 在前十年高等教育规模迅速扩张的基础上,今后要把提高质量作为我省高等教育改革发展的核心任务,实现高等教育科学发展、率先发展、内涵发展、特色发展。要全面落实教育规划优先安排、资金投入优先保障、公共资源优先配置的原则,确保教育和人才建设投入大幅度增长。要加大重点学科、优势学科建设力度,努力创建世界一流大学和高水平大学,全面提高高等教育的质量。

教育大计,教师为本。要坚持人才强校,把建设高素质教师队伍作为建设高水平大学的关键举措,积极支持高等院校以更大的力度建设高素质师资队伍、加强师德和业务建设,大力提高高校教师教学水平、科研创新和社会服务能力。要实施高层次人才引进计划,引进和集聚高端人才和学科领军人才。要扩大教育对外开放,提高高等教育国际化水平,积极引进国外优质教育资源,鼓励我省高校与国外高水平大学和科研机构开展各种形式的合作。要进一步加大教育改革力度,广泛吸引社会各方面力量参与高等教育建设和发展,形成以政府办学为主体、全社会积极参与、公办教育与民办教育共同发展的格局,满足人民群众多层次、多样化的教育需求。要认真总结经验,落实政策,完善管理,大力支持民办高等教育发展。——摘自《扬子晚报》

【罗志军:以高水平规划引领江苏教育改革发展】 当前和今后一个时期,要按照面向现代化、面向世界、面向未来的要求,以育人为本、实施素质教育为主题,以提高教育质量、促进教育公平为重点,以深化教育教学改革为动力,以完善现代教育体系为抓手,着力推进教育事业科学发展,着力办好人民满意的教育,力争到2015年率先建成教育强省,到2020年率先实现教育现代化。一是坚持教育优先发展。把优先发展教育作为贯彻落实科学发展观的基本要求,进一步强化各级政府发展和管理教育的责任,切实做到教育发展在政府全局工作中摆上优先位置,经济社会发展规划优先安排教育发展,财政资金优先保障教育投入,公共资源优先满足教育和人力资源开发需要。健全以政府投入为主、多渠道筹集教育经费的体制,调动全社会办教育的积极性,共同推进教育优先发展。二是全面提升教育内涵。坚持育人为本、全面实施素质教育,努力培养德智体全面发展的新一代江苏人;大力促进教育公平,公共教育资源向经济薄弱地区、农村地区、薄弱学校倾斜,缩小区域之间、城乡之间、学校之间的发展差距;牢固树立以提高质量为核心的教育发展观和科学的教育质量观,建立健全教育质量保障体系,推动学校办出特色、办出水平,为人民群众提供更加丰富的优质教育。三是大力推进改革创新。积极深化办学体制、管理体制、招生考试制度和教育教学改革,创新人才培养模式、学校管理模式、教育投入方式和教育评价制度,形成充满活力、富有效率、更加开放、有利于教育科学发展的体制机制。鼓励基层和学校大胆探索、先行先试,加快重点领域和关键环节改革步伐。

进一步加强教育对外交流合作，提高江苏教育参与国际竞争与合作的能力。四是强化教师队伍建设。着力提升教师素质，优化队伍结构，健全管理制度，努力造就一支高素质专业化教师队伍，造就一批教育家、教学名师和学科领军人才。要采取更有力的措施，提高教师地位，维护教师权益，改善教师待遇，落实和完善教师社会保障政策，大力弘扬尊师重教的良好风尚，宣传优秀教师的先进事迹，使教师成为最受社会尊重的职业。——摘自罗志军省长在江苏省中长期教育改革和发展规划纲要征求意见座谈会的讲话

【曹卫星：围绕“一个主题”做到“五个注重”解决“两个不适应”】 在新的一年里，全省教育工作要紧紧围绕“一个主题”、切实做到“五个注重”、着力解决“两个不适应”问题，即紧紧围绕提高教育现代化水平这一主题，更加注重谋划长远、更加注重教育公平、更加注重优化结构、更加注重改革创新、更加注重提升内涵，着力解决教育与经济社会发展要求不够适应、与人才培养要求不够适应的问题，推动教育事业在新的历史起点上实现新跨越。

一是以前瞻性导向性为目标认真制定教育发展规划。规划要研究更高层次的教育现代化建设标准，并重视教育现代化过程性建设，分指标、分时段、分步骤提出建设要求，确保我省教育现代化建设工作持续推进；要突出重点，深入研究这一时期教育发展中的难点热点问题，积极回应人民群众的期望和诉求。

二是以优质均衡为核心进一步提高基础教育质量。探索建立区域内优秀校长、教师交流轮岗制度，促进区域、城乡和学校之间教育经费、办学条件和师资队伍均衡，有效缓解“择校矛盾”。按照少而精的要求，继续深化教学和课程改革，使教学内容与方法体现基础教育的特点，充分调动师生教与学的积极性主动性，培养学生的学习能力、实践能力和社会适应能力。坚持课内课外一体化，注重课外活动拓展和社会资源利用，提高学生各方面素质，实现德智体美全面发展。严格规范办学行为，进一步加大督查和问责力度，确保各项减负要求真正落到实处。

三是以服务为宗旨、就业为导向大力发展职业教育。在与行业企业紧密合作上加大力度，依托主导行业、骨干企业共建高水平示范实训基地，同时鼓励社会力量和学校共建教学、生产、经营合一的“前店后场”式实训基地，鼓励和引导在校学生开展创业实践，鼓励毕业生就地创业就业，积极发展涉农专业，继续实施农科教结合和“三教统筹”，适度扩大中等职业学校毕业生直接升入高等院校学习的比例，促进职教普教在学历方面相互融通，中高等职业教育在升学方面相互衔接。

四是以内涵建设为重点进一步提高高等教育办学水平。要在教学制度创新、教育方法创新、校园文化创新等方面深入研究，转变人才培养模式，培养学生的创新创业能力和就业发展能力。着力培育一批优势学科、创新平台和创新团队，提升高校核心竞争力和社会影响力。进一步深化产学研结合。积极争取与教育部共建高等教育综合改革试验区。

五是以敢为人先的精神不断深化教育体制机制改革。打破校际壁垒，在一定区域内统一配置师资，实现教师人事关系由“单位人”向“系统人”转变，完善重能力、重实绩、重贡献的考核评价机制，激发广大教师的聪明才智和创造热情；认真研究下一周期高考方案设计，探索实行多元评价、多样化录取的高校招生方式。——摘自曹卫星副省长在 2010 年江苏省教育工作会议上的讲话

【省教育厅：江苏启动义务教育优质均衡改革发展示范区建设】 江苏省教育厅新闻发言人胡金波副厅长介绍，义务教育优质均衡改革发展示范区将从政府及相关部门、教育行政部门和中小学校三方面来共同建设。

政府要认真履行推进义务教育均衡发展工作职责，在资源配置、政策制定和宏观指导等方面体现优质均衡发展的要求；要建立生均公用经费正常增长机制，向农村学校、办学点、寄宿生较多的学校、学生人数较少的学校和特殊教

育学校倾斜；要统一城乡中小学教职工职务结构比例标准，统一县镇、农村中小学教职工编制标准，向偏远地区、贫困地区以及农村学校、薄弱学校适当倾斜，适当增加小班化学校教师编制、农村寄宿制学校生活教师和工勤人员编制，切实满足发展义务教育的基本需求；要进一步完善“省级人民政府统筹规划实施、县级人民政府为主管理”的义务教育管理体制，逐步实现义务教育服务均等化；要统筹考虑城乡经济社会发展状况、未来人口变动情况和人民群众的现实需要，科学规划学校布局；要严格执行国家和省有关规定，清理规范改制学校，稳定发展高质量的民办学校，满足人民群众多样性教育的需求。

要严格义务教育公办学校免试就近入学、民办学校免试入学制度，深化中考制度改革，完善外来务工人员子女入学制度，完善家庭经济困难学生资助体系，推进入学机会均等；要建立优质教育资源向农村地区和薄弱学校倾斜的动态机制，在优质学校与薄弱学校之间建立稳定的共建机制，加强基础教育信息化公共服务体系建设，以信息化带动义务教育优质均衡发展；要把骨干教师均衡配置作为推进义务教育优质均衡发展的重要途径，校长和教师依法实行定期交流制度，校长在同一学校连任不得超过两届，教师按照每年不低于专任教师总数 15%、骨干教师按照每年不低于骨干教师总数 15% 的比例进行交流；要进一步扩大学校办学自主权，建立科学的中小学办学水平评价体系，引导社区、家长及有关人士参与学校管理和监督；要改变传统的直接、具体管理学校的单一方式，实行间接、宏观管理，综合应用拨款、规划、信息服务、政策指导和必要的性质措施，减少不必要的行政干预，建立健全教育局长、校长听课讲评制度，建立义务教育质量保障体系、质量监测体系、教师专业发展支持服务体系，科学评估学校教育教学水平。

学校要坚持按教育教学规律办学，切实减轻学生过重课业负担，建立促进教师适时素质教育的评价机制，平等对待每一位学生，确保校内教育均衡，不分重点班、快慢班，不办实验班、特长班，保障家庭经济困难学生、学习困难学生平等接受教育的权利，促进学生个性发展；要深化课程改革，开齐开足所有课程，开展丰富多彩的班级活动、学校活动和社会活动，加强学校教育与社会、社区、家庭之间的联系，培养学生学习能力、实践能力和创新能力；要不断提升学校管理的科学化、民主化、规范化水平，建设丰富多样的学校文化，在德育、科学教育、创新教育、艺术教育、体育、社会实践等方面逐渐形成学校特色；要推进校级教研活动制度化，引导教师通过研究解决教学中的实际问题，建立促进教师主动发展的评价激励机制，提升教师专业素养。——摘自江苏省教育厅网站

【江苏省教育改革工作会议发言摘编】

副省长：曹卫星

我省的教育改革绝不仅是苏南的改革，或是苏北、苏中的改革，各地都要按照省政府的部署要求全面加以落实，扎实做好教育改革各项工作。

一是要改革办园体制，完善学前教育健康发展机制。学前教育是我省各级各类教育的“短板”，群众对“入园难、入园贵”问题反映比较强烈。为此，省政府办公厅制定下发了《关于加快学前教育改革发展的意见》，要求加快推进、取得突破。要把发展学前教育特别是农村学前教育作为教育改革发展的重点领域，进一步完善政策措施，创新体制机制，加强规范管理，大力发展公办幼儿园，扶持发展民办幼儿园，努力开创我省学前教育改革发展新局面。各级政府要切实履行发展学前教育的责任，在统筹规划、政策引导、投入保障、日常监管等方面充分发挥主导作用。到 2012 年，每个乡镇至少办一所达省优标准的公办中心幼儿园，村级幼儿园都建成合格园。

二是要缩小办学差距，完善基础教育均衡发展机制。进一步完善义务教育管理体制，加快推进义务教育优质均衡改革发展示范区建设，不断深化体制机制改革，加快放大并合理配置优质资源，深入实施素质教育，全面提升质量

内涵，大力推进区域教育一体化和教育公平，基本消除区域内城乡、学校间差距，基本解决义务教育择校过度等热点难点问题。

三是要健全职教体系，完善职业教育创新发展机制。大力开展职业教育创新发展实验区建设，鼓励和支持实验区开展多种形式的改革创新，在发展方式、办学体制、人才培养机制等方面重点突破，大幅度提升职业教育质量和效益，大幅度提升服务地方经济社会发展的能力，大幅度提升职业教育的吸引力。

四是要开展综合改革，完善高等教育内涵发展机制。高等教育综合改革是我省承担的国家教育体制改革试点重要项目之一。高等教育与社会经济发展的联系最为紧密，改革要求也最为迫切。要深入开展高等教育综合改革试验区建设，努力把综合改革试验区建设成为高等教育深化改革的先导区、科学发展的示范区、现代大学制度建设的先行区。要创新优势学科成长培育机制，推进高校优势学科建设工程，集中力量建设一批国际先进、国内领先的优势学科，为创建一流大学和高水平大学提供支撑，为转变经济发展方式、增强自主创新能力做出更大贡献，形成"学科高原"和"学科高峰"协调发展的良好局面。

五是要推进多元办学，完善民办教育自主发展机制。要坚持"积极鼓励、大力支持、正确引导、依法管理"的方针，优化民办教育发展环境，完善民办学校管理机制，加快形成政府主导、社会参与、办学主体多元、办学形式多样、充满生机活力、公办教育与民办教育协调发展的格局，使有利于教育发展的积极性得到充分调动，适宜教育发展的社会资源得到充分利用，推动教育发展的活力得到充分释放。

省财政厅副厅长：江建平

财政部门支持教育改革，重点在支持和促进教育管理体制改革、办学体制改革、人才培养体制改革等方面下工夫、求实效。

第一，积极保障教育管理体制改革。重点是按照公共财政体制的要求，进一步明确各级政府提供公共教育服务的职责，完善各级教育经费保障机制，确保权责明确、统筹有力的教育管理体制落到实处。省财政厅将配合有关部门进一步做好教育事业发展的统筹规划工作，制订办学条件、教师编制等基本标准，完善对经济薄弱地区转移支付制度。市、县财政要按照"以县为主"的义务教育管理体制要求，将教育经费全额纳入本级预算；加大保障力度，促进完善政府统筹、行业参与、社会支持的职业教育管理体制，积极启动高中阶段学校基本建设债务化解工作；加大投入，落实县级统筹发展学前教育的管理体制，重点支持农村幼儿园建设。省财政厅还将改革高校财政拨款办法，积极争取中央财政支持，充分调动市县政府、行业企业和社会力量投入，推动完善以省级政府为主的高等教育管理体制。

第二，积极促进办学体制改革。一是大力推动义务教育均衡发展。加大对农村学校、薄弱学校和经济欠发达地区学校的投入，统一区域内城乡拨款标准，鼓励教师和校长定期合理流动，逐步实现师资、设备、图书、校舍等均衡配置，缩小义务教育学校差距，积极促进基本公共教育服务均等化。二是大力促进民办教育加快发展。按照省政府办公厅印发的《关于进一步促进民办教育发展的意见》，落实鼓励社会力量出资、捐资办学的财税优惠政策，给予民办学校学生与公办学校相同的国家助学资助政策，对受政府委托承担教育和培训任务的民办学校给予适当补贴。各地可根据实际情况，设立鼓励民办教育发展的专项资金，支持鼓励办学成效突出的民办学校。三是大力支持高校扩大办学自主权。支持高校在经费预算总额内，按照高校财务会计制度要求，结合学校教学、科研和社会服务实际情况，自主确定资金支出预算，自主确定内部收入分配政策。落实财政扶持政策，积极支持江苏高等教育综合改革试验区建设，积极支持高校借鉴国际先进办学理念，使高校成为吸引一流人才的高地、推动科技创新的源泉。

第三，积极支持人才培养体制改革。一是加大师资队伍建设投入，安排专项资金支持经济薄弱地区农村中小学、幼儿园教师全员培训，鼓励开展职业教育教师培训，实施江苏特聘教授计划，以师资队伍建设促进人才培养水平提升。二是综合利用省级产学研联合创新等专项资金，鼓励学校之间、校企之间、学校与科研机构之间合作等多种方式联合培养人才，促进建立体系开放、资源共享、渠道互通的人才培养机制。三是通过资金扶持、政策优惠等措施，鼓励高校与国外高水平大学合作，开展中外合作办学，积极支持扩大外籍教师引进力度，提高政府公派出国留学人员资助水平，实施高校中青年骨干教师出国培训计划；设立茉莉花奖学金，吸引更多优秀国外学生来苏留学。

省发改委副主任：张卫东

着力推动“三个转变”：一是由管理为主向服务为主转变。坚持教育的公益性和普惠性，切实履行统筹规划、政策引导、监督管理和提供公共教育服务的职责，建立健全基本公共教育服务体系，逐步实现基本公共教育服务均等化。二是由微观管理向宏观管理转变。综合运用立法、规划、拨款、信息服务、政策指导和必要的行政措施，对教育发展速度、规划、质量和结构进行宏观管理，维护教育公平和教育秩序，减少和规范对学校的行政审批和直接干预，切实依法保障学校办学自主权，促进教育质量和效益提高。三是由统筹管理向分级管理转变。以转变职能和简政放权为重点，在统筹规划各级各类教育的基础上，推动落实学前教育“县级统筹、县乡共建”、完善义务教育“省级统筹规划实施、县级管理为主”、健全职业教育“市县为主、政府统筹、行业参与、社会支持”、优化高等教育“部省共建、省市共建”的管理体制，协力推进全省教育现代化建设。

突出支持“四种办学”：一是支持公办学校多形式办学。推动公办学校办学体制改革，允许社会力量通过公办民助、委托管理、合作办学等方式参与举办非义务教育公办学校。支持公办学校之间，以及公办学校和民办学校之间联合组建教育集团，推动教育资源优化配置。二是支持民间资本多形式办学。民办教育是促进教育改革的重要力量，积极鼓励民间资本捐资或出资办学，以独立举办、共同举办等多种形式依法兴办高等学校、中小学校、幼儿园、中等职业学校和各类社会教育培训机构，扩大社会资源进入教育的途径。三是支持学校去行政化办学。按照“政校分开、管办分离”的原则，积极探索符合各类学校特点的办学体制和管理方式，加快推动建立依法办学、自主管理、民主监督、社会参与的现代学校制度，努力克服各类教育特别是高校实际存在的行政级别和行政化管理模式弊端。四是支持国际化办学。进一步扩大教育领域开放，开展全方位、多层次、宽领域的教育国际交流与合作，加大境外智力和优质教育资源的引进力度，支持我省高水平大学到海外办学或联合建设境外办学园区，提升江苏教育的国际影响力。

重点做到“三个优化”：一是优化教育资源布局。以基本公共教育服务均等化为目标，统筹安排各类教育投资，加大对经济薄弱地区、农村地区、薄弱学校的支持力度，努力提高基本公共教育服务的公平性和覆盖面。以加强职业教育基础能力建设为目标，推动职业教育走集约集聚发展之路，形成适应发展方式转变和产业结构调整要求的现代职业教育体系。以服务创新型经济发展为目标，优化高等教育区域布局、学科专业和人才培养“三个结构”，支持建设一批面向新兴产业和现代服务业发展的重点学科，依托高校优势学科、重点实验室打造创新服务平台，集聚创新资源，积极突破关键技术和共性技术。二是优化招生考试制度。按照科学、公平、规范、高效原则，配合推进高等学校招生考试制度改革，实行政府宏观管理、专业机构组织实施、学校依法自主招生、学生多次选择的招考办法，建立有利于人才选拔的多元录取机制，形成有利于实施素质教育和培养创新人才的正确导向。三是优化产学研合作机制。通过订单委托、合作培养等方式，推进建设一批重点校企联合培养人才基地；鼓励新兴产业领域优秀企业家应聘到高校兼职，协调推行产学研联合培养研究生的“双导师制”；引导万名研究生、万名高技能人才、千名博士后、百名院士走进企业，开展创新创业活动；推动高校与企业建立产学研战略联盟，支持行业企业、科研院所、中介机构、开发园区与高校“五位一体”共建工程中心、工程实验室、企业技术中心、重点实验室等创新载体，加快科研成果产业化。

省教育厅厅长：沈健

全省教育系统必须认真学习贯彻全国、全省教育工作会议精神及国家和省中长期教育改革和发展规划纲要，坚持科学设计、统筹规划、试点先行、面上推进，创新教育发展的体制机制，增强教育发展活力，不断开创新时期全省教育科学发展的生动局面。

一是着力深化人才培养体制改革。注重学思结合，倡导启发式、探究式教学，营造独立思考、自由探索的良好环境。注重知行统一，强化社会实践、科研实践等培养环节，增强科学实验、生产实习和技能实训的成效。坚持因材施教，关注学生的个性差异，发展每一个学生的优势潜能。探索灵活多样的教学组织形式和管理制度，推进分层教学、学分制、导师制等教学管理制度改革。改革教育质量和人才评价制度，引入社会评价机制，建立科学多元的评价标准。

二是着力深化办学体制改革。大力鼓励公民个人和社会团体、组织出资、捐资办学，促进社会力量以独立举办、共同举办等多种形式兴办教育。积极引进市场竞争机制，不断增强公办学校办学活力，创新公办学校办学形式，形成以政府办学为主体、全社会积极参与、公办教育和民办教育共同发展的格局。引导民办学校科学定位，强化内涵，形成品牌，办出特色。依法落实民办学校、学生、教师与公办学校、学生、教师平等的法律地位。开展营利性与非营利性民办学校分类管理试点，探索公办学校联合办学、中外合作办学、委托管理等改革试点。依法加强对民办学校的监督管理，健全民办教育评价制度，完善民办学校准入和退出机制，建立民办教育风险防范机制，推动民办学校规范办学。

三是着力深化学校管理体制改革。积极推进各级各类学校管理体制改革，逐步改变实际存在的行政化管理模式。探索适应不同类型教育和人才成长的学校管理体制与办学模式，综合运用绩效评估与考核等方法，切实提高学校的管理绩效。开展现代大学制度建设与改革试点，落实和扩大学校办学自主权。深化高校用人制度改革，全面推行人员聘用制，强化合同管理和聘期考核，建立竞争、择优、能进能出的用人制度。完善议事规则和决策程序，建立健全教职工代表大会制度，实现学校决策和管理的科学化、民主化。大力推进依法治校，健全校务公开制度。

四是着力深化考试评价机制改革。从实施素质教育的要求出发，改变单纯以考试为手段、以分数为标准的学生评价方式，建立科学、多样、灵活的，符合教育规律和人才成长规律、符合社会对各类人才要求的教育评价体系。积极稳妥推进中、高等学校考试招生制度改革，逐步形成招考分离、分类考试、双向选择、多元录取的招生考试制度，实行政府宏观管理、专业机构组织实施、学校依法自主招生、学生多次选择的招考办法。探索试行高等职业院校注册入学和高水平大学联考，扩大高校招生自主权。扩大普通高中招生自主权，全面推行热点高中招生指标均衡分配到初中的政策。进一步完善高中学业水平测试和综合素质评价办法，逐步把测试评价结果作为不同层次高校入学的资格。

五是着力深化教师队伍建设机制改革。优化教师教育布局结构，深化教师培养模式和课程改革。探索推进师范生免费教育试点，吸引优秀人才长期从教、终身从教、到农村从教。实施“江苏人民教育家培养工程”和“江苏特聘教授计划”等高层次人才选拔培养计划，努力培养和造就一大批具有先进教育理念、独特办学风格的教育名家和教学名师。完善教师绩效工资制度，对农村学校紧缺学科教师实行订单式培养培训，对长期在农村基层工作的教师实行倾斜政策。

六是着力健全教育国际交流合作机制。鼓励中小学开展国际交流，大力推进职业学校学生海外实习，支持有关高校开展研究生访学、研究生联合培养。鼓励我省高校与世界高水平大学合作举办新型高等教育机构，与世界一流大学及世界500强跨国企业合作共建实验室、研究中心或国际化产学研基地。优化江苏留学环境，面向全球吸引优秀本科生、研究生、专业研究人员和政府官员来江苏学习或接受培训。积极推进教育资源境外输出，探索和支持高水平大学在海外举办分校或校园，稳步推进海外孔子学院和孔子课堂建设。

省人力资源和社会保障厅副厅长：徐文宝

坚持统筹城乡、就业导向、能力本位的工作方针，进一步建立健全面向全体劳动者的职业技能培训制度，努力提高职业技能培训的针对性和有效性，引导更多劳动者走素质就业、技能就业之路。坚持以市场需求为导向，以职业能力为核心，以高端引领、内涵发展为重点，深入推动校企合作，创新体制机制，提高办学质量，加快培养适应企业发展和市场需要的高素质技能型人才。

会同相关部门，不断拓展大中专毕业生就业渠道，完善大中专毕业生供需信息对接平台建设，建立大中专毕业生就业信息动态管理与监控机制。强化大中专毕业生就业服务工作体系，着力建设大中专毕业生就业见习基地，促进大中专毕业生就业见习、就业实践、社会实践等活动的开展。大力实施“一村一社区一名大学生”工程和“三支一扶”计划等若干基层服务项目，通过政策激励，引导大中专毕业生勇于面向基层、干事创业。

会同教育、编制、财政等部门，不断完善政策措施，深化各类院校人事制度改革。完善岗位设置管理制度，会同教育部门研究制定适应教育事业特征、特性的人事制度改革措施，全面建立以岗位设置管理为核心的人事管理制度、以人员聘用为标志的合同用人制度以及新进人员公开招聘制度。进一步深化教师职称制度改革，拓展教师职业发展通道，修订教师专业技术水平评价标准，创新符合教师职业特点的评价办法，形成以能力业绩为导向、以岗位设置为基础、以社会和业内认可为核心的评价机制。不断深化收入分配制度改革，进一步巩固义务教育学校绩效工资实施成果，配合教育等部门完善奖励性绩效工资考核办法，充分发挥奖励性绩效工资的激励功能。

帮助省内高校引进有实践经验的专业技术人员和高技能人才担任专兼职教师。会同教育部门加强教师继续教育工作，实施教师知识更新工程，完善师资队伍继续教育的激励与约束机制、需求引导和绩效评估机制，提高师资队伍的创新能力。进一步加强博士后流动站建设，实施师资博士后制度，努力培养一批高层次教师。继续广泛开展多种形式的合作交流，邀请海外高层次教育人才到我省考察交流，与有关高校对接洽谈。

宿迁市人民政府：

进一步优化发展环境。鼓励和支持社会力量通过公办民助、委托管理、合作办学等方式参与举办非义务教育公办学校。认真落实民办教育扶持政策，加大对民办学校“以奖代投”力度，对民办学校教师绩效工资、校舍安全工程、教育信息化工程进行财政扶持。积极探索以教育设施设备租赁等方式，对民办学校予以扶持。进一步加强舆论宣传，营造全社会更加关心支持民办教育发展的良好氛围。

进一步加快资源整合。鼓励民办学校通过办学权转让、融资扩股、校企联办、合并兼并、撤销、组建教育集团等方式进行调整，做大做强民办学校整体实力；鼓励发展高标准的民办幼儿园和各类紧缺型、实用型非学历民办教育机构。

进一步加强内涵建设。根据民办教育不同发展阶段的实际情况，推进民办学校理顺内部关系，选择出资方式，调整办学定位，拓展办学渠道，改善办学条件。推进民办学校创新办学理念，加强个性化品牌创建，避免同质化竞争，积极开展特色办学、特色管理，培养特色人才，打造特色品牌。引导民办学校加强师资队伍建设，提高教师工资福利待遇，加强教师继续教育培训，关心教师成长和进步，吸引和稳定骨干教师队伍。健全民办学校法人治理结构，完善理事会、董事会领导下的校长负责制，优化管理体制和发展机制。

进一步加强引导管理。完善民办教育的管理体制，健全民办教育各项管理制度。全面贯彻党和国家的教育方针，严格执行教育法、民办教育促进法等法律法规，加强年检和督导评估制度，规范民办学校资产、财务、招生、教育教学管理，促进民办学校依法办学。完善民办学校退出机制，探索建立民办学校风险保证金制度和学费监管制度，逐步形成民办学校危机预警与干预机制，促进民办教育健康持续发展。

无锡市人民政府：

无锡市积极推进职业教育更好更快发展。进一步健全政府主导、行业指导、企业参与的办学体制，推动组建多形式的职业教育集团。创新职业教育人才培养模式，坚持产教结合、工学结合，完善职业院校学生实训实习定点企业制度，构建校企合作长效机制。深化课程教学改革，强化以职业能力为核心的实践技能、创新能力和创业能力培养。

突出强化职教园的“五大功能”。一是资源共享功能，实行优势互补、集聚发展，推进经科教联动、产学研合作；二是资源集聚功能，全面推进无锡职教规模化、集约化办学；三是产业孵化功能，加快科技研发和产业孵化步伐；四是改革试验功能，引领全市职教理念、模式和方式不断创新；五是服务辐射功能，支持促进物联网、服务外包等高新技术产业的培训。

张家港市人民政府：

加快推进教育管理一体化。积极实施城乡学校规划布局、师资管理、建设标准、办学经费的“四个统一”，为城乡教育优质均衡发展奠定基础。

加快推进教育设施一体化。加强农村学校的设施投入，全面达到与城市学校校园环境一样美、硬件标准一样好、装备档次一样高的“三个一样”。

加快推进师资配置一体化。完善城乡教师流动机制，到2012年，城区学校在农村学校支教的教师不低于城区学校教师总数的5%，城镇学校教师在村校支教的教师占村校在编教师总数的20%，公办学校教师在民办外来人员子女学校支教的教师占民办外来人员子女学校专任教师总数的20%。

加快推进区域教育特色化。着力构建更加完善的现代教育管理体制和现代学校制度，加快形成课堂教学的张家港模式，优化“阳光体育”活动，推进“学校少年宫”和实践基地建设，确保学生的个性特长充分发展，创新精神和实践能力显著提升。

南通市人民政府：

实施科学评价，引导全面发展。一是不断探索学业考试和综合素质评价相结合的中考评价模式，使综合素质与学业水平得到同等重视、同步发展。二是科学规划考试内容，合理设置考试科目、密切联系生活、大幅降低难度，对初中生的必备素养进行系统梳理，建立综合素质评价的内容体系，充分体现初中教育的全面性、基础性特征。三是优化评价方式，全面改变“一考定乾坤”的做法，将学生每年的学业情况纳入中考评价体系；变单一评价为多元评价，在综合素质评价中充分体现主体性和民主性。

深化招生改革，推动特色建设。一是不断调高“指标生”比例，为学业水平和综合素质平衡发展的学生拓宽入学通道。二是扩大学校自主招生的权利，制定基本素质测试与特长加试相结合的自主招生制度，使学校能选到它需要的学生。三是为学生提供多元选择的机会，采用自荐、初中校长实名推荐等方式，使有特长的学生能找到适合自己的学校。

加大课改力度，构筑内涵优势。一方面，全面协调三级课程。在实施好国家现有课程的同时，对义务教育、普通高中教育的综合实践课程进行一体化设计，系统开发和整体实施德育、科技、学科、体育艺术、综合实践等五类地方配套性活动课程，形成活动课程与学科课程相互补充、学校课程建设和区域性课程实施相得益彰、相互融通的课程发展机制。另一方面，完善课程评价制度。对区域整体实施的综合实践课程规定学时与学分、明确评价重点和评价标准，实现活动课程评价与综合素质评价的对接。

强化基础保障,发挥系统效应。首先,加强制度设计。在规范办学行为工作取得阶段性成果的基础上,制定提升性行动计划,建立长效机制,使深入实施素质教育的导向更明、规范办学行为的责任更实。其次,加强过程引领。建立特色办学引领性指标体系,开拓"一校一品"的特色建设路径;举办普通高中特色办学校长论坛和特色活动展示周,不断启发学校优质特色发展的思路。第三,加强平台建设。建立全市统一的招生考试信息发布平台、网上报名、网上阅卷和远程录取平台,实行考试招生的规范操作;建立全市统一的基础教育信息管理平台,实现义务教育和高中阶段教育学生的基本信息、学生发展信息及评价信息的联通。

【媒体:江苏省教育凝聚强大合力落实"10年蓝图"】 江苏省教育工作会议结束以来,各地迅速行动起来,因地制宜抓落实。

省委常委、无锡市委书记杨卫泽带领教育、发改、财政、物价等部门负责人,走访该市部分幼儿园和特殊教育学校,调研学前教育和特殊教育发展情况,要求进一步研究制定加强和改进学前教育的政策措施,坚持学前教育的公益性和普惠性,逐步实现学前教育公共服务均等化,切实解决"入园难"、"入园贵"问题。同时,要鼓励民办幼儿园健康发展,关注幼儿教师的编制和待遇等问题,提供多样化、有特色、高品质的学前教育指导与服务。

扬州市委书记王燕文带领相关部门负责人,先后察看了扬州高等职业技术学校、扬州教育学院附属中学、扬州市育才小学西区校和开发区实验中学。王燕文说:"经济社会发展最缺的是人才,而人才来自教育,重视教育就是重视经济社会的全面发展、科学发展,就是重视人的全面发展,重视城市品质的提升和民生幸福,因此必须坚持教育优先发展。"

泰州市副市长曹玉梅带领市、区教育局的一把手,走进当地"行风热线"直播节目,就百姓关注的教育热点难点问题与广大听众、网友进行交流。曹玉梅表示,各级政府将认真学习贯彻国家和省教育工作会议精神,加大教育改革发展力度,大力推进教育优质均衡发展,努力办好让人民满意的教育。"对大家提出和投诉的问题,一定认真调查,对违规问题认真处理,做到'事事有回音,件件有着落'。"

省教育厅召开厅党组会议,专门研究学习贯彻全省教育工作会议精神及全面实施《江苏省中长期教育改革和发展规划纲要》,明确当前主要抓好四个重点:一是提请省政府尽快出台关于加强学前教育改革发展的意见;二是大力发展民办教育;三是研究制定职业教育改革创新优化发展示范区建设方案;四是启动高等教育综合改革试验区建设。

连云港市教育局召开全市中小学暨学前教育教学工作会议,要求以均衡发展为重点,进一步促进教育公平,采取托管、建立分校、帮扶、结对子、支教、走教、城乡教师互派交流等多种形式,加快带动薄弱学校提升水平,促进区域教育均衡发展。——摘自江苏省发改委网站

地方经验

【南京市:推出多项新政促教育高位均衡】 2010年,南京从小学、初中新生入学开始推行"新班额计划"试点,通过科学规划,合理控制班级人数,减轻班级管理难度,提高教育教学效果。

南京通过实施"三个手拉手"行动,鼓励区县试点多样化的教师"柔性流动"。"三个手拉手"具体包括,通过深化实施"跨江发展双十工程",促进江北农村学校和江南城区名校名师"手拉手";利用南京普及"校校通"和现代远程技术平台,推进200所城乡学校"信息手拉手";深化实施"百校千师手拉手"活动,优选名校骨干教师在区域内普通学校"柔性流动"。——摘自新华网

【常州市:实施一系列新举措让百姓得实惠】 常州市教育行政部门实施一系列新举措,让普通老百姓享受更加公平的教育权利,得到更多实惠。

一是进一步完善公共教育体系,重点保障进城务工人员子女接受优质公办教育,重点解

决幼儿教育入园难、入园贵问题，提高公办幼儿园的比例，新增幼儿园以公办为主，对家庭经济困难幼儿入园给予补助，逐步解决幼儿教育发展中的突出矛盾；重点提高社区教育的覆盖面，丰富社区教育课程和资源，培养社区教育服务志愿者，增加社区教育投入。

二是集中精力梳理现行的教育管理制度和政策，重点对招生考试、资源配置等制度进行调整和充实，逐步取缔义务教育阶段择校现象，义务教育阶段公办学校择校生比例到 2012 年控制在 10% 以内，进一步扩大高中招生名额分配比例，正式实行义务教育阶段教师、校长轮岗制度，落实教育资源向薄弱学校倾斜政策。

三是提高对职业教育扶持的力度，扩大职业教育生源数量，提高生源质量，增加职业教育投入，逐步实行中等职业教育免费制度。

四是真心实意办好特教学校，建立全纳教育理念，提高随班就读水平。同时，为学有专长的学生提供完善的教育服务，发现和培育创新人才，建立拔尖学生特殊培养制度，实行特殊人才特殊培养。——摘自常熟信息中心网站

【南通市:加快建设教育强市】 南通市加快建设教育强市，率先实现教育现代化，突出抓好四个方面的重点工作。

大力提高教育质量。基础教育要坚持育人为本、素质领先，将立德树人作为教育根本任务，创新教学内容和方法，构建实施素质教育的长效机制；职业教育要着眼提升能力、服务社会，到 2020 年形成较为完善的职业教育人才培养和服务体系，成为长三角北翼职业教育创新发展的先行区；高等教育要努力争创一流、办出特色，成为全市培养、储备、集聚、引领人才的最高地，成为江苏沿海高等教育特色发展区。

大力促进教育公平。一是配好教育资源，坚持城乡一体、统筹规划，建立城乡一体化的义务教育发展机制，在财政拨款、学校建设、师资配置等方面向农村倾斜，到 2015 年，所有县(市)区建成义务教育优质均衡发展示范区。二是健全助学体系，建立以“政府主导、学校联动、社会参与”为主要模式、以“奖、贷、助、补、减”为主要内容的教育帮扶体系，确保资助覆盖所有贫困家庭学生，不让一个学生因家庭经济困难而失学；构建全覆盖义务教育保障机制，确保辖区所有外来流动人员随迁子女及有学习能力的残障儿童都能接受良好的义务教育，让所有的孩子同在蓝天下快乐成长；探索试行更大范围的免费教育，有条件地区逐步推行一定年限的免费学前教育，到 2015 年实行从学前教育到高中阶段教育的残疾儿童 15 年免费教育。三是坚持规范管理，继续开展规范教育收费示范县(市)区创建活动，全面实施“阳光招生”工程，全面推进依法治教和依法治校。

大力加强队伍建设。以高尚师德引领教师队伍建设，坚持师德为先，更好领悟教书与育人、言传与身教、立德与树人的关系；以培训培养促进教师队伍建设，全面推进“名师(名校长)、骨干、新秀、青蓝”四大强师工程，健全教师培养培训体系，深化教师教育改革；以健全机制保障教师队伍建设，依法保证教师平均工资水平不低于国家公务员平均工资水平，对长期在农村基层工作、成绩突出的教师实行倾斜政策，吸引更多的优秀人才长期从教、终身从教。

大力推动改革创新。一是深化办学体制改革，以坚持教育公益性为原则，加快形成以政府主导、社会参与、办学主体多元化、办学形式多样、充满生机活力的办学体制。义务教育阶段坚持以政府举办为主、社会力量办学为辅，公办义务教育学校向适龄儿童少年提供大致相当的办学条件；非义务教育阶段实行灵活、开放、多样的办学体制，多形式发展民办学前教育、职业教育和高等教育；建立和发展与南通经济社会发展相适应的终身教育体系，逐步向全体公民提供多渠道、多层次、多形式受教育的机会。二是创新人才培养模式，进一步转变教育理念，改革考试评价制度，深化教育教学改革。三是扩大教育对外开放，积极实施教育国际化战略，培养具有国际视野、适应全球化竞争的新一代南通人，并大力开拓国际教育特别是高等职业服务市场。——摘自南通市发改委网站

【连云港市:召开会议研究教育文化体制改革】 连云港市市委书记、市人大常委会主任王建华在市委常委会上强调,教育事业既是国计,又是民生,各县、区要大力度增加教育投入,大力度提高教育质量,大力度促进教育公平,切实做到经济社会发展规划优先安排教育发展、财政资金优先保障教育投入、公共资源优先满足教育发展需要,确保教育优先发展。在下一步工作中要认真筹备全市教育工作会议,抓紧制定连云港市《中长期教育改革和发展规划纲要》。当前,要重点抓好以下工作。一要抓好县区基本实现教育现代化创建工作,切实加大学前教育发展力度,切实加大中小学教育技术装备水平提升力度,切实加大师资队伍建设力度,确保今明两年全市各县区基本实现教育现代化。二要抓好中小学校舍安全工程,按照省里统一部署和要求,确保完成该市校舍安全工程的实施目标。三要抓好城市开发过程中中小学、幼儿园的配套建设和均衡发展,教育条线和各个区要均衡合理地配置各个学校的师资力量,让每个片区的孩子都能公平地享有水平相等或接近的义务教育的机会;规划、国土、建设、财政、教育等部门,要按照《市区中小学布局规划》,在城市建设、土地出让的同时,留足资金,做好中小学配套建设工作。四要抓好高等教育发展,全力支持淮海工学院尽快建成综合性大学,争取促成职业技术学院为连云港科技学院,尽快促成连云港师专、财经高职校采取多种形式联合升本,组建中等职业教育集团,"十二五"期间,力争在连本科院校达到4至5所。——摘自《连云港日报》

【淮安市:大力实施教育特色发展战略】 淮安市围绕教育特色发展,在广泛调研、广纳建言的基础上,科学制定全市教育特色发展规划,努力把教育特色发展打造成引领淮安教育发展的核心工程、品牌工程。到"十二五"末,全市中小学和职业学校70%以上建成特色学校,所有县(区)建成"教育特色发展示范县(区)"。全市采取"点面结合,系统推进,分类指导,分期评估"的推进策略,在办学模式上,积极推行基础教育集团化办学和中等职业教育校企合作办学,在素质教育上,建立"伟人引路、文化育人;高效教学、幸福学习;一校一品、个性发展"的人才培养模式,在教师队伍建设上,完善"导师引领、团队研究、交流培养、层级发展"的教师培养机制,在学校评价上,将特色发展水平纳入学校发展性评价体系。市、县教育行政部门和各级各类学校成立三级教育特色发展领导小组,构建以教育行政部门为主导、以教育科研机构为支撑、学校发展为主体的特色发展组织网络,保障特色发展战略顺利实施。——摘自淮安市发改委网站

【淮安市:大力推进"小升初"改革与创新】 按学区派位,一个都不少,全体小学毕业生按学区免试派位升入公办初中。小学毕业生升初中实行"无缝对接","一个不少"升入初中,确保每位学生享有公办义务教育的权益;小学升初中,一律不考试,所有初中学校不得以任何名义进行任何形式的招生考试或测试;电脑派位招生,一大新亮点,热点民办初中招生办法实行定向招生、电脑派位招生、自主招生相结合。其中,电脑派位招生占有一定比例,派位时间统一于6月底进行,这有利于义务教育法和省"五严规定"的贯彻落实和促进小学实行素质教育,减轻学生负担。——摘自淮安市发改委网站

【淮安市:五条措施支持义务教育优质均衡发展示范区创建】 一是坚持政策引导。出台《推进义务教育优质均衡发展"十条"意见》,在师资培训、硬件改造、考核奖励等方面对"示范区"创建予以大力支持;二是坚持加大投入。安排农村教师培训专项经费,每年拿出300万元用于农村教师培训和奖励骨干教师;三是坚持典型引路。以洪泽县为"试验田",积极探索建立优质均衡发展模式,及时总结、推广经验;四是坚持宏观监测。建立科学的督导评估机制和追踪监测机制,对全市义务教育学校进行评估,同时对校间的差距进行监测分析,及时提供教育差距预警;五是坚持强化考核。将推进义务教育优质均衡发展纳入县区政府的年度工作目标,作为考核领导干部政绩的重要内容。——摘自淮安市发

改委网站

【宿迁市：提出四项举措深化教育改革创新】 宿迁市提出要坚持以改革推动发展，以改革提高质量，努力构建充满活力、富有效率、更加开放、有利于教育科学发展的体制机制。

一是切实改革管理方式。政府及其部门发挥统筹规划、政策引导、行业准入、资金拨付、信息服务等方面作用，对教育进行宏观管理，最大限度地减少对学校的行政干预，依法保障学校充分行使办学自主权和承担责任。完善市级统筹规划实施、县（区）管理为主的义务教育管理体制，在落实县（区）政府主要责任的同时，注重发挥乡镇在参与支持义务教育中的作用。进一步完善教育决策机制，建立教育决策公示、听证制度，重大教育政策出台前要征求社会各界意见。

二是深化办学体制改革。以推进教育公平为原则，健全“政府主导、社会参与、办学主体多元、办学形式多样、充满生机活力”的办学体制。积极推动办学体制改革，探索公办学校的多种办学形式，鼓励社会资金和力量参与非义务教育公办学校办学，激发公办学校的办学活力。进一步深化教育投融资机制改革，建立引资办教和银校合作机制，优化投资环境，吸引省内外资本向宿迁教育领域聚集。鼓励义务教育阶段学校按照“强强联合、强弱联合、城乡联合”的原则，通过链式发展、块式发展、点式发展等模式，实施集团化、多样化和规范化办学，努力扩大优质教育资源，建立资源互补的高质量教育品牌。

三是完善人事制度改革。进一步完善中小学校长选拔任用制度，积极推行中小学校长聘任制、选任制和任期目标责任制。全面实行教职工聘用制，完善教师职务聘任制，探索建立“以岗定薪，按劳取酬，优劳优酬”的校内分配方法，全面实行工资绩效考核制度，真正把待遇向一线教师、骨干教师倾斜，合理拉开分配档次，充分调动广大教职工的积极性和创造性。

四是继续扶持民办教育。继续旗帜鲜明地大力支持民办教育发展，把民办教育纳入地方经济社会发展规划，依法落实民办学校、教师、学生与公办学校、教师、学生平等的法律地位，保障民办学校办学自主权。鼓励和推进民办学校通过办学权转让、融资扩股、校企联办、合并兼并、撤销、组建教育集团等方式进行调整，消化薄弱学校，增强整体实力。进一步健全民办教育联席会议制度，加大对已出台民办教育扶持政策的落实情况的督查，同时根据发展需要，适时出台民办教育发展新的扶持政策，促进民办教育持续健康发展。

——摘自宿迁市人民政府网站

干部人事制度

关注理由

干部人事制度改革事关执政根基和人心向背。

在改革开放的历史进程中，特别是近年来，江苏省委坚定不移地推进干部人事制度改革，从点上试验到面上推广、从单项突破到整体推进、从实践探索到制度规范，为推动江苏“两个率先”、实现科学发展提供了坚强的组织保证和人才支撑。

从2000年我省首次拿出21个副厅职岗位面向全省公开选拔开始，经过十多年探索实践，一个完整的干部竞争性选拔制度体系已然形成。

近年来，我省各地还以管人、管钱、管审批等热点岗位为重点，先后集中机关干部跨部门交流30多批次，交流干部4200余人。此举大大促进了机关作风转变，激发了干部队伍活力。

江苏不断破解干部人事制度改革中的重点难点问题，在创新中探索规律，在总结提高中健全机制，如今，在江苏，一个了解改革、理解改革、支持改革、投身改革和监督改革的浓厚氛围已经形成。（方大春）

各界声音

【梁保华：深入推进干部人事制度改革】为深入贯彻落实中央深化干部人事制度改革《规划纲要》和省委的《实施意见》，省委在南京举办专题培训班。梁保华在讲话中指出，深化干部人事制度改革，是推动科学发展、建设美好江苏的迫切需要，是发展社会主义民主政治的内在要求，是提高选人用人公信度的根本举措。

梁保华指出，要深刻理解和准确把握《规划纲要》提出的干部人事制度改革的指导原则、基本目标和主要任务，坚持党管干部原则，坚持德才兼备、以德为先的用人标准，坚持民主、公开、竞争、择优的改革方针，坚持科学化、民主化、制度化方向，通过坚持不懈的努力，逐步形成广纳群贤、人尽其才、能上能下、公平公正、充满活力的中国特色社会主义干部人事制度。要切实抓好规范干部选拔任用提名制度、健全促进科学发展的党政领导班子和领导干部考核评价机制、加大竞争性选拔干部工作力度等11项改革重点突破项目，带动干部选拔任用、考核评价、管理监督和激励保障机制的建立健全，促进干部人事制度改革整体推进。

梁保华指出，近几年来，我们认真贯彻中央的部署和要求，围绕建设高素质干部队伍，在推进干部人事制度改革方面进行了积极探索创新。一是创新选人用人机制。坚持德才兼备、以德为先，认真贯彻民主公开竞争择优方针，加大竞争性选拔干部力度，有序扩大公推公选，在基层试行公推直选，积极探索重要岗位差额选拔。二是健全干部考核评价机制。省委制定了科学发展考核体系、党政领导班子和领导干部考核评价办法以及分类考核评价干部的办法，坚持经常性考核和重点考核相结合，民主测评和全面考察相结合，定量考核和定性考核相结合，组织认可和群众公认相结合，进一步增强考核的全面性、准确性。三是加大干部交流力度。围绕优化干部资源配置、促进干部健康成长，大力推进关键岗位、苏南苏北、机关和基层、“三支队伍”之间的干部交流，有效增强干部队伍活力。四是完善干部监督管理机制。对党政正职实行用人责任审查、编制责任审核和经济责任审计“三责联审”，全面实行述职述廉制度。加强巡视工作，实行“一报告两评议”制度。五是创新干部教育培训制度。坚持大规模培训干部，形成了党校培训、专题培训、境外培训、基地培训、菜单式选学、在线学习“六管齐下”的大培训格局。在推进干部人事制度改革工作中，我们坚持组织路线为政治路线服务，坚持党管干部原则，坚持民主、公开、竞争、择优的方针，坚持尊重基层和群众的首创精神，坚持试点先行、逐步推开，坚持以制度建设为根本，积累了有益的经验。这些经验要在今后的干部人事制度改革实践中继续坚持和完善，在运用中不断丰富和发展。

梁保华强调,要全面贯彻落实中央《规划纲要》和省委《实施意见》,深入推进干部人事制度改革。一要加大竞争性选拔干部工作力度,积极推进公推公选制度化常态化,有序推行基层党组织领导班子成员公推直选,进一步完善公开选拔、竞争上岗等方式,努力在健全机制、提高质量上下功夫,促进更多的优秀人才脱颖而出。二要积极实行重要岗位领导干部差额选拔,推行差额推荐、差额考察、差额酝酿、差额表决。三要继续加强干部交流工作,坚持和完善苏南苏北干部交流、关键岗位干部交流的做法,拓宽党政机关干部、企事业单位干部相互交流的渠道,积极推进领导机关与基层干部交流,有序推进省级机关部门中层干部交流。四要完善促进科学发展的干部考核评价机制,突出考核科学发展实绩和干部群众的切身感受,建立健全并积极运用各有侧重、各具特色的考核评价指标体系,改进考核方法,充分发挥考核的导向作用。五要不断扩大干部工作的信息公开,加快实现干部工作信息公开的制度化、规范化,让选人用人权在阳光下运行。六要深入整治用人上的不正之风,严格落实中央下发的干部选任工作四项监督制度。

梁保华强调,干部人事制度改革政治性、政策性强,涉及面广、工作量大。各级党委要高度重视、加强领导,党委(党组)书记要亲自抓改革,各级领导干部要做改革的推动者。进一步完善党委统一领导,组织部门牵头协调,有关部门各司其职、密切配合,干部群众共同参与的干部人事制度改革工作格局。要整体谋划、统筹推进,把握好改革的时机、重点、力度和节奏。要把握好舆论导向,引导广大干部群众正确理解改革、积极参与改革、热情支持改革、有效监督改革,营造有利于改革的良好社会氛围。——摘自新华网

【王国生:完善考评机制深化高校干部人事制度改革】 江苏省高校领导干部培训班上,省委副书记、组织部长王国生说,深化干部人事制度改革是加强高校干部队伍建设的重要举措。要按照社会主义政治家、教育家的目标方向,坚持德才兼备、以德为先用人标准,坚持民主、公开、竞争、择优的方针,加快构建高校领导干部选拔任用科学机制,提高选人用人的公信度,努力把高校领导班子建设成为坚持社会主义办学方向、善于领导高校科学发展、团结奋进的坚强领导集体。

王国生指出,建立和完善科学的考核评价机制是干部选拔任用和管理监督的基础性工作。要认真贯彻落实省委组织部、省委教育工委制定的《体现科学发展观要求的江苏高校领导班子和领导干部任期目标考核评价办法(试行)》,切实做好高校领导班子和领导干部考评工作。严格按照考评标准和程序,把经常性考核与重点考核结合起来、定性考核与定量考核结合起来、民主测评与实绩考察结合起来,确保考评全面准确、客观公正。扩大考评工作民主,保障师生员工在干部考评工作中的知情权、参与权、表达权和监督权。强化考评结果运用,把考评结果作为领导班子调整和领导干部选拔任用、管理监督的重要依据。

王国生强调,高校领导班子和领导干部要自觉适应考核评价办法的新要求,强化考评的导向作用,深入贯彻落实科学发展观,切实把科学发展观的要求转化为推动高校科学发展的正确思路、体制机制和工作措施。要紧紧围绕培养造就中国特色社会主义合格建设者和可靠接班人的目标,着力提高把握方向谋划发展的能力、服务地方科学发展的能力、依法民主治校的能力、推进改革创新的能力和建设和谐校园的能力,努力创造经得起实践、群众和历史检验的业绩。——摘自江苏省发改委网站

【媒体:在更高起点上推进干部人事制度改革】 深化干部人事制度改革,是提升干部工作民主化、科学化、制度化水平的不竭动力,是推动科学发展、促进社会和谐的有力杠杆。

每一次改革都是对既有利益格局的调整。进入攻坚克难、重点突破,完善机制、全面深化关键阶段的干部人事制度改革,其风险和难度大大超过以往。“干部人事制度改革有风险,但不改革党就有危险。”越是有矛盾越要坚定信念,越是

有风险越要攻坚克难。党的十七大和十七届四中全会对党的建设作出总体部署,为在更高的起点上推进干部人事制度改革指明了方向。

在更高的起点上推进干部人事制度改革,必须坚持正确的改革方向。干部人事制度改革,是政治体制改革的重要组成部分,必须与发展中国特色社会主义民主政治的方向相一致,必须坚持党管干部原则,坚持德才兼备、以德为先用人标准,坚持民主、公开、竞争、择优的改革方针,坚持科学化、民主化、制度化方向。通过坚持不懈的努力,逐步形成广纳群贤、人尽其才、能上能下、公平公正、充满活力的中国特色社会主义干部人事制度。

在更高的起点上推进干部人事制度改革,必须充分尊重基层创造精神。江苏省这方面改革的许多重大举措,都源于基层的实践创造。推动新一轮改革,更要坚持党的群众路线,强化改革共识,凝聚改革力量,尊重基层首创精神,鼓励从实际出发积极探索、大胆创新。领导干部要解放思想,始终保持改革的锐气和勇气,做改革的引导者、推进者、驾驭者。对改革中出现的失误和不完善不应求全责备,而应及时指导完善、帮助修正和总结经验教训,创造有利于改革的良好环境。

在更高的起点上推进干部人事制度改革,必须在难点问题上重点突破。要瞄准《规划纲要》明确的11个重点项目进行攻关,借当前人民群众对干部人事制度改革热情空前高涨的东风,从干部群众最关注、反映最强烈的这些问题入手,逐项分析研究,找出可操作的破解办法,花大力气抓好落实,以重点项目突破带动干部人事制度改革整体推进。——摘自《新华日报》

【媒体:江苏改革干部人事制度织就科学考核体系制度之网】 率先发展的地方总是率先遇到难题。如何以科学的考核引导科学的发展,确保发展方式的航线不偏离?从《关于建立科学发展评价考核体系的意见》、《关于建立促进科学发展的党政领导班子和领导干部考核评价机制的意见》这两份源头性考核意见,到频频出台的分类考核办法,江苏引导科学发展的制度取向越来越明晰。

《关于建立科学发展评价考核体系的意见》,考核对象为省及省辖市,考核内容主要是经济社会领域。指标体系分为经济发展、科技创新、社会进步、生态文明和民生改善五大类28项指标。《关于建立促进科学发展的党政领导班子和领导干部考核评价机制的意见》,则更为具体地剑指领导班子和领导干部的具体施政行为。省发改委主任毛伟明说,两个考核意见,旨在引导全省着力转变不适应、不符合科学发展观的思想观念,着力解决影响科学发展的突出问题。

指标体系有了,如何考出不兑水分的业绩,并让考评对象心服口服,是考核工作科学化的重要课题。请权威部门参与,用权威数据说话,是一个好办法。省委组织部、省统计局《关于认真做好2009年度县(市)党政正职科学发展实绩量化考核工作的通知》明确,考核县(市)党政正职的5大类15项指标,由省统计局、省财政厅、省农委等14个部门和各省辖市统计局分别提供。实绩好不好,不再由考核对象“自说自话”。——摘自《新华日报》

地方经验

【南京市:大部制改革严控机构与领导数目】 南京大部制改革向更深入推动,市级机关、区县机关、镇街机关的机构改革及其配套改革,2010年要全部完成。改革后的机构,编制压缩,但职能更明确。镇街事业编制精简44%。

这次的“三定”工作和以往机构改革的最大区别是,坚持以明确各部门责任为重点。新组建部门内设机构精简20%~25%,保留部门内设机构总体精简10%。“三定”工作坚持严格控制机构编制,确保机构编制总量不突破原有总量,在内设处室的调整和职责的调整上,特别强化了服务民生这一点。为解决部门之间配合协作不畅通的问题,此次“三定”方案中特别明确了部门协调机制。机关所属的一些事业单位,一部分是受机关委托承担了一部分行政职能,还有很大一部分事业单位是政府公共服务的延伸,因此,事业单位的改革是政府机构改革的一个重要组成部分。

区县政府机构改革是此次政府机构改革的重要组成部分。区县政府机构改革既与市政府机构改革相衔接,同时还要体现各区县自身的功能定位特点。实行职能有机统一的大部制,是此次区县政府机构改革的重点。为了对接南京市政府的大部制改革,各区县也要设置相应的部门。区县机构改革方案与市政府的机构改革方案上下衔接,同时又体现了各区县的特点。各区县机构改革没有采取“一刀切”的改革模式,而是根据各区县的实情“量体裁衣”,增设符合区县功能定位的部门。

在各区县的改革方案中,明确提出要严格控制机构编制和领导职数。具体而言,机构数量不突破省、市规定的区政府机构限额。对自行设置的机构进行调整归并,不在限额外设立承担行政职能的事业单位。对已经设立的承担行政职能的事业单位进行清理归并,逐步解决行政职能体外循环问题,逐步解决行政机关人员超编和领导干部超职数问题,并对行政机关的编外用工实施专项清理规范。

在领导职数方面,方案规定区政府工作部门的机构规格为正处级,部门领导职数按正职1名、副职1~2名配备;按照规定程序经上级正式批准设立工委(党委)并与部门合署的,可增加正职1名、副职1名。部门内设机构规格为正科级,每个内设机构领导职数按1~2名配备。县政府工作部门的机构规格为正科级,部门领导职数按正职1名、副职1~2名配备;按照规定程序经上级正式批准设立工委(党委)并与部门合署的,可增加正职1名、副职1名。部门内设机构规格为正股级,每个内设机构领导职数按1~2名配备。

除已先行试点、完成乡镇体制改革的高淳县所属各镇外,全市所有建制镇纳入此次乡镇机构改革范围。对于领导职数,规定镇党委、人大、政府领导职数一般控制在7到9名(县城镇、省重点中心镇以及其他10万人口以上的镇确需增加的,需报省编办审批,最多不得超过11名)。其中,党委书记1名,副书记2名、镇长1名,副镇长3到5名。街道工委、办事处领导职数一般控制在7到9名。——摘自《现代快报》

【苏州市:完善五大机制加快推进事业单位人事制度改革】 (一)逐步完善以公开招聘为主渠道的人员招录机制。坚持“三个统一、三个为主、三个到位”,积极探索有别于公务员招考录用和企业市场招聘的符合事业单位自身发展特点的公开招聘模式。(二)加快形成以聘用合同为核心的用人机制。进一步规范完善人员聘用制度,大胆取消计划经济条件下的传统人事调配手续,将“录用”改为“录取”、“选调”改为“选聘”、“调入”改为“聘用”,截至2009年底,苏州市97%的事业单位实行人员聘用制度。(三)全面推开以岗位管理为重点的管理机制。制定《关于进一步推进事业单位聘用人员岗位管理的指导意见》,有力打破干部工人身份界限,全面实施岗位化管理。(四)不断健全分配激励机制。制定出台《事业单位内部分配制度改革的试行意见》,采用浮动工资、岗位系数、工效挂钩、工资总额包干和奖励津贴等多种分配形式,确保绩效工资实施工作平稳有序进行。(五)抓紧建立科学合理的考核监督机制。采取业绩考核、计件考核、岗位系数考核、效益考核和奖励考核等多种考核形式,切实强化事业单位人员考核奖惩工作。——摘自苏州市发改委网站

【南通市:大力深化干部人事制度改革】 大力推进竞争性选拔干部工作,是2010年南通市深化干部人事制度改革的重点。大力推行公开选拔、公推公选、竞争上岗等竞争性选拔干部方式,进一步改进考试测评,突出岗位特点,注重实际能力,优化程序设计;市县联动,拿出一批领导岗位实行公开选拔,坚持和完善从基层一线选拔干部制度,重点选拔具有基层工作经历的优秀干部充实到各级党政机关。同时,进一步规范干部任用提名和民主推荐制度,分别对提拔干部、平级调整干部、主要领导岗位干部、交流提拔干部提名程序作出规定,重点规范

领导干部特别是“一把手”提名行为。——摘自南通市发改委网站

【滨海县:深化干部人事制度改革的探索与实践】 江苏省滨海县委紧紧围绕“打造一流干部队伍、提升选人用人公信力”目标,不断深化探索干部人事制度改革,大胆创新,勇于实践,试行“一线制”育人模式、打造“双强型”机关干部、采取“数字化”考核体系、实行“阳光式”选人方式、推行“问责制”反逼机制……一系列干部工作的创新之举,使得“为发展配干部、凭实绩用干部、用机制选干部”的理念深入人心。

滨海县制定了《关于试行干部选拔任用一线制工作机制的意见》,实行在一线培养锻炼干部、在一线考察识别干部、在一线选拔任用干部制度。建立重点工程、信访维稳、城市建设等“八个一线”培养平台,将机关中从“家门”到“校门”再到“机关门”的“三门”干部放到一线培养锻炼,实现培养锻炼干部与充实一线力量“双促进、双丰收”。在实绩考核上,建立一线干部实绩记载制度,采取项目跟踪考核、急难险重任务现场督查和工作区域群众随机走访等形式,强化对干部实绩的综合考评;在用人导向上,明确提出新提拔为副科级的干部,原则上要有两年以上的乡镇、园区或企业等基层一线工作经历,县直部门及下属事业单位年龄在40周岁以下的年轻干部,提拔为副科级的,原则上到乡镇或园区等基层一线任职。

滨海县委制定了《关于打造“双强”型机关干部队伍的意见》,把精兵强将推上招商引资主战场,导向经济发展最前沿。要求乡镇、综合经济部门领导班子60%以上的力量专门外出招商;其他综合部门领导班子30%以上的力量外出招商;后备干部全部投身招商引资或下派服务经济一线,全县常年有400多名机关干部奔波在招商一线。对专职外出招商人员,建立了目标承诺、工作汇报、实绩记载等一系列制度,组织部门不定期督查,招商人员用固定电话汇报行踪。

滨海县制定了《科级干部择优留任留岗办法(试行)》,对按照惯例应改任协理员退二线的科级干部不搞年龄“一刀切”,根据工作需要遴选部分正科级单位“一把手”和其他优秀科级干部留在合适的岗位工作。规定留任的“一把手”须工作实绩突出,单位连续三年获县综合先进奖或县综合进位奖,或连续两年获全市系统内综合考核第一名并受市委、市政府及以上表彰;留岗干部是工作经验丰富或在特定岗位有明显专业特长,分管或负责的工作近两年连续受县委、县政府及以上表彰。留任留岗干部须经过个人申请、领导干部实名推荐、县委全委会或单位领导班子会议民主推荐、组织考察等10多道遴选程序。对留任留岗干部逐年进行考核评比,对工作实绩突出、群众公认、留岗时间较长的优秀干部,符合干部选拔任用条件的,择优提升职级待遇。

在干部选拔任用上滨海县制定出台了《调整不胜任现职领导干部办法(试行)》,对不胜任现职领导干部的认定、“问责”程序及方式等进行了明确的规定。对具有在工作中利用职权吃拿卡要、推诿扯皮、损害软环境建设,干部任免、项目安排和大额资金使用等重大事项不经集体研究、个人独断专行,以及项目推进、经济发展等中心工作推进成效不明显,年度考核测评民意较差等13种情形之一的干部,认定为不胜任现职,分别给予诫勉谈话、调整岗位、待岗培训、降职使用、引咎辞职等处理措施。“问责”制构建了程序规范、落实有效、问责有据、追究有力的工作监督体系,完善了干部能上能下、能进能出机制,进一步强化对干部的管理约束,增强干部的责任感和使命感,激发他们干事创业的内在动力。——摘自中国共产党新闻网

(魏晋霞 易 武 编辑整理)

改革视点

江苏省

【江苏省委省政府 2010 年“一号文件”】 2010 年 2 月 8 日，江苏省委省政府出台《关于提高统筹城乡发展水平进一步夯实“三农”发展基础的若干意见》，此为 2010 年江苏“一号文件”。2010 年中央“一号文件”，是以加大统筹城乡发展力度、进一步夯实农业农村发展基础为主题。江苏是沿海发达省份，工业化、城市化水平较高，县域经济较强，统筹城乡发展、加快城乡发展一体化进程理应走在全国前列。所以江苏“一号文件”的标题是“提高统筹城乡发展水平”。实践证明，就城市抓城市、就农村抓农村，是一条老路，也是一条死路；统筹城乡发展，城乡改革联动、发展协调，是一条新路，也是解决“三农”问题的一条根本出路。（中国江苏网）

【江苏部署加快农村金融改革】 江苏省农村金融改革发展取得显著成效，但总体上看，农村金融现状还不适应农村经济社会发展和社会主义新农村建设的需要。必须按照科学发展的要求，深入推进农村金融改革创新，努力建立有利于增加农村金融资源配置的现代农村金融制度。当前，要特别重视农村小型金融机构和农村小额信贷业务繁荣发展。要加强财政政策和金融政策的有效配合，引导金融机构主动服务“三农”，引导信贷资金流向“三农”，积极支持农村经济社会发展，努力开创我省农村金融工作的新局面。（新华报业网）

【发挥税收作用推进经济发展方式转变】 罗志军在 5 月 26 日调研省国税局、地税局时指出，税务部门要在打好转变经济发展方式这场硬仗中有更明确的定位、有更大的作为，不断创新工作思路，建立健全长效机制，充分发挥税收政策在经济发展中的引导、管理和服务作用，着力推进产业转型升级、推进自主创新和节能减排，充分利用税收优惠政策支持战略性新兴产业、现代服务业和高新技术产业发展。要坚持“依法征收、应收尽收，坚决不收过头税，坚决防止和制止越权减免税”的组织收入原则，确保完成全年增收目标任务。更加注重培育税源，不断提升江苏经济竞争力，为经济长期平稳较快发展提供保障，努力增强税收的稳定性和可持续性。（新华日报）

【江苏交强险费率改革试点获批】 江苏保监局提交的在江苏省实施交强险地区差别费率试点的申请获保监会批准，使一直为市场所观望的交强险地区差别费率改革试点有了突破性进展。实施交强险地区差别费率改革试点的目的明确，即是探索完善交强险的费率形成机制，以及促进交强险费率水平和风险的管理匹配。由于我国不同地区交通事故发生的几率和交强险的赔付率都是不同的，如果实施区域差异化费率，不仅更加公平合理、有效提高投保率，而且能缩小交强险经营的区域差异，从根本上解决部分地区出现的“交强险投保难”问题，从而保护投保人的合法权益，保障交强险制度的顺利实施。（第一财经日报）

【江苏成为全国 7 个开展进口付汇核销制度改革的试点地区之一】 江苏成为全国 7 个开展进口付汇核销制度改革的试点地区之一，改革试点工作于 2010 年 5 月 1 日起启动。此次改革实现了由逐笔核销向总量核查、现场核销向非现场核查、行为监管向主体监管的转变。进口付汇核销制度改革后，将大大便利贸易项下对外支付，减轻企业和银行负担。正常合规经营企业进口付汇无需办理核销手续。对部分违反外汇管理规定进行贸易对外支付行为的企业，外汇局将分级管理。（中国新闻网）

【国家发改委批复核定江苏省电力用户与发电企业直接交易试点】 直购电试点是推进电价市场化改革的一种尝试，目的在于通过用电大户和发电企业直接谈判，根据用电量来确定具体电价，从而打破电网企业长期以来在销售方面的垄断地位。此次改革，标志着电价改革迈出了实质性一步，有望缓解长期以来煤电价格体制不顺引起的“电荒”。核定中间环节输配电价，让电厂积极参与到市场竞争中来，从而发挥市场在资源配置中的基础性作用，理顺煤电产业链条。（中央政府门户网站）

【江苏20个经济发达镇将被赋予县级经济社会管理权限】 近年来，伴随着城市化的快速推进，一些经济发达镇经济快速发展，人口急剧增长，在社会管理和公共服务方面面临许多新情况新问题，受传统体制机制掣肘越来越突出，影响和制约了经济发达镇的进一步发展。有关专家将当前经济发达镇行政管理面临的困境概括为三个方面：一是权力与责任不对等，缺乏必要的经济社会管理权限；二是财力与事权不匹配，镇级可用财力不足，难以满足提高公共服务水平的需要；三是“车大马小”，乡镇机构设置和人员编制配备已经不能适应管理服务需求。由此，对经济强镇实施扩权改革呼声日高。江苏省委常委会研究决定，在全省20个经济比较发达镇开展行政管理体制改革试点。这标志着近来备受关注的强镇扩权改革，在我国县域经济发达、城乡统筹发展水平较高的江苏即将启动。

此次江苏省确定的20个改革试点镇，是从全省999个乡镇中筛选出来的，选择的主要依据是经济总量、财政收入、人口规模和辖区面积均在所属省辖市位居前列。江苏省这次强镇扩权改革试点的主要目标是，通过两年左右努力，推动一批有条件的经济发达镇逐步发展成为人口集聚、产业集群、结构合理、体制创新、环境友好、社会和谐的现代新型小城市，与现有大中小城市形成分工有序、优势互补的空间格局。为此，试点内容主要包括以下四个方面：

一是创新管理体制。探索机构设置综合、管理扁平高效、人员编制精干、运行机制灵活的基层政府新型管理架构。试点镇按照副县（处）级管理，镇以下不设派出机构。

二是扩大管理权限。按照权责一致、能放即放的原则，赋予试点镇县级经济社会管理权限。下放、委托给试点镇的行政许可、行政审批和公共服务事项，原则上进入镇便民服务中心，实行“一站式”服务。试点镇成立综合行政执法机构，实行综合行政执法。县（市）以上职能部门派驻乡镇的机构，原则上由试点镇管理。

三是强化公共服务。明晰县镇事权划分，坚持财力与事权相匹配，进一步完善财政管理体制。省市县各级要加大对试点镇投入，在一般预算收入分成比例、财政收入超收返还、规费和土地出让金留成等方面向试点镇倾斜，增强试点镇社会管理和公共服务能力。充分发挥省级财政现有专项资金的作用，加大对试点镇的支持。

四是增强发展活力。按照统筹城乡发展和建设现代新型小城市的目标要求，加强对试点镇规划的指导，提高试点镇规划水平；深化户籍管理制度改革，放宽经济发达镇落户条件，让有条件的农民有序转为市民，制定农业转移人口在试点镇就业、社会保障等配套政策，逐步使农业转移人口享受与城镇居民相同的待遇；在新一轮土地利用总体规划修编中，充分考虑试点镇发展需要，合理布局，统筹安排；支持鼓励试点镇开展农村土地综合整治、城乡用地增减挂钩试点工作，稳妥进行土地整理、荒地和废弃地开发利用，有序推进产业、人口、居住“三集中”；引导农民以集体资产所有权、土地承包权、宅基地及住房置换股份合作社股权、城镇社会保障和城镇住房产权等。（扬子晚报）

【省医改办、省卫生厅联合举办基层医疗卫生机构负责人培训班】 省医改办、卫生厅分别于2010年11月17日至20日、11月21日至24日分两期举办了全省基层医疗卫生机构负责人培训班。两期培训班共计参加培训人员969人，其中城市社区卫生服务机构负责人286人、农村乡镇卫生机构负责人650人、区县卫生局长 33 人。此次培训班是我省卫生系统有史以来针对基层医疗卫生机构最大规模的专题培训,是一次难得的学习机会。培训班具体围绕基本药物制度实施及基层卫生机构综合改革、基本公共卫生服务项目实施和管理、基层医疗卫生机构岗位设置与绩效工资制度、新型农村合作医疗基本政策、居民健康档案规范化建设、基层卫生服务体系建设及卫生经济政策、社区卫生服务机构标准化建设和规范化管理、乡村一体化管理和示范乡镇卫生院建设以及基层卫生人才培养和队伍建设等九个专题进行了讲解。(江苏省卫生厅网站)

【医保走向“上不封顶”】 “以前,参保职工住院费超过 19 万元,医保就不给报销了,今后我们取消这个‘封顶线’。”这是 7 月从南通市医保中心获得的消息。另外,南通市区参保职工的住院费报销“上不封顶”,超过 19 万元的部分,还可再报 80%。

江苏省医保中心主任胡大洋说,目前,各统筹区的医保封顶线不同,有的是 10 万元,有的是 20 万元,省里的要求是,只要医保基金有能力承受,就要适当提高参保人的待遇,基金结余多的地方,就可以取消封顶线,因为得大病的参保人毕竟是少数,医保基金对这些费用可以消化。

胡大洋还透露,到 2010 年底,职工医保规定范围内的医疗费报销比例要争取达到 80% 以上,城镇居民医保报销比例将争取达到 60%。“从国际上来看,参保职工个人负担 20% ~25% 是最合适的。”如果医保报销太多,医院就会觉得,反正好报销,就拼命用药,过度服务,病人也会追求高档的医疗消费,不合理的医疗需求会增多,浪费医疗资源;如果医保报销太少,病人的医疗费负担就很难承受。因此,“今年医保报销 80%,既可以抑制不合理的医疗需求,又可以减轻参保人的经济负担。”(江苏省发改委网站)

【江苏省积极开展新农合支付方式改革试点】 江苏省出台《江苏省新型农村合作医疗支付方式改革试点方案》。方案明确,实施新农合支付方式改革,是指从以往按项目付费为主体的医疗费用后付制,逐步实行总额预付、按单元、按病种、按人头支付的医疗费用预付制的过程。改革主要包括总额预付、定额付费、按病种付费、按人头付费等相结合的综合付费方式改革试点和按病种付费试点两个方面。改革试点 2010 年主要目标:一是在实施综合付费方式改革试点地区,实现次均住院费用零增长、住院费用实际补偿比提高到 45% 以上。二是在实施按病种付费试点地区,试点病种不少于 10 个,按病种付费的病例数不少于当地参合人员住院总人次的 20%,实现次均住院费用零增长、住院费用实际补偿比提高到 45% 以上。(江苏省卫生厅网站)

【缩小城乡医保待遇差距须从体制入手】 国务院城镇居民基本医疗保险试点评估专家组 3 月 21 日在南京举行基本医疗保障制度建设情况座谈会。与会代表一致认为,城乡一体化进程正在加快,但城里人和农村人在看病报销待遇上差距依然明显,要实现“公平医保”,现有的城乡分割医保管理体制是最大的障碍。

作为全国医保制度改革试点城市的镇江,对于整合现有管理体制的诉求更为迫切。该市医保管理局局长陈新中说,建立统一的城乡医疗保险管理体制,由一个部门统一提供经办管理服务,可以避免重复参保,降低医保基金运行成本。尽管该市一直努力推进城乡统一管理体制,但让陈新中担心的是,目前有关部门正在搞新农合立法,明确新农合的主管部门是卫生部门,“我们有些县市的新农合是由劳动保障部门管理的,如果立法了,就意味着我们的整合缺乏法律依据。”(新华日报)

【公共租赁房写入江苏 2011—2013 年的保障性住房建设行动计划】 2010 年江苏着手制定一份 2011—2013 年的保障性住房建设行动计划。在这个中国人均 GDP 第二的省份,公共租赁房可能将以城市住房保障的基本模式写进这份计划中。

在江苏相关部门共同参与的内部会议中,公租房已与住房公积金制度、经济适用房和廉租房并列，被称为“应当坚持的四项住房保障制度”。

虽然对公租房未来的建设规模尚未准确划定，但以现有财力大致匡算，预计年供应量会达到10万套(间)。但按照江苏2010年度的保障房建设计划，经济适用房仍将兴建10万套。

10万套经适房中，最早兴起于江苏的“共有产权房”却数量寥寥。

针对经济适用房弊端的“共有产权房”，目前已经在江苏多个城市展开试点。多数试点城市的“共有产权房”供应并无显著增加，在保障房建设总量中所占比例微乎其微。

公共租赁房和共有产权房两种模式在江苏的进退不一，显示出当前住房保障制度的改革瓶颈。

早在4年前，中国社科院教授刘维新给时任江苏省委书记的李源潮写信，建议江苏试点“共有产权房”。当时，经济适用房制度已施行8年，因其巨大的牟利寻租空间而备受争议。刘维新正在思考克服经适房弊病的新的住房保障模式。他在读到南京学者陆玉龙关于“共有产权房”的论述后，写出那封建议信，很快就得到李源潮的批示。李源潮在2006年6月的批示中提出，“经济适用房共有产权制度的设计似更加合理，建议可找有条件的地方试点。”

江苏最早一批共有产权房试点——泰州、姜堰、如皋、连云港由此而生。此后，李源潮还在2007年8月和9月两度作出批示，认为共有产权租售并举的办法很好，并要求对共有产权房的建购各方作一调查，加快推广这一模式。

直到三年后的今天，最早的四个试点中，共有产权房的建设规模仍没有显著的扩大。(21世纪网)

【国务院“收入分配改革”调研组调研江苏】 举国瞩目的收入分配改革正进入地方调研阶段。2010年5月中下旬在江苏调研。据中国社科院工业经济研究所编写的《中国企业竞争力报告——盈利能力与竞争力》统计，1990至2005年，我国职工报酬占GDP比重下降了12%，“利润侵蚀工资”现象有日益加剧之势。作为中国数一数二的经济强省，江苏这一比重的下降幅度更超过了全国平均水平。而作为“率先探索经济发展方式转变”的省份，江苏在这方面的改革探索亦被视为风向标。“江苏意见”对收入分配改革方案制订的影响力，可以想见。江苏财税系统建议，要进行收入分配改革，提高居民收入势在必行。而提高居民收入的最好切入点是税制改革。(21世纪经济报道)

【江苏省政府13条新政助推南京科改】 江苏省政府正式发布《省政府关于支持南京国家科技体制综合改革试点城市建设的若干政策意见》，《意见》包括13条新政，其中明确，支持南京将高新区建设成为自主创新核心区、新兴产业先导区、体制机制创新先行区、科学发展模式示范区，并申报国家自主创新示范区。这是省政府首次为各类“试点城市建设”出台专门的政策，以进一步助推南京科改先行先试，为全省乃至全国科技体制综合改革积累经验、提供借鉴。(南京日报)

【江苏省决定启动义务教育均衡示范区建设】 为解决义务教育择校过度等热点难点问题，基本消除区域内城乡、学校间差距，江苏省决定启动义务教育优质均衡改革发展示范区建设工作，鼓励部分地区先行先试、探索经验。根据预定目标，通过3年左右的努力，使示范区义务教育由基本均衡达到优质均衡。示范区将坚持免试就近入学，每所公办学校择校生比例低于招生总数的10%。外来务工人员随迁子女在公办学校就读率达90%以上，残疾儿童入学率达98%以上。首批创建江苏省义务教育优质均衡改革发展示范区包括南京市、无锡市、苏州市、常州市、铜山县、如皋市、灌南县、洪泽县、盐城市盐都区、扬州市邗江区、丹阳市、靖江市、泗阳县。(新华报业网)

【江苏省承担国家教育体制改革十大试点任务】 在国家教育体制专项改革试点任务中，江苏省和在苏的部分部属高校承担了10大试点任务、15项试点项目，承担数目居全国各省份之首。10大试点任务为：一是关于建立健全体制机制，加快学前教育发展；二是关于推进义务教育均衡发展，多种途径解决择校问题；三是关于推进素质教育，切实减轻中小学生课业负担；四是关于改革职业教育办学模式，构建现代职业教育体系；五是关于改革人才培养模式，提高高等教育人才培养质量；六是关于改革高等教育管理方式，建设现代大学制度；七是关于适应经济社会发展需求，改革高等学校办学模式；八是关于改善民办教育发展环境，深化办学体制改革；九是关于健全教师管理制度，加强教师队伍建设；十是关于完善教育投入机制，提高教育保障水平。（江苏省人民政府网）

【江苏省出台教育收费“五严”规定】 省教育厅、省政府纠风办等七部门转发了教育部等国家七部门联合下发的《关于 2010 年治理教育乱收费规范教育收费工作的实施意见》。意见要求，全省各地要坚决执行规范办学“五严”规定，严禁义务教育阶段公办学校以“校中校”、“校中班”和“一校两制”等名义招生并向学生额外收费，严禁举办或与社会办学机构合作举办向学生收费的各种重点班、提高班、兴趣班、补习班、特长班、竞赛班等，严禁将教育教学设施出租给校外办学机构、用于举办面向学生收费的各种名目的辅导班。严格执行公办普通高中招收择校生“三限”政策，严禁在“三限”政策之外以自费、旁听、借读、转学、非计划生等名义招生乱收费。招收择校生比例要严格控制在本校当年高中招生计划数（不包括择校生数）的 30% 以下，低于此比例的不得提高。学校收取择校费后，不得再向学生收取学费。严格执行中等职业学校农村家庭经济困难学生和涉农专业免收学费政策。各级教育部门和学校不得代办或组织学生统一购买教辅报刊、书籍等。（江苏省发改委网站）

【第三届中国职业教育振兴论坛在南京召开】 梁保华在第三届中国职业教育振兴论坛上称，职业教育是现代教育体系的重要组成部分，是面向人人、面向社会的教育。大力发展职业教育，对于推动经济发展、促进就业、改善民生、解决“三农”问题，发挥着重要的作用。在新的发展阶段，我们将坚持教育优先发展，把职业教育放在更加突出的位置，以服务为宗旨、就业为导向、提高质量为核心，统筹规划职业教育与普通教育，统筹发展中等职业教育与高等职业教育，统筹推进学历教育和职业培训，建立健全政府主导、行业指导、企业参与的办学机制，加强职业教育城乡合作、区域合作，大力推进职业教育创新发展、优化发展、协调发展，不断满足人民群众接受高水平、高质量、高层次职业教育的需求。（江苏省发改委网站）

【高考录取率首超 80% 倒逼高教改革发力】 江苏省 2010 年普通高校录取率首次定格在“80% 以上”。高录取率既有可喜的一面，也有令人担忧的一面。如何提升高等教育质量，已成为“高录取率时代”高校和社会面临的重要课题。南京大学高教研究所龚放教授称，“大众化教育并不代表粗放经营。高校应重视提高人才培养质量，及时给这些学生进行补偿教育和‘再加工’，否则最终提供给社会的可能会是‘不合格产品’，也将影响高等教育的公信力。”龚放认为，高考录取率就像踢足球，一定要掌握好“度”，过高了就会“越位”而吃黄牌。目前国内许多省份已表现出这种苗头，使得高校不报到率越来越高，许多学校生源吃不饱，既造成资源浪费，也影响了学校的可持续性发展。他同时指出，对中学来说，70% 以下的录取率会对高中生有种张力，而一旦录取率超过 80%，将不利于中等教育的激励机制，一些后端中学的学生会失去压力和上进心，总以为成绩好不好无所谓，反正有学上。南京航空航天大学发展研究中心主任孔垂谦、南京理工大学高教研究所所长刘魁表示，在经过一段快速扩张期后，我国高等教育应重视解决遗留下来的系列问题，如学生培养质量下降、就业难等，重视推动内涵发展，以实现工作重心从规模扩张向质量提升的转移。（江苏省发改委网站）

【江苏改革考试招生制度 “推荐录取”将成常用方式】 改革考试招生制度，多元录取是其中一个方向。江苏省中长期教育改革和发展规划纲要（2010—2020 年）意见稿中指出，多元可以分为择优、自主、推荐、破格、定向五种。这五种录取方式都不是唯分数论，所谓的择优在选拔考试的基础上也包括综合素质、学业水平考试的因素，而推荐和破格是给予有特殊才华考生一条脱颖而出的途径。现在全面依靠分数线的局面会改变。对于江苏的高中学校来说，将拥有推荐优秀学生进入高校的权利，被推荐的学生享有一定的降分录取的优惠，但还是要经历高考。当然拥有推荐资格的学校也需要具备一定的条件。一个孩子综合素质究竟怎么样？哪方面更突出，不可能在几个小时用卷子或者一两个小时的面试就考量出来。真正评价孩子需要一个长期的过程，他的学校最有发言权。因此，中学的推荐，或者说校长的推荐，是值得信任的，也能节约公共资源。而建立中学黑名单，将促进“推荐制”进入良性循环的体系。（扬子晚报）

【江苏启动十项教育体制改革试点　破解“上好学”难题】 江苏省启动10大项国家教育体制改革试点任务，全力破解过度择校、上幼儿园难等热点难点问题。10大项国家教育体制改革试点包括加快学前教育发展，推进义务教育均衡发展，实施素质教育，改革职业教育办学模式，提高高等教育人才培养质量，建设现代大学制度，提升高校服务经济社会发展水平，改善民办教育发展环境，健全教师管理制度和完善教育投入机制等。在解决上幼儿园难方面，试点地区将改革办园体制，大力发展公办幼儿园，扶持发展民办幼儿园，完善学前教育健康发展机制；在缓解过度择校方面，推进教师区域内定期流动，探索多形式联合办学，以优质资源的扩大辐射促进教育均衡发展；在推进素质教育方面，改进考试评价制度，探索减轻中小学生过重课业负担的途径和方法。（新华网）

【江苏省将力促城乡教育均衡发展】 摒弃“满堂灌”、“填鸭式”的教学方式，是教学改革重要内容之一。此项改革要求：克服学生课业负担过重的问题，开展启发式教学，保护学生的好奇心和求知欲，让学生在积极主动的学习中发展创新精神和实践能力；创设开放的课堂，教师可以不再墨守封闭性教学过程的设计，不再刻意追求课堂教学程序的严密和教学结构的完整，灵活安排教学程序，提高教学实效；以能力考核为导向，逐步增加对学生动手操作能力、实践探究能力、创新思维能力的考查和评估，坚决取消应试倾向严重的指标。

农村教学改革是当前的薄弱环节，也是下一步深化教学改革的重点。全省将以城乡学校对口帮扶等形式，帮助农村学校提高课程实施水平。继续实施“千校万师支援农村教育工程”，建立县域内城镇中小学教师到农村任教服务期制度，鼓励优秀大学毕业生到农村学校任教，着力构建市、县、乡三级教研网络，组织教育专家定期到农村中小学进行业务指导。（新华日报）

【直面“钱学森之问”，造就大批创新人才】 “为什么我们的学校总是培养不出杰出人才？”面对这一“钱学森之问”，南京航空航天大学发展研究中心主任孔垂谦指出，原因主要有四个：一是不少高校教学的中心地位还不突出；二是人才培养模式重统一要求、轻个性发展，重理论、轻实践，重知识传授、轻能力培养，违背人才成长规律；三是教师考核制度重科研能力考核、轻教学水平评价，制约了教师投身教学的积极性；四是高校尚未真正形成以学术为本、崇尚自由、追求真理、鼓励创新的精神气质。

南京工业大学校长欧阳平凯院士认为，“当今社会的重大特征是学科交叉、知识融合、技术集成。因而高校要大力推进人才培养模式改革，突出‘一专多能’。在招生过程中，尽可能按大类招生；在学生学习过程中，畅通专业调整渠道。同时为学生提供多种课程模块的套餐组合，促进复合型人才培养，更好地满足社会需要。”

南京大学校长陈骏教授一直在反思我国人才培养问题：“缺少创新思维和批判性思维的教育，已成为制约中国培养拔尖创新人才的瓶颈。当前改革课程体系迫在眉睫，应通过新生研讨课计划、通识教育课程计划及增加选择机会等举措，培养学生的独立思考、质疑权威、批判性思维和创新能力。”（新华日报）

【江苏省 2010 年财政超收主要用于教育】 江苏省委、省政府提出的教育投入“三个高于”，是指确保财政教育拨款增长明显高于财政经常性收入增长、确保全省财政教育支出占一般预算支出的比例高于中央核定的比例、努力促进全社会教育投入增长比例高于全省地区生产总值增长比例。2010 各级财政的超收收入将主要用于教育等重点支出。省财政还将通过分类核定市县财政教育支出占一般预算支出比例的办法，将支出责任分解到各地，通过全省共同努力，实现 2012 年江苏财政教育支出占一般预算支出比例高于中央核定的比例。江苏省财政厅负责同志表示，今后一段时期，还将大幅度增加教育投入力度，并把促进教育公平、推动教育质量提高作为财政支持教育改革和发展的重点，同时督促教育部门加强财政教育资金科学化精细化管理，把促进义务教育均衡发展和扶困助学作为基本公共服务均等化的主攻方向，引导财政资源进一步向农村、经济薄弱地区、困难家庭学生倾斜，推动城乡、区域、校际间教育差距明显缩小，加快实现更加公平的教育现代化。（江苏省发改委网站）

【人民日报头版头条刊登《江苏给力“文化强省”》】 2010 年 11 月 10 日，刊登在人民日报头版头条的《江苏给力“文化强省”》一文，因标题新潮而引起网民强烈反响，被广大网友称为“2010 年最给力的标题”！网络热词“给力”在迅速成为社会热点的同时，也让人们对江苏文化强省建设印象深刻。2010 年，文化体制改革“江苏经验”在全国推广的大背景下，江苏文化唱响了改革与发展的“大风歌”，体制改革、产业发展、精品生产和文化惠民齐头并进，文化产业增加值更是突破千亿元大关，在挺进文化强省的过程中实现“惊人一跃”。聚焦江苏，定格精彩，这一年来，亮点频现的文化江苏，让“眼界甚高”的央媒自发达成共识，在各自的版面、网页和镜头中，呈现文化江苏的精彩斑斓。（新华日报）

【立法保发展规划严肃性】 “规划的失误是最大的失误，规划的落后是最大的落后。”江苏省发改委有关人士说，“建立发展规划的专项法律制度，可以从制度上为贯彻落实科学发展观提供有力的保障。”由省发改委起草的《江苏省发展规划条例（草案）》已经省政府常务会议原则通过，将提请省人大常委会审议。我省率先就发展规划制定地方性法规，不仅开全国之先河，而且填补了社会主义市场经济体系的一项制度空白。规划上升至法律层面，意味着发展规划不能再随意修改。

发展规划地方立法，是我省宏观调控领域推进依法行政的迫切需要。据了解，编制和实施国民经济和社会发展五年规划，是国家宏观管理的一项重要制度，至今已经历 11 个五年规划期。但是，发展规划立法相对滞后，仅在宪法第六十二条、第六十七条、第九十九条对国民经济和社会发展规划的编制和批准作了原则性规定，实际工作中难免产生各种各样的问题。比如，各级各类发展规划的功能定位、相互关系和界限模糊；总体规划“上下一般粗”，专项规划内容交叉重叠；规划编制程序不规范，规划审批的层级及事权交叉，规划之间缺乏良好的衔接协调机制；重编制、轻实施，约束性指标较难落实；缺乏规划实施评估机制等等。这些问题，不仅有损于发展规划的科学性、有效性，也不利于利用发展规划引导经济社会实现科学发展。作为经济大省，江苏有必要率先将发展规划工作的成功经验和成熟做法上升为地方性法规，为“十二五”规划和今后更长时期的发展规划提供法制保障。

在我省的《条例（草案）》中，发展规划包括国民经济和社会发展总体规划、国民经济和社会发展年度计划、专项发展规划、省级主体功能区规划和省级区域发展规划。其中，国民经济和社会发展总体规划是最高层次的规划，是发展规划体系的核心，也是编制其他发展规划的基本依据；国民经济和社会发展年度计划是国民经济和社会发展总体规划在年度中需要付诸实施的短期安排；省级主体功能区规划是其他各类规划在空间开发和布局方面的基本依据；省级区域发展规划是编制该区域内各级国民经济和社会发展总体规划以及年度计划和各类专项发展规划的依据；专项发展规划是地方各级人民政府及其有关部门指导特定领域发展、审批或者核准重大建设项目、安排财政支出预算、制定相关政策的依据。（新华日报）

【突出民意，差额选拔“最适任者”】 江苏省继去年底差额选任省级机关一批正厅职干部以后，再度由全委会成员推荐干部人选。在干部选拔任用中积极引入差额机制和竞争机制，并围绕干部初始提名这一难点致力突破，给全省干部选拔任用吹进了一股强劲而又清新的民主公开竞争择优之风。对于机关干部来说，参与提名，是知情权、参与权、选择权等权利的回归，而对于党委主要领导、对于组织部门而言，则是一次放权和革命。从由少数人选人，到由多数人来选人，多了千百双眼睛来对人选把关，最广大的群众有了发言权。在更多的干部被推荐进入组织的视野的同时，也引导了广大干部更主动地面向基层、面向群众，到群众中展示德才，到实践中建功立业。

如何让选择更科学更准确？省委主要领导决定进行由省委全委会成员无记名“海推”的创新探索，并决定在各个环节全程实行“差额选任”。差额比选，是在充分考虑民意的基础上，注重从岗位要求出发，对考察对象的岗位经历、个人实际表现进行综合分析，同时与有关方面沟通、反复征求意见。目的就是一个：提高选人的科学化水平。差额为决策者提供了更大的选择空间。而对于组织部门来说，更多的备选人选，使得考察更加深入，酝酿更加充分，强化了对人选的比较鉴别，有利于提高用人质量，把最优秀的干部放在最合适的岗位上。

从总体来看，实行全程差额选拔的干部层级越来越高，范围越来越广，程序也越来越规范。但大规模推行各个环节的差额选拔，还有不少探索的空间。

选人的范围不管拓展到多大，符合条件并被任用的干部总是有限的。具体操作中，同一位优秀的干部，是放在一个岗位上备选，还是可以同时放在几个职位上接受推荐，仍值得探讨。组织大规模的推荐，如何提高推荐者对被推荐人选的知情度、让推荐更有效更科学，也是一个重要课题。目前，组织部门在差额提名时向推荐者提供相关名册，但内容上还仅限于个人的基本情况。由于知情度不够，在推荐过程中，推荐者往往倾向于推荐自己熟悉的人选。对于这些问题，省委组织部正在密切关注基层各项创新实践，力图及时总结提炼出规律性的做法，并以文件形式将成熟的改革举措制度化。不论是扩大提名中的民主，还是更多地差额选拔干部，探索并没有止步。（中共江苏省委组织部网站）

【江苏“大部制”改革：提速政府效能】 通过对职能相同或相近机构的归并，实现政府运行高效和组织结构优化，而对群众或企事业单位来说，则意味着少跑冤枉路，办事效率大幅提高。

江苏改革方案主要原则有四：一是上下衔接。探索实行职能有机统一的大部门体制，职能调整和机构设置与国务院机构改革相衔接。二是因地制宜。从实际出发，部分机构根据江苏经济社会发展状况设置，构建适应地区发展要求的行政管理体制。三是权责一致。坚持一件事情原则上由一个部门负责，确需多个部门管理的事项，分清主办和协办关系，明确牵头部门。合理划分和界定各部门职责分工，在赋予部门职权的同时，明确其承担的责任。四是循序渐进。按照到2020年建立比较完善的行政管理体制的目标，积极稳妥，循序渐进，处理好改革发展稳定的关系，做到长远目标与阶段性目标相结合、全面推进与重点突破相结合，切实解决当前政府组织机构中存在的突出矛盾和问题。

江苏在此次政府机构改革中，共整合优化11个新部门，在随后的13个省辖市的机构改革中，精简优化原则一以贯之。经过本轮机构改革，江苏省政府各部门共取消、下放、转移行政管理事项50项之多，加强宏观调控、住房保障、促进就业、食品安全监管等关系国计民生的职责80余项，调整部门职责90余项。“以前强调‘管理某项工作’,现在则是‘承担某项责任’”,江苏省编办相关负责人表示,机构改革不仅赋予职能相应权限,更重要的是强化责任意识,共明确部门责任400多项。(新华网)

【新华日报评论员:持续创新,开启江苏基层党建新征程】 创新驱动是江苏“十二五”发展的核心战略;改革创新是江苏不断提升基层党建科学化水平的重要路径。扎实推进新一轮“强基工程”必须立足新的起点,以持续创新推动抓基层、打基础各项工作的落实,不断提升江苏基层党建工作水平。

“基础不牢,地动山摇”。党的基层组织是党全部工作和战斗力的基础。以创新创优精神,加强党的基层组织建设,是一项重大而紧迫的政治任务。应当清醒地看到,新形势新任务对基层党建提出了许多新的更高要求,基层党组织建设还面临许多新机遇、新挑战,当前基层党建工作亟需紧贴江苏率先发展、科学发展、和谐发展的新要求、新任务。实施新一轮“强基工程”,必须创新驱动,探索有利于提升党建科学化水平的体制机制。我们要以最迅速的行动、最有力的措施、最务实的作风,大力推进基层党建工作的持续创新。

推进我省基层党建工作持续创新,必须科学推进组织设置持续创新。要适应经济结构、生产方式、生活方式、工作方式等变化,坚持有利于扩大党组织和党的工作有效覆盖、巩固党的执政基础,有利于优化资源配置、增强党组织功能,有利于党员教育管理、发挥党员先进性作用,有利于联系服务群众、促进经济社会发展的原则,探索新的更加务实管用的基层党组织设置形式,实现党的组织和党的工作对经济社会发展所有领域的广泛覆盖,保证党的组织体系的整体性,形成推动科学发展的组织优势。

推进我省基层党建工作持续创新,必须重点推进行业党建持续创新。行业党建是难点,要抓住正在开展的创先争优活动这一契机,继续探索建立条块结合、充分发挥行业党组织作用的党建工作管理体制,形成上下贯通、全面覆盖、作用明显的行业党建工作体系。把行业党建工作与创先争优活动结合起来、与健全完善行业自律体系结合起来,创新活动载体,推动行业党建行业发展相同步、共提高。

推进我省基层党建工作持续创新,必须着重探索非公经济领域党建持续创新。非公党建工作要融入企业发展之中,坚持两手抓,在推进党组织和党的工作全覆盖的同时,更加注重党组织作用的提升;在健全党组织的同时,更加注重党组织负责人能力素质的提升;在深入开展创先争优活动的同时,更加注重党组织和党员形象的提升;在建立党建工作责任制的同时,更加注重投入保障水平的提升,让党旗在非公企业高高飘扬。

推进我省基层党建工作持续创新,必须着力开展社区党建工作体制机制持续创新。社区是城市的基本单元,也是城市改革的重要承载体。要随着社区的城市管理改革的深化,推动管理重心向社区下移,财政投入向社区倾斜,公共资源向社区下沉,优秀人才到社区锻炼,充分发挥社区党组织在管理社区事务、联系社区群众、促进社区和谐中的领导核心作用。

推进我省基层党建工作持续创新,必须进一步推进党建工作方式方法持续创新。典型引路,放大效应,是江苏基层党建的成功经验。要大力发现、选树一批可信可学的典型来引领实践、推动实践。善于总结提炼基层的创新创造,找出有规律性的东西,用于指导面上的实践,让“试验田”成为“丰收田”,让“一枝独秀”成为“百花争艳”。

宝剑锋常利,惟有淬火炼。只有锐意创新、不断探索,才能熔铸我们党的战斗力,永葆我们党的生命力。党建创新的活力源泉在基层,基层党建是最鲜活的实践。我们坚信,进一步解放思想,持续创新,新一轮“强基工程”一定会取得实实在在成效,赢得基层党建工作新发展,增创基层党建工作新优势,为又好又快推进“两个率先”提供坚实组织保障。(新华日报)

南京市

【南京五个重点产业转型升级】 南京市确定五个重点产业转型升级发展目标，一是电子信息。通过加快项目推进、产业链招商、培育龙头企业等措施，确保2012年总量达到4500亿元，成为全市工业第一大产业。二是汽车产业。以导入和引进高端汽车电子系统制造企业为抓手，全面提升汽车产业层次和规模，到2012年，形成整车产量120万辆，实现工业现价产值1200亿元。三是软件产业。通过加快载体平台和公共技术服务平台建设等措施，到2012年，全市软件业务收入超过1200亿元，保持省内第一的地位，确保建成全国首家"中国软件名城"。四是智能电网与电力自动化产业。通过加快三大基地平台建设，到2012年，形成3个产业基地、3家超百亿元企业和3个国际知名品牌，实现工业现价产值500亿元。五是轨道交通产业。通过推进"两基地一中心"平台建设、加快推进在建项目等措施，到2012年，实现主营收入300亿元。(南京市发改委网站)

【南京市开展财政项目支出绩效目标管理试点工作】 南京市从2010年度预算编制"二上"阶段开始，对部分财政项目支出开展绩效目标管理试点工作。参加此次试点的项目是：重点工业园区建设项目（市郊县中小企业局）、低收入农户增收专项资金（市农村办）以及地方工业重点投资项目（市经委）。试点工作程序是：部门、单位在申报财政专项支出时，提出明确的绩效目标，并从预算编制"二上"阶段开始，向财政部门报送财政专项资金绩效目标申报表，通过项目管理、绩效目标、评价指标和责任主体等方面来反映项目绩效目标具体情况。财政部门组织论证审核。通过此试点，有利于进一步规范预算分配，优化财政支出结构，降低政府运行成本，提高财政项目资金使用的经济性、效益性和效率性，实现政府财政资源的合理配置。（南京市发改委网站）

【南京市推进区级财政国库集中支付改革】 南京市全面推进区级财政国库集中支付改革，一是稳步推进区级财政国库集中支付制度改革。计划2010年全面推进城区国库集中支付制度改革，各区结合本地特点，积极创造条件，规范、稳步推进。二是注重改革的规范性、可操作性，妥善做好会计集中核算向国库集中支付的转轨与衔接。坚持以国库单一账户体系为基础，不将资金实拨到会计核算中心账户沉淀。三是积极推进公务卡制度，强化财政资金管理手段。各区都积极研究并建立公务卡制度。四是加强财政国库管理信息系统建设，增强国库管理手段，提高工作效率。各区在保证财政资金安全的前提下，建立健全区级国库管理信息系统，实现财政数据管理标准化、集中化，同时，实行国库支出无纸化，提高财政部门的服务效率。（南京市发改委网站）

【南京市政府采购创新举措实行诚信管理制度】 南京市财政局出台了《南京市政府采购协议（定点）供应商诚信档案管理暂行办法》，实行诚信管理制度。这项举措主要包括三个方面：

一是建立诚信档案。对供应商提供虚假材料谋取成交的；采取不正当手段诋毁、排挤其他供货商的；与采购单位、其他供货商或者采购代理机构恶意串通的；向采购单位、采购代理机构行贿或提供其他不正当利益；在采购过程中与采购单位进行协商谈判的等17种不诚信行为，按照情节轻重分为不良行为或不当行为记入供应商诚信档案，分别扣除诚信分。

二是部门联动考评。市财政局对市级协议供货商诚信档案记录、管理进行监督，并委托市政府集中采购机构建立市级协议供货商诚信档案。市、区（县）财政部门，市政府集中采购机构，各采购单位根据各自的职责负责对供应商参与协议供货项目竞价采购活动的诚信情况通过网络进行记录。

三是量化诚信等级。供货商诚信档案以"协议供货商诚信指数"（即分值）和"星级"表示，指数（分值）越高，星级就越多，诚信度越高。市政府集中采购机构将中标供应商推荐的供货商诚信指数和星级,提交给公开招标协议供货项目评标委员会,作为评审投标人诚信的依据。

通过建立诚信档案、评定信用等级、评标增加诚信分值等有效措施,加强约束、规范管理,为供应商念"紧箍咒",堵塞管理漏洞,坚决查处违法违规行为,进一步激励企业诚信守法经营,维护政府采购制度的严肃性,着力打造政府采购和谐有序的市场秩序,推动了南京市政府采购工作的健康发展。(南京市发改委网站)

【南京:文化消费增幅超收入增幅】 南京市社科院完成的一项"南京城镇居民文化消费研究",披露了南京市民的文化消费习惯,文化消费的增幅比收入的增幅要大。

该课题的执笔人李惠芬介绍,文化消费系数呈上升态势,2002 年以来,南京城镇居民的文化消费系数呈直线上升态势,由 2002 年的 13.2%,上升为 2003 年的 14.58%,2005 年的 16.3%,2006 年的 17.76% 和 2007 年的 19%;不过在 2008 年受金融危机影响,南京城镇居民的文化消费系数下降为 16.9%。

李惠芬表示,和同类城市相比,南京居民更舍得在文化消费上花钱,南京市民在文化上消费的增幅比收入的增幅大。2002 年以来,除了 2004 年之外,其余年份南京居民的文化消费支出增幅均高于可支配收入增幅和消费支出增幅。相比之下,绝大多数副省级城市的文化消费增幅都是低于可支配收入和消费支出增幅的状态,部分城市的文化消费甚至出现了负增长。

文化消费中,大头是教育支出,2007 年副省级城市平均的人均教育经费支出为 803.39 元,教育经费支出占文教娱乐支出比重平均值为 42.14%,南京的比例相对较低,但也达 33.82%。三分之一的文化消费都花在了教育上。(新华报业网)

【南京市已明确义务教育示范区创建目标任务】 南京市已就全市创建江苏省义务教育优质均衡改革发展示范区工作作出动员部署,全市已明确义务教育示范区创建目标任务。示范区创建的目标任务是,依法保障和增加教育投入,高起点优化义务教育办学条件,高层次提升教师队伍整体水平,高品位实施素质教育,高效率推进义务教育质量均衡,通过 3 年左右的时间,使义务教育达到更高水平的优质均衡,在入学机会、教育质量、队伍建设、管理水平、办学条件、保障能力等方面取得明显成效,义务教育公平度、满意度和适合度大幅提高。(南京市发改委网站)

【南航成为国家教育体制改革试点高校】 南航申报的《人才培养模式改革》成为国家教育体制改革试点项目,已获国家教育体制改革领导小组批准。近年来,南航本科生人才培养坚持围绕"以学生发展为本"这个基本要求,解放思想、改革创新,以人才培养目标为核心,以优质教学资源建设为基础,学科优势为依托,信息化管理系统为纽带,内部质量控制系统为支撑,教育教学评估系统为引导,不断深化人才培养模式改革,采取各种措施大力加强创新人才培养体系建设。此次,南航成为教育体制改革试点高校也将极大地推动学校创新人才培养模式的改革。(江苏省教育厅网站)

无锡市

【无锡市"生物农业"推动现代农业的发展】 无锡市提出了崭新概念——"生物农业",将成为无锡日后发展现代农业的主推手。原无锡市委书记杨卫泽表示,发展仅处于起步阶段的无锡生物农业,要贯彻中央一号文件精神,加快农业生物育种和推广应用体系建设,培养农业科技领军人才,发展农业产学研联盟,加强农业重点实验室、工程技术中心平台建设,并以现代农业园区为载体,推动高科技生物农业的集聚发展,推动农业形态由传统产业向现代农业跃升,形成无锡市农业发展的新特色、新优势。杨卫泽提出,培育发展生物农业,要实施优惠政策,大力引进高层次的农业科技人才。要继续与国内外涉农高等院校和科研院所加强政产学研合作,并加快建设现代农业科技创新基地,重点打造"无锡太湖生物谷(园区)"等平台，努力为无锡市生物农业发展壮大提供载体。提高城乡统筹发展水平，还需借助“万顷良田建设工程”，要通过落实资金、政策倾斜、多上高效规模化现代农业项目等方式实现农地集中、居住集聚；要全力推进“两置换一转化”，并本着尊重群众意愿、方便群众生活的原则坚持规范操作，着力提高农民养老、医疗等保障水平，增加农民资产性收入；要把握中央扩大农村消费需求带来的政策机遇，积极改善消费环境，并通过促进农民就业创业、提高农村保障水平、开拓农村市场等方式促进农村消费“活”起来，增强经济的“内生增长”动力。（新华报业网）

【无锡市积极开展医改政策系列培训】 实施医改以来，无锡市积极按照医改工作各项进程，及时做好专题培训工作。一是积极组织各级卫生行政管理人员参加各项政策培训。如基本药物制度政策培训、国家基本公共卫生服务政策培训、收支两条线管理政策培训、绩效管理专题培训、新农合医疗支付方式综合改革培训、提高儿童重大疾病保障水平专题培训、社区卫生服务信息管理培训等专门培训项目。二是积极开展基层医疗卫生服务人员专题培训。针对每项医改政策措施落实时间节点，无锡市及时组织开展基层医疗卫生服务人员专题培训，如针对基本药物制度的实施，开展了政策宣传培训和基本药物合理应用专题培训，针对收支两条线管理开展了政策解读、操作实务以及绩效管理的专项培训，针对基本公共卫生服务项目和重大妇幼卫生服务项目的落实开展了相关岗位人员的规范培训，针对进一步提高服务能力开展了急救技能等专项技术培训，每次培训都能做到有计划、有组织、有考核、有提高。同时，结合国家、省、市的重点部署，在原有基础上，重点抓好基层医疗卫生机构医务人员医改政策全员培训工作。（江苏省发改委网站）

【江阴：委托商业保险机构经办新农合】 江阴市在委托商业保险机构经办新农合工作上做了有益探索。委托商业保险机构经办新农合业务是强化新农合监管、完善管理运行机制的有益尝试，是增强新农合服务意识、改进服务水平的有效手段，是发展补充医疗保险的重要途径，是发挥商业保险机构风险管理、精算技术优势的有效平台。同时，商业保险机构通过参与新农合经办工作，扩大了在参合群众中的知名度和影响力，提高商业保险机构的市场竞争力，带动了包括医疗保险业务在内的各类保险业务的增长。（江苏省发改委网站）

徐州市

【徐州市改革进口付汇核销制度】 为更好地服务企业、促进涉外经济发展，徐州市开展进口付汇核销制度改革试点。改革主要内容包括：合规企业的正常进口付汇业务无需再办理现场核销手续；取消银行为企业办理进口付汇业务的联网核查手续；外汇局对企业实行名录管理，进口付汇名录信息全国共享；外汇局利用“贸易收付汇核查系统”，以企业为主体进行非现场核查和监测预警，针对异常交易主体进行现场核查。进口付汇核销制度改革，实现了由逐笔核销向总量核查、现场核销向非现场核查、行为监管向主体监管的转变，大大简化了企业进口付汇手续。（中国徐州网）

【徐州现代农业领跑江苏】 徐州市加快推进以设施农业为核心的“2020 工程”，大力提升高效农业规模化、设施化、产业化水平。2010 年全市高效农业新增面积 72 万亩，新增设施农业面积 14 万亩，高效农业、设施农业增量、占比均居全省第一。（江苏省发改委网站）

【徐州市积极推动农村小额贷款组织试点】 徐州市积极组织调度农村小额贷款试点工作。市长张敬华亲自调度农村小额贷款组织试点工作并指出要充分认识设立农村小额贷款组织对发展现代农业、建设社会主义新农村的重要作用，突出重点、扩大规模、加强监管，推动农村小额贷款组织健康发展，努力为徐州市新农村建设提供资金支持。设立农村小额贷款组织，是国家金融体制改革的一种创新，也是规范和整顿农村金融秩序的必要手段，同时对推动农业现代化和产业化提供了有力保障。（徐州市发改委网站）

【徐州市推进财税金融体制改革,完善金融服务体系】 "十一五"期间,徐州市继续推进财税体制改革,合理划分各级政府的财权、事权,做到财权和事权的统一。进一步深化和完善部门预算编制改革,重点加强项目预算的跟踪管理。继续深化财政国库管理制度改革。研究建立增收节支激励机制和科学的预算绩效评价体系,逐步完善预算编制执行的制衡机制,提高财政资金使用效益,增强财政管理的规范性和透明度。优化财政支出结构。稳步建立正常的政府投资机制和稳定的资金来源渠道,完善政府社会管理和公共服务职能。进一步加大对农村义务教育、农村基础设施建设、小城镇建设和科技创新等方面的投入。健全徐州市金融组织体系,推动地方金融业发展。继续推进市郊信用联社改制组行工作,引导和规范小额贷款公司发展鼓励商业银行来徐开设分支机构。全力抓好徐州淮海农业商业银行组建和贾汪、丰县、铜山、沛县农信社改制组行工作,投融资平台进一步完善,浦发、招商、兴业、莱商等银行在徐州设立分行。加快推进农商行南北金融合作步伐,张家港农商行邳州支行开业运营。扩大农村小额贷款公司覆盖范围,确保十一五末,实现县、区全覆盖。同时督促市金融办、徐州银监分局、人行、财政等部门密切协作配合,加强有效管理,强化风险防范,促进农村小额贷款公司稳步健康发展。(徐州市发改委网站)

【徐州市全面推行"三资四化"新机制】 徐州市以健全完善村级民主自治为基础,以电子网络信息化平台为载体,综合运用民主、法制程序和科技手段,在全市农村全面推行"三资四化"新机制,即资金、资产、资源,民主化、服务化、网络化、公开化,进一步规范农村集体资产的使用、处置程序和运作机制,确保农村集体资产保值增值。

农村集体资金、资产、资源是农村经济社会发展的重要基础,直接关系农民的切身利益,关系农村社会和谐稳定。推行'三资四化'新机制,从根本上解决农村集体资金使用混乱、资产随意处置、资源发包不公和以权谋私等损害农民利益的突出问题,真正让全市 690 万农民享受'阳光财务',抓住了农村经济发展之本和农民利益之本。推行'三资四化'新机制,徐州市以镇为单位成立农村集体资产服务监管中心,把村级集体资源性资产的交易、集体资产的购置、工程建设项目的招投标一并纳入中心统一管理,一律在服务监管大厅进行"阳光操作"。县、镇、村三级均建立资金资产资源管理制度、明确监管程序和县镇两级的工作职责、保障了三资管理的规范化、制度化。(江苏省发改委网站)

【徐州市积极推行新农合综合支付方式改革】 徐州市制定出台《徐州市关于推进新型农村合作医疗综合支付方式改革的意见》和《关于进一步做好新型农村合作医疗综合支付方式改革的通知》,进一步完善实施方案,大力推进新农合综合支付方式改革。一是对镇、村门诊补偿实行总额预付管理;二是对市、县、镇三级定点医疗机构住院病人实行住院费用总额预付、按病种管理,把 86 种疾病纳入按病种收费和补偿,部分县区已扩大到 134 种疾病;三是对未纳入按病种管理的参合住院病人,实行保底补偿,市、县、镇保底补偿标准分别为 35%、45%、65%,以确保参合病人住院实际补偿比达到 45% 以上,政策补偿比达到 60% 以上;四是建立新农合基金风险共担机制,当出现基金风险或补偿支出超过总额预付标准时,由定点医疗机构承担基金风险责任,以保证新农合基金安全。(江苏省卫生厅网站)

【徐州市全面完成林权主体改革任务】 徐州市在争创国家森林城市的进程中,紧紧围绕"明晰产权"这个核心,加快推进涉及全市农民切身利益的林权改革,真正把林地物权还给农民。在推进集体林权制度改革过程中,徐州市委、市政府在广泛征求意见的基础上,出台《徐州市集体林权制度改革工作方案》,明确林改的原则、目标、范围、内容、方法步骤和工作措施。

"林改"是将农村家庭承包经营制度从耕地向林地的拓展和延伸,是对农村土地经营制度的丰富和完善。这项改革明晰产权给林农，使青山经营权被量化为资产，解决了林业经营者融资渠道，让林农从森林资源中盘出“真金白银”，拓展林农增收致富的发展空间，从而改变传统林业单一的投资结构。（徐州市发改委网站）

【徐州市建立贫困家庭儿童重大疾病慈善救助制度】 徐州市患有重大疾病的贫困家庭儿童将拥有一项新的保障：贫困家庭儿童重大疾病慈善救助制度。贫困家庭儿童重大疾病慈善救助资金主要救助对象是：徐州市户籍、18周岁以下、患重大疾病的孤儿（含弃婴、事实上无人抚养儿童）和纳入医保统筹的低保家庭、低保边缘家庭中的儿童。

对审定纳入救助的重大疾病患儿，符合医保政策规定的住院和门诊治疗费用自付部分，按以下标准给予资助：对于孤儿，由省、市、县贫困家庭儿童重大疾病慈善救助资金全额承担；对于低保家庭患儿，由省、市、县贫困家庭儿童重大疾病慈善救助资金承担80%；对于低保边缘家庭患儿，由省市县贫困家庭儿童重大疾病慈善救助资金承担50%。符合条件的患儿或其监护人根据属地原则到县级慈善总会申请救助。（徐州市发改委网站）

【徐州市全面推行社会稳定风险评估机制】 徐州市全面推行社会稳定风险评估机制，凡涉及企业改制、征地拆迁、城乡建设等11个重点领域的重大决策、项目、事项，首先要看民意，并进行社会稳定风险评估，否则不得审批。进行社会稳定风险评估的11个重点领域包括：企业改制、征地拆迁、涉农利益、教育、医疗、环境保护、安全生产、食品药品安全、城乡建设、劳动保障、社会管理。

这11个领域内重大政策、重大项目、重大事项的“稳评”，主要围绕其合法性、合理性、可行性、安全性进行。评估过程中，把是否保持政策的连续性、稳定性和协调性，是否反映绝大多数群众意愿，是否兼顾到各方面群众利益，是否与本地经济社会发展总体水平相适应，是否会引发社会矛盾等作为重要决策依据，通过提前了解群众意愿和呼声，对可能出现的各类矛盾和风险进行预测和评估，提前采取措施进行防范和化解，从而促进科学、民主、依法决策。评估中要广泛听取利益各方的意见，特别是要听取广大人民群众的意见和建议。

经社会稳定风险评估的重大决策、项目、事项，如符合法律法规和政策规定，符合经济和社会发展总体规划，符合国家利益、公共利益和人民群众的根本利益；经过民意测评，主流民意认同；参与评估的部门、单位和专业机构在核心问题上无不同意见；不稳定隐患能够得到有效化解的，才能作出予以实施的评估结论。

对那些明显侵犯群众利益、存在重大社会稳定风险的项目等，将坚决不予实施；对主流民意暂时未认同、实施条件尚不具备的项目等，将暂缓决策或审批。对未做“稳评”报告的任何重大决策、项目、事项，均不得审批。

同时，徐州市还将把社会稳定风险评估工作纳入社会治安综合治理和平安徐州建设考核范围，对因没有实施“稳评”而引发重大群体性事件的，将实施社会治安综合治理警示或“一票否决”。（江苏省发改委网站）

【徐州市出台巩固和深化行政审批制度改革成果13条意见】 经过去年新一轮行政审批制度改革，徐州市大幅度削减了行政审批事项，提高了行政服务中心事项入驻率和现场办结率，行政效能得到了明显提升。新出台的《意见》从规范审批行为深化审改成果、强化中心建设提升服务效能、健全考核机制强化监督管理三个方面要求，进一步建立健全行政审批事项长效管理机制、切实规范行政审批行为、完善行政许可服务处职责、加强行政审批权力网上公开透明运行、电子监察和法制监督，市级行政审批部门行政许可服务处负责行使本部门行政审批职能，并整建制进驻市行政服务中心，做到“受理、审批、缴费、证书文书制作”四到位，进驻市行政服务中心的行政审批事项，实行窗口工作人员受理审查、首席代表核准的一审一核制度；对涉及两个或两个部门以上的行政审批事项，实行并联审批制度，由牵头部门组织相关部门同步办理，做到“一窗受理、并联审批、统一收费、限时办结”；凡面向企业、群众，为社会服务的行政许可事项、非行政许可事项以及相配套的管理与服务事项（包括年审年检），均应进驻市行政服务中心，由各市级行政审批部门窗口统一受理、统一审核、统一收费、统一送达，确保进驻市行政服务中心事项入驻率、窗口审批率和现场办结率分别达到90%、90%和85%以上。（江苏省发改委网站）

【徐州市审计局五项措施确保绩效考核目标全面兑现】 为深化机关效能效率建设，徐州市委、市政府开展了市直机关和单位绩效考核评价工作，并采取了一系列扎实有效的措施推动考核评价工作深入开展。

一是完善绩效考核体系。为确保绩效考核评价体系全面完善，审计局多次召开局领导班子会议和中层以上人员会议学习研究《2010 年市直机关和单位绩效考核评价意见》，结合审计工作实际，按照高标准、严要求的目标，精心制定年度绩效计划，并在局域网上公布，请全体人员对工作目标和服务承诺进行审定后，上报市考核评价办公室。

二是建立三级领导责任制。在绩效考核评价工作中，实行“三级联动”，抓好三个责任人，即主要领导是“第一责任人”，对全局的绩效考评工作负全面领导责任；分管领导是“关键责任人”，对分管工作的绩效目标负责；部门负责人是“直接责任人”，重点抓好本处室的工作目标完成情况。由领导小组定期抽检各项目标任务的完成情况，问责问效，切实把考核评价工作落到实处。

三是实行项目管理限时制。为保证绩效计划及时完成，提高审计效率，审计局探索实行审计项目管理限时制，在现场审计实施时间的确定上实现了突破。根据审计项目性质及难易程度等因素，将审计项目划分为 A、B、C、D 四类，并确定现场审计实施时间。对审计时限超过规定天数的，发出项目催办单，并予以公示；对于严重超过审计时限、且催办未见成效的，召开项目进度讲评会议，公开质询，进一步规范了计划管理，提高了审计工作效率。

四是建立政务办理“快速通道”。为确保市委、市政府会议纪要及领导批示交办事项的办结率为 100%，徐州市审计局规定该类事项均以急件形式纳入政务处理“快速通道”，设立“急办文件夹”，实行呈报、安排、进点不超过 24 小时的快速反应机制。同时突出“三种制度”，首先是同岗 AB 角制度，当第一责任人不在位时，B 角履行相应职能。其次是限时办结制度，根据交办事项的难易程度，划分为 4 类，要求分别在 7 天、10 天、15 天、20 天内办结，对于特殊项目需要延长时限的，必须经局领导批准。再次实行“每周一提示，每月一汇总”的督查督办制度，对未办理事项进行提示和通报，确保审计项目高质、高效的完成。

五是实行反向激励机制。为提高全体人员工作的积极性，该局实行了反向激励机制。明确提出“两个失去资格”和“一个通报”制度，“两个失去资格”即未能完成年度绩效计划的处室，将失去评选优秀处室的资格；未能完成年度绩效计划的具体承办人员，将失去晋升、评先的资格；“一个通报”即对季度工作目标及落实措施未能完成的处室进行通报。（徐州市发改委网站）

常州市

【常州成为跨境贸易人民币结算试点地区】 常州已成为跨境贸易人民币结算扩大试点地区之一。据常州市跨境办主任、人民银行常州市中心支行副行长方玉勇分析，跨境贸易人民币结算的“便”与“利”主要体现四个方面：首先，有助于外贸企业规避汇率风险，提前锁定贸易成本及收益，更好地保障企业稳健经营运作。第二，可以减少企业结算中的汇兑、手续费等交易成本，减轻企业成本负担。平均来说，外贸企业兑换的成本大约在2% ~4%左右，这对企业而言是一笔不小的费用。第三，便于企业财务核算和现金管理，提高贸易决策的有效性。第四，使得出口退税手续更加简便。（常州日报）

【常州首家富民合作社“房权”换“股权”】 常州市武进区西湖街道成立了第一家富民合作社,西湖街道最大的创新就是有效增加农民的财产性收入。据不完全统计,到去年底,常州共有645家农民合作社,其中包括专业合作社、土地股份合作社、农民物业合作社等类型。可以说,西湖富民合作社是在农民物业合作社基础上的一种创新,是拆迁农户以无形资产入股,用政府还未建造起的安居房入股合作社,并定期分红。

“房权”换“股权”,实质上是在保障失地农民自主住房的前提下,将失地农民的富余住宅享有权,以折价入股的方式,转换为一种新型的可以流通的生产资料,以市场规律进行自主经营和管理。这种形式比较灵活,受益面也较广,有望在节约土地、政府减压、农民增收等方面取得多赢。

富民合作社的探索,也是对基层政府调控能力的一次考验。政府既“托底”,又要力求收支平衡,关键是有效的市场化运作。社员“二次选择”原则下,分红情况和运作趋势,将决定合作社能否“滚雪球”壮大。(常州市发改委网站)

【常州中心城区实现“零化工污染”】 8月2日,常州市土地收购储备中心与光辉化工有限公司正式签订国有土地使用权收购协议。光辉化工有限公司搬迁工作正式启动,计划在年内全面停止污染生产线的生产,确保2011年10月底整体搬迁完毕。光辉化工有限公司是常州市中心城区最后一家污染化工企业,该公司的搬迁,标志着常州市中心城区“零化工污染”的目标基本实现。这对于改善市区空气质量、减少安全隐患、提升水环境质量等,具有重要意义。(常州市发改委网站)

【常州市建立全民健身工作新机制】 在全国体育工作会议上,刘鹏局长指出:在建设体育强国的过程中,群众体育是最大的“基础性短板”。为解决这一“短板”,常州市紧紧抓住贯彻落实《全民健身条例》(以下简称《条例》)的重大契机,把向社会提供基本的体育公共服务作为政府的重要职责,不断创新工作机制,形成“政府主导、部门协力、社会参与、共同推动”全市群众体育发展的新格局。

首先,明确政府部门职责。常州市出台了《常州市全面贯彻〈全民健身条例〉实施意见》,进一步明确和规范了政府部门在全民健身工作中职责和任务,其核心就是要求全市各级政府、各部门充分认识贯彻落实《条例》的重要意义,深刻领会《条例》对推进全民健身事业全面发展的积极作用,自觉把贯彻落实《条例》作为认真履行政府公共服务职能的重要手段,举全市之力,按照职能,各司其职,密切配合,形成合力,确保《条例》顺利实施。

其次,部署贯彻工作会议。常州市政府召开“全市贯彻落实《全民健身条例》暨2010年群众体育工作会议”,会议主要议题就是如何在全市范围内全面贯彻落实国务院颁布的《条例》精神,要求全市各单位广泛开展全民健身活动,努力做好全民健身工作,为广大市民开展全民健身活动积极创造条件。

再次,下达“目标任务书”。年初,市政府根据全市群众体育年度工作目标任务,分别与所辖金坛、溧阳、武进、新北、钟楼、天宁、戚墅堰等7个辖市区签订《2010年群众体育工作目标任务书》。目标任务书根据各辖市区全民健身工作的发展现状,按“个性”“共性”的不同,量身定做。目标任务书共有六大任务,第一条就是全面贯彻落实《全民健身条例》,实现“三纳入”。同时要求各级政府要广泛开展全民健身活动,大力推进城乡公共体育设施建设和管理,完善体育组织网络,加强城乡社区体育俱乐部建设,加强社会体育指导员的管理,引导更多的社会体育指导员到一线工作,开展国民体质监测工作,加大财政对体育的投入等方面作了基本要求。(常州日报)

【常州市“两办一中心”建设标准出台】 常州市综治委出台的《常州市镇(街道)政法综治中心、镇(街道)综治办和村(社区)综治办规范化建设标准》(简称“两办一中心”建设标准),对基层综治组织的硬件设施、人员配备、经费保障、制度体系、运作流程等方面作出了明确规定，这是常州市“综治基层基础年”的又一重大举措，在全省首开先河。

对政法综治中心建设，该标准根据各地经济社会发展和人口数量的差异划分为三类，规定一类镇（街道）政法综治中心必须配备工作人员 10 名以上，综治办 5 人以上，面积不小于 200 平方米。各镇（街道）中心应设置接待大厅、矛盾纠纷联合调解室、联席会议室、集中办公区、信息研判室 5 个功能区，安装内部视频监控系统，建立综合治理信息管理平台；设置“统一受理、审签分流、部门承办、跟踪督查、结果评估、销案归档”的工作流程；建立 12 项制度、5 大类台账；并规定中心运作经费不得少于 10 万元。

对镇（街道）综治办建设，该标准着重明确镇（街道）党（工）委书记兼任综治委主任，综治办按照实有人口 5 万人以上不少于 3 人、10 万人以上不少于 5 人的标准配备，要求综治工作经费纳入财政预算保障。

对村（社区）综治办建设，该标准提出实行部门一体化运作、人员等一体化管理、业务一体化安排，建立由驻村（社区）民警、2 名以上综治社工、2 名调解员、4 名以上治安辅警组成的村级综治工作队伍，村（社区）综治办建设及运作经费由镇（街道）保障或镇（街道）和村（社区）两级共同保障，并纳入各级综治和平安建设目标管理责任制考核内容，与年底综治和平安建设工作的评比奖惩挂钩。（常州市发改委网站）

苏州市

【苏州市深化五项举措促进农民增收】 一、拓展非农就业促增收。进一步完善城乡劳动者就业政策统一、就业服务共享、就业机会公平和就业条件平等制度，确保充分就业行政村（社区）达标率 90% 以上。二、创新农业支持保护制度促增收。在基本形成完善的农业担保体系和国家、省、市、县四级农业保险体系等的基础上，积极探索基本农田保护和生态补偿机制。三、加快现代农业建设促增收。着力发展现代农业示范园区，加快推进“万顷良田”建设，提高现代农业发展水平；提高“区镇合一”的科学布局和规划建设水平，在更大范围内搞好规划、整合资源，力争农业规模经营比重提高到 65% 以上，新增高效农业面积 17.2 万亩以上。四、发展农村新型经济组织促增收。加大“三大合作”改革力度，加快推进镇村联合、村村联合、村企联合、村民联合，做大做强新型股份合作经济，提高农民分红水平。五、完善农村社保体系促增收。建立健全农村社会保障制度，确保农村劳动力社会养老保险参保率 98% 以上、老年居民养老保险补贴覆盖率 99% 以上；加快推进农保转城保步伐，力争用 3 年时间，使被征地农民和在非农产业就业的农村劳动力全部纳入城保体系，基本实现城乡养老保险并轨。（苏州市发改委网站）

【罗志军在苏州调研城乡一体化发展】 省长罗志军就加快推进全省城乡一体化发展在苏州专题调研时称，“实践证明，苏州已经为全省城乡一体化发展趟出了一条路子，体现了基层的创造活力，对苏州的改革实践和工作成效要给予充分肯定。”在实地考察并听取苏州市、县、镇、村各级关于城乡一体化发展情况汇报后，罗志军指出，苏州加快城乡一体化发展，不仅仅是从解决“三农”问题和推进城市化的角度出发，更是围绕统筹城乡发展、加快转变发展方式和率先基本实现现代化的认识高度积极实施试点改革，在科学发展上形成了鲜明导向，试点工作取得了明显成效。（新华报业网）

【苏州低收入家庭人员医疗救助政策出台】 苏州市市区低收入家庭人员年度专项医疗救助政策 2010 年 10 月 27 日出台。从 2010 年 11 月 1 日起，家庭人均月收入在当地低保标准 2 倍以内、且医疗费用自负（不含自费，下同）部分达到当地年度医疗救助标准（2009 年苏州市区为 4000 元）的患者，可以申请年度专项医疗救助，救助比例为全年自负金额的 60%。至此，苏州市人均月收入在当地低保标准 2 倍内的家庭中，无论是低保、大病患者，还是自负费用较高的人员,均可以得到医疗救助。新出台的政策规定,沧浪、平江、金阊、高新区户籍,参加苏州市区医疗保险人员,家庭人均月收入在当地低保标准2倍以内,且患者当年一年医疗费用自负部分达到当地年度医疗救助标准(2009年苏州市区为4000元)的患者,可以申请年度专项医疗救助,救助比例为全年自负金额的60%,一次性通过银行存单的形式发放给患者。(苏州日报)

南通市

【南通财政存款管理新政试行】 从2010年5月25日起,南通试行《财政资金银行存款管理试行办法》,以期减少财政存款的个人裁量权,杜绝以权谋私现象的发生。过去,财政资金的存储,个人可以随意指定银行,造成很多银行争抢存款,易产生以权谋私的行为。该办法出台后,明确开设财政资金活期存款账户应与金融机构签订协定存款协议,财政活期存款按协定存款利率计息;坚决杜绝财政资金银行间分配上的个人裁量权,财政资金定期存款根据中国人民银行南通支行提供的相关指标对银行挂钩考核分配,具体指标分支持市区经济发展贷款总量、贷款增量、代理财政业务、服务质量等。强调财政存款不属商业性存款,金融机构不得将财政存款与部门和个人利益分配挂钩。(南通市发改委网站)

【南通上半年农业招商全省第一】 在8月中旬结束的全省促进农民增收工作会议上,根据全省三农工作情况进展通报,上半年,南通在全省现代高效农业考核目标的10项任务中,有7项进入前3名。其中,农业招商引资完成绝对数和完成率,分别是52.9亿元和80.2%,均居全省第一。(南通市发改委网站)

【南通市推行“股权出质登记”政策】 面对众多企业尤其是中小企业的融资难题,南通市工商部门推行的“股权出质登记”的扶持政策,有效拓宽了中小企业融资渠道。据统计,全市共办理各类私营企业股权出质登记180件,出质股权总额53.23亿元,被担保债权总额91.84亿元。

南通工商部门在2009年试办积累相关经验的基础上,2010年进一步完善股权出质工作流程,加强与验资机构、银行间的配合,开辟股权出质登记“绿色通道”,设置专人负责股权出质登记工作,严格遵守股权出质登记当场办结制。基层工商人员在了解到企业有增资意愿后,也积极推介利用股权出资的模式,并协助企业办理相关手续,引导符合条件的企业通过股权出质登记解决融资难问题。

南通市越来越多的企业开始关注这一融资新渠道,私营企业股权出质登记增长迅速。2010年1至10月,全市办理股权出质106件,占登记总件的58.89%;出质股权数额38.87亿元,占出质股权总额的73.02%;被担保债权总额60.45亿元,占担保债权总额的65.82%。(南通市发改委网站)

【启东市试点中小企业集合票据融资】 启东市启动中小企业集合票据试点工作。发行中小企业集合票据是国家为解决中小企业融资难问题而推出的一个新政策。其模式是2个以上关联中小企业组成一个小组,共同向银行间债券市场发行票据,以此来获得生产发展资金。浦发银行是国家批准的首批代理发行中小企业集合票据的2家金融机构之一,浦发银行启东支行又是浦发银行的试点先行单位。在取得试点资格后,浦发银行启东支行认真研究了启东中小企业的特点,制订了实施中小企业集合票据的具体操作办法。

此次发行中小企业集合票据企业的门槛为,企业成立时间3年以上,净资产6000万元以上。中小企业集合票据将由浦发银行委托中介机构,对申请企业进行债项等级评定,根据评定结果确定企业发行票据的金额、利率和期限,在取得担保公司认可后,由浦发银行包销。目前启东市中小企业局已与浦发银行完成了调研摸底,确定了5家试点企业名单,正上报南京分行认可。待认可通过后,将由南京分行组成专家小组上门辅导,实施全程服务。(南通市发改委网站)

【通州农村小贷公司从“试点”成为全省“亮点”】 通州区在南通市率先成立了东升和银达 2 家小贷公司，从全省试点成为全省“亮点”，受到了省金融办的多次表扬。东升小贷公司创建的“通州模式”被省金融办作为典型向全省小贷公司推广。（南通市发改委网站）

【南通市正式启动事业单位改革】 南通市正式启动全市事业单位岗位设置管理工作，实现人员管理由身份管理向岗位管理的转变。《南通市事业单位岗位设置管理实施意见》同时下发。根据《实施意见》，事业单位岗位分为管理岗位、专业技术岗位、工勤技能岗位三种类别，并实行结构比例控制。其中，管理岗位分 10 个等级，根据南通市实际，现行事业单位中的厅级副职、处级正职、处级副职、科级正职、科级副职、科员和办事员，依次分别对应其中的四至十级岗位。专业技术岗位分 13 个等级，南通市原则上设二至十三级，包括高级岗位 6 个等级，其中正高级岗位对应二至四级、副高级岗位对应五至七级；中级岗位分为 3 个等级，对应八至十级；初级岗位分为 3 个等级，对应十一至十三级，其中十三级为员级岗位。工勤技能岗位包括技术工岗位和普通工岗位，其中技术工岗位分为 5 个等级，高级技师、技师、高级工、中级工、初级工分别对应一至五级岗位，普通工岗位不分等级。在岗位设置管理制度下，事业单位工作人员将无所谓干部与工人的固定身份划分，不论何类岗位、何种等级，只要符合岗位竞聘条件均可以竞争上岗。与此同时，人员可上下左右多岗位流动，高职低聘或低职高聘现象有可能成为一种常态。（南通市发改委网站）

【南通养老改革出实招】 南通市各级政府积极应对人口老龄化带来的压力和挑战，加大投入，为老年人改善生活、解除困难做好服务。2010 年，完成市区未建的 103 个村（居）的居家养老服务站的建设，实现市区居家养老服务站全覆盖，努力实现“30 个社区老年人助餐服务点、30 个老年人日间服务中心、10 个老年人康复点”的建设任务；推进农村居家养老服务站建设，努力实现覆盖全市 35% 农村社区的目标。

大力推进养老机构优质发展，提高“民办公助”补助标准，逐步实现社会福利机构投资主体多元化和经营主体多元化。2010 年，市、县分别建成不少于 1 家国办示范性养老机构，床位不少于 500 张、300 张，全市新增床位 1500 张以上；各县（市、区）民办养老机构新增床位不低于 1650 张。

加速农村社会福利中心建设，继续加大农村敬老院硬件投入，力争使农村床位敬老院规模平均每家在 200 张以上，全市新增床位 5000 张，力争 2010 年农村社会福利中心达到乡镇敬老院总数的 80% 以上。

提高百岁以上老龄人长寿补贴标准到每人每月 300 元，探索“尊老金”标准自然增长机制，逐步放宽发放“尊老金”下限年龄到 85 周岁。

扩大城乡老龄救助，依托镇街、社区慈善超市建立老龄平台，每年组织两次以上的专项募捐重点解决贫困老龄人困难；落实好城乡低保、农村五保和优待抚恤标准的自然增长机制，对 65 周岁以上低保对象标准上调 10%—20%，提高 70 岁以上困难老人医疗救助标准，将 60—70 岁低保对象纳入社区粮油实物救助范畴。（南通市发改委网站）

【南通市港闸区用教育信息化推动教育体制改革】 在创建区域教育现代化的过程中，南通市港闸区加大投入，配齐教育信息化的仪器设备。注重教育信息化资源建设，依托“港闸教育信息网”先后建成了教育资源平台、网络教研平台、电子图书库、教育城域网综合信息平台等子网。信息平台为全区学校提供了人事、教务、学籍、校产管理等多个综合应用系统。对教育网内计算机做到实时监管的行为模式，可以实行集体备课、课堂教学探讨、学校信息管理等功能的教研平台、办公平台、家校平台的构建，以及区域教育信息网链接中国基础教育期刊全文数据库、并定期更新资源库、为教师开展有效教学研究提供素材的实践，成为港闸教育信息化的鲜明亮点。（南通市发改委网站）

【海门成为全国土地流转试点市】 海门市被评选为全国农村土地承包经营权流转和农业社会化服务发展情况试点市，全省入选的仅有4家。

2010年以来，该市新增农业适度规模经营面积5.4万亩，21个乡镇建立了土地流转交易市场，土地流转新增1万亩，净增2500亩，累计流转面积17.68万亩，流转率25.9%。农业部、农委相继来海门市就土地承包经营权登记试点和农地股份合作社等问题开展调研，充分肯定该市工作，海门成为国家农业部确立的全国100个开展农村土地承包经营权流转和农业社会化服务体系发展情况检测县（市）之一。（南通市发改委网站）

【南通崇川区深化干部人事制度改革】 南通是"全省干部人事制度综合改革试点区"，而崇川区则是南通的改革试点区。近年来，该区积极深化干部人事制度改革，其率先探索建立的社区党组织"三推两选"公推直选模式，在全市推广。崇川区提出，今后重点抓好7个方面工作，进一步深化干部人事制度改革：规范干部选拔任用提名制度、提高竞争性选拔干部工作质量、建立健全促进科学发展的党政领导班子和领导干部考评机制、坚持和完善从基层一线培养选拔干部制度、加大干部交流力度、完善领导干部岗位聘任制度、加强对干部选拔任用的全程监督。为此，该区正着手建立空缺职位预告制、干部提名责任追究制等新举措，全面推行以"推荐前提名、考察前预告、任职前公示、上任前谈话、考察后反馈、提拔后培训、任职后跟踪、一年后回访"为主要内容的"四前四后"干部工作流程，加强对领导干部的日常管理和监督。（南通市发改委网站）

【南通启东市政府机构改革总体方案确定】 启东市确定了政府机构改革的总体方案，改革后启东设立政府工作部门24个，直属事业单位5个。根据改革方案，启东市将物价局、粮食局、民营经济发展局的职责，划归发展和改革委员会，不再保留物价局、粮食局、民营经济发展局；组建启东市人力资源和社会保障局，不再保留启东市人事局、启东市劳动和社会保障局；组建启东市文化广电新闻出版局，不再保留文化局、广播电视局，不再保留新闻出版局牌子；组建启东市商务局，不再保留对外贸易经济合作局、招商局；将启东体育局的职责划归启东市教育局等。（南通市发改委网站）

连云港市

【连云港市上半年农民人均收入增幅夺冠全省】 上半年连云港市农民人均收入达3560元，比上年增加488元，增长15.9%，增幅居全省首位，高出全省平均增幅约1.8个百分点。2010年以来，连云港市认真贯彻中央一号文件和省农村工作会议精神，把增加农民收入摆到更加突出的位置，进一步调整农业产业结构、不断落实各项惠农政策，上半年农民现金收入实现较快增长。（连云港市发改委网站）

【连云港市生产力促进中心获批国家级示范中心】 经国家科技部组织的绩效考核和专家评估，连云港市生产力促进中心被认定为国家级示范生产力促进中心，标志着该市科技创新服务能力跃上了新台阶。作为联系政府、科研院所和中小企业的桥梁，连云港市生产力促进局根据自身条件、发挥优势，在增强服务能力的同时，积极为该市广大中小企业提供技术咨询、科技信息、人才培训、科技成果转化等服务，吸引了一批稳定的企业服务群体，为企业成长发挥了积极作用。（连云港市发改委网站）

【连云港市多项开放型经济指标居苏北第一】 2010年上半年，连云港市开放型经济发展增势强劲，全市完成进出口总额23.3亿美元，增长32%，规模创新高。其中出口11.8亿美元，增长31%；进口11.6亿美元，增长33.1%，三项指标均居苏北第一。下半年，该市还将全力打造对外开放平台，加快区域性国际商务中心建设，推进陆桥沿线对外开放，加大三新产业、石化、设备制造等产业招引力度，重点做好高科技、服务业利用外资和服务外包推进工作。（连云港市发改委网站）

【赣榆县农村居家养老模式全国推广】 全国老龄工作委员会主办的第 11 期老龄工作简报上，刊登了《赣榆县建设农村老年人集中居住点破解农村养老难题》的调研报告，重点介绍赣榆县的做法。赣榆县老年人集中居住点在建筑形式上每户一套，不管是老年夫妇，还是独身老年人，都按户居住，每户都有各自门牌号，独门进出，独立厕所。凡达到一定规模的老年人集中居住点，均配套居家养老服务中心、休闲广场、小型超市、娱乐活动中心等，使老年人在集中居住点的养老质量得到较大幅度提升。农村老年人集中居住点这一养老形式，保留了传统家庭养老的优点，同时老年人又享受到了机构式的养老服务，有利于老年人身心健康，有利于加强对老年人的社会管理，目前已成为赣榆县农村养老的重要形式。（连云港日报）

淮安市

【淮安在全国率先成立再担保公司】 作为全国首家地市级再担保公司的淮安市信用再担保公司，于 2010 年 7 月正式挂牌运营，首期注册资金 3 亿元，已获得授信余额 30 亿元，并在解决中小企业融资难等方面取得突破。市信用再担保公司采取“政策性引导、市场化运作、公司化管理”的运作模式，由市政府、淮安经济开发区管委会、省担保公司等五方机构共同投资，由具有金融、担保能力的专业人才运作，自负盈亏，是一个政策性公司。信用再担保公司将该市中小企业和担保公司有效联合起来，既能形成整体力量，有效分散担保公司的经营风险；又能采取团体与银行协商的办法，帮助中小企业降低贷款利率、争取授信额度，有效解决其贷款难问题。（淮安市发改委网站）

【淮安市创新开展县级财政信息系统审计】 淮安市创新开展县级财政信息系统审计，选择总预算会计核算系统、集中支付系统和非税收入核算系统作为主要审计对象，重点关注基础设施控制、信息安全控制、运营维护控制及业务流程控制等四个环节。（淮安市发改委网站）

【淮安市创新水利建设市场化融资机制】 在农村“两工”取消的新形势下，农村水利基础设施建设投入不断加大，地方配套资金需求日益扩大。淮安市创新水利建设市场化融资机制，2010 年市财政专门拿出 100 万元，通过“以奖代补”方式，用于激励以融资等方式保证资金配套、及时完成农村饮水安全和村庄河塘整治等任务的县（区）。淮安市水利局将融资机制创新列入县（区）水利局 2010 年度目标考核内容，实行“一票否决”，并以市水利资产经营公司为龙头，逐步带动县区构建融资平台。通过政府引导、行政推动、激励考核、典型带动，淮安市的水利建设市场化融资由市到县、由点到面逐步推开，并已取得明显成果。市场融资解决了资金配套问题，2010 年超额完成了市政府下达的 11 亿元的年度水利建设任务，实际完成投资 14 亿元，确保了治淮、南水北调、农村民生水利、城市水利、区域治理及水资源保护、水库除险加固及度汛应急等六大工程的圆满建成，为全市经济和社会发展提供更坚强的水利支撑；全市水库、船闸、土地、房屋等一大批水利资产得到充分利用，水利国有资产管理实现了保值增值，水利国有资产利用率和 2010 年度水利融资额均走在苏北前列。（淮安市发改委网站）

【淮安殡葬改革工作引向深入】 淮安市将殡葬改革进行了规划，这次规划范围为清河区、清浦区、淮阴区、楚州区、市经济开发区和淮安工业园区。整个规划将分近期、中期和远期三个时段实施，其中，近期为 2009 年—2015 年；中期为 2016 年—2020 年；远期 2021 年—2030 年。近期目标：市区将完成公益性公墓和城乡骨灰堂资源整合和建设，关闭违规经营的公益性公墓，对关闭和封存的公墓一律转入过渡性管理阶段，对原有墓穴进行维护管理，逐步调整用地性质；城乡完成骨灰堂（公益性公墓）建设。（淮安市发改委网站）

【淮安市在全省率先建成农村公路桥梁数据库】 淮安市与交通运输部科研院所合作，在全省率先完成了淮安市农村公路桥梁定期检测和数据库建设。全市 418 座县道公路桥梁、乡村道公路大型和特大型桥梁的技术状况等均被录入数据库，并作出了安全评定。这项成果不仅弥补了由于历史原因造成的部分桥梁基础资料无法查询的问题，还为已入库桥梁的建设改造和维修保养提供了科学依据。此项工作被省交通运输厅在全省推广。（淮安市发改委网站）

【淮安试行共有产权房】 淮安市推出的“共有产权”住房模式引起全国关注。据报道，有购房者只付了9万多元就买了一套71平米的两室一厅，5年后再付给政府8万多元，这套房子就完全属于自己。政府对房子有一部分产权但没有使用权，死后个人产权仍可继承。在国务院发展研讨中心组织的研讨会上，有专家提出值得向全国推广。（网易）

【淮安管理创新试点企业入选数量全省第一】 淮安市积极开展企业管理创新工作，引导企业提高管理效率，全面提升企业管理水平，全市11家企业入选全省第二批管理创新试点企业，入选企业数量全省第一。（淮安市发改委网站）

【金湖出现苏北首家“村居合一”型社区党委】 淮安金湖成立了中共黎城镇黎城社区党委。这是苏北首家村居合一型社区党委。该社区党委实行“交叉设置机构、双向承担职责”的组织架构和“组织关系在支部、发挥作用在社区”的运行方式，即在组织领导方面，村、居党总支隶属社区党委，总支书记担任社区党委委员，既参与社区工作的集体领导，又继续承担村居事务工作；在活动方式方面，明确社区党委和各党支部的职责，党员的日常教育管理由各支部组织开展，开展活动由社区党委统筹安排。（淮安市发改委网站）

【淮安市逐步实施“三延伸”保证农民工子女入学“零障碍”】 在坚持“免试、免费、就近”的原则，安排农民工子女义务教育阶段入学的基础上，淮安市将逐步实施“三个延伸”，保证进城务工人员子女在淮就学无障碍：从义务教育向非义务教育延伸，学前教育和高中教育阶段在助学、招生等方面逐步实现同城待遇；从关怀学生向关注家庭延伸，将通过办好一批“新市民学校”，改善民工子女家庭教育环境；从机会保障向文化融合延伸，各类学校进一步开展好主题教育活动、校园文化建设、心理健康指导等，让“民工娃”尽快成为城市的新市民。（淮安市发改委网站）

【淮安市商务综合行政执法成为省内唯一通过国家商务部验收合格认证的地级市】 作为商务部确定的全国首批50家地市级商务综合行政执法试点城市之一，淮安市商务综合行政执法正式通过国家商务部验收合格认证，是全省唯一获得验收合格认证的地级市，将获得国家100万元的专项扶持资金。（淮安市发改委网站）

【淮安市政府采购中心建立“分段式”采购模式】 淮安市政府采购中心从加强内控机制入手，推行政府采购流程再造，着力构建“分段式”政府采购新模式，精心打造公开、公平、公正、规范、高效、快捷的“阳光采购平台”，政府采购权力运行不断规范，工作成绩得到社会各界认可，实现连续四年零投诉。

改革内部组织结构，实行采购流程再造，构建科学合理的“分段式”采购新模式。为有效防止政府采购权力过于集中，该中心从改革内部组织架构入手，实行政府采购流程再造，按采购工作流程调整内设机构，并在实施“分段式”采购的基础上，启动“三级复核”程序，从而实现各采购程序既相互独立又环环相扣，通过分权制约和组织控制，有效防止以往采购项目个人说了算的现象发生。

从强化公平高效入手，拓展“深度”和“广度”，着力构建“分段式”采购新模式。进一步修订《中心工作规程》和《业务操作流程》，出台《公开招标方式政府采购精细化管理手册》，从执行的相关法律法规到中心岗位职责、具体管理环节、执行标准等方面均作了详细规定。在加强制度建设的同时，对公开公平的深度和广度进行积极探索，所有政府采购信息一律在指定信息媒体上公开发布、采购文件上网供免费下载，不但节约了投标人的投标时间和投标成本，还可以广泛接受供应商的事前监督，将政府采购的公平公正又推进一步。

依托科技手段，搭建现代网络平台，规范流程，提高效能，积极推行电子化的“分段式”采购新模式。该中心积极探索电子政府采购之路，目前已建成拥有淮安市政府采购网、政府采购申报审批平台、项目管理平台、供应商投标报价平台及采购人服务沟通平台。在供应商报价平台下分设网上比价和协议供货电子反拍两个子系统，形成了集申报、审核、审批、采购、合同见证及付款为一体的信息化电子平台，既规范了办事流程、提高了管理水平和工作效能，也方便采购人及时了解项目进展情况、沟通需求，还可以控制人为因素可能对公平产生的消极影响。特别是协议供货电子反拍系统的开发应用，有效遏制了采购人搭车购物致使价格虚高的问题。（淮安市发改委网站）

盐城市

【盐都成为省首批创建义务教育均衡改革发展示范区】 省政府办公厅转发了省教育厅等部门《关于江苏省义务教育优质均衡改革发展示范区建设的意见》。《意见》明确盐都区为省首批创建义务教育优质均衡改革发展示范区的 13 个市、县之一，是盐城市唯一一家参创的县（市、区）。根据省创建义务教育优质均衡改革发展示范区的相关要求，盐都区专门制定了《盐都区义务教育优质均衡改革发展示范区建设方案》，明确以建设义务教育优质均衡改革发展示范区为目标，以解放思想、改革创新为动力，以实施“四名”工程、推进教育现代化为主线，以打造公平教育、素质教育、优质教育、特色教育、示范教育、和谐教育为重点，围绕办学条件、师资队伍、教育质量、管理水平、入学机会、保障能力等六个方面，加大教育投入，合理配置教育资源，全面实施素质教育，全面提高教育质量，推动盐都教育盐城领先、江苏争先。计划通过 3 年左右的努力，实现全区校园环境一样美、教学设施一样全、公用经费一样多、教师素质一样好、管理水平一样高、学生个性一样得到弘扬、人民群众一样满意，真正使盐都区成为省市义务教育优质均衡先导区、规范办学样板区、素质教育示范区、高效课堂引领区、体制机制创新区、科学评价探索区、城乡一体融合区、人民满意认可区。（盐城市政府网）

【大丰市深化机关效能革命　推进行政服务标准化】 大丰市出台了行政服务“八项”标准，形成了“以规范服务为核心、提升效能为重点、公共监督为保障”的行政服务标准化体系。一是窗口管理标准化。窗口单位领导定期到中心窗口会办、签批办理件，实行 AB 岗制度，对窗口充分授权，行政服务科科长正常在窗口坐班，要求窗口工作人员全部参加中心日常考勤、考核及各项活动。二是运行模式标准化。窗口实行“一门受理、窗口承办、网上会签、限时办结”的一站式运行模式，推行权力事项“网上咨询、网上投诉、网上受理、网上会签、网上监管”的审批机制，税费统一在中心结算窗口收缴。三是办件程序标准化。窗口实行首问负责制、一次性书面告知制、预约服务及 AB 岗制度，在窗口处公开办件流程、承诺时限、职责窗口、联系电话、收费明细等服务指南，办事流程全部按规定的格式操作。四是窗口服务标准化。工作人员必须着装规范、举止大方、文明礼貌、热情服务，严格执行廉洁自律制度，每天提前十分钟到班，班前坚持“三查三看”，一查卫生，看办公设备是否完好，二查仪表，看着装是否整齐，三查办件，看办件系统是否有特殊件。五是窗口职能标准化。职能单位整合内部职能，设立行政服务科，服务事项全部进驻中心窗口，切实提高办件时限和办结率，每季度窗口部门向中心报告办件情况，建立中心部门窗口与分中心的联络、交办和督促职能。六是人员管理标准化。窗口部门行政服务科科长担任驻行政服务中心窗口负责人，建立窗口管理制度，加强对窗口工作人员法规政策、项目流程和标准等学习培训，使其熟练操作网上审批系统，并建立窗口工作人员正常考核流动机制。七是设备管理标准化。窗口工作人员充分运用功能齐全、高效安全的审批管理软件，实行规范化管理和网上监察，窗口应适时更新、维护办公设备，提供便民服务用品。八是窗口考核标准化。建立行政服务工作考核激励机制，窗口人员在中心年度考核中，被表彰为“红旗窗口”、“服务标兵”的，按照部门奖励标准进行表彰。对所在窗口连续三年获得年度“十佳红旗窗口”、个人连续三年考核确定为优秀等级的，优先提拔使用。（盐城市政府网）

扬州市

【扬州江都市农机政策性保险财政补贴50%】 2010年，江都市农机政策性保险采取由保险公司自营的模式，确定在市农机安全监理机构注册登记的兼用型拖拉机、联合收割机及其驾驶人为参保对象。其中兼用型拖拉机交强险标准为：≤14.7kw的105元/台，>14.7kw的155元/台；联合收割机交第三者责任险的标准为524元/台；兼用型拖拉机和联合收割机等农机驾驶人意外险费率，实行100元/人、300元/人、400/人元三档标准，且每台机械限1人投保。以上三种农机政策性保险财政给予50%的补贴，其中省财政给予30%的补贴，市财政给予20%的补贴。（扬州市发改委网站）

镇江市

【丹阳力推“两整治一改革”】 丹阳市局积极推进“两整治一改革”工作，一是把专项行动与制度建设结合起来，围绕国土中心工作完善制度，促进管理和服务的精细化。二是把专项行动与廉政文化建设结合起来，丰富教育载体、创新活动形式，进一步浓厚廉政文化氛围。三是把专项行动与争先创优活动结合起来，努力建设一支政治坚定、业务精通、作风优良、纪律严明的高素质干部职工队伍。四是构建一把手负总责的领导机制、全员参加的专项治理群体机制、改革创新的专项行动促进机制和惩恶扬善的专项行动宣传机制，稳步推进“两整治一改革”专项行动，在全系统大力营造争先创优、积极向上的工作环境。（镇江市政府网）

泰州市

【泰州市出台政策激励知识产权创造】 泰州市出台《关于实施开放创新双轮驱动战略推进经济转型升级的若干政策》。《政策》突出支持知识产权工作，激励知识产权创造。一是对获得国家、省发明专利金奖的项目，分别一次性奖励10万元、5万元；对当年新授权的国外、国内发明专利，分别一次性奖励发明人1万元、5000元。二是对首次获得中国名牌、国家驰名商标的企业，分别一次性奖励50万元；对新获得中华“老字号”称号的企业，一次性奖励20万元；对首次获得省级名牌、著名商标的企业，分别一次性奖励10万元。三是对以一般贸易方式出口的具有自主知识产权的技术或产品，当年出口保持增长且出口额在500万美元以上的企业，给予不超过10万元的奖励。（泰州市发改委网站）

【泰州市生育关怀“十百千”工程成效显著】 2010年，泰州市坚持以人为本，千方百计为计划生育家庭解难题、谋出路、求发展，大力实施“十、百、千”救助工程，做到事前加强调查，把握关怀人群需求；事中注重分类关怀，力求科学运作；事后评估效果，构建长效机制。

“十”即村级救助10户计生困难家庭脱贫致富。充分发挥全市44.2万名计生协会会员、志愿者的作用，制定救助制度，创新救助模式，全方位多层次为计生困难家庭提供技术、信息、政策、资金等方面的服务，切实解决计生困难家庭在生产、生活、生育上遇到的难题。

“百”即乡级为100名育龄妇女和会员群众免费查病治病。各乡镇充分发挥计生服务站的作用，全面实施生殖健康查体和生殖道感染预防干预工程，严格按规定每季度为育龄妇女健康查体一次，筛查出患有各类妇科疾病的育龄妇女，分别建立档案，登记造册，实行跟踪治疗服务。同时开通热线服务电话，及时了解患者治疗和康复情况。

“千”即市级救助1000名独生子女健康成长。全市把“关爱女孩行动”作为新农村建设的一项重要内容不断推进,重点从女婴出生、女童成长、女孩就学、平安养老保险、发展经济、医疗保健、招工用工、利益导向等十个方面入手,为农村女孩户建立稳定的优惠政策和社会保障制度。全市出台倾斜独女家庭的优先优惠政策23 条,结对帮扶贫困女孩家庭 2306 户。(泰州市发改委网站)

【泰兴市全面启动“教师轮岗制”助推均衡教育发展】 泰兴市义务教育阶段学校实行人事关系不变的轮岗任教。例如把泰兴城区、黄桥镇区以及其他优质资源学校的优质师资,有计划、有步骤地安排到有关薄弱学校轮岗任教。建立校区、分校的学校以及有结对帮扶任务的优质资源学校,按照教师总数 5% ~10% 的比例,分别与校区、分校以及被帮扶学校互派教师轮岗任教。(泰州市发改委网站)

【泰州市区全面推进村组(社区)股份制改革】泰州市委、市政府决定,用两年左右时间在市区全面推进村组(社区)股份制改革和社区建设工作。市政府常务会议通过的《关于加快推进市区村组(社区)股份合作制改革和加强社区建设的工作意见》明确,股份制改革工作应“先易后难,逐步推开”。城中村、城郊村、资产量较大的村可先行考虑,资产量少或群众强烈要求改革的村也可早试点、早推进。股份制改革主要以村为单位进行,也可以由一个或几个村民小组联合开展。(泰州市发改委网站)

【泰兴地税局探索契税征收新模式】 自契税征管职能由财政部门划转至地税部门后,泰兴市地税局积极探索新的征管模式,一是加强契税征收改革,实现流程再造。对契税征管5 个流程进行重新分配,划分为咨询、申报、核批、缴纳、信息交换等相互联系的节点,打破以前业务条块分割、相互独立的局面。二是加强与评估机构的合作,推行评估制度。由征收机关提请社会评估机构分片对房地产进行评估,提供区域内的最低指导价,对交易价格的确认实行宏观指导。三是加强信息交换,实行源头控税。与房地产开发商联系,及时掌握新房上市、预售等情况;与国土、房管等部门联系,及时交换土地、房屋交易情况,并强化“先税后证”的管理。四是加强政务公开,打造“阳光工程”。公开征税范围、税率、交易指导价格等内容,主动接受社会监督,使契税征管在阳光下操作。(泰州市发改委网站)

【泰兴实施财政国库集中收付制度改革】
泰兴市财政国库集中收付制度改革 2010 年正式运行,乡镇的改革工作从 2010 年上半年开始,采取先试点后推开的方式进行,2010 年全部实施到位。财政国库集中收付制度改革是建立国库单一账户体系,将政府所有财政性资金全都纳入国库单一账户体系管理,收入直接缴入国库或财政专户,支出分别采取财政直接支付和财政授权支付方式,通过国库单一账户体系支付到商品和劳务供应者或用款单位,从而形成“收钱的不管钱,管钱的不拨钱,拨钱的不花钱,花钱的不见钱”的资金管理模式。改革的基本原则为“一变三不变”:“一变”即改革财政资金的支付方式,“三不变”即不改变预算单位的资金使用权、财务管理权和会计审核权。改革的主要内容包括三个方面,一是建立国库单一账户体系,二是规范收入缴纳程序,三是规范支出拨付程序。(泰州市发改委网站)

【泰兴市以转型升级培育产业冠军】 泰兴市以产业转型升级为契机,加快主导产业高端化、传统产业品牌化、新兴产业规模化,加速发展现代服务业,着力做优做强、做特做新产业,提升全市产业的发展层次和竞争力。一是以“一区四园”、重点企业、重大项目为抓手,向前端延伸提高自主研发能力,向后端延伸提高市场开拓能力和品牌营造力,加速化工、机电、医药这三大主导产业向产业链高端攀升,努力使产业发展呈现“微笑曲线”。二是大力实施“新兴产业倍增计划”,重点发展新能源、新材料、环保节能产品,着力培育发展高新技术产业园、化工新材料产业园、节能环保产业园,打造新一轮经济发展的先发优势。三是着重以打造长江下游货物集散地为目标,充分发挥区位和产业优势,加快推进苏中化工物流园、虹桥金属

材料物流园、黄桥火车站综合物流园、新街农副产品物流园的规划和建设，大力发展生产性服务业。（泰州市发改委网站）

【泰兴农村宅基地置换住房试点】 长期以来，农民建房基本上是沿路、河、渠、沟等一字摆开，一方面造成土地资源浪费，另一方面导致政府无法集中财力搞基础设施建设。路面不平、污水乱排、电线乱拉、管道乱铺等现象普遍存在，反过来又制约了农村居民生活质量的提高。从2010年起，泰兴市按照"工业向园区集中、居住向社区集中、人口向城镇集中"的要求，在泰兴镇及"一区四园"先行试点农村宅基地置换住房工作，原则上以自然村或组为单位集中搬迁，自然村或组为单位有困难的，可以按10户以上集中连片的农户为一个实施组合，新增耕地面积应不少于10亩。置换方式有两种：交还原有宅基地后到城镇或行政村农民集中居住区置换住房；选择货币补偿到城镇购置商品房。

选择到城镇或行政村集中居住区置换住房的，由乡镇比照房屋拆迁补偿安置政策，测算房屋和宅基地补偿金额。根据家庭人口情况，安排相应的套型住房。人均住房面积原则上参照小康指标确定，不低于40平方米。选择货币补偿的，按合法宅基地面积和建筑面积进行评估，给予相应的货币补偿和适当奖励，农户接受货币补偿后不再另行安排住房和宅基地，也不可再申请购买集中居住区的置换房。农民集中居住区内置换住房一律建设多层公寓，不得建设低层联排和独立式住宅，统一规划、统一配套、统一管理，统一组织招投标，统一委托代建。

农民集中居住区选址必须符合土地利用总体规划和村庄建设规划，是农用地的必须依法办理农用地转用手续。农村宅基地置换建设用地的由乡镇向国土资源部门申报实施区域和工作计划，纳入城乡建设用地增减挂钩项目备选库管理。农村居民点及其他建设用地整理后产生的城乡建设用地增减挂钩指标，30%优先启动本乡镇集中居住区建设，其他70%的挂钩指标由市政府统筹安排，主要用于城区及"一区四园"的基础设施建设和工业项目用地。挂钩指标实行有偿跨乡镇（园区）易地使用，有偿调剂价格每亩不少于1万元，由使用其指标的乡镇（园区）支付。乡镇（园区）组织搬迁且复垦整理到位后通过省国土资源厅组织验收的，实行以奖代补，每新增一亩耕地奖励3万元。农村宅基地置换后，拆旧区原则上不得用于非农建设。

农村宅基地置换住房后，宅基地交还原集体经济组织。农户的户籍关系迁入城镇社区管理的，在子女教育、职业培训、就业服务等方面享有与城镇居民同等权利，并享有原集体经济组织成员除申请宅基地以外的权益。（泰州市发改委网站）

【泰兴市创新三项机制落实耕地保护责任】 泰兴市创新三项机制落实耕地保护责任，一是耕地保护责任共担机制。按照主体明确、责任明晰、经济激励、监督制约的思路，建立起乡镇政府为主体、部门联动监管、社会广泛参与的耕地保护责任共担机制。完善《泰兴市乡镇政府耕地保护目标考核办法》，全面落实乡镇政府耕地和基本农田保护责任，加强监督考核，严格奖惩兑现。广泛宣传土地国情市情和政策法规，增强全市广大干部群众的土地忧患意识和耕地保护意识。二是基本农田保护动态监管机制。依据土地利用总体规划和土地调查成果，组织开展基本农田保护区调整划定工作，及时做好基本农田保护基础性工作，完善基本农田保护档案。适时调整完善市、镇、村、组四级保护网络，加强基本农田动态监察和信息反馈。研究出台基本农田保护激励政策和鼓励措施，将保护工作和群众利益直接挂钩，实现基本农田有效保护。三是耕地补充责任机制。综合运用经济和行政手段，推动土地复垦整理项目实施。探索建立耕地占补平衡乡镇政府责任制，把耕地占补平衡项目建设列入双文明百分考核，并将指标分解到乡镇，凡不能完成任务的，停止该乡镇范围内所有用地报批手续。（泰州市发改委网站）

【全国首家基层农技推广信息化平台试点在兴化启动】 兴化市农技推广中心视频会议室举办“基层农技推广信息化培训班”。这次培训活动的举办标志着全国首家基层农技推广体系信息化平台试点在兴化正式启动。农技推广体系信息化平台有助于提升基层农技推广的公共服务能力:一是实现技术咨询面对面(画面)、技术交流口对口(话筒)、技术培训画中画(多媒体)等多种功能;二是能为农民提供贴切即时的资料查询、田间诊断、农事决策等服务;三是农技人员相互之间网络资源共享、联络渠道畅通、信息传递便捷;四是农业主管部门创新了农技推广管理手段和方法,通过 GPS 定位、上报工作日志等方式,公正客观的进行绩效考评、实时监督、站点互动等动态管理。(泰州市发改委网站)

【泰州市戴南、新桥试点“强镇扩权”】 戴南、新桥成为省试点镇后,将在创新管理体制、扩大管理权限、强化公共服务、增强发展活力等四个方面开展强镇扩权的改革。主要内容包括:按照副县(处)级管理,探索机构设置综合、管理扁平高效、人员编制精干、运行机制灵活的基层政府新型管理架构;赋予县级经济社会管理权限,下放、委托的行政许可、行政审批和公共服务事项原则上进入镇便民服务中心,成立综合行政执法机构,实行综合行政执法;省市县在一般预算收入分成比例、财政收入超收返还、规费和土地出让金留成等方面给予倾斜;按照统筹城乡发展和建设现代新型小城市的目标要求,深化户籍管理制度改革,放宽落户条件,让有条件的农民有序转为市民,逐步使农业转移人口享受与城镇居民相同的待遇等。

强镇扩权改革试点的目标是:通过两年左右时间,推动这些试点镇逐步发展成为人口集聚、产业集群、结构合理、体制创新、环境友好、社会和谐的现代新型小城市,与现有大中小城市形成分工有序、优势互补的空间格局。(泰州市发改委网站)

【泰州工商局全面推行“说理式”行政执法】 泰州工商局 2010 年,在查处违法行为时,坚持做到教育与处罚相结合,全面推行“说理式”行政执法,通过案前教育、案中查处、案后回访等方法,对企业加强宣传教育,逐步形成以教育为主、重在纠违、苗头预警、轻微告诫、重点打击的行政指导工作机制,增强了公平交易综合执法能力,提升了工商行政管理执法工作的层次和水平,较好地维护了企业权益。(泰州市发改委网站)

宿迁市

【宿迁市出台加快推进小城镇建设意见】 宿迁市出台加快推进小城镇建设意见。工作目标为经过三年努力,至 2012 年底,全市小城镇新建住房 4.1 万套,镇区新增人口 16.4 万人,建成区面积平均达到 1.8 平方公里,带动全市城镇化率增加 3.1 个百分点,全市城镇化率达 44%,小城镇镇区总人口达 108 万人,规模居住小区建筑面积达 550 万平方米。到 2015 年末,全市城镇化率达 50%,小城镇镇区总人口达 125 万人,规模居住小区建筑面积达 1400 万平方米。宿迁市将采取四项措施加快小城镇建设。一是加快规划修编,引领城镇建设。二是坚持“三靠近”,做大城镇规模。三是完善设施配套,增强城镇功能。四是强化运营管理,提升城镇形象。(网上宿迁)

【宿迁市三项举措深化农村改革】 一是创新农民专业合作经济组织发展机制。大力开展“农民合作组织提升年”活动,组织开展“五好”农民专业合作社示范创建活动,促进农民专业合作组织规范发展。建立健全县乡农民合作组织指导服务体系,拓展农民增收空间,加快农村经济发展。

二是加快农村土地流转步伐。加快推进土地承包经营权流转,扩大产业化经营基地。完善农村土地流转有形市场平台建设,统一土地流转合同文本,建立土地流转登记备案和储备发布制度,调动农民流转土地经营权的积极性。加快发展合格经营型、土地集中型、统一服务型等多种形式的适度规模经营。

三是深化征地制度改革。进一步落实征地补偿和被征地农民基本生活保障制度。积极稳妥推进农村集体建设用地收购储备工作。结合农村集中区建设，加快推进城乡建设用地增减挂钩和万顷良田工程。（宿迁市发改委网站）

【宿迁市突出“五个重点”深入推进行政管理体制改革】 一是继续深化行政审批制度改革。巩固“三集中、三到位”改革成果，进一步优化审批服务流程，创新审批服务机制，提高审批服务效率。健全重大项目审批绿色通道，大力推进联审会办制度。完善网上审批，加强内外网审批衔接，推进行政权力网上公开透明运行，构建“外网受理，内网办理，外网反馈”的全新格局。

二是进一步推进招标投标管理改革创新。进一步扩大公共资源交易进场范围，逐步建立“同城合一”管理模式。加强招标投标综合执法，强化标前、标中和标后监管。加快推进网上招标采购进程。出台政府投资工程建设项目招标投标管理、市级政府采购管理工作意见等制度，努力促进我市招标投标市场健康发展，不断深化招标投标管理“宿迁特色”。

三是深化城乡规划建设体制改革。进一步理顺审批体制，健全城乡规划授权委托管理机制，强化授权委托管理的灵活性和规范性，进一步激活开发区活力，全面提高城乡规划水平。规范城市规划执法和建筑工程质量安全监督属地化管理，确保执法公平、公正。进一步健全监督管理机制，加强“1231”城建热线建设，建立接受群众咨询、投诉、举报的联动机制。

四是深化政府机构改革。进一步转变政府职能，加快推进政企分开、政资分开、政事分开、政府与市场中介组织分开，充分发挥市场在资源配置中的基础作用。整合优化政府组织机构，使之更加适应经济社会发展需要，并积极探索和推行职能有机统一的大部门体制改革。明确责任，着力解决职责交叉、权责脱节等突出问题，建立健全部门间协调配合机制，形成工作合力。改进“窗口”机构的服务与管理，健全办事制度，公开办事依据，简化办事程序，转变管理方式和工作作风，提高政府服务水平和公信力。

五是致力改革行政执法体制。深入推进行政执法体制改革，加强执法队伍建设，创新行政执法模式，严格规范行政执法行为和执法程序，建立行政执法监督检查制度，深入推行行政执法责任制，建立和完善行政执法责任追究制度。（宿迁市发改委网站）

【泗阳县被省卫生厅确定为新农合支付方式改革试点县】 泗阳县被省卫生厅确定为新农合支付方式改革试点县。新农合支付方式改革，是将现行按项目付费为主体的医疗费用后付制，逐步实行总额预付、按单元、按病种、按人头支付的医疗费用预付制的过程。通过支付方式改革，能够合理利用医疗卫生资源，促进医疗机构科学管理，提高服务质量，遏制医疗费用不合理增长。（网上宿迁）

（魏晋霞　易　武　编辑整理）

大 事 记

江苏省

1 月 14 日 江苏省召开卫生工作会议。会议指出,江苏省今年力争在公立医院改革上有新的突破,注重改善医疗服务,提高群众对医疗卫生服务的满意度。公立医院改革确定选择镇江市和 1 家省直医院进行改革试点。

1 月 19 日—20 日 省卫生厅在南京召开全省医院工作会议暨医政工作会议。会议回顾了 2009 年全省医政工作取得的成绩,并对《2010 年全省医政工作要点》进行了深入解读。省卫生厅副厅长黄祖瑚在会上传达了郭兴华厅长讲话精神,并作工作报告。各省辖市卫生局分管局及相关部门负责人参加了会议。

1 月 20 日 省政府在南京召开农村金融改革发展座谈会,常务副省长赵克志出席会议。

2 月 7 日 省政府召开电视电话会议,部署加大力度解决企业拖欠农民工工资问题,省委常委、常务副省长赵克志出席并讲话。赵克志在讲话中指出,做好农民工维权工作,保障其及时领取应得的劳动报酬,关系广大农民工的切身利益,关系改革发展稳定大局。

2 月 8 日 省政府召开全省实施基本药物制度工作电视电话会议,省长罗志军出席会议并讲话。罗志军强调,建立基本药物制度是一项重大的改革创新,也是当前深化医改工作的重中之重。各地各部门要认清形势,提高认识,健全工作机制,落实工作责任,切实加快基本药物制度实施步伐,下决心办好这件民生实事。副省长何权主持会议。

2 月 9 日 省长罗志军专程走访了一年前决策易地复建的南京牛首山铁矿家属区危旧房改造项目首批入住的居民。他在走访中强调,做好住房保障工作是各级政府义不容辞的责任,要进一步加大保障性住房建设力度,逐步扩大供应范围,使更多的住房困难群体"住有所居"。

2 月 14 日 财政部、环保部和江苏省政府联合在无锡市举行太湖流域主要水污染物排污权有偿使用和交易试点启动仪式。无锡蓝星石油化工有限责任公司等在内的沿太湖的苏州、无锡、常州、南京、镇江 5 家排污企业与沿湖 5 市环保局签订了申购合同。

2 月 19 日 副省长曹卫星召集会议,贯彻落实中央和省委省政府关于教育工作的决策部署,研究当前和今后一个时期教育改革发展有关问题。

3 月 8 日 省政府在宁召开华泰证券改革发展座谈会。省委常委、常务副省长赵克志到会讲话。

3 月 16 日 省政府召开进一步做好清理规范改制学校工作电视电话会议。副省长曹卫星出席会议并讲话,他强调,各地各有关部门要按照"政府主导、统筹规划、依法规范、稳步推进"的原则,扎实做好改制学校清理规范各项工作。

3 月 17 日 省政府召开全省实施基本药物制度工作电视电话会议,副省长何权出席会议并讲话。他强调,各地各有关部门继续完善基本药物制度建设各个关键环节,进一步落实基本药物制度的规范运行要求,完善配套政策,推进基层医疗卫生机构综合改革,并积极扩大制度实施范围。

3 月 26 日 省政府召开深入推进全省乡镇机构改革电视电话会议。会议总结分析了前一阶段改革工作进展情况,研究部署下一阶段工作任务。省委常委、常务副省长赵克志出席会议并讲话。

3 月 31 日 全省基础教育教学工作会议在南京闭幕。会议表彰了一批全省基础教育课程改革先进集体和先进个人。

4月12日 省物价局召开新闻发布会，会上公布了省核定的13378种药品的中标零售价。5月1日起在全省县及县以上医疗机构中执行。其中1980种政府定价药品中标零售价格比政府规定的最高零售价格降低21.4%，比原各市招标后的实际销售价格降低近10%。

4月14日 省教育厅在苏州召开省中长期教育改革和发展规划纲要修订工作座谈会暨三个先行市制定工作汇报会，听取了对《江苏省中长期教育改革和发展规划纲要》建议。省教育厅厅长沈健出席会议并讲话。副巡视员洪流对省规划纲要的研究制定情况进行了通报。

4月27日 卫生部在无锡市召开全国社区卫生综合改革经验交流会，卫生部副部长刘谦出席会议并讲话，副省长何权到会致辞。

4月28日 江苏省高级人民法院召开了新闻发布会，发布了《关于为我省加快转变经济发展方式提供司法保障的意见》，其中一系列措施的出台，将有利于专利等侵权事件的法律维权。

5月6日 江苏省发展改革系统法规工作会议在泰州召开。会议总结了2009年发改委法规的工作，并研究部署2010年发改委法规工作重点和任务。会议邀请省政府法制办邢丽处长作关于建设法治政府与推进依法行政的专题讲座。

5月12日 省教育厅召开全省职业教育教学改革创新指导委员会成立大会，省教育厅厅长沈健为来自政府有关部门、行业企业、科研院所和职业院校的62位省指委委员逐一颁发聘书并讲话。省教育厅副厅长丁晓昌主持会议。

5月21日 省政府在苏州召开全省义务教育优质均衡改革发展工作会议。教育部副部长陈小娅、副省长曹卫星出席会议并讲话。

6月19日 省委印发了《关于贯彻〈2010—2020年深化干部人事制度改革规划纲要〉的实施意见》，为未来10年江苏干部人事制度改革指明了方向。

7月5日 江苏省人力资源和社会保障厅发出通知，7月起实行新的《江苏省基本医疗保险诊疗项目和医疗服务设施范围及支付标准》，新医疗保险诊疗和服务范围增加了38个项目。

7月5日 副省长何权召开专题会议，听取全省深化医药卫生体制改革工作督查情况汇报，研究部署下一阶段工作任务。

7月21日 省长罗志军主持召开江苏省中长期教育改革和发展规划纲要征求意见座谈会，听取社会各界人士意见和建议。副省长曹卫星、省政府秘书长樊金龙和省有关部门负责同志参加了座谈会。

7月27日—30日 由天津市委常委、市委教育工委书记苟利军带队的天津市教育考察团到江苏省考察调研。省委常委、无锡市委书记杨卫泽，省委常委、宣传部长杨新力会见了苟利军一行。考察期间，还举行了江苏—天津教育改革发展座谈会，苟利军、副省长曹卫星在会上致辞。

7月30日 省政府召开全省深化医药卫生体制改革工作会议，总结交流一年来医改工作情况，研究部署下一阶段任务。省长罗志军作出重要批示，副省长何权到会讲话并代表省政府与各市政府签订医改目标责任书。

8月5日 省医改办在南京召开了全省医改办主任会议。省发改委副主任、省医改办主任曲福田出席会议并讲话，他重申了罗省长对全省医改会议的批示，归纳总结了何权副省长的重要讲话。

8月10日 副省长何权召集会议，听取全省深化医药卫生体制改革工作会议贯彻落实情况汇报，研究部署下一阶段工作任务。

8月17日—18日 江苏省森林采伐管理改革试点座谈会在宿迁市宿城区召开。会议传达了森林采伐管理改革会议的精神，指出了采伐管理工作中存在的一些问题，各市县汇报了近阶段改革试点的成效，对共同关注的问题提出了一些建设性的意见。省森林资源管理处处长吕祥生、江苏省森林资源管理处副处长李勇才、宿迁市林业局局长骆敏、副局长周松林等人参加了座谈会。

8 月 25 日 省卫生厅举行新型农村合作医疗省级信息平台启用仪式。副省长何权出席仪式，听取了信息系统建设情况汇报，并与盐城东台市合管办和南京市儿童医院两地负责人进行了现场视频通话。省政府副秘书长朱步楼，省财政厅副厅长黄晓平，社会保障处处长戴明辉，省民政厅副厅长凌航等出席了启用仪式。省卫生厅厅长郭兴华主持仪式。

8 月 27 日 副省长曹卫星出席省教育厅召开的部署实施国家教育体制改革试点工作电视电话会议并讲话。

8 月 29 日 全省教育工作会议举行了大会交流发言。省委书记梁保华、省长罗志军、政协主席张连珍等出席了会议。省委常委、宣传部部长杨新力主持大会。副省长曹卫星出席会议并讲话，他提出了“率先建成教育强省、率先实现教育现代化”的奋斗目标。

8 月 31 日 省长罗志军主持召开金融企业座谈会。他指出，要加快金融业改革创新，促进现代服务业提速发展。省政府秘书长樊金龙等参加座谈会。

9 月 19 日—20 日 副省长何权率省发展改革委、财政厅、编办、人力资源社会保障厅、物价局等部门负责人赴安徽调研医药卫生体制改革工作。

9 月 26 日—28 日 全省基本公共卫生服务项目师资培训班在南京举办。其主要目的是推动各地深入学习贯彻省卫生厅、省财政厅、省人口计生委《关于促进基本公共卫生服务逐步均等化的实施意见》精神，严格执行《国家基本公共卫生服务项目规范》。13 个省辖市卫生局基妇处处长、市级项目技术指导专家以及部分社区卫生服务中心主任、乡镇卫生院院长参加了培训。

10 月 1 日 《江苏省基本医疗保险、工伤保险和生育保险药品目录库(2010 版)》正式实施。参保人员要想了解某种药品是不是医保用药，医疗机构有没有高价卖药，只要在省人力资源和社会保障厅网站一查便知。

10 月 9 日 省发改委召开省医改办副主任和有关部门相关负责人会议。会议就近期举办江苏省深化医疗卫生体制改革培训班等相关工作进行了认真的讨论和研究。会议由徐莹副主任主持，省卫生厅姜锡梅副厅长、省人力资源和社会保障厅徐文宝副厅长、省财政厅、省编办和发改委相关处室负责人参加了会议。

10 月 9 日 省住房和城乡建设厅、省国土资源厅、省监察厅、省物价局四部门经省政府同意，联合下发《关于进一步促进房地产市场平稳健康发展加快推进保障性住房建设的通知》；同日，财政厅、地税局、住建厅联合发文调整契税及个税政策。

10 月 10 日 全省医改办主任会议在南京召开。省发改委副主任、省医改办主任曲福田出席了此次会议并讲话。会议特邀北京大学中国经济研究中心李玲教授到会专题讲座，她对目前国家出台的医改政策进行了深入解读，并对现阶段医改实施过程中要研究和注意的几个问题进行了分析。

10 月 26 日 由中国有色金属工业协会地质矿产分会主办的“全国有色金属地质勘查行业改革与发展高层论坛”在南京召开，副省长李小敏出席并讲话。

10 月 30 日 “第四届长三角改革发展论坛”在南京举行。论坛以“经济升级转型的历史机遇——城乡一体化”为主题，研讨长三角区域城乡发展一体化建设的成果和经验。中国体改研究会会长宋晓梧、副省长史和平出席并讲话，老领导陈焕友出席会议。

10 月 31 日—11 月 4 日 全省县级领导干部医改专题研究班在南京举办。副省长何权作出重要批示，省政府副秘书长朱步楼和省委组织部副部长郭广银作开班动员，省发展和改革委员会副主任曲福田主持开班式。省卫生厅副厅长姜锡梅出席了开班式。省医改办副主任徐莹作研究班总结讲话。

11 月 5 日 江苏省召开了全省教育改革工作会议，公布了省列入国家教育体制改革试点的 15 个项目。省教育厅厅长沈健出席会议并讲话。

11月17日　省医改办、省卫生厅在南京联合举办2010年基层医疗卫生机构负责人培训班，培训班围绕“保基本、强基层、建机制”的医改中心任务和2010年度重点工作，特别是国家基本药物制度的实施进行深入的学习、讨论和交流。省发改委副主任、省医改办主任曲福田作开班动员，省卫生厅巡视员吴坤平主持开班式，省卫生厅副厅长、省医改办副主任姜锡梅出席开班式并讲话。

11月17日　江苏省文化改革发展工作座谈会在徐州市召开。江苏省委书记梁保华作出重要批示，他强调，各地各部门要切实抓住有利契机，加快体制机制创新，确保如期完成各项改革任务。省委常委、宣传部长、省文化体制改革领导小组组长杨新力，副省长、省文化体制改革领导小组副组长曹卫星分别讲话，徐州市委书记曹新平致辞。

11月29日　江苏大学召开董事会成立大会。副省长史和平，海南省委常委、三亚市委书记江泽林为董事会揭牌。

12月2日　省教育厅召开记者发布会，介绍了江苏省今后教育体制改革的任务及部分具体措施。省教育厅厅长沈健出席发布会。

南京市

2月26日　南京市向江苏省政府省长助理徐南平汇报了南京国家科技体制综合改革试点城市建设工作情况。省政府副秘书长朱步楼、省政府办公厅副主任何国平、省科技厅副厅长兼南京市科技体制综合改革试点城市建设领导小组副组长曹苏民、南京市政府副市长兼南京市科技体制综合改试点城市建设领导小组常务副组长王咏红、市政府副秘书长兼市科改试点办主任施卫国等参加了汇报会。

3月1日　南京市2010年保障房建设项目集中开工仪式在迈皋桥创业园地块举行。省委常委、市委书记朱善璐启动开工按钮，市长季建业致辞。

3月23日—24日　省长助理徐南平一行到南京进行专题调研科技创新及科技体制综合改革工作情况。并召开创新科技投入机制座谈会，市发改委、科技局、南京高新技术风险投资有限公司等部门，就创新科技与金融结合的机制体制等进行深入探讨。徐南平出席会议并讲话。

11月28日　南京市“社区党组织公推直选的实践探索”在全国基层党建创新论坛暨颁奖仪式上获得最高荣誉——全国基层党建创新最佳案例奖。

无锡市

1月6日　无锡市召开发展和改革工作会议。发改委主任高敏回顾了2009年的发展改革工作，对2010年发展改革工作进行了部署。市委常委、常务副市长徐劼以及各地区、各部门负责人出席了会议。

1月17日　在京举行的第五届“中国地方政府创新奖”选拔暨颁奖大会上，江阴市的“用人民幸福评估发展”项目成为10个获奖项目之一。

12月20日　在无锡市演艺集团揭牌、无锡市文管中心成立五周年庆祝仪式上，江苏省委常委、无锡市委书记杨卫泽、市长毛小平为演艺集团揭牌。市委常委、宣传部长王立人、市委秘书长沈建等出席活动。

徐州市

1月6日　徐州市政府召开全市深化医药卫生体制改革工作会议，研究部署全市深化医药卫生体制改革工作。副市长段雄出席会议并讲话，云龙区政府、铜山县政府相关负责人参加了会议。

2月1日　徐州市出台《关于加快水运发展的实施意见》，并将设立水运发展专项基金。

4月16日　徐州市政府召开深化医药卫生体制改革暨实施基本药物制度新闻发布会，市发展改革委副主任、市医改办主任赵军在会上介绍了徐州市深化医药卫生体制改革的进展情况和2010年主要工作。

4 月 22 日 徐州市召开药品集中采购工作会议。副市长段雄出席会议。

5 月 24 日 徐州市市长张敬华主持召开市长办公会,专题调度徐州市户籍制度改革相关工作。

5 月 27 日 徐州市村镇建设工作会议在沛县召开。

6 月 7 日 徐州市城市管理委员会召开第四次全体会议,听取并讨论徐州市城市管理,三环路及城市出入口道路保洁和管理,取缔市区重点道路、重点区域和广场占道经营专项整治等工作。市委书记曹新平、市长张敬华、秘书长夏文达、副市长王昊出席会议。

7 月 14 日 徐州市市长张敬华主持召开国有企业改革工作领导小组会议,研究第四批困难破产企业退休人员医保手续办理以及部分企业改制方案等事项。副市长李坚出席会议。

7 月 16 日 总额度 500 万元的"千惠医疗救助基金"慈善项目签字仪式在徐州慈善总会举行。

8 月 16 日 徐州市市长张敬华主持召开徐州市政府第 34 次常务会议,研究讨论徐州市本级政府性债务管理暂行办法、加快残疾人事业发展的实施意见等事项。会议听取了徐州市土地利用总体规划成果编制、徐州市 2010 年军转干部安置等情况的汇报,讨论并原则通过了《徐州市本级政府性债务管理暂行办法》。

8 月 27 日 全国和省依法行政工作电视电话会议召开,徐州市长张敬华、副市长段雄等领导及各地各部门负责人在徐州市分会场收听收看。张敬华对贯彻落实全国和省会议精神作出安排。

8 月 31 日 徐州市召开文化体制改革工作会议。会议总结了自 2009 年底以来徐州市文化体制改革的基本情况。徐州市纪委书记陈美行,徐州市常委、宣传部部长邹徐文出席会议。

9 月 17 日 徐州经济技术开发区农民工综合服务中心等 3 家服务中心举行揭牌仪式。

9 月 27 日 徐州市召开调整部分行政区划工作动员大会,动员全市干部群众统一思想,提高认识,深刻领会国务院、省政府批复同意徐州市部分区划调整的重大意义,以强烈的政治责任感和使命感,积极全面稳妥推进区划调整各项工作。

9 月 28 日 在青岛举行的 2010 中国现代服务业大会上徐州荣膺"中国现代服务业最佳投资城市"称号,全国仅 7 个城市获此殊荣。

11 月 26 日 丰县社会治安综合治理协会正式挂牌成立。

12 月 4 日 "江苏睢宁改革创新书系"首发式暨研讨会在人民大会堂举行。著名改革家吕日周称该丛书是中国第一部县权运行全息图谱,中国第一部原生态民情日志,中国第一部基层社会管理全景写真。

常州市

3 月 11 日 常州市政府组织召开了常州市中小企业集合债券发行工作推进会议。会议由常州市发改委赵建军主任主持,市委常委、常务副市长俞志平到会并作了重要讲话,市政府副秘书长陈志良,各辖市区政府分管领导,市发改委、市财政局分管领导,各辖市区发改(经发)局负责人以及常州市 30 余家优质企业负责人参加了会议。

3 月 19 日 由常州、镇江、扬州 3 市 14 家花木专业合作社组建的江苏省苏南花木专业合作社联社在金坛市挂牌成立。

4 月 20 日 常州市收到国家科技部批复给省政府的函件,同意该市为国家创新型试点城市。

7 月 29 日 常州工会"1 + 1"创业人协作会成立,标志着工会"1 + 1"创业服务工程正式启动。

8 月 11 日 常务副省长赵克志在省政府会议室听取常州市"事改企"退休人员待遇问题专题汇报。常州市副市长高清汇报了常州市处理"事改企"退休人员待遇情况。

苏州市

7月13日—14日 省长罗志军就加快推进全省城乡一体化发展在苏州专题调研。他要求苏州充分发挥改革试点工作的创新活力和引领作用，为全省城乡统筹发展创造更多经验；希望各地通过苏州经验的样本示范，创造性地学习借鉴，走出一条符合本地实际、具有自身特色的城乡一体化发展路子，把全省城乡一体化发展引向深入。省政府秘书长樊金龙及省有关部门负责同志参加调研。

9月29日 2010年全市体制改革第二次工作例会在太仓市召开。本次工作例会是在全市发展改革系统机构改革工作完成后召开的一次重要体制改革工作例会，其主要议题是：交流各市、区今年以来改革工作情况，部署下一阶段改革重点工作，重点研究“十二五”改革工作规划。

10月27日 苏州市医疗保险研究会举行成立大会。苏州市成立医疗保险研究会，旨在以建立覆盖全体城乡居民的社会保障制度为目标，积极开展学术研究，聚贤纳言、立说献策，以全面推动苏州市医疗、工伤、生育保险制度改革。

11月1日 全省企业“两化”融合工作推进会在苏州市举行，省经信委主任陈震宁，苏州市委常委、园区工委书记马明龙，副市长浦荣皋及与会人员参观考察了园区IP融合通讯基地、金龙客车、保税区物流中心等。

南通市

2月23日 南通市崇川、港闸两区的21个社区卫生服务中心正式实施国家基本药物制度。崇川、港闸共21个社区卫生服务中心599种、2600余个品规的基本药物已基本到位，同时，基本药物制度已与医保挂钩，包括流动人口在内的逾百万南通人可在社区卫生服务中心享受到这一实惠。

3月1日 南通市委副书记、市长丁大卫主持召开十三届市政府第40次常务会议，研究部署相关工作。南通市委常委、常务副市长蓝绍敏，市委常委、副市长秦厚德，副市长吴晓春、杨展里、朱晋、徐辉、沈振新、秦剑平、陈惠娟，市政府秘书长屈宝贤出席会议。市人大常委会副主任陆玉明、市政协副主席袁瑞良应邀列席会议。

3月16日 全国首家流动电力“超市”在南通海安建成并投入运营。

6月9日 江苏省医改督查组来南通市督查深化医药卫生体制改革工作情况，督查组采取“听、查、看、问”的方式，翻阅台账，并实地考察了崇川区新城桥街道、和平桥街道和任港街道卫生服务中心。

6月11日 南通市正式启动全市事业单位岗位设置管理工作，实现人员管理由身份管理向岗位管理的转变。《南通市事业单位岗位设置管理实施意见》同时下发。

7月28日 装载如皋港第一批集装箱货柜的“皖宇航8号”解开缆绳，驶向日、韩。如皋港外贸集装箱航线由此顺利首航。

8月6日 农行南通分行小企业金融服务中心崇川支行分中心挂牌，这是南通市银行业设立的首家支行级小企业信贷机构。

8月31日 由南通市政府主办，市发改委、市政府金融工作办公室承办的南通市企业股权融资洽谈会在文峰饭店举行，全国各地80多家知名创业投资机构与南通市200余家有股权融资需求的企业进行了对接、洽谈。

9月29日 在北京召开的2010中国呼叫中心产业峰会上，南通经济技术开发区被中国电子商会授予“2010中国最佳呼叫中心基地”称号。

10月10日 南通市委副书记、市长丁大卫主持召开十三届市政府第50次常务会议，研究部署相关工作。市委常委、常务副市长蓝绍敏，副市长吴晓春、杨展里、朱晋、徐辉、沈振新、陈惠娟，市政府秘书长屈宝贤参加会议。

10月30日 南通市政府召开全市深化医改重点工作推进会，回顾总结去年以来全市医改工作进展情况，对下一步深化医改各项重点工作进行全面部署。市委副书记、市长丁大卫，市委常委、常务副市长蓝绍敏，市人大常委会副主任王平，副市长杨展里，市政府秘书长屈宝贤等出席会议。

11 月 2 日—3 日 全国城镇居民生育保障试点城市工作座谈会在南通市召开。人社部医疗保险司司长姚宏、副司长李忠，省人社厅副厅长陈励阳，12 个省市的 70 多名代表参加了座谈会。会上，江苏省南通市、吉林省长春市、安徽省马鞍山市、广东省惠州市、四川省成都市、陕西省铜川市、湖南省常德市 7 个居民医保生育保险试点城市作了工作交流。

12 月 6 日 南通市政府启动高职教育改革综合试验区建设，计划用 5 年左右时间，在全市范围内建设若干所国内一流的示范性高职院校，建成一批大学生实践基地和科研成果孵化基地。

连云港市

1 月 8 日 连云港市市长徐一平主持召开市十二届政府第 25 次常务会议，讨论《市政府机构改革实施意见》、《关于加快推进建筑业改革与发展的实施意见》，对 2010 年全市安全生产工作进行了部署。副市长张同生、赵建华、杨莉、施炎、徐开信出席会议。

1 月 12 日 连云港市政府机构改革动员大会召开。市长徐一平作动员部署。市委常委、常务副市长张同生主持会议并对贯彻落实提出要求。市领导魏国强、赵建华、杨莉、施炎出席会议。

6 月 7 日 连云港市召开清理撤销市级预算单位基本户暨"小金库"治理工作会议，会议决定将对市级全额拨款预算单位现有银行账户进行全面清理，撤销单位基本存款账户。市委常委、常务副市长张同生出席会议。

8 月 31 日 连云港市政府召开全市医改工作推进会议，副市长杨莉出席会议并讲话。市医改办成员单位以及各县区、开发区管委会分管领导参加会议。会上，杨莉副市长与各县、区政府以及开发区管委会分管领导签订 2010 年医改重点工作责任书，对贯彻落实全省医改工作会议精神和连云港市下一步医改重点工作安排提出了具体要求。

9 月 15 日 连云港市医改办主任、市发改委委员郭惠群带领市医改办工作人员赴东海、灌南，督查 8 月底召开的全市医改工作会议精神落实情况。

11 月 24 日 连云港市市长徐一平主持召开市十二届政府第 38 次常务会议，审议《连云港市中长期教育改革与发展规划纲要》、《关于进一步运用价格杠杆服务全市沿海开发的意见》、《连云港市区公共文化设施布局规划（2010—2030）》、《连云港市非物质文化遗产保护发展规划（2010—2020）》和《连云港市医患纠纷预防与处置暂行办法》。副市长张同生、施炎、徐开信、陆云飞，秘书长石海波出席会议。

淮安市

9 月 7 日 淮安水上服务区加电点正式营业，推行低于成本价加电服务，这是江苏省首个水上服务区加电点。

10 月 13 日 省政府办公厅电子政务办主任胥家鸣带领省考核验收工作组莅淮，对淮安市行政权力网上公开透明运行工作进行考核验收。淮安市委常委、秘书长、常务副市长陈洪玉，市委常委、纪委书记孙健等出席情况汇报会并听取考核验收意见反馈。

11 月 9 日 淮安市召开盐化工产业技术创新座谈会暨首届盐化工产业发展论坛。20 多家盐化工企业负责人和高校专家教授畅谈了盐化工产业取得的成就，并为盐化工产业进一步发展献计献策。

盐城市

1 月 13 日 盐城市召开深化医药卫生体制改革工作会议。市长李强出席会议并讲话。市委常委、常务副市长陈正邦主持会议，副市长朱传耿、市发改委、卫生局、财政局、劳动和社会保障局及亭湖区的相关负责人出席会议。

1 月 15 日 盐城市召开全市发展改革工

作会议。市委常委、常务副市长陈正邦出席会议并讲话,市人大常委会副主任何桂英、市政协副主席葛传华出席会议。

2月11日 盐城市召开电视电话会议,对政府机构改革工作进行动员部署。市长李强出席会议并讲话。市委常委、组织部长章大李主持会议,市委常委、常务副市长陈正邦等相关部门负责人出席会议。

3月23日 全市文化改革与发展工作座谈会在盐召开。市委常委、宣传部长周德祥,副市长朱传耿出席会议。

6月14日 盐城市在盐都、亭湖、市直召开座谈会,就市区教育资源整合、教育布局调整充分听取部分学生家长和教师代表的意见和建议。市委书记赵鹏、市长李强、常务副市长陈正邦等出席会议。

8月3日 盐城市审计局和国资委联手,对原属于市第二小学教育集团的聚亨路小学资产移交给市第一小学教育集团,作了审核和监交。

8月25日 市长李强召开会议,专题会办全市文化体制改革工作。市委常委、宣传部长周德祥,副市长朱传耿,市政府有关秘书长和宣传、文化广电新闻出版、报社、财政、人力资源社会保障、编办、国投等部门主要负责人出席会议。

9月1日 全市深化医药卫生体制改革工作会议在盐召开。市长李强就深入推进医改工作作出批示,市委常委、常务副市长陈正邦出席会议并讲话。

9月13日 市政府召开《盐城市中长期教育改革和发展规划纲要》座谈会,市委常委、常务副市长陈正邦出席会议并讲话。

9月25日 市长李强主持召开专题会议,会办教育改革和发展问题。会议听取了盐城市职业教育改革和发展情况汇报,对《盐城市中长期教育改革和发展规划纲要(2010—2020年)》提出修改意见。副市长朱传耿出席会议。

扬州市

3月19日 中国医疗保险研究工作会议在扬州召开。全国医疗保险协(学)会的领导及相关医药业的代表相互交流了医保研究工作。省政府副秘书长李一宁,市委常委、常务副市长张爱军出席会议。

3月19日 江都市政府办、发改委、工商局和地税局联合在中海工业(江苏)有限公司举行扬州辅臣人力资源发展有限公司挂牌暨证照发放仪式。

4月9日 扬州市政府在杭集镇召开了全市企业非核心业务分离试点工作现场推进会。扬州市各县(市、区)人民政府,市开发区、化工园区管委会及相关部门负责人参加了会议。

镇江市

1月25日 镇江市委、市政府召开全市林业改革发展工作会议,市委副书记、市长刘捍东出席会议并讲话。市委副书记张庆生主持会议,副市长曹当凌作工作报告。

2月28日 镇江市航道工作会议召开。航道处处长符明出席会议。

3月3日 镇江市召开创业型城市建设工作领导小组会议,市委常委、常务副市长陈照煌出席会议并讲话。副市长冯士超主持会议,市政协副主席赵腊根及相关负责人出席会议。

3月8日 镇江市公安局召开全市公安机关平安建设暨技防城建设工作推进会。副市长、公安局长夏新平出席会议并讲话。

3月12日 丹阳市正大油脂有限公司被农业部认定为江苏省唯一的国家农产品粮油加工技术研发专业分中心。

3月23日 镇江市召开市级机关党工作会议。会议明确提出市级机关“效能革命”将向“中梗阻”宣战。市委常委、市委秘书长李国忠出席会议并讲话。

3月29日 2010年全国风险投资行业年会暨第五届风险投资模式创新高峰论坛在丹阳开幕。原国务委员、全国政协副主席宋健,科技部副部长杜占元，江苏省科技厅厅长朱克江，市领导刘捍东、李茂川出席开幕式。

4 月 3 日 镇江市史志办举行革命遗址普查工作人员培训班，市革命遗址普查工作自此正式启动。

4 月 19 日 镇江召开全市文化产业发展推进会。会上，市委常委、宣传部长张洪水与辖市区、市直宣传文化部门签订了 2010 年宣传思想工作目标管理责任书。

5 月 18 日 镇江报业传媒集团正式挂牌成立。市委常委、宣传部长张洪水，副市长王萍为镇江报业传媒集团成立揭牌。

6 月 10 日 镇江市召开新市镇建设试点镇现场推进会。11 个新市镇建设试点镇党委书记、管委会党工委书记，市规划、国土、住建、农委等部门有关领导，各辖市及丹徒、镇江新区相关负责同志先后参观了句容下蜀、宝华、黄梅、后白、茅山管委会等新市镇、新社区建设现场。

6 月 10 日 镇江市召开二三产业业务分离工作推进会，常务副市长陈照煌出席会议并讲话。他强调，各辖市区、各部门要统一思想，突出重点，强化服务，落实好政策，推动镇江市服务业发展规模不断壮大。

11 月 9 日 镇江市政府召开市属生产经营性事业单位转企改制工作推进会，全面启动 49 家市属生产经营性事业单位转企改制工作。

12 月 17 日 镇江市召开农村“两提三增”活动部署会，会上下发了关于在全市村党组织和党员中广泛开展“两提三增”活动的意见。市委副书记张庆生出席会议并讲话，市委常委、市委组织部长魏红军主持会议并提出工作要求。

泰州市

4 月 8 日 泰州市召开市区农业工作会议，确定将加大力度推进农作物秸秆能源化利用和 7 条市级绿色通道建设，并对 2010 年市区农村重点工作考核办法进行了调整。

7 月 6 日 泰州市召开宣传部长座谈会。会议重点研究部署了全市文化改革发展工作，绘出了泰州市文化改革发展的“路线图”。市委常委、宣传部长缪志红出席会议并讲话，副市长曹玉梅出席会议。

8 月 14—15 日 在辽宁省海城市召开的 2010 全国县域经济科学发展交流年会上，第十届全国县域经济百强县（市）名单揭晓，泰州市所辖四市全部进入“百强”。其中，靖江市排名位列第 36 位、泰兴市排名 46 位，兴化市、姜堰市则并列第 67 位。

8 月 20 日 泰州市退休人员大学正式成立，这标志着该市退休人员老有所学“613”计划向前迈出实质性一步。

8 月 24 日 兴化市政府国有资产监督管理办公室召开会议，部署启用国有资产管理信息系统。

10 月 16 日 江苏省心理健康呼叫服务中心在泰州举行揭牌仪式。这是江苏省开通的首条面向全省提供专业服务的心理咨询热线。

10 月 18 日 泰州全市政府新闻发言人集体亮相，此举标志着泰州市新闻发布工作网络全面建立。

10 月 19 日 姜堰市纪委、市委组织部联合召开推行村干部辞职承诺制度推进会，会上举行了姜堰市姜堰镇东桥村党支部委员“辞职承诺书”签订仪式。

11 月 12 日 泰州市首批 5 家规模畜禽养殖业环保示范企业正式挂牌，标志着畜禽养殖业污染治理开始纳入全市生态环境治理体系。

11 月 23 日 泰州市检验检测信息服务平台正式开通。这是江苏省第一个实现全市信息资源互助与检测资源共享公益性的服务平台。

12 月 14 日 泰州市地税局制定出台了推进税收征管体制改革的实施意见，推动此项工作进入实质操作阶段。

12 月 19 日 泰州市区首家社区少先队组织——中国少年先锋队海陵区锦绣社区工作委员会挂牌成立。

宿迁市

1月13日 宿迁市泗阳县召开县十届党代会第三次会议,各代表团和10名以上代表联名共向大会递交提案19份,其中6份被评为优秀提案。

2月23日 宿迁市召开全市卫生工作会议暨医药卫生体制改革推进会,市委副书记、市长缪瑞林出席了会议。副市长薛甫伦主持会议。

6月22日 宿迁市卫生局召开全市医改工作推进会,市卫生局领导班子全体成员,各县区卫生局主要负责人、办公室主任,市直有关卫生单位和局机关各处室主要负责人参加了会议。

6月23日 省深化医药卫生体制改革督查组一行在省财政厅副厅长黄晓平带领下,专题调研宿迁市深化医药卫生体制改革工作,并与市委副书记莫宗通,以及市县卫生、财政、发改等部门相关负责人进行了座谈。

(魏晋霞 易 武 编辑整理)

江苏省发改系统机构名录

编号	单位	地址	联系人	邮编	电话	传真
1	江苏省发展和改革委员会	南京市北京西路 70 号	李仲林	210013	(025)83329557	(025)83329557
2	南京市发展和改革委员会	南京市北京东路 43—2 号	赵　军	210008	(025)83638210	(025)57714044
3	南京市玄武区发改局	玄武区珠江路 455 号	路　冠	210008	(025)83682036	(025)83682312
4	南京市白下区发改局	白下区太平南路 69 号	孙利民	210002	(025)84556332	(025)84556331
5	南京市秦淮区发改局	秦淮区秦虹路 1 号	胡建平	210022	(025)52651171	(025)52651171
6	南京市建邺区发改局	建邺区江东中路 269 号	袁永星	210019	(025)87778280	(025)87778282
7	南京市鼓楼区发改委	鼓楼区山西路 124 号	吴　艳	210009	(025)83230143	(025)83230143
8	南京市下关区发改局	下关区中山北路 540 号	王葆华	210011	(025)58591672	(025)58591672
9	南京市雨花台区发改局	雨花西路 99 号	高东顺	210012	(025)52471580	(025)52410946
10	南京市栖霞区发改局	栖霞区尧化门街 189 号	周汉双	210046	(025)85562044	(025)85562044
11	南京市江宁区发改局	江宁区东山街道竹山路 9 号	龚　轲	211100	(025)52281920	(025)52281320
12	南京市浦口区发改局	浦口区江浦街道江苑路 9 号	刘　昆	211800	(025)58311980	(025)58311910
13	南京市六合区发改局	六合区雄州南路 269 号	段毅智	211500	(025)57759214	(025)57758616
14	溧水县发改局	溧水县永阳镇大东门街 68 号	俞祚俊	211200	(025)57229673	(025)57229660
15	高淳县发改局	高淳县高淳镇兴路 228 号	张国富	211300	(025)57338259	(025)57338258
16	无锡市发展和改革委员会	新金匮路市民中心 3 号楼	庄　宏	214131	(0510)81821500	(0510)81821522

（续表）

编号	单位	地址	联系人	邮编	电话	传真
17	江阴市发改局	江阴市澄江中路9号	王生虎	214431	(0510)86861007	(0510)86861006
18	无锡市宜兴市发改局	宜兴市人民南路52号	殷　晖	214206	(0510)87983181	(0510)87973676
19	无锡市锡山区发改局	锡山区锡州中路1号	龚　燕	214101	(0510)88700499	(0510)88704223
20	无锡市惠山区发改局	惠山区文惠路8号	谢　斌	214174	(0510)83598570	(0510)83598570
21	无锡市滨湖区发改局	滨湖区金城西路500号	朱丽萍	214071	(0510)81178381	(0510)81178390
22	无锡市崇安区发改局	崇安区县前东街288号	沈燕萍	214000	(0510)82832816	(0510)82832816
23	无锡市北塘区发改局	北塘区凤宾路58号	王修杰	214044	(0510)83158529	(0510)83158529
24	无锡市南长区发改局	南长区永丰路1号	潘国钢	214021	(0510)85015455	(0510)85015405
25	无锡市新区经发局	无锡市天山路5号	孙士怡	214028	(0510)85212767	(0510)85215644
26	徐州市发展和改革委员会	徐州市新城区昆仑大道1号	范付业	221018	(0516)83725028	(0516)83736069
27	徐州市泉山区发改经贸委	泉山区滨湖公园北门西侧	郭玉梅	221000	(0516)85696339	(0516)85696339
28	新沂市发改经贸委	新沂市市府路37号	孙　杰	221400	(0516)88922004	(0516)88922004
29	徐州市铜山区发改经贸委	铜山经济开发区长江西路11号	杨丽丽	221116	(0516)83405250	(0516)83535637
30	徐州市鼓楼区发改经贸委	鼓楼区中山北路253号	高行军	221007	(0516)87636719	(0516)87636719
31	徐州市云龙区发改经贸委	云龙区三环东路南段68号	吕　伟	221004	(0516)83664747	(0516)83664747
32	邳州市发改经贸委	邳州市长江路行政中心16#4楼	袁　敏	221300	(0516)80216359	(0516)80216360
33	丰县发改经贸委	丰县中阳大道东延伸段	刘　博	221700	(0516)89225252	(0516)89222940

（续表）

编号	单位	地址	联系人	邮编	电话	传真
34	沛县发改经贸委	沛县歌风路 11 号	毛春节	221600	(0516)89675600	(0516)89632750
35	睢宁县发改经贸委	睢宁县行政办公中心西三楼	周　武	221200	(0516)88307538	(0516)88307307
36	徐州市贾汪区发改经贸委	贾汪区前委路 16 号	王海强	221011	(0516)87815012	(0516)87715352
37	常州市发展和改革委员会	常州市龙城大道 1280 号	杭宏伟	213022	(0519)85681076	(0519)85681075
38	金坛市发改局	金坛市弘化路 8 号	王晓莉	213200	(0519)82824164	(0519)82824553
39	溧阳市发改委	溧阳市南环路 18 号	周亚东	213300	(0519)87269086	(0519)87269081
40	常州市武进区发改局	武进区行政中心 3 号楼 4 楼	陈　霞	213159	(0519)86310117	(0519)86310074
41	常州市天宁区发改局	天宁区关河东路 66 号	姚文英	213000	(0519)86651671	(0519)86651671
42	常州市钟楼区发改局	钟楼区星港路 88 号钟楼区政府	廖全英	213023	(0519)88890736	
43	常州市新北区发改局	新北区衡山路 8 号 24 楼	徐　俊	213022	(0519)85127756	(0519)85127590
44	常州市戚墅堰区发改局	戚墅堰区东方东路 168 号	缪　飞	213025	(0519)89863159	(0519)89863159
45	苏州市发改委	苏州市三香路 998 号 5 号楼	樊长松	215004	(0512)68615508	(0512)68615558
46	张家港市发改委	张家港市长安中路 55 号	王明龙	215600	(0512)58222024	(0512)58222517
47	常熟市发改委	常熟市海虞北路 38 号	韩世林	215500	(0512)51530305	(0512)51530306
48	太仓市发改委	太仓市县府东街 99 号	张王青	215400	(0512)53577599	(0512)53571923
49	昆山市发改委	昆山市前进中路 108 号 6 楼	刘靖岳	215300	(0512)57364018	(0512)57314178
50	吴江市发改委	吴江市松陵镇人民路 1000 号	沈俊霞	215200	(0512)63982215	(0512)63982230

（续表）

编号	单位	地址	联系人	邮编	电话	传真
51	苏州市吴中区发改局	吴中区东吴北路62号	朱伟荣	215128	(0512)65252081	(0512)65252640
52	苏州市相城区发改局	相城区阳澄湖东路8号	吴 燕	215131	(0512)85182010	(0512)85182038
53	苏州市平江区发改局	平江区临顿路176号	陆 玮	215005	(0512)67271936	(0512)67271936
54	苏州市沧浪区发改局	沧浪区十梓街388号	袁 敏	215006	(0512)65213204	(0512)65213204
55	苏州市金阊区发改局	金阊区西环路3068号	包 杰	215008	(0512)65332539	(0512)65589403
56	苏州市工业园区经济贸易发展局	工业园区现代大道现代大厦10楼	朱云磊	215028	(0512)66681025	(0512)66681099
57	苏州市高新区经济发展改革局	高新区运河路8号	赵 琛	215011	(0512)68251888－1257	(0512)68251741
58	南通市发展和改革委员会	南通市世纪大道6号	龚建辉	226018	(0513)85098663	(0513)85098681
59	海安县发改委	海安县城长江中路106号	郜生华	226600	(0513)88859910	(0513)88859915
60	如皋市发改委	如皋市行政中心B10楼	曹 珩	226500	(0513)87651082	(0513)87655127
61	如东县发改委	如东县掘港镇富春江中路1号	刘践毅	226400	(0513)84162618	(0513)84193752
62	南通市通州区发改委	通州经济技术开发区世纪大道269号	刘雪梅	226300	(0513)86548891	(0513)86548892
63	海门市发改委	海门市行政中心	黄玉娟	226100	(0513)82213847	(0513)82262007
64	启东市发改委	启东市人民中路647号	倪红健	226200	(0513)83312336	(0513)83350609
65	南通市崇州区发改委	崇川区桃坞路44号	贾彦利	226006	(0513)85107990	(0513)85125386
66	南通市港闸区发改委	港闸区城港路58号	薛建堂	226605	(0513)85609647	(0513)85609657
67	南通开发区管委会经贸局	开发区中央路投资服务中心大楼5F	梁锦忠	226009	(0513)85923829	(0513)85922358

（续表）

编号	单位	地址	联系人	邮编	电话	传真
68	连云港市发展和改革委员会	新浦区朝阳东路69号	廖朝兵	222006	(0518)85802634	(0518)85801497
69	东海县发改委	东海县行政中心 C212	王其涛	222300	(0518)87213492	(0518)87213017
70	赣榆县发改委	赣榆县行政中心8楼	朱新浦	222100	(0518)86212193	(0518)86212193
71	灌云县发改委	灌云县行政中心658	马士侠	222000	(0518)88810828	(0518)88810828
72	灌南县发改委	灌南县行政中心626	李丙松	222500	(0518)83968906	(0518)83968911
73	连云港市新浦区发改局	新浦区民主中路177号	杨绍文	222003	(0518)85605991	(0518)85605623
74	连云港市海州区经发局	海州区新建中路28号	章　敏	222023	(0518)85219753	(0518)85219753
75	连云港市连云区经发局	连云区行政中心 B21	刘纪善	222042	(0518)82310327	(0518)81888025
76	连云港市开发区经济发展局	开发区经济发展局	黄锋先	222047	(0518)82344841	(0518)82344841
77	淮安市发展和改革委员会	淮安市健康西路140号	秦　娟	223001	(0517)83932656	(0517)83605910
78	淮安市清河区发改委	清河新区广州街8号	黄正林	223001	(0517)83571909	(0517)83571908
79	淮安市清浦区发改委	清浦区淮海南路268号	张祖峰	223002	(0517)83515078	(0517)83515078
80	淮安市淮阴区发改委	淮阴区承德北路606号	周彩霞	223300	(0517)84997768	(0517)84997768
81	淮安市楚州区发改委	楚州区西长街141号	于成银	223200	(0517)85912414	(0517)85912018
82	涟水县发改委	涟水县政府大楼5楼	苗大鹏	223400	(0517)82380978	(0517)82380978
83	洪泽县发改委	洪泽县行政办公中心	朱爱国	223100	(0517)87227265	(0517)87227265
84	盱眙县发改委	盱眙县淮河东路37号	李翠竹	211700	(0517)80912897	(0517)88212897

（续表）

编号	单位	地址	联系人	邮编	电话	传真
85	金湖县发改委	金湖县建设路109号	吉文林	211600	(0517)86880178	(0517)86880178
86	淮安市开发区经发局	开发区迎宾大道8号	蒋志国	223005	(0517)83716093	(0517)83716093
87	淮安市工业园区经发局	工业园区	骆昌明	223000	(0517)83853517	0571－83853517
88	盐城市发展和改革委员会	盐城市世纪大道21号	龚春红	224005	(0515)86660509	(0515)86660545
89	东台市发改委	东台市北海路8号	李存玉	224200	(0515)85212615	(0515)85214609
90	大丰市发改委	大丰市金宇广场2号楼	潘瑞森	224100	(0515)83531436	(0515)83531186
91	射阳县发改委	射阳县合德镇红旗路42号	吴玉峰	224300	(0515)82352361	(0515)82377058
92	建湖县发改委	建湖县人民南路8号	朱玉祥	224700	(0515)86213011	(0515)86223536
93	滨海县发改委	滨海县行政办公大楼东辅楼(5楼)	刘震宇	224500	(0515)84108582	(0515)84108693
94	阜宁县发改委	阜宁县香港路卫生大厦11楼	张宁林	224400	(0515)87238101	(0515)87212482
95	盐城市亭湖区发改委	亭湖区希望大道59号	朱义刚	224051	(0515)66690509	(0515)88300762
96	盐城市盐都区发改委	盐都新区新都路618号	蒋焱鸿	224005	(0515)88426021	(0515)88405406
97	响水县发改委	响水县双园中路188号	张卫国	224600	(0515)87066031	(0515)87066026
98	扬州市发展和改革委员会	扬州市文昌西路8号	臧　斌	225002	(0514)87863531	(0514)87863510
99	高邮市发改委	高邮市海潮东路28号	王文斌	225600	(0514)84612666	(0514)84612384
100	宝应县发改委	宝应县泰山西路104号	蔡　庆	225800	(0514)88278031	(0514)88237441
101	江都市发改委	江都市龙川北路1号行政中心408室	徐建党	225200	(0514)86299497	(0514)86537711

（续表）

编号	单位	地址	联系人	邮编	电话	传真
102	仪征市发改委	仪征市解放东路300号	王　林	211400	(0514)83441204	(0514)83432993
103	扬州市邗江区发改委	邗江区邗江中路443号	王章琴	225009	(0514)87862033	(0514)87862038
104	扬州市广陵区发改经贸委	广陵区文昌中路548号	胡　斌	225002	(0514)87312558	(0514)87366536
105	扬州市维扬区发改经信委	维扬区平山堂路1号	陈　峰	225008	(0514)87636676	(0514)87636806
106	镇江市发展和改革委员会	镇江市南徐大道	邵　教	212001	(0511)84413302	(0511)84423219
107	丹阳市发改经贸委	丹阳市新民东路47号	丁　妮	212300	(0511)86522117	(0511)86523219
108	句容市发改经贸委	句容市华阳镇人民路66号	刘　刚	212400	(0511)87224639	(0511)87223497
109	扬中市发改经贸委	扬中市江洲南路72号	孙显文	212200	(0511)88322560	(0511)88321467
110	镇江市丹徒区发改经信委	丹徒新城勤政路1号	潘海露	212028	(0511)88976399	(0511)88976300
111	镇江市京口区发改经贸委	京口区学府路39号	蒋玉萍	212003	(0511)89980580	(0511)89980590
112	镇江市润州区发改经信委	润州区润州路5号	段雪晴	212005	(0511)85627175	(0511)85600602
113	镇江新区经发局	镇江新区大港金港大道98号	郑慧芳	212132	(0511)83372324	(0511)83172969
114	泰州市发展和改革委员会	泰州市凤凰东路58号	朱应才	225300	(0523)86839230	(0523)86839233
115	泰兴市发改委	泰兴市中兴大道218号	丁月建	225400	(0523)87633630	(0523)87618567
116	靖江市发改委	靖江市阳光大道1号	孙静明	214500	(0523)89180731	(0523)89180731
117	姜堰市发改委	姜堰市振兴北路1号	王　衍	225500	(0523)88212726	(0523)88210524
118	兴化市发改委	兴化市行政中心7号楼	王建华	225700	(0523)83326700	(0523)83326700

（续表）

编号	单位	地址	联系人	邮编	电话	传真
119	泰州市海陵区发改委	海陵区府前路26号	周建民	225300	(0523)86222728	(0523)86222728
120	泰州市高港区发改委	高港区港城路8号	戚兆雄	225300	(0523)86966040	(0523)86966040
121	宿迁市改革和发展委员会	宿迁市太湖路181号人防大楼318室	王万山	223800	(0527)84338500	(0527)84338510
122	沭阳县发改局	沭阳县行政中心大楼5楼	王慧娟	223600	(0527)83593059	(0527)83593059
123	泗阳县发改委	泗阳县党政办公大楼215室	史治安	223700	(0527)85271176	(0527)85271615
124	泗洪县发改局	泗洪县长江路	朱小利	223900	(0527)86223588	(0527)88225152
125	宿迁市宿豫区发改委	宿豫区珠江路3号	李　耀	223800	(0527)84465365	(0527)88202023
126	宿迁市宿城区发改局	宿城区成子湖1号	邵　卫	223800	(0527)82960242	(0527)82960272

（注:《江苏省发改系统机构名录》所收录人员名单,根据省发改委办公室2011年最新编印通讯录整理。）

兴化市戴南镇

马书记

黄镇长

政协领导视察

不锈钢论坛

兴达会议中心

江苏兴达钢帘线股份有限公司

戴南是一座具有千余年历史的水乡古镇。相传当年的戴南为临海小村，曾有过唐太宗李世民驰骋的足迹，镇中建有市级文物保护单位——敕封护国寺。全镇下辖33个行政村，5个居委会，总人口9.26万人，另有外来人口5万多人，总面积107.8平方公里，其中老镇区4平方公里，新城区4平方公里，科技园区8平方公里。 2009年实现地区生产总值80.1363亿元，预算内财政收入10.1035亿元，农民人均纯收入12060元。先后被评为全国先进基层党组织、全国文明村镇、全国重点镇、全国千强镇、全国村镇建设先进镇和江苏省卫生镇、新型示范小城镇、重点镇、科技体育先进乡镇、苏中百强乡镇，并被列为首批全国小城镇发展改革试点镇。

戴南镇大力弘扬艰苦创业、开拓创新、争先创优精神，形成不锈钢制品、汽车轮胎子午钢帘线等支柱产业。共有不锈钢生产加工企业近千家，从业人员5万多人，不锈钢制品品种繁多，种类齐全，产品涵盖40多个系列，1万多个品种，初步形成了从废旧原材料收购，到熔炼、精炼、锻打、轧制，再到产品精深加工，产、供、销一条龙，科、工、贸一体化的完整产业链。并拥有亚洲第一、全球第三的钢帘线生产基地，戴南不锈钢产业集群入选全国百佳产业集群和江苏省重点培育产业集群。2006年戴南镇被中国金属材料流通协会不锈钢分会授予“中国不锈钢名镇”的称号。

戴南镇加快小城市建设，已成为区域的经济商贸中心。目前镇区绿地总面积达128万平方米，镇区人均公共绿地面积增加到8.6平方米，绿化覆盖率达到37%，森林覆盖率超过20%，被泰州市政府授予第一批小康社会森林覆盖率达标乡镇。

伊犁州发改委坚持科学发展观 促民生 保增长 保稳定

党组书记主任张伟

伊犁州发展和改革委员会在州党委、州人民政府的正确领导下，在自治区发改委的大力支持和州直各部门的密切配合下，深入贯彻落实科学发展观，全力以赴落实“保增长、保稳定、促民生”各项措施，有力地促进了国民经济持续快速增长和社会事业全面发展，得到了州党委、人民政府的充分肯定和很高评价。

项目规划方面： 围绕落实国务院32号文件，实施完成了州直“十一五”规划中期评估工作，启动了自治州“十二五”规划编制工作方案。在煤炭转化方面，已根据州人民政府的部署，委托化二院编制了《伊犁州直煤制天然气产业发展期规划》，力争2015年形成年产100亿标准立方，2025年形成300亿标准立方，展望2040年形成500亿标准立方的煤制天然气生产能力，并规划建设接入西气东输二线的输送管道，或建设一条输送能力200—300亿标准立方/年的煤制天然气西气东输专用输送管道。

固定资产投资方面： 2009年全社会固定资产投资完成181.1亿元，增长36.8%。重大项目建设顺利，安排重点项目105项，其中全年新开工重大项目63项，其中亿元以上的项目达32项。全年重点项目完成投资135.86亿元，有力地支撑了固定资产投资高速增长。

项目资金争取方面： 自2008年12月国家扩大内需新增中央预算内投资截止到目前，共落实国家、自治区补助投资项目904项，补助资金33.1亿元，其中州直属项目795项，补助资金11.58亿元，2009年争取项目资金额超过全疆基建补助投资的十分之一，达到了历史新高。2009年利用外资3086万美元。

项目管理方面： 配合国家、自治区检查组对新增投资项目实施了4次检查，杜绝了重大问题的产生，先后10批次对州直建设项目进行了专项检查，规范项目建设，保障资金安全。

农业设施建设方面： 设施农业规模达17.2万亩，占全疆的20%。

优势资源开发利用方面： 伊犁一号矿井项目已获得国家核准；新汶年产20亿立方米煤制气项目、潞安年产40亿立方米煤制气项目、庆华年产55亿立方米煤制气项目、中电投2个年产60亿立方米煤制气项目已获登记备案。

领导班子成员

基础设施建设方面： 一是5个大型灌区节水改造工程已全部开工建设；二是精伊霍铁路建成通车，奎屯至北屯铁路项目已建成。

社会事业建设方面： 全年共实施了11所农村初中校舍改造、36所中小学D级危房改造、22所学前“双语”幼儿园、2所“民汉合校”、奎屯市中等职业教育、伊犁州师范学校“双语”师资培训基地建设、4个县级标准化人民医院、94个农村卫生服务体系、5个社区卫生服务设施、47个乡镇文化站、50个农民健身工程、20个乡镇计划生育服务体系、872个自然村“村村通”广播电视等1174个社会发展项目，州直社会事业得到极大改善。

发改委工委改届选举大会

资源节约与环境保护方面： 一是积极推进节能减排工作；二是加快生态建设；三是加强对生态环境的监管。

价格管理方面： 全面落实国家取消和停止100项行政事业性收费，清理教育收费，取消城镇义务教育阶段借读费，规范高校服务性收费及代收费。进一步落实降低部分药品和医疗服务价格。规范游览参观点门票价格，及时调整那拉提等3处景区门票价格。

参加行风热线解答价格问题

民族团结爱心捐款

蓝色经典

——男人的情怀

高速攀升，创造了白酒行业单个品牌的销售奇迹，并已成为竞争激烈的白酒市场中颇受关注的成功营销范例。公司全国化战略稳步推进，企业和品牌形象不断提升。

2009年11月6日，洋河股份正式在深圳证券交易所挂牌交易，这将成为洋河腾飞之路上的又一次重要跨越。公司将牢牢把握产业结构调整优化和产业集中整合的发展契机，围绕白酒主业，借助资本运作、差异化竞争手段，运用有效的营销模式，着力提升以洋河蓝色经典为代表的品牌优势，进一步培育和放大企业核心竞争力，推进全国化战略的实施。

公司技改扩建工作全面推进。近几年来，特别是公司上市后，公司白酒主业及其中长期发展对目前的生产条件提出了更高的要求。为满足未来可持续发展，公司建成了现代化的包装物流中心和立体仓库，包装物流中心包装车间自动化流水生产线正式投产运行，使企业较好地实现散酒储存、包装材料供应、包装生产、成品配送一体化。另外，为解决生产经营场地问题，公司斥资购买了部分经营用地，还投资17.3亿兴建名优酒酿造技改二期工程和10万吨名优酒陈化老熟技术改造项目。这些项目的实施，将有利于确保产品品质、稳步扩大生产规模、明显改善和提升公司的生产发展环境、进一步增强后勤保障能力、进一步促进企业长远发展，进一步提升企业核心能力。

“洋河”、“双沟”强强联合，携手奋进。2010年4月8日上午，公司与宿迁市国丰资产经营管理有限公司在南京签约，受让国丰公司持有的双沟酒业40.59%的股份。作为同是老名酒的洋河、双沟两大酒企，在近百年的品牌塑造历史上，数十代洋河和双沟人艰苦创业、追求卓越，创造了一个个江苏酒业乃至中国白酒业的辉煌，近年来主要经济指标均保持着持续的高速增长。两家拥有三个国家驰名商标，打造了洋河蓝色经典、苏酒、珍宝坊等具有较高市场美誉度和占有率的新品牌。洋河、双沟两大酒企的强强联合，将有利于实现资源共享、优势互补、和谐共赢。未来，公司将以新的思维、新的视野、新的定位谋求发展，强化责任意识，奋力拼搏，尽早实现超百亿的奋斗目标。

公司网址：http://www.chinayanghe.com
公司总部地址：江苏省宿迁市洋河中大街118号
电话：0527－84938001
传真：0527－84933020
公司（南京）营运中心地址：江苏省南京市雨花经济开发区凤汇大道18号
电话：025－52489218
传真：025－52489218
电邮：yanghe002304@vip.163.com

泰州市交通运输局

泰州市交通运输局是主管全市公路和水路交通行业的职能部门，承担着交通基础设施建设、交通运输市场监管、交通安全监督、交通工程质量监督、交通战备保障等十一项重要职责。

近年来，泰州市交通运输局围绕打造“12345”现代化大交通格局的目标，立足“全市三年大变化、交通率先大变化”的定位，大力践行“构建大交通，当好先行军”的使命，全市交通运输事业取得了长足的发展。截至2009年底，全市公路总里程已达8206公里，其中，高速公路202公里，一级公路667公里，二级公路1222公里，三级公路876公里，路网密度达141.6公里/百平方公里。全市行政村通公路率和通乡公路灰黑化率均达100%。全市内河航道总里程达2568 公里，其中，等级航道 1227 公里，六级以上航道13 条，总里程 575 公里。沿江港口拥有万吨级以上生产性泊位34个。目前，泰州已基本形成一个由“一纵一横”铁路主动脉、“三纵八横”公路主骨架、“三纵三横”水运主通道和“一港两站”（泰州港和火车站、汽车站）运输主枢纽共同编织的四通八达的立体交通网络。

随着交通基础设施的改善，交通运输结构的优化，交通管理体制的理顺，全市交通运能得到充分的释放。2009年境内完成公路客运量 7384万人次，客运周转量521630万人公里；货运量3148万吨，货运周转量29亿吨公里。水路货物运输量6650万吨，货运周转量215.6亿吨公里。沿江港口吞吐量完成7400万吨，内河港口吞吐量完成3200万吨，港口吞吐总量首次突破亿吨大关。交通运输事业的又好又快发展，为泰州经济社会腾飞提供了坚实的跑道。

太仓市农业委员会

苏州市委书记蒋宏坤视察农展馆

原农业部部长孙政才，省委常委、副省长黄莉新视察恩钿月季公园

太仓市现代农业园区是我市面向21世纪，为发展现代农业、加快城乡一体化进程而设立的一个集生态、绿色、高效、富民于一体的农业园区，也是我市确定的永久性农业发展区。园区位于交通便捷的市域中东部，规划总面积6万亩，目前入驻园区的各类项目有30余个，投资总额达10多亿元人民币。园区充分利用我市沿江沿沪的区位优势、相对人少地多的资源优势、良好的现代农业发展基础优势和生态环境优势，不断挖掘历史、人文资源，经过四年多建设，已形成休闲观光农业、高效农业、科技农业、外向农业、循环农业和种源农业6个特色主导产业。5000亩休闲观光核心区建有现代农业展示馆、花卉园艺展示馆、生态湿地馆、恩钿月季公园、玫瑰庄园一期、生态餐厅、名贵兰花温室生产基地等一批农业休闲项目。成功举办了08、09两届“中国月季高峰论坛”，恩钿月季公园还被中国花协月季分会确定为中国月季高峰论坛永久举办地。自06年艳阳农庄对外开放以来，园区已接待游客100多万人次，先后被命名为省级现代农业示范区、省观光农业园、科技示范园和苏州市首批十佳现代农业园。目前园区核心区已逐步发展成为一个集农业科技展示、生态观光、休闲度假、商务会务为一体，能满足不同层次消费需求，长三角地区重要的农业生态休闲度假区。

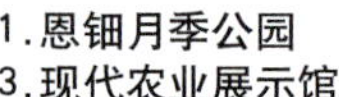

1.恩钿月季公园　　2.太仓现代农业园区夜景
3.现代农业展示馆　　4.精品蝴蝶兰生产基地